函海

□清 李調元 輯

仿萬卷樓原本

人民出版社

第五冊目錄

哲匠金桴

哲匠金桴序

哲匠金桴升菴所採録之韻府也考詩鄭箋築墻者桴聚壤土盛之以虆而投諸板中工匠之所必需也譬之名言麗句隨所得而投之囊中故以名書此書抉艷詞林搜奇筆海上溯周秦漢魏以至宋元凡古之經史子集語關對偶皆擇其精者録之實泛詩濤者之仙槎也每條皆注人名或小解釋于下皆極古致按書內四支韻子欲居九夷從鳳嬉先生自註云余謫滇南同年提督孫繼芳命知州馮吉建鳳嬉亭于趙州以居余則此書乃成所借以消遣而後學落筆爲詞者藉以沾丐焉是亦先生著述之一種也羅江李調元童山譔

哲匠金桴抉艷詞林搜奇筆海上遡邛索緯書旁及釋老小說凡可入韻語者靡不羅括殆盡在先生著述中雖沙界之一漚實泛詩濤者之仙槎也向有焦竑刊本原序謂得自先生手錄復加釐正最稱善本惜傳布不廣學者恨之予從周書倉太史齋頭獲見焦本因亟借刊之以廣其傳童山李調元序

哲匠金桴卷一

成都 楊愼 撰 綿州 李調元 校定

上平

一東

殘雲淩河漢疎雨滴梧桐 孟浩然

江花折菡萏岸影泊梧桐 東野

鴈沼澄瀾翠猿嵒落照紅 明皇幸寺

常知寸心裏含紫復含紅 吳均咏新荷

酒吸荷筒綠茶烹松火紅 幼公

寒山千里翠霜木萬家紅 張茂中

遠林橫返照高樓亞春風 元微之

鴈天霞腳雨漁夜葦條風 輸晃

南浦花臨水東樓月伴風 白敏中

夜色臨城月春聲渡水風 皎然

萬鼓雷殷地千旗火生風 高適

離華先委露別葉早辭風 鮑照

高枕隨流水輕帆任遠風 韓平君

金莖來白露玉宇起涼風 趙休

皎潔青苔露蕭條黃葉風 張曲江

樹隱臨城日窗含渡水風 庾肩吾

日轉前茅影春生細柳風 孟匡明
遠聲魚呷浪層氣蜃迎風 張蠙海詩
積翠含微月遙泉韻細風 靈一
艷曲呈皓齒舞雞不堪風 韋
素艷明寒雪清香任曉風 李少雲詠梅
照枕殘雞月吹燈落葉風 陶弼
蓮房墜粉鴛鴦雨荷芰交香翡翠風 白
北地聞巴狖南山見磧鴻 唐彥謙
迴頭迷遠樹没背見飛鴻 梅宛陵
巢幕無留燕遵渚有來鴻 謝瞻

別路憐芳草歸心伴塞鴻 韋
停燈佇涼月滅燭聽歸鴻 小謝
登豫章簡矰紅蒲苴發弋高鴻 張平子
樓高驚雨闊木落見城空 李洞
江清風偃木霜落鴈橫空 后山
鳥歸雲壑靜僧語石樓空 靈一
寒月夜無緣寥寥天宇空 韋
窻虛響灑潤臺迴燦伊嵩 康節
山曉重嵐外林春苦霧中 包何
新霽淸暘升天光八隙中 內典

遠山芳草外流水落花中 皇甫冉
先生隱梧下 戰國 漁父在蘆中 越絕
雪花翻海鶴波影倒江楓 包何
秦鴈歸侵月湘猿戲裊楓 靈一
定沼寒光素禪枝暝色葱 武三思
天門開奕奕佳氣鬱葱葱 楊炯
雲障天涯盡川途海縣窮 孫逖
日輪駐霜戈月魄懸琱弓 高適
善御不忘馬善射不忘弓 韓詩外傳
高深入井又出井曲直上弓還下弓 道 文與可炭泉隧

池臺吟鶴鶴山海望熊熊
輕霞冠秋日迅商薄清穹 謝瞻
縈林收陽彩密苑解華叢 上
驚禽翻暗葉流水注幽叢 韋
佳詠邀清月幽賞滯芳叢 上
甲乙科攀桂圖書閣踐蓬 武元衡
側逕旣窈窕環洲亦玲瓏 韋
清暉動藻井流香入綺籠 蕭聘
香爐初上日瀑布噴成虹 浩然
雲峰吐日月石壁澹烟虹 張說

處士待徐庶仙人期葛洪 顧況
珠網防栖鴿紗燈護夕蟲 賀朝清
別林遺宿鳥浮水載鳴蟲 僧無鄰詠落葉
鈎陳千騎轉閶闔九門通 庾肩吾
清宵有佳興皓月直南宮 韋
獼桂來荆嶺猴椒度漢宮 王珪詠秋風
虜障燕支北秦城太白東 高適
錦窩杯裏影繡㫬隙前烘 海棠

二冬

蜀煙飛重錦峽雨濺輕䆄 李賀○䆄襛䆄也

琤琤水響谷瑟瑟風鳴松 張籍
初秋臨水月半夜隔山鐘 皇甫冉
野渡波搖月荒城雨翳鐘 方干
水擊羅浮磬山鳴于闐鐘 靈一
夜靜沙堤月天寒水寺鐘 唐求
芳草漁家路斜陽水寺鐘 李咸用
夜入霜林火寒生水寺鐘 張祜
斜分紫陌樹遠隔翠微鐘 朱慶餘
墨研清露月茶吸白雲鐘 李洞
外戶憑雲掩中厨課水舂 費冠卿

暮春多淑氣斜景落高舂 梁元帝
滌場見秋穫殷床聞夜舂 坡
下輦迴三象題碑駐六龍 王昌齡
快馬高纏鬃遙知身是龍 樂府
青編書白雀黃紙降蒼龍 令狐楚
發鯨魚鏗華鍾登玉輅乘時龍 班固
夜泊防虎豹朝行逼魚龍一道鳴迅湍兩邊走連峰
猿拂岸花落鳥啼岩樹重 岑參○發犍爲至泥溪
湖平南北岸雲抱兩三峰 顧況
桂殿江烏對雕屏海燕重 無名氏

鷺濤清梵徹蜃閣化城重 楊巨源送僧
爾去掇仙草菖蒲花紫茸 李太白
初篁苞綠籜新蒲含紫茸 謝靈運
晨登日觀峰海水黃金鎔 梅

三江

軒帆遡遙路薄送瞰遐江 謝惠連
薺平連郭柳帶繞抱城江 韋處厚
書鼎沉九江 右軍亦杜預之意
金斗慰秋江 唐
海潮與春夢朝夕廣陵江 蕭齊融

潘侯擅詩筆五色神授江世家有大勛佐舜全麗降
量猶函牛鼎吾徒愧渠缸 梅宛陵
照鑪釘明缸 韓文公
赤壁風月笛玉堂雲霧窗 山谷
山色不違人嵌滿千家窗 晁无咎○王黃華詩帝遣名山鎮此邦千家瑟瑟嵌

西窗

負弩啼寒狖鳴桴驚夜狵遙聞郡山好謝守但臨窗 柳
藻詠苕蕪唱玉鈴鏘寶幢尋言不悞言自笑趑塊狵
終知將門豪射雕恒貫雙 梅

在家持魔幢出家持佛幢 頭陀云在家苦嫌恨出家苦寂恨佛答之云云
非君亮誰雙 韓文公
兩勢不可同兩貴不可雙 說苑
流螢不計雙 孔武仲
鴛鴦七十二騏驥千萬雙 元微之
佳人鬬草百稚子擊毬雙 高荷寒食

四支

焉得凌霄翼飄飖登雲湄 阮籍○銀河也
霜節明秋景輕氷結水湄
落日催金奏飛霞送玉卮 韓仲宣

青女三秋節黃姑七日期 七夕
芳年有華月佳人無還期 劉休元
鮮景染水顏妙氣翼冥期 庾闡
帝之季女名曰瑤姬精魂化草實爲靈芝媚而服之則與夢期 古辨異
懸岩溜石髓芳谷挺丹芝 庾闡
金鷰飡八桂玉兎戲三芝
背長林翳華芝臨清流賦新詩 嵇康琴賦○陶淵明臨清流而賦詩
欲作高張引翻成下調悲 馬懷素
弓鳴蒼隼集劍動白猿悲 庾信

山青紅蕋匝洲曉綠苗絺 尹悉
宛宛凌江羽來栖翰林枝 柳
鯨呑海水盡露出珊瑚枝 僧含曦
橘柚分寶葉朱火燎金枝 張率
崔嵬扶桑日照曜珊瑚枝 杜
石菌生懸葉江槎流臥枝 簡文
胡馬依北風越鳥巢南枝 古詩○韓詩外傳代馬依北風飛鳥翔故巢吳越春秋代馬囙風而嘶越燕向日而熙
朝霞炙瓊樹夕景映玉枝 嵇含晴詩
流雲春窈窕去水暮逶迤秦地多芳草江潭有桂枝

崔湜

上馬不捉鞭反拗楊柳枝蹀座吹長笛愁殺行客兒 樂府○蹀座猶云密席

縈絲牽鳳子結縷坐花兒 沈約詠領

綠潭倒雲氣青山銜月規 簡文

暗雛啼曷旦涼葉墜相思 白樂天

秋千節後初相見袚禊人歸有所思 白玉蟾○燕子

屢呼金虀落閑品玉參差 唐彥謙

胡笳折楊柳漢使採燕支 盧杲之

異日相對舉當如合分支 韓○分支如今合同

遊人惜將晚公子愛忘疲 唐

芳樹迎羌管幽篁入楚辭 庾信

絕交無惡聲去臣無怨辭 三國志

春秋無義戰定哀多微辭 康節

霽色清珍宇年芳入錦陂 蘇味道

岩花飄曙輦峰葉蕩春旗 李義府

塞迥三通角山寒一點旗 唐

亂港交穿市高橋過得桅 顏魯公

長河落雁苑明月下鯨池 長安秋夕

衣被皆重池 左思○被心曰池

綵虹纓高雲文虬鳴陰池 張協

雲峰入夏池 庾信

綺觀連雞岫朱樓落雁池 元宗

日中有蒞淵月中有瓊池 眞誥

清風逍遙芳越景移上灼朝日下映蘭池 金朱公叔

膠漆至堅浸之則離皎潔素絲隨染色移君不我棄讒人所離

駸駸步驟裊婉婉翥長離 權載之

澹艷烟雨姿 劉庭芝

就中山堂雪更奇青松怪石亂瓊絲 東坡

奩鏡迷朝色縫釘脆故絲 梁簡文

振躡開交縷停梭續斷絲 劉邈○詠織

蘭逕少行迹玉臺生網絲 江淹

彈冠恨不早掛冠常苦遲 東坡

寒藻舞淪漪 柳子厚

岸巘供清溜亭臺繞翠漪 與可

孤舟無岸泊萬里有星隨 張喬

玉杯留醉處銀燭送歸時 韓君平

細籠芳草踏青後欲打梨花寒食時 梅○春雨

長顰串翠眉 梁簡文

風來秋扇屏月出夜燈吹 吳均
白虎題書觀元熊帖射皮 庾
掃石月盈帚濾泉花滿篩 李洞
顧我感窮景抱華不能擒 韓
敦敦守書案譬彼鳥黏黐 黐所以粘鳥〇上
歡華不滿眼咎責塞兩儀 上
子欲居九夷從鳳嬉 論語緯〇余謫滇南同年提學孫繼芳命知州馮吉建鳳嬉亭于趙州以居余
朝吳忠貞無忌逐之魏女色艷鄭袖鼻之 論衡
棗下何纂纂榮華各有時棗初欲赤時人從四面來

棗適今日罄誰當仰視之 咄唶歌
榣木不生危松柏不處卑 國語
窈靄瀟湘空翠澗澹無滋 江淹
泠泠雲珠落漼漼石蜜滋 庾闡
良將如收電可見不可追 抱朴子
陰庭覆素芷南階褰綠葹 沈約雪詩
筵浮水豹席擾雲螭 謝眺三月三日
清風起南颸 陶
土風從楚別山水入湘奇 曲江
德邁娥臺迴仁高似幄披 武后廟樂歌

黃鳥呼季玉 易林有鳥黃足歸呼季玉〇季女有德如玉猶左傳云季蘭也 白軀導
冰夷 太白詩
炙炮夥清酤裁皇恩溥洪德施 張衡
單于陪武帳日逐耀文榥 唐太宗〇文榥見王褒甘泉頌鏤玳瑁之文榥榥屋梠也今之楣枋
黃河如衣帶壹嶺若甑甗 音丹垂

五微

池鏡分天色雲峰減日暉 任希古
鼓鼙嚴朔氣原野騁朝暉 虞世基
甲乙羅帳異辛壬房戶暉 梁簡文

前壑已重靄遠峰猶落暉 文與可
寸晷閱清暉 張曲江
萬木迎秋序千峰駐晚暉 李嘉祐
昏旦變氣候山水含清暉 謝靈運
浦樹懸秋影江雲燒落暉 張說
秋天無留景萬物藏光輝 韋
猿臂銷弓力虬須長劍威 蕭子顯
銀鞍俠客至柘彈婉童歸 顧野王
繭館蠶初起瑤箱燕未歸 晏殊
水逐桃花去春隨楊柳歸 費昶

石鯨吹浪隱玉女步塵歸蘇頲昆明池○即杜詩織女石鯨之句意

虹隨殘雨散鴉帶夕陽歸儲嗣宗

梵音獅子吼妙相鴿王歸王禹玉

但聞蟬已蛻不見鶴來歸弔道士

花禽驚曙月鄰女上鳴機錢仲文

歲儲無別墅寒服羨鄰機李乂

西侯逢孫楚南津別陸機尹式

澗傍紫芝爆巖上白雲霏洪偃○爆霏二字妙

蟬鳴早秋至蕙草無芳菲蕭子雲

雨巖天作帶雲壑樹披衣宋之問

風帆倚翠蓋暮把東皇衣杜

月生初學扇雲細不成衣上

荷香隨去棹梅雨濕征衣韓翃

溫席開華扇梁門換褧衣張說賀新婚

人家在仙掌雲氣欲生衣王右丞

山路元無雨空翠濕人衣上

月白秋千地風吹蛺蝶衣梅黎花

江令歌瓊樹甄妃夢玉衣文與可梨花

槐庭垂緑穗蓮浦落紅衣庾

非梧生未合宮槐卷復稀上

白帝望青衣路長音信稀劉綮寄青衣詩人陳標

浴鳧銜藻戲驚鷺帶魚飛洪偃

交河梁已駕燕山旆欲飛虞世基

隴水秋先凍關雲寒不飛王貞白

舟鴿排風影杜檣烏終歲飛杜○集句

不見紅毬上那論綵索飛韓

田鶴遠相叫沙鴇忽爭飛謝朓

棹鴿元無帶杜檣烏疾似飛杜○集句

亭皋木葉下隴首秋雲飛柳惲

迅颷翼華蓋飄颻若鴻飛石崇

塔疑從地湧棟擬入雲飛王禹玉

殘陽破翠微錢起

江空潭靄微沈雲卿

遠江飄素沫高山鬱翠微何仲言

舊國應無業他鄉到是歸楚山明月滿淮甸夜鍾微韋

春潮平島嶼殘雨隔虹霓江爲

高秋收畫扇久客掩柴扉杜

芰荷迭映蔚蒲稗相因依謝靈運○阮籍詩迴風吹四壁寒鳥相因依○謝朓詩汀葭稍靡靡江菼復依依

鴟飛傷楚戰鷄鳴悲漢圍 庾信
梵宇開金地香龕鑿鐵圍 宋之
嘯旅乘明發奔橈驚斷磯 陳子昂
吳門冒海霧峽路凌連磯 韋
心目合浦葉命寄首陽薇 皇甫冉

六魚

政煩方改篆愚俗乃焚書 唐中宗幸始皇陵
跳跃被商舄重澤吟詩書 論衡
菊花宜泛酒蒲葉好裁書 楊炯
篋留馬卿賦袖有劉宏書 劉禹錫

花露生瓶水松風落架書 陶弼
簷外垂青豆經中發白蕖 段成式
六月蟬鳴稻千金龍骨渠 庾
白馬號龍駒彫鞍名鏤渠 徐陵
誓師張虎落選士擐犀渠 皎然
熊兒幸無恙驥子最憐渠 杜○宗文宗武小名
杜陵斜晚照潏水帶寒淤 杜
沐蘭朝太一種竹詠華胥 鄭絪
秋風吹海水寒霜依玉除 梁元帝
雲旗翳紫虛 傅元

雲罕明丹壑霜笳徹紫虛 蘇許公
秋野日荒蕪寒江動碧虛 杜
講學情田埆談經腹笥虛 楊大年
涼風新過鴈秋雨欲生魚 杜甫
墨潤冰文繭香消蠹字魚 常袞
海邊曾狎鳥濠上正觀魚 陳子昂
沃野收紅稻長江釣白魚 韋○送人省覲
草堂荒產蛤茶井冷生魚 裴迪陸羽泉
秋蟲聲不去暮雀意何如 杜
遠水浮仙棹寒星伴使車 李季蘭

映水見山火鳴榔聞夜漁 闞防
欲言忘景夕清興屬涼初 浩然
泓泓野泉潔熠熠林光初 韋
綴簾金翡翠賜硯玉蟾除 常袞
侍臣雙宋玉戰策兩穰苴 杜
遠望茗亭巍若仙居 水經
公與守相駕蜚魚往來倏忽遠熹娛祇此屯民甯厥居 黎陽張公頌
揭來歸耕永自疎 劉向
江清心可寶竹冷髮堪梳 杜

晨趨忘勞止夕惕念歸歟　楊大年

編年終顯德歷帝自凡蘧　劉鎔○凡蘧古帝號今作几蘧非

望岩悲比翼窺沼泣王餘　簡文

適情不求餘　淮南

含風搖古叓名木防露動林於竹名○庾信

孟春氷泮百草權輿　歷書引虞史伯夷言

無暇然官燭舟中有望舒　閻防

飛榮似鳥舒　呂覽○榮屋翼也

七虞

飛甍彫翡翠繡桷畫屠蘇　王褒

為煩金騕褭走致錦屠蘇　杜

飂飀縈海若霹靂耿天吳　沈雲卿○飂飀颼風也

老樹多封楚輕烟暗染吳　孫周

直城如斗柄官樹似星榆　劉憲

車移行漏鼓竿轉相風烏　庾

脫衫湔錦浪回扇避陽烏　簡文

颸兒爭水馬燕子逐檣烏　杜

返旆收龍虎空營集鳥烏　崔融

近發連雙兎高贈落九烏　劉孝標

月暈蘆灰缺秋還懸炭枯　梁元帝

人皆集于菀已獨集于枯　國語

鏡懸四龍網枕畫七星圖　簡文

蠹鳴泉窟室層結氣浮圖　白樂天

赴洞穴探封狐陵重巘獵昆駼杪木末擭獑猢超殊榛擠飛鼯　張平子○擠音迭○句法與班固招白閒下雙鵠揄文竿出比目同

張組帷構流蘇開軒幌鏡水區　左思

盈盈荷上露灼灼如明珠　陸雲

金鹽重素璧玉豉貴明珠　劉孝標

荊山不貴玉鮫人不貴珠　韓詩外傳

翠牙穿蔣葉碧節吐寒蒲　杜甫

金娥躧素足玉女眺清鑪　顧野王

漸深由片片取重本銖銖　梅○詠雪

魚小猶論尺鷗輕欲問銖　文與可

落霞沉綠綺殘月壞金樞　杜

思元狗道樞　淩敬

拜井開疎勒鳴桴動密須　駱

泉流信清泌原野實甘荼　鮑明遠

風高暗綠凋殘柳雨駛殘紅濕晚芙　江總

嶺徼雲成棧江郊水當郛　白樂天

春色辭門柳秋聲到井梧

佳氣浮仙掌薰風繞帝梧 岑文本
波紅日斜沒沙白月平鋪 白樂天
江城竹使待山路橘官扶 登
時雍表昌運日正叶靈符 岑文本
十芒生藥笥七焰發丹鑪 凌敬
宮槐上綠穗日槿落青跗 上
矯翰雷門鶴飛來葉縣鳧 上
冰盤薦文鮪玉斝傾浮蛆 坡
南山秋色動誰佩紫微壺 上○杜牧詩獨佩一壺遊
水蟲行插岸林鳥與提壺 文與可○插岸蟲名

金玉裁王度光華奉帝俞 武元衡
江長梅笛怨天遠桂輪孤 上
濁醪非鶴髓蘭肴異蟹蝑 庾
鷗鳥牽絲纜驪龍濯錦紆 杜
豐屋知名家喬木知舊都 呂覽
日南有野女羣行不見夫其狀晶且白裸袒無衣襦
唐蒙博物記
金鶩集芳蕋青鳥翔甘爐 上桴下櫨
斷金揮麗藻比玉詠生芻 權

八齊

囪中千里近簷下四山低 齊己
落星侵曉沒殘月半山低 王褒
曉楚山雲滿春吳水樹低 齊己
風澀飄鶯亂雲華芳樹低 謝元暉
芳筵暮歌發艷粉輕鬟低 戎昱
道路依憑馬朝昏仗托雞 僧可止○詠雪
魂交仙室蝶暗聽羽人雞 綦毋三
梁塵集丹幌微風揚羅袿 何承天
風前噴畫角雲上舞飛梯 張正見
練練峰上雪纖纖雲表霓 杜

碧瀨漱白石翠烟含青霓 孟東野
樂處將鷗狎談端用馬齊 張曲江
漠漠村烟起離離遠樹齊 王褒
馬頭攙岸斗燕尾泊船齊 梅
虎革先蒙馬魚腸且斷犀 李長吉
過秦看素滻還蜀度青泥 梅宛陵
羃歷蠶絲罥差池燕吐泥 吳均
墨點三千界丹飛六一泥 王右丞
結髮逐鳴鼙連兵追谷蠡平戎三尺劍封塞一九泥
李益○谷蠡音鹿黎

單于陪武帳日逐燿文槐唐太宗
顧兎睇窻瞰昏鴉卜樹栖唐
鸓必匹飛鵙必單栖易通卦驗
錦谷嵐烟裡刀州晚照西齊已
池色淨天碧水凉雨淒淒快風從東來荷葉翻向西岑參
寒原正蕪没夕烏自東西韋
健筆淩鸚鵡詞鋒瑩鷺鷥杜
截酒取蒲類爬泉飲鷿鷈李益
君子枉青盼不知東走迷離家未幾月絡緯鳴中閨李太白

嗟我久閣筆不書紙尾鷖王右軍帖最後次書一鷖字此帖之珍價至五十萬錢
徑蟠趨後崦水會赴前溪東坡
更待風景好與君藉萋萋王右丞
夜零白露林莽聲淒李問
芬馥歇蘭若淸越奪琳珪顔延年
弔屈汀洲浦謁帝蒼山蹊上
繞陣看狐跡依山見馬蹄江總雨雪曲
長空淨雲雨斜日半虹蜺張謂

九佳
豈怨佳時暮徒惜良願乖何承天
學如元凱方成癖文似相如卻類俳呂居仁
良辰入奇懷何承天
浮沉各異勢會合何時諧願為西南風長逝入君懷曹子建
桂水日千里因之平生懷江淹
籌飭隨宜放投盤止罰啀紅娘留醉打觥使及醒差元稹○又崑亭今日顛狂醉舞引紅娘亂打人
風定落松釵

但能傾玉醑不假列金釵梅
往春翔北土今冬客南淮應德璉○謝靈運詩嗷嗷雲中鴈舉翮自委羽求凉弱水湄違寒長沙渚成
鑿渠通鄭國穿溉引商顔音崖八水連鴻隙三洲隔蜃淮宋景文公送人督漕詩○史記引洛水至商顔下服虔日顔音崖山名
寂寞尋靜室蒙羃就山齋庾子山
衡門嗤尾遁虛室得心齋黄眘江
朔吹漂蓬堁江雲落豆稭鄧文原雪
卿雲靄於殿朱草蔓於階拾遺記
心將趨紫府肩欲拍洪厓梅

鴻飛通紫塞蔦跕極朱崖

蛟氷封古樹蟾雪孕靈芝 劉猛○梅

十灰

白日地中出黃河天外來 張蠙

山色侵天去江聲滚地來 劉乂

但見瀑布落如潨雲漢來 太白

白雲蒼梧上丹霞咸陽來 簡文

督郵捕蝗去亭長說烏來 庾肩吾

葉令雙鳧至梁王駟馬來 李元操

穴疑丹鳳起場似白駒來 駱

江月夜搖金篆冷天風時送寶花來 錢岳

江月不隨流水去天風常送海濤來 趙汝愚艮朱子書天風海濤字蓋慕趙公之節也世多不知之

正當河左個不待雨東來 錢思公

山中十日雨雨晴門始開坐看蒼苔文欲上人衣來 李白

盛門無再入衰房莫苦開 陶

井蓮當夏出囱桂逐秋開 王融臨高臺

水心龍劍動地肺鴈山開 皎然

雲逐魚鱗起渠隨龍骨開 庾信雨詩

綠房千子熟紫穗百花開 上○檳榔

地幽蠶室閉門靜雀羅開 駱

夏葉依窗落秋花當戶開

已覺雲翅動還驚月幌開 錢思公

濯龍望如霧河橋轉若雷 徐陵

浮雲翻似蓋流水引成雷 王瑳

漢時光如月秦祠聽若雷 楊炯

水漂斷出口吼沫相喧豗噴壁四時雨傍村終日雷 岑參

衆喣漂山聚蚊成雷朋黨執虎十夫柔椎 中山靖王

庭花採菉毒岩石步莓苔 鄭愔

虛幌風吹葉閑階霧染苔 上

柳暗清波漲衝萍復漱苔 唐僧無可

窮巷隱東郭高堂詠南陔篤根長花草井口生莓苔

玉齒呈纖瓠珠喉怨落梅 高適

插萸登鷲嶺把菊坐蜂臺 樊忱

鑪烟入斗帳屏風隱鏡臺 蕭紀

元霓臨日谷封蟻對雲臺 庾信○雨詩

聽鳥聞歸鴈看花識早梅 暢諸

水影搖叢竹林香動落梅 庾司馬才仲

氷城朝浴鏡地道夜銜枚　梁簡文
析氷開荔色除雪出蘭栽　蕭綜○冬至
明月照積雪朔風勁且哀　謝靈運
巾角彈棊勝琴心促軫哀　司馬才仲
情寄南雲返思逐北風迴　沈氏歸願
薄雲齊鬢膩流雪楚腰迴　司馬才仲
蘭防分杳杳麥壠望莓莓　權
藕絲牽作縷蓮葉捧成杯　殷英童
海上流霞酌淮南承月杯　吳均
起蘋初淅瀝猶桂更徘徊　錢思公詠風

白露滋園菊秋風落庭槐　謝惠連
微霜拂宮桂淒吹掃庭槐　張說
長安大街兩邊種槐　苻堅時童謠

十一眞

圖蛟怯水伯照鷁竦江神　蕭子顯
脩標多巧棲允劍亦入神　傅元○脩標今之高竿
鳴雀三農稔勾龍百代神　蘇頲○秋社日○上句事見三輔黃圖
金輝起搖步紅彩發吹輪　費昶
烟雲開五色日月竝重輪　符載
秦雲猶變色魯日尚迴輪　劉孝威

女愛不必席男歡不盡輪　鬼谷
時嚶起稚葉蕙氣動初蘋　沈雲卿
蠖屈待龍申　晉
登年慶栖畝稔歲賀盈囷　農祥歌
邊草不知春劍花增濡塵　厲元
煦氣成虹霓揮袖起風塵　劉劭趙都賦
機事齊飄瓦嫌猜比拾塵　柳
沉犀對江浦驅馬入城闉　褚亮蜀都
連鑣出巷口飛轂下池漘　高球
凱樂聞朱鷺鐃歌見白鱗　符載

洞庭摘朱實松江獻白鱗　韋○送劉評事
郵亭畫鳥候管同魚鱗　上句漢明帝事下應瑒詩
林芳開兎目原色動龍鱗　宋子京
薄霧銷輕縠鮮雲捲夕鱗　虞世南
誰言形影親燈滅影去身誰言魚水歡池竭魚枯鱗　東野
膏以肥自焫翠以羽殃身　蘇秦
探懷授所歡願醉不顧身　王仲宣
又遊輕費日醉舞詎傷春　柳
珠幡映白日鏡殿寫青春　劉憲

竹館烟催暝梅園雪誤春 錢起
嶺分中夜月江隔兩鄉春 張蠙
洞水流花早壺天閉雪春 上
虹分陽羨雨浪隔廣陵春 方干
霜空澄曉氣霞景瑩芳春 許景先
野曠天低樹江清月近人 孟浩然
雲疑作賦客月似聽琴人 楊炯○琴臺
陰天聞斷鴈夜浦送歸人 第五琦○獨孤及稱之曰穠麗閑遠之外文何窈窕悽惻
秋塘惟落葉野寺不逢人 韋

氷縱瓢探水雲根斧斵薪 靈一
得一流元澤進三御紫宸 唐武后○樂歌
妙舞翹華足清謳發絳脣 梁簡文
空持渝皓齒非但污朱脣 劉孝綽○擯郗
香塔魚山下禪堂鴈水濱 駱賓王
樵歌喧壟暮漁棹亂江晨 虞騫
獨淚起殘夜孤吟望初晨 東野
春別亦蕭索況當氷霜晨 上
不寶咫尺玉而愛寸陰旬 淮南
寶瑟調中婦金罍引上賓 楊炯

揶揄慙路鬼憔悴切波臣 盧
敬恭遵郡守賤簡具州民 韋
置榻宿清夜加籩醼良辰 上
野曠歸雲盡天晴曉露新 上

十二文

石畫裝苔色風梭織水紋 上官昭容
江樓明返照雪嶺亂晴雲 李鄴
漢騨秋聒地羌火晝燒雲 皎然
三危上蔽日九折杳連雲 劉孝綽
澄宵半床月淡曉數峰雲 范文正

一夜風澎浪中宵月脫雲 后山
澗花然暮雨潭樹暖春雲 岑參
流星透疎木走月逆行雲 賈島
水煙晴吐月山火夜燒雲 岑參
塔影掛清漢鍾聲和白雲 綦毋潛
山中自有宅桂樹籠青雲 吳均
曈曈螢入霧離離鴈出雲 沈約
紅照連猗水電出嵯峨雲 虞騫○雨詩
氣赤海生日光清湖起雲 沈雲卿
墜露如輕雨長河似白雲 蕭子暉

五峰高閣日九疊翠連雲 王貞白

笳吟中嶺樹仗入半峰雲 崔翹

玉盤飛夜雹金磬入秋雲 張祜 ○琵琶

帆影入湘雲 靈一

白水浮香墨清池滿夏雲 韋 ○詠硯

澤國霜寒楓暈酒江天風急雁書雲 陳可

老聃熙春臺管仲悲秋雲 管子秋雲之遠動人心之悲

雲崖似留月蘿徑若披雲潺湲石溜響緜蠻山雨聞 王融

夜蟬當夏急陰蟲先秋聞 顏延年

苔甃桐華落山囪桂樹薰 權載之

羅襦曉長襲翠被夜徒薰空汲銀床井誰縫金縷裙 吳均

風捲葡萄帶日照石榴裙

曉光天際未全分小玉顛狂扯破裙手把一封書一紙報言榜上有郎君 杜羔妻

茅亭宿花影藥院靜苔文 韋

茅山如已字蜀水類巴文 仙志

迴沙擁籀文 王勃

落暉散長足細雨織斜文 虞騫

以管窺天以隙視文 扁鵲

古壁丹青色新花錦綉文 李嶠

楊柳成歌曲蒲桃學綉文 庾信

星火遠相亂江山氣不分 后山

媚臉隨羞合丹唇逐笑分 何遜

霧罷江天分 謝莊

東顧三洲隔西眺九派分 鮑

樹隨山崦合泉到石稜分 許渾

龍送雨來留客住鹿啣花至與僧分 吳玨一

飛蓋明丹渥旋流寫綠沄 沄淪水旋流貌 ○宏明

堂上不糞除郊草不瞻芸 荀子

接縢對蘭薰衣香逸出羣 簡文

括揭鳴夕暮焆燿流涼氛 沈約

日月中人照與芬 晁无咎 ○登眞隱訣云日中青童日照龍韜月中夫人日芬豔嬰

十三元

屯烟擾風穴積水漏雲根 宋孝武帝

天機淺嗜欲宴安銷雲根

新黃含遠林微綠生陳根 韋

過橋分野色移石動雲根 賈島

草生垂井口花落擁籬根 楊發

醴泉有故源嘉禾有舊根 論衡
漸寒沙上路欲暝水邊村 唐球
澗水空山道柴門老樹村 杜甫
放馬荒田草看碑古寺門 唐球
迎新千里遠送舊不出門 東觀漢記
日宇光芒動奎鉤氣象温 御書
殘燭將銷蠟離弦欲罷鵾 駱賓王
顔氏希有虞隰子慕黄軒 嵇康
澄潭寫遺鴈空岫應鳴猨 虞騫
寒山霧裡靜野日燒中昏 陰鏗

樓角凌風迥城陰帶水昏 杜
仲秋邊風起黄沙千里昏 王僧達
孟冬寒風起東壁正中昏 王微
建始移交讓徽音種合昏 庾信
詞華傾後輩風雅藹孤騫 杜
服之不盈旬蹩躄皆騰騫神哉輔吾足幸及兒女奔
柳子厚
漂蕩雲天闊沉埋日月奔 杜
夜闌接軟語落月如金盆 上
河岳出雲雨土圭酌乾坤 韋

爽氣金天豁清談玉露繁 杜
餓狼守庖厨饑虎牧牢豚 仲長統昌言
乘月聽哀狖浥露馥芳蓀 謝靈運
春晚緑野秀巖高白雲屯 上
柳深陶令宅竹暗辟疆園 李太白
去婦不顧門萎韭不入園 諸葛孔明
魏闕際青雲大廈擬昆崙 淮南
黑巖藏晝電紫露泛朝暾 盧山

十四寒

朝霞晴作雨溼氣晩生寒 李頎○張子容詩海氣朝成雨江天晚作霞

珠旗明月色玉珮曉霜寒 王朴
門帶山光晚城臨江水寒 薛道衡
棲馬悲笳吹城烏啼塞寒 劉禹錫
野梅將雪競江月與沙寒 李頻
天白鴈行單山峰染月寒 簡文
漏鼓依嵓畔相風出樹端 鄭義直○相音湘
摛文高一變游藝總三端 閻朝隱
君子防其然聖人閉其端 晉書
吼沫跳急浪合流環峻灘 宋之問
山谷裁方斛江珍拾淺灘清池上几案碎月落盃盤

坡○言碎石

欹離出漩劃線繞過盤 宋之問

風雲開古鏡淮海熨氷紈 谷

奇香分春霧石炭擣輕紈 張正見○石炭𤋮香爆也又詩云名香𤋮綺幕石墨鑪彫金

瑤粧映層綺金服炫彫欒 沈約

青烏相塚墓白澤窮神姦 顧况

笑榴呈寶鈿么橘綴金丸 唐

秋顏入曉鏡壯髮聳危冠 李太白

花月醉雕鞍 上

月磴時橫枕雲崖宿解鞍 江總

綠沾泥滓盡香與歲時闌 杜○癡畦

向嶺分花徑隨階轉藥闌 庾信

野人尋烟語行子傍水餐 杜

墨出青松煙筆出狡兔翰古人寫鳥跡文字無改刊 子建

色映臨池竹香浮滿砌蘭 張正見○詠酒

臨軒樹萱草中庭植合懽 嵇含

誰言漢樸學正似楚枝官 宋祁

星點粧金靨雲梳粧寶鬟

十五刪

聖理高懸象爰書降罰鍰 柳

補天餘彩石縮地入青山 李泌

潮來無別浦木落見他山 鄭谷

宴坐磐陀石經行香醉山 宏明

荒城臨古渡落日滿秋山 王維

僧臘階前樹禪心江上山 韓翃

花遠重重樹雲輕處處山 杜

後乘猶臨水前旌欲換山 徐安貞

狐死首邱豹死首山 廣志

遠烟平似水高樹暗如山 雍陶

淚添天目水髮變海頭山 張萬頃

春水渡傍渡夕陽山外山 石屏

春風偏送柳夜景欲沉山 韋

杜鵑啼咽花亦殷聲悲絕豔連空山 李紳

曾閃朱旗北斗殷 杜

齊國霸圖殘照裏謫仙詩思冷雲間乾坤一劍無人識夜夜光芒北斗殷 元好問○殷與黳同赤黑色也左傳左輪朱殷太元陰殷陽白極則反也

錢塘鸂鶒綠哭岫鷓鴣斑 小杜

春機鳴窈窕夏鳥思綿蠻 吳均

中人應有望上客莫前還 庾

道同意暫遣客散疾徐還 韋

雲與淵明出風隨禦寇還

節氣既已孱 王僧達七夕○迮也

覼于杳未孱 江淹○覼見也

細花穿弱縷盤向綠雲鬟 韋隱詠素馨花

飛蟬粧薄鬢墮馬綴低鬟 唐

良人惜美珥欲以代芳菅新縑疑故素盛趙茂衰班

劉孝綽

氣象奪天與景物破鬼慳 文與可

開筵試歌舞別宅寵妖嫺 元微之

愁吟心骨顫寒臥支體癉 上

夙志隨憂盡殘肌逐瘴瘝 柳子厚○注瘝五還切痺也

乘軺參孔瑾按節服侯犅 上○犅折姦切○侯犅前漢呼韓邪單于

泥沙潛虺蜮榛莽鬬犲貜 犲類也○上

哲匠金桴卷一

哲匠金桴卷二

成都 楊 慎 撰 綿州 李調元 校定

下平

一先

色映粱珠遠光隨趙璧圓 褚亮詠月

香濃煙穗直茶嫩乳花圓 六一○茶

芳叢翳湘竹零露凝清華 柳子厚○茶

碧流霞脚碎香泣乳花輕 李德裕

甌潔凝芳乳羅纖撼縹塵 宋景文

夜餉煎雲芽晨焙烘金餅 龐籍

沫下麴塵香花浮魚眼沸斟來有佳色咽罷餘芳氣

不見楊嵩巢誰人知此味 白樂天茶與○茶詩以類相從不分韻也

長腰瓠犀瘦齊頭珠顆圓 石湖詠吳米

綠野明斜日青山澹晚煙 虞世南

遠寺吐朱樓春潮浮綠煙 顧況

徐歌駐行景迅節籥浮煙 樂府

終朝吐祥霧薄晚孕奇煙 范雲

鳴騶噴梅雪飛蓋曳松煙 崔泰之

蟹美持螯日魚香抑鮓天 宋祁

花明無月夜聲急正秋天 張蠙咏葦花

虹收千嶂雨潮展半江天 可朋
浮雲舒五色瑪瑙映霜天 梁簡文
三千金色界十四玉隆天 梵
火星當永夜雲漢倬炎天 伯玉
文軫薄桂海聲敎燭冰天 江淹
乘鶴方履漢鸞鶴上騰天 范雲
胡風凍合鷿鵜泉牧馬千羣逐暖川塞外征行無盡日年年移帳雪中天 李益○暖川可對熱海皆胡地之水冬日少不凍非眞暖熱也
雲驂駈半景星蹕下中天 趙彥若
萬壑應孤磬百花通一泉 允言

跂石揖飛泉 宋務光數謝公句以挹作揖尤奇揖泉可對拜石也
佛地花分界僧房竹引泉 張祜
巨靈掌上月玉女盆中泉 馬戴
朝盤香積飯夜貫落花泉 幼公
尋木起牙蘖洪波出涓泉 三國志
銅陵映碧澗石磴瀉紅泉 謝○山居賦曰訊丹沙於紅泉
隔林分落景餘霞明遠川 韋
楓葉紅霞舉蘆花白浪川 劉蕃
遠山橫落日歸鳥度平川 杜荀鶴○荀鶴詩多淺俗此二句可入盛唐
晚霞澹遠岫落景藥長川 于仲文

漢闕中黃近秦山太白連 趙彥若
野橋寒樹亞山店暮雲連 李咸用
日落當歸去魚鳥見留連 王融
孤城當瀚海落日照祁連 陶翰
助岳無纖介輸溟謝末涓 韋嗣立
重階清漢接飛竇紫霄懸 王景慈恩寺
為貪盧女曲用盡沈郎錢 周方
湖色洪詩興風嵐費酒錢 權
江濤讓雙璧渭水擲三錢 楊炯
路長惟算月書遠每題年 李約

鰩魚顯嘉瑞銅雀應豐年 簡文
白雪粧梅樹青袍似葑田 謝艮甫
雲銜日脚成山雨風駕潮頭入渚田 禹錫
蚊吶成雷澤袈裟作水田 范燈詠江南夏
素腕撆新藕殘粧妬晚蓮 鄭槃
蜘蛛夜伴織蟋蟀曉驚眠 徐陵
頹峯瞑酌羽流水曠鳴絃 楊炯懷友
蘿月掛朝鏡松風鳴夜絃 太白
山遠蓬顆外宮闕黍離邊 宋子京
腹中愁不樂願作郎馬鞭出入擐郎臂蹀座郎膝邊

樂府○蹀座猶云密席

紅粧臨寶鏡秋水照明鐲 竹溪

病吟終少味老醉不成顛 坡

暫息三友論重參二祖禪 后山○三友謂友見友諒友識也世稱天不博知不出三友

茶如鷹爪拳湯作蟹眼煎 谷

非梗胡爲泛無膏亦自煎 張曲江

射的白斗一百射的元斗一千 會稽謠○射的山名視其色白黑占歲

明月不妄映葩葩豈虛鮮 郭璞

雲日相輝映空水共澄鮮 謝靈運

高不絕山阜跛羊升其顛深不絕涓流孺子浴其淵 牟子

白雲抱幽石綠篠媚清漣 謝靈運

寒城一以眺平楚正蒼然 謝朓

雄飛入元兔雌去往朱鳶 張協

嚴翠深樵路湖光出釣船 皇甫冉

倘遇鸞將鶴誰論貂與蟬 駱

中有懷真士被褐守冲元 范雲

二蕭

綠齊山葉滿紅曳水芝銷 王芝之○蓮日水芝

月黑龍光發天清蜃氣消 高季迪

店香風起夜村白雨休潮 溫憲○杏花

注水瓶花醒吹薪藥鼎潮 石湖

遲日半空谷春風連上潮 綦毋潛

萬象歸白帝平川橫赤霄 高適

清飇矯高翮叢雁鳴雲霄 陶

石橋通小澗竹路上青霄 梁王訓○杜子美用之

名園依綠水野竹上青霄 杜甫

擢修幹竦長條扇飛雲拂輕霄 左思

歸塘橫肇海平圃振詞條 薛元超○歸塘見列子平圃見山海經

白雲迴金蘋秋月暎玉寥 王元長

平流鼓怒浪靜樹振驚飇 孔穎達

綿思靄流月驚魂颯迴飇 韋

河光清地紀山氣斂天標 王筠

鴨頭新綠水雁齒小紅橋 白居易

綠水通春谷青山過板橋 劉長卿

霽容天在水春態柳藏橋 東坡集

倭墮梁家髻冉弱楚宮腰 蕭

魚躍浪花翻水面雁拖煙練東林腰 翠微

匏瓜詎無匹神女嫁蘇韶

年還節已仲野綠氣方韶鮑至○庾信天寒日易暝
溪光明短杓樹影蔭危譙歲晚風多刱句法與此同
文輕傅武仲酒逼益寬饒文與可彭山縣
戰苦軍猶樂功高將不驕唐
急流鵁鶄散絕岸黿鼉驕杜甫
乖期方積思臨醉欲拚驕樂府
明鏡盤龍刻簪羽鳳皇雕蕭子顯
旌宮臨廣隰藻衞櫟巖椒劉孝威
銀華晨散金芝暮搖三日曲水
迷迭含香長芙蓉逐浪搖劉孝威

周旗交采旆晉鼓雜清簫上
登臺吸瑞景飛步翼神飈禹錫
杖藜青石路煮茗白雲樵孟貫
客溪路轉迷橫杓仙几風來得墮樵半山
山寒右髮瘦水落溪毛彫謝無逸
何日肩三署終年尾百寮唐
鐵馬陣橫秋戲苦水犀軍動夜聲驕金靖○水犀語
當筵共賽梟敬子也○禹錫
虎紱懸新印龍鄉理去橈上

三肴

嚶鳴冠伐木援類同拔茅梟綱
憂歎世上弁歲月途中抛長孫
海風吹涼木邊聲暗梢梢喬知之
白花簷外孕青柳檻前梢
所賴山水客扁舟枉長梢
滴滴藥泉來石竇霏霏茶靄出林梢和靖○茹按藥泉來石竇茶靄出林梢元蘂於蕭韻又重拈出今訂之
一徑欹還坳上
玉清世界金粟窩巢木犀
古樹懸魚網空林露鳥巢

柱穿蜂溜蜜棧缺燕添巢杜甫
浮萍與繫匏歐陽瞻
一淵不兩蛟淮南○俗諺一林不兩虎兩雄不並棲韓非子
高巖瞰清江幽窟潛神蛟柳
挹流敵清觴掇野代嘉肴上

四豪

齊幕英寮散芳筵下客叨孟浩然
嶺暗猿啼月江寒鷺映濤劉
沙岸金籠樹燈汀玉湧濤詠月
建章樓閣迴長安陵樹高王子深

萬壑樹聲滿千崖秋氣高 杜甫
海對羊城闊山連象郡高 高適
木落寒山靜江空秋月高 柳宗元
寒烏向雲嘯悲鴻竟夕噭
羽化如乘鯉棲居舊冠鼇
舞鬟金翡翠歌頸玉蠐螬 白
天香留鳳尾餘暖在檀槽 李后主傷周后題琵琶云
上幕迎神燕飛絲送百勞 長吉
羅韈紅蕖豔金雞白雪毛 杜
前軍蘇武節左將呂虔刀 上

戈鋋開雪色弓矢向秋毫 上
拂花紅染袖書葉翠凝毫 孔文仲
問牛悲釁鐘說彘驚臨牢 柳
披山窮木末駕海踰蟠桃 上
甯惟追魑魅所懼齊君麃 上○麃與高仝

五歌

愁至願甘寢其如鄉夢何 沈
綿綿不絕蔓蔓若何涓涓不塞將成江何豪末不拔將用斧柯 金人銘 汲冢書仝
牂牁有赤水陰山有紫河

寒閨織素錦含怨斂雙蛾綜新交縷澀經脆斷絲多衣香逐舉袖釧動應鳴梭還恐裁縫罷無信往交河 虞世南○織錦
北渚生芳草東風交舊柯 劉
斧小不勝柯 汲冢書
萬年枝上月痕過娟眼惟看宿鷺窠斜拔玉釵燈影畔剔開紅燄救飛蛾 張祜宮詞
此地芳草歇故山喬木多 馬戴
烏墜火雲多 劉
浴罷華清瑟瑟波笑吹玉笛喚甯哥春宵大被應閑

郤花蕚樓前曼草多 何兆
露鐙色似玉風幌影如波 月
勢高凌玉井星臨迴度金波 月
千翼泛輕波 顏延之詩○千翼舟也○可對五牙
嚬容生翠羽曼睇出橫波 詠舞
日無亭影川不旋波 蘇子
南樓渚風起樹杪見滄波 張南史
秋風吹木葉還似洞庭波 王子深
麥芒際天搖青波 柳
王刁弟子有錢哥九節仙藤巧伏魔飛去上清千載

後嶽蓮依舊碧嵯峨周紫芝○錢哥王不弟子○西岳志
玉殿金風透舞羅羊車何處響瑤珂暗垂珠淚還偷拭悶傍雕籠問翠哥劉猛新宮詞○翠哥鸚武也
履高全響塌鞾輕半隱羅鮑泉
禪心翻恐辱梵語問多羅李嘉祐
東郊向金馬南陌接銅駝徐陵
羌女輕烽燧胡兒掣駱駝杜
依水類浮萍寄松似懸蘿選
陳蕃懸榻待謝客枉帆過劉長卿
終日塊然坐有時勞者歌張曲江

齊榜女縱棹歌奏淮南度陽阿感河馮懷湘娥張平子
少君騎海上人見是青騾李賀馬詩
小洞穿斜竹重階夾細莎張祜
日落風亦起城頭烏尾訛杜
六年西掖宏湯誥三捷東堂總漢科楊巨源

六麻

馳辨如波濤摛藻如春華子雲
雅淡呈秋色馨香噴月華
芳草無行徑空山正落花楊師道
得作長安草勝爲邊地花卿雲

下簾還愛月挑燈更惜花盧綸
仙廟冠桃花道藏詩
野衣裁薜荔山酒酌藤花駱
塞蘆隨雁影關柳拂駝花楊巨源
曉厨烹淡茶春杼織桐花孫光憲
池開照膽鏡林吐破顏花李太白
置酒燒枯葉披書坐落花王無功
芥浮舟是葉蓮聳岫爲花賈彥章
石蒲生促節巖樹落高花何仲言
俯巢窺暝宿臨樹摘高花劉綏

標春抽晚翠出霧有懸花簡文詠藤
春陰妨柳絮月黑見梨花鄭谷
晨行踏忍草夜誦得靈花宋之問○僧寺
苔侵蹤磴蔓竹隱斷巖花曾公袞
高岫留殘照歸鴻背落霞清霜染楓葉皎月借蘆花僧文
芳屏畫春草仙杼織朝霞王勃詩
冠月褐雲佩綠霞胡潜庵
路塵高出樹山火遠連霞禹錫
定林去喧俗鹿野出埃霞王融謝僧
鸞情極霄漢鳳想疲煙霞王子安

白沙如霜雪赤岸若朝霞 晋羅含湘中記

願言鳳羅盟畢世駐塵邪循奉蕋珠戒期之飛太霞 文與可○青城山丈人觀

片心除眾諳兩手過羣邪 陸贄贊

夜風吹熠燿朝光照昔耶 昔耶若也○王僧孺

洲荻藏迷子溪篁擁若耶 半山

錦腰連理滴繡領合歡斜 吳均

長虹逐闌斷歸鳥避空斜 劉綏登樓

池中寶花葉覆金沙逆風氣亂映水光斜 元

薰香望韓壽磨鏡待秦嘉

細風吹寶襪輕露染紅紗

兵起如流沙死人如亂麻 星經

旅行勞泛梗離贈折疏麻 駱

蕭寺休為客曹溪便寄家 楊炯

鶴岑有奇徑麟洲富仙家 王子安

雨多添柳耳水長減蒲芽

輕苔網危石春水架平沙 高珠　唐

參差金谷樹皎鏡碧潭沙 元弓嗣初○弓咸亨二年狀

春水渡傍渡 石屏　恒河沙復沙 太白

露峊淪曉魄風潋漲寒沙 駱

燈光不出戶鬼火空照沙 梅

分行參瑞獸傳點亂宮鴉 柳子厚

話別無長夜停燈聞曙鴉 項斯

莫嫌龍馭晚扶桑復浴鴉 張正見

叢蘭巳飛蝶楊柳半藏鴉 劉孝標

渡江船載馬投館燭驚鴉 高啟　羌樓酒不賒 項斯

門多金埒騎路引璧人車 徐皓

蕭颭灑秋色氣昏埋日車 杜

湖陰窺魍魎丘勢辨巴蛇 張均

高談辨飛兔摘藻握靈蛇 世南

鷰鶴凝標白諸語謬壺齟 劉貢父○事見東方朔傳

更撕雙鬢雪蕭颯對文綃 上

造成小餅若帶銙鬪浮鬪色頂夷華味甘回廿竟日

在不比苦硬令舌窊 梅○茶

懷人棠蔽芾招隱桂窅窊 貢父

殿階鋪水碧庭炬拆金葩　倦鳥寄行查 禹錫

懸粱接斷岸澁路擁奔查

長影沒窈窕餘光散谽谺 杜

日光穿岸腳水影射簷牙 梅

雞鷇貫歲首綾縞收物牙 束皙

七陽

方舉青丘繳安訪白霓裳 楊師道

冰雪銷殘臘煙波寫故鄉 上

南遊罔寘野北息沉墨鄉 淮南子

行遊到日南經歷交趾鄉苦熱但曝霜越夷水中藏 曹子建

蒟醬辛初和蓱虀冷乍嘗 劉筠

振繡衣被袿裳穠不短纖不長 神女

燈火宜冬杪圖書稱夜長 文與可

湯嫩水輕花不散口甘神爽味偏長 梅 ○茶

谷鳥驚碁響山蜂識酒香 楊師道

石脉綻寒光松花噴曉霜注瓶雲母滑漱齒茯苓香 章孝標○方山寺泉

鴈過孤峯燒猿啼一樹霜 賈島

地坐略少長意行無澗岡 空林網夕陽 王右丞

鳥道掛疎雨人家殘夕陽 錢

羣山靄霞矚綠野布熙陽 韋

重雲始成夕忽靄尚殘陽 上

宛筆傳曲沃摻鼓發漁陽 劉筠

茲夕興難盡燈轟照蠡陽 錢

嫷被服侻薄粧沐蘭澤含若芳 神女

顧形影自整粧順微風揚若芳動朱脣紆清揚 舞賦

酒旗翻野色漁棹弄秋光 仲欣

杪冬嚴殺氣窮紀送頹光 李嶠

掩窗寂已睡月脚垂孤光 坡○詩人有雲脚雨脚之語杜詩日脚下平地李賀詩露脚斜飛濕寒兔蝓鳧詩鴈天霞脚雨

人遠精魂近寤寐夢容光 漢古詩

瑞草生金地天花照石梁 張正見

架嶺承金闕飛橋轉石梁 徐陵

朗月垂元景洪漢截皓蒼 李充

百花亭漫漫一柱觀蒼蒼 李頎○襄陽

門嫌磁石礙馬畏鐵菱傷 庾信

瑤階變杜若玉沼發攢蔣 劉孝綽

曉風熏麝馥秋露染鵝黃 何斯舉

杯面猩紅浮琥珀甕頭鴨綠變鵝黃 酒

反裘衣狐白徒步牽驪黃 周生烈子云居貴勢而不行道譬之反裘衣狐白徒步牽驪黃

砌冷蟲喧座簾疎月到床 岑參○許白雲詩露令蟲喧砌簾空樹怯秋

竹齋燒藥竈花嶼讀書床 杜甫

清磬度山翠閑雲來竹房 崔峒

凝煙泛城闕淒風入軒房 劉鑠

散彩縈虛牖飄花繞洞房 盧杲之○螢火

昔爲三春蕖今作秋蓮房 陶○傅元詩昔爲春蠶絲今爲秋女衣

填塋躋花界疊石構雲房 韋

內照含靈光太一含眞芳馨香散華谷鬱鬱生紫房 道藏詩

野畦連蛺蝶江檻俯鴛鴦 杜

槐露漪梅暑蘅臯起簟凉 張說

蠹蝝仆柱梁蚊虻走牛羊 說苑

有鳧鴛鴦有鴈鶬鶂 歸藏

仲尼長東魯大禹出西羌 戴叔鸞

操行有常賢仕宦無常遇 王充

德行不虧缺變故自難常鄭康成行酒伏地氣絕郭

景圖命盡於園桑 魏武帝董逃行

北斗挹酒漿 詩 瑤光爲資糧 淮南

綵鳳隨蕭史班騅送陸郎 劉筠

方資裂繒笑可要蕩舟狂 上

八庚

野市依蠻姓山村逐水名瘴煙沙上起陰火雨中生 王建

生無一日歡死有萬世名 列子

川原多舊跡墟里或新名 洪偃□謝靈運來入忘新術去子惑故蹊

島嶼夏雲起汀洲春草生 賈至

古道黃花落平蕪赤燒生 李端

孟子戒助長莊周懲益生

霜枝懶柳發水塹薄苔生 陳

鵲巢知風起獺穴知水生 韓詩外傳

松風遵路急山煙冒隴生 顏延年

夜蚌侵燈影春禽雜櫓聲 張嬪

田家無五行水旱卜蛙聲 章孝標

白沙留月色綠竹助秋聲 李太白

殘兵疑鶴唳空壘辨烏聲 禹錫

鳴笳芳樹曲流唱采蓮聲

淮船分蟻點江市聚蟬聲 徐融金山寺

喜見狂奴態羞爲老婢聲 張祜

雨後閑花落風來古木聲 脩睦

掃地樹留影拂床琴有聲 李濤

歸鴉度晚景落鴈帶邊聲 谷

谷水添茶味林風減扇聲 皎然

美色不同面悲音不共聲 論衡

急趨無善步促柱少和聲療饑非鼎食拯溺不規行 王充論衡

水趂潮頭上山隨舵尾行 葛無懷

水國舟中市山橋樹杪行王維○張喬詩夜火山頭市春江樹杪行
鴈王銜果獻鹿女踏花行上
舟如空裏泛人似鏡中行釋惠標
岸草知春晚沙禽好夜驚皇甫冉
寒沙四面平飛雪千里驚范雲
棹謳唱籲籟鳴洪流響渚禽驚左思
拔劍金星出彎弧玉羽鳴陳
野日荒荒白春流泯泯清杜
紫煙四時合黃河萬里清王儉
禪河隨浪靜愛女逐波清傅大士

蕙帳晨颸動芝房夕露清許敬宗
粉光勝玉靚衫薄擬蟬輕梁簡文
鬖花新雨靜帆葉好風輕皎然
蒼梧彩雲沒洛浦綠池平唐堯客大梁行
代馬樓蘭將燕犀上谷兵虞
詰屈避語穽寓海觸心兵張祜
島煙半寺碧江月遠船箏張喬
御馬不釋策插弓不反擊家語
掘雲破嵽嵲采月漉坳泓韓
幽蘭非男芳佳樹實女貞

蕪荑生於燕橘枳死於荊春秋繁露
醜凸隆胡準深凹刻兕觥牛僧孺太湖石
瘰痺微寒早輪囷數片橫上
涉漭漭馳苹苹宋玉○長卿賦纚乎淫淫般乎裔裔
翠帷雙捲出傾城柳遠樹低槍壘孤山出幔城唐詩耿湋
山驛風月榭海門煙霧城姚係
陸海披珍藏天河直斗城王翰
筆漏三江浪詩專五字城惠崇樓中遲啓明權
悠悠掩宵寂亹亹抱秋明秋懷
遙岑出寸碧遠月增雙明聯句

燒田雲色暗古樹雪花明張正見
易銷泉源近拾翠沙激明姚係
涼風起將夕夜景湛虛明陶潛
風起寒文弱藻舒翠縷明杜工部
洩香銀囊破瀉露玉盤傾白蓮
招搖西北指河漢東南傾陸機
汲井既蒙澤插援亦扶傾韋○種藥
風來如扣瓊桐花
雅哉君子文詠性不詠情白
窑煙冪疏島沙篆印回坪韓○城南

寶唾拾未盡玉啼隋猶鎗
臨風想元度對酒思公榮 魏收
林光如匹練海氣似圓甕 皮日休
謂爲聽琴閱圖因看海瞪 陸魯望
春江壯風濤蘭野茂梯英 顏延年〇村詩春江不同渡二月已風濤
清松凝素髓秋菊落芳英 許詢
浦樹遙如待江鷗近若迎 張曲江
金杯酌灩灩歌扇掩盈盈 陳子良
賢俊鸞棲棘賓迎馬佩蘅 蘇頲
磨礲去圭角浸潤著光精 石鼎

九青

梅花灞水別宮燭驪山醒 韓
泉紳拖脩白石劍攢高青
綵雲陰復白錦樹曉來青 杜
山翠相凝綠林煙共幕青 韓
江通五管白天落九凝青 傅若金
銀盤色瀉梨花白翠竿香浮竹葉青 酒
腐鼠何勞嚇高鴻本自冥 坡
赦行五百里月變三十蓂
駿馬養外廄美人充後庭 戰國策

楚色籠青草秋風洗洞庭多霏生水寺初月盡雲汀
棹響來空闊漁歌發杳溟欲浮闌下艇一到斗牛星
李羣玉
冠霞登彩閣解玉飲椒庭 沈休文
樹靜禽眠草沙寒鹿過汀 景池
滄海先迎日銀河倒列星 杜
輝斜通壁練綵碎射沙星 韓
挹漿依斗柄酌酒問旗星 王子深
紫樹彫斐亹碧流滴瓏玲 韓
雲海方蕩潏孤鱗安得寧 陳子昂

五日休澣時屠蘇繞玉屏 徐彥伯
山夔浴蘭沚水若居雲屏 高適
初霜遣早鴈秋風駈亂螢 王筠
獨立棲沙鶴雙飛照水螢 白
林風移宿鳥池雨定流螢 吳子華
湖光迷翡翠草色醉蜻蜓 張文新
柳花閑度竹菱葉亂穿萍 韓
菜花黃入麥菱葉紫穿萍 周比山
牖光窺寂寞砧影伴娉婷 韓〇詠月
潮盡收珠母沙閑拾翠翎 楊衡

將暮恒臨斗旌門常背刑 庾

旌門張翠幙錦帶束紅鞓 牡丹

蘭泉湧神瀵花露釀仙醽 墉城

新墳蔓宿草舊闕毀殘銘 允言

五圖發金記九籥隱丹經 沈休文

瑤芝何翕赩玉樹信葱菁 江淹

文幌曜瓊扇碧疏映綺櫺 袁宏

爲山知覆簣汲井戒羸瓶 張頡

黃雲晦斷岸枯井臨崩亭 劉復

十蒸

曉嶂猿窺戶寒湫鹿舐冰 許棠

硯寒金井水簷凍玉壺冰 杜甫

淸詩舞豔雪孤抱瑩元冰 韋

焦溪涸湯谷凝火井滅溫泉冰 雪賦

風輕桃欲開露重蘭未勝 謝莊

魚子深紅纈蜻蜓淺碧綾 段成式

月似羅中鏡星如露裏燈 唐

夜濤鳴柵鎖寒葦露船燈 周賀

遠樹圓排薺樓雲淡引繒 宋祁

乳竇號攀石饑鼯訴落藤 杜

鷺巢橫臥柳猿飲倒垂藤 唐求

短褐中無絮帶斷續以繩 漢古詩

羽衣風淅淅仙貌玉稜稜 韓君平

殘鶯知夏淺社雨報年登 韋應物

荒居鄰鬼魅羸馬步殑殑 元微之○凌兢二音○柳子厚祭李中明文木之緜綿山萬層鵾鵊夜啼羣瞑凝鬼魂行中道殑殑○注鬼祟貌又曰殑殑欲死貌

許由讓天下終不利封侯 淮南

土尙三閭俗江傳二女遊齊歌迎孟姥獨舞送陽侯 張均○孟姥風神郎孟婆也

十一尤

試水客艤輕舟娉江妃與神遊罨翡翠釣鰋鮋下高

鵠出潛虬吹洞簫發棹謳感鱏魚動陽侯 左思

沙界人王塔金繩梵帝遊 李迥秀

方艅艎連舼舟張雲帆施蜺幬靡颸風陵迅流發棹

歌縱水謳淫魚出蓍蔡浮湘靈下漢女遊 馬融廣成頌

日回而月周時不與人遊 淮南引孔子言

七子陪詩賦千人和棹謳 張曲江

相看臨遠水獨自上孤舟 鄭谷

猿啼洞庭樹人在木蘭舟 馬戴

涼風迴遠笛暝色帶歸舟 王從

密雨點急水輕風擘繫舟 后山○坡詩盡日擘岸風

寒山獨過鴈暮雨遠來舟 韋

山遠疑無樹潮平似不流 馬周

綠林靄已布華沼漈不流 韋

亭亭明玕照落落清瑤流 陶○上句言竹下句言水

八月洞庭秋瀟湘水北流 張謂

露團沙鶴起人臥釣船流 任濤○坡詩春江綠未波人臥船自流

野曠天平入潮回水倒流 蔡天啟

雨餘山欲近春半水爭流 簡齋○劉子高詩北郭晚晴山亂出南塘春盡水爭流

兩江珥其市九橋帶其流 揚雄蜀都賦

士女沾教化黔首仰風流 張暢傳

花間直城路草際曲江流 張曲江

振錫摇汀月持瓶接瀑流 馬戴

峩峩高山顛浼浼清川流世人不自悟馳謝如驚飆 韋

日華川上動風光草際浮 小謝

柳枝星影曙蘭葉露華浮 孟東野

青鳥跂不至朱鼈誰云浮 張曲江

袪鷸帷鏡清流靡微風澹澹浮 班

江濤如素蓋海氣似朱樓 世南

鬱島藏深竹前溪對舞樓 浩然

夏口樊城岸曹公卻月樓 吳歌

搖心劇風旆遠夢生江樓 王翰

微雨鷺翹艇夕陽人倚樓 孔平仲

海樹青官舍江雲黑郡樓 岑

江天清更愁風柳入江樓 司空文明起句之妙

霜氣含月彩靄靄下南樓 邵陵王

江聲秋入榻雨氣夜侵樓 雍陶

天清華林苑日晏景陽樓 張曲江

星芒侵嶺樹月暈隱城樓 簡文

晚木聲酣洞庭野晴天影抱岳陽樓 簡齋

江干一雨收霽色染新愁遠水碧千里夕陽紅半樓 魯三山

塞花飄客淚邊柳掛鄉愁 岑

鳳輦乘新霽鸚林對晚秋 李適○寺曰鸚林

丹壑常含霽青林不換秋 徐安貞

杜馥重梅雨荷香送麥秋 崔翹

蕭散煙霞晚淒清江漢秋 何仲言

楚山微有靄越障久無秋 坡○喻鳧詩地蒸川有毒天暖樹無秋

星河澹欲曉鼓角冷知秋 上

涼生荔浦樹冷慰桂江秋 梅摯昭州月

樹密晝先夜竹深夏已秋 岑
回車青閣晚解帶碧茸秋 戴幼公
潭水寒生月松風夜帶秋 岳武穆
氣耿殘燈暗聲繁高樹秋涼軒辭夏扇風幌擊輕裯
李益
深情出艶語密意滿橫眸 盧思道
捧藥芝童下焚香桂女留 崔湜
晃朗扶桑出綿聯樹杞周 趙彥昭
憑軒褰木末垂堂對水周 沈休文
火熾梅根渚烟迷楊葉洲 浩然

年光徧原隰春色滿汀洲 簡文
製荷依露罊褰若迫霜洲 袁白文○詠貧
風旗縈別浦霜琯列遙洲 王儉
滄洲謝支伯箕山揖許由 阮
漢中子午谷湞水甲庚溝 水經
採檀逢駮馬薙草得牽牛 事見爾雅
海腹藏吳楚天樞轉斗牛 齊唐
倒戟收蓮菂剖蚌養鴻頭 山谷
青春爲君好白日爲君悠 坡
朝盤見蜜唧夜枕聞鵂鶹 上

投石沉靳尙鳴弓射鴟吺 韓○飽蠷兜
漇浪和瓊砌晴陽上綵斿 溫庭筠○宮牆基址礨石凹窪謂之礨磁
雷動車爭陌花搖樹繫鞦 子由
乘風遺騕褭長嘯駿笙篌 上
鱗鱗夕雲起獵獵曉風遒 鮑照
暇日常繁會清風詠阻修 張曲江
春生露泥泥天覆雲油油 庾信
樹暖然紅燭江清展碧油風煙臨峴首雲水接昭邱
李益
揮翰題鸚鵡下馬歷嵌邱 韋

岑岫分煙景楚甸散林邱 上
秋千戲戎女格五寵吾邱 叔
煙極睎丹水月表望青邱 沈約
狠雪暑猶在橋虹晴不收 康節
歲晏東光弭景昃西華收 王融
石溜當鳴球 李東陽
羌父豪豬韡羌兒青兕裘 杜
靈琵時宵宵霧猿夜啾啾 韓
奮翼籠中鳥歸心海上鷗 張曲江
丁香風裏飛箋草邛竹煙中動酒鈎 韋孝標上蜀中王尙書

十二侵

取歡仁智樂寄暢山水心清泠澗下瀨歷落松竹林 王右軍

白雪亂纖手綠水清虛心 太白

裁紈悽斷曲織素別離心 世南

山光悅鳥性潭影空人心 常建

秋色換歸鬢曙光生別心 張祜

藏虹辭晚雨斜月插疎林 錢珝

山來指樵火峯過惜花林 錢仲文〇行舟佳景

清風吹麥壠細雨濯梅林 張正見

送行悵川逝離酌偶歲陰陰雲掩離渚江山起別心 宋孝武

落星依遠戍斜月半平林 梁元帝

秋風動桂樹流月搖輕陰 柳惲

遠風靄蘭氣微露清桐陰 呂溫

蘭池清夏氣修帳含秋陰 范曄

長川草偃柔葉成陰 素問

蟋蟀俟秋吟蜉蝣出以陰 王子淵

初景革緒風新陽改故陰 謝靈運〇楚辭曰欵秋冬之緒風王逸曰緒餘也顏延年詩倚巖聽緒風攀林結留荑孟浩然詩緒風初減熱新月始登秋須溪批云他用緒風別〇升菴云緒風本選句非有別也須溪文選不熟往往失之

光風動春樹丹霞起暮陰 溫子昇

曲澗停騶響交枝落幔陰 江總

雲裝信解紱烟駕可辭金 選

密詞投水石精義出沙金 竇牟

寸陰競尺璧 淮南 俄晷劇兼金 魯連

同聲慚卞玉謬比托韋金 鄭愔

韓地錯如繡 國策 秦渠價若金 同上〇千金渠

雄陽翠元水雌陰赭黃金 龍虎上經

城擁朝來客天橫醉後參 杜

朝遊極斜影夕宴待橫參 李嶠

不勞朱戶閉坐待白河沉 杜

虎負林鳥雀噪鷹翔川魚鼈沉 尸子

回淵灌積水深蒹葭蕡萑蒻森 左思〇蕡音鉉分也

海田秋熟早湖水夜漁深 耿湋

牛羊上山小煙火隔雲深 錢仲文

蘆花留客晚楓樹坐猿深 杜

雲間日孤秀山下面清深 張曲江

日晴瀟湘渚雲斷峋嶁岑 柳

剪梧臨遠水 太白 伐翳取遙岑 半山詩

國香熅翠幄庭燎葩紅衾竇牟○詠牡丹
睇目有極覽遊情無近尋范曄
不悟牽朱絲三署來相尋應璩
遵渚攀蒙密隨山上嶇嶔范曄
空寒入兩嶔張曲江
潛蚪媚幽姿飛鴻響遠音謝靈運
麥壠多秀色楊園流好音王僧達○陸璣詩蕙草饒淑氣時鳥多好音
氣清知鴈引露華識猿音江淹
往款良未遂來覿曠無音韋
崇情符遠迹清氣溢素襟王僧達

風微漢宮漏月迥秦城砧靈一
織花鑾市布搗月象州砧尚願

十三覃

大火貞朱光積陽熙自南陸機○鮑昭詩赤阪橫西阻火山赫南威○潘岳詩南陸迎修景朱明送末垂○崔駰賦迎夏之首末春之垂
採花驚曙鳥摘葉餧春蠶沈滿願
柳枝皆嬲燕桑葉復催蠶玉臺吳孜
蓼蟲自忘辛不從葵燭甘楚辭注
清旭楚宮南霜空萬籟含杜
風過如呼吸雲生似吐含坡

江作青羅帶山如碧玉簪韓
殘雲收夏暑新雨帶秋嵐岑
合水來如電黔波綠似藍坡
入峽初無路連山忽似龕上

十四鹽

冰管寒銷細滴簷梅碧幢油葉葉紅旆火襜襜白
槍森赤豹尾纛吒黑龍髯上
平展絲頭毯高褰錦額簾上
迴燈花簇簇過酒玉纖纖上
雲爲歌聲繞霜同酒令嚴向子羽

踏雪尋黃貊除風採紫菼
清風生玉麈寒溜滴銅蟾陸
旅跡飛鴻雪離歌阿鵲鹽
詠懷同阮籍雜擬繼江淹
桃華始灼灼麥秀欲漸漸
兩行秦樹直萬點蜀山尖杜甫
鑾旇轉軸龍鱗細秋兔束毫雞距尖梅蜀旇松管
廉吏今無劇仁人古戒磏劉原父

十五咸

爲兄憐庾翼選婿得蕭咸劉禹錫

五花千里馬一葉九江帆上
霧黑連雲棧風狂截海帆
曾作關中頻經伏毒巖晴煙沙苑樹斜日客渭川帆
禹錫
帝圖憂一失臣節恥三緘 許渾
代有王陵戇時無靳尚讒
定應操直筆甯爲發空函
酒每傾三雅書能發一函 禹錫
蠟屐青筇杖籃輿白罽衫 許渾
金縷單絲縠銀泥五暈衫 許玉斧

乘流同激箭擊汰比驚颿
但令舟泛泛甯畏路嵌嵌 沈佺期
龍腦篆香盤屈曲虎頭彫杭剔空嵌 梅
陸珍熊掌爛海味蟹螯鹹 白居易

哲匠金桴卷二

哲匠金桴卷三

成都 楊 慎 撰 綿州 李調元 校定

上聲

一董

梾腰似瀉瑰水面如融汞 宋敏求雪詩
短舞看娑娑新歌雜囉嗊 元
別調競玲瓏豔曲翻囉嗊
青葑分駱田素華拾軌䡾 胡濇菴嶺南詩○軌䡾卉
開襟野堂豁鑿馬林花動 杜
仙草糖蔞蔞帝梧歌菶菶 喬

柔枝披猗儺弱卉散萋菶 誠意伯
白天生白礐白礐生白澒 淮南子
明與日月竝精與鬼神總 上
棄置且勿思膂鼓聽䡅䡅 誠意伯
橋號的澄坡名龍縱 貴竹
璇穹已雩龍金翠初凋孔 初夏
陰晴候乾鵲風雨占蠛蠓
東吳亭名覇西川州號寵
炎劉紹堯後漢緒接唐統
土實蕩蕩農實董董工實蒙蒙賈實融融 柳子厚貽民詩 融

叶勇

二腫

地肺鬬金庭天虋識瓦隴

雉堞粉如雲山田麥無隴

西風一夕狂古屋吹可恐微變蜻蜓吟斗摧蚊蚋勇

朝鶩葉墜梧遠愛雲飛龍還憶舊溪遊水清漁箔壅

梅宛陵 歸心渡江勇

李氷堰龜城神禹濬鴻塚 杜光庭

東鄰有一樹三紀栽可拱無花復無實亭亭雲中竦

張翰 扶轄風從從 揚雄賦 眇若繭抽蛹 韓文公

三講

雲從玉堂署日待金華講 洪

菩薩號文殊禪堂名曲講語默本同源名實不相懱

劉原父○柳子厚題巽禪師曲講堂詩云寂滅本非斷文字安可離聖默寄言宣分別乃無知

箭筈山通門衣帶水分港 王惲

危梯眩猿狖曲磴縈螺蚌 全章見後

雙魚勸餐食四牡感領項 任希古

鷲峰吐飛樓魚步藏深港危梯眩猿猱曲磴縈螺蚌

客聚水精域僧斂雲門棒案有金仙書庭無虎冠缿

嘯侶駕攀稽逢人詩說項郤扇鮮颮生披襟幽懷講

來揖悵參差歸途喜聯絳 升菴東岩寺會

四旨

燕裙傍日開趙帶隨風靡 沈

扶桑高萬仞尋木長千里 成公綏

倦鳥思一枝良馬志千里 劉伯溫 按良一作櫪

荊門四百灘 峽程記荊門四百五十灘 江陵一千里 荊州記白帝至江陵一千二百里

隴坂縈九曲不知高幾里 三秦記

神邱有火穴光景照千里崑崙有弱水鴻毛不能起 元中記

不覩南雲陰但見胡塵起 宋文帝

峨眉岫初出洞庭波漸起 唐太宗秋日

念遠心如鏡不覺中夜起桃花帶露泛立在月明裏 聶夷中

草色新雨中松聲晚牕裏 邱爲

夜雨滴空堦滴滴空堦裏空堦滴不入滴入愁人耳

落日燒霞明農夫知雨止 儲

日影滿松窻雲開雨初止晴林梨棗熟曉巷兒童喜

牛羊深澗下鳧鴈寒塘裏田翁酒初成餅餌饋鄰里 文與可村居

金蠶不可織犀樹何時蕊 何孫古墓○荀子犀象以爲樹

倉頡爲帝王生於元通紀 張揖

無因帆江水 至江州○帆音梵杜詩浦帆晨初發孟浩然詩嶺北回征帆

高樹翳朝雲文禽蔽綠水 應璩

劉備不下山孫權不出水上

精義測神奥淸機發妙理曹攄

暄涼同寡趣朗晦俱無理韋

上施神農蘿下凝堯時髓宗炳

椎蜚廉弄獬豸格蝦蛤鋋猛氏羂騕褭射封豕豕古音以騕褭金喙赤色〇杜詩駿馬時鳴金騕褭本此

五尾

後魏開北首東晉分南尾誠齋

墨走販無毛惠辨丁有尾谷

彫房瑣玉人秘閣扃仙卉侯夫人

日道麗黃圖歲序登靑煒唐

銀鶻呼兵捷如鬼文與可塞上

別君此江頭懷君此江尾芳歲忽蹉跎明月幾盈朏

牕葉下離柯闌花凋別卉鄭驛渺千郵宋航豈一葦

好音來迢迢緘情何亹亹登眺富篇章藻翰增瑰瑋

爽酌帝臺漿芳踰雲夢薹蓬首已素標萍簪記靑煒

岧嶤升碧雞沆瀁泛赤虺謔浪形骸忘過從歲月匪

痛飲慰羈愁嘯歌消怨誹帳撤巧笑瑳梁上兒郎偉

談兵惜暗投說劒委空篚去矣動越吟歸與思子斐

擊汰眉攢峰回艫淚沾泥我日虞三折奴星送五鬼

案乾練囊螢裹殘藥丸豨舊雨悵杜陵新亭感周顗

徒悲謝傅箏倦寫右軍棐通夢寄東流引領眺南鸞升菴

六語

愁聽絡緯吟似與羇魂語陸

水淨納行影山空答修語后山

鼓缶多秦聲琵琶作胡語谷

客醉已無言秋蛩自相語高

毛空暗春澤鍼水聞好語東坡

情自文生哀意動足復佇后山

天清出露盤風順傳花杅唐〇按杅當作杵

宿雲護朝霜秋陽坐殘暑后山〇按坐一作佐

名成弟子韓價重先生楮上

肝膽爲胡越眉目爲齊楚嚴君平

靑苔日夜黃芳蕤成宿楚江淹〇張載詩溪壑無人迹荒楚鬱蕭森

丹霞蔽陽景綠泉涌陰渚江淹

七麌

浮漢淸泬寥衰林怨風雨陸

雲外飛電明夜來前山雨崔峒

冥冥罨岸風淫淫打船雨喻三偶

澗底百重花山根一片雨 庾信

春風入垂楊烟波漲南浦落日動離魂江花泣微雨 冦平仲

的皪沉珠淵鏘鳴捐珮浦幽巖畫屏倚新月玉鉤吐夜涼星滿川忽疑眠洞府 柳子厚宿界圍氷簾巖

雲帆楓樹林水國蓮花府 石

石門見海眠天畔縈水府 杜

滴瀝垂土膏闌干結石乳 裴子野詠雪

結部曲整行伍燎京薪駭雷鼓縱獵徒赴長莽 張平子

喜色成春煦 趙鼎○韓文公喜氣排寒冬

龍不隱鱗鳳不藏羽網羅高懸去將安所 陳留父老

文袍綴藻黼 傅元

八薺

既通金閨籍復酌瓊筵醴 謝

青精翼紫軑黃旗映朱邸 上

邑里向疏蕪寒流日清泚 上

銅池搖颺金溝清泚 羊元保

吳會雲似車長安樹如薺 江總

歸墟谷無底 列子

感得江左風彌工建安體 王維送綦毋潛

渭水氷下流潼關雪中啟

秋風蕭蕭玉露泥泥 杜

九蟹

及君高堂還值妾新粧罷曲房裏錦帳回廊步珠屣

玉釵時可掛羅襦詎難解再顧傾城易一咲千金買 王融

一彈三四解 樂府一彈三四解掩抑似含情

落花歸去馬蹄香細雨來時麋角解 唐詩

流水響高張晨星落方罫 皮

後庭按新聲高臺鑴妙楷 隋故宮○呂尙

軍餉仰蒲螺民食磬稻蟹 元

日脚淡光紅灑灑 李賀

吳米玉粒鮮早秈與晚穲 石湖○秈音鐘 蜀中穀名有白秈紅秈麻秈廣安秈龍頭秈○管而敏詩種得紅芒與白秈

十賄

吾當乘雲螭吸景駐光彩 太白

方領備蟲彩 方領備蟲彩曲裾雜鷥鷰

江龍角嫩無精彩畫日曬空射烟靄誰能邀得懷素來晴窻書破琉璃海 張碧筆詩

楚色有微靄 崔

爭觀雲塡道助呼濤翻海

鳧鴈若烟海 荀子○言鳧鴈之多若烟覆海也

至賢疇四海 上○言四海海爲區域

秋山起暮鐘楚雨連滄海 韋

嘔出錦囊心書向金陵腿 唐

虞淵取日輪周廷穆天綷 頌韓琦

渟若鏡之明流如雲之蘐 江淹詠水

磔毛各噤癢怒瘿爭磈磊 鬬雞

毒手飽李陽神槌困朱亥 上

一噴一醒然再接再礪乃 是其所以乃 莊子

飛鴻捲回旌靈夔吼歸凱 樂府

十一軫

無因問歸軫 樂府 野風吹白芷山月搖靑軫 皎然

宓妃眺淸矑夔妻鑑元鬒 樂府

畦畛動原鱗樓臺明海蜃 王褒 風物自淒緊 選

爽籟警秋律哀壑叩虛牝 選 氣淸知鴈引 江

初作鰡鷗躍後作鯆鮃引 夏統

乘瑕則神攻堅則軔 管子

沙陽眞天人絹帽著紅槿纏頭三百萬不買一咲哂

坡 天遊昭六鑿虛室掃充牣 坡

譎全亡是公一對子虛聽

十二吻

巖白雲尙屯林紅葉初隕秋光引閑步不知身遠近

夕扳洞宮宿臥覺塵機泯名利心旣忘市朝夢亦醒

暫來尙如此況乃終身隱何以療夜饑一匙雲母粉

白樂天

江市閱漁商川徑交樵隱 水經注

巢父與許由未聞買山隱

新人含咲近故人含淚隱妾意在寒松君心逐朝槿

吳

山瓶汲井華水碓舂雲粉 陶貞白

精金江沙淘潤玉山石韞芝菌產鬱栖湟湾採藻薀

山谷

投醪飲河旨不及吻 列女傳勾踐伐吳投醪飲河云云而士卒戰自五也分糞饗備甘不喻嗌而戰自十也

轅門戮揚干甲第揖田蚡 樂府

十三阮

何以淹歸轍蠶妾事春晚送目亂前華馳心迷舊婉

王融秋胡行

珠露春華反璿霜秋照晩入室怨蛾眉情歸爲誰婉 上

陳局露初奠爵星晩 羊希

放溜下平波舟移不知遠消迴溪口風恣愛雲中巘

水鳥靜相依蘆洲藹將晩歸路莫言賖何妨乘月返

梅泛伊川 平原忽超遠 選 褰斜不容幰 王右丞

出入金犢𢤱 温 昆蹄善升甗 爾雅山似甑日甗

冠佩立𢜶𢜶 韓

殺青裁短札尺素敘單悃 書集

敬裁短札用敘單悃 慧林

金石出聲音宮室發關鍵 韓 韻 按鍵疑作楗鍵在銑

惜乎吾無居不得留息偃 韓

晨風吹茂林夕露下芳畹 文與可

觀兵細柳營校獵長陽苑 庾子山

千門漢主宮百里周王苑 儲

十四旱

茱萸匣中鏡欲照心還懶本是細腰人別來羅帶緩從君出門後不奏雲和管妾思冷如簧時時望君暖心期夢中見路遠夢魂斷獨坐泣西風西牕月華滿 陸魯望

參差綠蒲短搖豔春堂滿紅瀲動融融鶯翁溪鵐暖萋芊小成路馬上修蛾懶羅衫裊向風點粉金鸝卵 溫庭筠

簫聲風臺曲洞吹龍鍾管鎧鎝漁陽摻怨抑胡笳斷 江

築觀藝海鯨覆巢傾菑卵 郭璞

芙蓉詠西園迷迭陪南館 江摠

十五潸

谽石琢馬肝剝蔭開玉板噓噓雲霧出奕奕龍蛇綰此中有何好秀色紛滿眼故人歸天祿古漆窺蝕簡隃麋給上方老手擅編劃分餘幸見及流落一欲赧 坡

柳條已作青絲綰山下碧流清似眼樽前侑酒品新詩何異蠹魚鑽故簡 坡

帝鄉烟雨鎖春愁故國江山空淚眼 錢惟演

階上香入懷庭中花照眼 吳

想見山阿人薜蘿若在眼 謝 元灞素滻 選

銀盤金鈑 賀知章詩金鈑銀盤薦蛤蜊

親戚競覘矕 韓

十六銑

巖下雲方合花上露猶泫 謝

似醉烟景凝如愁月露泫 張又新

蘋萍泛深沉菰蒲冒清淺 謝靈運

返照雲竇深寒流石苔淺 錢 山明翠微淺 孟

過澗旣砯急登棧亦淩緬 謝

徒然萬慮多澹尔太虛緬 王右丞

睡臉寒未開舞腰晴更軟 張又新

桂枝念秋銷瑤草悲春剪 劉駿

玉匣啟龍圖金繩坡鳳篆 唐太宗○鴻篆嘉篆往篆

巖思發仙華金藤開碧篆 王儉 素篆丹篆皆書也

采標綠簡華垂丹篆 隋書

肇迹龍圖義標鴻篆 摛以翠鏃刻爲金篆 竟陵王

兩度潯陽潮三翼木蘭編 玉臺後詠

和而能壯麗而能典 庾信論文

艮願苦難諧芳途悲易舛 陸雲

疲馬不渡淝 古詩 沙禽近方識浦樹遠莫辯 孟

清川與悠悠空林對偃蹇 王右丞

十七篠

唐且華顛而悟秦甘羅童牙而報趙 崔駰傳

夜月靜娟娟秋風方嫋嫋 謝

更將掀舞勢把燭畫風篠美人爲破顏上似腰肢嫋 坡

墨泓騣寒雲筆尾㩳叢篠 谷

乘月面泠泠候月臨皎皎 宏明

驪叫蟠其趾稍雲冠其嫖 竹○江淹

聽講依大樹觀書臨曲沼 長吉

長嘯風宵寂立霜曉 太白○畫鶴贊

鶴鳴楚山靜露白秋江曉 柳宗元

炎涼遞時節鍾鼓交昏曉 白樂天

吾子幸淹留緩我愁腸繞 柳

清溪到山盡飛路盤空小紅亭與白塔隱見喬木杪 坡

色麗文翬章研織鳥 梁元帝○文祠

臨水觀魚披林聽鳥 徐勉

三江雄潤五湖腴表 陽羨

杞根成狗樹蘿垂蔦 大隱賦

開門聽潺湲入徑尋窈窕 李巨山

江妃弄鳴璫彷彿乘窈窕而我臨長風飄然欲輕矯 吳筠觀九江

十八巧

規模背時利文字覷天巧朝餐動及午夜諷恒至卯 韓

古心雖自鞭世路終難拗 上

鳴蟬自潔飢蟯蜋羞穢飽

七月都城爭乞巧荷花旖旎新棚箔籠袖豪家兒女狡偏相攙穿針月下濃粧佼○碧玉蓮房和柄拗晡時飲酒醒時卯淋罷麻稭秋雨飽新涼稍夜燈叫買雞頭炒 歐陽元漁家傲詞

弱拒喜張臂猛挐閑縮爪 韓
見倒誰肯扶從嗔我須敲 上

十九皓

藺眼擡露斜鶯唇映花老金龍傾漏盡玉井敲冰早
陸龜蒙〇子夜夏歌
露蔓蟲絲多風蒲燕雛老 杜牧之
澤闊鳥來遲村飢人語早 上
風悲猿嘯苦木落鴻飛早 太白
八月更漏長愁人起長早閉門寂無事滿地生秋草
戎昱
鱗鱗漁浦帆濟濟蘆洲草 陶翰
流電過戶牖輕塵棲弱草 李康
火林蔚炎柯氷津擢陽草 曹毗
霜被守宮槐風驚護門草 王筠
杜鵑竹裡鳴梅花落滿道燕女遊春月羅裳曳芳草
吳歌〇子夜春歌
朝日上高臺離人怨秋草但見萬里天不見萬里道
孟雲卿
戒非佞佛齋非媚道 王績
檣形櫛櫛斜浪態迤迤好 杜牧之〇迤音駝
初旭紅可染明河淡如掃 上

談咲光六藝發論明三倒座非陳子驚門還魏公掃
孟浩然
世接五昏人纏九惱 內典
清晨朝鳳闕靜夜思鴻寶 沈佺期
苔陰落紫梨樹杪懸丹棗 李吉甫
丹崖翠蘿映青嶂白雲抱 劉基
修蛇橫洞庭吞象臨江島 太白
綺席捲龍須香杯浮馬腦 孟浩然
眾賡悉精妙清辭灑蘭藻 謝靈運

二十舸

紅亭枕碧江淵水含其左瞰臨眇空闊綠淨不可唾
韓
吾雖不善書曉書莫如我苟能通其意自謂無不可
貌妍容有顰璧美何妨橢端莊雜流麗剛健含婀娜
吾聞古書法守駿莫如跛鍾張忽已遠此語與時左
坡
桃葉映紅花無風自婀娜春花映何限感郎獨採我
王子敬
何處磔鴝來兩頰紅如火自有桃花容莫言人勸我
樂府
鄧攸謠曙雞廉范歌暮火 德政

玉房石榻磊砢燭龍銜暉吐火 成公綏六言
爲文好譏罵惡吻事掀簸 文與可
敢將蠡測海有似脂出輠 梅宛陵
黑黖黃映朱圈紅抹 批點
烟輕琉璃葉風亞珊瑚朶 元微之芍藥
翠靴踏雲雲帖妥燕釵微卸香絲鬌小蓮夾擁眞天
人紅梅犯雪欹一朶 劉後村飛燕出浴行
舞風彫玉珮帶露眞珠顆 元微之○牡丹
濃黛避淡蛾南梳輸北裹 宋子京
朱消粉褪時郤勝新梳裹 柳

蹁躚步蹔跚懶鬢梳咼媠 劉猛

二十一馬

白日入虞淵懸車息駟馬 劉公幹○陸機詩虞淵引絕景四時逝若非
晼凉堪洗馬 杜 野橋齊度馬 上
淸晨聽銀虬薄暮辭金馬 王右丞
小溪劣容舟怪石屢驚馬
懸景無停居忽如馳駟馬 傅
溪回松風長蒼鼠竄古瓦不知何王殿遺構絕壁下
陰房鬼火靑壞道哀湍瀉萬籟眞笙竽秋色正蕭洒
美人爲黃土況乃粉黛假當時侍金輿故物獨石馬

憂來籍草坐浩歌淚盈把冉冉征途間誰是長年者
杜
嫦娥攜靑女一咲粲萬瓦 谷
飛矢在上走驛在下 春秋正義
雲族與座隅天花落堦下
長安十二門橫門最妍雅渭水從壟來浮遊渭橋下
江南風已春河間柳堪把鴈返無南書寸心何由寫
流泊祁連山飄颻高闕下
嚴程若可留離袂希再把 馬懷素
願承甘露潤喜得惠風洒

承石取鐵瑇瑁吸褡 褡芥也○春秋考異郵
蚩尤造九冶 尸子 石瓶前湯銀梗打 梅 煎茶
王良策馬車騎滿野 星經

二十二養

胡蝶映花飛楚雀緣條響 陽休之
日落羣山陰天秋百泉響 韋應物
荷風送香氣竹露滴淸響 孟浩然
高柳早鶯啼長廊春雨響 傳
曉星正寥落晨光復泱漭 謝
遠遊曠音塵歲數成疇曩 文公

泉流逢石缺脉散成寶綱
水成瓔珞看山是如來想 小蘇
嵐嶺曉城分清陰夏條長 韋
嵐嶺對高齋春流灌蔬壤 上
崖傾景方晦谷轉川如掌 上
猶霑餘露團稍見朝霞上 謝
行矣倦路長無由脫歸鞅 上
秋色餘魍魎 杜 ○ 口與天地日蛙黽同意

二十三梗

玉瀵不生氷瑤渦旋成井 東野

淸晝見蠓春元霄飛鶴井 雨兆
挽蔬夜雨畦煮茗寒泉井
欲言無與和揮盃勸孤影 陶
盤渦澄鏡先淸波無遁影 應瑒 天空霜無影 雪巢林景思
日從濛汜出照樹初無影 內典
單形依孤影 張翰 蘭以芳自燒膏以肥自炳 蘇秦
春去不窺園黃鸝頗三請 谷
二蘇上連璧三孔立分鼎 上
離離掛空悲戚戚抱虛警露泫秋樹高蟲吊寒夜永
歛退就新懦趨營悼前猛歸愚識夷塗汲古得修綆

蟲鳴室幽幽月吐窗冏冏 韓愈
哀猻促逝景 聯句
長倚敲柳癭 杜
富貴空中花文章木上癭要知眞實地惟有華嚴境 汪信民
長風始飄閣疊雲纔吐嶺 韋
每餅包靑篛紅籤纏素綵 梅 ○茶
夜甑煎雲芽晨焙烘金餅 龐籍詠茶

二十四迥

蟲鳴室幽幽月吐囪烱烱 韓愈
欲携霹靂琴去上芙蓉頂 劉元英

磨夷等 護命論磨夷等六天爲欲界 方等 經名梵樣
發等 王褒僮約 無等等 心經是無等等呪
水有六品風有八等 淮南
摛藻耀長離蘸修入方等 唐
燒畬夜焚萊沭樹秋發等 元
明庭互擊節默坐復首肯 唐
何處弄山泉何山賞春茗 皎然

二十五有

華騮千里足造父千里手 韓非子
小院雪驚梅古堤烟報柳 蕭

哲匠金桴

日昊落桑榆年衰侵蒲柳 唐 雨重烟籠柳 高子勉
榮榮窻下蘭密密庭前柳 陶
步屧隨春風村村自花柳 杜甫
紅婆娑兮翠蚴蟉雲翻花兮風入柳曲 文與可大垂手
鳴天石鼓聲埽旦金星帚 庾
恒熏知見香不醉聲聞酒 唐
爲復野干鳴爲復獅子吼 貝
石尖欲落泉噴如吼 張璪畫
鸚語詎離籠蝦跳不出斗 貝編
人生本無事苦爲世味誘富貴耀吾前貧賤獨能守

哲匠金桴　卷三　二十　第十六函

坡 高帆破巨浪飛屐輕重阜 上
鳴鵲響長阜 柏元 可憐山前客倏忽星過郤 坡
龍翔自鼎湖虎變由石紐 鮑
說盡落星心吹開孤月口 孟郊聞角
郭門臨渡頭村樹連溪口 王右丞
三江五湖七澤八藪
少年樂新知衰暮思故友 韓
飛鳥號其羣鹿鳴求其友 楚辭注
君子有酒小人鼓缶雖不見好亦不見醜 淮南
太白入畢口馬馳人走 星傳

觸露不掐葵日中不剪韭 古諺

二十六寑

陵謝轢顏含任吐沈 北朝詩溫子昇
高言追衞樂篆刻鄙曹沈 坡
銀鞍白鼻騧綠池障泥錦 太白 被心曰池○左思詩衣被皆重池
茂先搖筆而散珠太沖動筆而橫錦 文心
足下承雲履豐趺鳴春錦 魏甄述美女篇
元景如映壁繁星如散錦 庾闡
百字細縈髮一筆號連錦 呂向之字
汚玉簀而塵瓊寑 王鑒諫劉聰以婢爲后

哲匠金桴　卷三　二十一　第十六函

先生周孔出弟子淵騫寑 坡
天有陰陽禁人有情欲袵 董子 按袵當作衽 袵去聲在廿七沁韻
墻頭花口寒猶噤 蘭畹
市聲鏖午枕 谷
云有山客來籃中見新簟 元次山
調和桂椒釃咀嚼沙礫磣 坡

二十七感

蜂蟬碎錦纈綠池披菡萏 韓
寒峰插天出玲瓏萬菡萏微風起天際怪石勢搖撼
上有百尺松幽花綴紅糝野猿忽躍去滴下露千點

四五

回首冷泉亭天鏡光瀲瀲遊姬長眉青變童兩髦髧
平生山水癖如人嗜菖歜對此一壺酒玉色翻醉臉
時逢老比邱絳袍金光閃兹山信自佳恨爲惡僧染
置之且復醉天竺鼓紞紞陳剛中飛來峯詩
太華五千仞妄學巨靈擮
始見洛陽春桃枝綴紅糝韓
炎山之煨燼河洛之渣糝元光
斥鷃阻逍遥井鮒守坎窞梵
倡面黥花黶梁律盜者黥面爲劫字淫者黥面爲倡字
當門竹勝簾就地花如毯姚合

石根雲常蒸老蘚密於毯梅
千奴共一膽北史崔宏傳秋毛風葉黲梅
譬彼捕長鯨區區只持晉上
吳侯琅玕姿而來覩亂菼
染夏有正采安用此淺黲梅

二十八琰

芝泥蘭檢翰林志○檢文書稿也
羣行忘後先困息棄拘檢韓琬碑鏐檢鮑
淸檢濁檢汚水有二源淸檢出隹鱮濁檢出好鮒○水經
重拂羅裀頓疎花簟秋夕

客堂喜空涼華榻有淸簟雄
翠剡陸魯望詩芊芊炯翠羽剡剡生銀漢坡用其句云春秋欲老翠剡齊
保林高玲瓏青山上琬琰韓
剖竹歪泉源開廊架崖广上
山樓黑無月漁火燦星點上
黶心黃半額山眉黛兩點蘭畹
纖波濃點衛恒書圓毫促點長吉
一詠一點胡藩稱劉毅一詠一點自足雄豪塞驛遠如點岑
闗山同一點杜詠月○坡詞一點明月窺人正用此句俗本作照非
色轉嶺猿鳴曙燈青睒睒韓

鏤渠夜玉壞鈎膺秋金鍐馬詩張碧
選芳陟丹危採藥淩翠險李義甫
猶疑在風波怵惕夢成魘韓
初旭紅可染杜牧柔翰遇頻染孟
碧水色堪染仙嵐熏瘴染內典
數峰青似染韓
封狶菰神螭掩剛鏃潤霜刃染張平子
是時秋之殘暑氣猶未斂韓
芙華晝合宵炕荷華日舒夜斂埤雅
遙翻碧斂樊宗師平疇翠斂昭明

殘月暉暉太白閃閃　韓

凡功德池隨月增减　內典

哲匠金桴卷三

哲匠金桴卷四目錄

哲匠金桴卷四

成都 楊 愼 撰 綿州 李調元 校定

去聲

一送

游軿駕鴻飛軒紛鳳 陶宏景

怨高陽之相宇兮伷顓頊而宅幽 思元賦 伷去鳳切當補入韻中

倚松根傍巖縫曲律腰身常欲動看經弟子擬聞聲

瞌睡山童疑有夢 歐陽烱 贈貫休

魚戲新荷動 小謝

又將十六口去作宜州夢 山谷

東風吹宿酒瘦馬兀殘夢 坡

野店鷄一聲蕭蕭客車動四峰帶曉月十里猶相送 司馬札

郎作十里行儂作九里送拔儂頭上釵與郎資路用 寶月

持楚狂句往作天女供嶺上早梅春參軍塹獨弄 山谷

佳眠未知曉屋角聞晴弄 上

霜淞打霧淞貧兒備飯瓮 曾子固

白水過庭危峰臨洞露綴蘭階雲生桂棟日斜簷席

花落囪甕 昭明

日光穿駮雲風聲驅匣霿 徐師川

靄靄野浮陽暉暉水披凍 韓

霜風獵帷幕銀燭吐蟠蝀 谷

河鯉獻鱠材江橙解包貢 上

二宋

溪毛亂錦纈候蟲響機綜 山谷

扶杖淩圯阯刺船犯枯葑 韓 黑水生枯葑 庾

大旱裂枯葑 劉 夫子聞洛誦 太白

共持楚狂句往作天女供 谷

插花雲髻重 坡 茶水探氷縫 九僧

萬一許生還九十須珍從 坡

槩渠無所施剞劂握不用 莊忌

三絳

炎日似流金火雲如匹絳 劉貢父

血流左輪朱旗偃高天絳 唐

解愠薰南風截雨橫東虹 劉貢父

苦色侵衣桁 李頎 桁掛衣架也一作笐又作笐李獻吉詩志婦經衣桁

只分醪飲河不用飴粘輴 唐

羿死于桃棓 淮南子

瓜廬坐卑栖市聲厭喧闐緬懷紫芝翁僊隔青陽巷
三峨有宿約北渚何時降色憐界是銀雲想霄名絳
幽期迴沉沉朋從徒憧憧蘭芷詒國香桂椒分仙㙻
岷泥交鏡平湍瀨減石淙九鯉麗荀梁雙鶴連弋轒
新波漾漣漪晴氛指霽虹霏屑願言聆解我胷春撞
升菴柬會少岷

四寘

音徽空結遲潘音半寢忽如至 梁武帝
一操臨流楫上聳千雲轡獨往倦危途懷冲寡幽致
賴爾還都期方將登樓遲 韋

孤峰石戴驛快馬金纓轡 杜
緣沉明月弦金絡浮雲轡 世南
石鼎浮霜漚銅鑪擢烟穗 坡
虜場栖九穗 許敬宗秋經破薛舉戰地
韓蔡同贔屓 杜 文選巨靈贔屓玉川子詩作贔屓作力貌一曰獸名碑之兩傍象其形
溟濛草樹密葱蒨雲霞膩 坡
垂羅曳錦鳴璣動翠來脫薄粧去留餘膩 沈約
返照開嵐翠 馬戴
山空冷松翠 朱慶餘
凊冬見遠山積雪凝蒼翠 王右丞

但聞烟外鍾不見烟中寺 坡
高標淩秋嚴貞色奪春媚 韓○詠竹
陰壑雲松䨴陽崖烟花媚 韋
臥聞夕鍾急坐閱朝光亟 沈約
談叢引泉秘 唐太宗 寒香解夜醉 李賀
崆峒地無軸青海天軒輊 杜
人煙在半船野水多於地 白樂天 趙師秀詩野水多於地春山半是雲
穿霞日脚直驅鴈風頭利 白
俯首見斜鬟拖霞弄秋帔 坡○巫山
瀚海有歸潮衰容不還穉 鮑○辛塗妻李氏冬至

佛有然燈名法有傳燈義 文粹
興公遊四明康樂居兩習 地名
新筍躍犀株落梅翻蝶翅 元
染翰立螭頭濡豪磨楯鼻

五味

沫下麴塵香花浮魚眼沸斟來有佳色嚥罷餘芳氣
不見楊慕巢誰人知此味 白樂天茶與
昌谷五月稻平田垂青璣遥巒相厭疊頹綠互蔽芾
竹香滿淒寂粉節塗生卉攢蟲鏤古柳芳徑生紅緯
鶯唱子夜歌瀑懸楚被翡昭華寒不粟貴嬪暑無痱

桂葢女几簪蕙花神娥扉碧錦帖花䕺香衾事殘貴
霞巇殷嵳峩烟嵐互霎霴壁月舒筋斗元雲爲髮鬅
霧霹宛虹帶天空縈星衣古檜拏巔肩水華融爵沸
銷聲永遶軸栖隱躭岑蔚請事鴻寶元至瀡味無味
悲歌激流風逸響迴秋氣 張載
涷雨落流膠衝風奪佳氣 杜 ○枯栮
士衡多楚聲偉長饒齊氣 文心
文酒恣清狂花月銷英氣 唐

六御

鏡動波颭菱雪迴風旋絮 白○柳花如綿曰絮

魚膾芥醬調水葵鹽豉絮 上○禮記毋絮羹注絮猶調也
雨砌墮危芳風簷納飛絮 少游
布澤木龍催迎春土牛助 白
四野萬里晴千山一時曙 上
司馬門前火千炬欄干星斗天將曙珠網龕籠丞相
車騎隨疊鼓朝天去 溫飛卿
可憐烏臼鳥強言知天曙無端樹上啼歡子冒暗去
樂府
山水本自佳遊人已忘慮碧泉更幽絕賞愛未能去
韋

舟移溪鳥避樂作林猿覷 白
菱花紅帶黯濕葉黃含菸 上
女墻城似竈鴈齒橋如鋸 上
律入太簇管日暖羲和馭 上
池古鎖耶沈石奇羅剎踞 上
江上易優遊城中多毀譽 上
兩心苦相憶兩口遙相語最恨七年春春來各一處 上
靈草有時香仙源不知處 上

七遇

廬阜瀉紅泉揭雩零紫露 墉城集

明滅洲最微隱見巖姿露 杜
如何覯三寶猶如天意樹
夜山轉長江赤月吐深樹 耿湋
遠聽平陵鍾遙識新豐樹 江總
的的波際禽沄沄島間樹 宋之問
天際識歸舟雲中辨江樹 小謝
已舉候亭火猶愛村原樹還當守故扃悵悵乖幽素
韋
虹梁炫霞赩皓壁晃月素 敬括
宿留洞庭秋天寒瀟湘素 杜
桂宮延複道黃山開廣路 江總

已得閑園心不知公府步皇甫冉
交甫解珮皐桓伊吹笛步江淹
所愁曉漏涎不恨燈銷炷李後主
遠山含紫氛春野靄雲暮韋
旌戟儼成行雞人傳發晌儲光羲
江氾日綿邈朝夕空寂寤上
雞鳴見日出鷺下觀濤渡宋之問
閉門羣動息匡床坐如塑元
酒罷月隨人淚濕花如霧坡
爆蔌魑魅泣崩凍嵗陰沍杜

四角龍子幡環環當江柱古樂府
茅棟嘯愁鴟平江走寒兎沈約○袁淑詩伐木淸江湄詆置守毚兎

八霽

韜精殊豹隱鍊質仝蟬蛻李頎
解籜竹吹香遺丸梅薦脆張
風裁鶴嘹唳韋
來問尚悠悠相與期暮歲遠公寄釋公
輕灰吹上管落蓂飄下蔕遲遲春色晼晼年光麗
盧元輔日遙看野樹短遠望樵人細虞羲
一姓承五行四海無兩帝陶琬

楊柳映春光江南轉佳麗吳門綠波裏越國青山際
遊宦嘗往來津亭暫臨憩驛前蒼石沒浦外寒沙細
向晩宴且歡孤舟倘然逝雲留西北客氣歇東南帝
獨有萋萋心誰知怨芳歲崔國輔
始見斗柄回復茲霜月霽河漢上縱橫春城夜迢遞
賓延接時彥樂燕淩芳歲稍受清觴滿仰嘆高文麗
欲去返郗扉端爲一歡帶韋

九泰

東吳敞金車左晉遷紫蓋劉既
華陰山自以爲高大高百尺浮雲爲之蓋曹孟德

悵矣秋風時余臨石頭瀨羽山數點青海岸離光碎
離離樹木少漭漭波潮大日暮千里帆南飛落天外
須臾遂入夜楚色有微靄尋遠跡已窮遺榮事多昧
且泛朝夕潮荷衣蕙爲帶崔
關山恆晻靄高峰白雲外遙望長安水千里長如帶
王訓驪情整中帶古詩○作巾帶非
平吞江作練遠瀉河如帶梅
張翠帷建羽蓋罔瑇瑁鈎紫貝摐金鼓吹鳴籟榜人
歌聲流喝水蟲駭波鴻沸湧泉起奔揚會左思○此可見沈約
之韻本於古矣非始于約也○波鴻魚鷹也

連山卷族雲長林息眾籟 王筠
雙鳧先我來飛上東軒背書隨好夢到人與佳期會 坡
告歸遺恨多將老斯遊最 杜
帳殿臨春籞帷宮繞芳薈 沈約○帳殿帷宮如後世繪樓之類
舟楫無根蔕 杜○可對兵戈有歲年 飛櫓本無蔕 上
十卦
奇蹤隱五百一朝散神界 陶
眇眇兮金鄰悠悠兮銅界 徐陵
菩薩無碍乘巾之出三界 梵
醽醁勝蘭生翠濤過玉薤 酒
匿影在繩樞銷聲屏茨穽 餐霞吸瀣
綠醑勝蘭生翠濤過玉瀣 唐太宗酒詩
僧寺飛甍欲浮洞庭遠峯如畫 吳江集
耿耿薔良思遙遙仰嘉話 韓
簷溜碎江喧街流淺溪邁 上
欲知相從盡靈珀拾纖芥欲知相益多神藥銷宿憊 上
可以驗高明柔中有剛夬上東盡日所晒 坡
十歲去踏青芙蓉作裙衩 李義山
磴閣峭欹懸榛荒屢罥罣 韋
決水轉橫渠交隧畫方罫秋風報西成滿畦吹秠穲 文與可○穲秠亦可倒用

十一隊
雲興天際歘若車蓋凝目未瞬瀰漫霮䨴驚雷出火
喬林破碎殿地燹空萬夫皆廢懸溜縆墜日中見沫
移晷而收野無完塊 坡○颶風 服藙方無沫 江文通
淒葉留晚蟬虛庭吐寒菜 江
僕本江上客蹤跡在方內寐寤霄漢間居然有靈對
翕爾登霞首依然躡雲背電策驅龍光烟途儼鸞態
乘月披金帔連星解瓊珮浮識俄易歸眞魂莫難再
寥廓沉遐想周遑奉遺誨流俗非我鄉何當釋塵昧 王勃○忽夢遊仙
歡筵慊未足離燈悄已對 韋
薄寒籠醉態 花間 雪中鶴氅裘雲外虎頭佩 沈約
湜湜附涇清嘐嘐當雨晦 宋祁 柳眠花殜殜 蘭畹詞○殜殜困極也
遁闕不可復亡犴不可再 淮南
諸葛入不毛毋邱銘不耐 選
十二震
綢繆結風徽烟熅吐芳訊 謝瞻○顏延年詩君子吐芳訊感物惻余衷
通遠懷清晤采采摽蘭訊 謝朓
借潤傍玉溫承芳染蘭薰 音訓
竹素探珍奇古今收寶賚 江淹

明鏡舞鸞裝哀絲理鴻陣湖月

枯棊覆吳圖靑篇玩秦燼谷

僧盡烏巾尼皆綠鬢唐會昌汰僧碑

畫扇黛微遮香塵鞋不印司空文明

空煩赤泥印坡詠茶○劉禹錫詩何況蒙山顧渚春白泥赤印走風塵

捲箔嵐烟潤李嘉祐孫金擲無聲江錦劃向盡谷

絕境勝無倪歸途與不盡錢起

勢不可使盡福不可享盡事不可做盡話不可說盡

人生如此耳文字已其閏后山○簡齋詩人生行樂耳詩律已其剩

十三問

長松臥澗底浮霤多裂罅谷

神仙出風塵天女無妍醜與野量同○梵

鴨綠熨平波牡丹描正暈畫譜

海棠紅五出開漸成纈暈

舟行岸移雲駛月運圓覺紅

風篁成韻選少無適俗韻陶

索管飛千城濤牋窮百韻升

懷祿有遐心從俗無遠韻后山

靈芝冠衆芳安得缺親近杜

相公四俊苗李崔員史

深若瑤甃汲甃似金椎隱升

優曇乾梵英蘭泉湧神瀵上

拜使盛明歟知余抱幽愠上

多財爲怨府高作實疾償

三年不舉杯吻頰烟火燃后山

十四願

深渠高堤洪枋巨堰盧諶覲征賦其地節枋頭也其淇水北山

河堤崩故柳秋水高新堰心齋愍昏整樂撤憐胥怨

禪河秉高論法輪開勝辨王城水鬬息洛浦河圖獻庾子山

桐枝長舊圍蒲節抽新寸山藪欣藏疾幽栖得無悶上

殘暑晝猶長早涼秋尙嬾露荷散淸香風竹含疎韻

幽閑竟日臥衰病無人問薄暮宅門前槐花深一寸白樂天秋涼閑臥

淸濟貫黃河截流而不混水經

在家苦嫌恨出家苦寂恨內典○在家持魔幢出家持佛幢

梟征象拔茅旅進若纍蔓下句見禮記註疏

十五翰

北里多奇舞總章饒淸彈陸雲

良木偶嘉酌芳陰庇淸彈孟郊

掩抑摧藏張女彈吴均蚕女桂枝鈎遊童蘇合彈費昶

中有清圓句銅丸飛柘彈坡

主意未彈賓有餘倦可以至醉無致迷亂諸葛孔明戒酒

秋月滿行舟秋蟲響孤岸豈獨居者愁當令客心亂

展轉重興嗟所嗟時節換時節苦不留川涂行已半

霜落草根枯清音從此斷誰復過江南哀鴻爲我伴梅宛陵舟中聞蛩○沉沉青歲晚靄靄秋雲換儲光羲

水蟲行插岸文與可插岸蟲名

絕領隔天隅長嶼横江半梁簡文

天寒荒野外日暮中流半杜

赤珠靈䄡華蒨粲舌下元膺生死岸出青入元二氣

煥子若遇之升天漢黄庭

運屯百六天羅解貫元皇勃興網籠江漢淪光更曜

金暉復煥德冠百王蔚有餘粲晉元帝贊

爽夜穆金波浮天爛華漢樂府

芊芊炯翠羽剡剡生銀漢杜○放水

卷耳緣堦出反舌登墻嘆費昶

漫醉人不嗔漫眠人不嘆漫遊無遠近漫樂無早晏

漫中漫亦忘名利誰能算元次山

豈欲皂櫪中爭食䅵與薠䅵糠中可食者下没反牛馬食餘草節曰薠下諫反

○上高談閔仲叔逸氣劉公幹儲光羲

甯止卧崆峒直云期汗漫上

委質承仙翰李嶠春愁結冰澌正待一咲泮坡

寒商動秋幃孤燈曖幽幔謝惠連令圖天所贊左傳

翕如翔雲會忽若驚風散棗據○李充來若迅風散逝如歸雲征

坐起雞五旦子由

缸明龍燭華珵解鴛衾爛昵寵籍横陳恣心深秘玩李百藥贈楊素妾素覺而欲殺之愛其才遂以妾贈之

十六諫

蕭索含風蟬寥唳度雲鴈謝惠連按索亦作瑟

秋霜曉驅鴈鮑

大江如索帶舟船如鳧鴈郡國志

野火連荒村明河帶飛鴈高達夫掛帆春背鴈清塞

文繡被臺榭菽粟食鳧鴈晏子

向背羣山轉應接良景晏沈佺期

崔君初來時相識頗未慣韓

況住洛之涯魴鱒可罩汕上

肯效屠門嚼久嫌弋者篡上

男寒澁詩書妻瘦剩腰襻上

行當自劾去漁釣老葭薍上

歲窮寒氣驕冰雪滑磴棧上
音問雖賒通何由覿清盼上
平皋馳幽盼沈佺期庭列歌鍾座延嬉盼上
初月出雲長虹飲澗趙州橋形
吳吟未至慢后山○註謂南朝慢體如徐庾之作

十七霰

岡巒蔚回合金碧爛明絢坡萬法了一電坡
形追杼煎絲顏落風摧電鮑
鴻濛已哄雲列缺方揮電儲○雨
借師錫端泉洗我綺語硯坡

歲去芳願違年來苦心薦春貌既移紅秋林豈停蒨一陪茂陵道甯思柏梁宴沈約
銀函竟誰發金液徒堪薦劉長卿
厭晨歡樂宵宴收妙舞弛清縣去燭房卽月殿芳酒登鳴琴薦月賦
荆門一柱觀楚國三休殿武元衡
侍講華光殿漢劉寬
屏翳寢神轡蜚廉收靈扇湛方生喜晴
眼見可愛色是名歎花箭止觀經
霜雲族玉葉凍水疎金箭江總
月兎落高蹭星狼下急箭元宗校獵

中道方泝洄遲念自此撰宋之問
水曲一追遊遊人重懷戀嬋娟昨夜月還向波中見韋
霓裳月中聞羅襪波上見孫覿
朝日射芳甸杜人從樹杪來路向雲端轉梅
明燭菊露滋清泠松露泫權茹按泫上聲常在十六銑矣此疑作炫
圓漪暈雨點濺滴走波面唐
大婦裁霧縠中婦牒冰練樂府
青崖若點黛素湍如委練水經注
瑶臺凉景薦銀闕秋陰遍盈川

十八嘯

寒光帶岫移冷色寒山峭陳後主關山月

鸚歌語數聲蝦蟇禪一眺
羈心積秋晨晨積展遊眺孤客傷逝湍徒旅苦奔峭石淺水潺湲日落山照曜荒林紛沃若哀禽相叫嘯遭物悼遷斥存期得要妙既秉上皇心豈屑末代誚目覩嚴子瀨想屬任公釣誰謂古今殊異代可同調謝康樂○七里瀨
高閣連雲陽景罕曜潘岳
瀑布飛瀉丹翠文曜謝靈運
風泉有清聽何必蘇門嘯太白

楮裒半面新醲蔑一語妙 坡

赤霞動金光日足森海嶠 太白

潄流潄其淸寢巢翰其耀 晉

胡床紫玉笛卻坐靑雲叫 太白

秋高羣山空眾籟吐天竅霜颷擊林野嵒崟起哀嘂 文與可

炎炎赤龍奔劃劃陰電㕭 梅○博陽山火

十九效

水宴截香腴菱科映靑罩 李長吉 湘篠在籠罩 上

我垂北溟翼且學南山豹 太白

犬吠聲如豹 王維 飛蛟如立豹

雪晝天地明風開湖山貌 太白

猿近天上啼人移月邊棹 上

桂水舳艫回荆州津濟鬧 唐

端能敗笙磬仍且亂學校 韓文公詠蝦蟇 沙泉落紅砲 李賀

二十號

道濟津梁學爲潭奧 唐文

錐不入地蘴蕷深奧水竭不流氷堅可蹈 曹操苦寒

徒鬭三面恩愈肆九頭纍 駱

野田草欲盡東流水又暴念我雙飛鳧誰爲阿子好 樂府

通夢交魂推襟送抱 張齊充 茹按抱道浩舊只上聲十九皓內有之今復載去聲號字韻良是

雲泉紛亂瀑天磴屹宏抱 沈佺期

陽旱輟津石潭不耗 水經注

芬月期來過迴策思方浩 沈佺期

楚國三休臺梁殿千迷道 雲鷟傳

郎情難可道歡行豆莢心見荻多欲繞 樂府

橫空盤硬語妥貼力排奡 韓

霜風破佳菊嘉節追吹帽 上

悠悠我之思擾擾風中纛 上

鶴翎不天生變化在啄抱 上

二十一箇

狐狼知孤虛虎豹識衝破

微渦秋水澄媚靨春櫻破 趙介之

翠以羽殃身蚌以珠致破 蘇秦書

窮秋感平分新月憐半破 韓

巖花不可攀翔蕋久未墮 小蘇

忽墜幽人前知子觀空坐 上

生裙迮羅襪春月暎何大曖曖日欲冥從儂門前過 古樂府

秋心殊不那 鮑照 杖藜不睡誰能那 杜

秀句出寒餓 谷 波濤夜俯聽雲樹朝對臥 韓

沾滯難教季札聽遲回只恐文侯臥 元
紅亭枕碧江綠淨不可唾 合江亭○韓
樹蘭滋九畹栽竹踰萬箇 上
吳音未至慢楚語不假些 后山
孤負平生心已矣知何奈 韓
神光下照茅屋東鶩倒閑庭馬䮆座 冰崖

二十二禡

祝融解炎轡蓐收起涼駕 江淹
念負重於春冰懷御奔於秋駕 選
地有三分功猶再駕 北史温子昇

酌桂陶芳夜 [illegible]○又 崖留曦軒峰枉月駕 水經注
穀人不足於晝絲人不足於夜 揚子
塵埃紫陌春風晝夜 韓○縣齋有懷
見彈而求鴞炙見卵而求時夜 莊子
魚龍以秋日為夜 水經注 冬乃四時之夜
清禁麗朝霄雨迎夜
長船倚雲泊石鏡秋涼夜 賀 羣浪舞翻紅䆉稏 坡
金烏似火當空掛奇峰插在青雲罅 貝
湖波翻日車嶺石坼天罅 韓 月探金窓罅 太白
凌高更回首落日在雲罅 蒼蒼野浮樹漠漠水分汊

楊甲辨論於青豆之房遣惑於七華之舍 梁元帝
晉人夾泜而軍楚人背酅而舍 左傳
詎織青冥靶 韓 王良執靶 王褒
毒霧恆熏晝炎風每燒夏 韓
斷嵩開雲扃壓潁抗風榭 上
兒童稍長成雀鼠得馳嚇 上
拂枕熏紅帊 戴嵩 白雲入房青雲搖社 緯書
學謝滄中詩戀鄴下 文苑
[illegible]○倪音拏字反瓜為倪 孟子 母倪 [illegible]
[illegible] 坡

烟蓑雨笠長林下老去而今空見畫 上 以畫字入此韻最是
誰為傾國媒自許連城價 韓 沉陰擬薰麝 陶淵明

二十三漾

浦口霞未收潭心月初上 薛據
星河盡涵泳俯仰迷下上 韓
灩澦大如象瞿塘不可上 樂府
夕宿青山郭旦上青山上青山不可上一上一惆悵 古樂府
是曰人龍亦號僧象 徐
法侶鴛鴻釋門龍象 高僧傳 握手乍惆悵 韓
月生西海上氣逐邊風壯萬里度關山蒼茫非一狀

漢兵開郡國胡馬窺亭障夜夜聞悲笳征人盡南望
崔融 齒宿而意新身老而才壯 李百藥
臥鼓邊庭滅烽幽障 後漢
返照滿寒流輕舟任搖蕩支頤見千里烟景非一狀
天清去鳥滅浦迥寒沙漲樹晚疊秋嵐江空翻宿浪
回首碧雲深佳人不可望 權
寒沙榆塞没秋水灤河漲 張謂
時當冬之孟隙竅縮寒漲 韓
船留村市鬧閘發寒波漲 坡
森森荒樹齊析析寒沙漲 邱遲

巖程追風帆劈箭入高浪 韓 寸碧闘高浪 石湖
脱衫湔錦浪 劉孝威
管炬開金鎖江槎分玉浪 達磨偈
攏浪散帙妨危灘折花當 杜
行危履險無忘立仗 淮南子○元仗道也 短籬遮竹濺 梅
緑野際遥波横雲分叠嶂 韋應物
盃行無留停高柱送清唱 韓 斜燈入錦帳 梁簡文
誰別羽商家終迷庚癸向 任孝恭詠古墓
入峽喜巉巖出峽愛平曠吾心淡無累過境即安暢
坡 鍥楯横半空俯瞰不計丈 上

鵝兒破殼酥流盎 酒
扶桑大繭如甕盎天女織綃雲漢上往來不遺鳳凰
梭誰能鼓臂投三丈 上
藤垂島易陟崖傾嶼難傍 邱遲

二十四敬

法帖黄影釋文朱映 唐太宗集晉人法帖令褚遂良黄影其傍○陸德明經典釋文並以朱映神農本草並以墨蓋白字 日出黄霞映 杜
日魄珠景照韜緑映 黄庭○日中五帝字
單文孤證 水經注
川原曉服鮮桃李晨妝靚 韓○東都遇春

續斷王母簪鬼臼唐婆鏡
凍地折枯軀斷氷流破鏡 梅
文昌氣似珠太史河如鏡 庾信
明湖落天鏡 李太白
開帆入天鏡 上
飛帆拂天鏡 程俱
縉紳之清津人倫之明鏡 晉書
滎泉遠鏡 陶貞白
洞庭對岳陽修眉鑑明鏡 羅含
昭星夜景非雲曉慶衛室成陰璧水如鏡 謝朓

多難固業殷憂啟聖 王儉

風夜自恲性 王仲宣

花笑鶯歌詠

論兵遠壑淨 杜

返照亂流明寒空千嶂淨 錢○返照一作鳥道

連觀霜縞周除冰淨 選

五蘊幻身幻何究竟迴趣眞如法還不淨 傳燈

秋風捲黃落朝雨洗綠淨人貪歸路好節近中原正 坡

林疎遠樹出野曠寒山靜 王右丞

遊軍之形乍動乍靜避實擊虛視羸撓盛 風后握奇經

心腸一變化羞見時節盛 韓

五絲續寳命 古詩

金屑雖珍寶在眼亦爲病 傳燈

王子敬爲大令王李琰爲小令

烟霜屢貿分雲波歎遙貿 王儉

右丞與蘇州趣味何澄夐 司空圖

二十五經

歸臥無好懷扣門有佳聽 后山

人動我靜人言我聽 鬼谷

長沙過洞庭水迫風搖矴青山接夷巒白晝啼鵾鶴

竹存帝女啼夔學林雍璧不嫌卑濕往敎令民須聽 梅苑陵送甯鄉令張沆

夕陽度西嶺羣壑忽已暝松月生夜涼風泉滿淸聽

樵人歸欲盡烟鳥栖初定之子期宿來孤琴候蘿徑 孟浩然

長安車馬閒有此荷萬柄微波已搖人小立待其定 陳去非

芳草無行徑 楊師道

東海氣如圓罃 晉志河水氣如引布

瑤軒絲石羅桂房金匏轅 王融

燕尾挺灾龍漦結釁 晉后妃傳

彫不增文磨不如瑩 劉公幹 說石

籠烟彩雲合湛露紅珠瑩 元 牡丹

船頭大銅鐶摩娑光瑩瑩早晚使風來沙頭一眼認 劉禹錫

元冬務隙人閑野罄 書啟

水紋綾袴羅紋勝 漢時端午賜臣下

瑞象圖金勝 人日○賈充妻李夫人

祭遵雅歌投壺桓榮雅吹擊磬

林昏罷幽磬太白
隔水聞清磬韋○夜
欲者情之應荀子
江村遠雞應皇甫曾○周美成詞夜寒人遠雞相應
岸樹共紛披渚牙相緯經
夜咲缸花凝李賀
淚漬羅襟凝柳屯田
日照紅香凝白
蘋汀水雲凝高賓王
過天邊亂雲愁凝蘭畹

捫霞磴徐諧在茅山大書石上
以黃帝之跡禿堯舜之脛莊注
妙楷與狎書帳懸兼壁釘
二十六宥
江如自天傾岸立兩巖鬬六一三峽
寒分斂色沍泉凝漏冬
林缺湖光漏坡山疊泣清漏李賀
瑤源彌瀉瓊枝愈秀
惟季春兮華阜麥含金兮方秀梁鴻○含金今漢書誤作含含
天高匝近岫劉孝威

兩謠雲岬鄞南之金庭四明天台剡東之玉岫國清百錄
鮮霞褰林傾暉映岫湛方生
儒館獻歌戎亭虛候後漢高秋凋候
炎涼幾遷留川陸疲臻湊駱
性者天之就荀子
天空脩浮眉濃綠畫新就南山○韓
欃槍為閨明月為候子雲賦
唾面慎勿拭出跨當俯就坡
林柯有脫葉欲墮鳥驚救
馬融既依梁班固亦仕竇坡

雲岩杳虧蔽花草藏澗竇磐石暫憩休泓泉助吞漱
上窺玉女牕巘絕非可構下玩搗衣石焜燿金紋透梅宛陵遊嵩山
水名盜泉仲尼不漱論語撰考讖
石唇安茶臼王右丞
離宮霧闢遙橫地乳之山別館星開上載天眉之宿
盈縑積緗鳳池龍霤魏都賦齊龍首而涌霤
蘭泉吐霤庾闡玉堂對霤選
蒸靈液以播雲據神淵而吐霤上
懸泉下玉霤庾
初筵蔚其曜新陳柯槭以改舊選

肩以暑進爐以冬奏 論衡

雲鶴水鵠風胎雨轂

假餘息於熊膰引殘魂於雀轂 梁武帝臺城之困

獨宿慉夜嫫母畏晝 易林

兩杜昔天河二龍今出守 梁簡文送劉孝儀守淸河孝勝守蜀郡

白阜脉山川 神農之臣 元黿守封嵎 禹治水事

下協黿謀上稽龍繇 文苑

重岩吐神溜 陸

誰知柳絮心孤負桃花呪 周德華

二十七沁

蛾眉爲蛸譜 酒蛇花鴆 元詞

毛羣覩象扉羽怪見鵩鴆 韓

筆鋭千將墨含湻鴆 文心

弩末不穿强梗短難測深

曉枕疎囪殘月闖 辛幼安

墻頭花口寒猶噤 毛東塘

白鶴相呌喑 韓

掃蕩詞場廓清文祲 文粹

直辭一以薦巧舌千皆矜

匡鬥惟說詩桓譚不讀讖

朔雲開嵜嵐漢月明汾沁 王

二十八勘

徽猷託貞紺 內典 初解柴桑纜 杜

園竹排青蒼堦蘭紛紫紺

秋夜不可晨秋日苦易暗 韓

寒雞空在栖缺月煩屢闞 上

丹鉛事點勘 上 驢首犀贉 畫軸

水影斜曄澹

孤鴻没處長空澹 李方舟 昭琴不鼓雲天淡 貝

橫秋玉臉蛾眉淡 白雪

暮鴉庭院春陰淡 金

言詩許賜商傳經從趙啖

二十九艷

玉斝犧樽簟艷 張昭 小鳳戰篦金颭艷 花間

羅襪紅蕖艷 杜 歆眠聽新詩屋角月艷 韓

衞風古榆艷 鮑 漚珠槿艷 言幼質也

拖香肆艷 遊女 幽秀古艷 皮日休評楚辭

遒壯淒艷 司空圖評漢賦

榆塞氷爲城薊門海作塹 戴昺

千里極目平疇翠瀲 劉虬

循林引鶴舞俯水觀魚喩 姚廣孝
依依夢歸路歷歷想行店 韓
歸來閉戶坐默數來時店 坡
蟲響寒房幽孤燈冷素焰 李端
舊遊成夢寐往事隨陽燄 白
居然妄推讓見謂褻天燄 退之
宛轉若遊絲淺深栽綠晻年年立春後即被啼鶯占
詠柳 雜作承間騁交鶯舌互瑲 退之
張華詞藻溫麗朗贍

三十陷

近戍鼓音闗遠寺鐘聲餡 六朝
蒼山自爲門呀豁異鑴攙路通石壁盡潦起田穗陷
傍嶺有結廬潛潭淨於鑑聞之固欲往久雨溼泥濫
畏滑不肯行非關惜驌驤 梅
功名著乎盤盂銘篆著乎壺鑑 呂覽
莫陪太守車然諾豈詎賺遥遥橋上去望望馬猶站
六花水浮鑑 博古圖 五兵眞形鑑
弓賽烏隊箏磬沼鷺窺鑑
仙郎又被桃花賺 杜牧
鴻文無范 太元

嶺北回征帆 孟浩然
無因下征帆 唐
塞北頓遜春河東芳醞監 酒
冲神寂鑒 顧覬之定命論
歌扇掩盈盈漾樽浮湛湛 樂府
地遐物奇怪水鏡涵石劍 韓○喜侯喜至
今者誠自幸所懷無一欠 上
諷詠共欣躍告別成意欠 姚廣

哲匠金桴卷四

哲匠金桴卷五目錄

入聲

哲匠金桴卷五

成都　楊慎　撰　綿州　李調元　校定

入聲

一屋

海鏡蟹爲腹水母蝦爲目 越絶

招白間下雙鵠揄文竿出比目 班固西都賦○此二句絶妙招音翹讀如賈誼策招入州而朝同列之招白間弩名弩有黃間白間之名妄人不知改作白鷴甚謬揄音投二句正相對

別柳當馬頭宮槐如兔目 長吉

雷聲匪君車猶能過我廬電影匪我燭猶能明我目 錢起

行必依洲嶼止必集林木 相鶴經

南光走冷圭北籟號空木 陸○冬歌

疾風知勁草嚴霜識貞木 顧覬之

井水無大魚新林無長木 呂覽

有霜不殺草有風不落木 白

夜鳥響嚶嚶朝花照煜煜 吳均

厭見花成子多看筍成竹 上

林筱袁公與越女試劒竹 越絶

魏世重雙丁 丁儀丁廙 晉朝稱二陸何如今兩到 彥之

復似合歡竹 梁元帝

惟對昔耶房如愧蜘蛛屋 吳均○昔耶苔也

梧桐蔭我門薜荔網我屋 儲

浮蛆瀲金椀翠羽出華屋 坡

窮巷獨閉門寒燈靜深屋 岑參

槍城圍鼓角氊帳依山谷 王建

仙女下雲涓隱士居天谷 何承天

遲聑迅飛谷日所行道 鷩浪回高天盤渦轉深谷 楊炯

馬上懸壺漿刀頭分頓肉 王建

羣峰鬱初霽潑黛若鬟沐 顧况

姑胥夢鬱陶具區想杼柚 曹子建

白璧不可爲容容多後福 左雄傳

聯雪隱天山崩風盪河澳朔障列寒笳氷原嘶代駛

庾闡

豐年必得粟豐時必得祿 說苑

荒亭何所有老樹半空腹 閭防

呀然闤城南枕帶巴江腹 杜○江心江腦江尾江頭皆以人身喻

綠刺紅針割寒玉老蚌一開珠滿腹 文與可苂實

山路繞羊腸江城鎮魚腹 楊炯

絕頂水底花開謝向淵腹攬之不可得滴瀝空在掬

掬○廬山金膏水碧

簟凉朝睡重夢覺茶香熟 元

長安城西有雙圓闕上有一雙銅雀宿一鳴五谷生

再鳴五谷熟 文選注

峰宿東素嵐水瀉芬絲瀑 呂化光

雲頭頹鐵山日脚迸金瀑 石湖

羲和總駕發扶木太陽爲輿達炎燭靈威三垂步朱

轂 劉楨大暑

意樹發空花心蓮吐輕馥 梁武帝

得如虎挾乙失若龜藏六 坡

坐待月破東嶺雲自取簾鉤更高軸 與可

崆峒地無軸 杜博物志空同地有三百六十軸

始知共此世物外無三伏 楊炯

夜劍動星芒秋濤驚箭箙 庾

獨嚮響相酬還將影自逐 吳均

離家千里遠戚戚多思復 古詩

二沃

遊絲蕩平綠明滅時相續 溫飛卿

商葩將老綠東野上客留斷纓殘蛾鬬雙綠 長吉

遠峰明夕川夏雨生眾綠 韋應物

煙雲乍捲舒衡芳時斷續 王融
回雪舞粱殿甘露洗空綠羅袖從徊翔輕汗沽寶粟 李長吉
映襟塡寶粟 柳
梅 艮人得其玉小人得其粟 歸藏
竹門懸徑微源水陰藤覆坐石侵兩骰炎膚起芒粟
中泠水若飴北焙花如粟 梅○詠茶
鄧艾伏鸞陸雲隱鵠 世說
流瀣當餐九陽代燭恒星艷珠朝霞潤玉 仲長統
皓齒揚清歌艷膚麗華燭 劉原父
伏龍非我馬白日非我燭 蔡洪化清經言不可玩時惆日也郭璞云元蛸非我

駕觸書云光陰不可把玩衰老不與人期
衆口鑠黃金積氅毀白玉 唐求
將飛者翼伏將奮者足跼將噬者爪縮將文者且朴
六龍非我馬白日非我燭 蔡洪化清經
帶牽翡翠帷被解鴛鴦襆 白
寒山斂餘靄霽野澄初旭已覺長年悲誰堪歧路促 劉禕之
寒松偃澗濱弱蔓垂纓綠波縈翠帶長水濺佰花馥
終日採蘋人攀條弄巖曲 梅宛陵
散度廣陵音摻和漁陽曲 吳均

虺蔓相結盤虬稍久回曲紛若未契繩紮如已綸綍 宋景文詠藤
尺素在魚腸寸心憑鴈足 唐
庭花採蘇蕩 鄭惜

三覺

寶蓋帶溢城香爐繞廬岳 徐陵○廬山有香爐峰寶蓋泉
駕彫軫六駿駮戴翠帽倚金較 張平子
高泉吐東岑洄瀾自淨淥 庾闡
茗茗猗桐樹寄生於南嶽 司馬彪
學者如牛毛成者如麟角 史
攝提揚其眉天狼奮其角 史

晨興漢寀戶夜作河射角 田家志
借翰於晨風假足於六駮 選○駮一作駁
四禪越辟支三昧超等覺 梵
潛光隱嵩岳鍊鬼栖霞幄 太白
願同西王母下顧東方朔 上
遞嘯取遙風微微近秋朔 韓孟聯句
天寒日易暝歲晚風多朔 庾
金柔氣尚低火老候愈濁 韓孟聯句
木皮三寸厚涇泥五斗濁 庾
清砌千回坐冷環再三握 韓孟聯句

與子昔睽離嗟余苦屯剝 上
筐寶摘林珍盤肴餽禽㲉 韓○㲉鳥卵也古文但作卵夏小正十二月納卵蒜言蒜形如卵香嚴音日卵依殼而生故音㲉字一作㲉束晳田家賦貫鷄㲉於歲首韓文公詩鴿㲉攢壞橙
卞和潛幽冥誰能證奇璞 司馬彪

四質

夜雨滴空堦曉燈暗離室 何遜
枕上見千里窗中窺萬室 王右丞
殘編汲冢書半隸鴻都筆 谷
猩兔栖晶毫龍蛇縈蠹筆 書苑

孔子簪縹筆 緯書 楚塞鬱不窮吳山高漸出 李百藥
騘間翠幔捲糊罷金星出爭攀四照花競戲三條術 顧野
洞穴之寶衝海靈之雲術 謝靈運羅浮山賦
渚拂蒹葭寒嶠穿蘿蔦密 杜
象宇鬱參差寶林疎復密 唐
坐月觀寶書拂霜弄瑤瑟 太白
星回照以爛天行徐且謐 隋志 蘭響豈容謐 陸
一鴈飛吳天羈人傷暮律 太白
樵徑未沾霜茅簷初負日 皇甫冉

翠葆靡隨風金戈森戛日 小謝竹賦
羅衣從風隋珠照日 王孫子
偃蹇暮山虹游揚下峰日 梁簡文
邑人半舳艫津樹多楓橘 曲江
願陳堅固學破我夢幻質 楊衡 雷霆逼颶䬍 韓文公
象牙作帆檣綠絲作幃繂 樂府
故鄉不可見雲水但如一 王右丞
泰階合平三比屋封爲一
鴻飛在天首積遠難爲悉越人以爲鳧楚人以爲乙
人望自楚越冥冥鴻常一 張融

妙義既天悠英辭仍海溢 貝
吹角向月窟 杜
始知畫工妙巧刮造化窟 上
元的黝點峰粉光紫沙冪 婦女以紫粉塗面
小損當大益 四照開春華萬寶成秋實 晉書
跨三分之二處九州之七 史贊苻堅

五物

木蘭染爲衣鼠葵持作拂 闕防 開堂振白拂 太白
窺窗見白拂 上 破顏見紫雲憐才有紅拂 成
皎月垂素光元雲爲髣髴 劉公幹

梁維西南屏山厲水刻屈 韓
金春撼玉應厥臭劇蕙鬱 上　且盡杯中物 陶
杯中翠物 唐詩翠物喜盈尉　卵翼豈他門頂踵非已物
演孔刮老佛 韓　蓬心倦飄飄楮尾漫匆匆 荀鶴
繡繰裝金鐍瓊籤插錦綍 米芾　淚沾紅袖黦 韋莊
畫梁塵黦 毛熙震　水涸梁未成火覿道猶茀 何桌
奸佞彙征忠良喪茀 宋臣彈王安石
花落蝶夢闌絮飛鶯口吃 謝子深

六月

摛文錦爲心裁詩花作骨

河射角好夜作犂星汲水生骨 吳下諺
衡岳有開士五峰秀眞骨 太白
鴛雛欲上天寄聲謝明月 吳均○梅宛陵吳均詩語多奇崛若倩鴛鴦謝明月
夏王紀冬令殷人乃正月 儲
岸篠覆迴溪迴溪曲如月 韋
天邊樹若薺江畔洲如月 孟浩然
喬木生夜涼流雲吐華月 韋應物
汎艷春幌風徘徊秋戶月 王易從
清樽瀲紫霞寶瑟凝華月 陵
載笑知曷月 獨孤及　仙客辭蘿月

漣漪濯明月厭厭竟良月
馳蓋轉徂龍回星引奔月 沈約
桂楫及晚風菱江映初月 江奐
圓潭寫流月 孫逖　岑翠映湖月 陶翰
峽路沙如月 王褒　霜結龍城吹水照黿林月 李義甫
翠帚掃春風枯龍戛寒月 元○松
密可怕晴煙疎可漏宵月 竹譜　載笑期芬月 沈
遙聞天竺寺夢想懷東越每年海樹霜桂子落秋月 太白
送君遊梅湖應見梅花發有使寄我來無令流芳歇

暫行新林浦定醉金陵月莫惜一鴈書音塵坐胡越 上
橫笛喝秋風清商入疎越 陸
天淨河漢高夜涼砧杵發 李嶷
寒風吹長林白日原上沒 薛據
一聽春鶯鳴再見秋虹沒 小謝
不知舊行徑初拳幾枝蕨 太白○山谷蕨芽初長小兒拳
煙窗引薔薇石壁老野蕨 上
秋浦倚吳江去棹飛青鶻 杜牧
恩渥浹下筵和惠頒上笏 江淹

蘿蔓絕攀援苔衣正流滑 小謝
王孫挾珠彈遊女矜羅襪 孟
獵豔少年場藉交遊俠窟 李義甫
未應歲貶顏直以憂殘髮 王 寒魚依石髮 顧況
修服悵邊羇瞻途眇鄉謁 沈約

七曷

大江吞天去一練橫坤抹 杜牧
市倡靑紅抹 坡○抹今音入上聲二十舠韻
我行已水濱我僕猶木末 杜
張陳凶其終蕭朱隙其末 王丹論交遊

東旭早光茫渚禽已驚聒臥聞漁浦口橈聲暗相撥
日出氣象分始知江路闊美人常晏起照影弄流沫
飲水畏驚猿祭魚時見獺舟行自無悶況値晴景豁 升菴
人言荊江闊荊江定自闊五兩了無聞風聲那得達 吳歌
振錫呪飛泉騰空舞花鉢 國淸百錄
射鵰旋充飢斧冰還解渴 長孫左輔
情思如循環憂來不可遏塗山有餘恨詩人詠採葛 傅元
石雲溼黃葛 長吉
涼風何蕭蕭流水鳴活活 太白
浦沙淨知洗海月明可掇 上 逕蘭銷晚藹 韓

雪花一尺圍崩騰相排挼 上

八黠

奇樹華猶溼堅林霜不殺 李餘
卬文裁斐亹巴豔收婠妠 韓
椎肥牛呼牽載實駝名圖 上
始去杏飛蜂及歸柳嘶蛪 上
稚子脫錦𧜟駢頭玉香滑 唐人筍詩
縱飮羅豔黠 韓 水靜魚噞喁林深鳥啁哳
飛猱無整陣翩鶻有斜戛 韓
延之屢日對佳話如侍太響聽楔楬 文與可○楬與黠轄爲韻○楬與尙書戛擊之戛同

九屑

嫋嫋碧海風濛濛綠枝雪 羊士諤○枇杷花
楊花滿江來疑是龍山雪 太白
繁雲起重陰迴飈流輕雪 惠連 著意溫瓊雪 趙介菴
不悟倡園花遙同羌嶺雪 江總
欲見洛陽花如君隴頭雪 陸瓊
室冷鏡疑氷庭幽花似雪 陸倕
峩峩六尺氷飄飄千里雪 謝爕
巫峽隔波雲姑峰漏霞雪 元稹○月臨花

流風縈豔雪韋霧縠籠香雪鹿虔扆芳樹花傳雪白
莊周咲黃苓宋玉傷白雪文心
峴山臨漢江水綠沙如雪上有墮淚碑青苔久磨滅
太白
松操樊烟楮英鋪雪毫穎如飛人問五絕汪聖錫銘歙硯
天寒歲欲暮朔風舞飛雪懷人重衾寢故有三夏熱
景麗條可結霜明氷可折凱風扇朱辰白雲流素節
四時○樂府猘狗華子奔腐鼠虞氏滅
崖磴互欹缺李適金澗下明滅上
石險天貌分林交日容缺孔稚圭

天彭信方隅地勢城斗絕下奔泥棧楮上覯雲梯設
蘇題三泉
空煩赤泥印遠致烏玉玦遂令色香味一日備三絕
坡茶雪凍弓弦斷風鼓旗竿折車轂
陽氣微弱陰氣結海凍不流綿絮折呼吸不通寒凜
冽大寒
珍重烏玉玦泉清硯須潔避暑懸葛囊臨風度梅月
欲燥不欲潤貴涼不貴熱鸞臺鳳閣仙賭君藏墨訣
川長信風來日出宿霧歇太白
首夏猶清和芳草亦未歇謝靈運○楚辭芳草歇而不被唐劉令嫺詩孫草歇

芳心耿耿東坡詞春事闌珊芳草歇
誰爲客行久屢見流芳歇劉休元○潘岳詩流芳未及歇
思仙慕雲埒沈百尺瓴金埒陳後主○唐詩買地鋪金曾作埒
花塢蝶雙飛柳堤鳥百舌吳均
月從洞庭來光映寒湖凸四顧無纖塵鳥跳明鏡裂
半山
平沙何茫茫彷彿見石蕝縱橫滿江上歲歲沙水齧
坡八陣圖驅民市無烟戰野江流血上
歲月去如瞥上梯苔職乳穴李適
輪超白虎第珂聚黃金穴戴暠

異草不得生荒田多栽荊鳩摩羅什
花塢團宮纈杜牧內藥繁於纈元稹
醉纈拋紅網之裴坦辟纈紅滿杏韓
鼈甲屏風生眼纈○元經世大典染工有夾纈之名
別有檀纈蜀纈漿水纈三套纈綠苔纈之名
鎔眼百頃湖掛鏡千尋闕坡○詠月
離袖颭應勞恨粉啼還咽孟遲
蛛網徒爾施螳斧詎能磔蚊○梅
橋崩臥槎擁路險垂藤接孟
契闊阻風期荏苒成雨別獨孤及

嘉禾挺皋蘇奇香發迷迭王筠
騎吹喧日南軍容肅海戫
十藥
鏞鴻藻伸景鑠揚世廟正雅樂選
鐸以聲自毁膏以明自鑠淮南
燈明夜觀棊月暗秋城柝韓
室婦歎鳴鸛家人祝喜鵲
雨矢逐天狼電矛驅海若
人怨童聚謠天殃鬼行瘧
澤髮解兜鍪酡顏傾鑿落

暮鳥已安巢春蠶行滿箔
山多離隱豹野有求伸蠖
池蓮摘秋房院竹苞夏籜以上俱韓
風前筠管颺難留舞處花鈿低不落江總
瀑迸疑懸峰危欲落王無功　豔花勾引落古詩
燭影逐星沉歌聲隨月落張詠　通門枕華郭荀昶
含傷捨泉華縈念採雲萼鮑　青峰轉帘腳鮑
天明開秀崿謝　受辭太白腳杜　高月麗雲崿鮑
靈願悲渡湘宓賦咲瀍洛鮑
彩蛤懸錦囊芳蘿㛹花索允言　淸池寫飛閣庾

流塵淸遠陌飛月澄高閣李正封○詠露
結習未盡花着身結習已空花不着梵
液雨不流籜高田不要作閻彭
夕露爲珠網朝霞爲丹雘選
石瓠謝瓶罍瑰木乖丹雘王筠
斐雲興翠嶺芳颷起華薄惠連
輕紈覺衣重密樹苦陰薄暑
豐林映綠薄庾闡臨川豐曲流豐林映綠薄
豈辭青鞋胝悵望金匕藥杜
山牖見然燈竹房聞搗藥閻防

林迴峽角來天窄壁面削仰看日車側俯恐坤軸弱
杜　已脫摩燈龕不受菩薩縛佛書貪著禪味爲菩薩縛
歲晏風落山天寒水歸壑吳少微
千花敷欲然萬水柔可結曲江○按結疑作絡
岊腹乍傷穿澗唇時外拓王右丞
微言在寥同妙契藏九龠坡○選詩九籥隱丹經
晨溪響虛駛歸徑行已昨杜
餘輝漸西落夜夜看如昨借問映旟旗何如鑒羅幙
長孫左輔關山月
初發揚州時船出平津泊五兩如竹林何處相尋博

古樂府 織羅飛髾袿露褌緑絲屩 東昏宮人事

十一陌

雲起早已昏鳥飛日將夕 上韋述

蟪蛄鳴于朝寒螿鳴于夕 周處風土記

朝憶相如臺夕夢子雲宅 太白

人生半哀樂天地有順逆 杜

莫言往來踈驚馬知阡陌 韋

長嘯招遠風臨潭漱金碧 上

風文翻露綱露華上空碧 上官儀

行人揖孤光飛鳥投遠碧 坡○遠碧可爲亭名

拂蛾學春碧 李賀 日虹屏中碧 書燈○曉虹屏中碧 上

寒更傳曉碧 王右丞 溪望亂金碧 長卿

臨溪瀨金碧 韋

朝離新息縣已亂一水碧暮宿淮南村已度千山赤 坡

朱墨分黝赤 坡

野服製升越山庖盛雞蹠床頭龍唇琴案上科斗籍 梅

候勁風揭百尺維長綃挂帆席 海賦○綃帆綱也所以挂帆○唐詩人多用挂席而罕用維綃

片玉可以琦奚必侯盈尺

山色濃如滴湖光平如席 坡

疾言噴噴口沸目赤一幸得勝咲言盬盬 子張言小人之辯

屋上春鳩鳴村邊杏花白 王右丞

人歸山郭暗鴈下蘆洲白 韋

步輦出披香清歌鬧太液 上官儀

煙霧猶辯家風塵已爲客 韋述

藍岑聳天壁突兀如鯨額 太白

斧氷漱寒泉二子同二屐 坡

葦間闖挐音雲表已飛屐 坡

神仙杳難攀中壽稀滿百 沈

孔明入不毛張湑行無跡 史

鏘珮出中臺影纓入仙掖 儲

鼷腹有餘資鴻肩方可拍 江革

中積道德腴散入神明賾 鬼谷子

妙詩由篤好精義貫幽賾 盧諶

芳草列成行嘉樹紛如積 王融 徒使春夢積

西郊鬱已茂春嵐亜如積何當返徂雨雜英紛可惜 韋

故人邑中吏五里仙霧隔 羊

三江五湖口地與天不隔 半山 孤峰石戴驛 杜

寒蕪際碣石 上 暮流澄錦磧 梁元帝

霜崖滅土膏金澗測泉脉 鮑

五星如編珠日月如疊壁 馬融書註
荆山爲上格浮山爲下格潼沱爲徵溝并灌鉅野澤
王足請堰浮山

十二錫

目因詭容逆心與清暉滌 曲江
微風時動牖殘燈尚留壁 韋
草螢飛夜戶絲蟲繞秋壁 梁簡文
濶芳襲人衣山月映石壁 王右丞
白龍下飲潭修尾掛石壁幽人欲下看雨雹晴相射
子由

鴛鴦羅薦開翡翠香幃寂解帶羌羞明移燈向東壁
梅
山門開煙霏禪房閉岑寂 后山
罷帝桂方秋風滅籟歸寂 太白 蜩唶天籟寂 上
曉行漉水樓暮宿懸泉驛林月值雲遮山燈照愁寂
賀鑄
峩峩銅雀臺其下遺瓦礫不化鴛鴦飛多近蟾蜍滴
梅
曉霞飛銀礫 梁簡文 〇詠雪
獨向高齋眠夜聞寒雨滴
洞庭漫汗粘天無壁風濤相壓中作霹靂追程盲進
飄帆箭激 韓 高齋坐林杪信宿游衍閴 杜

渚拂蒹葭塞嶠穿蔦蘿幂 杜
黄葛生洛溪黄花自綿幂 太白
疾風無末勢過雨有餘瀝 后山
逍遙展良覿 杜 應手看捶鉤清心聽鳴鏑 詩上 〇喻誦
紫燕自超詣翠駮誰剪剔 上
霜華上壁瑲火樹連金狄 錢思公元夕
暫復往研遲承來析 周顒
夜警晨嚴朝昫暮蝅 更漏
道士住山陰仙人居射的 太白
百里不販樵千里不販糴 史記

十三職

千里常思歸登臺臨綺翼 小謝
宛虹奮采鬌長離振文翼 劉協
龍邱一回首楚路蒼無極 梁簡文
側側力力念君無極枕郎左臂隨郎轉側 樂府
勞君元月暮睇旅滄浪側 宋務光
水照弄珠影雲吐陽臺色 梁簡文
墟宇及桑梓雲霞同一色 秦隴山
山蒼然一形水冷然一色 元次山
紫閣連終南青冥天倪色 太白

悲風生微綃萬里有古色 張旭草書○杜
寂寂暮櫚響顯顯垂簾色惟有瓴甋苔如見蜘蛛織
梁簡文 天梭星落織 賈浪仙
幼翳逐情飄愛網隨心織 貝
曠哉朝夕池大矣乾坤力 宋務光海上作
天波混莫分島樹遙相識 上
馬韓底厥貢龍伯修其職 上
走狗逦西望牽牛向南直 何仲言 雀聚行龍匿 上
寒山連龍赩 赩許力反○連龍山名楚辭
露下旗濛濛寒金鳴夜刻 李長吉

飲宴移晷刻 謝 連環既解弄丸自息 內典
山連翠羽屏草接烟華席 望南飛燕佳人斷消息
陸魯望 北入無窮門南起建德國
同占朱鳥尅 韋○朱雀官非也
雪六出成花雹三出成實 物理論
舞風沉龍常輪霞浮玉勒 謝莊
化池漸隣丹爲黔貧迴璺 王無功
漢女踏紅綃海童抛赤仄 皇甫松
未得熱手炙先愁冷語冰 冰首逼
白日體無私皇天輔有德七旬罪已服六月師方克

張説 漸汨河水黃參差障雲黑 王僧孺
拔劍斬長榆彎弧射小棘 崔融
日日獻玉衣旦旦進玉食 列子
十四緝
徒願尺波旋終悲寸景戢 小謝
寒日出霧遲清江轉山急 杜
天寒遠山淨日暮長河急 王右丞
高閣會嘉賓笙簧聲正急 孟郊
胡風激秦樹蕩子風中泣家家朱門開得見不得入
長安十二門投樹鳥亦急

旅帆風飄揚行巾露沾濕 張正見
東風吹春水泱漭后土濕 札
拂榻燈未來開門月先入 陳昵
斷蓬孤自轉寒雁飛相及 杜頠 歲暮寒飈及 陸厥
日落寒雲起驚河被原隰 袁朗
同雲凝暮宇嚴寒屯廣隰 梁簡文
月暈抱龍城星眉照馬邑 簡文
榮近不欣欣善廢不悒悒 韓詩外傳
滎渟澹不流金碧如可拾迎晨含紫華獨往視朝汲
裴廸余屑泉 紫梅發初徧黃鳥歌猶澀 王右丞

十五合

煙滑日出見漁村遠水鱗鱗山齾齾　坡

山平村塢迷野寺鐘相答晚陰生林杪落日猶在塔
上

迴山如鬭嶮壁若合陽崖陰壑景氣常雜崩流激聲
空響相答　元次山

嗷嗷夜猿鳴溶溶晨霧合不知聲遠近惟見山重沓
旣歡東嶺唱復佇西巖荅　沈約

山沓水匝樹雜雲合目旣往還心亦吐納春日遲遲
秋風颯颯情往似贈興來如荅　劉勰

夢遠竹牕幽行稀蘭徑合　韋

楊低柳合　梁簡文　平置望烟合　小謝○置驛也

山晚黃雲合　杜

迢遞樓難懸參差臺觀雜城闕自相望雲霞紛颮沓
宗夬　馬頭金合匝　杜

鼓聲不過閶柝聲不過闕　司馬法

瞻部靈源閣　栁公權書在召江滕鳥雀不敢棲

凜冽倦元冬負暄嗜飛閣　杜

山響傳鳳吹霜華藻瓊鈒　袁朗

狗尾續貂錦囊盛納　貝

十六葉

繼五帝洪名紐三王絕業　王巾

綠樹始搖芳芳生非一葉一葉度春風芳華自相接
雜色亂參差衆花紛重疊重疊不可思思此誰能愜
梁武帝　遙原樹若薺遠水洲如葉　薛道衡

灌灌霜凝條冷冷露溜葉　伏系之

宿雨冒寒山空城響秋葉　韋

妾家白蘋浦日上芙蓉楫軋軋搖槳聲移舟入茭葉
溫飛卿　浮苕染輕楫

桃葉復桃葉渡江不用楫

岸陰垂柳葉平江含粉堞好值浣沙人多逢蕩舟妾

綠水濺長裾深苕染輕楫　梁簡文

浴鋏被川原樅金駭樓堞　徐陵

叢臺可憐妾當窗望飛堞忌跌行衫領熨斗成褫襵
梁簡文　履度開裾襵　上

試持元渚釣暫罷池陽獵翠羽飾長綸蘋花裝小楪
鉅利斷尊絲泛舉牽菱葉聊截前魚童迴看後舟妾
戴暠　巧笑雲權靨　傅元　寶蝶香脫靨　谷詠香

分粧開淺靨　簡文　晚風爽烏裕　杜

元魏之東狗腳於鄴吁其瓦存亦禪于刼上林得雁

復貯歸篋玩而銘之裒涙盈睫 洪容齋鄭氏硯銘

十七洽

不見盧相公蒸瓠似蒸鴨 坡 家有紅頰兒能唱緑頭鴨

海舸天航皃艋鶴艒 元次山○舟名

浴露識朱英集風知翠葩

露畦課赤丁霜塍摘翠甲 孫從詠菜 富貴四海甲 坡

水望澄明淵無潛甲 水經 四變入臼米出甲 春秋緯

圖蔬抱金甲 杜 霞岫壯龍鱗雲峰幻龜甲 王績

玉樹珊瑚枝珠簾玳瑁押 徐陵

匼匝雲如抱參差樹若插 白

遠郡重撫綏京轉先彈壓 柳仲郢

流塵生玉匣 古詩

哲匠金桴卷五畢

光緒三年冬
鋟於樂道齋

丹鉛雜錄

吳郡顧其志作攬茝微言具載升菴以丹鉛名錄之義謂中古犯罪者以丹書其罪魏律緣坐爲工樂襍戶者皆用赤紙爲籍以鉛爲卷軸升菴名在赤籍故寄意於此然則是書之作其在先生入滇以後乎觀其名可想其志矣攷先生著書目錄中以丹鉛命名者凡十種有丹鉛錄總錄要錄摘錄閏錄餘錄續錄別錄贅錄等名而丹鉛襍錄人多未之見所見說郛則寥寥數頁而已余家舊有雜錄十卷其書不名一體大率皆記註文字筆之於篇故曰襍也獨恨焦竑升菴外集之刻意在表章升菴而擇之不精遂至以襍錄之半闌入字學中不知所謂字學者皆升菴韻書如轉注古音之類非可以襍錄混之也余故取家藏本急采之以正焦氏之譌而並摭丹鉛命名之意於簡端童山李調元序

丹鉛雜錄卷一

成都 楊愼 撰 綿州 李調元 雨村 定

嚴君平註老子

嚴君平註老子其文奇世多未見如云肝膽爲胡越眉目爲齊楚又云生不枉神死不幽志又云天地億萬而道王之衆靈赫赫而天王之倮者穴處而聖人王之羽者翔虛而神鳳王之毛者蹠實而麒麟王之鱗者水居而神龍王之介者澤處而靈龜王之百川並流而江海王之又云言爲禍匠默爲害工進爲妖式遁爲變嘗鼎一臠可知其味也

莊子憤世

莊子憤世嫉邪之論也人皆謂其非堯舜罪湯武毀孔子不知莊子矣莊子未嘗非堯舜也非彼假堯舜之道而流爲之噲者也未嘗罪湯武也罪彼假湯武之道而流爲白公者也未嘗毀孔子也毀彼假孔子之道而流爲子夏氏之賤禮子張氏之賤儒者也故有絶聖棄智之論又曰百世之下必有以詩禮發者者矣詩禮發家談性理而疾行利者以之其流最盛于宋之晚世今猶未殄使一世之人吞聲而暗服之然非心服也使莊子而復生于今其憤世嫉邪之論將不止于此矣

郭象注莊子

昔人謂郭象注莊子乃莊子注郭象耳葢其襟懷筆力畧不相下今觀其注時出儁語與鄭元之注檀弓亦同而異也洪容齋嘗錄檀弓注之奇者于隨筆予愛郭注之奇亦復錄於此如逍遥篇注云大鵬之與斥鴳宰官之與御風同爲累物耳養生主注云向息非今息故納養而命續前火非後火故爲薪而火傳又以生死爲寤寐以形骸爲逆旅又云多賢不可以多君無賢不可以無君又云通彼而不喪我卽所謂

惠而不費也又云天性在天實乃開又云堯有亢龍之喻舜有卷僂之談周公類之走狼仲尼比之逸狗又云律呂以聲兼形元黄以色兼質又云生之所無以爲者分外物也知之所奈何者命表事也此語尤精可比於荀孟又云草不謝榮于春風木不怨凋于秋天李太白用爲詩語而人不知其本於子元也

賈子韻語

賈子曰君子重襲小人無由入正人十倍邪僻無由來又曰見祥而爲不可則祥反爲禍見妖而迎以德則妖反爲福皆極文字之妙

王嘉

隴西處士王嘉隱居倒虎山有異術符堅迎之入長安按嘉字子年今世所傳拾遺記嘉所著也其書全無憑證直搆虛空首篇謂少昊母有桑中之行尤爲悖亂嘉盖無德而詭隱無才而強飾如今之走帳黃冠遊人羽客僞藥欺人假丹誤俗是其故智而移於筆札世猶傳信之深可怪也哉嗚呼子書之奧妙不傳者何限而今乃傳鬻子子華子唐詩之佳而不行者無算而世乃盛傳許渾胡曾小說之可觀者多矣而天寶遺事杜詩僞蘇注至名家亦爲所惑且引用焉噫

太元非擬易

孫明復曰揚子雲太元非準易乃明天人始終之理君臣上下之分蓋疾莽而作也桓譚曰是書也可與大易準班固曰經莫大於易故作太元使子雲被僭經之名二子之過也

天闘天總

潛夫論世主欲無功之人而強富之則是與天闘也況使無德之人與皇天闘而欲久立自古以來未之嘗有也又曰民安樂則天心總天心總則陰陽和此皆格言也天闘天總文字尤奇

蟪蛄蜩螗

說苑載孔子曰違山十里蟪蛄之聲猶尚存耳言政事之惡譁而喜肅也夫蟪蛄之聲必在山林之地違山十里則朝市矣市有蟪蛄之聲則朝有蜩螗之沸政之譁也甚矣史記云魯之衰也洙泗之間齗齗如也齗齗交爭之意即孔子之所謂譁也

鹵莽滅裂

莊子謂耕之不善曰鹵莽耘之不善曰滅裂鹵剛鹵之地也耕剛鹵之地必加功呂覽耕道篇所謂強土而弱之也莽草莽之地詩所謂載芟載柞乃善耕也不治其剛鹵不芟其草莽是曰鹵莽之耕耘以去草古有烏芸之說如烏俯而啄食乃善芸也呂覽善耘者長其兄而去其弟兄嘉禾也弟荼蓼也不善耘者長其弟而去其兄是滅也裂者并其土而抇之

喬宇鬼瑣

嘉靖初給事中張翀上疏言時政中論學術不正一條有喬宇鬼瑣之語上以此四字問內閣值愼在史館即取荀子非十二子篇以復敬所蔣公喜曰用修之博何滅古之蘇頌乎近日之學謂不必讀書考古

不必格物致知正荀子所謂矞宇嵬瑣者也

論衡

論衡孔子出使子路齎雨具子路問其故孔子曰昨暮月離畢他日孔子出子路請齎雨具孔子不聽出果無雨子路問其故孔子曰昔者月離其陰昨暮月離其陽故不雨史記仲尼弟子傳亦載此事而刪除子路問其故以下數句葢文有以含蓄不盡爲工者若莊子數九淵之目而止列其三子書九淵具陳說盡則索然無味矣

迓鼓

宋儒語錄今之古文如舞迓鼓人多不解爲何語按元人樂府有村里迓鼓之名宋人樂苑有衙鼓格圖官衙嚴鼓之節也衙訛爲迓曲名村里迓鼓者以村里而效官衙其衣裝聲節必多可哂者是以名之語錄云如舞迓鼓者謂無古人之樂而效古人之言如村人學官衙鼓節也

戲婦

抱朴子疾謬篇云世俗有戲婦之法於稠衆之中親屬之前問以醜言責以慢對其爲鄙瀆不可忍論或蹙以楚撻或繫足倒懸酒客酗醟不知限劑至使有傷於流血踒折支體者可歎也古人感離別而不滅燭悲代親而不舉樂禮論娶者羞而不賀今既不能動蹈舊典至於德爲鄉閭之所敬言爲人士之所信宜正色矯而呵之何爲同其波流長此敝俗哉今此俗世尚多有之娶婦之家新婚避匿羣男子競作戲調以弄新婦謂之謔親或褰裳而鍼其膚或脫履而規其足以廟見之婦同於倚市門之倡誠所謂敝俗也然以抱朴子考之則晉世已然矣歷千餘年而不能變可怪哉

康節不信命

張橫渠喜論命因問康節疾曰先生推命否康節曰若天命已知之矣世俗所謂命則不知也康節之言如此今世游食術人妄造大定數蠢子數托名康節豈不厚誣前賢

五代史學史記

嗚呼自唐失其政天下乘時黥髡盜販衮冕蛾冠吳暨南唐姦豪竊攘蜀險而富漢險而貧閩陋荆蹙楚開蠻服剝剽弗堪吳越其尤牢牲視人嶺蛋遭劉百年之間並起爭雄山川亦絶風氣不通語曰清風興羣陰伏日月出爝火息故眞人作天下同右六一公

五代十國世家序也其文豐約中程精彩溢目歐文第一篇也李耆卿謂公之五代史比順宗實錄有出藍之色似矣然不知五代史本學史記非學韓也古云學乎其上僅得其中俗云擲高一丈牆打八尺信其然乎

綱目減字

司馬溫公資治通鑑云補闕喬知之有婢名碧玉美色善歌舞知之爲之不昏昏與婚古字通用蓋言知之惑溺此婢不娶正室也綱目去不字而云知之爲之昏蓋誤以婚姻之昏爲昏惑之昏也字義不明文

理不通矣綱目似此類極多蓋朱子門人趙師淵奉師命所編朱子固無與也師淵史學既非所長而古文又未經心其疎舛固宜今人以爲出於朱子合於春秋殆類子牟所謂承餘竅之鄙夫誠可笑也

史傳遺事

張唐英論王威高君雅在晉陽謀誅李淵爲隋之忠臣胡安國論五代宋令珣死事之跡歐陽公遺之予觀郭忠恕初事湘陰公贇爲郭威所殺忠恕佯狂遁去亦清節之士也史皆不能表章之噫若此者亦不幸矣

李密陳情表

李密陳情表有少仕僞朝之句責備者謂其篤於孝而妨於忠嘗見佛書引此文僞朝作荒朝蓋密之初文也僞一字蓋晉改之以入史耳劉靜修詩若將文字論心術恐有無邊受屈人蓋指此類乎近日趙宏作令伯祠記辨僞朝字惜未見此

微子面縛

史記宋世家武王克商微子肉袒面縛左牽羊右把茅亡弟恆讀史至此謂予曰微子有四手兄知之乎予曰書傳未聞乃笑曰使無四手何以既面縛而又

有左手牽羊右手把茅乎然究言之皆必無之事肉袒面縛出於左氏乃楚人以誑莊王受鄭伯之降借名於武王而誣微子也史云微子抱祭器而入周既入周矣又豈待周師至而後面縛乎又究而言之抱器入周亦必無之事劉敞曰古者同姓雖危不去國微子紂庶兄也何入周之有論語云去之者去紂都也雖去不踰國斯仁矣

秀羸多能

北史稱崔浩尫纖懦弱胸中所懷乃過甲兵不如說苑稱孫叔敖秀羸多能四字文而不贅先秦文人造

語如商彝周鼎因物賦形文質得中後世不朴則雕矣

皐夔讀何書

王安石與公卿爭新法曰君輩坐不讀書耳趙閱道折之曰皐夔稷契所讀何書此言未足以折安石皐夔豈不學者耶若折之曰相公誤矣共工驩兜孔光張禹豈不讀書耶則能折其口而理亦愜矣

漢辭深厚

貢禹乞骸元帝詔答之引傳曰亡懷土所稱傳者即論語小人懷土之文易小人二字作亡益媄於以小人稱其臣漢世訓辭深厚皆此類也後世平交間辨難之文即如怒罵況君臣之間乎

宋主禮儒臣

宋之君崇禮儒臣過於漢唐正史之所遺者有二事其一眞宗臨楊礪之喪降輦步吊重其介清也其二富弼母卒仁宗爲之罷春宴二事雖三代令王不過此也其後徽宗之待蔡京王黼南宋之待秦檜侂胄似道恩禮倍此然前之則如蕩子之交狹客後之則如弱主之畏豪奴豈曰榮遇美事乎書之祇辱

讀書不求甚解

晉書云陶淵明讀書不求甚解此語俗世之見後世不曉也余思其故自兩漢來訓詁甚行說五字之文至於二三萬言陶心知厭之故超然眞見獨契古初而晚廢訓詁俗士不達便謂其不求甚解矣又是時周續之與學士祖企謝景夷從刺史檀韶聘講禮城北加以讐校所住公廨近於馬肆淵明示以詩云周生述孔業祖謝響然臻馬隊非講肆校書亦以勤葢不屑之也觀今詩云先師遺訓今豈云墜又曰詩書敦夙好又云游好在六經又云汎覽周王傳游觀山海圖其著聖賢辟甫錄三孝傳贊考索無遺又跋之云書傳所載故老所傳盡於此矣豈世之鹵莽不到心者耶予嘗言人不可不學但不可爲講師溺訓詁見淵明傳語深有契耳

丹鉛雜錄卷一

丹鉛雜錄卷二

成都 楊 愼 撰 綿州 李調元 校定

永嘉錢文子

爾雅出於漢世正名命物講說者資之於是有訓詁之學文字之興隨世轉易務趨便省久後乃或亡其本三蒼之說始志字法而許愼作說文於是有偏傍之學五聲異律清濁相生而孫炎始作字音於是有音韻之學篆隸古文爲體各異秦漢以來學者務極其能於是有字書之學

文字

王嬰古今通論見意林云倉頡造書形立謂之文聲具謂之字許叔重云獨體爲文合體爲字李登云物相雜故曰文文相滋故曰字

雨粟鬼哭

王充嘗辯雨粟鬼哭之妄云河圖洛書聖明之瑞應也倉頡之制文字天地之出圖書何非何惡而令天雨粟鬼夜哭哉使天地鬼神惡人有書則其出圖書非也此乃正論漢書緯書又云兎夜哭謂憂其毫將爲筆也堪一笑

熒惑不識古文

類苑云古文自變隸其法已錯亂後轉爲楷字愈訛殆不可考如云有口爲吳無口爲天吳字本從口從夭非從天也後世謬從楷法言之予又嘗戲謂吳元濟之亂童謠有小兒天上口之讖又如董卓爲千里草十日卜王莽爲黃頭小人皆今世俗字非古文也史謂童謠乃熒惑星爲小兒造謠審如此熒惑星亦不識古文乎蘇易簡云神不能神隨時之態

陳熊序語

陳了翁序張謙中復古編云經天緯地之文不在止戈之後開邪窒慾之義不假皿蟲而知其覺也元熊朋來序信父鐘鼎篆韻云周公之時未改籀尚存科斗之書其語皆相似非相蹈襲理則然也

說文引孔子

說文引孔子之言甚多如狗叩也叩氣吠以守又曰視犬之字如畫狗也又曰牛羊之字以形舉也又曰黍可爲酒禾入於水也又一貫三爲王此類恐未必孔子之言班固所謂宗師仲尼以重其言也

棗棘象形

說文重朿爲棗並朿爲棘洪邁曰棘與棗類棘之字兩朿相並棗之字兩朿相承沈括曰棗棘皆有刺棗

獨生高而少橫枝棘列生卑而成林以此爲別其文皆從朿朿音刺木芒刺也朿而相戴立生者棗也朿而相比橫生者棘也不識二物觀文可辨古人制字之妙義如此孔子曰牛羊之字以形舉也又曰視犬之字如畫狗也棗棘二字亦何異於畫二木哉

字體相易

六書合體爲字上下左右可以相易如秋之與秌鼏之與酬相易而音義同惟重朿爲棗並朿爲棘日乘干爲旱從日爲旴此則不可易又不知何說也

古字異構

平秩馬融本作苹秩稾飫左傳注作犒飫蕭茅書注作莤茅蔓菁周禮注作蕡菁

王起

王起唐貞觀時人博學有聲太宗嘗撰字試之起曰臣於世間字所不識者惟八駿圖中數字耳按八駿諸名具列子華騮作服嗣白義作白濼秦丙作商冏注引石經又怪不可詰起謂之不識者蓋謂其不合六書之義不了了耳

亢倉子古字見莊林伐山

鸑爲昜終孛悖冢害𦍣萬甕共耻聽䎀孰冢衡臭終

佊迲

古毘陵志有漢司農劉夫人碑文許邵所製存者僅百十字中有佊迲二字不知何音義又酒官碑有糸字亦不知識書以詢知者

八分書糸字

蜀夾江縣有酒官碑令狐世弼所書字畫有漢魏法其中有云南由市入爲闠北抵湖出爲糸闠中之館糸字不知何音義錄于此以俟博洽者問之唐韻糸即亦字

崔希裕略古

二水爲委三水爲涉四水爲散見崔希裕略古淼今

音渺古音涉

晨夜字

夙夕爲夜其夕惕乎日辰爲晨其日乾乎造書者深於易矣

字義

所鐵砧也从兩斤別作鑕贅矣棘同帀也自東而復於東故从兩東官曹之曹从棘其音義可知今別作曹贅矣源委之委从兩水火焰之焰从兩火可以類推○以中爲仲以說爲悅後人以亂旁爲舌揖右無口竈鼂从黽舊奪从雀席中从帶惡上安西鼓外設

皮鑿頭生毀離則配禹𡔷乃施谿巫混經旁臯分澤外獵化爲獦業左益土靈厎著器其何法哉

荆公字說

王荆公好解字說而不本說文妄自杜撰劉貢父曰易之觀卦卽是老鸛詩之小雅卽是老鴉荆公不覺欣然久乃悟其戲又問東坡鳩字何以從九東坡曰鳲鳩在桑其子七兮連娘帶爺恰是九个又自言波是水之皮公曰然則滑是水之骨也

轉注

唐王㲄炙轂子云滑稽者轉注之器也若漏巵之類

以比人言語捷給應對不窮也余按古六書轉注亦取應物不窮之義

音韻之原

或問余音韻之原余曰唐虞之世已有之矣舜典曰聲依永律和聲是也元首喜哉股肱起哉百工熙哉元首明哉股肱良哉庶事康哉熙之叶喜起明之叶良康卽吳才老韻之祖也日出而作日入而息鑿井而飲耕田而食帝於我有何力哉卽沈約韻之祖也王充論衡作帝於我有何力哉力字上文息食爲韻列子作帝力於我何有哉恐是傳寫之倒大凡作古文賦頌當用吳才老古韻作近代詩詞當用沈約韻近世有偏强好異者既不用古韻又不屑用今韻惟取口吻之便鄉音之叶而著之詩焉良爲後人一笑剌爾

李涪譏陸法言

唐李涪云後魏李啟撰聲韻十卷夏侯諸撰四聲韻略十二卷至陸法言採諸家纂述而爲己有原其著述之初士人尚多專業經史精練罕有不述之文故切韻未爲時人之所急後代學問日淺尤少專經或捨四聲則秉筆多礙自爾遂爲切要之具然吳音乖舛不亦甚乎今依之以上聲呼恨去聲呼恐與若存

不爲有識者所笑乎夫吳氏之言如病瘖風而噤每啟其口則語淚喎吶隨聲下筆竟不自悟涪之言若此譏之甚矣然陸氏所著亦本先儒觀其注云徐邈讀鄭司農讀劉昌宗讀示不敢臆說也如越廣之越音活華而皖之皖音滑隆準之準音拙假借之假音嫁牢愁之愁音曹玉鸞啾啾之啾音銚皆有據證非盡屬吳音涪之譏亦過哉

音辭篇略

顔之推音辭篇略于九州之人言語不同自春秋標齊言之傳離騷有楚辭之經蓋其較明之初也南方

水土和柔其音清舉而切詣其失在浮淺北方山川深厚其音沉濁而訛鈍其得在質直然冠冕君子南方爲優閭里小人北方爲愈此其大較也若易服而與之談南方士庶數言可辨隔垣而聽其語北方朝野終日難分蓋南染吳越北雜夷虜皆有深弊不可具論其謬又曰兒當爲所榮切今俗不行此音亦古語之不可用者又曰北人之音多以舉莒爲矩李季節云齊桓公與管仲謀於臺上謀伐莒東郭牙望桓公開口而不閉故知所言者莒也然則莒矩必不同呼此爲知音矣又曰焉字鳥名或云語詞葛洪要用字苑始分其別若訓爲何訓爲安當音於愆反（音鳶）於焉逍遙於焉嘉客焉用佞焉使不及是也若送句及助辭當音矣愆反（音烟）故稱龍焉故稱血焉有民人焉有社稷焉託始焉爾晉鄭焉依是也

安字義

古文安爲語助猶言抑也或作安或作按荀子安特將學雜職志順詩書而已禮記三年問作焉戰國策秦與韓爲上交秦禍安移于梁矣秦與梁爲上交秦禍安移于趙矣呂氏春秋吳起謂商文曰置質爲臣

以下缺

丹鉛雜錄卷三

成都　楊　愼　撰　綿州　李調元　校定

字音

米元章畫史云五音六律十二宮旋相爲君圖（亟）精徵夫五音之出於五行自然之理管仲深明其指要著其形似沈約只知四聲求其宮聲不得乃分平聲爲二以欺後學幾于千年無人辨正愚陋之人從而祖述作爲字母謹守其說故以東冬爲異中鍾爲別以象爲奬以動爲董因其吳音以聾後學莫之能正余於是以五方立五音求五行乃得一聲於孟仲季位因金寄土犂然明白字字調聲五音皆具觜去平上去入之號表以角宮商徵羽之名有聲無形互相假借千歲之後疑互判清太初漏露神姦鬼秘無所逃形著曰大宋五音正韻

字音正訛略

孫愐示兒編云蛬音訛跫音凶作蛩音非俗以娀（松）爲戎以鄯（皆）爲晉以軺（遙）爲迢以葠（森）爲侵以譜（補）爲普以燩（釁）爲欣以覸（見）爲閑以枲（糯）爲耐以葯（攊）爲約以屈（橘）爲譎以唶（窄）爲昔以薖（利）爲戈

一音無複字

乖齋開歪腮〇買揣改矮夂

空有四音

空字有四音平聲音枯公切說文竅也天曰太空沙名方空從平聲上聲音孔考工記函人眠其鑽空舜紀穿爲匿空旁出莊子礨空之在天澤注小穴也張騫傳樓蘭姑師小國當空道柳子厚祭張舟文空道北出式遏蠻陬大宛傳曰張騫鑿空皆音作上聲去聲音控詩不宜空我師論語其庶乎屢空揚子酒誥之篇俄空焉唐詩潭影空人心又曰天空霜無影皆音去聲入聲音窟古者穴地穿崖而居謂之土空司空官名居四民時地利也故曰司空周禮注司空主國空地以居民空地即窟地也天上星有土司空亦映地之土穴詩曰陶復陶穴又曰曰爲改歲入此室處室即土空也冬時萬物閉藏故司空之官屬冬

尊宗同音

古帝尊盧氏一作宗盧宗尊古通用故賈逵以宗盟爲尊盟穀梁以伯宗爲伯尊

宗升同音

儀禮注布八十縷爲一宗宗古之升字也按古音升作宗易彖傳曰天險不可升也與以剛中也叶是其

證

榜字有四音

榜字平音作邦船亂也又併船也江賦宇宙澄寂八風不翔舟子于是搒棹涉人于是檥榜又江湖中兩船相倚曰挨榜今江湖中盜暗曳船行刼曰抽榜是也又音彭所以轉正弓弩見柳文注又音綁笞也又音謗進船也

離字義

字義之多者莫如離離別通訓也卦見易黃離倉庚見說文大琴曰離見爾雅流離鳥名見毛詩注前長離而後裔皇注長離鳳也見相如賦纖離馬名見李斯書侏離夷語也見史記陸離散亂參差也見文選離草名接離冠名此皆字書已引者予又見公羊傳二人會曰離會謂各是所是各非所非不能定也此離義與二鳥離立之離同

龜茲朱龜

鄭樵通志略篆書竜楷作亀龍子有角曰亀無角曰虬西域有亀茲國漢隸有侏亀碑皆此字今皆作龜非閪字亦从亀今从龜亦非

治字音

治古音遲如治國之治及官名治中之治又諺曰有病不治乃得中醫可證也轉音作稚如蜀刺史治成都揚州刺史治會稽是也又六朝詩話云錢唐杜明師夜夢東南有人來入其館是夕靈運生於會稽其家以子孫難得送靈運於杜治養之十五方還故名客兒詩家稱謝客是也注治音雉奉道之家靖室也○今按道室稱治猶今之觀也又奉道之室曰化蜀有文昌二十四化又有主簿化化也治也猶今之曰宮曰觀耳然亦罕知之○又音怡水名漢鴈門郡陰

館縣治水所出東入於海

祇有兩音

祇有兩音音岐者神祇之祇音支者訓適是也如詩亦祇以異揚子茲苦也祇其所以爲樂與並音支杜詩韓文或書作祇而俗讀曰質如祇言池未滿祇是照蛟龍祇如聞信馬皆當平音至如飄泊南庭老祇應學水仙不作平聲讀可乎俗又作秖亦非秖禾始熟也

來麰秠三字相通

羅鄂州爾雅翼曰詩云誕降嘉種維秬維秠說文解秠字云一稃二米詩貽我來牟而說文解字云周所受瑞麥一來二縫秠與來皆后稷所受于天皆一稃二米則秠即來牟也來牟又爲麰麳古者來麰秠三字相通方言貔陳楚江淮之間謂之貅北燕朝鮮之間謂之貊丕音關西謂之貍彼雜說獸而以一名通三音則此物亦然來猶貅也秠猶貊也麰猶貍也要是一物○羅氏此解會合詩與說文方言妙得物理特表出之○牟字作麰韓詩作麳麰漢地理志后稷生於斄城字作邰皆以來牟誕降而名其物又名其地也又來往之來亦音釐儀禮來女孝孫注爲釐○詩

惠然肯來叶悠悠我思楚辭天路限艱兮獨後來漢書無說詩匡鼎來○釋名往歸于彼故其言之昂頭以指遠也來使之入也故其言之低頭以招之也

麗字義

麗之爲訓連也又雙也周易麗澤兌周禮麗馬一圉八麗二五歷紀古者麗皮爲禮又音禮蕭該說彭蠡古作彭麗

善字訓多

古書善字訓多毛詩女子善懷前漢志岸善崩後漢記蠶善收晉春秋陸雲善笑皆訓多也

亹

亹古眉字周韓城鼎銘用祈亹壽又作釁秦鐘鼎銘亦同篆作睂上象眉毛之形下从目而有尾改篆爲隸以目之尾爲一横與眉相混說文亦不能辨也又音門詩鳧鷖在亹箋云亹之言門詩緜云山當水路令水勢斷絕也又縣名漢地理志金城有浩亹縣注水流峽山閒兩岸深若門黃山谷詩帶月旌旂宿渚亹或作虋維虋維芑又音微周禮共其亹鬯或作釁左傳觀釁而動又音娓勉也易成天下之亹亹者增韻不倦之意鄭注役役也或作斖王莽傳斖斖翼翼韓文私懷詩亹亹抱秋月徐鉉云說文無亹字當作娓按說文娓順也美也非不倦之意楊南仲曰亹古作釁釁芑之釁用之爲聲今爲許刃切說文血祭也象祭竈也從爨省从酉酉所以祭也从分分亦聲徐曰酉酒也分分牲也亦分布也廣韻牲血塗祭器也增韻血者幽陰之物釁用血所以壓變怪禦妖釁也禦妖釁而謂之釁猶治亂曰亂也周禮天府上春釁寶鎭及寶器注殺牲以血釁之太祝隋釁凡血祭曰釁或謂器成必有釁隙殺牲取血塗其釁隙以厭除不祥又斯干疏引禮記成廟則釁之其禮雍人舉羊

升屋南面封血流于前乃降路寢則考之而不釁亦作釁注設盛食以落又賈誼傳釁面吞炭鄭曰漆面以易貌顏曰薰也以毒薰之周禮女巫釁浴謂薰香沐浴也或作衅樂記車服衅而藏之亦作興禮記既興器用幣亦作舋

賁字七音

易賁卦釋文云賁有七音彼義切卦名也陸德明彼僞反徐廣甫寄反李軌府甆反傳氏云古斑字玉肅符文切禮記廣賁之音作而民剛毅荀子下比周賁潰以離上矣音父吻切與七傳憤怒之憑同義又沸也穀梁傳覆酒于地而賁又方問切禮記賁軍之將義與僨同又音肥周勃爲襄賁令地在東海史黥布傳趙將賁赫又音墳大也尚書周宏茲賁淮南子鼈三足曰能鼈二足曰賁食之殺人骨肉皆化爲水又音奔尚書虎賁三千人周禮虎賁氏舍則守王閑閑桂枑也今之行馬鹿角又音番山海經桂林八樹作賁隅今廣東縣名又音渾韓文注陸渾山古作陸賁又與墳同古書三皇之書曰三墳言大道也古文禹貢厥土黑墳注土膏脉起也以此證之不止七音也

菑倳同字

周禮居幹之道菑栗不迆沈重讀菑爲恣四切又考工記察其菑蚤不齵注菑謂輻入轂中也泰山平原呼所樹立物爲菑聲如胾博立梟棊亦爲菑菑葢借字今文作傳又作剚史記不敢剚刃於公腹管子春有以剚耕夏有以剚耘注齊地謂物立地中爲剚管子又謂戰士曰剚戰之寶

毦與髶同

毦緝羽爲軍裝也又云氄毦罽也一曰緝羽爲衣一曰兜鍪上飾唐太宗詩彤弓飛彩毦翠幰耀明璫沈佺期詩鸚鵡晴林彩毦分字一作髶文選東京賦髶

髦被繡注髶髦郎髦頭也漢書翠爲髦頭餘見衣類

丹鉛雜錄卷三

丹鉛雜錄卷四

成都　楊　慎　撰　綿州　李調元　校定

類字說

六書攷頪力遂切種各肖似也同氣自相求也類从犬葢鳥獸之名列子曰亶爰之獸自孕而生曰類羅從願爾雅翼云以山海經類之類有二種其一則獸之出亶爰山者如貍而有髮其名曰曾類如列子之說其一則帶山之鳥如鳥而五采文其名曰奇類今類字說文不取而通作類从犬取種類相似惟犬爲然易曰方以類聚物以羣分類从犬羣从羊今楷書

作大草書作絲取其便於結構失之遠矣

二小爲地

何燕泉引宋人易義一而大謂之天二而小爲之地一大二小天字示字也天曰神地曰示此易義乃姚孝甯所作朱子亦嘗稱之慎按天曰神古韻天亦有作汀因切者與神相近也例推之示亦有地音地亦有示音精於字學者始知之

四呬同字

儀禮注古書三四之字皆積畫堯典咨三岳皐陶曰外薄三海其後隸書作四按說文呬毛氏云从口从

入鄭樵曰脉入之數未能上達郎道書吹呼吸咽之咽張平子思元賦惆河林之蓁蓁兮偉關雎之戒女注惆息也惆與咽字異義同由此觀之則三乃三三之字四郎俗四字也胡一桂書三字作亖

口字義

口字說文音圍象四周匝之形六書故以爲府狠切與方圓之方同蓋方圓皆象形也淮南子云左畫圓右畫方論衡云方圓畫不俱成圓必作○形方豈不作口形乎田从口會意開方之法出焉囬又从口會意囬也者囬田之四至也唐人寫畫字有作囬形者

是其義也口又作國商子書弱民口强口强民弱有道之口務在弱民國字皆作口蓋古文倉頡所制也今文國从口又从或或域同戈守口下一地也內口而外又口複矣且鯀始造城倉頡上世豈有戈守口之事由此觀口一形而三音方也圍也國也皆同形借用古文所以簡而括不若後世之繁贅耳

衣字義

春秋緯云代殷者姬昌日衣青光衣之爲言被也如人着衣文選繁星衣青天注者不達改衣爲依非

蕭瞱與翛翟字義

衛覬華山碑神樂其靜翛翟無形注翛翟與蕭瞱通飛騰迅速之音也言神人異處逼近則不敬黃庭經姹女窈窕翳霄瞱字雖異其義一也

苴有十四音

苴七閭切麻也子閭切苴杖也又子旅切履中薦也又布交切天苴地名在益州見史記注又天沮與巴同又子邪切菜壞也一曰獵場又似嗟切苴咩城在雲南又組加切詩傳曰木中傳草也水草曰苴字一作蒩又作菹今作渣非又都賈切土苴不精細也又側不切糞草也又側魚切說文曰酢菜也酢古醋字又莊俱切姓也漢有苴氏又則吾切苧藉祭也又將預切糟魄也

又子余切苞苴囊貨也

州音殊

周公職錄云黃帝受命風后授圖割地布九州春秋說題辭云州之爲言殊也合同類異其界也釋名州注也郡國所仰注也易林鶴陰徙巢西至平州遭遇雷電霹我葺廬又紫馬白州曰驪唐詩青虬紫燕坐生風轉音味與胄同音

區音

區本音袪又音鉤樂記草木茂區萌達音勾左豆區

鐘釜區四豆也又楚文王作僕區之法僕隱也區匿也人姓王莽傳中郎區博音邱論語譬諸草木區以別矣文選瓜田芋區荀子言之信者在乎區葢之閒注藏物處漢書儒林傳唐生褚生應博士弟子選試誦說有法疑者區葢不言曲禮不諱嫌名注若宇與寓邱與區按宇寓今讀不別邱區今讀則異然尋古語其聲亦同陸機詩曾厥邱宇又晉宮閣名所載若于邱則知古邱區音義俱同

葩

纂文云葩今之纂字包愷音作旣悅切賈逵曰束茅

丹鉛雜錄 卷四 四 第十七函

以表位也見史記孫叔通傳注按卽蕝字之通从巴不从巴

喻歈同字

喻歈二字並有平去二音說文引相如凡將篇淮南喨喻葢曲名也與吳歈巴歈同其字或从口或从欠亦猶嘆之與歎嘯之與歗咳之與欬也

邪字音

邪音餘詳左傳音徐郤詳詩說文班彪北征賦降几杖于藩國折吳王之逆邪惟太宗之蕩蕩豈曩秦之所圖又音隸漢書邪龍地名孫愐讀

塗字音

塗字從余余有三音一音餘剩之餘又音蛇今人姓有余氏卽余之轉注而俗書从入从示作佘乃小兒强作解事也一音賒故賒字从余可證也東方朔傳老柏塗解曰塗者漸洳徑也柳子厚詩善幻迷冰火齊諧笑柏塗叶入麻韻又雨多塗則滑而顚得其音矣李義山蜀爾雅云禹貢厥土惟塗泥夏小正寒口滌凍塗二塗字音在巴茶之閒葢禹本蜀人故塗泥凍塗皆叶蜀音今蜀人目濡土曰塗泥肉爛曰塗肉葢禹時已有此音蜀之土音亦古矣○毛詩昔我往

丹鉛雜錄 卷四 五 第十七函

矣黍稷方華今我來思雨雪載塗易林雨雪載塗東行破車旅人無家以此博證之則古音昭昭矣焦云華音敷家音姑不可强引

跗萼華不敷五字同文

詩曰棠棣之華鄂不韡韡不華足也易曰震爲萼萼華蒂也通作敷鄒潤甫游仙詩紫芝列紅敷丹泉漱陽瀆字書作跗古詩紅萼青跗定滿枝字又作莩莊子折楊皇莩通作華易枯楊生華老婦得其壯夫夫與華爲韻可證也

荼茶

茶卽古茶字也周詩記茶苦春秋書齊茶漢志書茶
陵顏師古陸明德雖已轉入茶音而未易字文也至
陸羽茶經玉山茶歌趙贊茶禁以後遂以茶易荼

肙胥

肙胥字文選七發弭節五子之山通厲胥母之塲胥
當作胥史記吳王殺子胥投之於江吳人立祠江上
因名胥母山古字胥作肙其字似骨其誤宜也今雖
善書者亦不知肙之爲胥也

矦字音

矦音明詳詩又音號史尉佗贊尉佗之王本由任嚻

遭漢初定列爲諸侯隆慮離溼疫佗得以益驕颿駱
相攻南越動搖漢兵臨境嬰齊入朝

野序杼同音

書云天球河圖在東序緯書零淮聽引之作東野班
固典引御東序之秘寶王儉褚淵碑云餐東野之秘
寶李崇賢云野當作杼古序字也○據此序野古同
音後人加土作墅不通之甚俗書至晉日繁矣

硎

硎韻會以爲硯字非也元次山文怪石臨淵硎硎石
顛自注硎綺兢切音義近瑩非硯也

云古負字

今之云字乃負之省文桼誓雖則負然注負卽云毛
詩聊樂我負石鼓文君子負獵負獵負遊按此條又見升菴外
集

斗音主

古文易日中見斗斗音主鄭元注詩酌以大斗斗亦
音主儀禮司官設罍於洗東有枓釋文枓音主注枓
剩水器也律歷志聚於斗漏溢志逕水一石其泥數
斗且既且糞長我禾黍

禪海

說文禪接益也以小益大曰禪西域傳有禪王漢書
有禪將鄒衍書四海之外有禪海環之書名有禪蒼
禪雅皆以小益大之義

甄字音

宋莊季裕雞肋篇云甄徹字見獨登進士時林攄爲
樞密當唱名讀爲堅音上以爲眞音攄辯不遜遂坐
貶後見姓譜云舜子商均封虞周封陳楚烈王時有
陳通奔周周以舜居陶甄之職命爲甄氏按說文甄
陶也从瓦垔居延反吳書孫堅入洛屯軍城南甄官
井上旦有五色氣人入井探得傳國璽以甄與己名

音叶以爲受命之符則三國以前未有音爲之人切者矣孫權即位尊堅爲帝江左諸儒爲吳諱故改音眞說文顚蹎闐以眞爲聲煙咽以甄爲聲馴紃以川爲聲詵詵以先爲聲此皆先眞韻中互以爲聲也其後秦爲苻堅諱隋爲楊堅諱皆暫避其音耳嘉祐中王闢作甄氏墓銘云甄以舜陶氏出於陳避吳苻隋時以爲甄南北溷訛姓音莫分本之於古乃識其眞○按王逸楚辭云鹿蹊兮躖躖貒貉兮蟫蟫鷦鷯兮軒軒鶉鴳兮甄甄以此知古元音堅又音稽云

甄音稽

春秋命歷敘曰神農甄四海白阜脉山川白阜人名甄注音稽錦帶書云神農更王軒轅承紀甄野畫疆爰封眾子佛經甄明之甄亦音稽此字集韻不收吳才老韻補亦遺之

張有論六書

張謙中復古編謂象形者文之純肇於此指事者文之加滋於此會意者字之純廣於此諧聲者字之加備於此假借者因其聲借其義轉注者轉其聲注其義文字之變化無窮矣

刺字訓

淮南子序典中郎將弁揖借八卷刺之又漢文帝命諸儒刺六經作王制刺之爲言取也

俗用刊字誤

說文刊音邱寒切剟也削也劉歆答揚雄懸諸日月不刊之書言不可削除也今俗誤作刻梓之用是乃削除除梓行也此誤雖大方之家亦然唐肅亦國初文士送人從軍詩云碑因紀積刊謬誤可笑各處鄉試序多云刊其文之佳者若干篇讀者亦不之怪學之不講一至此乎

畊耕

今字書以畊爲耕非也畊上聲唐六典論府兵之制云居無事時畊於耕以此證之可見畊耕音義有別

飦饘鬻饘

飦孟子飦粥之食又作饘說文糜也周謂之饘宋謂之餬檀弓注厚謂之饘希謂之粥也鬻見說文徐邈云今饘字又作飦左傳饘於是鬻於是又作餰荀子酒醴餰鬻又作餈禮記取稻米爲酏酏當讀爲餈古文作餈集韻又作餈糧鬻

大鳳

通史繳大鳳于青邱戮修蛇於洞庭大鳳作大風內

典引古讖記鳳凰遊序蓍蓍叔度注鳳音梵鳳字當作鳳从馬非鳳凰之鳳也予舊注古音駢字古音附錄亦誤從之今特正之於此

緺巾 見藝林伐山

說文緺青絲綬也音關仲長統昌言身無半通青緺之綬而竊三辰龍章之服爾雅緺似綸組似組東海有之皆以草色似也緺鹿角菜組海中苔今之燕窠菜也詩人白緺巾紫緺巾皆合用此字而俗多用綸緺自緺綸自綸豈可混用也

滇字三音

滇字有三音漢書西南滇池音顛預州滇陽音眞其後訛爲愼陽也杜預傳滇淤之田畝収數鍾此滇字又音塡塞之塡

擾音饒

尙書擾而毅徐邈讀作饒左傳擾龍氏事孔甲師古音作饒

窕

窅窕又音妖荀子其文飾也不至于窕冶又音佻左傳楚師輕窕五行志小者不窕又音條淮南子霄窕之野與蕭條同

藺蘭字

古文嬾與懶同見後漢書嬾亦借作妍婠之妍論衡云形佳骨藺皮媚色稱又骨體藺麗皆妍之借也藺乃嬾省東藺又省女古人用字意勝于法例如此

劉卲之卲从卩不从阝

劉卲字孔才宋庠曰卲从卩說文高也故字孔才楊子周公之才之卲是也三國志作劭或作邵从邑皆非不叶孔才之義从卩爲卲乃叶

佗字兩音

孟子尹公之佗漢書趙佗項羽傳項佗過秦論帶它

後漢華它五人名並音徒何切讀爲駝左傳賈佗北宮佗陽它毛詩陳它四人名又音拖

崮字

李太白有送族弟凝至晏崮詩云鳴雞發晏崮別鴈驚崍州晏崮地名在單父三十里崮字玉篇不載惟宋史李全傳有出沒島崮崮亦水島之類也

駹與涴同

韋莊應天長詞云想得此時情切淚沾紅袖駹駹字義與宛同而字則讀如涴字入聲始得其叶然說文玉篇俱無駹字惟元詞中馬騾駹人語喧北音作平

聲四轉作入聲正叶

治作野

古冶字或借作野金陵有冶城楊子江有梅根野或作冶字而音渚齊武帝詩昨經樊鄧役阻朝梅根冶深懷悵往事意滿辭不敘劉文房詩落日蕪湖色空山梅冶烟孟浩然水溢梅根冶烟迷楊葉洲皆以冶爲野也

撻打同字

書曰撻以記之撻音入聲又轉入上聲俗用打爲撻非打字从手从丁當音丁歷切見歐陽公集古錄云

打字以音義言之當爲丁歷切不知何以轉爲童迴切蓋打字从丁爲聲轉爲上聲與鼎同音又轉爲入聲與滴同音其義皆訓擊也義與撻同故俗借用之是知虞書撻字轉爲打韻書音鼎歐公音滴俗語打坐打乖作撻上聲於音和同爲透字母也古俗皆通

笨字義

笨字音奔去聲粗率也晉書預章太守史疇肥大時人目爲笨伯宋書王微傳亦有麤笨之語今俗謬亦然朱子語錄云諸葛亮只是笨不是此字乃書作坌而音發之噫諸葛豈笨者哉

解音賈

僧皎然題周昉書毗沙天王歌憶昔胡兵圍未解感得此神天之下解讀如道家詩解之解與下相叶吳氏韻補亦失此一字不収云

吳吴

吳音華大口也字从口从大與吳不同後漢戴就傳鋘斧注引張揖纂文音華其字从金吳者也若詩不吳不敖吳音娛張子厚理窟云云當矣今多音華非吳自吳吳自吳何得混耶

大字古音

大字古音戴音墮而無一駕切者惟今音有之今之韻書二十二禡亦不収大字豈以爲非古音乎予考淮南子宋康王世有雀生鸇占曰小而生大必霸天下以大叶下古亦有一駕切之音矣惜乎作韻書者之不考也予作古音略古音餘二書於字之形聲多所發明而刊補前人者有一得之愚必有後世子雲知之耳

畫字音與化同

江左韻畫音胡界切話音戶快切卦音古賣切至今澄之以爲古音愚謂非古音也南蠻鴃舌之音也何

以知其然春秋莊公六年寔來公羊傳曰慢之曰何以慢之化我也穀梁晝我也故簡言之也化晝同音既在春秋之世又中原之音何不據此乃從江左乎國朝洪武正韻釐正之不易之論矣

等

一作補里切韓非主妾無等必易嫡子韓退之許國公銘上之宅憂公讓太宰養安蒲坂萬邦絕等宰叶奬里切○又都怠切類也輩也管子遷有善士捕援貸人入則乘等出則黨騈蒲音輔又漢書郊祀志今年得寶鼎其冬辛巳朔旦冬至朔旦與黃雲時等等

同也○本音齊簡也从竹从寺寺官曹之等平也古者簡書皆有尺寸如漢世天子詔尺一官府及民庶書札盈尺故曰尺素書是齊等之義也唐韵齊也類也比也輩也又候時也稱輕重也又級也論出降一等賈誼傳至無等也王褒僮約焚槎發等焚槎火田也發等沐樹也又佛書有方等經

鑋字訓

左傳苑字刜林雍斷其足鑋而乘於他車以歸鑋音磬一足行也梅聖俞送甯鄉令張沆詩長沙過洞庭水泊風搖矴青山接夷蠻白晝鳴鵶鶴竹存帝女啼虁學林雍鑋不嫌卑濕夔清風入詩興此鑋字韵書不收

丹鉛雜錄卷四

丹鉛雜錄卷五

成都　楊　愼　撰　綿州　李調元　校定

羕與永通

古字羕與永同韓詩江之永矣作江之羕矣博古圖永寶用亯作羕寶用亯

煬字音向

煬字本音向今音恙非也按莊子煬者避竈司馬彪曰對火曰煬淮南子曰富人衣纂錦貧人煬竈口唐詩老人秋向火是煬卽向同音可證

日旲曰映

梁元帝纂要云日在午曰亭在未曰映王仲宣詩山岡有餘映謂日旲也

夠字

廣雅曰夠多也音遘今人謂多曰夠少曰不夠是也文選魏都賦繁富夥夠不可單究五臣注誤音作平聲不知夠究本文自協韻也

湛涔同字

論衡云旱火變也湛水異也又引天官書正月朝占四方之風風從南方來者旱從北方來者湛又曰一湛一旱時氣也又曰日月之行出入三道出北則湛

出南則旱淮南子旱雲烟火涔雲波水又曰國有九年之蓄雖涔旱災害之殃民莫窮困流離也又曰涔水不能生魚鼈涔水行潦也湛涔音義同皆古字借用又羊戎切楚辭九辯乘精氣之摶摶兮騖諸神之湛湛驂白蜺之習習兮歷羣靈之豐豐

恁字音

班固典引勤恁旅力注恁思也如深切今轉音作去聲

點與玷通

點與玷通古詩多用之束晳補亡詩鮮侔晨葩莫之點辱左思唐林兄弟贊二唐潔己乃點乃污陸厥答内兄希叔詩旣叨金馬署復點銅駝門杜子美詩幾回青瑣點朝班正承諸賢用字例也

帆字音

帆字符咸切舟上幔也又扶泛切使風也舟幔則平聲使風則去聲蓋動靜之異也劉熙釋名曰隨風張幔曰帆註去聲廣韻曰張布障風曰帆音與梵同左傳宣十三年註拔旆投衡上使不帆風謂車旆之受風若舟帆之帆風也舟帆之帆平聲帆風之帆去聲疏云帆是扇風之名孫綽子曰動不中理若帆舟而

無花南史因風帆上後前運烟荆州記云宮庭湖廟神能使湖中分風而帆南北晉湛方生有帆入南湖詩又有還都帆詩謝靈運有遊赤石進帆海詩劉孝威有帆度吉陽州詩選詩無因下征帆徐陵詩南茨大麓北帆清湘劉刪詩同艫乘泒水舉帆逐分風張曲江詩征鞍稅北渚歸帆指南陲張燕公詩離魂似征帆常住帝鄉飛趙東曦詩帝城馳夢想歸帆滿風颷杜詩浦帆晨初發韓退之詩無因帆江水包何詩錦帆乘風轉金裝照地新孟浩然詩領北同征帆巴東問故人徐安身詩暮雨衣猶濕春風帆正開近蘇

州刻孟詩改征帆爲征棹何仲默笑曰征帆改征棹錦帆亦改曰錦棹可乎盖淺學妄改非刻誤也

沙漠沙幕兩音

漢書武帝元朔六年衛青將六將軍絶幕注沙土白幕今按幕漫也西域傳難哯國以銀爲錢文爲騎馬幕如人面如淳曰幕音漫韋昭曰幕錢背也靈棊經十二棊子皆陰謂之純陰漫然則漫幕同義李陵歌曰徑萬里兮度沙漠注此匈奴沙漠地崔浩謂之河底猶今人呼帳幔亦曰幙可依字讀義無爽○今按京師謂錢背曰漫兒呼帳面曰幔子則沙漠與絶幕作漫莫兩音皆通

泣與澀同

素問脉泣則血虛又云寒氣入經而稽遲泣而不行又云多食鹹則脉凝泣而變色泣音義與澀同按說文沴水不利也沴與淚同泣亦水不利也泣與澀同亦可互證

屈字四音

字音不可不細辯如屈之一字有四音屈原人名屈産河東地名九勿切音與粥同尺蠖之屈與屈信之屈曲勿切音與麴同漢書賈誼傳用之無度物力必

屈渠勿切音與倔強之屈同玉藻君命屈狄通作闕翟后服刻繒爲衣不畫也

瓊字訓

許氏說文瓊赤玉也此訓恐非按詩尚之以瓊華尚之以瓊英尚之以瓊黄則瓊爲玉之光彩非赤玉也皆用毛詩之訓不以說文爲然

鄂字从卩

文選笛賦不占成節鄂注鄂直也从邑者乃地名也非此所施也據此則節鄂連綿字皆从卩而今刻本皆誤从阝

·集雔異音

篆文二鳥曰雔三鳥曰雥音戢三鳥相聚其羽戢戢也集字从此其音與積同下从木鳥集於木也音義皆殊元趙古則周伯溫輩妄作解事便以雥爲集非也按隋許善心神雀頌曰景福氤氳嘉貺雥集可砭趙周之謬雥之與集猶氤之於氳以雥卽爲集謂氤卽是氳可乎

上番

杜工部竹詩會須上番看成行獨孤及詩舊日霜毛一番新别時芳草兩同春不堪花落花開處況是江

南江北人番去聲但杜公竹詩番字於義不叶韓石溪都憲家有蔡夢弼杜詩箋上番音上筤蜀名竹叢曰林筤易說卦爲蒼筤竹古注亦音浪

揎字義

東坡詩玉腕半揎雲碧袖余嘗請喬白巖冢東坡四時詞喬公言揎字說文所無惟玉篇有之注捋衣也廣韻揎手擐衣也永嘉林應龍曰左傳擐衣出其臂擐亦可借但古今音微不同〇愼按博雅作寽手循又按他文頭圓曰顙面圓曰圛則寽字元有揎音也

勿勿

董伯思云右軍帖語有頓乏勿勿顏氏家訓云書翰多稱勿勿相承如此莫原其由或有妄言此忽忽之殘缺耳說文勿者州里所建之旗蓋以聚民事故悤遽者稱勿勿僕謂顏氏以說文徵此字爲長而今世流俗又妄於勿勿中斜加一點謂爲匆字彌失眞也按祭義云勿勿其欲饗之也注勿勿猶勉勉也慇愛之貌杜牧之詩浮生長勿勿是知勿勿出於祭義唐人詩中用之不特稱於書翰耳又悤字解云多遽悤悤也是悤悤亦古語好古者但知勿勿而笑悤悤逐俗者又但知悤悤而駭勿勿皆非也是以學者貴博

古而通今

心字

張有云古文心字以倒火作火心火臟也予按今之草書寫心字及火皆作散點亦有理

泊薄同字

老子道德經薄作泊王充論衡酒之泊厚同一麴蘖人之善惡同一元氣又曰人生於陰陽有渥有泊玉生于石有純有駁泊薄同一字也

乙字音義

史記東方朔傳止輒乙其處乙音黙有所絶止黙而

記之曰乙如今士人讀書以朱志其止處也又文字有遺落勾其旁而添之亦曰乙唐試士式塗幾字乙幾字是也今試式亦然而字作脫也註乃黖之訛耳又官府文書以朱書黖其要處亦曰乙周禮注治中治簿書之要也當其中而黖之曰中

榮字當入東字韻

榮音與融同楚越齊魯其音皆同也按淮南子云聖人之能固已多矣而所守又約故動而必榮愚人之知固已少矣其所事者多故動而必窮以榮與窮叶越絕書曰種留封侯不知令終二賢比德種獨不榮以榮與終叶古韻已如此後人入庚字韻蓋誤以榮爲榮也

道字訓從訓由

山海經風道北來天乃大水泉郭璞注道從也韓非子元鶴二八道南方而來亦訓道爲從中庸極高明而道中庸禮記民道之而有功文選東都賦囘行道乎伊闕邪徑健乎轘轅皆訓道爲由由亦從也

勞極洒洒

洗古音蘚官名有洗馬是也字一作洒神農本草勞極洒洒如瘧狀素問洒洒惡寒注並音蘚

欲極同義

爾雅欲音劇郭璞曰疲極也相如子虛賦徼欲受詘說文欲勞也燕人謂勞曰極字一作𢧵俗又作欲皆筆勢小變耳別作㱤方言引春秋外傳余病㱤矣又作㱤音義並同晉人但用極世說新語顧和詣王導導小極對之疲睡也商芸小說載明帝問沐敞云沐伏久勞極不審尊體何如帝答之曰去垢甚佳身不極也後讀神農本草云勞極洒洒注極欲倦也則極字反古於欲㱤諸字晉人所用當是從本草未可以爲俗書也

王字

今之王字均爲玉三畫近上爲王王加二曲於旁爲玉音粟治玉之工周禮玉人是也呂氏春秋有公玉姓漢公玉帶其後也自篆改爲隸後人皆不識玉字矣

漯濕二字與濕同

許氏說文濕水名音榻即禹貢之漯水孟子所謂瀹濟漯也班史地理志右北平俊靡縣漯水南至無終東入庚水經注庚水與鮑邱水合俊靡魏書道武帝如馬邑觀漯水注即紫河也出雁門陰館縣補頭山

一曰治水師古曰漯力追切丁度集韻漯㶟濕三字同注曰水出鴈門合而證之則古名濕水音㬎今名漯水音累二音皆通

古文七作桼

桼卽七字書六律五聲八音七始而古文作㚒始史記作來始㚒與來皆桼字之譌太元七政亦作桼褚遂良書枯樹賦七亦作桼

軼轍字同

古今軼與轍同莊子夫子奔軼絕塵而回瞠乎其後今謬讀軼作逸遂失其義戰國策主者循軼之途注

軼轍同車迹也

雒字

字書云後漢都洛陽以火德王爲水克火故改爲雒此說非也春秋經書公子遂會雒戎盟于暴左傳凡洛皆作雒已十餘處豈因後漢而始改乎

黽音蔑

抱朴子舉秀才不知書舉孝廉父別居寒素清白濁如泥高第良將怯如黽泥音湼後漢書引論語湼而不緇作泥而不滓可證也黽音蔑爾雅注引黽勉從事或作蠠沒又作密勿可證也泥音湼則黽當音蔑黽或音密則泥當音匿古音例無定也晉書作怯如雞蓋不得其音而改之

㚒俠古字通

吳大帝築東興堤左右結山俠築兩城注今柵江口有兩山濡須山在和州界七寶山在無爲州界兩山對峙中有石梁俠讀作㚒古者俠㚒二字通用漢隸華山亭碑文有云吏卒俠路晉宋書有俠轂隊皆以俠爲㚒

丹鉛雜錄卷五

丹鉛雜錄卷六

成都 楊 愼 撰 緜州 李調元 校定

論文

犀有通石有暈珠有光木有癭皆文也

玉素

良玉不琢素以爲絢質斯貴矣玉有圭璋素有藻績文可遺乎

瓊枝旃檀

佛經云瓊枝寸寸是玉旃檀片片皆香比之聖賢欲無德不備喻之詩文欲無字不工也又曰擊珊瑚樹

枝枝好撒水銀珠顆顆圓亦此意

李華論文

李華曰文章本乎作者而哀樂繫乎時本乎作者六經之志也繫乎時者樂文武而哀幽厲也有德之文信無德之文詐臯陶之歌史克之頌信也子朝之告宰嚭之詞詐也夫子之文章偃商傳焉偃商沒而伋輒作焉盖六經之遺也屈平宋玉哀而傷靡而不遠六經之道遯矣淪及後世力足者不能知之知之者力或不足則文義寖以微矣愼謂華之論文簡而盡韓退之與人論文諸書遠不及也特難爲褊心狹見者道耳

論文

論文或尙繁或尙簡予曰繁非也簡非也不繁不簡亦非也或尙難或尙易予曰難非也易非也不難不易亦非也繁有美惡簡有美惡難有美惡易有美惡惟求其美而已故博者能繁命之曰該贍左氏相如是也而請客者頃刻能千言精者能簡命之曰要約公羊穀梁是也而叟白者終日無一字奇者工於難命之曰複奧莊周禦寇是也而郇模劉煇亦詭而晦辨者工於易張儀蘇秦是也而張打油胡打釘亦淺

而露論文者當辨其美惡而不當以繁簡難易也

蕭穎士論文

蕭穎士云六經之後有屈原宋玉文甚雄壯而不能經賈誼文辭最正近於治體枚乘相如亦瓌麗才士然而不近風雅揚雄用意頗深班彪識理張衡宏曠曹植豐贍王粲超逸嵇康標舉左思詩賦有雅頌遺風干寶著論近王化根源此後夐絕無聞焉近日惟陳子昂文體最正蕭之所取如此可以知其所養矣

珊瑚鈎詩話

帝王之言出法度以制人者謂之制絲綸之語均日

月以照臨者謂之詔制與詔同詔亦制也道其常而作彝憲者謂之典陳其謀而成嘉猷者謂之謨順其理而廸之者謂之訓屬其人而告之者謂之誥卽師衆而申之者謂之誓因官使而命之者謂之命出於上者謂之敎行於下者謂之命時而戒之者勅也言而喻之者宣也諮而揚之者贊也登而崇之者冊也言其倫而析之者論也度其宜而揆之者議也别嫌疑而明之者辨也正是非而著之者說也記者記其事也紀者紀其實也纂者纘而述焉者也傳者傳而信之者也序者緒而陳之者也碑者披列事功而載

之金石也碣者揭示掭行而立之墓隧也誄者累其素履而質之鬼神也誌者識其行藏而謹其終始也檄者激發人心而喻之禍福也移者自近移遠使之周知也表者布臣子之心致君父之前也牋者脩儲后之問伸官閫之儀也簡者質言之而畧也啓者文言之而詳也狀者言之於公上也牒者用之於官府也揵書不緘插羽而傳之者露布也尺牘無封指事而陳之者箚子也青黃黼黻經緯以相成總謂之文也此文之異名也

古人獨勝處

宣獻宋公嘗謂左邱明工言人事莊周工言天道二子之下無有文矣雖聖人復興蔑以加云予謂老子道德篇爲元言之祖屈宋離騷爲辭賦之祖司馬史記爲紀傳之祖後人爲之如至方不能加矩至圓不能過規矣

許顗濱

許顗濱曰余少時苦不達爲文之節度讀上林賦如觀君子佩玉冠冕周還折讓讓音吐皆中規矩終日威儀無不可觀又云班固諸序可以爲作文法式

辭尚簡要

書曰辭尚體要子曰辭達而已矣荀子曰亂世之徵文章匿采楊子所云說鈴書肆正謂其無體要也吾觀在昔文弊於宋奏疏至萬餘言同列書生尙厭觀之人主一日萬幾豈能閱之終乎其爲當時行狀墓銘如將相諸碑皆數萬字朱子作張魏公浚行狀四萬字猶以爲少流傳至今蓋無人能覽一過者繁冗故也元人修宋史亦不能删節如反賊李全一傳凡二卷六萬餘字雖覽之數過亦不知其首尾何說起沒何地宿學尙迷焉能曉童稚乎予語古今文章宋之歐蘇曾王皆有此病視韓柳遠不及矣韓柳視班

馬又不及班馬比三傳又不及三傳比春秋又不及予讀左氏書趙朔趙同趙括事茫然如墮朦瞶旣書字又書名又書官似迷語誑兒童者讀春秋之經則如天開日明矣然則古今文章春秋無以加矣公穀之明白其亞也左氏浮誇繁冗乃聖門之荊棘而後人寶以爲珎寶文獘之始也愛忘其醜可乎

古今文字繁簡

程去華云精一執中無偏皇極之煩言欽恤兩字何至呂刑之滕口蓋古今世變不同而文之繁簡因之孔子曰憂道未瀆辭推而言之則殷周之辭已瀆矣

韓退之云周公而下其說長

禹穴

司馬子長自敘云上會稽探禹穴此子長自言徧遊萬里之目上會稽總吳越也探禹穴言巴蜀也後人不知其解遂以爲禹穴在會稽而作地志者以禹廟旁小坎如舂臼者當之噫是有何奇而辱子長之筆耶按蜀之石泉禹生之地謂之禹穴其石杳深人迹不到頃巡撫儀封劉遠夫修蜀志搜訪古碑刻有禹穴二字乃李白所書始知會稽禹穴之誤大抵古人作文言簡而括若禹穴在會稽而上云上會稽下又云探禹穴不勝其複矣如禹貢曰雲土夢作乂雲在江南夢在江北五言而括千餘里又曰蔡蒙旅平蔡山在雅州蒙山在雲南今名蒙樂山上有碑具列其事亦四字而括千餘里鄭元孔頴達蔡沈夏僎皆所未至而繆云蒙山亦在雅州如此則禹貢所紀山川無乃俗所謂關門閉戶掩柴扉乎古人立言說義理性命恐其不明則不厭複如易曰明辨析也詩曰昭明有融高朗令終之類言山川物産則一言盡之如鏐鐵絲枲橘柚如微盧彭濮庸蜀羌髳之類更不複書此易知耳

翻著韈法

知梵志翻著韈法則可以作文知九方皐相馬法則可以觀人文章

古文之奧 一本作論衡

孔子出使子路賫雨具有頃果雨子路問其故孔子曰詩不云乎月離于畢俾滂沱矣昨莫月正離畢也他日月離畢孔子出子路請賫雨具孔子不聽果無雨子路問其故孔子曰昔者月離其陰故雨昨莫月離其陽故不雨史記仲尼弟子傳有子事載此文而刪月離陽離陰末節蓋有深意作傳之旨本以見有

子不如孔子處故不說盡而文益蘊藉如莊子九淵而止說其三又夔憐蚿蚿憐風風憐目目憐心止解夔蚿風三句而憐目憐心之義缺焉葢悟者自能知之若說盡則無味知此者知古文之奧矣

王省惟歲卿士惟月師尹惟日喻也天子如堂羣臣如陛衆庶如地亦喻也京邑猶身王畿猶臂四方猶指亦喻也文章蹊徑遠矣哉按此條文義與上不屬似應添注題文章蹊徑四字作

司馬彪

晉司馬彪傳云春秋不脩則仲尼理之關雎既亂則師摯修之此以亂爲錯亂之亂其說亦異

易林

焦氏易林西京文辭也辭皆古韻與毛詩楚詞叶音相合或似詩或似樂府童謠觀者但以占卜書視之過矣如夾河爲昏期至無舩搖心失望不見所歡如三驪負衡南取芝香秋蘭芬馥利我少姜如鬬鬬謷謷貧鬼相責無有歡怡一日九結如三夫共妻莫適爲雌子無姓氏父不可知其辭古雅魏晉以後詩人莫及又如憂思約帶卽古詩去家日以遠衣帶日以緩也而以四字盡之如簪短帶長尤爲奧妙簪短卽毛詩首尾如飛蓬也帶長卽衣帶日以緩也兩詩意四字盡之解我胷春卽毛詩憂心如擣也影畧用之最爲元妙且其辭古之文人亦多用之六目睽睽韓文祖之曰萬目睽睽九鴈列陣王勃滕王閣序用之酒爲歡伯白雲如帶穴蟻封戶天將大雨唐詩多用之他如雌鸞生鶵又文山鴻豹肥腯多脂鴇名鴻豹以鴇善食鴻爲鴻之豹猶言魚鴈也亦僅見此可補爾雅其云倆如旦飢卽詩惄如調飢據韓詩作朝飢言朝飢難忍也此云旦飢葢與韓詩合可證調飢爲朝飢無疑也其云大樹之子百條共母當夏六月枝葉盛茂鸞鳳以庇召伯遊暑遊暑避暑也此卽用詩

甘棠事遊暑憩甘棠也古說如此今注謂召伯聽訟於甘棠之下成周之時制度文物備矣豈有以召伯之貴而坐於甘棠樹下如老人里長斷爭鷄之訟者乎遊暑之說葢近於人情物理也其曰舜登大禹石夷之野又可證禹生石紐村之事此皆有裨於經史又不但爲脩辭之助而已

王伯厚語

王伯厚云嘉量之銘祭侯之辭皆極文章之妙而梓人荀簴之制文法奇古葢精於道者兼物物而後能制器莊子所謂梓慶削木爲鐻鐻成見者驚猶鬼神

以天合天道與藝俱化豈物物而雕之哉

莊周李白

莊周李白神于文者也非工乎文者所及也文非至工則不可爲神然神非工之所可至也

李耆卿評文

李耆卿評文曰韓如海柳如泉歐如瀾蘇如潮余謂柳如泉未允易泉以江可也

評李杜韓柳

杜詩語及太白處無慮十數篇而太白未嘗假借子美一語以此知子美傾倒太白至矣晏元獻公嘗言韓退之扶導聖教剗除異端則誠有功若其祖述墳典憲章騷雅上傳三（當作子）史下籠百世橫行闊視於綴述之場者子厚一人而已

稱贊文章之妙

王半山評歐文云積於中者浩如江河之渟滀發於外者爛如日星之光輝其清音幽韻凄如飄風急雨之驟至其雄詞閎辨快如輕車駿馬之奔馳又稱老泉之文云其光芒燦爛若引星辰而上也其逸駛奔放若决江河而下也葉水心稱李巽巖之文曰風霆怒而江河流六驥調而八音和春暉秋明而海澄岳

靜也曾點之瑟方希化人之酒欲清

歐陽公之文粹如金玉蘇公之文浩如江河歐之模寫事情使人宛然如見蘇之開陳治道使人惻然動心皆前無古人矣至於老泉之文侈能盡之約遠能見之近大能使之微小能使之著煩能不亂肆能不流其雄壯俊偉若决江河而下也其輝光明著若引星辰而上也若求其似在孟荀之間史漢之上不可以文人論也

浮溪之文明徹高爽歐蘇之下邈焉寡儔

緗嵐紺日

緗嵐紺日煥霍房戶

張陸奇語

張又新煎茶水記粉搶末旗蘇蘭薪桂陸羽茶經育華救沸皆奇俊語

廬山記

慧遠有廬山記文多奇語唐以下文人遠莫能望如云風雲之所攄江山之所帶高崖仄（一本作反）宇峭壁萬尋幽岫窮崖人獸兩絕又甘泉湧出冷暖與寒暑而相變盈滅經水旱而不異造語尤奇

丹鉛雜錄卷六

丹鉛雜錄卷七

成都　楊慎　撰　綿州　李調元　校定

水經注

水經注所載事多他書傳未有者其敘山水奇勝文藻駢驪比之宋人臥遊錄今之玉壺冰豈不天淵予嘗欲抄出其山水佳勝爲一帙以洗宋人臥遊錄之陋未暇也又其中載古歌謠如三峽歌云巴東三峽巫峽長猿鳴三聲淚沾裳又云朝見黃牛暮見黃牛三朝三暮黃牛如故又云灘頭白勃堅相持倏忽淪沒別無期記䕫道謠云楢溪赤木盤蛇七曲盤羊烏

攏勢與天通皆可以入詩材勝俗子看韻府羣玉遠矣

分沙漏石

酈道元水經注形容水之清澈云分沙漏石又曰淵無潛甲又曰魚若空懸又曰石子如樗蒲皆極造語之妙

空遊

柳子厚小石潭記潭中魚可百許頭皆若空遊無所依此語本之酈道元水經注淥水平潭清潔澄深俯視遊魚類若乘空沈佺期詩魚似鏡中懸亦用酈語意也

諸臯記序

段少卿諸臯記序云聖人定璇璣之式周禮立巫祝之官考乎十煇之祥正乎九黎之亂當有道之日鬼不傷人在觀德之時神無乏主若列子言竈下之駒掇莊叟說戶下之雷霆楚莊爭隨兕而禍移齊桓覩委蛇而病愈

玩鷗亭記

玩鷗亭記云使吾心有以勝物則李廣之石可使爲虎使吾爲物所勝則樂令之弓亦能爲蛇苟吾心如

木石則鷗莫得而窺矣何爲不可玩哉

三游洞記

白居易三游洞記雲破月出光景含吐互相明滅晶熒玲瓏象生其中雖有敏口莫能名狀造語如此何異柳宗元世以爲大易輕議之葢亦未深玩之也

半山文妙

王半山之文愈短愈妙如書刺客傳後云曹沫將而亡人之城又劫天下盟主管仲因勿倍以市信一時可也予獨怪智伯國士豫讓豈顧不用其策耶讓誠國士也曾不能逆策三晉救智伯之亡一死區區尚

足校哉其亦不欺其意者也聶政售於嚴仲子荆軻豢於燕太子丹此兩人者汚隱困約之時自貴其身不妄願知亦日有待焉彼挾道德以待世者何如哉味此文何讓史記乎與讀孟嘗君傳同關紐矣

朱紫陽

剖析性理之精微則日精月明窮詰邪說之隱遯則神搜霆擊其感激忠義發明離騷則苦雨淒風之變態其泛應人事游戲翰墨則行雲流水之自然其紫陽之文乎或謂文與道爲二學道不屑文專守一藝而不復旁通他書掇拾腐說而不能自遣一辭反使

記誦者嗤其陋詞華者笑其拙此則嘉定以後朱門末學之蔽未有能救之者

吳潛宅揆麻

予方重宵旰之憂汝不以晝錦爲樂入趨延英之召亟奉天章之咨惟事務之孔殷顧弊源之滋甚邪不可以干正而君子小人之界限未明戎不可以亂華而內夏外夷之名分未肅士氣抑鬱而弗振民力殫疲而莫紓在庭狃於意見之偏在邊玩於守備之弛當饋以歎濟川其誰遺大投艱孰念救甯之計任重道遠實惟宏毅之賢於乎詩有天保采薇當厲修政攘夷狄之志道在中庸大學尙明治國平天下之經惟至誠足以感動神明惟大公足以信服中外緊我耆俊毋煩訓詞

黃忠文公雷雪奏議

宋紹熙二年二月雷雪交作黃忠文公具封事畧曰謹按易帝出乎震震爲雷君象也震本坤體陽自外來交之有動乎情欲之象是以聖人於六十四卦中凡涉震體取義尤嚴在復則曰以至日閉關欲其復之靜也在隨則曰嚮晦入宴息欲其居之安也在頤則曰愼言語節飲食欲其養之正也復之靜晝不可

以鄭聲撓之居之安夜不可以欲心蕩之養之正食不可以旨酒亂之至於重震之卦則曰恐懼修省恐懼在君心修省在君政豈可以虛文責之有司百官哉黃公名裳字文叔蜀劍州人樓鑰稱之曰先見如呂中丞勇決如范蜀公敢言如蘇東坡蓋司馬公自以爲不及者公或過之而皆得其全識者以爲知言

楊文安公戒諭諸將銘

金人敗好率先興戎朝廷應兵誠非得已惟諸大將皆吾爪牙忠憤慨然誰不思奮上爲社稷下爲生靈聲援相聞如手足之捍頭目緩急相救如子弟之衛

父兄追廉藺之遺風思寇賈之高誼叶成犄角之勢用濟同舟之安諸將讀之無不感奮當時謂可與陸宣公奉天一詔同朱子取二句入孟子註則此文膾炙當代久矣楊公名椿斜元眉山人

李巽巖撰趙待制闕墓銘

蜀最爾國偏處西南初幸自保社魚相蠶纔通秦塞開明始貪膠擾肇茲事難盡談秦亟取蜀篋胠囊探菆既野蔓葛仍谷覃山玉瘞在淵珠莫涵昔萬億秭今儲石儋上豈云富下滋不堪役困則傷告病如譁兵端孰弭寇鋒誰戡蟻聚蠭屯猶虓虎鬬公起圖之

甯忍一慙榷茗酒鹽兼用此三織楮寓弊重輕相叅吏姦游賊交鬬並譏止蕃（一作樊）蠅營射沙蜮含苟可救時荼苦薺甘退省其私不羸一簪公曰我法要祇能暫彼兵與民互爲失亟長此安窮亂是用餤解而更張五盍手攬天不憖遺斷鞅脫驂使民至今未弛負擔豈無若威逞願釋憾公葬久矣幽公沈沈我作銘詩神明所鑑刻諸北山維石巖巖美其必傳澤詎卒斬後此千載勿毀勿撼

祭文

祭王向文稱霜落之林豪鷹雋鶻萬鳥逃避直摩蒼天又曰如羈駿馬以駕柴車側身隨鬃與蹇同勞

汪莊敏銘

洪容齋作汪莊敏銘詩凡八十句眞可與韓公會合聯句相敵今錄于此其詞曰維天生材萬彙傾竦侯王將相曾是有種公家江東世繹耕壟桃谿之涘是播是穮孰丰厥培蘊此珪珙公羈未奮逸駕思騁沆酣春秋踏跐周孔徑策名策稍辭渫㵐橫經湘沅士敬如捧蓬萊方丈佩飾有琫應龍天飛薈蔚雲滃千官在序摩濤從湧吾惟片言借箸泉湧正冠霜臺過者卞悚顏顏殿陛聲氣不動顯仁東攢巫史呼洶昌

言一下恩浹千冢獯鬻孔熾邊戒毛氄婞娶當位左掣右壅公云當今沸渭混澒天威震耀誰不憤踊遂遷中司西柄是董出關啟施籌檄倥偬業業荆襄將懦曰拱投袂電赴如遵乃勇鄧唐蔡陳馳捷系踵傳貍（一作狸）歸猷民恃不恐璽書賜朝百揆摻總亞勛贊冊國勢尊鞏督軍截西寄責深重方規許洛事援秦隴符離罔功奇畫膠葦鈎樞建使宰席亢寵還臨西州夾道歡擁有御未𢆉病癖且尪曾不憖遺使我心懤湘湖高邱草木蔚蓊維水容裔維山巃嵸矢其銘詩詞費以冗奈何乎公萬禩毋弊

梓碧山人

四明梓碧山人許奎作百忍箴多牽合衍贅予獨取其危箴云圍棋制淝水之勝單騎入回紇之軍此宰相之雅量非將軍之輕身盍安危未定勝負未決帳中倉皇則麾下氣懾正所以觀將相之事業浮海遇風色不變於張融亂兵掠射容不動于庾公盍鯨鯢澎湃舟楫寄躬白刃蠭午節制誰從正所以試天下之英雄噫可不忍與

唐宰相多能文

唐開元宰相奏請狀及鄭畋鳳池稿多用四六皆宰相自草五代亦然至范質始除其煩辭故萊公謂楊文公曰予不能爲唐時宰相盍嫺於辭也

韋孝寬薛仁貴

後周韋孝寬參麟趾殿學士考校圖籍唐薛仁貴著周易新生本義四卷二子皆勇將而精意經術如此

集文選文士姓名

梁昭明太子統聚文士劉孝威庾肩吾徐防江伯操孔敬通惠子悅徐陵王囿孔爍鮑至十人謂之高齋十學士集文選今襄陽有文選樓池州有文選臺未知何地爲的但十人姓名人多不知故特著之

王暉稱溫子昇 見藝林伐山

濟陰王暉云江左文人有顏謝任沈我溫子昇足以陵顏轢謝含任吐沈

楊炯稱王勃

炯序勃文集云薛令言朝右文宗託未契而推一變盧照鄰人間才傑覽清規而輟九知所謂九知者盍用漢書九變復貫知言之選之語也

職林載岑文本善職而敏速或策令叢遽敕吏六七人泚筆分口占授咸無遺意

三俊五君

二陸與顧榮號三俊五君嵇康阮籍劉伶向秀阮咸也竹林七賢有山濤王戎

玉箱雜記

蔡邕崔實號雙鳳崔晏與許受號武龍王仲宣號泥下潛蛙曹植號綉虎鄧艾號伏鸞陸雲號隱鵠○南唐查文徽以策干李後主主奇之日菰蘆中偉人○陶淵明褚炤之王琳郗元景馮道根傳緯章華六朝之景星鳳皇也○許懋卓乎天人 謂其閑村禪

莊周李斯

莊周出于子夏李斯原於荀卿○蜀人聱隅子黄晞

裴子野雕蟲論力言晉宋以降之文弊其畧曰俳惻芳芬靡曼容與蔡應等之俳優揚雄悔爲童子深心生卉木遠致極風雲其興浮其志弱荀卿有言亂代之徵文章匿采斯豈近之乎

古人文法有祖

古人文法皆有祖韓非內儲說曰門人求水而夷射誅濟陽自矯而二人罪鄭袖言鼻惡而新人劓費無忌教郄宛而令尹誅陳需殺張壽而犀首走燒芻廥而中山罪班固漢書曰子翬謀桓而魯隱危欒書搆郤而晉厲弑豎牛奔走叔孫卒郈伯毀季昭公逐費

忌納女楚建走宰嚭譖胥夫差喪李園進妹春申斃上官譖屈懷王執趙高敗斯二世縊伊戾坎盟宋座奴江充造蠱太子殺息夫作姦東平誅宋景文唐書效之爲姦臣贊曰三宰嘯凶牝奪辰林甫將藩黃屋奔鬼質敗謀興元蹙崔柳倒持李宗覆東坡贈宋壽昌詩用此法又奇矣

漢文

漢興文章有數等蒯通隋何陸賈酈生游說之文宗戰國賈山賈誼政事之文宗管晏申韓司馬相如東方朔誧諫之文宗楚辭董仲舒匡衡劉向揚雄說理之文宗經傳李尋京房術數之文宗讖緯司馬遷紀事之文宗春秋嗚呼盛矣

余知古

唐余知古與歐陽生論文書云韓退之作原道則崔豹答牛亨書作諱辨則張昭論舊名作毛穎傳則袁淑太蘭王九錫作送窮文則揚子雲逐貧賦

柳子厚句法本子雲

揚子雲青州物箴在邱之營柳子厚在溪之曹句法本之此

晏子語

君子獨立不慙乎影獨寢不慙于魂此晏子語也今例知爲宋人語不知祖于晏子

柳文蘇文

郭象莊子注曰工人無爲於刻木而有爲於運矩主上無爲於親事而有爲於用臣柳子厚演之爲梓人傳一篇凡數百言毛萇詩傳云漣風行水成文也蘇老泉演之爲蘇文甫字說一篇亦數百言得奪胎換骨之三昧矣

金谷序

世說新語謂王羲之作蘭亭記人以方金谷序羲之

甚有欣色金谷序今不傳其實蘭亭之所祖也余舊得宋人石刻一本今錄於此其辭曰余以元康六年從太僕卿出爲使持節監青徐諸軍事征虜將軍有別廬在河南縣界金谷澗中或高或下有清泉茂林衆果竹柏藥草之屬莫不畢備又有水碓魚池土窟其爲娛目歡心之物備矣時征西大將軍祭酒王詡當還長安余與衆賓共送往澗中晝夜遊宴屢遷其坐或登高臨下或列坐水次時琴瑟笙筑合在車中道路並作及住令皷吹迭奏遂各賦詩以敘中懷或不能者罰酒三斗感性命之不永懼凋落之無期故列敘時人官號姓名年紀又寫詩著後後之好事者其覽之哉

蘭亭記

文選不收蘭亭記議者謂絲竹管絃四言兩意非也絲竹管絃本漢書語古人文辭故自不厭鄭重如易曰明辨晰也莊子云周徧咸詩云昭明有融高朗令終宋玉賦且爲朝雲古樂府云暮不夜歸左傳云遠哉遙遙邯鄲淳碑云丘墓起墳古詩云被服羅衣裳莊子吾無糧我無食後漢書食不充糧在今人則以爲複矣

致足樂耶

王右軍帖致足樂耶水經茂竹便娟致可翫也致極也晉人語例如此

韓子連珠論

北史李先傳魏帝召先讀韓子連珠二十二篇韓子韓非子韓非書中有連語先列其目而後著其解謂之連珠據此則連珠之體兆于韓非任昉文章緣起謂連珠始於揚雄非也

孔叢子

孔叢子載孔子之言曰古之聽訟者惡其意不惡其人求其所以生之不得其所以生乃刑之歐陽永叔作瀧岡阡表云求其生而不得則死者與我皆無憾也世莫有知其言之出于孔叢子也

先憂後樂

先憂事者後樂事先樂事者後憂事此曾子立事篇語大戴禮所載同范文正公先憂後樂之語本此

三五步驟

後漢書三五步驟優劣殊軌注引緯書云三皇步五帝驟三皇馳五霸騖七雄僵○注德隆道用日月爲步時事彌順日月爲驟勤思不已日月乃馳○陸子

曰三皇垂策五帝緐手禹湯馳轅五霸要駕六國摧輈

藹軸

王元長曲水詩序沈冥之怨旣鉠藹軸之疾已消本考槃詩二句而會合之此李商隱灰釘之祖也文選英華求賢判云藹岩穴之英奇總濠梁之藹軸儲光羲詩清言問藹軸惠念及滄浪用字又祖王元長也

灰釘

李商隱露布飛走之期旣絕灰釘之望斯窮宋人小說謂灰釘用杜篤論都賦燔康居灰珍奇椎鳴鏑釘

鹿鑫近燕泉何子元餘冬緒錄中證其非謂是曹爽在獄中乞棺釘與灰于司馬懿事其事本不僻也余又考梁書徐勉上疏請禁喪家速殯云屬纊才畢灰釘已具陳書陳霸先九錫文祅酋震慴遽請灰釘以二條證之尤足破宋人之謬說（胡應麟曰曹爽禁獄乞食于司馬懿懿送鹽豉大豆等物又按王凌傳凌請灰釘于司馬懿懿卽送與之凌因自殺）

登三乘六

梁簪艾獻晉帝表登三緯地乘六御天宋人德奉三無功安九有句法祖之

轉喉觸諱

柳文轉喉觸諱本漢食貨志搖手觸禁之語

紫電清霜

三國典略（三國江南關中鄴下也典略丘悅撰）曰蕭（當有淵字）明與王僧辯書凡諸部曲並使招携赴投戎行前後雲集霜戈電戟無非武庫之兵龍甲犀渠皆是雲臺之仗唐王勃滕王閣序紫電清霜王將軍之武庫正用此事以十四歲之童子胷中萬卷千載之下宿儒猶不能知其出處豈非間世奇才杜子美韓退之極其推服之良有以也使勃與杜韓並世對毫恐地上老驥不能追雲中俊鶻後世之指點流傳妄哉

衆人望人

諸葛恪與陸遜書曰以道望人則難以人望人則易張子厚云以衆人望人則易從其言本此

風行水上（見藝林伐山）

楊誠齋文有云風與水相遭也爲卷爲舒爲疾爲徐爲織文爲立雪爲湧山細則瀲瀲焉大則洶洶鞫鞫焉不制于水而制于風惟風之聽而水無拒焉本於蘇老泉文云云凡二百四十三字變化奇偉類莊子其實本于毛公詩傳云漣風行水成文一句漢人五字一句便可衍爲後人數百言古注疏良不可輕也

蘇老泉文云且兄嘗見夫水之與風乎油然而行淵然而留渟洄汪洋滿而上浮是水也而風實起之蓬蓬然而發乎太空不終日而行乎四方蕩乎其無形飄乎其遠來既往而不知迹之所存是風也而水實行之今夫風水相遭乎大澤之陂也紆徐委蛇蜿蜒淪漣安而相推怒而相凌舒而如雲蹙而如鱗疾而如馳徐而如徊揖讓旋辟相顧而不前其繁如縠其亂如霧紛紜鬱擾百里若一汨乎順流至乎滄海之濱滂薄洶湧號怒相軋交橫綢繆放乎虛空掉乎無垠橫流逆折潰旋傾側宛轉交戾回者如輪縈者如帶直者如燧奔者如焰跳者如鷺投者如鯉殊狀異態而風水之極觀備矣故曰風行水上渙此亦天下之至文也愚謂老泉之文奇矣而細檢點猶有重復可刪如云交橫綢繆即前之紆徐委蛇也號怒相軋即前之怒而相凌也故文字必簡而後潔

日而月之

唐文粹日而月之星而辰之本莊子尸而祝之社而稷之之語然日月星辰語若出今人之口其不見笑也幾希

古人多譬況

秦漢以前書籍之文言多譬況當求於意外如尚書云說築傅巖之野築之爲言居也後世猶有卜築之稱求其說而不得遂謂傅說起於板築雖孟子亦誤矣伊尹負鼎以干湯謂尹有鼎鼐之才也猶書曰迓衡云耳橫議者遂謂伊尹爲庖人若然則衡秤也尹曰迓衡其亦舞權秤之市駔乎子貢多學而識故孔子曰賜不受命而貨殖焉莊子便謂子貢乘大馬中紺表素之衣太史公立貨殖傳便首誣子貢如此則子貢一猗頓耳聖門四科子貢善言語太史公信戰國游士之說載子貢一出存魯亂齊破吳彊晉而霸越其文震耀其辭辯利人皆信之雖朱文公亦惑之獨蘇子由作古史考而知其妄考左傳齊之伐魯本于悼公之怒季姬而非田常吳之伐齊本怒悼公之反覆而非子貢其事始白若如太史公之言則子貢一蘇秦耳毛詩曰漢有游女不可求思韓嬰曲爲之說曰孔子南行至楚之阿谷見女子有佩瑱而浣者使子貢挑之不得如韓嬰之言則孔子乃一馬融而子貢不如盧植遠矣又論語爲命裨諶草創之左氏遂謂裨諶謀于野則獲蓋因草之一字誤之也孔父正色而立朝左氏遂謂孔父之妻美而艷蓋因色之

一字誣之也例此以往則國語謂驪姬蝎譖申生必將如吉甫之掇蜂禮所云諸侯漁色于下卽小說家謂西施因網得之類矣乎姑發此以諗知者

警策

陸機文賦立片言以居要乃一篇之警策蓋以文喻馬也言馬因警策而彌駿以喻文資片言益明也夫駕之法以策馬乘今以一言聚于衆辭若策駈驅故云警策在文謂之警策在詩謂之佳句也若水之有波瀾若兵之有先鋒也六經亦有警策詩之思無邪禮之無不敬是也

夷羊蜚鴻

史記周紀武王曰維天不享殷自發未生於今六十年夷羊在牧蜚鴻滿野徐廣曰夷羊怪物也蜚鴻蠛蠓也張守節曰夷羊一本作麋鹿喻小人在朝也蜚鴻喻君子放棄鄭元曰蜚鴻鴻鴈也知避陰陽寒暑喻民去無道就有道愼按三說皆如眯目而道黑白者詳此文據實事言非喻也紂有鹿臺以養鹿故曰麋鹿在牧蜚鴻馬名若白蟻紫燕之類蓋艮馬也養麋鹿而棄艮馬故曰麋鹿在牧蜚鴻滿野言其養無用而害有用也

白鷴雀

札木言于汪罕曰我于君是白鷴雀他人是鴻鴈耳白鷴雀寒暑常在北方鴻鴈則南飛就暖耳言己心堅而他人心不可保也

綜理

綜機縷也所以持經而施緯使不失其理者也三蒼解詁綜理經也謂能統理衆務爲綜理漢宣帝綜核名實晉陶侃綜理微密是也○綜理經綸皆以織喻人事鹵莽滅裂皆以耕喻人事

精鑿醍醐

儒書以精鑿喻學精鑿皆言米也穀一石得米六斗爲糲一石五斗爲毇得四斗爲鑿得三斗爲精精之爲字从米爲義從青爲聲古文作晶象三米之形尤見意義佛書以醍醐之教喻於佛性從乳出酪從酪出酥從生酥出熟酥從熟酥出醍醐也鑿毇俱作糳

丹鉛雜錄卷七

丹鉛雜錄卷八

成都 楊 慎 撰 綿州 李調元 校定

蒻之翰稱離騷

蒻之翰稱離騷經若驚瀾奮湍鬱閉而不得流若長鯨蒼虬偃蹇而不得伸若渾金璞玉泥沙掩匿而不得用若明星皓月雲漢蒙而不得出

大招

楚辭招魂一篇宋玉所作其辭豐蔚穠秀先驅枚馬而走僵班揚千古之希聲也大招一篇景差所作體製雖同而寒險促迫力追而不及昭明文選獨取招

魂而遺大招有見哉朱子謂大招平淡醇古不爲詞人浮艷之態而近於儒者窮理之學蓋取其尙三王尙賢士之語也然論詞賦不當如此以六經言之詩則正而葩春秋則謹嚴今責十五國之詩人曰焉用葩也何不爲春秋之謹嚴則詩經可燒矣止取窮理不取艷詞則今日五尺之童能寫仁義禮智之字便可以勝相如之賦能抄道德性命之說便可以勝李白之詩乎

軫石

楚辭九章軫石崴嵬蹇吾願兮王逸注軫方也周禮說車制軫之方也以象地也言已雖放棄執履忠信志如方石終不可轉

浴蘭兮沐芳

劉義慶曰古制廟方四丈不墉壁道廣四尺夾樹蘭香齋者貴以沐浴然後親祭所謂蘭湯可補楚辭注

疎麻

楚辭采疎麻兮瑤華注以疎麻卽麻也近見南越志載疎麻大二圍高數丈四時結實無衰落則自有此一種木也

索瓊茅而莛篿兮

篿趙古則云束屮折竹筵厶于神曰專从屮厶中象纏束之形古作叀通用專篿俗字也沈存中曰審方面埶覆量高深遠近謂之專術專文象形如繩木所用墨斗姑存以備考

淹留

時紛紛其變易兮又何可以淹留蘭芷變而不芳兮荃蕙化而爲茅留音勞與茅叶淮南招隱猨狖羣嘯兮虎豹嗥援桂枝兮聊淹留按高誘註淮南子云留連之留非劉氏之劉初讀其語而疑楚辭之音乃釋然

春氣發物萬物遽只

遽尺驕切楚辭青春受謝白日昭只春氣發物萬物遽只朱子曰遽从處平聲爲彊又自彊而爲驕乃得其讀也王岐公集中亦以昭遽合韻按古音或四聲互用或切響通用此字則四聲切響兼有之隱奥之極也非朱子釋之殆不可讀

朱明之野

楚辭歷祝融於朱明注朱明之野南方也

馬蘭踸踔而日加

蓬艾八御于牀笫兮馬蘭踸踔而日加加五何切叶

捐葯芷與杜蘅兮余奈世之不知芳何孝經緯孔子曰三皇設言民不違五帝畫象世順機三王肉刑揆漸加叶應世黠巧姦僞多

訓詁之文貴顯

楚辭吉日兮辰良王逸注日謂甲乙辰謂寅卯逸之意本謂日爲甲乙之屬辰爲寅卯之屬而各省二字後之讀者不曉便謂甲乙爲吉日寅卯爲良辰雖朱子注楚辭亦誤用俗見也高誘注呂氏春秋云日從甲至癸也辰從子至亥也此則明白無疵大凡訓詁之文貴顯如此

紫莖屏風

楚辭紫莖屏風文緣波注以屏風爲草名又曰屏風謂案障風○今按後說最是屏音丙屏風正與緣波爲對最見工緻宋吳感詩繡被夜歌青翰檝緣波春漾紫莖風

黃棘

薛符溪楚辭悲回風云借光景以往來兮施黃棘之枉策蓋秦楚嘗盟於黃棘後懷王再會武關遂被執是黃棘之盟楚禍所始朱子以黃麾荆棘解之謬矣

朝霞作雨

素問云霞擁朝陽雲奔雨府楚辭云虹蜺紛其朝霞

夕淫淫而淋雨唐詩云朝霞晴作雨俗諺云朝霞不出市

墜露落英

楚辭朝搴木蘭之墜露兮夕餐秋菊之落英有問於謝疊山曰菊英無零落露墜矣可飲乎疊山曰木蘭不常有得蘭露之墜者亦當飲之秋菊不常有得菊英之落者亦當飡之愛之至敬之至也非謂蘭露必墜菊英必落也此說頗得騷人言外之意

竭來

今文語辭朅來聿來不知所始按楚辭車既駕兮朅而歸不得見兮心傷悲舊註朅去也又按吕氏春秋膠鬲見武王於鮪水曰西伯朅來無欺我也武王曰不子欺將伐殷也膠鬲曰朅至武王曰將以甲子日至註朅何也若然則朅之爲言盍也若以解楚辭則謂車既駕矣盍而歸乎以不得見而心傷悲也意尤婉至則今文所襲用朅來者亦謂盍來也非是發語之辭矣文選注劉向七言曰朅來歸耕永自疎顏延年秋胡妻詩曰朅來空復辭皆謂盍字始通

欸秋冬之緒風

離騷九章云乘鄂渚而反顧兮欸秋冬之緒風尸子禹有進善之鼓備訊唉也漢韋孟詩勤唉厥王說文唉譍也亞改切又焉開切史記范增撞破玉斗曰唉方言云南楚謂然曰唉說文唉譍也烏開切二字音義並同如嘆與歎欸與咳嘯與歗實一字耳其語則皆楚語也故元次山有欸乃曲而楖詩亦用此二字皆湘楚間語楖文舊本作靄襖音上字正協亞改之聲韻書亦於皆韻收唉字海韻收欸唉二字其說與說文不異但乃字讀如襖者未有考耳近世乃有倒讀之者又皆寫款乃則誤益甚矣款字從祟與矣字不同然點書甚相似故多誤也楚辭注及朱文公文集互發此義今詳筆之

欸唶

欸也唶也扼也皆歎辭如噫吁之類後漢書光武紀舂陵有望氣者曰唶佳哉鬱鬱葱葱商君書多用呃字呃與欸同史記范增曰欸孺子不足與圖大事楊子法言或問王翦曰始皇方獵六國而翦牙欸史記用之於句首陽子用之於句末皆奇甚

桂蠹蔘蟲

楚辭注桂蠹以諭食祿之臣蔘蟲以喻放逐之士

白蜺嬰茀

楚辭天問曰白蜺嬰茀胡爲此樂安得夫良藥而不能固藏舊註云蜺雲之有色似龍者也茀白雲逶迤若蛐者也昔崔文子學僊於王子僑王子僑化爲白蜺而嬰茀持藥與崔文子文子驚怪引戈擊蜺中之因墮其藥俯而試之子僑之屍也此本淮南王安離騷傳之說而王逸述之淮與楚近安去屈未百年其說當有祖疑以傳疑可也文公訂楚辭以其怪誕而刪之余謂存之亦有益於教何也王子僑世所稱神仙也既已成蜺變化而猶不免戈擊之難則世之學

仙何爲者邪

悼騷賦

是篇蓋後漢梁竦之所作也竦坐兄松事徙九真旣徂南土歷江湖濟沅湘悼子胥屈原以非罪沉身乃作悼騷賦繫元石而沉之按此賦見東觀漢紀唐皮日休曰揚雄之文邱軻乎而有廣騷也梁竦之文班馬乎而有悼騷也又不知王逸奚罪而不以二家之述爲離騷之兩泒也竦以非罪流放有感而作非若東方朔王褒無疾痛而强爲呻吟也其文旣弔二子之不遇又歷陳介推鳴犢樂毅白起蒙恬范增大人

以敗以爲後君之炯戒其云旣匡救而不得必殞命而後仁要有得於胥原之心末謂賈誼弔屈爲達旨揚雄反騷爲欺眞其識尤卓不特芬裳鸞軨神林蓬碣之瑰詞琦句可珍而已王逸旣遺珠于先朱子復迷寶于後茲爲一表章之亦千載一快也○彼仲尼之佐魯兮先嚴斷而後宏行雖羅讒以烏邑兮卒暴誅于兩觀殷伊尹之協德兮暨太甲而俱甯豈齊量其幾微兮徒信已以榮名胥吞刃以奉命兮決目眥於門閭吳荒萌其已殖兮可信顏于王廬圖往鏡來兮關牧在篇君名旣泯兮後辟亦然屈平濯德兮潔顯芳香勾踐罪種兮越嗣不長重耳忽推兮六卿卒强趙殞鳴犢兮秦人入疆樂毅奔趙兮燕亦是忌武安賜命兮昭以不王蒙宗不幸兮長平顚荒范父乞身兮楚項不昌何爾生不先後兮推洪勳以遐邁服芬裳如朱芾兮騁鸞輅于犇瀨歷蒼梧之崇邱兮宗虞氏之俊乂臨衆瀆之神林兮秉敕職于蓬碣祖聖道而垂典兮裦忠孝以爲珍旣匡救而不得兮必殞命而後仁惟賈傅其違旨兮何楊生之欺眞彼皇麟之高舉兮熙太清之悠悠臨泯川以愴悢兮指丹海而爲期

古人賦

說苑曰師經鼓琴魏文侯起儛賦曰使我言而無見違知古人一話一言皆曰賦彼所謂登高能賦者豈必盡如後世之靡淫者哉

古今賦麗則不同

抱朴子曰古詩今賦麗則不同俱論宮室而奚斯路寢之頌何如王生之賦靈光乎同說游獵而叔田盧令之詩何如相如之言上林乎並美祭祀而清廟雲漢之辭何如郭璞南郊之艷乎等稱征伐而出車六月何如陳琳武庫之壯乎

古賦形容麗情

九歌滿堂兮美人忽獨與予兮目成宋玉招魂埃娭眇視目曾波相如賦色授魂與心愉於側枚乘菟園賦神連未結已諾不分陶淵明閑情賦瞬美目以流眄含言笑而不分曲盡麗情深入冶態斐綳傳奇元氏會眞又瞠乎其後矣所謂詞人之賦麗以淫也

法言論屈原相如

文選注引法原曰或問屈言相如之賦孰愈曰原也過以浮如也過以虛過浮者踏雲天過虛者蹈無根然原上援稽古下引鳥獸其著意於虛長卿亮不可及今法言無此條

上林賦

程泰之論上林賦三條其見超邁得作者之意今節其語於此其上篇曰相如之賦上林曰亡是公者明無是人也既本無此人則凡所賦之語何往不爲烏有也知其烏有而以實錄之故所同駁礙上林本秦故地始皇阨隘先王之宮庭而大加創治東旣極河西又抵汧終南之北九嵕之陽數百里開宮館二百七十複甬相連窮年忘返猶不能偏而又表南山以爲闕立石朐山以爲東門其意若曰闕不足爲也南山吾闕也門不足立也朐山吾門也此固先帝之所師也所師在是苟有諫者彼有坐睡唾擲而已無自而入也故相如始而置辭包四海而入之苑內夸張飛動意若從諛故揚雄指之爲勸也夫旣勸之以中帝欲帝將欣欣樂聽而後徐徐諷諭以爲苑囿之樂有極而宇宙之大無窮則諷或可入也夫諷旣不爲正諫凡其所勸不容不出於寓言此子虛烏有無是所以立也其中篇曰左蒼梧右西極日出東沼入乎西陂此賦上林所抵也數百里間其能出沒日月於東西乎又曰其南則隆冬躍波其北則盛夏含凍信

斯言也必并包夷夏縮地南北而始有此古今讀書偶不致思故主文譎諫之義晦於不傳耳其曰八水分流則長安實有此水不爲寓言然而上林東境極乎宜春下苑即曲江也曲江僅得分滻爲沠而滻灞合會之地已在宜春之北則其地出上林之外矣然則雖其實有之水亦復不能眞確况其紫淵丹水欲傳會而强求乎其下篇曰古惟揚雄能曉此意故其校獵之賦曰禦自汧渭經營豐鎬此則明命其實矣至於出入日月天與地沓則關中豈能辦此也又曰虎路（本作落）三嵕圈經百里此則可得而有也至謂正

南極海邪界虞淵此又豈關境所能包絡哉雄之此意正放相如諷勸相參不皆執實兩賦一意也說者不知出此乃從地望土毛枚舉細較是癡人說夢也班固曰亡是公言上林廣大水泉萬物多過其實非義理所止故刪存其要歸正道而論之推此言也則雖班固亦自不解也予觀莊子云魏罃與田侯牟約牟背之罃怒將伐之華子聞而醜之曰善言伐齊者亂人也善言勿伐者亦亂人也謂伐之與不伐亂人也者又亂人也君曰然則若何曰君求其道而已矣有所謂蝸者君知之乎曰然有國於蝸之左角者曰

觸氏有國於右角者曰蠻氏時相與爭地而戰伏尸數萬逐北旬有五日而後反君曰噫其虛言與曰臣請爲君實之君以意在四方上下有窮乎君曰無窮曰知遊心於無窮而返在通達之國若存若亡乎君曰然曰通達之中有魏於魏中有梁於梁中有王與蠻氏有辨乎君曰無辨客出而君倘然若有亡也蓋自悼其所爭之細也東坡曰湻于髡言一斗亦醉一石亦醉至於州閭之會男女雜坐幾于勸矣而何諷之有以予觀之蓋有深意以多方之無常知飲酒之非我觀見識妄而平生之嗜亦少衰矣是以自托於

放蕩之言而可止荒主長夜之飲世未有識其趣者愚謂長卿上林之賦意實若此能通莊氏之寓言兼戰國之游說而後可以得其旨也司馬長卿去戰國之世未遠故其談端說鋒與策士辯者相似然不可謂之非正也孔子論五諫曰吾從其諷觀說苑及晏子春秋所載以諷而從者不可勝數蘇洵作諫論欲以儀秦之術而行逢干之心是或一道也故戰國諷諫之妙惟司馬相如得之司馬上林之旨惟揚子校獵得之予嘗愛王維溫泉寓目贈韋五郎詩云漢主離宮接露臺秦川一半夕陽開青山盡是朱旗遶碧

澗翻從玉殿來新豐樹裏行人度小苑城邊獵騎迴聞到甘泉能獻賦懸知獨有子雲才唐至天寶宮室盛矣秦川八百里而夕陽一半開則四百里之內皆離宮矣此言可謂肆而隱奢麗若此而猶以漢文惜露臺之費比之可謂反而諷末句欲韋郎效子雲之賦則其諷諫可知言之無罪聞之可戒得揚雄之旨者其王維乎〇愼又按僕樂齊王欲夸僕以車騎之衆而僕對以雲夢之事也二句爲一篇前段之綱諸侯納貢非爲財幣所以述職也封疆畫界非爲守禦所以禁淫也二句明天子之義天子茫然而思似若

有亡至非所爲繼祀創業垂統也収拾歸正所謂空章歸之於節儉因以諷諫游于六藝之囿騖乎仁義之塗此徼道德者也中云夷嵕築堂纍臺增成巖突洞房盖變者如馬之馳于山峯也平之以爲堂臺者增之以如城又因其奥突以爲房也偓佺之倫暴于南榮謂負暄也暴字妙

上林賦連綿字

上林賦垂條扶疎洛英幡纚紛溶萷蔘猗狔從風劉莅芔歙數句皆言草木從風之形與聲也但其用字旣古其音又與俗音不同今略解之〇紛溶猶丰茸也萷蔘卽蕭森猗狔猶猗那也字亦作旖旎又作猗儺劉莅卽流麗芔歙卽欻吸欻古作㰲見石鼓文省寫作芔五臣注遂誤以爲卉字按長門賦列丰茸之游樹謝靈運詩升長皆丰茸則紛溶丰茸一也杜詩巫山巫峽氣蕭森則萷蔘蕭森一也毛詩猗儺其枝楚辭紛旖旎乎都房阮籍詩猗靡情歡愛則猗狔也倚儺也旖旎也猗靡也一也陶宏景詩悽切嘹唳傷夜情趙彥昭詩流麗鳴春鳥則流麗與嘹唳及流麗一也杜詩秋風欻吸吹南國則芔歙與欻吸一也字有古今音有楚夏類如此聊舉其略爾 卷八終

丹鉛雜錄卷九

成都 楊 愼 撰 綿州 李調元 校定

古文引用

凡傳中引古典必曰書云詩云者正也左傳中最多又有變例如子產答子皮云子於鄭國棟也棟折榱崩僑將壓焉此乃引周易棟橈凶之義而不明言易暨穆叔論伯有不敬曰濟澤之阿行潦之蘋藻寘諸宗室季蘭尸之敬也此乃引有齊季女全詩之義而不明言詩盖一法也又引書太誓所謂商兆民離周十人同者衆也據太誓原文云受有億兆夷人離心離德予有亂臣十人同心同德省二十字作八字而語益矯健此盖省字又一法也郤至聘楚辭享云百官承事朝而不夕此公侯所以扞城其民也故詩曰赳赳武夫公侯干城及其亂也諸侯貪冒侵欲不已爭尋常以盡其民略其武夫以爲己腹心故詩曰赳赳武夫公侯腹心此先言詩意而後引詩辭又一法也宋陳文簡曰古文取詩云詩取書云書盖常體也或以康誥爲先王之命見國語 周書爲西方之言見國語 以咸有一德爲尹告見禮記 以大禹謨爲道經見荘子 曰仲虺之誥而曰仲虺之志左氏 不曰五子之歌而

曰夏訓有之（左氏）直言鄭詩曹詩（國語）士稱汋曰武曰（左氏）或稱芮良夫（左氏）或稱周文公（國語）指那頌卒章爲亂辭（國語）摘小宛首章爲篇目（國語）數章之末章旣謂之卒章一章之末句亦謂之卒章（並左氏傳）凡此似亦畧施雕琢少變雷同作者考焉毋誚無補陳氏之言予論有契焉故並載之

伏湛

後漢伏湛奏引書股肱良哉庶事康哉及詩濟濟多士文王以甯不直引其文而曰唐虞以股肱康文王以多士甯是故詩稱濟濟書曰良哉湛之言亦有左

氏國語之遺法乎晉以後不復有此工緻矣

權德輿奇語

舟有溺騎有墜寢有魘飲有醉食有饐行有蹷其甚則皆可以致斃無非危機其可如土偶木寓耶此權德輿文中奇語也木寓見漢書注木寓龍木寓馬是也

文章似歇後

文章有似歇後語處如淵明詩再喜見友于杜詩友于皆挺拔野鳥山花吾友于南史到藎從武帝登樓賦詩受詔便成帝謂其祖彥曰藎實才子却恐卿文章得無假手于貽厥乎又稱兄弟爲在原天屬稱故鄉爲維桑之里稱師曰在三之義稱子曰則百之祥皆是類也

古文倒語

古文語多倒漢書中行說曰必我也爲漢患者若今人則云爲漢患者必我也管子曰子邪言伐莒者若今人則云言伐莒者子邪

古文多倒語如亂之爲治擾之爲順荒之爲定臭之爲香潰之爲遂釁之爲祥結之爲解皆美惡相對之字而反其義以用之如亂臣十人亂越我家惟以亂

民亂爲四方新辟亂爲四輔厥亂明我新造邦丕乃俾亂之類以亂訓治也按擾邦國擾而毅擾龍六擾之類以擾訓順也荒度土功遂荒大東大王荒之葛藟荒之以荒訓定也胡臭亶時其臭羶臭陰達于淵泉以臭訓香也是用不潰于成莫不潰茂以潰訓遂也將以釁鐘以釁訓祥也親結其縭以結訓解也

漢人好作隱語

後漢人好作隱語於文字中蔡中郎題曹娥碑云黃絹幼婦外孫齏臼隱絕妙好辭四字魏伯陽參同契後序云鄶會鄙夫幽谷朽生委時去害依託邱山循

遊寥廟與鬼爲鄰百世一下遨遊人間湯遭厄際水旱隔屏隱會稽魏伯陽五字古魏字作魏故云依託邱山宜乎後世句丁道士不知而以丹法解之可發一笑又孔融離合作郡姓名字詩云漁父屈節水潛匿方離魚字與旹進止出行施張離日字魚日合成魯呂公釣磯盍口渭滂離口字九域有聖無土不王或字口合或口成國好是正直女回于匠離子字海內有截隼逝鷹揚離一字子一合成孔六翮將奮羽儀未彰離鬲字蛇龍之蟄俾也可忘離虫字合成融玫璇隱曜美玉韜光玫去王乃文字無名無譽放言深藏離與字按轡安行誰謂路長離手字合成舉蔡中郎魏伯陽

孔文舉皆後漢末同時人與袁康吳平亦同時隱語離合相似故詳著之以見越紐之出於袁吳二子也歷千餘年而始顯不謂余爲千載知音乎

鮑昭迷語

鮑昭集中迷語三字其云二人四八飛泉仰流井字也頭如刀尾如鉤鑑字也乾之一九坤之二六桑字也頗爲拙劣今之商謎燈牌者亦笑之乾坤與桑何相關乎東坡硯蓋銘曰硯猶有石峴更無山姜女旣去孟子不還簡妙勝鮑多矣

大明寺壁上隱語已見古今諺

淮南大明寺壁上有詩謎云一人堂堂二曜同光泉深尺一點去冰傍二人相連不欠一邊三梁四柱烈火烘然除去雙勾兩日不全○斑義一見即能辯之乃八字隱語也大明寺水天下無比

解字之妙

說文解豉字云配鹽幽菽也三蒼解龍字云龍冥果青色也蓋豉本豆也以鹽配之幽閉於甕盎中所成故曰幽菽冥果蜜煎果也以鋼青浸之加蜜而冥於缶中故曰冥果幽菽冥果取名于幽冥見其與生菽生果異也解詁之妙有如此誰謂文章不在撿字乎

說文解硟字云以石研繒解尉字云以火申繒皆形容之妙硟即研字

規磨

文子曰水雖平必有波衡雖正必有差韓子曰規有磨而水有波我欲更之無奈之何荀子曰是規磨之說也注規摩之說猶差錯之說也規者正圓之器磨久則偏盡而不圓韓子之言必合荀注而後明注可廢乎

佳麗

韓子佳麗也者邪道之分也戰國策宮中佳麗好玩

又云趙天下善爲音佳麗人之所出也嚴安疏佳麗珍恠順于耳目謝眺詩江南佳麗地佳麗字非始白謝也文選注失引之

以手通指

何休公羊注以手通指曰揖謂揖以敬人以手通意也指意也又云以目通指曰瞚瞚與瞬同史云顧指氣使亦是以顧通指也指與旨同陸佃易爻觀我朶頤注云以頤通指曰朶劉敞漢書補注躡足附耳注以足通指曰躡

怒字

左傳林楚怒馬及衢而騁莊子草木怒生又說大鵬怒而飛其翼若垂天之雲林希逸曰莊子好用一怒字王介甫詩山木悲鳴水怒流此老善用古人好字面

白頭而新

漢書白頭如新傾蓋如故說苑作白頭而新傾蓋而故而如古今通用白頭而新雖至老而交猶新傾蓋而故謂一見而交已故也作而字解猶有意味

鬵河

賈誼新書大禹鬵河而導之九牧呂氏春秋禹身執虆臿（一作缶）以爲民先剔河而導九岐鑿江而通九路說苑禹釃五湖而定東海鬵本髮名義取環曲剔本梳剔義取疏通釃本漉酒義取澄清古人用字如此亦甚工矣（臿卽插字）

古文用之字

莊子厲之人夜半生其子又以驪姬作驪之姬地名南沛作南之沛呂覽楚丹姬作丹之姬家語江津作江之津樂府桂樹作桂之樹文法皆異

古文人名與字竝用

史記相如傳文君已失身于司馬長卿故倦游以人

姓與字分爲三句其文法自左傳人之姓氏名字多互用焉劉越石詩宣尼悲獲麟西狩涕孔丘沈休文宋書恩倖傳論胡廣累世農夫伯始致位公卿黃憲牛醫之子叔度名動京師

佳文多遺逸

孫何稱韓退之擬范蠡與大夫種書意出千古理振羣疑今集中無此文白樂天稱皇甫湜涉江文而湜集亦無此文皮日休稱孟浩然微雲淡河漢疏雨滴梧桐而孟集無此一首乃知古人詩文之佳者遺逸多矣

巖郎

漢書游於巖郎魏鍾繇表廟郎郎當作廊而皆省作郎者上𢈔下下承上也如鳳凰同書省下作皇鸚鵡聯文省下作武若單書則不可也石鼓文旭日杲杲但於旭下作二點借旭之日為下字也秦刻亦有此例

二盧

韓文公誌盧殷莫言殷於書無不讀止用為詩資平生為詩可誦者千餘篇至今一篇不傳非托於韓文則名姓亦湮矣又會昌中進士盧獻卿作愍征賦司

空圖為之注釋且序之曰氣湊鄴下體變江南聞生冠五百年在握照十二乘又言其人情旖旎雅調清越寓詞哀怨變態無窮稱之可謂極至矣而此賦亦不傳二公非妄許人者文章之傳不傳有幸不幸如胡曾詠史詩惡劣之尤而天下誦之豈非幸耶

儒林

太史公平準書云公孫宏以春秋之義繩臣下取相位自敘云公孫宏以儒顯此曰公孫宏以白衣為天子三公屢書不一書蓋微詞見義深歎夫儒效不白于天下而文姦飾詐為經術之羞也

夏侯湛

夏侯湛樂毅論以為近王者之師王通亦取其說過矣以太初為孝若當是傳刻之譌

弭仲叔

張伯英稱弭仲叔曰仲叔高德美名命世之才非弭氏小族所當有新豐瘠土所當產時以為名言愚謂稱人之賢必本其家世推其鄉里厚也伯英之言不足以重仲叔而祇以自薄也夫

歐陽公非非堂記

歐陽公非非堂記云是是近乎諂非非近乎訕與其

諂也甯訕此非君子之言也孔子曰惡居下流而訕上者子貢曰惡訐以為直者如歐之言是以聖賢所惡者自居也而可乎語曰吾之於人也誰毀誰譽如有所譽者其有所試矣是譽可過而毀不可過也大舜隱惡而揚善春秋傳曰君子之善善也長惡惡也短惡惡止其身善善及其子孫孔子見人一善忘其百非此近厚之道也如歐之言則訕訐之風盛而不肖之志得矣試取韓文公原毀一篇觀之其立心之公私高下何如哉此說一倡則萋菲貝錦簧鼓陷穽何所不至其不流於小人之歸也幾希

陸韓論文

陸機文賦云謝朝華於已披啓夕秀於未振韓昌黎云惟陳言之務去戛戛乎其難哉李文饒曰文章如日月終古常見而光景常新此古人論文之要也近世以道學自詭而掩其寡陋曰吾不屑爲文其文不過抄節宋人語錄又號於人曰吾文布帛菽粟也予嘗譏之曰菽粟則誠菽粟矣但恐陳陳相因紅腐而不可食耳一座大笑

畫記

東坡不喜韓退之畫記謂之甲乙帳簿此老千古卓

識不隨人觀場者也胡應麟曰退之諸記但紀事不錯議論特句格太變幻寡漢人渾朴之致子瞻正與相反

朋黨

君子有朋而無黨小人有黨而無朋易曰朋至斯孚語曰有朋自遠方來朋者君子之善類也語曰君子不黨又曰羣而不黨黨者小人之凶類也後世朋黨二字連稱以困君子名實皆紊矣

文字之衰

蘇子瞻云文字之衰未有如今日者也其原出於王氏王氏之文未必不善也而患在於好使人同已自孔子不能使人同顔淵之仁子路之勇不能以相移而王氏欲以其學同天下地之美者同於生物而不同於所生惟荒瘠斥鹵之地彌望皆黄茅白葦此則王氏之同也然是時學者不敢異王氏者畏其勢也南渡以後人人攻之矣今之學者黄茅白葦甚矣予嘗言宋世儒者失之專今世學者失之陋失之專者一騁意見掃滅前賢失之陋者惟從宋人不知有漢唐前說也宋人曰是今人亦曰是宋人曰非今人亦曰非高者談性命祖宋人之語錄卑者習舉業抄宋人之策論其間學爲古文歌詩雖知效韓文杜詩而

未始真知韓文杜詩也不過見宋人嘗稱此二人而已文之古者左氏國語宋人以爲衰世之文今之科舉以爲禁約詩之高者漢魏六朝而宋人謂詩至選爲一厄而學詩者但知李杜而已高棅不知詩者反謂由漢魏而入盛唐是由周公而入顔孟也如此皆宋人之說誤之也吁異哉

丹鉛雜錄卷九

丹鉛雜錄卷十

長楊賦　　　明　楊慎　撰

夫輕萬乘之重不以爲安而樂出于萬有一危之塗以爲娛以此二句爲一篇主意

窘攌二字

賈誼服賦攌若囚拘蘇林音欺全反師古云蘇音是也南唐張佖辯之曰說文窘音渠隕切李善文選註窘囚拘之貌五臣注窘困也其字並不從人惟孫强新加字玉篇及開元文字有作僒然者皆音渠隕切疑蘇音誤今宜從說文音余按此句漢書作僒若囚

拘史記作攌若囚拘窘當音渠損反攌當音欺全反攌即今拴字也史記漢書所見異辭當各從本文解之所謂離之則雙美合之則兩傷也蘇蓋以史記之音而移之漢書宜其誤而不逼張佖辯之是也但不知蘇音之誤所由耳聊爲詳說之揚雄云一卷之書必七之師斯雖細事亦誠難哉

蔡邕協和昏賦

蔡邕協和昏賦乾坤和其剛柔艮兌感其股脢其說甚異然咸恆爲夫婦取象容有此也

蔡邕漢津賦

蔡邕漢津賦夫何大川之浩浩兮洪荒淼以亢清秭康詩浩浩洪流帶我邦畿杜子美詩大水淼茫炎海接皆本於此句

左思賦自注

晉陽秋曰左思造張載問岷蜀事交接亦疎皇甫謐西州高士摯仲治宿儒知名非思倫匹劉淵林衛伯輿並蚤終皆不爲思賦序注也凡諸注解皆思自爲欲重其文故假借名姓也

玉樹

左思三都賦序譏揚雄賦甘泉不當言玉樹青葱誤

矣揚雄言玉樹者武帝所作集衆寶爲之以誤神非謂自然生之猶下句言馬犀金人也

左思賦遺句

左思別傳云思作三都賦疾中猶改作蜀都賦云金馬電發於高岡碧雞振翼而雲披鬼彈飛丸以礌礉火井騰光而赫羲今本無鬼丸水經注云瀘水傍瘴氣持惡氣中有物不見其形其作有聲中木則折中人則害名曰鬼彈

文賦列十體

文賦詩緣情而綺靡賦體物而瀏亮碑披文以相質

誄纏綿而悽愴銘博約而溫潤箴頓挫而清壯頌優游以彬蔚論精微而朗暢奏平徹以閑雅說煒燁而譎誑分文之十體各以四字盡之可謂妙矣往年鶴州蔡衡仲云東皙倚補笙詩文賦奚傷余漫應曰序原始以要終記制器而倚象衡仲曰二語妥帖兼是聖經更無褒彈也

防露之曲

文賦寤防露與桑間又雖悲而不雅注引東方朔七諫謂楚客放而防露作此說謬矣若指楚客即爲屈原屈原忠諫放逐其辭何得云不雅防露與桑間爲

對則爲淫曲可知謝莊月賦徘徊房露惆悵陽阿注房露古曲名房與防古字通以防露對陽阿又可證其非雅曲也拾翠集引王彪之竹賦云上承霄而防露下漏月而來風庇清彈于幕下影孏歌于帷中益楚人男女相悅之曲有防露有鷄鳴如今之竹枝東坡志林亦云然則竹枝之來亦古矣詩云野有蔓草零露溥兮有美一人清揚婉兮邂逅相遇適我願兮以此推之防露之意可知

精神可移

張平子思元賦天地烟熅百卉含華處子懷春精神回移移音多叶如何淑明忘我實多東方朔繆諫清湛湛而濊濊兮涸淖淖而日多叶梟鴞既已成羣兮元鶴弭翼而屏移

抱景懷響

陸機文賦云抱景者咸叩懷響者畢彈今本景誤作暑宋高宗此文亦作暑則其誤久矣當改正之

巧心妍耳見蕺林伐山

陸機文賦雖濬發於巧心終受蚩於拙目袁豢云有異巧心終愧妍耳自謙之辭也

南雲

詩人多用南雲字不知所出或以爲江總心逐南雲去身隨北鴈來爲始非也陸機思親賦云指南雲以寄欽望歸風而效誠陸雲九愍云眷南雲以興悲蒙東雨而涕零蓋又先於江總矣

廣文選

予閱廣文選中山王文木賦乃以文爲中山王名而題作木賦宋王微詠賦乃誤王爲玉而題云微詠賦下書宋玉之名不知王微乃南宋人史具有姓名阮步兵碑乃東平太守嵇叔良撰而妄作叔夜不知叔夜之死先於阮也其疏謬如此

海賦

文選載木元虛海賦似非全文南史稱張融海賦勝元虛惜今不傳北堂書抄載其畧如湍轉則日月似驚浪動則星河如覆信爲奇也

定情賦

張衡定情賦曰顏在面而爲鉛華兮恨離塵而無光陶淵明閑情賦祖之

獵兎賦

夏侯湛獵兎賦息徒蘭圃秣驥華田目送歸鴻手揮五絃優哉優哉聊以永年其語與嵇叔夜同嵇與夏

侯同時其偶同耶其相取耶嵇詩作華山夏侯作華田田字覺勝蓋魏都在鄴不應言華山當是華田音花言華茂之田也亦是奇語

沙棠植其西

嵇康琴賦春蘭被其東沙棠植其西音先叶涓子宅其陽玉醴涌其前趙壹窮鳥賦幸賴大賢我矜我憐昔濟我東今振我西魏明帝凉風夕起悲彼秋蟬變形易色隨風東西曹子建飛蓬篇驚飈接我出故歸彼中田當南而更北謂東而反西又尚書大傳西方者遷方也萬物遷落也前漢志少陰者遷方漢樂章冢載瑜白集西食甘露飲榮泉文選注西施作先施史記先俞山卽西喻也

鷄鷇綾綯

束晳賦貫鷄鷇於歲首收綾綯於物牙綾綯以毛羽爲之字或作毿毸

文有傍犯

徐陵賦陪遊馺娑騁纖腰於結風長樂鴛鴦奏新聲於度曲又云厭長樂之疎鍾勞中營之緩箭雖兩長樂爲意不同此類爲傍犯又劉禹錫律詩前聯云雪裏高山頭早白後聯云于公必有高門慶自注高山

本高高門使之高也亦傍犯之例

繫表

庾子山哀江南賦聲超於繫表道高於河上宏明集道照機前思超繫表又言超超而出象理亹亹而踰繫繫表二字人多不解所出按晉春秋荀粲曰立象以盡意非通乎象外者也繫辭以盡言非言乎繫表者也象外之意繫表之言固蘊而不出矣晉春秋今亡僅見類書所引耳

擣素賦

文選雪賦注引班婕妤擣素賦疑非婕妤之作蓋亦

卓見也此賦六朝擬作無疑然亦是徐庾之極筆

老圃賦

古賦辯禮載洪邁老圃賦考之聖宋文粹乃晏殊之文非洪邁也又見洪平齋集

積沙

謝靈運撰征賦城嵯峨兮淮驚波平原遠兮路徑過面芃野兮悲橋梓遡急流兮若積沙沙蘇何切音莎詩禮二疏犧尊有沙飾也謂刻鳳凰于尊其形婆娑然也春秋緯月麗于畢雨滂沱月麗于箕風揚沙

雪賦月賦

文選謝惠連雪賦謝莊月賦二篇詞林珍之唐子西謂月不如雪謬矣論體狀景物藉風流則無優劣然月賦終篇有好樂無荒之意近於詩人之旨雪賦之終云節豈我名潔豈我貞無節無潔始成何人與其秋懷之首句平生無志意同一自敗之旨朱文公云無志意殆不成人信矣惠連希逸終身人品亦于二賦之尾叶焉世徒賞其春華不可不考其秋實也

張協北邙賦

張協北邙賦曰陟巒邱之巖嶮升逶迤之脩坂回余車於峻嶺聊送目於四遠伊洛混而東流帝居赫以崇顯於是徘徊絕嶺踟躕步趾前瞻狼山卻闚大坏東眺虎牢西睨熊耳邪亘天際旁極萬里莽眩眼以芒昧諒羣形之維紀爾乃地勢窊隆邱墟陂陁墳隴㟪疊棊布星羅松林槮映以攢列元木槾寥而振柯壯漢氏之所營望五陵之嵬峩槮與森同見文選槾與楚詞風颼颼兮木蕭蕭之蕭同叶音颼見宋書樂志

鴈賦

劉向賦鴈云順風而飛以助氣力銜蘆而翔以避繒繳羊祜鴈賦云排雲墟以頡頏汏弱波以容與進淩厲乎太清退嬉游于元渚鳴則相和行則接武前不

絕貫後不越序齊力不期而並至同趣不要而自聚當其赴節則萬里不能足其路苟泛一壑則眾物不能易其所淩空不能頓其翼揚波不能濡其羽浮若飄舟乎江之濤色若委雪乎崖之阿辭旨超遠出於詞人一等矣濡一作濺

白牛溪賦

王無功云吾徙見薛收白牛溪賦韻趣高奇詞義曠遠嵯峨蕭瑟真不可言壯哉邈乎楊班之儔也高人姚義嘗語吾曰薛生此文不可多得登太行俯滄海高深極矣吾近作河渚獨居賦為仲長先生所見以

爲可與白牛連類今寫爲一本今此二賦俱不傳

溫飛卿錦鞋賦 見藝林伐山

段柯古漢上題襟集載溫飛卿錦鞋賦云闌裏花春雲邊月新耀粲織女之束足嬿婉嫦娥之結璘碧意緗鉤鸞尾鳳頭韈稱雅舞履號遠游若乃金蓮東昏之潘妃寶屧臨川之江姬匍匐非壽陵之步妖蠱實苧蘿之施羅襪紅蕖之豔豐跌踦錦之奇凌波微步瞥陳王既躞蹀而容與花塵香跡逢石茂倏㝱窕而呈姿擎箱回津驚蕭郎之始見李文明練恨漢后之未持重爲系曰瑤池仙子董雙成夜明簾額懸曲瓊

將上雲而垂手顧轉盼而遺情願綢繆於芳趾附周旋於綺楹莫悲更衣床前棄側聽東晞佩玉聲先是柯古寄飛卿書云知君欲作閑情賦應願將身作錦鞋飛卿作此答之蓋驕才炫博而不知流于淫靡也元人有書此賦者聊一錄之

黃滔律賦

黃滔律賦如明皇回鴐經馬嵬云日慘風悲到玉顏之死處花愁露泣認朱臉之啼痕褒雲萬疊斷腸新出于啼猿秦樹千層比翼不如于飛鳥景陽井云理昧納隍處窮泉而詎得誠乖馭朽攀素綆以胡顏又無名氏作孟嘗君夜度函谷賦嘆秦關之百二難驕狠心笑齊客之三千不如雞口亦可喜也

濾水羅賦

唐人白行簡以濾水羅賦得名其警句云焦螟之生必全有以小爲貴者江漢之流雖大蓋可一以貫之靈一詩曰濾泉侵月起掃徑避蟲行濾水蓋僧家戒律有此欲泉水蟲之命故濾而後飲今蜀中深山古寺猶有此規白居易送文暢詩山宿馴溪虎江行濾水蟲

秦少游單騎見虜賦

單騎見虜賦秦少游場屋程試文也其略曰事方急則宜有異謀軍既孤則難拘常法遺彼虜之勁悍屬我師之困乏較之力則理必敗露示以誠則意當親狎我得不撤衞四環去兵兩夾雖鋒無莫邪之銳而勢有泰山之壓踞鞍以出若竣擒虎之威失墜而驚如棄華元之甲此即一篇史斷今人程試之文能幾有此者乎一本作果吾父也遂有壺漿之迎見大人焉盡棄犀渠之甲

此處原本闕五行

四六妙句

磨丹漬墨有來太乙之青藜正笏垂紳卽侍玉皇之香案翰林聖化齊虞夏方咸五以登三論述本詩書將襲六而爲七丞相學士象八節不過一歲之少留刺史入三公便在五雲之多處象八節言一歲八遷也一縱横經庫甲乙丙丁四部之書馳驟詞垣天地風雲八方之陣洪平齋賀翰林遷兵部侍郎啓五鳳樓之巨筆九龍簾之大鍾學士和叔

正冬伯趙司至冬官工部送之五樂不離尺五之天任以三公卽近丈三之日諫議聽六日四分之鳳律又見新陽詠五更三點之鵷行已迷舊夢李梅亭

宋人四六

宋人四六如才非一鶚難居累百之先智異衆狙遂起朝三之怒水利云刻石立作三犀牛重見離堆之利復陂誰云雨黃鵠詎煩鴻隙之謠四六中古文也

宋士子四六

宋處州士子終場者六人三人與選謝主司啟云同矍圃之觀人去者半存者半類孔門之取友益者三損者三

綈袍紈扇

宋人四六云綈袍贈范叔猶有故人之情紈扇遺買臣終致上客之引○朱買臣爲會稽太守懷綬匿跡人未知也所交錢勃見其暴露乃勞之曰得無罷乎遺以紈扇買臣至郡引爲上客

腹背

李嶠內制集鏘金鳴玉坐榮枯株擊水搏風顧慙腹背蘇頲表駑駘獲薦於九方腹背可儔於六翮又云坐擁股肱之任顧慙腹背之毛腹背事見韓詩外傳

傅一廖二

吾蜀解元王孝忠鄉試賀平西蜀表中有云川四巴三收彈丸黑子之地傅一廖二成大統函夏之天傅一廖二乃太祖御製平西蜀頌中謂傅友德之功第一廖永忠之功第二也人咸服其博洽

雪窖氷天

歎馬角之不生魂消雪窖攀龍髯而莫逮泪雨氷天洪皓祭徽宗文

崔雍

崔雍吊蕭至忠文曰上蔡之犬□嗟人生到此華亭

之鶴虛嘆天命如何

芝泥蘭檢

芝泥發彩宣鳳藻而騰文蘭檢浮香潤龍綠而動色張鷟奏章云云檢文書草也翰林學士承明之有直廬方步八磚之日紫宸之夾香案更依五朵之雲學士濡珥形之毫書九重之言動繡汗青之筆乘四海之輝光學士

落霞秋水

文選褚淵碑風儀與秋月齊明音徽與春雲等潤庾信馬射賦落花與芝蓋齊飛楊柳共春旗一色隋長

壽寺舍利碑浮雲共嶺松張蓋明月與巖桂分叢王勃騰王閣記語本此然王勃之語何啻青出於藍雖曰前無古人可也

佛書四六

毒龍懼其威光醉象憚其神力唐睿宗大寶積經序七十二君皆在陶鈞之內八萬千歲卽爲俄傾之閒○漢日載其通暉周星彰其降誕鷲頭峯下演金口之微言雞足山中舒玉毫之瑞色○闢圓明之淨域啟方便之禪門○暫乘紫機之暇聊題緗帙之前睿宗序紫機紫極中萬機也龍持貝葉亟傳摩揭之城象負蓮花遂滿眞丹之境徐鍇眞丹霞且也摩揭魚莊飾門桂也風送妙花結而成蓋月臨空水印以摇金○眞空無像非像數無以詳其眞實際無言非言緒無以筌其實○大乘小乘遐根機而演教半字滿字逐權實而敷文佛以偏體之字爲半字會體之字爲滿字○貝葉靈文比天之訓逾遠貫花微旨西秦之譯更新武則天聖教序擊大法鼓響振於無間吹大法螺聲通於有頂有頂見法華經馥薝蔔而無異鳴迦陵而不殊輪迦意色是幻色必不礙空空是眞空必不礙色○白雞路出青髓岩開徐孝克天臺寺碑天祗樹息陰元風尚啟莎羅變葉佛性猶彰○陽門餙毫眉之象夜臺圖紺髮之形楊衒之

影由形起響逐聲來弄影勞形不識形爲影本揚聲止響不知聲是響根向居士前念不生卽心後念不滅卽佛法海禪師青青翠竹總是法身鬱鬱黃花無非般若大珠

毫釐繫念三塗業因瞥爾生情萬劫羈鎖聖名凡號盡是虛聲殊相分形皆爲幻色宏明○甯可清貧自樂不作濁富多憂○天桃紅杏一時分付東風翠竹黃花從此永爲閑伴懶菴訓格之言不得暫捨可以鏤於骨書於紳染於神薰於識所以楚莊王輕千乘之國而重申叔一言范獻子賤萬畝之田而貴舟人片說

〇煩惱正是菩提潔華生於泥糞騰之和尚

煉心方外擴影人間〇玉氈久灰金言未剖梁武帝慧可碑

儁智幢之欲折悼戒寶之將沉〇無人非闕戸之閒

無見非面墻之愚無實非鴈足之書無眞非魚目之

寶

抗志匪石安仁似山〇東隅纔吐西崦已沉譬逝川

之駛流若棲葉之輕露〇悲泉苦水出沒曾不關人

顧兎蹲烏升落長自在彼春蠶縈絲而不悟秋蛾拂

燄而摩疑

大睡劇於據梧長眠甚於枕麴〇陽燧含景還譬日

輪甘露入盤足稱天酒〇鳴鐘浮響光燈吐輝〇槃

太清而特起接庫樓而上征言宮殿之崇曹植詩承露槃上清

金池動月玉樹含風〇辨論青豆之房遣惑赤華之

舍〇宣銀鼓於寶坊轉金輪於香地〇山毫一其小

大彭殤均其壽夭筵楹亂其橫竪施厲混其妍媸衍莊

子語

玉燭登年金商在律炎涼始貿動靜惟安劉虬書扇靈

崿之流風鏡貞林之絕影〇祥瑞河光似冪樹彩成車

上句榮光冪河下句先主樓桑事〇箴興琴劍銘自盤盂〇榮辱迅

譬石光古今駛過拍毱〇色見聲聞俱能證果花飛

釧動蠱可栖神〇塵網千重客客常籠意地愛纏萬

結條條盡係情田隨他舌似鸚鵡之徒借彼眼如水

毋之屬以上宏明集

紅絲套索碧玉穽阬昔人所謂空谷傳聲百尺竿頭須進步十

方世界露全身〇面上夾竹桃花肚裏侵天荊棘〇

雀舌初調玉醆分時禪思健龍團搥碎金渠碾處睡

魔降茶榜

舌頭無骨得言句之總持眼裏有筋具遊戲之三昧

羣居閉口獨坐防心

露浥瓊英春融雪彩臉欺膩玉鬢惹濃雲戒色瓊英膩

雪蓮蕋瑩波露濯蕣姿月艷珠彩戒色

奇對

天皇萬八千歲周家三十六王〇心竅九百六十佛書

毛孔八萬四千醫書南朝四百八十杜牧之詩北魏一萬三

千通鑑北魏寺數長者扶義而西前壁倒戈以北〇赤子弄

兵於潢池龔遂傳饑民彎弓於谿谷唐書崔元傳涼風至蟋

蟀居壁月令白露降蜻蛚上堂易通卦驗活潑潑地喫緊爲

人常惺惺法近裡著已〇民爲邦本本固邦甯人生

在勤勤則不匱左傳眾心齊一江山爲城隍南史周山圖數君

德不修舟中皆敵國吳起誣飾邱蚓冀招神龍王微與江湛書

刻書無鹽唐突西子

丹鉛雜錄卷十終

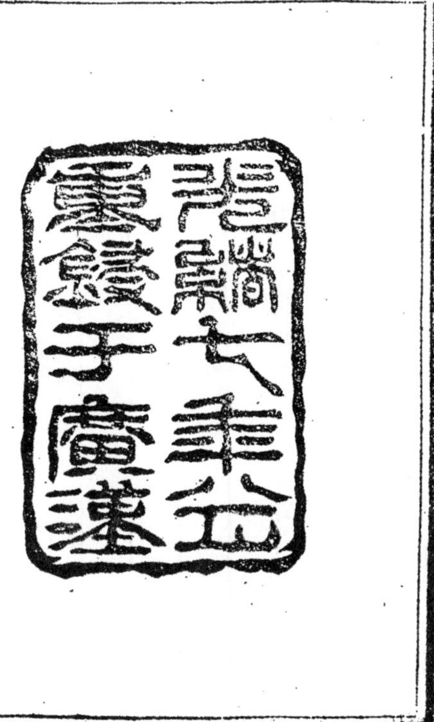

謝華啓秀

陸士衡文賦云謝朝華於已披啓夕秀於未振以示作者選言於宏富之路含咀英華不落勦腐卽韓退之所云惟陳言之務去也然非讀書萬卷取精用宏烏足以語於此哉升菴先生襍採經子中語加之鎔冶陶鑄成文著爲二字三字以及八字之目名曰謝華啓秀洵考古者之寶山也考淛採遺書總目云

國朝高士奇於内庫廢籍中得隋杜公瞻所著編珠卷顯爲奇逸因急取唐杜鄂之歲華紀麗及先生此書並鐫以行於世夫亦可謂欣賞之至矣高本余未及見今所栞者焦竑校本也或較爲完善云

童山李調元雨村序

謝華啓秀目錄

謝華啓秀目錄畢

謝華啓秀卷一

成都　楊　慎　撰　綿州　李調元　校定

二字

舟旋　與周旋同說文
磬折　禮
玉錦　錦文如玉儀禮
金蘭　易
齊紫　齊桓公好紫色淮南云齊紫敗素也
漢紅　鄭元禮注云一入爲縓若漢時紅
烏鷘
白登　俱地名俱塞外地出漢書
玉窪　酒器子畧
瓊畟　骰子列子注引藝經一對賓薦鼓也
蔆蘅　香草也戰國策
萷蒨　草色也文選
嘖曲　音賾折楊皇華之類莊子注
嬥歌　韓嬰詩傳
葈耳　枲耳蒼頡篇
葵心　草木譜
渥赭　詩

掉磬　矯徼也禮
負劍　負劍辟咡禮
石墨　黑石脂
木丹　梔子名
仙木　桃說文
神叢　社樹也戰國策
怨鳥　子規爾雅注
吟蟲　蟋蟀也三蒼
木閣　棧道也戰國策
雲杠　飛梯渡水兵法
翹明　作聰明也戰國策
闔智　漢書
鍾斛　上音終量名莊子
枓斞　音主區水器儀禮
遽人　驛卒列子
亭父　亭長方言
丹研　丹砂荀子

曾青荀子　元砥文選
犀子以犀象爲樹　玉洞青城山中
鯢燈以鯢膏爲燈俱秦始皇陵中物　寶衢羅浮山
牛心晉人重牛心炙　株送漢書
麈尾拂子也　彙征易儀禮以禮下賢賢者慕蔓而歸之意同
積畫篆書如一二三字謂之積畫儀禮注　錦攬迎候賓客云木候錦攬陸遜華鑾續錦帶
注中如星字圈中加點謂之注中　華鑾集又可對幔轂
緪菲一作屝草鞋也儀禮　桑蕾淺黃色晉童謠
卉服夷衣尚書　麴塵染黃色唐人多用之或以指衣或以指柳
霜紈左傳注驌驦馬色似霜紈　高寢樓也穀梁

謝華啓秀　卷一　二　第十七函

疋練顏回事　上宮樓也孟子注
譜雙博奕之具漢書　天弧
格五同　星畢弓矢
粉翠楊妃外傳　騂駱酥也出晉書一對馬酮
鉛紅太白詩　獂醐同
饞燈孀婦魚浦　眾嫭漢樂歌嫭美女也
鼇乳窋　羣倩同
依斟夏帝相事　鳳火
流彘周幽王　龍雲帝德
轡景日也道藏歌轡景落滄溟本淮南子缺三馬之說

樞光月也海賦　星灰律
琅園道宮　月琯同
玉霤庾信詩
三搢搢笏也三搢以俟敬之至也　七輿晉有七輿大夫左傳
七涓中涓也七涓如七介亦可對八麗　五乘齊莊公伐莒爲五乘之賓
晝刺釋名今之拜帖　寅階賓階也
華緘書尺　亥陛唐六典春升寅階冬升亥階
蓝簡道書　外史周官
貝文佛經　中經晉有中經猶今云中秘
天鸞甜子　咸墨人名帝嚳時爲頌

謝華啓秀　卷一　三　第十七函

土肉海賦一對地乳河圖云岐山爲地乳　中黃人名古勇士
治步婦態也賈子　嘉夜夜液同香澤也漢樂歌
儇眉占夢書　流霞
雲膜紙也文房四譜
楮英紙也汪少微硯銘松操凝烟楮英鋪雪毫穎如飛人間四絕
貴采樗蒱落坑塹非貴采不出邯鄲淳藝經　麋丸墨也東觀漢記
寶爻京房易傳子孫爲寶爻　鶩素
玉筍山也　十發
璪參桂林山形　三畦籍田
岳鎮　虎牙山名在荊門

淵渟 壙城　魚齒 山名見左傳 對獸角見庾信哀江南賦
紅龍 郎詩游龍　馬齒 應璩詩九州相錯雜相次如馬齒
綠鼊 太液池草有紫龜綠鼊鼊蔽也見爾雅　魚鱗 退之詩候館若魚鱗
翠毫 鳥　四柱 錢名
金介 龜　五株 同
星施 施旗屬也王會篇　五牙 舟名楊素造
月朒 家語白朒如月　三翼 同
羊腸 坂名　語助
熊耳 峰名一對虎口　聲餘 史記注臺聲餘也
瑤碧 山海經　合騎 史公孫敖爲合騎侯

碧丹 禹貢　冠軍 亦侯爵名
三嵎 曼水也　蝮鷙 史記
九崢 在盧龍山名　鯨鯢 左傳皆惡人之比
遊刃 莊　八柱
連斤 同　五枝
神鼎 一　鬆彤 擶也
仙弓 黃帝事　紫紺 錢名
獵葉　乘風 馬名
鳴條 風　先景 同
袙腹 段成式漢上題襟集與溫庭筠倡和詩章皆務用僻事其中一絕云柳烟梅雪隱青樓殘日黃

帩頭 鸝語未休見說自能裁袙腹不知誰更着帩頭按梁王筠詩詠裁衣有云褌襠雙心共一抹袙腹兩邊作八撮襻帶雖安不忍縫開孔裁穿猶未達其曰袙腹者今之裹肚也古樂府羅敷行云少年見羅敷脫帽着帩頭亦可對艮衣褌也古今注
華牘　艮書 詩亦可對淑貺顏延年
芳訊　寶札
瓊音　慶削
瑤緘　蘭訊 宋人四六多用之
多羅 奩器名本脂奩之訛也太平御覽　紫複 閣道也
跳脫 釧名　綠紛 旗名車服志
散錦 古詩繁星如散錦　藻莖 山海經

聯珠 五星如聯珠　蘭蘇 杜篤祓賦蘭蘇肹蠁感動精蒐皆謂香也
諫霤 左傳　龍脩 龍須草也可爲席山海經
瑣闈 漢書　鴈膳 菰米也管子
連環 辨士　變燧
炙輠 辭不窮也淳于髡事　同星
紫雰 郭璞登百尺樓賦　巢父
朱藹 謝莊詩仙鄉降朱藹　壺公
元蟲 蟬也曹植集一對黃鶩幽州人名黃鸝也　九暑 九夏之暑管子
紺蝶 閨房媚藥　九旻 秋也文苑
飛兎 田巴奇魯連曰魯連乃飛兔也豈直千里駒哉楊津目楊愔曰此兒駒齒未落已是我家龍文

龍文 吏長當求之千里外駒齒未落已是龍文驥褭之中更齊飛兔

渴日 魏董遇字季直從學者苦渴日遇言當以三餘夜者日之餘冬者歲之餘風雨者時之餘

兢辰 揚子

祖龍 杜牧之文祖龍之呑六國沐猴之破諸侯

睡蓮 夜則花低入水南海有之

沐猴 假對皆工亦文之一巧

舞草 虞美人草也雅州有之亦可對眠柳

榮露 宋書符瑞志瑞露騰軒蕭雲掩閣緯書云榮光羅河休氣四塞天地訢合乃降甘露是謂榮露

蕭雲 尚書大傳蕭索輪囷是謂卿雲溫子昇詩桐華引仙露槐彩麗卿烟皆用此事文人好奇如此齊書卿烟玉露旦夕揚藻

天藏 北魏元雍奏云鹽池天藏也宋人四六私鹽私茶以天藏月團爲對本此又茶馬表以摘山對

月團 慇塊皆工而[illegible]

蘭亭 滕王閣序梓澤石季倫別墅也又山亭序云茂林修竹王右軍山陰之蘭亭流水長堤石季倫

梓澤 河陽之梓澤又可對芝田

渴虹 余嘗登眺山寺見雨霽虹蜺下飲澗水明若刻畫近如咫尺日射其傍如盼睞得句云渴虹下

睨日 飲玉池木斜日橫分蒼嶺霞自謂切景張愈光云斜字猶未稱渴字後一年偶閱莊子曰方中方睨衍義云日斜如人睨目遂改作睨日對渴虹愈光曰渴虹睨日古今奇句也

青案 古詩青玉案卽盤也今以案爲卓非孟光舉案卽盤也若今之卓子豈可舉乎

綠瓷 酒器見鄒陽酒賦

葺母 葺母草名北地寒食葺母生宋徽宗在北虜清明日詩曰葺母初生認禁烟無家對景倍凄然帝城春色誰爲主遙指鄉關涕淚連又戲作小詞云孟婆孟婆你做些方便吹箇船兒倒轉孟婆宋汴京勾欄語謂風也

孟婆

調良 馬御

芝若 若杜若也列子言美人

服不 周官

香蘇 細照詩開簾拾青蘇

棐檠 正弓者上音排管子

紫絓 石決明也荀子

礛諸 治玉石具淮南子

翠綸 草名孫綽海賦

鼉鼓

蓝女 姕女也關尹子

鳧鍾 鳧氏爲鍾

花奴 羯鼓錄

冰月 冬三月晏子

醶醽 女子酉上婿交今笑窩文選作醽醽

霧朝 淮南子

冶由 女子笑貌賈子

黃尤 土德之後

瓊靄 庾亮賦欣太淸而樂瓊靄

赤行 火德之後

玉嵗 古詩嵗流玉膏冷

蠡山 在山陰華歆逃難居之三國志

碧篆 王筠詩金滕開碧篆

芝嶺 四皓

黃圖 漢有三輔黃圖

罥索 秋千也涅槃經

圻上 壙墓也漢書

儛絙 今之輭索三國志

方中 詩又陵墓域也後漢

胡騎 戰國策

丁男 漢書云

代馱 選詩冰原螘代馱

甲卒 同上

冠雀 鸛後漢志

媟娙 淫氣也尊卑不別之北京房易傳

馴禽 鸚鵡也西南夷傳一對綬雞

龕鼊 說文燕蝘之求得此龕鼊

卯蔞 管子卯水癸卽尊也字一作茆

驛使

苞櫟 橡斗也

犀兵 犀兵犀僕犀仵皆古人稱來使

秀翹草木之英　天縹淺青色釋名
芳蘤謝靈運撰征賦　帝青佛經
朱英　方湖在華林園水經
紫脫瑞草名禮斗威儀脫與籜同　曲洛穆天子傳俱在洛陽
橡飯　星田天文有天田星
菁羹陸魯望　月戸月中有脩月戸
鸞鷄山海經　賜告漢書
鳳鴿拾遺記　分休猶言更番也王威傳
鐵英越絶書　鵬耆阿含經
金穎吳越春秋劍事　鷹俊支遁事老壽

白馬寺名　石狗俗名尖孫食猴者
青鴛須彌山下有青鴛伽藍　金狨俗名今線狨
文衣韓非子文衣之媵　衛國四分爲衛今云衛要也管子
薰服賈子從薰服之樂如今之妓女也　塢營風俗通
魚王　皜艷粉
貝母佛經　鮮芳
鼎娥掌僎姬也沈亞之　目語
寵妾王績詩又炊子主炊者曹公兵法　額蹄市人精黠成伯陽
縮雲易通卦驗　倉庚
絲雨文選　元乙燕也

鷄頭樂府　日城佛寺
鶚首選秦　星刧法華經星宿刧
三饒三苗國名記　穹翠空翠江淹
六駁　渥丹詩
仁祠佛寺也楚王元英傳　密驛
禮殿文翁立周公禮殿　輕郵簡文帝
柏梁漢　麟趾詩
蒿柱周有蒿宮以蒿爲柱　大牙宗室事
璧田春秋　珠臯漢陽
鼎邑洛陽事　磬水泗濱

丹浦　橫公魚名煑之不死以烏梅煑即爛異物志
青邱征伐事　思婦烏名文選注
鏤管　滕金
文棧　孕碧
蝸髻小兒髻如蝸古今注　三商士昏禮
鵶鬟　寸晷唐書
英雲　三鑫見五行志
明露字形　百臘月令
交川地理志　石絨不灰木也元阿合馬傳
合浦易林　金罽大金志

玉彝酒器　麗豎西京雜記騎奴與麗豎通

金汋　孌童北史又珠彈婉童歸

玉鋪管子瑤臺玉鋪　麗玉妓名

瓊粒劉子瓊粒之年謂凶年也　明瑰傳奇

濟鳩信陵君濟窮鳩而義士歸心　雕題南夷有雕題

軾鼃越勾踐軾怒鼃而勇士爭死　繡脚金齒有繡脚蠻

朋斜劉宴朋字未正

丁屈姜平子天水人仕于苻堅堅宴羣臣賦詩平子詩內丁字直而不屈堅問其故答曰屈者不正之物未足以獻也堅悦擢上第

牝朝唐武后之世爲牝朝　雙鳳蔡邕崔實

鳫戸唐書編氓有鳫戸謂流民也　二龍崔晏許受

蓬艷宋謠云臻蓬蓬外頭花艷裏頭空

茗柯晉簡文曰劉尹茗柯有實理注言如茗之枝柯小實非外博而中虛也蔡叔子云韓康伯雖無骨幹然亦膚立合二條觀之膚立者茗柯之反也

曳雪賦　舞涓漢女官名

牽雲歌也李賀　歌倩

先游綰介也猶言先容鄒陽傳　江蒲杜詩釋名草圖屋曰蒲

末至相如末至　山茨北山移文注

石蕊庾袞入山飡石蕊得長年　魚卵紙也王右軍事

氷田王舜民别號　鼠須筆

朱映陸德明經典釋文並以朱映　生花江淹筆事

黃影王右軍法帖太宗命褚遂良黃書影其傍　鏤鑊紀少瑜夢人以青鏤筆贈之才思日進

雌黃　婉澤荀子

雌白老子　膚彩陸機郎今云水色

玉拍陳子昂詩殷勤玉拍繁　謗書甘茂

金搖金步搖也七召亦可對玉照鏡也　怨牒孟嘗君

金蘭易　青史人姓

銀艾張然明十要銀艾一對金莖　綠圖人名

翡翠　張丑楚人

鴉黃鵞黃　陳辛

蒼姬　夏屋

赤漢　春臺老子

輕綦宋孝武帝賦想輕綦之往迹　錦磧梁元帝詩暮流澄錦磧

利屣史記躡利屣　瓊沙劉禹錫

飯牛　浴土唐韻驪馬土浴也

轂馬說文秣轂馬也　袞塵馬名浴土郎袞塵也

南軸南極天之南軸爾雅注　石章記楚文著諸石章郎石刻也

北紘渾儀有紘帶　珉欵陽文曰欵

綃宮龍宮織鮫綃故曰綃宮郝仙女與父母書曰兒已托跡綃宮

錦地生草如錦罽界毬剗去復生孫知微畫太慈寺壁流彩所至皆錦地葢一院

細柳營　油雲
長楊一對長榆地名　膏雨
文露　建木呂氏春秋
光風楚　柜松山海經日事
帝籍　蓼風蔡邕月令章句
神禖　葭露毛詩
雲府庾肅之山贊　天台
石闕太山吟　地首昆崙山爲地首
仙博　水伯
帝棋山海經　波臣

鯷壑　濫觴
鵬溟　縈帶水事
鸚洲　沇碑漏
鵲岸左傳　潛壟漢水
解珮湘水　牽牛漢
弄珠漢水　飲馬槁事
轘轅　三塗
郟鄏洛陽　九谷東京賦
宋畫淮南子言二國工之所長　茅津
吳冶　柏谷陝州

鳩里　方城楚
鴻關虢州　曲洧俱左傳許州事
熒臺　虎牙夷陵山名
火井嵐州　狼尾夷陵灘名
蘭坂曹植事　絳樹
桂山劉安事　青琴皆美人
桴苡王會　鴿王王六度集經菩薩爲鴿
荃蘪溫冥記春蕪布也　獅子
手花虛空藏經　濯龍池
心地不礙經　飛兔洛陽門名

琬液　日圭土圭測日
瓊蘇俱酒名　景柱柱淮南子以鴻濛爲景
高標郎今上高竿也張平子　娃館吳
羂索秋千也佛經　女閭
中謝楚官名昆覽　俞兒山中神長尺
左和軍左門也韓非子　慶忌澤中異物俱管子
委雲管子雨乎而雲不密無委雲則速止委如委佩之委
甘澍論衡甘澍灑澤
玉舖管子　蘿靡小山
金奏左傳　檀欒兔園

傾心 葵　壺簪

樹背 萱　投轄

袛金　寶像

浴鐵　珍龕 寺

碧枚　珍笄

丹實　寶珈 江總詩

火傳 莊子　琢玉 禮

川逝　鑄金 揚子

飲羊　轔友

留犢　龍媒 馬

反宇 今之倒座 文選　銷聲 莊子其聲銷

呵阿 汲冢書　東影 梁簡文詩莊情東影

腰綵 女人抹胷古今注　香螺 酒杯

足紞 脚紗也一對額黄　文蛤 殺盤永嘉記

蒲社 湯之亳社也 公羊　聆風 禹貢注 竹一名聆風韋昭

蒿宮 周武王大戴禮　防露 戴氏竹譜

三輪 金輪銀輪鐵輪也顧况詩能依二諦法了得三輪空

五印 五印度佛國名唐扶詩沙彌去學五印字靜女來懸手足幡

三雅 酒器也伯雅仲雅季雅劉表所製見典論于志甯詩俱裁七步詠同傾三雅杯

五經 酒器也侯鯖錄陶人爲器有酒經焉小脛環口脩腹可以盛酒受一斗凡饋人道書云酒一經或二經至五經焉有不達其義者聞五經至束帶迎于門乃知酒五缾爲五經焉

帷宮　芳扆 沈詩自君間芳扆

帳殿　玉塵 元稹詩迴步玉塵蒙

翠氛 選　彤騶 褚亮詩

朱旭 宋昱詩簾牖籠朱旭　錦節 王勃詩

年漿　癸穴

月乳 孩子　庚渦 道家目華池水

方麴 扇名北史

圓幢 音志東海氣如圓幢本音靜 陸魯望作平韻押見茅山志

緯途 途周禮國都中路曰緯　頩彩

織路 思元賦　輕漣 水光

三圭 楚辭　魚衣 水苔也

五玉 舜典　燕葶 龍脩又可對雉尾火炬也

皇瀾 詩　麝月 團茶蔡松年詞

帝鄉 莊　蟬雲 搗茶之色如佳人髮也

簪蒿 杜　朱兢 選詩繁纓朱兢

席草 林　碧紛 旗之斿也唐六典

墜景 選　馳煇 小謝詩

懸陰 日也太元　飛晷 陸雲

瑟居 與索居同梁武帝詩瑟居超七淨　金汋 道經名

匏繫 語　玉耶 佛經名
篸嶺 武當山別名　冲神
幔亭 武夷　寂鑒 顧愷之
菴園　迷徒
塔院 唐詩塔院逢問松柏風　湫學 內典
松霞 劉璋與張魯書　木鐸 語
蘭雪 太白詩清風洒蘭雪　席珍 儒行
南雲 陸機賦　天首 南史鴻飛天首
東雨 東山詩　地喉 河圖大懷山爲地喉
駐彩 仙人　鴻毛 鴻毛爲重千鈞爲輕

延華　蟻鼻 抱朴子以蟻鼻之缺而捐無價之淯均
斟溪 潮泉一日三盈三涸對溪日百斟百蕪楊泉物理論
搦嶺 華山夾嶺裁廣三尺餘兩箱崖窮不見底度者須騎嶺抽身漸以就進故曰搦嶺水經注
神錦 地黃也見雷公炮炙序　塵搖 郎飄搖說苑載莊辛諫楚王辭
仙醞 道經有鍊花露仙醞法　涔瀞 郎纔瀞曹植賦見遊魚之涔瀞
籤室 東萊啓咫尺之書未通籤室　紫裹 宋玉賦綠葉紫裹朱莖白蕊
史屏 孟嘗君令侍史立屏後記客言　翠蕤 江淹賦流水散兮翠蕤疎
風花 雲如斑駁形舟人謂之風花見齊北集談云飾羅天海湖雲
水葉 江總賦山條山葉
堯曦　凹嶮 江淹青苔賦

舜日　箏簍 潘岳虎牢山賦
華鬘 內典　枳落 夏侯湛賦反反耕於枳落
寶髻 裴光日槊　藥欄 上音禦見資暇集
代木 詩　虹腰
拔茅 易　鯨背 橋
白華 詩白華孝子之潔白也　質館 邊有質館以居降夷
丹桂 登第覲親　降城 受降城也
淵蜎 揚雄賦淵蜎蠖濩之中言幽深處也
肸蠁 相如賦肸蠁布寫司馬彪曰肸過也芬芳之過若蠁之布寫也說文蠁知聲蟲也廣雅曰亡楄也毛晃曰古蠁音作向晉大夫羊舌肸字叔向左傳釋文音香兩切取肸向響布之義又楊子雲賦薌呹肸以棍批則肸蠁盎古語也

縈盈 雪賦初便娟於墀廡末縈盈於帷席　判花 唐有五花判事
鬱郁 絕交論言鬱郁於芝蘭　詩草 又可對諫草
班春 第五倫事　璽旨 州縣教條也南史
行夜 南史刺史事　朱幾 郭知元有朱幾韻
葷庭 匈奴葷粥之庭也南史　山凸 山凸曰隴
毳幙 穹廬毳幙皆匈奴也　水凹 水凹曰渦
日谷 大荒之中有谷曰溫源一日方至一日方出山海經
天漿 水經
豚魚 易拜浪鼓風者　翠黃 馬名漢書

龍雀飛廉形如龍雀風神也　朱紫紆朱拖紫
峭蒨左詩思　樵聲
華菁倒字妙禪藻　釣影
分香　箭萌筍
蒴綵宮女　茶串茶經
孫竹　魚涂
女蘿　烏鵜
飛黃　窅條即窈窕又作窅篠
太白　蜻螢即崢嶸
徑草　殺青汗竹

謝華啓秀　卷一　廿　第十七函

鷟花　生白虛室生白
虛白莊子　藹水
眞丹佛書謂中國曰眞丹即震旦也　穿山
沙蓬　氷柱劉乂
水柳唐詩　土囊宋玉
渴日董遇事　山饞一作劖
競辰楊子　冢刻碑碣
海凫淮南子　雕候雕零之候也
江留唐詩　蕭晨秋日選
承符今之發批取投文者　珍藏文選陸海珍藏

散從今之外班隸人宋會要　寶路鹽鐵論山海者財用之寶路
蕙蘭相如　銀鈎索靖書
比苟魏元或自比苟彧遂改名曰彧　金簃唐司馬承正書
華竅山名淩水所出淮南子　節下唐稱太守曰節下又曰鈴下又曰第下
菑山見本草　衙前宋稱門子
稻薪稻草爲薪也素問　貞蕤庾肅之松贊貞蕤含芳仰拂素雪
菰米杜　勁草顧愷之詩
建隼太守事　塵網唐詩
鳴騶又曰鳴鑾又登龍　世纓謝靈運賦雖未階於全道且緬絕於世纓
乘鴈算經又文選　華房張纘南征賦

謝華啓秀　卷一　廿　第十七函

枯魚樂府　朶殿唐詩

卷一終

謝華啓秀卷二

成都 楊 慎 撰 綿州 李調元 校定

三字

鳴蟬堡 在秦州　紫閣圖 玉莽傳注

射鵰樓 劉曜入長安晉帝奔射鵰樓　青門曲 樂府

萬庾貲 詩疏　柔六鈞 顏高事

兩岐金 邾也周官注　貫七札 養由基

丹蔘醬 魏武帝食制　自雨亭 王鉷引泉激霤號自雨亭

玉華鹽 胡中　移春檻 楊國忠

雙楓浦 杜詩　飛霞驃 馬名

八桂林 山海經　流金駓 馬

淨淨溝 水經注　歸雲髻 魏文帝

勞勞渚 樂府　節翬粧 隋宮人

鼓箏草 選注　承露盤 漢

繡帶花　相風銘 晉

明綺文 星經王者蘇人有序則宗人星如綺文而明正

耀絃帶 天文志赤道天之絃帶　翟文乘 馬文如翟翟雉也爾雅

神樓散 安期生　虎斑魚 魚文如虎也

陷水丸 扁鵲

綠昌明 蜀茶李白詩渴嘗一盞綠昌明昌明地名在彰明縣

紅靺鞨 寶石明文與可詩

琵琶峽 在夔州　元濾水 神龜所出之處

篳篥城 楊文廣從事韓琦築篳篥城　翠嫣川 龍馬負圖之處

楊六鶩　蝸蟒塞 在龍城外慕容皝出師之地

齊八駿 郭璞南郊賦　鴛鴦碕 在漢為苻堅拒桓溫之所

楊葉洲 在湘江口侯瑱破獨孤盛於此　葵卌道 在嶠關隋時開

梅根治 樂府　蘭峯宮 唐為稿嶺宮

文章嶺 貴州　巖貝雲

錦繡湖 涪州九域志　抱珥日 緯書

千迷道 梁武帝官　節暈粧 隋官

三休臺 楚腩曜鮮芳倶粉　近香髻 秦宮人

寉語寒 異苑　王孫草 騷

龍銜照 山海經　帝女花 菊也廣韻

芙蓉邏　煙澹彩

翡翠墟 皆在嶺南許丁卯詩　月籠華 文苑露賦

麴塵黃 周官注　茱萸澗 隋章仇太翼隱於茱萸澗

水脂碧 墨子大藥有水脂碧即水碧也　萁菪渠 汴河舊名

華不注 山名　草可雉 周官

醫無閭 北鎮　柳堪兒 范子

吳牛喘 世說　黃雀風 風土記

魏鵲飛烏鵲南飛月事　丹魚水水經
魚折溜　使君灘
龍覺水春秋緯　中郎浦水經
窮魚邱　龍鶴山
巨馬水易州　魚蛇水眉州
伏犀山　黃花川
騰龍水戎州　紫柏坂鳳州
鳥鼠山　歌北戸
握靈蛇文選人人自謂握靈蛇之珠　夕下露管子秋日
笑舞鶴晉平公鼓琴鶴含珠而舞　晝炙陽

鼠雀谷　舞南溟柳文
舉玉趾左傳
切文踦說苑以夜繼日男女切踦涯昏康樂謳歌好悲切踦昏履交錯也
百末酒漢書百末旨酒市蘭生
三勒漿唐代宗以三勒漿賜太學諸生其光色熒熒如蒲桃桂醑味則溫馨甘滑三勒者毗勒菴磨勒阿梨勒也
錦浦坊　磨盾集孫光憲
金花寺俱在成都　止戈書趙化基
滄海月　三家市在楚
赤城霞　五葉湖在清宮張氏五葉居之因名

九折坂王陽傳在黎州陸法和所立　芝成闕兔園賦芝成宮闕
七勝城梁書蕭紀傳在川江三峽口　蕙作樓楚辭
旌節花其花似蜀葵雅州產之
文章草出巴蜀異物志贊曰文章作酒能成其味以金買草不言其貴
凹凸花一乘寺梁邵陵王造張僧繇畫凹凸花遠望眼暈如凹凸近視即平
英湯竹周官注英溝刻也蕩竹節形溝刻玉之鏤文星有玉繩繩亦訓溝刻也
歸來兮陶　風香調琵琶
老去也薛逢有老去也歌　藐茫歌見后妃傳
龍花蔬宋長編內侍裴愈至交趾索龍花上獻之龍花即斑枝花也
燕蓐蔬嶺南名燕窩菜海燕拾海上無毒香蔬結巢燕去巢後人取而煑食之其味芳香脆美在

百蔬之上
李豬兒安祿山臣　寶階糕金國重陽有寶階糕松漠紀聞
皮豹子元魏之臣　璚琯酧嶺南酒名
豬腸兒侯景罵蕭軌嗷豬腸兒
狗腳朕高澄侍宴以大觴屬孝靜帝帝不勝忿曰自古無不亡之國朕亦何用生為澄怒曰朕朕狗腳朕
五庶沙
三鴉路元魏西鄂羣蠻反斷三鴉路按三鴉在汝州古繞角城春秋傳繞角之役是也頂城縣為第一鴉分嶺山為二鴉汝州為三鴉也唐詩三鴉水上一歸人
雙桀枕　熒熒鳥銜波傳顏同識熒熒之鳥

百嬌壺古詩百嬌壺矢詎同百　嘒嘒蜩詩

十七阮子胥諫吳王曰齊晉山居陸處豈能越十七阮以有吳哉

百二關

仙人弩史記注通天臺上有天梯仙人弩通天臺上仙人弩笑電嚴前玉女壺

玉女壺

切夢刀施肩吾閨情詩云三更風作切夢刀　警露鶴

繫腸線萬轉愁成繫腸線　含風蟬選

金埒調王武子以金埒調馬　虛白室莊

銀槽飼元魏高陽王以銀槽飼馬　空青岡在衡山

春采生　無定河圓水

秋采蘇管子　不到寺在峨眉縣險阻人所不到因名

翠羽衾　戴吳星華山詩拾我戴吳星

紅[illegible]枕仙女贈韋弁　飛龍月司馬才仲詩別離飛龍月

潤醽露　邯鄲夢

瀏祥風樂府　壙埌遊莊

霏霏靄茶　神鷹宅山海經云鷹鶻所宅

瑟瑟塵茶　王鮪家文選王鮪岫居

卷二終

謝華啓秀卷三

成都　楊慎　撰　綿州　李調元　校定

四字

平地敢壽公羊高生平平生地地生敢敢生壽四世傳經

震賜秉彪楊震四世公卿

綠鷁恣鶩魯都賦舟名　上印歸邸張安世傳

青虬紫燕馬名　懸車閉門致仕

玉蹬金題卷軸　搴華絕芋管子

白穀斑褚紙　夭英拊芊方長不折也

樂石緻磚古以石刻為磚　泉液露英飲之美味白虎通

精鑴鈔搨法帖　山膚水豢食之美也隋志

祕戲更衣漢書　採薪蘊邸巫馬期事

橫陳編席古文苑戰國策　抱甕漢上莊

三歲社君史記殷紀注伊尹言九君之一若周成漢昭也

五日京兆張敞

神巫用國汲冢書　揭雩紫露伊尹說湯調和之美者

哲婦傾城詩　員嶠琅霜道書

金石清音吳越春秋　帷薄不修漢書

絲竹凄唳　際會罔治禮記

壽淩餘子學步者莊　丁櫟郭椒牛名桓譚新論

貝宮夫人 仙女　韓盧宋鵲 犬名
智貴乎卒 古諺力貴突智貴卒　金精埽旦 公羊注
謀稽乎諮 莊子諮急也　玉弩驚天 後漢注
三弋五卯 食之儉者晏子　嶺皐香秔 文選
四簋八瑚 食之侈者　瀼暨雲子 唐詩
王良捨策 言士不學桓譚　碧海琅菜 山經
公輸捐斤　元都綺葱 漢武內傳
迎朝送夜 老子指歸　首鼠兩端 漢書
往露來霜　狡兔三窟 晉書
優游褰馬 唐文　星懸玉李 金樓子

脫落冥鴻　雲展金翅
一花寶樹 香池八水夜寶樹一花春　蚩尤曜旗 星氣
八水香池　王良策馬
大內弭節 御事　鳴牝構孽 女主之禍
長庚曳彗　紛虹肆灾
六階已平 三台有六階　都廣膏稷 山海經
四門咸避 太平　華鄉重和
旗錫黃烏 隨巢子　綠華白台
珪命赤烏 皆武王事　青琴紫玉 皆古美人
歡將樂來 法雲　張綱埋輪

笑與忭會 選　王暢埋井 暢王粲之祖
水有玉璞 長沙風土記　惜身安寵 後漢書
陸產珠胎　全軀保榮 晉書
濤翻浮雲 茶　列耀秀華
湯沃覗雪 茶　凝芳都荔 樂府都祀歌詞
金蠶詎織 陸翽鄴中記永嘉末盜發齊桓公墓得金蠶數千箔陸鏗詩金蠶詎可織
銀鴈不飛 秦始皇墓中水銀為池以金銀為鳧鴈機能飛動杜詩銀海鴈飛沉
靡草彫花 四月樂詞　繁組綺錯
含桃流彩　旨酒泉亭 樂府
小心翼翼 詩　密雲不雨

成性存存 易　履霜堅冰
憧憧往來 易　重華協帝
靡靡行邁 詩　明兩作離 太子事
叢頭鞋子　體輕蚊翼
瑩角冠兒 唐小詞　形微蚤鱗 小言賦
命輕鴻毛　重葩累繡
義貫熊掌 江統傳贊　沓璧連璋 屏風賦言木之文理
越鳧楚乙 張融曰鴻飛天首越人以為鳧楚人以為乙鴻常一耳
晉菑秦薹 說文舜薹地連華晉謂之菑秦謂之薹
筆銳干將 文心雕龍○傳所謂避文士之　鳳將九子

墨含渲鴆筆端也　龍導五駒文木賦文苑
鳩居鵲巢　秦得若雉
蘿施松上　魯獲如麕祥瑞
齊雞開府　螟螣蚵蠋商子
衛鶴乘軒溢爵　魑魅魍魎左
枕中鴻寶淮南　翠葆隨風
柱後惠文漢書惠即蟪蛄蟬也　金戈動日小謝竹賦
紐攝杳冥　股肱之郡
盤旋寥廓釋氏切韻　方面之才唐文
地形繡錯戰國　刻石漢京蔡邕

國勢金甌南史　垂金泰市呂
文既記笏　軒皇宛委山名
武亦書芟字學　穆王羽陵藏書
夜警晨嚴　題竹流聲
朝晌暮鼜音戚更漏　贈葵稱美扇
教嚴緼瑟賈子　假手成文
禮重吹銅賈子引青史子教太子事　遙口授義今之傳遞
韜章罩虎　璽門擊柝選
捲旆收鳶凱旋　高屋建瓴漢書
泉花雲蕚鮑照　騰雲冠峰

風草月松蕭大圜　高霞翼嶺水經注
勢如沃雪　北上太行
事等注熒南史　東臨碣石俱魏武帝事
積蠹毀玉太元　青出於藍
衆口鑠金漢書　絳生於茜文心
激水不漪　巧言亂德
喬木無陰言文貴紆徐　利口覆邦
借交報仇　享帚自珍
藏命作姦史記　緘石知謬文選序
絢煥粲爛風賦　金止玉亭曹孟德詩

檀欒蟬蜎竹並選　璐結瓊構選
靑瑣銀鋪　文質相半
朱干玉戚　雅艷相資論文選注
一足之夔　隨珠照日
九頭之鶬劉駒駼元根賦　羅衣從風王孫子
山擅銅陵　景燭雲火
家藏金穴　風馳羽書
運瘵祚殫音殫力盡也史記　烹茶澇蒸
數屯期盡　灌園漱齒李華雲母泉記
皆秉周禮　鋒蛸斧螗柳文

率由漢儀唐文　臺蜂樓蟻
雨甲烟茁茶　天威咫尺左
風鬃霧鬣馬　雲漢昭回詩
鉛含五彩　時不我與
鳳吐三花　天未與斯
顏亡無好　汝無後言
軻死不傳　予有疏附
闚珮堪紉見楚詞　瀑布飛流
胡繩可索顧野王賦胡繩香草可爲索　丹翠交曜謝靈運
芳草如積　飀貂之褥

珍才連陰　蛍蟲之蟺
鋪象牙床　來脫薄粧
織犀角簟　去留餘膩沈約美人賦
吳啓金車吳時童謠云黃金車班闌耳開閶門見天子晉世有黃旗紫蓋運終三百之讖
晉遷紫蓋
荃橈來逝　愛護波潮
芝蓋經過邱遲　敬昜光彩簡文與蕭臨川書
庭奏歌鍾　雲撤泉分
坐延嬌盼徐陵又庭奏歌鍾廚開銘鼎　西爐東軌鮑
搖筆泉涌　蹇澄疏雅賈彬箏賦

動詠霙紛王儉　輕縟璘彬顧凱之箏賦
心爲玉林　質不傷文
辭同錦肆沈約　麗而有體同上
書藏玉匣　樵人看博
藥蘊銀筒同上　仙客彈棊
運纏大過平聲　綠條散風
詩缺小雅　清陰交陌盛宏之荊州記說柳
烟岫相珍　庶民維星書
雲壑共賞江淹　君子秉斗太元○居其所而衆星拱之
雲氣西行　匪伏匪堯楊子

水草東流同上　不風不雅鄭元詩箋序
天津五潢緯書　炎暉杪暮漢末
河圖九房後漢書　金德韜華晉末
翼星爲變　蓋如飛鶴
熒惑作妖童謠之應　馬似遊魚劉楨魯都賦
紛紅駭綠柳文　蠶食郡縣
瑩素藻元甄述　鳩毒華夷隋書
雲旌未起　流風佇芳
風柯不吟鮑照　翔雲停靄孫綽
靨上星稀　無復脣珠

黃中月落庾信鏡賦　纔餘眉蔓同上
增妖揚蛾　稍星雲界
眉儇黛嫵謂畫眉點黛　衍葉炎壓
暉景燭曜　朱英紫脫竹也禮斗威儀
靈光徹天關雲長上正璽戕　玉潤碧鮮竹
色掩緇帷　芷閭葯房
香含漆簡墨　蕙樓菌閣楚辭
細理弱機呂覽　瞻烏未定
豐容靚飾後漢書　附鳳何從孫光憲表
彌天太保　紫錦爲囊漢武內傳

謝華啓秀　卷三　八　第十七函

遍地司空濫官　青絲編目劉向別錄○燕書
翦刀六出　漂於眾沫中山王
刻房七道陶貞白詠梔子花　病於尺隊莊
坐成滌器　松脂滴酒
行將賃舂梁鴻事又云公沙穆　樹癭臺琴庾
書抽虎僕獸名其毛可爲筆今之九節狸毫也郎
射用牛蝸牛蝸蟲也術見淮南萬畢
自理茶鐺　川后回瀾
閑披釣碣陸龜蒙　波臣受職水利
周稱舊章　青幘以耕

漢言故事陸澄　緗幘以獵通典
碧旆九棨南史志　遡誠南颺
紅撥三花馬　延首東雲袁豹檄譙縱
建星象籃易注　羣艷曜日
酒旗主醪天文志又玉井星主廚也　眾香同風王維
淇上留客　扶桑若蘤
河間數錢妓女　鬱島如萍海上
蒼雉奉職　雲日蔽露
靈鼉自梁孫子才橋事　氣日昏部三墳
天雲祥禍　日雲赤暈

謝華啓秀　卷三　九　第十七函

地雲黃霙　月雲素雯
山雲疊峰　天氣垂氤
川雲流雱　地氣騰氳
氣雲散彩同上
鹿苑龍城　媚語妖詞
象巖鷲嶺僧寺　淫聲染語
日浴扶桑　玉階馴豹
月穿叢桂國清百錄　金刹棲鴉同上
碧雞路出　成威閭巷韓詩外傳
青髓巖開同上　武斷鄉曲漢書

河光似罽　南通舜梧
樹彩成車祥瑞　北平堯柳宋文帝受命頌
題雕臆鏤　練心方外
舌紫支黃外夷　擯影人間
鶴有九皐　夜緩晚遲
馬無千里　香銷燭擒法苑珠林
松變爲栟釋慧遠事
葱花爲苣佛圖澄事○後漢書有螳化爲蝦循吏事
指如玉篸　道照機前晉春秋荀粲曰立象以盡意非
乳似金瓶　思超繫表通乎意外者也繫辭以盡言非

積毫成仞　言乎繫表者也象外之意繫表之言固蘊而不出矣
累燭爲明
鑾㸚鑲霞　業華姬日
御風騎氣仙　聲麗嫣辰后妃
蓼蟲習苦　金池動月
桂蠹喜甘宏明集　玉樹含風
心燈夜炳　作翰湘州
意蓏晨飛同上　樹麾蠶服彭蠡也
乘傳銜臯　晨翹暮想
辭簪派渚潯陽江分九派故曰派渚　春聦秋陰

智察舞雞　爪髮兩塔
爻分封蟻管輅事　衣影二臺誌公事
吳徵百牢朱敬則○牢價值也如今折乾　八世專齊
楚問九鼎　三家分晉
雞鬭六國　七正之節白虎通雀有七正之節六合之
虎視萬方秦　六合之和和
秦原鹿喪　養安騏校
沛澤蛇分　進駕龍渦謝莊馬賦
飛鑣鸞路　迴眸百萬
伏皂龍渦　一笑千金崔駰

綠筒丹筒　豐趺皓錦甄逑美女事
錦文緹帙書序指南　微步生蓮東昏事
西郊雲密　日昃之歌
南山朝隮山　夜行之罪致任事
九鼎鳧飛戰國策顏率事　才虧琢玉
八紘魚爛公羊　學昧籯金陳子昂文
畫爲九州左　雷震一同
咸則三壤書　風行百里
作法於涼左　宏演納肝
誰能執熱詩　田光吞舌唐揆安金藏傳

二負猶存 研丹吮粉閻立本
三苗未死爽盜一對二惠蔡 暈碧裁紅春盤賦
齷騶寒婉道經詠月 臨水觀魚
皎潔嬋娟同上 披林聽鳥徐勉
方外司馬王驎 織女東足星經
江東步兵張翰 巨靈西掌選注
日落桑榆 纖波濃點衛衡書勢
年催蒲柳 屋漏釵痕懷素書訣
寶契既潛 翠被青翰越王子
元言莫賞支遁吊法虔 紅裩錦髻周宏正

綠英金片皆茶名唐六典 稷下淹中
雲腳乳花茶經 漆園黍谷地北史言儒學之
越峰如髻 羣鴻戲海書梁武帝評右軍
越樹如髮杜牧 二酈栖山上谷王次仲事
謬齒元黃 一人定國
虛班驪皂馬爲輸 四海爲家
深慙後乘 風胎雨轂揚雄蜀都賦
終謝先鞭 水鵠雲鴿徐幹齊都賦○食品
人得搖韜大禹銘簴曰欲規寡人者搖韜 江波錦落
君不規瑱左傳納諫事 井星沉庾子山文

玉山當晝 得離山草
水鑑澄秋 比獻野芹
日乃再中漢文帝事 竹徑窈窕
天成兩旦汲冢書天再旦于鄭○中興事 藤陰玲瓏
無邊無尋 行雲逐雨
無極無央內典 廻雪隨風
陸海潘江 分袖南浦
宋風謝月賦 揚鞭北風
綴玉詞條 弄粉團香梅
緝瓊文囿 惹煙籠月竹

虹橋度幔 益者三友
鵲鏡臨妝七夕 同心二人
騰金孕碧王勃 月應雩龍
歷井捫參 星移殿烏四月
網罩星鶉 海濤翔鷺七發
瑠栖月兔王勃 山氣盤龍孔明云吳中
影不出山 麗玉明瑰傳奇
聲惟傳谷 牽雲曳雪李賀言歌也
臺號八卦在陳州 秀色可餐選
山名六爻在藤縣 芳華當齒楊林

青鳥相墓　麻姑送酒李泌事
白鶴標墳唐文　玉女投壺電
見窅蘭池秦皇事　北海善書後漢北海敬王
微行百谷漢武事　東平工頌
學殊牛豹郭頒世語云殷仲文讀書若牛袁豹則筆端不減陸士衡蕃惜其有才而寡學也二
藝愧全牛句出李商隱四六端一作力陸士衡作班孟堅
詩喻鶴鳴　文如蛛絲
易稱鴻漸賢才　畫似鍮甲屏風
桐花始秀　光風轉蕙楚辭
榆火將然春　遲日采蘩詩○並春事

叢花繞練宋武帝三月三日登臺望月城郭如疋練之繞叢花
細柳堪梳李長吉詩
金駝貯酒唐宮人事○畫記　賦紋之政韓非子賦賦也紋帛也
玉龜藏香　彫勉之民三國志彫勉音愧民不可以爲國
玉彭九井彭又作橫橫音光井上玉闌也淮南子山海經又作玉檻
瓊瀣三階宮牆下壘石反凹者謂之壘瀣見營造法式及溫飛卿溫泉宮排律又名瀣涙
左和右和韓非子軍門曰和　衆若時雨
東甄西甄獵伍日甄音陣　寡若飄風管子言用兵
明君在上　兩可之說鄧析
察相在下同上　中央之人管子

官有餘日　霜斤沐楹
民無歉年文粹　玉砂瑩礎宮室
天人合發　羣雄駭鹿
區宇樂推梁肅　四海瞻烏
煦嫗乎春　誣飾邱蚓
曦形乎夏　冀招神龍王微與江湛書
刻畫無鹽　翔友遠離
唐突西子世說　術賓高會陳思王詩
著名聚雪梁元帝讀易賦著名聚雪卦有密雲
琴號落霞陸魯望幽居賦■

金甌覆名唐書　遊魚涔濟曹植○涔濟鄣攙濟
錦囊盛疏周世宗以錦囊盛宰相李穀疏　飛鴿岳崘岳音銀又作鸙崘
軒軒霞舉李白見元宗於便殿神氣高朗軒軒然若霞舉
飄飄凌雲相如奏賦黃門飄飄有凌雲氣袌字
南夢北夢音蒙○左傳楚之雲夢澤跨江之南北故有南夢北夢孫光憲號北夢因此也
東潞西潞東潞潞州西潞上黨
製錦可階左　數飛庭葉
芬絲方始左　屢旼蘭花徐陵
遇山爲風　遊軫駕鴻
値雲成電馬　飛軒引鳳陶宏景水仙賦

蓮舒藻井　晨光隔輝 拙方生
菱繞蘭榱 宮室　陽景罕曜 潘岳豐屋
山疊常滿　葵能衛足 左
房俎無空 馬融廣成頌　葛猶庇根 左
便娟輕麗　修門象基 騷
角犀豐盈　高樓瓊旻 列子
素滋元灞 選〇關中　鬟風鬢霧
赤岸青溢 文苑〇廬山事　齒雪胼雲
甲乙之帳 漢書
庚辛之枋 馬融西第頌蝦蟇吐寫庚辛之枋

雉鷮成霞　冷穀既盡 四民月令云四月是謂乏月云
鴻飛起雪 張融海賦　宿麥未登 云
瓊池玉壑　素波澄膜
珠岫珝岑 張融海賦　錦石舒文 新安錦沙村
綺縠紛披 陸景典語綺縠紛披宮徵靡曼　鴻溝三周
宮徵靡曼 脣吻遒會情靈搖蕩〇論爲文　鹿菰十里 陳林武庫賦
妻翔祲國 春秋感精符曰妻黨翔則有黃雲入國之祲春秋運斗樞曰黃雲四合女訛驚邪又
女訛驚邪 曰九女並訛則九虹並見所謂訛者郎今律文云失序也
開窗鑿翠 杜詩　陳局露初
飛閣流丹 王勃　奠爵星晚 郊居賦

潛思淵渟　縮血膏原
秀藻雲布 高允　衛肝塗野 忠
須得纖寫　書帶新抽
可請潤訶 伏挺　屏風互發 草〇屏風見楚辭
生憑廩竹　蒸粟殺青
源出空桑 徐陵　裁緗摹素
心馳菴園　色麗文罩
影躍霞鸞 與僧書　章研織鳥
心鑾競策　空花競下
塵鞅爭馳　天琴自張

道性天悠　渟心獨得
塵心日損　注想交馳
摛以翠練　剞劂毫芒
刻之金篆　斟酌去取
百齡影徂　居無一椽
千年心在 劉文心雕龍　家徒四壁 貧
餓虎將軍 元歸　茨簷賤士 晉書
饑鷹侍中 盧昶　葦菴漁父 廣異記
五乘之賓 說苑杞梁事　萍實相輝
七萃之士 穆天子傳　珊枝對聳

稚水豪流 水經注　江閩漁商
軟灘嫩堰 宋河渠志　川交樵隱
嶺紆職軒　三江雄潤
峰枉月駕 同上　五湖映表 周處風土記○言大江南
箕山曉色　骨弱可捲
羅浮晚香 橘　肉滑若飴 參同
水涌蹄涔　百家備舍 國語
火炫螢尾 言無本之學　萬物薦馨 公羊傳秋成薦物薦馨
其深不測　琮錦琥繡 國語
其廣無臬 王仲宣海賦　玉藻瓊敷 文賦

神鹿兩頭 音茂 出雲南博物志云此獸名茶首茶音蔡首
山烏四翼 比翼鳥
斷霞魚尾 景單　象帝之家
細雨牛毛 坡　谷神之域 歐陽詢樓觀記
嫫母畏書　薺以冬美
西施愛光 法苑珠林　芬以夏成 春秋繁露
質而不縵　守能禦攻
文而不繪 人物志　攻能奪守 同上
鼪鼊鏗鯨　王振蘭搖
歌鸞舞鳳　金鏘桂穎 言文

珪璪入朝　豪傑蜎興
輶軒出使 隋書　英彥蒐藻
坐擁良書 趙景王　聲蜚漸陸
遲還芳札 張華　響逸鳴皐
金龜結紐　轄扇揚風
銅虎分符　停車待雨 太守事
風枝不靜　魴鯉成詩
露蓼含哀 丁顯　鳳皇開兆 婚
呼鷹臺下　屏上青山
舐鵠巖前 荊州事　琴中綠水 借用

彩石之山 山海經郎今之寶井　三釜及親 子路事
光珠之穴 水經今之寶井　五鼎餽客 列子
河名無定 北漢○無定河在今清澗縣其水潰沙急流深淺不定一石圓水北為銀水
山號不周
翡翠新蜻　刻楮畫花
鶯黃小蝶　雕蚶縷蛤 佛經
風聲滅籟　離穢除陳 香頌○素問闕除陳氣謂臭氣
月影移央 同上　宣芬散馥
斗龍移夜　絢煥粲爛 風賦
律鳳回春　玢豳文鱗 上林賦

射較一鏃　倡臨帝席

奕角一著 後村論黃陳優劣　酒勸天妖 晉孝武帝贊

交鄉篤佃 王伯淮奏議○如今之遠莊寄業

封水熂山 南宋西陽王子尚奏○豪氏熂音歲燎除草也

漢代復除　煙霏霧結 王逸少書勢言欲斷而還連也

周官施舍 令之蠲免也　風送雲收 鄭虔書勢言欲邪而反直也

遠先犀兵 犀兵犀倮犀伴皆古人稱來使　芳蒻香茗 華陽國志

屢勤典籤 書集　紫芥綠菘 荣

巖居川觀 後漢

坎傺沉藏 楚辭○楚人謂住曰傺沉火澤也言際於坎藏於沉也

功深徵管　青綺重複 邢劭逃身賦

績邁如仁　金碧輝煌

竹根如意 齊高帝以竹根如意賜明慶符

碧慮屏風 梁元帝有謝碧慮屏風啓亦可對虎頭鞶囊

火迫鄰矦 唐原休受朱泚僞官自比蕭何之功入長安日首收圖籍時人笑之目曰云云

豚汁諸葛 宋南渡有郭倪爲將自比諸葛酒後輒詠三顧頻繁兩朝開濟之句而屏風便面一一皆書此二句未幾敗于江上倉皇涕泣而匿時謂之云云

登三緯地 涼謝受獻晉地表　文苻如雨 義之疏

乘六御天 宋人德奉三無功安九有　催迫急星 李密

秦王地市 始皇陵有銀蠶金雁號曰地市　鏁山浚谷 漢武都太守酉狹頌

陶侃天門 侃夢八翼而登天門　鑿池築城 孟子

馳鴻驛鳳 王勃文　叩鼓持更 爲機相徼以警夜

鞭象驅龍 舜耕事　表圭測景

魚金虎竹 唐時虎竹天上來雁門山下骨成灰即一將功成萬骨枯之意以下單句

泉朽蟫斷 書帙壞爛也懷素　馬伏礫逭沙 黃河走灘也

謝華啓秀卷三

謝華啓秀卷四

成都 楊 慎 撰　綿州 李調元 校定

五字

衣皮而冠角 管子　善廢不悒悒 遵伯玉事

拾粒而咀華 外紀○上古之民　榮進何欣欣 禅林

寸陰競尺璧 淮南子　含章還木鴈 後漢書

俄晷劇兼金 魯連子　捽茹亦山雌 楊子

山稻名雲子　花艷唐婆鏡 鬼臼花也本草

河鯉號雨師　草香王母簪 嶺斷廣志

罘罳網春殿　朝霞爲薇膝 林邑國

琅玕籠曉窗 列女傳　夕露作明珠 選

木雞笑天翟 天翟瑞雉名　芻狗希宋鵲

芻狗嗤韓盧　木雞笑周鷹

披泥抽綸玉　密可泊晴煙

澄川掇沈珠　疎可漏霄月 竹

馗道如龜背 說文　得一流元澤

杭莊若雁翅 管子杭莊即康也　遁三御紫宸 樂歌

德邁娥臺迥　誰言漢樸學

仁高姒幄披 武后廟樂歌　正似楚枝官 宋祁詩

廟器刻科斗　堂起房心次

寶樽播華蟲 陳后山六一堂　音諧角徵招 汪彥章

養紙芙蓉粉 薛濤事　城南尺五天

薰衣荳蔻香 霍小玉事　玉堦方寸地

符采照千里　黃帝飛烏歷

銓衡總九流 劉彬贈牛宏　伯樂相馬經

綮帆似便面 廣志　蟹美持螯日

海月如搔頭 異物志亦可對沙鏡似雲母選注　魚香抑鮮天 宋景文

建始移交讓　借翰於晨風

徽音種合婚 庾信　假足於六駮 選

莊周笑黃華 華岑同　片心除衆譜

宋玉傷白雪　兩手遏羣邪 唐書贊陸贄

陶潛四八目 書名　握雲破嵽嵲

應璩百一詩 文選　采月漉坳泓 韓退之

銀燭踰漢女　孟子戒助長

寶鐸類昆吾 簡文詩　莊周懲益生

耿山鏡水碧 山海經　洲荻藏迷子

龍淵多玉英 尸子　溪篁擁若耶 陳川

窗虛響漏澗　叢蘭已飛蝶

臺迥燦伊蒿 康節　楊柳半藏鴉

浪雪暑猶在　近發連雙兔
橋虹晴不收　高鸞落九烏劉孝標
春秋無義戰　請土泥函谷
定哀多微辭　按繩縛涼州
爲山知覆簣　倭倨梁家髻
汲井戒羸瓶　冉弱楚宮腰
初霜隕細葉　聳容生翠羽
秋風吹亂螢簡文　曼睩出橫波
海上流霞酌　樵僥貢設羽帝王世紀
淮南承月杯　濊貊貢良弓典論

神龜遊蓮葉　漢女踏紅綃
壽鶴舞松枝　海童拋赤瓜皇甫松
風流誇墜髻　海童拋蜆斗教坊記
時世鬭啼眉白　鳧女織蟬紗集異
括揭鳴夕暮　新霽清暘升
熠燿流涼氛　大寒井泉涸
挹槊依斗杓　紗唱非關舌
酌酒問旗星　多情豈在腰韓翃
白猿隨梵唄智一事　歸塘橫筆海薛元超歸塘見列子
錦戲侍跏趺慧遠事　平圃振詞條經平圃見山海

聲儉研冲邃　同聲慚卞玉
詞辯暢元方　謬比托韋金鄭僖
青女三秋節　徂暑迎秋灝
黃姑七日期趙彥昭　涼風是日飄孫逖
沙界人王塔　綠醲勝蘭生
金繩梵帝遊李適秀　翠濤過玉瀣唐太宗酒
漁父歌金洞　天馬龍爲友
江妃舞翠房孫逖　和鸞鳳作媒
捫腸求珠玉　青鳥翔甘櫨
剡臂捋金環皇甫謐言厚葬之禍　金鶯集芳莚桂也

擊電無停光公孫龍子　月中有茲淵
迅雷不掩耳淮南　日中有瓊池魚豢
一姓承五行　淮南有英才
四海無兩帝　隴右多文士文心
蘭防芬沓沓　執規矩之心
麥隴望莓莓權載之　回剞剛之手劉子
斷金揮麗藻　寶枕選夢圖春書
梵玉詠生耦　玉簫倚聲譜
合歡醮翠綠南方草木狀夜合如醮翠　星黝糚金曆
楊柳麴塵黃綠　雲梳綰寶鬘

金鷲淪八桂　老毗熙春臺 管子秋雲之遠動人心之悲
玉兔戲三芝　管仲悲秋雲
幽蘭非男芳　藏鴉見新柳
佳樹實女貞　繫馬識餘蒲
先生隱梧下 戰國策　刻玉爲楮葉
漁父在蘆中　鏤金作蓮花
郵亭畫烏鳥　黃鳥呼季玉 易林有鳥黃足歸呼季玉
候館同魚鱗　白龜導冰夷 太白詩季玉猶季蘭也
北斗挹酒漿 詩　回車青閣晚
瑶光爲資糧 淮南　帶解碧茸秋

韓地錯如繡　酒吸荷筩綠
秦渠價若金 同上○千金渠　茶烹松火紅 戴幼公
疾風知勁草　朝盤香積飯
嚴霜識貞木　夜瓮落花泉 同上
烏來呼季玉　金玉裁王度
鶴歸名令威　丹青奉帝俞 武元衡
江城竹使符　江長梅笛怨
山路橘官扶 同上　天遠桂輪孤
甲乙科攀桂　杖藜青石路
圖書閣踐蓬　煮茗白雲椒

湖平南北岸　夜絃響松月
雲抱兩三峰 顧況　朝楫弄苔泉 沈
梵宇開金地　晨行踏忍草
香龕鑿鐵圍 宋昱　夜誦得靈花 宋之問
霜空澄曉氣　俱裁七步詠
霞景瑩芳春 許敬宗　同傾三雅盃 于志甯
反裘衣狐白 同生列子云居貴勢而不行道辟如反裘衣狐白徒步牽驪黃
徒步牽驪黃
伏龍非我馬 蔡氏化清論○郭璞詩元　劉備不下山 應璩與許子俊書
白日非我燭　孫權不出水

子路無宿諾　偉長饒齊氣
宰我無宿問 大戴禮　士衡多楚聲
雞山飛別響 異苑宋文繡與羅子鍾俱仕于梁宋死葬于雞山羅亡葬雉淵二人之靈變爲
雉淵和清音 雞雉哀響不絶故詩云云
朱草蔓於階　雄陽翠元水
卿雲藹於巖 拾遺記　雌陰赭黃金 龍虎上經
徐歌駐行景　甲乙羅帳異
迅節籥浮煙 樂府　辛壬房戶殊 簡文帝
柳枝皆嬲燕　錦履連理滴
桑葉復催蠶 吳孜　繡領合歡斜 吳均

蕪菁生於燕　披莽蒼而佃

枳橘死於荊 春秋繁露　橫清泠而漁 少

君子防其始　跨三分之二

聖人閉其端 晉書　處九州之七 史賛苻堅

關必據險路　急雨江帆重

市必憑要津 唐崔融傳　殘更驛樹沈 顧況

山寒石髮瘦　織花蠻市布

水落溪毛彫 謝無逸　擣月象州砂 尚顏送人之嶺南

蒻梧臨遠水 太白事　初作鰯鶬躍

伐翳取遙岑 半山詩　後作鯆鮃引 夏竦

荊門四百灘 峽程記荊門四百五十灘

江陵一千里 荊州記白帝至江陵一千二百里

謝華啓秀卷四

謝華啓秀卷五

成都 楊愼 撰　綿州 李調元 校定

六字

鳶流沙於西隅　泛流月之夜迴

導弱水於北漢 吳越春秋　曳光陰之曉匝 王績

月死而蚌胎焦 淮南　好則鵲皮出刎

露下而蚊喙折 文鑑　惡則洗垢索瘢 文梓

州犂上下其手　烈火原於于產

張湯輕重其心 漢書　峭澗起於安于 刑罰

許由虞乎潁陽　神仙金止玉亭 曹孟德詩

共伯得乎共首 呂覽　眞人瓊思瑤想 道書

如可贖兮百身　詩會餘蚳之文 夏竦□錄蚳見詩貝

猶將宥之十世　簡凝含酖之墨 錦疏

季氏八佾舞庭　丹邱千年一燒

管仲三歸反玷　黃河千年一清 拾遺記

霧嵐昏而共默　鼎淪而泗水波

風雨霽而爭吟 吳均獲賦　劍藏而牛斗射 考古圖序

濫劣者飲墨水　前除隱樁之途

孟浪者脫容刀 梁制　右清連欒之落

橫卻月於天街　四七之期必盡

劃長雲於地脉 城形 百六之數溘屯 顏之推

昆夷維其喙矣 王粲明作質平復燕雲表

燕人悅則取之 鄭達夫亦用上句而下以周公方且膺之語王曰相公屬對甚切舉以對曰此是當家者

和氏之指眞玉 戎突豕之敗御

蔡墨之辨神龍 惕飛鳥之跱衡 馬

列髹形之繡栭 離離碣石之鴻

垂琬琰之瑤文 甘泉頌 王褒 羃羃江潭之草 盧杲之

莊西貸而魚窮 商鞅峭法長利 鹽鐵論

姚東徂而狼跋 盧 公孫粲辭買名 荀子指公孫龍

誦慈懺於層門 伯夷之直惟清

講客經於倡館 仲山之明且哲

觀初霜之變絛 發伏鼈之雄氣

聽秋風之下蒂 潘岳 耀策馬之高星 元帝

念桂枝之春賞 風下松而含曲

惜瑤草之秋鵑 宋孝武帝 泉縈石而生文 陶宏景

習匡鼎之說詩 冀澄河之遠日

騁楊雲之彫篆 劉孝標 忘朝露之短年 陸機

粧鳴蟬之薄鬢 紫複峻而連穴

照墮馬之垂鬟 徐陵 青綺高而礙日 簡文

圖島嶼之創成 既蕣茸以蕆甦

寫淪漪之徑復 且參差而樠矗 潘岳橘賦

潤蓬山之瓊膏 春華含日似笑

睇葱河之銀燭 鮑照芙蓉賦 ○ 秋露泫葉如啼 劉子

狀素鏡之晨光 泛煙光於紫瀲

寫金波之夜斷 謝莊雪賦 翻露色於丹滋 王勃

岷山上爲井絡 彈少宮以際天

嶓冢上爲封狼 河圖 授中徵以及泉 劉向雅琴賦

喧密氣於鳳晨 周以牙璋起旅

宿高枝於鸞聳 沈炯桐賦 漢以羽林召兵

月圖光於翠水 在雙樹之道場

雲寫影於青林 顏延之 以衆花爲佛事

鐸穴由於足響 驟輪碧弩之貢

膏爍起於多明 傳致紫琥之珍 王維

朝承恩而袖斷 南國青珠之符

夜托夢而衣穿 佞倖 東海赤刀之術 盜賊

城有時而復隍 驗東風而受吏

陵或遷而爲谷 識海水而來王

邁京管於前圖 傷智幢之欲折

軼梓竈於遐篆 郭璞贊 悼戒寶之將沈

陸績懷橘之歲　巖將頹而未墜
王戎探李之年　峰入漢而猶懸
身腰上有燈火 螢　託鼓舞以盡神
羽翼上有琴箏 蛩○傳大士偈　運干戚而成化
指蟲蹤爲蒼象　堯有亢龍之喻
飼牛乳爲醍醐　舜有爸婁之談
殷殷均乎姚澤　周公類之走狼
膴膴尙于周原 文選　仲尼比之逸狗 莊注
栽炎涼於玉琯　國無夜戸之虞
節雨露以金渾 許敬宗　地有春臺之樂

玉清越而爲樂　地有春臺之樂 重
女舒脫以求媒 李義山　血三年而藏碧
順月令以迎猫　魂一變而成虹 駱
佗屋回而合臘　睡蓮晝開夜縮
陳安之矛丈八　夢草晝縮夜開 北戸錄
顏高之弓六鈞　髮迎憂而送華
巳高黃絹之名　合奇媒於朱脣
旋長烏絲之價　握神策於玉掌 賈后
照玉緻於鉛脂 梁簡文賦　徒備烏背之毛
映瓊腴於粉翠 文苑　曾無馬蛬之力 邢子才

徒開三面之恩　三五六經之後
愈肆九頭之暴 駱　百七十年以來
登陸雷而耕流　浮朱鼈于水上
驟水雲而颸擊 梁肅鹽池記　躍黑螟于海底 雨
商邱潛身牖北 列子　休石田之遠境
君公避世牆東 漢書　罷金甲之懸軍 張庭珪
璧月三五豔婉 道書　美人虹名蝃蝀
金支百廿秀華 樂府郊祀歌　仙娥月號蟾蜍 崔融
戴函夏於閶闔　登崖峴以日爋
鎖天府於戸牖 函谷關賦　穿偃仆而雲罯 罯烏合切 李華詩

縉雲色應金丹 黃帝煉金丹有縉雲之瑞
協風聲諧玉琯 舜事
原膴膴以耕溺　長者扶義而西
水洋洋而洗由　前徒倒戈以北
勉思及霤之忠 諫議大夫制○左傳三進及霤謂君軒也謝靈運詩鞴服皋門上溢吹霤
更致提衡之美 軒下
王母長生之樹 鄴中記　慕古公之胥宇
帝女不彫之花 菊○婦人壽　羨孟氏之卜鄰
貫雞彀於歲首　中庭蕙草銷雪
收鷺繼於物牙 東皙郊居賦　書村景小院梨花夢雲

心竅九百六十佛書　蘭涵風而瀉瀲蘇佩寒上吟
毛孔八萬四千鑿書　菊籠泉而散英
起龍塗於靈步　筵秋月於源潮
翔螭道之神飛張融海賦　帳春霞於秀瀨同上
回白雲以金讃　已墮白登之指
戻秋月而玉寥王微詠賦　實愴黃竹之心雪
偶仙宮而絳名　爲衢尊於上葉
值河濱而赤色雪　號木鐸於前修李希
踐露霜而悽愴　無寒瓜以療饑吳王事
懐燧穀而涕零梁元帝　靡秋螢而照宿陳留王事

有石帆之異狀　覆鞮鞻而候律
擬瀑布之飛泉七山寺賦　加栝羽而達犀
巖亭亭兮似蓋　祛鄙吝之生心
氣苕苕兮若樓梁元帝　驪神明而還觀
蟬鳴枝而候稻　鼓蘭棲以水宿
范飛冠而吐蜜　扶桂策以山遊
鏡臨江而分影石　明珠御於椒官
鑪銜花而共香香　笑玉佩於桂宅姚信士緯
報蕩子之良信　采飛蟲之善音
送仙人之短書　贊跛鼈之偶步人物志

悲少歌於趙壹　有是父有是子
喜長嘯於孫登　難爲弟難爲兄
陪以寶裝德林文帝謂莊嚴公李德林曰俟平陳當以七寶
越以金鑄范蠡
祠七廟而不出　沾零露於瑶圃
拜三妃而臨軒章華諫陳後主　下串霜於玉除
音勿遐於玉吾　山無扶蘇之才
視惟申於寶已寶已見陳思王集　野絕伐檀之詠記略
交雪霜於杪歲　常民文林書案
晦風雨於將晨晉書　婢妾衣紈履絲鹽鐵論

陽靈幽於唐葉堯水　運斗杓以酬酢
陰精應於商旰湯旱○三國志　酌酒旗之玉巵崔
祭遵雅歌投壺　天皇萬八千歲
桓榮雅吹擊磬　周家三十六王又封禪七十二君
變公與爲私薦　業習務其天識
易明歇以暗投　世服沒其性靈
交州在於天際　金鹽重於素瑩
長安遠於日邊　王或貴於明珠劉孝標每棲志
蠹無繫蟻之絲　退守不失封泥
厨絕聚蠅之粒　進兵同於建水

憑河圖而括地　南朝四百八十杜牧之詩
用遁甲以開山　北魏一萬三千通鑑北魏寺數
損又損以立操　曾子子思孟子道統
才不才而用神　太王王季文王帝統

謝華啓秀卷五

謝華啓秀卷六

成都　楊　慎　撰　綿州　李調元　校定

七字

先明法而後敕法管子首憲若今　荆蘊璧以潤其區
先首憲而後布憲之頭行也　漢含珠而清其域盛宏之
才子朱軒持使節王裒爲碧雞使班固文朱軒之使鳳舉于金碧之巖列仙傳赤斧爲
仙人赤斧領祠官碧雞祠主簿
伯益綜聲於鳥語　椒掖播晨牝之風
葛盧辨音於牛鳴後漢書　蘭殿絕河雎之響后妃
占維北以定昬昕　埋劍一雙光射斗

立司南而端朝夕　淪鍾十二氣騰雲水經注
鑿井必期於及泉　木鐸啓而千里應
爲山必起於覆簣　席珍流而萬世響文心雕龍
退傳有在鄒之作　吉甫有穆如之談
降將著河梁之篇　季札有至矣之歎同上
伯牙彈而駟馬秣　天地之間有滄熱汲冢書
子野揮而元鶴鳴選注　蕭藾之下足宅恙說文
操太阿以烹小鮮　腐薪不可以撻兵
飛夜光而彈伏翼　渙泥不可以膠物
赤子弄兵於潢池龔遂傳　綠衣無燕燕之悲

饑民彎弓於谿谷唐書崔元傳 角弓無騂騂之歎
有上林濯龍之池 道往者其人莫來
同冀方多馬之國 道來者其人莫往管子
八卦列明時之象 素粉委而雪爲懸
九疇開叶紀之文 黃酥凝而金爲醜道
歸與旋孔聖之轍 華組衣波而錦披孫綽望海賦組
浩然回孟氏之軥 翠綸扇風而繡舉綸皆草名
吳妖小玉飛作煙夫差女小玉死後形見於王其母抱之霏微若露
越豔西施化爲土
水性虛而淪漪生 映日通風影珠箔

木性實而華蕚振文心 飄花拂葉度金池
臨滄洲而謝支伯 荊有玉兮玉爲音
登基山以揖許由阮籍 湘有芷兮芷爲心趙冬曦
歷丹危而尋絕徑 騷人發興於臨水
攀翠險而覓修塗 老氏詮玅於登臺
見珍於煞靑之辰 莊周七十之重言
爲用於草元之日華 虞初九百之小說
唐睢華顛以悟秦 無人非閉戶之闓
甘羅童牙而報趙裴駰 無見非面牆之愚
戶外有保汝之屨 無眞非魚目之寶

門前多長者之車王維 無實非雁足之書成實論
殷王牛飲而喪朝 楊僕有關外之傷
楚子虎酣以敗檢 太史恨周南之滯
成都有累月之醉 倒暈連眉秀嶺浮
中山困千日之眠 雙稚畫鬟香雲委
春洞暖而石鼈生 時聞五斛賜蛾綠
夜火明而天蝦落永州風土記 不惜千金求獺髓坡墨
瘴嶺只將梅作雪 石乞烹身以殉白
炎山今見麥爲春陳璀 漸離矐目以報丹盧藏用紀信碑
幽谷未見於鶯喬 割宅字貧女之孤邴成事

廢沼空聞於凫藻 開門延故人之殯見晉書
謝安之圍棋尙劫 金盤曉鱠朱衣鮒
曹參之飲酒方酣 玉篲宵迎翠羽人韓翃
江淮已罄於蒲蠃 回船對酒三生渚
吳越又空於稻蟹饑年 繫馬焚香五願祠韓翃
江蟹不過宮亭湖 曙色曉分殘雪後
時魚不過鴨闌驛 角聲寒奏落帆時靈
漢水如蒲桃發醅李太白 光武濟河而冰合
坊溪似醽醁湛碧杜詩注 劉 渡江而風止
瞿塘一千二百里盛宏之荆州記 指 則紅紫成章

荆門四百五十灘韋莊峽程記　俛仰則邱陵生韻文人

涼風至蟋蟀居壁月令　蓋面猩紅浮琥珀

白露下蜻蛚上堂易說卦驗　瓮頭鴨綠變鵝黃酒

蘋苔嫩色含波綠　鍼鼻多情金線度

桃李新花照底紅萬齊融　梭腸有意錦絲穿內典

絲綺琴彈白雪引　峭帆横渡官橋柳

烏絲絹勒黃庭經楊當　疊鼓驚飛海岸鷗楊大年

土床煙足布衾暖　燭曉玉人初破夢

瓦釜泉甘豆粥新横渠　夜寒青女未登機

回豐貂以布文昌　帆影戛雲追斷雁

聳高蟬而趨武帳　角聲吹月舞潛虯

五離九折之桃笙簡文帝　白月半窗抄朮序紫微夫人撰朮

萬字雙勝之錦薦唐書　清泉一掬授芝圖序

稍揖皇英類濃淚唐嶽麓寺畫　去日玉刀封斷恨

試與賈傅招清魂　見時金斗尉愁眉晁次膺詞

謝華啓秀卷之六

謝華啓秀卷七

成都　楊慎　撰　綿州　李調元　校定

八字

勤誠累歲丹慊未通　仲尼謂三人有我師

服道彌年白頭成諺文粹　大禹言匹夫能予勝

萬卷之書盡歸王粲　犀之異以角故孕星

一厨之畫悉寄桓元　蚌之異以殊故胎月

卉出于槃嘑出于幠儀禮注　日及可與千松比霜

準生于隼繩生于蠅爾雅　朝菌可與萬椿齊雪謝鎮之

鯢旋龍躍同其靜默列注　猛虎能嚙人遽與肉稚圭與王

鵬溟鷃巢均其逍遙莊注　饑麟不噬誰肯落毛僧虔書

鳴蜩抱樹亟見藏冰　腐泉之潛久忘雲翼

歸雁啣蘆多歷寒食徐陵　熙冰之彩不羨旭晞

君雅林統識其科蹤　錘沈德水音出風雲

文章篇什頗與倫伍　劍沒豐城氣存牛斗庾子山

雨塊風條時推順適　仁祖乘流先知彥伯

苗螟葉螣坐致消亡李義山　張憑植棹正直劉惔知己

吳任宰嚭伍胥鴟夷　珠履三千猶憐墜屨

楚信蘄尙屈原魚腹　金釵十二尚拾遺簪

張融高文聚爲玉海　豐城雨劍尙不附來

孫綽麗賦擲作金聲　韓子雙環必希再見
靈藥毒草同在林中　迅雷烈風烈風雷雨
甘泉汚泥共生地下李華　絕地通天通天地人
及經之棘猶關上竿　爰居始望不及牲牢
燭郛之敞裁妝下策　麋鹿長懷非忘林藪
用殊函矢雙美奚躓顧顗之定　源水桃花時時迷路
談異矛盾兩濟何傷命論　幽山叢桂往往逢人王勃
鴒原四鳥是日分飛　桃花之水長避嬴秦
輿泉二龍此時云遠　芝草之山邈然滄海王勔
韓起聘鄭私買玉環　碧雞使者部下時來王褒

吳札過徐躬要寶劍　白鳳詞人座中恆滿揚雄二事
南陽菊水竟不延齡　郎官應宿惟帝稱難
東海桑田無由佇望　邑宰宣風爲臣不易
微言精理亟滿元席史贊梁簡　呦呦鹿鳴酒正斯舉
潛思醲彩時灑文圃文　振振鷺舞兕觥其觩劉欽判
古之黎民悅密蠢愚韓非子　焜焜爗爗爛若龍燭芙蓉賦
今之黔首懷恫智慧恫當作詷　瑲瑲鏘鏘和如鸞鈴複宇
一曰仲父二曰仲父　黃金滿笥不以投黿金樓子
千不如人萬不如人　明珠徑寸豈勞彈雀
匪曰蘭芷疇變入室王融辭祭　矩之三雜規之三雜雜匪同說

不自朱藍何遷素絲酒表　增之一分減之一分苑選
華山之上明星遠燭山海經華山之上有明星玉女
陽臺之下暮雨潛通楊炯少姨廟碑
龍首豕足隨府之宜晉陸景典論語爲文首尾不解
牛頭馬髀強相附會
瞋目捥腕而指本心朱子言象　冶容誨淫目成眉語
奮髯切齒而談端緒山　彈絃躧屣骨騰肉飛齊語
劉寬辭官遽憂犬吠　活潑潑地喫緊爲人
鄧攸罷任方歎雞鳴順陵碑　常惺惺法近裏著己
十羊九牧出言盈庭　農爲邦本本固邦甯

一斧兩柯分威交錯　民生在勤勤則不匱
觸物而動淵淪天飛　麗服靚妝隨時改變謝赫畫美
隨念而遷凝冰焦火言心　直眉曲鬢與世爭新人書
三山寶樹影入山窗　燔黍則大享之濫觴
九節菖蒲光搖水砌　土鼓乃雲門之拳石
四體不掩則鮮仁人富而後教　句曲形如句字之曲
五藏空虛則無立士韓詩　巴水形如巴字之彎
天皇眞人論道之地
楚狂接輿隱跡之鄉
謝華啓秀卷七

謝華啟秀卷八

成都 楊愼 撰 綿州 李調元 校定

偶句

柳公權不能用王右軍之毫趙子昂不能研李廷珪之墨○衡山如陣雲九向九背廬山如香爐九疊九派○巴蛇吞象空見于圖書鵬鳥似鴞但聞於詞賦長沙風土記○入蟻封而試馬回策若縈張𦍑步以射侯舍矢如破○湘中石燕沐時雨而羣飛臺上銅烏遡風和而枸轉○礬荆山之石所得者連城窮漢水之濱所求者照乘尚書注疏序○至誠之不盡則鳶魚之不察精義之未至則龍蠖之難知○漢文帝撫髀思得頗牧唐敬宗當食歎無蕭曹○履乘石而周公不以爲疑增玉璜而太公不以爲讓選○左右清靄表裏紫翠從嶺而西氣盡金光半山以下純爲黛色鮑照火雷岸與妹書○宇宙開闢不見斧鑿之痕雲霞卷舒殊非繪畫之力御書○心馳紫路登文石而未由目送白雲拜承明而末日江總○河精躍采似伏波之鑄銅震象飛文笑東瀛之刻玉馬○龍驤結釁宗周鞠爲黍苗燕尾誕災龍漢墜其枌社晉書后妃傳序○雲夢殪兕楚人美旌蓋之雄潯陽射蛟漢史稱舳艫之盛○獲玉鈎於

山陽空有採桑之號陳金根於鈎盾但爲弄田之游賀勸農表○丈人假僞形而獲蜩蟬海童任和心而狎鷗鳥○楊柳則條垂鍛冶杏樹則花飛坐壇賦成鼓吹詩如彈丸攜始醉之鳴鶴對新昏之伯鸞○經稱小品還下二百鐵賦爲名都略點八十處○友之惠施莫解連環之義醫無文摯誰知方寸之虛陸希聲○布山東之詔老癃恩及於化成賜河西之書遠外莫逃於明見○翠鳳入于洞簫殊非雅韻朱鷺傳于鐃鼓敢比仙聲○聞相如在蜀恨不同時徵枚乘於齊惜其已老○漆園傲吏著書以荑稗爲言蓮座大仙說法開藥草之品○方伯十聯賴其澄清之嚮天子七命賜以安吉之衣○揚其華粹如芙容始出觀其瓤爛如日星之行薛燭說劍○桂葉軀腦困風寒之易銷荔葩鸞骨更飛騰之可僊王僧孺○荔葩蔻先事見搜神記軀腦見列仙傳○闒茸之辨諸滄海之廣陋榆枋之智測崑閬之高卑○提綱意在張綱不可去綱存綱舉領意存振衣不可棄衣取領○禹貢別九州之境揚鼎居先淮南控七郡之雄廬邦最大張崇○鼎來汾水黃雲冠於北山劍在豐城紫氣衝於南斗李嶠○青牛帳裏未輟鑪香朱鳥窗前新調鉛粉柔之以辛夷甲煎然之以桂火

蘭蘇李高謝臘日口脂面藥○是蘸是蓺既失于協風或耔或
芸載葱于零雨○桃水淼淼寶類迷牛之津竹箭滔
滔方比鑿龍之堰水利○北苑孤竹隱草澤而輕周南
山四芝玩林泉而恥漢○曲洛芝壓王子吹笙之浦
方湖鼎邑馮夷剖蚌之川洛陽○陟遐由邇揚園必猗
於畝邱在著從微增冰有成於積水數年學易伏羲
龍馬之圖三月聞韶嬀帝鳳皇之曲楊炯孔廟碑○山中
桂樹遠愧於幽人日暮柴車莫追於傲吏○管氏初
來屢發新柴之井留侯每入更聞借箸之籌○高窗
納景密樹栖煙筵有鄭中之琴案多濠上之帙○心

靈窗會許我以煙霄鸞皇之文景響潛通博我以風
雨魚龍之感○杏花千畝紺轅照磨脣之功桑柘三
宮元紱降親蠶之禮籍田親蠶○悱惻芬芳楚騷爲之祖
靡曼容色相如扣其音裴子野彫蟲論○封豕長蛇望國門
而斂跡井蛙幕燕覩盤石而飛鳴封建○左太冲十年
三賦未必無瑕劉穆之一日百函焉能盡麗○十里
九坂豈惟梁氏之園萬壑千巖宛是吳中之地○山
梁飲啄非有意於樊籠江海浮遊信無情於鐘鼓○
韓信未遇昌亭之餓夫相如薄遊臨卭之食客○苟
求蟲篆未盡力於邱墳獨徇波瀾不尋源於禮樂言學

之偏○時師百年之學旬日兼之昔人千載之機立談
可見楊炯王勃稱○鍾期在聽元雲白雪之琴阮籍同歸
紫桂蒼梧之酌○謫居何心不欲賈生之投吊鵩愁
非我焉用虞卿之著書風月在懷江山爲事形骸可
外心賞不孤先生負局倦城市之塵埃遊子橫琴憶
汀洲之杜若○夏仲御之浮舟願乘春水張季鷹之
命駕思動秋風○溪橫燕尾巖豎龍頭鍛野老之眞
珠掛幽人之明鏡山腰半折溜王烈之香膏洞口橫
開滴巖尊之芳乳王勃山亭宴序○康樂之奧博多形於山
水淵明之高古偏放於田園○淵明對酒非復禮義

能拘叔夜橫琴惟以煙霞自適○歎去來之作不覺
情疎詠招隱之詩惟憂句盡王無功○羅含宅內自有
幽蘭數叢孫綽庭前惟對長松一樹○山濤天骨無
情吏隱之間王衍風神自出塵埃之表○法忍智忍
卒難忍以皆空無心即心總羣心而俱攝○儒墨者
般若之笙簧詞賦者伽陁之鼓吹○兼而一之人君
之道也分而職之人臣之事也○心以藏心心心之
中又有心管子影以重影影影之外復有影佛經○寶劍
未砥猶存切玉之功美箭闕羽尙無銜石之勢溫子昇爲
王延明讓祭酒表○蔣侯三妹清溪之軌迹可尋虞帝二妃

湘水之波瀾未歇楊炯少姨廟碑蔣侯三妹清溪小姑也見樂府○楚宮選美納良袂於神雲漢掖求才進團扇於明月張說和麗妃銘○童子三尺羞稱伯佐之名冠者六人惟述明王之道○盧敖之窮觀六合不出於城隍陶侃之飛入天門未遊於宮室○蘭香暎水居然洗沐之資竹帚臨風自隔囂塵之境少姨廟碑○桂林湘水平子之華篇飛瑨玉池魏文之麗篆北史○歷窣金山家無寶鏤之飾蓮組珠海室靡瑠珥之珍陸微鸞朱萬嗣○乘風理弋追遥羽於高雲臨波命鉤引沈鮮於大壑○離宮霧合遥橫地乳之山別館星開上戴天官之邑○奏地關河

迴接寶雞之野漢家墳隴平依金狄之川○海日銜規忽覺人間之曉宮花爇彩恍疑天上之春元絳○衆心齊一江山爲城隍南史周山圖數君德不修舟中皆敵國吳起○以情竇爲元牝指愛根爲丹基故有吞芝敲竹之訛戲藥含蓮之妄○聳清溪之喬葉有裕徽音振幽谷之貞蕤無慚雅引晉書列女贊○古者尊世冑而賤孤寒今世誇特起而鄙門蔭○以結繩之化行虞夏之朝用象刑之典理劉曹之末言封建不可行○秦之孤立子弟爲匹夫魏氏虛名藩翰若囹圄

謝華啓秀卷八畢

光緒壬午年
鋟於樂道齋

均藻

均藻序

楊升菴說文先訓云古文無韻字均卽韻也从禹愠切考升菴平生精于韻學而此書則雖依韻編次單爲詞翰設不言韻也大抵非詞藻古艷者不錄故曰均藻與哲匠金桴書異而體同但彼則摘其對偶此則摘其散句彼取之各人文集此取之各書故彼以人名註此以書名注微不同也每條下小有注村譔別引書以爲証皆先生原本云羅江李調元雨村譔

先生韻書予所梓行凡數種哲匠金桴古音駢字古
音複字各五卷博與淹雅不相假借而自成一書觀
海者固已望洋歎矣乃復有均藻四卷奇文綺語沓
玉紛來如讀人間未見之書而其引徵宏富焜耀心
目又如入寶山者之應接不暇也此才可斗石計耶
故並鐫之以見先生之才之大童山李調元序

均藻卷一

成都 楊慎 撰 綿州 李調元

平聲

一東

鳳蓋琴麗和鑾玲瓏班 洪桃屈盤丹桂灌叢選吳都
石絨不灰木也元阿合馬傳 蘭根與白芷漸之瀞中史記
○蘭芷爲瀞汙猶西子蒙不潔也 泰鴻天也○鶡冠子
九鴻○天之高也典畧 入鴻覗八鴻如縈帶八鴻
蜚鴻蟣蠓也○史記 跳蟲蚤也○莊子注
關中水名在武陵○後漢 篤癃○痼疾也後漢

初鴻魏明帝詩初鴻依浦 宇之表無極宙之端無窮
張平子靈憲 苓蘙堙谿橐木降風鶡冠子
芳風鼓芳風以扇遊塵穀梁序 流雲藹青闕皓月鑒丹宮
顏延之 眾芳芬鬱亂于五風七發
乘風爰居海鳥也急就章乘風懸鍾華洞樂 逮日歸風馬之迅疾也淮南子
神叢灌木也戰國策 引滿傳空傳空猶今報乾○潛夫論
百枝萊君桐在萊州○地道記 王氏銅虹虹燭鋌也義與缸同○考古圖
血三年而藏碧蒐一變而成虹駱賓王文
八戎史記五戎相叅八戎來服 女戎驪姬也國語
陰戎山北之戎 雄虹楚辭處雄虹之標顛

地虹晉志 屈虹斷虹也○相如大人賦
三蝨五行志 衝風聲如衝風文心雕龍
荼風嵇叔夜詩肅肅荼風分生江湄 均貴賤於條風選
杏花蔦葉清明泠風選 紫脫上值紫宮紫脫竹之屬見禮緯
靈楓述異記老楓如人行曰靈楓 天弓虹也○佛經
地一弓西域一畝爲一弓 危弓勁弓也墨子
弇中狹道也弇與龕同○左 方中帝陵寑漢書
山萬重而仰雲雨木百仞而瀉蜿虹庾信文
梔子柔金乳香嚥銅丹房鏡源 蜂聚蟻同選
元同萬物元同文子 蠛蠓春而雨磑而風淮南子

均藻 卷一 二 第十七函

飂風古相馬者淮南子 方空紗名後漢書王荊公詩春衫猶未着方空
苑風人名莊子諄芒東之大壑適遇苑風於東海之濱
白間剝畫蟲杜 刋正芟礱元遵傳
維舟歇金景結棹俟昌風鮑明遠詩
左執鬼中右執殤宮國語 囹窨事叢漢書
楚南察瀨湖而野江東戰國策
葭蒲雲蔓嫛以蘭紅江賦 珍樹三然紅韋詩
長卿晚翠簡子秋紅蕭子雲賦○長卿藥名徐長卿也簡子藤名
賓至駕輕鴻選 白鴻白鴻翔紫烟
伯夷操音似飛鴻琴道 鷄翹洪在黃華山懸水注鑿名鷄翹洪

絢同伏羲樂名隋志 彌天太保偏地司空官諡也○
史 船虹草名
覆虹漢俞益期牋椰蜺屈如覆虹 故鄉一水隔風烟雨岸逼
陳後主詩 雲纓海岱風拂嶠潼鮑明遠
鷙獸毅蟲馬季長廣成頌 百同王畿方千里積百同也禮注
旋蟲蹲熊鍾紐也考工記 倚鹿伏能輜車○後漢志
商山無平路楚水有驚湍孟郊
剽景雲而馳東風三國志 仰歸雲怨游風傳毅七激
折蔆尸子慈母怒子折蔆而笞之其惠焉○蔆木之細枝
以獎天衷左傳定四年獎成上天誘衷善人之意

均藻 卷一 三 第十七函

望白署空晉紀應瞻表元康以來望白署空頭以台衡之任謂尚元虛也○選注
詩頌君德樂舞后功終軍 龐鴻龐鴻萌而未兆謂之龐鴻○帝王世紀
發豐豐煮麥也荀子取其將若發豐左傳以齊國而伐季氏易如發豐
齊鑣騏騄比翼鵷鴻隋書
夷之初旦明而未融虹蜺揚煇棄和取同荀爽與李膺書
情虛德充簡文 蜚鳥貞蟲墨子
日轉前茅影風生細栁風孟匡明
翔風急風也說文 雲峯吐日月石壁澹烟虹
張說 幡虹
王尊砥節首公漢 翔鴻安可籠

琅華繁玉宮（左夫人詩） 鼎中

六空（微飈暫拂芳謐六空○水經注） 苞罽泳浩縹箭斑弓

定泊寒光素禪枝瞑色葱（不思）

烏櫳（地名在朱提棘道諺曰楠溪赤木盤蛇七曲槽溪烏櫳氣與天通○水經注）

蔘蟲（孔叢子有蔘蟲賦） 閶風樊桐（有崑崙）

紋軸蕉僧（文苑） 陰虹（寗戚所飯牛陰虹屬頸陰虹雙筋自尾屬）

（頸也○相牛經） 穢質被華扃命得融（江總）

魚何知而樂水蛇何意而憐風（王績）

孌童（孌人也梁簡文有孌童詩） 蔣氏翁任氏童（三國志）

清潨（孟郊詩清潨瀉瀉尼） 隱以金翳疏以華籠

紺瞳（紺瞳綠髮仙翁也神） 光風（苜蓿一名光風宛馬所嗜）

內視者盲反聽者聾（越絕） 攄虹（楚辭攄青冥而攄虹）

軻蟲（海貝也後西南夷傳） 堯懸貝轂於塢宮（嚴助相貝經）

參宮（參宮參羽半商半徵○樂緯） 沙汀眠鷺蓼征鴻（李長吉○可判）

（苔磴蒼苔弔石髮○亦李詩） 銀液鎮心（李賀）

二冬

臺佟（字孝威穿亢爲居采葉爲業○選注引英雄記）

寒山逴龍（楚辭○逴龍山名） 旅松（魯地名介氏）

越璞楚琛蜀賄巴賓（文苑） 山西多勇三明儷蹤（三明皇甫）

（威明張然明段紀明也） 木寓龍（以木刻龍形寓猶假也○漢志）

火滅修容（黃帝帶銘） 童容（幨車名）

輕褣（衣名○白集） 龍帺（大行靈儀也○選）

周公不以夜行而慙影顏回不以夜浴而改容（古連珠）

頴川四戰之地常爲兵衝（孔融）

本問馬竇貴戚豈知此賨采傭（董卓）

撿情自封（庾闡斷酒戒）

鳳皇來儀翼翼噰噰羣鳥並從舞德齊容（選）

才峯（支遁才峯秀逸世說） 陵岑聳逸峯（謝）

布常爲軍鋒（先鋒也黥布傳） 乘塞守烽（蔡邕傳）

揚鶬旄擢紫茸（江淹賦） 新蒲含紫茸（選）

故人相逢不吉當凶（晉書）

皎質皦鮮元的點鋒（張載扇賦婦人以丹注面曰的） 火鼠燭龍（南窮火鼠北盡燭龍）

書笏珥彤（選）

齋號盤龍（劉毅爲豫州刺史初桓元於南州起齋悉盤龍於上號盤龍齋毅小字盤龍遂居之）

竹浮三節木化九隆（駱賓王破蒙儉露布）

劭農（勸農也漢書○劭平） 翹農（路史翹農抑末）

崗峯（宮名在嶓關蔥冊道又有繡嶺綺岫二宮） 角龍（鹿也仙經）

桂殿江鳥對彤屏海燕重（古樂府）

班荆蔭松（史） 天陵有偃蓋之松（抱朴子引玉策）

（記注云松命根遇石則偃所謂樓松也） 樓松（見上注）

坐成滌器行將賃舂下句公沙穆梁鴻事○皇甫松
道無封恣無封故萬物得以恣其分域莊注　五茸吳王獵地唐詩五茸春草雉媒嬌
持險奉凶聲樂恬愉所以持平奉吉哀泣憂戚所以持險奉凶○荀子
芸香却蠹芝鼈爲封藏書　月暈魚分子風微鹿養茸
寒暑之資盆以荷衣蕙帶山腹之祟漸以石帆水松
續高僧傳　解我胸春易林飛之日南還歸遼東雌雄
相從和鳴雍雍解我胸春胸春憂心如擣也　鸞封張平子綬笥銘服其命服鸞封艾緇

三江

發參差於王子傳妙靡於帝江選帝江鳥名知歌舞之音
神龍不匹鸞鳥不雙淮南　西江別支爲弱柳江緣江記

弄珠江唐詩弄珠江上草無日不萋萋　嫫母嫌鏡西施愛江佛經
刑與德雙史　虾江似蟹上二足
槐江帝之平圃○山海經　鬟河帶江
日月爲步德隆道彪宋均注鉤命決
豪傑不肯名于圖書雄駿不戕壽于旗幢至治之世韓非子
玉山迴立瓊樹無雙劉長卿
雲逢逢夏后鑄鼎卜於白若其兆白白雲逢逢一西一東一南一北
黃龍一雙秦昭王與夷盟夷出狙曰華犯夷輸黃龍一雙夷犯華輸清酒一鍾
石杠爾雅步渡橋也一名畧彴又名榷　離垢幢內典
豫章以樹氏郡酸棗以棘名邦圖稱風俗傳

天淙陂名在壽春縣　鷄脛竹名其筍肥美齊民要術
智幢傷智幢之欲折悼戒寶之將沉○宏明集　慢幢禮本折慢幢○傳燈錄
王應金春詩退之　導我上太華覽芝獲赤幢
右長歌行　菱江江總詩桂楫及曉風菱汀快初月
皎皎白紵節節爲雙古樂府　不津江後漢志荊州牂柯郡談指有不津江
○不津言難渡也　貳雙漢志樂歌幡比翄回集貳雙飛常羊

四支

叢枝國名莊子堯攻叢枝　東過扶搖枝束晳
龍支地名在積石山○後　仲丁即位征于藍夷竹書紀年
庚子日施音移義與斜同○史賈誼傳　彫落洪支前哀帝紀

長鸝鳥也選　梁麗衡城之具○莊
鮎埼亭有鮎埼○漢　虎擬魏許褚有力而擬號
月駟雲螭選　務容愛儀選
元景陰素蕤　文皮爾雅斤山之文皮謂虎豹之華有彩采者
鄭欽吏隱於蟻陂汝南先賢傳　亦足以復鴈門之踦谷永與段
會宗書　茂滌衛夫人字
纖離駿馬名史記　活師科斗也山海經
荊山爲地雌括地象　窮涯而反盈量之歸選
翳炎夏之白日救隆暑之赫曦繁欽柳賦
菱花晝合宵炕隨月轉移草木記

建六枳而爲籬馮衍賦
筵浮水豹席繞雲螭謝朓
沐塗樹之枝沐削也猶今斫竹曰洗竹也○管子
嗽丹水之炎波蔭瑤樹之元枝曹丕
陵苕海藻山英汪蘺揚都賦
三皇步五帝驟三王馳孝經鉤命決
陰庭覆素芷南指褰絲蓷沈約雪詩
五綦綦聲綦色之類荀子
萬乘方爭時史李斯傳
周顯於鍾山立草堂亦號山茨梁簡文草堂傳
軒轅受河圖顓頊授規天文志
未規東漢書
濯明月於漣漪左太沖
綵虹纓高雲文虬鳴陰池張協

綠潭倒雲氣青山銜月規簡文
最以丹霄之價宏以青冥之期選
青霞雜桂旗選
去水絕還波洩雲無定姿杜
標高名於澤芝鮑照蓮賦
玉藝酒器
貫花妙旨寫葉元詞法苑珠林序
東國泛七華之水西方瑩八德之池洛佛文
見胡桐于大夏識烏九於條支庾信
十花池佛舍
離鵾鳴清池陶又琴賦
天池海也莊子
暗雞啼渴旦涼葉墜相思白樂天
清風起南颸陶

氷紈風絺選注
皎皎練絲在所染之後漢楊終引逸詩
紫騮尼蜀名
猴葵鹿角菜也
流陰逝景不可追謝莊
白虎鼓瑟蒼龍吹篪張平子
江介之湫湄魏都賦
日行中道移節應期有子
受福重華留之洪範記重華木星也
屢呼金鑾落開品玉參差古詩
琅玕龍兹荀子○龍兹龍須草席也
山林不能給野火江海不能實漏巵潛夫論
泛烟光於紫瀲翻露色於丹滋文粹
羲繩之前飛葛天之浩唱媧簧之後掞叢雲之奧辭選序

山歌聒耳烏鹽角村酒柔情玉練槌唐詩
木秀於林風必摧之堆出於岸流必湍之選
胡笳折楊柳漢使採燕支盧照鄰
案無蕭氏牘庭無貢公綦選
奏樂而喜曲終而悲淮南子
晨裝摶曾颸謝
大隱叶沖規盧照鄰
炙炮夥清酤敥張平子
鳳想鴛思麗情集
金夷金瘡也
鴛鴦碕在犍為
靈圯橋名在會稽
眇天末以遠期選
屬天命而委之咸池東方朔集

鼎角匿犀 李固　遊人愔將晚公子愛亡疲 唐詩

合符重規 後漢書

秦法密於凝脂 鹽鐵論　左靑琱之犍芝 張平子

陟釐 苦紙也　大約劑書于宗彝 周禮

猛虎不立早勢勁鷹不立垂枝 蔣子

宮隣昭泰荒悰淸夷 選　芍藥一名將離 古今注

衣被皆重池 被心如池也○左思詩　惄如朝饑 韓詩毛詩作調非○注朝饑最難忍

太白揚眉 星經傳太白高而轉戰

忠可以寫意信可以遠期 國語

三奇 草名馮衍賦采三奇之葉芙　華離 周禮正其封疆無有華離

佩離 離袿衣之帶也○班婕妤賦　眞珠樓基 成都石笋街乃眞珠樓基也大雨後多得琵琶寶物

射麋麗龜 左傳龜背之隆當當心

雲龍騤騤 世說　大誰 漢書○主問非常人姓名是誰也本以誰何稱官名有大誰也

復鴈門之踦 段會宗傳

緯候稠疊鉤讖葳蕤 文心　取鎔經意自鑄偉辭 文心

瘠義肥辭 文心

鉛黛所以飾貌而盼倩生於淑姿 文心

日進前而不御遙聞聲而相思 文心

雲峯入夏池 庾信　宜春下苑少府外池 漢紀

芹玉可以琦 抱朴子　鹿蠡 下音离匈奴名○漢志

運斗杓以酬酢酌酒旗之玉巵 崔駰

崇期 道八達曰崇期釋名　六螭 淮南子爰止義和爰息六螭是日懸車螭即六龍也

耳爲心師 張融論文曰可師耳以心不可使耳爲心師也

水精瓮裏着波斯 禪頌

赤鯉湧琴高白龜道冰夷 太白

芳樹吟羌管幽篁入楚詞 庾信

霽色淸珍宇年芳入錦陂 蘇頲

巖花飄曙輦峯葉蕩春旗 李義府

月宮生藥泉日中有瓊池 山歌

蓟池 上林苑有蓟池三輔黃圖　天林皆寶天族多奇 載記

不其 山名在齊見史秦紀　劃期 空懸不自信怯與君劃明○鮑令

靑陂 在靑縣地後漢新蔡長李言修復靑陂　南廖 水經注南廖湘浦

渠眉 玉飾之溝瑑周禮　信猶列眉 燕代謂蘇代云云

聖鼓枝 樹名始興有鼓木飛上臨武號聖鼓枝在含涯縣○水經　峩嶺千㮚 水經注

王良旗 星經閣道爲王良旗

三儀 摛三儀○太元天地人也　怨特祠 武都有怨特祠郎秦文公伐大梓化靑牛處

牧龜于岐 相如封禪書

元繚碧基 王會　何故使吾水玆 玆黑也左傳

丹漪 嵇詩郄背華林俯沂丹漪　鮮景染水顏妙氣翼冥期 庾闡

輕歌易繞弱舞難持 沈約

雨師禮柳一名雨師先雨而垂故名又開山圖雲師似蠶雨師似蝙

河漾海夷盧思道 緑絲說文終緑絲也

金鑣互騁玉軑並馳沈約連珠 遯逃乎碑盧敖事見淮南子

女池唐會要鹽池中小池 祁祁皇𡟊後漢后紀

織兒陸納見道子引用羣小望闕歎曰好家居織兒欲撞壞之耶

常儀大戴禮帝嚳卜其四妃之子皆有天下上妃姜嫄生稷次妃簡狄生契次妃陳鋒氏女慶都生堯下妃娵訾之元常儀生摯 緗綦紫荇也武夷君傳

環龜司馬法

縈絲牽鳳子結縷生花兒沈約詠領邊繡

五微

彼葉榆之末光踰長庚之初輝左思

圖徽揚子法言篇名 雲潤星暉選

揮袖解纓徽鮑 麟韋皮也王莽

澗邊紫芝秀巖上白雲霏六朝詩

持粱刺齒肥史蔡澤傳 被毳躡韋搏粱齧肥鹽鐵論

山徑轉迂威六朝詩 碎結綠之鴻輝選

骨騰肉飛女伎上險竿者○隋書 江步野棠飛仙詩○步浦也

倆如旦饑易林 衣文飾而舞容璣齊歸女樂事家語

客賦醉言歸主稱露未晞張平子

旦旦薦玉食日日獻玉衣列子

吹蠱痛行暉鮑照 心燈夜炳意燊晨飛宏明集

弱不攻强走不逐飛兵法 三日不舉火十年不製衣列子

巢棲茹薇漢書

蝿蟥之衣物根在水土之際視之無有釣之可得○列子

手柔弓燥草淺獸肥魏文帝敘射

古之庶人草芰鹿菲縮絲尙韋鹽鐵

胥人去其幾胥人小人也去幾失其幾會也○李斯傳 轄韓安車幔也柳文

披華發輝唐選舉志

書殿綸闈唐詩 殊聲而合響異翮而同飛文心

精衛取而塡海天孫用以支機張正見石賦

鵠飛傷楚戰鷄鳴悲漢圍庾信

華蓋蔭蘭暉仙詩

桂舟無淹拙玉軫有離徽吳均

解徽選舉脩綱之絶紀大音之解徽 着獨力之衣後漢書

水田衣僧袈裟也內典 水肥博物志酒泉延壽縣出泉水有肥如肉汁取着器中黑如凝膏可然方入謂之石漆或曰水肥又曰石液

角飛清河城名角飛城晉書云石勒使王述煑鹽於角飛

江上淒海戾漢曲驚朔霏鮑照秋夕

高樓淚染衣梁元帝 雨巖天作帶雲壑樹披衣宋之問

嬌女窈窕翳霄暉黃庭

槐衮相襲蟬紫傳輝　詞號四飛謂四方飛揚也高僧傳
燕鴈代飛淮南　傾湫之辯倒嶽之機
幻人爲幻輪園小靜和尚云云　七蕤玉籥閉兩扉黄庭
積牒旋石以純脩碕淮南子○純讀如純以金堤之絕牒謂編石如牒也
濤猿與壺人爭旦緹幔與素瀨交輝選
耕有春懸耜織有日斷機

六魚

跣跌被商舄重譯吟詩書論衡
岑有積螺岸有懸魚顧愷　蓋如飛鶴馬似遊魚劉公幹
國富乾位地列艮墟燉煌記　瓜牛廬瓜蝸同三國志

區廬書注　玉廬鼻也黄庭經
自介介居介獨也○選　將軍獨介居漢書
鸞觴酌醴神鼎烹魚嵇叔夜　府庫之藏金玉筐篚之蠹
簡書孫叔敖語　建井旗畫井文于旗也後漢書
王良之御過歸鴻於碣石軼鶤鷄於姑餘淮南子
適情不求餘淮　流永渠滄洲有流永渠雖石不沉也九域志
家有鶴䑛戶有犀渠左思　鵝鸖魚麗箕張翼舒張平子
蚌蛤龜珠與月盈虛山書　有人自南方來鮒入而鯢
居狐咺哭國辭　元廬基也○選
抱影守空廬左思　幽貞廬班賦

餌敵以分而照其儲汲冢書　闇闇在上簞瓢捽茹無道而隱也○揚子
華池濬碧虛張子壽
芙蓉邏翡翠虛地名在嶺南見許渾詩
禽困覆車甘茂傳　四望車晉閻邱沖好音樂侍婢不釋絃管出
入乘四望車　琅玕龍跡跡窓也以琅玕飾窓也○列女
傳　濬然獨與神明居莊子
栜除南下栜除王莽傳　丹水丹魚丹水有丹魚夏至夜伺之魚浮
水有赤光如火網而取之割其血塗足可走水上○抱朴子
鯀化元魚柳文　靈胥濤神即子胥也
彭胥彭咸胥子胥皆水死者　棲苴水中浮草柳文

石鯽魚　重唇魚
雙鱗魚石門縣東陽潭山出此三魚皆珍品○廣志
交閭王會爲交閭以息諸侯往諸侯稱交　翠綸桂餌反以失魚文心
青陽舒曹毗詩靈春散初澤棼縕青陽舒　禹釃二渠釃分也漢志
孟春氷泮百草權輿大戴記　袒車孔子聞趙殺鳴犢遂袒車而返○琴清英
王華翼綠帷青帬扇翠裾道藏詩
百痾令心組仙詩　美男破產美女破居修文御覽
引周書　弁車猶巾車也楊修節遊賦極歡遊以從容乃
弁車而來返　淫魚淮南子瓠巴鼓瑟而淫魚出聽
金藻金蓮也高僧傳　菱絲縈獨繭菰米蟄雙魚

張吉釣魚

七虞

諸孥 婦人大掖衣後漢書　朱愚 莊子

螯夫 司馬相如傳　但願空諸所有愼勿實諸

所無 麗居士語　燒掇焚杅 掇馬策杅兕也○犀首傳

山條紫菂水葉紅須抽芳繞畱接翠分衛 江揔

影附離爲並驅 喻爲文忌隨人後也○文心

拜井開疎勒鳴桴動竇須 駱賓王

泉流信淸泌原野寶甘荼 鮑

心應棘肝應榆 關尹子　瓜疇芋區 選

荊山不貴玉鮫人不貴珠 韓詩外傳

揚素波渾連珠 洞簫賦　會軒珠 漢樂府

金縢滲樞 伶元　雲厨 道宮厨也○仙經

鑽屈轂之瓠解疏屬之抱 七命

情隨元陰滯心與迴飈俱 選

小約劑書于丹圖 周禮　紫閣圖 書名紫閣山在華州○王莽傳

江圖 庾杲之著　羅青槐以蔭塗 選

南夷相呼爲姎徒 後漢志說文姎女人自稱我也

旌鼓貫元塗 鮑　青龍對伏趺 古樂府伏趺趺礎也

日南有野女羣行不見夫其狀晶且白祼袒無衣襦

博物記　綠水趨 淮南子足蹀陽阿舞手會綠水趨

松鳧 野鴨也○南越志　文無 相別贈以文無當歸也

英蘂夏落毒卉冬敷 選、伏朱樓而四望采三秀之

華芺 馮衍賦秀或作奇　山膚 山膚選

就翊洪樞 會要　位冠中樞 潞公制詞

金鹽重于素璧玉豉貴于明珠 劉孝標山棲志

肥胡 幡名國語　戢楫守窮湖 陶

翠牙穿褭蔣碧節吐寒蒲 杜

方湖 在華林園見水經○方湖可對曲洛見穆天子傳地在洛陽

崑崙輸 淮南子九折注爲海而流不絕者崑崙之輸也

摽以翠翳泛以遊菰 江賦　青鳥之所有丼櫨 伊尹說湯事○

櫨 橘柚之類　右閭 山名漢書

潘文淺而淨陸文深而蕪 孫興公評

潘吾 山名韓非子云趙主父使匠人施鉤梯刻巨人跡于潘吾勒其上曰主父嘗游于此

宏舸連舳巨艦接艫 左思　玉女眺淸矑 子雲

雲膚 雲膚寸而合　青膚 苔也韓文

析羽流蘇 後漢志　累塊積蘇 列子

七蘇 崔駰作　龍蘇 蒼梧地名隋志

藏鉤有飛烏 風土記　青烏 芋名廣雅

五鹿三烏 人姓　折芠焚枯 范雲

歌纂蔡唱烏烏北史蕭大圜傳　辭隆從宗宗汚同丁鴻傳
青要山帝之密都山海　楚九州渚吳九州都三國志
晨鳧秦良馬名　海租漢加海租魚不復出五行志
山都述異記山中精魅　金鳧唐明皇作金鳧燈○影燈記
落鴈都朱漢賓驍勇朱瑾軍士果敢者黥雙鴈于頰號鴈子都漢賓破之號落鴈都五代史
黑都雲楊行密軍以皁衣蒙甲號黑都雲　荒茶唐承隋亂劃拔荒茶唐書
娶荼周禮硩族氏十二月之號從娶至荼一年而周也
銀莬唐故銀莬符爲鍋魚符　青亞姑寶石名
女化青鳧竇子明二女化作青鳧隨父仙去○九域志
豐屋知名家喬木知舊都蘇子

甘泉泰時紫壇八觚八角以象八方郊祀志
道路涉蘇博物記曰山河水亦止曰泣血道路涉蘇於
月蘇朔者蘇也尚書注　谿落圖太白詩身佩谿落圖腰垂虎盤囊○
谿落北斗名　度連宸蕚地寶璿跗宗室表
琳腴仙藥　紫瓊腴仙藥
地符洛書也緯書　青膚古苔○今注
雪腴　松腴茯苓
陽紆山名山海經馮夷乘雲車駕二龍是謂河宗氏河水出陽紆陵門之山而注於馮逸之山穆天
子傳西征至陽紆之山又作陽盱禹禱雨于陽紆
柔遒大夏龍雀名冠神都可以懷遠可以柔遒○赫遒龍雀鐶銘

薄姑世本呂望始封于薄姑地在博昌縣　桃梧地名淮南子羿死於桃梧
威輦圖孫楚會威輦于白社以同載爲榮時好事者畫威輦圖
玉都閉塞命門似玉都黃庭　星隱隅不怨身孤寂但念星隱隅○鮑
右盂左盂孟田獵陣名左傳文公十年宋公爲右盂鄭公爲左盂
鮒嵎山名山海經漢水出鮒嵎即嶓冢山也又曰顓頊九嬪葬此山
寶跗西京雜記進御筆以錯寶爲跗　連山絕嶮飛閣涌衢劍門記
金畢遒金烏也茅山志　神巫汲冢書神巫用國哲士在外元都以亡
成湯半體枯尚書大傳荀注引　四通神衢鹽鐵論
和山多瑤碧實惟河之九都山海經
淵虞淮南子至于淵虞是謂高舂至于虞淵是謂黃昏皆地名也○淵虞非虞淵也人但知虞淵不

知淵虞　騎奴騎奴與麗暨通西京雜記
青雲無孚洛書孚甲也　瓊蘇酒名有琥液瓊蘇
玉餔玉食也○管子瑤臺玉餔
八齊
徐浩改若耶溪爲五雲溪志
上崢山踰深溪國策　東鯷海外國名漢志
金骹鷄出并州　蕉傳餘節瓜表遺犀選祭古冢文
瓊巘嶒崚金岈岬㟏七命　雖慙丹臒施未謂元青睽
顏延之　陵岡掇丹荑遊仙
天谿河濟也戰國策左天門之陰右天谿之陽夏桀之都有此形勝

醽醁溪色如酒碧在玉華宮前　粉題婦人額也太元
鎮以瑆臺絕以金堤後漢　蓼堤梁孝王所築
綀綀峯上雪纖纖雲表霓杜
石犀江名　樂處將鷗狎談端用馬齊
張子壽　社颸社颸不灌○漢書
鬱棲蘘草也列子　夫妻不嚴茲謂媟霓京房易傳
武關山為池門上為天齊河括地象
碧瀨潄白石翠烟含青霓孟東野
橐駝駃騠騊駼驒騱皆匈奴名馬奇獸○史記
滯怒淹恚後漢寇榮傳　以休楚伐罷齊國策

衣圭燕尾曲裾也漢書　皐鷄鳥有文彩者謂之澤特○王會
好溪處州麗水之東○九域　惡溪在天台山上又閩中亦有惡溪
介麋大鹿也左氏　童麋童麋編犀太元
犨麋古之醜人也選注　孟諸之麋湄同水草交岸也左氏
玉碣雲楣選　虹蜺回帶于棼楣選
無姻夫妻貧女以金飾佛面誓與金師為無姻夫妻
抗高木食滅景雲棲褚伯玉南史
風前噴畫角雲上舞飛梯張正見
瓊音自滄凄道藏歌　歸鴉卜樹棲單頌
鸝必匹飛鶊必單棲易林　六目睽睽易林

夜零白露林莽聲淒素問　水截巨鯨陸剸藂犀劍銘
錦不可以為袷稻不可以為藿晉袁甫傳
筠篁列植無變貞萋七賢祠記　丁溪在泗水東陸機賦乘丁水之連岸排泗川
之積沙　物生題說文端物生之題也古賦有初卉青
颸之語　龕故地之銅駝抱舊里之
玉鷄李庾東都賦○王子喬喬於浴濆受玉鷄之瑞
蓼菜成行瓶甌有堤堤案也○淮南子蓼菜成行瓶甌有堤量粟而舂數米而炊
金留犁飯匕也後漢書單于以金留犁撓酒　虎鞹先蒙馬魚腸且斷犀
李長吉　挽菱隔歌袖綠刺罥銀泥
同上

九佳

情無方而雨集事有限而星乖鮑
乘枋箄後岑彭傳　方淮淮水也後漢文苑傳
微飈揚羅袿何承天詩　施元的結羽釵王粲神女賦
三子釵崔瑗有銘　雨絕雲乖張載
渠公之街莊徐無鬼　離袿
纖袿漢書　總街管子湯有總街之誹以求言也
鸞栖槐載記童謠云長安大街兩邊種槐下走朱輪上有鸞栖
天不能死地不能埋荀子　氷藍符益宮羽相諧六朝詩
璚琄齋嶺南人養璚琄齋每至甲子庚申輒不食謂之璚琄齋

十灰

鹽豉千甈 音台器名貨殖傳
攝提運杓文昌承魁 陳琳大荒賦
銅魁 美斗也
赭魁 黃獨一名赭魁本草
隱陵君施酒文臺 列士傳在魏地○史
聖人以妙外往諸子以方中來 晉李軌語
榛娥臺 吳王作方言
乾災 天灾也漢書
石菑 揷石水中也漢書溝洫志
山莓 苦也爾雅
丹光抱瓊臺 杜
半月臺 在單父太白有詩
領宮嫁而天下化楚女悲而西宮灾 漢文
蹄涔無尺鯉塊阜無丈材 淮南

徒御犯冰埃 沈約
蒲縈臺 在無棣秦始皇東巡處也至今蒲皆縈結
琴號珠柱書名玉杯有棠梨而無館足酸棗而非臺
閬中有彭池靈臺 孔子內讖
彫俎雲臺 選
黃帝立明臺 管子
髑髏臺 勃勃赫連作
圖往鏡來 後漢
燀以秋橙酤以春梅 七命
覲容梅梅 禮喪容也梅梅猶昧昧
騰猿飛鸓 張平子
珍盤薦雕梅 太白
九英梅
彈琴擫龠流風徘徊 張平子
淹徊 唐詩
安翔徐徊 相如傳
從徊 漢昭帝廟號
徊徊 楊雄賦徊徊徨徨
遲徊 松陵集梅詩寒艷尙遲徊

徘徊 庾信文○宋仁宗賞花釣魚應制賦詩羣臣押徘徊字無別出者至爲優人所譏偶思索得此亦知古人倉卒亦有遺忘何遽謂無耶
置貧本而樹奢媒 後漢
紙九萬枚 枚幅也語林
睡蓮晝開夜縮亭草晝縮夜開 北戶錄
鼓滄川而浪龍魍 晉書
承翟而回 世說
鳳林鳴酯 仙酒也○武帝
盤螯卽金液糟邱是蓬萊 李太白
英辭雨集妙句雲來 仲長子昌言
鴻裁 才高者苑其鴻裁○文騁
爭糠非易辨疑璧果難裁
明臺 黃帝臺名管子軒轅有明臺之議
綵攢朱開 梁元帝
白雲蒼梧上丹霞咸陽來

簡文 雲逐魚鱗起渠隨龍骨開
庾信 督郵捕蝗去亭長說烏來
庾肩吾 吹臺 師曠作樂處
繁臺 梁孝王吹臺爲繁臺
平臺 史稱吹臺爲平臺
雪臺 謝惠連作雪賦又名雪臺○實一臺也
沔出月台 山名
覆宿堆 堯遭洪水擊舟于覆宿堆卽夏屋山也今之五臺山○九域志
黑龍見元門開 陳湯傳謂微行出入不時也
向虛鑿背槁槐 枚乘
瑣槐 風俗記博昌東北有瑣槐縣在濟南
霜被守宮槐 王筠
金谷玷臺 水經注金谷卽玷臺之西溪也
涼埃 鮑詩源埃晦平皐
冰苔 露色染春草泉源潔冰苔○鮑

漢時光如月秦祠聽似雷（盧照鄰）
窮谷之汚生以靑苔（淮南子）　楊儀居上洄楊顒居下洄
（水經注）　西郊不開（書費誓序）
本覺爲如今覺爲來（內典）　螽臺（睢陽有螽臺廻道似螽形○水經注）
白鷄路出靑髓巖開（國清百錄）　龍道雙回鳳門五開（李庾西都
賦）　氷城朝浴鐵地道夜銜枚
（梁元帝）　颵臺（戲於颵臺見赤生○黃庭）
龍堆（蒲昌海岸餘溜風吹稍成龍形故名龍城又日龍堆也水經注）　薦梅（淮南子八㯲薄食薦梅○草實也壯如桑）
鐇斧曲戾彈沐斜埃（禪頌）　蠭翔臺（淮南子雲臺之高隨者折首而蠭蝱）
（枇色赤今蛇苞也）

適得以翱翔而濡足　芙蓉爲媒（楚辭因芙蓉以爲媒兮憚褰裳）　秦皇御宇豐貂東至獬豸
南來（晉志）　麗玉明瑰（奇傳）
十一眞
除愛氷斷苦輪（梁武帝樂章）　洪源七輪（桑乾河有洪源七輪水經注）
寒谷由來不倚春（武元衡詩倚借也）
鶗鴂犀晨（楚辭）　裔民（國語○凶惡之民放在荒裔）
會臣（左襄十八年末臣也）　希高者挹其遺風漱流者
味其餘津（遠公傳）　尋香人（西域謂娼妓日尋香人）
候館同魚鱗（韓亭晝鳥羽○可對郵）　鴻鴈在申（詩緯汎歷樞詩四始之二）

山無角水無鱗（太元荒年也）　東海之波臣（魚莊子）
帝舜之世鳳皇司晨（尚書中侯）　錦車持節馮夫人（漢宮人出使西
域○西域傳）　錦繡千純（國策）
藏秋仲節麗景初辰（梁元帝）　炳炳鱗鱗（揚雄文）
洪波振壑川無恬鱗（選）　室邇人曠物疏道親（任彥升）
喣氣成虹蜺揮袖起風塵（趙都賦）
逍遙選艮辰（選）　風無纖埃雨無微津（左思）
不貴咫尺之玉而重寸陰之旬（司馬法）
士佩瑞玫（禮○玫即古珉字）　靈貺自甄（光武贊甄表也）
進退屈仲不見朕垠（淮南）

東溝大河南阻商山西采雍梁北鹵涇垠（揚子論秦形勢）
朱垠（南方也選注）　海濆（東方）
遊子樂其俗故有五民（五方之民也漢書）
國危無樂君國安無憂民（荀子）
鳴石列于陽渚浮磬肆乎陰濱（江賦）
霜旻（古樂府）　火旻（選）
守其銀（銀分限也荀子）　元冥適鹹蓐收調辛（七啓）
烟詵碩麟（揚子雲）　藻不彫朴華不變淳（陸雲）
山敘錞　魚錞
鳳錞（樂書錞所以和鼓周禮金錞和鼓）　鏨人（揚子稱叔孫通）

彫談筌與旨妙辯潄元津駱
馳逐好名晨鮑　依林戢羽托水藏鱗沈約
瑞輪渾天器也　焚輪大風也爾雅
途遍九軌國達四輪唐文　月御案節星驅扶輪選
關山信月輪杜　向詡不慕時倫汝南先賢傳
陂陂浸湖淪韓　西瑁協律南岜迎神盧思道
朱陽否於素秋元陰抑於孟春蜀志
翹首希元津宏明集　緬懷結寂夜味藻詠終晨
宏明　紫霄籠三辰張君祖
來如降燕往如飛晨徐幹詩○晨風也

獮猴看櫪馬鶗鴂喚佳人白
移談講樹就簡書筠庾信　鏡神名紫珍異苑
禍與福祠貫生與亡為隣國策
玉山照人裴叔則　朱塵楚辭
讓塵泰山不讓塵　揚堁弭塵止言以言猶揚堁弭塵淮南
聲塵聲銷無塵楞嚴　六塵色聲香味觸法
燈輪陳子昂元夕詩　海漘東瀛海漘唐文粹
河漘詩疏　靈春曹毘詩靈春散初澤
九旻九秋也庾信賦歲九旻之暮月　麇畯博物記曰千千爲羣掘食草根其處成泥名曰麇畯民人隨此麇畯種稻其收百倍○畯音逡

子輪晉書陸機傳蓬籠之戰子輪不返　五津水經大江自湔堰至犍爲有五津白華萬里江首涉頭江南也　白華津注見上
鴈臣北方酋長秋朝洛陽冬還部落謂之鴈臣○史
撫塵東方朔與公孫宏書撫塵而遊垂髮齊年○撫塵猶聚沙
兩甄左傳注將獵張兩甄置左右司馬兩甄猶兩翼世說桓元好獵雙甄所指不避林壑
鮮雲臨葆蓋細草藉班輪柳顧書
日加申日在申時也郎顗傳　烏無世鳳皇獸無種麒麟
符子　南有從楚西有衛秦列女傳
頹風巳扇雅道日淪晉謝安傳贊
紫造浮絳晨仙詩　巾金巾字曰眞人巾金巾黃庭

檖途辛道藏詩潄此紫瓊腴方知檖途辛　鵷鷺集朝倫源乾曜
蕭索輪囷鄭雲之狀　蜀雲如囷史記引兵書
崇基仍崙水經注　冠雀津在介休縣又名雀鼠谷○水經
魚官上津酉陽雜俎鱣魚三月上官于孟津　樵歌喑讋春漁枻亂江晨
靈兢月中兎也古詩靈兢解黜元霜汁　女愛不敝席男愛不盡輪
虞羲春秋後語　楚焞灼龜具也史記
命民謂愛爵者猶云命士命婦也見玉藻疏　江水肥仁淮南子汾水濛濁而宜麻濟水通和而宜麥河水重濁而宜菽洛水輕利而宜禾渭水多力而宜黍漢水重安而宜竹江水肥仁而宜稻
公旬周禮均人豐年則公旬用三日中年二日

無年、一日
景風之賞未甄 景風之賞未甄膚愛
之言五及○度尚傳
結彩成春 梁簡文書
邪辰 凶辰也 翼奉傳
聞碧鷄之長辰 摯虞賦
鏡奩幽鳳塵 張協
體輕蚊翼形微蚤鱗 小言賦

十二文

朴以皇質彫以唐文 後漢書
山文 麗日爆山文 鮑
重芬 一廓分爲二廈也 張敞傳注
柳芬 左傳鄭伯敗楚子柳芬
纖纖乘風連雙鶴於青雲 詹何之弋○列子
堂上不糞除郊草不瞻芸 荀子
嚴駕佇霞昕 梁武帝
華蓋君 仙人○杜

三歲杜君 幼主社稷若周成漢昭也○劉向七錄
電收曜虹戢文 顏延之賦
光緬没泗氣溢敵汾 鼎頌
花然樹色晉畫波文 張正見
駁文 說文班駁文也
鶴雲 易緯春雲如白鶴
吹雲 陳思王有吹雲贊
繪雲 易通卦驗
尋烟染芬 選
澤芬 白芷也草中
師褒分 分半也公羊傳又荀子桓公汰侈以齊之分奉之而不足
緹羣 山名在天水隗囂傳
含言笑而不分 陶
青雲爲紛 紛擬也 子雲
長轂雷野高烽彗雲 選
周雲 同雲也○淮南
公賁 翡翠名 方言

蜎化爲蚊 通俗文
紫㚰 唐制南方貢柑以紫㚰包分賜公卿
素礫嵒修渚南岳無餘雲 陶
二班懷文裁成帝墳比㒵遷董兼麗卿雲 後
吸湛露之浮涼漱凝霜之餘雰 楚
煮豐燒薰以發其芬 潛夫
吉雲 國名 神異經
崇雲 崇雲臨岸駭 選
斐雲 惠連詩芳颸起華薄斐雲興翠嶺
無上將軍 漢靈帝自號無上將軍
衣錦將軍 錢鏐號其幼所戲樹
霜氣 霜氣含月彩○邵陵王
族雲 王筠詩連山卷族雲長林息眾籟○莊子雲不待族而雨
綵虹纓高雲 張協
桂樹籠青雲 吳均
炎都褰埃旻寓滌氛 袁淑秋賦

衡山如陣雲 湘中記
揹雲 瑞雲也形若樹 揹○瑞應圖
倚聞 猶側聞也 南史
升雰 鮑照喜雨升雰浹地維
採性及華月追節逐芳雲 鮑
東顧三洲之隔西眺九派之分 鮑
孤帆度綠氣寒浦落紅曛 孫逖
濯魚雲 雲如魚鱗○相雨書
萃于霞氛 蔡邕終南山賦
多賢不可以多君無賢不可以無君 莊注
紫氛 奮翅淩紫氛 選
鴻紛 楚辭
妙音難文 黃童妙音難可文 黃庭
文臺墮垂都焚 戰國策魏事
淵無潛石淺鏤沙文 水經
薛雲芸 魏文帝美人名

金漿隆醴玉緯垂文唐文　邀誠南凱延首東雲袁豹讌讌
景仰之輩觀風繼踵遊息之位附影成羣高僧傳
水華競秋色山翠含夕曛唐詩
涔雲涔大滀水也雲出於涔似波水也○淮南翠被君也鄂君
牽雲李賀詩曳雪牽雲留陸郎　密髮虛鬟飛膩頰凝花勻
同上　妙鬘雲華嚴經
貝雲同上　隱金碣王建宮詞

十三元

鏤靈山梁孫原相如傳　魏闕際青雲大厦擬昆侖
淮南　金商在律炎涼始胥胥分也王

元長　邱言空言也○選
燕朱殿設紫花墩賜坐從龍示異恩王陸
登白蘋楚辭登白蘋兮騁望　日字光芒動奎鈎氣象溫
御書　錦沙村在新安崔顥有詩
靈昆苑名後漢　幾事不密禍倚人門後漢
殘燭將銷蠟離絃欲罷鵾唐詩
客至無貴賤無留門史鄭當時　唐園唐塘同○晏子
雨足雲根曹毘　二月爲天門說文
青鶱寺名白馬青鶱初學記　去婦不顧門萎韭不入園
諸葛亮集　粉昆交及甫抵書邢怒曰濟之以粉昆世謂駙

馬爲粉侯韓嘉彥尚主忠彥則粉昆也　引繩排根漢書
芝草無根醴泉無源晉書　鷄園佛寺
庭流松響戶接雲根沈約　班超旣返盛憲猶存劉思
元龜食蟒飛鼠斷猿王起陰符經注　松命根廣志云松命根過石則偃
琅園道宮也仙詩　奈園曇摩禪院
拔我疑根內典　檀痕檀痕衣上新○花門
走犀首於岑門史記徐廣曰潁陰有岑亭
金瀣清逕象渚澄源晉功臣表　龍侯種瓜逃相灌園李德裕知
止賦　顏氏希有虞隰子慕黃軒
嵇康　屯烟擾風穴積水漏雲根

孝武帝　奈園伽藍記白馬寺奈七斤唐詩奈園欣八正
筍門淮南子龍蛇蟠郊笠居羊腸道發筍門○筍所以捕魚其門可入而不得出也
玉池清水灌靈根黃庭　赫燡燡而燭坤選
弔影慙連茹浮生倦觸藩駱
鳳詞淩漢閣龜辨畢周園盧照鄰
聊遊目而遨魂曹大家　孔子宿南屯明日遂行注
積惠重厚累受龔恩淮南　必杜然後能門愼子匠人知爲門能
以門所以不知門也必杜然後能門

十四寒

土鼓夜迎寒周禮　歕堰嫩灘宋河渠志

河漢沍而不能寒莊　扈岑漏景曲阿留寒王筠
陰盤在安定古密須氏國秦遷白起于陰密是也
歲既單禮記　華鬘以花飾髮也○內典
寶鬘同上　孔子墓上有毚檀史記
上山斫檀榽橀先殫古諺　拂墀聲之珊珊宋玉
藍池清沼素波朱蘭金鉤芳餌纖徽華竿崔琦
遺芳結飛飈浮景映清湍陸
若流波將瀾宋玉　扈江蘺紉秋蘭騷
夕歸次于窮石朝濯髮于洧盤騷
冱寒隆寒也劉歆賦　駁鶹馬名亦作驖韓

崔文黄散負局紫丸劉孝標　池鳳臺鸞唐文
疇官　林官
橘官漢制　鳳清遽谷景麗脩巒顏愷之
陵黄岑挂清巒七命　五歲有鳩車之戲七歲有
竹馬之懽幽求子　鳳丸鳳卵也山海
怨西京之折盤張平子　墱盤選
碧籌攢采棁紅袖拂骰盤白
巖居川觀范曄傳　天白鴈行單梁元帝詩
山峯染月寒同上　玉宇瓊千類要
稱旌繁繁馬飾也音盤○左傳其可以稱旌繁乎

行衣侵曉露征舸犯夜湍劉孝綽
海老水乾易林　蒼乾素問草本蒼乾金乃有聲
鬼彈飛丸蜀都賦○山魈神能運石飛丸謂之鬼彈
賜爾旂鸞鄒東鼎銘○旂鸞鸞旂也不直曰鸞旂而曰旂鸞猶琅玕琴曰琴琅玕也可對笙鳳
漂若驚鸞索靖草書　弭節白檀漢景帝詔李廣曰將軍帥師東
轅弭節白檀　響湍晨鴻驚以響湍鮑照賦
漢水又東為鱣湍水經　且蘭
頭蘭俱地名在牂牁今貴州也　賦成鼓吹詩如彈丸王績
情瀾宴語談笑情瀾不竭○選　騰蘭騰蘭演教中土殆將千歲觀音碑
對山桂之偃蹇歌園竹之檀欒隋書

大夫欒天子墓樹以松大夫以欒禮○韵會云即木蘭也
朱欒　香欒木名草木狀
瑱桂瓊槐璐茨璆蘭阜閣山記　日月之華救光殘黃庭經
周粻秦韓粻音張粻糧也言周以粻餉秦韓　鄭瞞左傳鄭瞞北方長狄國名漆姓夏為防風
氏商為汪芒氏　哀鸞鳩摩羅什偈哀鸞孤桐上清音徹九天
長風負雪沙漠織寒支遁　犢丸箭箙也左氏正義
氷紈紈細若氷後帝記　相思木帖金舞鸞長吉神絃
誰言漢樸學正似楚枝官宋景文詩○韓非子楚悼王罷不急之枝官
烹蝨歷切蟣肝小言賦

十五刪

歡樂不照顏張季鷹　壯齒韶顏白
結雲閣冠南山選　青雀山渭水所出
流涕長潛扁鵲傳　宿粧般花名見芍藥譜
翠菅今名水葱唐詩水鷩波兮翠菅靡選　流波戀舊浦行雲思故山
百籟聾山七命
魚齒山在南陽犨縣○右襄十八年　徽㣲相連貌選
說行如流曲從如環東方朔文　四皓采榮於南山子雲
百坯山在緱氏縣　蛩山堯所葬呂覽
芿山僧所居也釋典　連陰不解淫雨毀山潛潭巴
結以朱顏漢書　鶴帶鴉顏禪頌

青鳥相冡墓白澤窮神姦顧況
半通青綸仲長統昌言身無半通青綸之命而襲三辰龍章之服
組如組綸如綸組綸二草名因形似也○爾雅
北斗殷杜詩會閃朱旗北斗殷赤色也此句祖左氏左輪朱殷及班固朱旗絳天之語今本作閑非
作猛獸須成班隋書
昌蒲冠環春秋運斗樞曰玉衡星散爲菖蒲遠雅頌著倡優則玉衡不明菖蒲冠環
旅穀彌望野繭被山風俗通　客授江湖間桓榮
黃頒地名漁陽有黃頒谷沽水注之○水經　孤景留恩顏鮑
天鼓山禹貢朱圉山開山圖謂之天鼓山有石鼓於星爲河鼓星動則石鼓鳴鳴則殃萬物庾信賦石鼓鳴山金精動宿　辯超彖輮理跨連環宏明集

錢塘鸚鵡綠吳岫鸝鴣班杜逸詩
弱水出虮山說文　蠔山即大牡礪也出水高四五尺人呼爲蠔山○廣志
玉鍊顏郝滅百雅玉鍊顏黃庭
梅岑山即觀音補陀岩也
夜光之珠潛輝鬱浦連城之璧瘞影荆山劉子
烏壘黑山在車師北　練心方外擯影人間宏明集
名貫元班高僧傳　焚山焚山也

一先

鸞川伊水別名水經注　濮鉛地名爾雅東至泰遠西至邠國南至濮鉛北至祝栗

榮椽戰國策趙獻榮椽因以爲檀臺榮椽良材有光榮者
三元易爲眞元老子爲虛元莊子爲談元○晉春秋
昆田漢武紀昆田出珍物　弄田漢書
露田不種樹者南史　皇乾皇天也東漢書
孟年少年也論衡　率然常山蛇也孫子
須鬘天內典　蔚藍天杜
紫紺錢赤反錢也○史記注　跨芝壓選
箜篌天內典　舞象年六朝文
鸚鵡川在臺登縣九州記　九璇淵淮南子
藥淵眞誥月中有藥淵日中有瑣池　茅屋采椽墨子之險○采作木

頳彩輕漣（江賦）　江雲秀天（水經注）
朱旗絳天（班固文）　玉潤碧鮮（竹○選）
平仲君遷（異木名選）　朱鳥翽翽（法言）
陰降百泉（冬日之侯淮南）　金荆家樹涵雲宅仙（江）
元俗無影水羽偶仙（選）　地柱折天祿（龜策書）
銀鷹眞白鐵馬桓元（字品○銀鷹言俊鐵馬言勁也）
百瀨夕奏山精夜然（庾氏江賦）　丹蛇繞首雄虹帶天（黃帝吹清）
（角事韓非子）　積星雲界布葉炎壢（桂樹賦）
靚粧藻野袨服縟川（選）　瑰妍（綺密瑰妍詩評）
清風萃而成響朝日曜而增鮮（選）

涵沉猶鋪百川（言水錯備也鹽鐵論）　璧大六寸曰瑄（史孟康注）
衍波牋（韋賀夢人授衍波牋賦詩云云）　商販之民形佚樂而心懸
（衒賈子）　河漢委蛇而帶天（天賦）
重觴忽忘天（陶）　華燭蟠長烟（杜）
頳峯睽酌羽流水曠鳴絃（楊烱）
鶤鷄棲翔鳳之條龜鼉遊升龍之川（公幹）
禹渫七十川（逸書）　十層赤樓帛闌舩（公孫述造）
黃帝萬諸侯而神靈之封居七千（史記）
太微方而紫宮圓（東漢志）　遠寺吐朱閣春潮浮綠烟
（顧況）

彯節去函谷投珮出甘泉（選）
淩崖采三露攀鴻戲五烟（鮑）
明月不妄映蘭葩豈虛鮮（晉書）
非梗胡為泛無膏亦無煎（張九齡）
毛龜耆下老蝙蝠鼠中仙（白）
岷謠響玉律邑頌被丹絃（選）
陵阜沾流膏谿谷壓芳烟（七命）
夜開明星館時詠女蘿絃（孟郊）
白鴻矯翮紫烟（選注）　衣天（繁星衣青天選詩注如人着衣）
彎弓闓綠弦（太白）　襞彩牋（南史陳後主宴狎客先令宮人襞彩

賦詩）
哀籥清緜（陶琬之詩）　雨霽烟褰（英華）
分烟（曾連子一竈五突分烟者衆）
箄舡（東漢南蠻傳注縛竹木爲箄以當船蒲皆切今作牌）
懷橘之歲（闕）　李之年
元黿水翠嫣川（神龜出元黿龍馬起翠嫣○緯畧）
雄飛入元莬雌去往朱鳶（沈約）
豹文鞹（虎文衣袴豹文鞹唐書）　琵琶川（在越巂唐書）
仲夏雨濯枝盪川（風土記）　義自鮮（約得萬遍義自鮮黃庭）
漢闕中黃近秦山太白連（李乂）

藻帳越星波玉鯑渡雲川王褒七襄怨
南北二元謝元爲會稽內史張元爲吳興太守號南北二元○晉春秋
星田殷殊賦觀瑞頌於星田　玉賢仙詩齊首招玉賢玉賢猶玉人
銜蟬猶○拾遺記　我出有爲界君登非想天唐
紫川水名在晉之蒲邑　旃然水名出滎陽成皐縣春秋楚伐鄭右師涉
潁次于旃然又謂之鴻溝水　華泉在華不注山下左傳
縈絃鮑詩我酌子縈絃　貧煎謂貧而生計煎迫也○傳燈
丹禁玉鷄川宗楚客○玉鷄洛陽事　庭樹欲銷蟬盧
朝承恩而袖斷夜托夢而衣穿劉知幾賦
蚡泉瀆泉也○公羊　潮泉在潯陽鷄籠山朝夕應候不爽○潯陽記

均藻　卷一　三八　第十七函

砂泉赤色在黃山　暢幽悄古詩
瓊粒之年劉子涓水旱之年粒貴于瓊也　訪地脉川水經注
墉城積金爲天仙經　智慧泉五祖偈巍巍七寶山常出智慧泉廻
爲眞法味能度諸有緣　帳天南人謂帳頟曰帳天海棠譜
釣轡藻韉馬賦　飄雲衣於八極泛香風以
窮年劉遺民文　江濤讓雙璧渭水擲三錢駱
舞涓漢女官名　龍涓養安騏校進駕龍涓謝莊馬賦
瀆田管子注川溝而漑田曰瀆田　淵田
溯田　堰田同上
施紅點翠照泉長吉詠穆天子　七涓七消有憐張平子

二蕭
餴條殷浩餴條豐蔚世說　蝸髻小兒結髪娲也○幽求子
雄陶舜之友鶡冠子　元髻選
紫藚石蚨也蚌屬似草江賦石蚨應節而揚葩是也
北嚻山名在蜀產異獸○說文　菩蕭說文引楚辭
靈陶石也班固文　楚苗七發
欵裕遼陶詩欵裕或遼音問其先　弦么文賦弦么而徽緩
蟞龍橋在彭山縣彭祖修眞之所　玩春翹陸機賦玩春翹而有思
神風淸蕭　望秋淸之始飈古文苑
傷吾鳳條人有折崔豹桐枝者豹曰傷吾鳳條

均藻　卷一　三九　第十七函

棲鳳難爲條選　元雲素朝淮南
仰折神蘴七命　上皇山樵陶宏景
除苛解嬈鼂錯傳　蘭薋爭翹晉書
陵驚風歷駭飈相如賦　山滌餘靄宇暖微霄陶
五雲之候八風之朝關尹子　相贈問者握蘭擷茗選注
有風自南翼彼新苗陶　游不曠林宿則森標陶歸鳥詩
盛鶴列于麗譙莊子　發金榮於秀翹陸
金藻垂瓊翹陸　楚蘺齊蘨晉藚香草郎台芷也一物
芷隨地異名　合肥受南北潮史記
百里不販樵史　秉逸韵於天陶庾亮

美哉士姚 家語

直亭亭以孤立延千里之

清颸 張景陽

朱明八佾舞雲翹 東漢樂志

浮竹遺允沉水餘苗 駱賓王謝南詔文

葉落者風搖水濁者魚撓 淮南

棹女歌采蓮輿童唱握椒

十五張內侍十八賈登朝 蕭子顯

哀蟬無餘響叢鷹鳴雲霄 陶

旌宮臨廣隰纛衛爍巖椒 劉孝威

平流鼓怒浪靜樹振驚颸 書疏序

河光清地紀山氣斂天標 王筠

鴨頭新綠水鴈齒小紅橋 白

管隰迭升於桓世先趙同列于文朝 廿八將論

翡翠棲陵苕 劉子

鶡鳩巢于葦苕 類要

窙寥 上音孝選函谿以窙寥

寶冶之饒 冶銀場也○史

狠狐張而窫窳逝虹旋建而旬始消 四夷傳

聆離鴟之悽響泝鳴林之瀏颸 傅亮

郡朝 劉寵傳山谷鄙生未嘗識郡朝注郡庭曰郡朝府庭曰府朝

隄傜 築河堤之役也漢書隄傜不息

愁居懾處不敢動搖 張義傳

小巒橋 在成都○十六國春秋

鬱臺散景颸 仙詩

秀障分霄 水經注

逴望嵾嵾若攢圖之屹霄

水經注

上霄 廬山有上霄名高與霄漢連秦始皇刻記云上霄

塵棲弱草露宿危條 釋海順文

嶓冢爲南條荊山爲東條 禹貢注并涼山中條是曰

步其林則寥朗庇其蔭則

蕭條 俞益期纘郎牋

飄姚 函嬰扶以倏風兮縹飄姚乎愈莊○漢武傷李夫人賦

春翹 選玩春翹

柘招 帝嚳師古今人表

建金標 楊氏南裔志馬援建金標爲南極之銅柱也杜詩建標天地濶

米篊 米箕也釋經

葦橋 後漢志馬耆國有葦橋之險

山梟 山顛也○管子

魚沫吹秦橋 李長吉

三肴

山爲蕢覆水爲堂坳 庾信

龍巢 在楚江梁元帝有早發龍巢詩

青骹 鷹青脛者選

嚼復嚼今年尚可後年鐃 後漢謠

空閣未風桐乳致巢 逸莊子

雜裾垂髾 七命

華桂飛髾 舞賦

嚶鳴冠于伐木援類同乎

援茅 郭景純

一淵不兩蛟 韓非子

娥媌 美女態列子

山名六爻 在梧州藤縣其山六成形如卦

爻○九域志

蟜坳 玉壁也○唐文

諸侯稱爻 王命篇爻閭注

天苞 河圖云河以通乾出天苞洛以流坤吐地

符

蘭肴蘭肴山竦椒酒淵流○後文苑　丹灤選丹灤朱湖今無爲軍
卜交楚王卜交而沛郢存戰國策　陰交私交也嚴遂陰交聶政
嘷喝楚鳩一名嘷喝○廣志　大丙弭節長庚曳髾唐文
篠吹清鐃

四豪

玉皐井上桔槔也梁元帝文玉皐不汲而銀瓮滿
逍遙蕪皐陶　獨秀中皐陶斜川詩序
陰皐陽皐周禮疏陰陽以向背分之　響不徹于一皐郭漢
奥區神皐西都　安期久視于松豪延年
河伯示金膏穆天子傳　蒼水使者捫赤絲杜

强弩之極天不能穿魯縞衝風之末力不能起鴻毛史記韓安國傳　山殺瘦澤增高太元
山之清高今之逋逃也抱朴子　斬伐橘柚列樹苦桃東方朔七諫
目招心挑史記　寒鳶向雲嘯悲鴻竟夕嗷
舞鬟金翡翠歌頸玉螭螬白
密山玉膏山海經　身處脂膏孔奮爲姑臧長力行清潔人笑其身處脂膏不能自潤
鳴鴻刀黄帝所鑄拾遺記　越舲吳艚舟名
蝮蝎蠮也　山𤢖卽山魈山海經　沙岸金籠樹燈汀玉湧濤
蕙草忘憂皐蘇釋勞王朗與魏太子書

瑤楫瓊艘抱朴子　絲勞說文絲絲勞也今按勞謂纇且紕也
談糟粕棄醇醪王績答刺史書不能揖遜邦君門談糟粕棄醇醪也
蘭蕈蕈蔦之白也○柳詩環洲彫蘭蕈　白望青曹良犬名
天香留鳳尾餘暖在檀糟李後主傷周后題琵琶云云
饑彪能嚇人爭與食餓驥不噬誰爲落毛檀珪求祿不遂云云南史
字故紙勞法琳書　墨曹刑曹也
上幕迎神燕飛絲送百勞長吉

五歌

牂牁郡名又作牂柯　巴渝嬽歌嬽音宛韓詩內傳
絲玉河烏玉河在于闐　鬲河鬲河道九牧禹之功也○賈子

沸波魚鷹名○淮　洪潭泛皇波皇大也曹丕詩
扳紫房於纖柯孫楚　孔子作公陵歌陸賈新語
伶倫作渡漳歌琴操　悽志雲阿選
曲京曰阿韓詩考槃在阿注京大陵也　反坫回阿逸周書
陰蚪負檻陽馬承阿七命　關沫若徼牂柯相如文
湹甬漏河後漢郭躬傳　靜與陰同德動與陽同波莊子
胎未景泛餘波選　刺繡韡章急就
攢戾莎相如賦　依水類浮萍寄松似懸蘿選
隆冬躍波相如賦　千翼泛輕波顏延之詩○千翼舟也
登蘋椓蠡選言太古之世　清酤如濟濁醪如河涷醴

流澌温酎躍波左思　牂牁有赤水陰山有紫河

纂要　紫的圓羅鮑蓮賦

天氣清淨神魚舞河漢宣帝詔　溺者妄笑胥靡狂歌文心

世羅陸雲賦解心累於世羅　日掌陽月掌陰星掌和管子

積石嵯峨嶔岑隱阿開山圖　神農蘿宗炳詩上旋神農蘿下凝堯時髓

五胡內屼地出蒼鵝五行志　增妖楊娥孫楚

鷹娑川名地在突厥○唐書　仙蕚河在大磧西唐書

鶻窠地名在媯州懷戎縣○唐志　嶺有懸魚岑有積螺顧愷之

首禾孔子見禾三變始于粟生于苗成于穟乃歎曰我其首禾平○淮

文烟東野武作麴歌河渠志　背梁山截汶波袁宏東征賦

均藻　卷一

丹羅青欃凌琉臺丹羅籠紫烟○鮑　蜺羅塞外水名與黃河合○水經

老子生于曲過李母冢王阜立碑　斧小不勝柯汲冢書

徵會理軸遣訓詞波韋處厚薦皇甫湜書

東負海北倚河戰國策說齊形勢　金鳳銀鵝王建宮詞羅衫葉葉繡重重金

鳳銀鵝各一叢　南盡衡羅謂衡山汨羅也○六朝文

丹青縈條翠靈柯黃庭　天阿淮南子天阿者羣神之闕也注星名

纚𦈡纚𦈡用珥璵藻　豬羅香撲豬羅新馬勒也唐詩

綏行微蹈皺文波元稹

六麻

咀芝英嘰瓊華相如賦嘰小食也　蔓華蔓菁也說文

高世伏音華鮑照　香風吹萎華法華經

歲星守心名爲重華孝經讖　炎暉抄暮金德韜華晉紀贊

馳辨如波濤摛藻如春華子雲

地牙黃鍾之月地牙始萌○易緯　三翼五牙俱冊名

仙廟冠桃花道藏詩　銅樞生秦花梁元帝詩

九衢之草四照之花選　意樹心花藻禪

野衣裁薜荔山酒酌藤花駱

風華風流華藻也南史謝混風華爲江左第一　方疏含秀圓井吐葩七命

寶擿鼓　金鑄蝸唐睿宗潛邸日見壁上蝸蛛成天字

後卽位鑄金蝸形　體合纁霞顏延之

均藻　卷一

白沙如霜雪赤岸若朝霞水經注引湘中記

犁眉騧馬姚襄　玉窪酒器也韓略

情盤景遽懽洽日斜選　文傳夢鳥學重靈蛇江淹

絕浮渚涉流沙如相

相爭也　賓沙國名汲冢書諱鄭謀變質以亡○諱鄭謂

宿沙古之善魚者魯連子

公沙人姓東漢公沙紹兄弟俱有隱節　宿鷺起圓沙杜

龍茹水清澈漏石分沙水注　沸粥紛麻百撲驟刺如沸粥紛麻○唐書

捫天摘匏瓜太白○匏瓜星名　荆芥粉霜棚膠結砂丹房鏡源

𤬏沙西域國名內典菩薩暫過𤬏沙王　赤沙湖南有赤沙湖雜石縣有赤沙皋

玉耶佛書有玉耶經玉耶帝釋女也　昔耶苔名古詩金鋪照昔耶

建邛鯢鰒生建邛淮南　毛姬餌葉鳳子藏花鮑
烟澹彩月籠華文苑露賦　塞蘆隨鴈影闕柳拂駝花盧思道
楊巨源　河光似纈樹彩成車
胠沙荀子浮陽之魚胠於沙而思水則無逮矣注胠去也義與莊子胠篋之胠同
流金騧回記駁馬名　鑾羽驤霞老子贊鑾羽驤霞影玉京而凝
眾妙
沈家令之謝戭馬生松黛楊師道之佳句才掞烟華
賁花賁花千偈標月還歸　覺花覺花才綻徧滿娑婆○禪頌
頳華王勃詩頳華　刀屏畫春草仙杼織朝霞
王詩

戒月悲花戒月悲花耿三空而列耀心珠道種瑩七覺以交輝
池皎八淨之水林明七覺之華內典
夜風吹熠燿朝光照昔耶昔耶苔也○王僧孺
七陽
乘渚之陽宋玉　白琅霜仙藥
越奔沙轘流霜　襄荷依陰時藿向陽綠葵
含露白薤負霜　捆霜脂粉也仙人王子可詩
鶴警露鶴警霜古今注　當爲秋霜無爲檻羊東漢書秋
霜殺物檻羊爲人殺也　玉瓖馬飾
土肪黃精　三香椒欓薑也爾雅翼

燕尾艎舡名　芷閣葯房楚
雙椅垂房選　銀墉桂廂仙宮
武王伐殷左驂牝騏右驂牝驥列女傳
堂皇堂無四壁曰皇西漢　廻皇選
聿皇疾貌選　五芳五味之芳也鹽鐵
韻芳曲江詩　望之者目眩近之者鼻芳
陸子　幸扳龍驤得接徽芳選
沐蘭澤含若芳宋玉　奇幹善芳禽名王會
越裝王僧孺爲嶺南太守囊無越裝　火入室金上堂李尋天文疏
嶓冢之精上爲封狼河圖

雖有親父安知不爲虎雖有親兄安知不爲狼史韓安國傳
褭其蕭狼爾雅序　魂魄在央黃庭經
荒兮其未央老　曲臺央選
虎方西方也南宮中鼎銘　鏤方在樂浪浿水所出
浮囊以羊縫合渡水者○內典　紅蠶緣于枯桑其繭不黃
太元　蹉跎歲再黃陳子昂
招翠黃馬名選　元羌匈奴
薊丘之植植於汶篁樂毅書　瓜當瓜蒂也龍魚河圖
琅當長鎖也漢書　倉唐鋸也說文
珍圭以恤凶荒周禮　日月之光益荒鄧子

桑梓翦爲龍荒晉書　遊鶩朔幸龍荒水經
室皇冢前闕左氏　元武伏川梁鮑
中坂遥望宋玉　望舒涼室羲和温房刑子才
朝發搏桑暮入落棠淮　元蛤拖璣駮蚌含璫徐幹
貨我東囂償我白粱河圖談　詩商商哀也荀子
堯漿樹上水也劉子　岩景藹朱光盧照鄰
鳳歸昌西江詩　采奇律于歸昌選
翼王天倡天文　紫車葦裝郭林宗
赤華之舍青豆之房皆梵宮事梁元帝
班固遺弟虎頭盤囊古文苑　戴朗月之華冠綴太白之

明璜摯虞　金玦牙璋唐書
錦襠僧圖澤見婦人錦襠而汲者曰吾當爲之子
猊糖以沙糖作狻猊形○東漢顯宗紀　鑑似崩霜典論說劍
鬱卷倉囊莊子○不申舒兒　林籟結響如竽瑟泉石激
韻若珠鍠文心雕龍　瑞草生金地天花照石梁
張正見　風去蘋日登桑陸倕
元王漢書周之始祖元王承黑帝之後也　聊蒼書名嚴助著又作膠蒼皆縱橫家○漢志
洛鯉伊魴貴於牛羊爾雅注　朗月垂元景洪漢截皓蒼
李充　初商應碩詩初商奄云至
天翠合岐梁蘇頲　二丞方于管轄八座比于

文昌劉洎疏　貝囊易林喪其貝囊臥拜道傍
霞擁朝陽素問
門嫌磁石礙馬畏鐵菱傷庾信
杪冬嚴殺氣窮紀送頹光李嶠
瑶階變杜若玉沼發攢蔣劉孝綽
天帝服元禳文王夢天帝服元禳以立于令狐之津曰昌賜汝望○周志
愛戾于鄒剪茅作堂韋孟詩　錦浦坊在成都○十六國春秋
景房道藏詩披丹登景房　左耆黄右擎蒼樂府
湘中琳琅羅含　鶖漿郭璞云在解縣張陽池東翠柏蔭峯清泉
灌頂發於上潛於下　鴻衣羽裳道流也

雀梁穆天子傳東至雀梁酈道元云在滎陽黄雀溝
鵲倉大名徐偃王所育事司槃瓠○地理志　二殺虎口九折羊腸鮑
夢峽啼湘唐人樂府　西霜家景公登虎圈之臺而射之矢踰于西霜
之山湲羽于石梁○關子　五涼涼州之地南涼北涼西涼前涼後涼也
豈無十室之邑亦有三家之堂鮑防問津賦
瓊篁李百藥望賦　焚燎羶鄉報以蕭光禮
羅匡汲冢書有羅匡篇救荒法也　大匡
小匡同上亦訓法也　傴巫跛尪荀子
鼓聲不過閭鐸聲不過琅司馬法長瘠容也　纁黄楚辭與纁黄以爲期注纁淺絳色日將入
方皇淮南子南望料山以臨方皇

時色纁且黃也　太皇楚辭注太皇之野大荒之藪

升裝分綿出帝京升裝奉皇穆沈休文　壽房龜兆名順烈梁石立太史卜兆得壽房

黃唐土之虛脫曰唐今俗猶有唐土之語○管子

青商土性之名管子　蘅薇香張道陵母見天人自魁星中以蘅薇

香授之感而孕　棲烏上井梁長吉

羅薰褶袴香　散黃分黛邑薰衣雜裛香

玉臺

八庚

豐山有鍾霜降則鳴黃河有鍾陰雨則鳴五行記

烟視媚行新婦態也呂覽　蟄螢李長吉詩

雲卷霞纓寒山子詩卷古袞字　太白暉芒鷄必夜鳴辰星

光盛馬必晨驚劉子　秋月明而孀婦思林風響

而舟人驚同上　建社開祊晉書

商容觀舞列子吹笙尸子　夷庚大道也左傳

浮蟻蠓而上征平子　修行砥名游俠傳

隆墀永歎遠壑必盈易畧例　田更田叟也漢三老五更更亦叟也○列子

躍靈畢而西征選　瓊臺十成天問

朗境以待河清蜀志　蘇武以禿節效貞東漢書

緼韍幽衡禮○幽讀作黝　丹邱千年一燒黃河千年

一清拾遺記　殷憂啓聖明選

紫萌采烟拂紫萌○袁象　憂生孽卿星經孽卿姦臣也

離羣會壘卿孟浩然用子壘客卿事　飛翮纓折翠毛以爲冠纓也○江充

雲精江賦　朏明未明也

夐明大明也淮　丹邱晝夜常明仙經

正機平衡史　懽情留良辰征選

蜻蛚鳴衣裘成古諺　山再成曰英爾雅

楚葍秦藑舜華也說文　結瑤搆瓊左思

望影揣情選　積毫成仞累爝爲明竟陵王子

良　望塵僄聲潛夫

江東步兵張翰○步兵指阮嗣宗　根雖割而琯徹柯既解而

綵縈鮑連賦　急趨無善步促柱少和聲

瘵肌非鼎食拯溺不規行王充

簡與禮相背嬾與慢相成選

嵇叔夜酒杯徐景山酒鎗竟陵王贈何點

生無一日歡死有萬世名列子

初鶯庾闡詩初鶯命曉　搴玉英楚辭搴玉英兮自修

御馬不釋策操弓不反檠家語

芳冠六清張載詠茶○周禮飲用六清　遠樹低槍壘孤山出幔城

唐詩　蚌城荊州有蚌城上大下尖其形似○荊州記

宏治膚清叔寶神清名士傳　回軫還衡枚乘賦

甘英漢人與張騫同使西域　九嵕盧龍塞自林蘭陘至清陘險坂九折故名
九嵕○水經注　銀衡測景臺上有銀衡
獨香風於杜衡文苑　喜見狂奴態羞爲老婢聲
張佑　玉露催紫榮江淹
澤立三廣山立三衡國語　荒成吳語荒成不盟注空成不用盟也一
枯槁之士宿名莊子○注枯槁一生以爲娛所寢宿惟名而已
道榮莊子注高遠悟淡者道榮也　夷庚左傳以塞夷庚注往來要道
隱龍遁芝雲琅英黃庭　俯噣鯈鯉仰嚙陵衡莊辛說黃
雀諫楚王　梧下先生戰國策魏之隱士可對蘆中漁
父　鳥有擇木之性魚有選潭

均藻　卷一　三三　第十七函

之情劉子　埜篌城在代北水經注
醫魁城述征記醫魁城至醋溝十里　宮硯沉碧山鑪泛清唐文
連飛纖鳴章執誼翰林故事　吾能傳曲而不能移情琴操
公孫龍粲於辭而貿名貿市賣也
露城甘露城佛寺也高僧傳　泉英泉之精英猶言水華也
碧杜紅蘅湘妃廟仙記　三英三英離不結李陵詩

九青

瑤芝正翁翹玉樹信葱菁江文通
翠觀岑青七命　五圖發金記九篇隱丹經
陸　邱亭空亭也息夫躬傳

麗句亭秦系　灃水出潛亭山名東漢
寶在夜愈光芳處幽彌馨晉書
丹影如金星蘇仙橋井車見仙傳　暖谷寒亭俱在道州地相近而氣別
冠霞登彩閣解玉飲椒庭沈約
末庭荀子○在庭之末也　彤雲斐亹以翼櫺選
鈍丁持瓶爲堅子捧鉢爲鈍丁○內典　中坐垂景俯視流星選
麋鹿寓城荊棘旅庭左思　重輪貳轄疏轂飛軨張平子
賓軨地名穆天子傳○左傳作顛軨在沙澗　鴰鶡催明星杜
相如受七經秦宓傳　傳言失指圖景失形韓詩外傳
吭瑤以延生咀藥以引齡符子

均藻　卷一　三四　第十七函

麓泠交趾水名　縹蘂翳流泠支遁詩
顛軨河東大坡名○左　揚聲止響顧影勞形傳燈
范蠡爲結童一癡一醒越絕

十蒸

魚陵在南陽左傳　魁陵小阜也○國詩
烏陵伊尹起處春秋緯　堯生于丹陵世紀
魚子深紅纈蜻蜓淺碧綾段成式
公平者職之衡中和者事之繩荀子
仲冬邊風急雲漢復霜稜陳子昂詩
登高者下代之悽鶡冠子　植橘柚于元朔帶華藕于

修陵選　協風傍駭天暑仰澄選
素綈錦冰鑑鹽　風輕桃欲開露重蘭未勝
謝莊　劉飛翠會會擧也○九歌
天白顥顥寒凝凝大招　華誕生于矜淮南
露滋月肅霜戾秋登古文苑　臨廣望坐百層選
胡繩索胡繩之纚纚○楚辭香草也　隨飄風之所仍九章
大異重仍漢書　篦簬雜于叢蒸東方朔
放準循繩淮南　踐達草撥蓁芿梁元帝文
才佯撤燭學謝傳燈宏明　燕朋禮
淩寒叩冰欵冬花淩寒叩冰而吐花廣志　扶芳藤薛蕃

均藻　卷一　三四　第十七函

灌木壽藤　麝滕今之香袋
傳絙長繩係兩端子梁人從繩上行也○選注　在南爲鶉在北爲鷹崔洪
芳苡燈漢武製○洞冥記　寶泓硯池也
狀雲洩而雨駭或花明而雪凝鹽池
神龍驤首幽雲景蒸馮衍與陰就書
金羊燈漢李尤有金羊燈賦　寂陵元魏葬廢石號曰寂陵
嵐浮紫蓋秀擢朱陵南岳　壂瞭剿茐鮑
洪稜唐文粹洪稜燈乎荒外　霜稜陳子昂詩仲冬邊風急雲漢復霜稜
禹有五丞戰國策　愵永思以增傷乃揮雹而
淚冰陳琳大燈賦　梟飛而維繩管子梟飛而維繩不能翱

翔也喻摯射　糺思心以爲纕編愁苦以
爲膺楚辭
十一尤
北方元州河圖括地象　地喉鄭元云大伾山地喉
英裘鹽鐵　倉頭衣綠韝後漢外戚傳
此山梁之秋喻用人之時也○論衡　馬驃赤君爲棗騮爾雅注
峯牛郎封牛東觀漢記　飛龍秋秋飛貌漢樂歌
秋秋揚雄賦秋秋蹌蹌入西園　埒婁城名在西域
桂婁高麗地名　治由女子笑兒賈子
鵷鳩郎班鳩　吟齘賈子吟齘堅控

均藻　卷一　三五　第十七函

淚竹感湘別累珠懷漢遊鮑
魁父邱小阜也　三邱三神山也張平子
寅邱小阜淮南　壽邱黃帝生地史
孔子辭廩邱終不盜刀鉤許由讓天下終不利封侯
淮南　深哉瞷瞷違哉悠悠且冬
且夏且春且秋同上　翬翡翠鉤鰋鮋下高鵠出
潛蚪選　研桑心筭隸首運籌晉書
菌閣蕙樓王褒　訪迹雖中字循寄乃滄洲
蕭子雲　歲華滿芳岫虹彩被春洲
宏明　歷九曲兮牽牛王褒

願假簧以舒憂（劉向）　道性天悠（蕭子良文）
緹帷彌津丹帷覆洲（劉公幹）　以中材而涉亂世之末流
（史游俠傳）　方艅艎連艓舟張雲帆施
蜺𪄀（東漢）　鳳皇秋秋（荀子引逸記）
元股之國衣魚食鷗（山海經）　赤螭青虬遊冀州（淮）
苕漚（左貴嬪賦）　疆蔓（大戴記疆蔓米戲）
萑蒲之盜篁竹之酋（史）　元柜黃發（選）
恩從祥風翔德與和氣游（漢書）
瑒琲（江賦）　啓迪鴻化光照六幽（東漢）
鬱悠（揚子方言）　沐而飲酒曰禨羞（禮疏）

淵客築室於巖底鮫人構館於懸流（江賦）
逸虬擾雲奔鯨駭流（陶）　粉侯（世謂駙馬曰粉侯）
星鄄（文粹）　陽氣萌而元駒步陰律凝
而丹鳥羞（文心）　湘夢極南流（宋孝武帝）
晼周（周末也漢志）　亭呂望於鄷洲（鄷洲呂望釣處○馮）
（衍賦）　時和氣晼景麗雲柔（簡文）
歲晏東光弭景昃西華收（王融）
山沒邱浮（洪水也易林）　射鴈樓（晉書劉曜攻長安帝奔射鴈樓）
八騶（王融云車前無八騶何得稱丈夫）　鬱島藏深竹前溪對舞樓
（孟）　楊葉洲（在湘江口侯瑱破○唐）

馮軒搴木末垂堂對水周（沈休文）
窮魚之邱（竹書紀年荀瑤伐中山取窮魚之邱）
頓牟（論衡頓牟掇芥注琥珀名）　臨滄洲而謝文伯登箕山
以揖許由（阮文）　君日不悛以樂慆憂（左傳）
我寧山頭望廷尉不能廷尉望山頭（晉蘇峻）
兩江珥其市九橋帶其流（揚雄蜀都賦）
鐵邱（左傳哀二年郵無卹御簡子登鐵邱以望鄭師注在濮陽縣北有子路冢又與王遭金緹相近）
椎水濛流（水經注）
釜邱（禹貢陶邱墨子謂之釜邱竹書紀年薛侯來會王于釜邱）
甲庚溝（水經注沙水之瀆西南達洧日甲庚溝○可對子午谷）

白沙郵（在蜀之湔堰李冰誓水之所古詩有白沙一百八渡青城三十六峯○益州記）
崢嶸洲（在江陵劉毅破桓元于此洲唐詩崢嶸洲上飛黃蝶灩澦堆邊起白波）
醋溝（水經山氏城北高榆淵又東北醋溝水出焉）
越漚（王會篇地名今作甌）　離邱（貫匈雕題離邱漆齒西戎別名）
瓊羞（折瓊枝以為羞楚辭）　白華縞陽林紫蘿爆春流
（謝莊）　颼飀（風聲也說文俗作飀）
德遊（莊注今子與我德遊耳非與我形交）　苛留（關津苛留王莽傳）
周留（水牛也廣志）　樛流（上音鳩猶周流也子雲賦望昆侖以樛流）
皂遊（史記舜賜伯翳皂游游即斿也）　綠鷁葱鷺（魯都賦）
先遊（紹介也猶言先容鄒陽傳）　繆悠（莊子）

均藻

飈悠紛飈悠以容曳東都賦　黃收堯黃收純衣史冠名
三邱三神山也思元賦　揖勒鞬輈崔寔政論
於謳於謳聞之元冥莊子　膩鼎腥甌茶經
皦幽戰國策管仲南陽之皦幽魯之免囚也　明熠傣堦流王融
魯無鳩宣子曰句在此敢使魯無鳩平鳩集也○左襄十六年　竹囚晏子春秋
羽獵之日鷹隼之秋水經　筆彄禮喪大記管人注管筆樞也
螟風無隧犀塵不遊宮室　白州爾雅白州驢注周竅也
延樓連樓也淮南
羽毛分其彭馳馬融廣成頌　孔子坐如蹲龍立如牽牛孔宮圖
立春之日垂青幡而策土牛鹽鐵論

均藻　卷一　三六　第十七函

十二侵
覆岑羔辟也禮　舟未離岑岑岸也莊
黃岑　蒼岑
東岑並選　飛岑
艮岑杜　海中連岑地志
史岑漢人作出師頌　山水緩歸心沈
秋光近青岑　古香青桂岑孟郊
閟瑤光之密陛宮虛梁之餘陰宋武帝
蜩螃唱秋蟻子戰陰物理論　鷰陰地名在涼州○漢書
激水不漪喬木無陰古文苑　陶鑄塵心續高僧傳

秋食淪陰日沒係赤黃氣也仙經　柔葉呈陰素問
吉金姜鼎銘　曉益俄金俄轉也選
雲裝信解綾烟駕可辟金選
至信辟金莊子　王屋洛林戰國策
夾林在魏地國策前夾林而後蘭臺　上方候月餂鑄刀劍鉤鐔
韓延壽假人參也　蕪菁唐突人參陳尋語今俗謂蘆菔
背洞溪對芳林七啓
布手知尺舒肱知尋家語　族束帛於窮巷揚滯羽于
痎林抱朴子

十三覃

均藻　卷一　三九　第十七函

驊黃馬之劇譚選　汀水獨南天下之水皆東汀水獨南○九
域志又黑水南流盡不止汀也　黑石黃龕二灘名在三峽水經注
苔龕唐詩苔龕響木魚　宵雅肄三禮○謂鹿鳴四牡皇華也
逢天之暑思心潭潭韓詩外傳　吐珠于澤誰能不含緯書引孔
子吉　霜空萬籟含杜
龍銜黃精也廣志　旋嵐猛風也內典
王母簪續斷也廣志　閭扉脫驂冠準留客
劇驂道七達曰劇驂釋名　雲衣不待蠶宏明
望波際兮曇曇雲鮑遊思賦　便娟之修竹寄生乎江潭
東方朔集　飲可八斗而醉二參淳于髡斗

酒誥　錯立族談 周禮

虎酣 殷王生飲以喪朝楚子虎酣而敗德○內典戒酒文

十四鹽

膏澤蒼黔 金石錄　鬍閹 宋楊存中號鬍閹以其多鬍而好逢迎也

望鵠眺蟾 漢碑 未央宮有望鵠臺眺蟾臺○黃圖

七烏九蟾 三龍四虎之精華七烏九蟾之造化○玉隆文

均藻卷一畢

均藻卷之二

成都　楊　慎　撰　綿州　李調元　校定

上聲

一董

比良遷董 范曄稱班固　酒家南董 王績作酒經李淳風曰君酒家南董也

赫令將至繫室爵動 論衡

江風動動 浪井在九江漢灌嬰穿溢江有風浪井浪動太白詩浪動灌嬰井

未見桃花面皮先看杏子眼孔 唐詩

拗攏 三蒼云籌也酒律也案酒律即今酒籤也　濛澒 連謇其文濛澒其說○楚辭注

修綜 阮裕無所修綜而物自宗之○晉中興書　四馬傳總 韓延壽傳○總以繪繐飾鑣轄也

巫孔 巫咸十巫之一○山海經　隄潰蟻孔 漢陳忠疏隄潰蟻孔氣泄針芒

鑽空 西人脉其鑽空○周禮　礨空 礨空之在大澤莊子

二腫

壽塚 生自為塚也東漢書　禁甬 禁中甬道古之融道也韓文雲韶凝禁甬

飛辯騁辭溢氣坌甬 選　石碧 在宜黃縣南石梁橫南北相接數丈○九域志

冀承清塵以釋遙悚 趙壹與皇甫規書　歸心渡江勇 劉禹錫詩

宿疑解駮新益坌涌 文獻考序　鴻冢 鬼庾區號大鴻死葬雍○號曰鴻冢

元冢 七略揚子雲墓曰元冢　龍輁 輁軸所以支棺龍輁天子喪駕也○選

枝拱 治安策枝拱大弛必至心也　土有基冢 潛虛○基平冢高也

青毛驄 馬名善走日千里三蒼　弄閒於才鋒賈餘於文勇

文心　席寵席因也劉向傳
燕躍鵠踴搜神記古冶子從景公渡河左手斬黿頭燕躍鵠踴而出
懸壅山名山海經懸壅之山晉水出焉　垂隴地名在滎陽春秋文三年上殺盟于垂隴
萍江梅隴上楚王事下陸凱事　弱木未靡洪漣蹙隴言無風而
波起也鮑登大雷岸書　二柳俱偃孤楊獨竦楊素戲柳
機及弟昂
三講
明月生蚌明月之珠生于蚌胎○淮　女兒港在楊子江中
白虹鄭司農云白虹彌天又戰國策白虹貫日禮氣如白虹皆讀作講又地名有虹縣又詩實虹小
子　銅虹博古圖有漢世王氏銅釘燈檠其山如虹

均藻　卷二　二　第十七頁

上然九燈若虹之彌天也又音紅虛人銅釭銀釭之字本此又音缸
畫一之顜史記曹參傳顜若畫一　神講書思弗得昔將而忽得之茲謂神講注講
解也○幽求子　巾褠侍講宋文帝令雷次宗以巾褠侍講
駮蚌徐幹齊都賦元蛤抱璣駮蚌含璫
四紙
臨江枳在蜀戰國策楚得枳而國亡卽此地○東漢書
東平王冢樹皆西靡皇覽　焚香玉女跪仙
蓂莢爲歷炤景飲醴瑞應圖　吸流霞餌星髓仙經
區士漢環衛之士曰區士　睢盍覆其六情懶結纏其
四體釋祜文　趯莖瀷㶿江賦

時滄金鵝藻太白○金鵝藻桂華也　繢水睢渙二水波文五色名曰繢水○述異記
石水水堅如石水凍之月○素問　濂水潦收水淨七八月也○濂音濂素問
虎之機下巉岩蛟之横出清泚杜
日似青緹雲浮紅蕊梁元帝文　月爾草名紫藄也說文
法咫賈誼新書天子之法咫蹶足而弗行皇帝之令咫批傾而弗用也
令咫見上○咫者猶云咫尺之書也　願登扶桑仰結飛晷陸云詩
傳龜襲紫外戚傳　中牟者三國之肱股邯鄲
之肩髀韓非子　赫蹏紙漢書
河伯小史烏賊魚也古今注　佛史蕭子顯撰
側載萃芷荀子　連理几南史

均藻　卷二　三　第十七頁

翔麟紫同紇馬名　扶桑高萬仞尋木長千里
成公綏賦　芳花當齒易林○可飡秀色可餐
歌謠送喜易林○杜詩萬方頻送喜　欵言移晷史
昆侖有弱水鴻毛不能起元中記
高樹翳朝雲文禽蔽綠水
粉水巴中志　蜀江如線針如水杜
駢陰抗距王筠　雷之始發大壯始君弱臣
强從解起孔子說　蠶市樂市七寶市成都二市也益
州記　朱汜南方水斋也○七發
雲艦掩江汜鮑　陸摘紫房水挂赬鯉選

孔子曰邉山十里蟪蛄之聲猶尙在耳說苑
猶尙存耳說苑　鍊色娛目流聲悅耳鄺門周孝
說
引鏡皆明目臨池無洗耳選
天子之階九齒古禮　循連環順鼎耳張儀傳
輝蟬在明火釣魚務芳餌淮南
彈少宮援中徵劉向　徐甯海岱清士晉書
紀佗跛於窾水莊子　不疾瘯蠡瘯蠡疥癬也左氏
密蠡蠡也漢書　仙仙乎歸矣莊子
江左百家軒冕綴軌趙崇姓氏序　淮南有英才隴右多文士

均藻　卷二　曰　第十七函

淮南有英才武帝使相如視草隴右多文士光武加意於書辭○文心
騰諦之士○史魏韓宣　神仕以神仕周禮巫覡
灉潬嗚嗚禁禁雉雉綠圖文言至德所被也文心
結藻清英流韻綺靡文心　遲遲華犨庾信賦
疲馬不渡灞水齊諺灞音乘其水流急　鴈齒庾信賦秦皇餘石仍為鴈齒之階漢武舊
陂卽用魚鱗之瓦○又曰樂天詩鴈齒小紅橋古詞鴈齒斜橋
伊尹憖桑伯陽羞李陵徐　俄斟庾闡楷詩江河不俄斟萬里不崇朝
韓信亡於黑水劉子亡去也　青松凝素髓許詢
方瞳起松髓鮑　芝髓淹留事芝髓○沈
苻洛坐制奔牛射洞犂耳晉書

贋天子南史茹法興眞天子宋廢帝贋天子　吹毛求疵擘肌分理南史
石勒以蒼麟架乘車後魏焚連理木黃白雉史
撫膺鳴掊唐書　孌童非女弱年崽子水經注
雍邱遜邸猿望木平軍軍辭宅馬池猶隔雍邱遜邸○藝文
鏤薇空之山梁無涯之水文苑
苑以丹林池以綠水江淹　以表語目以鼓語耳兵法
敷文析理謝安優游山水以敷文析理自娛○晉春秋
三辰不軌陳龜疏三辰不軌擢士為相　風雨動魚龍仁義動君子
樂動聲儀　魯故之以左傳○本云以魯之故倒句法
云　王爾古之巧人韓非子

均藻　卷二　三　第十七函

去糟粕得醅醪出菁華汰粃滓文苑
棚雞圈豕鮑　地有遺桑塘無尺雉水注
石梁如指潯陽記廬山上有三石梁長數十丈廣不盈尺杳然無底吳猛將弟子過之見一翁
坐桂下以玉盃承甘露漿與猛弟子竊一寶欲以來示世人梁卽化如指猛使送寶還乃相引而過
拭黃泉禦螻蟻楚策安陵君封楚王語　龍魚水汧水出五色魚人莫敢捕故名龍魚
水見十三州志唐岑參詩龍魚川上盤溪水鳥鼠山西兆水雲
二負猶存三苗未死吳融　坐中發美鑽異氣同音軌
嵇康　石藥王隱晉書庾袞入林慮山餌石藥得長年
麗爾猶靡麗也漢人有此語見說文　或體說文注同音同義之字而異體曰或體猶
云一作又作也　乘軒里在洛陽蘇秦所居戰國策

有首有趾 莊子天地篇注首趾猶始終也 飛陛 三蒼飛陛謂之澄
智者守智以待終愚者抱愚以至死 莊注
粉兒乳子 來鵠云今之粉兒乳子可與儀秦齒
唐昌玉蘂 即山礬花也類會 吉巳 季春吉巳李光顯
西珥 河名在南詔形如月抱珥 七珥 齊薛公獻七珥於夫人
九標李 蕭瑶陳叔達論李花有九標 鈎陳壘 在河南武王伐紂八百諸侯所會處
也○水經注 與福爲市 易林
女紀 西北陰地淮南子至于女紀是謂大遷 沃沃之汜 西海之際也
航在一汜 公孫龍事見淮南子 川香水美 禪藻
顧榮江南望士 晉書 直排七縣星藏指 李賀詠笛

牛堅馬洗 六韜 羅惟非海水 梁武帝

五尾

日月會于龍尾 周十二月夏月也○國語
紛文斐尾 嵇 玄蔭耽耽清流亹亹 左思
初卉 對南陸之初卉○沈約 仁卉 嘉禾者仁卉也其大盈箱一稃二禾○晉
證詳說 鵪鳩雕卉 似信而詐似忠而非便便可以
悅心捷捷足以亂聽豈非鵪鳩雕卉蘦苡或珠者哉○舊唐書
神木靈卉 江總賦神木靈卉不如搖落 藏文謬書于羊裘莊姬託
辭于龍尾 諸隱 棄龍頭而從蛇尾 程肇諫郭睿○史
橫尾 即陪尾山 隴首渤尾 鮑

祕閣扃仙卉 隨侯夫人 形扶蒹葭性孽萑葦 莊子蒹葭
如萌以扶吾形又欲惡之孽爲性萑葦 雲夢之葍 呂氏春秋葍菜名
虎文扆 禮記注黼素屏風畫虎文曰扆也 有龍無尾 楚莊姬諫辭諷王之無太子也
淸辭斐暐 書集

六語

文章者性情之風標神明之律呂 文苑傳
肅裝屬雲旅 鮑 鴻儔鵠侶 左思
失儷後旅 易林 素礫鼎修渚 陶
男則鴈鴈成行女則牙牙學語 司空鳴集
君子之居也綏如安裘晏如覆杼 韓詩外傳

賴壁霞舉 水經注 謀無遺謂 選
黿鼉之與居鼃黽之同渚 國語
攜手而遊接景而處 抱樸子 鳴則相和行則接武前不
絕貫後不越序 禰鴈賦 五正置于朱宣九功開于
黃序 選 崇山幽都何可偶黃鉞一
下無處所 光武詔 嘯歌琴緒 緒引也
蒼生更始朔風變楚 史岑文 蕊女 關尹子嬰兒蕊女又後漢童謠河間蕊女
工數錢今本作姹女 世人宜爲物逆旅 莊子
應瑒之鼻方於盜削卵張華之形比于握春杵 文心雕龍
紀諧隱事 讔言璅語 文心

春序張鑽詩仲月發初陽輕寒帶春序　元序應瑒正情賦清風厲於元序因飈遊於中
唐　地序德光地序則朱草生○尚書大傳
雉尾炬爇火以投敵艦○史　屯險驟更歡娛中阻劉忠
派渚九江也○梁元帝賦辭簪派渚　孤石雲舉水經
鳳舉陸機連珠金碧之巖必辱鳳舉之使　流沙浮渚水經注
眼語李陵傳郎目視陵注今世俗所謂眼語也　天可倚杵河圖記百代之後地高天下之後天可倚杵
酒所上在酒所漢哀紀
去所季武子去所曰臣不堪也猶言離帝　金幾所疏廣傳
海龜之礎袁宏官賦　風柯月渚六朝文
含波復渚同上　熊髡龍圉二人昇賢臣

芳渚陸雲九愍悲荒途之既舛臨遵渚而投策　八極之雲是雨天下八門之風是節寒暑淮

七麌

東風啓戶黔啄翽舞易林　金膏翠羽選
南方萬物華羽淮南　江搖柱海味也一作珧柱
鑠金爲鐘四時九乳樂緯　簫不麗於六麋雷無驚於
九虎庾信　菀窳蠶神○後漢志
甘寢秉羽羽扇也孫叔敖事　陰羽鶴毛也○王會
蛛螯之綱螳蜋之斧選　韻宇褚淵韻宇宏深選
京兆眉憮憮音詡好也張敞傳　紅鸞舌歌彩鳳羽舞仙經

水干土水干土則大旱○繁露　捽草杷土耕也貢禹傳
蚌脯今日不雨必有蚌脯國策　山名吉土禮
左挈人頭右挾生虜　婁敬脫輓輅叔孫揞抱鼓
班史　龍輔玉名左氏
彫今潤古史　柳子厚與猿鳥爲伍吳武陵
戢勁翮於鷦鷯之羣藏逸跡於跛驢之伍葛洪
液雨白露後逢王爲液雨○風土記　元扈水名洛書所出
貧尼富虎大荒賦　進退一成規一成矩從容
一若龍一若虎莊子　審厲揭以投磨要夷庚之
赫憮蜀志　輕舟竟川初鴻依浦魏明帝

朱圉山上應河鼓考靈曜　湯有三輔戰國策
裔土遠方也國語　揭節垂組東漢
靈宇魏文帝賦　揚雄曰甘泉有瑶臺仙人
弩漢史　舛午朝臣舛午劉向傳
豐其屋下獨苦長狄生世主虜易占
住虜慕容盛翻翻獨世之住虜也　黃暉既渝素靈承祜選
靈矩宮室雕飾也　光炎燭天庭囂聲震海浦
張子平　川原仰浦川原仰浦而後大國語
交川合浦易林　雙楓浦在潭洲老杜有詩
寂圃梁簡文賦追寂圃而逍遙　苞甜赤苦竹賦

孤犢觸乳諺云孤犢觸乳驕子罵母○後漢
玉弩尚書緯玉弩發驚天下　金門塢在鑫城南○西征記
別風淮雨尚書大傳　霣雨小雨也說文引月令霣雨
閏羽林鍾爲閏宮姑洗爲閏羽　龍不隱鱗鳳不藏羽後漢隱逸
傳　戴羽韓非子戴羽將軍
蔭戶今個戶也猶云隱丁○史　覡土相時覡土國語
浴土后稷曰能使吾土靖而甽浴土乎浴謂浸潤也
雨府素問雲奔雨府霞擁朝陽　上凝霜鹵素問
謁雨謁雨泥塘神所柳文　岐山爲地乳河圖
汝父如龍兄如虎婁太妃語高洋　合浦楓葉飛向洛陽始與

鼓水徙于臨武盈川　鳴鐘擊磬調歌絺舞淳于髡斗
酒說　狠蝨嚙鶴青要食虎王起陰符
經注　桃聚郎桃人也地名戰國策
憂來無行伍鮑○行伍猶次第　鬻羽北極有鬻羽南溟有沉鱗○韓
西方高土淮南子西方高土山谷出焉日月入焉
流沙沉羽西方之地沉羽羽弱水也　王壽焚書而舞事見淮南子及韓非
子　日月庾淮南子日月庾而無溉於志庾隱也
溉灌也　風肅流清雲高林素宏明
鰲乳密也宏明集以鰲乳爲醍醐　高塢李賀詩
雜天采於柔黃亂嚶聲於綿羽選

八齊
清酤如濟選　百花體鬼谷子蜜也
叶星辰而建詩觀斗儀而命禮梁簡文帝文
歲甘生薺師曠古書　巫州薺巫山多薺而不食高力士謫巫州有
詩　惠風如薰甘露如醴選
綠薺有萋萋之綠薺方蕊繫於中即卞伯玉賦　樹如薺羅浮山記云望平地樹如薺戴嵩詩
長安樹如薺　天兄日弟倭國王以天爲兄以日爲弟未
明時出聽政日出便停
理務日委我弟○北史　芳蘭竟體梁謝覽
九蟹
海陽巨蟹其殼如車王會　江淮已罄于蒲羸吳越又

空于稻蟹蒲羸袁樹事稻蟹國語勾吳事
六經泥蟠百家颿駭文心　鄭元未辨檀梨蔡謨不識
螃蟹荀子　彈弦踽躍漢志女子彈弦踽躍
妙楷隋文帝起二秦曰妙楷藏古帖門寶墨藏名書法書苑
川蟹抱朴子川蟹不歸而鮎敗結將蟹以爲命不可一日無也
蛤蟹淮南子蛤蟹珠龜與月盛衰　君行問鮚埼殊物可講解
一寸明月腹中有小碧蟹生意各蠕蠕黔角容夬夬
願言寬賦刑越俗久疲憊梅堯臣送鄭辛王安石
十賄
亂代之徵文章匿采荀子　投簪落髮傳逵公

翰采三國志 三采五采國語注三采小采也五采大采
也 申荣杜茝香草名淮南
蕙變爲茝姚興時事 藥泉茶靄林詩
丹海南海也○東漢書 元暉峻朗翠雲崇靄選
延華駐彩顏延之 欣太清而樂瓊靄庾亮
翳藹仙詩翳藹紫微館 觴酌有采韓非子
傅采著色也內典 古文尚書有月采篇名說月之充
采 晁采晁朝同晁采玉名猶夜光也○上林
河水五采元至正春正月汴河水俱成五采三日方解○史
澹思醲采晉簡文帝徵言精理函蕭元席澹思醲采時酒文囿

均藻　卷二　三　第十七函

楚邑有微靄崔國輔 颷靄庾亮賦神栖颷靄之表颷靄卽風塵也
朱藹謝莊詩仙鄉降朱藹 淪靄顏延之詩邑野淪靄
流風佇芳翔雲停靄孫綽 三黜不移九死無悔北史魏長
賢文 鍊腿唐僖宗謂築毬
蘭藹猗猗蘭藹植彼中原○嵇 忍辱鎧袈裟一名忍辱鎧一名離塵服一名
消瘦衣 吉亥吉亥祀先農唐禮樂志
軒窻交紫靄陳子昂詩 錦雲騰第一義天玉浪漲
其三昧海中峰廣錄 淫采逸周書淫采破服淫文破典
裨海史孟子傳裨海小海也猶將曰裨將也 吐舌萬里唾四海宋玉大言賦

十一軫

芳松杭劉向有賦 徽軫淮南子徽軫之音軫轉也
鰻鼉鼉也山海經 爽籟警秋律哀壑叩虛牝
選 青零蒼隕不反時落
五離九折出桃枝之翠笋梁簡文賦
犢盾繼韋也○國語 天爲蓋地爲軫善用道者
終無盡汲冢書 長轡遠引選
文以理致爲心腎顏氏家訓曰文以理致爲心腎氣調爲筋骨事義爲皮膚華麗爲冠
冕 祝腎人名善養生見莊子
黃竹麗章柏梁清引顏倕古 天馬允琴曲名允卽引也
滔朗徽軫淮南○軫轉皆曲之妙也

均藻　卷二　十三　第十七函

十二吻

稻粉朱粉也○禮記 研丹吮粉閻立本
投醪飲河旨不及吻列女傳勾踐伐吳投醪飲河旨不及吻而士卒戰自五也分囊
饗糒斗不踰而戰自十也 江闊漁商川交樵隱水經注
蘭芬門楣也 伯芬人名楚有伯芬
桃蕡有蕡其實孫炎讀 千里吹吹楊子傳千里之吹吹
天地壹壺說文引易 心痏列子心痏體煩
穮蓘壅苗根也左傳是穮是蓘 高餓顯下祿隱揚子法言
莫遣兒童觸瓊粉韋蘇州竹詩 黃吻深公云黃吻年少勿爲評論風土○世說
沉香汁甲煎粉石崇廁中用沉香汁甲煎粉爲飾

卸巾裛粉曹子建詩

十三阮

君木晚國語賈逵注　八特阪在函谷史

新樵之任清規自遠羅憲　月魄暖分豔翳寒婉道經

銅芸紫菀水經注鶩粟泉之地產銅芸紫菀之藪　紅嵐黛巘類要

陰坂左傳注陰坂淆津也

恨杖晚而唾遠王逸天問注云彭祖七百歲猶云悔不壽恨杖晚而唾遠

委輅脫輓漢書婁敬委輅脫輓　鴻臺之宮桑林之苑皆韓地戰

國策　紫苑陸雲賦紫苑之畹

十四旱

鴈門陰館地名○漢書　青霞曳於前阿素籟流於

森管曹毘　筋駑肉緩絕交書

虹蜺迴帶于雲館左思　玉豆雕篹禮記

歷掖庭適驪館選　丹欵曹大家賦

謁欵告誠也相如傳　禁莞禁扞也唐書蘇瓌父子同在禁莞

壟取爐阜松烟紙取東陽魚卵右軍

庭虛情滿選　梁卵卜龜之具也○史

木卵本十黃獨一名土卵　玉卵玉卵不春龍嗜肉燕子成兒去華屋○古

社日辭　雕薪畫卵陸璪豪侈常云石崇炰雉猶能雕薪

畫卵　聖人者道之管荀子○管猶樞要也

中渾水中沙處為渾河陽有中渾城　樂來日之有繼傷頹年之

莫纂陸機愍思賦　察葆鬢之朝侵驗織帶之

夜緩六朝文　白玉琯舜時西王母來獻白玉琯

十二月管說文管加竹六孔十二月之音物開地牙故謂之管

三旱淮南子祭祀三飯以為禮喪紀三踊以為節兵重三罕以為制

蜂房不容鵠卵淮南

十五潸

智伯知厨人亡弗呂氏春秋　元灞素產選

天產地產周禮以天產作陽德地產作陰德

蕡華而晥禮記　黃鳥睍晥詩

囚拘櫚生賈　銀盤金鈑賀知章詩金鈑銀盤薦蛤蜊

三塗轡馬融廣成頌　親戚競覘轡韓

鷹隼翪翪飛逃兒揚子　連延雲棧蜀道

望高山之蹇嵼東方朔

十六銑

埶牛露犬逸周書王會篇　兗闡充拓也○史記

秦文公夢黃蛇止于鄜衍衍山阪也○史記

上下行者望嶺樹如簪視岫虎如犬劉子

突梯卷臠柳文　笙簫之選竹譜

泉涌河衍素問泉涌河衍鱗見于陸　蛟韅荀子蛟韅絲帶所以養威也

卷衍戰國策北有河外卷衍　蒲衍取蒲衍戰國策
瓜衍左傳晉賞士伯瓜衍之縣　昌衍左傳介葛盧來朝舍于昌衍之上〇凡地
名衍者取山坂也　狄水衍孔子歌狄水衍兮風揚波舟楫顛倒
更相加　杜衍南陽有杜衍九域志
醉於俗典爾光禰師喜閱羣書一日曰既剃髮染衣豈醉於俗典邪
悲芳途之既升陸雲九愍　鈞旋轂轉淮南子
孤乘夏篆周禮巾車五乘　前圖遐篆晉書郭璞贊邁京管於前圖軼
梓竈於遐篆　騠蹄善升巘爾雅
草淺春如剪溫　流分馳外淮
花上露猶泫謝　精銳銷愞史

疲馬不渡滙古諺

十七篠

護田烏水鴞也常在澤中見人不去有象主守〇爾雅
鸑鷟迷鳥七發　南嶽朱鳥莊
鳧氏鳴秋鷄人唱曉王勃　臨水觀披林聽鳥
乘風而泠泠俟月臨皎皎弘明
簪裊馬飾也漢書　劉子政曉貳負之尸董仲
舒睹重常之鳥皆見山海經〇論衡
驪蚪樛其址梢雲冠其嶠江賦
鷅鷅舉兒選〇輕　江妃含嚬而矊眇江賦

歲之杪禮記　王濟剔嬲世說山濤年踰七十猶知管時
任年少若和裴王之徒並宗詠有署閣柱日閣
東有大牛和嶠鞅裴楷鞦王濟剔嬲不得休
月表沈約詩烟極睇丹水月表望青丘〇漢書月者衆陰之表後漢志神農地過日月之表
鵃鴇船名又名水哨焉又名鳥鵲舫　赤米白鹽綠葵紫蓼周顒語
梁武帝困臺城以紙鳶送敕堯君素守河東以木鵝
浮表史　渺渺地角悠悠嶂表世南
杞根成狗樹蘿垂蔦大隱賦　唐且華顛而悟秦甘羅童
牙而報趙崔駰傳　命表莊注生之所無以為者分外物也知之所
無奈何者命表事也　昭兆文之紹鼎成之昭兆左氏〇寶鼎
銅表魏文帝一里置銅表五尺　君子言有壇宇行有坊表

荀子　軔車於趙戰國策陛下嘗軔車於趙矣謂
嘗居趙也　天縹釋名縹天青色也一名天縹

十八巧

金蚤瓜同漢志　重英曲蚤
意翻空而易奇言徵實而難巧文心
狐腋非一皮能溫鷄跖必數千而飽文心
帝卯孝經援神契曰元卯制命帝卯行謂卯金刀為劉也
都佼都冶佼好〇管子　姜人長姣史
從嗔我須皺韓文公　碧玉蓮房和柄拗歐

十九皓

簪蒿席草杜林事東漢　有總角之好周瑜
辯似春華談猶海棗選　飛翰騁藻吳志
金光草太白　荒夫草如婦山䍃草名山海
天藻仙書　灩藻左傳
令草宜男草也傳元賦　朱涯丹藻江賦
陵苕海藻古文苑　衣苔帶藻琴操
都尉新移棗宗懍詩　甄藻甄明藻別也〇東漢
淪亡神寶東漢書　詠靡洊而談海棗江賦
鳴蟬壂在秦州史　女媧壂在子午谷符雄屯師于此
火林蔚炎柯冰津擢陽草曹毗

文葆程曒杵臼以文葆匿趙氏孤兒　油雲廣臨光風長掃王筠蕣賦
紫芒稻　赤穬稻
蟬鳴稻廣稻　乘堅策肥履絲曳縞食貨志
髮迎憂而送華貌先悴而收藻鮑
執羈未皂鮑　天下有道飛黃伏皂淮南
霜被守宮槐風驚護門草王筠
戒非佞佛齋非媚道王績　川后効珍河宗論寶文苑
瓊田草本草鬼臼也俗名唐婆鏡　公明草史記周紀注兹公明草也可織席
太皓太皓悅和後漢郎顗傳〇天也　推襟送抱齊張充謂王儉曰所可推襟送
抱惟丈人一人　天根朝覿炱始收潦一行引周

訓詁　世接五昏八纏九惱內典
神鳥選靈若翔于神鳥　鬱鳥王維鬱鳥如萍孟浩然鬱鳥藏深竹
二十舸
綠葉紫裹宋玉　喬宇委瑣荀子
陰火選　騎士傳火後志
夜蟬歸明火荀子　玉果穆天子傳天子披圖以觀天子之寶玉果
璿珠燭銀金膏導以西邁　背俗而用我郭象莊子注在皇爲皇在
王爲王豈有背俗而用我哉　欲少留此靈瑣楚亂〇靈瑣君也瑣楚
之省閣　審吾所以適人適人所以
來我荀子引孔子言　罪花業果禪頌

迅飈肅其腠我元思賦　雲火六韜雲火萬炬以防夜文選星燭雲火風
驍羽撤　懸火楚辭
冥火選夜火也
二十一馬
重埜洛水所出之地王莽大誥　菴叩薇野菴掩也論衡
王良策馬車騎滿野星經　青骹縶于韝下平子
巴滇馬晉書　鬼妾鬼馬杜
方外司馬王晞及謝奕事　絕轡之野黃帝戰蚩尤處在中冀史記
陽光不治素門　鹿野梵宇
張軍宿野尉繚子　承石取鐵瑇瑁吸蕏蕏芥也〇

春秋考異郵 黃冶黃金衡也漢書

姚冶荀子言婦飾 仲冶晉摯虞字

鴆冶戰國時人著書名鴆冶子陰陽家流也 利冶逸周書注昆吾古之利冶

羅浮二岳以風雨而合離蓬萊三山隨波濤而上下

初學記 止宮休舍漢書

騄馬騄馬宦馬今作騟○○郭崇韜惡宦者言語存勗曰太王他日登極騄馬亦不可乘

血溺騄馬春秋感精符曰龍門之戰血溺騄馬

龜瓦陳陶詩不勞龜瓦問窮通 蜀人富賈鮮衣怒馬第五倫傳

縹瓦琉璃瓦一名縹瓦劉陶詩縹碧以爲瓦○鴉跖

楯瓦瓦楯脊也左傳昭公二十六年 青青翠竹總是法身鬱鬱

均藻 卷二 三十 第十七函

黃花無非般若華嚴經 霜藪潦閭羣水之野淮南子○北方之地 遂荒雲野文選雲夢也

二十二養

晄爽上音怳○漢書 遼絕異黨相如難蜀父老文

皆嚾疑網法華經 落長村長也○王溫舒傳

婦如影響焉不可賞女憲 舉趾觸罟冒動行絓羅網

冠榮 鳴蕢動椒紆蘇佩欓後梁韋琳

䱡賦 寒山多松樠音朗西域傳

雲母幌晉惠居注 樠字結響樠字堅而難移結響凝而不滯

○文心 玉條流逸響仙詩

胡蝶映花飛楚雀緣條響陽林之

分風爲二擘流爲兩宮亭湖神能分風擘流曹昆詩云

流詠蘭池和聲激朗嵇叔夜 織女東足巨靈西掌甘氏星經

霌樓而雷挻靄垣而霓壞闍阜山記

神情散朗王夫人神情散朗世說 出私金以益公賞甘茂事

鸞情鳳想王勃詩鸞情極霄漢鳳想疲烟霞

滔朗淮南子滔朗激軫之音 雲泉瀰漫蘭風盼響六朝文

玉掌孫惠與東海王書含奇謀於朱脣握神策於玉掌○指賈后

二十三梗

仙人無影仙經 軼過雲與倒景選注

均藻 卷二 三十一 第十七函

先影馬名行常在影先也漢書 豫章有鸞岡鶴嶺選注

映日分暉搖風共影江總 華景傾蓋承華景○陸

襟懔擁靈景張茂先 揄景孟郊詩

慶雲扶質清風承景選 扇靈崿之流風鏡貞林之

絕影子良 揮杯勸孤影陶

鍾梵送沉景暢當 枯龜之餘智膏燭之末景

三國志 楹靈昭景南史

楊文藻見壞穎秦宓 二女敎舜龍工入井鳥工

上廩史記 玉噴不生冰瑤渦旋成井

孟郊 春飲青后之井管子

長歌敲柳癭村 藻景選清川含藻景
闕景選 元景文選傳元時元景隨形運庾闡詩元景如
映壁繁星如散錦又清響呼不至元景招不來皆以月爲元景
如毛在躬拔之痛無不省汲冢書
澄景湛方生風賦天無澄景嶺無停林 煥景沈約詩煥景入川梁
流陰近景謝莊 教民津綱三墳書注綱涉澤捕魚也
月圖光雲寫影之顏延 浮景仙詩浮景翔絕冥
巒景道藏詩巒景落滄浪 含霞歛景鮑
騰雲冠峰高霞翼嶺水經注 倉庚懷春翡翠熙景水經注
尺波寸景徒顧尺波旋終憐寸景戢○謝 元景目也春秋緯舜目重瞳是謂元景

蘭以芳自燒膏以肥自焫蘇秦書
涉境六根涉境心不隨緣日定○內典 雜樹交陰早見曦景水經
丹花嶺在龔夷鎮西今之黃花嶺也水經 周公慙景淮南子察所夜行周公慙于景
翹首望太清朝雲無增景郭璞
洪聲收清響游形招慧景夏侯湛抵疑
谿肆無景淮南子楚人地南卷沅湘北繞潁泗西包巴蜀東裹郯淮潁汝以爲洫江漢以爲池
垣之以鄧林緜之以方城山高尋雲谿肆無景

二十四迥

楚國折鈞之喙足以爲鼎楚莊王對孫滿求鼎
茗芋茗芋無所知今作酩酊晉山簡傳 冰玉清迥太白

世夐世夐文隱○文心雕龍 欲攜霹靂琴去上芙蓉頂
劉元漢詩 竹町江水過竹町南水經○竹町地名在楚
吉字金梃漢書爰號金江 水有六品風有八等淮南子

二十五有

玏珋水珍也江賦 尺口小兒也蔣琬傳
迂久良久也東漢劉寬傳 白皁神農臣知地脈者東漢書注
盻缶農夫之樂墨子 門牡牡以下閉者今名鎖簧漢志
山出口空谷傳聲也莊子 槐兎目棗鷄口漢尹都尉書言種植
之侯 水爻海母易林
歸神日母枚乘七發曰歸神日母者陽德之母 男不遁畝東漢書

般彧妲已玉馬走論語比考讖玉馬喻賢臣也陳子昂詩昔日殷微子玉馬遂朝周
嘉言結于忠舌國命出于纔口劉陶疏
鄧颺與李勝爲浮華友三國志
寄生宴藪在樹曰寄生在地曰宴藪○漢書
華騮千里足造父千里手韓詩內傳
矔頭內其稚婦矔白首稚少年也○太元
飛鳥號其羣鹿鳴求其友楚辭注
日落桑榆年催蒲柳唐文 離朱不能說其目曾班不
能說其手三國志 汲固匿李式孤比于嬰臼
史 冰鑑冰斗博古圖

祇樹夕陽亭共傾三昧酒 柳詩注
秋蟬喝柳 韓詩注 鳴鵠響長皐 桓元詩
太白入畢口馬馳人走 鄧萌 鵾鶵爭靈夔吼 黃帝梱鼓曲名雲笈
趙高燒山寶鷄飛走 辛氏三秦記 幕皐 巴陵一名幕皐○水經注
獵酒 五代漢常思有從事來見思曰必是獵酒命典客飲而遣之○續世說
餘糧宿畝首 子思子云東戸季子之世道上鴈行而不收遺餘量宿畝首
忠臣沮心智士杜口 諸葛豐傳 靈臺風觀纓䜌帶阜 晉宮閣名
參長口 水經注濟水曰參長口 牢牛 終歲飽施帷牢九牛○束晳餅賦
青龍就食於甲辰元牛自拘於乙丑 王績
緒風謂之颸 三蒼 吹花擘柳 河朔春時疾風三日乃止曰吹花擘柳風

空竅者神明之戶牖 韓非子
元紐 交喻異物名實元紐荀子 張丑 楚之策士見戰國策
舜有七友 戰國策 執規矩之心回𠜊𠜾之手 劉子○𠜊方刀𠜾圓刀
因阿結牖 水經注○阿山曲也
玉氈久灰金言未剖 梁武慧可碑
建皇極以連衡布長機而結紐 陳琳大荒賦
魚王貝母 止觀經 古堤烟報柳 蕭璠詩
鼉黿不食駒犢贅鳥不搏黃口 淮南子
早帳風首 早帳風首春席震阿○宏明 天帚 荆州圖副記天門角上各生倒垂竹拂謂之天帚

二十六寢
勤恁 恁念也○班固典引 丹枕 僧房枕曰丹枕○丙典
文衾綵枕 庾闡詩 元景如映壁繁星如散錦
世非胥庭人乖鷇飲 東漢
饑則仍山而食渴則仍河而飲 許由事見琴操
江州水品 張又新爲江州守作書品天下水味名州水品後改爲煎茶水記
茂先搦筆而散珠太冲動墨而橫錦 文心
絷馬懸車閉門高枕 王融 紫荆持作床金荆持作枕 古詩
蝎繡鴦錦 中山王文木賦
多飲適飲 韓非子道壁諸若水溺者多飲之則死渴者適飲之則生

憲書敎品 官府文書品也說苑 管子文錦 淮南子管子文錦也雖醜登廟子產練染也美而不尊
二十七感
矦暉依琴造餕 餕空矦也空矦一名坎矦餕卽古坎字蓋坎國之矦名暉也
毳衣如菼 說文引詩今文菼作𦸈非帛騅色染之如生菼色今之麥綠也
荆州其浸潁湛 周禮 江水湛湛 楚辭湛湛江水兮上有楓 選註
湛 湛長江水
殭槩 堅土也周禮草人殭槩用蕢 李心傳三禮辨去蕢麻實蓋菼其枝葉以糞田
風澹淡浮淡 澹淡 上音澹臺滅明之澹下音琰相如賦靡澂
水搖動兒 淊淡 上音閃下音琰水滿兒
泔淡 泔淡揚雄傳秬鬯泔淡注滿也○今按澹淡淊淡潵灩皆水滿兒古今字不同義實無二

抱槧 唐世說曰甯登瀛不爲卿甯抱槧不爲監○類要

千如共一膽 北史崔宏傳 陰坎 左傳晉伐鄭濟于陰坎卽濟水也

囊無繫蝨之絲廚絕聚蠅之糝 曇山

足蹟趍招 淮南

二十八琰

瑤翻碧瀲 樊宗師文 范冉 東漢人字史雲今多作冄按漢書作冉

水𣿅 河滑也○詩注 纖波濃點 衛恒隸書勢

芡華晝合宵炕荷華日舒夜斂 陸佃

碧水色堪染 仙詩 數峰青似染 唐詩

㵂水有二源曰清檢曰濁檢 清檢出美魴濁檢出美鱯○水經注

茗華琬琰 桀伐岷山得二美女茗華刻其名于琬琰茗是琬華是琰○竹書記年

葺寒茅編霜菼 梁元帝 具染 呂氏春秋注染豉醬也

風檢 陸邁風檢澄峻○晉中興書 琬碑鏐檢 鮑

目重瞼 三倉曰瞼目重瞼也相書曰目修而緩注淫

歷丹危攀翠險 梁蕭 大亂之剡 國語大亂之剡不可犯也莊剡

鋒也 霜儉 唐馬周上疏曰貞觀初率上霜儉猶言寒

儉 連裹負險 水經注○裹平也

子產練染 詳文錦下

均藻卷二

均藻卷之三

成都 楊 愼 撰 綿州 李調元 校定

去聲

一送

寶枕垂雲選春夢鈿合碧寒龍腦涷 李賀

君圓祥麟女林鳴鳳 駱賓王 放梟囚鳳 漢陳琳疏

西弄 弄巷道也○南史 江南弄 曲名

單鵠弄 琴曲名西京雜記 臺隨風動 魏文帝凌雲臺事

暖香惹夢 花間 匯霿 五行志

四星耀斗百桶摧棟 喻宦者亂國○李東都賦

異世通夢 李興諸葛故壘文 觭夢 周禮

虹洞 上音永虹洞相連也 雲興浮空洞 仙詩

嬪貢 絲枲之類 斿貢 燕好珠璣也○周禮

嶽修貢 選嶽修貢兮川效珍 太初生于酉仲太始生于

戌仲太素生于亥仲 三墳書又見爾雅

奩鏡幽鳳 李賀詩奩鏡幽鳳塵 中國人衆匈奴馬衆太素

寶衆 內典天下有三衆○史記注 丹臺碧洞 雲笈七籤

浮山洞 洞在淮上夏潦不能及而冬不加高故人疑其浮○坡詩注

朱陵洞 在衡州 寶洞 南岳者朱陵之靈臺太虛之寶洞○謝靈

運南岳記 天寶洞 在豫章山仙詩山後暗通天寶洞眼

前便是地仙家　葺牆羃空魏都賦序

寫㲺太白詩寫㲺春風生　相如含筆而腐毫揚雄輟

翰而驚夢言苦思也文心　王次仲秦時人善隸書始皇徵之不至檻車

一四之次仲化爲大鳥落三翮而去後人名其山曰大翮小翮焉

二宋

先魯後殷新周故宋樂動聲儀詩頌次第

甘泉頌王襃作　廣成頌馬融作

隨水葑菰根結爲葑因人耕其上其田隨水上下○南中志　衙官屈宋杜審言云吾文可使屈宋作衙

桀宋宋王偃也○史

官　公旦剬詩緝頌文心

鷩誦孔子爲政魯人謗之曰麛裘而韠云云此歌名鷩誦○呂覽注

金天頌宋永明中天黃玉融上金天頌王儉曰非金天乃榮光也

擊磬待憂搖鞉察訟禹本紀　生器文而不功明器貌而

不用荀子　寶縫陳蕭鄰裙詩晶晶金紗淨離離寶縫分纖

腰非學楚寛帶爲思君

三綘

三綘地名在滇之武定三國志孔明平孟獲還定三綘

楚都所至曰郢晉都所至曰絳謂遷都而不易其名也猶云南鄭新蔡西

吳北郭之類○楚都丹陽枝江壽春安陸皆謂之郢晉都平陽曲沃新田皆謂之絳

九隮虹周禮眡祲九曰隮注虹也　直街曲巷增韻

位成于私門名定于橫巷典語

五子用失乎家巷楚辭古作閧　一巷揚子一閧之市必立之平閧郞今文巷字

羿死于桃棓淮南子至今鬼畏桃也

四寘

玉豉地榆別名○本草仙品金鹽　鋪豉鳥名駃也○說文

浮吹淮南子龍舟鷁首浮吹以娛注浮吹水上樂也

廣水浮雲吹梁元帝　虎摯張儀傳

甘泉就乾位漢書　彩地佛舍○西陽雜俎

死老魅宦豎罵陳蕃　展寀錯事司馬相如

縣無遺事史義縱傳　博心揖志史記始皇刻石辭博音團揖音

集　寒心銷志漢書

陵水經地秦刻石辭　鷹瞵鶚視左思

皇林帝器三國志　昭其懸遲皇甫規文

崇仁厲義史敘傳　鷹擊毛摯義縱

嘉穀六穗相如文　抱咫尺之義史游俠傳

悴葉更輝枯條以肄選　秦地處仲秋之位曹地處

季夏之位詩緯○　禽夫差于干遂干水彎高地道也史

○史　顧影獨盡忽焉復醉陶

鶯舌未調香萼醉梅　當牽馬以驥揚子

揉曲作直厲駑習驥莊注　勝奇冥通諒有風期之遲

慶杲之與劉虬書　思君日積計辰傾遲謝安與支
公書　天子不具騁駟一色馬也漢志
駕雲龍之飛駟七啓　騏驥不與罷驢爲駟日者傳
當陽數之標季谷永傳　樓船舉帆而過肆左思
月星明概韓文　師至則清朝而侍友至則
清殿而侍賈子　虎豹爲前驅鷹鶻爲旗幟
列子　水有懸泉之神山有鳴沙
之異括地志　月中仙人宋毋忌史記注引老子
八居九列四登三事東漢劉寵傳
四如給事宋李鄴使金還謂人日金人上馬如龍步行如虎渡水如獺登山如猿入目爲四如

給事　鴻漸之地史載
露次後漢書獻帝露次曹陽謂野宿無屋也曹陽在宏農七里澗
建章門戶張華立成原陵松柏虞延盡記邢子才
闃然止眭然視管子　圓翠清潭圓翠會〇鮑
儁鱗之翠呂氏春秋伊尹說湯事〇注翠尾也
浩翠淫陰一以鉻浩翠鷗國門〇賈島南山　玉緻照玉緻于鈴胎〇梁簡文帝賦
寢道宿義徐幹中論〇寢止也宿留也中道而止日寢見義不爲日宿
目無全文心無留義文選序　徙隧山徑也莊子
綵緻選璞碱綵緻　弦次史記命李延年弦次初詩
隸事齊王儉令學士隸事多者與巾箱服史〇隸事謂記疏其事也

疇騎韓非子疇騎二千步卒五萬〇疇騎猶言鈞驅也
神農伐補遂戰國策　談叢引泉祕唐太宗詠漢志書
多守滯文鮮見圓義高僧傳　濃蛾疊柳香脣醉李長吉
寒香解夜醉同上　螢星錦城使同上

五味

酒未清肴未昲列子　飛夕陽清曉氣宋志發鼓
星精雲氣盧思道馬賦　轂賈翔貴猶言騰踊也漢書
曠貴猶言尸位也漢書曠貴數世　鼎貴方貴也賈捐之傳
五雲與翠華八風扇綠氣南岳夫人詩
泉井鮑詩遠賴泉丹樂　霍山下固窮泉上侵神氣

開山圖　富韓勁魏戰國策

六御

日月擲人去陶　寓歡林叔蕭子良文
尸骸相撐拒蔡琰詩　神藥形茹左思
狐性多疑鼬性多預酉陽雜俎　平生本單緒張九齡詩
洪地清籞選　容身而遊滿腹而去李固與弟
閻書　九慮三思而言九慮而行〇南史
書御張綱劾梁冀書御京師震悚往御進也

七遇

長樂負霜宜男泣露劉孝標山栖志

洡樹淮南子洡樹根于水　寧州障氣菌露山川記
田荒宝露莊子　延露曲名
湯命伊歌晨露樂緯　霜飛則霜鷺翥則露禽經
濯以雲精拂以芝露張載羽扇賦
驚鴻脫兔牧馬鬪　朝霞開宿霧陶
勝氣籠霄飛談捲霧韓康伯　夜光樹烏曰木也
回風吹獨樹杜　璇樹〇絳樹並仙樹淮南
鷄棲樹即皂莢樹急就注　肇寒葩之結霜成炎果乎
纖露荔枝武　古度木名即今無花果選
一夏敷揚二時慈霔內典　途遘卒遇漢書注

宣陽郭爲墓甘茂攻宜陽因明日不請以宜陽郭爲墓史
回弱水使東流返江流使西注史
江漢之君悲其墮履選　嘉澍雨也漢碑
水邑倒空青林烟橫積素白大
茗發穎豎文樹　麗豎婢也〇張衡青衣賦
芸夫牧豎東漢　一覺自造青雲何至與駑
馬爭路南史劉璠　槩意於所遇莊注任之而無不至者
人也豈有槩意於所遇哉　鳳戍易林仁恩不暴鳳皇來戍
嗙喻歌聲司馬相如說淮南宋蔡舞嗙喻也〇說文
鳳晨鸞暮沈約桐賦喧密葉於鳳晨宿高枝於鸞暮

尋聲而響臻希光而景鶩選
夜明月兮珮寶璐楚辭　苦住樂行不如苦住富客不如貧主佛經
恩隆好合遂忘淄蠹東漢后妃傳
鴻濛爲景柱淮南　游曲臺臨上路漢書
風素南史風素相善謂未面而聞風如素也　空班趙氏璧徙兆魏王瓠
選　藻元瑩素戴逵閑遊
天素莊子注天素有殘慶　梯山棧谷繩行沙度東漢書
天寒淵湘素杜　絕景揚光濤埃纘路鮑
河漢迈莊子　情條雲互選
翳行竊步南史　夜浣紗而旦成布名鷄鳴

布隋志　魚步地名在江南
靈妃步地名　江步唐詩江步野棠飛步浦也
腸肥腦滿輕爲舉措史　紮步蟹名見備要
翔步三國志此乃承平之翔步非亂世之急務也
吹霜噴露文心　朝霞炎瓊樹稽
東北神明之舍西方神明之墓漢志
昬中杙而南傃蕭子雲歲暮　攻城攻其所傃鄭元云傃向也
禁無道地吐黃霧中候尚書　天布莊子施於人而不忘非天布也
粉絮後天文志白氣如粉絮

八齊

鳴砌曲檀也通俗文　嗖羿鶴也能銜矢射人鳥中之羿也爾雅
玉琥劍鼻也王莽傳　衿契周伯仁與顗孟蓍爲衿契
寶契支遁弔法曰寶契潛發言莫賞中心蘊結余其亡矣
母無悟宗匠誰能握元契遠公詩
昆裔裔後人也國語　五驥騎日月爲烟雲塵霧垢所驥也內典
媒驥少養雉子至長能押人且抬野雉名曰媒驥
金驥燈賦燈以金驥琥以華籠　無波際莊子注
子孫瑞謂有孕也王莽傳　游婿聲類倡謂游婿曰姻嫪
六如偈內典　戴鵲遭害仁鳥增逝梅福
魚瞰鷄睨洞簫賦　獨知之契戰國策越人有良劍將買之屬

均藻　卷三　八　第十七函

曰必無獨知今君使最爲大子獨知之契也　標之以翠驥江賦
虹蜺爲析驥尸子　有聲有寂有光有驥蜀志
采旃文驥鹽鐵論　緌髮傾髻晉志
鬆桓髻說文　倭墮髻古樂府
昭臨朝陽觀望廣麗秦之罘刻石辭　自洛汭延于伊汭史記
條風時麗淮南
元汭元水逕孤行城西右合元汭水經注　苹決吱芮苹決射具吱芮楯綴也蘇秦
傳　沙汭左傳舟師及沙汭沙水名音祭
短衣楚製叔孫通　鳳高遰賈生賦鳳翩翩其高遰
勾澨楚軍次于勾澨　漳澨令尹子越師于漳澨

雍澨敗吳師于雍澨　蓬澨司馬薳縊于蓬澨○並左傳
紅梘錦髻周宏正紅梘錦髻踞寺門聽講經藏法師大相賞狎
庸織絡于四裔思元賦織絡往來如織也
迆涎八裔海賦　兀墀釦砌選
昳麗鄒忌形皃昳麗　元津重梱選
空下時而曜世劉歆賦　宵盤晝憩選
鍾出涕晉惠帝殿前鍾出涕與金人出淚事同
畫半說而綰萬金開一策而錫珠瑞東漢
星之昭昭不若月之曀曀晏子引孔子言
駟虬乘驥劉勰辨騷　寸陰若歲隋文帝謂韓擒虎曰相思之甚

均藻　卷三　九　第十七函

寸陰若歲　朱雲弛辰金祇御歲沈勃秋詩
荒澨庾信賦隕豐灌於荒澨　惢隷漢功臣表生爲惢隷死爲轉尸
扈隷鮑　火毳火浣布也漢志
藻衛劉孝成詩藻衛爍巖椒　冪繫言小自苑結於君也○國策
銅馬競馳金虎亂噬溫子昇　河厲吐谷渾橋名○沙州記
霤梅零蔕易林　甘瓜抱苦蔕古詩
地擬孫劉情深魯衛湘東王與成都王書
瑣隷後漢劉梁傳夷桑瑣隷　虹蜺爲析驥尸子
柹蔕紅柹織綾誇柹蔕白樂天　東第爵爲通侯列居東第○漢
西第梁冀　北第夏侯嬰賜北第○漢

狗馬被繢罽東方朔傳　遯若墜語飄似秋帶謝朓
浮生旅昭世鮑　短衣旅長謝
雄鳩長鳴爲帝候歲淮南　甲世越絕風胡歐治甲世而生
枌槍木旗蘇蘭薪桂煎茶水記　風雲韶麗梁簡文
縉麗六朝文　一圍八麗周穆馬圉一圍八麗
馬麗隷同周禮
九泰
流風翼衡輕雲承蓋子建　蜺爲旌翠爲蓋宋玉
桂蠹不知所淹留兮蓼蟲不知徙乎葵菜東方朔
服荔裳如朱紱駢鸞路于犇瀨梁松悼騷
新聲妙句係蹤張蔡臧榮緒贊陸機
海岳黃金河庭紫貝選　陰壑生靈籟杜
表朱元于坎離飛青縞於震兌潘
笑與抃會選　苔衣藻帶琴操
衣不給帶淮南子　輕瀾眇如帶庾闡
酉年當有曲蓋陳訓相同亢曲蓋太守車也
張然明三要銀艾漢記　山帶廬山記天將雨則有白雲或冠峰岩或亘中嶺謂之山帶不出三日必雨唐詩風吹山帶遙知雨
失信不會憂思約帶易林○約帶褫緩帶圍也
標身鳥外晉叔公曰立不可過人頭豈容標身鳥外

投金瀨孟郊詩處吟　登龜取貝鄒陽傳
疲旆勞舟厭長浪波旆捲行風○鮑　丹沙映翠瀨張君祖
帳殿臨春籞帷宮繞芳蒼沈約
圜邱紫柰漢武內傳云仙藥之次有圜邱紫柰出永昌
舉體沓拖不可柰王子敬書如河朔少年風流舉體沓拖不可奈書苑菁華
泠汏莊子天下篇泠汏於物注猶沙汏也　推理直前自與吉會莊注
響會德音發而天下響會景行彰而六合俱應○莊注
橫艾王歲名　景衣露蓋蕭史何傳
木門帶黃華山之第三笈也黃華水出神囷之山懸流注壑
服義方無沫江文通詩　莊衿老帶六朝文
渦瀨孫楚傳反耕乎枳落歸志乎渦瀨
十卦
璣琲唐書帝幸華清璣琲很籍于道　星紀爲雲漢下流析木爲
雲漢末派唐天文志　條風時灑淮
朗鑒烱戒文粹　水槖
縣旂江介選　通而不泰清而不介華歆
宮垣紫界漢官儀　香界佛寺也○內典
崆峒有順風之請華封致乘雲之拜陶
悼賈傅之秀朗紆遠轡於促界陶
奇蹤隱五百一朝徹神界陶

桍人歌聲流喝 選　連珠砦 宋澤傳
龖咳言如龖咳語不可知○易林　禁齘 南史禁齘艮火注切恨也
撫殤藥察 路史　心勤形瘵 孟子題辭
變海成酥移山入芥 梁元帝內典贊
廬山九疊川亦九派 九域志　玉薤 隋煬帝河名
粦中成八卦 古詩○文苑　虆介 莊注虆然無虆介於胷中
膽幹殊快 昔顧榮薦甘卓　忍界 忍界所尊唯遍解○內典
淸海隅之舞芥 王粲浮淮賦　䄄愁心以自適 陸雲九愍
壘于解帶爲城以牒爲械 史

十一隊

九逵道如龜背 說文　我規子佩 選
結佩○設佩○垂佩○委佩 並禮
音徽未沫 選　探寶可懷貞期難對 後
神對 選尚想前良俾若神對　終軍白麟對 見漢志
蝶交則粉退蜂交則黃退 仙經
齊紫敗素也而價十倍 戰國策
水蟲駭波鴻沸 相如　福輕乎羽莫之知載 莊子
乘邊城飄胡代 鹽鐵　蠮螉塞 在龍城外史
蒲九槪 槪節也　怊悵秋暉躊躇冬愛 選
劉錡有雅量而無英槩 史　百齡影徂千載心在 文心

結春芳以崇珮 王儉　九向九背 湘中記衡山如陣雲九向九背
乃不復見　彫勉 彫勉之民不爲圖用魏蔣濟傳
七萃 穆天子傳七萃之士高奔我生博虛獻○七萃猶漢七校也
靑崖翠發望同點黛 水經注云華不注山單椒秀澤不連陵以自高虎牙桀立孤峯特拔以刺天靑崖翠發望同點黛　白鳳肺 玉盤白鳳肺金鼎靑龍胎○王績
天目地肺 皆山名○王演記　母邱出師東銘不耐 唐文不耐
山名　三部 崑崙之邱或上倍之是謂涼風之上或上倍之是謂元圃或倍上之是謂太帝之居○淮
擻膓狗態 董卓傳

十二震

赤德衰盡袁爲黃允 袁紹傳　劉敬於高祖殊非血允 隋唐

金陣 國名多雨　江楚河晉 後周蘇侃詩
木性虛而淪漪結木體實而華蕚振 文心
黑雲如亂鬌 漢志有黑雲如猋風亂鬌鬌音舜髮抄也
支鬟撩鬟 雜俎　漱六藝之芳潤 文賦
成列撰陣 韓非子　六晉 戰國策六晉之時智氏最强謂韓氏魏氏趙氏智氏范氏中行氏也
謝安慕竺曠風流殷浩憚
支遁才俊　匡陣 郭象莊子曰雖羨里匡陣無異于紫極閭堂也
朗潤 王呼盧深作琛深自陳其誤王曰盧郎朗潤所以加玉聖教序仙露明珠詎能方其朗潤

十三問

形不自運（遠公語謂病不能動也） 舟行岸移雲駛月運（圓覺經）
聖韻（選） 少無適俗韻（陶）
金涼佇運（昭明） 未嘗吹篪執管便韵（南史）
吾從子如驂之靳（左傳） 報問（左傳秦使冷至報問）
鳳蘊（陳子昂詩鳳蘊仙人籙鸞歌素女琴） 泉石結韻（釋藻）
檀印（臂留檀印齒痕香） 元韻（逸韻也○晉書）
十四愿
芳願（隋時） 榮願（莊子注榮願有餘）
火憲（火禁也荀子） 飛轡西頓（選）
子長少臆中之說子雲無世俗之論（論衡）

班姬歸命不怨（列女傳） 洪坊巨堰（盧諶征艱賦）
下潠（地名陶淵明有下潠田詩） 有情自困（莊注行則倚樹而吟坐則據梧
而睡言有情者之自困也） 厲怨（戰國策楚王厲怨於周注厲連也）
寡人恩（戰國策秦王謂范雎曰是天以寡人恩先王而有先王之廟也注恩亂也濁兒）
敢端其願（專心也燕王與樂問書） 顏厚既增彌深瘣券（內典）
十五翰
白雲壅漢（史記） 寶彖（六朝名僧見高僧傳）
藻翰○清翰○芳翰○柔翰○蜀人以文翰（王會蜀人以文
翰注形如皋鷄） 暉目知晏（鴆鳥也漢南）
子路失于畔諺（古論語注） 駕齧膝蟏乘旦（良馬也漢書）

八瓊迴素旦（仙詩） 飛蓬從風微子所歎（後漢書）
嘉木偶叚酌芳陰庇清彈
蒼姬赤漢（河洛讖） 天馬半漢（張衡○半漢言絕塵）
河兩日以事殷井五星而歸漢（楊炯文）
山訛碁換（太白賦） 崖谷共清風泉相漢（選）
棄置北辰星問此元龍煥（選）
增榮益觀（曹操祭橋元） 雕卵然後瀹雕薪然後爨
（皆富侈之習管子） 鸞生十子九卵
降服乘縵（左傳山崩川竭君降服乘縵車之無文飾者）
邱葵澤蒜（齊民要術） 清辨綺粲（抱朴子管輅頓仰三斗而清辨

綺粲） 致氷匪霜致隧匪嫚（韋孟）
易張十翼書標七觀（文心雕龍○尚書大傳孔子曰六誓可以觀義五誥可以觀仁
呂刑可以觀誡洪範可以觀度禹貢可以觀治堯典可以觀美）
連衡雲席情智傲岸（續高僧傳道渾之云）
荀衛閣筆袁陸韜翰（南史贊梁元帝）
儵旦（大明啓儵旦○辛塗） 鵲岸（左傳吳越戰于鵲岸南史曰鵲洲在宣城
南陵） 猿眩之岸（淮南子）
文雅可居清貫（唐書） 鳥鼠同穴爲地幹（河圖）
鼻息所衝上拂雲漢（唐李昭德之死邱愔訟其冤言鼻息所衝上拂雲漢）
琉璃眼（李泌煮茶詩旋沫翻成碧玉池添酥散出琉璃眼）

綺靤凌嚴粲仙詩 絢渙粲爛風賦
新衣翠粲選 水氣在天爲雲水象在天
爲漢詩雲漢注 歲役急窮晏鮑
澄湘清漢簫弄澄湘北菱歌清漢南○鮑 左輪不般艮馬未汗鮑
燕角之弧翔蓬之幹列子飛衛貫蝨事
鳴禽戒朗旦張君祖 倩粲黃庭
瑳粲女色之美 寸翰謝詩馳我徑寸翰流藻垂華芬
大旱封茂淮南子 蛟龍捧鑪天帝裝越絕薛燭說劍
甲旦書疏昧爽甲旦也 卷旦緣階出反舌登牆喚
玉臺

十六諫
大江如索滯舟船如鳧鴈郡國志
南撫多鶪國名呂氏春秋 彈雀則失鶪論衡
釋叔向之飛患劉歆賦 叢鴈陶詩叢鴈雲霄
蹈瑕候間漢書 梧桐澗在素水西水經注
星翳十幻普願禪詩語
十七霰
峭蒨選 魏倩魏無知也倩士之美稱漢書
蔞蒨曹毗湘中賦蔞蒨蔆邱 陸機天才綺練晉書
竹練竹布也庾翼與燕王書 青崖若點黛素湍如委練

水經 從容澤燕賈誼新書○澤燕猶言恩宴也
周燕子規也說苑 元憺香草名
綠若金片並茶名唐六典 鴈膳菰米也管子
銅史司刻金徒抱箭刻漏銘 岩思發仙華金滕開碧篆
王筠 舞館識餘基歌梁想遺囀
選 靑生於藍絳生于蒨文心
舒虹爍電庾闡春賦 瓊扇門扉也袁宏詩文幌曜瓊扇
瑤臺涼景薦楊炯 鴈秦堈之彈塵狀吳門之
曳練馬賦 淮南之臺紫羅爲薦梁簡文帝
文 錦緣薦魯連子不知宜與不宜猶以錦緣薦

也 顧實南金虞惟東箭晉顧榮虞
緯 異囀淮南子秦楚燕趙之聲異囀而皆樂選詩
歌梁想遺囀 淸囀
屏翳寢神轡蜚廉收靈扇湛方生晴詩
按茜古樂府不惜故縫衣記得初按茜 劉勝雖自枝葉莫力杜密
婆娑府縣風俗通 共伯入釐侯羨羨墓道也○史記衛
世家 光英朗練陳子昂稱東方虯詩光英朗練
有金石聲 清練通微清練之談禪藻
器望凝練高僧傳 思形浮沫矚影遄電幽岫頌
憐崖飲潃同上 蘭情水盼唐詩

眼見可愛邑名花箭止觀經　五倩古詩有五倩篇美人也

十八嘯

猿父哀吟猨子長嘯左思　楓香調琵琶曲名高季迪詩楓香一調妙入元

高閣連雲陽景罕曜潘岳

褎衣大袑袑袴也宋博傳　漱流而激其清寢巢而韜其耀晉　陵崢岸峭太元

見龍之燿唐志曰永昌一郡見龍之燿日月相屬○見龍猶言龍掛也

風曜圉令趙君碑播德二城風曜穆清　貧富不相耀嚴安傳

金峭耀水東逕黃金峭又有黃金戍與鐵城相對昔楊難當令薛健據金峭美寶據鐵城○按其地在今漢中之金州　龕紹周克龕紹成康之業○汲冢書

悲少歌喜長嘯陸希聲　流目送笑湯惠休

高秋獨眺柳子厚詩如高秋獨眺霽曉孤吹

羸縢履蹻戰國策蘇秦未遇事羸縢通縢行纏也履蹻躡蹻也

清水澄潭皎焉沖照水經注　英英獨照薛道衡曰則公之文屢發新彩英英獨照○高僧傳

孤情絕照宋孝武帝云生公孤情絕照猷公直轡獨上　祖燈重耀傳燈

逆燒字林逆燒曰燹又作爓　華燹浚出華燹維出覆舟淮南

十九效

袁豹人名史云殷仲文讀書半袁豹其才不減二陸

露大能飛食虎豹王　殘國滅廟龜筴傳

圖形屈原廟延篤卒後鄉里圖其形于屈原廟痛其遭黨事禁錮也○本傳

六廏成校周禮校人校遮闌也　夫人薦豆執校禮祭統注校豆中央直也

南窌地名漢公孫賀封南窌侯

普淖黍稷也儀禮　寒犬吠聲如豹王維與裴迪書

金剎棲鴿玉階馴豹國清百錄　水宴截香腴菱科映青罩長吉

二十號

怙號恃名位也孔叢子云陳涉怙號而激長不能久

文與可如晴雲秋月塵埃不到史

宋庠孤風雅操史　道濟津梁學爲潭奧唐文

徒闘三面之恩愈肆九頭之暴駱

龍舟鳳艒煬帝舟名　華皓隋書呂尚以期頤佐周張蒼以華皓相漢

逼夢交魂推襟送抱齊張充　陽旱輟津石潭不耗水經注

蘭膏銷耗鮑照詩蘭膏銷耗夜轉多　千迷道曇鸞見梁武帝於極殿詰曲曲二十餘門一一無錯帝曰此千迷道也如何一度遂乃無迷可對三休臺

龍竈地名在漢水東○水經

二十一箇

鳳佐鸞也瑞圖　渫過再過也呂氏春秋右宰穀臣事

公是韓伯休那那語辭東漢書　黃羅南史召卿使著黃羅○注黃羅乳母服欲便輔幼子也

輕婧張敞畫眉走馬章街被輕婧之名

德勝不祥仁除百禍列女傳　斫莁斬芻也漢書

翠以羽殃身蚌以珠致破蘇秦書

匡坐莊子匡坐而弦匡正也　堯有九座戰國策

二十二禡

念負重於春冰懷御奔於秋駕選

賓幏蠻夷布也後漢志　陶嘉月弓總駕王褒

宮殿中可以避世何必蒿蘆之下東方朔

鈴下漢稱太守曰鈴下　隙開勢謝鄧禹傳

穀人不足於晝絲人不足於夜楊子

沉陰擬熏麝陶　烽主晝燧主夜史記注

明蟾湅夜宋廣平梅花賦　辯論青豆之房遺惑赤華

之舍梁元帝文　蹈襄掌華揚雄賦

白雲入房青雲搖社緯書　見卵而求時夜見彈而求

鴞炙莊子　天假天子賜假也王濟鍾夫人述德序曰濟承

天假星驅者病　學謝淹中詩懃鄴下文苑

地有三分功猶再駕溫子昇　寡婦哭城城爲之崩亡士

歎市市爲之罷列女傳　魚龍以秋日爲夜水經注

冬乃四時之夜　崖留巇軒峯枉月駕水經注

祝融解炎轡蓐收起涼駕江逌秋詩

楚人背鄗而舍左傳鄗音奚險阻也猶云晉人夾泜而軍

酌桂陶芳夜駱　膏夏大木名淮南子巫山之上順風縱火膏夏

紫芝與蕭艾同焚　有神二人連臂爲帝候夜

淮南子○注連臂大呼夜行　風止而波罷淮南

二十三漾

臥鼓邊庭滅烽幽障東漢　鶍唱鶍聲也

選蠕觀望史記○選巽同蠕輭同　寓望今之亭也國語注

殿中六尚尚食尚藥尚衣尚乘尚舍尚輦王筠詩五曹均趨奏六尚等便煩

天子障廬山曰天子障山海經　出地標圖臨池鴈障李庾

魚醬晉武帝與山濤書兼致魚醬一斗　柳浪王維輞川

體物錙銖看人衡纊史　昭曠鄒陽書獨觀乎昭曠之原

嫈褖女飾容也嫈音嫈褖音蕩○博雅　齒宿而意新身老而才壯

李百藥　蕭放蕭放自得隱士傳

聽放莊注洽汰猶放也　夢蟏蛸之戶側坐蠮螉之

塞上徐堅伯長城賦　英蕩周禮掌節以英蕩輔之注器名所以盛節

一日晝函也　弱喪少而失其故居名曰弱喪莊注

淸夷平暢莊注　琳條萬壽可膽仗黃庭

結醬漢律會稽郡獻鮚醬　醑醾猶云藏酒也戰國策

玉暢邑名在宋鄭之間左傳哀公十二年　遼曠遠也水經注

江槎分玉浪達麼偈江槎分玉浪管炬開金鎖

寶唱梁高僧著續法記　法侶駕鴻釋門龍象高僧傳

澤障說文阪澤障也一曰山脅　蒲鞭葦枝曹植詩示刑省
竹濺短籬遮竹濺危路踏松根　履危行險無忘元仗淮南元仗道也

二十四敬

星離沙鏡江賦　神猶淵鏡晉劉琰神如淵鏡言必珠玉
濤奠表靈會沙膺慶后妃事　緇紳之清津人倫之明鏡晉書
江東謂堉曰倩史記倉公傳注
連觀霜皓周除冰淨　送敬猶致謝也後漢周燮傳
五絲續寶命古詩　鼓三竟三更也吳志
世疊世疊文隱文心　蔭映周伯仁應答精神足以蔭映數人鄧粲晉紀

均藻　卷三　卅二　第十七函

觴政魏文侯飲酒使公乘不仁為觴政○說苑
獨修虛信為茂行戰國策蘇厲謂周最云
褒樹表勒棠政水經注　金屑雖珍寶在眼亦為病傳燈
五蘊幻身幻何究竟迴趣
眞如法還不淨傳燈　隨流認性隨流得認性無喜復無憂
桑枝不競羊祜傳贊桑枝不競瓜瓞遂垂

二十五徑

燕尾挺災龍縈結釁晉后妃傳序
波迎魚滕楚辭　僻絙長繩繫兩頭于梁人從繩上行曰僻絙選注
窈窕入風磴杜

文衣之滕秦女嫁晉從文衣之滕晉人貴滕而賤女楚珠鬻鄭為薰桂之櫝鄭人買櫝而還珠○文心
九河之蹬穆天子傳北登孟門九河之蹬
鈃蹬穆天子傳天子西絕鈃蹬水經注地在臨汾
雕不增文磨不加瑩說石劉禎　風門蹬鮑詩
三崖隱丹磴鮑　松磴同上
槃夷秃脛莊注槃夷秃脛之癥○槃夷瘢痍同
以黃帝之跡秃堯舜之脛莊注
祭服五稱左氏閔公二年衣單復具曰稱　單文孤證謂一人之見不合衆說也○本經注
玉帖鐙世說謝萬在壽春奔走猶求玉帖鐙○馬具也
朱映陸德明經典釋文並以朱映黃影

均藻　卷三　卅三　第十七函

東海氣如負簦晉志東海氣如負簦河水氣如引布

二十六宥

黍豆古之善御者造父之師也○列　淸霜碧宙文苑
紫宙書名　金沙臼醴陵石室有金沙臼仙跡也○後志
山疊唐詩山疊泣清霤　渚疊
白菩草名可以血玉山海　獨宿憎夜嫫母畏晝易林
蘭泉吐霤庾闡　玉堂對霤選
蒸靈液以播雲據神淵而吐霤選
繞霤地名王莽傳繞霤之固南當荊楚　齒危髮秀選○老也
懸景東秀選　紫脫華朱英秀選

玉臺淩霞秀陶　鷟錦蠋繡文木賦
續乎猶模繡尚書大傳　韓魏地形相錯如繡戰國策
琮以錦琥以繡禮注　迾卒清候張衡
儒館獻歌戎亭虛候後　繕城墉起塢候後
惟季春兮華阜嗟恇恇兮誰留梁鴻詩
束手係脰囚虜也○春申君傳　白阜脉山川神農之臣
元龜守封蝂禹治水事　漏巵在前欹器在後史
虎豆虎櫐䖘今爬山虎也爾雅　兩杜昔夾河二龍今出守
梁簡文送劉孝儀守清河孝綽守蜀郡　女史傳漏桂史後星曰女史主傳漏故漢
有侍史○晉天文志　轉漏王莽傳轉漏之間

迴騷驟步也文心　封獸象也漢志
假餘息於熊膰引殘魂於雀鷇梁武帝臺城事
龍縣上揩龍縣下協龜謀○文苑　炎源幾遷貿川陸疲臻湊
駱　邛豆邛豆勞豆也毛詩邛有旨苕唐詩曾見海
桃三結子不如邛豆幾回春　欃槍爲闔朋月爲候子雲賦
魚折溜黃帝遊洛水有魚折溜而至得河圖視萌篇
玉岫四明天台剡東之玉岫雨評雲岬鄞南之金庭國清百錄
地幽井谷身弱消甆鮑　水名盜泉仲尼不漱論語撰考讖
弊樟擢秀豫章郡樟樹中枯一旦更茂咸以爲元帝之祥也郭璞南郊賦弊樟擢秀於祖邑

天竇莊子天竇乃開　據虎岫據虎之岫川途不遙翔鷺之濤風煙相接智闓文
彼進峰岫高僧傳
迷仙酎高僧傳變爲甘露瓊漿　眾皺韓南山詩爛熳堆眾皺即山峰蹙摺畫法所云皺法也
金就晉車服志

二十七沁

元猿口噤杜　綸闈之任張泊傳
熠景下飲論語讖熠景下飲醴注星名　丹讖陳陶詩元恩及草冉冉丹讖銘空同
天子之尊廢禁禮記注疏禁者不用架以承之也玉藻士側尊用禁注名禁者因爲酒戒

二十八勘

地長水澹漢五行志　河東有芳醞監水可釀故立監地志

太官作餡陶氏本草注宋時太官作餡落藕皮其中而血不凝○餡血羹也
悇憛後漢書馮衍顯志賦終悇憛而洞凝楚辭心悇憛
託徽猷於貞紺續高僧傳紺紺園也　竈首犀賻書軸

二十九豔

瑤翻碧瀲樊宗師文　驚采絕豔文心
槭劍漢志辰星過太問可槭劍槭音函其間可容一劍也
水鏡涵石劍韓○水鏡射工也　唐南詔獻鐸鞘鬱刃浪劍史浪劍浪人所鑄
小鳳戰篦金颭豔花間

三十陷

鴻文無范大言無法猶巵言無當也○太元

功名著乎槃盂銘篆著乎壺鑑 呂氏春秋

元鑒 莊子注 清之宮

紫金雲梵 玉隆文紫金雲梵之開碧漢玉

均藻卷三

均藻卷四

成都 楊慎 撰 綿州 李調元 校定

入聲

一屋

歲宮乾維月躔蒼陸 鮑　青陸 春也

巢潭館谷 鮑　淹中稷下漆園桼谷 北史

川谷徑復 楚辭　南極天之南軸 天文志

勝火木 晏謨齊記東武城東南有盧水水則有勝火木鄗不灰木也○水經注

心之憂矣視丹如綠 郭遐卿贈嵇叔夜詩

作翰湘州樹麈蠡服 蕭子良文○蠡服彭蠡也

紺族 竹名曹毗湘中賦實有紺族　孔懷如玉出于幽谷 莊注

樂生者畏犧而辭聘如髑髏聞生而矉蹙 莊子注

怨錄 書名載古今幽怨事中載楚公子爲質于秦作歌曰洞庭兮木落涔陽兮草衰去千乘之家國

作咸陽之布衣　罷兵倒韣 戰國策

曲濮 曲濮衛地春秋經　升眺清遠勢盡川陸 水經注

地腹 地說云大河東北流過絳水千里至大陸爲地腹

高峯隱天深溪埒谷 水經注　鐻族 猿徒喪其捷巧鼯族謝其輕工○水經注

童子幘無屋 後漢志童子幘無屋示未成人也屋幘頂也

醮暈綠 夜合葉色如醮暈綠○草木通　驅獨 越王夫人歌驅獨兮西往驅猶翩也

商葩將老綠 孟郊詩　游絲蕩平綠 唐詩

輟毫栖牘猶言閣筆也類要 日食三毀三復漢志
黄帝使應龍殺蚩尤於凶梨之谷史注
枕山栖谷左雄傳 、犬馬反噬豺狼翹陸王孝伯誄
彤雲晝聚素靈夜哭選 千啼濕哭北齊尉景
蛾眉曼睩楚辭 大其央瀆荀子央瀆央溝也
臣以爲龍又無角音六 以爲蛇又有足東方朔射蜥蜴
勁風無榮木陶 麗木木權也傳元集
冬無宿雪春不煥沐後 登于茂木思其珍轂
羲和總駕發扶木太陽爲輿蓬炎燭靈威參垂步朱
轂劉公幹苦熱 闒木郎烏木也王會篇

均藻 卷四 二 第十七函

㟐窅嵒稪選 白璧不可爲容容多後福
左雄傳 夢草晝縮夜開睡蓮晝開
夜縮北戸錄 蓮心蒿目權德輿文
沙城左佩濟瀆水經注水帶城如佩也
失其利祿過在誰孰易林 炊箕淅箕也又名漉箕○何承天纂文
塊鞠獨處貌東方朔 開北房從薰服賈子
潮上氷結洑鮑明遠 景附雪熼選
漿酒藿肉鮑宣傳 飛土逐肉黄帝彈歌
錦竹杜工部有乞錦竹詩梅聖俞曰草也非竹也似竹而斑
盧龍涿鹿温子昇文 朔障裂寒笳氷原嘶代駃

庚闡 身無半通青綸之命而竊
三長龍章之服仲子昌言 河魚不得明目穉稼不得
時孰淮 青首朱目道經○後
哀絲豪竹杜 蘡薁山蒲桃也可爲酒○史注
涉秋霖瀌漢析里碑 紫錦爲囊青絲編目劉向別錄
序 雖曲盡於巧心反受欰於
拙目文賦 陛納九齒門披四目文梓
斗覆斗覆歲穰晉天文志 精氣內銷有似尾閭之波
神志外傷同乎牛山之木文志
竟川含綠水經蘋藻冬芹竟川含綠 豐年必得粟豐時必得祿

均藻 卷四 三 第十七函

說苑 秀木驚飇摧秀木○太白
玉木文選玉木青葱 竿牘竹簡爲書莊子
禿山不游麋鹿淮南 貝轂相貝經堯懸貝轂於塢宮
河水滔陸漢書 石狗獸名食猴集韻
一墣淮南子水勝土也非以一墣塞江
二沃
雲鵠徐幹七喻 伏鸞隱鵠鄧艾爲伏鸞陸雲號隱鵠
葉不雲布華不星燭選 飛泉漱鳴玉選
席珍櫝玉文苑 貴出如糞土賤取如珠玉
史貨殖傳 良人得其玉小人得其粟

歸藏　清謠結心曲陶
嘖曲郭象莊注俗人得嘖曲則同聲共笑也　石喧蕨芽紫渚秀蘆筍緑
選　御飛黃佩結緑選
纖驪接趾秀騏齊亍赭白馬賦　三河如鼎足史貨殖傳
幽經秘錄後　織女東足星經織女東足日漸臺
蘋藻冬芹竟川含緑水經　立化樹俗鶡冠子
高足　中足
下足漢書注四馬高足為置傳四馬中足為馳傳四馬下足為乘傳古詩何不策高足
揚六鸞齊八錄郭璞南郊　鳳腦之燈螭膏之燭拾遺記
影響者形聲之桎梏莊注　珥玉說文珫珥玉也

均藻　卷四　四　第十七冊

出陪鑾躅選　雙情眷欲劉子
土平有濺曰沃服虔　我不奪物榮物不好我辱
釋海順文　華足卞蘭賦振華足以卻蹈若將絕而復連
有鳥黃足歸呼季玉易林○鳥歸呼季玉鵠來云子威
漢水重安而宜竹淮南子　紛紅駭緑柳文
鴕鷈草名詩魯頌疏干寶云○郎今蓴菜又名水戾郎茆也
三覺
學者如牛毛成者如麟角史
聽朔禮　陽朔十月朔也後漢馬融傳
元朔北方也選注　月旦為朔車旃亦為朔西京

雜記　元嶽恆山
炎岳　朱嶽並衡山
金岳華山　青嶽泰山纂文
幸龍荒遊鸞朔史　楚公畫鷹鷹戴角杜
鞠角朝鮮列水之間曰鞠角○方言　地平魚齒城危獸角庾信賦
心溺秋毫意入清角劉子　遡登槐嶽槐三槐嶽五嶽公卿位也○後
朱草合朔瑞草也月始而生月虧而落　命多蹇剝前定錄
借翰於晨風假足於六駁選
稱娖後漢書騎百人稱娖前行稱娖齊整也　辟立霞剝名山記
逸經雜學王莽傳　提揚眉狠奮角提攝提狠狠星也○

均藻　卷四　五　第十七冊

翟方進　冲三清出五濁獨孤及夢遠遊賦
因聲教而悟者名聲聞因緣教而悟者名圓覺內典
陽朔山名湘水所出湘中記曰湘水之出於陽朔則觴為之舟至洞庭日月若出入乎其中也
流紆曲湖水經注　隆嶽泰山也○管子
飛楊斜桷
四質
委體淵沙鳴弦揆日屈平嵇康事○後
婧出車馬婧出之具注婧出婧遊也○谷永傳　水栗芡也○風俗通
貫日積日也○荀子　淹病滯疾七發
請置嘖室管子○嘖室聽民誘嘖以白省也

吳宮歸乙 駱　弛期更日 國策
靑鏤筆 紀少瑜夢陸倕贈以靑鏤筆才思遂進
搏牛之蝱不破蝨 項羽傳　投醪拊寒含蓼問疾 蜀志
紫蜺爲雲朋園日 于喻君子小人雜于朝也○太元
父曰泥丸母雌一 黃庭　猿鳴三獨鳴一 說文獨似猿而大
銅盤燒燭光吐日 杜　結春芳以崇珮折若華以
翳日 選　華袞與組縉同歸山藻與
蓬茨共逸 選　抽戈承明竦劍翼室 後
紫館丹室 仙書　開四照於春華成萬寶於
秋實 晉書　蔓室 賈誼新書王后有身十月而就蔓室

筆瀧漉而雨集言溶滴而泉出 論衡
不當華而華易大夫不當實而實易相室 五行志○相室相國也
銜華佩實 文心
題緯古今綜檢名實 陸機　五蠹六蝨 商鞅韓非著書篇名
邯鄲口中蝨 韓非子以上黨之兵臨東陽則邯鄲口中蝨也
盛粉黛而執干戈曳羅紈而呼蹩躍 隋書
丁男甲卒 漢書　艮士選卒 戰國策
洞穴之寶衢海靈之雲術 謝靈運羅浮山賦
輸鴈欵誠同之舊暱 王導接誘應會少有牾者云云○晉春秋
雕瓠飾笙備雲和之品筆荇湘蘋充金鼎之實 鮑

臺收白簡吏閣丹筆 李庾　請爲子鉥 國語○鉥導也
鳴而當律 莊子　酒律 書名酒中章程
習俗移志安久移質 荀子　抱空質 戰國策不顧一子以留計是抱空質也
孔子簪縹筆 孝經援神契

五物

元物 甲蟲之屬爾雅　悲鬱 蔚也說文
途泰命屯恩充報屈 選　繡裾 半臂衣也東漢
塵尾是王謝家物 陳顯達語　辯雕萬物 莊子
生暗醞物 莊子　皦月垂素光元雲爲髣髴 劉公幹
多言繁稱連類比物 韓非子

磨翁而旋入爲齊回伏而湧出爲汨 莊注

六月

靈秋之月 漢書注　仙客辭蘿月 唐詩
白羽若月 家語　氷月 冬也○晏子
漣漪濯明月 古詩　步搖翻霜角端掩月 晉書四夷傳
厭厭竟良月 陶
長月 正月也春秋緯　赤珪如日碧珪如月 開山圖
鴛鴦謝明月 吳均　龍犀入鬢 朱建平泪書
越峯如髻越樹如髮 杜牧　樹中天之華闕 選○華闕郎今坊牌之類
箕爲傲客行謫謁 詩緯

石生金木生蝎符子　餘名豈足潤枯骨列子

姸皮不畏痴骨史　風雨是謁言可以請謁而致風雨也○山海經　胄落魚門兵塡馬窟庾信

華名洪伐張景陽七命生則耀華名於玉牒没則勒洪伐於金冊

土色紫而關迴川氣黃而塞沒徐堅伯長城賦

豐貂通犀金鷲火珠之摯史不絕書鏐鏁彤斧霞布

鈿帶之珍府無虛月　繁華損枝膏腴害骨揄辭之害理○文心　腴辭弗翦頗累文骨同上

泛明綵於宵波飛澄華於曉月鮑照蓮賦

燕遊玉京蠖怡金閣閣皂山記　騁突漢俗已薄而行堯舜之行是猶以轡而御騁突也○刑法志

岸忽魚朝恩特功岸忽史

脫卒漢武欲作通天臺未有人王溫舒發脫卒得百人注隱漏未籍也

棲遲薛越荀子○薛卽僻字薛越僻遠也　蘭熏麝越水經注賛桑落酒

方車而蹠越淮南子方車而蹠越乘桴而入胡欲無窮不可得也

七曷

悲皇邱兮積葛王褒　荃葛細葛也漢書

雙鷺咒鼓飛于雲末異苑　間何澖逢諸葛漢諸葛豐傳

區脫胡中上窟也漢書　朱英紫脫朱英瑞草紫脫瑞竹○禮緯

貌寢侻歐陽詢　圉奪貨殖傳圉奪成家謂禁守其人而奪之也

○漢　侏儒有餘酒而死士渴說苑

百末漢書百末旨酒布蘭生謂之百草花末雜酒中也○芳茗冠六淸旨酒踰百末

張陳凶其終蕭朱隙其末王丹交遊論

鏤其姓名於箭括五代六思鐸　蔭籍高華人品冗末宋劉璠彈王僧達

播菼番閼荀子禮論抗折其貌以象槾茨番閼也注槾折也茨蓋屋也番讀作蕃閼爲門戶塞閼風塵

振錫咒泉騰空舞鉢國淸百錄　波餘影末梁簡文書

寄褐世人護惜小兒服以衣名曰寄褐

八黠

玉札藥名　青書琳札道君紀經

犀札陰鏗馳犀札韓集　遠公風鑒朗扶遠公傳

槀秫禮　大戛大法也尙書

龍皮戛李賀詠柏　經有五涉其四州有九遊

其八李固與弟圄書　呿唫至微秋毫必察素問○呿開也唫閉也

陰變於六正於八說文引易緯

鄧析惠施不敢竄其察荀子　貳轂兩轄晉車服志

九屑

響不四應景不一設淮南　釋當世之宿疑解經傳之

槃結虞翻　激楚回流風結七命

一日九結易林無有憺怡一日九結　忠規武節辯亡論

追濤哇赴巖節選　地髓抗堊山筋抽節地髓地黃

山筋當歸也○劉子標　傾心晦節後漢
彫胡紫籜綠節西京雜記　至音不合衆聽故伯牙絶
弦至寶不同衆好故卞和泣血後鄭衆傳
蘘薜蘘薜簦笠六韜○涉草雨衣也　巴氏之子生于赤穴巴夷之祖
○後漢志　石涅女牀之山多石涅注即礬石也一名羽涅
○山海經　三澨諸暨有三澨山土人諸瀑布水爲澨○水
經注　公餗覆而不憂美錦碎而
猶截後漢　臣無忠天投霓演孔圖
牝凹牡凸家語注山陵爲牝川澤爲牡　有亡荒閱左氏亡逃匿也荒閱大閱也
魚麗鶴列並陣名　㠑嶭馮衍賦山高貌

均藻　卷四　一　第十七函

神蒟蕭子雲元圖賦授神蒟于文昌寄寶舩于明兩山谷與儈書夙承記蒟
水埒田塍也通俗文　伏鼈漢志旬始出于北斗旁狀若伏鼈○唐文
粹天垂伏鼈野戰羣龍　長輿嵯櫱人問王導周顗何如和嶠王曰
長輿嵯櫱注嵯櫱猶槎牙　山營澤閱鮑賦○閱義如良賈折閱之閱
掘閱詩蜉蝣掘閱管子掘閱得玉古人謂穴爲閱也
赤雪晉太康七年河陰雨赤雪二頃　思仙蓦雲埒竟陵王
鮭冠黎緤史記鮭冠黎緤大吳之民也　空閱莊子空閱來風注閱穴也
部落鳴鼓男女遮迣迣列同鮑宣傳
紫茢染草也周禮注　案其地形將軍在箕舌周瑜
○傳　一簧兩舌易林

狀素鏡之晨光瀉金波之夜晰雪詠
芳樹花傳雪白　潔如珂雪內典
情瀾不竭選　五離九折梁簡文書五離九折出桃枝之
翠笋　蓬碣蓬萊山也○後漢梁松悼騷
獵碣周宣石鼓文載記　紅雪王建宮詞黃金合裏盛紅雪
吳興溪中釣碣王僧孺謝車騎　棲屑京師遼遠實憚棲屑後魏裴安傳
菁華隱沒芳流歇絶選　宮切切門限也前外戚傳
逢辰之缺選　風帆連咽南史
膏脣拭舌請巧說也○後　襄王清夜夢爲雲謝女黃
昏吟作雪唐人梅詩　莊周笑折楊宋玉傷白雪

均藻　卷四　二　第十七函

文心　授師子子戟也左莊公四年
結轍漢書冠蓋相望結轍于道謂轍跡相望也　陰景棲靈穴道藏詩
嘉禾挺皁蘇奇香發迷迭王筠
列峙淮南子終身運枯形于連嶁列峙之門　韋編三絶鐵擿三折漆書
三滅易緯言孔子讀易　浴鐵鐵甲堅滑如水浴也
人銜枚馬束舌楚漢春秋　地名全節庾信哀江南賦始則地名全節
終則山稱柏人○全節在桃原東武王放牛地　光珠穴在瀾滄○水經
江君掩帳篔簹折李賀　紫檀金屑琵琶
花塢蝶雙飛柳堤鳥百舌玉臺
十藥

寶鏄樂器也國語　貜薄旄牛徼外夷地後志

紫落猶碧落也王勃文　松漠沙漠也

沙幕幕卽漠字李陵傳　絕幕邊地○漢書

冠雀鸛也○後漢楊震傳　曲洛在洛陽穆天子傳○又有方湖在華林園

可配曲洛　清籥清籥發徵激楚揚風邊讓賦

儀酌禮酒也周禮　楚雀黃鶯也說文

寶書仙藥東漢書　神前和百藥淮南子

娥媚姌嫋相如賦　繡薄繡薄叢於泉側○江淹

豹席稷臟張志和　鋪鴻藻信景鑠班固

辭義麗金臒鮑　堅甲鐵幕蘇秦傳鐵幕謂以鐵爲臂衣

揚塵轉削風角書削木梯也左傳削而投之

庶桀合兵王作論語讖　液雨不流擇高田不要作

閩諺　翔鸞鳴崑喁宏明集

悲臺哀壑杜　高月麗雲喁鮑

輪超白虎第珂聚黃金穴戴暠

淹滯星霜留連圭篇江文通　青臒青邱之山多青臒卽空青也山海經

溫蠖史記屈平傳安能以皓皓之質而蒙世之溫蠖今本作塵埃

忽翔翔焉之泊楚辭　鸞漂鳳泊韓退之詩

天根見而水涸天根氐星也國語　河宗海若沈休文

揄流波雜芝若賈子　魚上而區萌作鵁啼而林

葉落舒奎史述　戲車鼎躍勇士也鹽鐵論

毿躍懽忭也韓詩　榮光幕河青雲浮洛尚書中候

鬱金半見緗白約急就章　夕露爲珠網朝霞爲丹臒

選　含情拾泉花縈念采雲蕚

鮑　玉樹不林于兼葭鳳皇不

羣於燕雀蕭子良文　秦智猶烏鵲烏鵲知歲之多風而卑巢

人過之則挑其卵知備遠難而忘近患也秦之僞五嶺長城其智猶烏鵲也○淮南子

鶩鳧企鶴本莊子鶴長鳧短語○文心　綠薄庾闡詩豐林映綠薄

繡薄繡薄叢於泉側水經注　斐雲興翠嶺芳飈起華薄

惠連　眉萼庾信無復臂珠纔於眉萼驪上星稀黃中

丹落　一絇絲能作幾曰絡無名人書

張昌儀門○史　榮河溫洛堯時有榮光幕河故曰榮河天

下泰平洛水先溫故曰溫溫　白花駱太白詩醉騎白花駱

婁落莊注婁落天地遊虛涉遠　石瓠謝瓶罌瓌木乖丹臒

王筠　繪樓幔閣唐裴矩諷隋煬帝

十一陌

毛席毦也西域傳　耀魄日也感精符

丹魄虎魄也南史　寄客寄客也諸經音義

昔昔夜夜也列子昔昔夢爲君古樂府有昔昔鹽後人改爲夜夜曲也

稷澤丹水出峚山西流注于稷澤注后稷所居也○山海

百步于跡烏秅國出小步馬百步千跡○漢志注
乘黃茲白皆良馬也汲冢書　銖金尺帛賈子
招魂續魄韓詩溱洧傳　竹翹竹格南史
槁項黃馘莊子　賨端匿跡楚辭
狠歌烏譯四夷傳　帶圍減尺列女傳
寶黃厮赤貴黃而賤赤○王莽傳　椒亦人名戰國策雍門子養椒亦飲食與之同
得其死力　側行襪席襪拂也孟子傳
鴻隙陂名在汝南翟方進傳　金膏水碧陳子昂書如金膏水碧世外奇
寶　吮露英飲泉液白虎通
裁紅暈碧春盤賦　天雨碧竹書紀年天雨碧鄭

水脂碧墨子大藥有水脂碧卽水碧也　榮山刋石榮焚也水經
潔如霜露清如水碧仲長統　積翠凝碧王維
禹始爲蔣席事始　雄白郭象注莊云物各守其分無雄白也義本
知雄知白○可對雌黃　採碧陳陶詩侵星愁過蛟龍國採碧時逢婺女
船　遙昔遙夜也張華詩伏枕終遙昔寤言莫予應
然石異物志南昌縣出然石以水灌之便熱以鼎著上炊足以熟置之則冷灌之則熱如此無窮張　閈水環階引池分席選曲水詩
華識之曰此然石也　牛羊夕朝與烏鵲朝暮與牛羊夕○坡
序
宋漢清修雪白後　朱殷粉白文苑
武功太白去天三百史　脂澤

娩澤荀子　薰澤皆言女色
拾遺粒而織落毛飲石泉而蔭松柏隋隱逸傳
南爲祝融容杜　膚彩津澤陸機
猩猩啼而就擒鴬鴬笑而被格選
羅襦襟解微聞薌澤淳于髡斗酒說
殷殷均乎姚澤選　塗澤武后善自塗澤老不覺衰
羿射河伯河伯殺人羿射中其左目風伯壞人屋羿射中其膝○通志
原闕　滅土膏金潤測泉脉鮑
陿三神之阨薛揚雄傳○師古曰薛亦僻字
錯竈數策戰國策　饑於論渴於策說苑

三翮秦始皇徵王次仲不至以檻車四翮之次仲化爲大鳥落三翮而去
三光參分宇宙暫隔選　方格朝廷重其方格○傳奕傳方格猶標準也
蒼蠅附驥尾蛟龍攀鴻翮史
舜鶴五龍漢鼓六翮史　藻帟陸機賦藻帟高舒長帷虹繞
微雨洗高林清飈矯雲翼陶
拂明鏡之冬塵解羅衣之秋襞沈約
寂魄郭象莊子注枯木同其不華死灰均其寂魄
枯魄蜀部正曰朝爲舍潤夕爲枯魄　篦籚雜于叢蒸兮機蓬矢
以射革東方朔九諫　升陽未布隆陰仍積晉書
嶺橫鷄岫池臨鳳液王筠　金臂珠腕徐陵贊佛相

夏后以元貝周人以紫石皆古貨貝鹽鐵
東皐數畝控帶朝夕范雲　水木明瑟水經注
男女郊績徭則有辟公甫文伯母語
讀論惟取一篇披莊不過盈尺南史
以玉床之連後星喻金波之合義璧晉書后妃傳府
謝艾繁而不可删王濟略而不可益文心雕龍○謝王皆西河文士
微言精理函滿元席晉簡文帝　綾羅澤在昌平水經注
元翮庾信賦飛元翮之士燕奪丹鬢之山雉　嚄唶音或則史記晉鄙嚄唶謂多言也
蹄涔不足以濯神鬢翳薈不足以翔雲翮庾亮
片玉可以琦奚必侯盈尺抱朴子

文欆綺柏景龍文館記　脩日養夕昭明太子書○長養也大戴記
時有養夜　沈斥鹹鹵之地刑法志
道濟橫流德昌顏歷溫子昇　玉拍陳子昂詩寂寞夜何久殷勤玉拍繁
事有遠而合蜀桐鳴吳石劉道民詩張華刻桐魚擊石鼓事
石聽石碑跌也水經注　操無烱迹鮑
連衡雲席續高僧傳　日月如疊壁馬融尚書注太極上元十
一月朔旦日月如疊璧五　鳳伯山名多柳山海經
十二錫
出寶弓𥿻新繳戰國策　施元的以丹注面曰的女子有月事難于進
御故施元的于面以自見也王察神女賦　青津碧荻仙藥也○酉陽雜俎

百里不販樵千里不販糴史貨殖
騂弓金瓜鏑杜　良篤修激詩曰彼其之子碩大且篤非良
篤修激之君子誰能行之哉○說苑　子雲沉寂子雲沉寂故志隱而味深○文
心　苟錡鈲析漢藝文志論名家之弊
龍嫡騶君也博雅　郭椒丁櫟馬有騂騶驥騄牛有郭椒丁櫟
○桓譚新論　耀所聞而疑所覿漢書
石的石碑也古名石桓石闕水經注　射的會稽山名望其色占豐凶諺曰射的白斗
米百射的元斗米千　登陸而雷輧流驟水而雲
艫擊梁肅鹽池記　鵠的射候也
楚瀝楚辭大招吳醴白蘗梨楚瀝注皆酒名楚瀝下清尤醲美也

荒朝僞歷小說野史之類　目因詭容逆心與清暉滌
張九齡遊山
十三職
剢色雜色也剢駁同唐志　良食良食自愛崔瑗書
左手執燭右手折爝爝燭燼也管子
羔犢虎犆禮　往來如織春秋傳注
褕衣甘食韓信傳○褕音遙　泉漬壤蝕南史
寒心累息後　屈頸鷮息後方技傳○鷮息如鷮之息吐
納氣也　景星出翼堯時事
建元弋旗也元弋北斗第七星○後　曲席而坐傳器而食秦穆公禮

由余事曲席傍對也○史記　國安于磐石壽于旗翼荀子
翔區外以舒翼蔡中郎文　綺翼登雲臨綺翼選
方梁石漁事鮑昱　舞風沉龍常輪霞浮玉勒
謝莊　宵靜女德以伏蠱慝國語
西有玉臺聯以昆德西京　嶺南沙北史記
草艾則墨禮○草刈秋後也墨輕刑也　孔壺爲漏浮箭爲刻後志
天胙光德而隕明武楊子　四輪之國淮南四通也
元國元國郎林邑其人黑而美○離騷注　野無衡敵對無立國六韜
鷓鴣翥南杜鵑鳴北廣志　甘意搖骨體艷詞洞魄識
文心

采如宛虹之奮鬐毛若長離之振翼文心
王逸博識有功而絢綵無力文心
洪業休德漢書　元穆黑粟也漢志
膏黍膏稷膏言甘肥如膏也○山海經　喬陟列子周以喬陟注喬高曲也陟重隴也爾
雅山三襲陟　經緯甚多無機可織後魏孫紹
疏　季萷古齊國之君名也左傳爽鳩氏始居之季
萷因之　三妃三妣後周紀
恩肥土域秦刻石辭　朱亭靑域俱山名在臨邛開山圖
烏山之東有朝雲國水經注　化赤漸乎隣丹爲黔貧乎
邇墨王績　漢女踏紅綃海童拋赤仄

皇甫松大隱賦蒸作金釵色　金釵色荊楚歲時記仲冬雜菜經霜爲鹹菹　曉雲皆血色李賀
細德賈誼弔屈文見細德之險徵兮遥繒擊而去之

十四緝

徑庭麗級論衡　絳宮重樓十二級黃庭
念我良執選○執友也　恫後辰而無及張平子
夜綏晚遲香銷燭熻李巇賦　應門八襲選
中山何夥有子百廿顏之推稽聖賦
洞宮巃岌杜太清宮賦　春華含日似笑秋露泣葉
如泣劉子　靈虬承注陰蟲吐吸刻漏銘

陰事終而水宿藏場功畢而大火入後漢書
八桂所植金鵞所集廣志云臨海白石山八桂所植金鵞所集太白詩時飡食鵞蕋
謂桂花也　天動地岌校獵賦
情有局塗志無遠立鮑　徒願尺波旋終悲寸景戢
小謝號也　控三庭迴五翎翎郞翕字五翎羗人

十五合

韻與道合世說　紫絲趿柳公權臨蘭亭以紫絲靸○書史
占驗鱗雜天文　金匝薰鑪也○相如美人賦
晚風起于閨闥紅塵蔽于几榻選

悲風起烏匼烏巾也杜　增欷歔邑雍門周說孟嘗君

橐耜九雜禹親操橐耜九雜天下之川水注九音鳩○淮南

山沓水匝樹雜雲合文心　情往似贈興來如答文心

異獸珍禽遊圜鳴閣隋書　封情慮於有方循局步於

六合列子注　鼘聲不過闘司馬法

外內元合莊子德充符注　喙鳴合莊子天地篇合喙鳴喙鳴合與天地爲合

皇風一鼓九地匝後魏鄭道昭

銅荷承淚蠟庾信　碧溪答孟浩然詩還聞碧溪答不羨綠珠歌

昏明遞匝左傳注三辰昏明遞匝

十六葉

衡漳從涉涉亦漳水之別流今涉縣是也從即縱字○魏都賦

踰波趨浥漢書浥窊陷也　山條水葉謝靈運

天下有道則行有枝葉天下無道則辭有枝葉禮記

陰精應爲商時陽靈幽于唐葉堯水湯旱也○三國志

反宇業業飛檐巘巘西京賦　犀舟利檝唐文

紺蝶蜻蜓也蝦所化古今注　西鶼東鰈四夷貢物

蔕倒茄於藻井披紅葩之狎獵選

道閉往運數開叔葉後漢書　霜凝條露霤葉何遜

魚鰈小舟　蒲牒路溫書編蒲爲牒以學書

霞粧星靨文苑　黃頰山名在河東龍門王績有詩

帆葉僧皎然詩艷花新雨淨帆葉好風輕○注海人以木葉爲帆

怨牒戰國策孟嘗君逐於齊而反取所怨五百牒削去之不敢以爲言

碧菥九葉宋志　據虎之岫川途不遙翔鸞之濤風烟相接高僧傳

籃脅琴名見馬季長賦

渠壍傳堞守城事○淮南　帛疊即白氎也後西南夷

星劫星宿劫言多也法華經　白袷王郎寄桃葉李賀

心有睫莊子謂心有眼无速于眼也　綠樹始搖芳芳生非一葉

一葉度春風芳華自相接雜色亂參差眾花紛重疊重疊不可思思此誰能愜梁武帝

十七洽

園蔬抱金甲杜　木戴孚甲說文

定甲鶡鴠別名　藥甲杜

賞押高僧傳賞押既并纏痾用彌　口多雌黃腹有鱗甲文粹

均藻卷四

轉注古音畧

光緒壬午年
鋟於樂道齋

轉注古音畧序

轉注古音畧者蜀升菴子之所爲書也升菴子謫居于滇慨古學之弗明而六書之義日晦於是乎有古音畧之作焉畧凡五卷上自經史下及諸子百家之書靡不究極而所取以爲證據者五經之外惟漢以前文字則錄晉以下則畧焉蓋本於復古而不欲以後世之音襍之也昔宋吳才老氏作韻補紫陽朱夫子取以協三百篇之音議者謂其有功文字之學是編雖論轉注而發揮六書之義殆盡又匪直有功文字而已夫六書始於象形而終於轉注象形指事文也會意諧聲字也假借轉注則文字之變而通之者也自許氏說文以令長之類爲假借考老之類爲轉注後世因之莫之有改至毛晃氏始謂老字下從匕考字下從丂各自成文非反匕爲丂也又曰周禮六書轉注謂一字數義展轉注釋而後可通後世不得其說遂以反此非彼爲轉注其說皆非厥後王魯齋氏正始之音趙古則氏六書本義乃極論考老爲非矣升菴子是編殆取諸此而所論傍音叶音之類皆轉注之極則又古則之所未及者也走自蚤歲卽有志書學而未得其義觀古則之論雖若有契於心然

叔重之說行之已久未敢遽斷其是非焉今得升菴子之書而釋然矣然又有說焉夫漢和帝時申命賈逵修理舊文於是許愼采史籀李斯揚雄之書博訪通人考之於逵作說文解字則許氏之學出於賈逵其所著六書之義秦漢以來相沿其說非始於叔重後之賢者思慮益精而有以發前賢之所未發使叔重聞之亦未必不首肯而心服也古則又謂鄭元以之而釋經今考周禮流疏乃唐賈公彥引許氏之說以釋鄭元之言抑不知毛氏一字數義之說出於何典然則發明兹義實自毛氏始也大抵古人之學凡可以傳於後世者皆其跡也其不可傳者心也學者因其跡而審夫自然之音以求契於吾之心則於道也幾矣是固升菴子作書之心也

嘉靖壬辰春二月吳興顧應祥序

轉注古音畧題辭

周官保氏六書終於轉注其訓曰一字數音必展轉注釋而後可知虞典謂之和聲樂書謂之比音小學家曰動靜字音訓詁以定之曰讀作某若於戲讀作嗚呼是也引證以據之曰某讀若云徐邈讀王肅讀是也毛詩楚辭悉謂之叶韻其實不越保氏轉注之義耳易注疏云賁有七音實始發其例宋吳才老作韻補始有成編旁通曲貫上下千載朱晦翁詩傳騷訂盡從其說魏文靖論易經傳皆韻詳著于師友雅言學者雖稍知寃誦而猶謂叶韻自叶韻轉注自轉注是猶知二五而不知十也余自舞象之年究竟六書不敢貪古人成編爲不肖捷徑尤復根盤節解條入葉貫間亦有晦於古而始發於今繆於昔乃有正於後故知思不厭精索不厭深也古人恆言音義得其音斯得其義矣以之讀奧篇隱帙渙若氷釋炳若日燭又以所稡彔之古人成編䟽其煩重補其遺漏庶無蹈於雷同兼有益於是正乃作轉注古音畧大抵詳於經典而畧於文集詳於周漢而畧於晉以下也惟彼文人用韻或苟以流便其詞而於義於古本無當如沈約之雌霓是已又奚足以爲據耶今之所

采必於經有裨必於古有考扶微廣異是之取焉匪徒以逞博夥累卷帙而已方今古學大昭當有見而好之者不必求子雲於後世也

嘉靖壬辰九月廿九日博南山人楊慎書

聞見字書目錄

石鼓文 鄭樵注 蘇軾注 王應麟注　史篇 史籀之遺 說文引

九經韻補　羣經音辨 賈昌朝

小爾雅 孔鮒　廣雅 張揖

要雅 梁劉杳

賈升郎埤蒼 升郎漢永元中人

糾謬正俗 顏師古　通俗文 服虔

說文五義 吳淑　說文系傳 徐鍇

呂忱字林　陸該字林

葛洪字苑　曹產字苑

御覽字府　庾元威字府

鍾鼎款識 薛尚功　集古錄 歐陽修

博古圖　考古圖 呂大臨

金石錄 趙明誠　故跡遺文

徐浩古跡記

字辯 北齊李鉉

五音譜 李燾　七音韻鏡

字林音義 宋吳恭

誤字 張揖　難字 周成

國語音 宋庠　楚辭音 智騫

莊子集音 徐邈
莊子釋音 甘暉 魏包
黃庭經音 陶宏景　爾雅音 孫炎
諸經音義 釋元應　漢書音義 蕭該
李舟切韻　董南一切韻指南
文字音 晉王延
纂文 何承天　文字集畧 阮孝緒
聲類 李登　音譜 李季節
集韻 陸法言　韻纂 隋潘徽
唐韻 孫愐　桂苑珠叢 曹憲

五經文字 張參　九經字樣 唐元度
古文四聲韻 夏竦　廣古文四聲韻 趙克繼
佩觿集 郭忠恕　字始連環 鄭樵
象類書 鄭樵　切韻指掌圖 溫公
書林韻會 孟昶　韻會舉要 黃公紹
韻補 吳棫
干祿字書 顏元孫　廣干祿字書 婁機
六書正訛 周伯溫　六書本義 趙古則
小學篇 王隆　說文字原
動靜字音 劉士明　唐蒙博物記

字通 彭山李肴吾　隸釋 洪适
韻集 呂靜　音韻 周思言
文字辯疑　夏侯該韻畧
杜臺卿韻畧　陽休之韻畧
古今字詁 張揖　古今文詁 阮孝緒
班馬字類　文字指要 邱擭
集韻拾遺 郭知元
鄭氏篆髓
六書故 戴侗
禮部韻畧 毛晃

平水韻 劉淵　韻總
李涪刊誤
寶刻叢珠 陳思
書苑菁華
正始之音 王柏
字說
隸格
聲本
聲粹

夏英公集古篆韻所引書目

汗簡　說文
石經　字畧
夏書　籀韻
雲臺碑　豫讓文
古孝經　古周易
古尚書　演說文
雜古文　林罕集
古老子　山海經
古史記　古漢書

孫彊集　馬日磾集
牧子文　古世本
義雲章　古莊子
碧落文　華岳文
古案經　張揖集
亢倉子　古爾雅
古論語　古毛詩
開元文　李彤集
古春秋　古禮記
徐邈集　三方碑

茅君傳　古樂章
古周禮　石椰文
濟南集　馬田文
銀床頌　烟蘿頌
荊山文　庾儼集
古月令　道德經
南嶽碑　陰符經
王庶子碑　祝尚書韻
比干墓銘　衛宏字說
具邱長碑　凌壇臺文

季札墓銘　滕公墓銘
周才字錄　朱育集字
樊先生碑　義雲切韻
羣書古文　楊大夫集
天台經幢　蔡邕石經
王維畫記　顏黃門說
庾儼字書　證俗古文
王先生誄　彌勒傳碑
陳逸人碑　楊氏阡銘
鬱林序文　周書大傳

淮南子上昇記　王惟恭黃庭經
趙琬章古字畧　王存義切韻
張庭珪劍銘　裴光遠集綴
郭昭卿字指　李商隱畧古
崔希裕畧古　邱光庭序文
鳳栖記

轉注古音畧卷一

新都　楊慎　撰　綿州　李調元　校定

一東

鞠 讀作芎左傳有鞠藭乎司馬相如說物作芎又作營

宏 音與紅同毛詩泉之竭矣不自云中溥斯害矣職兄斯宏不烖我躬宏與中躬相叶古韻可証自晉以後始入蒸韻音之訛爾

朋 音與逢同沈約韻朋在蒸韻而肱鞃弸薨宏皆從之疑編次之誤考之約以前韻譜無有以朋叶蒸韻者毛詩每有良朋蒸也無戎左傳引逸詩翹翹車乘招我以弓豈不欲往畏我友朋劉楨魯都賦時謝節移和族綏宗招徽合好肅戒友朋則古韻朋與戎宗弓相叶無疑且毛詩爲詩詞之祖其韻亦韻之祖也拾聖經不宗而泥守沈約偏方之音其固甚矣此所當首辨也

鞃

堋

薨 字說見上

夢 毛詩視天夢夢

瞢 音蒙雲瞢澤名李軌讀

窾 音空空也莊子導大窾向秀讀

窓 音聰艷照詩蠟眉黛珠櫳玉鈎隔綺窓今俗呼烟囪猶曰烟聰唐張祜詩鼻似烟窓耳似鑰

蹤 音聰山海經大荒之南有蘢[illegible]

眾 音中草名爾雅管眾郭璞云葉圓鋭莖黑毛布地冬不死左傳有眾父人名佛經謂百姓曰眾生

氄 音戎尚書鳥獸氄毛

烛 音烘爾雅爞爞炎炎薰也省作烛或以爲燭字非

陸 胡工切山名在益州今雲南也見漢書地理志

萌 音蒙古孝經緯含皋任萌滋物歸中

訟 讀作公漢高后紀未敢訟言誅之

門 音蒙逢蒙古之善射者荀子史記皆作蠭門蓋古字多借用耳

鮫 音公左傳舟鮫守之

蝎 籀文虹字弄毒蝥之蟲也蠍从虫从蠍

涷 音東說文水出發鳩山入于河爾雅暴雨謂之涷

渢 音馮大聲也左傳渢渢乎大而婉

汎 音馮浮也相如傳汎濫氾濫注任風波自縱漂也

總 音㚇詩素絲五總

蠡 音雺龜兆氣不澤也集韻引洪範曰圛曰蠡今文圛作驛蠡作蒙

洞 音同淮南于天地鴻洞又洪洞縣名

竉 癡凶切周易在師中吉承天竉也王三錫命懷萬邦也邦悲工切詩受小共大共爲下國駿厖荷天之龍鄭氏作竉荀卿讀厖爲蒙以叶共竉則亦當爲此音吳棫讀

龐 詩爲

下國駿厖荀卿讀如蒙借用蒙**檀**傳容切戰國策寬則兩軍相攻急則仗戟相檀然後可見大功**梵**音義與丸同風行木上曰丸集韻聲也又見漢衛彈碑字本作蘶省作丸陸法言讀**蘶**見上注**概**史記范雎傳意者臣愚而不概於王心邪徐廣曰概音同索隱曰戰國策概作關謂關涉於王心也徐音同非也今按二說未知孰是不收或謂遺也**穹**音空春秋緯少昊邑于穹桑日五色互照呂覽伊尹生於穹桑字或作空○今雲南縣名浪穹土音為浪空云**難**山海經苹棗之山有獸如軟鼠而文題名曰難注難音熊

二冬

昇音供扶也**釭**音工燈也**疼**音同與痌通**洚**音宗孟子洚水警予**犛**鳴龍切羌中牛名字又作犛季登說**惷**音沖駿昏也**頌**音容本古容字漢書惠帝紀當盜械者皆頌係之又儒林傳善為禮頌**龐**地理志都龐縣在九眞龐音龍**遇**音顒漢曹參傳擊秦將楊熊於曲遇曲音去**童**

讀作鐘夫童地名春秋公會宋公于夫童左氏公穀皆作鐘**膺**於容切黃庭經舌下元膺生死岸閈宏景讀**懮**音悰莊子囷懮中頴李頤注刻賊不通也**慒**藏宗切集韻謀也韻會一作誴適作悰又似由切通作悰**鍾**素問陰陽鍾鍾王氷注卽古衛字

三江

龍音龐黑白色雜也周禮龍勒戚尨讀**虹**音降詩實虹小子鄭元讀**跫**音腔莊子跫然而喜司馬彪讀**虹**博古圖有王氏銅虹燭錠皆燈燭具也蓋古字少借虹作釭文選金釭銜壁後世詩人有銀釭之語博雅解也**舡**博雅觧舡舟也觧音龐舡音肛增韻吳舡名佩觿集曰觧舡之舡為舟船其順非有如此者**青**若江切說文幃帳之象从月出其飾也周伯溫以幢字象形未知是否○按此字古音羫左傳褚師聲子韈而登席辭曰臣有足疾君將青之說文引此作殼音却嘔也古字腔強○殼以平聲轉注為入聲用也或說作腔音亦是腔亦嘔也今俗謂馬病有聲曰腔又見覺韻**從**音淙禮記檀弓爾無從從爾謂髻高也

四支

施讀作移毛詩將其來施施石鼓文旛斿施施孟子施施從外來注斜施而行越絕漁父歌曰日昭昭侵以施史記賈誼服鳥賦曰斜庚子作日施庚子朱子楚辭說云斜亦有施音漢書衛綰傳劍者人之所施易如淳讀施為移得之顏師古乃以弋陂反之音義兼失之矣**暆**音移漢地理志東暆在樂浪其字从日取日出為義其音正與賈誼賦庚子日施及越絕曰昭昭侵以施音同意古語呼曰斜曰暆字或省作施耳**虒**漢地理志慮虒縣在太原上音盧下音夷**𡰣**古夷字𡰣江縣名屬越嶲見漢地理志**危**莊子危言日出讀如欹器之欹李軌說**跬**音窺跬步也漢書未有窺左足而先應者也字當作跬借作窺**示**音祇周禮天神地示**示**音時人姓晉有示昧明**支**音岐令支遼西縣名**跪**音危莊子跪坐以進之**黜**黜黈草書勢崔子玉記**瞝**音痴賈誼賦瞝九州而相君兮**矖**音痴舒也

中山王聞樂對白日曬光**觜**音崔星名**觜**音崔鳥喙也廣雅云石針也**洍**音怡說文引詩江有洍今本作祀**圯**音怡南楚謂橋曰圯**蠡**音離谷蠡匈奴名谷音鹿**荋**音而說文沛郡有楊荋亭**化**山宜切易神而化之叶宜**祇**音支易無祇悔**單**音禪古今人表禪諶作單湛後漢有議郎單壁坦平太守單躬**邪**音移尚書考靈耀云虛為秋候昴為冬期陰氣相佐德乃不邪子助母收母合子符又漢樂府曲名上邪其辭曰上邪我欲與君相知邪知為韻自叶何承天擬曲云上邪下難正誤作邪正之邪矣又星名歸邪**比**音皮左傳莊公十一年蒙皐比而先犯之注皐比虎皮也**子**讀作慈禮記易直子諒**异**音怡岳曰异哉孔安國讀**婁**音羸漢段會宗傳留兵埶婁北**陁**音義漢杜周傳因勢而抵陁**麗**音离左傳魚麗之陣張惡讀**期**左傳僖二十二年期期而不至上音歎下音其**被**音披左傳離被苦蓋楚辭靈衣兮被被玉珮兮陸離**邿**音詩左傳襄十八年樂盈以下軍克邿**戲**許宜切左傳襄二十一年晉是以有戲之役漢高帝紀入關至戲注水名又與麾同漢書麾下皆作戲下

莊子伏羲氏作伏戲氏**焉**音夷周禮秋官行夫焉使則介之令按焉本鳥名音夷者柏居字首禮記焉使弗及也論語焉可誣也是已音烟者相居字末經傳多有不必引証**居**音嫗檀弓曰何居我未之前聞也古居字多音姬列子居余語汝作嫗魚語女蓋同音之借也**齊**音慈玉藻趨以采齊**羅**音離周禮注潘羅**純**音編祭統以共絻服史記帝堯紀黃收純衣**氏**音支月氏西域國名**諺**音移說文周景王作洛陽諺臺廣蒼云宮室相連曰諺陸雲集云曹公有諺塘劉孝綽詩反景照諺塘**柴**初職切毛詩射夫既同助我舉柴莊子柴立其中央揚雄賦柴虒參差不齊貌**徙**音斯縣名在蜀見漢書地理志**羨**音夷沙羨縣名在江夏**菑**音思地反草爲菑曹植相論孔子狀如蒙倛周公貌如斷菑又借作宊字**義**音宜詩宣昭義問周宮凡殺人而義者史記君義嗣並音宜**翅**音尸不翅猶言不止是也莊子不翅於父母徐邈讀**趍**音馳說文趍趙久也一曰奔也俗用爲趨走之趨非**噫**音醫詩噫嘻注毛云歎也禮記注鄭云噫不寢之聲梁鴻五噫歌元次山中興頌噫嘻前朝**意**音噫史韓

信傳意烏猝嗟**懿**音噫詩懿彼哲婦箋云有所傷痛之聲**治**音持孟子治人不治上音持下音値又治中官名杜甫詩典郡終微眇治中實棄捐**寅**音夷說文寅膑也**夤**音夷說文恭也引易夕惕若夤又維也淮南子九州之外有八夤通作寅書寅賓出日夙夜惟寅嚴恭寅畏**滓**史記居原傳泥而不滓注泥音湟滓音淄**禠**音斯福也選祈禠禳灾**弜**音欺弓強而偏曰弜**利**音梨古樂府兩雪霏霏雀勞利長觜飽滿短觜飢**怠**音怡周易謙輕而豫怠虞氏本作怡國語范蠡曰得時無怠時不再來來讀如釐史秦本紀皇帝明德經理宇內視聽不怠作立大義昭設備器劉歆列女贊齊姜公正言行不怠勸勉晉文反國無疑**逵**音奇左傳莊公二十八年眾車入自純門及逵市注郭內九軌逵道之市○按逵市卽今言基盤市古字借用**載**讀作菑詩俶載南畝鄭元說俶載作熾菑**提**音時詩歸飛提提又朱提縣名在越嶲朱音殊提音時其山出銀諸葛亮集漢嘉金朱提銀**哉**史記引詩鼎鼐及哉正義云哉音資**邸**音踟考工記絲三邸**皆**音箕漢書箕子者萬物方荄茲也師古曰荄音皆古

皆荄與萁同音**多**音祇字本作袳省作多周易無祇悔荷九家作多論語多見其不知量也一本或作祇**來**儀禮來女孝孫注云來讀爲釐釋名往歸于後也故其言之昂頭以指遠也來使之入也故其言之低頭以招之也毛詩惠然肯來楚辭天路險難兮獨後來漢書無說詩匡鼎來**隓**敗城阜也許規切俗作隳非徐鍇曰說文無隓字蓋二左也眾力左之故从二左見阜部注**禕**猗猗爾雅美也廣韻珍也文選侯其禕而○禕从示與褘字不同褘从衣**帆**與耆同何承天纂文伊帆氏古天子也**台**音怡史記敘傳唐堯遜位虞舜不台厥美帝功萬世載之又惠之早賓諸呂不台宗強祿產諸侯謀之**歷**汲冢周書正西崑崙請令以江歷龍角爲獻江歷珠名卽江驪也**堲**說文卽資切以土增大道上曰堲書朕堲讒說殄行借義疾惡也字又作垐又音卽火熱曰堲檀弓夏后氏堲周**垐**見上又見下平庚韻

五微

畏音隈莊子畏壘大化**施**音義與腓同詩百卉具腓班固賦安幡悕而不施**幾**光武紀幾不得出禮記車不雕幾注音新**賁**音肥襄賁縣名在東海**匪**音霏禮少儀車馬之美匪匪翼翼**悕**音希公羊傳成十六年在招邱悕矣**費**陳湘姓林曰費氏音斐趙明誹日此字有兩姓費音讀不同其一音蜚贏姓伯騶之後史記所載費昌費中楚費無忌漢費將軍費長房蜀費禕之徒是其後也其一音秘出於魯季友琅琊費氏梁相費君是其後也**運**淮南子畫隋灰而月運闕注云運讀如遭圍之圍高誘讀**緯**音徽琴弦也劉向九歎慶忌囚于人室兮陳不占戰而赴圍破伯牙之號鍾兮挾人等而彈緯徐邈讀**侯**此本古文侯字又作戾虜復姓改爲後魏書侯幾氏後改爲幾氏侯如氏後二氏後宇周太祖賜韓褒姓侯呂陵氏侯音新其後爲万侯氏宋有万侯尙**侯**見上注**斐**說文符非切斐斐往來皃揚雄賦昔仲尼之去魯兮斐遲而周邁文選江妃作江斐**磑**居依切音與機同磯也蓋取其中有機運轉之故聲同機徐楚金作五對切而碓字又作都對切兩音旣近兩物亦易混爲一物舊字家

書惟陸法言韻作魚衣切爲是今從之**魏**音義與魏同莊子魏然而已○山魏古字作魏比今文多山或說山在下爲魏去聲山在上爲巍平聲非也是不知轉注之義矣古魏巍字同而音異或省作嵬**嵬**注見上**裴**音非人姓左傳有斐豹或作斐**斐**注見上**偯**於希切義與噫同說文引孝經哭不偯**䮝**音揮山海經太行山有獸狀如麢四角馬尾而有距名曰䮝**煒**音義與煇同王莽傳青煒登平注青氣之光煇也**豕**說文彘也竭其尾故謂之豕象毛足而後有尾讀與豨同又曰今世字誤以豕爲彘以彘爲豕何以明之爲啄琢从豕蠡从彘以是明之○今按豕古音希說文豨字注云草木實豨豨也从豕豕讀作豨徐曰豨豕聲相近說文屢發此義蓋後漢世已讀豕爲上聲矣若作上聲何以叶豨字爲音讀邪**曊**方言昲曬乾物也或从費馬融曰晞于陽而煬於日也列子酒未清肴未曊注音霏

六魚

譽音譽論語誰毀誰譽**沮**音租人姓沮誦爲黃帝史三國有沮授**俎**音租薦牲几也左氏傳司

馬折俎**姐**音租嬳姐女態也字本作媎省作姐嵇康詩恃愛肆姐**蘇**音蔬詩山有扶蘇徐邈讀史樵蘇後爨注樵取薪也蘇取草也**邪**音徐史記歷書引左傳歸邪于終而左傳邪作餘**邪**音徐詩其虛其邪爾雅作徐說文作御又思無邪思馬斯徂班彪北征賦降几杖於藩國折吳王之逆邪惟太宗之蕩蕩豈曩秦之所圖**疏**音余漢書匈奴傳比疏櫛髮之具也以金爲之**盧**讀作纑周禮冬官秦無盧**租**音疽魯連子田巴議于租邱一日而服千人**衙**音魚說文衙衙行貌宋玉九辯屬雷師之闐闐兮通飛廉之衙衙韓愈文魚魚雅雅魚魚亦衙衙也**慮**音閭爾雅諸慮山櫐也郭璞曰似葛而粗大江東呼爲藤又地名林慮一曰隆慮在河內無慮在遼東取慮在臨淮取音趨且慮在遼西昌慮在東海漢志並音閭**絮**音如人姓漢張敞傳絮舜**斯**音梳毛詩斧以斯之**余**音徐爾雅四月爲圍余月通作除詩日月方除**家**音姑左傳姪其从姑六年其逋逃歸其國而棄其家史記長鋏歸來兮食無魚長鋏歸來兮何以爲家漢曹大家音姑**瓜**說文孤罛瓠皆以瓜得聲毛詩投我以木瓜左傳登彼昆吾之墟綿綿生之瓜余爲渾良夫叫天無辜**去**邱於切毛詩鳥鼠攸去左傳千乘三去三去之餘獲其雄狐**鉤**音拘孝經援神契斗曲杓橈象成車房爲龍馬華蓋覆鉤天理八魁神不獨居驂駕悟乘以道跔蹰**杼**音舒鄒子杼意通旨明其所謂劉向疏一杼愚意死無所恨**荼**考工記弓人蹴弓必荼注古文荼舒假借字玉藻諸侯舒前詘後史記建元侯表引詩荊荼是懲尚書大傳厥咎荼厥罰恒奧集韻或作豫**豫**注見上**猪**集韻引毛詩日居月猪今通作諸

七虞

竇音窬左傳卜餅閉門塞竇乃自後踰**毋**音模禮記內則八珍有淳毋**臺**音胡禮記敗于臺駘**牟**音模淮南子盧牟六合注盧牟規模也又人姓**遡**音與蘇同漢禮樂志流蘇作流遡**驕**古或借作駒字**救**音拘周禮有司救劉昌宗讀**朝**音株朝那縣名**劉**音盧殺也書多盡劉左傳虔劉我人民後漢禮志有貙劉**皐**音辜橐皐地名孟康讀**杜**音居晉有杜蒯劉昌宗讀**荂**音芙莊子

折楊黃荂皆古歌名**茯**音芙花蒂也漢武帝悼李夫人賦函蔓茯以俟風兮注茯與芙同**不**音義與芙同草木下房曰不毛詩常棣之華萼不韡韡萼蕊也不蒂也借作不然之不音否又音浮又音彪人名晉書有不準發墓得汲冢書者又作比翼之比今音卜**華**古音同敷毛詩隰有荷華都且爲韻楚辭采疏麻兮瑤華與居疏爲韻周易枯楊生華老婦得其士夫後漢書仕宦當作執金吾娶妻當得陰麗華此類極多乃知古華字本有敷音非叶也**余**讀作塗霍去病傳檮余山檮音疇余音塗**樸**音蒲漢地理志樸劉縣在武威**于**音吁毛詩于嗟洵兮**臺**同都切易林典策法書藏在蘭臺**彄**音樞左傳公孟彄伐曹又見尤韻**幠**音呼禮投壺毋傲毋幠**溝**音拘荀子溝猶瞀儒○古溝拘音通禮以袂拘而退拘亦音溝也**杅**音汚字書云器也春秋傳杅不穿皮不蠹佛經旃沙女傳杅吹罪史記犀首傳燒掇焚杅同字書引論語糞土之墻不可杅也又匈奴地名因杅漢有因杅將軍**句**音劬左傳任宿須句地方又宛句曹州縣名又句町縣名在牂牁**懼**音癯史記孟子傳懼然顧化**取**音趨

取慮縣名在臨淮 鍍音塗以金飾物 墓音模班固敘傳陵不崇墓 謀蒙脯切易林懿公淺思不受深謀又曰張陳嘉謀計成漢都陳子昂答韓使詩漢家失中策胡馬晏南驅閒詔安邊使知是故人謀 賦音敷左傳引尚書敷納以言作賦納以言 吾音虞列女傳楚相虞邱子虞與吾通漢吾邱壽王即虞邱子之後也又借作娛國語暇豫之吾吾 婁音盧毛詩弗曳弗婁又邾婁國名離婁刻鏤貌蕭荄漢書讀何晏賦以婁與疏爲韻 惡音烏安也語惡乎成名孟子居惡在 惡音呼滹沱水名禮記必先有事于惡池史記作滹池集韻作滤又作濾又作灌泰詛楚文滹作亞沱作駝○或云滹音汗其地汗下故以名水惡讀如惡乎成名之惡不煩轉音作荒胡切此說亦通但舊音相傳已久姑以存疑 亞見上注 喻音義與歈同司馬相如凡將篇淮南宋蔡舞嗙喻 旅與臚同儀禮士冠禮東面旅占注古文旅作臚今按旅古亦有盧音書文侯之命盧弓一盧矢百或作旅亦從旅省是其信也 姕說文引詩靜女其姕今文作姝 苫漢隸蘆字省作苫 囷漢逢盛碑櫝作囷 [illegible]古今人表嫫母作[illegible]母

楛荀子勸學篇問楛者勿告也告楛者勿問也說楛者勿聽也注楛謂非禮義也凡器物堅好曰功濫惡曰楛故以爲喻或曰楛讀爲沽儀禮有沽功鄭元曰麄也 鯀爾雅注引歸藏易爲酒爵於兩壺兩揄飲之三日然後鯀鯀音蘇 泒音沽字从瓜水名在鴈門與源派字不同 吳音弧史律書丁酉至于弧弧者言萬物之吳落注作柔非 武音無禮記詔侑武方鄭曰武讀爲無 佇音躕遲佇徘徊貌出富嘉謀麗邑賦一作跢跦愽雅云鳥跳行也又作躕踏見集韻一作跱躕見籀韻一作遲躕葉山碑用之一作踟躕李陵詩用之、 著音除太歲在戌曰著雍又表著顏師古五行志注曰朝內列位有定處所謂表著也 宁門屏也通作著

八齊

鯢音倪鯢是縣名在西河 厗漢地理志厗奚地名在漁陽厗音提 蟬黏蟬縣名在樂浪蟬音提見漢地理志 折音提禮吉事欲其折折爾 是音提月邊也春秋公羊傳是月者何僅逮是月也

蠡洛奚切漢書谷蠡王入朝谷音鹿 蹏借音倪漢外戚傳赫蹏書注小薄紙也 來公羊傳莊五年倪來來朝來音黎 鷄音笄禮問喪鷄斯徒跣 儕音擠齊王元長雙樹歌春山玉所府檀林芳所棲菴園無異韀紙館有同儕 難音難汲冢周書大明武解旁隧外權隙城湮溪老弱單處其謀乃難 蠲音圭說文馬蠲也引月令腐草爲蠲又明也潔也 姼說文美女也漢書姼姼公主乃女烏孫注與詩好人提提同諸韻書收于上聲非是 紙都兮切說文絲滓也从氏俗用爲紙筆字非紙从氏 氏漢城埧碑以氏爲提 磾漢石經公羊傳以磾爲提 卯子兮切事之制文音濟見八薺韻 奚音兮獸跡也奚字从此 遲音栖說文屖从尸从辛不進也揚雄賦靈遲迟兮遲迟卽栖遲字也

九佳

顏音崖商顏山名 倪音涯莊子不知端倪或从水作涚 涚注見上 槎音柴國語山不槎蘗邪斫也 箄步街切東漢岑彭傳乘枋箄箄縛竹木爲之韻書解作取魚器非 垓音該項羽紀軍

壁垓下 貍亡皆切周禮春官鬱人遂貍之 蛙音瓜說文作鼃蝦蟆之屬又淫聲曰蛙傳曰紫色蛙聲字一作鼃馬融傳鬭鼃華羽之南音 鼃注見上 依音挨白樂天詩坐依桃葉妓自注馬皆切 袿婦人上服也又長襦也何承天芳樹篇嘯歌流激楚傷此碩人懷絮塵集丹帷微颺陽羅袿豈怨佳時暮徒惜良願乖 㞷石經埋字 [illegible]要雅云[illegible]豆莖也俗作楷 竵說文不正也俗作歪非此字本從立㒳聲唐韻作蘣韻畧作佤字林作華引周禮形方氏無華離之地又借作闊闊 蘣唐韻見上注 佤杜臺卿韻畧見上注 華周禮見上注 闊門斜開也國語闊門而與之言借作不五之嗣 闊漢隸低字

十灰

每音媒左傳原田每每舍其舊而新是謀 跆音臺漢天文志跆籍 弟音頹莊子因以爲弟靡其字从人从弔或以爲茅靡非 負音陪負尾山名莊子負阿鮭龍皆神名 詒音臺莊子誒詒爲病

李勢讀治音台漢書鴈門黑頭山治水所出作奴來切論衡驚三足曰作鼐三足曰貢後漢謝該傳引左傳黃作入寢今本能作熊蓋字之誤也能音台三能星名史記三能色齊累音累禮月令累牛騰馬剴上來切漢書敘傳賈山自下剴上注剴切也崒音崔毛詩山冢崒崩部音培左傳部婁無松柏蓄與宍同揚雄賦酒沉蓄於鄙瀆畏音畏弓淵也考工記當弓之畏又長其畏思音腮左傳于思于思棄甲復來又說文天老曰鳳之象鴻前麐後鸛鶉鴛思思即腮字才借作哉古文尚書往才汝諧哉亦作才哉生明訓作才生明是也爾雅初哉首基始也晦音灰莊子媒媒晦晦無心而不可與謀悚說文倉宰切姦也漢碑作猜字用鋙籀文杯字靁籀文皚字敦音堆詩敦彼獨宿又敦琢其旅又軍後曰敦逸周書武順解一卒居前曰開一卒居後曰敦又敦邱邱名見爾雅班固賓戲從堥敦而欲度高乎泰山焞吐雷切盛也毛詩嘽嘽焞焞如霆如雷漢書引之作推顏師古讀文音才又音墩見儀禮碓音堆史記河渠書離堆作離碓魋阯同切山海經

轉注古音略　卷一　一

剛山多柴木是多神䰠注魑魅之類

十一眞

振音眞毛詩振振君子左傳童謠均服振振文讀作珉禮大夫以魚須文竹劉呂宗讀砂音眞石不平也太元石砂砂杋音芊除夕作蕡燭以麻杋油入謂之杋盆龜音僎莊子不龜手之藥卷音轂晦卷縣名在安定甽音旬山下受霤處曰甽呂氏春秋上田棄畝下田棄甽蜦音淪黑蜦神蛇能作雨玟音珉禮士佩玟瓀信音申易以求信也周禮信圭痻音民毛詩祇自痻兮旦音神禮郊特牲所以交于旦明言音誾玉藻一爵而言言斯禮也敦音純樂記樂者敦和囷音均說文廩之圓者从禾在口中圓謂之囷方謂之京又輪囷盤㞸貌蜠音均具也爾雅蜠大而險震音珍漢衛霍傳敘電擊雷霆尹音筠禮聘義孚尹旁達信注玉采閔平聲讀老子其政閔閔其民湻湻晙音逡博物記曰千千為羣掘食草根其處成泥名曰麇晙民人隨此麇晙種稻

其收百倍○後漢書注塡塞也鄭氏詩注云古者寘塡塵同陸德明云依字皆是田字亦音陳故陳公子奔齊以田為氏也甸邱甸也周官掌令邱乘田之政令注云四邱為甸讀與維禹敶之敶同又劉劭瑞龍賦有蜿之龍來遊郊甸應節合義象德效仁天汀因切白虎通天者身也天之為言鎭也禮統天之為言神也陳也珍也毛詩與周易凡天字皆當為此讀劉熙曰豫兗冀以舌腹言之天顯也青徐以舌頭言之天坦也楚辭乘龍兮轔轔高馳兮沖天結桂枝兮延竚羌愈思兮愁人史記三年不飛一飛沖天三年不鳴一鳴驚人吳韋昭元化篇云元象以天陛下聖眞率道以安民朄說文引詩應朄縣鼓今詩朄作田田亦音陳也田與陳同音說文田陳也故陳敬仲奔齊以田為氏云汶與崏同周禮史記漢書山海經崏山崏江皆作汶至晉王右軍行書猶云遊目汶嶺今蜀有汶川縣蓋崏江得名而訛作問唐殷敬順列子釋文曰周禮云橘踰淮而化為枳鸜鵒不踰濟貉踰汶則死鄭元注以為魯之汶水謬也按史記汶與崏同謂汶江也非汶上之汶周禮言水土異性故舉四瀆言魯汶水闊不過十數里

轉注古音略　卷一　二　第十八函

源不過二百里揭厲皆度斯須往還豈狐貉暫遊生死頓隔哉潧說文溱潧之溱汃說文引爾雅西至于汃國今作豳旛古文陳字見石鼓文迪同上其原有旛又迪禽奉雉

十二文

弅音分莊子隱弅之邱汶東漢董卓傳侍御史侯注汶音閩賁音墳尚書用宏茲賁麇音君左傳哀二年羅無勇麇之旂音芹左傳取號之旂火中成軍魯頌思樂泮水薄采其芹魯侯戾止言觀其旂卷邱云切縣名在鄭帉巾謂之帉漢官儀注成都橋官貢柑襲以紫帉匪音分賦也旋也與也周禮以待國之匪頒注匪讀為分頒音汾大首也詩有頒其首蟁籀文蚊字孫叔然爾雅注曰鶡蟁母似雞而大黃白襍文鳴如鴿此鳥常吐蟁紊亂也尚書有條窸古今而不紊徐邈讀縣文詁云三染絳為纁今但用纁煇音熏灼也史記斷戚夫人手足眼煇之囩回也田十有二頃曰囩字又作營漢碑引詩營營原隰矜音勤矛柄也史矜棘謂兵革也今文矜作穫閺說文低目視也

从㬎門聲去農湖縣有闅鄉汝南西平有闅亭俗作閿郭璞閿非師古曰㬎舉目使人音許蜜切闅訛作閿乃音汝授切失理遠矣○愼按吳才老稱晉之字學璞最深然以闅爲閿注山海經以蚍巫山人操杯之杯爲杯卮而不知杯古桮字也豈俗字太勝而好古者亦汨沒邪 蘊 音熅漢召信臣傳難蘊火

十三元

肩 音跟莊子其脰肩肩 反 音翻禮記禮有報而樂有反列子反兩揄魚而笑漢雋不疑傳平反所活幾何 嬔 音翻免子也 晅 音晅易傳日以晅之 宣 音晅漢書宣室天子所居 旭 音晅詩旭日始旦徐邈讀 憲 音軒樂記武坐致右憲左 純 音昆毛詩白茅純束鄭元讀又音稛 阮 音原國名說文五阮也詩侵阮徂共卽五阮之地今轉寫作五原 苑 音鴛人姓左傳有苑何忌 純 音郭史記錦繡千純舊音作屯非純本錦綺之名江南細布名油純南夷名錦屬曰絲純 昆 音魂李廣傳昆邪匈奴名 幡 音翻說文書兒拭觚布也晉人云不見酒家幡布乎用久則幡是凡拭布皆名幡今但用爲幡幟字

賁 山海經桂林八樹作賁隅賁借音翻見集韻 暖 音暄柔貌莊子暖暖姝姝 蹇 音犍走貌 揵 音犍舉也相如賦揵鰭掉尾 ⿰扌鳥 音虔橡子樗蒲名今音作薯非 混 音昏郭璞詩北阜烈烈巨海混混鼎鼎三墳維母與昆 悶 平聲老子俗人昭昭我獨若昏俗人察察我獨悶悶 鼅 音昆劉向九歎鵾鼅蠶於筐麓此字諸韻不收 禪 音暖山海經南望禪諸禹父之所化在陸渾縣南諸音渚郭璞讀 蕠 與蓀同香草也今菖蒲是神農本草故書作蕠楚辭作荃 荃 見上 蘋 說文青蘋似莎而大者相如賦薛荔青蘋張揖曰生江湖鴈所食○按蘋有二種此青蘋也管子謂之鴈膳又有白蘋楚辭所謂登白蘋兮騁望是也今本改蘋作蘋蘋可登乎 魭 元與黿同汲冢紀年穆王起師至九江以魭爲梁 衛 古軒輊之軒 韓 亦漢隸軒字 縕 音溫禮一命縕芾黝珩注縕赤黃之間色 焞 儀禮士喪禮楚焞置于燋在龜東注楚荊也卜者以楚焞之木燒之於燋苣之火旣然執以灼龜焞音敦又音寸 逐 山海經姑媱之山有獸焉名曰山膏狀如逐注逐卽豚字

十四寒

貫 易貫魚以宮人寵動靜字音云貫穿也平聲旣穿曰貫古人作毌象冠之形又貫弓之貫亦作貫或作闗弓古字例多借 毌 音冠史記貫高本毌邱複姓後去邱爲毌字又作貫貫音又韓爲貫串之貫魏毌邱儉今多呼毌作父母之母今有母姓亦毌邱之後而呼作母非也漢書高紀有曼邱臣師古云曼邱毌邱本一姓也語有緩急耳 鄟 卽團字周禮專身而宏陸詞云莊子作圜太元作摶周禮作專 跰 國語注跰蹇宋景文公曰玉篇珠叢並無跰字今拔賈子云旄如濯絲跰蹣之容也字从足讀如相如賦媻姍之媻 杆 音干漢書功臣表有瓠譚侯杆直干姓之祖晉有干寶 漢 音灘太歲在申曰涒灘 灘 亦借作灘字水中沙出也 ⿰舟番 音盤馬雷足橫行曰⿰舟番董遇說 貛 音獾野豚 莧 音完獂羊也易莧陸夬夬 虷 音干莊子虷蟹小垂也漢書鮑宣傳白虹虷日 扶 音蟠漢天文志晷長爲潦短爲旱奢爲扶又扶桑國名字一作榑淮南子朝發榑桑暮入落棠 樊 步干切周禮春官巾車錫樊 聚 音菆才官切莊子聚僂之中

繁 音盤字一作緐又作鞶李善云繁與鞶古字通左傳叔于奚請繁纓又其可以稱旌繁乎 姍 音姍相如賦媻姍注跛行貌李夫人傳何姍姍其來遲又音訕漢書始皇姍笑三代 但 音彈語辭辭之固也又徒也又人姓漢有但巴爲濟陰太守 衍 太元法首非無幹水直衍幹音韓衍音延 散 音三閑散也琴曲有廣陵散又白居易詩閑散作平聲押元微之有詩酒户年年減山行漸漸難欲終心爛漫轉覺興爛散 畔 讀作盤漢碑引易畔桓利貞見集古錄 爨 七丸切炊也周禮以火爨鼎水劉士明動靜字音云炊曰爨平聲炊處曰爨去聲今俗添薪急炊曰爨火是也 竄 七丸切入穴也三國志曹操與韓遂書多點竄點謂減去竄謂添入又謗人爲惡曰竄俗曰攛掇是也 播 又濟切黃香九宮賦東井軗蝶而播酒字正體作芏 汗 音寒漢地理志番汗縣在遼東又可汗匈奴號又人姓戰國策楚有汗明說春申君云云 汗 音干水經餘汗今作干水涯也 幹 音韓井上闌也漢宮有井幹樓枚乘傳單極之綆斷幹太元井無幹水直衍匪谿匪谷終于愆 連 音爛漢武梁祠碑斑爛字作斑

連敦音團毛詩敦彼行葦賈誼揣毛詩𢾺揣與團古
賦何足控敦集韻或作揣字通史記賈誼賦
何足控揣如淳曰控引也揣音團玩弄愛生之戔古
意老子揣而銳之不如其已馬融長笛賦云云殘
字二戈相鬭鵰鳥名古文尚書
也轉音作箋鵰哭今作雕兜

十五刪

姍音珊漢武帝李夫人歌翩何姍姍其來遲又諸侯
王表姍笑三代讀作訕臣一字也假借爲用有異
耳綸音關爾雅綸似賁古班字見須音須禮大夫笏
綸東海有之周易注疏以魚須文竹鄭
元貫音彎說文持劘音還漢地理志矜音鰥毛詩關
讀弓關矢也撲劘縣在武威何人不矜
音彎孟子關弓而射患賈誼賦又何足患師古云合
之左傳豹則關矣韻音環張華賦與物無患亦
平彪音斑記文虎文彪也辦音攀瓜中實也又片也
聲集韻或作彪作彪非辦詩瓠人注瓠辦陸德明
讀畢音須集韻云鬘音曼西域婦女首裝也佛經謂
水名出越巂鬘之華鬘白居易驃國樂詩花鬘

斗藪龍蛇動或省書作髩鬠見上鬘要雅云鬠燒烟
賁寧高僧傳枝蹲髻葉注畫眉也又首裝
出釋典郎殷鳥閑反黑而有赤色曰殷左傳左輪朱
說文髺字殷杜詩曾閃朱旗北斗殷今本殷作閑
非殷又作陰詩傳馬陰白襍色陰注見上黳史記天官
日驪陰淺黑色也史記作黳書黳然黑
色甚明故本䵝吳越春秋太子友諫曰黃雀盈綠
作殷今改黳䵝林徘徊枝陰䶂䵝微進欲啄螳螂

轉注古音畧卷一

轉注古音畧卷之二

成都　楊慎　著　綿州　李調元　校定

一先

㸷音堅縣名在東罕漢地理志枹罕縣名窘音圈賈
萊漢地理志在金城夫謙二音誼賦窘
若四拘開古研字古尚鼃音顛鼃類似平音駢
蘇林讀書導開及岐蠙珠選東人食之尚書
平章百姓平秩東作平在朔易史記皆作編音駢說
便蓋以音取之又無黨無偏王道平平文交泉
也集韻云縫衣也窅音綿莊子窅然喪萍音義與苹
賈誼疏縫以編諸其天下李頤說同詩萍萍
者義今譔音筌呂忱輇莊子輇才諷說竣音筌國
作菁云專教也筌車下卑輪也語已事
而竣竣䨹音筌戰國策東郭純音全投壺禮惴音專
退也天下之狻兔也二算爲純太公
金匱云黃帝居人上惴惴如臨深淵舜居人閩音烟
上矜矜如履薄氷禹居人上慄慄如不滿日莊子

闉跂司歅音烟九方泠音憐周禮羊零音連先零苓
馬彪讀歅人名泠毛而毳羶西羌名
古蓮字文選寒允音鉛左傳允姓之姦居鉼音駢集
芳邁之巢龜于瓜州至漢爲允吾縣仙傳鉼
時王暉詩黃帝升鼎湖乘素入紫倪音研莊子和之
烟云云若能思得之賜與金一鉼以天倪班固讀
寘音塡漢書長嬴借音連漢地理志嬴軒音虔漢地
紛紛兮寘渠陵縣在交址陵音受理志驪軒
縣在張掖閼借音焉歷書甲日閼逢歲卷音權毛詩
驪音力雄也又閼麥單于婦名有卷者阿
鸛音權公羊傳傎都田切穀梁傳信二旬音田周禮
有鸛鵒來巢十八年爲已傎矣春官小宗
伯若顚音田玉藻緡音綿大學瞑音眠莊子據扁音
大句顚盛氣顚緡蠻黃鳥槁梧而瞑擅
文選東都賦翩翩巍巍顯翼翼束身音捐身毒麗音堅
哲詩八風代翩與驪子爲韻西域國名說文
鹿之絕西音先尚書大傳云西方者遷方也萬物遷
有力者落也前漢志少陰者遷方漢志樂章象載
瑜白集西食甘露飲榮泉文選注西施作先施趙壹
窮鳥賦幸賴大賢我欽我憐昔濟我南今振我西魏

明帝詩凉風夕起悲彼秋蟬變形易色隨風東西曹
子建飛蓬篇驚飇接我出故歸彼中田當南而更北
謂東而婘音拳韓詩揖我謂我婘捲音拳說文氣勢
反西兮字又作嬽又作爛也引國語予有
捲勇莊子捲捲乎后之為汳叶音綿石鼓文汧殹汳
人葆力之士也注自勞貌汳丞彼淖淵鄭樵讀
貞音塤石鼓文帥彼宣音藿字一作翻飛也揚單音
鑾車忽速貞如子雲蜀都賦嶕巖宣翔蟬
單閼歲在卯之名字一作蟬嫣漢山陽麟鳳瑞像蜒
圖銘曰龍起蟬嫣三月季春又單于匈奴王名
音沿禮記陰陽長短終始相怨皇極內篇咽魯頌鼓
靡物不爾無時不然愈析愈微愈窮愈怨咽咽醉
言歸傳云榛榛榛密也左傳正義曰榛聲近虔相如
咽與淵同哀二世賦汨淢噏習以永逝兮注平皋
之曠衍觀眾樹之塕薆兮衍音延見榛字注又劉歆
覽竹林之榛榛衍平聲甘泉賦高巒峻嶒臨眺
曠衍深林蒲葦涌水清泉嚥音即咽字山海經扁音邊
又周禮望祀望衍鄭元讀天褊服之不嚥莊子
輪扁斲輪于堂下蓄音虔見崔希裕暑古○今按蓄
古今人表作輪邊說文音亟敬字从此惟崔希裕

以為虔字且虔於敬鮩石鼓文鰅隸省叅石鼓文吳
義相叶姑以存疑云作鮩俗作鰛非人叅亟叅
音憐蘇羨音延周禮璧羨以起度又墓道也冢人邱
軾讀隧疏天子有隧諸侯有羨史稱世家共伯
入蟄侯羨始皇紀閉中羨下外羨吳越春秋造
鼎足之羨又羨門墓門也漢書羨門亦人姓

二蕭

侥音鴞縣在濟嬈音姚兩肩行貌王逸九思使素女
南漢地理志兮鼓簧乘戈和兮謳謠聲嗷嘵兮
清和音晏衍兮要嬈與姪逶矯音尻矢躍出也神異
字不同嬈下从缶姪下从壬經東王公與玉女投
壺千二百嬌漢書敘傳儵音儵自佋音儵莊子佋乎
賈生嬌嬌弱冠登朝儵魚名若嬰兒之失其
母郭𨷂音焦汲冢書王會篇𨷂木皮堅愀音鍬色變
象讀黑若鐵生水中即今之烏木也也莊子愀
然變蕉音樵列子覆鹿紹尺招切詩匪紹祒音昭莊
容以蕉殷敬順讀匪遊鄭康成讀子有巫
咸騷音蕭左傳敗鄭師于轎音橋嚴助傳俏音消衰
祒蒲騷即巫山陽臺地與轎而喻領也史記

申呂肖矣又小也劭音翹漢武帝紀先廖音聊左傳
莊子肖翹之物帝劭農蘇林讀襄三年鄧
廖卒組喬音驕樂記齊隃音遙漢趙充昭音韶說文
甲三百音敖僻喬志國傳難隃度本作佋廟
佋穆父為佋南面子為穆北面今文作昭禮王制三
昭三穆決疑要錄云晉諱司馬昭故讀為韶黃公紹
云據說文則為韶又書作佋非晉以後改明矣佋見
郭忠恕曰說文自有佋穆字以昭為佋假借耳上
注詔音部禮記詔侑武方鄭元曰詔侑或為詔圓武
當為無方猶常也告尸行節勸尸飲食無常若
孝子之招音翹舉也賈誼過秦論招八州而朝同列
為也又揭也莊子有虞氏招仁義以撓天下韓
文諍臣論招其君之過音雕廣韻天子弓也詩
陸機賦或招世而自誇敦敦弓既堅又敦琢其旅舟
音刀毛詩何以幽音窔釋名幽窔也元命也幽州幽
舟之維玉及瑤之為言窈也道藏歌詩廻舞太空
檝六氣運重幽我際顦音憔莊子珧音遙集韻玉珧
豈能尋使爾終不淍滿心戚顦蜃甲也南方以
為美味東坡作江脩音條周禮司尊彝凡酒脩酌窕
珧柱傳俗作瑤非又脩市地名周亞夫封脩侯

音妖荀子其文飾窕音恌左傳楚師輕窕窕音條准
也不至于窕治五行志小者不窕、南子霄
霓之野義料說文量也从斗米在其中讀若遼佛經
與蕭條同米尞義本此莊子料虎頭綿虎須注料
音繇音搖古尙書皋陶作咎繇周禮追師注步搖作
聊步繇魏鍾繇字元常取咎繇陳謨彰厥有常之
義又世說庾翼謂鍾會曰何以望君遙遙不表音標
至蓋舉其父諱戲之也今多音為由非也識也
周禮肆師表鬯盛或作剽周禮注故磬用禮部樂之
書表為剽徽識也表識或作幖幟韶說文又以
為郼秋音鍬揚子雲秋秋蹌蹌入西圜蕭該讀又萄
字子引逸荀曰鳳凰秋秋其翼若千其聲若簫
秋與簫為韻是其證也字又作啾啾淮南啾見椆本音
招隱歲暮兮不自聊蟪蛄鳴兮啾啾上椆衾
裯也○按裯周雕蝸皆从周得聲當音條今闕中亦
呼寑禱為條子詩曑彼小星維參與昴肅肅宵征抱
衾與裯昴徐邈讀作旄昴胡星也其象如旄因名舊
叶昴作留恐非以叶條音良是寔命不猶猶亦有諸
音見禮猶音謠禮檀弓陶斯詠詠斯猶又君子唷音
記檀弓蕕猶猶爾毛詩抱衾與裯寔命不猶消

揚子匪伏匪堯禮義哨哨

三肴

㑗湯勞切說文瞭也方言云目重瞼也字又作眑唐小說術士相裴夫人目瞻而綫主淫俗誤作㑗長之㑗非

昴音旄詩維參與昴徐邈讀今按昴星象旄頭旄音近是吳才老叶音作留非

篘音梢左傳象篘南篘司馬貞讀

報保毛切樂記禮有報而樂有反

帕沼平聲類日細絲衣之接幅亦日帕

抱音抛史記褚先生傳抱之江中

摽音抛公羊傳曹子摽劍而去之左傳長木之斃無不摽也

窅音坳漢書樂歌窅宊桂華

芃音交泰芃樂名正書作辦棘省作芃

辯見上

蒚亦省文同上

四豪

咎音皐皐陶古作咎繇又咎單

秏冒平聲無也漢書靡有子秏今蜀人語猶然

敹音操平持也梁有車敹人名

愁音曹憂也揚雄著畔牢愁今人言不快日憒即此

豋音勞野豆也詩邛有旨苕注勞豆也唐詩但見海桃三結子不知邛豆幾回春

參音操莊子以參為驗陸法言讀

跳讀作逘高帝紀漢王跳

轑音勞漢楚元王傳羹盡轑釜

鄡音敫漢諸侯王表楚孝王鄡又五行志莫敖作莫鄡王莽傳天下鄡然喪其樂志之生又地名史仲丁遷于鄡

條音條周禮春官龍勒條纓

潦音勞水名關中八水之一也相如賦醴鎬潦滈

瀨音勞同勞縣名見漢地理志水經作銅瀨瀨亦音勞地在益州蓋方言也

懊音鏊懊憹痛聲又歌名

憹音猱本古嫱字懊憹歌名

本說文夲進趣也从大从十十猶十人也大奄有之義與本末字不同漢地省作丰

丰見上

叏說文引詩叏兮撻兮今文作挑

䓘山海經木名日䓘可以血玉注音羔

五歌

溰音蹉左傳除道梁溰陸法言云水在義陽

繁音婆人姓漢有繁延壽三國魏有繁欽本殷人七族繁氏後

桓音和尚書桓夷底績酈道元讀又漢書尹賞傳何所求死子桓東少年塲注陳宋之間言

桓聲如和今猶謂之和表郎華表也例是以言禮記入蜡之和及烏桓之桓皆合音桓

跢音多跢跢擕幼行也

荷音何詩百祿是荷東漢班超傳勇乃負荷

頗音坡尚書人用側頗僻

劘音摩漢書贊賈山自下劘上

獻音娑禮明堂位周獻豆王莽設斗獻

義音莎左傳義象不出門周禮有義尊

痤在禾切穀梁傳宋公殺其公子痤

差音瑳禮御者差沐注漸飯米取其潘為沐

竂音科空也淮南子見飛蓬轉而知為車竂空也木浮而知為舟又地名莊子紀他跛于竂水

儀音俄洪适隸釋云周官注儀義二字古皆音俄詩以實惟我儀叶在彼中河樂且有儀叶在彼中阿太元以各遵其儀叶不偏不頗史記徐廣音犧舡作蛾漢凡蓺莪皆作蓼儀

犧音蛾史記亭長犧舡徐廣讀

䣜七何切蕭何封䣜侯本此䣜字揚雄十八侯銘文昌四友漢有蕭何序功第一受封于䣜唐詩麒麟閣上識䣜侯○今按蕭何傳作鄼䣜相似之誤也䣜在沛郡鄼在南陽蕭何從帝起沛封邑必近沛且揚雄去何未遠所聞必眞師古乃云蕭何封于南陽之鄼似亦未之深考也

難音那禮月令命國難左傳文元年難也收子

搫步何切射雉賦搫塲拄翳注搫者開除之名也今儋人多有此語

茄古荷字說文引詩有蒲與茄古樂府鶯何食食茄下李白詩胡為琢我茄下之紫麟

為吾禾切史記引書南謌字作為莊忌哀時命知貪餌而近死兮不如下遊乎清波寧幽隱以遠禍兮孰侵辱之可為

偽吪假借漢書王莽傳以勸南偽韋昭讀

蛇唐何切詩委蛇委蛇郭璞流沙贊經帶西極頹唐委蛇注于黑水永溺餘波揚雄反騷既亡鸞車之幽靄兮駕八龍之委蛇臨江濱而掩泣兮何有九招與九歌

假音何毛詩假以溢我又作誐

誐說文引詩誐以溢我誐何同

皮蒲波切說文波坡皆以皮得聲儀禮君射則皮樹中皮今作槃音婆左傳牛則有皮犀兕尚多棄甲則那吳棫說

池徒何切徐鍇日江別流為沱沱沼同此字別作池非禮有事于惡池北方河名也秦詛楚文惡池作亞駝說文系傳今之蹉跎字古作差池楚辭與女沐兮咸池晞予髮兮陽之阿揚雄賦集于靖冥之館以臨珍池灌以歧梁溢以江河

鱓與鼉同太史公敘傳斷髮文身黿鱓與處

芯漢志芯題地名注芯古文芯字

亶漢隸裴字

施

音儺楚辭紛旖旎乎都房王逸注引詩曰旖旎其華今詩作猗儺相如賦又旖旎以招搖揚雄賦旖旎邪儺之旖旎王褒洞簫賦形旖旎以順吹其用字皆自詩楚辭來當依詩音作旖旎特古今字形有異耳韻纂引俾詩又作掎撟注枝弱貌東方朔七諫扳搴元芝列樹芊荷橘柚委枯苦李旖旎

鼉 山海經鼉

字

六麻

吾 漢地理志金城郡有允吾縣鉛牙二音
駕 音加鴐鵞鳥名左傳人名有榮駕鵞
婐 音瓜孟子二女婐
咗 音渣張口皃莊子口咗而不能合
猳 音牙豭豕也家語子路佩猳左傳盍歸吾艾猳
苴 音巴天苴地名在蜀見張儀傳注譙周讀
把 音琶人姓本東樓公之後西魏有依州刺史把秀
罷 音巴論語欲罷不能陸德明讀
蒩 音嗟澤有草也孟子驅龍蛇而放之蒩
赦 音與賖同韓退之東方朔詩羣仙急乃言百犯肅不科向觀睥睨處事在不可赦吳才老作呂戈切非蓄古韻寬緩不必盡合今韻也
闍 音遮城臺也詩出闉闍徐邈讀
緒 音畬莊子緒餘以治天下國家徐邈讀
叚 音瑕人姓左傳晉有叚嘉
烏 音鴉烏秅西域國名
移 音邪張平子思元賦天地烟熅百卉含華處子懷春精魂回移
吳 音譁詩不吳不敖
假 音嘉毛詩假樂君子
假 音遐曲禮天王日登假
離 易日昃之離不鼓缶而歌則大耋之嗟離與嗟相叶文選盧諶詩契闊百離足蹈幽遐
他 盧諶詩義由恩深分隨昵加綢繆委心自同匪他
秅 音荼烏秅國名音鴉荼
騧 列子騧騮穆天子八駿馬名字本古文難訓南部新書云王起博學文皇嘗撰字試之起曰臣書中所不識者惟八駿圖中三五字而已
虞 音牙詩于嗟乎騶虞史記東方朔傳所謂騶牙者也
庶 止奢切鄭元周易注錫馬蕃庶謂蕃遮禽也
諸 音遮人姓漢有洛陽令諸於
豬 音遮左氏傳宋人歌南子曰既定爾婁豬盍歸吾艾猳干寶讀
亞 音鴉漢書伊優亞者辭未定也東方朔說○趙古則云物之岐者曰亞別作丫桱並非
靡 音麻敉靡縣名在益州李奇云地出升麻
渚 釋名云渚遮也能遮水使迴也按釋名一書依聲寓

義多用古韻是渚亦有遮音也以渚之有遮音知左傳婁豬之叶艾猳無疑矣
苩 漢碑葩省作苩
左 漢書引國語山不左枘今作槎
余 漢楊厥碑褒斜作褒余
余 音蛇人姓見姓苑出南昌郡字本作蜍省虫爲余○今俗書作余云从入从示非乃未見說文而強名字學者也古言強所不知此類之謂也

七陽

明 音茫易天下文明詩匪東方則明月出之光書元首明哉股肱良哉庶事康哉白虎通清明風者清芒也荀子契元王生昭明歸藏籠辭空山之蒼蒼八極之既張乃有夫羲和職日月以爲出入明
障 音章漢書李尋傳日初出炎以陽忠直進不蔽障又馬韉名障泥
煬 音場曾有煬公徐邈讀
駺 音良山海經大封國有文馬縞身朱鬣名曰吉駺說文文馬縞身金睛周武王時犬戎來貢
吭 音岡境也趙魏謂陌曰吭
彭 音傍易匪其彭詩出車彭彭釋名軍器曰彭排以禦攻也
幌 音茫周官有幌氏掌練絲帛
䀮 音忙目不明也素問目䀮䀮
葬 音臧漢書何所求死子桓東少年塲生時諒不謹枯骨竟何葬
諒 音凉論語君子貞而不諒
庚 音亢莊子有庚桑楚漢書大橫庚庚余爲天王
亢 音康禮記崇坫亢珪
閌 平聲周禮注引司馬法鼓聲不過閬析聲不過閬
方 音航禮記大夫方舟家語不方舟不可以濟馬季長賦方余皇連舼舟通作杭杜篤賦北杭涇流又作航毛詩一葦航之又作杭浙有舟亦取航義
浪 音郎地名有樂浪滄浪
亢 音岡二十八宿角亢之亢音剛見禮月令疏又龍亢地名見漢地理志
霿 音忙尚書汝乃是不霿
量 音良左傳隨之見伐不量力也
將 音牂內則炮取豚若將
曠 音匡莊子上神乘光與形滅亡是謂昭曠
阬 音岡莊子在谷滿谷在阬滿阬右漢書揚雄賦東蹕纖阬皆與閌同
漲 音張選江賦濟江津而起漲與梁莊爲韻江淹詩雲霞肅川漲
橫 音光漢長安有橫門橫魏文帝詩二五正縱橫與長凉叶
爽 音霜詩女也不爽士二其行又其德不爽壽考不忘老子五味令人口爽楚辭厲而不爽又肅爽爽馬名左傳唐公有兩肅爽
饗 音香漢郊禮歌嘉薦芳矣告靈饗矣毛詩是用孝享禴祀烝嘗
慶 音羌周易必有餘慶詩農夫之慶
壤 音傷

穀梁傳日有食之何也吐者外壞食者內壞鈌然不見其壞日有食之者也范甯讀**京**讀作強音與僵同大荒經曰北方神明禺強靈龜爲之使莊子注作禺京**衡**戸郎切見詩采芑韓奕閟宮烈祖長發楚辭九歌惜誓史游急就章**坑**苦岡莊子在谷滿谷在坑滿坑楚辭導帝之兮九坑**莔**音盲說文引詩言采其莔今文作蝱**行**步也五行金木水火土山海經五行之山郎今太行山也釋名兩脚進曰行伉也左傳引夏書曰有此冀方今失其行亂其紀綱乃滅而亡**羹**音郎左傳陳蔡不羹正義云古者羹臛之字亦爲郎故魯頌楚辭急就章與陽房樂爲韻近世獨爲地名**亨**火剛切周易德合無疆與品物含亨叶陶宏景讀**英**於良切草華而不實也毛詩美如英殊異乎公行屈原九歌浴蘭湯兮沐芳華采衣兮若英荀卿賦仁人絀約傲暴擅強天下幽險恐失世英**貺**虛王切左傳伯姬之絲曰女承匡亦無貺也屈原九章茶薺不同畝兮蘭芷幽而自芳惟佳人之自都兮更絕世以自貺**觀**音光逸周書師曠歌無射國誠寧矣遠人來觀修義經矣好樂無荒**襄**金石錄太公碑引周志曰文王夢天帝服元襄

以立于令狐之津帝曰賜汝望趙明誠曰襄字字書所無蓋从衣不从示也**衍**音杭成列也不鼓文卤車載衍如徒如章原隰陰陽又惟舟以衍或陰或陽栫深以戶出于水一方以韻讀之良是今以爲道字非**朗**音郎荀子引逸詩墨以爲朗狐狸而蒼注墨蔽塞也狐狸而蒼言狐本非蒼君以蔽爲明則臣下誣君猶以鹿爲馬也**漾**水經注漢水道漾漾字或作洋漢中有漾縣酈道元說**謪**音商字从商非從商也荀子謪德而往晁錯傳謫及贅壻

八庚

氏漢地理志代郡有狋氏縣狋音拳氏音精**硍**音鑑周禮高聲曰硍鐘病聲也杜子春讀**蔄**音甍爾雅存存蔄蔄在也或作萌**桯**音楹集韻引禮孔子夢奠于兩楹**榮**音楹禮升自東榮劉昌宗讀**榜**音彭王嘉傳榜死于獄、**攘**汝庚切字本作數賈誼傳國制搶攘莊子作傖囊**囊**讀作㲉莊子鬻卷傖囊**盛**音成毛詩于以盛之**政**周征周禮地官小司徒施其職而平其政**精**音爭

說文紆朱縈繩也本作綷今文作精禮記齋則績結佩史記楚世家精繳蘭臺記解陳氏曰屈也儀禮陳器有顧有綷顯曲粹直一曰急弦聲**渹**玉篇盧甑切水石聲也世說劉眞長見王丞相盛暑之月丞相以腹熨彈棊局曰何如乃渹劉既出人問王公何如曰未見他異惟聞吳語程大昌演繁露云今鄉俗狀京冷之甚曰冷渹卽眞長之謂吳語也乎**頃**音傾頃邱地名見左傳哀公十二年**醟**于兵切酗酒也漢書敘傳僭恭館宰江都訬輕趙敬險詖中山淫營師古讀**汪**音義與泓同左傳祭仲殺雍糾尸諸周氏之汪注池也**慶**音近荆史荆軻傳軻先齊人徙于衞衞人謂之慶卿注荆慶聲相近故隨在國而異其號也○按古篆篆慶作慼以庚得聲故音亦近荆耳**命**音名左傳異哉君之名子也又令名之大以從盈數史記皆作命可證古命名同音也周易終有譽命謂譽名也史記孟子命世之才名世之才也殺人亡命亡匿姓名也太元勞有思勤有諸情也驕角之吾不得命也古樂府雙燕初命子謂燕語嘯子如人之名子也**牚**漢書列女傳蕎骨相牚拄今文牚作撐非**蕎**古鐘鼎文亨字**莔**說文貝母

草療蛇毒詩言采其莔今文作蝱非蝱齧人蟲也豈可采耶**璜**周志云文王夢天帝服元穰以立于令狐之津曰賜汝望望釣于河得玉璜刻曰克郛者姬昌曰衣青光注璜音橫韓城南聯句鶡昉截佩璜用此音**嶒**與睜字亦與睜同戰國策音義同嶒上嶒山嶒深矣**瓊**漢碑瓊字**廎**漢碑傾字**鱷**古今餘字**堲**唐韻音鄉火熟曰堲周引檀弓夏后氏堲周**請**史記禮書請文俱盡注古情字禮記昏禮請期徐音情周禮條狼氏注大夫受命以出餘事專不復請音情

九青

泠人姓漢書律歷志伶倫作泠倫漢有泠褒今多讀作上聲非**研**音形漢地理志石研關在上黨**濘**音零濘陽地名山海經音潸韻書音岑凡有三音**甯**音寧漢禮樂志穰穰復正直往甯古字甯與寧通酷吏甯成史記作寧成晉書何物老嫗生此寧馨兒**町**音廷左傳町原防牧皋隰**省**音星左傳僖十九年盍內內省德乎**朾**勑丁切公羊傳盟于虛朾**貪**讀爲停考工記匠人爲溝凡行停水

伭音寧莊子伭人之心郭子元讀青子丁切毛詩綠竹青青注茂盛也鶴山云綠竹青青鄭注訓菁今作丹青之青非不應綠又青也囧古文零字𩃬鍾鼎靈字稐漢碑齡字請白樂天詩今日維摩兼飲酒當時綺季不請錢自注平聲

十蒸

馮音砰春秋傳震電馮怒徐邈讀耳音仍爾雅昆孫之子爲耳孫伻音崩尚書伻來以圖及獻卜耐音能禮運聖人耐以天下爲家古者耐能二字通用漢書漢馬不能冬能又作耐音也藉音陵列子强弱相藉雄左傳正義云兆如山陵有夫出征而喪其雄皆是繇辭繇辭法當韻又云古人讀雄與陵爲韻毛詩正月無羊詩皆以雄韻陵是也熊敬熊人名春秋塟我小君敬熊左氏傳作嬴鉉周易鼎金鉉徐邈古冥切又古熒切鋌博古圖鋌銘日王氏銅虹燭鋌說文以鋌爲鐙鐙即燈也窕古文勝字

十一尤

九音仇史記殷紀九侯鄂侯九音鳩莊子禹親操橐耜而九雜天下之川區音鉤樂記草木茂區萌達區音甌量名左傳豆區鍾釜四豆爲區又區也左傳楚文王作僕區之法僕隱也區匿又人姓名區歐冶子之後王莽傳中郎區博區音邱增韻臯也論語譬諸草木區以別矣文選瓜疇芋區刊謬正俗云曲禮不諱嫌名注謂若宇與禹邱與區按宇禹二字其音不別邱之與區今讀則異然尋古語其聲亦同陸機詩普厥邱宇又晉宮閣名所載若干區者別爲邱字則知邱區古同音舊音鵂鵂鶹惡鳥也敦音燾覆也周禮每敦一几劉昌宗讀趎音疇字一作跦莊子南榮趎人名淮南子趎作疇左傳鸜鴝趎公在乾侯以韻讀之良是緰音勾太元蜘蛛之務不知蠶之緰丩音樛即說文糾字道經借爲卷帙之卷𣪘音邱揉屈也廄字从此鷚音球天鷚鳥名蝥音矛盤蝥毒蟲今作母音矛母追夏冠名淳母珍膳也見禮內則夠音鉤多也字見文選吳都賦又作去聲俗又多日夠少日不夠是也苟音鉤苟吻草名彄音摳弓弩弦左傳陳夏有彄夫揄音投文選揄文竿出比目䝤酒平聲兔子也又小日𪃿掊音裒詩曾是掊克鼓音鄒儀禮御以滿鼓又音攢晒才由切儁傳若哂人名漱音搜曲諸毋不漱裳取音秋漢地理志取慮在臨淮慮音閭龜音邱地理志龜茲國名游讀作流史天官書天旗九游調音稠毛詩惄如調飢揄音由毛詩或舂或揄李白詩謔浪掉海客喧呼像陽侯半道逢吳姬卷簾出揶揄那音佻左傳莊十八年楚遷權于那處拘音勾曲禮以袂拘而退孚音浮聘義孚尹旁達鱐所留切周禮腒鱐腒乾雉鱐乾魚叟音搜劉越石詩昔在渭濱叟與秋邱諸韻叶吸音義與兜同古文尙書驩兜作鴅吸韓文闕弓射鴅吸涑音溲水名在河東左傳伐我涑川聊音留漢地理志華聊綠耳之乘國策上下相愁民無所聊音留救音鳩左傳如川之不滿不可游也鄭方有罪不可救也三暑使仇治仇其禍不救盤銘溺于淵尙可游溺于人不可救吳越春秋同病相憐同憂相救瀨下之水因復俱流怊丑鳩切皮日休悼賈

浮沉波之翁漁兮成漾棹以夷猶望靈君之沒所兮觀其心之怊怊䍃以周切瓦器也遙字从此趟古則讀作適非桃一音由又食汝切儀禮予執桃匕枋以把滑鄭元云桃謂之歃讀如或舂或抗之抗或作桃者秦人語也檮音稠木也左傳有檮戭人名史龜策傳上有檮著漢書檮余山名藝文志有公檮生師古日字从木市巿切佛典傳大士居雙檮間○恆按諸書檮字皆音稠獨孟子檮杌音陶乃陸德明之誤據杜預左傳注檮杌凶頑無儔匹也則亦當音儔郭僕爾雅序不揆檮昧醜孟子地醜德齊詩無我魗兮正義日魗醜古今字售史記酒讎數倍漢書作售樂彥日倩讎爲售樂府隴頭水歌將頓樓蘭膝就解郅支裘勿令如李牧功多信不售又借售爲讎也蕭音颼楚辭風颯颯兮木蕭蕭思公子兮徒離憂文苑作樓樓叢史記王子侯者表叢地名在平原索隱日音叢抱說文步溝切丮聚也義與捊裒同今作薄保切不悲虬切音與彪同人姓晉有汲郡人不準發魏安釐王塚得古文周書者情音惱慮也又二冬韻○毛氏韻增鱃山海經鱃字夊山海經注鴟从郎鴒鶹

十二侵

欃音參差之參欃槍妖星也天文志欃雲如牛黔音琴史記灼龜首仰足黔黔俯也綝音琛闖音琛馬出門貌又音襯衾音岑說文霖雨也古月令作霃纖音箴文王世子其刑罪則纖剸顉音欽曲頤也又搖頭也列子顉其頤湛音沉漢書浮英華湛道德楚辭湛湛江水兮上有楓南詩遠送于南又飄風自南以雅以南司馬長卿長門鸞鳳飛而北南與心淫相叶陸機詩柳子厚淮雅皆叶心韻[illegible]讀若呿吟之吟本古文蘭字耽持林切爾雅耽樂也疏云毛詩鹿鳴和樂且湛堪無與士耽詩之作非一人故有音義同而字形踳駮者詩作湛耽而此妣音義同三音森毛詩摽有梅其實三兮求我庶士迨其今兮吳械讀㐺本古眾字傍音作森眾立貌𡈼說文余箴切趙古則讀作採非按說文𡈼近求也採遠取也近求之與遠取義亦別矣余箴之與他含音亦別矣必欲混而一之何其欺人邪○𡈼與备字不同𡈼从爪从王浸淫之淫婬遙之婬字从此备

从肉从金遙字从此潭讀作淫相如賦浸潭促節漢書潭作淫覃徐林切人姓梁有東寧州刺史覃元黔黑色也又淺黑黃色左傳邑中之黔實慰我心齊有黔敖古今人表作禽敖足徵黔古有禽音也又神名摯虞思遊賦名黔雷以先導字一作黅素問冄天之氣經于牛女戊黅天之氣經于心尾己字又作黔地名楚有黔陽蜀有黔中黅注見上欽山海經神䰠其音如欽注欽假音吟

十三覃

澹音談人姓有澹臺文選澹淡浮漢書水澹地長啉音藍酒巡匝曰啉字一作䛏出酒律㑣音藍㑣儖駑鈍貌颯音藍翔風也後漢人名有衛颯正音霎淡音痰王右軍帖淡悶干嘔黃伯思云淡古痰字方言淡胸中液也佛經風黃淡熱弇音龕左傳襄二十五年行及弇中注狹道也陰音菴尚書高宗諒陰三年不言字本作闇陰假借也闇注見陰⿱穴奄菴舍也見石鼓文湛音耽詩和樂且湛湛俗作愖沈音潭史記陳勝傳夥涉之為王沈沈者注宮室深邃貌通作潭韓文潭潭府中

居甝漢孫根碑耽字甘與酣同中酒曰甘尚書甘酒嗜音張晏讀沛音浸史記王子侯者表秩沛地名在琅邪索隱曰沛音濅盖濅字之省文山音函漢封蔣澄為山亭侯今宜興縣有而山即其地○按山字字書不收疑即函之省耳

十四鹽

阽音鹽壁危也漢書阽於死亡又見霰韻靬漢地理志驪靬縣名在張掖力虔二音䴴音黏青䴴藥草地節也華佗說韱音尖百足草也罕借音謙枹罕縣在隴西鵮音尖尚書商賢臣有汝方汝鳩今諴作鳩鵮鳥名鵮鶨鳥也鳥喙蛇尾鍼音鉗毛詩維此鍼虎厭音焉詩厭厭夜飲左傳姜氏何厭之有湛音尖月令湛熾必潔淮南子東風至而酒湛溢爓音潛禮記三獻爓灵音炎說文引詩憂心灵灵字林云小熱也狎蒲瞻切人名楚有史狎詹讀作蟾蟾光月彩也史記孔子曰月照天下蝕於詹諸文選古詩四五詹兔缺漸音纖尚書東漸于海蔪蔪蔪麥秀貌箕子歌

麥秀蔪蔪枝葉七發麥秀蔪兮點音占人名魯有豐占齊有鮑點陸法言讀柑音義與鉗同說文以木銜馬口也左傳柑馬而秣之崔實政論方將柑勒鞭轡以救之○今作果名非古文柑橘只作甘橘涅其兼切鬼谷子有飛鉗涅闇劉昌宗說黚錢黃黑色水名在犍南至鬱人江又古黚陽縣字一作黔又音琴字又作黅素問其穀黅秬又黅天之氣經于心尾衿史天官書左驂旁有爾星曰衿注音其炎切借作鈐字濂音濂說文薄水也一曰中絕小水素問期在濂水濂本古濂字借作黏音考工記雖有深泥亦弗之濂也音黏

十五咸

鬛音監水鑑也蔵音緘說文雖晳而黑也又音點人名曾蔵字晳嵌苦咸切巖谷陡峻也字一作嵰一作嶔人名有文廞氾音帆鄭地在許州襄城縣史匈奴傳氾邑又姓漢有氾勝之撰書十八篇言種植之事又梵韻颿音帆馬疾步也古今注云曹真有馬名駃蹏驚帆言其馳驟如風帆也後世亦

用此爲帆字又梵韻㴒白銜切漸行漳中也星命家祿前一辰爲驛馬後一辰爲㴒河又陷韻鑑
古咸切說文鑑諸可以取水於明月中䌫所咸切說文帛雀頭色一曰紫黑色如紺又曰緇色一入
爲纔纔淺也玷音與顚同以手揣度曰玷俗作掂市井語掂斤播兩莊子犬馬之捶鉤注玷播犬馬
之鉤玷音點點亦音顚朱子語錄脚跟不點地注平聲是也

轉注古音畧卷二畢

轉注古音畧卷之三

新都　楊愼　撰　綿州　李調元　校定

一董

蠓蠛蠓也因雨而生覩陽而死蠓飛則風春飛則雨莊子所稱醯鷄之屬恫音統恫羣夷服也見類篇泛音捧呂后紀自起泛孝惠卮徐廣讀從音總檀弓尓從勿從從尓縱音總檀弓其喪事欲其縱縱尓騻音竦公羊傳定八年陽越下取策臨南騻馬注捶馬銜走翁音蓊周禮酒正注翁翁蔥白色醠兒盎猶翁也成而翁翁然莊子磨翁而旋入注擁也鴻胡孔切濛鴻大水也又厖鴻未分之象張平子思元賦踰厖鴻於宕宲厖亡孔切又流轉兒通作濛澒杜牧罪言混澒回轉寵音寵孔寵穴也又晉王澄傳蜀流人作亂澄襲之於寵州空音孔考工記函人視其鑽空韓非子空竅者神明之戶癰也虹戶孔切郭璞鰫魚贊壯士挺劍氣激白虹鰫魚潛淵出則邑悚澒五翁切水名在襄陽

桐徒總切水名莊子自投桐水

二腫

獷音拱獷平縣名在漁陽服虔讀憁息勇切楚人謂視曰憁許愼說龍音隴孟子登龍斷覂方勇切漢書覂駕之馬師古曰馬有逸氣不循軌轍也顏延年賦馬無覂駕之軼茸音冗漢書外戚傳闒茸嫉妬也臾音慫漢書衡山王傳日夜縱臾師古曰獎勸也史記作從容又作慫今俗語猶然慫方言巳不欲喜怒而旁人說者曰慫慂容音勇漢書郊祀歌旌容容容孟康讀衜余隴切倉頡篇巷道也今官府中路曰衜道當用此字俗作甬非周禮舞土謂之甬甬鍾柄也非此用然韓文公詩雲部凝禁甬其誤久矣氄而隴切尚書鳥獸氄毛說氄作毳又作㲝[illegible]見上隼見上

三講

虹古項切鄭司農云白虹彌天顜音講史記顜若畫一棓步項切棓也星經紫宮前四星曰天

梏三國志曹操爲城門校尉刑人以五色梏、疆音講禮月令可以美土疆滰其兩切淩乾清水也說文引孟子去魯滰淅而行玤步講切虢公爲王宮于玤玤虢地又作蚌蛤也

四紙

友羽執切徐蔵曰友字見于詩者凡十有一皆當作羽軌切而無作云九切者漢書天馬歌體容與迣萬里今安匹龍爲友有羽軌切徐蔵曰有當爲云九切而賄痏洧鮪皆以有得聲則當爲羽軌切史記敘傳文豔用寡子虛烏有寓言淫麗托諷終始希音與紙同周禮司服希冕注本作絺又作黹說文黹箴縷所紩衣也从黹丵省徐鉉曰丵衆多也言箴縷之工不一也施尸是切廢也論語君子不施其親周官施舍注施讀如弛荀子成相篇世之禍惡賢士子胥見殺百里徙穆公任之强配五伯六卿施漢丁魴碑弛刑作施刑嬉音喜白太傳詩濊濊九折池繁過十餘里四月荷芰發越王日遊嬉怠音以左傳讒鼎之銘曰昧旦丕顯後世猶怠況日不懈其能久乎吳棫讀鮮音洗潔也毛詩新臺有泚河水瀰瀰燕婉之求籧篨不鮮

士上止切古士有二讀一與語韻相叶者如今讀一與紙韻相叶者聲當如始不當如今讀士仕史使皆倣此時上紙切書時播百穀王肅作是欽時五福馬融作是時日曷喪時是也王粲七釋以時叶理頟奎音蛙奎踽開足行也莽綜說倚音起易說卦傳參天兩地而倚數王肅讀鳩音豸解也左傳庶有鳩乎徐邈讀今本作豸埃音以城三堵爲埃太元開黃埃第音子左傳床第之言不踰閾佁音俟呂氏春秋佁蹶之機高誘讀蛾讀作蟻禮記蛾子時術之莊子蛾邱漢書蛾陂左傳人蛾晳穆天子馬有白蛾古蛾字皆作蛾竀讀作跓邱彌切息夫躬傳未有竀左足而先應者也頃讀作跓祭義頃步而弗敢忘孝古字跓多借竀字用論衡拯溺不規行是也疑頃字亦規之誤敉音美尚書亦未克敉公功耆音指毛詩耆定不功卑音婢周禮考工記輪人爲蓋上欲尊而宇欲卑依音几曲禮天子當依而立移昌氏切禮表記衣服以移之不讀爲比阮籍詩願爲雙飛鳥不翼共翺翔醫音倚和禮醷爲飲也周禮酒正辨四飲之物二曰醫字或作醷

酒正注鄭司農說內則漿水醷醫與醷音亦相近文字不同記之者各異耳啚音鄙說文啚嗇也从口音韋周帀也从亩亩受也吝積而不散也古作畐俗以爲圖字非披普靡切裂也開也分散也又披靡震慴見史記漢軍皆披靡準音水平也周禮考工記輈注則利準鄭司農讀如水緇音滓黑緇色王貢敘傳追而不緇師古讀文選詩素衣化爲緇與子韻相叶後漢引語泥而不泮與侯同古作侯又作侯俗以爲侯字非傍音祈人姓也見祈韻肥甫委切薄也列子庳偕肥通作鄙洋音義與瀰同水盛也作沔詩沔彼流水沔見上巳巳午之巳讀如巳矣之巳漢律歷志振美於辰巳盛於巳注巳者言陽氣之巳盡也鄭元夢孔子告之曰起起今年歲在辰明年歲在巳茝音芷內則佩帨茝蘭注作茝○前漢書茝陽縣呂不韋傳作茝陽軹音義與軏同少儀祭左右軹注軌與軹同義謂轉頭也儀音擬漢外戚傳皆心儀霍將軍宋玉高唐賦惟高唐之大體兮殊無物類之可儀比巫山赫其無嶹考道互折而會累麗音蠡蕭該說彭蠡古作彭麗走養里切論語識殷慝妲己玉馬走

攱史記梁孝王傳竇太后義格如淳曰攱閣不得下周成雜字攱閣也通俗文云高置立攱棚曰攱閣字林音紀又音詭也與庋庋同庋閣藏食物也見檀弓其餘閣也注亥音几易林將戊緊亥陽藏不起君子散亂太上危殆管子論五音凡聽徵如負豬豕覺而駭駭亦音以字从亥得聲又說文亥荄也漢書儒林傳箕子者萬物方荄茲也師古注荄音皆古皆荄與箕音同几駭管子聽徵如負豬豕覺而駭徵豕駭韻相叶也音几殆危也音以說文台聲荀子宥坐篇引孔子曰幼不能彊學老無以敎吾恥之去其故鄉事君而達卒遇故人曾無舊言吾鄙之與小人處者吾殆之恥鄙殆三字皆韻也屈原天問女岐縫裳而館同爰止何顛易厥首而親以逢殆易林將戊係亥陽藏不起君子散亂太上危殆揣說文量也度量曰揣初毀切史英布傳果如辞公揣之陳平曰生揣我何念是也又音團毛詩敎彼行犖古本敎作揣鄭曰團聚兒揣與團古字通貫誼賦何足控揣馬融賦冬雪揣封乎其枝是也又都果切莊子犬馬之揣銅是也李善文選注曰字者滋也不可膠柱

五尾

佳諸鬼切莊子山林之畏佳李軌讀久古音几易咸速也恒久也李有吾云毛詩報之以瓊玖與
李叶音几孔子以前久皆音几至孔子傳易方有料音乃是不可久也叶天德不可爲首也至雜卦說恒
久也叶節止也其久字又叶几讀疑雜卦是孔子以前書見鶴山雅言久又楚辭飛雪千里不可以久偯
說文痛聲也本作悠引孝經哭不悠徐曰聲之曲引也今孝經作偯注氣竭而息聲委曲也禮記閒傳大
功之哭三曲而偯注聲餘從容也增韻哭餘聲也依音扆譬喻也禮記不學博依注博依廣喻也
豨許豈切說文豕走豨豨聲也楚人呼猪曰豨虫虺同說文虫一名蝮博三寸首大如擘指象其
臥形或作虺說文虺以注鳴字又作螝韓非子蟲有螝者一身兩口爭食相嚙尒雅蕢蛇之殊耿其名爲
虺其尾似頭其頭似尾虎豹可踐此難忌履螝注見上㗊說文人名郎仲虺也蘬說文莊
龍尒雅作紅龍集韻馬蘀也借作人名仲虺之虺荀子其在中蘬之言也注蘬虺同𧊒山海經甘棗之

山有獸如𧊒鼠而文題其名曰難注𧊒音虺難音那又音熊互見東韻

六語

庶音煮周禮有庶氏驅除毒蠱之官舍叶音暑周易時舍也下古音虎詩爰居爰處爰喪其馬
于以求之于林之下魏了翁曰六經無下馬一韻凡下皆音虎舍亦音著潛龍勿用下也見龍在田時舍
也又井泥不食下也舊井無禽時舍也馬古音歐詩古公亶父來朝走馬率西水滸至于岐下野
音渚左傳公在外野往饋之馬弆音舉漢書陳遵善書與人尺牘皆藏弆以爲榮注弆亦藏也芓
象呂切莊子祖公賦芓紵展呂切陳漆緜絮裝衣曰紵漢劉向傳紵絮散陳漆通作褚莊子褚小者不可
以懷大汚音杅說文澄也杜甫元澤瀦汙乎無極桃音杅杅物之器也貶奏阻切說文齋
財卜問曰貶徐曰詩握粟出卜是也通作精史記卜而不中不見奪糈岠音拒漢食貨志元龜岠冉
長尺二寸晉卜壺傳藏若思之峰岠恒音拒後漢梁鴻詩嗟恒恒兮誰留注恐也仰上林賦仰攀㯳
而捫天晉灼曰仰古舉字寡禮記君子寡言而行以成其信鄭氏曰寡當爲顧聲之誤也顧音古漢書
斬宛王母寡之首或作鼓史記敘傳天下巳平親屬既寡悼惠先壯實鎮東土鴇徐幹齊都賦鴻鴒鶩
鴇奄薄水渚北語天鶩地鳴音普卽鴇也者章與切史記無不臣者司馬承禎讀楚詞搴芳洲兮杜若
將以遺乎遠者時不可兮驟得聊逍遙兮容與渠音詎說文詎猶豈也毛詩夜如何其夜未央注未央
未渠央也張儀傳寧渠能乎注音詎古字少假借用之也漢書渠有其人乎衙音語行皃楚詞導飛
廉之衙衙咎踞許切三略强弱相虜莫蘇禁禦延及君子國受其咎說文鸒人丹鷄祝曰以兹鵠音赤
羽去魯侯之咎子胥諫吳王納西施曰美女國之咎夏亡以末喜商以妲己

七麌

步讀作浦水際也吳楚間謂浦爲步郭璞爾雅序九流之津步韓文步有新舡或改步爲涉失其旨矣
地志吳江中有魚步龜步湘中有靈妃步揚州有瓜步金陵有邀笛步王徽之邀桓伊吹笛處唐詩那堪

回首處江步野棠飛句矩莊子屨句屨者知地形姁音許漢高后字娥姁憮音詡漢書京兆眉憮
蛡音詡蜂房也太元蟵其蛡取魏書裴俠傳鮮肥不食丁儒不取裴公貞惠爲世規矩苦音戶
老子生于苦鄉蒲頗五切周禮弦蒲澤名曲他羽切漢書曲遇地名敷音甫尚書攸濟敷賁
庾音宇左傳昭二十六年粟五千庾呼上聲左傳文公元年呼役夫紓音雨左傳襄八年以
紓吾民羽音戶考工記弓而羽殺苦音古周禮辨其苦良注謂分別布帛之粗細國語辨其功
苦韋昭曰堅曰功脆曰苦史記器不苦窳平準書鐵器苦惡西京賦鬻良雜苦土音堵桑土桑根也方
言東齊謂根曰土爾雅注引詩徹彼桑杜又闔土獄城也獄城必圖示仁也杜音堵尚書杜乃擭注
謂杜塞捕獸穽漢書王陵傳杜門守又作敗莽音姆犬逐兔草中又宿草也屈原賦草木莽莽與永
懷南土爲韻又姓前漢有莽何羅反注孟康曰何羅本姓馬明德皇后惡其先有反者易其姓○今按莽
馬古音非叶也觀明德后以莽易馬足徵古莽馬同音罞音侮雉網堥音侮瓦器禮內則有敦堥

厄匜鄭注敦塈黍稷器又周禮瘍醫注五毒之藥作之合黃堥燒之三日三夜其烟上著以鷄羽掃取之以著劍

粗坐五切樂記其聲粗以厲

苄音戶說文地黃也引禮記鉶毛牛藘羊苄豕薇今文苄作苦

婁音縷莊子巷婁注猶拘攣也公羊傳牛馬維婁委己也者而柔焉注繫馬曰維繫牛曰婁

鈇斧同中庸不怒而民威于鈇鉞樂記軍旅鈇鉞

社白虎通社不謂之土何變名爲社別於眾土也左傳成李之占問於兩社爲公室輔漢書敘傳布歷燕齊叔亦相魯民思其故或金或社

怒顏師古糾繆正俗曰自古讀有二音毛詩君子如怒逢天僤怒楚詞信讒而齊怒此讀爲上聲詩逢彼之怒畏此譴怒此則讀爲去聲今山東河北但知怒有去聲失其眞也

寫洗與切諺云書三寫魚成魯帝成虎詩蓼彼蕭斯零露湑兮既見君子我心寫兮

野與墅同徐鍇曰墅經典只用野司馬相如賦出乎椒邱之闕行乎洲淤之浦經乎桂林之中過乎莽決之野

璜儀禮注引禮器曰璜爵天子酢諸侯注璜音虎

鄦音義與許同國名史記鄭悼公元年鄦公惡鄭于楚徐廣曰鄦音許許靈公也左傳魯成公五年許靈公愬鄭伯于楚鄭悼公如楚頌不勝卽其事也考古圖有鄦子鍾

戊古武字旁音作茂

俛晃錯傳在俛仰之間韓信傳俛出跨下東方朔傳鶴俛啄也師古注俛古俯字李肩吾曰古音流變字亦隨異如俯仰之俯本作俛今文皆作俯而俛音免不復音俯矣

赭方言東齊謂根曰土字林曰或作赭桑皮也

䨏樂書林鍾爲閏宮姑洗爲閏䨏今但作羽

沽音估檀弓以爲沽也沽之爲言略也又周禮酒正注功沽又秦以市買多得爲沽玉篇引論語求善價而沽諸而字作夃說文引詩我夃酌彼金罍○今按俗謂商賈曰估計估價當用夃字

夃見上

八薺

䭫音啓䭫首首至地也

卯音濟說文事之制也或音卿或卽用爲䣞字並非卿从良爲聲从卯爲義

柅乃李切易繫于金柅字一作鑈

提音抵少儀牛羊之肺離而不提心史記薄后以冒絮提文帝漢書景帝以博局提殺吳太子揚雄酒箴身提黃泉側是以論毛詩匪面命之言提其耳亦音抵謂附耳以

敎之也若作平音是揪拉也

昵音禰尚書典祀無豐于昵

彌音敉周禮春官小祝彌烖兵

洒音洗漢貨殖傳洒削而鼎食謝朓詩輕生諒昭洒與桀邪爲韻孟子願比死者一洒之史記洒削薄技也漢書洒心自白

挩吾禮切音與擬同揚雄太元亦作擬字義用之莊子終日握而手不挩

泥音濔泥泥露兒杜子美詩況乃山高水有波秋風蕭蕭露泥泥虎之飢下巉嵓蛟之横出清泚

晵雨而晝見日曰啓雨而夜見星曰姓亦借作啓

麷荀子富國篇午其軍取其將若撥麷注引周禮籩人職曰朝事之籩其實麷蕡鄭云熬麥也揚倞云麥之牙蘖也至脆若故以喻之音與禮同○愼按麷从豐義同酒醴之醴荀注音是也說文从豐音豐恐誤

九蟹

觟音懈廣雅以爲獬廌之獬又人姓有觟陽別音鮭誤

斯音纚禮問喪鷄斯徒跣

躧所解切聲類曰躧或爲鞵今作屣漢書去妻子如脫屣耳漢地理志女子彈弦跕躧說文曰鞵鞮屬也又音徙

奇

於解切讀作矮後漢書童謠見一奇人言欲上天古文作猗莊子作倚云南方有倚人

倚音矮莊子天下篇南方有倚人

駴駴駭古字通莊子聖人所以駴天下周禮鼓人皆駴注疾擊鼓也

貐廣雅獮豸作貐[豸弟]

罷音擺擺脫也字又作捭

十賄

回胡悔切左傳右回梅山徐邈讀漢李廣傳東道少回遠注繞也曲也

洒崔上聲詩新臺有洒

駘音迨駘蕩春色也又宮名見三輔黃圖

培薄海切莊子乃今培風

菩說文步乃切黃菩草名漢有菩陽宮天子更衣所也宇書又音白佛經音蒲宜从說文

沬漢武帝李夫人賦滂沬注上音汚下音類涕洟也

壞音毀詩譬彼壞木說文作瘣

栽左傳水昏正而栽注謂立版幹也音在杜預讀

崽音宰江湘呼子曰崽水經注鑾童丱女弱年崽子

骽說文腿字

䵴說文引詩燕婉之求得此鼀䵴今木作戚施

十一軫

盡 音儘曲禮虛坐盡前動靜字音云極謂之盡去聲既極曰盡上聲
隱 音楯
蜳 杜允切隱蜳不安定也莊子注
湣 音敏周禮大湣杜子春讀
昏 音憫書不昏作勞
鈗 音允尚書一人冕執鈗
春 出允切考工記梓人則春以功
沴 音軫漢揚雄傳跖竟員沴注河岸之坻也字又作砛集韻以不致川之廉也○按川廉即今橋畔泊岸也
水 式允切白虎通水之言準也釋名水準也準平物也周官輈注則利準故書準作水聲之誤營造法式梓人器有平水以水定準也
允 馬融長笛賦曲引之引作允
緡 愍同前漢律歷志魯閔公作緡公
巾 音卺飾也陶潛歸去來辭或命巾車
純 之尹切緣謂之純尚書敷重蔑席黼純說苑賓胥無善純緣魯連子猶以錦純薦也馬季長廣成頌鎮以瑤臺純以金堤
敦 音準周禮度量敦制謂布帛幅廣也字一作犉
魁 音捆儀禮既拾取矢魁之
[illegible] 古文眕字
黰 石經左傳黰黑而美今文作鬒
㐱 說文引詩其之㐱也今文作鬒
[illegible] 籀文[illegible]字
臺 鼎文準字

僢 古舛字見淮南子
[illegible] 古文愍字
渾 音袞山海經東望泑澤河水所潛其源渾渾泡泡

十二吻

頎 音懇禮頎乎其至也
純 音稛詩白茅純束
听 音矧司馬相如賦亡是公听然而咲俗音齔非
眼 音狠周禮望其轂欲其眼也鄭元讀
洒 蘇狠切莊子洒然異之
蹲 才本切左傳蹲甲而射之
芚 音蠢莊子聖人愚芚郭象讀
分 古借作粉史記佞行傳傅脂分
憑 音憤左傳憑馮震怒列子帝憑怒侵咸龍伯之國
陰 音飲古醫方有淡陰之疾俗作痰飲
抎 咸粉切說文有所失也音與隕同左傳抎子辱矣徐按呂氏春秋與隕同揚子鍾鼓不抎○按古文員與云同詩聊樂我員書雖則員然是也故抎字同隕徵之古文可知
殷 音隱毛詩殷其雷在南山之陽相如賦雷殷殷而響起兮聲象君子車音漢劉熊碑民隱字作民殷見洪氏隸釋
薀 左傳薀利生孽俗作緼非石經作菀又作宛
菀 見上注
宛 并見上注
壹 縕同說文引易天地壹壹今文作絪縕
墳 音粉土膏肥也增韻上膏脈起也書厥土黑墳注起也左傳祭地地墳字一作賁穀梁傳覆酒于地而賁注賁沸地也
賁 見上注

十三阮

錈 屈金也呂氏春秋柔則錈剛則折
楗 音蹇馬行不利也考工記馬左不楗杜子春讀
頎 讀作懇考工記輈欲頎典檀弓頎乎其至也
䶂 山海經有人名曰䶂北方曰䶂來之風注音婉
圈 音捲人姓金石錄載四皓東園公碑本作東圈公後漢有圈稱撰陳留風俗傳乃其後也後改作卷
鄢 音偃左傳襄公二十九年齊人立敬仲之曾孫鄢良敬仲也杜預讀
漙 土袞切露皃說文從水專聲顏師古糾繆正俗曰鄭詩零露漙兮古本有水旁作漙亦有單字者皆當讀土袞切
顐 卯限切見長笛賦注又音㒹
卷 與袞同禮記袞字皆作卷莊子卷傾以王天下說文天子言先王卷龍繡於下幅一龍蟠阿上鄉寒山子詩有人兮山陘雲卷兮霞纓
混 音滾孟子源泉混混不舍晝夜世說裴僕談名理混混有雅致

煇 增韻焜煌光也或作煇史相如封禪書煥炳焜煌文選常恐秋節至焜煌華葉衰
焜 同上
畹 古文晚字
[illegible] 韓詩清揚[illegible]兮今作婉
鰋 石鼓文鰋鯉處之今作鰋
[illegible] 說文昆于不可知也从欠鰥聲徐曰禹父名鯀今義當从此又作鯀鯀鯀鮌鮌骸文
鯀 亦說文
[illegible] 省文轉音
鮌 楚辭
[illegible] 俗書誤

十四旱

輠 音緩禮叔孫武叔見輪人以救關轂而輠輪者注回也
梡 音緩楊子梡木爲棊
幹 讀作管東漢竇憲傳內幹機密章懷太子讀
壇 音墠周禮夏官暴內陵外則壇之
撰 音罕曲禮撰杖屨楚蜀方言謂舉物曰撰物
[illegible] 音義與疃同石鼓文原隰既坦疆里[illegible]毛伯敦銘余惟[illegible]商乃命汝赤芾彤冕又邾敦麗敦亦作疃
笴 古旱切字林箭笴也唐李白詩有白笴陂地名
竿 音義與笴同前漢匈奴傳生奇材木箭竿管子月令勿揗竿
㰈 音欵古但作欵有虞氏俎名足如案古人器必有銘

故後世謂之款識也韻會作椺非楊子椀木爲棊椀非此用 竝音伴漢志同竝縣名在牂牁 般前漢地理志平原般縣韋音逋坦切師古曰爾雅九河一曰鉤般郭璞曰水曲如鉤般桓也然今如韋音 䕸漢碑散字 發淮南子聖人之智脩眾人之智發注發古短字 [illegible]亦古文短字 圖樂緯動聲儀曰詩人感而後思思而後積積而後圖圖而後作注圖古滿字

十五潸

㬎音赧溫濕也 屧音劃石經借作剗字又妄入曰屧顏師古讀 典讀作珍考工記輴欲頎典 暕三蒼云陰旦日明曰暕 閒下簡切門閒也 轏音義與棧同左傳臥于轏中 開音簡地名春秋傳大蒐于昌間 反音板詩威儀反反沆重讀 棧音戔爾雅鐘小者謂之棧晉元與中剡縣民井中得一鐘長三寸徑四寸名曰棧 巽音纂作也述也持也定也與撰同 譔專教也又音詮一作算 篹注見上 [illegible]音僞以節縣鍾鼓也與蒔字不同見四紙韻 睥文字辨疑曰左傳睥其目

檀弓華而睆睥睆本一字也 睆見上 籛籀文盞从竹

十六銑

珛音畎詩珛珛珮璲 蚕音腆江東呼寒蚓曰蚕 臇音纘膳食曰臇文選膾鯉臇胎蝦 闡音纏馬融賦闡鼉華羽之南音 單音闡樂記其聲單以綫 [illegible]音輦水名山海經王屋之山[illegible]水出焉卽濟水 洗先典切書自洗典致用酒泲洗律名洗馬官名高紀使兩女子洗洗雪足也 蓮音輦蓮勺地名在馮翊 錢音淺毛詩庤乃錢鎛 墠音坦尚書爲三壇同墠詩東門之墠韓嬰曰墠坦也老子墠然而善謀 建其展切樂記名之曰建櫜 殙武典切莊子以黃金注者殙 蠕音軟史匈奴傳喙息蠕動 吮徐兖切漢佞幸傳嗽吮注吮音忝仙經漱瑤吮瓊 蕢音吹爾雅蕢蕢芓郭璞云蒍種華有邑者爲蕢 先音毨漢志太子太傅屬官有先馬如淳曰前驅也國語勾踐親爲夫差先馬 洒音毨肅恭見禮記一爵而色洒如也 爛野火也王隱晉書兵燹野爛今文作燹宇林逆燒曰燹

魵音義與鮒同淮南子分流魵號字又作賭 鱣魚名黃質黑文似蛇而無鱗字一作鱓荀子蟹非蛇鱓之穴無所寄托韓非子蠶似蠋鱓似蛇婦人執蠶童子提鱓而無畏利之所在也又荀子魚鼈鰌鱣後漢書楊震傳冠雀銜三鱓又作䱇俗作鱔 譔雛免切述也作也又專敬也楊子法言諸篇序皆作譔 容古作谷山澗曰容與兖同容字小與古有容成公 前音戩淺黑色也周禮木路前樊鵠纓 連周易往蹇來連與往蹇來反爲韻柳子厚詩蹇連易衰朽方剛詩經營童宗說注云連音輦 羨音義與衍同易需于沙羨在中也孟喜易作需于沙衍漢書溝洫志河災之羨溢中國也九甚周禮璧羨以起度注羨延也 需音義與歎同考工記薄其帤則需莊子以需弱兼下爲表 憲音顯禮記引詩憲憲令德 鱻音尟班固賦鱻生民之晦在 扃音鉉其字从向儀禮北面北上設扃鼏扃元犬切 蜓史禹本紀觀龍由蝘蜓也今文蜓作蝘 筧溝竹取水也俗作梘非

十七篠

趙音掉詩其鏄斯趙趙刺也 嬥音窕嬥歌巴人歌也韓嬰說 湫子了切左傳湫隘又地名在楚水名在安定 芍音鷔芍陂名字一作蔛兒草炎草也其陂蓬焉故得名又音鵲 苞讀作蘸白表切曲禮苞屨 謏音小學記足以謏聞 愀七小切列子愀然有間蘇子贍赤壁賦愀然正衿危坐字與悄通 英音蓼史記封皐陶後於英六正義曰英蓋蓼字 帩音沼羃繒頭也古樂府脫帽著帩頭又晉天文志帩雲似繩其蝨者類闕旗譽韻音鳥非 糾音矯窕糾舒遲兒詩舒窕糾兮又笠兒詩其笠伊糾 劋子小切詩勝殷遏劉左傳虔劉我人民班固北征頌劉殘寇於沂琅邪撫注劉當作劋○今按說文作劋引尚書天用劋絕其命今書作剿或作摷漢武帝李夫人賦命摷絕而不長漢書西域傳封郭欽爲劋胡子師古曰字本作劋轉寫訛爾沂流窮源則劋訛爲剿剿又訛爲劉不可詰正也 藐音眇紫草也借作徼眇左傳以是藐諸孤注言奚齊劫賤與諸孤懸藐孟子說大人則藐之佛經三藐三菩提 愁子小切周易晉如愁如鄭元曰變色兒 筱馬融長笛賦林筱注筱即篠字 晁音義與兆同漢隸多

如此與晨鼂之鼂不同䗼山海經京山其陰有元䗼注黑砥石砄也䗼音竹篠之篠廣韻作思六切非

十八巧

佼音狡戰國策長佼美人仙經王方平謂麻姑曰姑固年少吾老矣不復作此佼獪變化也瑵音爪王莽傳金瑵羽葆說文曰車蓋玉瑵槸契同孟子反槸茆草騷音掃史記李斯傳黿上騷除校讀為絞考工記中有變焉故校標揚雄奇字云標古炒字曉古文窅字目深也捁與攪同毛詩祇捁我心留史記律書濁北至于留索隱曰留卯也毛傳亦以留為卯○慎按此字當音作柳引毛傳亦非詳見有韻注

十九皓

敦音疇覆也禮每敦一几薃音好夏小正緹薃爾雅薃侯莎其實緹蓩莫老切東漢楊震子奉封蓩亭侯湫音炒左傳遲及湫地名又湫隘囂塵笱讀為槀考工記矢人以其笱厚慘采早切憂也開元五經文字作懆引詩我心懆懆又月出詩勞心懆兮同討籀文與蟲同道字設作入聲音非

二十哿

播揚謂之播上聲詩不可以播揚是也布謂之播去聲書播告之修是也炨音朶燭餘也寡古火切見潘岳西征賦猗於可切毛詩猗儺其枝儺見猗果音祼周禮春官大宗伯攝而載果雅語可切漢書仲長統詩綏音妥曲禮大夫則綏之佗史記龜策傳燕酒佗髮索隱曰佗音徒我切謂被髮也今通作鬌娑蘇可切駊娑漢宮名見西都賦厄五果切木節也今以為若厄字非厄从戶从乙隋他果切史天官書廷藩西有隋星五宋均曰南北為隋隋謂垂下也○隋古本音妥楊堅國號隨改隨為隋遂以隋為隨矣王應麟曰隨安步也吉莫大焉隋裂肉也不祥莫大焉而妄改之不學之過也○今按王說是也然吉祥姑勿論音呼亦不同堅則不學矣而當時文士亦不聞

正之何哉麼亡果切說文麼也今音作平聲非揣都果切音與箠同稱量忖度曰揣字一作捶莊子犬馬之捶鉤注玷捶犬馬鉤之輕重玷平聲古言玷捶今作掂播也義見咸韻

二十一馬

夏四方廣大曰夏胡雅切中夏也樂名大夏大禹代名曰夏取此義萬物盛大曰夏胡嫁切冬夏也史記舜紀就時於負夏項羽紀追項王至陽夏注皆音假又音榎禮夏楚二物䳟音兎賭錢曰䳟土丑下切土苴苴音鮓土苴若音惹賀若虜復姓又般若佛名漢書綏若若邪蘳音踝說文黃華也馬融廣成頌蘳扈蘳熒鮭胡瓦切儒林傳鮭陽鴻人名又見蟹韻殺除上聲白樂天詩西日憑輕照東風莫殺吹自注云殺上聲俗謂太過曰殺容齋隨筆序殺有好處燕京謂大人曰殺大云段古下切不眞也从皮从二凡物之眞僞雜者莫如皮也古文假借之假瑕玷之瑕昭假之假皆作段古文作閒○段與段不同段从耑省右从殳假說文至也周伯溫曰易王假有廟誤寫作假不得其說音

格非也殊不知此字元訓至也詩昭假遲遲亦音古雅切但因傳寫之訛遂不考耳鱸籀文鮓字又作鮨鮓鮨見上鮺說文鮓字炨灺同說文燭燼也唐詩香灺燈光奈爾何屈毛詩勿翦勿拜注拜屈也今南人謂婦人拜曰屈蓋亦古音也俗謂折斷為屈而廣韻字作扭蓋不知古轉注之義爾扭見上

二十二養

𩋃魚兩切方言朝鮮冽水之間曰𩋃角黨讀作儻漢書黨可僥倖黨音掌左傳哀二十一年侯于黨氏之溝扃書掌切戶耳也與扃字不同扃从向扃从向仉音掌反爪為仉人姓孟子母仉氏又梁公子仉齊後也通作掌晉有琅邪掌同前涼掌稼宋有掌禹錫修本草者㒳兩入也許慎云兩字从此楊恒曰兩入為㒳卽俗搶字韾漢碑響字響同上鄉婁壽碑黨字瓽說文瓽大盆也揚雄酒箴為瓽所羸又人姓後秦姚弋仲將瓽耐虎唐有瓽金毗金有瓽懷英今俗作党非吳越春

秋甘蜜百党注當作鴬○金鴬懐英善篸書自書其姓作鄎亦不考之過也嵩同上或體也構木名左傳楚子卒于構木之下俗音作滿非朖說文明也从月良聲今寫作朗古文作朤朤上見蛧說文蛧蜽山川之精物今作魍魎

二十三梗

町漢地理志句町地在牂牁上音劬下音挺熲音耿毛詩不出于熲顈去熲切禮雜記既顈其練絆皆行中庸作褧說文作苘又作檾褧同上見中庸引詩苘同上見說文檾同上見說文梬說文棗也似柿文選相如賦楂棃梬棗栗師古曰即今輭棗亦今謂丁香柹又名牛乳柹蜀人取其油作扇者窉爾雅三月爲窉月今書作窉非耿漢碑耿字○此字最有古意耿字从聖省也巠籀文猛字莕與荇同說文引詩參差莕菜凝寧上聲自凝日凝唐詩日照凝紅香宋詞重省別時淚漬羅襟猶凝

二十四迥

庭音挺莊子大有逕庭謦棄挺切莊子聞謦欬之謦注小日謦大日欬綮音謦莊子肯綮注結處也芋晉書山簡傳茗芋無所知今作酩酊洗色拯切洗寒見兗其拯切迥户茗切說文遠也增韻寥遠也通作迥說文引詩泂酌彼行潦徐鍇云當作迥今借作類字俗作迥也泂說文滄也从水同聲○今按詩泂酌之泂从水正與行潦義相符不必改泂作迥也拼蒸上聲說文上舉也引易用拼馬壯吉今作拯又作撜承別撜上見承李登聲拯云承古文拯字晉譙王名承○此字可補說文

二十五有

滫息有切溲麪也說文久泔也荀子滫髓呺音吼莊子萬竅怒呺𨻻音叟漢地理志羸𨻻縣在交趾婁音摟左傳部婁無松柏蔞音柳禮檀弓設蔞翣𦥺音臼說文舂糗也从米臼聲咎

說文災也从人各各者相違也徐按太元曰天違人違天下之事乖矣今或从卜非幽讀作黝禮記赤韍幽衡詩其葉有幽豆周禮考工記梓人一獻而三酬則一豆矣注當作斗俗作斗左傳豆區鍾釜當作斗後人誤作俎豆之豆讀之今俗書作斗蓋訛併耳豆古斗字麴求上聲酒母也釋名麴朽也鬱使衣生朽敗也吳棫讀○今按燕趙之音正叶負貳負獸名郭璞窫窳賁窫窳無罪見害貳負帝命羣巫操藥夾守壽顏師古糾繆正俗或問曰年壽之字北人讀作受音南人則作授音何者爲是日兩音皆通毛詩南山有栲北山有杻樂只君子遐不眉壽此郎音受嵇康詩云頤神養壽散髮岩岫此則音授今側作去聲失之矣憂於糾切國語謙謙之德不足就也不可以矜而祇取憂也謙謙之食不足狃也不能爲膏而祇離其咎也取此苟切蘇子瞻石鼓歌欲使萬夫沉水取與丑叟爲韻今青兗之音近此棷音藪禮麟在郊棷黃東發讀徐邈舊音作祖外切注澤也未知孰是然棷从取以古音此苟切取則黃音近之矣鯫此苟切小人也漢書鯫生與貨鯫傳鯫鮑千鈞之鯫字不同趣此苟

切周禮走馬官名注養馬者留音柳史律書濁北至于留留者言陽氣之稽留也故日留八月也注以留爲卯恐非若如其說陽氣稽卯卯始不成文卯八月亦非當也當是柳音漢書律歷志留孰於酉又見巧韻部音剖天水狄部从邑音聲○按音古文否字

二十六寑

淰音審淰澗水動也禮魚鮪不淰喑音引莊子生喑醷物也李軌讀岑於審切莊子未始離於岑而足以造于怨也黮音葚毛詩食我桑黮痒音審說文寒病也徐按字書寒噤也增韻又洛澤謂之瘆吟凝錦切揚雄傳蔡澤噤吟而笑唐舉唫音噤口急皃太元有唫首○俗用作吟字非邥國名人姓同今轉作沈也

二十七感

倓音毯安也荀子倓然見管仲之能韽音掩鍾病聲周禮微聲韽戚衰讀厭音掩莊子其厭

也繎如辨音貶玉藻立容辨黬通俗文云暗色曰黬黬與傪古字通嘾與酬通長味也集韻引莊子瓜甘而嘾今本無此句簪音咎易勿疑朋盍簪字又作疌速也王肅讀參桑感切雜也周禮司表注大射大侯九十參七十干五十陸德明音素感切與糝同通作糝禮記鄉射記注大侯九十弓糝侯七十弓湛音禫水名周禮其糝浸潁湛李軌說糝音散說文以米和羹也莊子仲尼厄于陳蔡藜羹不糝唐詩糝徑楊花鋪白氈含列子不含珠玉不服文錦讀作領

二十八琰

嬐音儼韓詩碩大且嬐注嬐重頤也言美人豐豔體外有餘或訓爲感怒非淡音琰澹淡水動搖兒文選靡微風澹淡浮澹音潭菫逌讀淊音琰水蒲也唐詩淊翻王母九霞觴酓史記夏紀引書厥篚酓繇今文作檿說文檿山桑有文者蔵古文點字說文蔵小黑也孔子弟子有曾蔵公西蔵奚容蔵蔵亦訓黑曾蔵字晳奚容蔵字子晳是也导與貶同司馬相如賦不足以揚名發譽而適足以导君自

損也上从巢下从寸夾失冉切說文盜竊懷物也从亦省从入从入从音搶宏農陝字从此覃爾雅注引小雅大田以我覃耜注覃剡音義同溓力檢切廣韻漬也一曰氷甚薄曰溓素問期在溓水濇兵賦水溓溓以微凝注薄氷也

二十九豏

函音緘人姓左傳有函氏貶音與斬同徐鍇曰目乏爲貶會意俗語謂轉眼之間曰貶眼又入聲嫌鄭元周易注嫌於無陽讀如羣公慊之慊古書傳作立心與水相近讀者失之故作溓

轉注古音畧卷三

轉注古音畧卷四

成都　楊慎　撰　綿州　李調元　校定

一送

矼音控莊子德厚信矼⿱宀同音洞與俗衕字同義挏音洞以馬乳爲酒揰動乃成也又徒孔切蟲直仲切蟲食物也字一作蚛又作螐揚子注言注引呂氏春秋月令云南呂之月蟄蚛入光放螻蟥至是絕矣今本無鴻淮南子預濛鴻洞注云鴻讀如子贛之贛忡敕眾切憂也毛詩從孫子仲平陳與宋不我以歸憂心有忡躹音供趙明誠金石錄云唐令狐先庿碑劉禹錫撰集本云躳若奉盈而碑本作躹按史周公世家云躹躳然如畏徐廣曰躳躹謹敬貌出三蒼平水韻作躳注曲躬也憧與通漢郭仲奇碑攏音弄捺也周禮鳥攏鐸鄭司農讀鵬莊子北溟有魚其名爲鵬化而爲鳥其名爲鵬崔譔注云鵬即古鳳字非來儀之鳳也說文云朋及鵬皆古文鳳字朋鳥象形鳳飛羣鳥從以萬數朋爲

朋黨字風方鳳切詩序下以風刺上儀禮注采時世之詩以爲樂歌所以通情相風切也切音刺龍音弄李華寄懷詩元猿啼深龍楚越謂竹樹深者爲龍今蜀語云樣梇是也吳才老音力定切非今特正之衷音仲左傳服之不衷身之災也史孔子世家折衷於夫子折斷也衷當也後漢梁統傳爰制百姓于刑之衷注不輕不重翁山海經天帝之山有鳥焉黑文而赤翁注翁頭下毛音如汲甕之甕周官酒正注翁翁然蔥白色急就章春草雞翹鳧翁濯

二宋

錝音縱金毛也南方出金州中有之土人名老翁須又名金苗統他綜切又董韻黃公紹云經史無明音二韻通押說文紀也又攝理也恐欺用切疑也慮也億度也○唐李涪云陸法言集韻吳音乖吽不已甚乎今依之以上聲呼恨去聲呼恐與若得不爲有識者所咲乎夫吳民之言如病瘖風而紫每啓其口則語㵎喎隨聲下筆竟不自悟雺莫綜切古文尚書雨霽雺圖克注雺地氣上天氣不

下也閉升雲半有半無也字一作霿又作蒙漢書引
易傳云有蜺蒙霧上下合也又曰德不試空言禱茲
謂主窳臣天蒙起而白下相攘善茲謂盜明蒙黃濁
下專刑茲謂分威蒙而日不得明注此皆陰雲之類
蒙見上注今文尚淞音宋液雨也風土記立冬後逢
書雨霽蒙驛克壬而入液三旬逢壬而出液字
林作淞解云凍洛淞見上葑菰根也其臺中有黑者
也昏翠集霿淞注謂之茭鬱根相結而生
歲久浮于水上謂之菰葑刈去其根便可耕蒔故江
東有葑田隨水上下其苗有莖者名菰蔣結實即彫
胡米西京雜記太液池彫胡紫蘀綠節中有子即
菰米鴈食之管子謂之鴈膳詩人所稱彫胡飯也

三絳

雙色絳切相偶曰雙閧胡降切孟子紅古巷切地名
又駢胎曰雙生鄒與魯閧詩譜晉穆侯
遷都于紅又曲紅嶺南山洪水名見瞳音惷未有知
名轉音作平聲今曲江也集韻貌莊子瞳焉
如新生虹古作蝃又作蝎莊子陽蒸陰為霞陰炙陽
之犢為虹郭璞云虹為雩俗呼美人蜺為挈貳

轉注古音略　卷三　二　第十八函

蜺雌虹也淮南子天二氣則為虹朱子曰日與雨交
倏然成質乃不當交而交天地之淫氣也故詩以比
淫奔晉出帝與叔母亂其徵也白虹相偶周禮十輝
曰隮詩曰螮蝀甘氏星經曰蚩示示音旗西域書謂
之天弓夜郎蝎見上惷陟絳切說文愚也徐鍇引史
滇越曰水梧注記汲黯之惷今文作戇而惷
今為丑用切古杯山海經蚳巫山之上有人操杯而
今之讀轉異耳東向立注杯或作棓字同史天官
書紫宮右五星曰天棓蘇林曰音棓打之棓得
之索隱音皮韋昭音剖郭璞注山海音杯皆非

四寘

植音置尚書植璧秉德音置禮立容菑姿四切周禮
圭史記方正倒植德徐邈讀居幹之道菑
粟不遒子音字禮記子庶扶音事治髮也莊披方寄
沉重讀民也徐邈讀子簡髮而扶切周
禮夏言司士六斯音四檀弓下術音遂月令綦音忌
軍之士執披我喪也斯沽審端徑術內則
屨著睢呼委切史李斯傳質音贄孟子出疆必載質
綦有天下而不恣睢又不委質為臣不見荀

子路質之臣不息鷄豚東淄音自陸機詩京洛多
京賦要荒來質與戾相叶風塵素衣化為緇鬾
音寄韓詩南有喬木傳曰鄭交甫於漢皋帥音帨曹
無上逢二女鬾服字書上有云鬼服也憲文字
指歸云帥佩巾也字从巾即帨字今借為將帥字禮
記禮帥初一作率詩旄邱方伯連帥之職史記建元
年表殺率見上率音類計數之名又總率也易略例
其渠率注率相比而無應周禮太宰注口率
出錢九章筭法糲米之率出尺類切詩匪舌是出書
糲十粺九鑿八侍御七寅賓出日出納五言又
易河出圖出涕沱若書我其發出狂詩緯云雪六出
成花雹三出成斲增韻自內而外日出凡物自出則
入聲使之壹音意說文下手舉手也儀禮鄉飲酒入
出則去聲門之法推手曰揖引手曰撎左傳肅手
至地注若今之撎晉宋移音易禮郊特牲以移民也
儀注賤人拜貴人撎注移之言美也又大傳絕
族無移服注積音恣周禮遺人掌委積以待諫音剌
不相服也施惠左傳居則具一日之積說文
數諫也詩序波音賁循水行也漢書諸侯王表波漢
下以風諫上之陽西域傳傍南山北波河左傳波

轉注古音略　卷四　三　第十八函

及晉隋呼恚切周禮守祧既祭則藏其隋鄭元云尸
國所祭肺脊黍稷之屬藏之以依神又作綏禮
記郊特牲祭黍稷台音嗣古文尚書飴音肄說
加肺謂綏祭也舜讓于德弗台飼隸文引尚
書隸類于上抑音懿詩抑抑威儀抑讀如易懿文德
帝篆作[illegible]之懿國語引詩抑戒作懿戒可証也
歸讀作饋陽貨歸孔子豚又寺作侍毛詩寺人孟子
詠而歸釋文作詠而饋寺人之令周禮寺
人掌宮令司音伺老子有德司契無德司徹注謂有
李善讀德之君伺察契信無德之君伺人過失
文選潘岳詩恪居處態他計切戰國策蘇秦語曰科
職司與異忌相叶條既備民多偽態盧藏用讀
織音志毛詩織文鳥章沈約高士贊取足拙朱類切
其類落毛寧懷組織如金在沙顯然自異太元晦
中月隆法度廢也曰㤅許既切徐鍇說文係傳曰㤅者
其類明恐拙也惠也於文心无為㤅古文尚書
㤅古愛字集韻許計切楚辭九章世溷不吾知心不
可謂兮知死不可讓願勿愛兮以告君子吾將以為
類掩也揚雄方言注引詩愛而不見以愛為薆其
兮薆說曰薆掩翳也謂蔽薆也太元瞢瞢之離中薆

菱也蕢如之惡著不昧也𧄼丈瑞切高紀破英布于會𧄼史作甑通作垂集韵云地在蘄州艾魚邑切書自怨自艾詩夜如何其夜未艾禮記草艾則墨切與砌同張平子西京賦設切切音刺儀禮注采時世之詩以爲樂歌所以通情相風切也凡劃切之切讖切之切皆作此音溉既居氣切清也史記觀執中而徧天下徐廣劉伯莊皆云溉古既字立與位同周禮小宗伯掌神位注故書位作立鄭元曰古者立位同字古又春秋公即位作公即立伐音廢周官大司馬九伐之法考工記以象伐也劉昌宗讀遲音滯待也又欲速而以彼爲緩曰遲使彼徐行以待亦日遲易曰遲歸有時孟子遲遲其行也荀子遲彼止而待我漢高紀遲明圍宛城三匝又遲且注且遲於事故日遲且公孫宏傳臣竊遲之光武詔曰思遲直士側席異聞趙壹報皇甫規書曰實望仁兄昭其懸遲謝安與支遁書思君日積計辰傾遲梁庾杲之與劉虬書勝槩宾通謫有風期之遲謝惠連有登樓之望所遲客詩所謂臨江遲來客也今俗亦有遲滯之言而字别作滯云其詩彼其之子表記引作彼記之子詩叔善射忌記忌皆語辭

近毛詩往近王舅注近辭也音記鴂揚雄賦鶤鴂鳥名蘇林音殄絹多師古音第桂今蜀童謠有陽雀叫鶤鴂央之語雄蜀人用方言未可知也審若是師古之音得矣

五味

佛音賁彷彿元不諟也曳音裔易見輿曳其牛掣其人天且劓皆古韻非叶借也漢賦有搖曳之語或作搖曳可徵曳裔同音掣昌逝切易其牛掣乞音氣取於人曰乞入聲從人之乞而與之曰乞上聲東漢楊升傳升肉袒請代其師罪詔曰乞楊生師禨其既切音與蔞同禮記玉藻進禨注飲作樂也沐必進飲盥氣也以新沐體虛補益氣故沐而飲曰禨蜚文沸切說文負蠜也左傳有蜚不爲災不書本草謂之蜚蝱亦謂之蜚蠊山海經云蜚如牛白首一目蛇尾行水則竭行草則枯黜於旣切深黑也韓文徐偃王碑黜昧就滅倪音睨鄭康成周禮注龜左倪霝莊子日方中方倪由音沸鬼頭也又音忽按細字从由細由諧聲由音沸是也刉音暨封也周禮有威紆胃切古文尚書注云古威畏同天威棐忱今作畏禮記引書德威惟畏注亦云讀者亦依尚書作畏騩音魏本平聲字馬黑色也淮南子魏闕作騩闕𠦪音譁徐鍇曰進趣之疾也石鼓文𠦪速塡如多讀作忽陸法言讀作許貴切今按𠦪从卉爲聲从本爲義當如陸音又古文𢶡从𠦪拜音亦近卉也哺後漢書楊由傳風吹削哺注哺當作柿孚廢切顏氏家訓曰削則札也左傳削而投之是也史尚借爲肝肺字俗又作反哺之哺學士因云是屏障名非也風角書云庶人之風揚塵轉削若是屏障何由可轉削注見上

六御

椐音據靈壽杖木名礜音豫礜石藥名食之肥鼠食之死靈錄音慮錄四也王涯說飫音豫尚書有藁飫篇藁音搞國語有飫歌注禮之立成者爲飫楚劊據切音近茹辛痛曰楚迓音御書迓衙鄭元讀衙音禦又國語衙兒吳鄉名悆豫同說文引書有疾不悆舉居御切禮記其稱舉有如此者揚雄解嘲禁溼嘌吟而笑唐舉崔駰達旨或望色而斯舉注皆協音渠音遽字本作詎說文詎猶

豈也字林未知詞也詩庭燎注未央未渠央也言未便至夜分也又作巨漢書公巨能入乎除音宁去也詩日月其除風雨攸除又開出也詩何福不除女尼據切以女妻人曰女書女于時孟子涕出而女于吳鋁漢碑鑪字卌說文四十并也古庶字漢孔和碑亦用爲庶字居音義與倨同居居懷惡不相親比貌一曰處也詩維鳩居之職思其居注皆去聲又止也詩日月其居又坐也周禮神位以奠鬼神使之居又傲也邪都傳條侯王貴居也舒晉地理志豫飾也言稟中和之氣性理安舒舒音豫鋤與助同說文商人七十而鋤引周禮以興鋤利甿謂起人民令相佐助也

七遇

壺讀作瓠鶡冠子中流失舡一壺千金壺以瓠爲腰舟水浮也如如似也審似日如去聲文選李陵書强弱之形旣不相如狙張良傳狙擊始皇讀作戲續音緒詩陰韌鋈續寫音注行水也周禮以寫水劉昌宗讀朔蘇故切白虎通朔之爲言蘇也呼音嫭左傳三呼迭對禮城上不呼鳴

音誤史記喑嗚叱咤　**瞿** 久住切視貌禮瞿瞿如有求而不得東漢魯恭傳瞿然而起　**雩** 王遇切江東呼美人虹爲雩爾雅注郭璞讀　**酗** 向虛去聲尚書沈酗于酒字作酗非　**斁** 音妒尚書彝倫攸斁詩在彼無惡在此無斁庶幾夙夜以永終譽　**雨** 音芋水从雲下也月令穀雨汲郡古文天雨碧之類皆此音　**屬** 讀作注考工記函人犀甲七屬　**報** 音赴少儀毋報往　**堊** 烏路切字又作巧廣蓍口以墨節地曰點以白塗宅曰堊　**屢** 去聲謝元暉詩孤遊昔已屢與鶯樹相叶　**莽** 莫抽切楚辭夕擥洲之宿莽與序暮爲韻　**燭** 音灶漢武紀光集于靈靈壇一夜三燭師古讀　**尃** 音布史記司馬相如傳尃結縷又雲尃霧散注尃古布字易說卦爲尃　**慾** 音喻詩螽斯注情欲音喻文選東京賦進明德而宗業滌饕殄之貪慾仁風衍而外流誼方激而遐驚張君祖詩中有希元子端坐摹太素自强敏天行弱志慾無慾　**婦** 古音否今音負釋名婦服也服家事也陳琳飲馬長城窟行邊城多健少內舍多寡婦作書與內舍便嫁莫留住白居易琵琶行老大嫁作商人婦與度數爲韻張文潛詩去年巧笑秋千女今年

嫁作東鄰婦綵繩繡柱似當年只有朱顏不如故　**作** 音做毛詩侯作侯祝漢書金可作世可度又廉叔度來何暮不禁火民夜作梁元帝詩芙蓉作紅絲作索六朝詩話云作讀爲做　**作** 音聚毛詩俾晝作夜作即具切讀作冲虛經以晝足夜之足謂夜不足以晝補之也　**束** 周禮司約注約言語之約束約音於妙切束詩汗切　**足** 子遇切論語足恭周禮地官注足其不足曰足　**駱** 史記秦紀借作駱字　**趨** 七注切詩巧趨蹌兮史燕世家士爭趨燕莊子有不任其聲而趨舉其詩焉崔注云不任其聲憊也趨舉其詩無音曲也劉會孟曰趨者情臨而詞變也後世樂府有吳趨行作平音非　**壹** 音注陳樂曰壹借作壴立之豎　**鬉** 鼎文樹字　**盬** 古文壴字　**趨** 音聚促也史天官書趨舍而前凡嬴退舍曰縮又五星趨東井今作聚　**冣** 說文積也从冂取取亦聲徐曰古以聚物之聚爲冣上必有覆冒之也　**錯** 音鍍金塗謂之錯古詩何以報之金錯刀　**抱** 懷抱抱朴音薄皓切餘皆音哺

八霽

韠本音丙力室也家語魯人歌孔子曰麛裘而韠投之無戾韠合韻音避　**決** 音桂莊子麋鹿見之決驟　**劑** 音霽斷也管子劑領刎項　**醫** 音意體酏爲飲也周禮六飲一曰醫徐仙民讀　**楬** 音憩楚辭楬車與江離謝嶠讀　**橇** 子苟切史泥行乘橇　**位** 易位乎天位上位字音涖　**陂** 彼利切易無平不陂書無偏無陂　**祭** 音瘵左傳有祭伯又乾祭地名見昭廿四年　**列** 隸計切周禮地官稿人以列舍水　**簭** 音莖周禮春官占人以八簭占八頌　**曳** 音裔列子曳齊銑曳與裔古通用文人用搖曳字或作搖裔　**兌** 讀作銳史天官書隨北端兌　**胈** 膚毳切史李斯傳股無胈　**結** 讀作髻史西南夷傳魋結耕田古無髻字但借結爲字李廣傳結髮與匈奴戰蘇武詩結髮爲夫婦皆當音髻　**殺** 所例切降也中庸親親之殺禮記五世而祖免殺同姓也揚雄傳事罔降而不殺考工記作網　**帠** 音詣莊子汝又何帠以治天下感子之心爲　**淚** 音麗淮南子水淚破舟漢武帝賦秋氣憯以淒淚注淒淚寒涼也　**守** 音衛左傳天子守在四夷諸侯守在四鄰杜預讀　**烈** 音厲古厲山氏亦作烈張平子西京賦雨

雪飄飄冰雪慘烈百卉具零剛蟲搏鷙　**題** 音帝毛詩題彼脊令王筠詩靈圖白玉檢寶冊黃金題會昌合其符至德乃司契　**紒** 儀禮冠禮合紒紒郎髻也今人不識此字行冠禮者以合紒爲動梳豈不爲千古哄哉又東平王蒼傳注假紒婦人首服也四夷傳魁頭露紒　**秇** 猶文藝字　**砅** 說文引詩深則砅履石渡水也今文砅作礪　**盻** 音系說文恨視貌从日兮聲孟子使民盻盻然西京賦盻謂殿戰國策韓挾齊魏以盻楚佩觿集曰流俗以盻恨之盻爲盻睞之盻莫以爲非　**昔** 音細尸子子夏曰君子漸以飢寒而志不避傍於五兵而辭不懾臨大事不志昔席之言荀子曰臨患難而不忘細席之言注細席講論之席王吉所云廣厦細旃也　**逮** 大計切及也論語恥躬之不逮也又孔子閒居引詩威儀逮逮　**祇** 音禘山海經祇山多水無草木　**鬄** 古文剃字見相貝經

九泰

采 動靜字音云采取也上聲取食曰采去聲古者公卿食邑曰采地又國語大采朝日小采夕月　**裁**

平聲音才裁制裁度是也去聲音債風裁體裁是也
嬒古外切詩嬒兮蔚兮
蕞音蔡地名又蕞爾小貌
齹音賫詩齹不女士
厲音賴詩厲假不瑕莊子厲之人夜半生子又地名老子生子厲鄉
祋字書云及也丁外切西漢書祋祤地名東漢書祋諷人名
栽音在左傳水昏正而栽
能讀作耐晁錯傳其牲能寒
稅他外切禮小切不挩
兌音兌吐外切成蹊也詩行道兌矣
创音蓋書創中斷寧王之德鄭康成讀
儈古外切儈合市人也晉令儈賣者皆當著巾白帖額言所儈賣及姓名一足白履一足黑履
渴音愒公羊傳曰不及時而葬曰渴葬渴急也
叢音悴叢木灌木也周續之說
黴音昧集韻點筆也三蒼濡華曰黴說文音塵物中雨而青黑也字一作黷又作塵
沙水名水經注引述征記曰汴沙到浚儀而分汴東注沙南流沙音蔡許慎正作沙音言水散石也從水少水沙見矣
勞音瀨漢地理志益州郡有同勞縣水經注作銅瀨瀨亦勞也
樶祖外切澤也禮記麤𪊨在郊樶徐邈讀又見有韻
最倉大切聚也莊子物何爲最之徐邈讀
綴音帶表也禮行其綴非詩荷艾與綴鄭元讀
淠普益切詩其旂淠淠徐邈讀
栝古文檜字○按古字舌與會音同故檜从會亦从舌話从舌亦从會作譮也又見曷韻

十卦

恝音介字一作念孟子不若是恝丁公著讀
扒拔也詩勿翦勿扒
嘬倉夬切曲禮無嘬炙
喝於揩切字書云嘶也司馬相如賦水蟲駭波鴻拂榜人歌聲流喝東海寶憲傳陰喝不得對古詩笛喝曲難成笳繁韻還咽韓詩注秋蟬喝柳
噫噓氣也莊子大塊噫氣其名爲風語噫天喪予又作醷莊子生音臆物也
北讀作敗東漢賊宮傳乘勝逐北
排蒲拜切正書作棄東漢杜詩傳造作水排
沛音泒說菀夏人歌江水沛兮舟楫敗兮楚辭沛吾乘兮桂舟
責音債左傳西隣責言注徵言曰責
嗄於邁切老子終日號而嗌不嗄王弼曰氣逆也司馬彪曰楚人謂啼無聲爲嗄崔本作喝字書云喝嘶也嗄與喝古字通
吳戶快切說文譁也大言也詩不吳不傲今誤作吳又禡韻
皆周易百果草木皆甲坼鄭元注皆讀如人倦之懈
薊音芥文選睚眦蔕薊薊鯁刺也
柴音寨藩落也莊子趣舍聲色以柴其內又內支盈於柴柵
鶡漢書鶡雀集丞相府注鶡音鴳宋景文公曰按蕭該音義舊本作鴳鴳與鴳相似誤也轉作鶡尤非當正之
鴳注見上
暍說文暑病也史記武王扇暍又紅紫傷風日失色爲暍梵經音近愛
殺音曬周禮注衰小之也樂記其音噍以殺今樂府家有元殺傍殺之別元人傳奇白鶴子一殺一殺耍孩兒一殺二殺是其遺聲今讀作生殺之殺謬矣
⿰黍易籀文曬字
槖吹火韋囊也見本韻排字注下

十一隊

味音昧禮瓦不成味
媒音昧莊子媒媒晦晦也
栽音載左傳水昏正而栽
畷長芮切田中道也
雷丁內切周禮秋官注檑雷椎椁守城禦捍之具也漢晁錯傳藺石注雷石也
妃讀作配毛詩小序喪其妃偶東漢荀爽傳使成妃合左傳水火妃也
出音墜尚書我其發出狂
敦音對周禮珠槃玉敦禮明堂位有虞氏之兩敦
既讀作槩尚書惟既厥心
沒音昧左傳何沒沒也將焉用隨
載音戴曲禮前有水則載青旌
哉音載尚書哉生明徐邈讀
追音退禮檀弓其中追然如不勝衣
艾音刈祭統草艾則墨
鹽大妹切徐鍇曰古謂今膾合爲鹽故有受辛之言古人言金胙鑑玉一膾今人多謂蓝爲墜也字一作鏊俗作蠤非
沕音昧賈誼賦沕淵潛以自珍
孛音背說文孛也引論語色孛如也徐曰人色孛然壯盛似草木之茂也一說彗星也春秋星孛在北穀梁孛作茀史天官書有星茀于河論語孛作勃
萓音潰菜名呂氏春秋伊尹曰菜之美者有雲夢之萓
蒯苦對切茅也左傳雖有絲麻無棄菅蒯雖有姬姜無棄蕉萃
卒將遂切倅字以卒得聲左思吳都賦彫題之士鏤身之卒比飾虬龍蛟螭與對
竄七外切逃也字一作竄說文引書竄三苗于三危張載七命違世陸沉避地猶竄有生之歡滅賁父之義廢李善曰字林有此讀非關叶韻
訊息悴切問也言也毛詩墓門有梅有鴞萃止夫也不良歌以訊之又音碎唐本之作止
湏呼內切古文靧字也說文作沫

尚書作類酒面也○毛晃云酒爛也郭忠恕漢書
云酒爛之酒爲斯酒之酒其順非有如此者召相如
諭蜀文留爽闇昧得耀乎光明史注引音義與李
三蒼曰留爽早朝也音昧字林音留　貴同淮南子
貴星墜而　外吳才老云古聲清叶志今聲濁叶秦晉
勃海溢　樂章上參天與地至無訛內外無內外
六合並　昒古文戕文選注　㝵釋典礙字音與賴同
康乂　昧字吠字又見南史　勑說文从力
來聲勞勑也苔其勤曰勞撫其至曰勑今以
爲勑戒字非也其誤不知何始莫可詰正

十二震

親　親去聲劉鑑經史動靜字音云親姻也平聲婚姻
相謂曰親左傳各有分親唐詩天子人臣是親字
今之俗呼　沉　沉沉也平聲沉　熏　熏烟出也平聲所以
赤古矣　之日沉去聲　蘗物曰薰去聲今俗
語煤熏炭　奔　奔趨也趨走曰奔去聲左傳敢　鬊　音舜
熏是也　不奔奔問官守又楚始疲於奔命　漢天
文志有雲如炎　佪　音騰佪氏道在蜀　迎　音印　填　音鎮
風亂鬊髮也　郡出漢地理志　引也　星經

土星爲塡漢書　進　音餕祭統百　申　音迅舒也古申信
眞國家撫百姓　進官進徹之　申互音信亦音申易
尺蠖之屈以求信也申亦言信語子之　縉　說文帛赤
燕居申申如也莊子熊經鳥申是也　色引左傳
縉雲氏唐韻淺絳色一云赤多白少爲縉又縉雲氏
黃帝官名或云黃帝鍊金丹有縉雲之瑞自號縉雲
氏夏爲　薦　音進列子王薦而問　廵　古文巡作　順　古文
縉雲官　之史記縉紳作薦紳　順見集韻　順字
朱子云古字顚愼通用　俊　山海經帝俊　昏　音震驚聲
非也乃字相似而誤耳　注即帝舜也　也俗用作
卩脣　賓　音儐會賓客也周禮　朄　說文羊晉切小鼓引
字非　金路以賓賓沆重讀　樂聲也毛詩應田縣
鼓䟫田作　誶　音義與訊同詩　洒　音義與汎同說文灑
軸又眞韻　執訊連連注　也東方朔傳洒掃之
職師音義與遴通荀　薰　山海經浮山有草名曰薰
古讀　憐　子無邑憐之心　注音訓博物記君子國薰
草朝朝
生華

十三問

巾　音近左傳巾車脂轄　懣　音悶前漢書憂懣不均作蕑
陶潛辭或命巾車　食後漢書發憤吐懣
韵樂緯聲有五均頪欽　免　音問禮檀　員　音運伍員
陵聲悲舊箛曲美常均　弓免焉　人名後人員
慕之爲姓前涼錄有金　諼　古困切音與混同聲　馮　音
城負敵唐有員半千　譜曰順言謔弄曰諼　憤
莊子佊溺於馮　隱　音印毛詩如有隱憂楚辭隱思君
氣又馮而不捨　子排惻孟子隱几而臥賈山至言
隱以金椎杜甫　分　音忿春秋左　溫　音蘊詩飲酒溫克
詩鍾殘猶隱床　傳救患分災　注猶能溫籍以自
持陸音去聲禮記溫之　馴　音訓易馴致其道徐邈讀
至也又柔色以溫之　史記堯能明馴德注順也
又五品　煇　音義與暈同日月旁氣也周禮眂祲十煇
不馴同　一祲二象三鐫四監五闇六瞢七彌八敘
九隮十想今作暈說文有暈字注　宛　荀子富國篇夏
日月氣也以煇爲暈古字假借也　不宛暍冬不凍
寒注宛讀曰蘊暑氣也詩曰蘊隆蟲蟲又家語富有
天下而無宛財禮記事大積焉而不宛古蘊宛通
苑　音蘊文貌詩　錞　章閏切山海經魏山是錞于西海
蒙伐有苑　又竹山錞于江注錞猶堤錞也

盆　後漢郭躬傳淫雨漏河
海水盆溢第三聲讀之

十四願

虞　音彥器也宋林　鮮　音獻月令　軒　切肉如藿葉曰軒
肅翁號虞齋　鮮羔開冰　今作餡禮記內則
注細切爲膾　刋　揚雄酈商銘橫恥懼景刎到自　牽　作
大切爲軒　獻金紫褒表萬世不刋章櫽讀　第
三聲讀船纜曰牽又　言　去聲訟也又弔生　這　迎也見
牽掛心所懸念也　曰唁古文但用言　教繼公
儀禮　屯　音頓風俗通混屯太昊之良佐子孫因以爲
注　氏漢有屯莫如今漢書儒林傳作毛莫如誤
矣　敦　音鈍爾雅敦邱如覆敦班固欲從整敦而度高
乎泰山一作頓毛詩至于頓邱爾雅敦牂歲名
焞　音寸楚焞也　耎　奴困切俗書嫩字也隸作嫩古篆
見十元韻注　軟硬之軟畏懦之懦老嫩之嫩皆
作耎

十五翰

干 音幹詩公侯干城沈重讀又天有十干地有十二支干幹也支枝也古字例多省 姅 音半婦傷孕也漢律見姅變不得侍祠 參 音槃東漢禰衡傳漁陽參撾注引王僧孺詩云散度廣陵音參寫漁陽曲自注云參七紺反今俗作摻 稅 音彖禮記稅衣纁袡 囋 讀同古字口與言偏傍多通用 組 音綻補縫也古樂府故衣誰當補新衣誰當綻賴得賢主人覽取爲吾組夫婿從南來斜柯西北眄今組多誤作組 个 射侯舌也周禮考工記梓人爲侯上兩个與其身三注音幹儀禮右个設薦俎 幕 音慢漢西域傳注錢背曰幕慢無文故曰幕 漫 石鼓文漫字 懽 古玩切說文喜款也爾雅懽懽愮愮憂無告也今用爲歡字焉敬通杯銘樂則思舊宴則思歡亦借爲歡字 旟 音義與翰同石鼓文旛旖霚霚 瘅 音疸山海經翼望之山有獸焉服之巳瘅注黄瘅病也 旰 日晚也易旰豫悔注引詩旰日始旦國語楚之君臣其旰食乎

十六諫

孱 初莧切傍入曰孱又上聲今俗作平讀 轘 音患車裂曰轘 環 音宦高帝紀守濮陽環水 顏 音鴈嚴助傳越人蒙死徼幸以逆執事之顏行 轏 音棧左傳成二年丑父寢于轏中 前 子踐切周禮春官巾車前侯鵠纓 串 讀作慣謝惠連詩聊用布親串 湅 音練廣韻熟絲也考工記㡛氏湅絲 卝 音貫木古文礦字周官有卝人卝金玉未成器也假借作童卝之卝詩總角卝兮別作丱非童未成人亦猶金未成器也 帴 音義與綻同周禮是以薦爲帴也○今按說文帴帬也一曰婦人脅衣所八切音義與周禮皆異然周禮作綻近是今從周禮 圂 豢同禮記君子不食圂腴 盼 匹莧切說文目好流視从分聲分字古辨字也○詩美目盼兮今詩文及論語皆作盻非盻胡計切恨視也孟子使民盻盻然西京賦盻滑殿郭忠恕曰流俗以盻恨之盻爲盼睞之盼莫知其非 分 本分毫之分古文作辨見集韻故說文盼字从分爲聲 姍 說文誹也一曰翼便也从女刪省聲徐曰漢書多用此爲訕字又刪韻 鳱 鹽鐵論引詩嘒嘒鳴鳱師曠禽經鳱以水言自北而南張華注鳱音鴈隨陽鳥也冬適南方集于江干之上故字从汗 鳽 禽經鳽以山言自南而北張華注鳽非音鷹中春寒盡鳽始北向燕代尚寒故集于山陸岸谷之間故字故斥鳽鳱二字諸字書解皆誤故附此○顧野王云鳱古安切鳱鵲也又禮記引逸詩相彼鳱旦尚猶患之鳱旦一名渴旦鳱又有渴音也

十七霰

先 先前也平聲前之曰先易先天而天弗違王肅讀 阽 音玷漢書食貨志阽危又文帝紀阽於死亡阽音屋擔之擔固一字也假借之音異耳 穿 音釧貫穿也又陸羽茶經云茶以一斤爲上穿文以平聲書之義以去聲呼之 韅 呼甸切左傳韅靷在背曰韅 塡 音殿山海經精衛啣石塡海李白詩西飛精衛鳥東海何由塡鼓角徒悲鳴樓船習征戰 編 音變西南夷傳編髮椎結 轉 去聲左傳襄二十五年據轉而鼓琴轉衣裝也又曲名選歌梁想遺轉 欄 讀作練考工記㡛氏以欄爲灰卽今川練子也一名金鈴子一名石茱萸獬豸食之蛟龍畏之 乘 音甸荀子甲兵白之數 元 音眩荀子水勢元

牽 音俔挽舟索一名百丈 夐 音聯說文營求也引書夐求于野徐鍇讀又勁韻 荔 音戀月令荔挺出荔馬藺也荔藺同字同音北人猶呼爲馬蓮又呼馬楝 淒 音倩上林賦倏眒淒浰疾速貌 浰 音練淒浰疾速貌 邲 水經注云濟水又逕邲春秋宣公十二年晉楚之戰楚軍于邲音卞 連 音練玉藻連用湯漢書李尋傳蓄水連泉 選 音旋轉也詩舞則選兮環舞也莊子天選子之形以堅白鳴劉會孟云選謗所謂圖圖轉也又少頃曰少選又曰選間 顯 呼便切檀弓子顯致命于穆公 單 音戰列子壘尿單至 淺 儀禮注槃以盛棄水爲淺汚人也疏云淺音濺一音贊 洒 古線字見考工記注 𢧀 古文戰字止戈爲武止干爲戰也 諓 說文流言也火縣切急就章諓注諓音硬謾音睭隱語也 縳 周禮內司服注素沙今之白縳也聲類以爲今綃字 紘 亦古綃字張揖誤字云弦字作紘非紘古綃字也曹憲云俗用爲乎烟失之矣弓弩琴瑟咸皆從弓 還 音旋山海經太行之山有獸焉其狀如麢羊而四角馬尾而有距其名曰驒善還注還旋舞也

十八嘯

姚漢書藿去病傳票姚荀子悅漢紀作票鷂票音鷂鷂皆鳥名音如鷂之疾鷂之擊也惟服虔以作飄搖唐人詩多從服音

翹巨要切尾起也

幼讀作要

眇讀作妙漢元帝紀窮極幼眇

溺奴吊切漢書高帝見儒冠必溺之

橋渠廟切禮記奉席如橋衡揚雄傳萬騎屈橋

約音要禮記大信不約唐山夫人歌雷震震電爍爍明德鄉治本約

宵音肖漢書刑法志人宵天地之貌

踔音吊史記遼東踔遠俗或作窵非說文作逗

逗注見上

穪音熈物縮小也俗作眇非

稠徒吊切漢書揚子雲河東賦天地稠嶅

勺詩頌篇名見左傳劉昌宗讀作肖

繞纒也史記苛察繳繞後漢書繞出延岑軍後

譙才咲切以辭相責曰譙高帝紀因譙讓羽萬石君傳有過失不譙讓或作誚說文引書王亦未敢誚公

十九效

巧善功曰巧如字禮記辭欲巧是也僞功曰巧去聲論語巧言令色毛詩巧言如簧是也

洨音效水名出井陘山南至廮陶入泜

濯音棹漢百官表有輯濯官相如傳鷁濯牛首

覺音較夢醒曰覺

削音哨說文本作創今作創周禮天官家創之賦注家邑大夫之采地也又作創

殽音效禮記殽以降命

爻音效易爻法之謂坤今本作效蓋俗儒改之

繡先吊切五采備也儀禮繡笄宵衣注云詩有素衣朱宵禮記繡黼丹中朱衣注云繡讀為綃綃名也詩紫衣朱綃繡綃宵三字皆當讀如肖吳才老說

拋即砲字袁紹傳軍中呼霹靂車注即今拋車

二十號

膏經史動靜字音云脂凝曰膏平聲所以潤物曰膏去聲詩羔裘如膏日出有曜唐文膏車秣馬

臯音號周禮令臯舞劉昌宗讀

膏讀作犒尚書有犒飫篇今亡犒豫二音周禮地官有槀人

敖五報切曲禮敖不可長

埽騷去聲少儀氾埽曰埽

旄音耄禮射義旄期稱道不亂孟子反其旄倪

瞀音眊莊子予適有瞀病

鑿在到切穿孔也增韻孔竅也考工記量其鑿深以為輻宋玉九辨圜鑿方枘莊子六鑿相攘史記西域傳張騫鑿空注開通也西域險阨本無道路今鑿空通之也

鼜音操行夜戒守之鼓也周禮夜三鼜杜子春讀

漕在到切水轉轂也漢王降水學篇以水通輪曰漕左傳漕邑平聲

敦音義與燾同周禮司几筵每敦一几注敦燾同

㬪古文鼎字

溫史記周穆王得溫驪索隱音盜盜竊也竊淺也義與左傳注桑扈竊脂文竊盜驪淺青色

纛羽葆幢也音蹈从每今俗从毒非

蹈堯母碑路字

二十一箇

摩音磨周易鳴鶴在陰其子和之我有好爵吾與爾摩之相觀而善謂之摩鳴鶴以相和成音好爵以相摩成德子夏易說知此字本音魔叶韻作磨今本作靡靡牛纒也取係戀為義亦通但不如摩厲之說為長且以韻讀之又叶也或作靡靡亦摩也古字通又作劘劘亦音摩漢賈山傳替自下劘上注劘音摩厲也劘切之也與易爻摩義合

砦音挫史記擊韓信軍于砦上

點丁佐切故墟麻葉有點葉夭折之患賈思勰說

那乃賀切後漢韓康伯傳公是韓伯休那注那餘語聲

作音坐韓文公詩非關復非船可居兼可過君若問方橋方橋如此作

摧音挫詩摧之秣之

介音个左傳襄八年亦不使一介行李

奈乃个切廣韻奈何奈能也東方朔傳奈何乎陛下韓文奈何乎公

涴烏臥切泥着物也一作汙

馱音垛東坡詩幸茲廢棄餘疲馬解鞍馱

左音佐逸周書維天九星維地九州惟人四左注疏附先後奔走禦侮也

僤詩哀我僤人又僤我不暇丁賀切字本作癉假借作僤

覼縷不均也俗作闕非

如奴个切書曰如五器卒乃復鄭元讀如何亦奈何也論語如之何如之何

磋七過反治象牙也○周子充跋文苑英華云切磋之磋馳驪之驪掛帆之帆仙裝之裝廣韻各有仄字而流俗改切磋為效課以駐易驪以席易帆以仗易裝今皆正之

二十二禡

喈音借廣雅喈喈鳴也後漢書喈氣佳哉鹽鐵論鄙夫樂咋喈而怪磬漢古有咄喈歌原音拓漢地
理志高原山在瑯琊鄢漢地理志郝鄢縣在犍為槖音許槖皋地名許睾二音地在淮南逡遒縣
嗄所架切老子終日號聲不嗄沙音嗄周禮鳥皫色而沙鳴注嘶也厙音教人姓射音夜
易通卦驗十二月廣莫風至則蘭夜干生射音夜今之鳥扇也伯音禡毛詩既伯既禱輅音迓左傳
僖十九年輅秦伯牙音砑車輮考工記輪人牙也者以為固抱也假音嫁周禮六書一日假借
今多音櫝非也陸法言說舍音卸揚雄方言發稅舍車也三蒼詁止車解馬曰卸字又作寫見下寫
音卸假借字也石鼓文宮車其寫又四馬其寫秦紀秦每破諸侯寫放其宮室杜預左傳注寫器令空杜
子美詩數回細寫愁仍破吳音樺口大也从口从大說文譁也引詩不吳不傲今作不吳不揚何承天
云吳字誤當為吳吳从口下大魚之大口者曰吳今按詩吳作吳本字相似而誤古今相承不敢改不知
吳本無樺音亦無譁義也音義兩乖而執泥一槩豈所謂因誤成固因固成妳耶樗音樺說文木也

皮裹松脂从木雩聲徐按此即今人書樺字者以其皮卷之然以為燭裹松脂亦所以為燭也唐詩風前
樺燭香○今按樗字多作樗櫟之樗音作舒非樗从雩樗櫟之樗从虍作樗亦相似而誤也然說文謂樗
从雩為鏳聲疑雩字古亦有華音也嗟音義與唶同三蒼詁咄嗟易度也猶言呼吸之間○字一作唶
古有咄唶歌世說石崇作豆粥咄嗟而辦赫呼訝切唐馬吉甫蝸牛賦鐵瓜牙兮自蓬無羽翼以相借
本忘情于蚌守亦何憚於鴻赫呼音義與罅同孔罅也鄭元注易辦果草木皆甲百云解謂折呼陸德
明云呼火亞切畢周禮畢彝黃彝皆有舟鄭司農云畢音稼御音迓公羊傳聆者御聆者跛者御跛者
者列子御而擊之楚辭吾令鳳凰飛騰兮又繼之以日夜飄風屯其相離兮帥雲霓而來御王逸注云御
逆也儀禮媵御泝監交衙音迓周禮田僕設驅逆之車注驅使前趨獲逆衙還之使不出闈也
差楚嫁切唐詩柹木巖前差路多謂岐道也集韻或作跛又作跡跛見上跡併見上豫儀禮
鄉射禮豫則鉤楹內堂則由楹外注豫讀如成周宣榭之榭

二十三漾

湯音盪漢天文志四星若合是謂大湯湯去聲熱水灼也禮月令如以熱湯兩兩偶數也上聲
物相偶曰兩去聲尚書革車三百兩毛詩葛屨五兩是也向左傳向盟州陘鄭邑名注音尚宋向戌亦
音尚後代有向平亦作尚平光音桄史記漆城光光冠來不可上後漢書天下光光劉子相選詩光
光改生桁下浪切衣礁也行音桁論語子路行行如也筤音浪曲柄鐪蓋也王介甫詩鐪筤含
風竝音傍史記竝河以東郊祀志北竝勃漾音閬尚書嶓冢道漾郎獨閬中黃公紹讀章音障
禮襍記曰面有章滄音愴逸周書天地之間有滄熱用其道者終無竭列子日之初出滄滄凉校
乘傳欲湯之滄道藏歌瓚音自滄悽兄音況毛詩倉兄塡兮綱音抗周禮夏官馬質綱惡馬蒼
七浪切莊子適莽蒼者潢音纊染書者唐六典有裝潢匠潢謂以檗染紙也後人以平音讀失之又
改作裝池益可咲也康音亢禮記康圭蹠屏有兩音狼音浪博狼地名在陽武張良爗擊秦皇處

顏師古讀揚其亮切強也人名揚倞注荀子者弶音與倞同字林施罟於道曰弶莊子音義蹄兔
弶也霜色壯切霣霜殺物也孀色壯切嫠婦涼呂帳切左傳號多涼德字又作諒又助也詩涼
彼武王舫說文船也引禮月令舫人習水者唐韻並兩船沈約詩寄言舫舟客茲川信可珍藏
才浪切禮月令謹蓋藏詩亶俟多藏易慢藏誨盜並去聲文選西都賦陸海珍藏唐詩海披珍藏亦作去
聲用張知亮切周禮邦之張事高紀張飲王曰王尊傳共張如注而辨龔遂傳水衡共張宮館又張弦
日張嵇康琴賦田連操張又自侈大也左傳隨張必棄小國又馬病左傳張脈僨盈競其亮切彊也開
元五經文字倞彊去聲毛詩秉心無倞又無倞維人今作競傳誤作競良音亮古詩良無磐石固古
之良有以也廣漢書橫術何廣廣兮注音曠左傳莊二十八年狄之廣莫注狄人曠絕之地又易通
卦驗廣莫風廣莫猶曠漠也洛陽有廣莫門義取廣莫風之所出入也廣音與誑同度廣曰廣禮記
檀弓車廣輪揜坎注輪從也橫量曰廣從量曰輪又廣輪東西曰廣南北曰輪又兵車名左傳陣有二廣

又少與之師惟西廣注楚有左右廣十五乘為一廣一廣一百廿五人又副車曰貳 **橫** 音恍窓標也樂記號以立橫淮南子橫四維而含陰陽 **掠** 說文奪取也本音亮唐韻離灼切○按掠从手當从凉省乃得聲古音亮今音略以四聲轉之凉兩亮略去轉為入也愼聞之先師李文正公云月令仲春命有司毋肆掠注考掠捶治人左傳襄公十一年楚侵掠漢高紀匆得鹵掠 **償** 音上還也左傳西隣責言不可償也歸妹之睽猶無相也 **杭** 博雅杭張也口葵切 **煬** 音向炙火也煬竈口逸莊子老聃據竈觚而煬 **搶** 此亮切矣楚謂帆上風日搶楊都賦艇了搶風榜人遊浪今舟人掉搶是也字一作捩 **撥** 見上 **仰** 音漾劉士明日上委下日仰去聲下瞻上日仰上聲漢書西域傳仰穀傍國漢志仰給縣官注牛向切下託上日仰今公移有此語 **卬** 古仰字荀子上足仰則下可用也王莽傳上物物卬市

二十四敬

氷 音令經史動靜字音云氷水凝也平聲所以寒物曰氷去聲 **名** 動靜字音云名目也平聲自謂諸

物曰名去聲與命同音古即用命字周易終以譽命謂終有譽名也孟子命世之才謂名世之才也史亡命匿迹謂亡名匿迯也 **掌** 他命切邪掌也蔡文姬詩尸骸相掌拄 **窉** 音病爾雅三月為窉月 **跰** 古文迸字同 **掙** 呂氏春秋掙立安坐九域志及淮南子云南人有掙人長九寸與靜同崔駰傳埩潛思于至贖 **甸** 音滕漢地理志甸氏道在廣漢 **迎** 音映毛詩親迎于渭 **繕** 音勁曲禮急繕其怒 **賓** 必刃切玉藻必與公士為賓也 **請** 音淨史吳王濞傳使人為秋請注秋朝日請 **零** 力正切音與令同俗謂碎各日零字別作另非 **生** 色敬切周禮司徒以土會之法辯五土之物生杜子春讀又豁釋注不乳論語注四乳生入子 **清** 音靜史記械賓廁中行清器也釋名行清郎糞槽謂之清者以其穢濁當常清除之也又禮冬溫而夏清 **鳴** 音命相呼也文選長笛賦求偶鳴子曹植詩鳴儔嘯匹侶何承天詩日夕遊雲際歸禽命同栖字作命而義當作鳴 **蝗** 戶孟切程大昌演繁露云徽州稻初成窠常若蟲害其形如蠶其色縹青既食苗葉又能吐絲牽漫稻頂如蠶在莍然稻之花穗皆不得伸最為農害俗

呼橫虫汪彥章典郷郡見投牒有橫虫彥章曰日有令旨恤穴但言徽有蝻虫為害不呼橫也按唐韻蝗一音橫戶孟切則俗呼為橫不為無本也 **根** 漢書引繩排根今本根誤作根株之根非也黃山谷送公定詩引繩痛排根自注根音病 **賡** 說文云此郎古文續字轉音更古幸切傳云更唱迭和足也今作平音不見文義宊 **卿** 音慶尚書大傳卿雲爛兮伏勝讀卿 **窰** 書縉也晉天文志東海氣如圓窰河水氣如引布別作幢幀幢 **幢** 見上 **幀** 唐詩吳淞一幀秋 **幢** 同上山谷詩書出西樓一幢秋 **靚** 文選靚粧袨服亦作靚 **滰** 渠敬切說文乾漬水也引孟子滰淅而行今作接韻注滰滏也今俗語滰水漉水也徐音其兩切非說文竟聲其兩切非聲也荀子注亦音令 **竫** 音淨宋史金人陷眞定都轄劉翊死之 **詗** 音硬急就章詗讓注詗有所伺候讓隱語也史炤通鑑注參問起居日參承詗候安否日詗承

二十五徑

平 平去聲漢書廷尉天下之平後漢桓帝時童謠曰游平賣印自有平不避賢豪及大姓 **鼎** 音定漢書鼎貴如淳讀 **甸** 音乘六十四井曰甸詩奕奕梁山惟禹甸之荀子乘白之數 **盛** 盛古靜字中庸齋明盛服黃庭經沐浴盛潔 **庭** 音聽揚雄傳爰清爰靜遊神之庭東方朔傳柏者鬼之庭莊子大有徑庭 **恆** 古鄧切毛詩恆之柜秠 **經** 音徑東西其緯曰經今織作家有布經絲經之語是也甘氏星經太白經天經音徑謂如織經之往來也又莊子熊經鳥申荀子救經而引其足韓退之東都遇春詩巖牙相緯經 **稜** 魯鄧切杜詩塹抵公畦稜注農人指田遠近多云幾稜稜東坡詩恣傾白蜜收五稜自注去聲 **扃** 音徑左傳引逸詩周道挺挺我心扃扃講事不令集人來定 **奠** 音定周禮瞽矇世奠繫鄭元讀又奠其貫 **繩** 音孕字與繩同草含實曰繩周禮秋官薙氏繩而芟之 **泥** 音甯春秋泥毋地名今又作甯毋 **年** 音甯人名周景王弟年大見集韻 **凝** 音甯宋人小詞過天邊亂雲愁凝 **蚈** 時則訓腐草化為蚈注蚈馬蚿也蠲藅謂之秦渠蚈讀蹊徑之徑也又音溪又音牽螢火蟲也又淮

南子若鳥之羽若蚈之足注蚈鴈爟也說文引月令腐草化爲蠲音又與𡍼同陸佃云螢非熠熠行蟲爾今卑濕處有蟲如蠶蠋尾後戴火是也 蠲見上說文

二十六宥

祝音呪素問可以祝詛而愈也祝詛卽俗呪詛字枚皐有皇子謀祝 覆傾謂之覆音與腹同傾覆顛覆是也蓋謂之覆音與皐同覆幬覆露是也 鯛音紨漢地理志鯛陽縣在汝南 瞀漢地理志上谷郡有雊瞀縣穀茂二音 𨻻漢地理志羸𨻻縣名在交阯連受二音 𣪏音救說文揉屈也从皀皀古叀字 守音狩太守之守音狩宋祁讀 油音又藋子桐花日油莊子油然寥然 夠音遘聚也多也又見九韻 注音義與咮同○周禮以注鳴者注咮也又星名柳爲鳥咮咮一作注律歷志西至于注 肉音揉錢孔也漢食貨志肉倍好又禮記廉肉節奏 取七臭切易勿用取女漢書蕭何引周書云天與不取反受其咎 首頭所向日首史記醳兵北首燕路 宿音秀星宿也又遲待貌宿後漢章彪傳子其宿留乎 留音溜宿留行相待也又盤桓也今作傍溜史武紀宿留海上注謂有所須待又濡滯也孟子退而有去志注宿留也後漢書此誠聖思所宜宿留也章彪傳子其宿留乎列子襄子怪而留之梁鴻詩惟季春兮華皐麥含英兮方秀口嗷嗷兮余訕嗟恒恒誰留 瀆音豆左傳桓十二年句瀆之邱 啄音咮東方朔傳尻益高者鶴免啄也 穀音構樹名史桑穀共生穀皮可爲紙故王羲之傳云秃千兔之翰聚無一毫之觔窮萬穀之皮無半分之骨 畜音嗅左傳六畜不相爲用 姆音茂左傳襄三十年待姆也 胡音豆石鼓文有鱄有鯆其翊孔庶鄭譙訓胡作脰廣雅云臑謂之脰今按古字脰胡通用从豆从立一也如豎字本从豆或从立作豎卽其例以脰作胡但移月于右字形小異非二字也後人又以脰臑之脰疑于脰項之脰別制餖字義取餖飣足徵以石鼓文胡字之爲脰無疑也此義足補鄭氏之未備故詳之 濁音噣星傳柳爲鳥濁字本作噣古字借用耳詩傳三心五濁 窬音義與竇同左傳篳門圭竇論語穿窬之人史記撼窬廁中行清器也 渥周禮渥湻其帛注與漚同 收去聲

力救切斂藏也揚雄蜀都賦魚酌不收章樵注引易井收勿幕魚酌皆取也又斂穫亦日收文選顏延年有勸北湖田收詩 朴宋景文公筆記云朴字古音平豆切五代王朴乃自音樸說文朴無樸音也 皐音覆舊音與否同沈約謬音也漢梁鴻詩惟季春兮華皐麥含英兮方秀哀茂時兮逾邁愍芳香兮日臭可證古韻 飂音溜左傳昭二十九年昔有飂叔安有裔子日董父實甚好龍 族太簇律名又宗族也漢書志太簇族奏也言陽氣大奏地而達物也白虎通族者湊也恩愛相流湊也又楊收傳節奏作節族 鑄淮南子治工之鑄器注鑄讀如唾呪之呪 投音豆其義有三皆假借也一借爲逗合之逗唐盧潘辯合肥文西投于淮湘杜詩遣投錦江波一借爲句讀之讀馬融長笛賦察度于句投一借爲酘酒之酘梁元帝樂府宜城投酒今行熟停鞍駐馬暫栖宿酘酒重醞酒也 讀音豆誦書也周禮鄭司農讀必絕之增韻句讀凡經書成文語絕處謂之句語未絕而點分之以便誦詠日讀秘書校書式凡句絕則點於字之傍讀分則點於字之中間朱子語錄所謂句心也 喙音味易說卦黔喙注音晝漢天文志柳爲鳥喙 叫古幼切莊子叫者譹者郭象讀 育音幼說文引書教育子後轉作胄 讎音售高紀酒讎數倍揚子欲讎僞者必假眞易林良房美謀無言不讎克厭帝心君子獲祿 句音逅句龍複姓其後省作句華陽國志云王平句扶張翼廖化並爲大將軍時人日前有王句後有張廖廖古音力救切 廖說文人姓周文王子伯廖之後師古音力救切今轉音料非 鏤音漏說文剛鐵可以刻鏤引夏書梁州貢鏤金也又平聲 戊說文戊中宮也今轉音作務而江西之音猶作茂云見字原 講和也史記甘茂傳樗里子與魏講罷兵索隱日講讀日媾又戰國策講亦悔不講亦悔 紬古文無極日紬通作宙 需鄭元周易注需讀爲秀陽氣秀而不直前者畏上坎也 渥周禮渥湻其帛注與漚同 區音漚區霧無識也五行志注區口豆切霧莫豆切

二十七沁

陰音廕禮陰爲野土東漢書陰喝不得對又作陰詩記之陰女謝元暉詩桑榆陰道周 吟宜禁

切史記淮陰侯傳雖有舜禹之智吟而不言韓退之詩白鶴相叫吟**音**借作蔭左傳鹿死不擇音杜預說**喑**方言泣無聲曰喑莊子喑醷物也史記喑嗚叱咤**臨**力鴆切師古曰衆哭曰臨論語臨喪不哀禮記臨喪則必有哀色漢書哀臨三日今制國有白衣之會曰哭臨**窨**說文地室也徐曰今謂地窨藏酒為窨光武紀蠶室注窨室也**湛**音浸禮內則湛諸美酒**衿**其鴆切儀禮夙夜無愆視諸衿鞶**綦**白樂天詩銀篦穩綦烏羅帽自注去聲**枕**之任切論語曲肱而枕之易險且枕甘氏星經杓攜龍角魁枕參首山海經營涔之山其首枕汾**心**音信史禹紀堯舜之民皆以堯舜之心為心下心字去聲王莽改公號以新為心又改心為信蓋亦緣古音也**深**動靜字音云深下也測深曰深去聲士冠禮南北以堂深注度深曰深周禮以土圭之法測土深正日景又輪人量其鑿深

二十八勘

三蘇棧切參之也論語三省三思三復禮記朝於王季日三檀弓不應三易再三讀左傳鼓三而竭皆

轉注古音畧　卷四　卅　第十八函

平去二音**衉**音欠說文羊血凝也徐按陶氏本草注云朱時太官作衉削藕皮落其中血不凝知藕之散血字林衉血羹也**菴**音暗文選蜀都賦茂八區而晻藹注菴藹猶翳薈也

二十九豔

淫音豔淫預瞿唐水名古歌淫預大如馬瞿唐不可下淫預大如象瞿唐不可上淫預大如襆瞿唐不可舉今作灩頹**澹**音贍東方朔傳進對澹辭**淡**音豔列子淡淡焉若有物志**封**音窆禮檀弓般請以機封**弇**於贍切鍾形中央寬也周禮弇聲鬱劉昌宗讀**鹽**音豔禮郊特牲示之禽而鹽諸利注與豔同歆豔也使**閻**音豔谷永疏閻妻驕扇日以不滅閻妻與詩豔妻同義**點**說文小黑也王逸楚辭注汚也束皙詩莫之點辱杜甫詩幾回青瑣點朝班貞德秀文兩螭夾陛久點近班四牡載馳切分劇郡**塹**古文窆之字**譣**曹憲曰譣證也今人以馬字驗字為正驗失之矣

三十陷

氾音范漢有氾勝之著農書又平聲**渢**音汎左傳渢渢乎大風也哉徐邈讀**帆**音梵南史因風帆上前後連咽左傳宣十三年注拔旆投衡上使不帆風謂旆之受風若帆之帆風也杜詩浦帆晨初發韓退之詩無因帆江水選詩無因下征帆孟浩然詩嶺北迴征帆巴東問故人

轉注古音畧卷四

轉注古音畧　卷四　卅一　第十八函

轉注古音畧卷五

成都 楊慎 撰　綿州 李調元 校定

一屋

鼀音促鼀䵷蟾蜍也說文引詩燕婉之求得此鼀䵷今作戚施鼀又七由七狄二切

玉音肅人姓西漢有公玉帶東漢有京兆玉況

禕音鞠玉藻再命禕衣

數音速樂記爲音趨數煩志孟子數罟不入污池

僇音戮大學辟則爲天下僇矣

毒音竺身毒西域國名

毣音穆思貌漢鮑宣傳極竭毣毣之思注謹愿貌

囿叶音育選顏延年詩前瞻京臺囿

恧音義與愐同女六切徐曰心挫衄也

脩式竹切毛詩中谷有蓷暵其脩矣注云脩且乾也釋名脯又曰脩脩縮也乾燥而縮也

翛音條飛羽聲莊子翛然而往翛然而來

抽顏氏正俗糾謬引詩中冓之言不可抽也今本抽作讀抽本古文籒字省說文解籒字云讀書也毛詩舊文字以抽字書之音以讀音呼之司馬遷自序史記紬史記石

室金匱之書注紬音抽亦讀也

紬與籒同音義見上注

昱音王書昱日乙丑說文昱明日也後轉作翌又作翼並非劉昌宗說

濁音獨史律書濁者觸也白虎通瀆者濁也孺子之歌滄浪之水濁兮可以濯我足漢書潁川歌潁水濁灌氏族古樂府獨漉獨漉水深泥濁陳張君祖詩風來詠愈清鱗萃淵不濁斯乃元中子所以矯逸足又俗謂不明曰醫濁以酒爲喻也或作鶻突又作糊塗並非

斀音穆戰國策齊有太史斀楚有穆生漢書作斀王子侯表臨樂侯斀○今按說文斀字从白从放光景流也音近灼古作穆者蓋亦轉注也

繆音謚也秦繆公魯穆公通作穆通志鄭樵曰繆之爲穆借音不借義

賣與衒粥之粥同說文衒也从目𡍬聲𡍬古文睦字讀若育今轉音邁賣亦粥也粥亦賣也

渥烏谷切洽也易鼎折足覆公餗其形渥陸機功臣頌形雲畫聚素靈夜哭金精仍頹朱光以渥

歗息六切吹氣若歌也說文以肅得聲毛詩條其歗矣遇人之不淑矣字又作嘯

奧與燠同尚書大傳厥罰恒奧

賁音陸賁渾山名見山海經今作陸渾

曓古文暴字又去聲

鬻古文麴字

冐古文以爲六書字今作音

闞字林衆也又作閦佛典有阿閦經字又作閦

閦見上

閦見上

鞴古文易服牛乘馬今作服史記伯鞴左傳作伯服後漢書董卓傳義直鞴未乎義同服則鞴古服字也今作備音非

觳說文盛觵色一曰射具孟子觳觫蓋假借字也

欶說文愁然也引孟子曾西欶然不悅今文作蹵然

㽕音義與讟同左傳民無怨㽕今作讟

螜音斛夏小正三月螜則鳴戴氏曰天螻也說文作螜

璹音叔說文玉器也今作埱

眭人姓音眭蓋眭字之省文也漢有眭宏古姓氏譜眭同昊漢書注深闞其非今胡姓亦有眭音繆姓氏譜未可非也

茜說文禮祭束茅于裸上而灌鬯酒象神飲之也引左傳包茅不入無以茜酒今作縮

縮儀禮鼎西亦西縮鄭元曰古文縮皆爲蹙

笛他六切說文蓨也又徒歷切○今按由古有笛音㽕亦音讟是其例也

阮漢書引詩芮阮之即今詩阮作鞫水外也芮水名周禮職方作汭阮唐韻又作沉注水文也

沉見上

透音叔曹憲云世人以此爲跳透字他候切未是矣透驚也

阿音屋古詩家中有阿誰

宊古𠕳字吳越春秋引黃帝時謠云斷竹續竹飛土逐宊又淮南子欲宊之心忘于中則饑虎可尾今皆誤作害非

騳騼騳野馬也又軍馬牙也見宋儀禮志

二沃

告上布下曰告古報切下白上曰告古沃切禮記出必告漢書馮野王傳三最予告今也病滿三月賜告諾恩也臣子於君親其尊同故凡有請皆曰告

齕音骨禮庶人齕之

檋紀錄切史夏紀山行乘檋

睩音祿睩聽蟲名似蜥蜴在樹嚙人上樹垂頭聞哭聲乃止出字林

趣音促漢書趣銷印又趣駕南轅又局趣如轅下駒字又作趨周禮趨其耕耨禮月令趨民收斂祭義趨趨以數字又作趙荀子趨以刑罰注音促集韻或作戚

趨注見上

趙注見上

戚音促考工記無以爲戚速也

角音錄漢有角里先生宋史崔偓佺對眞宗云刀下用音權兩點下用音鹿一點一撇不成字○今按角字音錄假借也其實字形無二樂書角徵之角作龣是角本有錄音非二字俗謂一撇兩點之分乃村學師欺蒙童諢偓佺謂不成字是也然偓佺謂刀下用及兩點下用亦不成字說文角象獸角形元無刀用兩

點之說佺促當時以字學名而不講說文作史者因此一事爲之立傳亦盲矣玉臺集蘇伯玉妻盤中詩令時人知四足與其書不能讀當從中央周四角亦音錄可證古音仲長統詩騰蛇棄鱗神龍喪角至人能變達士拔俗

谷音玉爾雅注谿曰谷燕京有平谷縣古作俗今添山作峪非字體也蘇東坡詩入谷驚蠻蒙登坡費挽樓自注音浴

不項氏家說云一音隨土俗輕重不同而字義則一而已如不字有補沒甫勿甫九甫鳩四音之類是也孫氏示兒編曰世俗語言及文字中所急惟不字極關利害韻書中如府鳩方九二切施之於詩賦押韻無不可者至於市井相與言語相與官吏之指揮民庶將帥之號令士卒主人之役使僕妾鄉校之教訓兒童凡一語一言出諸口而有該此言者非以逋骨切呼之斷莫能喻至若臨文而用此字者固可儻從便於誦讀而以府鳩方久二切呼之可乎陳正敏遯齋閒覽云不字人皆以逋骨切呼之遍檢諸韻皆無此音竊謂舉世同辭必有自始逋骨一切殆不可廢案廣韻中八勿韻不與弗同近於逋骨聲矣然舉與庸夫愚婦言之猶恐難曉况禮部韻不出此音徒見於佛書有

日不也適作弗聲讀今以司馬溫公切韻指掌圖考之明舉一杯字以發聲曰杯厶貝不卽與逋骨切同音信乎此音不可廢也是字也本有四音禮部有其二廣韻有其三自陳正敏之說興而人始疑自溫公之圖出而音始定第溫公之圖知者尚希故表而出之口愼按柳子厚天對坌桑殷鼎詣羨厥鵠惟軻知言噣焉以爲不逋骨切之音柳子用之葢亦古矣

鶴胡沃切古音鶴亦音鵠鵠亦音鶴稽康琴賦下逮謠俗蔡氏五曲王昭楚妃千里別鶴是鶴亦音鵠也費昶擣衣詩昨暮庭槐落今朝羅綺薄拂席捲鴛鴦開繮舒鼉鵠是鵠亦音鶴也

賣借作續字曾詩陰靷鋈賣

於古音義同沃見馬融傳注

鑿音簇鑿鏤花葉也易林礎諸攻玉無不宜鑿

三覺

𧇾音啄龍尾也又音斸國語日月會于龍𧇾

鰒蒲角切莽嗜鰒魚音復非

鞄音鰒柔革工也禮有鞄氏

斮音義與斵同書斮朝涉之脛

綠音角喪大記鬈爪盛于綠中

蹻音角史記楚莊蹻猶

江上

欶音朔說文吮也从欠束聲徐曰漱欶字从此通俗文含吸也又作嗽漢鄧通傳文帝病癰通爲上嗽吮之後漢方伎王眞傳嗽舌泉咽之又作味見佛經

服彌角切啼呼也漢書灌夫傳謼服謝罪注音灼音殷關西俗謂小兒啼呼曰呼殷

暴蒲角切音與潑同說文曰大呼自冤也俗言放暴

青左傳褚師聲子襪而登席辭曰臣有足疾君將青之說文作㱿解云歐兒从口殼聲按左傳字从省尤古也

鐠音錯莊子冬則擉鼈于江鄭樂說當作籍國語作猎猎魚鼈以爲夏搞

揩注見上

畢史天官書注濁謂之畢孫炎以爲掩兔之畢或呼爲濁因以名星

闕山海經成山四方而三壇其上多金玉其下多青雘闕水出焉而南流注于虖勺注闕郎涿字漢書又作叿

叿同上

四質

咥丑立切詩咥其笑矣

囅音哂莊子囅然而笑徐邈讀

嘯音叱禮記不嘯不指

溢音實禮朝一溢米莫一溢米

欥字與聿同說文詮詞也漢書欥中和爲庶幾

幾讀作冀王莽傳幾以濟之

率音律左傳藻率鞞鞛又率更官名禮玉藻率凡帶有率

戾音吏選東京賦羣后旁戾

琗所一切玉帶相帶如琴弦曰琗今作瑟說文引詩瑟彼玉瓚廣蒼云琗古瑟俗文

姞極乙切說文黃帝之後伯鯈姓后稷之元妃或作吉詩謂之尹吉注鄭古吉箋尹氏姞氏周昏姻舊姓又姓作郅後漢郅惲傳注引潛夫論周先姞氏封于燕河東有郅都汝南有郅惲皆姞後也

苾音必說文馨香也引詩苾芬孝祀唐樂志有契苾歌

巒王融寒晚和何徵君詩烟灌共陰深風篁雨蕭瑟虛堂無咲諸懷君首如疾早輕北山賦晚愛東臯逸上德可潤身下澤有徐巒巒叶韻音必

結激質切蘇秦書言語相結矢下爲一盧藏用讀作吉古詩青青陵中草傾葉晞朝日陽春被惠澤枝葉可攬結

戌音悉說文戌悉也史相如傳肸闇易以戌削注戌削如刻畫作之

英以第四聲讀之說文箋英今英作茂

洎去淬也俗作淬非見諸經音義

昵說文本作暱集韻作昵書昵比罪人又典祀無豐子昵尸子不避近昵左傳不義不昵諸夏親昵說文引作䵒

䵒說文黏也引左傳不義不䵒今文作昵

廿二十并也又古文疾字見說文竊字

注亦見集韻汨說文治水也又疾也楚辭汨吾南征又汨徂南土漢郊祀歌奔汨臚析奚遺注奔汨疾皃○毛曰从子日之日與邸音彌說文引汨役字不同汨从日月之日邸書邸成五服峚音密山海經峚山其上多丹木丹水出焉其中多玉膏桼古文實字

五物

疑音佗儀禮婦疑立于席西注謂立不動也詩靡所止疑滑音骨滑稽俳偕也槃音骨哀亂見莊子我獨何能無槃㐬音突說文不順也古文字子作学此字从倒学槃音此文選承露槃太清李善讀握其勿切高帝紀攌始皇冢蔚音鬱易其文蔚也漢書蔚為詞宗韍音芾周禮巾車有蒲蔽芬蔽藻蔽藩蔽通作芾易婦喪其芾詩翟茀以朝又簟茀魚服注茀之言蔽也貍音鬱臭也周禮鳥皫色而沙鳴貍禮內則沙鳴鬱㷉持火展繒也一曰火斗一名鈷鉧柳文有鈷鉧渾以形得名菀音鬱茂也詩菀彼柳斯又有菀其特國語人皆集于菀我獨集于枯文選菀菀圈中柳屈渠勿切情貌短也竭也漢志天下大屈淮南子用不屈兮高誘注屈讀秋雞無尾屈之屈也

六月

勿音沒曲禮國中以策彗卹勿兌讀作傳說之說禮記引書說命作兌命帚音伐廣韻舂米也从帚聲唐釋元應眾經音義微舂曰帚今按莊子汝又何帚以治天下感予之心為注音義考之形聲於六書不合疑卽臬字更俟知者滑音忽荀子成相篇君教出行律吏謹將之無鈹滑奚械云鈹與披同滑與汨同楚辭突梯滑稽史記有滑稽傳又尚書在治忽古文作采治忽史記作夾始滑韤足衣釋名末也在腳末也末音蔑列女傳襪字古作靺古樂府結靺子今詭作襪頓音咄冒頓匈奴名冒音墨對讀咄班固典通賦儀咄以應對合節入聲屈郎月切周禮屈狄玉后衣也老子大直若屈大巧若拙佸音厥毛詩君子于役不日不月曷其有佸佸會也說文作昏以昏得聲昏古厥字古今尚書厥字皆作昏昏古厥字今俗作乔衣字非契邱傑切毛詩契契寤歎作此讀陶淵明閑情賦

伮契契以若心老子有德司契無德司徹衛恆字勢黃帝之史沮誦倉頡眺彼鳥跡始作書契掇且悅切曹孟德短歌行明明如月何時可掇憂從中來不可斷絕渤皮列切渤澥海名鮑照樂府築山擬蓬壺穿池象汉渤選色適齊代徵聲帀邛越今讀詭吳才老說𣓁讀作忽石鼓文帥彼車譽桼速真如詳見五未韻歜汲冢周書王會篇天元歜宗馬十二莊歜宗尊也此字諸書不收聑說文傷者也史記再扇瞁呂忱字林紅紫傳風日失色爲瞁梵經音近愛韻書音諧拍與掘同左傳狐埋之而狐拍之列子拍其谷呂氏春秋無不亡之國無不拍之墓荀子溝池不拍薛說文薛草也今省作薛从艸从户爲一字危自也从从𠂤从辛爲辟人姓也國名也又从艸从辥三文著聲爲一字草也又雨衣也六韜蓑薛簦笠

七曷

怛當割切悲慘也漢武帝賦思若流波怛兮在心俔音脫宋玉賦俔傳並稅音脫孟子不稅冕而

行越音活禮朱弦疏越鄭元云瑟下孔左傳大路越席說音脫易輿說輻害音曷毛詩害澣害否濶苦括切詩死生契濶發音撥毛詩鱣鮪發發旦當曷切與妲字同𧯡音渴禮坊記相彼盍旦尚猶患之盍旦夜鳴求陽之鳥也說文作鴇旦月令作鶡旦鶡文作鶡旦也妹音末國語莫以妹喜鮇音鮁荀子鯈鮇者浮陽之魚也頞音遏說文鼻莖也孟子疾首蹙頞又人名史記常頞略通五尺道或作鷂史記蔡澤傳魋顏蹙鷂刺郎達切說文戾也从束从刀刀者刺之也徐曰刺乖違書莫若刀魚跳蹊刺亦不順之名會意劉向傳膠戾乖刺太史公書無乃與傑私心刺謬又雖刺喻禍亂選南都賦天地之雖刺又謚法暴戾無親曰刺漢有燕刺王唐有巢刺王今俗稱暴橫者亦曰刺虎云○乖刺字與棘刺字不同刺从束刺从朿也胥人行書乖刺字作刺棘刺字作刻會音适詩會弁如星莊子會最指天會結髮也字一作鬙又作髻趪起過切班固北征頌趪凶河臨安侯章樵注趪超而越之也此字請頌不收泰徐鉉說文注云泰古音他達切○據此則左傳汰輈楚辭擊汰皆同此音昧

音末易曰日中見昧斗古活切字本作栝尚書歇
杓後星也王肅音昧非檜柂幹栝栢又見泰韻
音遏絕之遏漢毛詩鱣鮪發發說文本作鱍引詩
書立趙後趙歇發云云韓詩作鱍鱍象魚撥刺之狀
元無定字籀見上脫粟也古作糲今作糲張晏
文又作發發注粲曰一斛粟舂七斗米為糲廣
韻麄糲杜詩百年粗糲腐儒餐九章筭見上注撣
衛糲米之率糲十粺九鑿八侍御七也糲从厲省
音與但同莊子撣赫千里文選鴠古文鶡字集韻及
注撣音贊讀如水濺衣濕之濺韻芇以為鶡鴠之
鶡郎今文獺字莊子猨徧狙考爾雅注猨鳴而獺
非狚候之東哲曰猿以獺為婦以此知狙即獺益从
旦轉去聲為入聲也○又按今本莊子狙作狚黃公
紹韻會正其非當矣而不知狙即獺也又以狚字入
翰韻誤矣此韻獺字亦引莊子東哲之說而不能決
斷其的以疑似後人可謂貪博而忘精者今特正之
○又山海經有獸赤眉鼠目名曰
獦狚盎別是一物韻書混引亦非

八黠

劄音札切草乙音軋說文乙燕元鳥也徐鍇云此與
也俗作鐁甲乙之乙相類其形舉首下曲與甲
乙字選音刷漢蕭望之傳有率音與刷同量名又金
小異金選之品字本作鋝銖兩名也史記周紀
其罰百率注本亦作選○率有五音將率之率音帥
筭法約數之率音類率更官名音律量名音刷督率
之率娋博雅一刮劼苦八切尚書汝劀音刮周禮天
音朔切好也劼北必殷獻臣官太醫劀刹
齊睆音滑檀弓華而帕莫八切帕額首飾也韓愈元
之睆睆大夫之簣與和聖德頌以錦纏股以紅帕
首鞨同上列子汎蒲八切西極水名介音甲禮檀弓
鞨巾而褎文選注水相激聲陽門之介夫
漢書介冑之士不拜又特也孟子介然蓏音恰菝葜
用之而成路漢書介居河北晉灼讀草名其根
赤黃即金毛狗脊也鄭元注月令以王瓜為菝葜誤
王瓜乃瓜蔞也古字瓜蔞作瓠蔞作瓠瓠字相似而
訛剎木所一切刹也浮圖家音刹釋元應云梵刹無
也此字即刹字畧也梵言帝刹此方言國土也
閒音戛爾雅云代也施乾讀○按今俗捌百轄切劉
語猶有閒代之言而字作夾帶云歆遂初賦

地拆裂而憤忽急兮石捌破揳音義與戛同史擊禮
之嵒嵒俗借此為八字非貨殖傳揳鳴琴記
指擊大琴注瞎古文
擊與戛同䀏字

九屑

世禮記世柿之母死注世古與泄通晉樂志匡時拯
俗休功葢世宇宙既康九域有截齊王元長雙樹
歌亭亭宵月流朧朧晨霜結[犭因]山海經三危山三青
感運復來儀且厭人間世鳥居之其上有獸焉
其毫如披蓑其名曰厲音烈古厲山氏或作烈山氏
傲狚注傲咽二音蜀都賦大火流涼風厲白露
凝微霜結古詩霓文選直嵽嵲以高居嵽徒結切霓
涼風率已厲五結切字又作嵲杜詩御榻在嵽
嵲蜺音臬屈虹也前天文志抱珥虹蜺見上集韻
亦作蛪史天官書其蛪者類闕旗蛪云蛪寒蜩
虹音臬義與霓蜺蛪同山海經君子國虹虹在其北
又朝陽之谷神曰天吳是為水伯在虹虹北注虹
蠮蝀饕音鐵饕餮獸名古以餮見上中音徹草初生
也為凶人号字本作餮注也易傳云屯

字象中穿地必音鼈以組約圭也䌘音滅漢書䌘力
俗作草非周禮天子圭中必薄材孟康讀
覕薄結切莊子徐無鬼篇譬之猶一覕也司馬云暫
見兒集韻云過目也劉須溪云覕从見與瞥同義
準音撅漢書隆準鎩音舌漢書愬山革切易字又
龍顏應劭讀準鎩翼擢羽愬愬終吉商作訥
少言也古音與梲他結切說文大杖也批步結切孫
䙝同今讀如諾禰衡傳三尺梲杖武子兵法
批亢擣虛王莽傳函谷突音垤易突如其來如王肅
批犇左傳批而殺之讀諸經音義云凸倉頡篇
作容容突相容注見上姪音迭左傳姪其蕞音蕝子悅
似而誤也從姑杜元凱讀切叔孫通
傳為緜澨音折禹貢過三澨江淹詩逝音折江淹傷
蕞野外映月遊海澨與別雪為韻友人賦黿綿
昧其若絕位縈盈盈其如潔嗟妙賞之不札音截周
留倬知音之已逝又擬古詩朝見鼷鼠之逝禮大禮
則不舉注疾癘也又古詩客從遠方來子結切黃
遺我一書札上言長相思下言久離別際庭經伏牛
幽關羅品列三叩出於死生節王筠詩神芝耀察教
七明山藻含九節日軒若迴駕相待青雲際列

切老子其政察察其民鈌鈌古詩置書懷袖中三歲字不滅一心抱區區懼君不識察張君祖詩明哉如來降鄰矣敵潛穴幽情淪朽壞曷若阿維察**蔽**音別江淹詩崟岑還相蔽**契**苦結切毛詩死生契闊**漆**音切祭義濟濟漆漆**池**音徹禮祀主人既祖塡鄭云塡池當作奠徹**秘**蒲結切香草也釋慧苑讀**渴**音竭水盡也周禮渴澤用鹿國語辰角見而雨畢天根見而水渴**軼**借作轍莊子螳蜋怒臂以當車軼史田世家伏式結軼又作蹴列子絕塵弭蹴**剎**音切陳張君祖詩至人如影響靈慧陶億剎應方恢權化非類蒙慈悅**泧**濊濊或作泧泧說文大歲空大也讀若施罟濊濊**至**音咥列子墨屎單至**閉**音別闔也三畧軍讖曰將謀密則姦心閉士眾一則軍心結揚子吾已閉心矣何閉於門哉潘岳西征賦臧札飄其高厲委曹吳而成節何莊武之無恥徒義閉而利閉顏延年贈王太常詩側同幽人居郊扉常晝閉林閭時晏開亟回長者轍**鮿**音輒貨殖傳鮿鮑千鈞與鯫生之鯫音形皆不同按鮿鯫皆魚名說文無此二字今據漢書注音讀**跬**莊子敝跬乎無用之言敝音鼈跬音屑**翳**一結切選魏都賦桃李蔭翳叶音咽**泥**史記屈原傳泥而不滓索隱云泥音涅**辯**音別周禮士師荒辯之法鄭注讀爲風別之別**昧**音蔑公羊傳公及邾儀父盟于昧左氏作蔑**蹛**與跌同漢書注足失據也**髻**莊子竈有髻注竈神著赤衣狀如美女音結○結亦音髻見霽韻髻亦音結謂之互換轉注也**制**崔駰達旨天地初制協韻音哲文選折中以泉臺注引韋昭云折讀爲制**制**杜詩羌女輕烽燧胡兒制駱駝黃庭堅讀作掣**戾**音烈蜀都賦戾犀角西征賦麃免於戾諡法有其功無其意謂之戾漢有戾太子**枻**本音裔叶音泄文選元津重枻與烈叶**汭**音蓺說文水相入也廣韻水曲詩話水內曰汭尚書釐降二女于嬀汭左傳滑汭吳越春秋淮汭江淹詩朝發赤亭渚今宿浦陽汭方作雲峯異豈伊千里別又倜林帶晨霞石壁映初晰赤玉隱瑤溪雲錦被沙汭李白詩海水落斗門平湖見沙汭亦以雪滅爲韻

十藥

舄音托大兒詩松桷有舄徐邈讀**舄**七約切履也說文與鵲同陸云逸民賦相彼宇宙方之委舄夫豈不休而若是沖莫**溺**音弱水名出自張掖刪丹又云出自峽山**輅**漢書婁敬脫輓輅叔孫通捨抱蘇林云輅音凍洛之洛音合**額**字與雒同漢有龍雒侯**⿰黑勺**字本作的音灼婦人以點飾額也史記注施元的正羽釵的以丹注面婦人有月事妨于進御難于自言故點以見**魄**音拓落魄貧無家業也**怕**音泊憺怕靜也老子怕兮其未兆**瓠**音濩莊子瓠落而無所容梁簡文帝讀**禚**音灼齊地名春秋夫人姜氏會齊侯于禚**焯**音灼增韻引詩潛雖伏矣亦孔之焯**繳**音灼說文生絲縷也孟子思援弓繳**路**音落疊也漢書虎路謂以繩周繞之通作落**芍**東漢王景傳芍陂稻田注芍音鵲陂在壽州安豐縣**婼**音綽左傳有叔孫婼**犮**音薄周官有赤犮氏**昔**詩作錯考工記老牛之角紾而昔**昔**鳥名說文鵲舄昔三字同音**昔**音削古也毛詩自古在昔先民有作左思詠史詩當其未遇時憂其塡溝壑英雄有迍邅由來自古昔禘音論體饗禘祫有樂**昧**音莫史樂毅敗楚相唐昧于重邱**兌**音奪龍兌趙地名戰國策**澤**星經格澤名如炎火之狀其見也不種而穫不有土功必有大客格音閣澤音脫甘公讀石鼓文亞獸白澤我執而勿射**射**叶音杓石鼓文亞獸白澤我執而勿射鄭漁仲讀**格**音閣格澤星名說文木長兒徐曰樹高長枝爲格庾信小園賦草樹混淆枝格相交又阻隔不行漢義縱傳磨格沮事唐書其議遂格又角戲也吾邱壽王善格五韓非子嚴家無格虜又以枝閣獸也選吳都賦鷰鷰咲而彼格又杙也吳都賦峭格周施**濼**音薄陂澤也一曰大池山東名濼幽州名淀左傳公會齊侯于濼濼水名出濟州歷城縣西北入濟謂之濼口郎梁山濼也又鄴東有鸕鷀濼字一作灌俗作泊**沍**音涸左傳固陰沍寒**雒**音鳴說文鵙鳩也詩七月鳴雒漢光武都洛陽以漢火德忌水故去水而从隹以洛作雒**玉**音玨易林桑葉腐蠹衣弊如絡女功不成絲帛爲玉**惕**汀藥切太元逃首心惕惕足金舄不忘溝壑舄音削**斥**音柝掉兮放肆也司馬彪說文其兵法云斥候斥柝也候烽也史記敘傳主父生縛餓死探爵王遷辟淫艮將是斥**碩**實若切大也大學人莫知

其子之惡莫知其苗之碩太元心孔碩乃後有鑠鵠周官設其鵠注云鵠之言較也莊子鵠不日落而白疏云鵠古鶴字地志黃鵠磯今樓乃作黃鶴內典鵠帶鵾頷蒦音勺漢志尺者蒦也嫋音弱史相如傳娬媢姌嫋又篠韻蠚音螫說文螫也漢刑法志百姓免毒蠚又嚴助傳蝮蛇蠚生字一新作螫梵書音義云此字有四音黑合切古音也施隻切山東行此音又舒亦切關西行此音又知列切東西通語躇敕畧切公羊傳躇階而走注躇猶超也遽不暇以次石經作辵辵注見上醋音昨說文客酌主人也从酉昔聲引易可以醻醋今作酢非酢乃音措醋也今文以醻醋之醋爲酸酢之酢互誤矣當正之𦱶古周易出涕沱𦱶陸德明云𦱶古文若字冏案字省見漢碑詻音額天文志太歲在酉曰作詻墨子君必有拂拂之臣上必有詻詻之下字又作鄂趙世家不聞周舍之鄂鄂又作咢韋賢傳咢咢黃髮堊古堊字塗飾牆也今但以白爲堊非周禮注素車以白土堊車藻車以著土堊車凡塗飾皆堊也彍音郭說文弩滿也國語彍弩作彍弩吾邱壽王傳十賊彍弩百吏莫敢前唐制有彍

騎李登云當用此彍字屵以灼切岸上見也从厂从之省字从此侂與託通寄也宋韓侂胄名取此作平音非作古作字三代鼎文款識作皆書爲作客音恪周封虞夏商三代之後爲三恪恪者客也詩云有客有客亦白其馬左傳宋殷後也於周爲客易林山鳥野鵲飛集六博三梟四散主人勝客甘氏星經炎火之狀名曰格澤不有土功必有大客格澤音閣奪

十一陌

射命中曰射音與石同左傳則君不射焉是也以禮曰射音與赦同毛詩射夫既同是也戹乙革切戶小門也下从甲乙之乙借爲阨戹字俗用厄非也厄乃五果切本節也非此用借取於人曰借音與積同與人曰借音與籍同絯音核拘束也莊子方且爲物絯輅讀作輓婁敬傳脫輓輅蘇林云音湅洛之洛孟康云胡格切厭音繹毛詩厭浥行露假音格易王假有家詩昭假于下㮕音僻檀弓君即位而爲㮕藉讀作席易藉用白茅莊子藉白茅藉音柵列子長幼羣聚而爲牢藉適

音謫毛詩勿予禍適史秦紀以適遣戍貰音射史高帝紀武負貰酒奭音赫漢書有如雨宮奭將軍則妻子無噍類矣柏音迫漢貫高傳柏人者柏於人也瓠子歌魚弗鬱兮柏冬日百音陌左傳僖二十八年魏犨距躍三百曲踊三百注百猶厲也鷊說文引詩邛有旨鷊今文作鶂非紅小草襍色如綬爾雅釋草綬似綬組似組綬草一名錦竹杜子美集有覓錦竹詩黃鶴妄注爲竹非梅聖俞云此草也似竹而有斑故其詩云雖作湘竹紋還非楚筠質屰月初生也義與魄霸同見集韻朔字从屰亦取月生爲義也𢍜說文引給也从廾畀聲羊益切集韻揀選也直格切音與澤同史有趙師𢍜俗音作平聲非唶說文聲也史音歎唶光武紀唶佳哉鬱鬱葱葱醳史記魏世家不與其以秦醳魏不如以魏醳秦齊世家醳之愉韓信傳醳兵北首燕路劉逵注以酒食士不思史記釋皆作醳若以醳兵爲音士則張儀傳笞數百不服醳豈有笞而又音之理乎又考漢人書釋皆借醳漢隸楊著碑醳榮投紱是君碑農夫醳耒菑六書假借之義當時猶未昧也澤借作釋詩其耕澤澤考工記水有時以澤圛

古文驛字書雨霽圛說文引書圛圛升雲半有半無乃古疏語也霓淮南子上游于霄霓之野注讀如翟氏之翟刺七迹切孟子刺人而殺之陳平傳佐刺船史記刺繡文不如倚市門晉書楊駿聘孫登登大呼曰斫斫刺刺韓愈詩峻瀨乍可刺與石激爲韻又文顏婢子語刺刺不能休方注誤作靈達切○元陰勁夫刊正此字最爲有見刺刺多言也說文作咠詩作咠後漢書作諿咠七迹切說文聶語也周伯溫曰即詩咠咠幡幡之咠說文引詩正作咠毛傳曰口舌聲囂器囂囂諸字从此今謂私語曰咠咠斫斫是也字又作諿仲長統傳胸詈腹誹幸我之不成咠見上諿見上舍亦借作釋周禮占人舍采合舞禮記舍奠乇音摘說文艸葉也从垂穗上貫一下有根象形音譜周易百果草木皆甲乇今作宅非度古宅字毛詩爰究爰度又度其鮮原筴與策同史記龜策傳作筴漢書天投漢筴○按策字从朿漢隸寫策作筴書譜云眞行書須略知篆文如刺之與刺菰漢人相承以朿爲夾云又作刺承刺見上注史記諸靈數刺莫或汝信覛音脈國語相時覛士文選覛覛不得語

十二錫

蹄歐足日蹄平聲足相蹵日蹄入聲莊子馬蹄篇喜則交頸相靡怒則分背相踶踶音剔蹴音戚太元蹴戴增背逐音滌易其欲逐逐班固讀若音析周禮哲蔟氏掌覆夭鳥之巢謬音歷莊子洒然謬然李軌讀弔音的尚書盤庚弔由靈毛詩神之弔矣商音滴士昏禮漏下三商爲昏蘇易簡文三商而眠高春而起肆托歷切周禮地官大司徒羞其肆末莫狄切荀子禮論絲末注與辟同車覆軾也以皮冒之詩所謂鞹鞃淺幭也躍音趯詩躍躍毚兔夜音惕列子師曠兮夜耳俛首而聽之翮字一作融音歷史楚世家三融六翼約都狄切李善云亦的字琴徽也稽康琴賦九寡之珥以爲約摘音剔說文拓果樹實也廣韻發也挑也動也漢書發姦擿伏唐高力士傳擿李白詩以激錫妃又揚子擿埴索塗注以杖擿地求路司馬曰挑也速籀文述字眺音滴漢韓延壽傳數眺楚歌服虔說南音愁集韻思也愁也梁簡文詩南音悲南弄上如字下音愁慕音績沙土曰幕即沙磧也李陵歌日徑萬里兮度沙幕寥音歷寂寥幽閒又空也毛晃讀曹憲曰藏也莫音覓虛無也莊子合氣于莫覓音密俗書作覔非文選覓覓不得語字一作覓寬見上注溟音汨溟羅楚地名今作汨羅按汨从冥省聲則古文汨作溟也汨說文長沙汨羅淵也从水冥省聲○今按他字書从日近是系音覓細絲也宿音戚衛孫文子邑名見石經夜音掖東海縣名今作掖又借作液漢樂歌俠嘉夜茝蘭芳頎詩得此戚施字書或作頎頌珞說文小石也老子不欲珞珞如玉琭琭如珞珞珞喻多也琭琭喻少也字一作樂音歷今不知石礫本一字而音珞作落謬矣冥音羃以繩縻取禽獸之名周禮有冥氏掌設弧阱擭俶音逖史相如傳俶儻窮變懰韓詩懰如朝飢說文作惄盬呼鴟鋃鐺町㕟名在瀕淪之傍高山出鋃鐺町音挺此字諧韻不收赫音閱漢趙飛燕傳赫蹏書注蹏猶地也染素紙令赤而書之節音即易其卑吉也與亦不知節也叶韻蔨淮南子蔨苗類絜而不可爲絜說文本作薍易萑葦注薍也今作荻薍見上鶪倪歷切說文引

春秋六鷁退飛今本作鷁司馬相如說作鶃聲類作鷊○徐楚金云鶃本鳥頁九頭莊子鶃相視眸子不運而風化博物志雄雌相視則孕或云雄鳴上風雌鳴下風鷁見上春秋鶃見上鷊見上注○休閭翁孺云四字同物同字同音同以數漢書攻苦數淡今俗作喫杜詩樓頭喫酒樓上臥又春邪方得喫對酒不能喫字皆宜作數鼀七狄切爾雅鼁鼀蟾蜍郭璞云似蝦蟆居陸地淮南謂之去蚊詩嬿婉之逑得此鼀鼀合韻七由切

十三職

眤音織黏也周禮凡眤之類不能方或作膩周禮注今人頭髮有脂膏者謂之膩副音闢禮爲天子削瓜者副之副析也疈音闢周禮以疈辜祭方百物注疈牲胷也驪音力漢地理志驪靬縣在張掖棘音僰王制西方曰棘或古域字說文从口戈以守其一一地也徐曰口音圍會意後人加土作域刺說文誡也西地曰刺左傳注執鞭出教令曰敕今多用勑司馬氏曰勑本音賚孟子勞之勑之勑世以爲救字行之已久不可正又作飭張敞傳明飭長吏革音亟諱以革得聲檀弓夫子之病革矣周易或躍在淵乾道乃革飛龍在天乃位乎天德秦琅邪刻石飭事以時諸產繁殖黔首安寧不用兵革肅尚書肅愼史記作息愼陸機赴洛詩羈旅遠游宦託身承華側撫劍遵銅輦振纓盡祗肅國越逼切釋名國域也傳古圖周南宮鼎光和南國周移公鼎南國東國皆作或周官蟈氏鄭司農亦云蟈讀如域字昃音稷日施也孟喜易曰中則稷晁氏注云稷古文昃字日中則稷月盈則食天地盈虛與時消息稷食息相叶也穀梁傳日下稷注稷昃也冰音逼寒氣逼人也所以冰物曰冰以第四聲轉之福音偪賈誼傳疏者或制大權以福天子注福古逼字秦琅邪刻石皇帝之德存定四極誅亂除害興利致福服蒲北切徐藏曰服見于詩者凡十有六皆當爲蒲北切而無與房六叶者儀禮令月吉日始加元服棄爾幼志順爾成德蘇秦上秦王書辨言偉服兵甲不息幅音逼行縢也左傳帶裳幅舄詩邪幅在下字一作偪內則偪屨着綦鄭注偪束其脛自足至膝蓋以幅帛邪纏於足所以自偪束郎膝約

也後世婦人之足紞𨞴紗其遺制穆與默同音東方朔傳吳王穆然意秦之罘刻石承順聖意索隱音億僾誼服賦請對以臆或作意屈原天問厥萌在初何所意焉璜臺十成誰所極焉杜子美詩人生有情淚沾臆江草江花豈終極臆注見上淢史記禹紀盡力乎溝淢今作洫抱淮南子扶搖抮抱注讀如克岐克嶷之嶷魚力切方音旁褒姓也北齊有特進方俟普宋有方俟高文以方字書之音以墨字呼之或作万非敄本古文穆字或說方俟之方乃敄字省去白與文也万俟家廟碑篆文作敄厈亦有據稽儀禮䄙者以稽鄭元注古文稽為襲又婦人重禫曰稽穋見唐李賀詩遲史記春申君傳遲令韓魏歸帝重于齊索隱曰遲音值值猶乃也登音得公羊傳登來之也注登得也齊人語瀷淮南子枯澤受瀷而無源者高誘注讀燕人涊泰人言勑同也今按玉篇魚力切管子溙流曰瀷韻會作潩非潩說文水名出河南密縣大隗山南入潁與瀷不同集韻與韻會皆誤

十四緝

跲音急中庸言前定則不跲皇促讀颯音立光武紀朔方太守田颯又中常侍鄭颯循吏傳衛颯字書作䬈颯颯大風也卙子入切說文云蠶盛也湆音汁說文幽濕也本浥湆之湆借為汁湆字禮少儀有湆者不以齊又大羹汁肉湆疏肉汁也詩采蘋注烹蘋藻於魚湆之中是鉶羹之毛字本作胠石鼓文其胠孔庶是也湆與胠字異而義互發明又見合韻胠字注儀禮古文汁作湆戒音急鹽鐵論引詩我是用戒今作急又豈不日戒儆從孔棘屈子九章何芳草之早夭兮微霜降而公戒諒不聰明而雍蔽兮使讒諛而日得泣音義與澀同素問冷血凝泣回即邑字與國同意林罕曰从口先王之制尊卑有小大故从卩偏傍作邑馽說文馬絆足也引左傳韓厥執馬執事馬前或作縶詩縶之維之古亦作馽也注在後曰絆馬謂之絆韓文天廄馬羈溼說文幽溼也从一覆上而有水故溼也从㬎省徐曰今人不知濕乃水名誤以為幽溼字毛云濕本合韻音塔後人誤以為乾溼字裛說文書囊也字林云香襲衣也三蒼云露挹花也西都賦裛以藻繡乃說文書囊義古詩胡香裛還憶乃香襲衣義

杜詩雨裛紅蕖冉冉香乃露挹花義古今字義相承之異也黬說文羔裘之縫也徐按詩素絲五黬今作緎廿說文二十并也顏之推稽聖賦魏嫗何多一孕四十中山何夥有子百廿○毛曰音入今直以為二十字凡滿漢董革席庶之類皆从此○慎按廿字諸韻書皆音入惟市井商賈音念而學士大夫亦從其說如程篁墩文集中書廿日作念日古學不明俗學勝也可為一嘆哉圉與縶同詩古圉其馬又詩樂綿滿字

十五合

荅音榻莊子荅然似喪其偶[illegible]音盍離周穆王時人善御車雜音錯公羊傳雜然助之何休讀浹音帀周禮浹日而斂之列子曾未浹時而懟憾者再三盍戶臘切檀弓子盍言子之志于公乎國語蓋納王乎二音皆同後世轉音作禢鞳他合切唐李謏號鞳伯昏憒貌胡音拉石鼓文又鱄又鰨其胡孔庶鄭氏註云胡又作脛博雅云臑謂之脛字又作胠集韻云胠臑肉襍也是知胡胠胠固一字

也古文从立或从豆又見宥韻咂音匝廣韻入口或作𠯗左傳十八年盟其腦注唼也又作唼漢書唼血胎烏荅切𦚹體貌詩箋胎肩詒咲沈重讀字又作脅襲音薩釋名襲匝也以衣周匝覆之也今時制衣有名一襲者當用此字別作一撤非睫音閘目睫也釋名睫插也插於目匡也今人呼目膚也上毫曰眼睫毛此古音之遺云盍蓋遏合切郭調字指云調邑畫也青增韻罨畫也罨乃鳥網合用蓋字濕音塔水名說文濕水出東郡東武陽入海从水㬎聲或省作漯後誤以為乾溼之溼而漯又轉為漯字孟子淪濟漯而注之海亦後人妄改也漯禹貢浮于濟漯舊本作濕漢書漯川漯陰皆然蓋因省濕作漯而誤也眔音荅說文目相及也从目从隶省字林迨遝眔也䜚眔聲也譶諜喧也又眔荼生水中皆从眔也邑音匼阿邑諂諛迎合貌張湯傳以知阿邑人主與俱上下通作匼唐蕭復傳諂諛阿匼楊再思傳阿匼取容又烏邑短氣貌○按詩龍盾之合鋈以觼軜言念君子溫其在邑叶於合切是古有此音也浩侯閤切浩亹地名漢地理志師古音卅音颯說文三十并也今直以為三十字

䯚音杳詩傳射左髀達于右䯚爲下殺孔氏曰䯚水膁也○說文玉篇俱無此字

十六葉

耴音聶耳垂兒秦穆公之子耳垂字之曰耴 嵒音聶多言也从品相連說文引春秋次于嵒北 攝音懾周禮攝龜腹甲曲析能自開閉善食蛇 夾音頰漢藝文志有夾氏春秋又書夾石竭石人于河 莢草實也漢鑄榆莢錢又萁莢瑞草也蓂莢其桓宜莢物注蓍莢王棘之屬郎今皂角又陌韻 朁音帖選東京賦怨皇統之見朁與節謫爲韻 浥乙業切潤也詩厭浥行露又露垒花曰浥又浥陷也相如賦蹁波趨浥 裛音與浥同說文書囊也又纏也選西都賦裛以藻繡又香襲衣已裛梁元帝詩胡香裛還襛 汁音叶漢書曰汁光紀黑帝名 灄書涉切董仲舒山川頌舟輿浮灄章譙注灄栫機之類此字諸韻書不收 泄郎涉字揚雄韓信銘身泄項曾張衡賦北泄幽鄉 极石鼓文极深以道郎今文揖字 馺說文馬步疾也俗作騷非漢郊祀歌馺浮雲奄上馳晉載記隴上歌驋文馬鐵鍛鞍 蠮爾雅注俗呼蠮螉名咽蝓 噎山海經咽字 厭一涉切儀禮注推手曰揖引手曰厭詩厭浥行露注厭合也浥潤也荀子厭目而視者視以爲兩又襪也史始皇以東南有天子氣東游以厭之王莽傳乘其未堅厭其未發 拾音涉曲禮拾級聚足儀禮大射拾發以將乘矢拾發注更也 沾音帖史魏其沾沾自喜 夾音頰左傳夾輔成王狄仁傑傳五龍夾日又人姓漢藝文志有夾氏春秋 擪音捻說文一指按也文選彈琴擪籥流風徘徊一作厭文子使倡吹竽使工厭竅花譜有楊妃一擪紅作捻非轉寫作擫連昌宮詞李謨擫笛傍宮牆 厭注見上 擫見上

十七洽

厭音押檀弓死而不弔者三畏厭溺 捷音插曹子建文捷忘歸之矢字又作接 接讀作插曹子建詩左挽因右接一縱兩禽連稽康詩左攀繁弱右接忘歸 䁝音與授同目動也俗謂少頃之間曰䁝眼又作䀹 冋女洽切物低垂也从𡰪四沒字从此○古人制字告象物形故凸字形如躬圭冋字形如冒圭亞字形如婴也 歃色洽切說文歠也引左傳歃而忘諸增韻盟者以血塗口旁曰歃又晉吳隱之傳口歃懷千金釋典蔭玕琪歃朱泉凡飲或告曰歃不獨盟血也字一作唔又作唼又作妾唔又口如歠嘯鳴歠之例 喋漢文帝紀新喋血京師顏氏曰與歃同呂后紀喋血盟左傳晉文公夢楚子盬其腦注喋也 唊王陵傳高帝唊血而盟 夾古狎切說文持也从大陜二人陜隘字从此 陝說文隘也从自夾聲說文溪陜者迷澗又古作陿詩序魏地陿隘漢景紀郡國磽陿趙充國傳注山陿而夾水曰陿楚蜀之交有三陝陝州亦由此得名後俗以混於虢陝之字陜作峽○按陸游入蜀記陝州印文本从自後攺从山峽守上言陝隘字从夾从二人陝號字从夾从二入迴然不同今攺从山又夾从夾字人入相混恐天下後世傳笑兩府皆不識字不報至今从山爲峽焉

轉注古音畧卷五終

書轉注古音略後

周保氏六書曰轉注者文字之變通也非轉文也轉聲注義變而通之自然之音也漢許氏以考老爲轉注轉文類匙匪通也宋王氏以長爲長長行爲行行爲轉注轉聲類夥通也吳氏以諸韻相通轉聲相叶一字數音音函一義援古作證二千六百字奇轉注之極通之極也元楊氏以並彙眾文互轉成注於文而弗於聲常也匪變通也夫六書相通轉注通音也音載諸經宗祖也子史而下咸子孫也知音可通經也升菴楊氏博學好古洞貫微奥正許之拘從王之正補吳之闕而貽保氏之教斯轉注古音略所以作也方諸韻補去取彌精數亦如之才老斯道不墜之望慰矣乎宜並傳也貳郡可亭趙侯梓之傳也嘉靖壬辰孟冬丁酉太和楊士雲書

跋古音略

宋陳振孫曰古之爲詩多以風誦所傳不過文字聲音不可得而傳也又漢以前未有反切之學其於後世四聲七音又豈能盡合哉陸德明於燕燕詩以南韻心有讀南作泥心切者陸以古人韻緩不煩改字此誠名言今之讀古書古韻者但當隨其聲之叶而讀之若來之爲釐慶之爲羌馬之爲姥聲韻全別不容不改其韻苟相近可以叶讀則何必改字如燔字必欲作汾沄反官字必欲作俱云切則贅矣余懼夫好古者之過也流而爲神珙智騫則余茲述錄之意荒矣故以陳子之言終之楊慎

古音後語

升菴子曰六書當分六體班固云象形象事象意象聲假借轉注是也六書以十爲分象形居其一象事居其二象意居其三象聲居其四假借借此四者也轉注注此四者也四象以爲經假借轉注以爲緯四象之書有限假借轉注無窮也鄭漁仲六書考論假借極有發明至說轉注之義則謬以千里矣原轉注之義寔爲難明周禮注云一字數義展轉注釋而後可通後人不得其說遂以反此作彼爲轉注許慎云轉注考老是也毛晃云老字下從匕音化考字下從丂音巧各自成文非反考爲老也王栢正始之音亦以考老之訓爲非蕭楚謂一字轉其聲而讀是爲轉注程端禮謂假借借聲轉注轉聲皆合周禮注展轉注釋之說可正考老之謬矣又易疏云賁有七音義各不同觸類而長之衰有四音齊有五音從有七音差有八音敦有七音辟有十一音皆轉注之極也周官六書之名曰象形指事會意諧聲假借轉注舊矣余捨經而取班固象形象事象意象聲之名非好異也以其因名而可以得其義也固意謂六書四者有象可見故以象名假借轉注則隱于四象之中而非

別有字也恐後人失傳故特著之而余獨若有契焉故引之以證余說也或問假借轉注將無同乎曰假借借義不借音如兵甲之甲爲天干之甲魚腸之乙借爲天干之乙義雖借而音不變故曰假借轉注轉音而注義如敦本敦大之敦既轉音頓而爲爾雅敦邱之敦又轉音對爲周禮玉敦之敦所謂一字數音也假借如假物于鄰或宋或吳各從主人轉注如注水行地爲浦爲瀫各有名字矣是奚可同哉楊慎

趙古則轉注論曰轉注者展轉其聲而注釋爲他字之用者也（此句深爲有見）有因其意義而轉者有但轉其聲而無意義者有再轉爲三聲用者有三轉爲四聲用者至于八九轉者亦有之其轉之之法則與造諧聲者相類有轉同聲者有轉傍聲者有雙音並義不爲轉注者又有傍音叶音不在轉注例者吳棫韻補庶矣傍音之類迄今無書學者引伸觸類可也自許慎以來同意相受考老爲轉注鄭元以之而解經夾漈以之而成畧遂失其本旨又若耆耆者耇者孝者耋耄皆從老省爲義以旨句勿占子至聲今夾漈以之入轉注之篇可乎哉又若以日月成易而轉爲明以目少作眇而轉爲省此又不達其旨之尤者也（按說文省从眉）

从屮徐曰屮徹也不从少此夾漈臆說

右趙古則所論其全見聲音文字通首云展轉其聲而注釋爲他字之用此可謂思過半矣末節所論眞中夾漈之膏肓而起叔重之廢疾也然其云雙音並義不爲轉注者又云傍音叶音不在轉注例者又非也雙音並義傍音叶音皆轉注之極也極則窮窮則變變則通蓋轉注爲六書之變而雙音傍音叶音又轉注之變也若曰不爲轉注則當爲何事曰不在轉注例則何以例之是六書之法有不盡而聖人之作遺餘力矣又當於六書之外別立一法以括之乎兹

余不得不辨者不敢以疑網隨來哲也李肩吾云孫炎後有沈約炎字叔然後魏人又云賈逵只有音自元魏胡僧神珙入中國方有四聲反切

又云九經互考古無四聲韻只有九韵大東小東杼軸其空才老以爲陽字韻不必如此東字兩韻叶陽字韻各叶宅皆然

魏文靖公曰詩易叶韻自吳才老斷然言之潛龍勿用下也見龍在田時合也以爲經無下馬一韻凡下皆音虎舍音庶

李肩吾云毛詩報之以瓊玖叶李音几孔子以前九皆音几至孔子傳易有糾音乃是不可久也叶天德不可爲首也至雜卦則咸感也恒久也渙離也節止也其久字文叶止讀疑雜卦是孔子以前書也

易中華字多叶荂與詩韵同六經中無荼馬下韵盡作荼母虎無來字韵只從黎言

鄭康成未有音切止稱呼如某字王輔嗣注易始言音某者二遯卦音臧否井卦音舉止之止是也杜豫注左傳亦止二音僖七年泥音如寗成二年般音近烟

字書始一終亥其形也始東終北其聲也許叔重元

無反切後人漸加附益至徐鼎臣始以孫愐唐韻音切爲定自音切行人以爲便於檢閱而不知字之本乎偏傍故李巽巖初作五音譜以許叔重部敘爲之後在遂寧出示虞仲房仲房乃改用徐楚金韻李巽巖謂偏傍一切都置則字之有形無聲者豈不愈難檢閱哉蜀前輩如巽巖字學最深

司馬溫公作切韻指掌圖以三十六字母三百八十四聲別爲二十圖極五音六律之變分四聲八轉之異遞周則名音和傍求則名類隔同歸一母則爲雙聲同出一類則爲疊韻同韻而分兩切者謂之憑切

同音而分兩韻者謂之憑韻韻無字則點竄以足之謂之寄聲韻闕則引鄰以寓之謂之寄韻

徐藏云音韻之至本諸字之諧聲有不可易者如霾爲亡皆切而當爲陵之切者由其以貍得聲浼爲每罪切而當爲美辨切者由其以免得聲有爲云九切而賄痏洧鮪皆以有得聲則當爲羽軌切矣皮爲蒲糜切而波坡頗跛皆以皮得聲則當爲蒲禾切矣又如服之爲房六切其見于詩者凡十有六皆當爲蒲北切而無與房六叶者友之爲云九切其見於詩者凡十有一皆當作羽軌切而無與云九叶者以是類推之雖毋以他書爲證可也

鄭康成云其始書之也倉卒無字或以音類比方假借爲之趣於近之而已受之者非一邦之人其鄉同言異字同音異於茲遂生輕重訛謬矣

隋劉臻曰吳楚則時傷輕淺燕趙則多傷重濁秦隴則去聲爲入梁益則平聲似去又支章移切脂旨夷切魚語居切虞遇俱切共爲一韻先蘇前切仙相然切尤于求切侯胡溝切俱論是切欲廣文路自可清濁皆通若賞知音卽須輕重有異

徐楚金曰古今字音不同如皀亦音香亹亦音門乃亦音仍皀必及切

顏之推曰世之學者讀五經是徐邈而非許愼賦頌信褚詮而忽呂忱史記專皮鄒而廢篆籀漢書悅應蘇而略蒼雅不知書音其支葉小學其宗系也

吳幼清曰三十六字毋俗本傳訛而莫或正也群當易以芹非當易以威知徹牀娘四字宜廢圭缺群危四字宜增樂安陳晉翁以指掌圖爲之節要卷首有切韻須知於照穿牀娘下注曰已見某字母下於經堅輕牽擊虔外出扃涓傾圈瓊拳則宜廢宜增蓋已瞭然矣

元周伯琦云象形指事文也會意諧聲字也轉注假借文字之變也夫既知轉注爲文字之變是矣而云轉注者側山爲𠂤倒之爲帀何哉若如其言猶是常也豈得爲變側山爲𠂤亦是象形倒之爲帀亦是會意豈所以解轉注哉

朱考亭答楊元範書云字書音韻是經中一事先儒多不留意然不知如此等處不理會却枉費了無限亂說牽補而卒不得其本義亦甚害事也但恨蚤衰無精力整頓耳

古音後語畢

古音叢目

光緒辛卯
鋟於樂道齋

古音叢目序

吳才老嘗著詩補音楚辭釋音韻補三書皆古音之遺也予嘗合而觀之有三品焉有當從而無疑者有當疑而闕之者有當去而無疑者如舍之音署下之音虎馬之音母有之音已福之音偪見於易象不一二而足服之爲房六切見於詩者凡十有六皆當爲蒲北切而無與房六叶者友之爲云九切見於詩者凡十有一皆當作羽軌切而無與云九叶者此類當從而無疑者也朝一也既叶爲周又叶爲署爲除夜一也既叶爲御又叶爲灼爲液此類當疑而闕者也至若騶虞一詩既以虞叶爲牙而合豝爲韻下章又以虞叶爲五紅切而强合蓬韻且虞之爲牙見於賈誼新書騶虞之爲騶烘考之古典則無求之方言則背況詩之作出自一人之手韻自合用一方之音而二章之内遽分兩韻是非古音也百舌之音也其爲臆說無疑此類當去者也暇日取才老三書去其當去存其當存又裨附以予所輯轉注畧十之六合爲一編大書標其目分注著其出解詁引證文繁不載本書備矣

嘉靖乙未十月二十一日楊慎書

古音叢目卷一

新都楊慎撰　綿州李調元校定

一東

應於容切易蒙象傳晁氏讀邦悲工切易詩同盈餘封切信思容切升書容切陵
良中切並易坎象傳崇易解象禽渠容切易深書容切易降乎工切詩訟平音詩宋
平聲擊鼓詩務音雺詩外禦其務調讀如同詩楚辭諶市隆切楚辭堂叶音同九歌
陽弋公切楚辭江沽紅切釋名風俗通音童謠杠工釋名急就章椌姑公切文選西都賦
登都籠切漢書敘傳棟管子橦徒紅切戰國策文選西都賦幢急就章洞淮南子樂
欽鳳勳晉愍懷闕賦慟太子文徵陟隆切班固詩寵癡凶切易詩崩悲工切馮衍賦分膚容
切曹植七啓方左大人歌朋蒲蒙切劉楨賦淮南子元玉百工大貝百朋太元一與六共宗二與

七為朋懲華嚴自責文房符風切中嶽仙人歌厖謨蓬切毛詩荀子甍釋名夢石宗
詩尊祖賓切太元窻粗叢切釋名文選陶詩縱將容切東方朔七諫誦牆容切宋玉九
辯頌揚雄河東賦心思容切東方朔七諫彰之戎切薛綜騶虞頌童夫童春秋地名左穀
皆作讒鉏公切劉向九歎雙疎公切說苑漢書文選乘神融切張衡東京賦繩陳琳
武庫賦陰於容切邪風太元膺黃庭經壅劉向九歎鶲烏工切急就章薨呼公切藝
文類聚興火宮切馬融笛賦洚音同宏陸機詩湛羊戎切宋玉九辯蘢盧東切東
方朔七諫臨良中切長門賦鞠讀作芎左傳瞢雲夢澤名竅音空莊子蹤音聰山海經蹤
灁毛氄音戎尚書烛音烘爾雅陸胡工切山名漢書萌音蒙孝經緯門音蒙逢門人名
史記鮗音公左傳舟鮗守之蝎籀文虹字涑說文水名渢音馮左傳汎音馮相如傳蝨
音雺洪範梵音義與芃同漢衞彈碑黴同上槪音同史記徐廣法䏾音熊獸名山海經

鄳音肓縣名漢書鄸蝱同郭璞巩古紅切說文褭也明音萌易林冏音工柳文冰與棚
同音毛詩左傳水矢房也皇音近中春秋運斗樞民音萌說文易林

二冬

异音供疼音與痾通𤙖鳴龍切犨牛舂音冲遇音顒曲遇地名漢書憁音倧莊子慒
藏宗切霻古衞字素問牖舊音庸禮記蛩蚤同爾雅用音庸詩

三江

龍音龐周禮虹音降詩逄音腔莊子𧈢音釭古闘博舡音龐博雅青苦紅切幬帳
從音從樅弓舂音窓莊子蒙音龐左傳葱音窓蔥車𢅥幢同韓非子舩古雙切又東韻
控音腔莊子紅音江曲紅地名水經江夏蒼龍碑作紅夏封尚書乃命諸王封之蔡封或作邦

四支

尤盈之切易詩楚辭同事市支切易益小象嘉居之切易革小象久易既濟小象音碁
災箋斯切易詩怠音枲易史記仇渠之切詩謀謨悲切詩媒謨悲切詩裘渠之切詩
列子臺田飴切詩易以支切詩伎音祁詩邱法奇切詩試申之切詩議魚霸切詩郵
于其切詩態士宜切楚辭沬莫之切楚辭待徒奇切楚辭化虎為切楚辭○三界天地
神明與物推移變動無常與物轉化參同契天地搆其精日月相揮持雄陽播元施雌陰統黃化志
叶音之楚辭咍呼其切能叶音泥否叶音丕波補基切牛魚奇切并楚辭蕭
許宜切蕭陽地名漢書沐音獼沐猴郎獮猴它音移後漢書纖音總漢書觜遵為切嶲
頭上角蘧為同佩觿我音台太元遐音頤王褒辟音彌禮記施音移毛詩孟子虒池東螭
地名漢書虒音戈鹿虒地名漢書𡰥古夷字尸江地名危音欹莊子危言跬音窺跬步也漢
書示祇周禮支音岐令支地名示音時人姓跪音危莊子跪坐黝黠草黑書勢聸

音痴賈誼傳 曬音痴中山王傳 紫鳥象又石斜也 涯記同 圯南楚謂橋日圯 蠡音雉谷蠡
匈奴名 茄音茄楊茄漢時亭名 郗人姓 祇音支 卑音稗人姓 邪音移尚書緯 比音皮
左傳 于音慈禮記 异音怡虞書 婁音羸婁比地名 陒音羲杜周傳抵陒 麗魚麗陣名詩有
魚麗篇謂魚入而不能出也陣名取此 期左傳期期而不至又日而立期上音基下音其 彼音披
左傳楚辭 郝音詩地名左傳 戲詩宜切左傳地名 焉音夷語助 居音姬語助 齊音慈玉藻
辟音縱玉藻 純音緇祭統 氏音支月氏地名 誃宮室相連日誃後世日儀門 柴初義切毛
詩 徙音斯地名漢書 羨音夷沙羨地名 薔音思地及草爲薔又音災 義音宜詩 翅音尸
莊子 趍音驪說文 噫音醫嘆也 意音伊韓信傳 懿音伊詩懿彼哲婦 寅音夷說文贖也
資音夷恭也 滓音緇屈原傳 禠音思福也 弜音歆弓偏日弜 利音犁古樂府 逵音基
逵道如綦 載音緇詩載南畝假 提音匙朱提地名 哉音資史記引詩鼎鼐及哉 郰音鄒考工

古音叢目　卷一　三　第十八函

記 皆音基漢書 多音祇或作敍 來音犁 差同驪 褘音祁 帆與耆同伊帆氏古帝 台
音怡書 歷音驪江歷珠名 卽卽資切禮記 垐同上 蛇音移詩 迆檹陀他[illegible]
並之 委蛇 鐵古夷字禺夷史作鐵夷 莎息隨切禮注 訢音熹 隗古字 夔紂繡
頮音規又作頮 嬬愚驚多態日孀 嫢細腰日嫢 灑所宜切分也 壐音迷列子 屎音痴
列子 腰音綏婁腰要弱也 次音咨次地名 茬音時地名 喜音嬉楚辭 沶小渚爲沶 娭
音怡 亹音眉鼎文作眉壽字 茲古茲字史注 戺古文熙字 雎古雎字 抱音疑淮南
子 鷀鷀同鶿鶿 衣齊衰之齊禮 治音怡水名 階堅兮切文選 喈詩叶 偕文選叶
街文選叶 佳揚子雲反騷 垓郭璞詩 該揚雄州箴 加九居之切三畧 娃江淹
賦與施合韻 蠲揚雄百官箴與宜合韻 求東征賦 蚪甘泉賦 誼平聲 義上林賦
我音怡太元 魚音怡徐幹齊都賦 厓[illegible] 逃田離切列女傳贊 旋甘泉賦與旗合

韻 智三畧與疑合韻 波漁父辭音皮 佩詩與思叶 排揚雄連珠與遺合韻 沫騷經與茲
合韻 哉音咨詩楚辭 春音吹尚書大傳 壞音回檀弓 猷延知切藝文類聚 悠梁竦悼騷
由顯志賦 遊班彪閒居賦 霾音貍 理左傳 羅音離太元 駭音以平聲韓退之瀧吏詩
官今行自到邪遽亥問爲不虞卒見困汗出愧且駭口古音駭作矣又自矣轉聲爲怡也

五微

哀於希切詩 歌巨依切楚辭 地平聲 配郎妃字太戴記張平子東京賦 譏音祈語楚辭爾雅
扆音隈莊子 芘腓同詩百卉具腓 幾音祈禮記 賁音肥賁地名 匪音霏少儀 悕音希
公羊傳 費音蜚人姓陳湘姓林 違音圍淮南于月違 緯徽同琴徽 俟人名音祈 俟同上
人姓 斐妃同文選江斐又斐斐往來貌 磑音與機同磨也 魏音義巍同與 裴人姓或作斐
斐見上 驒獸名山海經 煒音輝漢書 豙音毅說文 𦗏音霏列子 郗人姓 㕚古禕字

古音叢目　卷一　四　第十八函

斯音晞 暈音暉 隑巨依切曲岸也 碕同上 埼磯墪並同上 渾音揮淮南子 開
蜀都賦與闈合韻 乖漢律歷敍傳與幾合韻 暟徐幹詩與暉叶

六魚　七虞　二韻在古原無分別

邪音徐詩 瓜攻乎切 華芳無切 著直居切 素孫租切 舍古舒字詩亦不遑舍
朝漢地名有朝那易林區脫康居粲仁入朝又赤帝懸車廢禮不朝音株 譽平聲論語 沮人姓
俎音租左傳 姐音租女態也文選 蘇音蘇樵蘇 邪音餘左傳歸餘于終漢書作歸邪 踈
音余比踈辨髮具也漢書 盧讀作纑考工記泰無纑 衙音魚行貌楚辭 慮音閭林慮地名 絮
音絮人姓 斯音梳詩斧以斯之 余音餘爾雅四月爲閭余月 家音姑詩楚辭左傳 去邱於
切詩 鉤音拘考經緯 杅音舒史記漢書 荼古舒字考工記史記 謝音舒韓文公遣瘧鬼詩
屑不帝寬謝謠無餘輝 豫音舒 猪集韻引詩日居月猪 蕍上林賦與盧叶 溝易林與盧叶

歌柳文饒娥碑與誅叶鴆道藏詩與居叶徛西京賦與趨叶疇韓文與居叶故賈誼弔屈
音華攄斤於切龜筴傳龜王褒童約與鬼叶驕漢書敘傳與符叶邸陳琳大荒賦與路叶
恢空胡切道藏歌詩求大荒賦仇感邸賦吾音娛國語暇豫之吾吾頭同都切釋
名文選逃易林與虛叶臺易林與書叶幬丁廙寡婦賦與居合韻籌蔡洪圍棋賦與
騶合韻儔韓文盧夫人銘濤柳宗元饒娥碑徵柳文佩韋賦與皋叶韻持古隴西行與蹤
叶能柳文佩韋賦與途叶韻孥女居切王逸九思杯奔模切隴西行溥音鋪太荒賦
傳解嘲謀蒙鋪切易林蓺龜筴傳旄傅毅洛都賦髳柳劍門銘毛音模無也後漢
書媒易林鍪急就章墓漢書敘傳侔權載之幾銘幕李陵歌廡蕭統殿賦鄴
孔叢子孔子歌耶同上字省陬南都賦諏諏也遵須切太元驟逡須切淮南子消旬趨
切崔駰反都賦修感邸賦因音拘史記釋箕子之拘王逸九思與拘合韻遒仙詩與隅叶

周專於切李興諸葛亮表閣文州春秋緯易林洲劉公幹魯都賦舟仙詩與躅叶昭
漢書敘傳與符叶騶匈俞切淮南子四時為馬陰陽為騾垂雲陵霄與造化俱巢床魚切反都賦
奢商居切急就章酬常如切柳文曹娥碑謳衣虛切郭遂讀曹植詩與隅叶妖孔叢子煦
兄于切李暠述志賦嘔與煦同揚雄賦休禮玉藻三國志庥韓文鄆州谿堂詩嬉魯都賦
姱音呼好也楚辭侯洪孤切詩易段魯林文選史記馬須瑕禮記引詩瑕不謂也鄭注瑕之為言
胡也史記龜筴傳叶徐貑左傳霞遠遊鰕易林鏵釋名鏵刻也芽九州箴偷東京
賦遊羊諸切黃庭經由焦仲卿詩尤道藏詩樓俊如切羅敷行婁離婁刻鏤兒蕭該讀
何晏景福殿賦與蹴叶鏤靈光殿賦流陸雲詩與俱叶韓文與書叶留陸雲賦僚洛都
賦與區叶鷺音盧詩注疏許音虛淮南子邪許歌名屠音除漢書休屠玉儒音儒兒寬
傳竇音窬左傳母音模內則滫母八珍名遡漢志注流遡即流蘇救音拘周禮有司救

劉音盧尚書後漢志皐音皋橐皐地名杜音屠人姓檀弓荂音芙黃芙曲名不音跗草木
下房日不詩蕚不韡韡古樂府羅敷行不與夫合韻余音途構余山名霍去病傳樸音蒲樸劉地名
于音吁詩于嗟闊兮彄音樞尤韻又句音劬兒句地名懼音癯史孟子傳取音趨取慮
地名鍍音塗以金飾物惡音呼滹沲史記作惡地亞秦詛楚文滹沲作亞駝喻音歈司馬
相如凡將篇嗙喻曲名旅與臚同儀禮姈古姝字莒漢隸莒字因漢隸模字悔悔母
今作模母楛音沽荀子鯀歸藏易蘇字泒水名吳音孤史律書武音無禮記侮音舞
宁音除詩俟我乎宁廁邱于切傷也戶音烏烏孫或作戶孫序音徐禮務音無左傳
曼音呼與姱同義楚辭曼音無揚子列音栽同誄栽同上磕詩陟彼磕矣今作砠吁火于
切綧同上甫音夫甫田篇名娶東方朔繆諫穀姑孰書注作穀孰昫煦同雨易林
郁史記禺夷作郁夷附跗同禮祭義注戲叶音獻楚辭溽濤歸藏易禮月令土潤溽暑

武音呼呂氏春秋呼噪作武噪鹵音爐仙經爐鼎作鹵鼎賦音敷左書叶賦納以言憂常
如切易林

八齊

麑音倪麑是地名厗音提厗奚地名蟬音提黏蟬地名折音提檀弓是音提公羊蠡洛奚
切公蠡地名赫音倪赫蹏書小紙也漢書儕音躋王元長詩難音蘖汲冢書蠲音圭馬蠲
螢火也詩吉蠲為饎姼音提漢書紙都兮切絲滓也氏漢隸提字磾石經提字卯子兮切事
之制也奚音兮蹊跡也遲音栖說文侯與兮同史記三侯之章即三兮諟音題尚書諦
古啼字管子繄音伊語辭蚈音蹊繫音稽漢書繫獄係孟子係累其子弟氏音低漢志
齋後漢書一日不齋醉如泥諧亦叶泥陔仙詩與淒叶

九佳

顲音崖商顲山名倪音涯莊子端倪湜同上槎音柴國語山不槎枿箄步街切後漢岑彭傳
垓音該項羽紀貍亡皆切周禮蛙音佤鼃漢隸蛙字依音挨馬皆切白詩娃婦上
服也何承天詩與乖合韻皇石經埋字蘳稭豆莖也緺說文不正也俗作歪非菲同上佤
同上杜臺鄉韻華周禮乖字闓國語閜漢隸佤字萁藸稭同子建詩鮭與膎同音諧奚
音諧大腹也莊注資音齊周易得其資斧齎同上痎漢哀紀壞音懷駭音該春秋無駭
人名侅同上穀梁薢音皆爾雅薢茩決光疥左傳一作痎痎見上稗本音呱一音俳

十灰

敦都回切詩遺夷回切懷胡威切壞叶音回并詩每音煤左傳跆音臺漢志角
音頹莊子負音陪負尾山名詒音臺詒詼病也治音台水名能奴來切鱉三足能音台三能
郎三台累音雷月令剴上來切漢書萃音推部音培左傳部婁蕾與灾同畏音隈
引淵也思音腮左傳才借作哉古文尚書晦音灰莊悚漢碑猜字䑛籀文杯字䨓
籀文瞪字焞吐雷切詩碓音堆史記䊶恥回切山海經瑰古瑰字初學記載古栽詩座
音騂隗蒐同漢書洒音隈漢書引詩旆普枚切大荒賦與魁叶

十一眞

炳叶音彬易小象進咨辛切易雜卦田徒因切易爻辭淵一均切易詩同今寫作淵千倉新
切隕于貧切徵起巾切泯彌鄰切燼咨辛切詩振音眞詩左傳文讀作珉禮
記砂音眞石不平也太元籸音莘除夕籸盆龜音僎莊子卷音皸晦卷地名甽音旬山下
受雷處日甽蜧音鱗黑蜧神蛇與雨玟音珉禮信音申易痻音民詩旦音神禮郊
待牲言音閭玉藻敦音純樂記樂者敦和囷音均圓倉也蜠音均具也爾雅震音珍尹
音筠禮閔平聲老子晙音逡博物記塡詩注疏甸音陳周禮天鐵因切易詩楚辭

幝說文引詩應幝懸鼓今作田汶古泯字史記列子義之帖涽說文溱字水名汃說文邠字
旃古文陳字石鼓文迧亦陳字年祢田切詩楚辭釋名韓詩外傳文選樂府漢書皆作此音
膞音純儀禮槫古椿字杶櫄并同上沂音垠爾雅捆而純切旦古文晨字震
音身左傳瑞音幽菫音鄞湞音眞地名在汝南愼同上湣音巡史君公傳瞤知倫切
駢音頻管子昆曹娥碑叶人韻鵾傳毅賦叶綸韻鯤音昆屈原天問叶親韻躬音昆易震
文離叶鄰堅古因切詩白虎通閒古因切高彪詩髟與顛同左傳肯太元與陳叶牽
輕因切易姤小象與賓叶艱居銀切周禮注故書艱爲槿槿居銀切見上覲蔡邕筆賦與倫
叶虔音芹高彪詩與臣叶旂說文交龍爲旂斤聲徐鍇系傳曰斤蘄近似聲韻家所以言傍紐也
爾雅詩左傳驗之合音爲芹原虞雲切史傳叶秦源韓退之銘詩叶堙嫄毛詩叶民元
史記敘傳與陳叶沂魚斤切杜篤賦叶人顚典因切上林賦焞他鈞切左軍童謠叶振振音眞
遯徒勻切徐幹賦涃徒勻切魯都賦難奴鈞切王褒九懷關池鄰切詩煩陳琳大暑賦叶
神閔眉貧切與勤叶綿彌鄰切曹丕閑思賦泉從倫切李尤東觀銘診知鄰切急就章
川樞倫切漢書敘傳與神叶闉稱人切陳琳賦焉於鄰切列女傳贊與貧叶烟伊眞切魯都賦
燕易林賢下珍切詩元胡勻切詩文選緣余倫切釋名運蔡邕賦憐離珍切九辨
軘太元與陳叶

十二文

羒音分隱羒邸名莊子汶音閩人名董卓傳賁音墳尚書麇音君左傳卷邱云切地名
翂巾也漢志楅官貞柑龔以紫翂匪音分周禮匪頒頒音汾大首也詩有頒其首蟁籀文蚊字
紊平聲宛古尚書黑字纁煇音熏史記囩田十二頃日囩今作甾矜音勤矛柄也今文作
程藴音熅後漢書衣音殷中庸楚辭鄣與殷同國名員古文云字囩甘氏星經與雲

叶濦音殷地名濦同上

十三元

憲卽言切詩禮獻虛言切患胡門切楚辭還胡昆切雩字袁切冒音鞔漢書
奠古文酒尊之尊酄況袁切地名院古垣字膃溫同禮記柔色以膃之今作溫又去聲
撝音宣易撝謙鄭元讀肩音跟莊子反音翻嬔音翻晅音晅易日以晅之宣音暄宣室
天子居旭音暄詩旭日始旦純音昆詩白茅純束阮音原五阮地名苑人姓音鴛純
音敦戰國策昆音渾昆邪匈奴名賁音番賁禺地名暖音暄莊子暖昧蹇音鍵走貌榬
音鍵混音昏郭璞詩禪音暖山海經禪諸渦名蕣蓀本草荃同上鯇穆天子傳黿字
衞軒韓漢隸軒字縕赤黃色禮焞音暾又音寸楚焞灼龜灶逐山海經獸名音豚擐
古揎字播字林揎字讙喧樂記甗音言春秋昕音軒爾雅混音昆詩樠音門木名

官音垣春秋緯官之爲言宣也遠音鴛詩唐棣京讀作原檀弓盤音盆崔子玉鼎銘
宗易林與恩叶韻蜫音昆劉向九歎蜫鮑蜫蠹於雀巃

十四寒

勯音殫呂覽贊音攢贊茅地名湯所封商子耑音端商子審潘莊子何音近韓史記注
宣音檀船纜也杜詩註涴平聲韋詩恒叶音桓易林貫音官毋音冠史記專卽圑字
跘音干盤杆音干人姓漢音灘太歲在申日涒灘皤音盤馬馽足橫行日皤易賁如皤如白馬
翰如貛音貛野豚莧音完羱羊虷音干小虫扶音皤扶桑樊步干切周禮聚才官切莊
子緐音盤緐纓姍音瓚相如賦行貌但音殫人姓衍音延太元散平聲唐詩畔讀作
盤漢碑引易畔桓利居貞變七丸切周禮竄七丸切三國志播音盤黃香汗音寒人姓汗
音干餘汗地名幹音韓井上闌也連音闌漢碑敦音團毛詩揣揣與團古字通戔古殘字

鴅鳥名古文尚書鴅吺今作驩兜鼉徒丹切月令嘽他安切詩灘見上澗音下韓詩濡
乃官切水名運音蠉劉向九歎髡音完漢書髡爲城旦嬛音完史記洀古盤字管子旬
古翰字漢書亶音殫文字轔讀近蘭淮南子爛平聲毛詩楚辭半陸機歎逝賦與殘合韻
糞音撇韓文糞除天地山川

十五刪

姍音珊李夫人歌綸音關爾雅賁古斑字須音頒禮貫音彎說文[illegible]音還樸[illegible]地名
矜音鰥毛詩關音垣孟子患台韻音環師古說虨音斑虎文瓣音攀瓜中實也早音頒
水名鬘音曼西城婦女首裝也[illegible]燒烟畫眉也殷烏閑切黑而有赤色曰殷陰同上馬陰
白雜色日陰黫同上史記蛝音閑爾雅鳻音斑斑鳩也

古音叢目卷一畢

古音叢目卷二原缺第八号

新都 楊 慎 撰 綿州 李調元 校定

一先

展諸延切詩 袢汾虔切詩 媛于權切詩 咽音淵詩鼓咽咽 垠魚堅切楚辭 存才緣切楚
辭 㢾音拳說文 咽古文咽字 仝古文全字 邢口堅切國名人姓 叀音專 㥢音堅縣名
罕音攑枹罕地名 䆴音圖貴誼 開古豣字尚書 鼂音滇虫名 平音騈 編音騈緶衣也
窅音綿莊子 葏音箋芊同與 謜音銓筌 輇音筌 竣音筌 䞭音筌癹免 純音全壺禮 拔
惴音專太公金匱 闉音煙莊子 歅音煙九方歅人名 泠音憐周禮 苓古蓮字文選 允
音鉛 鉼音騈 倪音研莊子 寘音塡漢書 嬴借音速膢地名嬴 軒音虔驃軒地名 閞音
焉閼支單于婦名 卷音權毛詩 鸛音權公羊傳 傎都田切穀梁傳 甸音田周禮 顛音田玉藻

古音叢目 卷二 一

緡音緡大學 瞑音眠莊子 扇音羶文選東都賦 身音捐身毒西域國名 麗音堅說文 西
音先尚書大傳漢書文選 婘音拳韓詩 捲音拳說文 泛叶音綿石鼓文 眞音塡石鼓文 亶
音擅字一作𠨗 單音蟬單閼歲名 巡音沿禮記 榛虔聲近 𠱃字卽咽 扁音邊輪扁人名
𦱤音虔敬也 鯾古編字石鼓文 憐古憐字石鼓文 羨音延周禮 䭦聲與煎相近文選 酏
之然切內則 䆮音眠爾雅 吞音塡穀梁注吞姻又人姓 嗹音田詩 擱而專切詩注 斯
音鮮詩兔斯首 有 胘音賢公羊傳 硯古作研說文 𥓓上見鼎文 䔽眠字鼎文 鎮音塡鴻衍
題志賦 苑劉向九歎與淵叶 綸音圓文子 伭音年穀梁國語 籛音箋周禮 煇昌延切文
選 陳音田易林 塵音田易林 蚈音牽螢火蛾也 籩音籩器也 稇古氈字淮南子 人
合韵音然 悏尺椽切 邾音綿國名 申音田漢書 官居員切道藏歌詩 躬居員切大招 切
勤音虔鄭虔季詩 銀魚軒切揚方合歡詩 琳與然叶陳琳賦 賓卑眠切陸機輓歌 半與千

叶道藏歌 風膚眠切釋名兗豫司冀橫口合脣言之王粲詩與軒叶 讚祖全切蔡淇碁賦 津
將先切黃庭經 親蒼先切合歡詩 旬松宣切柳文 辛蕭前切焦仲卿詩 洗蕭前切姑洗律
名 新蕭前切淮南子姑洗者陳去而新新來也道藏詩新叶仙 孫音酸趙壹窮鳥賦 眞之然
切黃庭經 振之然切陸機挽歌 簮之然切釋名 闡稱延切陸雲誄 晨時連切陸機挽歌
辰韓愈中叶先韻焦詩元仲卿詩 英於虔切西都賦 因伊連切陸雲詩 姻焦仲卿詩 禋
周官注禋之言煙也 堙陸機文 欣虛言切陸雲詩 昏許元切馬融廣成頌太子元日合韻音元
婚崔駰七依 顯馨烟切郭璞朝鮮贊 眩音軒 鉉史孝山出師頌 鄰音憐陸機挽歌 和音桓
禮祭義日出於東月生於西陰陽長短終始相巡以致天下之和 西音先 巡音沿

二蕭

熮憐有切 舟之遙切詩 遶尺招切楚辭 憂於喬切易文言 猇音鴞地名 嬈音姚爾雅

古音叢目 卷二 二

行貌 嬌音尻 儵音條魚名 㣿音條莊子 鷦音焦鳥木 愀音銚色變也 蕉音樵列子 紹
尺招切詩 招音弨莊子 騷音蕭蒲騷地名 轎音橋助傳 宵音消史記莊子 邵音超漢書
廖音聊左傳 喬音驕樂記 隃音遙趙充國傳 昭音韶昭穆文本作佋說 佋上注見 詔
音韶禮記 招音翹過秦論 敦音雕詩 幽音麥詩名 醮音焦莊子 珧音遙玉珧 脩音條
周禮 窕音妖荀子 窕音挑左傳 窕音條淮南子 料音遼說文 繇音搖尚書 表音瞟周禮
罄音韶周禮 秋音鍬揚子 啾見上 裯音蜩詩 猶音謠檀弓 哨音消揚子 隋音搖史記
䠷音遙禮 𨛍音消左傳 戮力彫切 招讀曰部 俚音聊史記 由音妖淮南子 侯
與朝叶史 湫音寥管子 廟直遙切樂記 膠音聊古文 嚼與銚叶漢章謠 後 繆音銷檀弓
兆與朝叶晉志 蕘音苗淮南子 潦音遼水名 擾音饒尚書 蹻漢書注蹻音如今作樂蹻
行之 農如刀切束晳勸農賦 休虛驕切陸雲詩 傚何交切詩 媮餘昭切韋孟詩 踰音條

易林優於喬切禮記深衣廟眉應切後漢書贊

三肴

脩湯勞切睽也字又作胖䏆目滛也見上鼂音施詩劉音稍左傳報保毛切樂記

弨沼平聲挍幅曰帊衣之抱音拋史記宦音拗漢書芄音交芄蘭秦各見上摽音拋

公羊傳蒿亦省文見上剸口交切左傳音墽詩右墝字注浮或作匏禮注

音嘲鳥名校音交淮南子料音交思元賦

四豪

釋與糕同玉篇繅音臊百官表咎音皋咎繇耗毛冐平聲也漢書敖音操持也平

慒音曹憂也豈音勞豆也野参音操莊子跳讀作逃漢書轑音勞頭嗷音條條音

潦音勞八水之一關中瀬音勞水名懊音鏊痛聲憹音猱歌名夲音叨首見上叐古姚

古音叢目　卷二　三　第十八函

字若音羔木名留音茅叶楚辭椶徒勞切今作艘邱音尻劉向九懷尻字斛古鍬字告

音嗥史記趙伯趙左傳名伯勞也綢音叶爾雅綢杠葆保毛切禮記繆悉刀切祭義

勦音抄楚交切鷅鳥名鷚河笑音消周易皂音韶周禮𡏖漢書注家字

五歌

義音俄易小象皮蒲河切詩儀牛何切詩珈居何切詩宜牛何切詩爲吾何切易詩

猗於何切詩差七何切詩麻謨婆切詩陂叶音波詩羅叶音羅詩錡巨何切詩罷彼何

切詩罷彼何切易爻辭蛇土何切掎居何切拖湯何切左祖戈切詩池徒何切

離叶音羅化叶音摩楚辭奇古禾切楚辭侈音多人姓袤古賁字詖古文頗字

干音柯佩觿隋音駝史記正義墮七禾切禨日墒飛我古俄字頊頓也說文槎

音蹉左傳䋣音婆人姓桓音和尚書荷音何詩獻音莎位漢書明堂義音莎周禮窾

莊檥音蟻亭長檥船項羽傳䣜七何切何封䣜侯難音那月令鞶步何切除道也也

文選茄古荷字僞吪假借字漢書假音何詩誐說文引詩誐以溢我苃古莎字旎

音鼉鼉山海經字蠡音蝸同上蠃同上蠡同上加五何切挼奴禾切挼

素何切襒衣也施楚辭與何叶移思元賦與多叶懷音燎淮南黃帝令鄲音多地名

在濟陰火平聲莊子柴音槎之槎搓槎音蹉國語隨音多婆傳衛蟠蒲何切學記

倚作姿切中庸沙音莎秋緯春履古文靴尚古卞今作卞和楚有此姓咼磑與磻

同䃭同上史記番同上不嗟音蹉易爻辭斯音梭孔子歌以斯叶臨河波加居何切

嘉叶同上哥太元家孔臧與何叶蓼賦葭西京賦筎與和叶瓜古禾切誇

鮑照賦夸陸機賦洿楊方詩枯黃庭經與婆叶議史記與禾叶敘傳牙晉諸董與

峨西京賦叶齬與羅叶涯與多柳交叶衢與珂叶韓交都當何切道藏歌播逋禾切交

古音叢目　卷二　四　第十八函

選琶音婆一作鞞婆葩滂禾切文選䴔一作鷯思元賦披趙都賦麻眉波

切潘岳河陽詩摹眉波切劘王褒九懷佐遭哥切太元邪徐嗟切樂府遮之戈切上

林詩車昌戈切陸機詩奢詩戈切陸機詩賒謝靈運詩貰貰酒也詩與何切白鯊與鯊同詩

虞闓都賦揚穌桑河切黃庭錡於何切詩華研哥切臺賦章化研戈切楚辭靴

呼河切樂府呀虎河切韓文鰕與羅叶文選霞與波叶洛神賦遐與波叶閑情賦華

音和表華古作和秦據詩華叶何耶余遮切韓退之施先生墓銘羅良何切文選方蓋

音蛾歐文車螯作車蟻螯音之轉也

六麻

施叶音化虎瓜切蛇詩化楚辭羅盧加切楚辭歔與挪同歔笑也今作揶揄歈手相犧

音沙慈湖語錄担側加切挹也冶音揶女子笑由他易林與家合韻如今俗呼吾音牙

九吾地名鴐音加鳥名媧音瓜孟子呿音查猳音牙苴音巴天地名史苴把音琶人姓
罷音巴論語菹音嗟孟子塗音茶漢書闍音遮緒音奢莊子叚音瑕左傳烏音鴉烏秅
國名假音嘉詩秅音茶烏秅國名鷨音華駿圖入虘音牙詩庶上奢切易錫馬蕃庶
鄭注諸音遮人姓豬音遮與猳叶左傳亞音鵶東方朔傳靡音麻牧靡地名渚音遮釋名
苩漢隸葩字茬漢書桂字余漢隸褒斜作褒余余音蛇人姓即余字轉音俗說从入示胡說
也池古文沙字悇宅牙切馮衍賦悇憚渦音瓜水名啞音牙易林鉈音蛇禹妲家也姣
女加切挐音跙祖音嗟祖厲地名都音遮漢欒歌與華叶堵音遮三國志有上堵吟惹
奴奢切惹直粗略也蠚惹或作蠚

七陽

往易比象傳象易象剝卦中易大過彖傳詩楚辭風俗通釋名三國志觥古黃切詩宮居王

切詩兄虛王切詩釋名楚辭音荒京居良切詩蝱謨郎切詩商同上兵晡花切詩薪叶音
襄詩平叶音旁詩苹叶音旁爭叶音章詩嚴音莊詩頌楚辭商壯平聲放平聲楚辭
功叶音光賈誼賦瓊渠陽切楚辭懲直良切騷粻古文橋字兄音皇古文尚書無兄日今
作皇荊音僵漢百官箴興叶音香易林通易林公音光易林迎音昂易林淵蔽杜荊生騶
山傍仇敵皆增執肯相迎肱姑黃切古文苑攻音光筴傳龜躬陳琳荒傳大今居良切易
林庭潦夜鳴追古傷今陽弱不制陰雄坐房庚居郎切釋名漢文紀坑楚辭陽叶與坑同上
更長門賦與霜叶空徐幹詩與霜叶慶音羌易詩楚辭卿白虎通大招抗邱岡切思元賦
伉同上蔡邕釋誨亢同上趙充國贊慷古樂府傾曲王切黃庭窮渠王切黃庭東
都郎切暘泉盤賦燈音當魏敷鯨燈賦登易林岡叶與端三國志與綱叶冰筆良切大
荒賦心殷勤以伊感愵永思以增傷悵大息而攬涕兮乃揮淹而淚冰丁當陽切白虎通釋名韓退

之詩桐徒黃切龜筴傳同大荒賦談徒黃切司馬遷父名談避諱以趙談為趙同急就章以談
叶桑葚古有此音童韓退之此日足可惜詩以童叶芒洞徒黃切道藏詩壇楚辭叶房湯
徒郎切思元賦鴋急就章叶霜農奴當切籍田賦漲江賦忠漢潘漂陽碑并卑陽切張
籍祭韓退之詩風孚房切釋名青徐跡口含昏推氣言之風放也氣放散也班固泗上亭碑承魁流稱
襄唐末風寸木尺土無廢茲亭亭徒陽切亭徒陽切泗上亭名叶傷亭鋪郎切易德合無驪與品
物咸亨叶陶宏景讀韓信傳高鳥盡艮丂藏狡兔死走犬亨烹亨或作烹太元鼉首脂牛肪不濯釜
而烹蓬皮江切穆天子傳西王母逢髮戴勝往音麗祊蒲光切詩祝祭于祊鄭氏曰祊者於廟門
旁鬃說文祊字彭音旁釋名朋音旁大荒賦王父皤焉白首兮坐清冷之爽堂塊獨處而無儔
兮願揖予以為朋盲音芒老子萌音芒韓非子猛太元叶傷盟史敘傳叶强民龜筴
傳叶萌萌音芒龍莫江切周禮外祭毀事用龍龍同易震為龍虞氏于氏皆作蠲驪上蒙詩狐裘茸

耷讀作麗夢音麗大荒賦
譪顙平聲文苑鍾諸良切蜀昭烈贊以鍾叶方〇頡師古曰闕中俗呼舅曰鍾者章之轉也蒸
漢校官碑燕叶陽瞻毛詩民人所瞻與考慎其相合韻漢校官碑以瞻為鄭崔駰及都賦以瞻為部
英於艮切詩騷瑛易林睍盧王切左傳衡寒岡切荀卿賦衡九歌橫胡光切莊助哀
時命鍠說文鴻呂氏春秋叶昌韵頤余章切釋名易卦名恙九辨叶章宦釋名宦養也室
東北盈叶廟張彝詩朗王逸九思令呂張切韓文豁堂詩讓平聲六韜黨平聲戰國策田
單士卒倡明音芒易詩障音章李壽傳煬音揚魯有煬公駹音忙月不明也亢音康禮記
崇玷亢珪閬平聲司馬法方音航禮大夫之舟浪音郎地名有樂浪曠音匡莊子壤
音傷轂梁傳羹音郎地名觀音光逸周書衍音抗成列也漾音洋地名謫音商荀子
讀德而往怲音與仿同詩讜當陽切尚書汝亦讜也亮力章切尚書亮陰三祀廣音光

杒經馬 蕩音陽陰地名 郦古祊字地名 蔣平聲淮南子 痒音羊又作蛘 蛘見上

䪫見上 刃古文瘡字 欸音鷰欸吧失聲也 創初良切 碭音唐芒碭山名 塍儀禮升塍

觚注讀為泮

八庚

并子盈切易小象 命彌并切詩 瞏音瓊 姓音生詩 氏音精氏縣名 硍音鏗鏗病聲也

蔄音甍爾雅 䅢音楹 榮音楹禮 祊音彭 盛音成毛詩 政音征周禮 洶虛䏋切水石聲

也 頃音傾頃立地名 營于兵切漢書 汪與泓同左傳 慶音近刑史 㥶古慶字 命

音名 掌音撐 鷟鼎文烹字 璜音橫 崝與崢字音義同 崝亦與崢同 瑺漢碑瓊字 廎漢碑

傾字 鱷古文鯨字 坙音卿檀弓 請古情字禮注 聖公羊傳聲姜作聖姜 熊音近嬴春秋敬

嬴 熊音衡湘郎衡湘也史記衡 楊以征切與生榮為韻廣成頌 郢平聲俗通 郎音精風

燭頭燼也管子 逞平聲楚辭 囊倉庚切莊子 炏古文行字 頸平聲易林 嶺離貞切王褒九懷

九靑

定唐丁切詩 絅涓縈切三墳書 泂縈泂澤郎今縈澤 冷人姓 研音形地名 涔音零地名

甯音寧漢書 町音廷左傳 省音星左傳 奠讀為停考工記 佞音寧莊子 圝古文零字 晉

鍾鼎霝字 柃漢碑齡字 請平聲白字 叩卽丁切象衆聲 巠音邢西陘山名戰國策 甹音荓

爾雅引詩莫予甹夆 鈃鉶 蛢螢 耿古邢耿同音

十蒸

馮音憑左傳 耳音仍爾雅 伻音崩尚書 耐音能禮運 藉音陵列子 雄與陵叶左傳 鉉

古寅切易 錠傳古圖燈字 兖古文勝字 贈音增詩 承音蒸承陽縣名 證音蒸周官 俍

釋名 本俾緬切撝素賦 萬上聲 吻音晚釋名 靖疾演切應貞詩 舌食衍切釋名 很呼聲

切元 太 限胡蹇切陶潛誄 愆以淺切太元井無幹水直衍匪谿匪谷終於愆

十七篠

昭之繞切魯頌 趙音掉詩 嬥音湫窕 湫子了切水名 芍音鷰陂名 苞白表切曲禮

謏音小學記 愀與悄同 英音蓼史記 糾音矯詩 愁子小切易晉卦 簫郎篠字文選注

晁漢隸與兆同 篠與窕同 窷窈同 窔窈同 削音肭 綃音肭並淮南子 韭舉夭切國

風 慘采早切月出詩 懆同上五經文字引詩我心懆懆 楚初絞切漢書敘傳與紹叶今樂器楚

俗呼為篠 篠見上 署馨鳥切西都賦

十八巧

佼音佼戰國策 瑵音爪王莽傳 摷婁同孟子 騷音掃李斯傳 校音絞考工記 摽

古炒字 曉古音 捁與攪同 留音卯史記 鮑部巧切說文 鞄部巧切周禮 鞄

同上 蚤瓜字儀禮

十九皓

禂都皓切詩 驕壽同上說文 懰朗老切詩 受時倒切音作潦倒平音作勞 懮受憂思也 攼 敲

說文詩字 𤸱病也 𤕤同心 疛同上 敦音幬禮 蒿音好夏小正 務莫老切地名 笴

讀為槀考工記 蔚籀文道字 轂與鼜同 鳩古文鴇字 鳵同上 鮑同上 卞音保行列也

擢音鎬淮南子 旭讀作好詩旭日始旦 繰古藻字

二十哿

瑳上聲詩 儺乃可切詩 綏士果切詩 播上聲音簸 炧音朵燭餘也 阿五可切詩 猗

于可切詩 果音䫈曲禮 佗借作鼉詩 娑蘇可切西都賦 厄五果切木節也 嶞他果

油馗王粲詩叶休隔魚侯切梁鴻詩愚華覈文叶尤慆他侯切詩滔詩愉音偷
詩條徒鏐切陸雲髮府君誅百行殊揆君翌斯遒栖餞初九戰翼洪條綢徒侯切楊方詩譨
奴侯切王逸九思農束晳賦怓尼猶切詩臭丑鳩切左傳蹰陳留切陸雲詩廚楚辭
杯逋侯切楊方詩苞太元蓍木維流厥美可以達于瓜苞褎音同上鑣必幽切韓文夔
麥殼也音童謠與喉叶匏蒲侯切詩牢讀如樓詩咆魯都賦叶傳炮詩叶醻袍詩叶
矛符太荒賦叶鳩扶陸雲詩叶猷包音浮包來春秋地名茅迷侯切騷瞀王逸九思
務音矛詩媒陳琳止欲賦惟今夕之何夕兮我獨無此良媒雲漢倬以昭回兮天水混而光流
苗眉彪切韓文謬眉彪切韓文災將侯切班固幽通賦遭將侯切易林燋將由切盧
全月蝕詩趨雌由切易林曹徂侯切釋名漕徂侯切毛詩才能也易林燋將由切相
如大人賦須思留切陸雲九愍胥思留切陸機詩簫思留切劉邵趙都賦騷先侯切張衡思

元賦叟先侯切盧諶詩膄先侯切易林岫徐由切庾闡詩崢嶸激清崖蒙籠嶐巖崛嶇峭延六
氣倪仰以九周芻初尤切韓文啁陟鳩切韓文誅之由切華覈自責文昭音周九章招
音周韓文朝張流切韓文珠之彪切易林巢鋤尤切高唐賦售時流切史記樂府殊
時流切陳琳詩烋虛勾切文選樞烏侯切山有樞一讀如歐蒿呼侯切易林灰呼侯切楊
方詩嘷胡鉤切楚詩嘷嘷或作嗥王襃九懷號嘷又作號皮日休悼賈徫嘷又作徫急就
章渝夷周切漢書音曰古繇或作渝詩羔裘如濡洵美且侯彼其之子舍命不渝濡音柔褕毛詩
褕左傳餘韓文與傳叶遙易林與休叶謠幽通賦搖禮記陶毛詩腴陳琳詩與
羞叶劉力求切毛詩漢志戮陸機文賦與尤切靁何晏瑞頌與疇切聊力虯切戰國策
繚楚辭幽叶與僚班彪冀州與流叶寮僚或作寮韓文與遊叶簩郎侯切葉簩皮日休
悼賈香依依兮杜若蘭淒淒兮葉簩山隱隱以掃空兮煙淡淡以橫秋濡而尤切長生詩陰襦

音柔易林饒而尤切崔駰反都賦又叶音由詩右叶音由周頌之叶音周楚辭汝說文
洑行水也一作汝斞音仇詩賓載于斞餚音緻餚頭邑也懰音因音義與農同憹同上
擎道同說文櫾音由木名國語卽袖也覆音呆宋玉大言賦思愚作覆思稙音與麴同租
同上周禮消易林與頭合韻手平聲易林

十二侵

三疏簪切詩風孚金切詩楚辭文選仝楓楚辭文選男尼心切釋名男任也甚知林切詩
耽持林切詩驂疏簪切詩諗叶音深詩仇持林叶僭七尋切詩潭楚辭相如賦纖
鐵同禮文王世子懸讀若吟說文又作唫欃音參差之參天文志肣音琴史記綝音琛闖
音琛馬出門貌又音襯霃音岑說文鈂音欽列子聆音琴國語湛音沈漢書㕴本古深字
傍音作森乑說文余箴切近求也覃徐林切人姓點音禽墨邑也黔同上潛音涔爾雅

戠易朋盍簪虞翻本作朋盍戠揞淮南子揞揞欲臥也兲爾雅音涔廉音童謠與臨叶鋑
淮南注音針

十三覃

澹音談人姓啉音藍酒巡迴曰啉替同上颯音藍翔風也淡音爽布軍帖弇音龕
左傳陰音奄尙書闇見上㡋不鼓文卷湛音耽詩沈音潭史陳勝傳鬖漢孫根碑耽字
甘音酣尙書甘酒嗜音潯音浸史記燂音燖祭義减胡南切詩潯淮南子音覃隆淮南
子終南作終隆斬側御切詩

十四鹽

函讀若沾竹上皮也說文阽音鹽危也軒力虔切驪軒地名䴴音黏青䴴蘞草纖音尖
百足草也牟音謙抱牟地名鳩音尨烏喙蚑尾鳥鑯音鉼厭音焉湛音尖月令淮南子

䄲蒲瞻切人名楚有蒲䄲　詹讀作蟾史也　瀸音纖禹貢　蔪箕子歌麥秀蔪蔪　黏音占

人名　枏與鉗同　𣵀其兼切鬼谷子　黚淺黃黑色　衿其尖切史天官書　溓音廉薄水也

濂又音粘考工記　䟅鑑廉反肩吾詩　庾　𤘽音奄鉗　晻漢碑作晻留字　戕漢碑殲字　蕁淮南

子火上蕁音作炎　綅音恬淮南子　礛音廉　鑒平聲易林

十五咸

嶮巖同史記　覽音監水巖也　蕆音緘說文　歁苦咸切　汜音凡人姓　颿音帆馬名文颿

㳅白御切行淖中也　鑑古咸切說文　纔所咸切雀頭色　玷音與掂同以手攜物也俗

語掂斤踢石切湆兩　㚖古凡㚖字　降函谷古作降谷書立政注　兔音㚖星名史正義

黯於咸切左傳

古音叢目卷二畢

古音叢目卷三

新都 楊慎 撰　綿州 李調元 校定

一董　二腫

厖莫孔切商頌　𩩪音總史記　穠同上　襱同上　舉音拱人姓　闛同上　蠓蠛也　侗

音統幱夷服也南中貫頭服也　汎音捧后紀　呂　從音總檀弓　縱音總檀弓　駷音竦公羊

傳　蓊音蓊周禮　鴻胡孔切　巃音巃孔巃穴也　空音孔考工記　虹戶孔切郭璞魚贊

澒五翁切水名　桐徒揔切水名　董音董鼎董草名　軵音宂說文　僮易憧憧往來京房作

傇穰文大蒙切　濃弋孔切大人賦　獷音拱平縣名　愡息勇切謥愡楚人　龍音龍孟子

𡿠方勇切漢書　茸音宂漢書　㟅音勇漢書　容音勇漢書　衛余隴切碁顏篇　䙎而隴切僣

書　犨見上　麥見上　蛩音拱爾雅　兇上聲左傳　口苦動切楈名　蛬音拱爾雅　蚌補孔

切山海經贊　降戶孔切山海經贊　項戶孔切張衡西京賦　往尹竦切東方朔七諫

三講

虹古項切禮記　顜音講史記　棓步項切星經　𩣡音講月令　滰其兩切說文　玤補蚌

切名　韸雙講切物介仆也　蠬古文蚌字　項戶講切左傳

四紙

久苟起切楚辭　玖叶毛詩叶理　記思元賦叶理　記崔琰賦叶祀　偕毛詩叶爾楚辭叶毀

皆荀易詩叶禮　解舉履切詩叶此　古　楷遺禮切後漢書　近潘岳賦與佊叶　期漢夏君碑

叶軌　舊盤凡切成詩叶士　章元　咎叶龜叶已　筴傳　舅漢書傳叶字　㬢義敍語辭與　綺切楚倚叶

儀高唐賦與累叶　牝補履切老子、、　等典禮切無等必　韓子主易嬌子　妻　待直里切浮淮賦

不補美切嵇子賦　負簿猥切嵇名　寶補美切龜筴傳　婦房詭切西京賦　阜趙都賦喜叶

毋姥郭切淮南子畝人叶騷經芷茂晉集叶趙章敏毋鄙切毛詩豥敏爾切秋地名春
子奬禮切左氏傳宰奬禮切詩泲毛詩禰叶與姊易林叶几秭詩叶姊采此禮切論
都賦叶已綵陳琳叶擬賦在騷經叶理蓑左思賦叶醴死小禮切說文鮮毛詩叶彌
靡釋名徙也靡所爽騷切詩六月序叶理西都賦叶里手書蟋切宋玉笛賦叶齒守天問
狩易林首太原凍登赤天陰作首也虛蕭躋躋擅無已也施尸是切論語時上紙切洪範
海虎猥切釋名醢說文火方言煨火也郭璞日楚語轉禍戶也易林魋行搖尾遂云吹火賄
切荀子友羽軌切詩有詩右西京賦囿相如頌雨易林怠養里切讓鼎名殆
天問已律歷志祀封禪頌邦東京賦兕太元東南射兕西北其矢俟正音矣五經文
字涘陸機賦桓桓先征在河之涘順彼長道嶢旌千里嶰許豈切廣成頌蟹易林叶尾亥
易林將戌燊亥陽藏不起君子散亂大上危殆希音士周禮希晃查同上說文奎音蜿開足行也

倚音起易說卦鳩音豸解也左傳埃城三堵為埃左傳作雉錡音子左傳佁音矣呂覽
蟣讀作蟻禮饑讀作跬漢書頃讀作跬祭義枚音美尙書耆音指毛詩卑音婢考工
記佽音几凶禮移昌氏切表記不既籍詩比爂作不爂醫音倚周官酒正啚音鄙說文
披普靡切史記準音水工記考緇音滓漢書文選肥甫委切鄙列子音泮音灑水見
沔爾火作沔詩沔彼流水薾音茞內則軹音軌少儀麗音蠡彭蠡或作彭麗走養里切論
語識易林鼓音已史庋同上檀弓注駭許已切管子聽後如負猪豕覺而駭奘子戚其耳目
無介驚駭習其馳逐闕其進止淮南子勿撓勿攖萬物將自淸勿驚勿駭萬物將自止參同契法象莫大
乎天地兮元冓數萬里河鼓臨星紀兮八民皆驚駭王粲英雄記鼇兵駭鼓韓文公鄆州谿堂詩其鼓駭
駭古文駭作駭揣音捶說文軒軟同龍符彼切左傳桴尙書作柠靃音龍楚辭蘢音同
也劉向七歎馳與指叶姐音子吏種名禧音委灑音洗地名彌音枚周官而音爾正始

之億音已易德夾貝采宮詩說矢字从米从木省聲雅古文韻字芝音止淮南子倕音偕
文人名堯時工宮疑音說易文言陰疑于陽必戰
子乖文子注音偕疑禮西河之人疑女于夫子莊
子用志不分乃疑于神韓非子內有疑妻之妾有
疑適之子朝有疑相之臣臣有疑君之權漢食貨志
遠方之能疑並起而爭矣有沝音委水也二茈音紫山海經洱水其中多茈碧鉄音蘞切儀
禮緇布冠缺項似養里切詩視毋鄙切詩㴝音耦禮耒叶擬詩音替合上聲與韻鄙楚辭

五尾

依於豈切詩禮解居豈切楚辭分或讀作匪集辭佳諧鬼切莊子偯說文痛聲也本
作悠依音扆禮記豨許豈切說文虫蚰同說文上蜺同仲虺人名也蘬荀子
仲仲虺作䖕山海經彙易注古徽音尾史記引肥史記無肥
德音廣也文子蕡府布囟禮注夾日角匪

六語

七麌

庶音煑周禮舍音著周易下音虎易詩楚辭馬音姥楚辭詩野音渚楚辭詩弆音舉
漢書芧象呂切莊子徂公賦芧沈存中日小栗也俗以為芧栗者誤也紵音褚劉向傳桃杼音
周禮貶說文齋則問卜日貶通作稰精稰見上岠音距壺傳卡柜音拒鴻詩渠仰音古舉
字寡音古鳥音昔卽禮注鳩也者掌與切楚辭渠音詎說文詎猶豈也衙音語行貌
楚辭咎許切三略渙音語淮南梧音敔樂器柷柱如女切兩頁步讀作浦水際也
句音矩莊子姁音許漢書憮音詡漢書翊音詡太元叔魏書裴俠傳與矩叶浩音戶老子
生于鄉若俛與俯同曲也曲遇羽切漢地名書敷音甫尙書呼上聲左傳紆音甫左傳
羽音戶工記考咎苦音古周禮上音堵詩杜音堵尙書敷王暎傳杜門字又作敷莽
音楚辭婦音侮雉網㙷音侮器粗坐五切內則樂記苄音戶說文婁音縷莊子鉄

斧同中庸社叶左傳成季之古與輔漢書序傳與胥叶怒上聲寫洗與切詩與鄦音義許同戊
古武字作戍芳音方豬音堵方言霧樂書宮羽之羽沾音佔檀弓殳佔說文字戌而主切詩
故音古顧音鼓書商頌蝟音胥爾雅拘音矩白帝招拒神也拒音矩水名枓音主丈大
記堡音普城也小保同上褓同上酺古文易咸其酺御音語以御冬詩亦蒲古傍
詩切藪滿補切詩務詩外務音侮禦其耇果五切詩後下五切詩謀滿補切詩儀禮樹
上切主詩寶叶補詩音子子古切詩踏著文楚辭呂切豬渚同柳音周禮僕櫝隱切郭王
見色柳梁也注𦔮果五切和聖德詩元𥳑詩元叶和聖德廣樂記鼓相與叶武苟蔡邕
叶述與行賦砦陸雲詩伊砦人顧登扶桑存遺芳熟與結飛軌果許切詩科果切元羽
德和詩聖口孔五切溝洫志漢可孔五切和聖德詩元卯孔五切聖德詩考口舉切易林
起口舉切名易林釋白聖德詩許切身熙許切許藕五舉相切賦偶光武侯霸書

古音叢目 卷三 四 第十八函

輗王逸九思言旋邁兮北徂叫我友兮雅阮日陰曀兮未光闃睹瞽兮靡睹對樂古切
餓阮古切聖德詩瓦阮古切聖德詩我阮古切張衡文家求我濟濟業業京學徒河宜為西鄙
鳥都綾切史記敘傳倒董五切李尤賦妥綏五切聖德詩圖動五切儀圖之維毛詩仲山我
甫舉之易林為所圖與衆庶伍隸道易林告叶與脰動五切柳文豆柳文叶保嚏王動
德切聖詩娜喉五切聖德詩餒彼五切與子蚌彼五切戰國策否匪父切大賦覽六五之荒
休咎兮乃貧尼而富虎嫗反其若玄兮豈云行之臧否嬌奉甫切白虎通鴈奉甫切鼓吹曲晉
母奉甫切易林亂奉甫切西都賦茂奉甫切盛茂鶯鳥以庇召伯當夏六月枝葉遊暑
老奉甫切西都賦妖奉甫切書敘傳天漢韓文叶與左總古切九思王走與子
切正考甫鼎銘酒子與切釋名作總古切偉文草胜五切爾雅鑿胜五切易林腰
蘇戶切釋名嫂張戟切釋名操叶豎詩坐粗五切易林斗腴庾切毛詩味腴庾切山

古音叢目 卷三 五 第十八函

海經財象庾切釋名趙文呂切文選鮓壯所切釋名𠧪敍呂切齊都賦醜鬼敝呂
切林易助太元首賞呂切漢敍傳前手賞呂切釋名守秦切問待易林受
上與切張衡青衣賦海火五切陸雲詩悔火五切陸機賦虛喜語切虛矣以望楚詩升彼夏
後五切百官箴后音戶莊子眼音戶詩後音戶漁志滸厚音戶欽賦繁禍音戶馮衍
賦嫭音戶楚辭壺音瓠宋玉招魂毀音瓠易林火後五切聖德詩予演女切楚辭右
演女切陸雲治音與藏詩道友演女切易林有齊都賦譽演女切義引詩射紐
碾與切大荒賦建皇極以連衡兮布辰機而結紐陽幹曜于乾門兮陰氣服于地戶

八薺

泥音你詩蓼蕭一作𪔂首至地音啓說文乃李切易繫于金柅字一作鑈
鑈上見提音抵少儀䶵音禰尙書彌音枚周書洒音洗漢書挸音擬太元啓音啓兩而

豊見日又音遭爾音醴荀子縷說文引詩萋文選叶泚提音抵湉也

九蟹

灑音所解切廣雅斯問喪禮躧所解切聲類奇音倚莊子倚音倚莊子駴古字駭
通莊子孩同豕四蹄艮曰㹀鏑作獬雅繇罷音擺又作捭上見捭矣

胡買切史記掛日掛而不用周易

十賄

回胡悔切左傳洒音崔上聲詩駘音追三輔黃圖培薄海切莊子菩步乃切文草名沫
音額漢書壞音毀詩瘣同上說文引詩栽音在左傳崽音宰經注水骰說文作𩪙字
說文引詩得此醜䤗䤗說文作卦其字從卜日匯水回合也四坴若亥切樂也海周易變占
音都总切韓非子主音無等必易嫡子韓退之許國公碑銘上之宅憂公讓太宰養安蒲坂萬邦

絻等等莫里切畏音委佳音鵻古詩長佳佳石谷水長遠音委亦作遼人姓蓮上見子
音崽江淮人謂子曰子哉上聲俗寫作仔非楚人歌薪乎菜乎無諸御已訖無子乎菜乎薪乎無諸御已
無人平水經注蠻兒小女弱年崽子

十一軫

盾允同中盾官名盡音儘曲禮蠶音桶蜳佳允切莊子湣音敏周禮昬音憫書鈗
音允書春出允切考工記沴音軫漢書水音準白虎通胤音引笛賦長緡音愍律歷同
純之尹切志敦音準周禮魁音準儀禮冏巨古文眕字黰石經鬒字㐱說文鬒字靨
籀文臺字臺準字鼎文僎古字㬎古字㶣音愍山海經洿書注忍切昬
脀力允切尚書淪音胶音㷸爾雅輴韉爽切忍展丁董切西京賦敦音盾左傳巾音卷
閔辭或侖巾車陽爾雅賦所謂畢拳

古音叢目　卷三　第十八

十二吻

頎音懇禮記純音細詩听音矧如賦相眼音狠考工記酒蘇狠切莊子蹲才本
切左傳芚音蠢莊子分古借作扮史記憑音憤左傳陰音飲醫方古抎音隕說文同殷
音隱毛詩蘊音縕左傳菀音隕同上菀同上石經左傳壼同縕說文引易墳音粉書賁
音扮左傳扮伏扮切傳雅苑詩我心結苑欠丘認切禮欠伸跛倚口為欠說文張口氣悟
也韓退之詩噫欠為飆風宋孟郊以亢聲大欠跛勃

十三阮

㴸上兖切詩䫻五遠切詩楗音蹇考工記䮾音婉山海經圈音捲人姓鄹音偃左傳
卷與袞同禮記睌古文晼字齞音婉韓詩鰻鰻歎名禹父鯀今亦說文鯀文
鱹省文鮌楚辭鮌俗誤語暈音義與煇同暄音焜同上晥地名胡板切

十四旱

繾衮同鄢音偃漢碑春秋啓兩而晝見曰啓今俗謂遣晝是也
輠音緩揚子壇音墠周禮撰音䉶曲禮繙與籃同石古文笴古旱切地名竿
與符同何奴傳欵音款氏姐名有虞並音伴地名同般通坦切九河之一水名蔱漢碑
散古短字發淮南子短亦古短字圓古鐏字動聲儀樂發古字婉丸音卵尹書伊
毳或用為卵山海經㬎音緩人姓葩古纂字史記注菅上同䩕讀作管書東漢憲傳內
幹機密太元井幹幹一作幹居原天問幹維馬係貫無幹永直衍韓誼賦幹誠而遷賓憲傳內幹機密
鹽鐵內幹運山海經師古云俗作鳥䊴切非

十五潸

䛐涗遠起淺切詩𢕟切詩㬎音赧温也孱音劃石經典讀作殄考工記閒下簡切
古音叢目　卷三　第十八
閒音蔄春秋地名巽音篡古䥽字撰音䰙同與睆睆見上餞籀文盞从缶
腃雞睆切曹子䧳詩羵饕具儀禮

十六銑

㬎說文或以為繭字繭者繫中往往有小繭也齊即淺切陸詞日俗作剪非劑同上爾雅注
㣧音演論衡趼漢隸用為繭見繭之繭琄音畎詩蚕音腆寒蚓單音闡樂記㶕音犨水名
洗先典切書蓮音輦地名餞音淺毛詩殄武典切莊子蠕音軟史記吮徐兖切蕇
音吮爾雅先音跣國語爛變魦鱔容與兖同作谷人姓前音戩黑色也連上聲
卦易蹇羨與衍同易需與軟同考工記憲音顯詩扁音虹鉉姪覽水溝也竹取
鳽音淺左傳纖音孅離馬名纗音篆爾雅殿上聲左傳端音冕立藻玄端緛下犬切揚
雄賦青雲為紛虹蜺為繯省思淺切邠𥹢牲注綃音捲淮南子諫音簡毛詩梲知輦切詩

古音叢目

三〇九

釋名本倳緬切擕素賦萬上聲吻音晥釋名靖疾演切應貞詩舌食衍切釋名很呼墾
切太元限胡蹇切陶潛誄愆以淺切太元井無幹水直愆匪雞匪谷慫於愆

十七篠

昭之繞切魯頌趙音掉詩嬥音窕湫子了切水名芍音鷕陂名芑白表切曲禮
謏音小學記愀與悄同英音蓼史記科音矯詩愁子小切易音卦簫郎篠字文選注
晁漢隸與兆同穄與同窱同窈窔同窈削音帩綃音帩淮南子韭舉天切國
風懆粂早切月出詩懆同上五經文字引詩我心懆懆楚初絞切漢書敘傳與紹叶今樂器楚
俗呼爲鈔篴上見署馨鳥切西都賦

十八巧

佼音佼戰國策瑵音爪王莽傳糗麨同孟子騷音掃李斯傳校音絞考工記熛

古炒字曉古窅捁與攪同留音卯史記鮑部巧切說文鞄部巧切周禮鞄
同上蚤儀禮爪字

十九皓

裯都皓切詩[illegible]同上說文懰朗老切詩受時倒切懮受憂思也音作潦倒平音作勞切敲
說文討字𤺄擣同病也心疛同上敦音禱禮蔫音好小正夏𧍿莫老切地名笱
讀爲蘽考工記䓥䊨文道字穀與同鶐鴇古文鴇字鴇同上鮑同上卆音保列也行
擢音鎬淮南子旭讀若好詩旭日始旦繅古藻字

二十哿

瑳上聲詩儺乃可切詩綏土果切詩播上聲音簸𤊾音朶餘也獨阿五可切詩猗五可
干可切累音彩曲禮佗借作鼉詩龜筴傳娑蘇可切西都賦厄五果切木節也隋他果

切尸正義座亡果切說文揣都果切也今作揣搖播摨同上莊子蠡力果切左傳瘰
見上脞音瑣尚書菏土可切禹貢荂音可葉也華何上聲詩坐高祀遂坐上坐注上
坐字在果切坐字在臥切下䨦雲不族也邁作韡寡古火切西征賦叶左買古我切謝惠連
詩假陶潛詩叶可雅語可切仲長統詩叶我大待可切仲長統詩補傍火切班固幽
通賦把釋名把播也馬母果切西征賦叶坐寫揁果切謝惠連詩者阻可切繆襲詩野
都果切隴坻歌冶與謝惠連詩瑣叶下戶可切關詩叶庚果夏陳琳賦

二十一馬

夏胡雅切四方廣大日夏賰音瓦賭錢日賰土丑下切土苴藸同上苴音鮓土苴泥不
熟也若音惹漢書䓐音踝成頌廣䏦胡瓦切人姓殺上聲聁叚古下切古文
假假有廟易王假䵻貓文鮮字鯌上同鮺說文鮓字炨同炨屆甘棠詩注担同上

蠱古冶或作古蠱子槎土雅切禹貢注倮胡瓦切紂紀注史瑕音撒名禮記人堵音者
路堵父人名

二十二養

㯗舉兩切毛詩二子乘舟泛泛其景願言思子中心養養夏侯湛抵疑九夷之從王化猶洪聲之收清
嚮黍苗之樂函夏若游形之招惠景郭璞游仙詩翹首望太清朝雲無增景蹴欲思隨化龍津未易上
影道藏歌解散七元根更法無中影七化反自然帝乙同元嚮炳彼兩切山海經贊勇兩羽
切老子洋倚兩切爾雅鞅魚兩切角地名黨音儻漢書黨可儻黨音掌人姓仉
同上人姓子母仉氏孟㒳兩入也搶奪之搶即譡漢碑讜字嚮同上鄉漢碑嚮字黨党人
姓嵩上同樠音朗木名朖朗䁁同朗蜽魍匡邛往反禮運蕢上聲左傳艮宏
孟音莽浪音朗莊子萿上聲莊子彊丘兩切人姓方音罔周艮音兩周禮詰音裝

粗朗切大也皇音往少儀茫音莽淮南子棖音仰呂覽將子兩切詩

二十三梗　二十四迥　古韻元不分

檠燈也薦冥詩維塵冥冥莫迥切穎去穎切禮褧音義同上苘說文作檾苘又

作綮耿漢碑耿字巠籀文巠字莕杏凝上聲唐詩日照疑紅香邢音耿史說索隱辟

音屏莊子至信辟金聆音領曲禮正音整孫武子頲音頲頲帶也淮南子竟境同悅虛請

切博雅庭音挺莊子大有逕庭謦欬挺切莊子綮棄挺切莊子艼晉山簡傳茗今作酩

酊拼烝上聲今作撜同上承古文拯字晉有譙王承熒音迥爾雅並部迥切過秦論

二十五有

抱補苟切易林東行得酒與喜相抱道當口切易彖傳詩同考去九切易蠱小象詩山有栲

包補苟切詩軌音九詩掃詩與醜叫好許口切許魗齒九切詩老許吼切詩茂莫口

切詩栲去九切詩南山有栲說文本作栲从尻爲聲詩草木疏云許愼讀栲爲糗今人言考失其聲也

爾雅栲山樗疏亦云許愼讀栲爲糗徐鉉注說文作苦浩切不考之罪也兕詩栲與杻合韻乃正讀非叶

栲同上保蒲苟切詩偶語口切詩逅狼口切詩篹己有切詩飽補苟切詩棗蘇吼切詩

稻徒苟切詩七月埽蘇吼切詩壽殖酉切詩草此苟切詩穆天子傳麥之所草注草疑古茂

字戊莫吼切詩禱丁口切詩猶余久切詩卯莫後切詩擣丁口切詩阜子苟切詩揚雄

百官箴窔徐久切詩主當口切詩醹奴口切孝呼侯切詩嫂叶音叟楚辭[illegible]音醜

說文引史篇𠙴音剖山名今在宜興媿本說文愧字漢隸借作醜字抱易林與酒合韻咎

已有切靈光殿賦旭已有切太元考去九切詩巧司馬遷傳聖人不巧時變是守起齊都

賦與藪叶麴釋名麴朽也舊漢書敘傳與朽叶虬李尤平樂觀賦與走叶隝與島同漢

書敘傳與首叶烏丁柳切漢書敘傳與首叶苞補苟切詩寶補苟切龜筴傳鴇補苟切詩垉

嶜后切相如賦阜扶缶切西都賦負山海經贊與宇叶子濟口切漢書敘傳造此苟切太

元採此苟切漢書山有猛獸藜藿爲之不採芻楚九切詩綢繆憂於九切國語茩九力

切魯頌與酒叶綠釋名綠瀏也荊泉之水於覛之瀏然此綠色似之也上擾忍九切李尤賦乳

易林與有叶滫息有切說文㖨音吼莊子隩音受陵地名婁音樓左傳蔞音柳櫨弓

幽讀作黝禮記豆古斗字考工記注取此苟切棷音數禮記鯫此苟切漢書鯫生

趣此苟切周禮留音柳史記部音剖部狄地名修讀爲卣周禮掫側柳切左傳攸

以周切尚書穀奴口切左傳禺史記讀作偶輶詩音酉詢淮南子忍詢而輕辱耶

音柳虞翻云古柳卯同字[illegible]力口切小畏也

二十六寑

簟徒錦切詩瘁所錦切寒病也淰音審禮喑音引莊子岑於審切莊子黮音甚詩

吟凝錦切揚雄傳唫巨錦切太元邥國名人姓今作沈儋儋耳地名音審湛音瀋古沈

字淮南子注帛古文錦省作帛

二十七感

倓音毯荀子顑音掩周禮厭音掩莊子辧音敢玉藻黲與慘通嘾與醰同[illegible]音昝

古文易參桑感切周禮湛音禫水名周禮糝音散說文含讀作頷周禮廩未感切寒

涼也醷音醓又音暍又音臆邯胡感切人姓撼胡敢切容也濫力感切樂記簟徒檢

切詩轗音坎說文戡易朋盍王肅本戡淰奴感切水不流也石[illegible]詩頌音同醓儀感切儀

禮

二十八琰

嬐音儼韓詩淡音琰文選滔音琰唐詩黭與黶同史記蔵古文䓕字覢與睒同文選

爽失冉切 覃音剡爾雅注 㶣力檢切素問 嚴魚檢切儼敬 書曰儼六德也 頫文
曮同上 䱈魚鮓 徂慘切 奄古文奄作奄風 怨 枕知檢切詩澤陂 黤淹同漢書引詩 浙
音琰水經有瀲江 厭同饜

二十九豏

𠚒音減人姓左傳 貶音與斬同 嫌音嫌鄭元易注 軓音范周禮車軓曰軓 前 鋄忙范
切馬冠也 鈒同上 檻户掩切又去聲

古音叢目卷三畢

古音叢目卷四

新都 楊慎 撰 綿州 李調元 校定

一送

矼音控莊子 窗與徇通 挏音洞乳酒馬 蟲直仲切逸月令 鴻音共也淮南子鴻洞 忡
教眾切詩 躳音供躬也 曲 躳上同 憧漢動字 蘇 挪音弄也周禮 搙 鵬古莊注鳳字 風
音飄 龍音弄竹樹深日李華寄懷詩 衷音仲左傳 翁音瓮就章周禮注山海經 急 詷徒貢
切 銅音洞庭作銅庭山海經 鸗豆盧小動切鷹名 鸗 隫與急就章洞通 降古送切北齊樂
章合韻 與用 洚古送切孟子 絳名釋 巷音訣 開郭楚辭 逐 雺莫鳳切三國名 袁宏臣贊
閧上同 鯮音縱毛金也 紭他綜切 恐欺用切 蒙與洪範雺同 霿上同 凇音送
凍咨也又液雨也俗云霜凇曾鞏詩香消半楊鑪
暖月滌十門霜凇寒自注齊地寒甚夜氣如霜凝於

木上日出飄滿庭階尤爲可愛齊人謂之霧凇語曰
霧凇加霜凇窮漢買飯甕以爲豐年之兆又詩曰圓
林初日淨無風霧凇花開樹樹同 記 鍾明之用反 堂位 公共音
得集英深殿裏舞人齊插玉籠鬆
淮南 佃思元賦 去仲切 封也 葑田 芏芳用切 贑子貢之貢古作此字

三絳

雙色絳切 子日雙生 駢胎 閧胡降切孟子 紅古巷切日紅今作絳 晉都 洪小名 去聲 瞳
音惷 莊子 虹音絳 蝸虹 古文 惷直絳切 杯音梧海經 山 部音梧同上文子

四寘

喜許意切易賁 災子例切革小象 易 愛許旣切易小象 快睽桂切旅小象 易 敗蒲寐切
切詩 拜變制切詩 右于記切詩 禓音替詩 罷魚位叶詩 儀音義詩 醫音翳自斃也 木
詩其 其醫 式失吏切詩 詒音異楚辭 佩叶音備楚辭 態音替楚辭 再子賜切楚辭

失叶音試楚辭埶同贄墍巨王切人姓粊兵媚切惡米也周書有粊誓今作費跰古文
企字又音滿菑音刺考工記屆居吏切古作鑿或作居文選與峙叶戒居吏切六韜芥
王粲浮淮賦軸轤千里名卒億計運茲威以赫怒清海闕之舞芥闋晱桂切曹植酒賦竭去例
切柳下惠誄與弊叶碣梁悚悼騷賦與乂叶蒯苦對切左傳期渠記切騷經近音記詩
艾魚刈切沛艾作姿容詩庭燎與噦叶張衡東京賦與裔叶外音樂章與乂叶疑魚記切易
升小象蜆研記切文選帶丁計切九歌退吐內切易解小象態他計切九章汰
九章叶滯逮徒帝切詩漢郊祀歌代九章叶意題王筠詩叶契迭王筠詩緣巖蔓方杜迴崖
掩綠蕙嘉木挺皐蘇奇香發迷迭褫文賦叶媚蹄山海贊叶類大三略軍讖叶勢掇徒對
切易訟小象脫北山移文叶外內上林賦叶渭追馳偽切上林賦貝變制切子虛賦芾
方味切毛詩侯人黻芾古作黻曹植贊紱又作紱西京賦紼又作紼白虎通髴方味切靈

光殿賦佛髴或作佛漢書敘傳富秦刻石文叶志發音廢毛詩壹發五豝沛方吠切甘泉賦
暳吳都賦霄露霍旭日晻暳旆毛詩高唐賦較周禮祭犯軷杜子春讀爲別異之別別亦蒲昧
切拔蒲昧切詩茇音沛周禮蹕音避周禮憊平秘切易遯小象伐扶廢切周官大司馬
九伐劉昌宗讀秣莫佩切詩沬音昧招魂載子計切秦刻石再九章叶異瘵海賦叶際察
幽通賦叶墜卒將遂切吳都賦叶對韓詩外傳下民卒瘁卒作瘁切與砌通文選注竄七外
切易遯卦小象李善曰字林作此讀非闕叶韻竅古竄字絕此芮切相如弔二世賦訊音碎
毛詩珹須銳切珂屬晢征例切易大有小象晰同上折征例切西都賦織之吏切沈約高
士贊與異叶拙朱類切太元縶式吏切陸機賦叶契植音置賈誼弔屈文方正倒植
殖時吏切左傳輿人頌子產歌威尚書注古威畏同禍許罽切詩七月薤胡計切塘上行祐
于貴切易大有小象右于貴切詩彤弓烈力制切古厲山氏亦作烈瀨力制切魯都賦與齊叶

顡力制切唐高賦綠葉紫裹赫莖白蒂纖條悲鳴聲似竽籟德音置禮記子音字禮記子庶民也
扻音事莊子斯音四檀弓下術音遂月令綦音記內則質音贄孟子淄音子陸機詩
鬾音寄鬼服也帥音帨佩巾也率音帨率音類九章算法出尺類切詩書撎音意
儀禮移音易郊特牲積音恣周禮諫音賴數諫也波音彼左傳陂及晉國隋呼恚切周
禮台音嗣尚書飴音飼隸音肆說文抑音懿詩抑抑威儀歸讀作饋齊人歸女樂寺
音作侍毛詩寺人孟子司音伺老子菱許既切太元切音刺儀禮注樂歌相風切立與位
同古文春秋遲音蒂鴂音桂鳥名迣音遂鄭志張逸問始音式月令桃始華戲去聲
揚雄賦驩漢莽勒碑驩字文王世子鄭注引孝經說大夫勤於朝州里驩於邑借驩作驩示音眞
中庸其如示諸掌乎凱音冀曲禮注委于偽切周禮月令注彝音事周禮烓圭惠切人姓
菑姿四切周禮菑栗不迆考工記菑蚤不齵注東齊人以物立地中爲剸菑與剸古今字也韓孟聯句

倳爪深雜解剚同上倳同上敕同說文插地曰敕从東从支

五味

尚古文貴字洎古瀷字瀷釜也曳音裔易睽卦爻辭曳昌逝切易爻辭摯音氣取於人曰
乞入聲從人之乞而與之曰乞上聲禨其既切玉藻禨文沸切說文黖於既切深黑也韓文
倪音睨莊子甶音忽鬼頭也刉音畾周禮騩音魏馬黑色也桊音詩石鼓文俷扶味
切史記三王世家毋作怨毋俷德

六御

七遇

居音倨易雜卦夜羊茹切祛起據切詩迎叶音御楚辭鑪音慮人名左傳藥音義
與蓺同漢書注魰同上衞同上績音緒詩稼古護切詩作則故切詩采薇采薇薇亦作止
日歸曰歸歲亦莫止又思無斁思馬斯作斁音度暇胡故切詩假胡故切宋玉招魂與賦叶夏

胡故切貢譴鵰賦與舍叶 屬殊遇切詩 柘都故叶詩 虞音預詩則不我虞 壽人名音鑄 梧

五故切敔曰儀禮 訝同上 忬音序山海經 府部同漢書 婁龍遇切論語婁空 擩而遇

切韓退之房公墓碣目擩耳染本作擩擩亦染也字見儀禮今作濡非 擩見上 圍漢書 據切

駕古慕切驅之歌 驅區遇切倪相風賦 怒怒故切詩 躇遲據切漢書 霸博故切劉

款列女贊 暴蒲故切易林 寫息據切素問 索蘇故切名楚辭 釋 朔蘇故切白虎通 謝

儀禮注豫讀如謝字或作序魏都賦叶茹 誅蔡邕海釋下獲熏胥之辜高受滅家之誅前車已覆襲軌

而朝林遇切漢鶩朝書敘傳 爥音炷東京賦 屬音炷騷經 詐莊助切國語詐之見詐果喪其

路 礜音豫藥名 鑢音慮錄也 飫音豫尚書 楚創巨切痛也楚音創巨亦有義創巨則痛

楚也此即以反切之字為義如胡盧之為瓠胡洞之為巷也 迓音御迓衡書 悆豫 渠音遽

詩注 除音宁詩 冊古庶字 鋁漢碑鑢字 舒音豫晉地理志 鋤與助同說文殷七十而鋤

偶音寓從衰有木偶人求雨有木偶龍 禺同上史記木禺馬 忬同豫 雩音午漢書雩布於午

禮注午有雩也 壺音鶡冠子 如去聲審似曰如 徂音覰張良傳 呼音嫭檀弓左傳 嗚

音誤史 瞿久注切禮 雩王遇切 煦虛去聲 數音妒書 報音赴少儀 堊烏路切

屢小雅詩與樹叶 莽楚辭叶暮 專古布字 慾音喻斯注 作音聚詩書作夜 俾 束

施注切周禮注 足子遇切論語 騶秦紀音輅 壹音注樂也 陳 駁鼎文樹字 盉古文盩

趨七注切音趨 趨音聚史五星趨東井 冣音聚說文 錯音鑊 抱音哺詩亦既抱子 胡

音互漢書 逗古住字 絡音路淮南子 孚芳付切楚辭月令注 燠於喻切燠痛念之聲 作

噢燠亦作噢噢林狀 休虛喻切與煦同 咻休又作咻噢咻狀 贖音恕尚書 吁音誤尚書

音禹貢 砮乃固切 苦楛路切穀梁 酺音步詩注 稌音杜詩 烏古文借作顧字義雲

章 主音注荀子 輸音戍漢書 觸昌樹反子雲賦 虞先具切文選 漁子雲解嘲 鋊俞向

切漢志 羽音户考工記 俞先俞地名戰國策

八霽

發方吠切易坤小象詩 用於記切易豐小象 翟去聲與韻詩合 髢 好虛計切詩 盭郎計

切說文 涕直例切讀作誓 鞸又本音丙叶家語 辟音避胥人歌 決音桂莊子 醫音義周禮

橇子芮切史泥行乘橇 位易位乎天位上位字音涖 陂彼列切易 列禮計切周禮 兌音銳

史天官書 脃膚毳切服毛也口反切之字如膚毳之為脃劍巨之為楚皆有義意 殺所例切中庸

帍音詣莊子 淚音麗淮南子 守音衛左傳 結古髻字史記文選 紒髻又作紒儀禮 秇

籒文藝字 聏音系說文 昔音細尸子 祇音蒂山海經祇山無草木 髺古文髻見相貝經 擩

音芮儀禮魚擩韓文日擩耳染擩亦染也今作濡非 擊音計穀梁注 鯢音娩說文魚也 鱴同上

讞說文言也 噬上同 矢古誓字 錫讀作鬄 髲上同 鬄上同 栖鳥宿也 裂

厲滯切內則注 痢同瘵公羊傳 坻丁計切坻地名 龍 蓳音薊淮陰侯傳 鱉音薊水名 快

音逝翼傳 馮 淏音婆 俟音繫文子 墆音滯漢書

九泰

厲落蓋切詩 而音耐易其人而且劓 渙音翽詩渙其水散也盈也 鉞居會切詩庭燎 鉞音噦

蕞音蔡地名 釐音賚詩釐爾女士 殺丁外切人姓 栽音在左傳 能讀作耐 稅他外

切禮 兌音娩詩行道兌矣 劊音蓋書 儈古外切合市人也 渴音揭公羊傳 叢音

叢木灌木也 徽音妹 黖同上 沙水名音蔡 𦫳音賴地名 檜祖外切禮記 最倉大切

綴音帶禮 涅普蓋切詩 栝古文檜字 麾音會禮記 伏音大地名 容古文字 奪音兌

地名檀弓 沛普大切孺子歌 夫音大宋景文記

十卦

韰下介切詩 䪥同上 薤同韰 餇同上 𧂐同上 崩同上 劁同上 喟苦戒切論語 嘅
同上 葺古隘切說文字 恝音介孟子一作忿 忿同上 扒拔也勿扒詩勿剪 嘬倉夬切曲
禮 喝於犗切嘶也 噫噫氣也 譩譩又作噫莊子 北敗又作背 排蒲拜切東漢書 橐
同上 責音債左傳 嗄於犗切老子 夬古快切說文譁也 皆音解周易 蒯音介文選 柴
音寨莊子 鷍音介漢書 鴂同上 暍音愛暑病也說文 殺音晒周禮 𩏂䵘晒字 𥷋戶快
切左傳 涅水浦也 汊同上 昧音邁堂位明

十一隊

邁力制切詩 肺詩東門之楊其葉肺肺音霈 烈力制切詩 禲力詩切 出音墜詩書 秫
芾音佩切詩 艾魚肺切詩 拔音佩詩棫樸斯拔 柞 卒詩下民卒癉作瘁 軷蒲昧反詩
孫漢志音佩 後 逯與隧同音隸釋 茜讀若 紼音配色 䟃同上 刈同刈 鹵策 戟

古音叢目 卷四 六

謁音愛 味音昧禮 媒音妹莊子 栽音載左傳 毀長切 霤丁丙切周禮 妃讀作
配毛詩小序 出音墜尚書 敦音對周禮 既讀作既周禮 沒音昧左傳 載音載曲禮 哉
音載尚書 追音退周禮 檣 艾音刈祭統 墜大妹切俗作墜 沕讀作昧賦 賁 字音背說文
萉音潰菜名 蒯苦對切左傳 卒將遂切吳都賦 竄七外切 訊息悴切詩 須古文顧字
怼音義與孛同淮南子 𥄣古文昧字 哦文選吠字 注 导釋典礙字 勑音與賴同
郎勢之來 來 甾音載地名 材木再切禮記 棣大內切詩 茅音妹禮注 儀 錄許穢切爾雅
雖音未爾雅 栽音在 末音昧如賦 相 祓音廢外戚傳 毒音玳漢書

十二震

先蘇晉切詩小弁 隕音蘊詩小弁 巛古文縣字 鏖歸藏易震字 親去聲 沉去聲 熏
去聲 奔去聲左傳 甸音賸地名 迎音印引也 塡音鎮星經 申音迅莊子 薦音進列子 巡

古文 順順古文 唇音震 賓音儐周禮 軫說文晉䡖 許音訊 洒與汛同 憐
與遴通 賁去聲易 眹以忍切公羊 諄之閏切詩 訰同上 甄音振周禮 興音釁
荀子 徇私閏切 峻私閏切 焌音慎左傳 珍音鎮周禮 引去聲禮記 遴古字 俊
禮記 頊 魯都賦 陟忍切 釋名 箾音晉周禮 寸倉順切 白詩 心息吝切 王雅觀
叶訓 海先息吝切毛詩 巽須閏切易蒙小象 實音慎易蒙小象 選與運叶
詩 鈎 軍文選 輪王濬平吳 亂聖閏切 易小象 叶 陸機演連
連珠 中心願也 城復於隍其命亂也 實音慎 皆失實也 不戒以孚 翩翩不
如疾痛則亂之亂三略 士驕則下不順 將憂則內外
不相信謀疑則敵國 此攻伐則致亂

十三問

巾音近左傳 巾車 脂轄 陶潛 辭 或命巾車 楊修賦 巾車來返 懣音悶漢書 均與韻同樂記注古無

古音叢目 卷四 七

顧字此 免音問禮 員音運人姓 諑古困切 誰弄曰諑 順言 憑音鑽莊子 隱音印
韻字 詩 溫音藴詩 馴音訓易 煇與暈同 宛音藴荀子 菀音藴詩 鐏音悶切山海經
盆水名 脫音問徵注 采 搬古近切 傳 吞古問字 奔音奮韓注 行

十四願

巽須巽切易小象 順食願切易小象 婉許願切詩 反孚絢切詩荀子 刋去聲易 鬳
音彥器名 鮮音獻月令 牽去聲 軒去聲內則 言音唁 這音唁公 儀禮 敖繼注 屯音頓風俗
通 敦音鈍爾雅 焞音寸儀禮 要古嫩字 惛呼困切 轅子願切地名 退與同
鐏音頓淮南子 困苦倦切後漢書 贊叶願

十五翰

宣易說卦巽爲宣髮注髮早白也音蒜今人謂少年
白髮爲蒜髮是也今本作寡髮非韓非子身不待

老而傯髮不待年而宜干音幹詩姅音半漢律參音絫衛傳稅音彖雜記囋同讚

組音絆補繼也个音幹考工記幕音慢西域傳滿石鼓文漫字懽古玩切喜款也

彌石鼓文翰字癉音但山海經旰音幹古文易旰豫鱄音般去聲左傳命讀作慢大

學鼢音貫爾雅壇徒旦切漢書亶讀作旦子雲賦潘普拌切地名棺乃喚切左傳

果讀爲祼周禮館音觀史記正義連音爛淮南子瀾郎旰切吳都賦叶玩澶音憚遠也

杜詩澶漫山東二百州柳子厚鐃歌澶漫萬里宜唐風

十六諫

烏烏秏國名音晏挈圝同卷羼初莧切入曰羼傷轘音患環音宦漢書顏音鴈嚴助

傳孱音棧左傳前子踐切周禮串讀作慣文選湅音練考工記卄古文礦字又音

貫䘏音義與綻同考工記盼匹莧切目好流親也作盼非分古文辨字嫺音訕說文鳱

鹽鐵論鴈字鳱鴈禽經扳去聲公羊還音宦儀禮

十七霰

瞑音盼說文榗子㶿切說文引詩榗栝濟濟第音但漢書別音發玉藻先去聲貼音坫

食貨志穿音釧茶經韅呼甸切左傳填音殿山海經編音辨西南夷傳轉去聲左傳

欄音練木名考工記乘音甸荀子元音眩荀子貟音眴說文荔音戀草名荔淒音倩

上林賦洌音練上林賦邲音汴左傳連音練玉藻選音旋詩舞則選兮顯呼便切檀

弓單音戰列子淺音濺儀禮注緬古線字芔古戰字讂火縣切流言也縳古絹

字紘亦古絹字還音旋山海經蝝音院僎音撰迴元徧切公羊鸞音眷爾雅寰

古縣字穀梁傳寊莫見切子雲傳衍亦戰切子雲賦埏一戰切相如賦孱音棧地名𥔲漢碑

墠字省仙善切禮大傳洒西見切內則延余戰切玉藻綪與蒨同雜記籑音撰禮喪

大記纏音戰涎徒見切光澤貌漢童謠叶見湎音麵大人賦懁適絹切幸易林

孫楚韓信饌贊叶戰鑾眠見切山海經贊晉作甸切陸雲登臺賦叶建巽易閑有家志未

變也六二之吉慶以巽也遜文選叶媛迅須晉切徐幹齊都賦振長袖以合舞紛翩翩甚輕迅往如

飛晨燕來識楚獻切山海經贊叶墊順食頤切小象易學許建切詩叶晉陸機

如降形甸切道藏歌文遊蓬萊島朝對懸叶西京賦音陸機賦運

懸翰華景宴神仙結丹藻流䡾寄文翰

子怨切三國志恨憾叶論書敘傳漢

阮瑀歌叶怨應都賦叶偏齊

十八嘯

保音飽詩莜徒吊切今作蓧蓧說文引論語荷蓧樂音療詩可以樂饑一作療爍上同

姚音鷂漢書趒巨要切幼讀作要眇讀作妙溺奴吊切漢書橋渠妙切禮記

約音要禮記窅音肖禮記踔音吊史記趠上同燋音照俗作眇非糶徒吊切漢書勺

讀作肖詩頌篇名繚徒吊切史譙音誚漢書劉音料引詩叶料劉經音擽劉引詩纂

狡人嫽兮注妖椒子料切詩料五料反稍音哨周禮髖羊紹

也今文作劇椒切詩澆左傳稍周禮髖反絛

徒哨反以照切大記燋音醮淮南子削少嶠同儀禮散上同焦音醮文子椮

邲持牲搖表大記

䰂肖切儀禮

十九效

憂一笑切詩鵠居號切詩巧去聲巧日巧波水名音效濯音棹漢書覺音教㲉音效

禮記交音效繳先吊切儀禮窌音匏地名拋音炮郎寬切車往郎匏車也字袁紹傳窌切

音砲不名也韓退之詩投奔紅交音較濼

閣破不李賀詩沙砲落線紅交烈解

二十號

慘七吊切詩櫱故號切詩醻大到切詩酉切詩鑿在到切楚辭牢去聲董卓傳搜牢洛界婦女也

囦說文讀若導服之導　受音道人姓　叜上同　叟上同　㚖音報周禮　膏去聲詩　皐音號
周禮　藃音搞書　埽騷去聲少儀　旄音耄射義　脊音唱莊子　鼜音操周禮　漕在到切左
傳　敦音燾周禮　嚳古文皋　蹈亮冉碑蹈子　鯀音蹈从每今俗从毐非　濤音冒公羊
傳　高去聲楚辭　臑奴到切少儀　號胡到切說文　嫪力到切要雅　騷去聲李斯傳
霄宜照切詩　飄正妙切子建賦與炤叶　翠眦召切詩　謬靡笑切陸機演連珠叶照　招三笑
切文選　昭晉樂志叶昭　蕭先弔切釋名　霄去聲陸雲集　趙去聲陸雲集　叔失照
切釋名　幼一笑切釋名　髾譽叫切西都賦叶孝　學後學切傳教迪志詩

二十一箇

猗於个切詩　摩音磨叶为　些乃賀切史記　馱丁佐切恩縲說　那乃賀切餘語韓康
伯　作音坐文公詩　左傳音不　柰乃个切東方朔傳　涴烏臥切　馱音操　左傳音

古音叢目　卷四　十一　第十八函

逸周書　憚丁賀切詩良我憚人本作癉　亂俗作覞非　磋七過切　惰夜過切左傳　波
音播禹貢滎波既豬　嶓嶓之嶓韋昭音播　火詩王室如燬郭璞音貨　坷乃貨切揚雄賦坎坷
注吹口緋切　個與个同　呼呼賀切左傳　稼居賀切陸雲詩　可口箇切魏文帝賦　地
唐左切九章　鄱補過切韋孟詩　詐側箇切漢書敘傳叶貨　謝徂賀切送窮文　化呼臥切白
虎通漢書敘傳叶貨　下何佐切魏文帝賦　暇傅元詩叶貨　野羊和切隴坻歌叶墮　夜羊和
切陳林賦　如乃个切書如五器卒乃復論語不曰如之何如之何吾其如之何也已與柰同

二十二禡

御音迓詩　擧居許切　嗄吒同　貰時夜切　娑音詐禮記　唶音借廣雅　屎音柹漢志
橐音作地名　沙音嗄周禮　嗄所架切老子　厙音赦人姓　射音夜易　何音駕詩　輅
音迓左傳　牙音訝考工記　假音嫁周禮　舍音卸方言　寫音卸石鼓文　吳音譁說文引詩

樗音搒木也　嗟音義與唶同　赫呼訝切今作嚇　呼音義與鏵同　衙音迓周禮　差楚嫁
切唐詩　跁同上　跒同上　豫儀禮注讀如榭　嚇音與鏵同　貉必駕切周禮　涇與跁同
宅知嫁切王制注　獲胡化切西都賦　袴若化切釋名　派普駕切呂溫勳臣贊與夏叶

二十三漾

廣古曠切　泳于詠切　羕弋亮切　方音放詩　怲兵旺切詩　湯音盪漢志　兩上聲
去聲尚書　向音尚左傳　光音桄禮記　桁下浪切衣椸也　行音桁論語　筤音浪　竝音傍史記
漾音闐尚書　章音障禮襍記　滄音槍逸周書　兄音況毛詩　網音抗周禮　蒼七滄切莊
子　瀇音纊唐六典　康音亢禮記　很音浪地名　倞其亮切強也　琼音與倞同莊子　霜
色壯切霓霜殺物也　孀色壯切　凉呂悵切左傳　舫去聲月令　藏才浪切月令　張知亮
切周禮　競其亮切毛詩秉心無倞今作競誤作兢　良音亮古詩　廣音曠左傳　廣與誆同儣

古音叢目　卷四　十二　第十八函

弓　横音桄樂記　掠音亮說文　償音上左傳　煬音向莊子　杭口葬切　搶此亮切揚都賦
楧同上　仰音漾漢志　卬古仰字荀子　皇音晃詩　襄讀作讓周禮　鶬去聲　鎗同上
攘讀作讓漢藝文志　方甫妄切禮　償音尚檀弓注　杭苦浪切　往于況切禮　搒與榜
同時則訓　埵讀以望淮南子　竟居亮切山海經贊　鏡道藏敬叶匠　病被旺切老子黃庭經
怲被旺切詩　命眉旺切　梗口浪切詩　傷式亮切張衡詩　暎於亮切郭璞江賦　羕弋亮
切說文引詩江之羕矣　裝音壯吳均詩

二十四敬

跰古文迸字　冰音命　名去聲古郎用命字　掌他命切蔡文姬詩　寎音病爾雅　永音詠
書聲依永　竫音靜呂氏春秋　甸音賸漢制　迎音映毛詩　繕音勁曲禮　賓必忍切玉藻　請
音淨吳漢傳　零力正切　生色敬切周禮　清音靜史記　鳴音命文選　蝗戶孟切演繁露

根音病漢書 䴬古幸切說文 鄉音慶尚書 䆘音幀畫繪也晉天文志 幪同上 幀同上

幢同上 彭與靚同 滰渠敬切說文引孟子 竫音淨人名宋史有劉竫 詷音硬急就章

上江賦叶映 明音孟史記 頲慈性切說文引詩頲首蛾眉 榜北孟切進船也 兼與柄同漢

五行志 盟音孟穀梁傳 禭音盛少儀 宗讀為禜禮祭法幽宗

二十五徑

泂音罄極也厭 乘孕同古文易婦乘不育 眙音瞪史注 平去聲漢書 鼎音定漢書 甸

音乘荀子 盛古靜字中庸 庭音聽揚雄傳 恒古鄧切毛詩 經音徑星經 稜曾鄧切杜

詩 扃音徑左傳 奠音定周禮 繩音孕周禮 泥音甯春秋 年音甯人姓 凝音甯 蚈讀作

徑時則訓 鋼同上說文草化為鐲 腐 膡蒸去聲香俤也 憑皮孕切王維詩 輕去聲左傳 窆

逋鄧切說文葬下棺也 封同上禮記 堋同上 塴同上 淜同上 𥨐同上 承音贈禮運 承

音證縣名

二十六宥

造易乾象傳大人造也劉向作聚叶組救反又子苟切 軸叶音胄詩 陶徒侯切 抽敕救切

好許候切詩 猶于救切詩 集疾救切詩 道徒候切詩 昊許候切詩 報蒲救切詩無言無儲

無德不報國與眞之無報也孰是人斯而有是臭也 告古后切楚辭 柳音霤禮記 蔄音漏人姓

疚于救切顫也今人作贅疚字非 句與彀同 玉欣救切篆玉工也 榣與柚同 乳易林

胎生爭乳長息成就 祝音咒素問 覆音阜鮦同音紂地名 瞀音茂地名 隩音受地名 毀音救

地名 守音狩 油音又莊子春秋盟于阜鼬公羊作浩油 夠音逅 注音義與咮同 肉音揉

錢孔也 取七臬切漢書 首音狩史記 宿音秀 留音溜宿留行相待也今作偩儞漢李尋疏

惟棄須臾之閒宿留瞽言 瀆音豆左傳 啄音咮東方朔傳 彀音構史記 畜音嗅左傳 姆音茂

左傳 胡音豆石鼓文 濁音噣星傳 窬音義與竇同 渥與漚同周禮 收力救切蜀都賦

朴平豆切 阜音覆梁鴻詩 颮音溜左傳 族音湊律名 鑄音咒淮南子 投音豆杜詩

讀音豆周禮 啄音咮易說卦 叫古幼切莊子 育音媾說文 紬作古漢書售 句音龍

廖力救切說文 匽音漚五行志 鏤音漏說文 戊音茂說文 講音媾史記余 紬作救切 霤易卦

姓名鄭秀 鞲音侯 蕕音逅古 伏扶切 戊地名 雊古侯切 歐鳥侯切漢書 鞫同與 霤

音掊仆音 朝直孟 牡茂后切 牢音甯 孚太元 喞 ⋯

日休補九夏歌

二十七沁

䁖讀若說文 戡竹甚切刺也 陰音蔭禮 吟宜禁切史 音借作左傳 瘖 暗音蔭

方言 臨力鴆切禮記 窨音蔭 湛音浸內則 衿其鴆切儀禮 參去聲白詩 枕之任切論

語 心音信史 深去聲冠禮 士 僭側鴆切詩 罧音滲 罧同上 紟其鴆切禮

二十八勘

三蘇紺切論語 䫲音坎說文 菴音暗文選 含戶暗切左傳 咸音憾左傳 贛下紺切

坎下紺切揚雄賦

二十九豔

讖與讖同後漢書贊 剡音豔剡妻幽王嬖人 西他念切舌兒 涾音豔溚水名 澹音瞻

東方朔傳 淡音豔列子 弇於贍切周禮 鹽音豔郊特牲 閻音豔閻妻與詩豔妻同義 黶音玷 譣與驗同 炎與焰同 淹俞驗切祭義 詀閻稔變切少儀 占與苫同 檢居儉切黃霸傳

三十陷

閻丑犯切西跕方雜記 減音陷減切 汜音范人姓 渢音汎左傳 帆音梵南史 挹音范淮南子 溓古念切內則

古音叢目卷四畢

古音叢目卷五

新都 楊慎 撰 綿州 李調元 校定

一屋

賁音陸公羊傳陸渾作賁渾 椓都木切詩 濁豕玉切毛詩漢書孟子楚辭白虎通樂府皆有此音 戚子六切詩 茜蓫若陸以草補缺也 苦禾稽也陳平傳食糠覈而肥覈當作苦 覈上見 醞音促說文引詩 玉音肅人姓 禣音鞠玉藻 數音遬樂記 僇音戮大學 毒音竺身毒國名 [illegible]音穆鮑宣傳 恧忸同 修式竹切詩 儵音倏莊子 抽音讀顏氏正俗糾謬 紬音讀史記自序紬石室金匱之書 籀紬又作籀說文籀讀書也 昱音玉書昱日乙丑今改作翌又作翼非 敫音穆戰國策 繆秦繆公通作繆 賣音外 渥烏谷切易鼎卦四爻辭 歗息六切詩 奧與燠同洪範 麿古文暴字 [illegible]古文麴字 畐古文以為六畐字今作畜 蓄古歸藏易小畜大畜皆作

此字 閦眾也音畜 閦同上 闕同上 鞠古服字 栿古鞭字孟子 痀與蘦同 盤音斛 夏小正 璹音叔 眭音穆人姓 莤音縮說文引左傳 縮音蹙儀禮 苗他六切音廟 [illegible]音鞠漢書引詩 泦同上芮泦之即今作鞫 透音叔傳雅 阿音屋古詩家中有阿誰 宍古肉字吳越春秋 董音督正始之音 巢子六切尚書 勦同上 併倣同尚書 醫督濁不明也音斛 𠬝扶目切服字从此 觻音鹿地名 封音復秦紀 髮音禿 完音與髮同漢書完為城旦 告音鞠文王世子 角音谷韓退之詩 圄于六切劉向芫芷棄于澤州兮瓟蠡于筐簏麒麟弃于九皐兮熊羆羣而逸囿 垢居六切詩 覺姑沃切郭璞菡草讚 國古祿切徐陵甘詩 愨枯沃切東京賦 穀仲長統見志詩 琢韓非子叶欲 德都木切雪賦叶曲 得老子叶欲易林叶足 苔都木切易林與畜谷合韻 竇徒谷切東方朔傳 濯厨玉切陶潛詩叶燭 蕭息六切釋名蕭墻蕭肅也 捉側祿切釋名 活呼酷切毛詩 鵠胡沃切琴賦叶俗 确胡沃切吳都賦叶斛

役余玉切陸機挽辭 樂盧谷切三畧東都賦 洛盧谷切馬融廣成頌 啄都木切東方朔傳

二沃

奏音族詩具入奏 樂 迪徒沃切毛詩陸雲詩 玖說文讀作句之句句音局 數音速曾子

問 句音局 速音促易不促之客 齕音骨禮 權紀錄切詩夏紀山行乘權 趣音促漢書

趍同上 角音錄漢書 賣借作續字曾詩陰鞫鎣賣 橋呼酷切史記山行乘橋 樏同上 欙

同上 桐同上 欂同上 藿同上 薄詩綠竹猗猗韓詩作薄 喙音逐易爲黔喙之屬

三覺

翟直角切詩 藋音畧切詩 搦昵角切 貌音啄國語 鰒蒲角切 鞄音鰒考工記 斮

與斲同詩 綠音角喪大記 欶音朔說文 服嗍角切啄呼也漢灌夫傳 𡖋嗍角切同上 㬥

蒲角切音殼說文曰太呼自冤也 吉左傳作吉說文作殼 簎音措莊子 猎同上 畢音濁史天

古音叢目 卷五 二 第十八函

穹郎家字地書 閣名山海經 乢同上 箾音朔左傳 鵽音剝詩注 桌同上 齱側角切史記

㱿口卓切左傳 蹻音角楚有莊蹻又履也史記蹻蹻膽蹩

四質

子詩既取我子無毀我室子叶入聲 室詩我征聿至叶入聲 徹直質切詩 沒莫筆切詩漸漸

之石維其卒矣山川悠遠易其沒矣卒卽律切 崒同詩 厄於栗切詩 僪莫筆切烏驚也文選

橘易林三人求橘反得大栗有黃甘陸吉傳借吉爲橘古音也 栗音吉東坡 驪音栗八駿圖馬名有

纖驪纖音淺驪栗淺栗色馬也 騴音喔莊子騴然而笑 嘯音叱禮記 溢音實禮 眣字與

栗同說文 㮚讀作冀漢書 卒音律左傳 戾音吏東京賦 琗所一切玉帶相帶如琴弦曰琗

今作琴 姞極一切說文 欎音必王獻詩 結激質切蘇秦書 戌音悉說文 昵說文本作

聰 䵒同上 廿古文疾字 崒音密山海經地名 桼古文實字 尼女乙切尸子 置讀爲

𠍱詩 琵音必唐詩 器欺訖切曹植鼎贊 突它橘切乞巧文 驖他吉切東都賦叶日 载驖又

作载又作鉄說文 鉄文選注 昝他吉切東京賦 垤徒吉切詩于垤婦歎 鸛鳴于室 耋毛詩

叶瑟 摘竹棘切蘇內翰詩華間聞筆音雲表已飛展使我終日尋逢花不忍摘 别昇吉切黃庭經

茀非律切詩 祓太玄叶密 茀非律切易爻辭 蕧非律切梁宣帝百合詩含露或低垂從風時偃

抑甘菊愧仙方叢蘭謝芳蕤 法非律切釋名 服鼻墨切儀禮吉月令日始加元服 備儀禮

禮儀既備令月吉日 滅莫筆切六韜敬勝怠則吉怠勝敬則滅 寐江淹詩叶質 穆荀卿賦叶

日 沒白詩叶一 物莫筆切沒也太元 節子悉切易家人小象 際子悉切易泰小象 載

子悉切詩 熱質入切揚雄解嘲天收其聲地藏其熱高明之家鬼瞰其室按日與熱互音日亦音熱楚

辭成梟而牟呼五百制犀此費白日是也 晉 庶之石切釋名 蓆昌石切陸雲九愍瞻薆風于曠

野思同分而靡質悲芳途之既舛遵枉渚而投策 噎益悉切毛詩 軛古詩軛叶益 厄王逸

古音叢目 卷五 三 第十八函

九思悼楚子兮曹厄沈王躬兮湘汨

五物

殺都律切詩 具居律切詩 屑蘇骨切 厥九勿切突厥 疑音仡儀禮 滑音骨史記 槩

音骨莊子 兀古文突說文 握其勿切漢書 蔚音鬱易 韍與茀同周禮巾車有蒲蔽藻蔽

貍音鬱周禮 熨音鬱持火展繒也 菀音鬱詩 屈渠勿切博雅 蚘湯骨切海物異名記

誹音佛史記 尉讀爲尉綱也荀子 㕞同上 滃宏入聲水名

六月

法方月切易蒙小象 葛居謁切詩 活户劣切詩 濊許月切詩 發方月切詩 闥它越切

怛旦悅切詩 撥必烈切商頌 達他悅切商頌 伐房越切詩 內音越綵格 勿音沒禮

兌讀作傳說之說禮學記兌命 帚音伐莊子 滑音忽荀子 韎與韈同列女傳音滅 頓音嘽

冒頓對音啪嘼通賦屈卯月切周禮昏古厥字佸與佸同詩契卯傑切詩掇旦悅
切曹操詩渤皮列切文選切琗音忽又音諱歘歘宗尊也汲冢書喝音謁說文拍與擲
同辥雨衣也瞂詩蒙瞂有苑戚同上喉同上撥同上廢音發劉向九歎姡音滑
爾雅摩士髮切學記割居謁切韓文叶雪括詩叶巨列切劉邵七華後不可及前不可越尋
聲趨響逐昏追括秩古穴切沈約麗人賦今古之悲凉並攢心而沾袂渡狹嶺之款危蹊淸津之
幽咽屈卯月切老子大直若屈大巧若拙渇巨列切音竭毛詩叶月黃庭經時念太倉不飢渴役
使六丁神女謂○宋人小說謂天下字義者有對如飢飽勞逸之類惟渴字無對按古渴即渴也孟子溝
澮皆盈其渴也可立而待也則渴者盈之對也何謂無對乎裔五結切吳都賦傑與裔合韻○今按
曳裔互音古詩搖曳或作搖裔是也蘖五結切卯遲賦叶別脫它悅切老子善抱者不脫子孫以祭
祀不輟遾他結切王筠詩燒山多䕙怪蒼嶺復迢遰神芝曜七明山蒲含九節達陀悅切九章與

月叶撥筆別切禮衣無撥足無蹶八說文八別八郎古別字張乎子舞賦八與節合韻拔皮列
切老子善建者不拔子孫以祭祀不輟末莫結切九歌與雪叶沒莫列切謝靈運詩與歇叶札
之側切古詩書札與離別叶出音黜曹植卞后誄稅失爇切王筠詩浴欲雪切東坡月硯銘
其受水者哉生明而運臺者旁死霸忽元雲之靈霸觀玉兔之沐浴曶許月切後漢律歷贊象因物生
數本抄曶均前起調後發泧許月切毛詩施罟泧泧說文忽許月切陸機雲賦盈八弦以餘憤雖
孅天其未泄豈假期于遷昏邁崇朝而倏忽刺力㑊切乖刺乖戾也

七曷

太音闥太末地名黑太人名皆作此音旦與妲同當曷切味音沫擅弓侻音脫宋玉賦稅
音脫孟子越音活禮說音脫易害音曷詩濶苦括切詩按音遏詩妹音末國語
鮇音鮇荀子頞音遏說文刺郎達切會音佸詩會弁如星髻會又作髻髺同上泰

古音他達切汰他達切左傳汰舟楚辭擊汰歇音遏史記發音撥毛詩鱣鮪發發癹古發
作發𣗥古作構又作構䊠同上撣音與怛同莊子又音濺鴠古文鴠字狚郎古文獺字
味音末易檜古活切盍音曷盍旦鳥名禮記引詩鳱盍旦又作旦鹽鐵論鶡旦盍
又作鶡鴠月令蔡桑葛切左傳周公祭叔正書作粲𥻦同上說文殺桑葛切莊子文選敓
音奪故效稱量也莊子注怛當割切詩惙同上王吉引詩中心惙兮䵣丁葛切鴠鳥名山海
經玧音奪龍兌地名蝎胡葛切桑蠹

八黠

劄音札切草也今作鍘乙音軋元鳥也選音刷漢書率音刷史婠一刮切好也剮
音刮周禮睆音滑檀弓帕莫八切鞨帕又作鞨列子鞨巾而袞汃蒲八切介音甲檀弓
[illegible]音恰草名剢俗作刹間音戞爾雅間代也施乾讀捌百轄切石裂也揳音義與戞同

擊擬又作擊禮記瞎古文瞎字紇恨發切鞂上八切與秸同截音札宋志軍士截楖今札
楖也

九屑

世私列切詩厲力桀切詩撥筆烈切詩逝音折詩埶音臬說文引易遰音逝楚辭狾
音咽山海經霓徒結切文選晛同上蛪蜺亦作蛪天官書[illegible]蜺又作[illegible]飻音鐵餮
同上屮音微說文必音鼈周禮䌂音滅漢書嫳瞥同莊子準音撇漢書鍛音舌[illegible]山革
切易文商誦同突音坏易窒音姪古作凸姪音迭左傳蕞子悅切澨音折江淹
詩際子結切王筠詩瘵敕列切張君祖詩蔽音別江淹詩契若結切詩漈音切禮祭
義池音徹禮祕蒲結切香草也軼與徹同莊子奔軼絕塵至音垤列子閉音別三略
西征賦跬音屑莊子驕音咽魏都賦泥音涅史記辥音別周禮昧音蔑公羊蹛與跌

同**髻**音結莊子**制**音製杜詩**制**音折崔騶達旨**戾**音烈文選**栗**音烈詩蒸在栗薪注讀作烈考工記酱栗不迆鄭讀如裂繻之裂司馬法佐欲嚴政欲栗**汭**音爇詩詁江淹李白詩省叶雪滅**過**音欵口今按過欵互音書四海過窗八音漢書趙王歌注音過**薎**音茷春秋地名**衛**子别切後漢傳贊**敲**倉頡篇竊字**紒**古結字**刷**音雪**蛆**音螯春秋注**遾**古列字**灉**音滅淮南子**威**武劣切詩**外**魚厥切黃庭經與渴叶**奪**他悅切杜詩白詩**訥**諾悅切老子**雪**直類切說文引詩爗爗震電爗作雪東坡詩與月合韻**沛**直列切左思賦**徹**考列切老子大成若鈌其用不鈌董卓傳敝腸狗蔬**髮**方月切吳才老云古通眉韻皆作此音俗呼訛**渤**皮列切蹶詩叶越**伐**房月切孫綽樹銘與哲叶**罰**左思賦與月叶**復**方月切韓文**爵**子結切說文爵其鳴爵爵東坡龍山文叶罰罰房月切**撮**祖悅切尸子行險以撮毛詩撮與悅叶**慄**力卉切古詩與烈叶**蛻**失爇切郭璞詩叶滅**札**音截文選**渴**巨列切詩日之夕矣羊牛下括君子於役苟無飢渴國語天根見而水渴周禮渴澤用鹿黃庭經時念太倉不飢渴役使六丁神女謁口宋人小說謂天下字義皆有對如飢飽勞逸之類惟渴字無對非也孟子溝澮皆盈其渴也可立而待也渴郎竭也竭郎盈之對也何謂無對乎

古音叢目 卷五 六 第十八函

十樂

蓆祥龠切詩**夜**戈灼切詩三事大夫莫肯夙夜邦君諸侯莫肯朝夕朝見曰朝音潮夕見曰夕祥龠切古詩朝與鳥鵲朝夕與羊牛夕**夕**祥龠切詩**碩**常灼切詩**獲**音勺詩**戟**訖約切詩無衣**宅**達各切古文宅度同字**客**克各切詩**沼**音灼**踖**七畧切詩**炙**陟畧切詩**庶**陟畧切詩**穀**工洛切詩**赫**黑各切詩**射**戈灼切詩騷**髦**音莫詩**柏**逋莫切詩**尺**尺約切詩漢志**白**逋各切騷**繹**以畧切騷**日**叶音若若木日所出也**瑟**叶音朔楚辭**罩**胡郭切王雪山詩注**擢**同上**谻**其虐切倦也相如賦**俗**同疾郭切上靚女容**穛**之若切禾皮也**的**方樂切詩發彼有的以祈爾爵潘岳美容賦丹爗拂紅飛須垂的以斐披赩赫散煥熠爚**黫**宇林本的音灼婦人以黫點頷也史記注施元的正羽釣的以丹注面表其有月事難進御也**烏**與鵲同履也**溺**音弱水名**輅**音洛漢書**領**音雒龍領地名**魄**音拓漢書**怕**音泊憺怕靜也**瓠**音穫莊子**焯**音灼詩**繳**音灼孟子**路**音約虎路軍中繞繩也**婼**音綽人名**友**音簿周禮**昔**音錯考工記**昔**鳥名鵲同**昔**叶音創詩自古在昔**眛**音莫人名有唐眛**澤**音脫格澤星名**澤**音鐸澤索地名**射**音杓石鼓文**格**音閣格澤星名**濼**泊同**沍**音涸左傳固陰沍寒**玉**音班易林**惕**汀藥切太元心惕惕足金烏不忘溝壑**斥**古拆字兵法斥候候斥拆也候烽也**鵲**古鶴字**蒦**音勺漢志**嫋**音弱相如賦嬿媚姌嫋**蠚**音壑螫也**踖**救畧切公羊**辵**同昔音上酷昕容酴主人也**籍**古易若字**固**漢碑橐字**詻**音噩天文志**亞**古至字**彍**音郭弩滿也**屵**以灼切岸上見也**侂**與托同韓侂胄名取此**乍**鷟文作字**鳥**音朔鸑鳥地名即鸑鷟朔也

古音叢目 卷五 七 第十八函

鋽音倬韓詩**毇**子洛切與同精米也**鑿****澤**洛澤水也**燿**與鑠同漢藝文志**匷**音矍淮南子古之所為不可更則推車至今無蟬匽注蟬匽車屬**觡**岡鵲切山海經贊懼如之獸鹿之狀四觡貌兼三形攀木緣石石音芍**戟**訖約切太元**激**西京賦與額同叶**谷**龜筴傳與郭叶**轂**說岳切易林**怯**乞約切易林鷲孱澀怯如猬見鵲**業**逆約切漢書敘傳**額**逆各切釋名額鄴也有垾鄴也後漢語下成中好高髻四方高一尺城中好廣眉四方具半額**領**額又作領郤正釋譏人吊其躬鬼芟其領初升高岡終隕幽壑**翟**音擢毛詩左手執籥右手秉翟**直**央畧切焦仲卿詩**伯**音博伯勞或作博勞**百**音博漢語得黃金百不如得季布一諾**豹**音博韓退之祭張員外文叶啄**璧**必藥切肉倍好謂之璧**帛**必約切禮運與幕叶韻**拍**匹各切周禮豚拍杜子春以拍為膊**貊**末各切詩貊其德音**陌**末各切龜筴傳**惜**息約切曹植詩叶薄**赤**勑畧切山海經贊**石**音芍楚辭與惡合韻**蠹**實若切易林**沃**玉縛切夏人歌**啞**遏郭切易林**櫟**歷各切詩

山有雹櫟隰有六駁 祿漢書敘傳與作叶 礫山海經贊與錯叶

十一陌

副孚迫切詩 馘兄壁切詩 白音旁楚辭 粮去夊切人姓 䟘音戟史記 味以麥切味漱養

鷹書 潟斥同古文尚書 搦昵格切 借音積取人日借於 絯音核莊子 輅讀作軛妻敬傳

厭音釋詩浥行露 厭 藉音席易藉用白茅 籍音柵列子 貰音射史 䩑音赫漢書 柏

音迫子歌 百音陌左傳 蔦說文引詩邛有旨蔦今文作鷊 苩月初生也與魄霸同 異音澤

引給也 啫音積美聲 數 醳漢隸借作釋字 澤借作釋詩其耕澤澤 圛古文驛 靃音濯

淮南子靃之野 霄 刺七迹切孟子刺 咠七迹切說文眾日也 咠咠又作咠詩咠咠番番 諿

又作誳仲長統傳胸習腹謂 舍借作釋周禮 毛音摘說文艸葉也 度古宅字詩爰究爰度

又度其鮮原 筴與策同 覛音脈國語 蘜音綿草名 鳽音額鳥名 措與猎同淮南子徯仇

之疾來措 乍措又作乍文子虎豹之文來作 莫音陌詩君婦莫莫 洛音覆洛澤水壯也 隘

音院楚辭 螫音釋淮南子 𦯬古赫字

十二錫

商音滴士昏漏下三商爲昏字說云木根果葉爪當鳧鼻皆日商養生書日爪之爾商者殺人說文商

从帝从日語時不啻也一日商說也讀若覿 節子悉切易象詩楚辭 小 簀側歷切詩 局居亦

切詩 鍉鏑漢書 打音滴田錄 歸 條音滌周禮條很氏 領音鵙說文鵙鵙也詩七月鳴鵙

蹢音剔莊子 蹏音戟太元 逖音滌易 晳音析周禮 漻音歷莊子 弔音的尚書 肆托歷

切禮 周 末莫狄荀子切 躍音濯詩躍躍毚兔 躍 翮音歷世家 楚 融同上 約都狄切亦

的字徽也 琴 摘音剔說文 速籀文迹字 咷音商漢書噭咷楚歌 南音怒梁箇文詩 幕音磧

李陵歌 寥音歷傅雅 莫音覓莊子 覓音密俗作覔非 覔同上 溟音汨溟羅楚地名 汨

同上省溟作汨 系音覓細絲也 宿音戚邑名 夜音掖東海縣名 夜音惕列子夜耳俛首而聽

之 頍詩得此戚施字書或作頍頌 珞音歷老子 冥音羃周禮 俶音逖相如傳 惕韓詩

惄如朝飢說文作愵 赫音閱赫䖘紙名 藡與荻同 邁同上 鶪倪歷切春秋作鴃 鶪同上

鷊同上 㲉今俗䭭七狄切作喫爾雅 鈲並狄切破也 蓂音覓爾雅 蓨音錫爾雅 遼

古文笛字 跦詩跦跦山川 菽又作荻說文引詩 滌又作滌經音辦引詩 茱中茱香草

脩音滌周禮 棘音力棘陽縣名 皀音逼豆也 小 淑管子書宬寥作淑湫 鄺音蹢躅之蹢人

姓

十三職

服易豫象傳詩楚辭仝蒲北切 福音偪易困井象詩禮記同 小 戒訖力切易小象 伏易雜

卦兌見而巽伏 革訖力切詩禮記 側莊力切詩 伯音逼詩 麥訖力切詩 噎於悉切詩 來

六直切 曾者則貝詩 襋衣領也舊音棘非當音棘 柏音逼易林 國千逼切詩 結訖力切詩

移六直切叶詩 疚訖力切詩 牧莫狄切詩 文夷昔切詩南有嘉魚 葍正古福音偪詩 叶 異

遊職叶詩 意乙力切詩 祀易爻辭朱紱方來利用享祀來訖力切毛詩用祀韻皆作此音 告古得

切詩 夙相即切詩 育日逼切詩 背必墨切詩 子叶音則詩假樂君子顯顯令德 告古得切詩

遠猶辰告 隘於力楚辭 切 節音卽易小象詩楚辭 域音義與國同楚辭抽思 嶷魚力切楚

辭天白皓皓寒凝凝 淰乃默切水凍也 鼏徐鉉日鼏文以鼎爲則 貌音墨畫像日貌 岳易林

東山西岳合會俱食 貸吐得切氏春秋 呂 玉音栗易林鉍刀改玉堅不可得 昵音織周禮 副

音禮 鬩音閱周禮 驪音力漢地理志驪軒縣名又纖驪八騂名纖音淺驪赤黑邑也今之栗邑

馬也 棘音棘王制 或古域字 敕說文亩地日救左傳執鞭出教令日救今多用勅 肅尚書

肅愼史記作息愼 臭音稷梁傳 穀 氷音逼 幅音逼左傳 穆與默同方朔傳 東 淢與洫

同史記抱魚力切淮南子方音畟虜復姓也敫古文穆字褶儀禮遲音値春申君傳登音得公羊傳瀷魚力切管子潩水名襯初飾切禮雜記朸居力切韓詩如矢斯朸毛作棘朝韓詩如鳥斯朝翅也毛作革肙音罣左傳契音客淮南子覺訖力切列子楊朱之歌天其不識人胡能覺穀訖力切六韜蒳決律切唐詩瀆亭歷切易林凝鄂力切楚辭谷魚力切易林荅都聿切易林脫都聿切易林弱奴歷切三略豪傑秉職國威乃弱葍筆力切毛詩輻筆力切逸詩富筆力切詩乏筆力切易林别畢力切黃庭經載子悉切詩簀則歷切詩宿音息班彪冀州賦訊自七切魏都賦彧越逼切詩恧女力切思元賦備蒲北切詩

十四緝

對都聿切漢結畫地為獄勢不入刻木為吏議不對戾力質切劉向九歎與泣合韻繂而聿

切李尤陽德殿賦與立合韻跲音急中庸颯音立漢書人各有田颯衞颯字書作飁飁同上戡子入切說文湆音汁說文戒音急鹽鐵論泣音義與澁同素問回郎邑字馬音颯或與緎說文黖同廿音入二十并也㘝與縶同弇於拾切考工記楫音集尚書

十五合

集昨合切詩㬎五合切又音唫又以為藺字又音顯錔他合切唐書蓋人姓音搭荅音雜楊子雜音錯公羊傳浹音匝周禮摺音拉史記胡音拉石鼓文䏰同上脰同上哂音匝或作噠又作唼噠同上唼同上䏩烏荅切與脅同詩箋引孟子脅肩諂笑襲音薩釋名睫音閘目睫也釋名齸過合切字指濕音塔水名漯同上眔音荅說文浩侯閤切浩亹地名帀音匝說文韻音沓詩傳靁古文雹字厒古閤字業五荅切書兢兢業業合音閤書合止柷敔閜音榼大杯也急就章注邑音匼阿邑諂諛迎合貌張湯傳阿邑人主通作

匼楊再思傳阿匼取容又烏邑短氣貌烏邑桓譚新論作歍歍匼見上歍見上

十六葉

荅易林黃鳥來葉旣嫁不荅荅讀作榻史記荅布百疋及極業切詩雜秦業切洞簫賦絳脣錯雜興羅鱗捷獵叶耴音聶耳垂貌嵒音聶春秋地名攝音懾周禮𢕌古穴切易林南山大獲盜我媚妾劉[illegible]魯都賦叶赫夾音頰漢藝文志莢草實也沓音帖東京賦浥乙業切露垩花日浥汁音叶汁光記黑帝名灄書涉切灄浮滅之類董仲舒山川頌泏郎涉字极古楫字石鼓文籋俗作躡非蠮爾雅注俗呼蠮螉名咽燏哽山海經咽字厭一涉切儀禮拾音涉曲禮沾音帖史魏其傳夾音頰左傳擪音捻說文斯音曳斯偷郎葉揄也鍤于刼切詩給其劫切禮抾音怯揚雄賦霅說文引詩霅霅震電今作爗

十七洽

厭音壓檀弓捷音插曹植詩挾讀作插䀹音與挾同回女洽切物低垂也歃色洽切說文唈同上噠同上唼同上陜音義與峽同躍音燮楚辭衙音押楚辭燿古文燁字讋同上攝色甲切檀弓注以布衣木如攝與翣同又國語屏攝之位注屏屏風也攝行如要扇者所以分別尊卑祭祀之位接翣又接周禮縫人注翜同上翣同上箑同上

古音叢目卷五畢

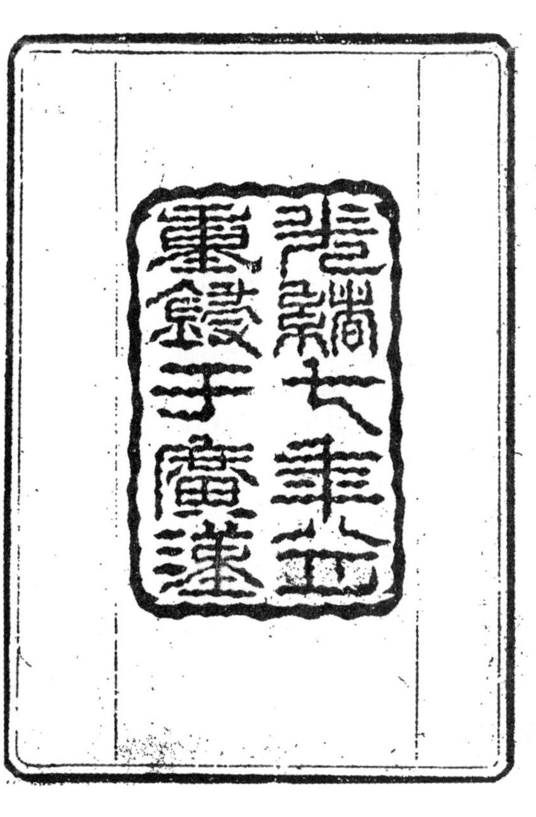

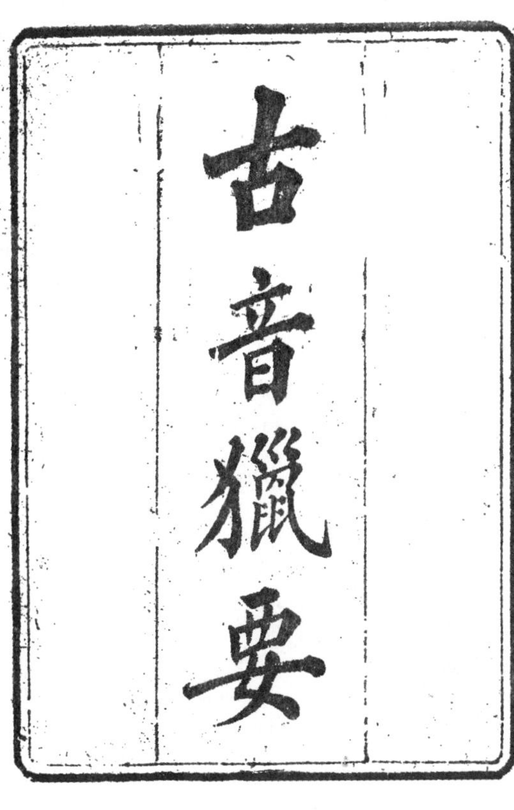

古音獵要序

予輯古音叢目凡四千五百餘字詩補音楚辭釋音韻補古音畧取十之六亦既省矣猶病其寡要也又手錄其可叶之賦頌韻文者凡千餘字謂之獵要欲博知古音會合前數書以參互焉若臨文古韻則此卷足矣夫何貴於古韻也貴其瑰眼湏耳豈欲其甜喉澀吻乎譬其如文杯畫案綺筵雕俎匪王珧海月土肉石華莫珍也若夫食馬肝膾蝦蟇君將吉之

嘉靖乙未長至之月楊慎書

古音獵要卷一

新都 楊慎 撰

綿州 李調元 校定

一東 二冬

鞠 讀作芎。左傳有鞠藭乎。藥草名。字書作營。 朋 音與蓬同。左傳引逸詩翹翹車乘，招我以弓，豈不欲往，畏我友朋。太元一與六共宗，二與七為朋。淮南子元玉百工，大貝百朋。劉正魯都賦時謝節移，和族綏宗，招歡合好，肅戒友朋。 衆 易解卦象傳。 務 音雺。詩外禦其務。 調 讀如同。詩楚辭。 夢 石崇詩。 窻 粗蓯切。文選陶詩。 誦 牆容切。楚辭。 雙 疎工切。文選。 明 音萌。易林日出阜東，山蔽其明。史記屈平疾王聽之不聰也，讒諂之蔽明也，邪曲之害公也，方正之不容也。聰明公容相叶。 萌 音蒙。孝經緯。 用 音庸。詩。 江 沽紅切。釋名、風俗通、楚辭、晉童謠皆叶此韻。李賀詩催榜渡烏江，神騅泣向風。君王今解劍，何處覓英雄。

三江

龍 音龎。黑白色雜也。周禮龍勒戚尨讀。又外祭毀事用龍。易震為龍，于氏、虞氏皆為駹。 驡 見上。 逢 皮江切。穆天子傳西王母蓬髮戴勝，注音龎。 虹 音降。詩。 跫 音腔。莊子。 釭 音缸。博古圖有銅釭，燭錠後轉作釭，銀釭是也。 舡 音厖。博雅。 青 苦江切。韓帳。又毆也，見左傳。 殻 左傳君將殻之。說文作殻。 舩 古雙切。酒器。 封 尚書乃命諸王封之蔡。封或作邦。 紅 古字紅與江通。水經曲江作曲紅。周府君碑亦作曲紅。蒼麓碑江夏作紅夏。古禮大紅九月，小紅五月。漢書害女紅者也。

四支

化 虎為切。楚辭有此叶。三畧天地神明，與物推移，變動無常。與物轉化。參同契天地構其精，日月相撣持，雄陽播元施，雌陰統黃化。 尤 盈之切。易、詩、楚辭。 圯 南楚謂橋曰圯。 載 音緇。詩俶載南畝。 美 音夷。沙美，地名。 義 音宜。詩。 翅 音尸。莊子。 弜 音欹。弓偏也。又音強。 鐵 古夷字。禺夷，史記作鐵夷。 子 音慈。禮易直子諒。 墨 音迷。列子。 喜 音嬉。楚辭。 羅 音离。太元。 駭 音怡。古音駭作矣，又自矣轉聲而為怡也。韓退之瀧吏詩官今行自到，那遽妄問為。不虞卒見困，汗出愧且駭。 我 音怡。太元。

五微

配 即妃字。大戴記。 畏 音隈。莊子。 匪 音霏。少儀。又姓賁赫。 賁 音肥。襄賁，地名。 豙 音毅。說文。 磑 音與機同。磨也。

六魚 七虞

邪 音徐。詩。 邪 音餘。左傳歸餘于終，漢書作歸邪。 舍 古舒字。詩亦不遑舍。 荼 古舒字。考工記工人斲弓必荼。玉藻諸侯荼前詘後。史記引詩荊荼是懲。尚書大傳厥咎荼，厥罰恆奧。又陽盛則吁荼萬物而養之。荀子諸侯御荼。史記日月晼則王侯其荼。 豫 荼亦作豫。尚書曰豫恆陽若。 杼 音舒。夏有帝杼。左傳杼能帥禹者也，夏后氏報焉。鄒子云杼意通旨。劉向藏一杼愚意。 謝 音舒。儀禮榭作豫，是

謝古有舒音也。韓文公遣瘧鬼詩屑屑水帝魂，謝謝無餘輝。 朝 地名。有朝那，音朱。易林區脫康居，慕仁入朝。又赤帝懸車，廢禮不朝。 家 音姑。詩、楚辭、左傳。 毛 音模。無也。東漢書。 墓 平聲。漢書敘傳。 慕 平聲。李陵歌。 騶 匈俞切。淮南子四時為馬，陰陽為騶，乘雲淩霄，與造化俱。 四 音拘。王逸九思。 州 音殊。易林。 許 音虛。邪許，舉重勸力之歌也。 遡 音蘇。漢志注流蘇作流遡。 溽 音濡。歸藏易需作溽。月令土潤溽暑。 鹵 音鑪。丹經鹵鼎，鹵即鑪也。 賦 音敷。左傳賦納以言。 句 音劬。周禮屨人黃繶青句。句，屨之鼻也。 不 音義與跗同。草木下房曰不。一作跗。篆文不字即象柎形。詩蕚不韡韡。蕚，花蕋也。不，花蒂也。今注以不為不然之不，誤矣。

八齊

鞸 音提黏。鞸，地名。 侯 與兮同。史記大風歌一名三侯之章。侯即兮也。 氏 漢隸提字。 騱 音伊。語辭。 繫 音稽。漢書繫獄。 氐 音低。漢志益。 蠲 音圭。說文馬蠲也。引月令腐草為蠲。又明也，潔也。儀禮哀子某

圭爲哀蔫之享引詩吉圭爲饎今詩圭作蠲

九佳　字七　重文一

依 音挨曹植詩願爲西南風長逝入君懷君懷良不開賤妾當何依白樂天詩坐依桃葉妓自注馬皆切 顏 音崖商顏山名 倪 音涯莊子無端倪之辭 涀 倪一作涀端涀也端山顛也涀水滸也 [illegible] 漢隸姓字 貲 音齋周易得其資斧 華 周禮乖字

字九　同字異音二

十灰

能 奴來切論衡鼈三足曰能龜三足曰賁後漢謝該傳引左傳黃能入寢今本作熊蓋字之誤也後漢黃琬欲得不能光祿茂才 能 音台三能星名史記三能色齊 每 音媒左傳原田每每 罍 音摧詩 思 音腮左傳 晦 音灰莊子 采 漢碑猜字 隗 嵬同漢書 汭 音隗漢書引詩

字十八　同字異音二

十一眞　十二文

天 汀因切毛詩與易凡天字皆當爲此讀 炳 叶音彬易小象 田 徒因切易爻辭 淵 一均切易詩同今寫作㵒 千 倉新切詩 隕 于貧切詩 燼 咨辛切詩 旦 音神禮郊特牲 旦 古文晨字 牽 輕因切易姤小象與賓叶 賁 音墳尚書 頒 音汾大首也詩有頒其首 棻 平聲尚書 矜 音勤矛柄也又作薩 衣 音殷中庸楚辭 員 古文云字 船 殊倫切釋名船循也循水而行也文子上求楫而下致船上言若絲下言若綸 旂 音芹徐鍇曰斤祈近似聲傍紐也

字九　同音異字二

十三元

憲 卽言切詩 宣 音旭宣室天子居也 旭 音暄詩旭日始旦 擐 捲衣露臂曰擐禮王制羸股肱決射御注謂擐衣出其臂脛陸德明云依字宜作擐先全切東坡詩玉腕半擐雲碧袖 擐 同上 冒 音鞔禮記注黿皮可冒鼓漢書銅沓冒黃金塗 斲 音軒爾雅注斲天 遠 音鴛詩唐棣 鋆 音昆劉向九歎總鋆蠡於筐簏

十四寒　十五刪　字十三

爛 平聲詩爛其盈門楚辭文章爛兮 散 平聲洛神賦精移神駭忽焉思散俯則未察仰以殊觀元微之詩酒戶年年減山行漸漸來欲終心懶慢轉覺與閑散 審 子潘莊 宣 音檀船纜也杜詩注 漢 音灘太歲在申日涒漢 繁 音槃繁纓馬飾也 鼉 音單月令注 半 平聲陸機歎逝賦與殘合韻 賁 古班字易注 矜 音鰥詩 般 烏閑切黑而有赤色曰般 陰 同上馬白雜色曰陰 闌 說文妄入宮掖也从門䜌聲字一作闌漢成紀闌入上方掖門應劭曰無符籍妄入宮曰闌西域傳闌出不禁又通作蘭列子牛有蘭子注謂以技妄遊義與闌通

上平一百三十一字

古音獵要卷一

古音獵要卷二

新都 楊慎 撰　綿州 李調元 校定

一先

西音先尚書大傳西方者遷方也萬物遷落也前漢志少陰者遷方漢志樂章象載瑜白集西食甘露飲樂泉文選注西施作先施史記先俞至山正義先俞山名即西隃也稽康琴賦春蘭被其東沙棠植其西涓子宅其陽玉體涌其前趙壹窮鳥賦幸賴大賢我矜我憐昔濟我東今振我西魏明帝涼風夕起悲彼秋蟬變形易色隨風東西曹子建飛蓬篇驚飈接我出故歸彼中田當南而更北謂東而反西瞑說文古眠字莊子據槁梧而瞑楚辭懸人以娭投之深淵致命於帝然後得瞑展諸延切毛詩叀音專說文小謹也从幺省屮財見趙古則云東草折竹達厶於神日叀从厶从屮厶中象纏東之形古作㞢但象東艸形通用專作篿非楚辭索瓊茅而莛篿兮篿俗字也沈存中日審方面勢覆量高深遠近謂之

叀術叀文象形如纏木所用墨斗也倪音研莊子和之以天倪佞音年穀梁國語昏音元馬融廣成頌章懷太子和音桓禮祭義讀日出於東月生於西陰陽長短終始相巡以致天下之和西音先巡音沿風據眠切釋名兖豫司冀橫口乞舌言之王仲宣詩與軒叶泛叶音縣石鼓文汧翳泛泛丞彼溯淵洗蕭前切姑洗律名新蕭前切淮南子沽洗新者陳去而新來也塵音田易林申音田漢書讚秭全切蔡洪棊賦或設死而稱枉皐陶不能治其冤或恐逸以欒胥后夔不能爲之讚芇讀若宀从廾从冂說文相當也圍棊謂和局無勝負日芇

二蕭　三爻　四豪

遽尺驕切楚辭青春受謝白日昭只春氣奮發萬物遽只朱子日遽字从虛平聲爲强又自强而爲驕乃得其讀也王岐公集中銘詩亦以昭遽合韻〇今按古音或四聲互用或切響通用此字則四聲切響兼有之隱奧之極也非朱子釋之殆不可讀肖音消史敘傳申呂肖矣字一作⿰豸肖·⿰豸肖同上詔

音韶禮記幽音窔釋名窕音桃左傳秋音鍬漢書猶音搖檀弓抱音拋史記校音交淮南子參音操莊子懆音猱懊懆歌名告音皐史記留與茅叶楚辭斛古鍬字笑音消易爻辭皂音韜周禮昴音旄昴一名髦頭星軍中旄蕤象之詩維參與昴

五歌

我古俄字說文我頃頓也頃頓即今言俄延少頃也我字从戈爲聲自有俄音也義音俄易鼎小象鼎耳革失其義也覆公餗信如何也儀音俄洪适云周官注儀義二字古皆言俄詩以實惟我儀叶在彼中河樂且有儀叶在彼中阿太元以各遵其儀叶不偏不頗是也〇古者義和占日常儀占月皆官名也後世訛爲嫦娥左傳有常儀靡即常儀氏之後以月儀爲嫦娥亦猶村夫以杜拾遺爲杜十姨艮可笑也宜牛何切易縭叶音羅詩干音柯若干亦日若何倡獨集繁音婆人姓檥音俄項羽傳亭長檥船懷音窠淮南子中央黃帝之令曰平而不阿明而不苛覆沾萬物無不囊懷溥汜無私

正鄙以和咼古文卞和作卞咼今楚有此注丹音竝諸與峨叶琶樂書琵琶一名鞞婆鼇音蛾車螯六一居士集作車蛾桓音和禹書桓夷底績酈道元水經讀作和漢書注陳宋間桓聲如和

六麻

吾音牙金吾鳥名借爲官名象其猛鷙又允吾地名庶止奢切易錫馬蕃庶鄭元讀苴漢隸葩字余漢隸袞斜作袞余亞音鴉東方朔傳都音遮漢書樂歌與華叶啞音牙易林鴻鴈啞啞以水爲家桓音華禮三家視桓楹古墓上桓即華表也唐書藝文志桓譚作華譚

七陽

兄虛王切釋名兄荒也詩人之無良我以爲兄漢書我以爲兄安知非狼楚辭亦叶此音象平聲易象剝卦嚴音莊商頌楚辭皆有此音兄音皇古文尚書無兄日今作皇東都郎切詩大東小東有此叶丁東珮聲一作丁當古有此音所謂切響也登易林與岡叶丁當陽切白虎通丁者強也

釋名丁壯也物體皆丁壯也韓退之詩相見不復期零落甘所丁嫣女未絕乳念之不能忘口今按丁音當者切響之類然可見者也姑以俗所曉者證之丁當環佩聲也琴琴當當漏鼓聲也登古音琴文音當東與陽兩韻皆可叶是其証也亨鋪郎切易德合無疆與品物咸亨叶陶宏景讀韓信傳高鳥盡良弓藏狡兔死走狗亨烹亨今文作烹太元脂牛正防不濯釜而烹羹音郎詩楚辭急就章皆有此音鴃音鶯鴃鳴失聲也見文選注通易緯辨終備見後略例

八庚

井子盈切易小象營于兵切漢書敘傳命音名惠古文慶音卿亯鼎文亨字請古倩字禮注聖音聲公羊傳聲姜作聖姜頸平聲易林汪與泓同左傳

九青

佞音寧莊子耿古邢耿同音晉鼎文靈字秢漢碑齡字蚈古與螢同

字六

十蒸

耳音仍爾雅耐音能禮運贈音增詩注氷與凝同爾雅氷脂冰與綾同鹽鐵論錦冰風馮衍顯志賦與陵叶班固泗上碑銘與亨叶太元與乘叶

十一尤

字十五　同文異音三

九音仇史記九侯九音鳩莊子區音鉤樂記區音嘔左傳區音邱論語舊音鵂鶹鶹惡鳥也鞠徐堅云即毬字窈讀如幽淮南子嚘楚相碑優游字作漫嚘晝音周雜卦傳晉晝也明夷誅也孫奕云誅當作昧明出地上爲晝明入地中爲昧庶得反對之義昧叶音如暮口愼按孫說似矣而經文不可改也既改字又改音可乎古誅字亦有之由一切見韻補與晝相叶則晝音周晝之字與夜爲界一日一周也知晉爲晝則知明夷爲暮知明夷爲誅則晉爲賞也義亦未嘗不對誅之由切華嚴自責文與留叶霤何晏瑞頌與疇叶爵音緅爵頭色也懵音四音義與懷同蒩音與

緅同周禮司巫蒩館或作租蕭音颾毛詩下泉以蕭叶周楚辭以蕭叶憂說文引楚辭梧楸作菩蕭

字七　重文一

十二侵

風孚金切毛詩凄其以風與實獲我心爲韻駛彼晨風與鬱彼北林爲韻其爲飄風與祇攪我心爲韻如彼遡心與民有肅心爲韻楚辭欸秋冬之緒風與邸余車兮方林爲韻文選長門賦天飄飄而疾風與神怳怳而外淫爲韻考古韻皆作孚金切而無作方中切者惟賈誼惜誓右大夏之遺風與天地之圜方爲韻乃是孚光切豈古韻自孚金轉而孚光又轉而爲方中之今音邪今太行之西汾晉之間呼風猶作孚金切故近世醲東華門外刮東風之嘲辭不知其爲古音也楓孚金切楚辭湛湛江水兮上有楓目極千里兮傷春心南尼心切詩凱風自南吹彼棘心又鼓鐘欽欽以雅以南楚辭文選多作此叶㬎讀若暗說文黔音琴左傳戠音簪易勿疑朋盍簪虞翻本簪作戠古文作戴王肅本作走戴王肅讀作走又上聲

十三覃　十四鹽　十五咸

朁淋同酒迺迴日朁颯音藍翔風也沈音潭史陳勝傳[illegible]漢碑耽字濅音浸史記鑒平聲易林鑑監同說文古咸字險嚴邐史記狎蕭贍切人名楚有蕭狎戚漢碑藏字湛子廉切月令湛熾必潔注湛漬米也熾次米也漬米以水淋沃必盡去米塵使水清不播爲度故日必潔詩所謂吉蠲爲饎也淮南子東風至而酒湛溢謂酒醪在甕盎者漬溢而出也玷音坫莊子注玷播太馬之鈞俗諺所云玷斤播兩也

古音獵要卷二

下平一百十九字

古音獵要卷三

新都 楊慎 撰　綿州 李調元 校定

一董　二腫　字四

泛音捧呂后紀自起泛孝惠扈賈誼疏大命將泛注覆也　駷音竦公羊傳　翁音蓊周禮注

蚌白孔切山海經贊

三講　字二

顜音講史記顜若畫一　彊音講月令　蠬古文蚌字

四紙　五尾　字二十一　重文一

等典禮切韓非子主妾無等必易嫡子韓文公許國公銘上之宅夏公讓太宰養安蕭坂萬邦絕等

駭詩已切管子聽微如負猪豕覺而駭吳子戢其耳目無令驚駭習其馳逐閑其進止淮南子勿撓勿

嬰萬物將自清勿驚勿駭萬物將自止參同契法象莫大乎天地兮元溝數萬里河鼓臨星紀兮人民皆驚駭韓退之鄆州谿堂詩淺有蒲蓮深有葭葦公以賓燕其鼓駭駭詩釋文作駭　久苟起切易雜卦傳楚辭

玖苟起切毛詩　儀音擬唐賦高　疑音擬易陰疑于陽必戰禮西河之人疑女于夫

子莊子用志不分乃疑于神韓非子內有疑妻之妾妾有疑嫡之子朝有疑相之臣臣有疑君之權漢食

貨志違方之能疑者並起而爭之矣　母姥罪切淮南子　在楚辭叶理　海虎委切釋名　火易林

魁行搖尾逐雲吹火火音燬　友羽軌切詩　有羽軌切詩　殆養理切天問　洏音瀰詩河彼流

水又泒又作洋宇作洋从楚姓之半　走養里切易林　分或讀作匪集韻　佳諸鬼切莊子

蘁荀子仲虺作中蘁說文仲虺作仲蘁　藚易注古偉字

六語　七麌　字十六　重文一

步讀作浦水際也吳楚間謂浦爲步柳子厚鐵爐步志江之滸凡舟可涉而上下者曰步韓退之孔戣

墓志番船至泊步有下碇之稅又步有新船或改步爲涉謬矣地志吳江中有魚步龜步湘中有靈妃步揚州有瓜步金陵有邀笛步王徽之邀桓伊吹笛處青箱雜記嶺南謂村市爲墟水津爲步晉步即漁人施晉處唐詩那堪回首處江步野棠飛　舍音署易　下音虎易　馬音畝毛詩　野音渚詩

寡音古禮注　鴇音普　鳵同上　苦音戶老子生于苦鄉　苦音古不攻緻也古但用苦今作楛

杜音杜王陵傳杜門不出　敷王陵傳杜門字或作敷門　莽音姥楚辭　寫洗與切詩　戎而主切詩

寶叶音補詩

八薺　字六　重文一

泥音你詩蓼蕭　柅乃李切易係于金柅　鑈古文易柅作鑈注凝車木也　提音抵少儀　掜音擬太元　萋文選叶泚

九蟹　字八　重文一

斯音籭禮問喪　奇音矮漢書後　倚音矮莊子　騃通駭莊子　駭古字　豥古駭字詩注

罷音擺字又作捭　捭擺同鬼谷子　掛置而不用日掛易注

十賄　字八　重文一

子音與宰同玉篇作崽江淮人謂子曰崽俗作仔非楚人歌薪乎菜乎無諸御己訖無子乎菜乎薪乎

無諸御己訖無人乎水經注鑾童丱女弱年崽子　回胡悔切繞也左傳　洒崔上聲詩新臺　壞

音毀詩譬彼壞木　瘣說文引詩壞木作瘣木　沬音頮漢書　畏音委　佳音嘴古詩畏佳佳

石谷水

十一軫　十二吻　字十四　重文三

巾與與邑同陶詩或命巾車楊脩賦所謂弁車也　水音準白虎通　巹籀文巹字　僢古字外

洒忘恐切書注　渾音衮山海經　听音矧相如賦　眼音狠考工記　蘊音縕左傳蘊利

生尊苑同上石經菀同上苑菀又作菀詩我心菀結又蒙代有菀欠邱訒切張口爲欠禮欠伸
跛倚說文欠張口氣誤也南朝孟顗以亢聲大欠被勁韓文公詩欠噫爲飄風分音粉史佞幸傳脂分
爾雅律謂之分注律管可以分氣上聲

十三阮　十四旱　十五潸　字十五　重文二

斡音管斡本井之韓也韓一作斡漢有井斡樓字有兩音一音井韓一音井管也太元井無斡水直行
後漢書竇憲內斡機密斡斡一作斡屈原天問斡維焉係賈誼賦斡流而遷鹽鐵論斡運山海師古
云俗作烏鞯切非周興嗣千文璇璣圖斡俗作烏滑切音之亦非圈音捲人姓卷與袞禮玉藻袞
作卷莊子卷傾以玉天下寒山子詩雲卷兮霞纓忠恕曰敦厚之爲敦弓書卷之爲龍袞又依傍經郭
暈音義與短同啓雨而晝見日曰啓與道同俗所謂道晝是也鐇與瞫同石鼓文原隰旣坦
壇理鐇鐇毛伯敦銘予惟商鄉敦麗敦亦作鐇竿與符同句奴傳發古短字淮南子圓古蒲

字昦音報溫濕也巽音纂易象篹古撰字睅左傳睅其目睆禮記華而睆文字辨
疑日睅睆同一字也

十六銑　字十一　重文

枕知蕫切易入于坎窞險且枕詩有美一人碩大且儼寤寐無爲展轉伏枕愆以淺切太元井無斡
水直行匪谿匪谷終于谷鼒說文蘭字齊即淺切陸詞日俗作剪非劑同上即剪字爾雅注允
音演單論衡單樂記繟音闡繟左傳敲音淺敲上同纖音淺纖離馬名端音冕玉藻元端

十七篠　十八巧　十九皓　字十八　重文一

楚初絞切音與炒同漢書敘傳有楚此音今樂器變北方名曰鈔[illegible]見上昭之繞切魯頌叶蹈
趙詩音掉謏音小學記愀子小切易晉卦簫即篠字文選注糗麨同孟子騷音埽李斯
傳校音絞考工記熛古炒字曉古肴字留音卯史記懰朗老切詩懤擣同心病

也易林所謂胸春也鴇古搗字[illegible]音保行刈也旭音好詩旭日始旦

二十哿　字九

霎雲不族也通作韡播音簸蠡力果切左傳寡古火切征賦叶左佗借作彈驪策
雅語可切仲長統詩寫捐果切謝惠連詩冶與瓊叶尙上馬毋果切陸機詩疏研櫝不
諦得繫述轡迷尙可得駁馬潘岳西征賦野蕭變而成騰苑鹿化以爲馬假譎逆以天權鈞衆口而寄坐

二十一馬　字四

蠱古冶字或作古蠱子殺賒上聲炧同炮展甘棠詩注

二十二養　字六

景舉兩切毛詩二子乘舟泛泛其景願言思子中心養養夏侯湛擬疑九疑之從王化猶洪聲之收清
響黎苗之樂函夏若濟形之拾惠景郭璞遊仙詩翹首鑿太清朝雲無增景雖欲思騰化龍津未易上

影道藏歌解脫七元根更法無中影七化反白然帝一同元響萇上聲人姓左傳萇宏蒼上聲
莊子奘粗朗切大也皇音往少儀

二十三梗　字三　二十四迥

凝上聲唐詩日照凝紅香邢音耿史索隱承古文拯字

二十五有　字八　重文一

包補苟切詩野有死麕抱補苟切易林東行得酒與喜相抱茂莫口切詩栲去九切詩南山
有栲北山有杻詩草木疏日詩愼讀栲爲糗今人音考失其聲也柷說文栲作柷去九切乳易林
與有叶幽讀作黝禮記[illegible]音部地名

二十六寢　字四

瘁說文所臻切寒也又所錦切寒病也唐詩傑毛各噤瘁又肌上生瘁瘶又禁瘁餘寒酒半醒岑

於簪切莊子 吟 疑錦切揚雄傳 崟 巨錦切太元

二十七感　二十八琰　二十九豏　字十

朁 音答古文易 戠 易朋盍戠王肅本 湛 音禪水名周禮 函 音頷同詩注 嬐 音儼韓詩有美

一人碩大且嬐 酓 與厭同史記引書厥篚酓絲 葴 古文點字 嚴 音儼書日嚴祇敬六德 霮

古文奄作霮黷 忽 知檢切易坎 枕 爻辭詩澤陂

古音獵要卷三　上聲一百六十七字

古音獵要卷四

新都楊慎撰　綿州李調元校定

一送　二宋　字九

孟 說文長也从子皿聲五音集韻莫更切字與盟津之盟同音○按今四方之音無南北皆與夢同韻會亦云與宋韻孟字同音而不敢改之蓋恐是古音也說文東方之孟陽氣萌動則古音亦與今同而莫更之切爲鳩舌無疑矣 霿 音夢 翁 音瓮山海經天帝之山有鳥焉黑文而赤翁纂文鳥頸曰翁鳥頸曰鷃急就章春草鷄翹鳧翁濯又酒色也周禮注翁翁然葱白色 贚 音義與洞同急就章乘風懸鍾華贚樂 巷 音閧郭忡救眾切遂音款卝毛詩 龍 音弄竹樹深也李華詩 淞 音送凍洛也又夜雨也俗云霧淞曾子固云齊地寒甚夜氣如霧凝于木上日出飄滿庭階尤爲可愛齊人謂之霧淞諺日霧淞如霜淞窮漢買飯瓮以爲豐年之兆 風 方鳳切詩序下以風刺上謝枝曰動物曰風托音曰

三絳　字三

紅 古巷切晉都日紅紅又三國志紅孔明還定三紅今本並作絳 瞳 音惷莊子瞳焉如新生之犢 杯 音棓山海經

四寘　字三十三　同字異音一　重文二

驥 漢隸韓勑碑驥字文王世子注引孝經緯大夫勸于朝卿士驥于邑孔穎達曰驥謂仰冀之也 愛 許既切易小象 快 苦桂切易小象 醫 音翳木自斃也詩其菑其翳 態 音替楚辭 代 楚辭叶意

題 王筠詩叶契 發 音廢毛詩壹發五豝 軷 周禮祭軷杜子春讀爲別異之別亦蒲昧切 卒 將遂切韓詩下民卒瘁今作瘁 竄 七外切易遯小象李燾曰字林元有此音非闕叶韻 竅 上同 晢 征例切易小象 晣 上同 率 古音帥將帥之帥借作率 音類計數之名九章算法 遲 音滯待也

自遲曰遲彼遲而始音試月令敕發四切說文揰曰
我待之不至曰遲始桃始華敕字从束从攴
蕾古敕字借蕾周禮蕾栗剌剌又作傳史記不傳又剌
不迺考工記蕾蚤不斷剌敕剌又于公腹
作傳管子春有以傳耕尺類切增韻物自出則入
注齊謂物立地中曰傳出聲使之出則上聲詩匪古
是出書寅賓出日出納五言左傳使出其妻而妻之
詩韓雪六出成花雹三出成獸尚書大傳春者出也
物之出也注
讀鼓吹之吹

五味　字四

倪音睨莊子曰方中方倪洎古溉字灌釜也奉音諱石鼓文曳音裔易睽爻辭口按古曳
裔亙音曳音裔裔亦音
曳楚辭搖裔作搖曳

六御　七遇　字十六

藥音義與禦同說文禦禁苑也春秋傳澤之自御李
正巳曰園庭中藥闌闌即藥藥即闌揚雄言圉援非
花藥之闌也漢宣帝池藥未幸者假與貧民漢書闌
入宮禁字多作草下闌則藥闌字義尤明也杜子
美詩乘興還來看藥闌王維詩藥闌花徑衡門東皆
貧新麗而理不通也口闌字義又見寒韻闌注禦或
作禦說文又作馭又作衙馭上見衙上見衙或从作則故
中从魚與權衡之衡不同草切今
俗作做詩采薇采薇薇亦作止曰歸曰歸歲亦莫止
又思無數思馬斯作漢書康叔度來何暮不禁人民
安夜羊茹切寫息據切謝儀禮注謝讀如謝字或作
作切詩素問序左思魏都賦與茹字叶韻朝
林遇切漢楚則創巨切痛也口楚音創巨亦有義創巨
書敘傳痛楚也此即以及切為字義如胡盧
之為瓠胡洞迓音御書𠕋古鹿鋁漢碑鼎文錯同
之為卷也迓衡字鑢字彡樹字鍍
交選美人贈錯刀塗金也俗作鍍古詩何以報之金錯
我金錯刀雜武帝上雜物數有金錯鏤鏡一
校見初學記

八霽　字七

發方吠切易坤小象殺所例切中唐結古髻字秇古文藝𥨊瞑也僎音繫
文題音第毛詩題彼脊令王筠詩靈圖白玉檢寶冊
子題黃金題會合其符至德乃司契史通時採薪名
務成篇題
自注音第

九泰　字四

蠢音賚詩蠢爾女士能音耐作容古文嘛字理音賴楚辭吾令豐隆乘雲兮求宓妃之所
在解佩纕以結言兮吾令蹇脩以為理朱子楚辭後
語曰孟子不理于口漢書無理之至皆訓為賴則理
固有賴
音也

十卦　字六　重文一

𡔂下介切詩𡔂上蔽同劇同喝於犗切字書云嘶也司馬相如
賦水蟲駭波鴻沸榜人歌聲流
喝東漢竇憲侍陸喝不得對張衡傳袚矢貫咽音聲
流喝注引蒼頡篇喝聲之幽也藏若思詩留喝曲難成
篇縈響還咽張正見秋蟬喝柳詩長楊喝音愛署猲
流喝盡韓孟雨中聯句騰口甚蟬喝病也
籀文沛普大切說苑夏人歌江水沛兮舟楫敗兮漢
𩕦字武帝歌歸舊川兮神哉沛不封禪兮焉知外
三水小牘諺曰覡
山張蓋雨滂沛

十一隊　字五　重文一

䣽音配色也䏚同上妃讀作配毛詩小序出音墜尚書敦音對周禮

十二震　十三問　字十

實音愼易蒙小象亂聖閏切易小象闢闢不富皆失實也不戒以孚中心願也城復于隍其命亂也
實音愼願音韻亂讀如疾病則亂之亂三畧士驕則
下不順將憂則內外不相信謀疑則敵國奮以此攻
伐則致亂申音迅莊子薦音進列子箭音晉周禮注選與連叶演連珠巾音近左傳巾車
脂轄陶潛辭或命巾車巾與韻同樂記注古
車即楊脩賦所云弁車均無韵字此即韵字隱音印

詩 溫音蘊詩

十四願　字六

巽須絹切易小象順食願切易渙小象反孚綿切易雜卦軒去聲內則困若倦切後漢書

贊轉音囀選詩歌梁想遺轉文子不知音之歌也淵轉之則戀而無轉傳毅舞賦動容轉曲便娟擬神

高僧傳清轉使人忘疲又却轉弄響飛揚長引

十五翰　十六諫　字九　重文一

宣音蒜易說卦巽為宣髮注髮早白也今人謂少年白髮曰蒜髮是也今本作寡髮非韓非子身不待

老而懸髮不待年而宣干音幹詩幕音幔西域傳澶音壇遠也杜詩澶漫山東二百州柳

子厚鐃歌澶漫萬里宣唐風顏音鴈助傳嚴盼四莧切目好流覗也作盻非鴰干諭鑑鐵鴈

字分古文辨字易以分今本作辨劉床鶞禽經鴈字

十七霰

槢子濺切說文引詩槢槢濟濟第音佃漢書別音辨玉藻欄木名音練考工記淒音倩

上林賦浰音練上林賦淒浰淺音濺禮儀注

十八嘯　十九效　二十號　字十三

樂音療詩可以樂飢鄭康成讀字亦作療療同上幼讀作要眇讀作妙漢書幼眇之音

憂一笑切詩拋三國志注砲字窌音砲石聲也韓退之詩投窌閙碻礐李賀詩沙砲落泉紅礬

在到切楚辭纛音蹈从俗从毒非每兮謬獮笑切陸機演連珠叶照燒騷去聲少儀氾埽日

埽又彗星名埽星公羊注金星埽旦又以竹本為枋和土以止水日埽今黃河之役用之濯音棹漢百

官表有幗濯宮相如賦鶴濯牛首張說和利銘禮獻絲繭詩倩幹濯婦政可遵嬪風胥效妃高聲去

楚辭叶教文選郭有道碑叶操

二十一箇　字六

如乃个切書如五器論語不日如之何如之何吾莫如之何也已字與奈同奈同上音東方朔傳奈

何乎陛下韓銘奈何乎公文火音貨郭璞詩注左音佐周書逿地唐佐切楚辭夜羊和

切陳琳賦

二十二禡　字九　重文一

喈音借廣雅牙音研考工記差楚駕切唐詩跛差又作跛路也跡又作跡淫

叹又作咤赫音下嚇莊子狐普駕切呂溫勳臣賁禹功大夏貳師秉鉞身氏漢書敘傳博望杖節收

胡社致死為禍每生作啡酥叶音化

二十三漾　字六

裝音壯吳均詩匕首直千金七寶飾華裝生蛸何用表頓此持相向或攻為伏誤矣唐詩金魚公子夾

衫長窑裝腰圍割玉方行處春風隨馬尾柳花偏打內家香光音桄史記章音障雜記禮兄

音況毛詩往于況切少儀病被旺切老子

二十四敬　二十五徑　字十五　音一　重文三　同字異

冰經史字音曰冰水凝也平聲所以寒物曰冰去聲李義山詩碧玉冰寒漿又珉瑁明珠問琉璃冰酒

缸洪邁曰唐人謂部曰冰驛冰音楠祠鳴音命文選卿音尚書秉音柄行志五登音幀

畫繪也晉天文志東海氣如圓蓋幢同上幀同上幢同上彭與靚同彭粧亦飾也洞音營

厭極也奠音定周禮蚈讀作徑淮南子腐草化為蚈鐍同上說文腐草為鎣鐍字从金者營影

瑩叐蓋於四承聲為轉聲也音贈禮運承音證邑名

二十六宥　字六

造易乾卦大人造也叶組救切詩遭家不造造音造古未成造列也柳音霤禮記池柳油音又

莊子油然翏然又𪗋子桐花曰油宿音秀字留音溜一
春秋盟于皐鼬公羊傳作浩油一作㑗字一
作宿宿留行相待也孟子退而有去志注宿留也漢
書武紀宿留海上李尋傳惟棄須臾之間宿留瞽言
後漢書此誠聖思所宜宿留也韋彪傳子其宿留季
列子襄子怪而留之梁鴻詩惟季春兮華阜麥含英
兮方秀口嗷嗷兮予濁音蠋
訕嗟悵悵兮誰留星傳

二十七沁　字三

陰音陰枕之任切論語曲肱心音信
禮而枕之易險且枕史

二十八勘　二十九豔　三十陷　字七

鉊音欠菴音暗含戶暗切點音占音減音陷減切帆
說文文選左傳玷苫見儒書
音汎左傳注拔旆投衡上使不帆風謂旆之受風若
帆之帆風也南史因風帆上前後連咽杜詩遠帆晨
初發孟浩然詩嶺北回征帆巴東問故人
選詩無因下征帆韓退之詩無因帆江水

古音獵要　卷四　六　第十八函

古音獵要卷四

去聲凡一百七十四字

古音獵要卷五

新都楊慎撰　綿州李調元校定

一屋　二沃　字十二　重文二

賣音陸公羊傳濁殊玉切毛詩漢書孟子楚倏式竹
陸渾作賣渾辭白虎古樂府皆有此音切詩
抽音續顏氏紬抽又作紬籒紬又作嘼古文以為六
正俗紏繆史記自序籒說文嘼字今作畜
封音復史囿于六切劉向九歎荒芸棄于澤洲兮匏
秦紀蠡蠹於筐簏麒麟奔於九皐兮熊羆羣
而溢角音錄賣借作續字魯豖音逐易為
囿漢書詩陰騭鎜寶豶豖之屬

三覺　字三

榷直角綠音角喪大記𣂔瓜盛于綠中角木蹻音角
切詩音綠角里先生是也角綠蓋互音趫有
兩莊蹻一莊王時大盜一掠地
南中留爲滇王者頃襄王時人

古音獵要　卷五　一　第十八函

四質　字七

鷸莫筆切烏鷸橘音吉易林三人求橘反得大栗東
也剔雒賦陂有黃甘陸吉傳借吉為橘也今
蜀音驪音栗八駿圖馬名有驖驪結激質切戍音
猶然驪音淺驪音栗淺栗色馬也蘇秦書悉
說際子悉切易先質八切揚雄解嘲天收其聲地藏
文秦小象蓺其熱高明之家鬼瞰其室〇拔日
與熱互音日亦音熱楚辭成梟
而伴呼五百首剕犀比費白日

五物　字三

疑音佗貍音鬱尉音鬱持火
儀禮周禮熨展繒也

六月　字九

發方月內音越括詩叶且列切劉邵七華後不可及
切詩隸格前不可越尋聲赴響逐晷追括
袂古穴切沈炯歸魂賦矧今古之悲涼並攢五結
心而沾袂渡狹嶺之歌危跨清津之幽咽齧切吳

都賦傑與脅合韵○今按曳脅互音古辭賦中揺曳多作揺脅是也遰他結切玉筍詩嶢山多詭怪蓄嶺復迢遰神芝曜七明山蒲含九節洛欲雪切東坡月硯銘其受水者哉生明而運墨者旁死魄忽元雲之霓霽觀玉兔之沐浴㕡許月切後漢律歷贊象因物生數本杪㕡律均前起準調後發忽許月切陸機雲賦盈八紘以餘憤雖彌天其未泄豈假期於還碁邁崇朝而倏忽

七曷　字五

旦與妲同當割切按音遏詩眛音末易曰日中見眛發撥古作發究音奪龍究地名史記

八黠　字五

選音刷漢書帕莫八切列子揳音義與戛同擊揳又作擊禮記截音札宋志軍士截柳今札柳也

九屑　字二十二　重文二

姪音迭左傳杜元凱讀釋名姑謂兄弟之女爲姪姪者迭也共行事夫更遰進御也楚辭二八侍宿射遰代札音截疫癘也周禮大札則不舉左傳札瘥夭昏又書札也古詩客從遠方來遺我一書札上言長相思下言久離別漢書谷子雲筆札樓君卿脣舌察敎列切老子其政察察其民缺缺漢志樂歌景察星顯見信星彪列象載昭庭日親以察古詩置書懷袖中三歲字不滅一心抱區區懼君不識察張君祖詩明哉如來降豁矣啓前穴幽情淪朽壞曷若阿維察辥音別周禮士師荒辥之法鄭讀爲風別之別○古字辨別互音揚子豹別其文蔚也小人貍別其文萃也是以別音辨也詩傳辨色而入玉藻作別色是以辨爲別也制音浙莊子制河以南韋昭曰浙江其流曲折故曰制河○古字折制互音崔駰達旨天地初制音作折文選折中以泉臺韋昭云折讀爲制栗音烈周禮考工記畣栗不迆鄭讀栗如裂繻之裂詩烝在栗薪鄭注古者聲栗烈同也古詩孟冬寒氣至北風何慘栗愁多知夜長仰觀衆星列司馬法位欲嚴政欲栗古樂府淒栗栗北風爲雪船道不通步道斷絕凄飻他節切左傳天

下之人謂之饕餮注惡獸名說文饕一作叨餮本作飻衞于別切後漢書獻帝贊徹亡備兆小雅盡缺麋鹿霜露遂棲宮衞三國志曹嘉贈石崇詩入仕于皇闈出則登九列時昔諺同位情至過曾衞威詩赫赫宗周褒姒威之注威滅也義同而字異音亦異威赫武劣反音血滅任列反今同音讀之非也史繩祖說○莊子成然寐蘧然覺梁簡文云成當作威音恤一本作昳呼括切昳上同世私列切詩遞音迭楚辭際子結切王芻詩軼與轍同莊子奔軼絕塵騶音咽都賦魏泥音淖史記遏音歇○今按遏歇互音書四海遏密八音史趙王歇注音遏髮方月切吳才老云古通屑韻皆作此音俗呼說爵子結切說文爵其鳴爵爵又鳳皇鳴足足節節節即爵爵音義同而字異故爵之爲字从節省也東坡龍山文以節叶罰祖此義也渴巨列切詩曰之夕矣羊牛下栝君子于役苟無飢渴國語天根見而水渴周禮渴澤用鹿黃庭經時念太倉不飢渴役使六丁神女謁○宋人小說謂天下字義皆有對如飢飽勞逸之類惟渴字無對非也孟子曰溝澮皆盈其渴也可立而待也渴飽端也渴郎盈之對也何謂無對乎汭音越江淹詩昨發赤亭渚今宿浦陽汭方作雲峯異豈伊千里別又桐林帶晨霞石壁映初晰赤玉隱瑤溪雲錦被沙汭李白詩海水落斗門平湖見沙汭亦與雪爲韻閉音瞥三略將謀密則姦心閉士衆一則軍心結

十藥　字十七　重文三

夜弋灼切詩夕祥籥切詩三事大夫莫肯夙夜邦君諸侯莫肯朝夕○朝見日朝上字音招下字音朝夕見日夕上字音錫下字音錯古詩朝與烏鵲朝夕與牛羊夕赫音霍詩曰音若若木日所出也格音閣漢書履格詔書又格澤星名澤音脫格澤星名尌音杓毛詩石鼓文皆有此叶惕汀藥切太元心惕惕足金舃不亡滿經惕鵠古鶴字○鶴鵠同物而互音莊子鵠不日浴而白鵠卽鶴也而武昌江下有黃鵠磯江上有黃鶴樓固一物一事也額逆各切釋名額鄂也有垠鄂也後漢語曰城中好高髻四方高一尺城中好廣眉四方且半額尺赤約切的音灼婦人以點飾額也史記注

的以丹注面婦人有月事妨于進御緣於自言故點
的以見王微神女賦施元的正羽叙傳元詩元的點
鋒潘岳芙蓉賦丹煇拂紅飛須垂的
斐披艴赫散煥爛蒨集韻字作黙
黙同上濼音薄陂也山東
名濼幽州名淀左傳公會齊侯于濼濼水名出濟州
歷城縣西北入濟謂之濼口史記梁孝王遊于艮山
宋史梁山泊也字又作濼又作灤
澤同上滜同上侂與托同集韻引論語可以侂六尺之孤宋
韓侂胄名取者或作乎音非
尺赤約切詩是斷是度是尋是尺漢志尺者蒦也蒦與蠖同蠖之義蓋
取諸尺蚓之義蓋取諸引引首印也
今人布指求尺一縮一伸如蠖之步

十一陌 字六

澤借作釋詩其耕澤澤考工記水有時以澤夏小正農及雪澤史記振兵澤旅管子引詩澤命不渝信
也品七迹切眾口也刺七迹切多言也管子焉能去刺刺而爲咢咢乎韓文顧婢子語刺刺不能
休度古宅字毛詩爰究爰度又度其鮮原尚書三危既宅史記引之宅作度耤音席易藉用白

茅睪音澤引給也

十二錫 字八

逖音滌易其欲逖逖漢書作攸〇按古笛字作遂以逖得聲知逖字元有滌音也鈲並狄切諸經音
義古文劈鈲旒三形同藝文志苟鈎鈲析亂而已注
鈲破也又劍脊曰鈲越絕薛燭相劍曰觀其鈲爛如
列星之行觀其光渾渾如水之溢於塘借音積取於人曰借去聲因人借而與之曰借入聲左傳計
功則借人也陸機五等論任重必於借力商音滴說文从帝从口語時不啻也一曰商諟也讀若諟字
諟云木根果蒂爪當鼽鼻皆曰商養生書曰爪之兩
商者殺人又通作滴士昏禮漏下三商爲昏蘇易簡
文三商而眠高春而起打音滴歸田錄南音怒滌僃文讀夜音惕剡子脩音滌周禮

十三職 字九

減與洫同大雅築城伊減注城溝也史記禹紀盡力乎溝洫說文云疾流非合從經服蒲北切易

詩楚辭戰國策皆作此音福音易困井小象詩禮記全戒訖力切易詩伏易兌見而異伏也
革訖力切詩來六直切易爻辭朱紱方來利用享祀毛詩楚辭皆有此叶祀逸職切毛詩四用祀
韻皆作此音恧女力切思元賦

十四緝 字三

廿音集二十幷也戾力質切劉向九歎與泣邑韻楫音集尚書

十五合 字五 重文二

盍過合切郭調字指云盍調色畫也纂文彩采艷澄畫也鬠畫生色畫也俗作鬠非鬠乃魚網合作盍
邑音匼阿邑諂諛迎合貌張湯傳以知阿邑人上與俱上下通作匼唐蕭復傳詔諛阿匼楊再思傳阿
匼取容又烏邑短氣貌桓譚新論作歐歍〇按詩龍
盾之合鋈以觼軜言念君子溫其在邑邑叶於合切
是古有此音非叶也匼見上歐見上雜昨合切詩

十六葉

荅易林黃鳥來葉既蘇不荅獲古穴切易林南山大獲盜我媚妾霅音煠說文引詩霅霅震電
今作燁擪音捻說文一指按也文選彈琴擪籥字一作厭列子使伯吹竽使工厭竅荀子厭目而視
視一以爲兩或書作擫
唐詩李謩擫笛傍宮牆

十七洽 字六 重文三

厭音壓乙甲切厓石隤厈也从丁猒聲檀弓畏厭溺別作壓非又於輒切王莽傳厭其未發又濡漬兒
詩厭浥行露又幺琰切夢寐氣窒不通也唐書嶷厭
不寐別作魘非又於敢切虛掩也儀禮注引手曰厭
又烏敢切銷沮見大學見君子而後捷音插曹植詩
厭然四字皆假借平聲作猒無丁左攣繁弱左
捷志錄攝色甲切與翣同檀弓注以布衣木國語屏攝之位注屏屏風也攝形如要扇皆所以分別
尊卑祭祀之位翜攝又作翜檀翜又作翣儀禮注漢弓注牆置翜翣謂扇爲攝通作翣翣又翣

作𧺆鄭元云
蹤本一作𧺆

入聲一百二十四字

古音獵要卷五

凡七百十二字

古音獵要　卷五　六　第十八函

余從曹習菴侍講借得升菴古音附錄一卷的係先生在滇時弟子董難李元陽等所校栞其爲手訂之書無疑也中間脫簡一知原裝時已遺失之故闕頁以俟補錄中如太之通作闥鐵之得爲幾州之音作尻其說已見於穀林伐山中茲亦不更指出蓋彼則襍記見聞此則專於取韻體例攸殊無不可並行不悖耳童山李調元書

古音附錄卷一

新都楊慎撰　綿州李調元校定

蕭 左傳晉荀盈卒于戲陽注戲與蕭同許宜切光武紀大破五校于蕭陽降之注蕭陽聚名在今相州堯城縣東

贛 音貢禮記子贛音坎說文引詩坎其擊鼓章貢皆作此字章韇字从此省文又手也

勛 音殫呂氏春秋尾絕力勛

昒 史記昧爽字作昒爽或音忽非古昒曙同音昒从勿勿古垂字○

鍉 後漢隗囂傳奉盤錯鍉注引字詁鍉即題徒啓切方言曰宋楚之間名盎爲題據下文云血不濡鍉則非盆盎之類按前匈奴傳金留犂撓酒注留犂飯匕也以此而言鍉即匙字○又賈誼傳新離鋒鍉之苦鍉又作[illegible]

烏 烏秅國名注音鷃拏師古曰急口言之音如晏拏非正音也

沐 漢西域傳注沐猴即弥猴也

冒 音曼與輓同平音漢外戚傳銅沓冒黃金塗塗音鍍

讖 音懺後漢傳贊李郭豪瞻舍家从讖少公雖孚宗卿未驗

牢 董卓傳卓縱軍士淫略謂之搜牢注牢漉也二字皆從去聲今俗猶有此言

歋 與揶同歋歈手笑也今作揶揄

鍋 郭璞云蝨與鍋古今字

黤 漢書引詩有黤淒淒渰黤同

罧 古文櫾字

分 或讀作匪見集韻

汶 說文汶行水也一作汶

配 即妃字大戴記帝系篇下配娵訾氏女曰常儀

也 劉攽云詞人以也字作夜音杜云青袍也自公又云西蜀櫻桃也自紅不可如字呼之也

遠 音委易高宗伐鬼方注引蒼頡篇鬼之爲言遠也亦協聲解義左傳楚有薳啟疆亦音委从艸爲義取遠得聲也

壽 樂記封堯之後于祝注祝或爲鑄後又省爲壽今姓有壽者乃鑄之後仍音鑄也

打 歐陽公歸田錄云打字義主考擊當音滴从手从丁丁又擊物之聲不知因何轉爲丁雅反也

繸 後漢志佩印系諸侯王以下用繸又曰佩服之衷也五伯迭起戰兵不息於是解去綬佩留其繸璲今本誤作孫山谷集作繸亦誤

太 歐陽公跋北齊石浮圖記云此碑後有人名馮黑太者予謂太亦音闥隋末有劉黑闥吳黑闥皆以此爲名者太闥轉寫不同耳然不知黑闥爲何等語也

罩 詩烝然罩罩王雪山云胡郭切魚罔幹水聲黃東發云雪山博學必有所據○今按罩說文引詩作翟古文作羅按翟字从隹爲聲羅古文罩亦有胡郭切之一證也羅罩字

它 委蛇之蛇後儒林傳方領習矩步者委它乎其中○永嘉錢子文謂詩委蛇字離騷作委迤一本作委移劉向作逶移張平子作蜲蛇孫綽天台山賦歸威夷而修通潘岳金谷詩廻谿縈曲阻峻阪踞威夷皆委曲皃詩周道倭遲漢書引之作周道郁夷

鐖 爾雅鐖汔也孫炎曰汔近也郭璞曰謂相摩近反覆相訓是汔得爲鐖也詩曰汔可小康昭二十年左傳引此詩杜預曰汔期也然則期字相別皆是近義言其近當如此史漢高祖欲廢太子周昌曰臣期知其不可陛下欲廢太子臣期不奉詔言期者[illegible]亦同此也○今按鐖幾汔期近忌皆語助辭詩往近王舅近音忌注近辭也今人不知爲語辭而以爲辭去可笑

州 音尻爾雅釋獸白州驠注州竅也尻也謂馬之白尻者名驠

糾 張平子思元賦寒風凄而永至兮拂穹岫之騷騷元武縮於殼中兮螣蛇蜿而自糾糾音交

斢 詩賓載手仇室人入又鄭讀仇作斢斢仇古同音也玉篇曰酌也詩注挹取也音邱

郯 音豔詩豔妻煽方處疏引中候隨雒貳曰剡者配姬以放賢山崩水潰納小人家伯罔主異藏震正義曰剡豔古今字

疛 詩惄焉如擣說文擣手格也一曰築也毛萇云心病也一作擣怔忡病也易林所謂胸春也韓詩作疛蓋壽之省

纖 與鍼同禮文王世子纖剸之屬

犧 音沙楊簡曰楚東呼牛之大者曰沙孔疏不知牛之爲沙改爲莎又改爲婆娑失之

[illegible] 音演禮執爵而[illegible]今省作[illegible][illegible]演也論衡竹帛充文謂演文也

柳 音留喪車有柳池蓋象生時中霤

草 音茂穆天子傳樂野椋麥之所草注疑古茂字韓愈詩薺麥之茂正用此語

鑪 音慮人名左傳楚有鑪金

[illegible] 去夕切人姓風俗通漢有[illegible]宗

贊 音攢商君書湯封于贊茅

晳 易明辨晳也鄭元音作遰音如明星晳晳之晳

捭 音擺鬼谷子有捭闔篇注捭撥動也闔閉藏也今多以平音呼之非

[illegible] 音漏人思

䵎 音端商子清朝日䵎上察飛鳥下見秋毫又粱四公子一名戴䵎䵎又音淵

鬘 姓[illegible]音[illegible]晉音中郎將鬘清學拱人姓又作闍

闍 見上

茤 音多人姓漢有茤宗

刘 戰國策吾信汝也猶列眉也注列眉一本作剡刘刘即刘字斵斵果決之意○篆文或以刘爲荆字虞世南書荆字多作荆

抯 說文挹也側加反讀

如櫨廣韵取也才野切見轉注馬韵下**纖**音緦漢文紀緦麻之緦作纖**纎**下華切衣纎衣領中骨也又音酌**渙**音閬冰散也詩渙其盈矣**巺**說文音拳勇之拳又曰音傳徐音乙現反凡三音一**遝**從合切迨遝也洪丞相隸韵與隊同音疑古有此音也**衺**卽古文蕘字轉爲衺朽字**埶**音臬說文引易埶䳀不安也今易作臲䳀**爵**爾雅一染謂之縓再染謂之緅鄭氏曰緅禮文作爵如爵頭色又染以黑則成緇矣說文纔雀頭色也字誕爵冠色曰緅**啞**古文咽同易笑言啞啞**豬**說文豕而三毛叢居者借作渚字尙書彭蠡旣豬禮記洿其宮而豬焉爾雅孟豬之野周禮注匽豬霽下之地畜水而流之左氏傳規匽豬今別作瀦字**盩**說文擊罪人見血也从幸从攴从皿徐音卽計切石鼓文盩道旨釋文盩音戾又音抽呂覽注盩古抽字又太王父名盩音周漢縣名有盩厔**奠**說文酒器也周禮六尊以待祭祀賓客○按此卽酒尊之尊今以爲奠定之奠而以尊卑之尊代之訛久矣**尙**古文貴字見說文**棨**兵媚切惡米也周書有棨姓又人姓魯季友之後今作費**玖**說文石次玉黑色者讀若

芑或曰若人句脊之句**臛**兄袁切又讀若縛說文梁隔縣有臛亭**㬎**五合切說文眾微杪也从日中視絲古文以爲顯字或曰眾口皃讀若唫唫或以爲繭字繭者絮中往往有小繭也凡四音**肬**于救切顫也今作贅疣字非**囪**他念切舌皃象形說文讀若導服之導又曰竹上有皮音若沾一曰音若擔**絮**說文挈組也引易有衣絮今文作繻又作襦七余切**奭**說文曰盛也史篇名醜徐曰史篇蒼頡篇也**洶**與馨同音江東人呼厭極爲洶又虛皖切詳庚韵**憒**爾雅音四又藏宗切音義與懷同懊懷歌是也集韵或作訰通作悰**𠥓**義缺音剖山名今在宜興縣**觳**音連速也易朋盍簪王肅讀連古文作裁與昝同音**漸**音菼水經有漸江今之漸江也慈染切**齊**卽淺切說文翦也陸詞曰俗作剪非**詖**說文辨論也古文頗字又彼義切孟子詖辭知其所陷**淺**集韵引書寅淺納日馬融讀**鉞**居會切車鑾聲也說文引詩鑾聲鉞鉞徐鉉曰今俗作鐵从鉞作斧鉞之鉞非是**而**音耏六書統引易其人而且劓**茜**說文以草補缺从艸西聲讀若陸或以爲綴一曰約空也直例

切凡三音**莜**徒弔切說文艸田器引論語以杖荷莜今作蓧**蓧**同上今作入聲讀非**瞑**音眄書若藥不瞑眩今書又作眄**禂𩦺**說文引詩旣禡旣禂都皓切禱牲馬祭也今作禱**攽**分也說攴亦讀與彬同周書乃惟孺子攽布還切**敺**說文周書以爲討字詩云無我敺兮市流切**楷**子灖切說文木也書曰竹箭如楷徐鍇系傳引詩楷楫濟濟字一作簪竹高一丈節間三尺可以爲矢爾雅曰會稽之竹箭是也**揫**說文引詩百祿是揫今作遒**戊**趙古則云古武字指戈有垂刃借作戊巳戊戊方音如茂**圂**拳同趙古則說圈豕爲圂**且**與姐同當肖切趙古則讀**盾**兵器也古與允同漢百官志官名有中盾今作中允周書一人冕執銳蓋古尙書作允**句**與彀同詩敦弓旣句**這**魚變切迎也毛晃曰凡稱此箇爲者箇俗多改用這字這乃迎也佩觿集曰迎這之這爲者回之者其顧非有如此者**淦**諸經音義曰江南謂石水不派爲淦乃默切關中奴感切埤蒼淦水無波也韵會入琰寢兩韵**綗**滑熒切三墳書聖人教民津綗說文綗急引也韵帯涉澤捕魚也又音裂**跰**古文企字漢隸

用爲足蘭字**跰**諸經音義古文迸字**兄**音皇古文尙書無兄字兄字今作皇**䕸**古文尙書三帛二生一死埶䕸今作贄**潟**古文尙書海濱廣潟潟今作斥**嘆**服虔曰嘆卽咤字痛惜也**苦**通俗文禾稽曰苦漢書陳平傳糠覈而肥覈當作苦**堇**于斤切說文粘土也从黃省从土**院**古垣字**舩**古雙切說文舉角也又東韵**觜**遵爲切舊頭上腳也今俗作嘴非**仝**古文全字从入从工今作同非**苦**周禮鹽人共其苦鹽讀爲鹽謂鹽不鍊治也說文鹽河東鹽池詩采微注鹽不堅固也鴇羽注鹽不攻緻曰鹽蓋海鹽鍊治役成其鹽難壞池鹽出水卽成而易壞卽所謂不攻緻不堅固也**葵**東坡云杜有除葵草詩蜀謂之毛茭毛芑可畏觸之如蜂蠆治風疹葉背紫者入藥葵音濤山韭也**受**音道集韵人姓玉篇云受人姓从丈亦臆說考之篆文無从下筆也姓苑作叟竊意卽古文傻字移入於窔上作叜叜又變窔爲叟訛作叟遂書作叟字耳正作窔爲是**叜**見上**叟**訛體同上**渴**其列切水索也郭忠恕曰有以氷音疑有以瀉音端**鼎**徐鍇曰古文以貞爲鼎籀文以鼎爲則**洞**社頊春秋

傳後序熒澤書作洞澤**遷**郭忠恕曰䢀作冪遷作蕩音義一而體別**不**郭忠恕曰詩何用不臧不臧卽否臧**第**音但鄐食其傳第言之袁盎傳君第去**戡**竹甚切刺戡也今俗用爲西伯戡黎之戡非**王**欣救切集韵篆玉工也郭忠恕曰王有欣救魚錄息足相逐四切**牢**音籬戰國策引諺曰亡羊而補牢未爲遲也**葩**纂文曰葩今之纂字包憕音郎悅切賈逵曰束茅以表位爲葩見史記注**犢**史相如傳著犢鼻褌說文作犢袴蹄也又竹襱**襩**見上音統犢鼻如南夷闕頭衣也**襱**同上**貰**時夜切史記高紀常從王媼武負貰酒又臨淮有貰陽縣史亦作射陽則射亦貰也**虛**史夏紀夜中星虛以正中秋鄒誕生音邱案虛星主墳墓鄒氏頗得其理禮墟墓之閒虛邱通**蔽**說文蔍屬蔍藿也徐鍇引詩無棄菅蔽今文作蔽三輔黃圖上林苑中生蔽艸以織席通作蕢人姓孔子弟子蕢賾禮有蕢尚漢有蔽通又地名史記有蔽成侯周緤注引三蒼云蔽鄉在成父縣音裴漢書作蔽从崩从邑蘺林音薄催切崔浩云蕿壞切司馬貞音浮楚漢春秋蔽成作憑裴聱相近得其實也集韵一作匋又作蔨又

作鄐注侯國名**匋**見上**𦼮**見上从多誤作朋以夕爲月也**蒯**見上漢書作此字音裴恐別是一邑班誤以蒯爲蒯耳**蒯**集韵又混二文爲一字愈不可說**喟**苦戒切歎也論語喟然歎曰當作此音又作叡**叡**同上**凷**說文古塊字本音饋郭忠恕曰吉用塊凶用凷**邢**口堅切說文周公子所封近河內懷从邑开聲徐音户經切非邢字户經切从井說文鄭地有邢亭與邢不同郭忠恕說○今按邢地有三一在河內懷一在鄭又一在襄國字亦从并音耿見張守節史正義**巩**說文褢也徐音居悚切又古紅切後魏孝文帝會羣臣酒巵乃舉巵曰三三橫兩兩從誰能知之賜金鍾李彪曰姑酒老嫗瓮注巩屠兒割肉與秤同甄琛曰吳人浮水自云工伎兒拋繩在虛空彭城王曰此是習字**谻**說文相踦谻也从丮谷聲相如賦徼谻受詘郭璞曰谻極也司馬彪曰倦也燕人謂勞曰谻音劇又其虐切一作俗**俗**見匕从谷與風俗之俗不同**腯**玉篇引禮記腯色以溫之今文作柔**暨**巨至切說文日頗見也从旦又諸暨縣名○宋元豐中進士唱名有暨陶者三呼不應蘇頌曰當以入聲呼之果出應仁宗問

何以知之頌曰三國時吳有暨豔恐其後也後問陶果吳人**冶**音耶賈誼新書龍蒙覘冶由笑冶由女子笑貌說文作欨歈手相笑也晉書作揶揄字雖殊其旨一也**玲**穆天子傳羽陵作羽玲**柱**陟羽切文選七發柱喙而不能前**躆**徐廣史記注躆音戟躆與據同班固賓戲迫荒忽而躆昊蒼也**內**史子堅孫格載漢碑贊曰伏戲倉精初造功業畫卦結繩以理海內內音越**洎**灌釜曰洎古溉字**子**音在玉篇崽子改山皆二切江淮人謂子曰崽水經注䜌童丱女弱年崽子太平御覽楚莊王築臺諸御已諫止之楚人歌之曰薪乎菜乎無諸御已訖無子乎菜乎薪乎無諸御已訖無人乎**艴**音配將曙之色又艴然變色兒字一作咄**咄**見上**榣**木名國語榣木不生危山海經榣山多榣木列子碧樹而冬生其名曰櫟省作榣說文榣樹動也漢書招搖神名藹該音義作阜榣謂積柴於阜頭加牲玉於上舉而燒之故曰阜榣**遽**朱子云漢功臣表受命之初贊功剖符奕世載德爵土乃昭兩粵傳爰洎朝鮮燕之外區漢與柔遠與爾剖符皆恃其阻下臣上騎符與昭韵區與騎韵盍本大招昭與遽同

韵王岐公集銘詩中亦用遽字叶昭盍字从處聲平呼爲蘧自蘧而爲喬乃得其音也符區二字可類推**荊**漢百官箴南巢茫茫包楚與荊風慓以怛氣銳以剛**䅵**說文禾皮也之苦切又齊地名古督切玉篇又从示**釋**與糕同玉篇今之糖饆曰釋**控**打也音腔莊子以金椎控其頤**紅**音江綠釋曲江作曲紅水經瀧水南經曲紅縣**梧**音敔柷敔樂器釋名敔衙也衙止也儀禮賓進梧今文作訝注訝五故切**訝**見上注**蹋**丑犯切揚雄蜀都賦蹋凄秋發陽春注以足踏地而歌曰蹋咸夫人侍兒賈佩蘭歌上靈之曲連臂蹋地爲節**阠**所臻切八陵東名又息進切**媿**本說文愧字漢隸借作醜字**予**音序山海經猗山多水其中多堪予之魚**欒**音卵海外南經有木其葉如羅其實如欒其名曰建本注欒或作卵**虁**與虁同杇居切說文虁神虁也如龍一足山海經禺虢處東海又曰波流山其上有獸人水必風雨光如日月聲如雷其名曰夔黃帝得之以其皮冠鼓聲聞五百里**賢**詩十月之交疏引中候隨雜貳曰剡者配姬以放賢山崩水潰納小人家伯罔主義載震漢書叙傳平津斤斤晚躋金門

既登爵位祿賜遽說文更易也廣韵更遞也古音迨
頤賢賢音近銀遽之遽與遞代之遞不同遞音迭
楚辭二八侍宿射遞代文選褚淵碑遞與鉠叶注遞
音如夏小正遰鴻鴈之遰又遞音逝緣古音逝亦音
迭也互府漢志引殷歷曰成湯十三年朔旦冬憂讀
見逝注至終六府首師古曰府首卽蔀首作
要於喬切禮深衣注要或爲優易居上位而不驕在
下位而不憂三畧曰士可下而不可驕將可樂而不
可太元周首出我入我吉凶之魁江我音舒說
憂我音如台小子之台我字从垂得聲也舍文舒舍
聲又曰余語之舒也舍省聲公羊傳書君舍左氏穀
梁皆作荼音舒毛詩爾之安行亦不遑舍爾之亟行
遑脂韓文送何堅序曰何與韓同姓爲近史記周
爾車何本紀注以何姓爲韓後鄧名世云何出自姬
食采韓原爲韓氏郭忠恕曰田陳鄗音柯俗謂若
郤史籍互書號郭韓何載筆通用干干物爲若柯
物蓋音之變轎漢書輿轎而隃領注今喬五結切左
也郭忠恕說竹輿車也音旗廟反思吳都賦
高門鼎貴魁岸豪傑虞魏之昆顧陸之裔三國志曹
嶠詩入仕於皇闥出則登九列威盈蕭青徐風發宣

吳減白樂天香山寺詩會隨減劫蘗白樂天詩鐵蘗
喬壞今過勝緣修自注音陷移燈背自注去
聲李義山詩宜杜詩注百丈船纜也乘孕同易婦孕
燈蘗昏魚目北方名曰宜宜音檀不育荀九家
作乘晁曰隋音駝又音妥詩疏斧褒音報周禮繇黃
乘古文隋墮也陸德明讀捊有褒捊履
翁云漢高帝紀繇咸陽則與徭同文紀無繇教訓其
民則與由同百官表皐繇則與陶同李尋傳繇俗則
與謠通韋孟詩犬馬繇繇則與悠通班固賦夔曲禮
模先聖之大繇則與猷同是借一字六用也曰爲
其拜而夔拜注夔猶詐也音挫又音作朱氏曰夔猶
言有所枝柱不得屈伸○今人衣服張起曰夔宜用
此眙史滑稽傳握手無罰目眙不禁徐搦說文按也
字廣云眙丑饑反素隱眙與瞪同廣韵捉搦
也幽通賦搦朽摩鈍皆能一斷吳主錢傚小詞金鳳
欲飛遭掣搦情脉脉行卽玉樓雲雨隔○搦有三音
搦鏡搦管眊角⿰糸禁陶隱居云⿰糸禁碧也通作禁禁碧流
切掣搦眊格切黃皆間色也⿰糸禁卽紺字見顏氏家
訓巛古文鬈字又借爲冓說文云籀文溽古歸藏易
坤見說文及毳釋陰字今作構卦名需作

溽字同濡也月令土潤溽暑鼇歸藏易震作鼇其辭
亦謂濡溼之暑作入聲非云初鼇燁若雷之聲
覆宋玉大言賦樂詩可以樂飢一本作療鄭以召療
罘罳作覆思切說文療治也療或作療字
見貌音墨杜詩畫工如山貌不同菑考工記菑蚤
上而象之曰貌入聲梅聖俞讀不齲鄭讀菑
與傳同東齊人以物立地中爲傳管子春有以剸劚
通傳刃於公腹是菑傳剸三字同也韓孟聯句傳爪
深難傳見剸亦見痒說文所臻切寒也又所錦切寒
解上上病也唐詩礫毛各噤痒又肌上
生痒瘃又禁痒埥七禾切兒童飛瓦礫戲也宋梅聖
餘寒酒半醒俞禁烟詩窮寃踏歌相把袂輕浮
賭勝冬謁音愛家語彼婦之謁可以死敗揚雄百官
飛埥箴殷以刑顚秦以酷散獄臣司理敢告執
謁刋去聲班固南宮侯贊橫恥愧景牙與吾同音漢
刎頸自獻金紫褒表萬世不刋百官箴䣕如
邛山本在萌牙牧險史記游俠傳傳說匿於傳險○
臣司徐敢告僕夫古人巖險二字互用左傳制巖
邑也是以巖爲險也史稱傳險是函頷同詩嘉肴脾
以險爲巖也易天險或作天巖臄注函舌也通

俗文口上曰臄口撝易撝謙鄭元別音變揚子君子
下曰函户感切讀撝爲宜豹別其文蔚辯
人律別其文萃也音別爲辨轉聲也○古音辨別互
呼禮玉藻別色始入詩傳作辨色周官士師荒辨之
法康成讀婁龍遇切說文引論條周官條狼訓周官
辨爲別語婁空今作屢氏音滌士訓
氏音厥突厥之厥音九勿厭與魘同於琰切唐書葢
馴切見董衡音義吳后傳寢厭不寤
音與搭同左傳被苫葢杜云葢苫之別名又邑名孟
子陳仲子兄食邑于葢後因爲氏漢有葢寬饒唐有
葢文達注葢古藥音義與籞同說文籞禁苑也春秋
杳字今作蓋傳澤之自籞李正已曰園庭中藥
欄欄卽藥藥卽欄猶言圍援非花藥之闌也漢宣帝
池藥未御幸者假與貧民漢書闌入宮禁字多作木
旁今官府所謂巡欄也以此證之藥闌之義明矣詩
人或以藤架對藥闌誤哉○今按藥闌之誤自杜子
美乘興還來看魰籞作篽又作⿴行魚魰又作⿴行魚亦見說
藥闌之句始也魰見說文文字从魚與權衡
之衡字不同衡武呂氏春秋由桴瓦缶武霤禮玉藻
字中从角从大梟從之武梟與呼噪同端行頤

霤古本頤作霤**貝**音背禮記孔子蚤作負手曳杖消搖于門**疑**檀弓西河之民疑汝於夫子㚖澄曰疑當讀作擬謂比擬於夫子也易文言陰疑於陽韓非子內有疑妻之妾妾有疑嫡之子廷有疑相之臣臣有疑君之寵莊子用志不分乃疑於神並作此音**叀**朱遺切說文小謹也从幺省屮財見也趙古則云東草折竹達人卜於神曰叀从屮厶中象經束之形古作峕㠯但象束草形通用專東漢方枝傳序樧專須與孤虛之術楚辭索璚茅而筳篿兮篿俗字也沈存中云審方面勢覆量高深遠近謂之叀術叀文象形如繩木所用墨斗也**我**說文我頃頓也〇今按頃頓謂俄頃停頓也言少頃之間也古文我即俄字我从戈為聲正與俄相近又古義字音俄亦以从我為聲也**風**叶孚金切詩三用此韻楚辭兩用此韻文選長門賦一用此韻皆與林心淫欽相叶而無方中切者惟賈誼惜誓右大夏之遺風與天地之圖方叶乃是孚光切豈古音自孚金轉而孚光又自孚光轉而為方中之金音乎今太行之西汾沁之地呼風字猶作孚金切故近世釀東華門外刹東風之嘲辭不知實古音也**舝**叶下介切詩載脂載舝今

文作轄以害諧聲則轄原有害音也**舝**漢隸舝字**造**詩遭家不造嬛嬛在疚徂后切造有造列之義言未成列也易象傳飛龍在天人人造也晁音組救反劉向云賢人在上位則引其類而聚之於朝言成列也易與詩正相反對左傳平還氏之箋唐書箋羽鵜鶖造元有箋音也**日**音熱日景方中熱如探湯故日亦音熱詩穀則異室死則同穴謂予不信有如皦日黃帝巾几銘日慎一日人莫蹪於山而蹪於垤楚辭成梟而牟呼五白音制犀比費山日呼日為熱楚及南中猶有此音**栲**去九切詩南山有栲說文本作梡从尻為聲詩草木疏云許慎讀梡為糗今人言考失其聲也徐鉉注說文乃作苦浩切非也況詩以栲杻合韻乃正音非叶也**梡**同上**楚**初絞切漢書敘傳仲氏王代荐宅于楚戊寔淫鉄平陸乃紹〇按古楚字本有初絞一切今樂器之楚北方名曰簃郎古籥管也**鉧**毋朗切柳子厚有鈷鉧潭記集韻古鉧溫器字本作鉼范成大驂鸞錄鈷鉧熨斗也潭形似之**鉼**同上**朝**音稠詩惄如朝飢古注朝飢難忍也今本作調又作輖皆非韓退之鐳鉞軍碑悲不聽朝贈督潞州可證古音**芇**音綿說文

相當也字从丫从冂通元集圍棋兩無勝敗曰芇今音迷非**蒩**將侯切周禮司巫蒩館注或書為租**租**同上**鹵**與鑪同道樞元和子曰鼎鹵大地之象也注鹵爐也又天子儀衛稱鹵簿亦謂爐香導引儀衛耳**屑**蘇骨切勞也孟子不屑之教誨謂不勞而成教誨也**頖**鄭元禮注頖宮者班宮也頖政教之宮也**速**音捉易不速之客今人謂催請飲食之客曰速客亦古語也**陶**詩駟介陶陶叶徒救切〇愼按臯陶字古作咎繇是陶與繇通自繇轉入去聲而得其讀也**句**音局詩章句解句者局也所以局言也說文局脊作句脊見以字注下**勑**耻力切插地曰救从束从攴考工記菑蚤不齵漢書傳刃於公腹管子春有以事耕菑傳剚毄四字皆同也**柳**隴主切周禮衣翣柳之材主曰柳之為言聚也引書宅西曰柳谷柳日入之色眾色所聚也正書作櫝釋名柳聚也眾飾所聚其形僂也**繩**周禮薙氏掌殺草秋繩而芟之注含實曰繩芟其繩則不成熟矣繩音孕古字孕或作䋲**貸**吐得切音與忒同呂氏春秋月令宿離不貸**埃**乙革切埃本音哀自哀譌愛厄轉聲而得也楚辭安能以皎皎之白

而蒙世俗之塵埃乎史記塵埃作溫蠖溫蠖郎塵埃也塵音近溫埃轉聲為蠖與白自相叶矣**來**音賚儀禮嘏辭來女孝孫楚辭因氣變而遂曾舉兮忽神奔而鬼怪時彷彿以遙見兮精皎皎以往來**來**叶訖力切詩憂心孔疚我行不來又自天子所謂我來矣又匪載匪來憂心孔疚又烝然來思又既往既來使我心疚又職勞不來又王猷允塞徐方既來上林賦東西南北馳騖往來太元不往來不求得**采**叶此禮切子按毛詩關雎芣苡蒹葭小宛用此韻者四楚辭懷沙用此韻者一皆作此禮切而無作此宰切者後漢杜篤論都賦衣無異采亦與下以約已為韵蓋古音則然非苟叶而已**桮**南史劉杳傳有人以桮酒餉任昉而字作根昉以問杳杳曰非也葛洪字宛作木旁否〇按桮即瓻酒器所謂借書一瓻也**靚**疾郭切女容也文選靚粧袨服**赫**音壑詩皇矣上帝臨下有赫監觀四方求民之莫晉志樂歌明明天子臨下有赫來格祈祈邦家是若唐李叔明傳前尹赫赫具瞻允若淮南子注高誘云壑音如赫赫明明之赫此乃正音非叶也**淵**毛詩叶音皆作一均切字與淵同武王盤銘與其溺於人寧溺

於翟直角切詩左手執籥右手秉翟○按翟字赭叶
淵以翟得聲則翟元有直角一切亦非叶也陟
略切詩亦如渥赭公言錫爵○今按赭族七和切說
之音著蓋以第三聲轉爲第四聲也文引左傳
謂其不疾族絫也族絫牲病也族小臒也絫皮肥
也族字又作瘯力果切瘯又或作瘰音同見春秋正
淅米汁也一曰水名○按說文又云周人謂潘
義潘曰泔即米甘水也月令湛熾必潔注湛以水淘
沃盡去米塵以水不潘爲度字又作𤃬莊子流水𤃬
之𤃬爲淵謂水之淵回處噴沫有似淅米之汁也
同鬻說文鍵也與糜同字从鬻从米聲兼義也武悲
上切古樂府賤妾與君共餔糜又斧冰持作糜糜
與鬻同省作粥今音與育同以爲衒粥之鬻余六切
粥又音與竹同以爲饘鬻之鬻並非也飦也居
喪所食○按此鬻同上或省作賣衒也賈而售也孟
乃古飦鬻字此並皆說文子自賣以干秦穆
公今作粥非字一作儥周儥余六切今借粥非粥武
禮以度量教賈而徵儥粥乃古文糜字悲
切與糜同又人姓古有鬻熊周文王時人省作粥楚
有粥權即熊之後也又作糜三國有糜竺即粥權之

古音附錄　卷一　二　第十八函

後今並作余飦諸延切孟子飦粥之食饘飦又作饘
六切失之矣其字體不一今列于下說文糜也
周謂之饘宋謂之餬禮檀弓注饘又作鬻見說文
䟽云厚謂之饘希謂之粥也鬻徐曰此今作饘字
建鬻又作鍵左傳飾鍵又作飾荀餈飾又作餈禮記
餰鍵於是鬻於是子酒醴飾粥取稍米爲酏注
此酏當展飾古文糧展集韵鬻同展同萑鴟屬从隹
讀爲飾又作展或作糧上上久廾有毛
角所鳴其民有旤讀若和徐音胡官切今按許徐異
音蓋古今語聲之轉耳古和桓互音水經注和夷底
績即西傾譏也藏也遵誅切說文雨霓爲霄从
因桓之桓紫或以爲紫角之紫霄雨省聲按霓即古
文霓字肖音佾此霄字亦當音佾徐迺驚聲也从乃
鉉以相邀切音之益誤以月爲肖耳从西或云迺
往也讀若仍如乘切○按詩迺左迺逌古文暜廢一
右今音作乃非古字乃亦音仍也迺偏下
也从並白聲他計切今俗別作替非○徐曰廢一偏
下者並立而一下也郭迻音訣序曰白首字學不知
普普之分蓋普曰無色也其字从㬹同上或梓說文
口與普惟毫分間爾普又作替从兟楙也

从木宰省聲梓一音沛[illegible]之沛○按爾雅椅梓注梓
者楙之疏理白色而生子[illegible]者爲梓梓實桐皮曰椅古
今注一名豫章爾雅翼椅梓楸櫝一物四名說文又
云楸與梓本同末異若柏葉有松身齊民要術謂白
色有角曰梓與楸相似爾雅以爲一物誤矣爾雅又
有椅鼠梓注楸屬也今江東有虎梓李巡曰鼠梓一
名楰楸屬也蓋今茱萸詩小雅北山有楰疏云其
葉本理如楸山楸之異者今謂之苦楸尤存中云木
以梓名者又有梓榆南人名曰朴齊魯謂之駮馬詩
隰有六駮疏云檀木皮似繫迷又似駮馬故曰斫檀
不諦得繫迷繫迷尚可得駮馬蓋三木相似也今梓
榆皮甚似檀以其斑文似馬之駮者故曰駮馬今解
詩用爾雅之說以爲踞牙食虎豹之獸非也獸非恆
止于隰之物又與隰章苞櫟苞棣樹檖非類蓋直是
梓榆耳此梓又與榟同上古文不[illegible]古文宰象木形
梓楸同名異種省或只作[illegible]宰家上木也古
人以梓爲棺又種之冢旁公羊傳宰上之木拱矣荀
子望其曠睪如也注云睪當爲宰古篆[illegible]唐詩松楸
遠近千官塚孟說文長子也集韵莫更切與盟津之
楸即梓木也盟同音○今按四方之音皆呼孟爲

古音附錄　卷一　三　第十八函

夢韻會亦云與宋韻霧字同音則當爲莫鳳切說文
東方之孟陽氣萌動以孟叶動則古音亦有莫鳳切
橚山海經楊華之山多苦辛其狀如端音敦山海
橚其實如瓜食之已瘧注橚即一字經國在流
沙中者端久音酉山海經[illegible]呼括切音恤莊子威弙
墩壓曠鵂鶹作鵂久然寐威一本作[illegible]
說文帝嚳䠶官从弓幵聲同上說文羽之羿風亦
論語曰羿善射五計反羿古諸侯一曰射師又古
名才藝亦曰羿山海經
以下原本闕十八行俟補刻

以上缺

書嚴然捻五頁音剛呂氏春秋太子之不仁順冢覗
經之眇論　顺若是者倍反顺考之字書無此字字
從頁　夔呂氏春秋鄭人之下夔也莊蹻之暴郢也秦
未詳　鞻人之圍長平也注鞻邑名愼按字從革从夔
夒古今樂錄宋武帝出遊鍾山幸何美人墓朱
昏也　茌頑仙歌曰爲撫所歡時綠山破苭茌山神感
儂意盤石蛻箨動帝不悅曰小人弄我時朱子尚亦
善歌復爲一曲曰暖暖日欲冥觀騎立踟躕太陽猶
尚可且願停須臾於是並蒙　古文孫字崔後渠中
賞賚○茌音宄蓋方言也　孑庸凡曰人者仁也仁
之立文从二人猶孖之从二子二　伽詩柔遠能邇注
其人者人之人二其子者子之子　能猶伽也孔穎
達曰欲安遠方國當先順伽其近徐仙民曰伽檢字
書未見所出廣雅曰如若也均也義音相近而字不

同舊音如烏　資禮緇衣引書君牙曰夏日暑雨小民
反義亡難見　惟曰怨資冬祁寒小民亦惟曰怨鄭
元曰資當爲至齊魯之語也祁之言是也齊西偏之
語也○愼按鄭元讀惟曰怨爲一句資冬祁寒爲
一句與今書文異今書文資作咨咨嗟也言寒暑之
過正雨暘之失中民猶怨咨則爲人上者可不敬乎
莽平聲土酋姓滇中有　羅音倮羅羅夷種名○愼按
之叉銅鼓曰莽鼓　草莽之莽平聲綺羅之羅
乖戾之乖上聲轉注之法　溟音墨太元窈雨溟沭
不獨中華夷狄亦同也　注溟沭與霡霂同　㢟
說文㢟通也音疏从爻从疋太元有㢟首而字作𤴓
小宋本作㢟解云束疋守㐬皆○同聲揚子用古字字
書或收不盡王本𤴓作好音停○愼按𤴓之辭云外
物咸扶𤴓扶𤴓卽扶疏也則𤴓當音疏無疑音佇非
廚音皮後漢書　蹉與嗟同音太元　聏與惡同　念古翕
八廚注云　嗟咨作蹉咨　太元　字太
元　翾古翼　㑺偶同太元偶　䏶古育　偕古傳　豚音遂三
字　倡作㑺倡　字　字　國志作
土豚過絕湖水　霸音湖水灣澳之灣　稍色教切周禮
注土豚土墩也　義亦同趙孟頫讀　稍人掌令邸

甸之令今之哨　優乃刀切倡伎也今之俳優字當作
堡蓋古稍人也　此音字本作優本樂記獶雜子女
注優倡也　獶乃刀切獮也古之巧人曰獶本其登高
篆作獶　塗屋名之叉倡伎曰獶亦本其戲弄若
猴而名也今俗謂狎　耘于粉切史記閩越傳不戰而
妓曰調猱獶字同　耘徐廣曰耘隕當同音但字
有假借聲　曲音毆春秋經文公會杞侯莒子盟于曲
有輕重耳　池公羊曲池作毆蛇○燕趙齊魯無入
聲故曲遇地名漢書音去　噊音醮爾雅翼凡牛羊有
顒此曲池之曲作平音　肚能噊魚無肚不噊獨
鯀魚有肚故能噊○
今牛嚙草曰回噊

古音附錄卷一畢

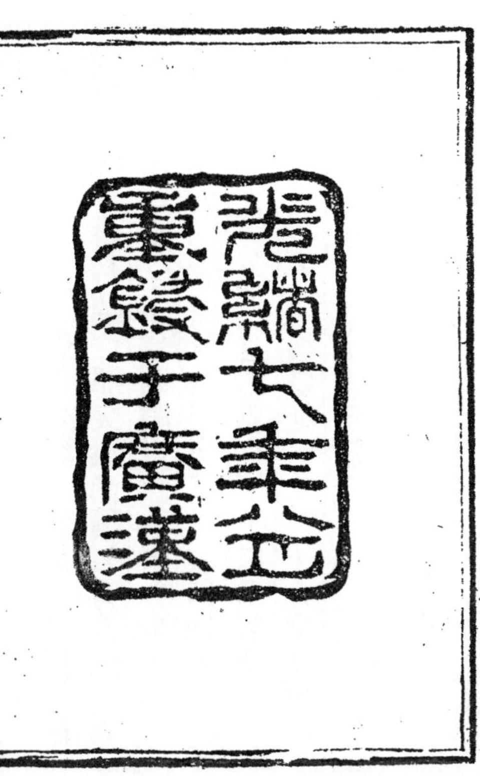

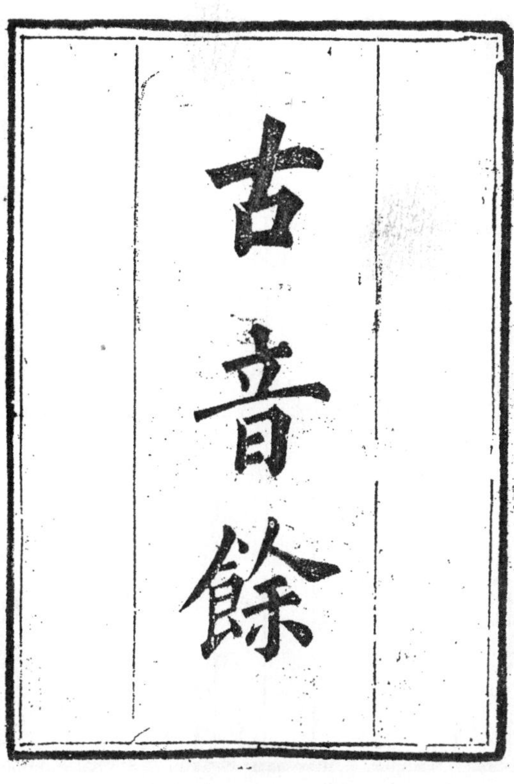

古音餘原序

夫古之音微矣泥于今者弗晳于古也古之弗晰則併今之昧矣紫陽辨肎即屑非即佾從肉今省聲非從八蓋不猳說文誤坡說亦誤嚝史漢古字時或僅存六籍遺文轉訛何限君子每致意焉升菴先生標古音畧若干言例也允古音餘若干言例外示無窮也學者求之庶古之晰今之昧也免矣楊士雲序

古音餘原序畢

古音餘後語

古音畧既勤梓人大理董生難尤數數是者則進而稱曰先生是書行轉注昭矣然尚猶頗有遺餘焉則復采拾得千若字子爲刪潤以爲古音餘餘者遺也棄也弗載則疑滲墜兼畜或病多愛故曰餘者遺也棄也遺也者疑也棄也者冀也楊子曰予著前錄校二千一百六十九字後錄校一千三十九字又虛左方疑注以冀來示無窮也無校云

古音餘上平聲卷一

新都 楊慎 撰　綿州 李調元 校定

一東

雙 說苑兩高不可重兩大不可容兩勢不可同兩貴不可雙後西南夷傳秦犯夷輸黃龍一雙夷犯秦輸清酒一鍾黃香傳天下無雙江夏黃童晉書石仲容姣無雙雜詩昔辭妹已兩今聚夕無雙與櫳風爲韻

軵 淮南子輔車奉饑又太龜輔其肘高誘讀近茸急察言之

誦 詩家父作誦以究王訩淮南書赤松子作赤誦子

肬 左傳黑弓以濫來奔公羊作弓儀禮諸侯遂五十弓注今文弦弓作肬

江 釋名江公也周禮注六書諧聲江河是也楚辭將運舟而下浮兮上洞庭而下江去終古之所居兮今逍遙而來東又隱汶山以清江聽波聲之洶洶晉書童謠五馬浮渡江一馬化爲龍又阿童復阿童衡刀橫渡江庾闡揚都賦負鍾阜以結宇泝江潭以開江額方山之磐峵竦白石之靈峯柳宗元二妃碑桴米負塡載流于江既夷以成峻宇崇墉今滇語謂江爲公名江魚爲公魚

務 詩兄弟鬩于墻外禦其務吳才老音務作蒙古尚書雨霽蒙之蒙作霧以字下从務也朱文公不取其說然吳音亦有據未可廢也

崩 馮衍顯志賦美關雎之讖徵兮愍王道之將崩拔周唐之盛德兮捃桓文之謠功崩音朋字从朋也

盲 老子五色令人目盲五音令人耳聾越絶書内視者盲反聽者聾又音風大風也一作宦今作莫唐切非

鄘 漢志縣名在江夏蘇林音盲又莫耿反

徵 楚辭帶長劍兮挾秦弓首雖離兮心不懲誠既勇兮又以武終剛強兮不可淩身既死兮神以靈魂魄毅兮爲鬼雄古韻雄與淩叶左傳丘如山陵叶征雄馮衍以風韻陵老子以盲合聾

隴 東方朔繆諫修往古以行恩兮封比干之卬隴賢俊慕而自附兮日浸淫而合同

壅 東方朔繆諫赴湘沅之流漸兮恐逐波而復東懷沙礫以自沉兮不忍見君之蔽壅壅音邑

明 易林日出阜東山蔽其明

潼 音衡通典潼關本名衡關言河流所衡也今字作潼而音仍當呼衡

岡 音工柳子厚南岳碑四方奔走雲之從秦公寓形于南罔立之茲石書元蹤

皇 音近

中春妖運斗樞虛犧女媧神農是三皇皇者中共左
也合天履中開陰布綱上合皇極其施光明傳
桓十年虞公出奔共冰與棚同詩抑釋掤忌毛氏曰
池釋文音洪地名掤所以覆天孔頴達曰左傳
公徒執冰而踞字雖異音義同服虔云冰櫝棟音東
丸是箭筩其蓋可以取飲也倉頡篇氷矢房木名
管子其桼其松其杞其
茸種木胥容榆柳其棟

二冬

牖禮喪大記寢東首於北牖訟尚書嚚訟可乎公爾
下陸氏釋文作墉舊音墉馬融本作牖雅
夫之兄爲兄蜤爾雅蜤螽斯詩
公公音鍾釋文蜤與螽同

三江

舂音窓墨子蠻之類八天竺咳首僬僥跂踵穿胸蒙
儋耳狗執旁舂也韓退之詩洪濤舂天禹穴幽
詩狐裘蒙戎徐云蒙武邦切戎而容切蒙戎蔥音窓
亂見陸德明云徐音此是依左傳讀作龍茸左傳
定公九年載蔥櫳蘢同韓非子雄駿不成壽於
靈注喪車也旗櫳豪傑不著名于圖書

四支

蛇委蛇曲兒毛詩委蛇委蛇陸農師曰魚屬連行蛇
屬紆行委蛇義蓋取此司馬彪莊子注委蛇泥鰌
也管子注委蛇澤鬼名紫衣朱冠又蛇邱地名楚辭
白蜺嬰茀注白雲委蛇若蛇左傳衡而委蛇必折史
蘇秦傳委蛇蒲伏索隱曰面掩地而進若蛇行也索
漢書郊祀歌旗委蛇文選西京賦聲清暢而委蛇注
聲餘詰曲也韓詩作逶迤引石經作遺迤又作禕禕
韓退之詩委陀結糾後漢書邪形贊委佗還於李鉉
字拼作倭佗皆字異而義同迆上見禕上見陀上見佗上見僞
韻會引而未盡茲爲廣之
音幃喪大鐵史記引書偶夷既畧索隱曰今文尚書
記加僞荒及帝命驗並作禺鐵也在遼西鐵古夷
字莎息隨切曲禮共飯不澤手注澤謂挼莎也馬融
廣成頌鎮以瑤臺純以金堤樹以蒲柳被以綠
莎訢讀作憙樂記天地訢合朱晦翁于儀禮燕禮記
注參同契易名鄒訢訢即熹也聘在聘于賄

注于讀作爲言當視隗公羊傳楚人滅隗以隗子歸
賓之禮而爲之財也二傳隗作夔古隗字音夔也
今轉作辟頻彌切飾緣邊也本作紕禮玉藻素帶終
五罪反辟注謂以繒采飾其側人君充朱大夫裨
其紐及末土裨其紂音緇詩行露傳昏禮純帛不過
末而已終末也五兩釋文紂側其反依字糸旁
才後人遂以才爲甾因作純字又周禮頯音義與規
媒氏注曰純實緇字也古緇以才爲聲同字一作
頍詩有頍者弁疑古字頍即規也頍弁兒嫢愚嫢多
頭圖象天義亦相扶漢張規碑規作頮態曰嫢
見記嫢秦晉謂細腰灑所宜切與釃同疏也分也漢
文曰嫢同上溝洫志禹以河水湍悍乃釃
二渠以引河揚雄賦灑沉菑於谿瀆劉向九墨列子
歎曾哀增歎心離離兮還顧高邱泣如釃兮墨尿
單至墨音眉尿音癡方言江淮之間謂之尿音癡腰
無賴皮日休反招魂上暖昧而下墨尿見上
馬援傳萎腰咋舌注次揟次縣名在武威荏漢志縣
奭弱也轉音作燸縠次音咨師古讀名在濟
耎音濡又喜楚辭天問簡狄在臺嚳泝楚辭淹低佪
任疑反何宜元鳥致貽女何喜兮京泝小洲
爲渚小娭劉向九歎吾乃逝乎南娭道幽路兮亹古
渚爲沜九疑讀與章孟詩勤誒厥生之誒同韓
城鼎銘用厥亹壽楊南仲云亹今爲許刃切而亹芑
用之爲聲詩鳧鷖在門又省爲亹易傳又音如尾眉
聲相近又古字音多與今異豈亹芑史索隱云巵古
眉古亦同音乎秦鍾銘亦有此字古茲字文
熙字今爲睢與雎同左傳取其鯨鯢注雄曰鯨雌曰
呰巵之巵鯢鯢目即明月珠也故死不見目睛淮
南子鯨魚死而彗星出傳抱淮南子扶搖抮抱注音
言其目睛上天爲彗也詩克岐克嶷之嶷魚其
反鶡戰國策趙武靈王貝帶鵔衣音咨檀弓衣治音
鶡注音曰犀毗胡鉤也衰而繆經怡
水名漢鴈門郡陰館縣
治水所出東入于海

五微

郗黃伯思云郗姓爲江左名族其姓讀如絺繡之絺
而俗書作郄因呼爲郤詵之郤非也郤詵晉人大
郤穀後郤鑒乃漢御史大夫郗慮之後姓源既異音
讀迥殊後世因俗書相亂郗郤二姓遂不復分陸贊

望號爲傳古其詩有日一段清香染郗郎亦讀誤也然觀右軍帖以郗爲郄其誤實自右軍始退之所以貶爲俗書也○以上見法帖釋文及東觀餘論 㕞 說文刷从㕞省聲禮有㕞巾帥子切徐楚金曰禕字一作㕞引爾雅刷飾也今之香囊也古謂之褘或謂之幐 斯 禮記大斯王柏讀若晞 魏 史殷紀帝乙長子曰微子啟索隱引孔子家語云微或作魏讀从微音鄒本亦同微國號也 暈 音暉爾雅鷹隼其飛也暈周官巾車建大麾注後世協律郎執之以令樂工唐謂之暈韓非子日月暈圍於外 隑 巨依切曲岸也隑碕圻磯整六字同物同音哀二世賦曲江之隑越絕廬之碕地理志鮎埼水經豬圻又作發淮南子九整 碕 見上 圻 見上 磯 見上 整 見上 渾 淮南子渾然而往逯然而來注渾音大珠揮揮之揮也

六魚

許 音盧淮南子翟煎對梁王曰舉大木者前呼邪許後亦應之此舉重勸力之謌也 居 漢書休居

王注淮南子以天爲蓋以地爲輿四時爲馬陰音除御陽爲御乘雲凌霄與造化俱御作平音呼 據 斤於切龜策傳與拘叶 懦 音儒見寬傳善屬文然儒於武口弗能發明也又乃嗅切

七虞

侯 音胡詩羔裘如濡洵直且侯史匈奴傳胡王作侯王易林季姬踟躕望我城隅終日至暮不見齊侯又范子妙才戮辱傷膚然後相國封爲應侯張衡西京賦增昭儀於婕好賢既公而且侯許趙氏以無上思致董於有虞呂氏春秋今侯渫過而弗辭侯字本有胡音喉咽之喉从侯可驗也 喉 喉嚨也音胡後漢童含吏買馬君具車請爲諸君鼓嚨嘲又晉志前年食白歠今年食麥乎天公誅讁汝殺汝捨嚨嘲字或作咽 咽 上見 廚 字林邱訝切傷也集韻云古鋗字 戶 淮南子烏孫國作戶孫假字借音 騶 音趨漢書贊舞陽鼓刀滕公廄騶潁陰商販曲周庸夫攀龍附鳳並乘天衢 荷 高誘淮南注荷水芩幽州總謂之光荷讀如秦人言胡也 專 漢書敘秦字作專奏 序 禮射義序點又揚解而語注序

或爲徐序姓點名也 務 音無左傳昭元年莒務婁瞀胡及公子滅明以大厖與常儀靡奔齊務又音謀 曼 音義與嫵同張敞傳京兆眉嫵楚詞豐肉微骨調以娛只魂乎歸來安以舒只嫮目宜笑娥眉曼只注曼澤也 曼 音無揚子聖人曼云注曼音無也 州 春秋說題辭州之爲言殊也 [illegible] 音謨史龜箋傳與蜍字合韻 列 唐韻列殺也一作殺誅字同 栽 上見 [illegible] 七余切詩釋文陟彼砠矣今作砠 冔 詩常服黼冔字林作緝火于切 緝 上同 魱 音胡爾雅鱯當魱 甫 音夫詩倬彼甫田箋云甫之爲言夫也義與周禮夫田之征同訓 蜼 見宥韵 溥 音敷禮記祭義溥之橫乎四海 帑 說文金幣所藏也引左傳荀伯盡送其帑又鳥尾也中庸樂爾妻帑注古者謂子孫爲帑左傳鳥帑注南方朱鳥之宿帑者細弱之名於人則妻子爲帑妻子爲人之後鳥尾亦鳥之後故皆以帑爲言○按今帑轉作帑音有呼帑藏爲帑藏人以不識字笑之然不知本古音也 娶 東方繆諫謂閭娶爲醜惡注閭娶好女也戰國策左閭娵所右白台昔藝龐廉與孟娵同宮 縠 皇甫謐立政注三亳阪尹縠孰爲南亳縠

姑同 陬 音隅張衡南都賦天封大孤列仙之陬上平衍而曠高下蒙籠而崎嶇韓文南海廟碑海嶺之陬既足既濡胡不均宏俾執事樞 昫 向于切日出溫也周禮注引司馬法昏鼓三通爲大鼜夜半三通爲晨戒旦明三通爲發昫又香羽香句二切字一作煦李嵩述志賦稟元元而陶衍承景靈之冥符藹朝雲之蓊靄仰朗日之照煦又洽何切烝也赤色也又小惠也韓文煦煦爲仁 煦 注見上 雨 左傳雨過御叔釋文平聲易林乘雲帶雨與飛鳥俱雨亦平聲 郁 音隅史記夏紀引禹貢居郁夷日暘谷索隱日史廣異聞不必皆依尚書盍郁夷亦地之別名也 附 禮祭義注鐙豆下附也附踦同又漢諸侯王表項王附胸注音符

八齊

侯 史樂書高祖過沛詩三侯之章索隱日侯語辭也兮亦語辭也沛詩有三兮故曰三侯按兮侯古韵通沛詩即大風詞 諟 尚書顧諟天之明命注諟或爲題 諦 管子冢人立而諦荀子哭泣諦號

古啼巂曲禮立視五巂本一作巂才前西切詩思無
字車輪一周爲巂惠圭切期思馬斯才列
女傳贊亦驨驨同唐書驨鄗音奚險阻也左傳蚈音
有此叶幽求是賴楚人背鄗而舍跌
字从开詳繫音稽係四也漢書凡繫獄皆作稽係見
徑韵下音字一作係孟子係累其弟子上
氏音低漢志封君
皆氏首仰給

九佳

萁淮南時則訓爨其燧火註其措也讀鮭與膎同音
如該備之該曹子建詩煮豆燃豆萁諸唐元行
沖曰膎臘膎膎以供遨膳南史孔靖飲酒無膎取伏
鷄卵王儉云庾郎良膎有二十七種又吳人謂淹魚
曰膎字或作鮭焦仲卿妻詩交廣市鮭珍杜奚莊子
詩自愧無鮭菜又菜名莊于云倍阿鮭龍女以
妄聽之奚衛包音諸大腹也○今按膎蹊資音齋周
皆以奚得聲則古奚字自有古音非叶也易喪其
資斧子夏注齋戒入廟而復見嬴蚌也音俾痿漢
受斧也古文易齋作讀齋上蠯字見周官哀

紀卽位痿痺注音委枯之委又音顚又人佳反努壞
病也兩足不能相過易林登墀痿足南行折角
音懷左成十六駭春秋無駭卒師入極穀侅見薢音
年公出于壞隤粱注音該字一作侅上皆
爾雅薢疥左傳齊侯疥遂痁梁元帝音該字常作痎
茩芵茪說文兩日一發之瘧也案傳例因事曰遂
若痎已是瘧疾何爲復言遂痁乎說文疥搔也疥稗
搔小患與瘧不類何云疥遂痁乎見左氏正義
漢藝文志稗官
音敗如淳音排

十灰

熊史正義鯀之羽山化爲黃熊入羽淵熊乃來切下
三點爲三足也束晳發蒙記鼈三足曰熊○按能
卽左傳黃能入寢之能字熊乃俗書不知張守節何
據有三點之說也古篆亦未聞有三點者今特著之
必有拼古瑰字西京雜記載中庸上天之載鄭
其是否瑰師天馬以玫瑰爲鞍注載讀爲栽生物
也又國語引詩陳錫哉周作載塺曹憲博雅云恐是
周揚子月既望則載魄于西理字劉向九懷浮

雲霽兮晝昏霾土忽兮塺塺息隗漢書崔嵬汭音隈
陽城兮廣厦衰色罔兮中息作嵬隗水曲
也漢書引詩止旅乃密阮
曲之卽今詩文阮作汭

十一眞

焞他鈞切左傳天策泯淮南子齊泯王注泯讀汶水
焞焞火中成軍之汶○按汶卽古文岷字
年韓詩外傳往而不可返者親也至而不可用者年
也漢書敘傳封禪郊祀登秩百神協律改正音兹
永年晉皇甫謐釋勸忽全白之輝耀忘青紫之班聯
辭容服之光粲抱蔽褐以終年後漢鄧耽郊祀賦夷
髳盧巴來貢來賓玉儀禮騁辭正急就章桐梓
帛旣足于斯萬年騁省釋文音純標縱棨楯椿櫄
顏師古注椿字或作櫄王應麟云禹貢荊州杶同楯
貢杶又作櫄左傳雍門楯集韵楯通作椿上
同沂爾雅音銀大麃謂之沂撊詩箋泞煩撊也何九
上漢紀張良受書于邳沂沈重皆作而純切
且古文震音身左傳昭公三瑞音幽馬犀隣堇越絕
晨字十二年始震而卜瑞見揚雄賦薛燭

說劒赤堇之山破而滇漢地理志汝南慎陽縣愼見
出錫堇卽今鄞地也師古曰慎作愼音眞上
滫玉篇思酒切米泔也史蒼瞤玉篇如倫切韻會儒
公傳音巡解衣而汗晞也純切說文目動也前
漢書眼瞤得酒肉與李筌駢管子遷損善士捕援貸
進東方朔瞤經或云僞書人入則乘等出則黨駢
貸賄相入酒食
相親駢叶音頻

十二文

衣於斤切左傳宣六年引周書曰殪戎殷殪卽壹衣
卽殷也中庸壹戎衣而有天下注衣讀如殷齊人
言殷聲如衣今姓有衣者殷之胄○按戎衣與書泰
誓戎商義同白虎通衣之爲言隱也所以隱身也楚
辭新浴者必振衣與殷同成湯國名呂氏春秋
汶塵合韻汶古岷字郼親郼如夏注讀音如衣衣於
斤切古衣殷郼同音篆文員古文云字也詩聊樂我
殷反爲衣音亦相通也員又員于爾輻又景員
維河尚書雖則員然不鼓困甘氏星經若州非州若
文君子員邁員邁員遊雲非雲蕭索輪囷是爲

卿雲諸韻𢖍漢地里志𢖍彊新汲西華長平注音殷收于眞非𢖍後漢堅鐔封𢖍彊侯毛晃韻水出少室
山字見詩羣公先正則莫我聞昊天
作㥏**㥏**上**遯**上帝甯俾我遯遯徒匀切

十三元

擐禮王制贏股肱決射御注謂擐衣出其臂脛陸德明云擐今讀宣音宣依字作擐字林擐擐臂也先全
反舊音患非○今按擐音宣定也宣今揎字今俗有裸袖揎拳之語東坡詩玉腕半揎雲碧袖舊本作宣
俗改作揎**擐**見上**讙**音喧樂記鼓鼙之聲讙**甗**瓦音言春秋傳成二年齊侯使賓媚人賂以紀甗
玉磬與地又音甗又音彥**梟**虛言切梟盧蒲采名**斲**讀曰軒爾雅疏斲大言天北高南下若車之軒
也吳時姚信所說**混**詩混夷駾矣釋文音昆**樠**左傳楚王卒于樠木之下釋文樠郎蕩反又莫
混反又武元切孔穎達曰此字之音或爲曼或爲朗若以樠爲聲則當作曼以兩爲聲則當作朗字體難
定或兩爲之音**宮**史記天官書中宮天極星注引春秋元命苞曰宮之爲言宣也宮氣立精爲神矩○

按元命包宮與宣依聲寓義如白虎通釋名之例宮當作垣中宮中垣也**遠**逸詩唐棣之華偏其反而
豈不爾思室是遠而反音翻偏反即翩翩也反古有翻音法書平反今刑名家翻案是也又王莽傳舉兵
反城注反音幡今語賊翻曰幡城也遠音鴛與反合韻**京**讀作原檀弓从先大夫於九京也**盤**
音盆崔子玉鼎銘禹鑄其鼎湯刻其盤紀功申戒以遺子孫盤音盆

十四寒

鼉月令伐蛟取鼉釋文徒丹反**暵**他安切詩中谷有蓷暵其乾矣韓詩作灘**灘**見上**澗**音干
毛詩考槃在澗韓詩作干注地下而黃曰干**貆**汲冢周書貆有牙虎有爪音完**濡**漢志遼西郡元
水東入濡水師古曰乃官切**運**音蝯劉向九歎登逢龍而下隕兮違故都之漫漫思南郢之舊俗兮
腸一夕而九運**髡**王制注髡者使守積釋五忽切本又作完徐戶官反漢書完爲城旦**嬬**史記高紀
索隱引王符曰太上皇名嬬與濡同音完**渀**管子五行篇君乘駿馬而渀桓迎日而馳乎注渀古盤字

匀漢書王莽傳匀翼已成匀古鈞字也**亶**文子久喪以亶其家亶音殫**轔**淮南子牛車絕轔轔
讀近藺急舌言乃得也高誘云**爛**詩爛其盈門楚辭曾枝剡棘圓果摶兮青黃雜糅文章爛兮東方朔
何青雲之流爛兮韓文公詩淒風結衝波狐裘能禦寒終宵處幽室華燭光爛爛**半**陸機歎逝賦彌
年時其詎幾夫何往而不殘或宜遻而既盡或寥廓而僅半

十五刪

糞音拚中庸脩其祖廟鄭元注脩謂埽糞釋文糞弗連切亦作拚曲禮爲長者糞之禮云云曾連子堂
上不糞除則郊草不瞻芸**蛝**音閑爾雅蛝馬蝬注蠲也**鳻**方言班鳩作鳻鳩**販**攀叶聲左傳定
公四年左司馬販中公壽餘葉公諸梁

古音餘上平聲卷一

古音餘下平聲卷二

新都 楊慎 撰 綿州 李調元 校定

一先

蓁聲與煎相近文選景福殿賦溫房承其東序涼室
處其西偏開建陽則朱炎艷啟金光則清風臻音
樂章衆凶受誅殄百祿咸來禮內則或以酏為醴
臻黃華應禴始王陵為禍先酏釋文酏讀為餈之然
切又作饘爾雅音眠引說文云竇嬪也草木皆自
又音賨容豎立惟瓜瓠之屬臥而不起似若嫃人
常臥室故字穀梁注吞咽者壤入于內詩周頌
从容容音眠吞釋音吞勑恩反又音天朄應田縣
鼓鄭元注田當作朄聲轉字誤變而作田孔穎達曰
朄字以東為聲聲既轉去東惟有申在申字又誤去
其上下故變為田也今按朄說文作䡩毛萇詩注
但左右移置耳實一字也互見眞韻撋薄污我私
污煩也鄭曰煩撋之阮孝緒字畧曰斯音鮮詩有兔
煩撋猶挼挼也撋諸注之音而專切斯首萲云斯

古音餘 卷二 一 第十八函

白也今俗語鮮白之字作鮮齊魯之間聲近斯孔穎
達曰鮮而變為斯者齊魯之間其語鮮斯相近左傳
于思于思服虔云思白頭皃字雖音賢公羊傳云
異亦以思聲近鮮故為白頭也胘曰克君之扈何
休曰自左膘射之達于右髀髀羊古作研說文不
紹切字林子小切字一作胘音賢硯滑也籀文作硯
唐詩銅門初下辟石館始沉硐見鼎文馮衍顯
硯遊霧千金字飛雲五色箋上蘗職字鎮志賦稱
古今以敬思兮覽聖賢以自鎮嘉孔洗茹洗律音
文之卯命兮大老聃之貴元鎮音眞洗名畜鮮新鮮
淮南子姑洗者劉向九歎芳若茲而不鍼兮相林
陳去而新來也菀薄而菀菀子僑之奔走兮申徒狄
之扯音圓文子上求楫而下致春秋天王殺其
淵綸盤上言若絲下言若綸侫弟年夫穀梁作
侫國語晉人之誦曰侫之周禮木路前樊鵠文
見侫果喪其田侫與年叶蕃纓圭璋釋文音箋輝選
昌延切國語水無沉氣火無炎輝景福殿賦陳音田
冬不淒寒夏無炎輝鈞調中適可以永年陳易林
秋糧未成無从至陳水深音田易林大車音牽
難涉使我不前詳眞韻塵多塵小人傷賢蚈螢火

蛾也詳箭䈰笛受栽鶵也見淮南子看書涼
徑節南字箭音類孫之顏祠古也字人州人歌
須張軌曰涼州賦書截髓鵑長也尺椽切鄰國
若翩翩拂殺人人合韻音然椽文乃管切為者
或作姚音綿通鑑申漢書申堅於申體
釋名引姓氏韻纂申疏申堅也音田

二蕭

隋史記貨殖傳楚越之地地廣人希飯稻羹魚或火
耕而水耨果隋蠃蛤不待賈而足正義曰隋今為
擩音同古少字也蠃螺同果擩窳擩疊何裏也今楚
越之俗尚有裹擩之語楚越水鄉足螺魚民多採捕
積聚擩疊包裹煮而食之班固不曉裹擩之方言脩
太史公書遂地云果隋蠃蛤非太史公意班氏失之
也踰禮投壺毋踰言注踰音籥左傳季札見舞象
或為遙違譚語也箾部箾者注舞樂也孔穎
達曰箾即簫也尚書簫韶九成此云韶箾即彼簫韶
簫字或上或下耳又音稍正義引相如上林賦揚鷖
鳥捎鳳皇則捎亦拂之類今人謂拂擖為捎力彫切書
此必傳于古其箾箾字同也又見交韻鬵與之戰力

古音餘 卷二 二 第十八函

孔穎招揚雄傳九招九俚史記季布傳其書無俚之
達語譊注招讀曰韶至耳注俚聊也益以第二
聲轉第由音妖冶由女子笑貌淮侯史記尉佗贊尉
一聲也南子賈子皆有此字佗之王本由任
囂遺漢初定列為諸侯降慮離遯瘵佗得以益管
騷甌駱相攻南越動搖漢兵臨境嬰齊入朝湫子
耳之所聽非特雷鼓聞也直遙反見廫音聊从广
察於湫湫淑湫與寂寥同廟樂記釋文从廖古文
廖霸字今但加嚼後漢童謠嚼復嚼今年尚可後年
用廖廓或作廖鐃嚼平音京都飲酒相強之辭
繆音紬檀弓布幔兆晉志樂歌神之來先淮南子
衛也繆繆幔魯也景兆聽無間視無兆蕉秋分蕉
定而未熟注字甲之芒潦爾雅注潦水出塞外衛皐
也音有貓有虎之貓之山元菟有月潦山小潦水
所出西流注大潦即今尚書擾而毅徐邈讀作饒
遼水小遼即今渾潦河擾左傳擾龍氏事孔甲師古
音漢高紀可蹻足待也如淳曰蹻音如今作樂蹻
饒蹻行之蹻○按蹻行即列子云以雙枝長倍其身
屬其蹻並趫並馳
是也俗曰躧蹻

三交

剃 左傳定二年邾莊公飲酒闍乞肉焉奪之杖而敲之釋文一作剃口交切 撽 毛詩邱中有麻釋文境一作撽 浮 禮投壺若是者浮浮罰爵也浮或作匏 鵃 音嘲爾雅鶌鳩鶻鵃 校 淮南子野無校兵校音交

四毫

留 楚辭時繽紛其變易兮又何可以淹留蘭芷變而不芳兮荃蕙化而爲茅又淮南招隱猿狖羣嘯兮虎豹嘷攀援桂枝兮聊淹留○拔高誘注淮南子云留連之留非劉氏之劉初讀其語而疑之及觀楚辭音乃釋然矣 艛 徙勞反今作艘漢志禮船五百艘 邱 劉向九懷元鳥兮楚歸飛翔兮靈邱望谿兮蓊鬱熊羆兮吁嘷邱音尻 臯 爾雅古鈲字 告 史記注休告之告音嘷 趙 左傳官名有伯趙氏一伯趙郎伯勞也一作博勞 綢 本綢繆之綢爾雅素錦綢杠又音韜注謂以白地錦韜旗竿也注音叨禮檀弓綢練設旐是也 葆 禮器君子曰祭祀不祈不麾蚤不樂葆大注葆之爲言褒也釋文保毛切 繅 禮祭義及良日夫人繅三盆手釋文繅悉刀切說文作繅云抽繭出絲也以此爲旐繅字所感切 勦 楚交切禮勿勦注代人說也注猶擥也胡氏曰勦猶抄也○左傳崔氏之盟讀者未終晏子抄易其辭是謂勦說○此字韻會及諸字詁皆誤獨博雅近是互見篠韻 鷱 河鳥名今作洌河楚地名紅鶴又見支韻 笑 音消周易鳥焚其巢旅人先笑而後號咷大雅我言維服勿以爲笑先民有言詢于芻蕘戰國策童謠趙爲號秦爲笑以爲不信視地上生毛笑从夭爲聲也 皂 周禮地官土會之法山林植物宜皂物注作早之屬今名柞實曰皂角也皂音如韜柞栗皆有橐韜也○書家以皂爲俗字然周官有之疑亦古字也 勢 漢書注豪字

五歌

蠡 音螺文子聖人師蛛蝥而結網法蠡蠃而閉戶爾雅翼云公輸子見蠡出頭潛以足畫之蠡引閉其

戶不可開因效之蠡于門戶今以蠡爲鋪首古遺制也後漢禮儀志殷人水德以螺首愼其閉塞使如螺也東方朔傳以蠡測海韓詩外傳歡忭曰蠡躍猶云鶴躍雀躍也水經注睢陽有蠡臺迴道如蠡形王子年拾遺記秦始皇時有仙人乘蠡舟沉墨水而至者劉向九歎握申椒與杜若兮冠浮雲之峩峩登長陵而四望兮覽芷圃之蠡蠡顧愷之詩一岑有積蠡嶺有懸魚字一作蝸禮內則蝸醢而苽食一作蠃易爲蠃爲蚌一作蠡晉大家東征賦登樸而椓蠡注引淮南子古者人餐蠃蚌之肉椓喙通隙思王遷都賦椓蠡啗而食疏攄皮毛以自蔽 蝸 見上 蠃 見上 蠡 見上 加 孝經緯孔子曰三皇設言民不違五帝畫象世順機三王肉刑揆漸加應世黜巧姦僞多加與多叶五何切楚辭七諫逢艾親入御于牀第兮馬蘭踸踔而日加捐葯芷與杜衡兮余奈世之不知芳何 挼 阮孝緒字畧煩攪猶挼挼挼奴禾切 挼 素禾切挼援擀衣也 施 楚辭天問授殷天下其位安施反成乃亡其罪伊何高祖歌橫絕四海又可奈何雖有矰繳將安所施 移 張平子思元賦處子懷春精神回移如何淑明忘我實多又楚辭委蛇作委移東方朔繆諫清湛湛而瀐滅兮瀾淖淖而日多梟鴞既已成羣兮元鶴弭翼而屏移 懷 淮南子中央黃帝之令日平而不阿明而不苛覆露萬物無不囊懷溥氾無私正靜以和懷音窠 鄲 漢地理志縣名在濟陰孟康音多 宜 易大傳神而化之使民宜之吳才老音俄化音和詩象服是宜子之不淑云如之何 隋 天問南北順隋其衍幾何注隋差音 火 莊子利害相摩生火實多衆人焚和月固不勝火今人謂兜岐脣曰火盖古音也 柴 劉向九歎折芳枝與瓊華兮樹枳棘與薪柴掘荃蕙與射干兮耘藜藿與蘘荷注枯枝爲柴讀與國語山不槎蘖之槎同 槎 國語山不槎蘖謂本折方長爲薪也傳所謂春斤不升山以育物足材也 墮 衝波傳宰我欲短喪顏回曰入知其一未知其他但知暴虎不知憑河鹿生三年其角乃墮子生三年而離父母之懷墮音多懷音窠互見淮南子 蟠 學記極乎天而蟠乎地蒲何切 倚 中庸君子中立而不倚釋文作波反 沙 音莎詩魯頌疏儀尊有沙飾也沙蘇河切刻鳳皇于尊其形婆娑然也春秋緯月麗于畢雨滂沱月麗于箕風揚沙晉童謠南風起兮吹白沙遙望魯國

何嵯峨千歲漢書平秩南訛古文淮南子咼
髑髏生齒牙僞引用作南僞屭執字咼氏璧卽卞
和之和今䂵與磻同以繒飛石也戰國策出寶弓碆
楚有此姓新繳文選嵇康送公穆詩流磻平皋垂
綸長濬見磻見上又磻嗟易不鼓缶而歌則大耋罷
川上溪之磻之嗟王肅云嗟古作蹉
音皤易或鼓或罷或泣或歌易林蹇衣斯琴清英孔
涉水深瀆請罷賴幸舟者濟脫無他子臨河歌
狄之水兮風揚波舟楫顛倒更相加歸來
歸來斯爲斯斯合韻音莎如楚辭之些

六麻

鳥音鴉漢鼓吹曲朱鷺魚以烏路些耶鷺何食食茄
下不之食不以吐將以問誅者烏音鴉下音蝦者
音沎古文沙字悇後馮衍傳并日夜而幽思兮終悇
遮从水从匕憛而洞疑注引楚辭心悇憛而懷
感廣雅悇憛禍褊未定也悇宅牙切憛下禮記天高
它紺切悇亦可音牙加以余有茶音也地下萬物
散殊流而不息合同而化下音遐殊音賒化音花按
下古音戶無音夏與蝦者自漢始有之故疑禮記書

漢人筆也堵門臺也闍同詩出其闉闍有女如茶雖
程端禮云則如茶匪我思且縞衣茹藘聊可與娛
闍以叶詩聲亦音遮也茶亦音茶見困學茶音茶爾
紀聞且音嗟娛音衙三國志有上堵吟雅檟苦
茶本草茗苦茶嚴氏詩緝云詩有三茶一曰苦茶誰
謂茶苦菫茶如飴是也二曰穢草以薅茶蓼是也三
曰英茶有女如茶是也周禮司徒有掌茶常以時
聚茶徵野疏材之物漢書茶陵今作茶音弋奢切都
都亦以者得聲當音遮漢志樂歌元氣濄音瓜濄水
之精同復此都蔓蔓日茂芝之成靈華在扶溝師
古讀又啞音丫易笑言啞啞易林鐱音蛇鐱禹如家
音戈鳥鴉啞啞以水爲家也柳子厚天對
禹懲于績鐱婦亟合笯女加切史屈原傳閭禮運家
轉作蜍又作余非鳳皇在笯徐廣讀不寶龜
不藏圭不臺門注闍諸之蒘博雅如奢切拏也奓音
臺徐音常邪反詳堵注下蒘苴見黃山谷集迦
字从大从平平音跨博雅塗毛詩昔我往矣黍稷方
奓奢也與丞報之義同華今我來思雨雪載塗
易林雨雪載塗東行破家旅人無家柳子厚詩善
幼迷水火齊諸笑柏塗東門牛屢飯中散鉏空爬祖

漢書紀西臨祖厲河
李斐讀作嗟賴二音

七陽

更相如長門賦望中庭之藹藹兮若季秋之降怲音
霜夜曼曼其若歲兮懷鬱鬱其不可再更與
彷同詩蔦與女羅施于松上未見君子憂心怲怲旣
見君子庶幾有臧上音傷怲音彷古字丙與方互音
故怲亦作彷讜當陽切尚書汝亦昌言注力章切
是其證也一本作讜李登曰善言也亮尚書亮
陰三鍚詩簫管備舉箋云簫編小竹管如今賣廣爾
祀鍚者所吹也釋文鍚夕精反又音唐雅
注引伯樂相馬經旋毛功春秋元命苞天道煌煌非
在背名閼廣廣音光一帝之功王者赫赫非一
家之常東方朔七諫信直退而毀敗兮虛僞合韓文
進而得當追悔過之無及兮豈盡忠而有功公鄆
州谿堂詩凡公田封旣富以強謂公如父孰違公滂
令又獨孤郁墓誌不擢其章其剛不傷載着世令
蒲良切馬融廣蕩音湯古蕩陰鳴漢樂詞寒暑不忒
成頌滂薄汾撓地名今作湯況皇章展詩應律

瑲玉鳴含宮吐角激徵清見鳴兄詩陟彼岡兮瞻望
清發梁楊羽申以商下注兄兮釋名兄荒也
青徐人謂兄爲荒楚辭眩弟並淫危害厥兄何變化
以作詐後嗣而逢長漢書雖有親兄安知不爲狼
盪音湯河洛隋大業末童謠云上山喫鹿獐下山喫
牛羊忽聞官軍至提刀向前盪又鄭熊番禺記廣
俗壻未見妻之父母先飲一大杯上詩云誰之思美
曰盪風今俗有盪風冒雪之語孟姜矣期我乎
桑中要我乎上宮送我乎淇之上矣又蔦與女蘿施
于松上與怲臧相叶劉向九懷臨淵兮汪洋顧林兮
忽荒脩余兮袿朋音芒劉向九歎駕鸞鳳以上遊兮
衣騎霓兮南上從元鶴與鷦朋孔鳥飛而送迎兮
騰羣鶴于瑤光鷦朋後鳥烹墨子夏后啟使蜚廉折
亦鳳之種也或作焦明金於山川而陶之於昆
吾是使翁難卜於白若之龜曰鼎成三足而方不炊
而自烹不舉而自臧不遷而自行大元首脂牛正肪
不濯釜中易拂桐枝濡蟲而空中難成而春秋公
而烹易傷毛詩以彡以中叶居王切邴會齊侯
于防公羊作邴○按古字枋蔣淮南子雪霜瀼靡浸
桐同音疑丙方古亦同音也潭苽蔣注苽蔣實也

生水上相連持大如薄者也蔣音如槃劉孝綽詩寒階變杜若玉溜發擷蔣正合古音杜子美相趁鳧雛入蔣牙則趍韻之過 痒 傳雅音羊又作蛘 蛘 見上注 韹 同上淮南子 呈 古文狂字與呈見字不同呈从王 刃 古文𠚣字與刃刃字小異 顙 音桑易林元鬣黑頡東歸高鄉 象 音廂晉志樂歌藏之體無形象潛泰幽洞忽荒 兵 讀如搶詩擊鼓其鏜踊躍用兵左傳是謂沈陽可以興兵利以代美易林從我睢陽可避刀兵與福俱行有命久長京房易傳山見葆江于邑邑有兵 歍 桓子琴道篇孟嘗君為之增欷歍唈流涕狼戾而不可止注歍唈失聲也歍音鴛央之央 創 漢書敘傳叔孫奉常與時抑揚稅介免冑禮儀是創注合韻初良反 房 阿房秦宮名如淳曰房音作旁 萌 漢志葭萌蜀郡名音芒方言蜀人謂茶曰葭萌蓋以茶氏郡也 碭 音唐漢書沛公隱于芒碭山澤間 媵 儀禮主人盥洗升媵觚于賓注媵送也讀或為揚 亘 舟二間為亘緣以日易舟何注盛說亘古航字

八庚

賜 禮器注五帝主五行五行之氣和而庶徵得其序也五行木為雨金為賜火為燠水為寒土為風釋文賜音賜○按賜與賜音呼不同賜从易賜从易 鏘 士衡反見樂記釋文 聖 公羊傳聲姜作聖姜 熊 音近嬴春秋莽我小君敬嬴穀梁作傾熊 熊 音衡史記黃帝南至江登熊湘即衡相也 喤 詩喤喤厥聲釋文華盲切又音橫又鍠鼓喤喤釋文華彭切又音宏春秋運斗樞皇者宏也 姓 音生春秋哀公四年蔡殺其大夫公孫姓 爽 音生馬融廣成頌豐刑對蔚崟頌槮爽翁羽春風含津吐榮 楊 馬融廣成頌柜柳楓楊與生榮為韻注叶以征切 郢 應劭風俗通干木息偃以蕃魏包胥重繭而存郢夷吾朱弦而三歸平仲辭邑以濯纓 卽 本卽就之卽轉音精燭頭燼也管子左手執燭右手執卽尹知章讀○按卽从皀从卩皀與鄉中皀字同音偪又音香精音以香叶也 逞 東方朔繆諫伯夷死于首山兮卒夭隱而不榮太公不過文王兮身至死而不得逞 囊 莊子臠卷搶囊搶倉庚切囊郎厂切或作㳄古文行字搶字㳄从四人 頸 音經易林義不勝情以欲自傾危利寵折角摧頸禮投壺壺

頸脩七寸注其聲切韓文公魏博沂國公碑銘業業魏土嬰兒戲兵吏戍愁壽莫保胥頸

九青

卯 郎丁切象眾聲从三口會意靈字从此○按字書品卯卯俱从三口三口並為卯一上二下為品二上一下為卯卯今作攝又臬字 巠 戰國策蘇厲為齊遺趙王書反巠分先俞于趙巠音邢西陘山名 甹 音荓爾雅引詩莫予甹峯今文作荓烽 鈃 詩魯頌疏羹大羹鉶羹也字又作鉼 蚈 鴻烈解注讀作熒螢火也漢書瞑暗逐螢火而行古但作熒玉篇作蠑省作螢螢有兩種一行一飛故有宵行流螢之別字有四音見先齊徑等韻 耿 古邢耿同音耿見梗韻

十蒸

熊 左傳堯殛鯀于羽山其神化為黃熊以入于羽淵釋文獸非入水之物故是鼈也一曰既是神何妨是獸東海人祭禹廟不用熊白及鼈豈鯀化為二物乎正義曰張叔皮論曰賓爵下革田鼠上騰牛哀虎

變鮌化為熊久血為燐積灰生蠅傳元潛通賦聲伯忌瓊瑰而弗占兮今日言諸而暮終嬴正沈璧以祈福兮鬼告凶而命窮黃母化而成黿兮鮌殛變而為熊二者所韻不同或疑張叔為非若作郎王劭曰古人讀雄與熊皆于陵切張叔用舊音傳元用新音案詩無羊與正月及襄十年衛卜御寇繇皆以雄韻陵劭言是也 贈 音增詩其風肆好以贈申伯崔靈恩本作增崔云增益申伯之美孔穎達云增遺者所以增長於人增之財使富增於本贈之言使行增于義故曰贈增也 風 馮衍顯志賦攄道德之光耀兮匡衰世之渺風褒宋襄于泓谷兮褒季札于延陵 承 承陽縣名在長沙音蒸 佷 音恆山武陵縣名 傰 管子九練之以散羣傰署注傰猶曹也傰即朋字 證 音徵周官典瑞穀圭以和難聘女注聘女則以納證焉證成也春秋曰納弊又莊子九證至而不肖人得矣人名有唐九證武后時破土蕃于漾濞者 氷 與凝同爾雅氷脂也舊注引莊子肌膚若氷雪是以為氷字非也氷得冷而凝熱而銷脂膏亦然與脂同志故曰氷脂也 氷 與綫同鹽鐵論素綈錦氷

十一尤

濤文選嵇康琴賦觸巖觝隈鬱怒彪休洶涌騰薄奮沫揚濤
鞠劉向別錄蹴鞠黃帝兵勢也徐堅云鞠即毬字一作鞠蹋蹙爲戲見初學記
鞫同上
要禮深衣要縫半下鄭注要或爲優
燠左傳昭三年民人痛疾而或燠休之燠字一作噢痛念之聲陸德明於紆切徐仙民音憂休音喻
包房尤切春秋迆名包來
冡洪範曰冡曰克徐音云鈎切
溞與溲同爾雅引詩釋之溞溞烝之浮浮今作溲釋文曰溞溞淅米聲浮浮烝飯氣也濤一作洮
噍揚雄噍噍昆明子由切
條音由爾雅條條秩秩習習楚辭秋風兮颼颼舒芳兮振條
滱苦侯反漢志滱河出文安太河水在代郡音彄
才音篘易林季子多才使我不憂
猇漢志縣名在濟南應劭音箎蘇林音交蔡謨音由師古曰蔡音是
[illegible]楚辭九章君無度而弗察兮使芳草而爲藪與鄭由合韻聊音留
蜩劉向九懷林不容兮鳴蜩条何留兮中州陶嘉月兮駕搴玉英兮自脩
務揚子雲大元蜘蛛之務不如蠶之綸務音謀綸音鈎
[illegible]音鳩梁法雲三洲歌三洲斷江口水從窈窕河傍流
駒音鈎毛詩我馬維駒六轡如濡載馳載驅周爰咨諏易林林川深難游水爲我憂多慮少實命鹿爲駒古樂府羅敷行何用識夫壻白馬從驪駒青絲係馬尾黃金絡馬頭
濡詩我馬維駒六轡如濡音柔柔澤也
苗爾雅春田曰蒐夏田曰苗秋田曰獮冬田曰狩苗音彪切韓愈楚國大人墓銘高陵相漢義以家酬遷于南陽始自郎苗
嵒楚相碑優游字作㳘路
右毛詩有杕之杜生于道周彼君子兮噬肯來遊韓詩周作右合韻音優
慒音囚爾雅慮也
蕢禮運蕢桴而土鼓注蕢音凷
凷禮運注蕢讀爲凷凷塥也謂摶土爲桴也
漏音螻力侯反禮內則馬黑脊而般臂漏
僎少儀介爵酢爵僎爵皆居右釋文僎或爲騶
柩與囚同史記釋箕子之柩
桴音浮易林水深無桴蹇難何游商伯失利庶人愁憂
窈淮南子可以窈可以明窈讀如幽
戮力周切漢高紀戮力而攻秦
鼀詩嬿婉之求得此鼀䶂七由切

十二侵

涔音涔爾雅槮謂之涔韓詩云涔魚池李巡曰今以木投水中養魚曰涔孫炎曰積柴養魚曰槮郭璞曰今之作羅養魚者聚集柴水中魚得寒入其裹藏隱因捕取之小爾雅曰魚之所息謂之涔涔槮也水中魚舍也詩周頌潛有多魚是也槮罧潛涔古今字詳見詩潛有多魚疏
戠易朋盍簪虞翻本作朋盍戠
揂淮南子兵略訓推其揂揂其揭揭注揂揂欲臥也揭揭欲拔也此字諸書不收
潭音尋楚辭長瀨湍流泝江潭兮狂顧南行聊以娛心兮韓詩外傳逢天之暑思心潭潭願乞一飲以表我心
僭禮注引詩以雅以南以籥不僭僭七尋切
[illegible]廣雅音淫又隱韻
淫音深列子河曲之淫隈
⿰目林淮南子味味⿰目林⿰目林高氏注欲知兒
廉晉志升平末俗間忽作廉訶曰白門廉宮廷廉內外悉臨有扈謙者問之曰廉者臨也國其有大諱乎俄而穆帝崩
錣淮南子錣上貫注音作針

十三覃

爓禮祭義爓祭腥而退敬之至也釋文爓音尋
減胡南切毛詩僭始既涵韓詩涵作減
潯淮南子江潯海裔注潯讀作葛覃之覃
隆淮南子終南山作終隆

十四鹽

槧梁庾肩吾觀書詩松槧芳帙氣柏燻起厨文徐堅云槧鉛廉反燻許運反見初學記
姌音鉗晉書如姌傳尼姌婦之老者能以卜言悅人故曰姌今俗云姌婆是也
晻漢薛君碑用爲晻留字
殲漢孫根碑殲字
蕁淮南子火上蕁水下流蕁音作炎
緂淮南子緂麻索縷手經指挂注緂讀恬然不動之恬
礛礛諸治玉之石也字又書作鑒
鑒同上易林鑒諸攻玉無不宜鑒

十五咸

鍚蘇林試郎切服虔石奐反
柉漢隸字源韓勅碑用作凡字
降鄭元立政注三亳阪尹西降谷降即函谷也古字通
兔廣雅云辰星謂之兔星史天官書兔過太白間可椷劍索隱曰兔辰星之別名兔或作㕙也司馬貞曰兔星凡有七命命者名也小正一也辰星二也天欃三也安周星四也細爽五也

能星六也音於咸切左傳哀公二
鈎星七也黯十一年史黯人名

古音餘上聲卷三

新都 楊慎 撰 綿州 李調元 校定

一董

董音董蕫付音冗漢書再 三 **僮**易憧往來京房作僮
董草茗軵發軵又東韻 釋文丈冢切又作僮

二腫

蚩音拱爾雅螾衘入耳注此蟲象吳公黃色而細長
自關而東或謂螾衘或謂之入耳或謂蜄蠬趙魏
之間謂之蛀蚭北燕謂之蚰蜒江東人呼蛩皆今蛐
蜒喜入耳者又蛩蛩巨虛獸名又秦人呼蟬蛻曰蛩
皆平聲讀與**蛬**音拱爾雅蟋蟀蛬蛬郭云今促織也
此同體異物易通卦驗蜻蛚鳴注引里語曰蜻蜓
鳴衣裘成陸機毛詩疏云蟋蟀似蝗而小正黑有光
澤如漆有角翅楚人謂之王孫里語云趨織鳴嬾婦
驚又**兇**兇上聲左傳定
東韻公十年衆兇懼

三講

方言雙講切音同磔**蠬**古文**項**戶講切左傳成十
㸦令俗謂摧物令仆也蚌字六年中項伏弢

四紙

軵軹同詩釋文車轊頭也轉軸端也轂末軸端共在
一處而有軹轉二名說文軹輪小穿也古書軹多
誤作軌凡注軌爲軾前者皆軹也小戎傳曰陰揜軌
也箋揜軌在軾前中庸車同軌周禮經途九軌注云軌
謂轍廣是也軌非軌也軌自**耆**音旨左傳宣十二
車轍且詳見詩匏有苦葉疏年引詩曰於鑠王
師遵養時**罷**左傳襄三十年自朝布路而罷**杍**尚書
晦者昧也釋文胡買切徐邈讀作符彼反梓材
古本**火**音燬毛萇詩傳**祉**詩錫茲祉福**彌**揚雄賦望
作杍齊人謂火曰燬釋文祉音恥舒彌彌兮音
米**𩆪**音灑玉篇露也說文飛聲雨**蘼**音灑小山招隱
而雙飛者文選𩆪𩆪霏霏蘼蕪草蘼靡字从
蘼音恥劉向嘆周流覽於四極兮志升以以**姐**漢書
馳高馳徵九神於四極兮建虹采以招指隴西

羌彡姐旁種反師古曰姐音紫音先冉反今西羌尚有此姓合而爲音音陝國朝有登進士者御筆改音爲陝云 褘 本音韋爾雅㡚帥飾也字或作褘又音徽說文蔽膝也引周禮王后褘衣謂畫袍也一曰表交落帶繫于體者又音委韓詩委蛇作褘褘 灑 左傳襄十九年崔杼殺高厚于灑藍注地名灑音史 彌 音枚春官小祝彌烖兵 而 正始之音云而之爲爾爾之爲汝汝之爲若皆高下諧聲也 億 音已易震爻辭億喪貝又億無喪有事王柏云億讀爲已伊已億故也吳幼清云億賭錢也引唐詩席上意錢也意以意猜度如漢人射覆之類故曰億貝又曰億無喪有事其說雖巧恐周公無教人賭錢之理姑存其說 采 官溥說矢字从米非米雎古文龖字漢隸也許愼說辨字兩存之骨卯林斷龜龖說 芝 讀作芷淮南子楡步雜芝之苦 倕 文子人不愛倕之手而愛己之指注音惴惴其栗之惴 烜 音毀周官司烜氏掌取火于日 跡 晉刑法志犯釱左右跡者易以斗械楊正衡音義跡音趾今本易作趾非 疑 音擬僭也漢食貨志違方疑之能疑者並起而爭矣 沝 水音委說文二水也流字从此作𤁧義如禮記或源也或委也之委二水是源分而爲委也周伯溫趙古則並云卽流字非今人多从之而背說文何哉○今以說文按周伯溫之妄十字而五六如壴本音豎陳樂也从攴乃是鼓字攴戎鼓大首下从又象執之也周乃云壴卽鼓字多誤後人好古者審之 茈 音紫山海經洱水其中多茈碧注紫草也又急就章作柴胡之柴相如傳音參差之差 鈌 儀禮緇布冠鈌項注鈌讀如有頍者弁之頍釋文去蘂反 等 補里切韓非子主妾無等必易嫡子韓退之許國公銘上之宅憂公讓太宰養安蒲坂萬邦絕等宰類里切

五尾

彙 易拔茅茹以其彙傳氏注彙古偉字 微 音尾史夏紀引書鳥獸字微 肥 史二王世家策無作怨無肥德索隱曰本一作肥亦音匪又扶味切 蟦 文子見蟦而求成布注蟦音春秋有蜚不爲災之蜚 𠫔 禮內則男角女羈注夾囟曰角牛達曰羈釋文音偉

六語

漁 淮南時則訓乃命漁人伐蛟取鼉高氏注漁音作語 梧 音敔柷敔樂器釋名敔衙也止也儀禮賓進梧今文作䛔注五故反 柱 如女切禹貢厎柱析城孔頴達音 稰 思呂切又音所見揚雄反騷

七麌

戎 而主切朱子語錄曰吳才老補韻甚詳亦有推不去者如外禦其務叶烝也無戎才老云務字古人讀作蒙不知戎汝也汝戎二字古人通用是叶音汝也如南仲太祖太師皇父整我六師以脩我戎亦是叶音汝也 故 一作古見尚書疏九共注 顧 尚書我不顧行遯徐邈音鼓又詩商頌韋顧既伐古今人表作韋鼓卽春秋傳鼓人也 蝑 音黍爾雅蟄蠡蝑舍人曰今所謂舂米也 拘 漢志漳水東至邯鄲入白渠應劭曰拘音矩 拒 音矩招拒白帝神也 枓 音主喪大記沃水用枓 堡 小城也隄也障也一作保詩南土是保保轉音堡檀弓入保者息又作葆史匈奴傳侵盜上郡葆塞天文志觜觿爲虎首主葆旅事今邊隔有哨堡堡轉音作普、 保 見上 葆 亦見上 䍪 酒器也音圭毛詩酌以大䍪今作星斗之斗非 酺 古文易咸其酺今文作輔虞翻曰眉目之間曰輔選洛神賦酺靨承權

八薺

緀 帛文見說文引詩緀兮斐兮又齊韻 萋 草生貌文選奇卉萋萋叶韻音泚 堤 音牴滯也劉兆曰緣邊也

九蟹

夥 胡買切楚人謂多曰夥見史陳勝傳又果韻 掛 罣而不用曰掛易掛一以象三陸有兩音 䅵 駭同豕四蹢皆白曰䅵見詩疏及爾雅 乖 音拐貴州夷寨有乖西

十賄

等 都怠切類也輩也管子遷有善上捕援貨人入則乘等出則黨騁捕音輔又漢書郊祀志今年得寶

鼎其冬辛巳朔旦冬至朔𠭰說文內卦曰貞外卦曰
旦與黃雲時等等同也𠭰其字从卜今作悔非
說文器也又水四合也書豈古音苦亥切樂也漢
匯東匯澤爲彭蠡又隊韻書天子大豈今作凱
詩于疆于理至于南海周易變占云江河淮海天
海之都市商人受福國家富昌淮南子田中之潦流
入于海附耳之言聞于千里音志樂調作京邑廣四
海保天年窮地紀世說四海習鑿齒彌天釋道安海
齒天安爲韻
是一證也

十一軫

汚尚書禹貢注汚池一音亡忍切音昬尚書不昬作
泯詩汚彼流水杜詩江流泯泯清勞鄭元讀昬
爲力允切尚書今般騰音朕爾雅騰縢蛇眕之忍
暋論其論喪徐邈讀上音朕下音騰反左
傳定公四年封轔来忍切般展張平子西京賦五都
眕土畧又音直轔轔盛貌貨殖既遷既引商旅
聯揺隱隱展展注敦音盾不開通之貌左傳
丁灌切重車聲也天下之民謂之渾敦

十二吻

扮傅雅動也伏粉切苑屈也積也詩我心苑結禮記
今爲粃扮之扮事大積焉而不苑又阮勿二
韻欠禮內則欠伸跛
倚釋文邱訓反

十三阮

暈音義與烜同易日以烜之詩赫晥地名廬江縣
兮烜兮古多作暈禮烜之以日月也漢書注呼
袁反又胡板反又下短袁同見漢春秋鄭伯克
反又胡官反揚亙衡讀緄衡方碑鄢段于鄢穀梁
注音
偃

十四旱

曼曼漶不分別也枕如輦切易坎卦宛魯詩清揚醃
音滿湲揚雄賦枕詩澤陂皆此音面兮今文作婉
字一作婏見丸音卵伊尹書丹山
順也妮也婏上丸之南有鳳之丸

十五潸

臇鷄脘切曹子建詩膾鯉臇胎鰕倉頡䐣雜具通作
解詁云臇少汁臛也今膾肉日臇饌見儀禮
唐溫庭筠著
書名乾䐣子

十六銑

竊左傳九扈爲九農正注夏扈竊元秋扈竊藍冬扈
竊黃棘扈竊丹鄭元李巡郭璞陸機皆云竊脂肉
食好盜脂膏孔穎達云即如此竊元竊黃豈復竊元
黃乎爾雅釋獸名虎竊毛謂之虦竊毛皆謂淺毛竊
即古淺字但此鳥其色不純竊元淺黑也竊藍淺青
也竊黃淺黃也竊丹淺赤也四色皆具則竊脂皆淺
白纖八駿圖纖離馬名纖讀作淺離驪也纖離又作
也盜驪伊尹書月氏䶡犁字異而義同即今黃馬
黑啄者舊解縳爾雅音篆一羽謂蕇音典爾雅顯
作深黑色非縳之箴十羽謂之縳蕇葶歷殿上
聲左傳定公八涊乃典切揚雄反騷澳涊劉緛下犬
年日猛也殿向九歎切澳涊之流俗切揚

雄賦青雲爲趼漢夏堪碑端玉藻元端而朝注端省
紛虹蜺爲繯足繭之繭音冕論語端章甫
禮郊特牲君親誓社注社絹淮南子土龍芻狗之始
或爲省釋文省思淺切成文以青黃絹以綺繡
纏以朱絲注文音悶絹音捲
纏音戰讀如行纏之纏也

十七篠

窱與窕同說文引詩窈窱淑女字書窈深也窕極深
也窈窕幽閑之地也淑貞專之德也鄭元箋幽閑
深宮貞專之善女正義曰淑女以爲善稱則窈窕宜
爲居處方言云善心爲窈善容爲窕非也○今按窈
窕訓深宮爲是深宮之地是幽閑也深宮固門曰幽
內言不出日閑窈窕言其居貞專言其德今解者混
之遂以窈窕爲德誤矣陶潛歸去來辭既窈窕以尋
壑魯靈光殿賦璇室便娟以窈窕又洞房叫窱而幽
邃江賦幽岫窈窕孫興公天台山賦幽邃窈窕封禪
記石壁窈窕如無道徑曹攄詩窈窕山道深謝靈運
詩窈窕究天人李顒詩窈窕尋灣碕迢遞望巒峙諸
葛穎詩窈窕神居遠蕭條更漏深喬知之詩窈窕九

重聞杜甫詩窈窕丹青戸牖空杜牧詩溷生窈窕深東第諸窈窕字豈亦謂女德乎 宨 窈同古窈窕字或作窈窱又作窅又作窔俗作突 窔 見上相如上林賦巖窔洞房 勦 子小切說文勞也从力巢聲引左傳安用勦民孟子題辭心勦形瘵與禮記勦說字不同○曹憲博雅注云勦本子小切又楚交切疑誤也禮物勦說鄭注擥也謂取人之說若訓爲勞左傳安用勦民之義不恊矣杜預訓爲勞是也勦殺之勦从刀勦勞之勦从力亦明矣 削 與杓同淮南子削鋒注削讀綃頭之綃 綃 見上

十八巧

鮑 部巧切說文饐魚也周禮䲡人鮑魚鱐注鮑者於楅室中糗乾之出江淮楅皮逼切楅土爲室也

鞄 部巧切柔革工也周禮通作鮑一作鞄 鞄 見上 蚤 儀禮中櫛鬊蚤揃子坎注蚤音爪

十九晧

鴇 古文鴇字烏也鴇形似鴈而無後趾毛有豹文肉出尺蔵行有行列性不木止一名鴻豹易林文山

鴻豹肥腯多脂諺鴇無舌兎無脾字一作䳱集韻鴇鴇分爲二字而詁同誤也管子非十鈞之弩不能中鵾鷄鵱鷗鴇急就章鷹鷂鴇鴇皇象書作鴇凡凡同 鳯 見上 鳵 見上 鴇 从鴇有行列也詩肅肅鴇行 𠤕 音保行列也从匕从十鴇字从此 擢 讀鎬京之鎬淮南子豈可謂無大揚擢乎 旭 讀若好詩旭日始旦許叔重讀呂忱字林呼老切 繅 鄭司農周禮注繅古字也藻今字也同物同音

二十哿

蠡 力果切左傳謂其不疾瘯蠡也說文作瘰疬病也 瘰 見上 脞 音瑣尚書元首叢脞哉徐邈讀 菏 士可切禹貢導菏澤孔頴達語 荂 音可華葉也 拕 子雲解嘲紆青拕紫徒可切 何 詩爾牧來斯何蓑何笠注何揭也 坐 史記高帝紀遂坐上坐張守節正義曰上坐字在果切下坐字在臥反 累 力果切曲禮爲大夫累之又胡瓦切 霴 訓綮雲不族也通作䨴 阿 音婀乃可切婀娜舒遲也又作阿那衛恆論書或縱肆阿那子建洛神賦華容阿那

二十一馬

蠱 馬融廣成頌古冶子作古蠱子○按蠱與冶通易冶容誨淫又左傳女惑男曰蠱也男惑女亦曰蠱國語蠱女縱欲 槎 士雅反禹貢隨山刊木注刊槎其木開通道路以治水也毛傳除木曰槎 倮 史記殷本紀使男女倮相逐胡瓦切張守節讀 瑕 音假子瑕人名見檀弓 堵 儀禮與大夫燕亦大夫爲賓注引公父文伯飲南宮敬叔酒以路堵父爲客釋文堵音者

二十二養

匩 禮運年雖大殺眾不匩懼匩邱往反猶恐也汲冢周書有雜匩解皆說救荒政管子有大匡中匡篇

萇 左傳昭十一年景王問于萇弘釋文萇上聲 孟 音莽莊子孟浪之言 浪 音朗莊子孟浪之言而季說 蒼 麄朗切莽蒼野色也 彊 其兩切光武紀同舍生彊華姓名 方 音罔周禮夏官有方良氏 良 音兩見方字注 詰 音強競言也周伯溫遂以爲競字非競字从此非謂郎競字也 㚘 麄朗

切大也今北語猶然爾雅㚘駔也郭云今江東人呼大曰駔 皇 音往禮少儀齊齊皇皇詩先祖是皇箋云皇之言暀也先祖之靈歸暀是孝孫而報之以福 茫 讀王莽之莽淮南子茫茫沈沈 稷 呂氏春秋舜立鼓𣄸延乃柈鼓𣄸之所爲瑟音仰此字他書不収義亦未詳

二十三梗

邢 史殷紀祖乙遷于邢索隱曰邢音耿今河東皮氏有耿鄉正義曰絳州龍門縣東南十二里耿城故耿國也 辟 莊子至信辟金必郢切 軨 曲禮展軨效駕軨歷丁切一音領車轄頭軹也 正 音整孫子勿擊堂堂之陳勿邀正正之旗又東觀漢記是正百家是校也正齊也 𤮊 𤮊甑帶也讀黿黽之黽高誘說 竟 漢武紀邊竟不竟又元帝改元竟甯皆作境字義 怳 虛請切曹憲讀今爲怳忽字

二十四迥

熒 音迥爾雅蔚于熒注未詳 並 部迥切併也皆也過秦論並起而亡秦一作併

二十五有
脩周禮旅人爲瓦簋廟用脩注脩讀爲卣卣中尊也
禮象曰以鬯則謂之同以薦酒則謂之脩荀子
日脩飮振側柳切左傳襄二十五年陪臣干振有淫
無筭者不知二命千音行說文振夜戒也又行
夜以帚切尚書嘉言穀奴口切左傳楚禹讀作偶
也攸笆攸伏徐仙民讀穀有鬬穀於菟禹史木禺
龍水禺馬管子海王篇禺筴中庸釋文德輶淮南
之商日二百萬注禺對也輶輪如毛音酉詶子忍
詶而輕辱詶三國志虞翻云古大篆丣字讀當爲
讀夏后之后丣柳古柳丣同字而鄭元以柳谷爲桺
谷此誤甀音志童謠句如白坑破合集持作甀揚州
可怪無破撰瓯吳與甑甀○韵吳語見庚韻𧬈
下甀叶音否甀
力口切小甖也
二十六寑
唫巨錦切說文口急也太元有唫首注唫閉也素問
呿唫之微呿開口唫閉口也墨子近臣則唫遠臣

則唫今俗作吟咏儋漢武紀六年朱崖儋耳湛月令
之吟非又音欽郡注儋字本作瞻音審湛熺
必潔湛浸也音瀋釜之瀋古沈字帛儀禮士昏禮酬
熺音然熾之熾淮南子注高誘讀以束帛釋文古
文錦皆
作帛
二十七感
廩來感切慘薝音膽薝蔔花名毛醓音醓又音邯漢
廩寒寮也居正曰俗音占非喝又音膽書
王莽傳封仇延邯淡里附減胡感切王柏云作撼非
城邯音胡敢切淡太敢反減○又音函史天官書免
過太白聞可濫力感切樂記竹濫儀禮薦韭菹醓
減劍減容也濫聲濫濫以立會醓釋文他感反
二十八琰
靨頰文也文選酺靨承權高誘曰婦人之媚也江總
詩靨上星稀黃中月落字一作黶詩注頰大且黶
泏重頤也俗云黶見上魿徂慘切南方曰儼魚檢切尚
笑窩靨斗也魿北方曰鮓書曰儼祇

敬六德䨘古文奄忽辟讀爲敗玉藻立簟禮器莞簟
徐氏讀作霍飇容辨卑毋諂之安而槀
蘇之設釋文
徒點切
二十九豏
軓音范周禮立當前軓詩濟盈不濡軓釋文軓舊龜
美切依傳言直音犯正義按說文云軓車軾也軓
車軾前也軓聲九軓聲凡於文易爲誤寫者亂之也
少儀云祭左右軓范乃飲注云周禮大馭祭兩軹祭
軓乃飲軓與軹於車同謂轊頭也軓與范聲同謂軾
前也大馭云祭兩軹乃飲注云古書軹爲軒軓爲範
說文云軹輪小穿也考功記注軹轊軋車軾前曰軋
也少儀軓字誤當爲軹也詳見詩疏軋與軓字相近
俗書多混大馭云祭兩鋄忙范切馬冠也蔡邕獨斷
軹乃飲兩軹乃兩軓也金鋄高廣各四寸在髮前
西京賦金鋄鏤鍚字一作髮晉輿服志金髮而方釳
金髮以鐵爲之以金爲文馬融傳揚金髮而抯玉瓖
字一作鋄○韻會作祖叢切非盖誤認㚇爲髮也釳
說文髮鳥斂足也音椶㚇臘盖也音范今正之

見檻戶掩切說文櫳也一曰圈也徐曰軒窻之下釕
上檻爲櫺曰闌以板曰軒曰檻今多作去聲讀
揚都賦釕𨰻藻藭○釕即俗鑯今見
鑯銀之鑯字从丂或曰于當作含含上

古音餘上聲卷三

古音餘去聲卷四

新都 楊愼 撰　綿州 李調元 校定

一送

詷禮祭義鋪筵設同几爲依神也注同之爲言詷也釋文徒貢反正義曰同之言詷也者若單作同字是齊同之同非詷共之詷所以物有異類而同時也則同死同生詷出詷入之類不齊其物異也若詷共之詷則言旁作同故古文字林皆記詷爲共是漢魏之時字義如此是以讀同爲詷總爲一字云

銅山海經洞庭作銅庭古銅字亦有第三聲呼也

鸗史楚世家小臣之好射鶀鴈羅鸗吕静曰鸗野鳥也鄒誕音盧動切劉伯莊音龍今鸗鳥有名龍麗者是也

隮急就章乘風懸鐘華洞樂皇象書洞作隮音同隮猶通也

二宋

巷楚詞啟九辯與九歌兮夏康娛以自縱不顧難以圖後兮五子用失乎家巷字一作衖又作鬨楊子一閧之市

衖見上

閧見上

鍾禮明堂位垂之和鍾之用反吕忱音

公音共淮南子世俗庸民之所公見也

佃去仲切思元賦佃顓頊而宅幽注小也

封淮南子大旱茂封即葑字茂蔣草也生水上相連特大如薄者也名曰葑旱燥故葑亦熯也

三絳

部文子羿死桃部古字部作棓大杖也

惷禮哀公問寡人惷愚釋文惷丁絳切

四寘

述詩定之方中注山川能說鄭志張逸問曰山川能說何謂也答曰兩讀或言說說者說其形勢也或曰述述者述其故事也述讀如遂事不諫之遂

實禮雜記吾子之外私大夫不祿使某實注音至周秦人之聲也

釃詩釃酒有藇字苑所寄切以箍盞酒也葛洪讀

幾音義左傳宣十二年庸可幾乎

藙乃利反左傳襄二十五年據于蒺藜

垂音睡尚書僉曰垂哉徐邈讀

底尚書澤震底定史記音致

晳尚書曰晳時燠若徐音制

熺月令湛熺必際反

蚳見宥韻

始式吏切林閭翁孺曰始試也月令桃始華蟬始鳴水始冰地始凍皆音作試宋人詞繼粉梅稍試花桃樹

綏禮記郊特牲祭黍稷加肺謂綏祭也注呼悉切字一作隋周禮守祧既祭則藏其隋

隋見上

直月令注宿直謂值其星也漢甯成傳無直甯成之怒孟子直不百步耳釋文亦音値

瓦魚貴切詩載衣之裼載弄之瓦裼他計切

麾武義切揚雄賦風雲靡

他揚雄賦事罔隆而不殺物罪盛而不他殺音際斷音媿

喜相如封禪詩白質黑章其儀可喜昭昭穆穆君子之態注許記反天問師望在肆昌何志鼓刀揚聲后何喜

驥漢韓勑碑驥字

泜音雉左傳僖三十二年晉師夾泜而軍

示中庸其如示諸掌乎鄭元注示讀如寘諸河于之寘寘置也物而在掌中易爲力者荀子示諸欒括注示讀爲寘

帶音帶史平準書祿帶劉伯莊讀

覬音冀曲禮士寓祭器於土注寓寄也與得用者言寄覬已後還

委于僞反月令收

于神倉注重粢盛之委也中庸注豐其委積史記以粟委之注與餽同

彝周禮繫用鷄彝鳥彝者有舟釋文鳥攜鳥缺圭惠口井四音曹憲徐音事

烓讀小竈也又人姓漢有烓欽

五未

愛老子甚愛必大費多藏必厚亡愛合費藏合亡爲韻古愛音刈

俷扶朱切字一作肥史二王世家無作怨無俷德索隱俷非同勿使王背德也

六御

偶史記帝武乙無道爲偶人謂之天神索隱曰偶音寓〇今按寓寓人形于土木如漢書木寓龍木寓馬之寓

禺同上史記木禺馬

忬夏書太康尸位以佾忬滅厥德今本作逸豫

雩音忤漢書雩布于午禮疏午者雩也

七遇

胡音互漢書捽胡音灼讀○今人胡蘆呼爲互盧喉嚨呼爲胡嚨是古人之遺音也互見侯字下逗古住字曲行避敵日逗見光武紀絡楚辭秦篝齊縷鄭緜絡招其該備永嘯呼呼音戶淮南子黃雲絡前高誘讀作道路之路潛七故切塵水也漢律及其門首洒潛驅唐韻區遇切文苑英華李義府詩隴上悲轉蓬園中想芳樹自狼行欲靜驕馬向常驅刻集者未知此音或改爲駐不知前韻已押節序催難駐矣詳見周益公文苑英華跋語禺檀弓下公叔禺人遇負杖入保者息左傳禺人作務人禺古亦音務也孚月令注燕以施生時來巢人堂宇而孚乳嫁娶之象也孚芳付切乳而樹反燠於喻切左昭三年民人痛疾而燠休之服虔曰痛其痛而念之若今時小兒痛父母以口就之曰燠休代其痛也杜氏曰痛念之聲○按燠休與樂記煦嫗義同以體曰嫗以氣曰煦休亦音煦也孔穎達曰天以氣煦之地以形嫗之燠休一作噢咻陸贄瘦林狀呻唫之聲噢咻未息噢見上休虛喻切與煦同又作咻咻見上索音素書序八卦之說謂之八索徐邈音素按中庸素隱音索素索二字古音互

通也贖音樹尚書金作贖刑徐邈讀吁往付切音誤尚書吁嚚訟可乎吁駭聲也徐邈讀砮乃固切禹貢礪砥砮丹韋昭讀苦穀梁傳夜者夢夫人趨而來曰吾苦甚又夢夫人趨而來曰吾苦飢釋文音苦如字又楛路切酺詩以開百室義百室出必共洫閒而耕入必共族中而居又有祭酺合醵之歡釋文酺音蒲又音步後世有賜民大酺其說本此稌音杜爾雅稌稻郭云今沛國呼稌周頌豐年多黍多稌禮內則牛宜稌烏古文借作顧字見義雲章亦轉聲也主荀子主量以平訓與注同輸音與征戍之戍同漢有三輔委輸蠲揚雄賦抵蠲凌遙合韻吕樹反虞先具切雲漢詩祈年孔夙方社不莫昊天上帝則不我虞揚雄賦復三王之田反五帝之虞注音豫漁子雲解嘲或橫江潭而漁與遇爲韻駕音輅古逸詩驪駒在路僕夫整駕鋊俞句切借音作遇漢志民盜摩錢直而取鋊薛瓚曰摩錢漫面以取其屑更以鑄錢今俗物朽酒云摩鋊沽音故沽中水名在代郡見漢志咤書王三宿三祭三咤許叔重馬融並作詫又禡韻羽音戶考工記弓人爲弓弓而羽殺俞戰國

策蘇厲爲齊遺趙王書曰反巠分先俞於趙括地志曰巠音邢勾注山一名西陘山先俞西隃也先音西俞音戍西隃即鴈山也

八霽

擩音芮詩楚茨注引䄍禮祝徧取黍稷牢肉魚擩以授尸釋文而專切又音芮擊音計古者大芟草以爲防或舍其中褐纏旃以爲門驅而入擊則不得入見穀梁注碣其遊切禹貢夾右碣石入于河鱖音媲說文魚也厥聲唐韻大口細鱗有斑文一曰婢魚爾雅翼曰凡牛羊之屬有肚故能嚼魚無肚不嚼鱖獨有肚能嚼音譙字一作鱥張志和詩桃花流水鱖魚肥○其魚肥美江南名鯽魚鯽亦鱖之轉聲也又水經注江水至魚復爲巴鄉村村側有溪多靈壽木水中有魚其頭似羊豐肉少骨今名水底羊云鱥見上害郭璞山海經贊蜚之無名體似無害所經枯碣甚于鴆厲萬物攸懼思爾遐逝寱說文瞑言也从寢省徐曰今人謂夢中有言爲寱語唐元結有寱論議諫官不言又莊子不得寱必且寱

焉又寱也字一作囈列子啽囈呻呼寐聲也韻會分爲二字非埶見上俗書作藝非粢禮運粢醍在堂注讀爲齊才細反讀如周禮盎齊之齊矢虞翻易注矢古誓字語夫子矢之錫讀作髢沈重湯帝反詩被之僮僮釋文引少牢禮古者或剔賤者刑人之髮以被婦人之紒少牢禮注文本作被錫孔穎達讀被錫爲髲髢字又作鬄髲見上鬄見上栖鳥宿也見孫恓毛晃韻淚音隸漢武帝思李夫人賦秋氣憯以淒淚注寒涼之貌裂內則注鞶囊盛帨巾者用帛今用繒有飾緣則是鞶裂讀如垂帶而厲之厲力滯切痢癘同公羊莊之卄一年大災者何痢也坻丁計反漢志龍坻又音墀詩宛在水中坻折楚辭何瓊珮之偃蹇兮眾愛然而蔽之惟此黨人不亮兮恐嫉妬而折之班固西都賦秦成力折注合韻位例切萆音蔽史淮陰侯傳萆山而望注蔽隱也鱉音蔽牂柯縣名有鱉水出不狼山忕音逝馮異傳忸忕小利澨讀揲筮之筮淮南子周雲之蘢蓯遼巢澎濞而爲雨字林濞水暴至聲也傒文子傒人之子女注音作繫因之繫墆

音滯漢書墆財役貧

九泰

麾音會麾旌旗也所以使人曰麾楚辭注以手教曰麾禮記祭祀不麾蚤注麾快也不以先時爲快也顔延之詩一麾乃出守　渴詩雲漢注天時旱渴雨釋文渴苦蓋切字一作愒　伏音大地名在海中與伏字不同伏从犬　容圂旱續說文以爲古文嵗字　奪檀弓莊公襲莒于奪奪地名音兌　沛普大切魏子歌歸舊川兮神哉沛不封禪兮安知外　夫宋景文曰古者大夫字便用重畫寫之以夫有大音故也李斯嶧山碑如此

十卦

讆戶快切左傳哀二十四年是讆言也釋文過謬之言管子注毀善曰訾譽惡曰讆唐韻引爾雅讆洩苦棗又于例切○讆洩苦棗名　涇水湳也一作汊又鳿韻　汊見上　昧禮明堂注昧東夷之樂也

音邁

十一隊

甾與載同音春秋隱十年宋人蔡人衛人伐載注載國今陳留外黃縣東南有戴城疏引地理志曰梁國甾縣故戴國章帝改曰考城古者甾戴聲相近故鄭元詩箋讀敘載爲熾菑是其音大同故漢於戴國立甾縣　材木再切禮吉冠則纓武異材焉國語苦匏不材於人供濟而已　棣詩棠棣之華字林大內反今作大計反　茅儀禮注士緇服而幽衡合染爲之染以茅蒐疏茅如字又音妹　餘爾雅許織切餘謂三餘　蜼音來爾雅蜼卭鼻而長尾　裁音在范甯曰公羊辨而裁　末音昧相如賦爾麽游原迥闊泳末　卒音倅禮燕義庶子之卒　祓漢外戚衛后傳祓禊注祓音廢禊音系韓嬰詩傳鄭國之俗三月上巳之溱洧招魂續魄祓除不祥也　毒漢書鶴雛毒冒漬五穀種毒冒今作玳瑁詩人稱玳瑁筵本此事也

十二震

藎音進今作上聲呼非詩王之藎臣呂氏月忠愛之道進進無已也○藎說文草名本草藎草可以染急就章雷矢雚菌藎兔盧顔師古注藎草治久欬殺皮膚小蟲又可以染黃而作金色生青衣山谷詩綠竹猗猗又終朝采綠注皆云綠王芻也爾雅作菉韓詩作菉蓐郭璞云似小藜赤莖節好生道旁今名鴟脚莎　賓音殯尚書寅賓出日徐邈讀馬融云從也又四方罔攸賓注却也　夤易艮其限裂其夤徐邈音允　眣音舜公羊傳眣晉大夫使與公盟也何休曰眣瞚也以忍切按文字當从目从矢今从失非又從日僉違謬矣　諄之閏反詩誨爾諄諄陸德明讀字一作訰　訰同上　甄周禮薄聲甄掉也音振　興借作釁禮記旣興器用祭　筍私閏切筍輿也王柏讀　梭古音私閏切今作平聲　焚左傳襄二十四年象有齒以焚其身賄也服虔云焚讀曰僨正義曰焚是燒也象不燒死故訓爲斃僨偃也　珍讀作鎮周禮典瑞珍圭以召守　引禮雜記執引者三百人釋文以愼切文選良夜自淒風篁成韻聆皐禽之久聞聽朔管之秋引　遴漢書注遴古吝字今語遴選謂吝選也吝之爲謹也作平聲非

十三問

脕詩采薇箋柔謂脆脕之時釋文脕音問或作早晚之字非也　掀丘近切左傳成十六年乃掀公以出于淖呂忱讀又許言切見釋文　惇尚書惇大成裕孔音都混切　絢須閏切文選與閏合韻　⿱釆口古文問字从釆从口釆音辨　奔詩行葦注奔軍之將陸音奮

十四願

惛呼困切孟子吾惛不能進于是矣禮八十九十曰耄注耄惛忘也管子五漫漫六惛惛孰知之哉　轅轘轅地名見左傳釋文子願切　反荀子積反貨而爲商賈反販同　退與褪同檀弓退然如不勝衣又唐世染色名退紅唐詩香炷小薰籠部州新退紅卸衣曰退又花謝也通作褪　錞淮南子錞之與刀孰先儌也注錞者頓首之頓

十五翰

鱄般去聲左傳成十四年吾不獲鱄也鱄人名又音專命大學舉而不能先命也注命讀曰慢魵音貫爾雅魵鰕其字从分分古拼字壇徒旦切壇曼廣大貌揚雄傳亶讀曰但見揚雄傳潘縣名在上谷普拌切棺五行志歛棺積六日注棺乃喚切左傳僖二十八年棺而出之○今果讀爲祼春官大宗伯攝而載果館正始之音古玩切今轉作上聲○今按古觀館同音漢書白鶴館亦作觀史高紀縱觀觀秦皇帝包氏曰上觀音觀下音官往時警蹕出禁人觀茲者縱觀不禁也又陰館鴈門邑名宣易說卦巽爲宣髮注早白髮也宣轉第三聲同蒜今俗謂少年白髮曰蒜髮連淮南子至於連石是謂下春注連讀腐爛之爛

十六諫

扳公羊傳諸大夫扳隱而立之扳引也敷間反又必顏反順食願切易渙小象叶願還儀禮

士受馬者自前還相如賦柴池茈虒施還于後宮郭璞音作宦

十七霰

軔音忍字林又作如戰反凝車木也王逸楚辭注支輪木也蝝春秋冬蝝生釋文音院又音緣洵詩于嗟洵兮不我信兮釋文洵呼縣切音絢韓信作夐夐遠也信叶韻音羨或作詢誤斑漢樊毅碑借作偏字僝音撰尚書方鳩僝功徐邈讀迿公羊傳朋友相衛而不相迿音巡又元徧切韏爾雅音眷革中辨謂之韏寰穀梁傳寰內諸侯非有天子之命不得出注寰音縣古縣字冥莫見切冥眴見揚雄傳衍亦戰切曼衍交錯見揚雄賦埏相如賦旁魄四塞雲分霧散上暢九垓下泝八埏合韻一戰切孱孱陵武陵縣名今公安也音踐又士連反砠漢武梁碑彈字省仙善切禮大傳省于其君洒禮內則屑桂與薑以洒諸上而鹽之釋文西見切延玉藻天子玉藻十有二旒前後邃延余戰反輤禮雜記其輤有裧注與蒨同篹禮喪大記盥食於篹者或作篹釋文音撰

纏音纏淮南子纏以朱絲古樂府有雙行纏謂行縢卽足衣也涎漢童謠燕燕尾涎涎張公子時相見徒見切光澤貌字从延今从延誤湣相如大人賦紅杳眇以元湣兮猋風涌而雲浮蘇林注元音炫湣音麪

十八嘯

劉羣經音辨引詩佼人劉兮今作僚嫽埤蒼引詩月出皓兮佼人嫽兮注妖也今詩文作僚合韻音料今人猶有料峭之語椒子料切詩有椒其馨徐邈讀沈重又作尺俶反孔穎達已掊擊其誤今不取澆五料反左傳哀公元年昔有過澆殺斟灌以伐斟鄩又音傲稍音哨周禮稍人掌師曰行役之事○今邊隅有哨堡當用此稍字䏣羊紹反見一先眺字下滌禮郊特牲帝牛必再滌釋文徒嘯反搖禮喪大記魚躍拂池注君大夫以銅爲魚縣於池下青質五色畫之於絞繒而垂之以爲振容象水草之動搖釋文以照切膲讀若物少之醮淮南子月死而蠃蛖膲今俗謂人嗇吝亦名曰

膲削鞘同刀室也禮少儀削授拊漢書質氏以酒削而鼎食小爾雅刀削謂之室矢服謂之弢字一作鞁鞁見上焦文子不知音者之歌也濁之則鬱而無轉清之則焦而不謳焦讀若樂記其聲噍以殺之噍聲促急也轉讀如動容轉便媚擬神之轉文選歌粱想遺轉曲槮儀禮二手執桃七注二七者皆有淺升狀如飯槮槮七肖反

十九效

窌音砲南窌地名前漢衞青傳封公孫賀爲南窌侯○南窌之字从窌得聲左傳石窌之字从卯得聲卯象户之開丣象户之合奅音砲石聲也韓退之詩投奅闖硞磨敲敲去聲左傳定公二年奪之杖以敲之交鴻烈解虎始交注讀將校之校

二十號

濤音冒公羊傳魯祭周公何以爲盛周公盛魯公燾注燾一作濤盛者新穀燾者冒也高度高曰高

楚辭獨耿介而不隨兮願慕先聖之遺教處濁世而顯榮兮非予心之不樂與其無義而有名兮空處窮而守高

臑禮少儀臑折九箇釋文奴到反又奴報反 號說文土鍪胡到切今北方餅器曰號郎用此爲正

嫪力到切說文媢也要雅倡謂游壻曰媢嫪韓退之詩感物增戀嫪聲類變惜也 掃去苹塵也少儀記埽日埽晉王祥傳埽除牛下宋劉休妻王氏妒明帝勅令王氏開小店買皂莢掃帚以辱之李斯傳作騷又彗星名埽星公羊傳金精埽旦置新之象 騷見上 鵠淮南子乾鵠注乾讀乾鵠之乾鵠讀告退之告

二十一箇

愎音皮逼切左傳宣十二年剛愎不仁 波禹貢滎波既豬馬融云波作播播澤名 嶓峨嶓之嶓韋昭音播 火詩釋文王室如燬郭璞又音貨 坷揚雄賦坎坷注坎口紺切坷乃貨切 個箇同數也枚也又竹箋曰个月令青陽左个注偏室日个方茲孫曰古書皆作个至漢功臣表始出箇字不思荀子

巳有負矢五十箇之文說文亦有箇字矣 呼呼賀切左傳文公元年呼役夫

二十二禡

嚇音與謼同以口距人曰嚇古作赫詩反予來赫莊子鵷得腐鼠鵷雛過之仰而視之曰嚇今子以梁國嚇我邪注怒而拒物聲韓退之詩兒童稍長成雀鼠得驅嚇官租日輸納村酒時邀迓 貉必駕切周禮肆師祭表貉則爲位注貉師祭也 涇韻見卦 宅王制注引虞書五流有宅鄭音知稼反 蜡周禮庖人注青州之蟹胥說文蟹醢也集韻作蝑七夜反

二十三漾

皇詩朱芾斯皇音晃陸德明讀 襄周禮注五射讓尺作襄尺 鶬詩鞗革有鶬箋曰鶬金飾貌本一作鎗○按今市工有作鶬金而寫作鐵音鎗去聲蓋俗書云 鎗見上 攘漢藝文志堯之克攘攘與讓同 方甫妄切禮天子方舟諸侯造舟詩江之永矣不可方思字一作舫唐韻並兩船曰舫 儻櫳弓

申詳以告曰請庚之注庚償也徐仙民音尚 裝音壯吳均贈別詩七首值千金七寶雕華裝生薛何用表賴此持相餉刻集者不知此音或改爲仗誤矣○今按俗呼行糧者食具曰盆裝亦古遺言也 杭士喪禮橫三縮二加杭席徐邈音苦浪切 往禮器東帛加璧往德也注謂主君有德而往歸之徐音于況切 滂時則訓令滂人入材葦滂人即榜人掌池澤之官也 埵淮南子去之千里不見埵堁注埵堁猶塵翳也埵讀似望作江淮間人言乃得耳

二十四敬

上文選江賦青綸競糾縟組爭映紫菜熒曄以叢被綠苔鬖髿乎研上 明史記夏紀引禹貢導菏澤被明都索隱明都音孟豬孟豬澤在梁國雎陽縣東北周禮稱望諸皆此地之一名也 頩詩螓首蛾眉箋云螓蜻也沈重讀蜻作慈性切說文作頩首頩亦慈性反與沈讀符 永讀作詠尚書歌永言徐邈讀 榮爲命切太元與敬叶 榜北孟切進船也古有榜人 秉漢五行志殺生之秉與柄同 盟

穀梁傳盟詛不及三王釋文音孟 襚少儀敵者曰襚釋文襚音盛 宗禮祭法幽宗祭星也注讀爲禜

二十五徑

幐韻會囊可帶者後漢儒林傳制爲幐囊注即幐也楚辭蘇糞壤以充幃王逸注幃謂之幐幐香囊也又欲充其佩幃注幃盛香之囊也詩注婦人之幃謂之縭即香囊也說文幃本作幐南史虞幐注今之香袋又蒸韻 憑皮孕切王維詩拂衣迎五馬垂手憑雙童元微之詩上皇正在望仙樓太眞同憑闌干立 甸甸氏道廣漢縣名甸音勝 輕去聲左傳襄十八年社稷之主不可以輕又哀八年吳輕而去 窆連鄧切說文葬下棺也左傳作堋朝而堋禮記作封懸棺而封字一作塴壅江水灌瀨日塴又射埒也字又作淜今雲南有普淜而音作朋云又作崩見集韻 封見上 堋見上 塴見上 淜見上 崩見上 承音贈禮運照騁含承皆有正焉含胡暗切 承音證東海縣名

二十六宥

伏扶阜切鳥抱卵也百里奚琵歌烹伏雌莊子越鷄不能伏鵠卵後漢書大丈夫當雄飛安能雌伏前五行志丞相府史家雄鷄伏子顏注房富切古今注燕伏戊己**窌**石窌地名詳效韻**蜼**獸名馬融廣成頌尾蓍蜼倚元猨郭璞云南康人呼之音余建平人呼相遺之遺又音余枚切皆土俗輕重不同耳**䀝**與貿同王柏云貿相易也而為䀝朦之貿檀弓貿貿然來素問曰䀝䀝然**葷**王柏正始之音云葷與臭同一音古者齋戒不茹葷葷謂葱韭薤蒜及荽也草之臭者也**揞**史記呂后紀揞兵罷去徐廣曰揞音仆**韝**曲禮纓拾矢注拾謂射韝釋文古豆反**牡**禮月令注鍵閉牡也釋文茂后切又左傳黑牡秬黍音同**縵**禮學記不學操縵不能安弦縵雜弄也釋文示豆反**牢**淮南子牢籠天地彈壓山川注牢讀屋霤之霤楚人謂牢曰霤**微**淮南子黃衰微楚大夫名衰讀維繩之微維讀救臧之救**歐**烏垢切漢高紀漢王遣將軍薛歐出武關**哨**禮哨壺枉矢釋文七咲切又以救反

二十七沁

僭側蔭反詩亂之初生僭始既涵毛萇讀**罧**音滲積柴水中取魚也又侵寢感三韻○淮南子作罧釣者靜之罧者扣舟罩者御之罜者舉之得魚一也**罧**見上**篸**簪同庾子山詩野衣裁蕙葉山巾篸笥皮自注篸去聲**給**禮喪大記鋪絞給衾釋文給其鳩反

二十八勘

含左傳襄十九年不可含宣子盟而撫之注口實曰含周禮典瑞共含玉禮記含者執璧將命穀梁傳貝玉曰含戶暗反**咸**音憾左傳昭二十一年窕則不咸槬則不容**檐**史虞卿傳躡蹻檐簦都濫切柳子厚祭崔駢文抽深扶密檐重揭貴**贛**漢書注古音下紺反今音竹巷反愚也

二十九豔

炎蔡邕釋誨懼烟炎之毀熸何光芒之敢揚注炎音焰五行志其氣炎以取之相如傳日月之末光絕炎**檢**居檢切黃霸傳注令檢式**淹**禮祭義夫人繅三盆手注三盆手者三淹也凡繅每淹大總而手振之以出緒也釋文奄驗切**讇**禮少儀頌而無讇諫而無驕釋文稔變切**占**與苫同後漢楚王傳占護其妻子

三十陷

㧪淮南子客有乘舟而遺其劍處契其舟㧪注音氾舟弦也**兼**禮內則注引周禮冢宰諸侯并六卿為三或兼職焉釋文古念切

古音餘去聲卷四

古音餘卷五

新都 楊慎 撰　綿州 李調元 校定

一屋

蓳 王柏正始之音曰蓳正之蓳亦爲督察之督者東蓳東督故也改更之更亦爲變革之革者更梗更革故也伊之爲已大誥曰已予惟小子已之爲億易曰億喪貝伊已億故也非之爲匪匪之爲弗非匪沸弗故也販郎盻者攀販盻故也儆類儆者京儆敬故也爾之爲反庸之爲用邪之爲也之之爲只者並此道也而之爲爾爾之爲汝汝之爲若于之爲於於之爲與與之爲歟亦此道也是皆一義之所起而發聲有輕重耳

巢 尚書甘誓天用剿絕其命馬本作巢孔穎達音子六切

剿 見上

倂 尚書叙擾天紀古文作倂

醬 醬爾不朋也

觻 觻得縣名在張掖音鹿

𠬝 从尸从又扶目切改治也服字从此○又儒兗反耎也又茲力切理也

涿 郝木切地名蜀有灂涿君

封 史記秦紀封其樹爲五大夫張守節正義云封作復復音福

髡 王制注髡者使守積釋文髡五忽反本一作完音同

完 見上漢書完爲城旦

告 禮文王世子纖剸亦告于甸人注告讀爲鞫

角 韓退之詩角角雄雉鳴方云角音谷

二沃

橋 史記禹紀山行卽橋徐廣曰橋一作輂呼郞切書注山乘樏說文作欙漢溝洫志山行則梮正義曰樏與梮輂爲一古篆變形說文輂爲大駕車檋爲山行取乘以鐵如椎施之屐下玉篇云梮食器也古字借用

樏 見上

欙 見上

梮 見上

輂 見上

萹 詩綠竹猗猗韓詩作萹筑猗猗石經同云萹蓄筑也一云卽菉蓐草也郭云似小藜赤莖節高好生道傍唐詩名花采菉蓐今童子歌謠有雞冠花菉蓐草之語是也

覺 詩有覺德行禮緇衣引之作梏注大也郭璞蔄草蕢蔄草赤莖實如燕薁食之益智忽不自覺吳才老云覺古通藥或轉聲通屋此類是也

喙 音逐易林鳧得水沒喜笑自喙毛羽悅懌利以攻玉公出不復柏氏容宿又周易爲黔喙之屬或作喙

三覺

箾 音朔左傳襄二十九年見舞象箾南籥者注象箾舞所執賈逵云箾舞曲名杜預云文王樂南籥文舞象箾武舞字又音簫部之簫乃舜樂也古字借用

爆 音剝詩捋采其劉瘼此下民毛傳劉爆爍而希也釋文爆本又作栗

栗 見上

鷅 音駁爾雅鴇鳥鴇字本作鷅水鳥也似鶂而短頸

齱 側角切史記酈生傳握齱好苛禮注齱讀若促握齱迫也漢書作雖相如傳作齪集韻作促○按齱玉篇側游切齱鬬齒聚貌

殼 左傳定二年邾莊公與夷射姑飲酒私出闔乞肉焉奪之杖以殼之釋文殼口交切又口卓切橫檖也

燋 禮少儀主者執燭抱燋釋文側角切又子約切未爇曰燋○今按燋與爝同只當作焦今姑依經文書

四質

尼 尸子悅尼而來遠孔穎達曰尼近也尼與昵音義同爾雅尼居息也女乙反

置 詩頌猗與那與置我鞉鼓毛傳夏后氏足鼓殷人置鼓周人縣鼓箋曰置讀爲植

琵 音必唐詩四弦不似琵琶聲亂瀉眞珠細撼鈴又忽聞水上琵琶聲又斷腸猶係琵琶弦又銀含鑿落琖金屑琵琶槽

五物

蛇 海物異名記溢瀾挺瞶凝沫成形其名曰蛇卽水母也自注湯骨切玉篇除嫁切形如覆笠常浮隨水其物同音異呼

誹 史記漢文紀誹謗之木索隱誹音非亦音佛尸子云堯立誹謗之木韋昭云慮政有缺失使書于木後代因以爲飾今宮外橋梁頭四注木是鄭元注禮曰一縱一橫爲午謂以木貫表柱四出卽今之華表崔浩以爲木貫柱四出名桓陳楚俗桓聲近和又云和表則華與和又相訛也

尉 荀子菲爲幬尉注讀爲罻網也又以火申繒曰尉古作㷉今作熨

㷉 見上

漷 春秋襄十九年取邾田自漷水注宏入聲今燕有此水而音作火益方言不同也

六月

㕢說文引詩蒙㕢有苑今詩作蒙發盾也集韻作㕢蘇秦傳革抉㕢芮史記孔子世家矛戟劍撥㦽見上吠見上撥見上癈劉向九歎音申生之離殃兮荊和氏之泣血吳子胥之抉眼兮王子比干之橫癈漢書郊祀歌西顥沆碭秋氣肅殺含秀垂穎續舊不癈注合韻音發婠音滑爾雅靦姡也摩禮學記相觀而善之謂摩徐仙民讀七髮切

七曷

蔡左傳周公殺管叔而蔡蔡叔釋文上蔡字素角反說文作𥻆○正義云𥻆散之也從米殺聲然則𥻆字殺下米也𥻆爲放散之義故訓爲放也隸書改作𥻆已失本體𥻆字不可復識寫者企類蔡字至有書爲一蔡字重點以讀之者韓文公月蝕詩作攃集韻作撒升是俗書書當作𥻆蔡尤爲謬今姑以俗所見開標其大書而正之於下注云𥻆見上敠故敠稱量也故丁廉切字一作捶莊子謂之玷捶[illegible]書傳引齊詩中心制今恒同音味音沫禮死不成味按音遏詩以按徂莒史記白起傳趙軍

長安以按遏上黨民按之爲言按也黳說文白而有黑曰黳字統黑而有艷曰黳古書黳已或作黳已與吳中桼娥之臺同義丁葛切鴳音過山海經䢸澤有獸焉其狀如禺其名自呼曰幽鴳兌音奪史記趙世家趙與燕易上以龍兌汾門臨樂與燕括地志易州遂南縣西有龍山邢子勵趙記云龍山有四麓各有一穴大如車輪春風出東秋風出西夏風出南冬風出北不相奪倫故謂龍兌也蝎胡葛切爾雅蠨蛸蝎玉篇桑中蠹也國語蹤蝎譖將焉辟之又古文虹字與蟄蟲之字不同其字从歇柳子厚天對胡木于母以蝎厥聖注喻伊尹殺桑葛切莊子弊殺爲仁谷永傳末殺災異注謂掃滅之也史記天官書望之殺然黃文選東京賦髻髦被繡虎夫戴鶡駙承華之蒲梢飛流蘇之騷殺注騷殺下垂貌

八黠

氏毛詩維周之氏箋云氏作桎轄之轄晉天文志轄星傳軫兩傍主王侯左轄爲同姓右轄爲異姓舊唐書劉洎疏二丞方于管轄八座比于文昌晉傳咸曰皇朝之司直天臺之管轄後人謂左丞曰左轄從

此紇恨發切臧武仲與孔子父俱名紇音與瞎同世俗多呼爲核唐蕭穎士問人誤呼武仲名曰汝紇字也不識今人以爲瞎字不識誤矣秸工八切禹貢三百里納秸服馬融讀截音札宋太祖實錄所過池苑多令衞士射鷹截栩截柳今有此技而字作札云

九屑

栗周禮考工記弓人凡錯幹之道菑栗不迆則弓不發鄭元讀栗如裂繻之裂詩俶載南畝鄭箋載讀爲菑栗之菑孔穎達曰錯弓幹以錯菑而裂之猶耕者以耜菑而發之義理既同故讀從其文以見之也餮他節反饕餮惡獸名因以爲凶人之號遏音歇尚書四海遏密八音見正義蔑春秋曹公子會自蔑出奔注蔑本或作蔑敝芳別切董卓傳羌胡敝腸狗態八音別說文八別也郎古別字書分北三苗衞後漢書靈帝贊徽七備兆小雅盡缺麋鹿霜露遂栖宮衞協韻于別切敊倉頡篇竊字紒紒即古結字又音髻詩采薇注象弭取以解末末春秋時姑蔑至漢太

改太末也刷韻會音與說同○今按爾雅拒拭刷清也注拒訊收拭掃刷皆所以爲清潔也羣經音辨刷與雪同韻會音說非蛆音蟄春秋注疏引通俗文蠆長尾者謂之蠍毒傷人曰蛆蛆張列反泄古列字漢鮑宣傳部落鳴鼓男女遮泄瀸讀滅沒之滅淮南子雪霜瀼瀸浸潭苽蔣威詩赫赫宗周褒姒威之注威滅也義同而字異音亦異威武劣反音血滅怴列反今或作褒姒滅之誤也史繩祖說

十藥

鳥音朔漢縣名有鸞鳥漢志無音水經注音朔後魏紀功碑幸龍荒遊鸞朔鈞音倬韓詩鈞彼甫田今作倬陟角切穀子洛切與鑿同字林云精米也糲米一石舂爲八斗也左傳粢食不穀澤洛澤氷也又十一陌韻煬汀藥切太元與鑿叶韻爍與鑠同漢藝文志爍金爲刃又音爍又音爍匽淮南子古之所爲不可更則推車至今無蟬匽注蟬匽車類音匽相氏之匽

十一陌

鴿音類詩隰有游龍注龍紅草也生水澤中郎水荭也本草云一名鴻薦其枝幹樛屈著土便有根如龍故名淮南子謂之屈龍曹植洛神賦婉若游龍正指此葢賦水仙故以水葉比興云爾非龍蛇之龍也鴉音額爾雅釋鳥鴉鵽鵲措淮南子鐸以聲自毀膏以明自鑠虎豹之文猿狖之疾來措措音猎與莊子摶鼈音義同文子作虎豹之文來作作見上莫音陌安靜左傳說詩德應正和曰莫詩君婦莫莫洛音數洛澤水壯也險音陒隘塞險要也楚辭惟黨人之偷樂兮路幽時以險隘豈余身之憚殃兮恐皇輿之敗績唐詩闕門隘九州睪說文何覛也从四从幸鞫捕罪人也唐韻引繒也又古文及史游以爲皐字螫淮南子貞蟲之動以毒螫螫音解釋之釋字又作蠚蠚見上索漢書京索應劭曰縣名晉灼音柵方崧孫曰漢書皆音山客切惟文選功臣贊有桑各一音韓聯句用之[illegible]古赫字

十二錫

鈲並狄切藝文志苟鉤鈲析亂而已師古曰鈲破也又劍鋒曰鈲越絕薛燭相劍曰觀其鈲爛如列星之行觀其光渾渾如水之溢於溏○此字諸韻不收啞漢明帝起居注帝東巡有鳥飛鳴乘與上亭長祝曰烏烏啞啞引弓射洞右腋陛下壽萬年臣爲二千石射中之帝賜錢百萬今天下亭壁悉畫烏啞音益又麻馬陌三韻蓂音覓爾雅菥蓂大薺蓨音錫爾雅蓧蓨郭云未詳弟詩魯道有蕩齊子豈弟鄭箋云此豈弟猶言發夕也豈讀爲闓弟古文尚書以弟爲圛圛明也孔穎達曰此豈弟猶發夕言與餘豈弟不同也讀愷爲闓易稱闓物成務說文曰闓開也洪範論卜兆有五曰圛注云圛者色澤光明上云發夕謂初夜即行此云闓明謂侵明與上文相通也易鐘鼎款識借作錫字篴古文笛字跡詩跡跡山川或變爲蹤說文引詩作蔋今作滌蔋說文引詩蔋蔋山川蔋香草字一作茉茉申茉香草楚辭擣木蘭以矯蕙兮糳申茉以爲糧劉向九歎握申茉與杜若今本作申椒淮南子申茉杜茝皆云香草云潡詩潡潡山川見羣經音辨借左傳襄十九年計功則借人也注音積脩讀爲滌周

禮春官司尊彝凡酒脩酌棘音力棘陽縣名見岑公孝傳皀方力切音逼小豆也顏氏家訓曰蜀土呼粒爲皀三蒼說文白卜匕爲皀皆訓粒爲皀淑管子書寂寥作淑詳蕭韻蕢淮南子死而棄其招蕢注蕢音切勳之勳酈音蹢躅之蹢人姓漢高時有酈商

十三職

襯禮雜記其輤有裧注輤取名於襯與蒨讀如倩襯之襯襯棺也蒨染赤色者也釋文襯初飾反朸居力切韓詩如矢斯朸朸隅也稜廉也毛作棘朝韓詩如鳥斯朝翅也毛作革冐音墨左傳貪冐之民謂蒙冐禮法而黷貨也王吉傳朝則冐霧露釋文冐音墨契音客淮南子客有乘舟而遺其劍處契其舟摭伏音匐史記范睢傳膝行蒲伏韓信傳膝下蒲伏

十四緝

弇考功記清濁之所由出侈弇之所由興於拾反楫尚書若作舟楫徐氏音集玃俱必切漢鄐陽

傳有公孫玃師古讀

十五合

雹大戴禮曾子曰陽之專氣爲霰陰之專氣爲雹春秋考異郵曰陰氣之專精凝合生雹雹之爲言合也以妾爲妻陰精凝而見戒也字一作靁詩緯雪六出成華靁三出成獸○舊在覺韻今依春秋考異郵轉入合韻靁見上㞒禮雜記朝夕哭不帷注既出則施其㞒鬼神尚幽暗也纂文㞒古闔字字林戶臘反閉也業五答切尚書競競業業徐邈讀合尚書合止柷敔徐邈音閤漢書合韻音集合皆音閤摺揚雄傳范睢取以折摺而危穰侯摺音拉今轉音折閜音榼大杯也見急就章注又呼雅切音斝斝亦大杯也受六升

十六葉

斯史相如傳冉駹斯榆之君皆請爲內臣索隱曰鄭氏斯音曳斯榆即葉榆也饁詩饁彼南畝注

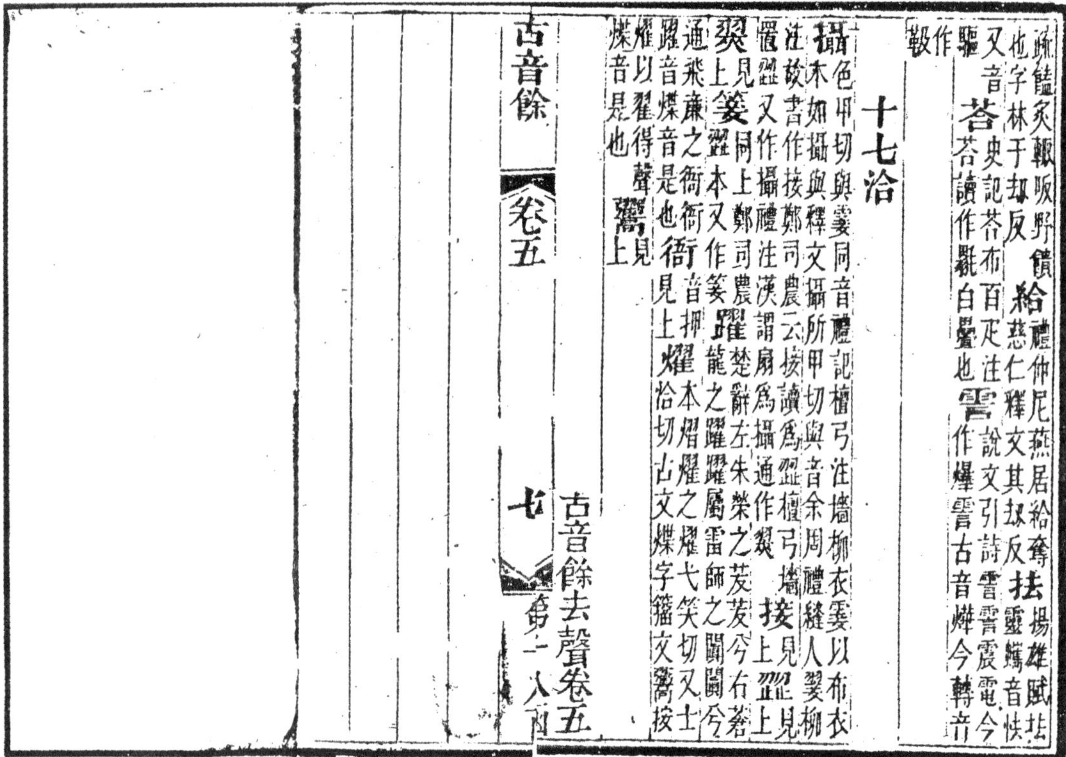

疏鍤炙輒吸野饋也字林于刼反 **給** 禮仲尼燕居給奪慈仁釋文其刼反 **抾** 揚雄賦抾靈蠵音怯又音驅 **荅** 史記荅布百疋注荅讀作毾白疊也 **霅** 說文引詩霅霅震電今作爗霅古音燁今轉音作轂

十七洽

攝 色甲切與翣同音禮記檀弓注牆柳衣翣以布衣木如攝與釋文攝所甲切與音余周禮縫人翣柳注故書作接鄭司農云接讀為翣檀弓牆置翣又作攝禮注漢謂扇為攝通作翜 **接** 見上 **翣** 見上 **翜** 見上 **䈉** 同上鄭司農翣本又作䈉 **躍** 楚辭左朱雀之茇茇兮右蒼龍之躍躍屬雷師之闐闐兮通飛廉之衙衙躍音爍音是也 **衙** 音押見上 **燿** 本熠燿之燿弋笑切又士恰切古文爍字籀文鸐按燿以翟得聲爍音是也 **鸐** 見上

古音餘去聲卷五

古音餘 卷五 七

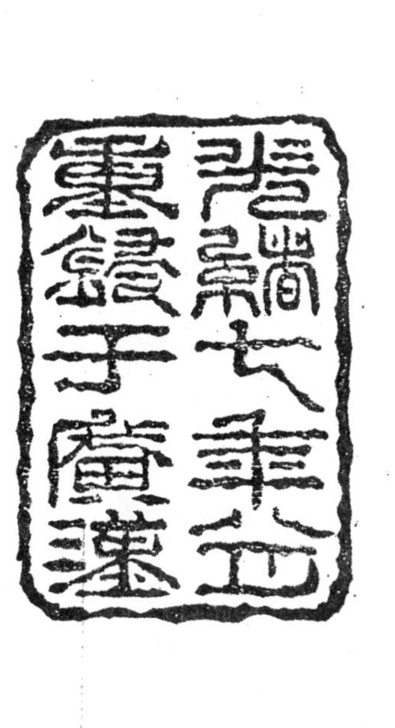

奇字韻

奇字韻上平卷一

新都 楊慎 撰　綿州 李調元 校定

一東

䨴大屋也說文引易豐其屋䨶小雨也明堂月令日䨶雨職戎切營芎○說文營藭也盅

器虛也說文引老子道盅而用之衕銜○見卬長碑颿風周䨭禮眮瞳籴樱峕日欲

夜日峕从山隱日日出日岀从日在山音蔥唐詩禪枝瞑色蔥[illegible]叢鬆鬆[illegible]菘[illegible]虹

[illegible]熊𧓍盦餘詩有敬謹也鉶曾世家出辣有獸名山海經泰戲山有獸狀如羊一角一

目目在耳後鳴則自呼○按晉志今產于代州鴈門谷口俗呼為䳩子見則歲豐伺也圓盖[illegible]

穿蒙驪也[illegible]子霿天氣下地不應曰雺或作霧小雨沾漬曰霧淞[illegible]兆氣不澤也洪範曰圛曰[illegible]

僾使慝也國語使臣僾焉[illegible]鳥飛歛足[illegible]音从盛米器瀧瀧涷沾漬也說文雨瀧瀧也論衡筆

奇字韻　卷一　一　第十八函

瀧瀧而雨集鉷弩牙也出賈升郎埤蒼𨹧胡工切山名在雲南郡漢書幒音中說文幝也

脛衣也郎袴俗稱中衣詷說文引周書在夏后之詷訌說文引詩蟊賊內訌烘說文引詩卬烘

于[illegible]終从日在癸上日在甲上日早日在癸上日終[illegible]融漢隸張表碑襱俗作襱非馬㲉也大

書正譌[illegible]爞

二冬

銿說文鐘或从甬[illegible]松或从容說文备冬蕽農盥膿邕邕竜龍舩鍾[illegible]

大享碑[illegible]卬蚒[illegible][illegible]彤[illegible]衝素問淞思功切字林涷洛也忪心動也李賀惱

公詩錍液鎮心忪襛說文引詩何彼襛矣庸說文引易先庸三日鬆鬆[illegible][illegible]夂三

公山碑衲名同上無公碑[illegible]龔[illegible]重影也蟰條蟰色如黃蛇有羽[illegible]太黃負山神能

動天地氣皆孔甲遇之出緯書

三江

囪窗窗同上俗加心非說文玒古雙切今作釭畄邦韸匹江切鼓聲駹黑馬白面

𢋈幢○韓非子

四支

㪀姬○博古圖齊豆朿古文支說文㩻荀子敧器之敧當作㩻作敧非敧持去也說文巂子規鳥也說文𩰫辭說文稘說文復其時也引書稘三百有六旬嫣式吹切偲嬀多態也婜居隨切秦晉謂細腰曰婜𣽡坻詩宛在水中坻或从水从耆䴡䴡詹諸也說文引詩得此䴡䴢今作戚施𡚻二隨說文作隓徐鉉曰說文無差字蓋二左也○今按二左爲隓二𠂇爲友𢍄文疑說

梩柸古用木今以石說文引易惰恒凶今作振𢼽岐𢌿韓𠂖熙○夏英公韻餭𩫖䮆𥟩基𡌿基𠥩巽箕𥘺文祺古𡵀危山名三危㴲坻小渚也楚辭

𢉡靡㓜滋雌雌𧥴辭𩰫𦣞辭𦺚留紂緇㮐𢿱移𢿞彝○王存義前𢀠又作腠鵇又作䬨𩶅䰴𩼖蠵𧍟蜓○六書統引石經孟子𩀡雉

𢎯婁朕𣎴𣎴𠂕𡲩𣏠𥨒𩔩規○張表碑𨘢遠𥰐篪𥡌說文引詩彼黍稷稷𢾕說文引詩屢舞傞傞𩏿說文引詩屢舞柴邯移切𠈂說文引詩以車伾伾

𠏁說文引詩克岐克嶷𤞑說文引老子大道甚猗𥢊說文引詩積之秩秩𥛜安福也說文引易禔既平𢻗論語多見其不知量也何晏多當作𢻗𣐃說文東楚謂橋曰𣐃𨔶逶迤盛漢

𦀓縚州輔碑麥師文古𥜃衰都阬碑紂緇𦾓茲𥜗古文熙字𩲕古文魋魋𧁵莫母郎知母字𡢍夔○𨚁岐𤠣披鐵戜夷夏紀戜𢤲𤊇𣤸吹作魑彪𠒇基𩆷蠵𥫗籀文𥢫瀰𤸬

五微

𦽯古文旂字今文省單作𡭎古圖姜鼎𩲜巍𧿍𩰧飛飛同上以微書前人之𡜱歸𥗉居依切石磨也○古者赤與作白微言子碚飛鳳雨𩣶音揮山海經太行山有獸狀如麐四角馬尾而有距名曰驒𢻟說文妙也春子飛𤎤○王𤈞輝○古樂府𩿯𤎒沘文選𣏌音飢山海經机木似榆可燒以糞田出蜀

𤌮𩂇霏𢇛幃中○𩅮

六魚

𨁈踈同門戶疏窗也古詩交𩐨結說文𨊉綺窗列女傳瑱玗龍𨊉也今作𨓓文徂籀𡱀居𨡳醵𡛜諸𣏵梳𧙓集韵引詩日居月諸㹗非○漁𢳰據𧦝嘘𧈭盧𥭘深𥴹𣍓𣍓○𣍓方言杷宋魏之閒謂之𣍓乃杷之反切亦古文𦯔狢呼狐爲𡛜女余切絮緼也从系奴𧇑聲說文引易繻有衣袽𨛱郱下邑也胡盧也系傳引詩其虛

其𨇄詩蹠不前也俗作踟躕𤏓火燒欠語末山界與之詞○盱𥄅郁

七虞

𦻂讀○𡂁遵誅切說文識也从此束聲一曰藏也諸說文經音義云今作𠶹又作訾字林鳥喙也未知孰是𥤮𨜏說文引詩我𨛦酌彼金罍𡝗姝說文引詩靜女其姝𩧿雩古文孚从𤓰𣏴古文保𣏴榑桑木名今作扶桑𣦳籀文从歺作𣜃說文虞書丹朱如此頊待也今作須𩨾說文同上𡈖模漢𣞗𣞗同上𦇄音𩡦聲類云樹種也𡢃𧭨夷𩿭𩿭𦸝𧁾虞𢂕扶𣆍盱旰同日始旦也詩旭日始旦或作盱𦪹甹𤅫濡𠷨嚅𢄳辜𦞲陰日𦿃𩱠𡋊塗𤁸嘸文籀𧫲誣讓𡛅乎𡝇婦人美也滇夔語謂好日𩕏胡𦳀奴𤁸嘔𩕟雛𡊰途𨐆楊厥碑𣐋瓠𧇊粗𣢏鳴𡛼○古𩚶今人表𡏖𡏖𦿃五乎切草名楚辭有𦿃蕭○按說文所引楚辭即奄離披此梧楸也

㪍說文引書惟其㪍丹臒 無說文引書庶草繁無無古蕪字 𧆛古文爐 𢈢同上 㭒鋪說
之鋪漢中山靖王傳塵埃飾覆 麗從婁壽碑 𨗟鋪 䣼十邑爲都○樗古蒐 囷圖 塵
粗

八齊

蠵蠵同大龜也以胃鳴者司馬相如說 叶稽同卜以問疑也俗作乩非 緀白文兒說文引詩緀
兮斐兮 屖音谿說文屍也胖也 嗁啼 稊䔑 隄隄 磾堤公羊石經 巂子巂鳥今
作子巂 臡有骨醢也音泥說文作腝俗曰肉泥 𩱧䪡 卷躋 鷖醯 蹊谿 科
犁 低低 𪏭黎 埿泥○風碑陰 賷 倪倪 䁧睽 陛徯 奚奚熊君碑 𪍳䪡

九佳

鍒柅古文易係于金鍒

奇字韻 卷一 四 第十八函

褢褢袖之褢說文 褢褢俠之褢說文 鍇諧說文引書鍇八音克鍇 𧰝不正也俗作歪繆甚 蘸
稽 闟蝸 䰎𩟄也 𥒎盦也戎 𣙽𧉧 𡈔埋 𣜬槐姓之家 五經通義士 樹𣜬 湝說文引詩
風雨湝湝 𩆦蝸禮 周 𧾷哇 𧃒埋 乖乖張詠碑 𡍰埋○博雅 喎哇子 荀 眩眩兼
也

十灰

𤿤說文𤿤 雷雷 匠簡文𧖅也 桮說文杯 梧音杯姓也漢有梧生蘇林讀 槑梅 瑰
瑰 珊瓌初學記玫瑰鞍 浘限水曲也漢書引詩浘乃密浘鞫之門 玠龍文之圭
傳有龍王之輔 𩫖臺 跆連手唱歌曰跆 薔灾 悳猜 膴膴 𩆜𥋞 凷作隤又作塊
𢦦哉 栽灾字周禮 闓開 䢚恢 㾯恢睽碑 䰯魁 瑰瑰 𩓮隤周憬銘 𦵔
苕 𨸹崔 𠈘說文引詩室人交徧催我 𩈆杯 𦜁文 𨻊正𨻊字史記有𨻊成傳江音裴字从

奇字韻 卷一 五 第十八函

㸉邑又𩘢乃回切古音浮 𩘢之善塗者 落苦魚衣經者曰濡落○ 𩒍頹 𢙇哀孝經哭不偯
𩔪𩓪

十一眞

𢆯陳石古文○舊音循并按石鼓文麀鹿雉兎其原有𢆯又連禽奉雉又乘馬既連𢆯連皆从申爲古
陳字無疑𢆯 連陳 𢘓古文作 說 𢘓在說文驕也引周書維古於文義皆協 𢛍受德𢘓讀若𡚽 舟文
津从舟 𣲶府申切說文引爾雅西至汎國今文作 𣳦 湊說文引詩溱與洧方渙渙兮 溍 𣹢
火華也音莘 𠭴古文伸 𣘍榛說文引左傳女摯不過亲栗 𡜊說文 䡅 𦎟麟說文
从火在木上 𠭴引也 惕也說 𡟭 𠭴說文
䥹書 䞋𧴳眞切敬惕也說 𡟭嬪 𥃧𢊺 𩑔 𤔱垠 軙 陣 𤔱
从戍 文引易夕惕若𧴳 𡚦嬪
塡 幽幽 滣瀕 穷貧 𧮭文𧴳說 𦿊蘋 玟珉○石經禮記 汶珉禮 侁周
莘○呂氏春秋 𨺅姻 份彬 𩴊海經 神○山 𦬁 蓴 顯長壽碑 嫀莘 𡎊說文

奇字韻 卷一 五 第十八函

引書鯀堙洪水 鷐說文引詩鴥彼鷐風 𣉡說文引易其 驤 𣝫說文引詩國步斯驤 𢓊果名今作
亞 棲蜀都 𦙶說文引易 𤢿說文引 𡚗𠃚 旬从日 𥎿說 𠚌今作 𢗀 肺說文作 磷健也說文 𤓯𣂑 今作
賦注 𦥈今文作膑 𤢿詩盧 𤢿 詩盧𤢿𤢿 㕎从勻不
省 𣜬槆 𠨉名所榛切八陂東○ 閈繽 媥姻 𡍰塵 陣陳
又息進切
𢫄臻

十二文

𢻃妏○攷古圖妘氏鼎 𢦫 古𦈢字說文 𠀦𦈢 𣪠於云切說文引
作 綢 份文質備也說文引論語文質份份今作彬 𤊁 𤋳 也無分 𣕾文 蚊 說文 䎹
縕 閻○ 𨶔 䦡無分切 𠌿作 𨶔非說文宏農湖 㗂 軍 𣈶
聞 說文 𦫒 鄉汝南西平有 𨶔亭 𠑆
𢦦 聞 𨶔縣有𨶔 𡡝 折 𩂆 氣 炃 焚 𡕓 芬 訢
羣 𥓿 䢵 賁古文款音欣曹公子款時有 𡜯 折 𩂆 氣 炃焚 𡕓芬 訢
欣 𣪠 殷 𡢖 𩤴 𩫕 周禮注 芬 棼 𧊢 文 𣂚 芹 𪑛 𩫕 禮注 ○ 周 焄 熏 同 史 酷 吏 傳

十三元

趫奔○石鼓遷原石鼓頙尊攷古圖父癸方彝屍髀髀也說文脽屍或从肉隼說文

蝯禺屬別作猨猿非○說文韗垣藼萱說文引詩安得藼草蕿萱或从煖緩說文蘐絡

中女子無袴以帛為坙空用絮補核名曰繜衣狀如襜褕○按此即裩也昦昆蚰昆蟲之昆聉

膴踆蹲蕻蕣旦昏磧蘩衡軒輊之軒坃埧韓軒魭黿○汲冢紀年

周穆王起師至九江以黿為梁璸琨鶤俗作鵾謜說文引孟子故源源而來楙說文引詩

營營青蠅止于樊獂逸周書獂有牙而不敢以撅墺說文引詩墺墺舞我奠古尊字今作蹲

邨村字通曰經史無村字復古編从屯从邑驙奔䫋鴛李夫人碑暋昏楚相碑幝說文

幒也俗作裩非蕣蕣荃同上擐揎○王制跣攟同上聉嗷○棍渾揚雄爲渾厚

之渾諼萱讙喧同

十四寒

灘漫○石鼓文鷒說文他端切商君書清朝日鷒上別飛鳥下察秋毫故目之見也托于日之勢

也般古文般从支今文般从殳辟也象舟之旋○說文灘它干切說文引詩灘其乾矣漣

說文瀾或从連徐鉉曰今俗力延切翰看雞難鸛觀园圜○莊子五者园而知向方矣

周禮作專太元作塼鶾翰天雞羽有五色仵懽鴅古文尙書鴅吺人名今作驩兜又作又

作鵩鎜盤戟干戈之干珥玕琹刋灛亦借作灘垸丸○列子䡝垣宣垣

幝說文引詩檀車幝幝鳩鴶鳥名鳥喙它尾逸書有女鳩女方今作鳩非莧音丸山羊也易

莧陸夬夬今作莧非戔昨干切說文賊也从二戈周書戔戔巧言徐曰兵多則殘也即踐字跘發

珥玕洀古盤字管子𠣳古翰字王莽傳𦛗先安切廣雅肪𦛗脂也通俗文在腰曰肪在胃

曰𦛗黚字林云黚部也謂黚類也又作般假借也○匩冊霻灣同

十五刪

辬斑駁文也說文嚭籀文鬉掔今別作慳非也說文引詩赤舄掔掔覸狠視也齊景公之勇

臣有成覸者苦閑切悬姦○史文攽頒蕑菅罵繯顔顏鳻班鳩之班𤪛斑

賁古文斑宲寏讟鬟睘說文引詩獨行睘睘攽說文引周書乃惟孺子攽布還切亦

讀與彬同妏頑𠪊數還切門關也俗作檈非書史蟬翼本以厚紙覆板上隱然爲銀錠樓痕

奇字韻卷一

奇字韻下平卷二

新都楊愼撰　綿州李調元校定

一先

䲉鯿石鼓○驥駢石鼓　恣憐同上　鼎員說文　警愆說文　豣三歲豕肩相及也說
文引詩並驅从兩豜兮　鳶鳶說文　栖古文遷　寒愆　堅牽　鎮鈿　匽籩　蜒
蟬　瓀璿　淀漩　鳽鶄　䡙擅　𡨋煙　苓蓮曹子建　𥦗穿　湶泉或从水　洤
泉　隵乾文古　鋑鐫　諞說文引論語友諞佞　𢘫說文引易泣血𢘫如　蠲說文引月令腐
草為蠲　礁音蓮管子不蔽者瘥疽之礁礁石說文礁磏石赤色也　𧮯列子美哉國乎鬱鬱俗俗說文
山谷青色也今作芊　畋平田也說文引周書畋尒田　[illegible]玉篇古文亞字从白鍾鼎文多借為寅字
古文亜通　硱研硯　[illegible]鼎文眠字　𥕞古研字淮南子　鱻鮮　帴韉晉書　鴨鸛　祆

奇字韻　卷二　一　第十八函

火千切說文胡神也从示天聲　○　掔楊雄賦掔象犀古牽字　䟢古盤字賈太傅書旋如濯絲䟢
旋之容也　𡈼年　玭蠙　䦞遷　䫉專　竈穿　鳽鶡　[illegible]然

二蕭

颮包說文或从　䚻古文謠从肉从言同上　𦕼急戾也从弦省於霄切今作幺文選弦入而微
急　蛸蟰詩五月鳴蛸　𡝳於喬切巧也說文引詩桃之𡝳𡝳　𧮫籀文韶周禮以為韶護之部
緢旄絲也說文引周書惟緢有稽　眗省　𦙍古鍬字爾雅　䉴鑣　徭遙　隃遙漢書
寠要　嬰嬈周禮　蔦若韓詩內傳　漳潮石鼓文　殦搗　瑤瑤　䚻謠　鷂遙都
切短衣也說文引左傳有空褕　佋中庸所以序佋穆也今借用昭　蘇說文引夏書厥草惟繇　䕌
許嬌切說文引周禮轂弊不蔽　獢說文引詩載獫猲獢　敽洛蕭切擇也說文引周書敽乃甲冑　槄
橈三蓍解詁槄曲木短楫所以行舟也　熮洛蕭切火兒說文引逸周書味辛而不熮　○　𩖃霄

挈消　晣莊晣音鍬　鱐蕭　颮颩　䔕翹今蜀葵花也　䏣胥同太元

三爻

鵃鵃說文　啁嘲說文引漢書通且啁　𣪘釋○蒼頡篇　○　敲古敲

四豪

㞑滑也說文引詩㞑兮達兮　㮑舩揔名俗作艘非　叨饕或从口刀聲　饕同上　幍絛　丰
本　蓸糟　𢿦操　繰繅　嘷號　睾皋　䎦翱　艚七刀切說文艚也三蒼艚
婦人衣　髳說文引詩紞彼兩髳　𡜵豪漢書注　翺翱○文選舞賦　釋今之糖餳曰釋通作餹
𥽤本音谷亦借作餻糕　○　滜嘷同秝懸先滜

五歌

鯊鯊○石鼓文　媻婆說文引詩市也媻娑　𩔳皤老人自也　𣂼秦名土釜曰𣂼今作鍋

奇字韻　卷二　二　第十八函

盉說文盉羹也今作和　[illegible]鍋　奇訶　媻婆　𦬊漢書莎　○　鮀鼉　鱓同上史記
羲羲　䫏鵞　誐說文引詩誐以溢我　譌說文引詩民之譌言今作訛　抲說文引周書盡
執抲　痤昨禾切說文小腫也一曰族絫徐鉉曰族絫今別作瘯蠡非○族蠡語見左傳　驘騾　育
古文衺裹衣也借作衺老字　○　戨出括地志漢書作抲非　𢽳論語𢽳見其不知量也今作多
瑦和　磿麽　䃈古磻字楚世家出寶弓䃈新繳　砡同上

六麻

䡩車或從革考古圖寅簋　荂華說文　𠭴取也側加切今俗用抓　茉鏵　釪鏵或从金
从于○說文　赮霞漢書　苩葩　䄏斜　[illegible]華　鴐駕　奓古文誇　查𣗋槎
○　苴古巴字張良傳苴蜀相攻　猳遐同漢書　紗漢書沙字　𨃋嵯同太元𨃋咨作嗟咨

七陽

衎音杭行列也石鼓文卤車載衎如徒如章又維舟
以衎出于水一方舊釋作道非以韻讀之可証
笐音杭字林弡張考古圖䮱从考風凉北風謂
笐莿竹次弡作医古圖戠敎飆之飄說文
沆說文水廣也易曰包伉古文杭方舟也徐鉉曰今
沆用馮河今作荒剛俗別作航非古但
作汸方或仺奇字犆牛也呂張切說文引春翌羽
航从水倉秋傳犆犆今文作㡾凉舞
也或借臺籀文堂从高雱籀文商商爨籀文䠣迒胡
作凰字省今混臺旁腸䳴郎切
獸跡䩞五岡切鞠角蠚式羊切煮松古文彰祥古
也鞎屬鞎鞾也从羊綱老子引
鄉又作鎗○嘗闕三㑿音芳汸滂說文引詩高山
崔希稀署古字卬卬止五岡切今
作駹說文引詩四牡痝見王匜藏鴋○
仰駹駹今作彭純碑㔸同藏婕妤亜
航○何法盛說舟二縣古文芇諸經音義曰
月爲亜隸以日易舟檽字菌人書夜作無日用
月無月用大常鰟○韓詩鱒赤目也斨古文尚書朱
思明故从明鰟魚也魴赤尾魚也斨今文殳戕

○廧墻阬閬閻閭鴋鴋㝑房稂荒薌香牀牀羙光

八庚

嶒崢嶸嶸鱷鯨說文引左崝崢嶸傒古文兵从人
傳取其鱷鯢也說文丌千开音拱
姘普瞑切漢律齊人䗶籀文荊說文○戰國策盟
與妻婢姦曰姘城注又以爲刈字
盟㚍衡姓雨而夜除見星䞓赤色也說文引詩䵷
也俗別作晴非魴魚䞓尾今作䞓从
羔从秔粳党撐周㝉同上菌蝱狌猩桯楹瑺漢碑䩞
美禮漢書㙛字
瓶周於旌頗傾○䚗縈說文引詩葛藟侊說文引國
禮睦䡅縈之又作縈語侊飯不
及一營說文引詩訇轟怔徐鉉說文系傳鬃說文門
食營營青蠅引詩不出怔兮內祭先
祖所以徬徨詩曰㣜古文行字○瞠晴䈁宏吰宏宇
祝祭于鬃今作祊从四人難蜀
父老崇延征字武帝改元輣輣黥黥
論吰議延和乃征和也

九青

㓙汀或从平䨩零爾鞓鞓圀古文伶漢碑霛青女閭
水際平也雅零字齡字霜神
扃剄刑閐櫺門上小窗也蓱三著引詩蓱蓱荆說文
出崔浩女儀者莪今作菁从井
刀刀守井飲之人入井陷於泉刀守之○按諸經音
義引春秋元命苞其說如此莊子井飲者相捽也古
者八家同井井少人多故䋁縉晉鼎文○鐳螢月令
有爭非如今家有井也䡅字腐草爲
鐳

十蒸

弆登金豆曰縡籀文縉从宰省揚雄以兗勝遹仍
弆說文爲漢律祠宗廟丹書告玪
陵穆天薐淩蔵遴司馬相如堋說文引書魚作滕切
子傳爾雅說菱从遴堋淫于家說文置
魚箭中○穖矜同棘矜
炙也也○賈誼

十一尤

逌攸又音乃茾居幽切說文艸之相斗者石古文師
石古文彼䀝田茾爲世里舊音茾非又音拼
亦非乃謬以爲从从鎦劉○考古颾颾从叜省𩗪說
弁也中从斗音糾圖杜嬬鎬颾也說文文
擊也古文殺㗁古文𢘋於求切愁也从心从憂說文
如此度侯切謀百今俗作憂加久非引詩
布政憂憂鶖秃鶖也七由切擂抽搊同浟攸同攸行
和之行也今俗作秃鶖上水也秦刻
石文作浟夕水敹脩鳩畂同䓹尤从失心王莤萋
从攴於義宷叶切上庶子義雲章頮
髏𪓰虬鞻樓訧說文引周書嫪側鳩切婦人姙身也
報以庶訧說文引周書至于嫪
婦烰說文引詩搯書師乃搯詩左斛說文引詩兕觩
烝之烰烰旋右搯今作抽其斛今作觩
逎說文引楚辭逎麰韓詩貽我嘉皀說文引書若顛
白露之爲霜麰今作來牟木之有皀櫱
揫說文引詩百祿罦縛牟切罟网也說罦罟又𦉼說
是揫今作遒文引詩雉離于罦作罦文

引詩或籔或曰**抌**舀同周官詩又作揄**䵐**㸌**杳**說文高氣也呂氏春秋有杳猶羅泌路史臨淮
杳猶乃泗之漣水非智伯所伐者九域圖并州有杳猶城括地志并州盂縣外城俗名原仇山夬㩩里傳
作仇猶韓非子作仇繇呂覽作仇繇高誘注作仇首**鐂**蝨**鎦**崔希裕畧古古瘤字服虔曰肉凸曰
瘤**灢**卣**茵**音由茵芝瑞草一歲三華○**𪃹**挈**盭**抽**枸**張良傳釋箕子之枸囚同
欿嘔**㚾**婁**橚**古楸字**逰**遊**蜖**蜉**蠹**蝤**檮**稠**汓**流賈太傳書朝廷之
覰端乎衡汓**俯**偊同太元偊倡作俯倡**儔**同儔

十二侵

卆參○石鼓文卆卆雉兔舊作華非當作參**雺**雲覆日也通作陰**侌**古文雺从省**槮**爾雅
槮魚舍也槮罧古今字**訡**吟**曑**參**㒚**陰**諶**信也說文引詩天難諶斯**𢈈**陰文選思
元斟漢賦**抖**書○**蔘**參參人**㺤**㛰

十三覃

𥨍本菴蔽字石鼓文𥨍勿伐借作掩字勿**𢌳**菴**盦**食器也元阿里私印亦借作菴英**盦**
同上**盦**音同上考古圖伯戔饋盦李庠彭曰說文皿部有盦覆蓋也徐鉉謂今俗作箬非是細詳盦字
音頭西足而加於皿乃是饋盦而以捧連湯飯而加覆蓋爾**戓**戡說文引書西伯戡黎**㬳**曇
䯫䮡○孫根碑**鬒**鷔**㕘**鶴山雅言云凡參字只當音三天上參星三點勿往參焉也只是三
字勿貳以二勿參以三亦只是三字讀禮部韻不當重出參字也又兩人會曰離三人會曰參今人門狀
說參字賓主只二人何得言參○**埊**南

十四鹽

𤐫𤎉說文**𥡝**許兼切說文輕易人𥡝如也**銛**說文鍤屬桑鈙讀若鎌**鐵**尖說文**猒**說
猒从甘从肰**猷**猒或从㕣並說文**檐**詹**誗**誗詡多語也又地名樂浪有誗詡縣李陽冰謙

卦爻辭用**㳙**爾雅注潜作謙字非㳙古今字**嗛**謙**𥂁**盐**𪔗**奩**戕**𢦤**擮**說文引詩
攕攕女手**懕**說文引詩懕懕夜飲**㥷**說文引詩相時㥷民今作憸**炎**小熱也說文引詩憂心炎炎
炎**溓**粘○考工記䡕有深泥赤沸之溓也有三音**㝷**失廉切說文㝷席也禮寢㝷枕凶今作苫
苫蓋也非此用**鈐**兵鈐以閉房神府以備非常又鈎鈐星名○**笺**尖**櫼**鐵**摻**詩摻摻女
纖手音**㯻**鬑**掞**炎

十五咸

𣛌杉**碞**說文𡺮碞也引周書畏于民碞讀與巖同**𦨴**颿帆**杋**木皮可以為索漢隸借作凡字
𧜓周禮注旗之正幅為𧜓今作縿**諴**說文引周書不能諴于小民

奇字韻卷二

奇字韻上聲卷三

新都 楊愼 撰　綿州 李調元 校定

一董

孔孔 㯥總 𢓭動 窗通穴也一作洞 䪢琫 積丈冢切說文䵝躘也集韻䵝也字又作㰍史記作𧷩相如着𧷩鼻視 𤺥膣氣足腫也說文引詩既微且𤺥

二腫

戚勇 恿古文勇从心 忎恐說文 思恐 㬰蛬 踵踵 㥘悚 衞余隴切巷道也倉頡篇 㲯而隴切毛盛也說文引書鳥獸㲯毨又作氄今作氄 麥同上 㱾同上 宂人在屋下無田事也周書宮中之宂食說文从山从人 𢪘揚雄說廾从兩手

三講

棓棒 䲳蚌 鮮硥蜯蜆同上 頙禾

四紙

言旨石鼓文 覫弭或从兒說文 𩚳古文說文雉 誃說文離別也讀若論語誃予之足周景王作洛陽誃臺○按論語無誃予之是文周王誃臺則前漢表所謂逃責之臺也聲類云宮室相連曰誃陸雲集曹公有誃塘文選謻門曲榭劉曜傳未央朝宋誃門且空皆轉作平聲用 𧦝說文許也讀若指 讍說文謉 洍說文引詩江有洍今作汜徐鉉曰洍蓋汜之或體也 䫉頗古文 酢文 𩇫兕說 麔麠俗作 䑛舐以舌取食也 𨑢徙 屎徙古文 杍說文梓古作李古尚書作梓 攱庋 乿始 狔 𡰥屍 肎旨 戾侇 𡱁屎 頣履 媺美 骫委 洔沚 邐邐 俿詭 𠈌侯 逘侯 芓耔 𥝈靡集韻引詩行邁𥝈𥝈 紫紫○諸經音義俗作𥠔非𥠔乃鵻雚頭上角也 𥁕說文引易二𥁕可用亯今作簋非 趌跬 𠈐斯氏切小也說文引詩佌佌彼有屋 袳尺氏切衣張也說文引左傳公會齊侯于袳 𧝐紩衣也說文作黹古但用黹 惢同 繠蘂 薾說文引詩彼薾維何薾華盛也又說文薾麗爾亦訓華盛也 掜擬揚雄太元 雕髓○ 秭爾雅作子規之子 𪃇毀 洍汜詩江有洍 𣒅槃 𧗳軌

五尾

䰡籀文鬼 𢇛蟣 娓亹說文易成天下之亹亹娓娓 闘音隗人名闘陽左相 蘬蘬草名 斐說文引易君子豹變其文斐也 瘣說文引詩譬彼瘣木瘣病也 匪說文引書實元黃于匪今作篚 㥞說文引孝經哭不㥞今作偯 𤈦說文引詩王室如𤈦 韡說文盛也从雩韋聲引詩鄂不韡韡今作 魄虺○韓非子

六語

𦦙舉○石鼓文 䵂組合五采鮮色也說文引詩衣裳䵂䵂今作楚 𣃨旅又作𣃨見左傳正義

𥉝精 䝿貯 陼渚○山海經青要之山南望墠陼 𢊁所古文 鄦許地名說文史記考古圖 岠拒說文

七麌

医簠考古圖 榘矩說文 侮侮說文 汻滸 豬豬籀文堵 杘古文戶从木 䍿古文舞从羽亡 𢼄撫 頫太史卜書頫仰字如此今作俯 庌宇○畧古 戩武○尚書 鬴古鬴釜 𩃘宮羽之羽說文 謣謣 堣堣 柜矩 鈇斧 詡邸羽切健也說文讀若𪊕周書有𡊒匠 䁢賭○ 萬音矩 俞禹 誧釜 桶櫓 励𠈌

八薺

諟耻也胡禮切 謑謑或从奊並說文 晵雨而晝見日曰晵雨而夜見星曰姓亦借作啓 泲濟水名說文 𨁈髀 骽骽髀股也又紙韻

九蟹

汛洒灑同獮獮○廣雅豕作獮獮獮駴駭○馬周禮痔矮豥駭○詩疏豨山海經耳鼠食之不豚墿著曰豚大腹也

十賄

骰腿盍榼○楱榼木名

十一軫

截古文蠢从戈周書曰我有截於西○說文𣊫閔古文㐱之刃切稠髮也說文引詩㐱髮如雲通作鬒○㐱从人从彡又有凮字从几从彡二形相似几音殊眕畛欱哂黰黰引引

螾蛍蚓䡘準霣殞隕杋杋說文引易杋升大吉䟴是忍切說文社肉盛以蜃故謂之裖天子所以親遺同姓左傳石尚來歸裖今作脤非蜃蜃籒文䡘軫○听哂相如傳

听然而笑索隱曰听笑皃牛引切

十二吻

抎隕螼蚓舷䑏○古文尚書朱同唇吻○唇吻

十三阮

畵說文引詩室家之畵俗作壼𣏌余準切進也从本允聲說文引易𣏌升大吉抎有所失也通作損說文引左傳抎子辱矣抁損同罰人草書或用之夗於阮切轉臥也从夕从卪臥有卪也

扞蟃鼴䶲鰋鱓○鼓文䉪晼畹婉○韓詩徧遠溷混蹎說文引逸周書不卵不孵古敟字見聲類獻說文昆于不可知徐曰禹以成鳥獸鯀又安也今用穩非父名當從此今作鯀又作骸又作緩乃蹤穀聚也○衍秋衍古坂字遠遠硍杜子春以爲鏗鄭元音衮

十四旱

暖曈曈○石鼓文及毛伯敦鄦敦庭敦皆同䵸酐錖傘从人从垂嬾懶懶暥暖屡纘䉵散○漢隸滿滿短短癹借作短淮南子禮袒倡侃盌篡盌椀圝滿㪔傘○與服志晉墠詩東門之墠韓嬰傳墠平坦也㪚分離也散雜肉也竝說文○𦮯古纂字賈逵曰東茅立表爲纂作蓜見叔孫通傳注禮記禮徂史劉氏左禮

十五潸

皈阪餞錢盞篡譔孱剗○譙敏碑睅睆二字同目出也

十六銑

䀏畎說文文𨅔䠣也說文引逸周書不䠣不卵以成鳥獸䠣者羅獸足也故从足䠣巽通思沇切

䁉覞筧俗作梘格竹取泉也絸繭㬎㬎町㵎淺𤒻燹䟴䘼說文鮮趁同上古䞢同上鱣上鱔○揚周易䱇同上轉省軟輾上同㞡同戾上上肸斖䍧䥴石鼓文䍧之籑饌士虞禮祭三取諸左脇上注脅脇脯也鄭元曰膚脅革肉蓋豕肉之美者不過脅革肉而已故禮於膚皆謂之倫膚東晉所謂禁臠者其此類乎說文市沇切引詩棘人臠臠兮又市傳切相如賦脟割輪淬蹐舛蛝蜓蝘○禹本紀蝘蜓字漢隸省作蝘蜓絻冕蔵闡跧揚雄說舛从舛从春舛淮南子沇兖星經九州有沇州又水名今作兖戩說文福也引詩實始戩商瘲蘚跈踐趼漢夏堪碑足繭之繭○沇甘氏星經兖州字作沇剸剪眧畎

十七篠

䕯表說文見說文宧說文戶樞聲也又室東南隅爾雅作窔荀子作窔窔窔上見䝊音饒爾雅注狀如雖而小紫黑色可畜之健𤕝鼠亦作猱䍪皎淼渺晁○兆或从日表戚伯著俵或

从嬌嬌或从高人王右軍　剶說文引書天用剶絕其命　𢻮居天切擊連也說文引周書敿乃干

十八巧

饇詩如食宜饇光遠以爲飽字　罞同上　鼎古文卯字或曰鼎字从此　鼎古文鼎　餢飽

㯱稍　曉𥄕　𥠂㡍　帩同上　熛揚雄奇字云郎炒字　捁攪後漢書　箛箛籬爾雅樊潘

郭璞云潘㘸也○潘淅米汁也樊郎籬也○妥姣

十九皓

呆古文保　𠈇古文保保說文　𡡉惱說文　鴝古文鴇說文　鴇同上集韻　鴇同上皇象急就

章　㪇敬也今作壽考之考非　璪藻說文引書璪火粉米　𡧲古文道　卤老　𠛦周臘

禮　灝浩同音杲以水沛酒曰浩　隯島　嫍嫍　懰惱　𧈧蚤同借爲早晚之早　孖好

鳴島　𣪊𧖿　亮亮里字通作蒿　亵襄也楚保切說文引詩亦既亵于今作抱非　藻說文

音學韻　卷三　五　第十八函

以下原本闕襍佚補刻前馬卷三

二十三梗

鮊蚌也从魚丙聲兵永切石鼓文以爲鯀字　𦬊苔　䃫礦說文　卝同上周禮　𢆉猛　頣

音學韻　卷三　六　第十八函

項　苘綱　䋣繁同綱　聚　冷嶺　竫靜　統綆　棟柄　衿領　䏒耿○字从聖省

社說　林　穬穬說文引詩彼淮夷　蜢黽　榾所便切說文木參交以枝炊簊者也讀若驪駕徐鉉

日驪駕未詳○枝炊簊　南夷俗火牀上三脚也○𢫫古冏字乃命伯𢫫　頡頊

二十四迥

炅熲　拼拯　橙同上說文引易用拼馬壯　頲頂　榠茗　囫冏　肎肯　䵝頂

珵珽　承古文拯聲類　盜武永切說文北方謂地空四以土穴爲盜戶　邘郢从省說文

二十五有

圝石鼓文圝字　誧誘文　說　牖牖說文譚長說南上日非戶也　臬糗注糗寒弱也穆天子傳

阜阜　晉友　羑誘　𧺆走　藕藕　媿醜本說文愧字漢隸借作醜字　䰕同上毛詩

厚厚　傻叜　玖糾或从玉漢隸　欣嘔　糔滫　脺肘　嫯數　椰同上禮記注

嗟嗷○左傳注 𠻞同上○與𠻞不同𠻞从取𠻞从取 鑾渡 𦞦禮朽周 菲皃婺也說文引詩言采其菲
魗詩正義醜古今字 斢斗俗作黈非 粈粈 𡴭音都山名在宜興○
晦𣅀 敂叩

二十六寑

𡨦寑 㱃飲 䆄審 黮葚

二十七感

敢古文敢 𤅊淡 𢧵古𢦕字𢦕與𢧵同速也 撖歁出倉頡篇 𥊐晻眙 欿坎毛詩注
𤻮痳 𤻖同上 𤁪淡 𧄵菡萏 䫲頷○王莽傳 𦃇文引詩毳衣如菼今別作𦃇非
摻擥覽 㗫聲也說文引詩有㗫其饁 撼胡感切搖也說文注徐鉉曰今作撼非
俗別作 趲趲說文 𦢊音覽鹽醃也 𧽘字注𦢊出齊民要術

二十八琰

导貶 夵剡○上大下小曰夵上小下大曰尖 䨣渰 黤黤同上漢書引詩有黤淒淒 𡴯𡴯崦
蔪慚冉切艸相蔪苞也說文引書艸木蔪苞 𢧵古文點字○ 㑇𦜄古厭字 厭 窅穿

二十九豏

㶌湛 𢓊犯 旑於广切旑旇旗皃

奇字韻卷三

奇字韻卷四

新都　楊愼　撰　緜州　李調元　校定

一送

𦤎甕說文 𩔡韻籀文 㕣衆 𦽾夢 𤕞寢同上麻中神遊日寢列子神接爲夢 啥哄

○凨鳳

二宋

吅訟 𩓓頌

三絳

衖巷 蝆蚌○史記王義 惷說文愚也徐引史記汲黯之惷今作戇 戇音絳

四寘

𡰥飼考古圖王子𡰥對 劓刖鼻也說文引易其人天且劓 采穗說文 惎渠記切毒也周書來就惎惎又敎
异舉也从廾目聲說文引虞書岳曰异哉 舁舉也从廾臼聲說文引春秋傳曰晉人或以廣墜楚人舁之黃顥說
廣車陷楚人爲舉之杜林以爲騏驥字 技去智切頃也从七支聲七頭頂也詩 埶脂利切至也說文引周書大命不埶 𥾵文𢇍籀
日岐彼織女○說文 䜴 曶彗 𦾣芰 嘳喟 𢿿知義切博雅謂之𢿿 㩁屁 儃備
戲配𧗳也 䆗幽𧕃也 遂遂 䅩趙 䊢稚 𧍙蛙 𥊑肆 台古字 餇飼 帥帨 呩
嗜 眎視 𢙇懿 𦟝同上 𩊂省 𣀳鬱 禩祀 驛驊漢隸韓敕碑 伎說文引詩鞠人伎
忮 𨽸說文引論語 臾蕢說文引論語有荷臾而過孔氏之門者 溪說文引周
或蒞不莊以蒞之 𨺢說文引詩𡒟 泌彼 𥄎相近 𧆑𧆑泉水今作毖
書曰𧗳同說文引詩載𧗳其尾 𥄎視隸與昏相近長笛
出族 呬東夷謂息爲呬說文引詩大夷呬矣今作
賦𤴛 𡭆𡭆說文引詩助我舉𡭆積也今作柴非 呬引詩犬夷呬矣今作
彭

隸奆嗜䰎愧子莊蝞似蝦寄生龜殼食之益人顏色○䥓芰臬暨蠙珠臬魚
孆姪豩書○類于上帝今作肆

五未

𢍂音諱石鼓文疾也𡉏墍𩞄說文引左傳敵王所𩞄今作愾䵍說文毛蟲也俗作耗𦞦
彙古文易扳𢑱○潰沸連茹以其𦞦㟴畏

六御

悆羊茹切說文忘也嘾也周書曰有疾不悆通作豫𠯑著盛物於器曰𠯑𦟝蠡鋁鑢
𠕁古庶字說文注𢾖文㦡古𧇥音據獸大如狗似猴多順好奮迅其頭能投石擲人出建平山

七遇

鷬鵝○鶚雇或从鳥籒文雇石鼓雩雩說文鳥从鳥蝨蠹或从木象蟲在木中形譚長說𢚫

奇字韻　卷四　二　第十八函

懽說文悊古文悟岫古文从山卩𢁉音互偏印系也壴豎借作豎立之豎○陳樂曰壴
酭醻㝃㝯駱鷺洍渡庑度圙圖粆餔尌駐𣒼樹鱄鮒
𧄼苦步切說文非鬱也餛燕食也說文引詩飲酒之餛𢊅說文進也今作怖非鬎鼎文樹字
逗古住字榏斗射鼠○騀爲古䮠字同秦紀非子周大駱主車駕

八霽

埶徐鍇云藝本只作埶後人加艸與云義無所取石鼓文亦但作埶𢍭羿說文引論語𢍭善射
𣫭苦計切說文備也臬臬說文劂銳籒文砅履石渡水也深則砅今作礪詩曰濿
說文又作濿𥿋係𤆬音弟爲龜木也史記梁卵燦黃𡾊殪𣢇戾秇藝𥃻孳
閉閇紒髻𨻰瘞𠟈劉侑𢕀鱖音鯯魚名偈憩屍憩餲飢
餾饐勃肆亦借作勸伂顛佈之佈郝郝邑之郝今作沛遰逝夏小正遰鴻鴈覆諩傳

鳳高遰𤘟牛一角邪也說文引易其牛掣今作掣茦郎計切草名說文可以染留黃○按留黃
即古樂府云中婦被流黃間色也漢書有綴緇即茦古今字尔留即茦也聲之轉尔䋭壇天陰塵也
說文引詩壇壇其陰通作墍壂上同𤕒頓仆也說文引左傳與犬犬獘嚌嘗也說文引書太保
受同𢉖帶說文瓜當也著詁瓜鼻也禮記削瓜士𢉖弃之𤈤謂脫葉處𢉖者去瓜𢉖也今按去𢉖而曰𢉖
𡗹者猶治亂而曰亂去𢉖而曰𢉖也鍾也𩰤剝○相貝經𡻮助城砌𥫔鐵𩃭霽
㗑鷏𤻜鷹公羊傳䔻以揚雄奇字爲逝字𠜲制揚子○䄀袂絜與契同音刻也茅山
志有眞人杜契陶隱居云契字三畫契字四畫从木俗从大非○簪笠𧄍袂選籍田付椅裳連

九泰

嬒女黑色也說文引詩嬒兮蔚兮𡘊蓋佮會頮頮繢繪桰檜古字舌與會音同
故檜从會或从舌話从舌亦从會作譮也識說文引詩有譏其聲鉞居會切車鑾聲也說文引詩鑾

奇字韻　卷四　三　第十八函

聲鈦鉞徐鍇曰今俗作鉞以鉞爲斧戉字非是㫬說文引詩其㫬如林隶迨說文引詩隸天之未陰
雨𩃩運氣累霜霽文選雪賦殺羊皮說文殳也或說城郭市里高懸有不當入而入者暫丁以
驚牛馬曰殺丁外切詩曰彼候人兮何戈與祋之子三百赤芾芾甫末切詩注祋都律切芾音黻二其
音叶皆䝁䝁○沛浿澮竝沛濟𦺇蔡

十卦

譮籒文話忿呼介切怒也說文引孟子孝子之心不若是忿𢜗古拜切飾也說文引司馬法有虞氏𢜗於中國社古文壞𣀔籒文壞嚜左傳嚜言高氣多言也說文引詞介切退說敗
文引書我受其退畫古文劃上同𦪙屆謑誡𠜾芥忿恝傀怪𠟯
壞砦寨䨪薤企界捭拜著碑揚痫憊橐吹火韋囊也或作鞴韛勱邁
說文引書皋陶勱種德嘳喟㷄火申縉也俗作㷄非○說文从巳从又从火𠲗古怪切說

文艸也轉作蒯葪同上䕕集韻蒯字蒯說文㧊埤蒼人以織市蔴屩蜀䣕同上○鍚
晒艭古界字大人賦𡰥纍踏艭以艭路孫炎曰古界字

十一隊

飢載○石鼓耏耐說文怖蒲昧切恨怒也說文引詩覗我怖怖恚愛俗怨㤅古文愛
媦妹公羊傳隸逮說文引詩隸天之末陰雨今作迨鉡卦易卦之上體也說文引商書曰貞曰鉡今
作悔衲退𨓝治也說文引虞書有能俾𢦔晦曰晦貸音佩將黛䲭黛䲭昧
非
昒昧史記帽帽也㡌帽吠文咈選注𣪠贅闅礙硋同上𦦝同上揚厥
碑薉㰼僾說文引詩愛而不見僾蔽也𧰼說文引詩昆夷駾矣𧰼其𧰼矣𧰼困極也又作
𧰼駾說文引詩昆夷駾矣凷塊𦃙嵬勑洛代切勞勑也答其勤曰勞撫其至曰勑別作
𨓝俗用爲綷文選注引詩上天之綷今作載○茷音吠左成二年宛茷爲右
敕字非

十二震

𧧕古文訊从西說文訫古文信𧧘說文登也从門二二古文下字讀若軍敶之敶䀼奇字晉
䀼振○裴光𩒰順瞤瞚動也𦛴同目眹羊瞚公訾訓䲣覺
鬓𩭹訊詩𣛕訊遂連注𧀼說文引詩䏈如舜華𩟵徇○司趁說文趛也俗作
趨鎮鍼濬浚易浚恒晁氏曰○瞚同莊終日進𦣈見視而月不瞚
濬古文浚篆文
籒文𨗨進

十三問

𠈌古文訓字見說文注又作㑯龔說文𢊼近遜遜嫩嫩𡆩問𪐕音暈
面酎
也

十四願

朱文困說嫩嫩挼子寸切推也說文引左傳挼衛侯之手𢍙萬悒怨獻獻
俒胡困切完也說文引逸周書朕實不明以俒伯父𢝵五品不𢝵說文引書㥶𢝵周禮𨽲
堰漢
書

十五翰

𩐩翰○石鼓文𪔐𪔐考古圖有王子吳𪔐字書所不載𢏚𢏚或从弓持丸說文𤆡𢈗說文
㑗弱也俗作㑗𢈗彥从厂从戈說文𩙀通作翰𪏿毫也𩏾俗作糯𤆿古玩
文𩕳說文
切爾雅懽懽愮愮憂無告也今借作歡字悬說文引詩信誓旦旦又當割切𤆿漢○𢾍
三女爲𡜲詩見𢾍者今作粲嫚慢从女姅姅變婦人污也漢律見不得侍祠㡁𪗇文
此爲是祘筭同說文引逸周書士民分之祘椒散文偏偄說彰爛爗燢𥐗古
岸
字文玩玩䎳綁𣉙从日𣉙或渙漫○石鼓文𪇆鸛說文引詩鸛鳴于垤𡋯𡮐說
選注貺

文引書竄三苗于三危𨘢亦竄字本古文𨘢字借也本事詩唐張元一嘲武誼宗騎豬向南𨘢犴
說文引詩宜犴宜獄又作岸狱同上𢾩止也說文引周書𢾩我于艱晏說文引詩以晏父母
鳱說文渴鳱也引逸詩鳱相彼鴠鳥尚猶患之貫貫䯘胡貫切服虔通俗文燒骨以漆曰䯘○
泮泮𡴀戰𤆿爛𤆿燢䜌𨵣書斷字𠔜貫遦貫盌其遺左使筭筭

十六諫

袒衣縫解也俗作綻說文𪔐患古文从關省○說文𣳓𣳓𣳓古文㳠𨙰水名摜習也
說文引左傳𢪛擐甲執兵揚雄曰𩢍鳽鴈禽經鹽鈇論嫺笑訓漢書嫺
𥧸𪓏鬼神𢪛擐握也
圂豢○六書本義圂不爲圂𣝁棧倌官

十七霰

讂火縣切流言也急就章注隱語也衙衙行且賣也衍踐說文从行言說文衙文沜汴○
說文

嫿嬽說文引詩婉兮嫿兮順也 霓霰 䇂戰止 彰彭變尚書○古 硒硯 䔞茜
綖緬綫線 砠礴 絭眷 希居倦切囊也漢鹽官三希斛為一希史記希鞲 㥠子賤
切說文系傳引詩楷楛濟濟 㝈院 說文網也唐韻罥獸足網今不 異日旋網也○逸周書不卵
鳥獸撰以成 琗荐○ 覍弁 弓卽卷字出道經 溓瀸字泥黏也

十八嘯

庿廟 攡曜○李商隱字碞 魡釣 鴇鳶 螸莜 踔踔遠之踔俗作窵非○ 嘄叫
訬妙 䚷叫 覞覞耀見說文

十九效

效教 窔窖 艄棹 櫂同 鯙說文引詩於鯙鯙䱇 翟同上○ 顤㪣字曹參傳顤
苦畫一 佈鬧

二十號

麡㬥曬也馬融曰曬於陽而煬於日也 窖竈今作窖藏字非 虣暴武 蹈蹈○ 堯鷔傲
謷翺 纛瀑說文引詩終風且瀑 瞐毳說文引書武王惟瞐 㬥說文引書無若丹朱奡
頟貌

二十一箇

侳則卧切俗稱人短曰侳又作蓌 呰些 䣕儒 稬奴卧切稻可為酒者俗作糯 羙挫
盉和 譒播 脞說文引書元首叢脞

二十二禡

蜡助駕切說文蠅胆也周禮蜡氏掌除骴或借八蜡之蜡 輅駕○ 檴樺 樓說文樓或从蒦同
上 跅音詫路也 岐 㕦化古文 䠶謝 嗁嗄 鬄晒 醻醋酢 傌罵漢書

岔山岐曰岔水岐曰汊 嗄咤吒同服虔通俗文曰嗄痛惜也 蛇除架切水母也一名蠙䗖云形如羊胃假蝦為精澂
瀾挺質凝沫成形

二十三漾

忼苦浪切說文引易忼龍有悔今作亢 瀁漾古文 暀旺俗作 䮜壯 䑃唱 朢望
䣷醬 剏創 皃兄 絖纊 宕碭宕 㨾揚也 樣式 樣樣栩實也別作橡非 閬
古文漾漢水導閬今閬中也九州記 羕說文引詩江之羕矣 葛𨒗蕩 潒諸經音義古文盪同
宕洞屋也借作蕩○ 傷蕩 垦堂

二十四敬

瀞淨○石鼓文 甹聘考鼓 鞕硬 彭靚 鐼頃 棅枋柄 幀幀別
作䢑 敠弃 跰迸同散走也諸經音義

二十五徑

倂媵○迸也呂不韋曰有侁氏以伊尹倂女古文以為訓字○說文 殸籀文磬字或从殳所以擊
也 殸說文磬字 瑩三色玉也說文引逸論語如玉之瑩 窒空也俗作罄說文引詩缾之窒矣
硜古文磬說文 䃘文 甑說 應慶 瞪日暉也以証切 贈贈 衜徑 墱飛陛曰墱
又作隥

二十六宥

褎袖从衣采聲說文 㚖奏說文 畫冑 䆳䌷軸 氉氂 涑漱 昱豆 梪
𨓜豆之豆 㝨唐韻引詩中㝨之言 䰞三箸注引詩䰞弁六㭋今作副 䝑貿 敂叩周禮 閂
䦬鬭 槈鎒說文薅器也纂文曰刺地除草曰槈五經文字曰經典相承作槈已久不可改○
音透 㯂抽 褎古字 懋 浛去聲 漚麻池

二十七沁

唫噤○韓文公詩伶僸夷樂名紟青色也陶隱居說藍染紟文公詩選西都賦碧所用紟通作禁禁碧流黃背間色也佩觿集云紟梶鏵鏤代紺蓋鏤環之字出顏氏家訓按此紟卽紺字也廣韻收于沁韻非然行之已久蔭蔭姑兩存之

二十八勘

𩟿衉血羹也說文羊凝血也晻暗濫氾也說文引詩觱沸濫泉𥂖說文引論語小人窮斯濫矣擥採周禮

二十九豔

𠛎鈌也說文引詩白圭之𠛎今作玷譣廣雅驗子說文問也問亦譣也唸呻吟也說文引詩民之方唸吚坫說文坫屏也爾雅垝謂之坫注垝堂隅坫端也疏云坫者堂角也一名垝諸經音義坫古

文店字○邢昺曰坫名見于經傳者有三陳祥道曰有反爵之坫有奠玉之坫有庋食之坫有堂隅之坫○慎按諸坫之外又有外向之坫邢陳所未說也今署引證之于下坫者以土爲之記曰反坫出尊語曰邦君爲兩君之好會有反坫此反爵之坫也記曰崇坫康圭此奠玉之坫也記又曰士於坫一此庋食之坫也士冠禮執以待于西坫南大射禮遷于下東坫之東南士喪禮饌于西坫南旣夕禮順齊于坫此堂隅之坫也蓋君相見見於廟尊于兩楹之間而反爵之坫出于尊南故曰出尊也鄉飲酒鄉大夫禮也尊于房戶間燕禮燕其臣也尊于東楹之西皆無坫也管氏有反坫故孔子譏之崇坫以安玉故曰康圭庋食之坫在房堂隅之坫在北爾雅曰垝謂之坫郭璞曰坫端也此堂之隅之坫也鄉飲鄉射燕禮皆奠爵于篚則反爵于坫特兩君相好之禮也聘禮公授玉于中堂與東楹之間賓出公側受宰玉而不康之於坫蓋亦兩君相見之禮也鄭元以康爲亢非也又汲冢周書面阿反坫注外向舍此外向之坫也黃東發曰古者諸侯會同儀衛盛多故爲外向之室若今時行在所之騏驥院牛羊司也凡外向舍皆名坫古無店字坫卽店也今商賈之藏貨客旅之止宿皆名曰店店舍皆外向則坫卽店無疑堋古文㚒字磹都念切磹電光也指元篇磹光中扶赤子鼓鞞聲褱用將軍

三十陷

埿湴深泥也蒲鑑切譼監臽說文臽小阱也从人在臼上春地坎可臽人也徐曰陷舀陷从此毛曰从側人从杵臼之臼與臽字不同臽从爪从曰音由○今按篆書人字有三形在傍曰立人仁儀字是也在下曰曲人禿宂字是也在上曰側人鮨山危臽字是也寫臽臽不知用側人則成仙字矣鮨海經鮨父之魚魚首而黿身音陷

奇字韻去聲卷四畢

奇字韻入聲卷五

新都 楊慎 撰　綿州 李調元 校定

一屋

陝陸石古文笑族石古文殺椎擊物也冬毒切說文佰古文凤說文犕古服字說文引易犕牛乘馬今作服後漢書義眞犕未注犕音服徐鉉作平秘切太繆𦨶服說文从人[illegible]古文

麓坶莫六切周武王與紂戰于坶野犂酒母也今作麴鶩鸘司馬相如从麥聲𦳊治[illegible]

也蘜日精也蘜瞿麥也○蘜蘥三物不同蘜蘥龤光龤詹諸也其鳴詹諸其皮龤龤醞

鼀或从酋臺地室也說文引詩陶復陶穴復黷掘持垢也說文引易再三黷奭[illegible]

䵻同上敦穆翌音育又作昱集韻引書翌日乙丑莤說文引左傳包茅莤酒今作縮

藿艸也从艸隺聲說文引詩食鬱及藿今作藿非𠕁古睦字閱字統眾也或作閦佛書有阿閦

奇字韻　卷五　一

閑經隫說文引易為溝隫䃤蠹璹琡敊說文引孟子曾西敊然今作蹙奞毄

痡瀌○說文引左傳民無怨痡毛兂宍肉○干祿字書農古文巢○杲巢諸經音義字

省漢緑𦏲觸怞悪彿獨○莜首蹐蹙

二沃

𣫻毒古文管篤亭也別作篤非篤乃竇似足切說文水

其蔟文引詩蔟竹猗猗馬行頓遲也非此用竇鳥也引詩言采

𧰼力玉切馬豕足豕暴居玉切說文直轅車也丑六切王玉切彖也說文馬豕行也今作躅

豕行也今作躅䞘鼓文同上石𧼗說文迫也引詩謂地蓋厚不敢不𧼗音義

與促同蹋䞘是連字䰱諸經音義古文○毒

且叶韻今文作蹐䰱酷同音同義

三覺

殸从上擊下也从殳吉聲苦江切說文𣪍九𩐙說文剶字冂豖奇𣪊山海經豖

字䨻雹古文象形𡔖去陰之刑也說文引周書刖劓𡔖黥碻說文磐石也徐鉉曰今別作確

非較說文車輢上曲銅也詩猗重較兮斠說文平斗斛也今通作較籥樂書角徵之角作此

字亦古卦朴孔成難字云毃𣪍

文也䀝碑觳斗周撽也今作觳觳

四質

𣕕昵說文引左傳不義不𦅂𦅂同上𪓕秩說文引書平𪓕東作𢾖𠬪說文𨒪詣𠬪說

也詩欺琁玉英華羅列秩秩也說文引𨒪𥕥說文引

求𥕥論語玉粲之璱兮其瑮猛也鄖輔信也

虞書𨒪成五粲寶傀逸庾儷𦑝𢇦黜揚𠱃音密雅注䵑爾

暱今文作𦑝字書

沒猶力質切說文引逸論語玉粲之璱兮其瑮猛也瑮字說文玉英華相

𣪺勉瑮玉粲之璱兮其瑮猛也琗同琗古字璱今

帶如瑟弦也引詩璱彼玉瓚玉篇璱作琗戴說文引詩秩秩威儀秩秩臷大歡

彼玉瓚玉篇璱作琗臷說文引詩

也从至至而復孫孫遁也說文引古文䵑

周書有夏氏之民叨𡎲𡎲讀若摯䣛䣛古文賓字○臬

奇字韻　卷五　二

栗䘝术𧑸音蜂

五物

䖦普沒切日出貌也鬱芳草鬱鬱也芔叢木稓莊子冬則獨籠于江伯盗云當作稓集韻又

作䈊搰撷上見𢇍○史秦紀𦗈後漢紀更始

揀搰𩬞鬱作𩬞𩬞翇帗𧙓諸將服婦人

衣繡𧙓黃公紹云字帗禮𩬞周○䆖鬱䔢同上

書無𧙓字當作𥛚𡔖拂㖈𠱃

同太元

六月

𦺈忽石鼓文𦺈𦺈說文茅蒐染韋也莫𩎟說字足衣也

𦺈軟𣫻如𩎟佩切列女傳作韤字𩎟俗作韈非

頒古文㒸从𣫻色說文引論語𦷔𦷔○𢾆盾也○戰

髮回沒𣫻色𣫻如也漢書𢾆國策注引

詩蒙𢾆䘪通莊子搰撥𥜪○嬇髮𡥞

有茀搰然用力甚多橜橛𢾆髮

勃唆古厥字音伐戰國策抈呂氏春秋無不抈之摹今作㧻䊷古襪字見烈女

七曷

懖古活切善自用之意也説文引商書今汝懖懖聒古文懖从耳啐五葛切今作括周易括囊

从口毕辛辛惡也篆作㕁昏上同昏古文从甘並同上敓奪説文引周書敓攘矯虔癹以足

蹣夷州也説文引左傳癹夷蘊崇之今文作芟夷䒼古活切説文苦蔞果蓏也眛音末集韻

引易日中見眛佸説文引詩曷其有佸茇説文引詩召伯所茇𩃢説文引書𩃢以記之今作撻

濊濊施罟濊濊流也並説文引詩又作濊泧火活切濊泧也亦借作濊㰖顛木之桥書若

有邑栝檜𧖨鋖鶡鶡䶎予曷切俗作㨿見周成難字○聀䚽

八黠

魶范鎮東齋筆錄蜀有魶魚善緣木有聲如小兒啼孟子所謂緣木求魚是未見此也聐聐捖

𤜵猾猾揳戛○史記狚㹳刹㓹𢿫正字䨮同上釋書○髺刮

九屑

𨂿𨂿説文𨂿集韻𢚖莫結切輕易也説文引商書以相陵𢚖𦋺籀文折从𡬜在仌中

仌寒故折徹徹䟐文闕説𠿳𠿳説文引論語𠿳而已矣一結語紅紫不

以爲結服鐵鐵𢧵𡿭書引詩四𢧵孔阜今作驖諓説文引詩無然諓諓𠜹所劣

今作囊切刮也从刀叙省聲𦵏説文引周書布重𦵏席火光烛

説文引禮布刷刀𦵏席也讀與蔑同

也説文引商書𡚈大命不𡚈説文引詩𡎫不𡎫不𡙡𡊸古霓字臬

書予亦𢝃謀𡚈説文引周書

𡚈容頭偏凸○倉紒結𡾊傑㤜劣餮餮𢾷倉頡篇𤃦𤅡○

矺主矺死於社磔李斯傳十公𨕚列𠛳列𤾄𤾄鈌

十藥

烏鵲古文䧿説文鵲山海經同闗説文闗下牡也今作爵㓷刄鋤刄也俗作鍔非𢇍

籀文𦃁説文似蜥蜴長一丈𢉱説文引易重門

㓷𤅊水𡆥舟𤀎水潛吞人即浮出日南

擊柝同上亦引易𦃁䏔博𨺅音托大也集韻引詩松桷

有雲斗𨡬音擢䤈也𨸏鳥有鳥徐邈讀又誉造法式

鳥㮳書云苦酒𨹗𩣡高記鶴一史𥅐音郭

荒有毛人見人則目開目𥅐閉也𥇛以陳備三𥇛恪説文引左傳𥇛徐鍇云詩十月隕𥇛今作

𢪗史記故本一士𨃷之𨃷今作諤貉説文引論語狐貉之厚以居今作貉脣説文引詩他山

之石可爲厝𢷎玉篇禾皮也之弱古督二切又齊地名○

以爲厝𥞊按春秋夫人姜氏會齊侯于𥞊當作此字

从禾今文从衣誤也王謬

柏正始音以爲𥞊字

橐宇省𡫴借精米也亦𤓰臁𥨊若㓷鍔𩿧鶚濼泊𡈽

漢碑爲鑿

十一陌

鮊魚名即白鰷魚也○石鼓𡗜石鼓文亞獸白臬今白澤也集韻白𡗜大驕也𩅰格考古圖秦銘

動鍾𡆥文㡀説𢧐俗作戟有枝兵也𣵡所責切説文所以攤水也漢律及其門首洒浩

攴書迮也説文引常攴常任𢼛擊馬也讀作策馬之策楚革切𦋍霸同月始生也

小月治也必益切説文引周書我之不辟𤵸厄籀文承大月二日承

三日辟

周伯温以爲𢍃𦫳説文引詩卬有陌嗑叫

字無據𢍃𣁎禮𣁎周𪇆旨𪇆今作鷫

赤壁賦嘈嚄𧽉説文引詩謂地蓋厚𨅭𨅭趯趯俗作蹢

然長嘯𧽉不敢不𧽉今作跡𨃽踖石鼓文

𨈩𩣡繹𦏷陽令碑

𨈩𤸬𤸬經音義○𦹆益𢷎古擲字荆軻傳

赤俽辟闢闢引匕首擿秦王

𢾮

十二錫

𧩓寂説文𢜏奴歷切説文引詩𢜏如朝飢𢜏同鶂鶂或从鬲説文引春秋六鶂𩦢司馬

相如說皃从赤 玓 玓瓅明珠色也都歷切 遻 逖 𧇾 愬 㦭 同上詩㦭如朝飢 寛 覔

蔏 荻 𥝩 說文引詩載衣之𥝩今作裼 覞 俗作覔非 䠞 說文引詩䠞䠞山川今作滌 鵙

鴃鴂同一字也詩七月鳴鵙疏鵙伯勞也孟子鴃舌

之聲楚辭鵜鴂先鳴注皆云伯勞也伯勞賊害之鳥

月令鵙始鳴呂氏春秋注博勞夏至日磔蛇於樹然

後食王充論衡博勞食蛇物理論鷙飛則蛾沉鵙鳴

則蛇結信惡鳥也以夏至來冬至去似鸜鵒五更輒

鳴江南謂之烏舅蜀中名鶗鴂滇中名鐵鸚哥又名

臙油郎好掠人冠巾衆鳥亦畏之俗又目為鳳凰皂

隸也性好獨易緯云鷚必匹飛鵙必單棲故古樂府

以東飛伯勞爲興 鍉 鏑 珞 礫 韠 韠 倿 佞 辟古文 鷿 鈲 䴘 諸經音義云三

形同〇 眽 古覔字

十三職

侙 惕也說文引國語曰於其心侙然 副 判也芳逼切與副同音周禮副辜祭 副 副籀文 𡫳

先則切說文引虞書𠢕而𡫳𡫳實也 𡨦 窒也从𡨦从廾窒宀中玨猶齊也蘇則切 鵗 谿鵗也式今俗別

作鷘鷘非 敕 戚也西地曰枝今用阻力切與稷同音說勅非勑乃勞來之來 脜 文引易曰脜之離今

俗別作㚖非 紱 織說文引樂浪挈令○徐曰挈令蓋律令之書也 𠇾 材十人也从十力聲易歸

奇於扐 儓 陟文 籀 黭 雲章 ○義 皕 逼百 𨹴 域落文 碧 圀 國古 國 晷 昀 明也

說文从日引易爲昀顏 暉 同上 綕 綀 織 肌 膱 稙 早種也說文引詩稙稚尗麥 堲

說文引書朕堲讒說殄行 𢒊 古文色○五行之理有相生者有相克者相生爲正色相克爲閒色正色

青赤黃白黑也閒色綠紅碧紫流黃也木色青故青

者東方也木生火其色赤故赤者南方也火生土其

色黃故黃者中央也土生金其色白故白者西方也

金生水其色黑故黑者北方也此五行之正色也甲

己合而爲綠則綠者青黃之雜以木克土故也丙辛

合而爲紅則紅者赤白之雜以火克金故也乙庚合

而爲碧則碧者青白之雜以金克木故也丁壬合而

爲紫則紫者火黑之雜以水克火故也戊癸合而爲

流黃則流黃者黃黑之雜以土克水故也此五行之閒色也 𪑻 域 淢 洫○詩史記同 嘿 默

翊 翼同 〇 臬 克 囯 國 剮 刻 𤝞 翼 㦛 陟 戴 埴 呰 北

十四緝

䭲 古文粒 馽 縶 䮷 絨 圉 縶 䎸 濕古文見諸經音義 濤 溜 ○ 隮 隰 蕢

戢 念 翕同太元

十五合

𩥄 駁說文 畣 答爾雅 軜 說文引詩洪以觼軜 𠓝 蛤 㞁 古闔字○禮雜記疏

十六葉

儠 說文長壯儠儠也春秋傳曰長儠者相之 罨 罕也於業切今作罨畫字非當作𧧷郭謂字指云謂

色畫也類苑𧧷見 攴 塞也說文引周書云生色畫也𧧷上 𢽠 𩬙乃𣪠奴叶切 爗 盛也說文引詩爗爗

震霓 泏 涉○古文苑 嚃 咽山海經 极 楫石鼓文 啞 古文咽同 𢧜 捷 跕 躡漢 䌟

之涉切廣雅襵褺也埤蒼衣也 䙝 掩光也 ○ 緤 音帖西屬布也 鑷 躡 燮 燮

十七洽

㞚 楚洽切從後相臿也 図 說文女洽切下取物縮藏之俗作揑 疌 古文法 𨁋 古插字爾雅

𩦐 鴨 唼 同唼 𪄠 翟 燦 霅 洽 𩧉 諸經音義騷駿俳戲人 騶也上土洽切下魚洽切

帢 帢㡓同帽也狀如弁缺四角魏武帝製裁縑帛以爲帢合乎簡易隨時之義唐詩鄰家子弟謝家郎

烏巾白帢

紫香囊

奇字韻入聲畢

古音畧例

天地有自然之文章卽有自然之聲韻故六經中多韻語不獨詩爲然也第古今風土異宜出語發聲有遲速清濁輕重之差是以古韻容有不合於今者自沈約創爲四聲韻譜後人率改古韻以就沈韻如詩與楚詞韻之祖也反以沈韻而改詩與楚詞尊今卑古謬妄孰甚升菴力排衆論而卽其說之無徵因摘取經子諸書韻語分爲舉略辨誤變例正誤叶音諸目名之曰古音韻略偶有辨駁皆是蘉服前人循是以求則可以探古人聲韻之元而不爲後起之說所愚者未必不由於此云童山李調元序

古音略例卷一

成都 楊 慎 撰　緜州 李調元 校定

易叶音例 舉略 辨誤

賁如皤如白馬翰如 皤董音槃作白波切非

來之坎坎險且枕入于坎窞 枕知枕切與詩澤陂儼叶枕同例

曰昃之離不鼓缶而歌則大耋之嗟 離音羅

明夷于飛垂其翼君子于行三日不食

見輿曳其牛掣其人天且劓

睽孤見豕負塗載鬼一車先張之弧後說之弧

臀困于株木入于幽谷三歲不覿 覿徒谷切韻補引陸雲詩沉機響駿爾神廣覿和以同人物歸時育

困于酒食朱紱方來利用享祀 來六直切與詩女曰雞鳴同祀逸織切毛詩楚茨大田諸篇皆作此音易林磽磽白石不生黍稷無以供祭鬼神乏之祀

幷渫不食爲我心惻可用汲王明並受其福 福音偪與詩楚茨大田以介景福同例

鴻漸于陵婦三歲不孕終莫之勝 孕音乘古文作乘乘亦孕也

鳴鶴在陰其子和之我有好爵吾與爾靡之 靡音磨

或鼓或罷或泣或歌 罷音婆

弗過防之從或戕之

水流而不盈行險而不失其信維心亨乃以剛中也

行有尚往有功也天險不可升也地險山川邱陵也 盈餘封切信思容切升書容切陵良中切晁詹事讀

潛龍勿用陽在下也見龍在田德施普也 下叶後五切與普爲一韻

終日乾乾反復道也或躍在淵進无咎也飛龍在天大人造也 道叶當口切造叶子苟切劉向父子作聚聚音當叶緅救反道咎造爲一韻

亢龍有悔盈不可久也用九天德不可爲首也 久首爲一韻坤象傳凝冰爲一韻方光爲一韻發大害爲一韻中窮約爲一韻亦三易韻而叶

即鹿無虞以從禽也君子舍之往吝窮也 禽渠容切與恆文辭同

有孚攣如不獨富也既雨既處德積載也君子征凶

有所疑也 富叶方味切載子計切疑魚計切

君子得輿民所載也小人剝廬終不可用也 用於記切與豐九三小象同

豐其沛不可大事也折其右肱終不可用也 用叶於記切與剝上九同

鼎耳革失其義也覆公餗信如何也 義音俄吳才老讀

萃聚而升不來也謙輕而豫怠也 怠音怡來陵之切〇按國語得時勿怠時不再來亦以來叶怠

晉晝也明夷誅也 孫奕云誅當作昧明出地上爲晝明入地中爲昧庶得反對之義昧叶音如毅〇愼按孫說似矣而經文不可改也既改字又改音可乎古誅字亦有之由切與晝相叶則晝音周也華嚴白賁文不敢違勅懼速罪誅冒承詔命意逃形窜是其證知晉爲晝則明夷爲誅知明夷爲

誅則音爲賞義亦未嘗不反對也

詩叶音例變例　正誤

肅肅兔罝椓之丁丁赳赳武夫公侯干城罝與夫叶丁與城叶此隔句用韻叶音之變例也與魚麗之詩罶與酒叶鯊與多叶例同朱文公曰隔句用韻人罕知之韓文公張徹墓銘用此法

嘒彼小星維參與昴舊叶力求切肅肅宵征抱衾與裯寔命不猶吳才老以昴音畱無義按史記天官書昴爲髦頭軍中旄頭象之徐邈音昴爲旄有據也當從之裯當音條北人呼襦子爲條子正此裯子舊注裯襌被也衾亦被也既抱衾又抱裯則是重被而無茵褥也於義亦礙猶音摇則檀弓有此音矣

彼茁者葭壹發五豝于嗟乎騶虞舊叶音牙

彼茁者蓬一發五豵于嗟乎騶虞舊叶五紅切○虞字一也此詩一音牙一叶五紅詩有二章而叶音二變使詩五六章尾句同者亦五六變乎不知古詩有屢章而尾句同者多不叶如黍離桑中椒聊文王烝哉之類也此猶爲遠郎以麟趾之詩例之麟趾者騶虞之對也麟趾三章結句皆曰于嗟麟兮騶虞二章結句皆曰于嗟乎騶虞麟趾三章趾與子定與姓角與族爲韻騶虞二章葭與豝蓬與豵爲韻其例同也即據才老之說虞之一字既音牙以叶豝又音烘以叶豵則麟趾首章當音麀以叶子二章當音噔以叶姓三章當音鹿以叶族矣麟趾既不叶則騶虞結句何獨叶乎此其紕繆之極者故不容不詳辨之

棘心夭夭母氏劬勞舊叶音僚今按勞自可叶夭不必改音僚也

我思肥泉思之永歎舊叶他涓切今按歎音灘自可叶泉不必改音

出自北門憂心殷殷門舊叶眉貧切今按門自可叶殷不必改音

四牡有驕朱幩鑣鑣舊叶音高今按驕自可叶鑣不必改音○今按上四條如字讀自可叶才老必欲改之者以勞在豪韻夭在蕭韻故改勞爲僚以就夭也泉在先韻歎在刪韻故改歎爲他涓切以就泉也門殷驕鑣之改音意亦如此才老詩中所叶如楊且之顏爲魚堅切鶉之奔奔爲逋珉切凡百餘字聯舉四條以例其餘皆改古韻以趁沈約之韻也不思古韻寬緩如字讀自可叶何必勞脣齒費簡冊哉況四聲之分在齊梁間成周之世寧知有沈約韻哉予嘗慨近世俗儒尊今卑古春秋三傳之祖也反以三傳疑春秋孟子班爵祿章王制之祖也反以漢人王制劉歆周禮而疑之謂孟子此章不與王制周禮相合詩楚辭音韻之祖也反以沈約韻而改詩楚辭古韻以合之繆也久矣欲一旦正之宜乎蜀日越雪之吠哉

小戎俴收五楘梁輈游環脅驅音去陰靷鋈續音緒文茵暢轂駕我騏馵音注言念君子溫其如玉音裕在其板屋

亂我心曲此詩舊叶非今細味之數句當作三換韻乃得其讀收輈爲一韻驅續馵玉爲一韻屋曲爲一韻讀詩至此可以解頤矣

有杕之杜有睆其實王事靡盬繼嗣我日日月陽止女心傷止征夫皇止○有杕之杜其葉萋萋王事靡盬我心傷悲卉木萋止女心悲止征夫歸止○陟彼北山言采其杞王事靡盬憂我父母檀車幝幝音闡四牡痯痯音管征夫不遠○匪載匪來叶只直切憂心孔疚期逝不至叶朱力切而多爲恤卜筮偕叶舉里切止會言近叶渠紀切止征夫邇止此詩四章章七句首章尾三句陽傷皇爲韻次章萋悲歸爲韻三章幝痯遠爲韻末章皆近邇爲韻又皆三句比諸詩例既異而體裁亦奇矣

魚麗于罶鱨鯊君子有酒旨且多此詩隔句用韻與兔罝同

南山有栲北山有杻栲舊叶音口○愼按栲去九切說文本作𣏌从尻爲聲詩草木疏云許愼讀栲爲糗今人言考失其聲也爾雅栲山樗疏亦云許愼正讀爲糗是其明證然則栲之音口正音也非叶也

決拾既佽音次與柴叶弓矢既調讀如同與同叶射夫既同助我舉柴音恣○佽柴爲韻於首尾調同爲韻於中又一體例也

昔我往矣日月方奧音郁曷云其還政事愈蹙歲聿云莫采蕭穫菽心之憂矣自詒伊戚念彼共人興言出宿豈不懷歸畏此反覆此詩與今韻叶

執爨踖踖叶七畧反爲俎孔碩叶當約切或燔或炙叶直畧切君婦

莫莫叶木各切爲豆孔庶叶陟畧切爲賓爲客叶克各切獻醻交錯禮儀卒度叶徒洛切笑語卒獲叶黃郭切神保是格叶岡鶴切報以介福萬壽攸酢此詩皆古韻非叶殆不可

瞻彼洛矣維水泱泱君子至止福祿如茨韎韐有奭音赩以作六師○瞻彼洛矣維水泱泱君子至此鞞琫有珌君子萬年保其家室○瞻彼洛矣維水泱泱君子至止福祿既同君子萬年保其家邦此詩首二句不叶韻亦猶騶虞尾句不叶之例

其在于今興迷亂于政顛覆厥德荒湛于酒女雖湛樂從弗念厥紹罔敷求先王克共明刑詳此詩與尚書命辭同不必强叶

思無斁思馬斯作斁音度作音做

尚書叶音

惟彼陶唐有此冀方今失厥道亂其紀綱乃底滅亡道當作行古文尚書亦作行按古篆衍與道通衍字从行从人

無偏無陂去聲遵王之義無有作好遵王之道無有作惡遵王之路無偏無黨王道蕩蕩無黨無偏王道平平無反無側王道正直會其有極歸其有極洪範皇極之敷言句皆叶韻使人便于誦也○陂一音坡義一音俄與易鼎小象同

歲月日時無易百穀用成乂用明俊民用章家用平

康日月歲時既易百穀用不成乂用昏不明俊民用微家用不寍

禮記叶音

元酒在室醴醆在户粢醍在堂澄酒在下陳其犧牲備其鼎俎列其琴瑟管磬鍾鼓脩其祝嘏以降上神與其先祖以正君臣以篤父子以睦兄弟以齊上下夫婦有所是謂承大之祜禮運陳騤曰此不求協而自協也

今夫古樂進旅退旅和正以廣弦匏笙簧會守拊鼓始奏以文復亂以武治亂以相訊疾以雅君子於是語於是道古脩身及家平均天下此古樂之發也今

夫新樂進俯退俯姦聲以濫溺而不止及優侏儒獶雜子女不知父子樂終不可以語不可以道古此新樂之發也

日出於東月生於西音先陰陽長短終始相巡音沿以致天下之和音桓尚書和夷音桓夷

春秋左傳卜繇歌謠辭皆韻不能盡載特載衛侯貞卜辭諸家讀不同今爲定一

如魚竀尾衡流而方羊裔焉大國滅之將亡闔門塞竇乃自後踰竇音竇見說文○愼按杜預讀裔焉爲句劉炫讀方羊爲句杜析韻而劉合韻也孔穎達曰詩之爲體文皆韻句其助語之辭皆在韻下鄭詩俟我于著乎而充耳以素乎而倒也此之方羊與將亡爲韻裔焉二字皆助句之辭

楚辭叶音正誤

安能以皓皓之白而蒙世俗之塵埃乎塵埃當依史記作溫蠖溫蠖猶惛憒也○朱文公曰若從史則白叶蒲各切蠖於郭切二字自相叶矣

箟蔽象棋有六博些分曹並進遒相迫些成梟而牟呼五白些晉制犀比費白日些鏗鐘搖簴揳梓瑟些日叶音熱則上下皆叶矣南中有此音呼日頭爲熱頭緣楚接南中南中之音莊蹻遺民之音也舊叶音若以日出若木瑟叶音朔古語有瑟縮之稱但上句改音太多不若從熱音則上下皆叶耳

老子叶音變例 正誤

明道若昧進道若退夷道若纇三句一韻上德若谷大白若辱廣德若不足三句一韻建德若偷音窬質直若渝大巧

無隅三句一韻大器晚成大音希聲大象無形三句一韻乃李斯秦刻石辭大唐中興頌之濫觴也

朝甚除田甚蕪倉甚虛服文彩帶利劍厭飲食資財有餘是謂盜誇諸本皆作誇○柳子厚詩亦押盜誇蓋起韻之故今據韓非解老篇改作竽○非之解云竽爲衆樂之倡一竽倡而衆樂和大盜倡而小盜和故曰盜竽其說旣有證又與餘字韻叶且韓去老不遠當得其眞故宜從之雖使老子復生不能易此字也○柳子厚押韻林肅翁劉會孟解誳皆作誇蓋不考之過河上公注亦作誇豈有如此低神僊乎今世傳河上公注文旣不類西漢人又無一言入元乃一空疏穆鄙道士所撰歷千百年無人知其僞何哉

莊子叶音

鄗鄗乎其似喜乎崔乎其不得已乎滀乎進我色也

與乎止我德也厲乎其似世乎謷乎其未可制也連乎其似好閉也大宗師

竊鉤者誅竊國者爲諸侯誅之由切與易雜卦同

上神乘光與形滅亡此謂照曠當作昭曠曠平聲秦刻石辭如此讀致命盡情天地樂而萬事銷亡天地

天其運乎地其處乎日月其爭於所乎孰主張是孰維綱是孰居無事而推行是行音杭

奏之以陰陽之和燭之以日月之明其聲能短能長能柔能剛變化齊一不主故常在谷滿谷在阬滿阬同岡塗郤守神以物爲量天運

嚴乎若國之有君其無私德繇繇乎若祭之有社其無私福音偪泛泛乎其若四方之無窮其無所畛域兼懷萬物其孰承翼

與汝遊者又莫汝告也彼所小言盡人壽也莫覺莫悟誰相執也列禦寇

列子

黃帝曰精神入其門骨骸反其根我尚何存

日初出滄滄涼涼及其日中如探湯

火浣布浣之必投于火布則火色垢則布色出火而振之皓然疑乎雪

窈然無際天道自會漠然無分天道自運

荀子 賦篇皆韻今獨錄儒效篇一段韻古文奇

井井乎其有條理也嚴嚴音儼乎其能敬已也分分乎其有終始也猒猒乎其能長久也久音以 樂樂乎其執道不殆養里切也炤炤乎其用智之明也修修乎其用統類之行也綏綏兮其有文章也熙熙乎其樂人之臧也隱隱兮其恐人之不當也

管子

凡聽徵如負猪豕覺而駭音矣凡聽羽如鳴馬在野音渚凡聽宮如牛鳴窌中凡聽商如離羣羊凡聽角音錄如

雉登木以鳴音疾以清

進其俳優繁其鍾鼓流於博塞戲其工瞽誅其良臣傲其婦女獠獵畢弋暴遇諸父馳騁無度戲樂笑語式政既輮刑罰則烈內削其民以為攻伐辟猶漏釜豈能不竭徐伯論亡國之君

太公金匱 古文韻語亦作金匱二名大同小異

黃帝居人上惴惴音專如臨深淵舜居人上矜矜如履薄冰禹居人上慄慄如不滿日兢兢惕惕日慎一日

人莫躓于山而躓于垤日叶音熱

宮垣屋室不堊甍桷椽楹不斲

日中不彗是謂失時操刀不割失利之期執斧不伐賊人將來涓涓不塞將為江河熒熒不救炎炎奈何兩葉不去將用斧柯

汲冢周書

二人同術誰昭誰瞑二虎同穴誰死誰生

天為益地為軫善用道者終無盡地為軫天為益善用道者終無害天地之間有滄熱善用道者終無竭

戰國策 蘇秦上秦王書〇中一段用韻語

言語相結天下為一約從連橫兵革不藏文士並飾諸侯亂惑萬端俱起不可勝理科條既備民多偽態

書策稠濁百姓不足上下相愁民無所聊明言章理兵甲愈起辨言偉服戰攻不息繁稱文辭天下不治舌儆耳聾不見成功行義約信天下不親（盧藏用注結音吉古韻協也下文悉然橫黃熊替濁蠲聊留服迫信申）

晏子春秋

星之昭昭不如月之曀曀小事之成不若大事之廢君子之非賢於小人之是也

國語

明不輔晻智不輔危櫹木不生危松柏不處卑黍稷無成不能爲榮黍不爲黍不能蕃蕪稷不爲稷不能蕃殖所生不疑惟德之基

淮南子

孔子辭廩邱終不盜刀鉤許由讓天下終不利封侯

月照天下蝕於詹諸（疑作蟾蠩）騰蛇遊霧殆於卽且

深哉瞯瞯遠哉悠悠且冬且夏且春且秋

元玉百工大貝百朋（古朋工同韻）

鐸以聲自毀膏以明自鑠虎豹之文來射猨狖之捷

來措（措讀作擉猎同音錯刺也）

上求材臣殘木上求魚臣乾谷

蘇秦步曰何故趍曰何馳（趍音移步叶故趍叶馳八字用西韻亦奇矣○蘇秦變詐多智故人疑之）

無鄉之社易爲黍肉無國之稷易爲求福（古福音偪此音如今讀蓄自漢世始有此音也緯書文阜之山江出其腹帝以會昌神以建福福亦今音可見緯書出於漢世也）

緯候讖記星歷書（其間多古韻聊采其十之一）

正其本萬事理差之毫釐謬以千里故君子必謹其始（逸易）

鸓必匹飛鵙必單棲（易通卦驗）

陽感天不旋日諸侯不旋時大夫不過期（易緯中孚傳）

豐其屋下獨苦長狄生世主虜（易訞古）

天狗所止地盡傾餘光燭天爲流星（逸周書）

大道亶亶去身不遠人皆有之舜獨以之（賈子引逸書）

虛星爲秋候昴爲冬期陰氣相佐德乃不邪（音移）子助母收母合子符（尚書考靈耀）

玉弩發驚天下（尚書帝命驗）

日行中道移節應期德厚受福重華留之（歲星一名重華○洪範傳）

代殷者姬昌日衣青光（春秋元命苞）

西秦東窺謀襲鄭伯晉戎同心遮之殽谷反呼老人百里子哭語之不知泣血何益（春秋感精符）

月麗于箕風揚沙月麗于畢雨汸沲
黃帝將興黃雲升堂天命於湯白雲入房 春秋孔演圖
如玉如瑩爰變丹青 逸論語
地順受澤謙虛開張含泉任萌滋物歸中 孝經說
斗曲杓橈象成車房爲龍馬華蓋覆鉤天理入魁 神
不獨居驂駕悟乘以道踟蹰 鉤音拘○孝經援神契
日者天之明月者地之理月上屬爲天使婦從夫放
月紀 援神記引孔子言
不當華而華 音敷 易大夫不當實而實易相室 古記
王良策馬車騎滿野 星經

味主尚食七星主衣裳張爲食廚翼天倡 星經
太白入畢口馬馳人走 星傳
子欲居九夷從鳳嬉 論語讖
孔子讀易韋編三絕鐵擿三折漆書三滅 論語讖
蒼耀稷生感迹 中候稷起
元鳥翔水遺卵流娀簡狄吞之生契封 詩昌握契
移河爲界在齊吕 吕恐作莒 塡閼八流以自廣 春秋保乾圖○言齊桓公閼八流拓境塞其東流入枝并使歸徙駭也
神邱有火穴光景照千里昆侖有弱水鴻毛不能起 元中記

日南有野女羣行不見夫其狀晶且白裸袒無衣襦 唐蒙博物記
帝之季女名曰瑤姬精魂化草實爲靈芝媚而服之
則與夢期 古辨異○見古文韻語
飮泉液吮露英虛無邃廓與天地通靈 同上
三皇設言民不違五帝畫像民順機三王肉刑揆漸
加應世黠巧姦僞多 孝經緯引孔子言多音㚇加音姬居之切三界柔有所設剛有所施弱有所用強有所加
剡者配姬以放賢山崩水潰納小人家伯罔主異載
震 剡指豔妻○中候擿雒貳

汶阜之山江出其腹帝以會昌神以建福 括地象

蒼頡篇始終括
惟初太始道立于一造分天地化成萬物亥而生子
復從一起

司馬法 周禮疏引今本無
鼓聲不過閶析聲不過閶

山海經
視爲晝瞑爲夜吹爲冬呼爲夏 燭陰
正立無影疾呼無響爰有大暑不可以往
有人三頭遞臥遞起以伺琅玕與玕琪子

吳越春秋

賢士國之寶美女國之咎夏亡以妹嬉殷亡以妲己

周亡以褒姒

父繫三年中心切（切恐作恻）怛食不甘味常苦饑渴晝衣

感思憂父不活（伍尚語）

尚且無往父當我活楚畏我勇必不敢殺兄若誤往

必死不活（伍員語）

墨子

天地不昭昭大水不潦潦大火不燎燎王德不堯堯

愼子

螣蛇遊霧飛雲乘龍雲罷霧散與蚯蚓同

虞卿春秋

乳犬攫虎伏雞搏狸精誠所感賁育可齊

仲長子昌言

清如水碧潔如霜露輕賤世俗獨立高步

牟子

少所見多所怪見槖駝言腫背

鹽鐵論

水有猵狚池魚勞國有強禦齊民消茂林之下無豐

草大塊之間無美苗

韓詩外傳

昨日何生今日何成必念歸厚必念治生日愼一日

完如金城

說苑

蠹蝝仆柱梁蚊虻走牛羊

順風而飛以助氣力啣葭而翔以避矰弋（說鴈）

江河之溢不過三日飄風驟雨須臾而畢

福生于微禍生于忽日夜恐懼惟恐不卒

論衡

彈雀則失鶡射鵲則失雁方圓畫不俱成左右視不

並見

新序

金剛則折革剛則裂人君剛國家滅人臣剛交友絕

女憲

婦如影響焉不可賞

得意一人是謂永畢失意一人是謂永訖

李尋太陽狀

日將旦清風發羣陰伏君以臨朝不牽於色日初出

炎以陽君登朝佞不行忠直進不蔽障日中輝光君

德盛明大臣奉公日將入專以壹君就房有常節

化清子

將飛者翼伏將奮者足跼將噬者爪縮將文者且朴

史記傳

維禹之功九州攸同光唐虞際德流苗裔夏桀淫驕乃放鳴條

申呂肖借作消一作猾矣尙父側微卒歸西伯文武是師功冠羣公繆權于幽番番番恐作皤黃髮爰享營邱不背柯盟桓公以昌九合諸侯伯功顯彰田闞爭寵姜姓解亡

重黎業之吳回接之殷之季世粥子牒之

三略

上驕則下不順將疑則內外不相信謀疑則敵國奮以此攻伐則致亂亂聖閏切易泰卦小象翩翩不富皆失實也不誡以孚中心願也城復于隍其命亂也實音愼願音韻亂如疾病則亂之亂

將謀密則姦心閉音斃士衆一則軍心結

易林

夾河爲昏期至無船摇心失望不見所歡古韻歡船遄

冬生不華老女無家霜冷蓬室更爲枯株

龍渴求飲墨雲影從河伯奉觴跪進酒漿流潦滂沲

三驪負衡南取芝香秋蘭芬馥利我少姜

海老水乾魚鼈盡索藁落無潤獨有沙石音灼

齟齬齧齧貧鬼相責無有歡怡一日九結

南循汝水茂樹斬枝過時不遇佰如旦飢

三人求橘反得大栗如清以富黃金百鎰橘音吉

三人共妻莫適爲雌子無姓氏父不可知

采唐沬鄉要我桑中音張失信不會憂思約帶憂思約帶即古詩所謂衣帶日以緩也

右目無瞳偏視寡民音萌十步之外不知何公

澤枯無魚山童難株長女嫉妬使室空虛

飛之日南還歸遼東雌雄相從和鳴雍雍解我胸春胸春憂心如擣一日怔忡疾

九雁列陣雌獨不羣爲罾所牽死于庖人

簪短帶長幽思最窮苦瘠少疲以疾之癃

大樹之子百條共母當夏六月枝葉盛茂鸞鳳以庇

召伯遊暑翩翩偃仰各得其所遊暑避暑也今本改作避暑也甘棠遊暑蓋古詩說如此

當年少寡獨與孤處雞鳴犬吠無敢誰者我生不辰獨嬰寒苦誰誰何也

雨師娶婦黃巖季女成禮就昏相呼南不膏我下土年歲大茂

朽輿瘦駟不任御轡君子服之談何容易
朽根刖樹花落葉去卒逢大猋隨風僵仆
文山鴻豹肥腯多脂王孫獲願載福巍巍鴻豹鵠也
文山紫芝雍梁朱草生長和氣王以爲寶
舜登大禹石夷之野徵詣王庭解治水土石夷石紐村也

太元

密雨溟沐潤于枯瀆三日射谷射谷如易井谷射鮒之射
月闕其摶不如開明于西摶音團西音先
東南射兕西北其矢
登于茂木思其珍穀

赤口燒城吐水于瓶
白日臨辰可以卒其所聞
息金消石往小來奕奕大也
日飛懸陰萬物融融
蜘蛛之務音鶩不如蠶之綸音鈎
紅蠶緣于枯桑其繭不黃
藏心于淵美厥靈根淵一均切
心惕惕足金舄不忘溝壑舄音鵲

洞林

有釜之象無火形變見夜光連月精潛龍在中不游

行按卦卜之藻盤鳴金妖所憑無咎慶音卿

山海經

蒼四不多此一不少于野冥瞽洞見無表形遊逆旅
所貴維眇一目國
女子鮫人體近蠶蚌叶出珠非甲吐絲匪蛹化出無
方物豈有種歐絲野
龍憑雲遊騰蛇假霧未若天馬自然凌翥有理懸運
天機潛御天馬
蝮維毒魁鴆鳥是噉拂翼鳴林草瘁木慘羽行隱戮
厥罰難化鴆鳥

武帝問賢良策

三代受命其符安在此禮切災異之變何緣而起性命
之情或夭或壽或仁或鄙習聞其說未燭厥理伊欲
風流而令行刑清而姦改改苟起切說文讀若已思元賦與理叶

易緯辨終備

煌煌之耀乾爲之岡合凝之類坤握其方雌雄呿吟
六節搖通叶他王切東方朔七諫亦有此讀
萬物孳甲日營始東都郎切

曾子

無內疎而外親無身不善而怨他人無患至而後呼

天天汀因切內疎而外親不亦反乎身不善而怨他人不亦遠乎患至而後呼天不亦晚乎此文以親人天爲韻又以反遠晚爲韻皆不煩勉強而自叶者文之妙也

韓退之張徹墓銘

嗚乎徹也世顧慕以行子揭揭也噫喑以爲生子獨割也爲彼不淸作玉雪也仁義以爲兵用不缺折也知死不失名得猛厲也自申于闇明莫之奪也我銘以貞之不肖者之呾也方崧卿曰此銘以徹割雪折奪呾爲韻而行生名兵明貞自爲韻朱子曰此銘蓋法兎罝魚麗等詩隔句用韻耳隔句用韻先儒所未知也○晉夏侯湛抵疑云九夷之從王化猶洪聲之收淸響黎苗之樂函夏若游形之招惠景景其兩切化夏爲韻響景又自爲韻且略用於偶儷文中尤爲奇也○韓文銘奇者無限獨取此于叶音例終者以其辭之偉韻之古例之變也

古音略例終

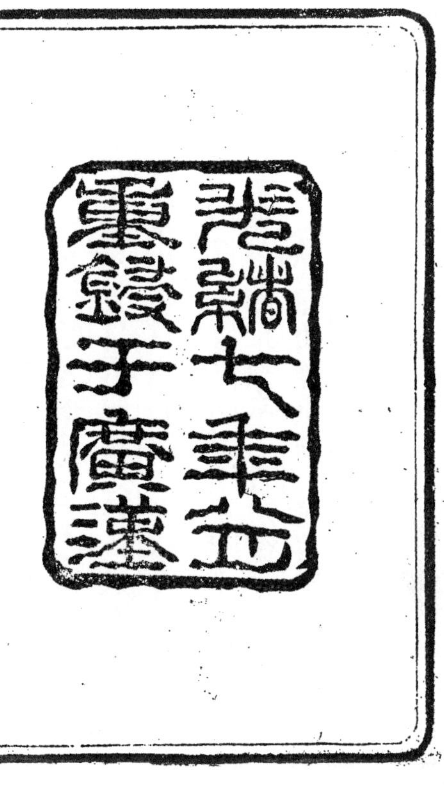

題辭

古人臨文用字或以同音而假借或以異音而轉注如嗚呼助語書之人人殊猗儺聯文考之篇篇異若此之徒實紛有條寮几閒陷因隨筆而韻分之稍見古哲匠文人臨文用字之流例云固亦萍氏之糟粕師氏之蒭狗也或曰其細已甚如之何曰射者儀毫而失墻畫者儀髮而易貌故曰文理密察足以有別又曰除日無歲無外無內細云細云積則鉅矣嘉靖戊戌秋八月丙寅久雨新霽博南山人書於蟄窟

古音駢字題辭畢

昌黎有言作文必先識字予謂識字之難甚於文也蝌蚪變爲篆隸篆隸變爲俗書愈趨愈簡取便臨文至有不識古字爲何物者往往以古今通用之字稱自博雅者出之後人目不經見遂乃色然而駭少所見必多所怪也先生有慨於此博采羣書旁及鐘鼎銘識於其字之相通而互用者作爲古音駢字五卷以補說文玉篇之闕推類求之有功後學不淺昔先生補注山海經於誰山條下注云誰古字後人改刻作鵲此等古字宜存之甚矣今人之妄也駢字之作殆卽所以存之者乎童山李調元序

古音駢字目錄

古音駢字

成都 楊愼 撰 綿州 李調元 校定

一東

○飄風飄風文選○飍風晨風鳥名說文○端蒙歲陽名史旃蒙同上爾雅
○蝦虹霓虹蝦蝀同上天文志○豐隆蘊隆後漢○封隆豐隆雲師也水
經○空同崆峒爾雅崆洞崆峒黃香九宮賦注崆洞因能合山谷與雲崆洞塡塞○
營藭芎藭說文鞠藭同上左傳○銅虹博古圖有王氏銅虹燭錠又音紅○逢
門逢蒙逢門同上荀子○子宏子弓○駢臂字子弓史作宏○圖公圖公東圖
公也四皓神位石刻○大鳳大風通史繳大風於青邱○雲曹雲夢周禮○圅通
幽通班固集○控揔悾憁劉公幹集○澒濛鴻濛王逸楚辭

古音駢字　卷一　一　第十八函

二冬

○爥龍燭龍文選○蚗龍蛟龍史龜筴傳○神農神農崔希裕略古神由
神農董逌錢譜○圓鍾黃鍾周禮函鍾林鍾同上○盧維盧濰二水名兗州之浸盧
音霄○甹夆莽蜂釋文引詩○蹤踵龍鍾老貌盧玉川詩○征忪怔忪方言遑遽

三江

○曲紅曲江○漢周府君碑又水經灉水南經曲江縣昔隸曲紅曲紅山名○韓江州江
左傳注刊溝今廣陵韓江是○旗艟旗艟韓非子○盜江爲江玉篇

四支

○冒眥睢時字樣○徒維屠維歲名史記○日施日移又音斜史記賈生傳○
虙羲伏犧虙戲同上宓戲同上○罘罳罘罳籀文○按籀文出周宣王時已有罘不
罳字則三代已有此制矣浮思同上周禮注罦思同上釋名覆思同上宋王大言賦
○畬絲廩絲史記○淋灑淋滴文選○須搖須臾漢書郊祀志○林離
淋滴反騷○三仚三危古文尚書唐元宗始改作危○咸龤咸池黃帝樂名○唐
波塘陂漢書○踆鴟蹲鴟○[illegible][illegible]風施又音去秋說文○姊
規子規史歷書秭鳺同上子巂說文秭䳏華陽國志○葛蘁葛藟韻英○
晃荄學齊也符訾同上漢書後○離支荔支漢書○伊帆伊祁古天子號
伊几同上○先施西施文選注○赤麋赤眉王莽傳○冰夷馮夷水經
馮遲同上淮南子無夷同上穆天子傳○須麋鬚眉荀子非相篇伊尹面無須麋
○槃夷瘢痍莊子注或以槃夷之事易垂拱之性般痍同上郭昊碑○貔離螭麗
周官○非彪鞞蜱鮮卑郭落帶瑞獸名也六胥紕延篤王胡革帶鉤也犀
注

古音駢字　卷一　二　第十八函

比同上漢書師比戰國策私紕淮南子翃䎐亦讀作犀比淮南子注○翃䎐即鶲
鵕取其皮爲華鈎所謂帶瑞獸也史記佞幸傳鵕鸃貝帶射中國亦服之不獨胡人○詶詻嘻咨
魏元丕碑○西遲栖遲嚴發碑徲𢓜同上甘泉賦○旑施旖旎旎旎倚移同上
上林賦倚移從風猗萎江賦郎猗移猗狔高唐賦柔弱貌○柴池差池上林賦
○棽麗西都賦○槮差參差釋文引詩○瀰漪漣漪爾雅引詩○䃂
資嗟咨太元○夌遲陵遲史記○被麗披離○葳㽔葳蕤管子秋至而禾熟天
子祀于太㽔㽔蕤同太葳𦯔同上從省漢隸○華離乖離周官○纖離淺驪今之
栗色馬也○醇醨漓禮正義序○烟支胭脂習鑿齒集烟脂同上王子可詩赫
𣪠同上○耘耔芸除草也○椓蠡椓同蠡虛宜切曹大家東征賦登巢椓蠡一
作蠘又作喙蟣同上喙蟻同上蟻義並同○爍蝵燒格也漢書○中國亦有取蜂蛋爲

醢者卽古人登巢喙蠡之遺口人之爛蠡亦猶是也○斗鬳料希王斞傳○宋睪雨師
○遁田開山圖○新雉辛夷四肢四支荀子流夷亦辛夷上林賦○鍾葵鍾植
筆談

五微

○褩衣詩絅衣說文引詩縈衣說文頯衣儀禮士昏禮景衣儀禮婦乘
以凡娸加景乃驅○詩詁曰今詳詩之絅褩記之絅禮之頯景義音並同皆嫁時在途之衣也○江
斐江妃文選注○歔欷嘘唏○僾俙依稀靉靅同上○猗違孔光傳
依違郊祀歌伊違漢書○皆不相乖離貌○六騑六飛○史袁盎傳

六魚

○庸渠鳥名水雞也今作鶅鶿者非○扶渠芙渠詩疏○趑趄次且易注○

無慮無閭卽醫無閭山也九域志○隆慮林閭○凡地名如取慮在臨淮且慮在遼西呂慮
在東海並音閭○望諸孟諸○史○盟諸孟諸古文尚書○搏疋扶蘇木名徐邈
引詩山有搏疋○京魚鯨魚揚雄傳○爰居鶢鶋左傳○卽且蝍且莊子○
騷除埽除○李斯傳○弓閭穹閭○史記衛青傳注水名天官書注宋均云獸名鄒誕生云
以氈爲廬穹然北齊斛律光歌天似穹廬籠罩四野是也穹廬同上

七虞

○西虞西吳管子○賁隅番禺○山海經桂林八樹作賁隅○倉吾蒼梧○汲
冢周書○荆茶荆舒○史記引詩荆荼是徵○楪榆葉榆楪榆同上○頞
頭鸑雛李夫人碑○鼅鼄蜘蛛說文○詹諸蟾蜍史記○烏虤於菟虎也說文○茈
烏擇前後班彪驉吾騶虞山海經驉牙賈子○蘼蕪蘪蕪山海經○茈

胡柴胡本草○香菜香薷本草○彫胡彫菰西京雜記彫苽同上說文安胡
同上內則○苦蔞瓜蔞說文菰蘆同上集韻○流遡流蘇薛瓚漢書注頯囷
同上字林○宗盧尊盧路史○丹絑丹朱說文○陭嶇崎嶇踦區同上說文
岐嶇同上文選○嗚嘑叫呼息夫躬傳○嗚呼書於戲大學扝呼史記
烏虖烏嘑漢書烏呼小爾雅○呱告囁嚅字苑嵒吺同上古文○
跢跦躊躇又作踟躕跱躇同上廣韻遲伫同上富嘉謨麗色賦○咽嘲含糊文選
○涅漓澄濡管子○鼎鹵鼎鑪道經○樚櫨轆轤集韻鹿盧禮注轆轤
集韻○琨吾昆吾河圖云流州多積石其名曰昆吾鍊之成鐵以作劍光明如水精

八齊

○鷤鶙鷤鶙文選南都賦○梭雞莎雞爾雅翼○昆雞鵾雞史記鶤雞

同上說文○戔蠶戲黎說文○頗黎玻瓈字林○金鑈金柅古文易○芯
題莎題漢書○祝犂著雍太歲在丁也史記○五巂五巂曲禮立視五巂注本一作
槷車輪一周爲巂○赫蹏赩蹏紙也漢書○㔔㔔提携說文

九佳

○豆藍豆稭○霾壓煙煤煤音埋博雅注○闒茸闒茸馬融傳○商顏
商崖漢書○枋箄枋箄岑彭傳○無侅無駭人名左氏作駭穀梁作侅音該○端
淣端倪莊子淣水涯也

十灰

○三能三台史記○膺孩嬰孩集韻○虺隤虺隤集韻瘣頹虺隤說文○
畏隹隈堆莊子○崔隤摧頹漢書○嶧隗崔隤嶵隗同上○離碓離碓

李冰所鑿犂魋同上周憬碑○義臺儀臺莊子○儀臺猶今之儀門也○瀸臺漸臺三輔黃圖○邛來邛崍史記○玫瑰玫瑰初學記有玫瑰馬徵○徘徊徘徊二字始於漢人高后紀徘徊往來思元賦馬倚輈而徘徊息夫躬辭鷲徘徊兮注徘徊不得其所也茂陵書屋皆徘徊重屬行之移晷不能偏是也徐鉉注說文乃云徘徊寬衣之貌字當作裴回誤矣○㲋思鴛鶵○天老鳳說鳳有㲋思鶵如鴛鴦也○神䰨神輝山海經剛木多神䰨魑魅也

十一眞

○柍振仰塵居柖也甘泉賦○盟津孟津史記○重鞇重茵韓詩外傳○泠綸伶倫漢書○遁巡逡巡賈子○斑璘何晏景福殿賦光明熠爚文彩璘斑皇甫士安勸志青綦之璘斑璘斑即爛斑也爛字俗書到蔬餉任昉杖詩文彩既斑爛爛郎俗爛字韓文公詩華爛光爛爛注亦作平音斑爛字古體俗用爛字○嶙峋山巨重深貌張平子西京賦坻崿鱗眴注殿基之形勢也鱗眴無涯也鱗眴即嶙峋今字異耳○傲倀杜篤論都賦虜傲倀驅驂驟注引方言倀養馬人也以字書無傲字遂欲改傲倀為粟牘謬矣原夫字書之作乃檢括經史而成書非先有字書而後有經史也字書或掛萬漏一遂欲改經史是橫衾而欲徙牀濁流而欲涸源也可一手如光武紀繡镼字注亦以字書無此字乃改镼為襦後見酉陽雜俎有镼字蓋毛布半臂也傲或是傲字按國語注繫馬曰維繫牛曰婁古人用字或加人作傲又訛作傲爾虜傲倀與下句驊騮驟是一類可證何至粟牘之無稽乎○烰人庖人呂覽○娐鈞孚尹○禮孚尹旁達謂玉孚也娐加女膚鈞加竹膚○廩辛又作馮辛殷帝號史記○涵淪瀰淪江賦

十二文

○壹壺絪縕說文引易烟煴同上緸縕同上抱朴子○樊蘊氛氳慧遠廬山記棻蒀同上江淹集○水斳水芹集韻○汾沄紛紜○元黦元纁周禮

注○帝芬又作帝槐夏本紀○棘矜戟穫矜音勤史記

十三元

○户孫烏孫國名呂氏春秋○翩幅翩翻子虛賦○九京九原禮記○五阮五原漢書注○初與初坤歸藏易○曣嗢晏温史記○賁渾陸渾山名○河山海經○古陸字作舂賁渾當是舂渾之誤也渤海作賁海亦然猑河豚○蝚蝯猱猿管子○微言微言古文尚書繚垣云云

十四寒

○涒歎歲陽名涒漢涒灘上同芮漢上同史記○霅渾緣灘○餘汗餘干○烏亘烏桓漢書○角觲角端藝文類聚○駮韓蕃馬名駮鶾同上○野干野豻胡地野犬也○內典夜干射干草名易通卦驗○琅玕琅玕說文○顴官諢官元結集諸臣顴官○女鳩女鳩女方殷二臣名今作鳩非○畔桓盤桓漢張表碑引易畔桓居貞○洀桓盤桓管子○蘅欄蘗欄說文○蘅與衡字不可一从魚一从角从犬也○頒彬鬂端○通典引白澤圖師子似大蟲正黃有頒彬彬甚彰之省頒彰同上姧蘭干蘭○史記禁私出物也

十五刪

○綿蠻詩緡蠻大學○嵞山塗山○山海經○衡關潼關通典本名衡關言河流所衝後改潼關○斑襴斒爛高士傳荆蘭老萊子斑襴衣又作荆蘭斑瞵同上豳數同上○幽數同上集韻○班蘭吳童謠黃金車班蘭耳班蘭文飾貌斑彰同上奇字略○跘跚盤跚○華鬘花鬘花鬘同上省南夷婦首飾也唐詩花鬘抖擻龍蛇動曲名有菩薩鬘今誤作蠻花鬘同上後古編

古音駢字卷二

成都 楊 愼 撰　綿州 李調元 校定

一先

○顚天昊天漢碑○轅田國語爰田左傳趄田說文轅爰皆假借字當作趄
○蚡溳濆泉石經公洋○輪邊○芳荃芳蓮文選○緜興鞦韆周成難字
輪扁古今人表○瑸眠楚辭遠望兮瑸眠陸機詩林簿杳阡眠文賦清麗千眠注光色盛貌呂延濟曰阡眠原野之色按說文瑸山谷青瑸瑸也則阡眠字當作瑸眠又列子云鬱鬱芊芊注芊芊茂盛之貌李白賦彩翠兮芊眠瑸眠作芊眠亦通文選賦別作阡眠字皆從目韋莊詩可憐芳草更芊綿
千眠芊緜文賦盱眠文選賦瑸綿同上說文系傳○計然人名計研同上計倪同上計馬顧曰倪之與研當是一人聲相遠而誤耳見史記及吳越春秋○單閼歲陽名也

音蟬焉又音丹邊蟬焉同上蟬嫣同上漢隸鳳麟碑亶安同上史記注安音焉○
呼衍呼延匈奴姓○馬幭馬譪晉張方傳○寒蜓寒蟬風俗通○憪焉
惄焉韓詩憪焉如檮又憪如朝餞○細衵細遶淮南注○西零先零音連匈奴名
古音先與西通先施作西施是也○宛拳鬱拳○老子指歸清風飂烈霜雪嚴嚴魚鼈蟄伏萬物宛拳○舟旋周旋車右騎日服服從舟以象舟旋也說文○緜聯西京賦緜垣緜聯四百餘里此句本不必注薛綜注緜垣猶繞于也李善又改垣為亘益不通矣班固西都賦緜以周牆卽此句也垣本是牆何必改作亘唐人崔塗繡嶺宮詩苑路暗迷香輦地緜垣秋斷草烟深王和甫冬日詩緜垣鳥鵲近人飛其用字固不以薛注為然也

二蕭

○陽鼂陽朝漢書○山嶕山椒楚辭團焦團標○北齊書屋曰團焦○蓬蕭

蓬蕭王子猷帖○菩蕭說文引楚辭○步繇步搖周禮追師注○筒簫洞簫說文○票鷂票姚荀悅漢紀○山繅山魈國語注○寂聊四子講德論宋寥管子耳之所聽非特雷鼓之聲也察于淑湫淑湫卽宋寥○淑湫同上○蕭條蕭條張平子碑霄霓蕭條又音小杳淮南子○槮篠同上漢隸○消搖逍遙上林賦遠姚遠遙荀子○招繇招搖北斗第七星也招音韶繇音搖招謠同上漢書

三爻

○盤蝥班蝥六書正訛○秦艽藥名秦蕪同上○蘄茝蘄茝說文引書○
莤茅蕭茅周禮注○嶢顤四磽盧照鄰文

四豪

○同勞邑名漢地黒志○銅瀨水經注瀨音勞地在益州○博勞爾雅搏勞易通

卦驗伯勞琴操伯趙左傳○嘷啁號咷鳩名楚有嘷啁城○蒲陶蒲桃漢書
○桔槔桔槔○咎繇皐陶漢書○六弢六韜莊子○俳儍今作俳優非
俳獶同上○牢愁勞慒揚雄傳○紲繑上息列切下邱喬切連續也見管子

五歌

○滮池說文引詩滮池北流滹池滹沱水經亞駝同上秦詛楚文滮沱同上字林
虖池同上周禮嘑池同上史記灌池同上山海經滹池同上九州記呼池同上禮記惡池同上禮記○牂歌牂柯括地志兆歌同上冏歌同上○旖旎本音倚移轉音猗儺一本作倚犯柔弱貌猗狔同上榱欐同上棟榱棲榱其枝古作此○禕隋委蛇韓詩內傳餘詳詩經逶迆同上逢盛碑委陀同上韓退之詩委佗同上邳形傳贊逶它同上後漢儒林傳○鸕河衝河集韻○蠃螺傴僂荀子

注引淳于髡田祝蜥螺宜禾注云高地也○鼉鱓鼉鼉史記叙傳○蘂儀蘂莪漢碑○蘂蔄薄荷參同契注○弁瑪卞和琴操○么麼么麼漢書○譙呵史記○誰何賈誼過秦論信臣精卒陳利兵而誰何注誰何問之也漢書有誰何卒如淳曰何謂何官也按他注解誰與譙同與高帝紀譙讓與之譙同何與呵同誰讓之也何呵斥之也何官如今之盤詰守關者○媻娑婆娑毛詩釋文○鞞婆琵琶韻會○揣靡揣摩蘇秦傳注鄒誕生本作摩

六麻

○黃荂皇華莊子折楊黃荂注古曲名○褒余褒斜楊厰碑○螣蛇騰蛇荀子又爾雅○䗖蠪蝃蝀石經孟子見六書經○日施日斜史記賈誼傳○雲查雲槎杜子美詩○天苴天巴地名在蜀張儀傳○辬華張平子西京賦上辬華以交紛下刻陗其若削辬華辬駮華麗也辬古斑字又音葩或寫作斑梁元帝纂文云辬華文麗也

七陽

○魖匡歸藏古文易○相翔周禮視名○伺方洋吳王濞傳彷徉楚辭後倚貌相佯馮衍賦逍遙貌相羊漢武帝賦猶翱翔也常羊郊祀歌常翔老子指歸徜徉文選以上八條字書雖異其義一也○餘皇艅艎左傳○流黃間色也古樂府留黃同上環濟要略驪黃同上論語注疏○朱斯殳斯古文尚書○帝芒帝荒夏紀古字芒與荒通大荒落一作大芒落是也○然王報王世本報古音人扇切今音放板切○夆光務光古今人表○禺京禺強北本神名莊注○赤裳赤棠管子○棠有二種周南之唐棣白棠也小雅之棠棣赤棠也○颿䑺帆檣揚都賦○飛颺飛揚鼎韻○浩蒼昊蒼孟郁碑○識方職方華岳碑○太形太行列子太坰同上書序○博狼博浪漢書博浪滄浪皆平聲○朋皇鳳凰古音尚書鳳皇鳳凰

春秋緯○鷞爽鷫鷞司馬相如凡將篇鷫爽同上○暴螢蝵螢字林○鴍黃鸝黃說文○赨黃雄黃太玄○蘹香茴香本草○蒼黃蒼皇字林○車梁輿梁詩甫田注引孟子○葇香葇香江淹集○磬香馨香山海經○詡翃頡頏揚子雲○偉偟張皇吳越春秋○淼茫眇茫江賦狀滔天以淼茫蔡邕漢津賦夫何大川之浩浩兮洪流淼以元清稽康詩浩淼洪流帶我邦畿杜子美詩大水淼茫炎海接

八庚

○駘城郜城鼛城同上鄝城並見左傳注○牲惄性情崔希裕略古○崝嵤崢嶸文選○黃菁黃精內經○蕒菁蔓菁周禮注○鞶纓繁纓李善說綼纓同上說文○鄫城訾城鄫音訾左傳注○六韺帝嚳樂名六瑩同上六莖同上六英同上樂緯○商橫歲在庚曰商橫郎上章也史記

九青

○丁令丁零匈奴地名○茀星孛星漢書○九齡九齡禮記石經○銅庭洞庭山海經

十蒸

○蘊蒸鬱蒸古文苑李陵詩○翠䎖翠曾楚辭○柧棱觚稜說文○韓朋韓憑搜神記古朋字亦有憑音○宖竇宏竇屋深響也如空谷之傳聲詩所謂𥦜𥦜其冥賦所謂蟭螟飛而生風尺蠖逋而生響也

十一尤

○莊馗王仲宣從軍詩館宅充廛里士女滿莊馗自非聖賢國誰能享茲休馗音求九交之道也字從九從首爲是○台猶國名戰國策仇繇同上韓非子叴猶同上集韻夙

繇同上繇呂覽 ○橐駋紫騮爾雅注 ○蜿蟺蜿蟮春秋傳石經 ○蜉蝤蜉蝣王褒
頌 ○鳻鳩班鳩集韻 ○舊鶹鵂鶹集韻 ○舊留同上說文 ○華驊華騮漢志
華聊同上漢書華聊緣耳之乘 ○瓜牛蝸牛三國志 ○空侯箜篌風俗通 坎
侯同上 ○䥶侯同上 ○旊舟方舟說文 ○鵃吺驩兜 ○䫖吺同上古文尚書 讙
頭同上書疏 ○吾邱漢書 ○虞邱同上文選西都賦 ○朱䳛朱虬漢隸有朱䳛碑
今音龜非 ○顒顤髑髏說文 ○驚颮驚飈韋應物詩巍巍高上颮顥浼浼清川流世人不自
悟馳謝如驚飇 ○禿鴔禿鶖集韻 ○南榮趎南榮疇莊子 ○髟颵羽毛紛披
貌文選 彪颵同上 ○冶由女子笑貌賈誼新書 ○歋歈同上說文 ○揶揄揶揄笑人
也出晉書賈誼新書籠豪梳冶由笑冶由女子笑貌揶揄同說文作歋瘉人相笑歋以支切瘉歈同揶揄
亦同 ○優嗂優游漢隸 漫嗂同上 ○贅黖贅疣集韻 ○晻留淹流漢碑 ○

部婁培塿左傳 ○附婁同上 ○罜罘之罘山名張曲江詩

十二侵

○湛霠沉陰三蒼 ○人蓡人參說文 ○卑諶裨諶古今人表 ○遟任遲任
集韻 ○浸潭浸淫文選 ○霠栥陰森栥從穴從木 ○扶潯扶浸地名史記 ○
蕩陰湯陰九域志 ○蜚林配林公羊注引禮齊人將有事于太山必先有事于蜚林禮作
配林 ○浸潯浸尋史記

十三覃

○梁闇諒陰 ○終隆終南淮南子 ○相嵐相嶔杜預左傳注兩山相嶔可以避
風雨嶔又作嵐

十四鹽

○湛漸沉潛漢書杜業傳 ○沱涔沱潛史記 ○霖霙廉纖復古編

十五咸

○鷩颿鷩帆馬名宇說大颿下云此篇註誤 ○蹔嵒嶄巖說文 ○樠櫕檆杉揚都

卷二終

古音駢字卷三

成都 楊慎 撰　綿州 李調元 校定

一董　二腫

○窊寵 窊寵字諟 ○闒茸 蹹冗二音一作闒傳 ○慫慂 已不欲喜怒而傷人說者曰慫慂漢書衡山王傳日夜縱臾縱臾即慫慂師古曰獎勸也史記作慫慂又作從容

三講

○桃棓 桃棒山海經

四紙

地蠡 地理揚雄美新 ○徙迆 徙倚文選 徙倚 同上晉[illegible] ○虒兕 虎兕 ○牖里 羑里後漢書 ○辭李 攜李公羊傳 ○彭麗 彭蠡陸法言集韻 ○帥爾 率爾

甘泉賦 ○溱水 湛水山海經 ○𤄷水 潁水水經 洞水 同上張顯逸民傳 ○蠭家 蠭蟓說文 蠭蛾 同上史記 ○綠耳 騄駬漢書 ○蘭茝 蘭芷禮注 ○薽耳 枲耳莊子注 ○桴苡 芣苡汲冢書 ○薏英 薏苡說文 ○鄦子 許子史記史又考古圖 ○大理 大理天官書又管子 ○縎縻 胥縻說文 ○倪齒 兒齒列女傳 ○蹇媠 蹇姐文選左騩史姉蹇姐名侶 ○蘼薾 麗爾華盛也說文 ○𠗊靡 麗靡文選 ○倍灑 倍蓰集韻 ○𢏚靡 類靡莊子 ○大氐 大抵漢書 大底 同上唐書 ○薨里 蒿里說文 ○黖已 妲己黑而有黖曰妲字統 ○鞠𦢊 鞠𦢊淳于髡傳𦢊其紀切與𨅊同又作𨅊 ○澮消 潾消說文

五尾

○依俙 不明貌 僾俙 同上 曖曃 𩃯𩃺班固終南山賦曖曃晻靄若鬼若神注曖曃音愛逮雲霧吐吞障蔽天日變化殊形也韻會曖曃不明貌一作曖䁥詩愛而不見毛萇云愛蔽也說文从人作僾方言从草作薆字書或从雲作靉或从日作曖皆蔽而不見之意今文但作愛宋王高唐賦晻兮若姣姬揚袂障日而望所思以揚袂障日解曖字尤明白韓文雲陰解駁日光穿漏移以解靉靆與曖䁥字亦切○僾俙从人薆蔽从草曖䁥从日靉靆从雲李登聲類云僾音倚僾俙彷彿也字一作靉靆又作靉古詞香靉雕盤僾俙之作靉靆字从雲猶奄忽之作飃飃字从風僾俙不明莫如雲奄忽迅速莫如風也 ○中蘬 仲虺荀子 中闘 同上 ○鬼佳 佳諸鬼切莊子山林之鬼佳李軌讀

六語

○謰謱 覶縷說文 𧯞縷 同上 ○朱圄 朱圉漢地理志朱圉山在冀縣南梧中聚 ○霅女 青女集韻 ○帝予 帝杼史夏紀 ○菀暑 荀子 蘊暑 同上 鬱暑 同上古菀蘊鬱同音故毛詩鬱柳作菀柳風俗通曰菀蘊也薪蒸之所蘊積

七麌

○元父 梁父開山圖太山在左元父在右 ○庯鹵 斥鹵 舃鹵 同上漢書 ○鸒鴟 鸒鴟山海經 ○槼榘 規矩說文 ○仙甫 山甫嚴訢碑 ○桑赭 桑土周禮注 ○莫府 幕府漢書 ○彊梧 彊圉史記 ○祉霧 徵羽集韻 ○汧浦 弦蒲鄭藪名周禮 ○萑浦 萑蒲葦名也又作萑苻 ○蔥楚 沈約郊居賦西陵忽其蔥楚言蔥蒨而悽楚也

八薺

○金鑈 金柅古易 ○𢇁絑 粉米說文 ○昭洒 昭洗選詩經生誥昭酒

九蠏

○賣儥 賣買周禮賣又音粥 ○獬豸 獬豸廣雅 ○觟觽 同上太玄

十賄

○賌海 澥海淮南子 ○寤嵑 傀儡唐書 魁櫑 同上 魁㰢 同上 ○琲瓃 蓓蕾 復古編 蓓蕾 晉書童謠桑生蓓蕾 蓓蕾 同上 ○欸乃 說文欸也集韻作唉應或從口或從欠如嘯之作歗歎之作嘆字雖殊義一也史項羽紀亞父抜劍擊玉斗而破之曰唉揚子法言始皇方獵六國而剪牙欸注欸絕語歎聲楚辭欸秋冬之緒風楚辭用之於句首揚子用之於句終蓋噫嘻嗚呼之類也朱子辨證云欸乃棹船相應聲元結有欸乃曲柳宗元詩欸乃一聲山水綠注欸乃一本作襖靄按欸音靄乃音襖近日倒讀之誤矣項氏家說云劉蛻文集有洞中靄迺歌劉言史瀟湘詩有閑歌曖迺深峽裏靄迺也曖迺也欸乃也皆一事但用字異耳欸本音哀亦轉作上聲後人因柳集中有注字云一本作襖靄遂欲音欸為襖音乃為靄不知彼注自謂別本作襖靄非謂欸乃當音襖靄也靄迺欸乃不妨兩本並行何必比而同之乎愼按欸乃歌聲本無定字劉蛻劉言史詩流惟寫方言元結柳宗

元通儒略依字義唉者應聲如噫嘻之類乃者曳詞之難如詞賦中若乃乃若之例此雖字音之微而襖靄當作靄襖自朱子始正世俗倒讀之誤靄迺欸乃自欸乃自項平菴始正前人混淆之失古人文理密察如此後學其可以鹵莽覩之乎

十一軫

○中肩 中允漢書敘傳 ○曲允 曲引長笛賦 ○邱螾 蚯蚓集韻 ○蛟鼉 蛟蚕同上

十二吻

○伯魃 伯鮁書注 ○民殷 民隱漢劉熊碑

十三阮

○茂菀 茂苑吳都賦帶朝夕之濬池佩長洲之茂苑 ○茈菀 紫菀說文紫菀出漢中房陵菀有宛鬱二音見上菀柳注 ○袾裷 朱衮荀子 ○踔遠 窵遠史記 彿遠 同上說文 ○放蹇 偃蹇說文 ○暥婉 燕婉說文引詩

十四旱

○鳳丸 鳳卵山海經 ○路亶 露袒荀子新序作落單

十五潸

○雀錢 爵盞鍾鼎銘 ○遴柬 遴簡漢功臣表

十六銑

○兵㚘 說文兵㚘 ○緷綄 衮冕管子 ○紼綄 黻冕汲冢周書又詩譜 ○元端 元冕玉藻 ○姑洗 律名 沽洗 同上左傳 ○琱瑑 雕篆 ○疥癬 疥癬史記 ○鞄䩔 上音鞄下音軟頡篇 鞄䩔 同上 ○湛酾 沉湎呂沈字林 ○曼羨 曼衍史記封禪書 獌狿 同上集韻 蝘蜓 同上相如賦 曼延 同上西京賦 ○閔勉 黽勉漢五行志谷永疏閔勉遭樂 黽沒 同上爾雅 ○密勿 漢書引詩黽勉從事作密勿從事故知密勿即黽勉也 ○眠娗 上音黽下音免列子 ○瘁癉 韓嬰詩傳下民卒癉作卒瘁今本作卒 卒癉 同上禮記 ○曣晛 見晛釋文引詩見晛日消曣晛日出也猶史記所謂曣嗢無雲而陰曰曣

十七篠

○霄霓 音小杳又音蕭淮南子 ○窅窱 窈窕詩釋文

十八巧

○孟卯 芒卯戰國策 ○窒鼎 寅卯字指古文寅煙通卯字上从日與鼎不同 ○昭藐 西京賦昭藐流眄一顧傾城注昭眉睫之間藐好視容也 ○今按詩云猗嗟名兮玉篇引之名作顯

眉目之間也字从冥言美人眉目流眄使冥述所謂一顧傾城也鼎顯字異音同義

十九晧

○襁緥襁褓說文襁緥上同○陳寀陳寶說文引書陳寀赤刀或言即陳倉璠雄

○乘鴇乘鴇爲駂馬也羽䳺羽葆晉志○鵠鴇鵠鴇王右軍帖○伍乎五人爲伍有參聚十人爲乎有行列也兵法會要

二十舸

○嵬瑣荀子注又作傀瑣傀瑣上同委瑣司馬相如傳注細碎也蠵蠃螺蠃

說文○璅火藻火古文尚書○裹儺嫋娜毛詩佩玉之儺注云腰身裹儺又作平音○旖旎楚辭紛旖旎乎都房王逸注引詩曰旖旎其華今詩作倚儺司馬相如賦又旖旎以招搖揚雄賦旟旎邪偈之旖旎王褒洞簫賦形旖旎以順推其用字皆自詩楚辭來當依詩音作猗儺持古今字形有異耳今以猗儺爲平音旖旎爲仄音誤矣旖旎上同○掂掫掂掇稱量付度也俗云掂斤簸兩掂掫上同掂播上同

二十一馬

○妖蠱妖冶文選舞賦○古蠱古冶子人名淮南子又馬融傳○窕冶妖冶荀子其文飾也不至于窕冶○埓野牧野說文○澤蔦澤蔦草名說文○娑者娑者女三爲娑从女是說文○澹雅驕雅方言序

二十二養

○昉爽昧爽史記从日从垂勿古垂字睡爽上同○鄉卿鄉黨古論語○罔兩魍魎莊子蝄蜽同上說文罔閬同上孔子世家○景響影響漢碑丙響同上

○蟨蛘瘙痒說文○傲兌惝怳集韻倉兄愴怳毛詩又楚辭

二十三梗

○髙㑥泰丙古善御者列子注引八駿圖○巻領衮領淮南子○汶領岷嶺右軍帖○伯騂伯冏說文○蒸餅蒸餅束晳有蒸餅賦○倘苘說文引詩衣錦倘苘尚綮上同

二十四迥

○茗艼酩酊晉山簡傳茗朾同上世說○修迥修迥路遠也漢碑

二十五拯

○用拼說文引易用拼馬莊吉○不拯增韻引易不拯其隨又作丞

二十六厚

○部婁培婁左傳附婁同上說文○朋晦畝畝○悔母媄母古今人表○泥母甯母春秋地名音甯○葚母知母集韻○世柳泄柳禮記○鼓叟瞽叟

古今人表○傳傻傳傻左傳○府首部首漢律歷志引殷歷○竟首境首周禮

○怒㖾怒吼莊子○干嘔乾嘔王右軍帖

二十七寢

○淡陰痰飲香嚴音○

二十八感

○歁窞坎窞太元歁窞同上玉篇引太元○菡萏菡萏說文○初犖初坎歸藏

二十九琰

○曾戠黬曾○瀲灩文選○滔淡三蒼淋淡同上揚子雲

三十蹝

○曾騎金石錄載漢碑引詩有騎淒淒○金鈘金鈘馬首冠也

卷三終

古音駢字卷四

成都 楊慎 撰　綿州 李調元 校定

一送

○子贛子貢左傳○華噴華洞○急就章乘風懸鐘華洞樂皇象書洞作噴○騶嗊騶哄集韻○三㨻三弄周禮注

二宋

○霧淞霧淞雨也○菰封菰葑淮南子

三絳

○一閧一巷楊子○家衖家巷楚辭○三紅三絳南中地名三國志

四寘

○寫翠空翠江淹集○騏驥騏驥勅碑○翰次𥫗次山海經○髶鬆鬊字譔○諷諫諷刺詩釋文○螭魅魑魅左傳○离彖同上略古○禰袜同上路史字從示○憔悴憂也○顦顇困也○燋萃色衰也○瘯瘁病也○西二西洱隋書○西珥同上地志○芊茢𦶜刺草本雜也○㬰屢屭贔諸經音義○諈諉累贅集韻○凋劫魏書蕭濟疏凋劫之民洪字苑劫作敝九僞反

五未

○鄣氣瘴氣文選○宛氣鬱氣史記倉公傳○敵鎎說文引左傳敵王所鎎今作愾

六御

○淫預灩澦古樂府○迴馭迴馭文中子脩羅迴馭○諸蕷薯蕷山海經

○冘豫尤豫後漢書○佾仔逸豫古尚書○臺豫臺序又音作榭禮注○

嘉鬷嘉樹鼎韻○磨鋁磨鑢漢書○蕚布選布漢書蕚布千午

七遇

○礬護韶護周禮○塗黕唐韻有所絕止而識之曰黕也塗乙同上黕从主从黑其義也乙其形今作塗註非○菞庶黎庶漢碑○趌步跬步漢碑○大駱大輅秦本紀○㜵休左傳煦嫗同上樂記噢咻同上陸宣公瓊林狀○有鄠有扈史記

○錯愕錯遌今作錯愕後漢寒朗傳錯蕚錯愕集韻○驅鴼鷗鷺揚都賦○愌悑惶怖說文○金投金注○莊子作金注呂覽作金投○狄杜杕杜○北齊河北本作狄杜

八霽

○鞞靚埤垷三蒼○夫栘棠棣韓詩○踐聱踐戾漢書○唵欸喑噫列子注○辟倪睥睨史魏其傳○瑣麗瑰麗高僧傳○愔嫕和而雅曰愔嫕神女賦注懕愔同上洞簫賦○翟髾鬏髾周官注魁結椎髻史記椎紒同上運命論蠱媚冶媚文選○搖曳搖裔楚辭○逍遙逍遙集韻岧嵽同上魯靈光殿賦○苓戴零替周成雜字

九泰

○萃蔡璀璨上林賦噏呷萃蔡注萃蔡衣聲也郭璞曰萃蔡猶璀璨也張守節云萃音翠蔡千賴切綷縩同上班婕好自悼賦璀粲同上洛神賦翠粲同上嵇康琴賦注翠粲與綷縩字雖不同其義一也辮縩同上○埃瞀鬖鬉復古編○佁儗儓儗李白詩

十卦

○懿戒抑戒國語○撎摟揖拜揚雄奇字○蔕薊蒂芥文選薑芥同上蔕介同上○喑醷喑喝○䕇該漢書音○沆瀣沆瀣史記○菅蔽菅蒯左傳菅蕢同上菅蒯同上蕝蒯同上○水槖水鞴○後漢杜詩傳

十一隊

○毒冒玳瑁王莽傳瑇帽玳瑁崔希裕略古瑇瑁同上○玉盩玉敦周禮珠盤玉敦籀文作盩○閩蚋蚊蚋月令注○黤䨴晻藹晻靄同上文選○簡裁簡在文選奏彈王源○巾幗幗古對切巾國同上巾頍同上○粉黱粉黛集韻

十二震

○息慎肅慎史記稷慎同上王會○帝俊帝舜山海經○初釐初震歸藏

易○邑憐悒吝荀子○目昳目瞬公羊傳注以目通指曰昳○執誶執訊毛詩注

十三問

○五均五韵樂緯○饋贊周官逢贊同上儀禮注

十四願

○淡問痰問王右軍帖○伲頓遲頓略古

十五翰

○慢訑上音慢下音歎俗云慢慢訑訑是也莊子○璧散璧散爵名明堂位○鶡旦月令鳱鴠同上說文鶡鴠同上集韻渴旦詩疏盍旦同上○零旦陰旦三蒼○爛曼爛熳文選瀾漫同上琴賦○逯窳遁窳漢隸○迎逭迎宦佩觿

十六諫

○鳴鳱鳴鴈鹽鐵論○慴慣習慣裴光遠集綴　習丱同上周禮注○㥏
豢芻豢七發○水湅水練考工記

十七霰

○川瀾川楝考工記注○嫿嬬嫿嬗說文引詩○䨙霹閃電十洲記又見參同契
注○蚰蜒蚰蜒集韵○䎃單皐善人名尚書序○竹榴竹箭　竹箬同上
○徐鍇說文系傳○古文箭晉同音周禮箭字鄭元注云故書皆作晉易曰晉者進也古字薦紳一作搢紳是其證也○芊蒨上音蒨下音練江賦涯灌芊蒨潛薈蔥蘢　倩洌同上子虛賦注疾速
也○雪霓雪霰○雪霰同上集綴○玉嫙玉眷注徐悱只牘

十八嘯

○窈眇○幼眇○要𦐼三文同音同義○照𪇟照曜李商隱字略○
炫燿眩曜老子指歸○龜晁龜兆集韵今以晁爲鼂非○儥笑顰笑苑園賦○
柔兆太歲在丙也　游兆同上史記　游姚同上史記徐廣注○跉踔上音鄧下
音吊莊子　踸踔同上漢書　跳踔同上字苑○顠髐豕美也又蕭韵

十九效

○輯濯楫棹漢書○𩕄皃容皃字苑

二十號

○四顥四皓說文注○𠜲道棧道史田叔傳○左翢左纛字苑○節𣪘
節操琴操○武㮚呼噪呂氏春秋

二十一箇

○四左四佐汲冢周書維天九星維地九州維人四左注疏附先後奔走禦侮也○瘁瘴
詩下民卒瘅又音闡　卒瘴同上

二十二禡

○高槖高柘池名漢書○甘蔗甘蔗珠集○戲下麾下漢書○咄嗟
上音出下音詐晉史咄嗟而辦　咋唶同上　咄唶同上古樂府

二十三漾

○博猩皆平音又本音○藺莨莨菪集韻○鞝强屈强相如傳○倜倡
倜悵太元○漾瀁漾蕩諸經音義○雁宕雁蕩集韻○條昶條暢琴賦○趙
漲趙與蘯同江賦鼓帆迅越趠漲截澗○翃翃颮颺揚雄傳

二十四敬

○柰政七政太元○兊命說命禮記引書○埶僥執競國語鍾師注繁遏渠執僥
也○梟鏡梟獍史記○圓䆲圓幀東海氣如圓䆲見晉書䆲畫繪也　畫幀郭謂
字指　畫幀同上

二十五徑

○諭證驗證博雅○鬴䤋釜甑字說○日曬日映纂文○用声鐘磬鐘鼎
古文○懸窒懸磬石經左傳

二十六宥

○俎桓俎豆三禮圖　且豈同上○𨻶豆籩豆集韻○句扃句漏九域志
○中簉中冓韓詩○輻輳輻湊漢書○麋壽眉壽鼎文○涫漱與漱公羊
涫涑同上管子○㑹留宿留行不進也莊子注○邂遘邂逅詩注　解后同上

詩釋文○闟茂腌茂又作淹茂歲陽名史記

二十七沁

○俅伶鞣禁夷樂也文選○氛祲氛祲集韻○叫紟叫紫集韻

二十八勘

○成靦成䩄人名說文○恬惔恬淡老子○神禫沖澹老子指歸

二十九豔

○㦖讇讇諂唐文粹○氣炎氣燄五行志

三十陷

○欠鑒氷鑑○浴濫浴辭○錢盜盞盜飲器也○大鳳大風古諸侯通史徵大鳳於青邱繳修蛇於洞庭又牟子云鳳凰裂序蒼蒼舛度乃選五石以補之本注屬音梵疑鳳字之譌

卷四終

古音駢字卷五

成都 楊慎 撰 綿州 李調元 校定

一屋

○湨沐霡沐太元○四竇四瀆周官注○衡鹿衡麓左傳○觚竹孤竹列子爾雅○頰谷夾谷穀梁○目宿苜蓿西域傳○䒷蓿同上字林○蕯藫菉竹韓詩○蒃薄同上○蒃薜同上○百藂百穀山海經○蹵蘱蹴鞠漢書○蹹鞠同上○鬼臾鬼谷○鬼容同上漢書○佋穆昭穆說文○媢粥孕育管子○韞韥韞櫝文選○茀祿祓祿詩卷阿○㲉濁一音糊濁又音鵠突不明貌集韻○驢騆六蠹軍牙也又曰野馬也宋禮義志○健鬻餰粥說文

二沃

○趕趮蹢躅石鼓文○蹢躅易○蹢躅躑躅禮記○踯躅同上廣韻○乘楬漢書○乘䡕同上又作乘橋乘樏乘欙音與字雖不同而義則一也○身毒國名○天竺同上漢書○天竹同上汲冢周書○天督同上○天篤同上杜篤傳○鸀鳿屬玉鳥名○狱獄犴獄漢紀○趯趚蹋踖崔靈恩詩注○闔不盍不管子○亭育亭毒古老子○薛燭人名說劍者○薛灼同上抱朴子○薛蜀同上文選注或作燭或作蜀同一人也

三覺

○握齱好苛禮貌又齷齪也禮注○握齪同上相如傳○握齰同上漢書○握促同上集韻○冰雹冰雹詩緯

四質

○平鼦平秩說文引詩 ○蝘蝗蟋蟀 ○鬱壘鬱律山海經神荼鬱壘

五物

○寣勿漢書注引詩黽勉從事作寣勿從事 ○蠠沒上音密爾雅蠠沒猶黽勉也沒與勿音相近

○黼黻黼黻史記秦紀裴龍駒云史記有此等古字乃爲好本 ○黼芾同上詩疏黼紱同上禮注 紼市同上古辨異 ○仿佛彷彿陸雲 髣髴同上說文若似也 仿佛同上泉賦 甘放悲同上漢書郊祀歌注梗槩也 方茀同上古注師 ○獙拔 拔拂文選 ○繡堀繡強漢書後 ○伊鬱壹鬱崔元始正倫智亡伊鬱於下 抑鬱同上 堙鬱同上屈原傳 抑窸同上窸古鬱字也

六月

○臲卼易 倪伔易釋文 𪘲𪘏集韻 隉杌汗簡 臬兀內典 埶𨺅同上

古文易 渾汶說文引詩一之日渾汶其字皆從仌今改渾發 ○月崛月窟揚雄傳 ○中曶仲忽古今人表 ○終髮窮髮南荒不毛之地莊子 ○颮颷奄忽書統颷本 ○穴 從三家今文省 雹颷同上 ○翲忽秒忽史記序傳 ○鈹滑披消荀卿成相雜辭 ○蒙㰷蒙伐戰國策注引詩 蒙戲同上 蒙吹同上蘇秦傳 ○林樕樸樕集韻

七曷

○鞂鞨國名古肅慎地也又鞂鞨寶名大如巨栗 紅 ○蟬嫣音丹遏歲陽名 ○壅謁壅遏周憬碑 ○愳猲恐猲漢書表注

八黠

○嘲哳嘲哳文選 ○巾袹巾帕邪巾袹頭古爲始喪之服今爲勇士之飾廣韻帕額首飾川不羈巾而喪方言絡幧頭也 巾鞨巾帕列子 ○朱鬒莫𡊅切○西京賦朱鬒鐵髽注引說文

紅帕韓文 ○絳袜韓文以絳帕首 ○車䡝車轄漢隸 ○古𠚕古剎內典 ○猵狚猵獺莊子 ○拔契茇契 拔菰同上 ○偈剪佛詩日偈佛文日剪與六書之訓迴異拔周禮八成聽稱責以傳別鄭注云爲大手書于一札中字別之字一作剪見劉熙釋名佛經有記剪之說又日三乘之業授聲聞剪光從頂入授辟支佛剪光從兩眉間入授菩薩剪光從口八○剪在佛爲授記在俗用爲文契合同也周體所言稱責稱貸也責錢債也又釋名剪別也大書中央中破別之也即今市井合同夷人刻木之類耳佛經有記剪之文古人作僧寺文多用記剪字而不知其解如此

九屑

○蹏齧蹄齧漢碑 鷤鴂鶗鴂漢書 蝭蛙同上又音帝桂古文苑 ○四䥫駟鐵漢書駟音悉見蜀都賦注䥫又音替 ○𠙹枿由櫱說文引書 ○𦹓櫱槎櫱國語 槎枿同上晉帖 ○麴麩麴櫱周禮注 ○嵽霓嵽嵲文選杜語御榻在嵽嵲 ○閫闑

開閉○閉下結切門閉也今借用閉選詩荊扉晝恆閉 ○凹凸古文 容突同上 坳垤 ○顛茎同上 ○齒𢧢齒齧前漢書犬馬齒𢧢

十藥

○跅落跅落無檢局也○漢書注 ○儗𢡈疑昨集韻 ○芒落荒落史記古字荒與芒同 ○伯格陌落楊僕傳 ○牢落文賦心牢落而無偶一作遼落又作寥落 ○鶡雀鶡雀黃霸傳 䲦鵲鸐鵲梅福傳 ○鸑鳥鸑雀漢縣名又作鸑朔 鸑朔同上元魏紀功碑龍荒遊鸑朔 幸 ○瀺灂瀺灂漈灂濼灂皆水聲也 ○斥蠖尺蠖周禮注 蚸蠖同上文選 ○騜駁皇駁齊詩 ○垠堮垠崿崖岸日垠堮 鄞鄂同上參同契 垳壖同上 銀㙿同上荀子守其銀㙿 ○鷩鄂鷩愕霍光傳 ○作詻作噩太歲在酉也 作𨟻同上籀文 作咢同上 作鄂同上 ○廖廓寥廓漢碑 ○旁

皛 磅礴莊子 旁薄 同上太元 ○ 醻醋 酬酢說文引易 讐柞 同上戰國策著之盤盂屬
之讐栫 訓非 同上周禮注 ○ 夸落 零落尚書大傳 ○ 踊逾 踊躍裴光遠集綴
甬籥 同上 ○ 憺怕 澹泊老子 ○ 元的 的音灼婦人面飾王徽神女賦 元默 同上
集韻 ○ 蹻削 斲削荀子 ○ 留落 流落史衛青傳注遲留零落也 ○ 沙幕 沙漠史記
○ 函朦 頷朦詩話 醩魄 糟粕莊注

十一陌

○ 常鼓 常伯說文引詩 ○ 旨鷊 旨鷊說文引詩邛有旨鷊 ○ 伯嗌 伯益古今人表
伯莠 伯益漢書 ○ 郝囙 鄭伯疑識法帖 ○ 趨遫 踧踖說文引詩 跼瘠 同上諸經
音義 ○ 疲欲 疲極司馬長卿傳注 ○ 仟佰 阡陌漢書 ○ 洞澤 滎澤杜預春秋傳後
序引汲冢紀年 ○ 白臭 白澤石鼓文 ○ 黃蘗 黃柏本草 ○ 駱驛 絡繹漢書又張

古音駢字 卷五 四 第十八函

壽碑 ○ 羑亦 誘亦石經書 ○ 超驀 驀上馬也借作超驀字又作超超 超迫 文選
注 超趨 古文苑班固紀功碑趨凶河臨安侯 ○ 瘴瘐 瘆瘠凍洛日瘁痵 ○ 董赤
董赤人名史記 ○ 肴覈 肴核班固共引 ○ 糟核 漢書注 糠覈 糠核陳平傳 糟
覈同上 ○ 穡積 畜積老子指歸 ○ 脈斯 鋠析鋠破也析開也漢志鈎鋠析亂方言
梁益之間裁木爲器曰鋠 ○ 溫蠖 騷今作塵埃史記挨音厄

十二錫

○ 緜末 緜帶荀子 ○ 原礫 原隰漢碑 ○ 萆荔 薜荔山海經 ○ 蘆蕳 蘆荻
几將篇 ○ 鋒鍉 鋒鏑賈誼書 ○ 簡遏 簡狄古今人表 ○ 澆淅 說文引孟子孔
子去齊澆淅而行 ○ 玓瓅 的皪相如傳 ○ 鳩鶂 鶂鷁文選

十三職

○ 元弋 元默太歲壬 ○ 橫艾 元默史記 ○ 日稷 日側穀梁傳又先母泙及費鳳碑
○ 汎國 幽國 ○ 溝減 溝洫史記 ○ 祿飭 祿飾急就章祿飭刻畫無等雙 ○ 不
翼 比翼阮籍傳 谿鴂 鸂鶒說文 ○ 服翼 服翼爾雅翼 ○ 稼嗇 稼穡周禮 ○
元墨 元默漢碑 ○ 反則 反側齊詩 ○ 匍匐 說文 ○ 蒲服 同上史記 扶服
同上禮記 ○ 執力 勢力漢碑 ○ 瓊畟 瓊籛邯鄲淯藝經瓊畟今之骰子也 ○ 邛懋
邛僰漢碑 邛寵 同上九域志 ○ 鬱悒 楚辭 鬱邑 同上

十四緝

○ 幽溼 幽濕○續隸釋

十五合

○ 彯䪷 纞罨也彩畫也 ○ 闒戾 闒闟字林 ○ 阿邑 阿匼○邑音匼阿匼諂諛迎合

古音駢字 卷五 五 第十八函

也張湯傳 阿匼 同上唐書蕭復傳 ○ 片合 判合莊子 牉合 判合儀禮 ○ 颬給
颬給吳都賦又允圂賦 ○ 匑匣 周匣復古篇 ○ 嘈囋 文選陸機文賦或奔放以諧合
務嘈囋而妖冶注引埤蒼曰嘈囋聲貌囋與囋及囋同才曷切今本囋誤作喈囋作囋余得古本始正其
誤

十六葉

○ 軷涉 跋涉儀禮注

十七洽

○ 轒函 轒㡪字林 ○ 三陜 三峽字說 ○ 四翣 四翣儀禮注引左傳四翣不蹕 ○
騙騃 上王洽切下魚洽切倠戲人也諸經音義

古音駢字卷五畢

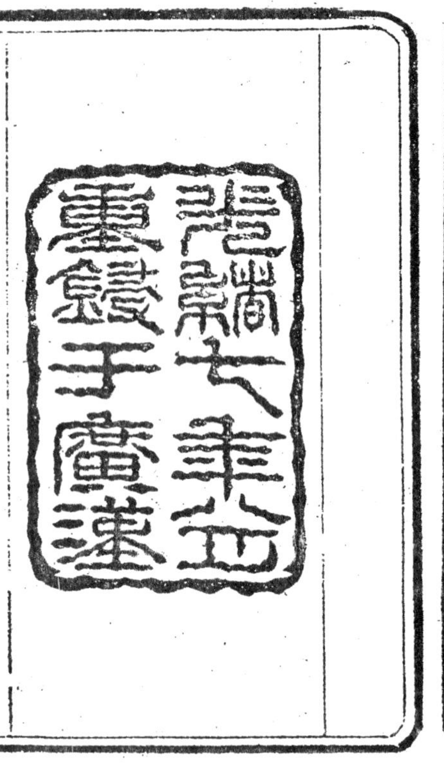

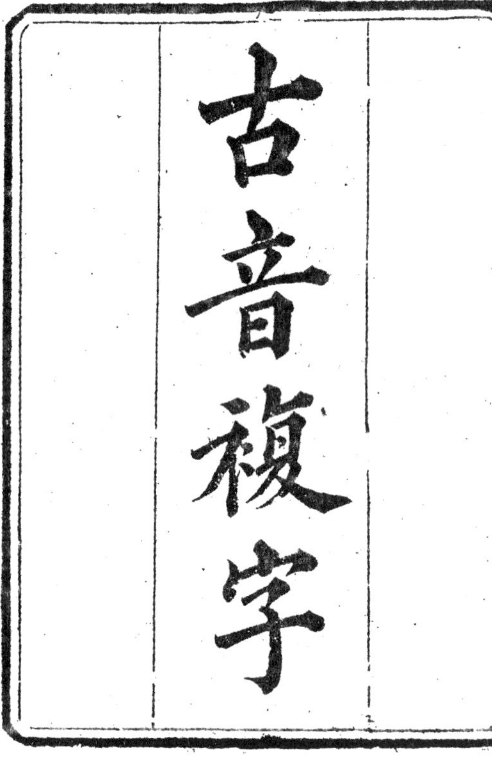

考篙紹芳年譜序升菴年三十七謫戍滇南諸所撰述計晚年爲多然而單騎萬里笥篋蕩如枵腹白戰疑其無能爲役今觀所撰古音複字五卷指呼六籍鎔液百家在前人韻書中別樹一幟雖獺祭者無以逾其博也先生殆可謂奇字師乎昔揚雄識奇字而不能識一忠字宋人嘗用是譏之先生議大禮受廷杖斃而復甦者再矣而白首滇雲怡情著述没世無所於悔脈子雲所守孰愈顧第即其所著書論之亦可謂後世之子雲矣童山李調元序

古音複字序畢

古音複字目錄

古音複字目錄畢

古音複字卷一

成都楊慎撰　綿州李調元校定

一東　二冬

湛湛羊戎切宋玉九辯乘精氣之摶摶兮騖諸神之湛湛驂白霓之習習兮歷羣靈之豐豐○童童獨樹也古文苑蘇武詩童童孤生柳寄根河水湄杜甫詩浦上童童一青蓋○戎戎杜詩江市戎戎暗山雲淰淰寒茙茙厚貌與戎戎通○容容楚辭雲容容兮而在下又紛容容之無經兮又扈屯騎之容容韓信傳百姓罷極怨望容容無所倚漢郊祀歌旌容容騎沓沓後漢書左雄傳白璧不可爲容容多後禍○衝衝憂也詩憂心忡忡注忡忡猶衝衝也𢥞𢥞同上楚辭九歌極勞心兮𢥞𢥞又心煩冤之𢥞𢥞爞爞同上爾雅爞爞炎炎熏也烛烛同上或省蟲蟲同上雲漢詩烔烔後漢書引詩蘊隆烔烔䨴䨴古衝字素問○融融和樂也左傳其樂也融融太元日飛懸陰萬物融融彤彤同上張平子賦○同同公羊傳其餘從同同○䲲䲲戶工切鳥肥也說文雂雂同上○徿徿山谷長而深也相如賦谾谾同上相如賦巖深山之谾谾○邛邛獸名蛩蛩同上又拘攣貌劉向九歎志蛩蛩而懷顧兮魂眷眷而獨逝○騆騆顒顒體貌大也禺禺魚牛也相如賦鰅鰅同上○總總禮記喪事欲其總總爾汲冢周書殷政總總若風草讀作悤悤言迫遽也○熊熊山海經南望崑崙其光熊熊其氣魂魂○狪狪山海經泰山有獸名狪狪注音如吟桐之桐○潚潚山海經鼓山潚潚之水出焉○庸庸書庸庸祗祗威威荀子親親故故庸庸勞勞仁之殺也石鼓文樓榕庸庸

三江

從從髮高也檀弓爾勿從從爾○漎漎水聲也杜甫太清宮賦中漎漎以迴復○雙

雙雙山海經赤水流沙有三青獸相比名曰雙雙公羊傳其諸謂其雙雙而俱至與○龐龐大禹
塗山歌綏綏白狐九尾龐龐韸韸鼓音逢逢

四支

穲穲說文引詩禾黍穲穲○佌佌說文引詩佌佌彼有屋𨇨𨇨同上石經𨇨𨇨彼有
屋小也从徙爲聲从幺爲義呰呰荀子引詩噏噏呰呰○夂夂說文引詩有狐夂夂今文
作綏綏○提提音時詩歸飛提提翄翄同上狋狋同上文選狋狋精衛○睍
睍睍小也荀子○暆暆說文日行暆暆樂浪有東暆縣吳越春秋漁父歌曰昭昭侵以暆今
文改作施○總總與總同汲冢周書殷政總總若風草古文作總○總與總未知孰是而義皆通古
書相傳有兩本者如此類即宜兩存之去古既遠茫以意決也○欪欪欪省作欪或以爲哶字○
欪欪同上○佹佹佹者幾欲之貌列子佹佹成者俏成也初非成也佹佹敗者俏敗也初非

敗也○儀儀麟之狀○師師鳳之狀揚子麟之儀儀鳳之師師○台台音怡
吳越春秋采葛婦歌葛不連蔓棻台台臭臭石鼓文㑯臭臭○差差荀子君子之言
差差然而齊○偲偲文選心偲偲而發悖

五微

霏霏河東賦雲霏霏而來迎騤騤騑騑匪匪讀作騑騑禮少儀車馬之美匪匪翼○
魏魏魏同莊子魏魏乎其終則復始也○洄洄音韋爾雅儚儚洄洄惛也一作裍
裍裍同上

六魚　七虞

吾吾音娛國語暇豫之吾吾○衙衙楚辭屬雷師之闐闐兮通飛廉之衙衙○躣
躣行貌楚辭左朱鳥之茇茇兮右蒼龍之躣躣○跦跦張于切左傳鸜鵒跦跦又音仇

跦跦同上淮南子○几几市朱切說文鳥飛几几與殳同殳殳同上○魚魚
行成隊也韓文魚魚雅雅○懙懙安步行衎也漢敘傳長情懙懙忘忘同上○姝姝
莊子暖暖姝姝○睮睮漢書睮睮韶夫塗塗厚貌楚辭白露紛以塗塗選詩稍稍枝早勁塗
塗露晚晞○諸諸爾雅諸諸便辯也

八齊

折折音提安舒貌禮古事欲其折折爾媞媞美好貌漢書媞媞公主姼姼同上○
睽睽日不相視貌易林六目睽睽韓文眾目睽睽○齊齊十兮切禮廟中齊齊皇皇敬也
又音齋[馬齊][馬齊]音齊石鼓文彼走[馬齊][馬齊]○黎黎石鼓文翰黎黎○萋萋盛草
也詩維葉萋萋又萋萋楚辭春草生兮萋萋文選萋萋之纖草淒淒簡閱貌詩風雨淒淒
又秋日淒淒悽悽悲也選詩悽悽明月吹惻惻廣陵散棲棲僋閟貌詩六月棲棲栖栖

猶依依也語何爲是栖栖者

九佳

○偕偕詩偕偕士子湝湝詩淮水湝湝喈喈詩雞鳴喈喈又其鳴喈喈黃鳥聲也
又雝雝喈喈鳳凰鳴也嚌嚌與喈喈同潘岳西征賦鷳鷄鳴以嚌嚌咳咳小兒笑也說文

十灰

腜腜韓詩周原腜腜文選腜腜坰野莽莽畜畬與每每同每每左傳原田每每舍其舊而新是
謀○媒媒莊子媒媒晦晦無心而不可與謀晦晦音灰見上○皚皚說文霜雪
之白卓文君詩皚如山上雪皎如雲間月文選涉積雪之皚皚杜詩崖沉谷沒白皚皚霼霼同上
溰溰同上○磑磑牛哀切楚辭行積冰之磑磑注堅也漢郊祀歌美芳磑磑郎郎注磑磑崇
積也○虺虺雷聲也詩虺虺其雷字本作回古雷字也回回文選殷同回其楊靈又漫漫方

與回回洪覆逸詩八風回回迴迴揚雄賦徒迴迴以徨徨洄洄漢桂陽太守周君碑石縱
橫兮流洄洄波降降兮聲若雷

十一眞

詵詵眾多也詩螽斯羽詵詵兮駪駪詩駪駪征夫燊燊說文引詩燊燊征夫侁侁
楚辭往來侁侁注引詩侁侁征夫騂騂詩騂騂角弓觲觲說文引詩觲觲角弓莘莘
宋王賦縱縱莘莘甡甡甡甡其鹿○昀昀壑辟貌詩昀昀原隰文選原隰昀昀墳衍斥斥
營營同上周禮注引詩營營有隰○言言與閒閒同禮記二爵而言言斯注和敬貌訔
訔訔楊子何後世之訔訔也注與閒閒同○齗齗辨爭貌史記洙泗之閒齗齗如也漢書靳臣齗
齗不可光祿勳何邪注忿疾貌文選元熊蚋蛟以齗齗○狺狺犬吠聲今作狺○鱗鱗
呂氏春秋水雲魚鱗鮑照詩鱗鱗夕雲起獵獵曉風遒○敃敃音旻和也史記敃敃穆穆文選

古音複字　卷一　四　第十八函

敃敃卒土○賓賓恭貌莊子何賓賓焉以學子爲○悛悛與恂同史記李將軍悛悛如鄙
人漢書作恂恂夋夋音恂行也說文○份份彬彬說文引論語𤼵𤼵同上又音發
○民民韓詩民民其麃今作緜緜又先韻泯泯黃庭經雷鳴雷擊神泯泯○忞忞
說文彊也周書曰在受德忞揚子法言著古昔之㖧㖧傳千里之忞忞莫如書注㖧㖧猶喋喋也忞忞猶
勉勉也○輷輷振振文選振振輷輷與闐闐同又先韻闐闐同上又先韻○詵
詵詵詵爾雅引詩○軥軥呂覽軥軥啟啟莫不載悅今文作般般陳陳

十二文

囩囩漢碑引詩囩囩原隰田十二項日囩又眞韻烟烟絪縕又作壹壹又作氤氳熅熅
縕縕又作壹壹又作氤氳典引壹壹同上○芸芸華葉盛也老子夫物芸芸各歸其根云
云山名在秦山㑗史記沄沄張平子賦水沄沄而湧濤杜詩沄沄逆素浪落落展清眺抎抎

慕容庚稱封弈曰此家抎抎千里揵也又音隕炘炘文選垂景炎之炘炘蝹蝹於君切西京賦
狀蜿蜿以蝹蝹○棼棼書泯泯棼棼注泯泯爲亂紛紛同惡○豩豩莊子豩豩秩秩注羽
貌翂翂同上毨毨毛落也衯衯長衣貌相如賦衯衯裶裶芬芬詩燔炙芬芬
雰雰選詩欲往從之雪雰雰

十三元

噋噋唐韻引詩大車噋噋○壿壿說文引詩壿壿舞我其字從土不從土嶟嶟選撴
北極之嶟嶟○㖧㖧揚子著古昔之㖧㖧○暖暖音暄柔貌莊子暖暖姝姝○軒軒
世說何其軒軒韶舉○魂魂山海經南望崑崙其光熊熊其氣魂魂○暾暾劉向九歎
日暾暾而西舍兮陽炎炎而復顧

十四寒　十五刪

古音複字　卷一　五　第十八函

痑痑說文引詩痑痑駱馬漢書注作嘽嘽○𩃬𩃬漙漙露多貌○洹洹音丸後漢
書注引詩溱與洧方洹洹兮○珊珊文選拂㚽聲之珊珊○掔掔苦閑切說文引詩赤
舄掔掔○嚬嚬韓非子一栖兩雄其鬬嚬嚬○翾翾楊子朱鳥翾翾○般般
與斑同相如封禪文般般之獸○爛爛韓退之詩華燭光爛爛○丸丸詩松柏丸丸
○鸞鸞鳥名郎鵜鵜見山海經瞞瞞荀子瞞瞞然瞑瞑然是學者之嵬也睘睘說文
引詩獨行睘睘目驚視貌

古音複字卷一

古音複字卷二

成都 楊慎 撰 綿州 李調元 校定

一先

鼘鼘淵淵○嗔嗔闐闐說文引詩伐鼓鼘鼘振旅嗔嗔輷輷同上文選○僊僊詩威儀僊僊注坐起之貌莊子僊僊乎歸矣說苑莽哉士乎僊僊者乎○芊芊列子鬱鬱芊芊潘岳籍田賦碧色肅其芊芊杜詩眾音深黯黯幾地肅芊芊仟仟同上潘岳詩稻栽肅仟仟黍苗何離離谾谾同上說文山谷青谾谾也○屵屵音綿說文不見也一作𡾊𡾊𡾊已見㝱㝱同上隸少變寱寱同上說文寥寥同上矊矊說文目傍緻矊矊也楚辭靡顏膩理遺視矊今人云眼瞼單又云單眉細瞼是也○姍姍姚姚行貌李夫人傳翩何姍姍其來遲姚姚同上○蠕蠕而宣切音與壖同國名匈奴別種○弲弲說文引詩弲弲

角弓○淺淺濺濺楚辭石瀨兮淺淺碊碊同上眷眷李陵詩眷眷月初生今作卷非○甄甄音延王逸九思鶤鷄兮軒軒鶉鷃兮甄甄○軥軥詳見前眞韻

二蕭 三爻 四豪

榎榎蕭蕭南史楚辭鈔風颾颾兮木榎榎媄媄說文引詩桃之媄媄枖枖同上○愮愮搖搖爾雅引詩我心愮愮○苕苕楚辭引詩苕苕公子文選狀亭亭以苕苕又苕苕椅桐樹岧岧魏文帝詩岧岧山上亭皎皎雲開星迢迢苕苕同倜倜佋佋荀子倜倜然其不及遠矣佋佋同上○肴肴莊子天下淆淆大亂一本作肴肴○麃麃武貌詩駟介麃麃儦儦詩雨雪儦儦鑣鑣詩朱幩鑣鑣○髟髟長髮貌猋猋同上說文○糾糾詩糾糾葛屨讀如藥名秦艽之艽繚繚詩糾糾葛屨注繚繚也○燎燎音遼潦潦同上○堯堯音翹字或作嶢墨子天地不昭昭大水不潦潦大火不燎燎王德不堯堯

姚姚說苑美哉上乎姚姚乎○洮洮世說洮洮清便言洮洮世故之外而清且便也○超超世說超超欲度驊騮前又云劉訂超超越俗如朱霞半天○秋秋啾啾今人謂小語低聲曰啾啾千遙切漢樂府秋秋蹌蹌入西園荀子引逸詩鳳凰秋秋○聊聊耳鳴也楚辭耳聊聊而未止○彪彪水聲也吳都賦彪彪潏潏彯彯同上○調調林梢動搖貌○刀刀同上莊子而獨不見之調調之刀刀乎○飄飄風也相如賦飄飄然有凌雲之氣縹縹同上楊雄傳翲翲飛也漂漂史記鳳漂漂其高逝兮彯彯長組貌文選層構峩峩清塵彯彯○憢憢嘵嘵說文引詩○彫彫荀子雖有珉之彫彫不若玉之章章○驐驐石鼓文左驂驐驐○僬僬子消切荀子其誰能以己之僬僬而受物之掝掝者乎○梢梢選詩梢梢枝早勁塗塗露晚泥謷謷漢書引詩讒口謷謷懆懆五經文引詩念子懆懆

五歌

羅羅鳥名見山海經文云北海有青獸焉名曰羅羅○婆婆黃庭經金鈴朱帶坐婆娑○娑娑文選修初服之娑娑

六麻

嘊嘊管子東郭有犬嘊嘊欲噬我猳○牙牙唐司空圖文女則牙牙學語男則鴈鴈成行○鵶鵶李賀詩鵶鵶向曉鳴森木○嗟嗟詩嗟嗟臣工又嗟嗟保介越裳操於乎嗟嗟

七陽

皇皇大也光也明也著也詩皇皇者華又穆穆皇皇皇又皇皇上帝國語天道皇皇日月以爲常遑遑迫也遽也通作皇孟子皇皇如也禮記皇皇然如有求而不得鍠鍠詩鍾鼓鍠鍠煌煌輝也詩明星煌煌又檀車煌煌又明星煌煌詳天文喤喤詩鍾鼓喤喤又兒啼也詩其泣喤喤徨

徨相如賦徙徊徊以徨徨趨趨文選猛[illegible]趨趨○將將與將將同文選注引詩應門將將
嶈崔崁述初賦倚高艫以周盼觀秦門之嶈嶈○蹌蹌舉足有容也詩濟濟蹌蹌禮記士蹌蹌
瑲瑲玉聲也詩八鸞瑲瑲鏘鏘金聲也詩八鸞鏘鏘鶬鶬車聲象鸞和也詩八鸞鶬鶬
○滴滴步郎切列子美哉國乎鬱鬱芊芊若何滴滴去此國而死乎注一作滂滂滂同上
汸汸與滂通荀子汸汸如河海○駉駉說文馬怒貌仰仰昂昂周禮保氏注軍旅之
容闞闞佪仰○碩碩石聲相如賦碩碩礚礚闓闓門闕聲文選出業宮之肅肅兮集大
徵之闓闓○牂牂詩東門之楊其葉牂牂○䨪䨪瀼瀼說文引詩零露瀼瀼○駪
駪說文引烝民詩四牡駪駪騯騯同上○蹡蹡說文引詩磬管蹡蹡○眂眂目不
明也素問荒荒杜詩野日荒荒白江流泯泯青○唐唐嚴君平老子指歸淪唐唐含冥冥
○央央鮮明貌詩旟旐央央又白旆央央又庚韻

古音複字　卷二　三　第十八函

八庚

睘睘說文目驚視也詩獨行睘睘嬛嬛詩嬛嬛在疚惸惸憂也詩憂心惸惸煢
煢同上焭焭同上怐怐同上悤悤同上娉娉獨也詩哀此娉娉左傳娉娉余在疚
又作嬛嬛焭焭煢煢儝儝同上僥僥同上學學同上漢隸○翁翁聲也蓊蓊
同上狥狥同上狗狗同上藑藑眾也疾也轟轟眾車聲輷輷同上軥軥
同上謍謍營說文引詩營營青蠅楚辭蒐識路之營營○嚶嚶相切直也詩鳥鳴嚶嚶文
選鴻鴈嚶嚶譻譻同上思元賦鳴玉鸞之譻譻鶯鶯同上琴操大舜琴歌谷鳥鳴兮鶯鶯
○英英鮮明貌詩英英白雲央央央古與英通詩白旆央央嫈嫈小心貌又怒也○
庚庚說文[illegible]詩萬物庚庚有實史記大橫庚庚龜兆文也○硜硜論語硜硜然小人哉何晏
注硜硜猶硜硜也踁踁同上晉范宏之傳雖有踁踁之稱而非大雅之致○狌狌猩猩

山海經精精山海經海隅之山有獸名精精○聇聇楚辭魂聇聇以寄獨兮○苹
苹宋玉賦涉莽莽馳苹苹韓愈詩驅遙略苹苹○青青詩青青者莪又綠竹青青讀作菁草
本之英曰菁蓋字書竹青而音與義作菁也不然綠竹青青既云綠矣又焉得青邪與九青韻青青互看
錚錚錚錚後漢書鐵中錚錚○怦怦忠直貌東方朔七諫比干怦怦兮○旌旌
王褒九懷越爓火兮萬里過萬里兮旌旌一作嶷注嶷嶷嶽海中山名屬交趾也

九青　十蒸

青青詩青青子衿又青青子佩古詩青青河畔草又青青園中葵莊子受命于天惟松柏獨也在冬
夏青青又青青之麥生于陵陂黃庭經葉去枝枯失青青與青者莪及綠竹青青不同○僾僾
爾雅僾僾悟也萌切○冥冥詩維塵冥冥莊子至道之精窈窈冥冥又昭昭生于冥冥荀子
無冥冥之志者無昭昭之明說苑不爲昭昭申節不爲冥冥墮行淮南子人能冒冥冥而入昭昭可與言

古音複字　卷二　四　第十八函

王矣楊子鴻飛冥冥文中子我猶遊于繒繳之中夫子可謂冥冥矣李陵詩紅塵蔽天地日月何冥冥嚴
君平老子指歸淪唐唐含冥冥漢書彼豈睹于經治之道而以冥冥決事哉風俗通居當今以覽太古自
昭昭而本冥冥○亭亭聳立貌文選狀亭亭以若若曹丕詩西北有浮雲亭亭如車蓋太公兵法
高山盤石其上亭亭選詩亭亭山上松黃庭經九原之山何亭亭謂心也又山名封禪書黃帝禪亭亭
○獜獜詩盧令令說文作獜韓詩作泠泠○泠泠水聲也文于載猪于水歌曰泠泠之水
清可以濯我纓混混之水濁可以濯我足劉歆遂初賦回風盲其飄忽兮迴颻颻其泠泠文選雷泠泠以
夜下兮陸機文賦文徽徽以溢目音泠泠而盈耳樂府詩山溜何泠泠杜子美詩雲闕虛冉冉風松肅泠
泠○鈴鈴說文雷餘聲鈴鈴挾出萬物選天台山賦振金策之鈴鈴○軨軨山海經空
桑之獸其名曰軨軨○稜稜選稜稜霜氣蔌蔌風威唐詩璨璨繁星鶩秋月稜稜霜氣韻鐘聲
○㥛㥛戒也說文引逸詩○矜矜說文引詩戰戰矜矜○熒熒宋玉賦煌煌熒

熒奪人目精杜詩雲石熒熒高葉曉 ○乘乘 老子乘乘兮若無所歸 ○蠅蠅 尚書大傳麥秀之蔪蔪禾黍之蠅蠅 ○偁偁 爾雅偁偁格格舉也 ○泓泓 韋詩泓泓野泉潔熠熠林光初

十一尤

悠悠 毛詩淇水悠悠 ○滺滺 韓詩淇水滺滺 ○潡潡 同上楚辭弱水潡潡 ○鬈鬈 石鼓文旐旆鬈鬈 ○繇繇 與悠同韋孟詩犬馬繇繇黃肅翁云與悠悠通 ○鯈鯈 與悠同管子浩浩白水鯈鯈之魚 ○筱筱 山海經碓山有獸名曰筱筱見則其國多佼容 ○幽幽 深遠貌詩幽幽南山韓退之詩蟲鳴室幽幽 ○秋秋 趨蹌聲見蕭韻 ○憂憂 楚辭傷余心之憂憂悲愁也今文作慢慢非 優優 詩敷政優優和也今作優非 ○翏翏 六收切莊子而獨不聞之翏翏乎又力竹切 橊橊 山海經天狗其音橊橊 鸓鸓 水名水經 ○樓樓 楚辭風颯颯兮木蕭蕭注蕭音颸字一作樓 樓樓 同上南史樂志 ○攸攸 爾雅注引詩攸攸我思 ○烰烰 說文引詩烝之烰烰 ○溞溞 爾雅注引詩淅之溞溞 ○慆慆 燭燭皮日休悼賈 ○條條 音由爾雅條條秩秩智也

十二侵

冘冘 音淫說文行貌 袩袩 同上 淫淫 宋玉賦洪波淫淫楚辭又淫淫而淋雨選纚乎淫淫盤乎滄滄參同契淫淫若春澤液液象解冰 ○淋淋 枚乘七發洪淋淋焉 碄碄 選漂通川之琳琳 ○參參 思元賦長余佩之參參 ○㴝㴝 水經注遠望參參若攢圖之此霽 ○岑岑 頭痛貌漢書我頭岑岑 ○涔涔 潘尼苦雨賦聽長霤之涔涔 ○棽棽 森森 ○愔愔 韓詩愔愔夜飲左傳祁招之愔愔列女傳愔愔懕懕文選靡靡愔愔又愔愔琴德 撍撍 淮南子撍欲臥也

十三覃　十四鹽　十五咸

嚴嚴 羣經音辨引詩維石嚴嚴老子指歸清風飂烈霜雪嚴嚴魚鱉蟄伏萬物宛拳鮑明遠賦嚴嚴苦霧皎皎悲泉 ○溓溓 力鹽切薄冰也文選霤泠泠以夜下兮冰溓溓以微凝素問期在溓水又云期在石水厚冰爲石水薄水爲溓水 ○蔪蔪 尚書太傳麥秀蔪蔪 ○灵灵 說文引詩憂心灵灵 ○潭潭 韓詩外傳逢天之暑思心潭潭 ○沈沈 音潭史記陳勝傳涉之爲王沈沈者謂宮室之深遂也韓文潭潭府中居當用此字 ○摻摻 纖手也 ○呥呥 噍貌荀子呥呥而噍東方朔云蠶之狀喙呥呥似馬色斑斑似虎 ○颿颿 風吳越春秋越王夫人歌颿颿獨兮西往 喦喦 劉歆遂初賦石捫破之喦喦 ○詹詹 莊子小言詹詹 醰醰 文選良醰醰而有味 襜襜 衣動貌長門賦舉帷幕之襜襜劉向九歎裳襜襜而含風衣納納而掩露 睒睒 同上 佔佔 同上匈奴傳

古音複字卷二

古音複字卷三

成都　楊慎　撰　綿州　李調元　校定

一董　二腫

𡱁𡱁集韻引詩瓜瓞𡱁𡱁　𡳐𡳐同上○總總汲冢周書殷政總總若風草　從從疾貌郊祀歌旋容容騎沓沓般從從楊雄賦風從從以倚轄○翁翁周禮酒正注翁翁然葱白色○種種髮短貌左傳余髮種種又諱愿貌莊子舍夫種種之民而悅夫役役之佞○悚悚文選黿悚悚其驚斯心悃悃而發悖

三講

愯愯懼也

四紙

縰縰宋玉賦縰縰華華淮南招隱辭凄凄兮縰縰注與纚纚同　纚纚同上○豸豸音以說文豸豸獸脊隆起貌○姽姽神女賦注姽也○耳耳詩六轡耳耳字一作䋙又作䴠三國志吳童謠曰黃金斑蘭耳說文金飾馬耳即詩所謂也　䋙䋙同上　䴠䴠同上○桀桀垂貌選詩桀桀芳華落○諰諰荀子論秦云㖷㖷然常欲人之有諰諰然惟恐天下之軋已　鰓鰓同上　偲偲音以石鼓文我驅其時其來偲偲○柅柅木弱貌文選總莖柅柅裛葉蓁蓁○唯唯詩其魚唯唯注順從之貌曲禮止慎唯唯韓非子未命而唯唯未使而諾諾方氏曰唯之聲連而質諾之辭緩而文○掔掔說文引詩赤舃掔掔又苦閑切　巳巳說文引詩赤舃巳巳○浘浘韓詩河水浘浘釋文盛貌　沔沔釋文瀰瀰作沔沔　洋洋同上

五尾

亹亹猶勉勉也禮記君子達亹亹焉楚辭時亹亹而過中選元陰耽耽清流亹亹許詢詩亹亹元思

得濯濯情累除　娓娓同上○斐斐選郁郁斐斐眾香發越　悱悱欲言也○朏朏山海經霍山有獸名曰朏朏○韡韡說文引詩鄂不韡韡今作韡非

六語　七虞

瘐瘐爾雅瘐瘐病也與詩憂心愈愈同○傴傴釋文引詩傴人傴傴今作俁○噳噳說文引詩麀鹿噳噳○鸒鸒說文引詩四牡鸒鸒○𪓐𪓐說文引詩衣裳𪓐𪓐○偊偊踽踽踈行貌無所親也詩獨行偊偊孟子踽踽涼涼○祖祖三略世能祖祖鮮能下下祖為親下下為君○衙衙行貌見虞韻　扈扈喪髻也禮記檀弓○栩栩欣暢貌莊子栩栩然蝶也○淒淒雨不甚雨霽不霽也

八霽

涕涕泣也周禮保氏注喪紀之容涕涕翔翔○瀰瀰詩垂轡瀰瀰○泥泥詩其

葉泥泥選詩哀柳尚沉沉凝露方泥泥杜詩秋風蕭蕭露泥泥

九蟹

駭駭韓文其鼓駭駭又音以　豥豥同上　駴駴疾雷擊鼓曰駴郎韓文所謂駭也

十賄

浼浼詩河水浼浼　浘浘同上又祗韻

十一軫

軫軫文選紛紛軫軫　展展文選隱隱展展與軫軫同　蠢蠢動擾貌左傳今王室實蠢蠢焉　惷惷說文引左傳王室日惷惷焉○泯泯杜詩江流泯泯清○溳溳疊波貌

十二吻

壿壿說文引詩壿壿舞我　蓴蓴子本切文選嘉穎離合以蓴蓴○殷殷郊祀歌靈殷殷

爛揚光呂氏春秋舞爲天子陳陳殷殷莫不彼澤文選殷殷均乎姚澤膴膴尙于周原○扢扢音限見文韻

十三阮

販販韓詩威儀販販○渾渾山海經渾渾泡泡郭璞云衮咆二音○婉婉楚辭駕八龍之婉婉兮選詩婉婉幕中鷩

十四旱

款款詩老夫灌灌注猶款款也楚辭悃悃款款朴以忠乎文選范張款款於下泉尹班陶陶于永夕○侃侃侃侃○皤皤疃疃石鼓文疆里皤皤墠墠與易坦坦同前荀子墠墠非變也注引隨巢子日有陰雨遠者有墠明切者杜伯射王于畝是坦明也○纂纂古樂府棗下何纂纂

古音複字　卷三　三　第十八函

十五潸

獩獩揚子鷹集獩獩○睆睆莊子睆睆然在纆徽之中○板板詩上帝板板玉川子詩上帝板板主何物日車楊楊向西沒

十六銑

鞙鞙胡犬切詩鞙鞙佩璲琄琄同上藺藺禮記言容藺藺注猶綿綿蓋微也○癹癹癹癹又音彬○允允音吮文選沇沇溶溶○泫泫選詩泫泫露盈條○遨石鼓文其遊遨遨○幝幝音闡說文引詩檀車幝幝

十七篠、十八巧　十九皓

嬥嬥往來貌○蹻蹻詩其馬蹻蹻○縹縹王褒祀碧雞文縹縹碧雞○窅窅說苑將將之臺窅窅其謀韓文琴操目窅窅兮慅慅開元五經文字引詩我心慅慅懆懆

同上

二十哿

瓅瓅瑣瑣易旅瑣瑣○儽儽音傫荀子鼞賦儽儽兮其狀○火火司馬決驕驕儹儹人人正正辭辭火火不知何解

二十一馬

灑灑李賀詩日脚淡光紅灑灑龜蒙詩日染中流紅灑灑○雅雅韓文魚魚雅雅○若若垂貌漢書印何纍纍綬若若邪

二十二養

怏怏史記白起聞遷尚怏怏不服有餘言淮南子唐虞日孳孳以致于王桀紂日怏怏以至于死屈亞夫傳鞅鞅非少主臣也鞅鞅同上○兩兩天文志泰階六符兩兩相比○莽莽宋玉賦涉莽莽馳莽楚辭草木莽莽○爽爽晉帖爽爽如有神力養養詩憂心養養

古音複字　卷三　四　第十八函

桊桊同上

二十三梗

井井易往來井井荀子井井兮其有條理也○囧囧韓文公詩月吐窗囧囧選詩囧囧明月秋聅聅漢碑耿耿○鞏鞏劉向九歎心鞏鞏而不夷注拘攣貌又作蛩蛩

二十四迥　二十五拯

怲怲詩憂心怲怲○整整北堂書鈔引孫子兵法不擊整整之旗即正正也○町町論衡町町如荊軻之廬言無人也○矘矘文選日矘矘而喪精○挺挺直也○扃扃左傳引逸詩周道挺挺我心扃扃○省省力言往來不安之貌

二十六厚

莽莽楚辭草木莽莽又養韻○首首鬻子其道首首然○否否不然之辭史記唯唯否否○黝黝選詩黝黝桑柘油油麻紵油音又幽幽同上

二十七寢

瘁瘁寒貌唐詩入林寒瘁瘁○伈伈恐貌廩廩廩廩漢循良傳

二十八感　二十九琰　三十嗛

閃閃杜詩霏霏雲氣重閃閃浪花翻唐詩寒鴉閃閃前山去○剡剡光也禮記弁行剡剡起履楚辭皇剡剡其揚靈兮○闞闞軍旅之容周官保氏注○湛湛厚貌楚辭忠湛湛而願進兮徒敦切諶諶同上厚貌漢郊祀歌羣生諶諶○韇韇音坎鼓聲也○憺憺徒敢切楚辭心也傷之憺憺○黮黮東晳賦黮黮重雲輯輯和風

古音複字卷三

古音複字卷四

成都　楊慎　撰　綿州　李調元　校定

一送　二宋

夢夢不明也詩視天夢夢懜懜同上○蚛蚛音忳楊子法言注引呂氏春秋蚛蚛出放光蟲食物也○躳躳曲躳也史記躳躳如畏○䍶䍶山海經泰戲之山名曰䍶䍶

三絳

舂舂陟降切說文引左傳王宣日舂舂焉憧憧意不定貌易憧憧往來

四寘

遂遂相隨行貌禮祭儀陶陶遂遂如將復入然一作燧燧燧同上穟穟詩禾麻穟穟○佖佖說文引詩威儀佖佖○懿懿文選懿懿芬芬又劉向九歎芳懿懿而復敗兮○

獥獥山海經姑逢之山有獸名獥獥○甚甚毒也說文周書來就甚甚○雉雉文心雕龍引錄圖日嘽嘽嗚嗚紛紛雉雉言至德所被也嗚嗚見上○緻緻韓致光婦人金屐云六寸膚圓光緻緻

五未

沸沸山海經其源沸沸湯湯○狒狒獸名文選猩猩啼而就擒狒狒笑而被格○黖黖物生貌吳都賦萬物蠢生芒芒黖黖○暨暨公羊傳暨暨也禮記戎容暨暨○味味列子有味者有味味者

六御　七遇

慔慔與慕同爾雅慔慔慔勉也○濩濩山海經青邱之山有鳥其名爲灌灌又曰濩濩○瞿瞿說文鳫隼之視也禮記瞿瞿然如有求而不得玉藻視容瞿瞿注不審貌詩狂夫瞿瞿注

無守貌又良士瞿瞿注顧禮義也○具具荀子具具而王具具而霸具具而存具具而亡○儦儦荀子儦儦然離離然是學者之嵬也

八霽

嘒嘒小聲也詩嘒嘒管聲又鸞聲嘒嘒又鳴蜩嘒嘒○裔裔宋玉賦步裔裔兮曜殿揚雄甘泉賦纚乎淫淫盤乎裔裔左思賦紆長袖而屢舞翩躚躚以裔裔滴滴同上洩洩舒散也左傳其樂也洩洩○戾戾選詩鮮鮮涼葉奪戾戾颸風舉○瞦瞦陰也詩瞦瞦其陰○徹徹莊子徹徹焉以天下爲事○綴綴不乖離貌荀子綴綴然瞀瞀然是子弟之容也

九泰

鉞鉞說文引詩鑾聲鉞鉞今作噦○伐伐羣經音辨引詩其旆伐伐今作茷茷○旆旆詩胡不旆旆又荏菽旆旆魳魳山海經敦水多魳魳之魚○肺肺普蓋切詩東門之楊其葉肺肺脫脫舒遲也詩舒而脫脫兮娧娧同上○霈霈楚辭雲興聲之霈霈

十卦

怖怖邁說文引白華詩視我怖怖○焆焆火光也若怪切詩注焆焆猶焆焆也○介介猶耿耿也後漢書介介獨爲是耳

十一隊

眛眛古文尚書眛眛我思之今作昧楚辭日昧昧其將暮沒沒左傳何沒沒也音昧梅梅禮記視容梅梅音昧媒媒莊子媒媒晦晦音昧○晙晙昏昧貌楚辭時晙晙其將罷兮薆薆史記時若薆薆

十二震

信信荀子信信信也疑疑亦信也陳陳音陣呂氏春秋殷殷陳陳無不被澤

十三問

斤斤察也詩斤斤其明吳漢傳斤斤謹質形于體貌○文文音問鳥名見山海經○分分荀子分分兮其有終始也

十四願

寸寸杜詩鳥几重重縛鷄衣寸寸針○騝騝石鼓文布騂騝騝○曼曼鄒陽傳注長夜曼曼何時旦○惛惛不憭也呼困切

十五翰　十六諫　十七霰

碊碊善言也公羊傳碊碊善竫言瞑瞑荀子瞞瞞然瞑瞑然○䁙䁙博雅䁙䁙溫也

悬悬懇惻款誠說文引詩信誓悬悬今作旦○渙渙春水盛也韓詩作溱與洧方洹洹兮士與女方秉蕑兮洹音桓蕑即蘭也煥煥奐奐明也黃庭經明堂煥煥揚八威○汕汕所諫切詩烝然汕汕樔也今之撩罟也說文云汕亦魚游水貌樔側交切一作罺

○憲憲詩無然憲憲注猶欣欣也沮渠蒙遜責劉祥日汝聞劉裕入關敢研研然通鑑釋文華人服飾研麗自喜研研與憲憲古今字雖不同其旨一也研研注見上○騂騂石鼓文鋈革騂騂馯馯同上省德德石鼓文德德負負郎御郎時○齫齫易林齫齫嚙嚙貧鬼相責○灌灌詩老夫灌灌注詳見前懽懽爾雅灌灌搖搖憂無告也又寒韻○倝倝古案切說文日始出光倝倝也俗作翰非○澌澌水聲也上林賦滮滮澌澌吳都賦彪彪澌澌○旰旰文選皓皓旰旰同上省水作旰旰○汗汗與旰旰同省日作汗海賦汗汗泗泗○泗泗水廣也見上○爛爛文選磷磷爛爛古樂府東方欲明星爛爛○練練江淹麗色賦色練練而欲奪吳均詩練練波中月杜詩練練峯上雪纖纖雲表霓○蒨蒨選詩蒨蒨士子倚倚同上杜詩披顏爭倚逸足競驟驟

十八嘯　十九效　二十號
罹罹罩罩然然罹罹○蹻蹻詩其馬蹻蹻又蹻蹻王之造又小子蹻蹻又四牡蹻蹻○
炤炤音照荀子炤炤兮其用智之明也救日祓辭炤炤大明○曜曜文選曜曜振振○
噭噭莊子噭噭然隨而哭之選詩噭噭夜猿啼○僬僬卑趨貌禮記庶人僬僬○哨
哨揚子匪伏匪堯禮義哨哨注切笑切○笑笑古文苑搗素賦笑笑移妍步步生房
二十一箇
娑娑文選修初服之娑娑又歌韻○些些少也又麻韻○箇箇杜詩蕭蕭千里馬箇
箇五花文又砧響家家發蕉聲箇箇同又却繞井闌添箇箇偶經花塢弄輝輝
二十二禡
夜夜古樂府有夜夜曲○籍籍地名枚乘七發戰鬬于籍籍之口○啞啞易林

鳧鷖啞啞以水爲家
二十三漾
悢悢力讓切音與亮同博雅悢悢悲也陳蕃傳大之於漢悢悢不已注悢悢猶眷眷也蘇武詩悢悢
不能辭抱朴子黃髮終否而不悢悢也文選顧此悢悢如何可言集韻作惊又作憢○惊惊同上○憢
憢同上○狠狠抱朴子疑郎恨字之誤○鞅鞅史記鞅鞅非少主臣也又作怏怏○
光光音曠史記漆城光光寇來不可上後漢書天下光光劉子相選詩光光大使古樂府月明光光
星欲璧
二十四敬　二十五徑
郱郱莊子郱郱乎其似亭乎○正正孫武子無邀正正之旗莊子正正者不失其性命之
情趙臺卿孟注仲尼彈邪以正正故不爲己甚○塡塡與正同淮南子無襲堂堂之陣無擊塡塡之旗

○硜硜說文引論語硜硜然小人哉音磬○磬磬同上硜郎古文磬字○怲怲詩憂心怲
怲
二十六宥
究究詩自我人究究○瀏瀏楚辭乘騏驥之瀏瀏兮○瞀瞀謹也荀子瞀瞀然瞀
瞀然是子弟之容也○[illegible][illegible]同上素問○油油音又選詩油油麻紵
二十七沁
伈伈伈伈俔俔恐懼貌○甚甚穀梁愛妻傳君子聞之日夫甚甚之辭焉
二十八勘　二十九豔　三十陷
湛湛露貌○檻檻車行聲也詩大車檻檻文選出車檻檻被練鏘鏘○闞闞周禮
保氏注軍旅之容闞闞仰仰仰音昂○淰淰杜詩洮江市戎戎暗山雲淰淰寒博雅淰水不波也

言寒雲凝聚如不波之水○渢渢汎汎同左傳渢渢乎大風也哉徐邈讀○颿颿汎汎
要雅引詩驅驅其景越王夫人歌驅驅獨兮西往○啖啖併吞之貌荀子論秦見前○澹
澹楚辭水澹澹而盤行兮曹孟德詩水何澹澹○淡淡選詩綠池浮淡淡又音琰○鳳鳳
音梵內典鳳鳳裂序蕃蕃外度乃鍊五石以補之陰兗兩重陽鳥三足乃定王業以嗶之通史徵大鳳於
青邱㸃修蛇於洞庭

古音複字卷四

古音複字卷五

成都 楊慎 撰　綿州 李調元 校定

一屋　二沃

先先音陸說文先先詹諸也其鳴詹諸其皮鼀鼀其行先先○錄錄不自異也史記公等錄錄蕭何傳錄錄未有奇節雚夫傳帝在即錄錄碌碌同上琭琭玉貌老子鹿鹿同錄錄師古註陸陸同上馬援傳娽娽廣韵引毛遂傳逯逯眔也博雅蹗蹗淮南子○漉漉古樂府有月漉漉篇○蔌蔌詩蔌蔌方有穀爾雅菜謂之蔌文選蔌蔌風威唐詩風動落花紅蔌蔌○翻翻鳥飛足縮也詩翽翽其羽通作翽○祝祝莊子萬物職職注猶祝祝也○矗矗文選崇山矗矗○燭燭文選燭燭晨明月○旭旭石鼓文旭旭杲杲○屐屐音僕說文勞也○毣毣謹愿貌鮑宣傳愿竭毣毣之思○謏

謏趄也世說謏謏如松下風○儵儵說文儵儵儺禍毒也○識識石鼓文希微識識○驐驐石鼓文射驂驐驐騋騋同上○族族石鼓文形矢族族簇簇石鼓文射之簇簇蔟蔟唐張籍詩戲馬臺南山蔟蔟鏃鏃王建荊門行欃林深深石鏃鏃○趚趚石鼓文麃鹿趚趚○𧷏𧷏與躅同石鼓文其來𧷏𧷏○嘻嘻說文音聲嘻嘻也余六切○粥粥呼雞聲也說文○足足說文飲器象爵取其鳴足足節節也○角角音谷角角雉鳴韓愈詩○响响同上王逸九思孤雛鷩兮鳴响响又音偓○豖豖豕絆足也豩豩同上又作亍亍○夋夋行迅也與夙同

三覺

濯濯大也詩濯濯厥靈又光澤貌詩麀鹿濯濯又光明也詩鉤膺濯濯又禿貌孟子是以若彼其濯濯也○嶽嶽長角貌漢書五鹿嶽嶽朱雲折其角岳岳王文考靈光殿賦神仙岳岳于楝間

○翯翯鳥肥貌詩白鳥翯翯鶴鶴同上見孟子皬皬同上見文選颮颮音朴西都賦颮颮紛紛○逴逴竹角切石鼓文徒御逴逴楚辭春秋逴逴而日高兮○嗀嗀王文考王孫賦或嗝嗝而嗀嗀殼殼同上說文

四質

戜戜說文引詩戜戜大猷祑祑說文引詩祑祑威儀〓〓同上說文律律集韻引詩南山律律今作律○櫛櫛唐詩車馬騑騑雲櫛櫛○瑟瑟選詩瑟瑟谷中風音義與械同械械古詩淚如霜後葉械械下庭柯章詩古刀寒鋒声械械少年結交平陵客劉禹錫詩松風自蕭械○卽卽漢郊祀歌美芳磑磑卽卽唧唧古樂府唧唧復唧唧挃挃詩穫之挃挃○欪欪咥咥笑也吷吷同上又音喹○翐翐飛羽舒遲貌

五物

弗弗詩飄風弗弗墨子君必有弗弗之臣上必有詻詻之下颰颰風也〓〓同上○菀菀古鬱字詩有菀者柳選詩菀菀園中柳又洛中何菀菀○惚惚忽忽芴芴同上曶曶同上楚辭歲曶曶而遒盡兮○勿勿禮勿勿其欲享之也說文遽稱勿勿晉帖勿勿不暇草書○茇茇與紼紼同楚辭左朱雀之茇茇兮紼紼同上

六月

搰搰莊子搰搰然用力甚多圣圣同上矻矻同上○淈淈汩汩水聲也○咄咄晉殷浩失志書空云咄咄怪事四字杜詩咄咄寧書字冥冥欲避矰○杌杌兀兀不動貌史記兀兀如木人

七曷

泧泧濊濊礙流也說文引詩濊濊同上○活活水聲也選詩活活夕流駛○鱍

鱍詩鱣鮪鱍鱍今作發 發發詩發發字當作發 鱍鱍同上

八黠

察察老子其政察察其民缺缺又俗人察察我獨悶悶楚辭安能以身之察察而受物之汶汶乎孟子注疏介士察察大德洋洋 ○札札選詩札札弄機杼 乙乙音軋文賦思乙乙其若抽注難出貌又陰氣尙强其出乙乙元結補樂歌序乙乙冥冥有純古之聲徐音於筆切非 軋軋唐詩鳴櫓軋軋溪滌滌杜子美南郊賦頓曾城之軋軋軼萬户之燄燄

九屑

蚻蚻音臬蚻蚻國名見山海經 ○漆漆音切禮記祭禮之容濟濟漆漆注濟濟者容也遠也漆漆者容也自反也 ○轍轍韓詩轍轍同上漢碑 ○哳哳說文引詩無然哳哳 ○晣晣昭晣明也詩庭燎晣晣禮晣明行事字一作哲書曰哲時燠若易明辨哲也詩明星哲哲

哲哲見上文霽韻 ○齧齧易林齧齧齧齧貧鬼相責 ○決決盧綸詩決決溪流到處闊王建詩溫泉決決入宮流 潏潏同上選辭記潏潏其前後兮悼來者之悠悠 ○[illegible]石鼓文[illegible]之[illegible] ○契契音屑淮南子嘔之而生吹之而落豈此契契哉 ○挈挈孝經鉤命決側肌刻骨挈挈勤思 ○節節說文節節足足爵鳴也天老曰鳳鳴節節足足 ○悚悚東京賦悚悚黙首 ○掣掣海賦或掣掣洩洩於倮人之國或泛泛悠悠於黑齒之邦 ○咽咽魯頌鼓咽咽 ○傯傯音屑郭璞爾雅注音聲傯傯然唐韵草動也又呻吟也

十藥

䍜䍜與罩同音胡郭切王雪山云魚幹水聲 霍霍同上 ○閣閣詩約之閣閣 格格同上周禮注引詩約之格格 ○洛洛水清澄貌山海經其清洛洛 落落後漢書落落難合晉書羊祜贊落落乎其有颷者也天台山賦藉萋萋之纖草蔭落落之長松 ○鑿鑿鮮明貌詩白石鑿鑿 ○暯暯賈誼新書旭旭然如日之初出暯暯然如日之已入 ○角角唐王建涼州詞城頭山鷄鳴角角洛陽家家學胡樂角牘如字 ○幕幕文選建周車之幕幕兮 ○趯趯石鼓文洋洋趯趯 ○鱳鱳石鼓文鱳鱳其蘊 ○霍霍明也樂府磨刀霍霍向豬羊唐詩菱花霍霍亂曉妝又膾魚纖薄也西征賦霍霍霏霏

十一陌

圛圛音驛說文引周書圛圛升雲半有半無 ○嚍嚍音聲也揚子通諸人之嚍嚍莫如言 咟咟同上 ○液液參同契淫淫若春澤液液象解冰 ○繹繹漢五行志星隕如雨繹繹水至地白虎通泰山像山名繹繹 ○猎猎山海經叔歜國有獸名猎猎 ○斥斥文選原隰昀昀墳衍斥斥 ○喀喀嘔吐貌列子據地而吐之喀喀然遂伏而死 ○澤澤音釋解散也詩其耕澤澤古音澤與釋同夏小正農及雪澤謂雪水而急耕也爾雅作郝郝言土解也引

農書云士長冒撅陳根可拔耕者急發管子亦曰農耕及雪澤 郝郝同上 釋釋同上 覤覤生責切莊子覤覤然驚 ○役役莊子衆人役役又悅夫役役之佞 ○籍籍相踐籍也相如賦它它籍籍又地名文選七發戰于籍籍之口 ○脊脊莊子天下脊脊大亂 ○湝湝唐詩梅枝帶雪微微折水脉流冰湝湝鳴 ○羃羃草盛長貌賈至詩江南芳草初羃羃愁殺江南獨愁客玉川子詩玉階羃歷生青草 ○槭槭與瑟瑟同風聲也又隕落也故瑟瑟之瑟在質韻唐人押蕭瑟之瑟在陌韻杜詩靡靡踰阡陌入烟渺蕭瑟 漇漇水名水經漇漇水與濟水合 ○詻詻說文詻詻孔子容也玉藻言容詻詻墨子上必有詻詻之下 ○覛覛脈脈文選盈盈一水間覛覛不得語 ○格格唐詩格格水禽飛帶波 策策葉聲也韓文公詩策策鳴不已譚子化書東家之魚可名庚庚西家之魚可名策策 ○昔昔列子昔昔夢爲君樂府有昔昔鹽昔與夕同 ○迹迹方言迹迹屑屑不安也

十二錫

儵儵爾雅注與踧踧同○踧踧說文引詩踧踧山川○菽菽同上釋文引詩今作

滌滌濯濯與滌同山秃貌孟子是以若彼濯濯也許詢詩濯濯情累除又直角切○趯趯

史記引詩趯趯毚兎○珞珞歷歷老子珞珞如玉言其少也○析析選詩析析就衰林皎

皎明秋月又森森荒樹齊析析寒沙漲又團團滿葉露析析振滌風○慾慾楚辭記滴滴其前後

兮悼來者之慾慾○適適莊子適適然驚規規然自失也○潡潡漢書注引易其欲潡

潡逐逐易其欲逐逐古音潡○冪冪楊炯賦離離碣石之鴻冪冪江潭之草又陌韵

○狄狄跳躍貌荀子狄狄然莫莫然○袖袖說文行袖袖也

十三職

惻惻選詩惻惻廣陵散側側晉書童謠側側力力放馬山側○力力見上○愬

愬山革切晁公武曰易愬愬終吉愬覤虩三字同音覤覤同上虩虩蝇虎也其狀常畏

○嚓嚓王建聽鏡詞寂寂嚓嚓下階拜○觺觺楚辭其角觺觺魚力切又音宜○掝

掝荀子其誰能以已之潐潐而受物之掝掝者哉○色色列子有色者有色色者荀子心不知

色色注謂以己之色觀彼之色○塞塞往來不安貌方言或謂之省省又日迹迹

十四緝

濈濈詩爾羊來思其角濈濈注和也羊以善觸為患故美其和謂聚而不相觸詩詁曰魚口噞水濈

濈然羊之角多似之⿰角咠⿰角咠上同⿰角戠⿰角戠上同○咠咠說文引詩咠咠幡幡注咠咠舌幡幡

往來貌咠咠上同○吸吸劉向九歎雲吸吸以湫戾○熠熠纂要丹鳥夜照的的

熠韋詩熠熠林光初○蟄蟄詩宜爾子孫蟄蟄兮莊子蟄蟄始作吾驚之以雷霆○蕊蕊

與葳同選詩蕊蕊芳華落周處風士記蕊音義與葳同○鰼鰼山海經水多鰼鰼之魚○

甚甚子入切說文甚盛曰甚甚甚甚盛也○邑邑悒悒晉帖○俋俋勇壯貌莊子俋俋乎

耕而不顧

十五合

納納劉向九歎裳襜襜而含風衣納納而掩露裴遜之詩納納江海深杜子美詩納納乾坤大行行

郡國遥○磕磕石聲相如賦硠硠磕磕左思賦鼻焉洶洶焉磕磕溘溘孔叢子堯千鍾

舜百壺子路溘溘亦飲一榼○沓沓孟子泄泄猶沓沓漢郊祀歌旌容容騎沓沓唐詩沓沓馬

蹄誰見過詻詻荀子君子之言差差然而齊愚者之言詻詻然而沸○鮯鮯魚名山海經

十六葉

沾沾自整貌漢書沾沾自喜呫呫唐書王叔文呫呫小人喋喋多言也佔佔

史記匈奴傳中行說謂漢使曰顧無多辭令喋喋而佔佔冠固何當○獵獵鮑照詩獵獵曉風遒

王翰詩胡沙獵獵吹人面溫庭筠詩獵獵東風燄燄赤旗○燮燮陶靖節閑情賦葉燮燮以去條

氣淒淒而就寒江淹詩燮燮涼葉奪戾戾颸颸舉○攝攝楓木一名攝攝山海經○傑

傑爾雅奕奕傑傑美名也傑傑上同靨靨樂府詩銀河欲轉星靨靨言曉星寥落如面靨

也庾信詩靨上星稀黃中月落○嗝嗝王文考王孫賦或嗝嗝而嗽殼嗝音嗝○䨓䨓

說文引詩䨓䨓震電今作爗

十七洽

甲甲堪輿書甲甲嘉晴庚庚喜雨○㚥㚥說文㚥㚥得志也○霎霎上官儀詩

窗臨鳳沼霎霎雨聲來

古音複字卷五畢

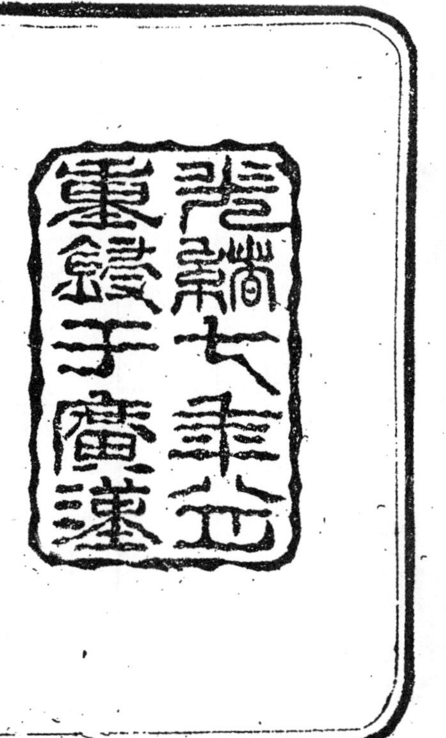

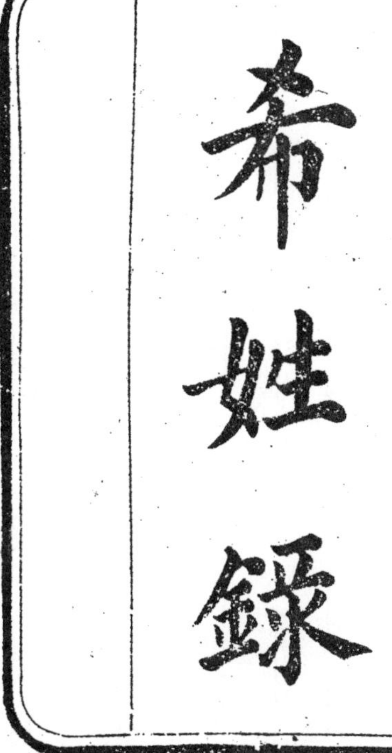

予讀朱竹垞翰林年譜見翰林十六七歲時王廷宰鹿柴歷舉數十古人名屬之對對皆工整王曰此人必以詩名世取材博矣蓋讀書記事蹟較易記姓名較難嘗見人談往事始終臚列獨至不能舉其姓名爲恨所謂博聞强記者安在也兹閱先生希姓錄一編姓率隱僻人亦不少概見非如昔人所云暗中摸索而自知者惜不令好古者與上下其議論其服膺又當何如也童山李調元序

希姓錄序畢

希姓錄目錄

希姓錄目錄畢

希姓錄卷一

成都楊慎撰 綿州李調元校定

一東上平聲

東不訾舜七友之一 雄陶舜時人 蟲達漢高祖功臣 衷愉本漢哀帝之後仕唐改衷 戎賜漢高祖功臣其後漢有戎昱 室中同複姓漢初人 終古夏太史桀將亡奔于南楚辭求終古之所存兮 充虞孟子弟子列仙傳有充向漢有充由 紅侯楚元王後 翁承贊唐人 宮之奇虞人 翰公氏姜姓之別 季融氏芈姓之後 仲熊氏芈姓之後 白巴公氏三字姓 巴公氏見潛夫論 通氏巴大夫食采通川因氏今之通汛也 公魯公子爲之後國朝有進士公勉仁 弓高漢人滇中亦有此姓 風伏羲之後南中夷有風琶 北宮伯子列子 南宮适宋有南宮靖一 邛氏唐韵 桐柏古仙人在天台山後居桐柏山 豐點魯人 鴻騅魋左傳宋國人 洪超逢蒙弟子 同恕宋人號榘菴

二冬

冬壽前燕司馬 佟萬燕人 彤伯周人 潛龍氏伏羲之臣見易緯伏羲以龍紀官飛龍氏老龍氏豢龍逢即豢龍氏擾龍氏者龍氏皆其後也莊子有老龍吉 關龍逢潛夫論云豢龍逢以忠諫桀而死今或作關春秋傳曰飂叔安之子曰董父擾龍以仕舜賜姓曰董氏曰豢龍封朡川朡夷彭姓豕韋皆能豢龍者也 列宗氏芈姓之後 恭氏申生之後 庸以國爲姓 松贇隋書 從欽訓導汾水人 崇大年宋青田賢令 供仲序廣東人

三江

雙漸朱子門人作縣有惠政 逢萌戰國人

四支

岐靈岳段秀實將吏 亓元實唐左軍副使 閭葵班複姓見漢碑陰唐君 侍其暐複姓宋人著續千文 茨克東漢桂陽令敎民蠶桑又有茨光者 支渭興元人後趙司空支雄之後 公旗氏姜姓之別 耆氏芈姓之後 鍾離氏秦之後 儀氏舜之後左傳徐大夫儀楚國朝有儀智 祝其氏微子之後 鳩夷氏微子之後 宜氏微子之後 師宜官漢人善八分書其後訛傳爲施宜 目夷氏微子之後 圜龜氏微子之後 折龜氏衛之公族 史龜氏衛之後 公之氏姬姓之別 椅氏後分爲蹏棲二姓 騎劫燕人 錙氏周公卿之後 卑整姓出鴈門見蔡邕碑 馳氏見姓苑或作彪又作駱 池子華秦相見蔡邕文集 池環漢中牟令國朝有進士池龍 遲超晉湘東太守本作趆魏有尉趆氏今作遲 離婁見孟子 資氏姓出陳留今滇中土酋有此姓

斯從三國吳人 嫣覽後漢人 爲氏魯昭公公子爲之後 丕鄭晉大夫丕與不同 皮容漢人受昌齊詩 脂習漢人與孔融爲友 危稹宋人號驪塘 之氏唐韵 台氏姓苑 雎稼洪武中御史請建臥碑者 怡峰字景阜遼西人 宜桂可湘潭人名在劉須溪趙音山之閒 斯千洪武中人 馳九垓仁壽縣舉人 旗光漢九江太守 箕鄭晉大夫 隋國朝有進士隋府魚臺人 俟分氏複姓俟分氏高車姓也其後俟訛爲俟分訛爲万又倒其字曰万俟

五微

沂川沭陽尹一統志 茘非元禮茘非羌人姓唐將 右歸氏微子之後 饑氏周之後 歸氏魯昭公母其字亦作隗 頎氏單襄公之頎公之後 非子秦之祖 飛廉紂之臣列子有飛衛飛與蜚同 肥義史記 賁赫音肥見英布傳 徵氏微子之後

衣烏曹之後其後分爲烏郎 歸崇敬唐諫臣 威齊威王之後 希姓苑宋進士希習南克人

六魚

渠復纍漢初人見年表周大夫渠參之後 居般漢人封宋城侯晉大夫且居之後 諸發越大夫見說苑又有諸稽亦越大夫見國語今餘姚有此姓 修魚氏秦之後 魚豢晉人著魏畧 渠孔左傳 沮渠蒙遜複姓沮渠匈奴官名因以爲姓 胥臣晉大夫 長盧子列子同時人 初姓出南郡本朝有進士初杲

七虞

朐邴漢人見鹽鐵論 吾粲吳太傳 壺遂司馬遷同時人 挐薄音如衛人見戰國策 璩隆江西人 辜臯洪武中人 辜用琥竹山縣舉人 扶嘉漢廷尉夔州人 諱

毒尼漢初人諱古呼字今只作呼山東有此姓 杅者漢軹讘侯 觚姬姓之後 三烏潛夫論云三烏五鹿青牛白馬氏於志者也 邗侯漢上谷太守潛夫論云邗周之後杜預左傳注自邗羿溝入海今邗溝也邗郎邗也今省作邗 烏枝鳴左傳齊大夫其後有烏重乂 信都芳北齊人王符云郎司徒也俗音不正 呼子先神仙傳諱字之別山東山西皆有此姓 密如氏秦之裔後省爲如 如湏漢人秦中掘地石刻作茹湏呂仲木云 復蒲氏 梧氏田齊後 史駢左傳晉國人 王夫氏微子後 公巫氏姬姓之別 禍餘氏韓之公族 孤氏衛之別 優性舒三字姓春秋時 唐鳩舒三字姓 龍舒此別三姓之舒 疏氏掎姓之別 荼氏周官掌荼之後 豫讓豫音舒又作荼豫荼舒一姓也 餘頗晉人 輿氏周大夫伯輿之後 俱延南凉人 區景漢長沙人今有進士區越 禺姓苑 殳基桐廬仙人 須賈魏人 都稽漢臨亞侯宋有都潔今有進士都穆 巫提

漢冀州刺史狐援齊湣王諫臣於則黃帝臣世本云於則作履王符云姓出商後國朝有
進士於寬殳嘉興漢人沓盧氏鄔臧左傳晉祁氏家臣與祁勝通室易妻其後
唐有鄔彤善草書近時有舉人鄔必圭胥干越大夫且姚音狙左傳衛人輸棘後漢
將軍

八齊

麋竺三國人棲掎姓之別堂谿氏太伯之後谿谷名也在汝南西平前人書堂谿誤作
啓又作開故棠谿之後有啓氏開氏西姓苑泥和漢犍爲功曹其女叔先雄見孝女傳堂谿
公周宣王時賢人烓鳥攜切漢有烓欽

九佳

懷氏微子之後晉有懷敘見顧雍傳槐廣唐人見韋蘇州詩

十灰

臺濛唐人餘推氏芈姓之後陳哀氏舜之後省爲哀又改爲衷鬼氏才
氏高陽氏之後國朝有尚書才寬哀章漢人萊駒左傳今省作來來俊臣唐酷吏
回氏唐韵開氏同上

十一眞

鄰氏有老子傳見秇文志郇謨唐人王莽太子四友郇相之後邠姬姓之後鱗姬姓之後
左傳有鱗朱良臣氏芈姓之後元鈞氏芈姓之後今元字或誤作無字非也春楚相
春申君之後倫伶倫之後史有倫侯今爲嶺南著姓綸直魏人鬭姓苑新穆子
神曜後漢人因氏遂人四姓仁姓出彭城筋姓苑或作腱又作笏屯度蜀漢尚書
銀姓出山西舉人有銀鏡鈞仲甫宋元豐進士眉州人北人無擇春秋人賓

須無春秋人廣西有盬生賓天秀頻氏韵縉氏涓氏信期戰國
趙臣信音申隋有信都芳

十二文

云敞前漢人下軍晉臣以官爲氏公文氏衛之別軍氏衛之別聞見
昌宋咸平進士今有尚書聞淵雲定興隋人薰氏芬氏韻昆氏
尊氏盆氏懃元瀏陽人

十三元

言㫃孔子弟子軒轅集羅浮山道士對唐宣宗云人主屏欲崇德自然受福何處更求長生
奔洪進石敬瑭將蕃嚮漢人八廚之一轅終古漢人其後武帝時有轅固門無
鬼見莊子王符曰門氏芈姓之後元鈞楚大夫其後分爲元氏鈞氏三伉氏微子之後

軒氏衛之別本朝有軒輗番氏衛姓之別吞道元晉人今誤作查帝時有吞景雲恩
茂前燕祭酒爰姓出濮陽存誠宋進士壯門成莊子西門豹園氏
轅咺左傳轅咺進稻醴注以稻米爲酒伯昏瞀人列子同時人存光孫
宋進士敘州人

十四寒

垣護之南宋劉裕臣寒朗東漢人亶誦東漢人論律歷徒單合喜金人
芊嬰七十子之後齊人著書十篇芊字从艸从干音千又作杆與楚姓芈字不同丹木晉大
夫呂覽楚有丹姬邯鄲涓東漢人趙之後完氏微子之後子干氏姬姓之別干
吉吳人晉有干寶戰國干子之後蘭廣漢武陵太守但巴漢濟陰太守音丹官鑑
宋人槃氏廣西猺人槃瓠之後難氏檀弓其後有檀道濟莞氏華箕也

首撥出姓苑 觀虎 胥勇士見左傳

十五删

環淵 道家有環淵上下篇其後有環濟著書名要畧 菅氏 姓出趙郡國朝有進士菅懷理 間氏 韻 太山稽 黄帝師 豢龍逢 關同王氏姓氏志作豢

希姓錄卷一

希姓錄卷二

成都 楊慎 撰　綿州 李調元 校定

一先 下平聲

延岑 東漢人又有延篤 鬻味道 唐侍中 堅鐔 光武將 宣秉 東漢人 宣虎 漢高祖臣 然友 見孟子漢有然溫江陽人 先軫 晉大夫漢侯者表有先賢擇唐人有先江合江人宋有先南與文山同年進士瀘州人 磚氏 微子之後 卷氏 善卷之後 开度 字憲孟宋人四川漕使家多書史 牽招 商義士 牽秀 晉人 偏呂 漢人 鮮思室 蜀漢人 鄐氏 蜀大足有此姓 船 姓苑 淵歆 世本齊大夫 元俗 列仙傳世本黄帝臣元壽作鏡 縣子 春秋時人 鬻苞 後漢金城人 年富 國朝名臣 纏子 漢藝文志 連稱 齊大夫國朝有進士連盛 賢 姓苑蜀有此姓 弦高 左傳晉有弦超 乾思彦 唐人 全琮 吳人 肩吾 莊子今潁州有此姓 籛鏗 彭祖也籛本禾名隸省爲秦此說出國名記未知是否 吞道原 晉人唐有吞景雲吞音天今回回有姓天者 涓氏 燃氏 拳彌 左傳衛大夫 泉企 南史 涓勳 漢人劾薛宣者 允 音沿左允姓之姦居于瓜州至漢爲允吾氏 呼延 延一作衍匈奴姓

二蕭

朝吾 蔡大夫宋有進士諫臣朝夢昱 超喜 漢太僕宋有進士超必鎰綿州人 堯君素 隋人 聊蒼 漢侍中 超石脚 晉人 搖母餘 漢高帝時海陽侯 雕延年 漢初人 蟜固 魯人見檀弓王符云王子喬之後 越椒氏 微子之後 漆彫開 複姓也前人書彫从昜作周遂誤爲周氏 梟氏 隋後楊元感姓 刁景純 豎刁之後 喬 匈奴大姓也 橋 漢元人 椒舉 楚大夫 譙隆 漢武帝時閩中人後徙南充爲譙周晉有譙秀今爲南充著姓

貂氏　條氏　鄡氏　蛸氏　椒氏　昭奚邮楚大夫
韶氏女仙女有鳳音亭長沙人　朝廣後漢人　兖允隋人牛宏之父後改姓牛

三爻

膠鬲殷賢臣　巢父堯時人其後楚有巢午宋有高士巢谷進士巢安士眉州人

四豪

臯如越大夫其後漢有臯伯通　桃豹石勒將　勞丙後漢人　刀整與弟雙南燕義
主　操浮梁有監生操守經　牢梁漢僕射　咎繇郎臯陶又有咎單　蒿氏韻　虒
虎臣胡文定高弟

五歌

那春西魏人　阿伊尹之後以阿衡分爲二姓也　戈夏禹之後宏治中有尚書戈瑄　娥

清代人北史　多軍漢人見侯者表　繁欽魏人繁音婆漢有繁本殷七族之後　過夏之
後登科錄有過鶴　瑀卞和之後湖廣舉人瑀某又作禹同上淮南子禹氏璧　渦氏唐韻　移
都何切姓苑漢有移宗　河清長沙人

六麻

嘉父周大夫　家羨漢人劇令宋有家鉉翁其族盛於眉山　瑕禽周大夫　媧女媧
之後　花卿唐猛將國朝有壯士花雲狀元花綸　牙氏韻君牙之後　蛇姚萇之後　巴
肅漢靈帝時人　奢龍黃帝得奢龍而辨乎東方　洼丹漢人字子玉傳孟氏易　沙世
堅宋勇將　佘安宋咸淳中廷對第二人　把秀西魏衣州刺史音杞東樓公之後

七陽

棠無咎左傳齊大夫　囊瓦楚人　蒼英漢人　杭江東有此姓登科錄有杭淮　強

華漢光武時人宋有強仲至苻堅臣有強注　毋將隆漢人　萇從簡五代將許州節度使
萇宏之後　元遜晉八達之一　襄楷東漢人　涼茂魏人　倉慈吳人　青陽泰
宋熙寧進士仁壽縣人其族最大登進士者三十餘人又分族於井研科第亦盛其後徙丹徒元有青陽
夢炎最知名見一統志　卬姬姓之後　闘強氏芈姓之後　魯陽氏芈姓之後　尋梁
氏嬴姓之後　坊氏田齊後　笮氏　強梁氏衛之別　羌姬之別　豐將
氏太伯之後　良氏太伯之後　張若黃帝臣其後周宣王時有張仲檀弓有張老戰國有張孟
談秦有張儀楚有張丑皆非一姓惟春秋時張白鵠宋國人張仲之後也潛夫論　芳乘漢幽州太
守　琅過齊大夫　狼瞫晉大夫　香夷姓也四夷館通事有香牛　赤張滿稽
莊子　赤張曼支呂覽　昌永宋紹興中特奏名第一　倉跋北魏人倉頡之後　羌
古五代山人　壯唐子漢人　壯鄉子姓苑　相氏　當氏俱韻　棠公齊人

長牂衛大夫　傷省左傳宋國人　苑羊牧之左傳莒大夫　阬氏魯人阬輿
國同　翔季高宋人號羽軒工詩送客詩有大江中夜滿雙櫓半空鳴之句　將渠戰國燕將

八庚

征僑古仙人見司馬相如大人賦宋氏猶有此姓見荊公集　并韶梁人有詞藻吏部以并姓
無先賢遂下其選格　嬴咨漢人入及之一秦之後也　榮援黃帝臣鑄十二月鍾　于庚氏
芈姓之後　嬰氏韓之公族　苦城一作苦成又作鹽城城名也在鹽池東北後人書之則爲楛齊
人聞之則書之曰居音與居同墩煌人見其字則呼之曰車城其在漢陽者不喜苦枯之字則更書之曰
古城氏王符云　庚桑楚莊子　明僧紹南史　卿蜀有此姓　衡方漢人國朝有侍郎衡
岳　行氏今河南有此姓　盈氏唐韻　聲氏仝上　鳴氏韻　清沸魋左傳晉國
人

九青

星吉元人　靈章漢初人　青宜吉宋邊吏　巨辰經氏微子之後　經全州有此姓今有監生經彥寅　靈枯浮越大夫

十蒸

登恒成陽門尹○列子　承宮漢明帝時人　稱忠漢初人見侯者表　烏陵用章金國人　秫稜氏以邑爲氏其後省作未又分爲稜氏　徵氏微子之後　興氏燕趙有此姓宦官興安　恒氏唐韻　宏演衛忠臣漢有宏恭　乘氏韻　仍叔周人

陵蓋季札之後

十一尤

毋邱毋邱曼邱本一姓也　閭邱明齊人　朴胡巴東太守朴音浮三國時人高祖復除賨

人七姓之一　鎗勿論南涼臣　水邱昭券複姓　龍邱萇漢隱士　稠雕漢初人　瞜子耕宋人號蕭閑居士有蕭閑詞一卷　青牛見潛夫論　州晉惠公從陸渾之戎六姓曰州曰薄曰甘曰戲曰露曰帖見潛夫論　勾井疆孔子弟子其後有勾景延後唐時人蜀爲著姓建炎中避高宗嫌名或加金字鈎光祖是也或加絲者約紡是也或加草者茍諶是也增爲勾龍者如淵是也改爲句者句思是也本與勾聲勾濤一姓也　菟裘氏魯之後　騶吏齊人

咸邱蒙巫咸之後　攸邁北燕人　修炳漢屯騎校尉元有修端　州綽晉大夫

舟之僑魯大夫　投調漢光祿　飂叔安左傳　修武丹宋紹定進士富順人

東樓氏　沈猶氏　邑由氏漢人　幽氏唐韻　郵無卹晉人　優氏唐韻　穋氏仝上　謀氏仝上　裘牧仲孟子　謳陽越大夫　嚋無餘越大夫　句安蜀漢人　猶道明宋進士播州人

十二侵

郣肣周大夫　尋相劉黑闥將晉人尋會之後　寀宴音森見胡氏易傳　禽氏田齊之後齊有禽敖周有禽滑稽漢有禽慶古今人表禽敖作黔敖　琴牢孔子弟子　琴張孔子弟子

侵恭三輔決錄　臨姓纂　鍼虎左傳鍼與針同　諶仲漢和帝時人晉有仙姥諶姆今蜀犍爲有此姓　郴寶晉人　箴氏唐韻　欽氏　霽氏　參氏同上　陰不佞周大夫　鍼巫氏魯大夫秦有鍼虎

十三覃

晱助唐人注春秋音談　聃文王之後潛夫論　季老男氏微子之後　堪氏八元仲堪之後　覃姓譜元梁東寧州刺史　南遺魯大夫　藍諸中山大夫宋有藍喬龍川人國朝有詩人藍山藍澗郎墨有藍田博學爲御史以諫廢居　曇橘洲史彌遠之友彌遠作致仕表有

云蹉跎歲月七十有三曇爲屬對曰補報乾坤萬分無一

十四鹽

瞻思元人　纖氏羋姓之後　瀸氏羋姓之後　飛廉氏秦之後今省爲廉　占氏田齊之後宋建炎進士苫穀眉州人　苫氏　閻敖左傳又有閻沒魏獻子諫臣唐有閻立本　銛朴翁宋人工詩清明時有花薔懸燈柳插簷之句　潛說友宋安撫使今傳奇王十朋有此人訛爲錢

十五咸

沉㰥三國時人　凡國名周公之後又見莊子　咸氏舜之後　氾勝之漢人音凡又音范　函熙漢人　劉般左傳宋大夫　咸邱蒙

希姓錄卷二

希姓錄卷三

成都 楊慎 撰 綿州 李調元 校定

一董上聲

搴滇中夷姓

二腫

寵義蜀將 奉南中夷姓 鞏仲至宋人晉大夫鞏朔之後 拱廷臣廣西進士

三講

闕

四紙

紙後魏書官氏志禹之後改紙氏 巳氏左傳 士燮吳交趾太守 壘錫晉梓潼太守

邸懷道隋臣諫幸江都 氏叔琮弑唐昭宗者 是儀蔡邕同時人 彌德超宋初人譖曹彬者 市被戰國燕將 訾順漢初人 止氏微子之後 大李氏太伯之後 綺烏韓非子見 綺里季漢四皓之一 起氏姓譜四川達州有舉人起堂 喜氏北狄姓也天順中有逆閹喜寧 水氏姓譜 紫姓譜南滇夷有此姓 癸齊癸公之後 只丙邱有舉人只好仁 子氏宋之後 水邱昭劵北虜史角 俞古之聰耳善聽者在師曠先 弭仲叔漢人與伯英同時伯英稱其命世之才 吁史記阿之吁子藝文志有吁子十八篇注名嬰與楚同姓音芋師古曰音弭或作蝆

五尾

尾生春秋人王符云微子之後 鬼容區黃帝時人宋有鬼亶作亂 虺氏微子之後

六語

與氏田齊之後 女鳩女方見尚書逸篇其後有漢賢良女敦新都人見華陽國志 曾 女生見神仙傳 沮誦黃帝史臣其後漢有沮授 莒調漢縣氏令又作莒誦 巨武漢荊州刺史東漢有巨無霸 處興漢北海太守

七麌

萬章漢人 子午氏羋姓之後今有子午谷 事父氏微子之後 羽氏太伯之後 古苦成叔之後北史有古弼 曾氏元魏之後今南中夷有此姓 午湛慶宋人見翰墨全書 仵愉湖廣解元丁丑進士死于大理之諫 毋照開元含象亭十八學士之一其後孟蜀有毋煚多藏經史號曰蜀本宋末有毋制機亦名士 旅罷師漢人 舉氏漢初 敘氏唐韻同上 緒氏同上 禹氏 鄅氏 甫氏 府氏 柱氏 豎氏 主氏 吐氏虜姓 虎臣正統中大學生奏劾田振者 鄔楚有此姓教官鄔必圭 浦氏吳中有此姓 扈氏 戶東戶氏後順天舉人戶校 苦李苦李作鼓

取慮宗宋進士敘州人廣雅

八薺

濟氏唐韻 禮氏同上 底氏 管氏 米元章宋本胡姓 邸氏徐妓坡詩

九蟹

買天英宋進士郫縣人潜夫論曰買氏微子之後 楷氏唐韻

十賄

隗氏王符云魯昭公之母歸氏其後為隗 宰直漢人今成都有此姓 海氏唐韻今有都御史海瑞 改氏同上 亥氏同上 采皓漢人 亥唐晉賢人

十一軫

十二吻

近氏微子之後 隱蕃三國吳人

十三阮

渾罕鄭大夫字子寬 渾瑊唐人本夷也故別于渾罕 偃氏後漢皇后偃氏咎陶之後 偃州員左傳吳大夫 蹇氏唐韻蜀人有之 卷氏風俗傳云陳留太守徐焉改圈氏圈與卷字異音同 圈稱陳留人 菀氏左苑何忌 宛還漢下邳相 苑康潁陰令表荀氏八龍爲高陽里 苑咸唐進士成都人善書工詩與王維酬和 晏清晉中郎音緩

十四旱

散宜生 緩虞姓 晏清晉人 短氏本夷姓今旗中有之 滿奮吳人

十五潸

簡叔魯大夫其後西漢有簡卿受書于倪寬三國有簡雍 棧潛魏人

十六銑

洗氏見晉書 典韋曹操將 善氏芈姓之後 善辰宋慶元中進士南充人 鱄諸吳人 展子虔畫士隋人 顯氏韻 扁氏 畢氏本夷姓唐有畢雄信 兗氏韻 蜎子春秋時人名淵老子弟子

十七篠

皎公美交州將 矯氏世本 表氏韻 繞朝左傳秦大夫 紹氏姓苑

十八巧

卯疏周時仙人又作卭今雲南有卯姓

十九晧

杲元啓元詩人 棗祗三國魏人見文選 鎬姬姓之後 傗氏奴擣切姓苑 保申楚人保章氏之後 棗據晉人 寶氏韻 浩生不害 老佐左傳宋國人

二十哿

可樾宋進士遂寧人 火氏夷姓也國初學士火某著寰宇通衢

二十一馬

射咸漢將 白馬見潛夫論 子雅氏姜姓之後 雅琥元詩人王符云雅氏衛姬姓之別 中野氏微子之後 公冶長複姓也前人書冶讀作蠱後人又傳作古或復分爲古氏 古冶子齊人前賢書冶多作蠱馬融廣成頌田彊古蠱之徒文選冶媚作蠱媚是其證也 鴺冶子漢人 洛下閎漢閬中人 北野氏姓苑 把氏番姓也 耇夷姓 乜夷姓

乜番姓

二十二養

養由基楚人王符云養姬姓之後 蕩澤左傳 壤駟赤孔子弟子 賞慶晉人 掌據西涼將 掌禹錫宋太宗時人修本草 仉氏孟子母與掌同 黨叔魯人 敞屠 蔣漢初人 莽同漢人 鞅氏田齊後 罔氏微子之後 攘氏鬼姓之別 莽何羅漢人 釁氏夷姓也譙定受學於蜀中釁氏夷族○袁機仲受學於富順賣香薛翁伊川見青城篦桶翁講易皆蜀之隱君子也 廣滇中夷姓 養奮東漢人見廣西志 朗氏 汻呼朗切人姓 汪汪閩縣在鷹門又汪姓枉 彊華苻堅之臣上聲

二十三梗

額考叔鄭國人其後東漢有額容 幸元龍蜀孟昶臣號松垣又有幸寅遜俱晉人幸靈之後 井伯姜子牙之後虞大夫東漢有井丹 永漢有此姓 郢人肥如令 昶明漢人

齊景公後 丙歜齊大夫 猛獲晉大夫滇中有此夷姓 秉氏韻 整幼洪武中都司見菽園雜記 冷褒漢人國朝有冷謙

二十四迴

鼎貴宋進士 滓寅遜五代人後改爲幸

二十五拯

虔氏姓纂 鄘氏姓氏英賢後混爲鄘

二十六厚

紐回隋書 紐因見孝子傳國朝進士有紐清 壽良漢人 有日興皇明洪武中人

上加山賜姓爲有 斗蓋仕宋長寧縣人 酉牧魏人 莥周公之後見潛夫論 有氏歸姓之剢 友通期後漢人 口同州有此姓 灸姓苑 九希采唐人戎州太守 耦嘉

漢侍中 雀音非姓苑 守姓纂 聚人姓又音籌○ 姜 酒 厚韻 后倉部

首德仁長沙人 母夢牛宋咸淳進士巴縣人

二十七寢

審配三國人 枕氏韻 品氏同上

二十八感

昝氏舜之後 昝堅李勢將 丼井中一點本井字人姓音䏖未詳其義

二十九琰

剡次雲蜀人見宋史趙逵傳 運掩氏趙之後 巴剡氏趙之後 檢氏姓苑

閃回回姓滇昌多有之 陜守本作直其姓有登進士者御筆改爲陜

三十賺

汜宮漢尚書又有汜勝之著農書其後加艸爲范 減氏芊姓之後漢有減宣

希姓錄卷三

希姓録卷四

成都 楊慎 撰 綿州 李調元 校定

一送

眾父左傳眾仲春秋貢元禮元詩人今守瓶城有此姓鳳綱古仙人壽倍彭祖○

今滇中夷姓有之中鼺鼺郎仲鼺也見淮南子○班馬字穎曰二史伯仲字多省作中

二宋

用蜀中番姓頌氏唐韻雍齒漢人統氏奉氏千家姓

三絳

絳氏唐韻姓出三絳之郡巷氏

四寘

騶鈞漢齊王肥舅義縱漢酷吏智浹宋人上書拔岳飛又有智愛益利甲上渻

人項羽將利幾之後懿橫姚臣秦自姬姓之後侯氏華姓之後樓季氏趙之後

白寘氏趙之後冀氏微子之後左傳有冀缺中騶氏太伯之後器氏姓苑

摯荒左傳晉有摯虞陽氏賁氏韻被瞻鄭文公臣穆公問於日聞先生

之義不死君不亡君信有之乎戲氏唐韻瑞氏翠鸞急就章次氏

祕軫宋進士眉州人冀綺淮南人應天府尹

五未

未央漢人知天文見李淯風乙巳占既氏微子之後盵音氣人姓貴遷漢盧江太守

六御

御叔左傳庶秀周公之師見潛夫論據氏微子之後署氏御姓之後御氏御叔

之後譽粹晉平原太守今有廣東舉人譽紹芳鑢金左傳盧姓苑

七遇

絮舜張敞掾吏步叔乘孔子弟子具瑗東漢宦官祚周公之後蠹氏公治長之

後古人書治字或作蠱又作蠹文選書治媚作蠱媚是其證也公治之後遂有蠹氏蠱氏而蠱又去皿爲

蟲漢功臣蟲達是祖凡姓之離合變分此類可以一況難以勝載也布興晉人見陶侃傳元有布景

範新都人步騭吳人逗音住人姓也孺悲度尚漢人瓠巴善鼓瑟鑄

氏左傳臧宣叔娶于鑄樹德宏洪武中進士桂厲叔莒臣

八霽

惠乘漢交趾太守蘮子訓漢方技傳或作薊又作蔺本作𠠆从劚省也桂褒漢人

世家寶臨穎人一統志祕瓊五代將不弟氏微子之後艾歲氏微子之後

閉復亨賓州嶺方縣人文山榜進士麗姓苑漢有麗娟厲溫漢人唐有厲玄計子

勛漢人世鈞秦大夫毳氏銳氏蘮氏見賈誼新書棣氏唐韻

炅欽後漢人其後子孫被難一居徐州姓香一居幽州姓桂一居華陽姓炔皆音桂繼賢宋儒

廣安人綦子長湘江人帥卽蛇也轉爲將帥字列仙傳有帥子連稅安理作地

理指掌圖

九泰

大戊午戰國策諫趙武靈王獵者其後有大祚榮高麗亦有大姓賴仙芝宋人與東坡友

艾預宋人會氏衛之別慧子見韓非子㙂音貝

十卦

蒯瞶孔子弟子蒯同祭遵漢人周公後拜夷姓貝瓊洪武中人快氏唐韻噲

參孝子傳

十一隊

能元皓唐將能音耐奈亨元人逯普漢初人代舉見史記其後有代淵青城山隱者邃氏衛姬姓之別載氏唐韻待進士唐人有送待進士及第歸蜀詩失其名字帥子連仙人帥賢訓導南郃人愛甲宋人定西州刺史

十二震

信都芳魏人印段左傳運姓苑慎到宋諫官眉州人劾秦檜循氏唐韻

十三門

問玉南北朝人鄆氏唐韻訓氏唐韻儁羌複姓靳栽之胡瑗在大學以朱長文靳栽之爲師○鎮江有大學士靳貴

十四願

頓弱戰國人爲秦破六國合縱者匽皇后東漢建成漢武帝時人見侯者表公建氏羋姓之後獻氏田齊後羌憲氏衛姬姓之別頓子獻見華陀傳國朝有進士頓銳寸夷姓健武邯鄲人宋遺民金海陵士敗十采石武闕之遷殺其歸宰以待宋師宋師不至遇害可謂忠矣見石洲文屯莫風俗通混沌太昊之良佐子孫因以爲氏漢有屯莫闕儁林傳作毛誤矣沌郎屯

十五翰

爨深晉興古太守碑今在曲靖有東灌氏趙之後贊鄣晉書有筶堅按說文無此字蕭何封於鄼城在襄陽光化縣襄陽多筶姓即鄧之訛翰唐韻駻臂子弓春秋時人炭氏唐韻西京雜記有炭蜖漢氏唐韻灌夫漢人觀氏唐韻奐氏姓苑山東有舉人奐體美門

十六諫

諫忠漢侍御汗明楚人說春申君者

十七霰

硯司業見元文類見姓苑練安國初忠臣戰蘄州有戰符薦姓林嬿人姓說文

十八嘯

嶠固魯人紹績昧韓非子

十九效

孝秦孝公之後豹公元叔豹之後淳方成漢拔香博士

二十號

泉勝之漢人隻音報姓苑耗姓苑敹人姓說文道朔左傳楚大夫○抱豔北史

二十一箇

過氏登科錄有過鶴那氏夷姓賀純後漢侍中本姓慶避安帝諱改爲賀

二十二禡

射威後漢人柘溍宋人咸都進士夜姓苑庫音赦合括有此姓帕南中夷姓尚書王驥征麓川賜降夷三姓曰帕刀剁今爲酋長避剁字寫作多字云霸相益都耆舊晉姓也華姓苑今但作華笮融晉人

二十三漾

象武韓非子况長甯吳人亢姓林登科錄有亢思謙相元則與應瑗同時見文選注盎姓苑諒輔後漢人蝪當唐人匠氏風俗通云氏于事者巫卜醫匠

曠伯達國初詩人〇今任邱多此姓

二十四敬

姓偉漢書食貨志其姓也 慶氏田敬仲後荆軻本姓慶漢有慶安世趙后幸臣後改姓賀

靖君亮文中子門人靖國君後 敬翔五代人 竟氏韻 正光秦人非刺趙高而死

二十五徑

承宮漢人本侯國承香之後師古曰音證今有此姓作平音 亘護之南史誤作垣

二十六宥

救父漢諫議大夫 後敏當塗人永樂進士 臼任左傳華謙家臣 后倉姬姓之後

廄姓苑 舊姓苑 宥氏鳳陽有此姓 繡君賓游俠傳 候周禮候人之裔 豆姓纂

鄭姓苑 隮音歷姓苑 壽於姚左傳吳大夫漢有壽良南宋有壽寂之䄄宋少帝於竹林堂者今代登科錄有此姓 鬬廉楚大夫 泰豆氏造父之師

二十七沁

禁姓苑吳興人

二十八勘

淡秦中有之逆闖劉蓮本姓淡 啖青苻秦之臣射中姚萇者唐有啖助

二十九豔

念賢四魏太守

三十陷

湛方生晉文人 監居翁漢初人 凡氏避秦亂居氾水改氾氏又作汎並孚梵切

氾勝之漢人撰書十八篇言種植之事

希姓錄卷四

希姓錄卷五

成都 楊慎 撰　綿州 李調元 校定

一屋入聲

督隆蜀漢人請立孔明廟者　麴允晉人　肅詳漢雁門大夫　復揚清扶風人一
統志　沐茂漢洛陽令上書救李雲者其孫沐謙晉人劉裕使刺司馬楚之謙感其忠義以狀告遂委
身事之可謂世濟其美矣　木華晉人宋有狀元木待用　張舉袁紹將　服虔漢儒　鞠
譚漢書　尚郜熈漢人　鴿姓苑　宿祥漢太守其後宋有宿翰平大盜張餘元德中蜀有宿
進請沙汰內官廢斥死　螟惟良武后賜武惟良為姓螟惡之也　夾谷織金人　答祿
與權洪武中人　穀氏廣騰晉姓　五鹿充宗　秃觚髊之後見潛夫論　恭叔
氏趙之後　縮高平原君時人　蘇父商人　逐並王莽大司馬國唐有逐光古　鹿

毛壽漢人五代孟蜀學士鹿虔扆　麴濱漢人晉有麴允唐有麴文泰　竹曾東漢下邳
侯畫譜有竹夢松　竺晏後漢擬陽侯　叔壽光武將　郁貢晉人松江進士郁文博家
多藏書　屋廬子孟子　屋引氏後魏官氏志　牧泯漢人國朝進士牧相　督瓚
漢人　眭宏漢人

二沃

公玉帶漢人上明堂圖者玉又音粟　綠圖顓頊之師　繆圖潛夫論錄作繆其後漢功
臣有繆賡德　續相如漢初人舜七友續牙之後　沃焦三國吳人著神仙傳　訾辱氏
趙之後　曲端宋人　燭之武左傳　辱姓苑　公族進階東漢黨錮傳　[illegible]梁四
公子之後

三覺

濁氏見漢貨殖傳　嶽敏廣西志　甪善敖後漢人　朔姓苑　學姓苑

四質

質氏見貨殖傳　乙普明北史北燕有乙逸　栗融漢平帝臣　室昉金人　密佑
宋人漢人密忠之後　郅都東漢人王符云郅與古姞同而書字或異唐有涇原節度使郅昌　吉
頊唐人本姞姓者作吉　少室周趙襄子臣　一那樓氏後魏　壹斗眷氏後漢
帥昺晉人　密茅氏　密革氏　密須氏姓苑　述氏魯大夫仲述之
後　戌夷姓

五物

鬱姓苑　佛夷姓宦官有佛保　郁修漢九江太守　茀翰胡左傳晉國人

六月

月彥明元人蜀土官有此姓　越象潛夫論由余生于五伏越象生于八蠻而功施齊秦德立
此鈇越象此鉞臣也　髮子賈誼引○後漢有髮福治詩　謁渙漢人又有謁嬰　穀氏又作
微子之後　厥氏漢衡山王妾又作智居月切短也京兆人　闕翊漢荊州刺史　揭登科
錄有揭懸　勃冊本宋右師之後　兀後漢改元建為兀氏　紇奚氏　紇豆陵氏
骨儀京兆人隋書　忽姓苑陝西有監生忽雲漢主事忽鳴　嗢音膃烏沒切元魏有嗢盆
氏又有嗢石闕氏

七曷

石抹宜生元人能詩與劉伯溫酬和　斡道中唐靈武將　末氏本秣陵之後　笪
今京師有此姓隆慶給事中笪東光　達姓苑　末那樓雷後燕人　脫姓苑　濁濁渾
後魏　達奚珣唐人後魏之後周文帝有達步妃　跋異善畫

八黠

滑伯仁國朝名醫殺氏鬼姓之別阿夷姓䆘虬姓

九屑

悅壽南燕尚書折從阮五代人別之傑宋人公折氏姬姓之別泄柳孟子○又有泄冶齧缺莊子折屈氏南凉皇后折屈氏折彥質金國人頡氏列女傳渠縣人舌庸趙大夫左傳說氏傳說之後洩駕鄭大夫渫子古賢人見韓非子鐵伐氏赫連勃勃改其支庶為鐵伐氏言其剛銳堪伐人也今雲南夷人有此姓亦有登科者

十藥

藥松後漢人樂臺注鬼谷子者度觳韓非子顏回明仁於度觳程嬰顯義于趙武度

觳蓋人名也風俗通漢高帝復賓人盧陵沓鄂度夕襲七姓不供租賦宋有度正遂寧人今蜀有度姓字或作庹度尚漢太守訡氏芈姓之後約韓非子鐸政劇漢延約續古賢人見韓非子恪啓晉人濯廣宋世內江人與弟能俱登進士索氏周之後長勺氏殷之後又有尾勺氏略零陵此姓有若魯之後博勞善相馬者錯姓苑北郭騷晏子東郭先生鐸遏寇晉大夫左傳莫者羖羝西秦人南鄭氏落姑仲異漢人落下閎漢人雒鄔秦中有此姓駱雒同一姓也閣拜誘急就章鄂君漢安平侯昨和氏羌姓若口引氏魏後有姡氏姡有某者征鄴戍七被傷死積尸下夜半見燈燭中有神官點名驗尸至姡某曰此乃板閘之數不應死此放歸後運糧至淮安板閘溺死焉

十一陌

格班東漢人格輔元武后相夕斌蜀漢尚書令○風俗通云閬中人范目說高祖募取賓人定三秦封目為慈鳧鄉侯拜復目所募賓人盧朴沓鄂度夕龔七姓不供租賦益部耆舊傳云七姓者羅朴督鄂度夕龔也二說不同並記之吉白氏芈姓之後柏招顓頊之師其後唐有柏學士柏耆柏同帝嚳之師革朱東漢人煮棗侯本朝有進士芈從時麥鐵杖隋人笮融漢下邳相鬲膠鬲之後赫姓苑虢射晉大夫帛和神仙傳高僧傳有帛道猷籍談左傳郤正三國蜀漢人晉大夫三郤之後今邊將有郤勇而誠呼為郤劇辛燕劇孟漢郤至晉大夫後轉作郤澤氏姓苑赤姓苑昔登漢人披氏液容謂急就章釋姓苑適同上赤張漫人呂席坦漢人辟子方漢人辟閭根百豐列子弟子糗宗去久切風俗通漢有

十二錫

錫光漢人○交趾人羅茂晉大夫見國語激章漢人見淮南王傳暨艷吳人其後有暨陶宋元豐中進士唱名于集英殿有暨陶者主司呼以去聲三呼不應蘇頌進曰當以入聲呼之果出應上問何以知之頌對曰三國時吳有暨艷恐是其後乃問陶鄉里崇安人上喜曰果吳人也的夷姓也四夷舒通事官有的酒析歸父齊大夫漢有析伯式通京氏易酈道元音適戚鰓漢臨轅侯狄虎彌左傳魯人

十三職

職洪漢人勒思齊見李太白詩墨允伯夷也其後有墨鱗高陵人郎買漢單父令其後唐有郎岌上書言韋后將亂力牧黃帝相其後漢有力題黑氏徵子之後四川舉人黑光翰國氏太伯之後又齊亦有國氏息襄陽人成化中有響馬賊息英食姓苑直不疑漢翼奉漢人則陽莊子式姓苑棘子成囫音逼特宮左傳

晉大夫特宮殖綽左傳齊勇士万俟晉北齊人音墨食于公風俗通後漢人

箴敏莆田啇氏弋氏黑邶衛人列子

十四緝

濕氏佛圖澄俗姓隰朋齊臣襄隰氏姜姓之別辯大論及氏姓出山東登科錄有及宦戢四川簡州人戢汝北集一漢外黃令龔繡益州將三國志立理威元人嘉定州名宦立如子魯賢人給苑出姚邑由氏姓漢複習晉襄陽習鑿齒洪武學士習學醫

十五合

合左師左傳漢有合博虞郃姓出郃陽闔吳中有此姓後魏改大莫干氏為郃氏沓龍超北史孝義傳塔海元人蚕氏人姓出象文才盡切納氏姓苑哈亦森瀘州人

十六葉

緤錯戰國策俠累韓人昭涉掉尾漢初人複姓涉佗見左傳其後宋有涉弼獻三禮者鄴風漢人天英成僖子晉人見世本捷子齊人著書接子莊子引三輔決錄有接耶子燮元圃宋御史

十七洽

郟張左傳宋有郟亶甲石父左傳鳩治子漢人法雄後漢人又有法于眞法喬鄭法正鳩治子漢藝文志

希姓錄卷五畢

升菴詩話

光緒七年並
重鋟于廣漢

昔人於書非徒誦說之而已將必以心之所欲言口之所能達者筆之於冊流連覽觀以示弗諼久之而所得裒然爲取精用宏直此之故明自正嘉以來言詩者一本嚴羽楊士宏高棅之說以唐爲宗以初盛爲正始正音中晚爲步武遺響斤斤權格調之高低必一於唐而後快甚或取詩之先後乎唐者皆庋閣勿觀嗚乎亦思唐人果讀何書使何事而遂以成一代之作者已乎升菴先生作詩不名一體言詩不專一代兼收並蓄待用無遺而說者或以繁縟靡麗少之韓退之不云乎惟古於文必已出降而不能乃剽賊試觀先生之詩有不自已出者乎先生之論詩有不自已出者乎知其自已出而猶以是譏之是猶責衣之文繡者曰爾何不爲裋褐之不完也責食之膏粱者曰爾何不爲藜藿之不充也其亦惑之甚矣按何宇度益部談資載先生詩話四卷補遺二卷予得焦竑足本十卷蓋皆先生心之所欲白而口之所能言也讀者謂先生言人之詩也可即謂先生自言其詩也亦可童山李調元序

升菴詩話序畢

升菴詩話目錄

升菴詩話　目錄　二　第十九函

升菴詩話卷一

成都　楊　愼　撰　綿州　李調元　校定

古詩一言至十一言

黃帝彈歌斷竹屬木飛土逐肉二言之始也詩頌振振鷺鷺于飛鼓咽咽醉言歸三言之始也鬱陶乎予心顏厚有忸怩五言之始也詩雅我不敢效我友自逸八言之始也杜詩男兒生不成名身已老九言也李太白黃帝鑄鼎於荆山鍊丹砂丹砂成騎龍飛上太清家十言也東坡詩山中故人應有招我歸來篇十一言也我不敢效我友自逸亦可作兩句若長吉

酒不到劉伶墳上土八言一句渾全

四言詩

劉彥和云四言正體雅潤爲本五言流調清麗居宗鍾嶸云四言文約義廣取效風雅便可多得每苦文繁而意少故世罕習焉劉潛夫云四言尤難三百篇在前故也葉水心云五言而上世往往極其才之所至而四言詩雖文辭巨伯輒不能工合數公之說論之所謂易者易成也所謂難者難工也方元善取韋孟諷諫云誰謂華高企其齊而誰謂德難厲其庶而以爲使經聖筆亦不能删過矣此不過步驟河廣一章耳予獨愛公孫乘月賦月出皎兮君子之光君有禮樂我有衣裳張平子西京賦豈伊不虔思放天衢豈伊不懷歸于枌榆天命不慆疇敢以渝隸釋載漢碑唐扶頌如山如岳嵩如不傾如江如河澹如不盈其句法意味眞可繼三百篇矣或曰唐山夫人房中樂歌何如曰是眞可以繼關雎不當以章句摘也曰然則曹孟德月明星稀嵇叔夜目送歸鴻何如曰此直後世四言耳工則工矣比之三百篇尙隔尋丈也

雉噫

楊子言孔子之去魯曰不聽政諫而不用雉噫者注

雉噫猶歌歎之聲梁鴻五噫之類也按家語孔子去魯歌曰彼婦之口可以出走彼婦之謁可以死敗優哉游哉聊以卒歲此即雉噫之歌也唐文聆鳳衰於接輿歌雉噫於桓子

白渠歌

田于何所池陽谷口鄭國在前白渠在後舉鍤成雲決渠爲雨水流竈下魚躍入釜涇水一石其泥數斗且溉且糞長我禾黍衣食京師百萬餘口漢紀所載比漢書多水流魚跳二句

探情以華

文選王仲宣詩探情以華覩微知著本於史記律書情核其華道著明矣之語華者貌也然史記之語觀仲宣之詩而益明仲宣之詩得李善之解而始白覩書所以貴乎傳證也

鴻篆

謝莊詩義標鴻篆宋詔嘉篆缺文皆謂書也王融詩金縢開碧篆又云彩標紫毫華垂丹篆文人用往篆皆同南史青箱起飮素篆從風言楚書也

七經詩集句之始

晉傅咸作七經詩其毛詩一篇略曰聿修厥德令終有俶勉爾遁思我言維服盜言孔甘其何能淑讒人罔極有靦面目此乃集句詩之始或謂集句起於王安石非也

四言詩自然句

江淹別賦春草碧色春水綠波送君南浦傷如之何取諸目前不雕琢而自工可謂天然之句他如梁元帝秋水文波秋雲似羅唐羅昭諫蟋蟀賦美人在何夜影流波與子佇立徘徊思多抑其次也近世知學六朝初唐而以飽飣生澁爲工漸流于不通有改鶯啼曰鶯呼猿嘯曰猿唳爲士林傳咲安知此趣耶

上巳詩

王融上巳詩粤上斯巳惟暮之春二句古雅○詩評四言詩三百篇之後曹植王融

雪讚書紈扇

羊孚作雪讚曰資清以化乘氣以靡遇象能鮮卽潔成輝桓允遂以書扇余嘗有夏日詩云紈扇書羊孚雪玉笛吹李白梅

孫思邈詩

孫思邈四言詩曰取金之精合石之液列爲夫婦結爲魂魄一體混沌兩精感激河車覆載鼎倨無忒洪鑪列火烘燄翕赫煙未及點燄不假碧如畜扶桑若藏霹靂姹女氣索嬰鬼聲寂透出兩儀麗於四極壁立幾多馬馳一驛宛其死矣適然從革惡黜善還情回性易紫色內達赤芒外射熠若火生乍疑血滴號日中還退藏於密霧散五內川流百脈骨變金植顏駐玉澤陽德乃敷陰功乃積南宮度名北斗落籍此詩詞高古類魏伯陽而世傳者少錄於此云

袁崧山川記

高山嵯峨巖石磊落傾側縈迴下臨峭壑行者攀緣牽援帶索

南裔志

蚺惟大蛇既洪且長采色駮映其文錦章食豕吞鹿腴成養瘡賓饗嘉食是豆是觴

六言詩始

任昉云六言詩始於谷永愼按文選注引董仲舒琴歌二句亦六言不始於谷永明矣樂府滿歌行尾一解命如鑿石見火居世竟能幾時亦六言也

荔枝六言

曾吉甫荔子六言二首其一云蕉子定成噲伍梅丸應愧盧前金谷危樓魂斷白州舊井名傳其二云紅皺解羅襦處清香開玉肌時繡嶺堪憐妃子苎蘿不數西施

無名氏六言詩或云李季章作

蔣凝賦止四韻邠老詩無全章了頭花鈿滿面不及徐妃半粧

弦超贈神女詩

今日何日辰良今夕何夕夜長琅疏瓊牖洞房中有美女齊姜參差匏管笙簧歌聲含宮反商蕭瞱窈窕芬芳明燈朗炬煌煌御巾解珮褫裳願言與子偕臧

此詩甚佳而罕傳余嘗選古今六言詩刻已成偶遇此詩謾記於此

三句詩

古有三句之詩意足詞贍盤屈於二十一字之中最爲難工徧檢前賢詩不過四五首而已岑之敬當壚曲云明月二八照花新當壚十五晚留賓四晬百萬樻自陳最爲絕倡唐傳奇無名氏春詞云楊柳梟梟隨風急西樓美人春夢中繡簾斜捲千條入一作楊妃舞曲後跋云三句之詩妙絕古今幽怪錄所載同宋謝皋羽寄鄧牧心云杜鵑花開桑葉齊蠶勝芋生藥草肥九鎖山人歸未歸洪武中詹天臞寄山中友人云桂樹蒼蒼月如霧山中故人讀書處白露溼衣不可去一本有雖佳比之唐人則惡矣又古步虛詞云三十六天高大清元君夫人躡雲語吟風颯颯吹玉笙近日雲南提學彭剛詠刺桐花云樹頭樹底花楚楚風吹綠葉翠翩飜露出幾枝紅鸚鵡亦風韻可愛也刺桐花雲南名爲鸚哥花花形酷似之

彭公此詩本四句命吏寫刻于匾遺其一句復誦之自覺意足乃不更改余聞之晉甯侍御唐池南云

晉沈玧前溪歌

前溪滄浪映通波澄渌清聲弦傳不絕寄汝千載名永使天地并

黃葛結蒙蘢生在路溪邊花落隨水去何當順流還還亦不復鮮五言五句之詩古今惟此而已

樂曲名解

古今樂錄云傖歌以一句爲一解中國以一章爲一解王僧虔啟曰古曰章今曰解解有多少當是先詩而後聲詩敘事聲成文必使志盡於詩音盡於曲是以作詩有豐約制解有多少又諸曲調皆有辭有聲而大曲又有豔有趨有亂辭者其歌詩也聲者若羊吾夷伊那何之類也豔在曲之前趨與亂在曲之後亦猶吳聲西曲前有和後有送也愼按豔在曲之前

與吳聲之和若今之引子趨與亂在曲之後與吳聲之送若今之尾聲羊吾夷伊那何皆辭之餘音嫋嫋有聲無字雖借字作譜而無義若今之哩囉嗹唵吽也知此可以讀古樂府矣

齊歌曰歐吳歌曰歈楚歌曰些巴歌曰嬥

謠作䚻

爾雅曰徒歌曰謠說文謠作䚻注云䚻从肉言今按徒歌不謂者用絲竹相和也肉言歌者人聲也出自胸臆故曰肉言童子歌曰童䚻以其言出自其胸臆不由人教也晉孟嘉云絲不如竹竹不如肉唐人謂徒歌曰肉聲卽說文肉言之義也

掘柘詞 掘音拙

樂苑云羽調有柘枝曲商調有掘柘枝此舞因曲爲名用二女童帽施金鈴抃轉有聲其來也於二蓮花中藏之花折而後見對舞相呈實舞中雅妙者也段成式寄溫庭筠雲藍紙詩曰三十六鱗充使時數番猶得寄相思待將袍襖重抄了寫盡襄陽掘柘詞掘柘詞溫集中亦有

白苎舞

韻語陽秋曰宋書樂志有白苎舞樂府解題譽白苎

曰質如輕雲色如銀製以爲袍餘作巾袍以光軀巾拂塵王建云新縫白苎舞衣膩來遲要得吳王迎元正云西施自舞王自管白苎翩翩鶴翎散則白苎舞衣也王建云新換霓裳月色裙豈霓裳羽衣舞亦用白邪柘枝舞起於南蠻諸國而盛於李唐傳於今者尚其遺制也章孝標云柘枝初出鼓聲招花鈿羅裙聳細腰言當招之以鼓張承云白雪慢回抛舊曲黃鸝嬌囀唱新詞言當雜之以歌今制亦爾而鄭在德詩云三敲畫鼓聲催急一朵紅蓮出水遲則所用者一人而已法振詩云畫鼓催來錦臂攘小娥雙起整

霓裳則所用又二人挼樂苑用一女童帽施金鈴抃轉有聲其來也於蓮花中藏花折而後見則當以一人爲正今或用五人與古少異矣

慢字爲樂曲名

陳后山詩吳吟未至慢楚語不假裴任淵注云慢謂南朝慢體如徐庾之作余謂此解是也但未原其始樂記云宮商角徵羽五者皆亂迭相陵謂之慢又曰鄭衛之音亂世之音也比干慢矣宋詞有聲聲慢石州慢惜餘春慢木蘭花慢拜星月慢瀟湘逢故人慢皆雜比成調古謂之嘖曲嘖與賾同雜亂也琴曲有

名散元曲有名犯又曲終入破義亦如此

哀曼

晉鉦滔毋孫氏箜篌賦曰樂操則寒條反榮哀曼則晨華朝滅曼與慢通亦曲名

吳趨趨非平聲

莊子有不任其聲而趨舉其詩焉崔注云不任其聲憊也趨舉其詩無音曲也劉會孟曰趨者情憊而詞追也與吳趨之趨當音七注切

妖浮

羊孚曰吳聲妖而浮

甘泉歌

秦始皇作驪山陵周迴跨陰盤縣界水背陵陣使東西流運大石於渭北諸民怨之作甘泉之歌云運石甘泉口渭水不敢流千人唱萬人謳金陵餘石大如堰此歌見三秦記余編風雅逸編秦以前古歌謠搜括無遺而乃復遺此刻梓已行不容竄入遂筆於此信乎纂錄之難周也

卿雲歌

太平御覽引卿雲歌卿雲爛兮糺漫漫兮糺今諸書所引誤作礼

天馬歌

天馬歌天馬徠歷無草草卽皁字从艸从早艸字可染皁也後借爲皁隸之皁歷解爲槽櫪之歷言其性安馴不煩控制也師古解爲水草之草失之

連臂蹋地

戚夫人侍兒賈佩蘭歌上靈之曲連臂蹋地以爲節蹋以足踏地而歌也丑犯切楊雄蜀都賦蹋凄秋發陽春

鐃歌曲

漢鐃歌曲多不可句沈約云樂人以音聲相傳詁

不可復解凡古樂錄皆大字是辭細字是聲聲辭合寫故致然爾此說卓矣近日有好古者效之殆可發笑

朱鷺

古樂府有朱鷺曲解云因飾鼓以鷺而名曲焉又云朱鷺呪鼓飛於雲末徐陵詩有梟鐘鷺鼓之句宋之問詩稍看朱鷺轉尙識紫騮驕皆用此事蓋鷺色本白漢初有朱鷺之瑞故以鷺形飾鼓又以朱鷺名鼓吹曲也梁元帝放生池碑云元龜夜夢終見取於宋王朱鷺晨飛尙張羅於漢后與朱鷺飛雲末事相叶

可以互證補樂府解題之缺

魚魚雅雅

古樂府朱鷺曲朱鷺魚以烏鷺何食食茄下烏古與雅同叶音作雅蓋古字烏也雅也本一字也雅與下相叶始得其音魚以雅者言朱鷺之威儀魚魚雅雅也韓文元和聖德詩魚魚雅雅之語本此茄古荷字

井公六傳

古樂府井公能六傳玉女善投壺蓋因井星形如博局而附會之亦詩人北斗挹酒漿之意也曹子建詩仙人攬六著對博泰山隅齊陸瑜詩九仙會歡賞六博具娛神戲谷聞餘地銘山憶舊秦周王子深詩誰能攬六着還須訪井公庾子山詩藏書凡幾代看博已千年陳張正見詩已見玉女笑投壺復覩仙童欣六博

李陵詩

修文殿御覽載李陵詩云紅塵蔽天地白日何冥冥微陰盛殺氣淒風從此興招搖西北指天漢東南傾嗟爾窮廬子獨行如履冰短褐中無緒帶斷續以繩寫水置瓶中焉辯淄與澠巢父不洗耳後世有何稱此詩古文苑只二句見于修文殿御覽鍾嶸所謂驚

心動魄一字千金信不誣也當補入之以傳好古者

蘇李五言詩

蘇文忠公云蘇武李陵之詩乃六朝人擬作宋人遂謂在長安而言江漢盈巵酒之句又犯惠帝諱疑非本作予考之殆不然班固藝文志有蘇武集李陵集之目摯虞晉初人也其文章流別志云李陵衆作總雜不類殆是假託非盡陵志至其善篇有足悲者以此考之其來古矣卽是假託亦是東漢及魏人張衡曹植之流始能之耳杜子美云李陵蘇武是吾師子美豈無見哉東坡跋黃子思詩云蘇李之天成尊之

亦至矣其曰六朝擬作者一時鄙薄蕭統之偏辭耳

古詩

客從北方來言欲到交趾遠行無他貨惟有鳳皇子百金我不欲千金難爲市以在籠中居羽儀紛不理放之飛翱翔何時到故里○此漢無名氏詩也以爲王義之非也

又

古詩文綵雙鴛鴦裁爲合歡被著以長相思縁以結不解著昌慮切鄭元儀禮注著充之以絮也縁以絹也鄭元禮記注縁飾邊也長相思謂以絲縷絡綿交

互細之使不斷長相思之義也結不解按說文結而可解曰紐結不解曰締締謂以針縷交鎖連結混合其縫如古人結綢繆同心製取結不解之義也既取其義以著愛而結好又美其名曰相思曰不解云合歡被宋趙德麟侯鯖錄有解會而觀之可見古人詠物託意之工矣

古詩十九首拾遺

閨中有一婦搗衣寄遠人深夜不安寢杵聲聞四鄰夫壻從軍久別離無冬春欲寄向何處邊塞多風塵蘭茝徒芬香無由近君身此古詩十九首之遺也鍾嶸云古詩凡四十餘首陸機所擬十餘首至梁昭明選十九首其餘有見於樂府及玉臺新詠者若上山採蘼蕪橘柚垂華實紅塵蔽天地十五從軍征四坐且莫諠悲與親友別穆穆清風至蘭若生春陽步出城東門白楊初生時凡十首皆首尾全近又閱類要及北堂書鈔修文殿御覽會合叢殘得此首其碎句無首尾者載之於詩話補遺

漢古詩遺句

庭中有奇樹上有悲鳴蟬○泛泛江漢萍飄蕩永無根○青青陵中草傾葉晞朝日陽春被惠澤枝葉可

攬結○餓狼食不多飢豹食有餘○蝴蝶遊西園莫宿桑樹間○天霜木葉下鴻鴈當南飛（古詩四十餘首文選收其十九首今其遺句見於類書多有之聊錄其一二斷圭缺璧猶勝瓦礫如山也）人遠精神近寤寐夢容光（無名氏）初秋北風至吹我章華臺浮雲多暮色似從崦嵫來（同上）石上生菖蒲一寸八九節仙人勸我飡令人好顏色（同上）羈縶繫世網進退維準繩（江偉）去婦不顧門萎韭不入園（諸葛孔明）探懷授所歡願醉不顧身（王仲宣）皎月垂素光元雲爲髩鬟（劉公幹）元景如聯璧繁星如散錦（庾闡）金荊持作枕紫荊持作牀（古歌）爭先非吾事靜照在忘求（王右軍）來若迅風散逝如歸雲征

李克翁如翔雲會忽若驚風散秦贈遙看野樹短遠望樵
人細虞騫黃鳥鳴相追交交弄好音古詩相思心既勞相
望脰亦悁陸彥聲迅飆翼華蓋飄颻若鴻飛石崇元清渺
渺觀浴景出東渟仙詩逍遙元津際轡景落滄溟上

佛經似詩句

佛經有云樂行不如苦住富客不如貧主又見洞山
語錄破鏡不重照落花難上枝絕似唐人樂府也

子書傳記語似詩者

美色不同面悲音不共聲論衡片玉可以奇奚必待盈
尺抱朴子兩江珥其市九橋帶其流揚雄生無一可日歡死

有萬世名列子善御不忘馬善射不忘弓韓詩外傳文繡被
臺榭菽粟食鳧鴈晏子日日獻玉衣旦旦進玉食列子駿
馬養外廄美人充下陳戰國策操行有常賢仕宦無常
遇王充觸露不掐葵日中不翦韭古諺飛鳥號其羣鹿鳴
求其友楚辭注膏以肥自焫翠以羽殃身蘇秦薰以香自
燒膏以明自煎陳留父老炅將如收電可見不可追抱朴子
高不絕山阜跛羊升其顛深不絕涓流稚子浴其淵
牟子急行無善步促柱少和聲王充孔子辭廩邱終不盜
帶鉤許由讓天下終不利封侯淮南高山尋雲霓深谷
肆無景羊祜疏南遊罔寘野北息沉墨鄉淮南日回而月

周時不與人遊淮南百里不販樵千里不販糴古諺兩貴
不可同兩勢不可雙說苑女愛不敝席男歡不盡輪鬼谷子
御馬不釋策操弓不反檠家語鵲巢知風起獺穴知
水生韓詩外傳豐屋知名家喬木知舊都呂覽井水無大魚
新林無長木上餓狼守庖廚餓虎牧牢豚仲長統昌言代
馬依北風越鳥翔故巢吳越春秋荊山不貴玉鮫人不貴
珠韓詩外傳蠹蝝僕柱梁蚊虻走牛羊新序青崖若點黛素
湍如委練羅含湘中記白沙如霜雪赤岸若朝霞上洞庭
對岳陽修眉鑒明鏡上神邱有火穴光景照千里崑
崙有弱水鵝毛不能起元中記蟪蛄鳴於朝寒螿鳴於

夕風土記秋日蠅成市於朝蚊成市於夕夏煦氣成虹霓
揮袖起風塵劉郡趙都賦不寶咫尺玉而愛寸陰旬司馬法
鼓聲不過閶鐸聲不過閾上鐸以聲自毀膏以明自
鑠淮南大江如索帶舟船如鳧鴈郡國志跣跗被商舄重
譯吟詩書王充醴泉有故源嘉禾有舊根〇白璧不可
為容容多後福左雄傳仲尼長東魯大禹出西羌晉書戴叔
鸞傳明月不妄暎蘭葩豈虛鮮郭璞新露青陽升天光入
隙中佛經日從蒙氾出照樹初無影上隴坂縈九曲不
知高幾里三秦記高樹翳朝雲文禽蔽淥水應璩平流鼓
怒浪靜樹振驚飆〇搖木不生危松柏不處卑國語遁

關不可復亡犴不可再淮南一淵不兩蛟淮南兩雄不竝棲三國志

咄唶歌

棗下何纂纂榮華各有時棗初欲赤時人從四方來棗適今日罄誰當仰視之○咄唶晉書作咄嗟魯靈光殿賦作啗咤

麥含金

梁鴻傳載鴻詩二首麥含含兮方秀刻本皆如此藝文類聚引之作麥含金爲是金與含相似而衍爲二字也此當表出之

狄香

張衡同聲歌灑掃清枕席鞮芬以狄香鞮履也狄香外國之香也謂以香薰履也近刻玉臺新詠及樂府詩集改狄香作秋香大謬吳中近日刻古書妄改例如此不能一一盡彈正之

古歌銅雀詞

長安城西雙貝闕上有一雙銅雀宿一鳴五穀生再鳴五穀熟○此詩文選註引有缺字今考太平御覽足之○劉禹錫詩銅雀應豐年

曹孟德樂府

曹孟德樂府如苦寒行猛虎行短歌行膾炙人口久矣其稀僻罕傳者如不戚年往憂世不治存亡有命慮爲之蚩又云壯盛智慧殊不再來愛時進趣將以惠誰不特句法高邁而識趣近于有道可謂文姦也已

曹子建遺詩

曹子建棄婦篇云石榴植前庭綠葉搖縹青丹華灼烈烈璀彩有光榮光好燁流離可以處淑靈有鳥飛來集拊翼以悲鳴悲鳴夫何爲丹華實不成拊心長歎息無子當歸寧有子月經天無子若流星天月相

終始流星沒無精棲遲失所宜下與瓦石并憂懷從中來歎息通雞鳴反側不能寐逍遙於前庭踟躕還入房肅肅帷幕聲褰帷更攝帶撫絃彈鳴箏慷慨有餘音要妙悲且清收淚長歎息何以負神靈招搖待霜露何必春夏成晚穫爲良實願君且安寧此詩郭茂倩樂府不載近刻子建集亦遺焉幸玉臺新詠有之遂錄以傳

甄后塘上行

蒲生我池中綠葉何離離豈無蒹葭艾與君生別離念君去我時獨愁常苦悲想見君顏色感結傷心脾

念君常苦悲夜夜不成寐莫以豪賢故棄捐素所愛莫以魚肉賤棄捐蔥與薤莫以麻枲賤棄捐菅與蒯倍恩常苦枯蹶船常苦没教君安息定愼莫致倉卒與君一别離何時復相對出亦復苦愁入亦復苦愁邊地多悲風樹木何搜搜從君致獨樂延年壽千秋○此詩樂府亦載而詳略不同然詞義之善無如此録之完美故書於此蹶船常苦没黄河中行舟常有此患俗云着淺説文艘船著沙不行也尙書大傳云三艘國名亦在黄河側甄后此句正北方之語特表出之○甄后中山無極人爲魏文帝后其後爲郭嬪

譖賜死臨終作此詩魏明帝初爲王時納虞氏爲妃及即位毛氏有寵而黜虞氏卞太后慰勉之虞氏曰曹氏自好立賤未有能以令終殆必由此亡國矣其後郭夫人有寵毛后愛弛亦賜死魏之兩世家法如此虞氏亡國之言良是詩可以觀不獨三百篇也○元人傳奇以明帝爲跳槽俗語本此

升菴詩話卷一

升菴詩話卷二

成都 楊 愼 撰 綿州 李調元 校定

横浦論詩

横浦張九成謂王粲贈蔡子篤詩大有變風之思嵇叔夜送秀才從軍詩有古詩人之風劉公幹贈從弟詩有國風餘法

王粲用劉歆賦語

劉歆遂初賦望亭隧之皦皦兮飛旗幟之翩翩王粲七哀詩登城望亭隧翩翩飛羽旗實用劉歆語

劉文房詩

劉文房詩已是洞庭人猶看灞陵月孟東野詩長安日下影又落江湖中語意相似皆寓戀闕之意然總不若王仲宣云南登灞陵岸回首望長安涵蓄蘊藉自然不可及也

連綿字

左太沖招隱詩峭蒨青蔥間竹柏得其眞五言詩用四連綿字前無古後無今

陸士衡詩

陸士衡詩感別慘舒翮思歸樂遵渚注舒翮謂鵠遵渚謂鴻言感別之情慘於舒翮之飛鵠思歸之志樂

於邅渚之征鴻也

趙李

阮籍詠懷詩西遊咸陽市趙李相經過顏延年以爲趙飛燕李夫人劉會孟謂安知非實有此人不必求其誰何也不詳詩意咸陽趙李謂游俠近幸之儔漢書谷永傳小臣趙李從微賤尊寵成帝常與微行者籍用趙李字正出此若如顏延年說趙飛燕李夫人豈可言經過如劉會孟言當時實有此人唐王維詩亦有日夜經過趙李家豈唐時亦實有此人乎乃知讀書不詳考深思雖如延年之博學會孟之精鑒亦

不免失之況下此者耶（趙李按漢書乃成帝時趙季李款）

湖陰曲題誤

王敦屯于湖帝至于湖陰察營壘而去此晉紀本文于湖今之歷陽也帝至于湖爲一句陰察營壘爲一句溫庭筠作湖陰曲誤以陰字屬上句也張來作于湖曲以正之

寄梅事

寄梅事始見于說苑越使諸發云豈有一枝梅可寄國君者乎又詩話載南北朝范燁與陸凱相善凱在江南寄梅花一枝詣長安與燁且贈一詩云云按燁爲江南人陸凱字智君代北人當是范寄陸耳凱在長安安得梅花寄燁乎

苻堅詩

商風隕秋籜苻堅詩也何讓漢魏

傅元雜詩

傅元雜詩攝衣步前庭仰觀南鴈翔元景隨形運流響歸洞房五臣注景鴈影也映於月光而色元也二句皆承上文說鴈其旨始白五臣注亦不可廢

粘天

庾闡揚都賦濤聲動地浪勢粘天本自奇語呂黎祖

之曰洞庭漫汗粘天無壁張祜詩草色粘天鷤鴂恨黃山谷遠山粘天吞釣舟秦少游小詞山抹微雲天粘衰草正用此字爲奇今俗本作天連非矣

慧遠詩

晉釋慧遠遊廬山詩崇巖吐氣清幽岫棲神迹希聲奏羣籟響出山溜滴有客獨冥遊徑然忘所適揮手撫雲門靈關安足闢留心叩元扃感至理弗隔孰是騰九霄不奮沖天翮妙同趣自均一悟超三益此詩世罕傳宏明集亦不載猶見於古石刻耳（一作東林寺志）孰是騰九霄與陶靖節孰是都不營之句同調眞晉人

語也杜子美詩得似廬山路眞隨慧遠遊正用此事字亦不虛千家注杜乃不知引此

帛道猷詩

晉世釋子帛道猷有陵峯採藥詩曰連峯數千里修林帶平津茅茨隱不見雞鳴知有人此四句古今絕唱也有石刻在沃州巖拔宏明集亦載此詩本八句其後四句不稱獨刻此四句道猷自刪之耶抑別有高人定之耶宋秦少游詩菰蒲深處疑無地忽有人家笑語聲道潛詩隔林髣髴聞機杼知有人家在翠微雖祖道猷語意而不及庚溪作詩話謂少游道潛

比道猷尤爲精練所謂蘇糞壤以充幃謂申椒其不芳

古詩用古韻

南平王劉鑠過歷山湛長史草堂詩云茲山蘊靈詭憑覽趣亦賸九峯相接連五渚逆縈浸層阿疲且引絕帛暢方禁溜泉夏更寒林交晝長蔭伊予久緇涅復得味苦淡願逐安期生於焉愜高枕贈音愼淡枕與浸蔭皆相叶爲韻蓋用古韻也又庾信喜晴應詔詩云御辯誠膺籙維皇稱有建柏梁驂四馬高陵馳六傳河堤崩故柳秋水高新堰王城水鬬息洛浦河圖獻伏泉還習坎陰風已回巽桐枝長舊圍蒲節抽新寸山藪欣藏疾幽棲得無悶有慶兆民同論年天子萬亦古韻也吳才老韻補自謂博極羣書而不引此何邪○劉鑠字休元文選載其擬古二首其別詩惟見此首耳湛長史名茂之其酬休元詩云閉戶守元漠無復車馬迹衰廢歸邱樊歲寒見松柏身慙淮陽老名忝梁園客習隱非市朝追賞在山澤離離插天樹磊磊間雲石將此恰一生傷哉駒過隙六朝詩今罕傳併紀於此

凝笳疊鼓

謝元暉鼓吹曲凝笳翼高蓋疊鼓送華輈李善注徐引聲謂之凝小擊鼓謂之疊岑參凱歌鳴笳擂鼓擁回軍急引聲謂之鳴疾擊鼓謂之擂凝笳疊鼓吉行之文儀也鳴笳擂鼓師行之武備也詩人之用字不苟如此觀者不可草草

謝靈運逸詩

謝靈運有集今亡其詩獨文選及樂府藝文類聚所載數十首耳余見永嘉記所引斷章諸選不收者今錄於此溫州相溪詩曰瀺灂結寒波檀欒秀霜質洞合水屢迷林迴巖愈密登石室飯僧詩曰迎旭凌絕

巘嶮弦歸椒浦結架非丹楹藉田資宿莽又泉山詩曰清旦索幽異方舟越坰郊石室穿林陬飛泉發樹梢丹山詩曰遨遊碧沙渚坦蕩丹山峯

牽絲

謝靈運詩牽絲及元興解龜在景平註引應璩詩不悟牽朱絲三署來相尋李善註云牽絲初仕也解龜去仕也文苑英華康子元參軍帖子判云萬里牽絲俄畢子荆之任九流懸鏡行披彥輔之雲又似用爲孫楚事

串

文選謝惠連詩聊用布親串○注串習也梁簡文詩長顰串翠眉南史軍人串噉粗食

謝靈運逸句

謝靈運詩明月入綺窗髣髴想蕙質消憂非萱草永懷寤夢寐（寐叶音密）上二句乃杜工部落月屋梁之所祖

晚見朝日

謝靈運詩曉聞夕飆急晚見朝日暾此語殊有變互凡風起必以夕此云曉聞夕飆即杜子美之喬木易高風也晚見朝日倒景反照也孟郊詩南山塞天地日月石上生高峯夕駐景深谷夜先明皆自謝詩翻出

顏謝詩評

沈約云延年體裁明密靈運興會標舉

陶淵明九月九日

野人迷節候端坐隔塵埃忽見黃花吐方知素節回映崖千段發臨浦萬株開香氣徒盈把無人送酒來○按周麟曰淵明古體蟠曲入八句中渾然天成唐末諸人所不能也

東坡評陶詩

陶詩質而實綺癯而實腴

驅鴈

鮑照詩秋霜曉驅鴈春雨暗成虹佳句也杜子美詩朔風驅胡鴈慘淡帶沙礫之句本此又陽休之洛陽伽藍記有北風驅鴈千里飛雲之語庾信詩秋風驅亂螢句亦奇甚

後山詩話

鮑明遠行路難壯麗豪放若決江河詩中不可比擬太似賈誼過秦論

平楚

謝眺詩寒城一以眺平楚正蒼然楚叢木也登高望

遠見木杪如平地故云平楚猶詩所謂平林也陸機詩安轡遵平莽謝語本此唐詩燕掠平蕪去又游絲蕩平綠又因謝詩而衍之也

謝詩

謝朓酬王晉安詩南中榮橘柚甯知鴻鴈飛後人不解此句之妙晉安卽閩泉州也南中榮橘柚卽諺云樹蠻不落葉也甯知鴻鴈飛卽諺云鴈飛不到處也樹不凋鴈不到本是瘴鄉乃以美言之此是隱句之妙

古今樂錄

宋武帝出游鍾山幸何美人墓朱碩仙歌曰爲憶所歡時緣山破艿荏山神感儂意磐石銳峰動帝不悅曰小人弄我時朱子尚亦善歌復爲一曲曰暧暧日欲暝觀騎立踟蹰太陽猶尚可且願停斯須於是並蒙賞按荏音冗蓋方言也

湛方生酬南平王

閉戶守元漠無復車馬跡衰廢歸卬樊歲寒見松栢身慙淮陽老名忝梁園客習隱非市朝追賞在山澤離離插天樹磊磊閒雲石將此怡一生傷感駒度隙

○亦見毘陵志方生晉之文人後仕於劉宋

挂胡牀

魏裴潛爲兗州太守嘗作一胡牀及其去留以挂柱梁簡文帝詩不學胡威絹甯挂裴潛牀太白詩去時無一物東壁挂胡牀

夏侯湛補亡詩

夏侯湛補亡詩曰旣殷斯虔仰說洪恩名定匡省奉朝侍昏宵中告退雞鳴在門孳孳溫恭夙夜是敦

石城樂

石城樂宋臧質作碧玉歌一名千金意晉孫綽作慕容攀牆視慕容垂作樂府皆失其名當表出之胡應麟曰按慕容攀視三首殊不類垂作蓋當時童謠耳

估客樂

估客樂齊武帝之所作也其辭曰昔經樊鄧役阻潮梅根渚感意追往事意滿辭不敍阻潮一本作假楫武帝作此曲令釋寶月被之管絃帝遂數乘龍舟遊江中以紅越布爲帆綠絲爲帆縴鍮石爲篙足篙傍者悉着鬱林布作淡黃袴舞此曲用十六人云按史稱齊武帝節儉常自言朕治天下十年當使黃金與土同價然其從流忘返之奢如此貽厥孫謀何怪乎金蓮布地也

魏收挾瑟歌

春風宛轉入曲房兼送小苑百花香白馬金鞍去未返紅妝玉筯下成行此詩緣情綺靡漸入唐調李太白王少伯崔國輔諸家皆効法之

魏收贈裴伯茂詩

臨風想元度對酒思公榮誠秀句也惜不見全篇

王融詩

遊禽暮知返行人獨不歸坐銷芳艸氣空度明月輝嚬容入朝鏡思淚點春衣巫山彩雲合淇上綠條稀待君竟不至雙雙秋鴈飛○想像巫山高薄暮陽臺曲煙雲乍捲舒蘅芳時斷續彼美如可期晤言紛在矚憮然坐相望秋風下庭綠此詩多誤字以樂府及英華玉臺新詠初學記參對定之

長河既已縈

古文苑王融遊仙詩長河既已縈層山方可礪縈今本誤作榮解者遂謬云榮如草木之榮華猶言海變桑田可笑不思縈縈帶也帶河礪山眼前事何必遠引

梁武白紵辭

朱絲玉柱羅象筵飛琯促節舞少年短歌流目未肯前含咲一轉私自憐此喻君臣朋友相知不盡者也楚詞私自憐兮何極三字極有意人君之聘臣宰相之薦賢相知必深相信必素而後可出日黃昏以爲期兮羌中道而改路交不終兮怨長期不信兮告予以不閒居子所以三致意而怨歎也還觀古今炯戒多矣有相知相信之深一出而成功者伊尹傅說也有相知相信未深確乎不拔者嚴子陵蘇雲卿也孔明感三顧而出先主終違草廬之言守小信不取荊州狼狽當陽欲奔蒼梧非孔明求救孫將軍是亦劉表而已後人好議論者猶云只合終身作臥龍下此如符秦之王猛唐氏之魏徵不思其身後之言伐晉伐高麗以致敗亡余謂二君之驕忿甚矣王猛魏徵縱不死亦不能止其行也又下此則范增韓生而已是女之見金夫而不有躬者也○宋人詩話以此詩爲古今第一良有深見而不著其說余特爲衍之

瑟居

梁武帝詩瑟居超七淨瑟與索同蕭索字一作蕭瑟則索居亦得作瑟居也蓋瑟索皆借用字正字作摵

梁簡文詠楓葉詩

萎綠映葭青疏紅分浪白落葉洒行舟仍持送遠客

此詩二十字而用彩色四字在宋人則以爲忌矣以爲彩色字多不莊重不古雅如此詩何嘗不莊重古雅耶

梁簡文和蕭侍中子顯春別

別觀蒲桃帶實垂江南豆蔻生連枝無情無意尚如此有心有恨徒自知詩云隰有萇楚猗儺其枝夭之沃沃樂子之無知此詩祖其意

灩澦

灩澦歌云灩澦大如襆瞿唐不可觸金沙浮轉多桂浦忌經過此舟人商估剌水行舟之歌樂府以爲梁簡文所作非也蜀江有瞿唐之患桂江有桂浦之險故涉瞿唐者則準灩澦涉桂浦者則準金沙今樂府桂浦作桂楫非也

梁元帝螢火詩

本隨秋草并今與夕風清榮空若星隕拂樹似花生屏疑神火照簾似夜珠明逢君拾光彩不恡此身輕

韋應物螢火詩

月暗竹亭幽螢光拂席流還如故園夜又度一年秋暫愜觀書興何慙秉燭遊府中徒冉冉明發好歸休

此二詩絕佳予愛之比之杜子美則杜似太露

梁元帝陽雲館柳詩

楊柳非花樹依樓自覺春枝邊通粉色葉底映紅巾帶日交窗影西風掃隙塵入簾應有意偏宜桃李人

此詩諸本所載不全以定本正之

梁元帝登百花亭懷荊楚此詩又以爲邵陵王綸作

極目纔千里闕 望楚津落花灑行路垂楊拂砌塵柳絮飄春雪荷珠漾水銀試酌新清酒遙勸陽臺人見江州石本

落星遠

落星依遠戍斜日半平林梁元帝句也故鄉一水隔風煙兩岸通陳後主句也后人高處始能及之見五代新說

蕭子顯春別

江東大道日華春垂楊挂柳掃輕塵淇水昨送淚沾巾紅妝宿昔已迎新昨別下淚而送舊今已紅妝而迎新娼樓之本色也六朝君臣朝梁暮陳何異於此

蕭紀巫峽詩

巫山七百里巴水三回曲黃牛隱復見清猨斷還續

蕭慤春庭晚望

春庭聊縱望春臺自相引窗梅落晚花池竹間新筍

泉鳴知水急雲來覺山近不愁花不飛只畏花飛盡二詩載八千里面談寄張禺山

江總長安九日詩

心逐南雲逝身隨北鴈來故園籬下菊今日爲誰開○總爲梁人歷梁陳隋至唐貞觀中九十餘矣此詩在唐時矣故編之

江總怨詩

採桑歸路河流深憶昔相期柏樹林奈許新縑傷妾意無由故劍動君心六朝之詩多是樂府絕句之體未純然高妙奇麗良不可及泝流而不窮其源可乎故特取數首於卷首庶乎免於賣花擔上看桃李之誚矣○古樂府下山逢故夫詩曰新人工織縑舊人工織素故劍用干將莫邪雌雄二劍離而復合事

劉之遴訓江總詩

上位居崇禮闕署鄰棲息忌聞曉騶唱每畏晨光艷高談意未窮晤對賞無極探急共遨遊休沐忘退食曷用消鄙吝枉趾覲顏色下上數千載揚確吐胸臆○探急謂其請急也古云請急今日給假

升菴詩話卷二

升菴詩話卷三

成都　楊　慎　撰　綿州　李調元　校定

八詠

沈約八詠詩云登臺望秋月會圃臨春風秋至愍衰草寒來悲落桐夕行聞夜鶴晨征聽曉鴻解佩去朝市被褐守山東此詩乃唐五言律之祖也夕夜晨曉四字似複非複後人决難下也東坡詩朝與烏鵲朝夕與牛羊夕二句尤妙亦祖沈意

鄉里夫妻

俗語云鄉里夫妻步步相隨言鄉不離里如夫不離妻也古人稱妻曰鄉里沈約山陰柳家女詩曰還家問鄉里詎堪持作夫南史張彪傳曰我不忍令鄉里落他處姚令威曰會稽人曰家其義同也見西溪叢語

昔昔鹽

梁樂府夜夜曲或名昔昔鹽昔卽夜也列子昔昔夢爲君鹽亦曲之別名

薛道衡和許給事善心戲場轉韻

京洛重新年復屬月輪圓雲間璧獨轉空裏鏡孤懸萬方皆集會百戲盡來前臨衢車不絕夾道閣相連

驚鴻出洛水翔崔下伊川豔質迴風雪筵歌韻管絃佳麗儼成行相攜入戲場衣類何平叔人同張子房高高城裹髻峨峨樓上妝羅裙飛孔雀綺帶垂鴛鴦月映班姬扇風飄韓壽香竟夕魚負燈徹夜龍銜燭歡笑無窮已歌吹還相續羌笛隴頭吟胡舞龜茲曲假面飾金銀盛服搖珠玉宵深戲未闌競爲人所矚臥馳飛玉勒立騎轉銀鞍從衡既躍劍揮霍復跳丸抑揚百獸舞盤跚五禽戲狻猊弄斑足炬象垂長鼻青羊跪復跳白馬回旋騮忽見羅浮起俄看鬱島至峯嶺既崔嵬林蔟亦青翠麐麚下騰倚獼猴或跂企

金徒列舊刻玉律動新灰甲荑垂陌柳殘花散苑梅繇星漸寥落斜月尚徘徊王孫猶勞戲公子未歸來共酌瓊酥酒同傾鸚鵡杯普天逢聖日兆庶喜康哉○按隋柳彧傳有請禁正月十五日角觝戲奏云京邑內外每以正月望夜鳴鼓聒天燎炬照地人戴獸面男爲女服倡優雜伎詭狀異形高棚跨路廣幕凌雲肴醑肆陳絲竹繁奏以穢嫚爲歡娛用鄙褻爲笑樂淫行因此而生盜賊由茲而起請放行天下並即禁斷即此時事也

若光嵫景

江淹詩屬我嵫景半賞爾若光初嵫景崦嵫之景若光若木之光一喻老一喻少也

江淹詠美人春遊

江南二月春東風轉綠蘋不知誰家子看花桃李津白雪凝瓊貌明珠點絳脣行人咸歎息爭擬洛川神此詩見文通外集點絳脣後人以爲曲名以此知是詩膾炙人口久矣

三雅杯

劉孝綽詩共摛雲氣藻同舉雅文杯于志甯詩俱裁七步詠共傾三雅杯句法相似

蕭遇詩

蕭遇春日詩水堤煙報柳山寺雪驚梅唐人賞之謂不滅庾子山

庾肩吾燭影詩

垂燄垂花比芳樹隨風隨水俱難駐秦娥歎舞隙中來李吾夜績光中度燭龍潛曜城烏啼陰陰疊鼓朝天去一作春枝拂岸影上來還杯繞容光中度

樹如薺

羅浮山記云望平地樹如薺自是俊語梁戴暠詩長安樹如薺用其語也後人翻之益工薛道衡詩遥原

樹若薺遠水舟如葉孟浩然詩天邊樹若薺江畔洲如月

庾信詩

庾信之詩爲梁之冠絶啓唐之先鞭史評其詩曰綺豔杜子美稱之曰清新又曰老成綺豔清新人皆知之而其老成獨子美能發其妙余嘗合而衍之曰綺多傷質豔多無骨清易近薄新易近尖子山之詩綺而有質豔而有骨清而不薄新而不尖所以爲老成也若元人之詩非不綺豔非不清新而乏老成宋人詩則强作老成態度而綺豔清新槩未之有若子山者可謂兼之矣不然則子美何以服之如此

清新庾開府

杜工部稱庾開府曰清新清者流麗而不濁滯新者創見而不陳腐也試舉其略如文昌氣似珠太史明如鏡凱樂聞朱鴈鐃歌見白麟楊柳歌落絮鵝毛下青絲覆局能懸記看碑解暗疏池水朝含墨流螢夜聚書含風搖古度防露動林於（古度林於皆竹木名自來無人用也）漢陰逢荷蓧細林見杖拏濁醪非鶴髓蘭肴異蟹胥漢帝看桃核齊侯問棗花冬嚴日不暖歲晚風多朔賦用王延壽書須韋仲將千柱蓮花塔由旬紫紺園建始移交讓徵音種合歡螢排亂草出鴈拾斷蘆飛羊腸連九坂熊耳對雙峯北梁送孫楚西堤别葛龔古槐時變火枯楓乍落膠香螺酌美酒枯蚌籍蘭肴盛丹須竹節量藥有刀圭京兆陳安世成都李意期山精逢照鏡樵客值圍棊野爐燃樹葉山杯捧竹根被壠文瓜熟交塍香穗低學異南宮敬貧同北郭騷蒙吏歎秋水萊妻紡落毛雪花開六出冰珠映九光階下雲峯出窗前風洞開澗底百重花山根一片雨峽路沙如月山峯石似眉荷風驚浴鳥橋影聚行魚木影搖叢竹林香動落梅水似桃花色山如甲煎香路高山裊樹雲低馬上人酒正離悲促歌工别曲悽山明疑有雪岸白不關沙詠杏花云依稀映林塢爛熳開山城寄王琳云玉關道路遠金陵信使疎獨下千行淚開君萬里書望華水云樹似新亭岸沙如龍尾灣猶言吟暝浦應有落帆還此二絶即一篇哀江南賦也又别周尚書云陽關萬里道不見一人歸惟有河邊鴈年年南向飛詠桂云南中有八桂繁華無四時不識風霜苦安知零落期唐人絶句皆倣效之

羊腸熊耳

庾開府詩羊腸連九坂熊耳對雙峯鮑照詩二崤虎

口九折羊腸可謂工矣比之杜工部高鳳聚螢驥子鶯歌之句則杜覺偏枯矣

子山詩用古韻

庾子山喜晴詩王城水鬬息洛浦河圖獻伏泉還習坎陰風已回巽桐枝長舊圍蒲節抽新寸山藪欣藏疾幽棲得無悶有慶兆民同論年天子萬巽音旋寸音斷悶音慢皆古韻也韻補失引今著之于此

洛陽花雪

何遜與范雲聯句詩云洛陽城東西御作經年別昔去雪如花今來花似雪李商隱送王校書分司詩云多少分曹掌祕文洛陽花雪夢隨君定知何遜緣聯句每到城東憶范雲又漫成一絕云不妨何范盡詩家未解當年重物華遠把龍山千里雪將來擬並洛陽花二詩皆用此事若不究其原不知爲何說也

任希古和七月七日臨昆明池

秋風始搖落秋水正澄鮮飛眺牽牛渚激賞鏤鯨川岸珠淪曉魄池灰斂曙煙泛槎分寫漢儀星別搆天雲光波處動日影浪中懸驚鴻結蒲弋遊鯉入莊筌萍葉疑江上菱花似鏡前長林代輕幄細草卽芳筵文華開翠潋筆海控清漣不挹蘭尊聖空仰桂舟仙○此詩工致嚴密杜詩石鯨鱗甲之句實祖之結句尤工

梁宮人前溪歌

當曙與未曙百鳥啼前窗獨眠抱被歎憶我懷中儂單情何時雙用韻甚古窗粗薣切雙鬭工切今樂府刻倒其字作窗前失其音矣

古鏡詩

我有古時鏡初自懷陵得蛟龍猶泥塗鬼魅幸月蝕○無名氏作見梁書

晨雞鳴高樹

晨雞振翮鳴出洞擅奇聲蜀道隨金馬天津應玉衡摧冠驗遠石槩火出連營爭栖斜揭暮解翼橫飛度試飲淮南藥翻上仙都樹枝低且候潮葉淺還承露枝低觸嚴霜葉淺伺朝陽不見猜羣怯寶劍勇戰出花場當損黃金距誰論白玉璫豈知長鳴逢漢帝恃氣遇周王流名說魯國分影入陳倉不復愁苻朗猶能感孟嘗○金馬碧雞無中生有妙句也緯書玉衡星精爲雞

梔子同心

梁徐悱妻劉三娘詩兩葉雖爲贈交情永未因同心

何處切梔子最關人唐施肩吾雜曲憐時魚得水怨罷商與參不如山梔子卻解結同心結句又與劉三娘光宅寺詩同

沈氏竹火籠詩

陳范靜妻沈滿願竹火籠詩曰剖出楚山筠織成湘水紋寒消九微火香傳百和薰氤氳擁翠被出入隨湘裙徒悲今麗質豈念昔凌雲此詩言外之意以諷士之以富貴改節者卽孟子所云鄉爲身死而不受今爲宮室之美妻妾之奉而爲之者而含蓄蘊籍如此徒悲豈念四字尤見其意上薄風雅下掩唐人矣

宋人稱李易安所以稽中散至死薄殷周之句以爲婦人有此大議論然太淺露比之沈氏此詩當在門牆之外矣

太白用徐陵詩

徐陵詩竹密山齋冷荷開水殿香太白詩風動荷花水殿香全用其語

碑生金

陰鏗詩曰表柱應堪燭碑書欲有金上句用張華燃燭化狐事下句碑生金事人鮮知之考水經注魏受禪碑六字生金論者以爲司馬金行故曹氏六世而晉代之也又符子曰木生蝎石生金又賈逵祠前碑石生金干寶以爲晉中興之瑞郭璞傳碑生金庾氏禍至矣陰所用蓋出此

張正見詠雞

張正見詠雞詩曰蜀郡隨金馬天津應玉衡上句用金馬碧雞事下句用緯書玉衡星精散爲雞事也以無爲有以虛爲實影略之句伐材之語非深於詩者孰能爲之嚴滄浪乃云張正見之詩雖多亦奚以爲豈知言哉

鄰舍詩

陳張正見鄰舍詩曰詹高同落照巷小共飛花符載詩綠迸穿籬筍紅飄隔戶花于鵠詩蒸藜嘗共竈澆薤亦同渠傳屐朝尋藥分燈夜讀書劉長卿雜聲共林巷燭影隔茅茨徐錯詩井泉分地脈碪杵共秋聲梅聖俞詩籬根分井口壁隙透燈光總不如杜工部贈朱山人云相近竹參差相過人不知幽花欹滿樹曲水細通池歸客村非遠殘樽席更移看君多道氣從此數相隨渾成不見刻劂而句句切題

顧野王芳樹詩

上林通建章雜樹徧林芳日影桃蹊色風吹梅逕香

幽山桂葉落馳道柳條長折榮疑路遠用表莫相忘詠芳樹而中四句用桃梅桂柳不覺其冗若宋人則以爲忌矣在古人則多多益善與宗懍春望詩相似

複裙詩

陳蕭鄴詠複裙詩晶晶金沙淨離離寶縷分纖腰非學楚寬帶爲思君

孔欣詩

南朝孔欣樂府云相逢狹路間道狹正踟躕軺步相與言君行欲焉如湣㒓久已散榮利迭相驅流落尚風波人情多遷渝勢集堂必滿運去庭亦虛競趨嘗

不暇誰肯顧桑樞未若及初九攜手歸田廬躬耕東山畔樂道讀元書狹路安足遊方外可寄娛此詩高趣可竝淵明欣早歲辭榮不負其言矣

宗懍荊州泊

南樓西下時月裏聞來棹桂水舳艫回荊州津濟鬧移帷向星漢引帶思容貌今夜一江人惟應妾身覺有國風之意怨而不怒豔而不淫

宗懍春望

日暮春臺望徙倚愛餘光都尉新移棗司空始種楊一枝猶桂馥十步有蘭香望望無萱草沉憂竟不忘此詩用事奇崛工緻漢人尹都尉著書名種楊法中有云棗鼠耳槐兔目之語淮南子二月之官司空其樹楊用事頗僻故須略釋棗楊桂蘭所見也與也萱艸所懷也比也八句之中艸木居其五焉在後人不勝其堆垛矣用之不覺者以意勝也與顧埜王芳樹詩相似

劉三娘光宅寺見少年頭陀有感

長廊欣目送廣殿悅逢迎何當曲房裏幽隱無人聲兩葉雖爲贈交情永未因同心何處切梔子最關人○韓翃檳榔滿把能消酒梔子同心好贈人正用此

事

楚妃吟

窗中曙花早飛林中明鳥早歸庭前日暖中閨香氣亦霏霏香氣飄當軒清唱調獨顧慕含怨復含嬌蝶飛蘭復熏裊裊輕風入翠裙春可游歌聲梁上浮春游方有樂沈沈下羅幕○句法極異

蘇子卿梅花詩 後周人

中庭一樹梅寒多葉未開只言花是雪不悟有香來上郡春恆晚高樓年易催織書偏有意教逐錦文回

王褒渡河

秋風吹木葉還似洞庭波常山臨代郡亭障繞黃河心悲異方樂腸斷隴頭歌薄暮疲征馬失道北山阿首二句警絕

隋煬帝野望詩

寒鴉飛數點流水繞孤村斜陽欲落處一望黯銷魂此詩見鐵圍叢譚秦少游改爲小詞

遠水如岸

海濱之人曰遠望海水似高於地有如岸焉蓋水氣也煬帝望海詩曰遠水翻如岸遙山倒似雲

煬帝曲名

玉女行觴仙人留客皆煬帝曲名

隋後主詩

隋後主越王侗楊瓞兒歌云青春正陽戶結伴戲京華龍媒玉可馬鳳軫繡香車水暎臨橋柳風吹夾路花日昏歡宴罷相將歸狹斜越王嗣位缺稱其眉目如畫溫厚仁愛風格儼然後爲王克所弒臨命禮佛曰願自今以往不復生帝王家噫亦可憐矣觀其辭藻如此若不生帝王家豈不爲文人學士耶○隋越王謚恭帝李淵立代王侑亦謚恭帝二主同謚蓋東西不相聞也

錦衣夜不襞

王子安臨高臺云錦衣夜不襞羅帷晝未空歌屏朝掩翠妝鏡晚窺紅錦衣夜不襞應妝鏡晚窺紅羅帷晝未空應歌屏朝掩翠形容富室豪家恣情極樂反易晝夜最有深意今本爲妄人改竄作錦衣晝不襞羅帷夕未空此乃常事不足詠也

石苔可踐

隋王無功詩石苔應可踐叢枝幸易攀清溪歸路直乘月醉歌還閑詠此詩有疑難者曰石苔之滑踐之豈不顛余曰非也觀詩中一幸字便得其解蓋言石

苔本難踐幸有叢枝可攀援耳古人用意須三思乃得之謝靈運詩苔滑誰能步葛弱豈可捫此反其意唐杜審言詩攀崖踐苔易迷路出花難又順用無功詩意也章後齋聞予此言所見略同因成一絕見本集

古行路難

千門皆閉夜何央百憂俱集斷人腸探揣箱中取刀尺拂拭機上斷流黃情人逐情雖可恨傷畏邊遠乏衣裳已繰一繭催衣縷復擣百和熏衣香猶悵舊時腰大小不知今日身短長裲襠雙心共一抹袙複兩

邊作八撮襻帶雖安不忍縫開孔才穿猶未達胸前
卻月兩相連本照君心不照天願君分明得此意勿
復流蕩不如先含悲蓄怨判不死封情忍思待明年
〇此詩敘寄衣而細微曲折如出縫熲之口詩至此
可謂細密矣

升菴詩話卷三

升菴詩話卷四

成都　楊　慎　撰　綿州　李調元　校定

頌聲寢變風息

成康沒而頌聲寢陳靈興而變風息

賦比興

李仲蒙曰敘物以言情謂之賦情物盡也索物以託情謂之比情附物也觸物以起情謂之興物動情也

摯虞論詩賦四過

假象太過則與類相遠逸辭過壯則與事相違辨言過理則與義相失麗靡過美則與情相悖

李太白論詩

李太白論詩云興寄深微五言不如四言七言又其靡也況使束於聲調俳優哉

唐詩主情

唐人詩主情去三百篇近宋人詩主理去三百篇卻遠矣匪惟作詩也其解詩亦然且舉唐人閨情詩云裊裊庭前柳青青陌上桑提籠忘採葉昨夜夢漁陽卽卷耳詩首章之意也又曰鶯啼綠樹深燕語雕梁晚不省出門行沙場知近遠又曰漁陽千里道近於中門限中門踰有時漁陽常在眼又云夢裏分明見

關塞不知何路向金微又云妾夢不離江上水人傳郎在鳳凰山卽卷耳詩後章之意也若如今詩傳解爲託言而不以爲寄望之詞則卷耳之詩乃不若唐人作閨情詩之正矣若知其爲思望之詞則詩之寄興深而唐人淺矣若使詩人九原可作必蒙印可此說耳

唐詩翻三百篇意

唐劉釆春詩那年離別日只道往桐廬桐廬人不見今得廣州書此本詩疏何斯違斯一句其疏云君子旣行王命於彼遠方謂適居此一處今復乃此去更

轉遠於餘方韋蘇州詩春潮帶雨晚來急野渡無人舟自横此本於詩汎彼柏舟一句其疏云舟載渡物者今不用而與衆物汎汎然俱流水中喻仁人之不見用其餘尙多類是三百篇爲後世詩人之祖信矣

珊瑚鈎詩話

張表臣云剌美風化緩而不迫謂之風采摭事物摛華布體謂之賦推明政治莊語得失謂之雅形容盛德揚厲休功謂之頌幽憂憤悱寓之比興謂之騷感觸事物託於文章謂之辭程事較功考實定名謂之銘援古刺今箴戒得失謂之箴猗㦲遷抑以揚永言謂之歌非鼓非鐘徒歌謂之謠步驟馳騁斐然成章謂之行品秩先後而推之謂之引聲音雜比高下短長謂之曲吁嗟慨歎悲憂深思謂之吟吟詠性情總合而言志謂之詩蘇李而上高古簡淡謂之古沈宋而下法律精切謂之律此詩之語衆體也

杜少陵論詩

杜少陵詩曰不及前人更勿疑遞相祖述竟先誰別裁僞體親風雅轉益多師是汝師此少陵示後人以學詩之法前二句戒後人之愈趨愈下後二句勉後人之學乎其上也蓋謂後人不及前人者以遞相祖

述日趨日下也必也區别裁正浮僞之體而上親風雅則諸公之上轉益多師而汝師端在是矣此說精妙杜公復生必蒙印可然非予之說也須溪語羅履泰之說而予衍之耳

韻語陽秋

書生作文務强此弱彼謂之尊題至於品藻高下亦略存公論可也白樂天在江洲聞商婦琵琶則曰豈無山歌與村曲嘔啞嘲哳難爲聽今夜聞君琵琶語如聽仙樂耳暫明在巴峽聞琵琶云絃清撥利語錚錚背卻殘燈就月明賴是無心惆悵事不然爭柰子

絃聲至其後作霓裳羽衣歌乃曰溢城但聽山魈語巴峽唯聞杜鵑哭作賢作佞何至如此之甚乎韓昌黎美石鼓之篆至有羲之俗書逞姿媚亦强此弱彼之過也

鍾常侍詩品

劉禎字士章把王者聯肩握珠者踵武言文之多士骨氣奇高詞彩華茂情兼雅怨體被文質曹子建詩陶性靈發幽思言在耳目之內寄情八荒之表評阮籍咀嚼英華厭飫膏澤文章之淵泉也陸機詞彩葱蒨音韻鏗鏘張協名章迥句處處間起麗典新聲絡繹奔會謝靈運託諭高遠良有鑒裁嵇康鑿音族善爲悽戾之詞自有清拔之氣劉越石得景陽之詭諔含茂先之靡嫚骨節强於謝混驅邁疾於顏延總四家而擅美跨兩代而孤出鮑照奇章秀句往往警遒足使叔源失步明遠變色謝朓詩體總雜善於摹擬筋力于王微成就于謝朓江淹范雲清便宛轉如風流迴雪邱遲點綴映媚似落花依草

○孔稚圭生於封谿而文爲彫飾封谿今之廣東出猩猩處

孫器之評詩

定陶孫器之評詩曰魏武帝如幽燕老將氣韻沉雄曹子建如三河少年風流自賞鮑明遠如飢鷹獨出

奇矯無前謝康樂如東海揚帆風日流麗陶彭澤如絳雲在霄舒卷自如王右丞如秋水芙蕖倚風自笑韋蘇州如園客獨繭暗合音徽孟浩然如洞庭始波木葉微落杜牧之如銅丸走坂駿馬注坡白樂天如山東父老課農桑事事言言皆着實元微之如李龜年說天寶遺事貌悴而神不傷劉夢得如鏤冰雕瓊流光自照李太白如劉安雞犬遺響白雲覈其歸存恍無定處韓退之如囊沙背水惟韓信獨能李長吉如武帝食露盤無補多欲孟東野如埋泉斷劍臥壑寒松張籍如優工行鄉飲醻獻秩如時有詼氣柳子厚如高秋獨眺霽晚孤吹李義山如百寶流蘇千絲鐵網綺密瓌妍要非適用宋朝蘇東坡如屈注天潢倒連滄海變眩百怪終歸雄渾歐公如四瑚八璉正可施之宗廟荆公如鄧艾縋兵入蜀要以險絕爲功山谷如陶宏景入官析理譚元而松風之夢故在梅聖俞如關河放溜瞬息無聲秦少游如時女步春終傷婉弱后山如九皋獨唳深林孤芳沖寂自妍不求識賞韓子蒼如梨園按樂排比得倫呂居仁如散聖安禪自能奇逸其他作者未易殫陳獨唐杜工部如周公制作後世莫能擬議

蜀詩人

唐時蜀之詩人陳子昂於季子閭邱均李白阮咸雍陶劉灣何兆李餘劉猛人皆知之北夢瑣言云符載楊衡宋濟張仁寶皆蜀人栖隱青城山符載字厚之文學武藝雙絕文見唐文粹楊衡詩見唐音宋濟詩止有東陵美女一首張仁寶閬中人見劉後村千家詩

又

唐世蜀之詩人陳子昂射洪李白彰明李餘成都雍陶成都裴廷裕成都劉蛻射洪唐珠嘉州陳詠青神岑倫成都符載成都雍裕之成都王巖綿州布衣劉騤綿州鄉貢進士李渥綿州田章綿州柳震雙流阮咸成都劉灣蜀人張曙巴州僧可朋丹稜扈處晨蜀人毛文錫蜀人朱桃椎蜀人杜光庭青城若張蠙韋莊牛嶠歐陽炯皆他方流寓而老於蜀者嘗欲裒集其詩爲一帙而未暇焉

司空圖論詩

陳杜濫觴之餘沈宋始興之後傑出於江寧宏思於李杜極矣右丞蘇州趣味澄夐若清沇之貫達大歷十數公抑又其次元白力勍而氣孱乃都市豪估耳劉公夢得楊公巨源亦各有勝劉德仁時得佳致亦足滌煩又曰王右丞韋蘇州澄澹精緻格在其中豈妨於遒舉哉賈浪仙誠有警句觀其全篇意思殊餒大抵附於寒澀方可致才亦爲體之不備也其論皆是而推尊右丞蘇州尤見卓識宜其一鳴於晚唐也其文集罕傳余家有之特摽其論詩一節又有韻語云自知非詩詩未爲奇奇研昏練爽戞魄凄神而不知知而難狀揮之八垠卷之萬象河渾沇清放恣從橫濤怒霆蹴掀鼇倒鯨攙空擢壁崢水擲戟鼓煦呵春霞溶露滴鄰女自嬉補袖而舞色絲屢空續以麻絇鼠革丁丁焮之則穴蟻聚汲汲積而隤凸上有日

星下有風雅歷試自是非吾心也其目曰詩賦首句言自知非詩乃是詩也謂未爲奇乃是奇也句法亦險怪胡致堂評其清節高致爲晚唐第一流人物信矣圖字表聖避亂居王官谷

晚唐兩詩派

晚唐之詩分爲二派一派學張籍則朱慶餘陳標任蕃章孝標司空圖項斯其人也一派學賈島則李洞姚合方干喻鳬周賀九僧其人也其間雖多不越此二派學乎其中日趨于下其詩不過五言律更無古體五言律起結皆平平前聯俗語十字一串帶過後

聯謂之頸聯極其用工又忌用事謂之點鬼簿惟搜眼前景而深刻思之所謂吟成五箇字撚斷數莖鬚也余嘗笑之彼之視詩道也狹矣三百篇皆民間士女所作何嘗撚鬚今不讀書而徒事苦吟撚斷肋骨亦何益哉晚唐惟韓柳爲大家韓柳之外元白皆自成家餘如李賀孟郊祖騷宗謝李義山杜牧之學杜甫温庭筠權德輿學六朝馬戴李益不墜盛唐風格不可以晚唐目之數君子眞豪傑之士哉彼學張籍賈島者眞處褌中之蝨也〇二派見張洎集序項斯詩非余之臆說也

宋人論詩

宋人論詩云今人論詩往往要出處關關雎鳩出在何處此語似高而實卑也何以言之聖人之心如化工然後矢口成文吐辭爲經自聖人以下必須則古昔稱先王矣若以無出處之語皆可爲詩則凡道聽塗說街談巷語酗徒之罵坐里媪之詈雞皆詩也亦何必讀書哉此論既立而村學究從而演之曰尋常言語口頭話便是詩家絕妙辭嗌三百篇中如國風之微婉二雅之委蛇三頌之簡奥豈尋常語口頭話哉或舉宋人語問予曰關關雎鳩出在何處予答曰在河之洲便是出處此言雖戲亦自有理蓋詩之爲教多識於鳥獸草木之名關關狀鳥之聲雎鳩舉鳥之名河洲指鳥之地卽是出處也豈必祖述前言而後爲出處乎然古詩祖述前言者亦多矣如云先民有言又云人亦有言或稱先民有作或稱我思古人五子之歌述皇祖有訓禮引逸詩稱昔吾有先正其言明且清小旻刺厲王而錯舉洪範之五事大東傷賦斂而歷陳保章之諸星此卽古詩述前言援引典故之實也豈可謂無出處哉必以無出處之言爲詩是杜子美所謂僞體也

詩史

宋人以杜子美能以韻語紀時事謂之詩史鄙哉宋人之見不足以論詩也夫六經各有體易以道陰陽書以道政事詩以道性情春秋以道名分後世之所謂史者左記言右記事古之尚書春秋也若詩者其體其旨與易書春秋判然矣三百篇皆約情合性而歸之道德也然未嘗有道德性情句也二南者修身齊家其旨也然其言琴瑟鐘鼓荇菜芣苢夭桃穠李雀角鼠牙何嘗有修身齊家字耶皆意在言外使人自悟至於變風變雅尤其含蓄言之者無罪聞之者

足以戒如刺淫亂則曰雞雞鳴鴈旭日始旦不必曰慎莫近前丞相嗔也憫流民則曰鴻鴈于飛哀鳴嗷嗷不必曰千家今有百家存也傷暴斂則曰維南有箕載翕其舌不必曰哀哀寡婦誅求盡也敘饑荒則曰牂羊羵首三星在罶不必曰但有牙齒存可堪皮骨乾也杜詩之含蓄蘊籍者蓋亦多矣宋人不能學之至於直陳時事類於訕訐乃其下乘而宋人拾以爲已寶又撰出詩史二字以誤後人如詩可兼史則尚書春秋可以併省又如今俗卦氣歌納甲歌兼陰陽而道之謂之詩易可乎胡應麟曰按詩史其說出孟啓本事

胡唐論詩

胡子厚與予論詩曰人有恆言曰唐以詩取士故詩盛今代以經義選舉故詩衰此論非也詩之盛衰係於人之才與學不因上之所取也漢以射策取士而蘇李之詩班馬之賦出焉此豈係於上乎屈原之騷爭光日月楚豈以騷取人耶況唐人所取五言八韻之律今所傳省題詩多不工今傳世者非省題詩也姑以畫論晉有顧凱之唐有吳道元晉唐未嘗以畫取士也至宋則馬遠夏珪不足爲顧吳之衙官近代吳小仙林良又不足爲馬夏之奴僕畫既有之詩亦宜然謂之時代可也余深服其言唐子元薦與予書論本朝之詩洪武初高季迪袁可潛一變元風首開大雅卓乎冠矣二公而下又有林子羽劉子高孫炎孫蕡黃元之楊孟載輩羽翼之近日好高論者曰沿習元體其失也贅又曰國初無詩其失也聾一代之文曷可誣哉永樂之末至成化之初則微乎貊矣宏治間文明中天古學煥日藝苑則李懷麓張滄洲爲赤幟而和之者多失於流易山林則陳白沙莊定山稱白眉而識者皆以爲傍門至李何二子一出變而學杜壯乎偉矣然正變雲擾而剽襲雷同比興漸微

而風騷稍遠唐子應德箴其偏焉嘉靖初稍稍厭棄更爲六朝之調初唐之體蔚乎盛矣而纖豔不逞闡緩無當作非神解傳同耳食陳子約之議其後焉張子愈光滇之詩人也以二子之論爲的故著之

范季隨評詩

宋范季隨云唐末詩人雖格致卑淺然謂其非詩則不可今人作詩雖句語軒昂但可遠聽其理則不可究

蘭亭杜詩

近有士人熟讀杜詩余聞之曰此人詩必不佳所記

是某勢殘着元無金鵬變起手局也因記宋章子厚日臨蘭亭一本東坡曰章七終不高從門入者非寶也此可與知者道

高棅選唐詩正聲

五言古詩漢魏而下其響絕矣六朝至初唐止可謂之半格又曰近體作者本自分曉品者亦能區別高棅選唐詩正聲首以五言古詩而其所取如陳子昂故人江北去楊柳春風生李太白去國登茲樓懷歸傷莫秋劉昚虛滄溟千萬里日夜一孤舟崔曙空色不映水秋聲多在山皆律也而謂之古詩可乎譬之

新寡之文君屢醮之夏姬美則美矣謂之初笄室女則不可於此有盲妁取損罐而充完璧以白練而爲黃花苟有孱增必售其欺高棅之選誠盲妁也近見蘇刻本某公之序乃謂正聲其格渾其選嚴噫是其孱增乎

五言律起句

五言律起句最難六朝人稱謝朓工於發端如大江流日夜客心悲未央雄壓千古矣唐人多以對偶起雖森嚴而乏高古宋周伯弜選唐三體詩取起句之工者二酒渴愛江清餘酣漱晚汀又江天清更愁風柳入江樓是也語誠工而氣衰颯余愛柳惲江洲采白蘋日落江南春吳均咸陽春芳草秦帝捲衣裳又春從何處來拂水復驚梅梁元帝山高巫峽長垂柳復垂楊唐蘇頲北風吹早鴈日日渡河飛張柬之淮南有小山嬴女隱其間王維風勁角弓鳴將軍獵渭城杜子美將軍膽氣雄臂懸兩角弓孟浩然八月湖水平涵虛混太清雖律也而含古意皆起句之妙可以爲法何必效晚唐哉伯弜之見誠小兒也

玉華仙子歌

李康成玉華仙子歌璇階電綺閣碧題霜羅幙蔡孚

打毬篇紅鬣錦鬉風騄驥黃絡絲鞭電紫騮以電霜風雷實字爲眼工不可言惟初唐有此句法

采蓮曲

錦帶雜花鈿羅衣垂綠川問子今何去出采江南蓮遼西三千里欲寄無因緣願君早旋反及此荷花鮮

○八句不對太白浩然皆有此體

五言律八句不對

五言律八句不對太白浩然集有之乃是平仄穩貼古詩也僧浩然有訪陸鴻漸不遇一首云移家雖帶郭野徑入桑麻近種籬邊菊秋來未著花到門無犬

吠欲去問西家報道山中者歸來每日斜雖不及李白之雄麗亦清致可喜

六朝七言律其體不純 寄張禹山

蝶黄花紫燕相追楊低柳合路塵飛已見垂鈎挂綠樹誠知淇水沾羅衣兩童夾車問不已五馬城南猶未歸鶯啼春欲駛無爲空掩扉 右梁簡文春情曲後二句又作五言也

長安城中秋夜長佳人錦石搗流黄香杵玟砧知近遠傳聲遞響何凄涼七夕長河爛中秋明月光蠮螉塞邊絕候鴈鴛鴦樓上望天狼 右後魏溫子昇搗衣第五六句又作五言

文窗玳瑁影嬋娟香帷翡翠出神仙促柱點脣鶯欲

語調絃繫爪鴈相連秦聲本自楊家解吳歈那知謝傳憐祗愁芳夜促蘭膏無那煎 右陳後主聽箏後二句五言

舊知山裏絕氛埃登高日暮心悠哉子平一去何時返仲叔長游遂不來幽蘭獨夜清琴曲桂樹凌雲濁酒杯槁項同枯木丹心等死灰 右隋王無功北山後二句五言

此四首聲調相類七言律之濫觴也往年欲選七言律爲一集而以此先之老倦不能聊書以呈一覽

黄鶴樓詩

宋嚴滄浪取崔顥黄鶴樓詩爲唐人七言律第一近日何仲默薛君采取沈佺期盧家少婦鬱金堂一首爲第一二詩未易優劣或以問予予曰崔詩賦體多沈詩比興多以畫家法論之沈詩披麻皴崔詩大斧劈皴也

同能不如獨勝

孫位畫水張南本畫火吳道元畫楊繪塑陳簡齋詩辛稼軒詞同能不如獨勝也○太白見崔顥黄鶴樓詩去而賦金陵鳳凰臺

葉晦叔論詩

晦叔云七言律大抵多引韻起若以側句入尤峻健如老杜幽棲地僻是也然猶是對偶若以散句起又

佳如苦憶荊州醉司馬是也洪容齋送晦叔詩此地相從今歲晚登臨况是客歸時卻將襟抱向誰可正爾艱難惟子知情到中年工作惡别於生世易爲悲梅花盡醉沾江上黯淡西風凍雨垂正用此體予謂絶句如劉長卿天書遠召滄浪客一詩尤奇○七言律自初唐至開元名家如太白浩然韋儲集中不過數首惟少陵獨多至二百首其雄壯鏗鏘過於一時而古意亦少衰矣譬之後世舉業時文盛而古文衰廢自然之理

升菴詩話卷四

升菴詩話卷五

成都 楊 慎 撰　綿州 李調元 校定

律詩當句對

王維詩門外青山如屋裏東家流水入西隣巖維詩木奴花映桐廬縣青雀舟隨白鷺濤謂之當句對

沈君攸薄暮動弦歌

柳谷向晚沉餘日蕙樓臨暝徙斜光金戸半入叢林影蘭徑時移落蘤香絲繩玉壺傳綺席秦箏趙瑟響高堂舞襦拂履喧珠珮歌音出扇繞塵梁雲邊雪飛弦柱促留賓但須羅袖長日莫邀歡恆不倦處處行

樂爲時康

君攸桂檝泛中河

黃河曲渚通千里濁水分流引八川仙槎逐源終未返蘇亭遺跡尙依然眇眇雲根侵遠樹蒼蒼水氣合遙天波影雜霞無定色湍文觸岸不成圓赤馬靑龍交出浦飛雲蓋海遠淩烟蓮舟渡沙轉不礙桂櫂距浪弱難前風重金烏翅自轉汀長錦纜影微懸榜人欲歌先扣枻津吏猶醉强持船河堤極望今如此行杯落葉詎虛傳○此六朝詩也七言律未成而先有七言排律矣雄渾工緻固盛唐老杜之先鞭也

謝偃新曲

青樓綺閣已含春凝妝艷粉復如神細細香裙全漏影離離薄扇詎障塵樽中酒色恆宜滿曲裏歌聲不厭新紫燕欲飛先繞棟黃鶯始弄郎嬌入撩亂絲垂昬柳陌參差濃葉暗桑津上客莫畏斜光晚自有西園明月輪

崔融從軍行

穹廬雜種亂金方武將神兵下玉堂天子旌旗過細柳匈奴運數盡枯楊關頭月落橫西嶺塞下凝雲斷北荒漠漠邊塵飛衆鳥昬昬朔氣聚羣羊依俙蜀杖迷新竹彷彿胡床識故桑臨海舊來聞驃騎巡河本

自有中郎坐看戰壁爲平土近待軍營作破羌

蔡孚打毬篇

德陽宮北苑東頭雲作高臺月作樓金鎚玉鑾千金地寶杖琱紋七寶毬賓融一家三尙主梁冀頻封萬戸侯容邑從來荷恩顧意氣平生事俠遊共道用兵如斷蔗俱能走馬入長楸紅鬣錦鬃風騄驥黃絡靑絲電紫騮奔星亂下花場裏初月飛來畫杖頭自有長鳴須決勝能馳迅足滿先籌曹王漫說彈棋妙劇孟休矜六博投薄莫漢宮愉樂罷還歸堯室曉垂旒

○七言排律唐人亦不多見初唐有此三首可謂絶倡其後則杜工部清明二首此外何其寥寥乎楊伯謙選唐音乃取王建二首醜惡之甚觀者自能識之中唐則僧清江一首温庭筠一首皆雋永可誦伯謙縱不能取初唐三首獨不可取清江庭筠之二首乎何所見之不同也清江庭筠詩品彙已收兹不書

絶句

絶句者一句一絶起於四時詠春水滿四澤夏雲多奇峯秋月揚明輝冬嶺秀孤松是也或以為陶淵明詩非杜詩兩個黄鸝鳴翠柳實祖之王維詩柳條拂

地不忍折松柏稍雲從更長藤花欲暗藏猱子柏葉初齊養麝香宋六一翁亦有一首云夜涼吹笛千山月路暗迷人百種花棋散不知人換世酒闌無奈客思家皆此體也樂府有打起黄鶯兒一首意連句圓未嘗間斷當參此意便有神聖工巧

絶句四句皆對

絶句四句皆對杜工部兩個黄鸝一首是也然不相連屬即是律中四句也唐絶萬首惟韋蘇州踏閣攀林恨不同及劉長卿寂寂孤鶯啼杏園一首絶妙蓋字句雖對而意則一貫也其餘如李嶠送司馬承禎還山云蓬閣桃源兩地分人間海上不相聞一朝琴裏悲黄鶴何日山頭望白雲柳中庸征人怨云歲歲金河復玉關朝朝馬策與刀鐶三春白雪歸青塚萬里黄河繞黑山周朴邊塞曲云一隊風來一隊沙有人行處沒人家黄河九曲冰先合紫塞三春不見花亦其次也

袁伯文詩

玉墀滴清露羅幌已依霜逢春每先絶爭秋欲幾芳袁伯文楚妃引也風閨晚翻靄月殿夜凝明願君早流盼無令春草生徐孝嗣白雪曲也淚滴珠難盡容

殘玉易消倘隨明月去莫道夢魂遥張文收酺樂也羅敷初總髻蕙芳正嬌小月落始歸船春眠恆著曉又別前花照露別後露垂葉歌舞須及時如何坐悲妾李嶸怨詩也數詩少時愛而誦之然諸選皆不收何見耶

宋人絶句

宋詩信不及唐然其中豈無可匹體者在選者之眼力耳如蘇舜欽吳江詩月從洞庭來光映寒湖凸四顧無纖塵魚躍明鏡裂王半山雨詩云山中十日雨雨晴門始開坐看蒼苔月欲上人衣來孔文仲早行

云客行謂已旦出覩見落月瘦馬入荒陂霜花重如雪崔鶠春日云落日不可盡丹林紫谷開明明遠色裏歷歷暝鴉回寇平仲南浦云春風入垂楊烟波漲南浦落日動離魂江花泣微雨郭功甫水車嶺云千丈水車嶺懸空九疊屏北風來不斷六月亦生冰蘇子由中秋夕云巧轉上人衣徐行度樓角河漢冷無雲冥冥獨飛鵲旅行云猿狖號枯木魚龍泣夜潭行人已天北思婦隔江南朱文公雨詩云孤燈耿寒焰照此一窗幽臥聽簷前雨浪浪殊未休張南軒題南城云坡頭望西山秋意已如許雲影渡江來霏霏半

空雨東渚云團團陵風桂宛在水之東月色穿林影卻下碧波中麗澤云長吟伐木詩停立以望子日暮飛鳥歸門前長春水西嶼云繫舟西岸邊幅巾自來去島嶼花木深蟬鳴不知處釆菱舟云散策下舸亭水清魚可數卻上釆菱舟乘風過南浦五詩有王維輞川遺意誰謂宋無詩乎

唐詩不厭同

唐人詩句不厭雷同絕句尤多試舉其畧如忽見陌頭楊柳色悔教夫壻覓封侯王昌齡春閨怨也而李頎春閨怨亦云紅粉女兒窗下羞畫眉夫壻缺三字自怨愁容長照鏡悔教征戍覓封侯王勃九日詩云九月九日望鄉臺他席他鄉送客杯人今已厭南中苦鴻鴈那從北地來而盧照隣九日詩亦云九月九日眺山川歸心歸望積風烟他鄉共酌金花酒萬里同悲鴻鴈天杜牧邊上聞胡笳詩云何處吹笳薄莫天塞垣高鳥沒狼烟遊人一聽頭堪白蘇武曾禁十九年胡曾詩云漠漠黃沙際碧天問人云此是居延停驂一顧猶魂斷蘇武爭消十九年戎昱湘浦曲云虞帝南巡不復還翠娥幽怨水雲間昨夜月明湘浦宿閨中環珮度空山高駢云帝舜南巡不復還二妃

幽怨水雲間當時珠淚垂多少只到而今竹尚斑白樂天詩綠浪東西南北水紅闌三百九十橋劉禹錫云春城三百九十橋夾岸朱樓隔柳條杜工部詩新春看又過何日是歸年李太白云萬里關塞斷何日是歸年鶯鶯詩自從銷瘦減容光萬轉千迴嬾下床不為傍人羞不起因郎憔悴卻羞郎歐陽詹太原妓詩自從銷瘦減容光半是思郎半恨郎欲識舊時雲髻樣開奴床上鏤金箱李賀詠竹云無情有恨何人見露壓烟籠千萬枝皮日休詠白蓮云無情有恨何人見月曉風清欲墮時陸龜蒙送僕客詩云滿目山

川似奕棋況當秋鴈正斜飛金門若召楊元保賭取江東太守歸溫庭筠觀棋詩云閑對奕秋傾一壺黃羊枰上幾成都他時謁帝銅池水便賭宣城太守無

奪胎換骨

漢賈捐之議罷珠崖疏云父戰死於前子鬬傷於後女子乘亭鄣孤兒號於道老母寡婦飲泣巷哭遙設虛祭想魂乎萬里之外後漢南匈奴傳唐李華弔古戰場文全用其語意總不若陳陶詩云誓掃匈奴不顧身五千貂錦喪胡塵可憐無定河邊骨猶是春閨夢裏人一變而妙眞奪胎換骨矣

烏夜啼

芳草二三月草與水同色攀條摘香花言是歡氣息○唐劉禹錫詩烟波與春草千里同一色溫飛卿詩蠻水揚光色如草揚孟載詩春草春江相妬綠

怪石詩

黃庶字亞夫嘗有怪石一絕傳于世云山鬼水怪著薜荔天祿辟邪眠莓苔鈎簾坐對心語口曾見漢家池館來人士膾炙以為奇作唐張碧詩亦不多見嘗有池上怪石詩云寒姿數片奇突兀曾作秋江秋水骨先生應是厭風雷著向池邊塞龍窟我來池上傾酒樽半酣書破青烟痕參差翠縷不擺落筆頭驚怪黏秋雲我聞吳中項容水墨有高價邀得將來倚松下鋪卻雙縮直道難掉首空歸不成畫二詩殆未易甲乙也

華山畿

相送勞勞渚長江不應滿是儂淚成許○與讀曲歌明月不應停特為相思苦同調

神絃曲

中庭有樹自語梧桐推枝布葉○陳后山詩庭梧盡黃隕風過自成語又衝風窻自語浣壁蝸成字皆用此事

古書不可妄改

古書不可妄改聊舉二端如曹子建名都篇膾鯉臇胎蝦寒鱉炙熊膰此舊本也五臣妄改作炰鱉蓋炰鱉膾鯉毛詩舊句淺識者孰不以為寒字誤而從炰字邪不思寒與炰字形相遠音呼又別何得誤至於此文選李善注云今之時餉謂之寒蓋韓國饌用此法鹽鐵論羊淹雞寒崔駰傳亦有雞寒曹植文寒鴿蒸麑劉熙釋名韓雞為正古字寒與韓通也王維老將行恥令越甲鳴吾君此舊本也近刊本為不知者

改作吳軍盎越甲吾君似是連對不思前韻已有詔書五道出將軍五言古詩有用重韻未聞七言有重韻也維豈謬至此耶按劉向說苑越甲至齊雍門狄請死之曰昔者王田於囿左轂鳴車左請死之曰吾見其鳴吾君也今越甲至其鳴君豈左轂之下哉正其事也見其事與字之所出始知改者之妄

軍門曰和

孫子兵法兩君相對曰和戰國策章子爲齊將與秦軍交和而舍又楚策開西和門注軍門曰和唐鄭培詩戎壘三和夕文苑英華改作秋誤矣

松下

古人詩句不知其用意用事妄改一字便不佳孟蜀牛嶠楊柳枝詞吳王宮裏色偏深一簇烟條萬縷金不分錢唐蘇小小引郎松下結同心按古樂府小小歌有云妾乘油壁車郎乘青驄馬何處結同心西陵松柏下牛詩用此意詠柳而貶松唐人所謂尊題格也後人改松下作枝下語意索然矣

書貴舊本

觀樂生愛收古書嘗言古書有一種古香可愛余謂此言未矣古書無訛字轉刻轉訛莫可考證余於滇南見故家收唐詩紀事抄本甚多近見杭州刻本則十分去其九矣刻陶淵明集遺季札贊草堂詩餘舊本書坊射利欲速售減去九十餘首兼多訛字余抄爲拾遺辯誤一卷先太師收唐百家詩皆全集近蘇州刻則每本減去十之一如張籍集本十二卷今只三四卷又傍取他人之作入之王維詩取王涯絕句一卷入之詫於人曰此維之全集以圖速售今王涯絕句一卷在三舍人集之中將誰欺乎此其大關繫者若一句一字之誤尤多畧舉數條如王渙李夫人歌修嫮穠華銷歇盡修嫮訛作德所武元衡詩劉琨

坐嘯風清塞訛作生苑琨在邊城則清塞字爲是焉得有苑乎杜牧詩長空澹澹沒孤鴻今妄改作孤鳥沒平仄亦拗矣杜詩七月六日苦炎蒸俗本蒸作熱紛紛戲蝶過開幔俗本開作閒不知子美父名閒詩中無閒字邀歡上夜關今俗本作卜夜閒曾閃朱旗北斗殷妄改殷作閒成何文理前人已辯之矣劉巨濟收許渾詩湘潭雲盡莫烟出今俗本烟作山亦是淺人妄改湘水多烟唐詩中流欲暮見湘烟是也烟字大勝山字李義山詩瑤池宴罷留王母金屋妝成貯阿嬌俗本作玉桃偷得憐方朔直似小兒語耳陸

龜蒙宮人斜詩草着愁烟似不春俗本作草樹如烟似不春尤謬小詞如周美成愔愔坊曲人家坊曲妓女所居俗改曲作陌張仲宗詞東風如許惡俗改如許作妬花平仄亦失粘孫夫人詞日邊消息空沉沉俗改日作耳東坡玉如纖手嗅梅花俗改玉如作玉奴其餘不可勝數也書所以貴舊本者可以訂訛不獨古香可愛而已

樂府誤字

陝西近刻左克明樂府本節郭茂倩樂府詩集誤字尤多畧舉一二如讀曲謌云逋髮不可料憔悴爲誰

覩欲知相憶時但看裙帶寬幾許逋髮謂髮之散亂未料理也逋字下得妙今改作通髮何解也今據郭本正之又烏棲曲云宜城酘酒今行熟酘酒亞醲酒也不知何人妄改作投泊酘酒熟則有理投泊豈能熟也雖郭本亦誤按北堂書抄云宜城九醖酒曰酘酒并引此句晉白紵舞詞羅袿徐轉紅袖揚何承天芳樹曲微飈揚羅袿皆誤袿作鞋

康浪

甯戚飯牛歌康浪之水白石爛康浪水在今山東見一統志可考今樂府誤作滄浪之水滄浪在楚與齊何干涉也駱賓王文云觀梁父之曲識臥龍於孔明聽康浪之歌得飯牛於甯戚此可以證近書坊刻駱集又妄改康浪作康衢自是堯時事與甯戚何干涉也

薰風啜茗

杜子美何將軍山莊詩薰風啜茗時今本作春風非此詩十首皆一時作其曰千章夏木清又曰紅綻雨肥梅皆是夏景可證

屏風牒

梁蕭子雲上飛白書屏風十二牒李白詩屏風九疊

雲錦張牒卽疊也唐詩山屏六曲夜歸家宋詞屏風疊疊開紅牙今改疊作曲非

王季友詩

王季友觀于舍人壁山水畫云野人宿在人家少唐音誤人家作山家旣云野人何得少宿山家邪

唐詩絕句誤字

唐詩絕句今本多誤字試舉一二如杜牧之江南春云十里鶯啼綠映紅今本誤作千里若依俗本千里鶯啼誰人聽得千里綠映紅誰人見得若作十里則鶯啼綠紅之景村郭樓臺僧寺酒旗皆在其中矣又

寄揚州韓綽判官云秋盡江南草未凋俗本作草木凋秋盡而草木凋自是常事不必說也況江南地暖草本不凋乎此詩杜牧在淮南而寄揚州人者葢厭淮南之搖落而羨江南之繁華若作草木凋則與青山明月玉人吹簫不是一套事矣余戲謂此二詩絶妙十里鶯啼俗人添一撇壞了草未凋俗人減一畫壞了甚矣士俗不可醫也又如陸龜蒙宮人斜詩云草着愁烟似不春只一句便見墳墓凄惻之意今本作草樹如烟似不春草樹如烟正是春景如何下得不春字讀者往往忽之亦食不知味者也

賤妾亦何爲

古詩君亮執高節賤妾亦何爲文選范雲古意詩注引之作擬何爲擬字勝亦字

王融詩

王融巫山高烟華　卷舒行芳時斷續今本行芳作猨鳥猨鳥字遠不及行芳也

杜詩訛字

燕子詩穿花落水益沾巾范德機善本作帖水一笑正墜雙飛翼黄山谷云一笑俗作一箭非紛紛戲蝶過閑幔張文潛本作開幔

古詩文宜改定字

顏延年赭白馬賦戒出豕之敗駕惕飛鳥之跱衡出字不如突字白居易詩千呼萬喚始出來始字不如才字詩文有作者未工而後人改定者勝如此類多有之使作者復生亦必心服也

逐子

杜詩大家東征逐子回劉須溪云逐子不佳予思之杜詩無一字無來處所以佳此逐字無來處所以不佳也今稱人之母隨子就養曰逐子可乎然亦未有他好字易之近有語予以將字易之詩云不追將母

葢反言見義若春秋杞伯姬以其子來朝而書杞伯姬來朝其子之例也爲文富於萬篇貧於一字其難如此古樂府有一母將九雛之句則將字甚愜當試與知音訂之

一笑

杜詩一箭正墜雙飛翼黄山谷注作一笑葢用賈大夫妻射雉事也

飛霜殿

范元實詩話白樂天長恨歌工矣而用事猶誤峩眉山下少人行明皇幸蜀不行峩眉山也當改云劍門

山七月七日長生殿夜半無人私語時長生殿乃齋戒之所非私語地也華清宮自有飛霜殿乃寢殿也當改長生爲飛霜則盡矣按鄭嵎津陽門詩金沙洞口長生殿白蕋峯頭王母祠則長生殿乃在驪山之上夜半亦非上山時也又云飛霜殿前月悄悄迎風亭下風飀飀據此元實之所評信矣

湘烟

許渾詩劉巨濟逕曾得其手書湘潭雲盡暮烟出烟字極妙兼是許之手筆無疑也後人改烟作山無味大抵湘中烟色與他方異張泌詩中流欲暮見湘烟

沈羣微湘中詩魚躍浪花翻水面鴈拖烟練束林腰頗中湘晚景朱慶餘詩亦云浦迥湘烟暮林香岳氣春

古蜡祝丁零威歌遺句

禮記蜡祝辭云土反其宅水歸其壑昆蟲無作草木歸其澤而蔡邕獨斷又有豐年若土歲取千百增此二句義始足丁零威歌城郭是人民非何不學仙冢纍纍而修文御覽所引云何不學仙去空伴冢纍纍增此三字文義始明書所以貴乎博考也

所欽　韻語陽秋

稽康贈弟秀才四言詩云感悟馳情思我所欽則以所欽爲弟陸機贈從兄車騎詩云寤寐靡安豫願言思所欽則以所欽爲兄又贈馮熊詩云忼慨爲誰感願言懷所欽則以所欽爲友

詩用兒字

古詩有用近俗字而不俗者如孫光憲採蓮詩曰菡萏香連十頃陂小姑貪戲採蓮遲晚來弄水船頭濕更脫紅裙裹鴨兒李羣玉釣魚詩曰七尺青竿一丈絲菰蒲葉裏逐風吹幾回舉手拋芳餌驚起沙灘水鴨兒又贈琵琶妓詩有曰我見鴛鴦飛水去君還望

月苦相思一雙裙帶同心結早寄黃鶯孤鴈兒盧仝新年亦有詩云新年何事最堪悲病客還聽百舌兒太歲只遊桃李徑青風肯換歲寒枝

尹式詩

尹式和宋之問詩愁鬢含霜白衰顏寄酒紅〇杜子美云鬢短何須白顏衰肯再紅〇宋陳后山云短鬢愁催白衰顏酒借紅皆互相取用各不失爲佳

詩用惹字

王右丞詩楊花惹莫春李長吉詩古竹老稍惹碧雲溫庭筠暖香惹夢鴛鴦錦孫光憲六宮眉黛惹春愁

用惹字凡四皆絕妙

側寒

唐詩春寒側側掩重門王介甫側側輕寒剪剪風許奕小詞玉樓十二春寒側呂聖求詞側寒斜雨側寒字詞人相承用之不知所出大意側不正也側寒字甚新特拈出之

亞枝花

白居易集有亞枝謂臨水低枝也孟東野南浦桃花亞水紅水邊柳絮颺春風白詩又云亞竹亂藤多照岸亦佳句也

弔月

錢起詩月弔啼鳥寒雅起〇李賀詩蟪蛄弔月曲欄下

坡詩

東坡春事闌珊芳草歇或疑歇字似趁韻非也唐劉瑤詩瑤草歇芳心耿耿傳奇女耶王眞詩燕折鶯離芳草歇皆有出處一字不苟如此〇謝康樂芳草今未歇

悠字單用

詩悠悠蒼天注眇邈無期貌後人押韻罕有單用者惟莊子有荒唐謬悠後漢書任重道悠張平子西京賦建辰旒之太常紛颺悠以容裔佛經道性天悠可以單押

悠字押韻

說文攸行水也字本從水省作攸借爲所字古文苑西嶽碑靈則有攸秦嘉迷婚詩神啟其吉果獲令攸文選紛焱悠以容裔注旌旗搖動貌悠字詩中除悠悠之外只有焱悠與莊子謬悠內典道性天悠可押〇攸所也韓文壺儀之攸左傳湫乎攸乎注乘危貌又鬱攸火氣也五行傳御於怵攸言人君遇災以憂爲所則可免也怵攸猶言敬作所也前漢書敘傳攸

攸外寓支遁傳嘗遊外國歲數囊悠

詩押徊字

宋賞花釣魚和詩徘徊無別押者優人有徘徊太多之誚余思漢書相如傳有安翔徐徊昭帝廟號從徊楊雄賦有徊徊徨徨唐松陵詩有遲徊庾信文有徠徊當時諸公未之精思耳何可謂無

凝音佞

詩膚如凝脂凝音佞唐詩日照凝紅香白樂天詩落絮無風凝不飛又舞繁紅袖凝歌切翠眉愁又舞急

紅腰凝歌遲翠黛低徐幹臣詞重省別時淚漬羅巾猶凝張子野詞蓮臺香燭殘痕凝高賓王詞想尊汀水雲愁凝閒蕙帳猿鶴悲吟柳耆卿詞愛把歌喉當筵逞過天邊亂雲愁凝今多作平音失之音律亦不協也

天邪

唐詩錢唐蘇小小人道最天邪又長安女兒雙髻雅隨風趁蝶學天邪〔天音歪〕

北走

李文正嘗與門人論詩曰杜子美詩北走關山開雨

雪與胡騎中宵堪北走兩北走字　慎對曰按字書疾趨曰走上聲驅之走曰奏去聲北走關山疾走之走也如漢書北走邯鄲道之走胡騎北走驅而走之也如漢書季布北走胡之走是疑不同先生曰爾言甚辨然吾初無此意盧師邵侍御在側曰恐杜公亦未必有此意蓋如此解詩似涉於太鑿耳

陸機太白詩音

陸機招隱詩哀音附靈波頹響赴曾曲附音祔太白詩羌笛橫吹阿濫迴向月樓中吹落梅下吹字音去聲不惟便于讀亦義宜爾也

文選生烟字

宋人小說謂劉禹錫竹枝詞瀼西春水縠文生乃生熟之生信是文選謝眺詩遠樹曖芊芊生烟紛漠漠亦然小謝之句實本靈運靈運撰征賦云披宿莽以迷徑覩生烟而知墟

十字平音

唐詩三十六所春宮殿一一香風透管絃又綠波東西南北水紅闌三百九十橋又春城三百九十橋夾岸朱樓隔柳條又煩君一日殷勤意示我十年感遇詩陳郁云十音當爲諶也謂之長安語音律詩不如

此則不叶矣

七平七仄詩句

吐舌萬里唾四海〔宋玉大言賦〕七變入曰米出甲〔緯書〕一月普見一切水一切水月一月攝〔佛經〕離袿飛髾垂纖羅〔文選〕梨花梅花參差開〔崔魯〕有客有客字子美〔杜〕

升菴詩話卷五

升菴詩話卷六

成都 楊 愼 撰 綿州 李調元 校定

劍門明皇詩

予往年過劍門關絕壁上見有唐明皇詩云劍閣橫空峻鑾輿出狩回翠屏千仞合丹嶂五丁開灌木縈旗轉仙雲拂馬來乘時方在德嗟爾勒銘才是詩英華及諸唐詩皆不載故記於此

猶唱猶吹

後庭花陳後主之所作也主與倖臣各製歌詞極於輕蕩男女唱和其音甚哀故杜牧之詩云煙籠寒水月籠沙夜泊秦淮近酒家商女不知亡國恨隔江猶唱後庭花阿濫堆唐明皇之所作也驪山有禽名阿濫堆明皇御玉笛將其聲翻爲曲左右皆能傳唱故張祜詩曰紅葉蕭蕭閣半開玉皇曾幸此宮來至今風俗驪山下村笛猶吹阿濫堆二君驕淫侈靡躭嗜歌曲以至於亡亂世代雖異聲音猶存故詩人懷古皆有猶唱猶吹之句嗚呼聲音之入人深矣

高宗過溫湯

溫渚停仙蹕豐郊駐曉旌路曲迴輪影岩虛傳漏聲暖溜驚湍駛寒空碧霧輕林黃疎葉下野白曙霜明眺聽良無已烟霞斷續生○此篇文苑英華作太原按驪山石刻年紀麟德十月朔日爲高宗無疑應制和者王德貞楊思元鄭義眞又皆高宗朝士也

武后如意曲

看朱成碧思紛紛憔悴支離爲憶君不信比來長下淚開箱驗取石榴裙○張君房脞說云千金公主進洛陽男子淫毒異常武后愛幸之改明年爲如意元年是年淫毒男子亦以情殫疾死後思之作此曲被于管絃嗚呼武后之淫虐極矣殺唐子孫殆盡其後武三思之亂武氏無少長皆誅斬絕焉雖武攸緒之賢而不能免也使其不入宮闈恣其情慾於北里教坊豈不爲才色一名伎與劉采春薛洪度相輝暎乎曾三江詠史詩云唐代宗風本雜夷周家又見結龍漦不如放配河間傳免使摧殘仙李枝

景龍文館學士長甯公主宅流杯

憑高瞰迴足怡心菌閣桃源不暇尋餘雪依林成玉樹殘霙點岫卽瑤岑○此詩非絕句體然以半律視之則極工矣

楊素詩文

楊素作柳宏誄云山陽王弼風流長逝潁川荀爽零

落無時修竹夾池永絕梁園之賦長楊應詔無復洛川之文又嘗以五言詩七百字贈播州刺史薛道衡詞氣穎拔風韻秀出爲一時盛作見文苑英華素本以武功顯而文藻若此

陳子昂詩

陳子昂送客詩云故人洞庭去楊柳春風生相送河洲晚蒼茫別思盈白蘋已堪採綠芷復含榮江南多桂樹歸客贈生平今本作平生非書所以貴舊本也余見新本疑其誤而思之未得一見舊本釋然

幽州臺詩

陳子昂登幽州臺歌云前不見古人後不見來者念天地之悠悠獨愴然而涕下其辭簡直有漢魏之風而文集不載

岑參蔟拍六州歌頭

西去輪臺萬里餘也知音信日應疎隴山鸚鵡能言語爲報家人數寄書○伊州渭州梁州氐州甘州涼州謂之六州宋時大喪以六州歌頭引之本朝用應天長

杜審言詩

杜審言早春遊望詩唐三體選爲第一首是也首句獨有宦遊人第七句忽聞歌古調妙在獨有忽聞四虛字文選殷仲文詩獨有清秋日審言祖之蓋雖二字亦不苟也詩家言子美無一字無來處其祖家法也

京師易春晚

杜審言詩始出鳳凰池京師易春晚奇句也蓋言繁華之地流景易邁李頎詩好在長安行樂地空令歲月易蹉跎亦此意耳近刻本改作陽春晚非也

儲光羲七言律

儲光羲詩五卷五言古詩過半七言律止田家即事

一首而已桑柘悠悠水蘸堤晚風晴景不妨犁高機猶織卧蠶子下坂饑逢餉饁妻杏色滿林羊酪熟麥涼浮隴雉媒低生時樂死皆由命事在昊天迥不迷

選詩補註

劉履作選詩補註效朱子註三百篇其意良勤矣然曲說強解殊非作者之意如郭璞遊仙詩附會於君臣治道此何理耶且所見寡陋如儲光羲詩格澤爲君駕格澤星名大人賦建格澤之長竿是也履乃云獅子名曰白澤白與格相近白澤即格澤也此何異村學究之欺小童耶

崔塗王維詩

崔塗旅中詩漸與骨肉遠轉於僮僕親詩話亟稱之然王維鄭州詩他鄉絕儔侶孤客親僮僕已先道之矣但王語渾含勝崔

右丞詩用字

王右丞詩暢以沙際鶴兼之雲外山孟浩然云重以觀魚樂因之鼓棹歌雖用助語辭而無頭巾氣宋人黃陳輩效之如且然聊爾耳得也自知之又如命也豈終否時乎不暫留豈止學步邯鄲效顰西子已哉

王摩詰遺詩

王摩詰詩今所傳僅六卷如輕陰閣小雨深院晝慵開坐看蒼苔色欲上人衣來一首見於洪覺範天廚禁臠人家在仙掌雲氣欲生衣二句見於董逌畫跋而本集不載則知其詩遺落多矣

仇池筆記

陽關三疊每句皆再唱而首句不疊

裴迪詩

湖廣景陵縣西塔寺有陸羽茶泉裴迪有詩云景陵西塔寺蹤跡尙空虛不獨支公住曾經陸羽居草堂荒產蛤茶井冷生魚一汲清冷水高風味有餘迪與王維同時其詩自輞川倡和外無傳此詩予見之石刻云

七夕襮衣

沈佺期七夕襮衣篇云君不見昔日宜春太液邊披香畫閣與天連燈火灼爍九衢映香氣氛氳百和然此夜星繁河正白人傳織女牽牛客宮中擾擾襮衣樓天上娥娥紅粉席舒羅散綵雲霧開綴玉垂珠星漢迴朝霞散彩羞衣架晚月分光劣鏡臺上有仙人長命綹中看寶媛迎歡繡瑇瑁筵中作別春琅玕窗裏翻成晝椒房金屋寵新流意氣驕奢不自由漢文

宜惜露臺費晉武須焚前殿裘佺期此詩首以藻繪終歸諷戒深可欽玩近刻沈集不載此詩蓋本類書抄合非當日全集也

芬月

沈佺期詩芬月期來過又稱芳月

五字

郭頒世語曰司馬景王命中書郎虞松作表再呈不可意鍾會取草爲定五字松悅服以呈景王景王曰不當爾耶松曰鍾會也景王曰如此可大用沈佺期詩五字擢英才用此事也解者以五字爲詩誤矣

劉希夷江南曲

暮宿南州草晨行北岸林日懸滄海闊水隔洞庭深烟景無留意風波有異潯歲游難極目春戲易爲心朝夕無榮遇芳菲已滿襟○艷唱潮初落江花露未晞春洲驚翡翠朱服弄芳菲畫舫烟中淺青陽日際微錦帆衝浪濕羅袖拂行衣含情罷所采相歎惜流輝○君爲隴西客妾遇江南春朝游含靈果夕采弄風蘋果氣時不歇蘋花日以新以此江南物持贈隴西人空盈萬里懷欲贈竟無因○皓如楚江月靄若吳岫雲波中自皎潔山上亦烟熅明月留照妾輕雲

持贈君山川各離散光氣乃殊分天涯一爲別江北不相聞○艤舟乘潮去風帆振早涼潮平見楚甸天際望維揚洄泝各千里烟波接兩鄉雲明江嶼出日照海流長此中逢歲晏浦樹落花芳○莫春三月晴維揚吳楚城城臨大江汜迴映洞浦清晴雲曲金閣珠箔碧雲裏月明芳樹羣鳥飛風過長林雜花起可憐離別誰家子一至於此情何已○北堂紅草盛丰茸南湖碧水照芙蓉朝游暮起金花盡漸覺羅裳珠露濃自惜鉛華三五歲已歎關山千萬重情人一去無還日欲贈懷芳恨不逢○憶昔江南全盛時平生怨在長洲曲冠蓋星繁江水上衝風飄落洞庭綠落花罥袖紅粉粉朝霞高閣洗晴雲誰言此處嬋娟子珠玉爲心以奉君○希夷八詩柔情綺語絕妙一時宜乎招宋延清之妒也

宋之問嵩山歌

登天門兮坐磐石之嶙峋前漎漎兮未半下漠漠兮無垠紛窈窕兮岩倚披以鵬翅洞膠葛兮峯稜層以龍鱗松移岫轉左變而右易風生雲起出鬼而入神吾不知其若此靈怪願游杳冥兮見羽人重曰天門兮穹崇迴合兮攢藂松萬仞兮拄日石千尋兮倚空

晚陰兮足風夕陽兮赩紅試一望兮斂魄況眾妙之無窮下嵩山兮多所思攜佳人兮步遲遲松間明月常如此君再游兮復何時○此詩本集不收嵩山有石刻今但傳後四句耳

王邱東山詩

高潔非養正盛名亦險艱智哉謝安石攜妓入東山雲岩響金奏空水灧朱顏蘭露滋香澤松風鳴珮環歌聲入空盡舞影到池閑杳眇同天上繁華非世間卷舒混名跡縱誕無憂患何必蘇門嘯冥然閉清關○王邱初唐人雀鼠谷應制詩出沈宋上此詩清新

俊逸太白之先鞭也

王績贈學仙者

采藥層城遠尋師海路賒玉壺橫日月金闕斷烟霞仙人何處在道士未還家誰知彭澤也更覔步兵邪春釀煎松葉秋杯泛菊花相逢寗可醉定不學丹砂

○此詩深有風諭於世之妄意長生者比之朱子脫屣非難殊爲正論無媿文中子之友于矣

邢象玉古意

家中新酒熟園裏木初榮仾杯欲取醉悒然思友生忽聞有奇客何姓復何名嗜酒陶彭澤能琴阮步兵

何須問寒暑遥坐共山亭舉袂袪飛鳥持巾掃落英心神無俗累歌詠有新聲新聲是何曲滄浪之水清

○象玉初唐人與王無功爲友此詩脫洒而含古意

西施

劉長卿題西施障子曰窻風不舉袖但覺羅衣輕二語雖太白可頡頏也

虞世南織錦曲

寒閨織素錦含怨斂雙蛾綜新交縷澁經脆斷絲多衣香逐舉袖釧動應鳴梭還恐裁縫罷無信往交河

此虞世南織錦曲也分明是一幅織錦圖綜音縱經音逕非深知織作者不知此二句之妙

閭邱均

成都閭邱均在唐初與杜審言齊名杜子美贈其孫閭邱師詩云鳳藏丹霄莫龍去白水渾盖稱均之文也均亦曾至雲南有刺史王仁求碑文爨王墓碑文皆均筆也爨墓碑洛陽賈餘絢書予備雲南志以均與餘絢入流寓志中

王適詩

忽見寒梅樹開花漢水濱不知春色早疑是弄珠人

此王適梅花詩也唐音選之一首足傳矣適唐初人

陳子昂列傳云幽人王適見感遇詩曰是必爲海內文宗矣卽其人也予見蜀志載王適蜀中旅懷一首云有時須問影無事則書空棄置如天外平生似夢中別離同夜月愁思隔秋風老少悲顔駟盈虛悟翟公盖因旅遊入蜀而見子昂也近註唐音以王適爲韓退之銘其墓者不知開元以後安得此句法哉不惟胸中無書又且目中無珠妄淺如此何以註爲

劉綺莊揚州送人

桂楫木蘭舟楓江竹箭流故人從此去遠望不勝愁落日低帆影歸風引櫂謳思君折楊柳淚盡武昌樓

○襲明之中興紀聞云唐人劉綺莊爲崑山尉研窮古今緗帙所積甚富嘗分類應用事注釋于下如六帖之狀號崑山編今其書尚存

衞象吳宮怨

吳王宮闕臨江起不捲珠簾見江水曉氣晴來雙闕間潮聲夜落千門裏句踐城中非舊春姑蘇臺上起黃塵只今惟有西江月曾照吳王宮裏人○此詩與王子安滕王閣詩相似少誦之知爲初唐人無疑而未有明證偶閱李嶠集有詠衞象餳絲結知爲巨山同時高棅選唐詩乃收之晚唐不考之甚矣

王奐惆悵詞

夢裏分明入漢宮覺來燈背錦屏空紫臺月落關山曉腸斷君王信畫工

李夫人病已經秋武帝來看不舉頭脩嫮穠華消歇盡玉墀羅袂一生愁○漢武帝思李夫人賦曰美連娟以修嫮兮命勦絶而不長西京雜記武帝落葉哀蟬曲云羅袂兮無聲玉墀兮塵生亦思李夫人所作也剪裁之妙可謂佳絶舊本德所穠華誤謬不通劉珥江見元人刻本定爲脩嫮字誠一快也余又見陳子高演此詩爲太平時塡詞易舊句楚魂湘血爲王墀羅袂始爲全美今從之

王績野望詩

東皐薄暮望徙倚欲何依樹樹皆秋色山山惟落暉牧人驅犢返獵馬帶禽歸相顧無相識長歌懷采薇

○王無功隋人入唐隱節旣高詩律又盛葢王楊盧駱之濫觴陳杜沈宋之先鞭也而人罕知之况文中子之道德乎乃知名亦有幸不幸古云葢棺事乃定若此者千年猶未定也

南州行

挺艇至南國國門連大江中洲兩邊岸數步一垂楊

金鈿越溪女羅衣胡粉香織縑春卷幔采蕨暝提筐弄瑟嬌垂幌迎人笑下堂河頭浣衣處無數紫夗央

○此二詩一見英華一見樂府葢初唐人作也所謂暗中摹索亦可知者高棅乃編之於中唐眞無見哉

升菴詩話卷六

升菴詩話卷七

成都 楊 愼 撰 綿州 李調元 校定

太白用古樂府

古樂府暫出白門前楊柳可藏烏歡作沉水香儂作博山鑪李白用其意衍爲楊叛兒歌曰君歌楊叛兒妾勸新豐酒何許最關情烏啼白門柳烏啼隱楊花君醉留妾家博山鑪中沉香火雙煙一氣凌紫霞古樂府朝見黃牛暮見黃牛三朝三暮黃牛如故李白則云三朝見黃牛三暮行太遲三朝又三暮不覺鬢成絲古樂府云郎今欲渡畏風波李白云郎今欲渡

緣何事如此風波不可行古樂府云春風復多情吹我羅裳開李反其意云春風復無情吹我夢魂散古人謂李詩出自樂府古選信矣其楊叛兒一篇卽暫出白門前之鄭箋也因其拈用而古樂府之意益顯其妙益見如李光弼將子儀軍旗幟益精明又如神僧拈佛祖語信口無非妙道豈生吞義山拆洗杜詩者比乎故其贈杜甫詩有飯顆之句蓋譏其拘束也余觀李太白七言律絕少以此言之未窺六甲先制七言者視此可省矣

阿鞞迴

太白詩羌笛橫吹阿鞞迴番曲名張佑集有阿濫堆蓋飛禽名明皇御玉笛采其聲翻爲曲子卽此也番人無字止以聲傳故隨中國所書人各不同耳難以意求也

古胡無人行

望胡地何險側斷胡頭脯胡臆○此古詞雖不全然李太白作胡無人尾句全效而注不知引又郭氏樂府亦不載蓋止此四句而餘亡矣

李太白相逢行

太白相逢行云朝騎五花馬謁帝出銀臺秀色誰家

子雲中珠箔開金鞭遙指點玉勒乍遲回夾轂相借問知從天上來憐腸愁欲斷斜日復相催下車何輕盈飄飄似落梅嬌羞初解佩語笑共銜盃銜盃映歌扇似雲月中見相見不相親不如不相見相見情已深未語可知心胡爲守空閨孤眠愁錦衾錦衾與羅幃纏綿會有時春風正澹蕩莫雨來何遲願言三青鳥卻寄長相思光景不待人須臾髮成絲壯年不行樂老大徒傷悲持此道密意無令曠佳期此詩予家藏樂史本最善今本無憐腸愁欲斷四句他句亦不同數字故備錄之太白號斗酒百篇而其詩精練若

此所以不可及也

太白懷鄉句

太白渡金門詩仍連故鄉水萬里送行舟送人之羅浮詩爾去之羅浮余還憩峩眉又淮南卧病懷寄蜀中趙徵君蕤詩云國門遥天外鄉路遠山隔朝憶相如臺夜夢子雲宅皆寓懷鄉之意趙蕤梓州人字雲卿精於數學李白齊名蘇頲薦西蜀人才疏云趙蕤術數李白文章宋人注李詩遺其事併附見焉圖經云蕤漢儒趙賓之後鹽亭人屢徵不就所著有長短經

太白句法

太白詩天山三丈雪豈是遠行時又云水國秋風夜殊非遠別時豈是殊非變幻二字愈出愈奇孟蜀韓琮詩晚日低霞綺晴山遠畫眉青青河畔草不是望鄉時亦祖太白句法

泉明

李太白詩昔日繡衣何足榮今朝貰酒與君傾日就東山賒月色酣歌一夜送泉明泉明卽淵明唐人避高祖諱改淵爲泉也今人不知改泉明作泉聲可笑

柳花香

李太白詩風吹柳花滿店香温庭筠詠柳詩香隨靜婉歌塵起影伴嬌嬈舞袖垂傳奇詩莫唱踏春陽令人離腸結郎行久不歸柳自飄香雪其實柳花亦有微香詩人之言非誣也李又有瑶臺雪花數千點片片吹落春風香之句

香雲香雨

雨未嘗有香也而李賀詩衣微香雨青氛氲元微之詩雨香雲淡覺微和雲未嘗有香而盧象詩云雲氣香流水

李白横江詞

橫江館前津吏迎向余東指海雲生郎今欲渡緣何事如此風波不可行○古樂府馬栖曲採菱渡頭擬

黄河郎今欲渡畏風波太白以一句衍作二句絶妙

陪族叔侍郎曄及賈舍人至遊洞庭

洞庭西望楚江分水盡南天不見雲日落長沙秋色遠不知何處弔湘君○此詩之妙不待贊前句云不見後句不知讀之不覺其複此二不字决不可易大抵盛唐大家正宗作詩取其流暢不似後人之拘拘耳聊發此義

又

帝子瀟湘去不還空餘秋草洞庭間淡掃明湖開玉鏡丹青畫出是君山○洞庭爲楚之巨浸大觀近日

士夫崇尚別號楚人以洞庭取號者比比是曰洞野曰洞澤曰洞湖洞陽洞陰洞濱唐池南侍御云太白詩中明湖二字奇甚無人拈出爲別號及亭扁者

巴陵贈賈至舍人

賈生西望憶京華湘浦南遷莫怨嗟聖主恩深漢文帝憐君不遣到長沙○賈至中書省舍人左遷巴陵有詩云極浦三春草高樓萬里心楚山晴靄碧湘水暮流深怨與朝中舊同爲澤畔吟感時還北望不覺淚沾襟太白此詩解其怨嗟也得溫柔敦厚之旨矣

杜鵑花

蜀國曾聞子規鳥宣城還見杜鵑花一叫一回腸一斷三春三月憶三巴○此太白寓宣州懷西蜀故鄉之詩也太白爲蜀人見于劉全白誌銘曾南豐集序魏楊遂故宅詞記及自敘書不一而足此詩又一証也○近日吾鄉一士夫爲山東人作詩序云太白非蜀人乃山東人也余以前所引證詰之荅曰且謟山東人祈緯楔貲何暇核實

太白梁甫吟

李太白梁甫吟手接飛猱搏彫虎側足焦原未言苦盇用尸子載中黃伯及莒國勇夫事而楊子見蕭粹可皆不能注今錄其全文于此尸子曰中黃伯曰余左執太行之猱而右搏彫虎夫貧窮者太行之猱也疏賤者義之彫虎也而吾日遇之亦足以試矣又曰莒國有石焦原者廣五十步臨百仞之谿莒國莫敢近也有以勇見莒子者獨卻行齊踵焉所以稱于世夫義之爲焦原也亦高矣賢者之於義必且齊踵所以服一時也

下落花

李太白詩玉窗青青下落花花已落又曰下增之不覺綴而語益奇

李白前後三擬文選不如意悉焚之惟留恨別賦

東山李白

杜子美詩近來海內爲長句汝與東山李白好流俗本妄改作山東李白按樂史序李白集云白客遊天下以聲妓自隨效謝安石風流自號東山時人遂以東山李白稱之子美詩句正因其自號而稱之耳流俗不知而妄改近世作大明一統志遂以李白人山東人物類而引杜詩爲證近於郢書燕說矣噫寡陋至此哉

學選詩

李太白終始學選詩杜子美好者亦多是效選詩後漸放手初年甚精細晚年横逸不可當

豎子

阮籍登廣武而歎曰時無英雄使豎子成名豈謂沛公爲豎子乎傷時無劉項也豎子指晉魏間人耳李太白詩沉醉呼豎子狂言非至公亦誤認嗣宗語也東坡詩聊興廣武歎不待雍門彈

搥碎黄鶴樓

李太白過武昌見崔顥黄鶴詩歎服之遂不復作去而賦金陵鳳凰臺也其事本如此其後禪僧用此事

作一偈云一拳搥碎黄鶴樓一脚踢翻鸚鵡洲眼前有景道不得崔顥題詩在上頭傍一游僧亦舉前二句而綴之曰有意氣時消意氣不風流處也風流又一僧云酒逢知己藝壓當行元時借此事設辭非太白詩也流傳之久信以爲眞宋初有人僞作太白醉後答丁十八詩云黄鶴高樓已搥碎一首樂史編太白遺詩遂收入之近日解學士縉作弔太白詩云也曾搥碎黄鶴樓也曾踢翻鸚鵡洲殆類優伶之語噫太白一何不幸耶

評李杜

楊誠齋云李太白之詩列子之御風也杜少陵之詩靈均之乘桂舟駕玉車也無待者神於詩者與有待而未嘗有待者聖於詩者與宋則東坡似太白山谷似少陵徐仲車云太白之詩神鷹瞥漢少陵之詩駿馬絶塵二公之評意同而語亦相近余謂太白詩仙翁劍客之語少陵詩雅士騷人之詞比之文太白則史記少陵則漢書也

劉須溪

世以劉須溪爲能賞音爲其於選詩李杜諸家皆有批點也予以爲須溪元不知詩其批選詩首云詩至

文選爲一厄五言盛於建安而勃窣爲甚此言大本已迷矣須溪徒知尊李杜而不知選詩又李杜之所自出予嘗謂須溪乃開剪截羅段鋪客人元不曾到蘇杭南京機坊也

許彦周詩話

許彦周詩話云客言李杜詩中說馬如相馬經有能過之者乎僕曰毛詩過之曰六經固不可擬然亦未嘗仔細說馬相態行步也僕曰願熟讀之兩驂如舞此驗語所謂花踏羊行是也兩驂如手此驗語所謂熟使喚是也思之便覺走過掣電傾城知與神行電

邁渉恍惚爲難騎耳

巫峽江陵

盛宏之荊州記巫峽江水之迅云朝發白帝莫到江陵其間千二百里雖乘奔御風不以疾也杜子美詩朝發白帝莫江陵頃來目擊信有徵李太白朝辭白帝彩雲間千里江陵一日還兩岸猿聲啼不盡扁舟已過萬重山雖同用盛宏之語而優劣自別今人謂李杜不可以優劣論此語亦太憒憒（）白帝至江陵春水盛時行舟朝發夕至雲飛鳥逝不是過也太白述之爲韵語驚風雨而泣鬼神矣太白娶江陵許氏以江陵爲還益室家所在

升菴詩話卷七

升菴詩話卷八

成都 楊慎 撰 綿州 李調元 校定

稱許有乃祖之風

老杜高自稱許有乃祖之風上書明皇云臣之述作沈鬱頓挫揚雄枚皐可企及也壯游詩則自比于崔魏班揚又云氣劘屈賈壘目短蕭劉墻贈韋左丞則曰賦料揚雄敵詩看子建親甫以詩雄于世自比諸人誠未爲過至竊比稷與契則過矣史稱甫好論天下大事高而不切豈自比稷契而然邪至云上感九廟焚下憫萬人瘡斯時伏青蒲廷爭守御牀其忠藎亦可嘉矣

不嫁惜娉婷

杜子美詩不嫁惜娉婷此句有妙理讀者忽之耳陳后山衍之云當年不嫁惜娉婷傳粉施朱學後生不惜捲簾通一顧怕君着眼未分明深得其解矣益士之仕也猶女之嫁也士不可輕於從仕女不可輕於許人也着眼未分明相知之不深也古人有相知之深審而始出以成其功者伊尹孔明是也有相知不深確乎不出以全其名者嚴光蘇雲卿是也有相知不深闇然以出身名俱失者劉歆荀彧是也白樂天

詩寄言痴小人家女愼勿將身輕許人亦子美之意乎

數回細寫愁仍破

杜詩數回細寫愁仍破寫洗野切禮記器之溉者不寫其餘皆寫注謂傳之器中史記始皇三十五年寫蜀荆地材皆至關中三十六年每破諸侯寫放其宮室作之咸陽左傳注寫器令空東觀漢記封車載貨寫之權門晉御夫人語二弟云傾筐倒寫又四夜切石鼓文宮車其寫義與卸通舍車解馬曰寫舟車出載亦曰寫

杜詩奪胎

陳僧慧標詠水詩舟如空裏泛人似鏡中行沈佺期釣竿篇人如天上坐月似鏡中懸杜詩春水船如天上坐老年花似霧中看雖用二字之句而壯麗倍之可謂得奪胎之妙矣

子美贈花卿

錦城絲管日紛紛半入江風半入雲此曲只應天上有人間能得幾回聞○花卿名敬定丹稜人蜀之勇將也恃功驕恣杜公此詩譏其僭用天子禮樂也而含蓄不露有風人言之無罪聞之者足以戒之旨公之絶句百餘首此爲之冠○唐世樂府多取當時名人之詩唱之而音調名題各異杜公此詩在樂府爲入破第二疊王維秦川一半夕陽開在樂府名相府蓮訛爲想夫憐秋風明月獨離居爲伊州歌岑參西去輪臺萬里餘爲簇拍六州盛小叢鴈門山上鴈初飛爲突厥三臺王昌齡秦時明月漢時關爲蓋羅縫張仲素亭亭孤月照行舟爲湖渭州王之奐黃河遠上白雲間爲梁州歌張祜十指纖纖似筝紅爲氏州第一苻載月裏嫦娥不畫眉爲甘州歌無名氏十年一遇聖明朝爲水調歌雕弓自羽獵初回爲水鼓子後轉爲漁家傲云其餘有詩而無名氏者尚多不盡

書焉○唐人樂府多唱詩人絶句王少伯李太白爲多杜子美七言絶近百錦城妓女獨唱其贈花卿一首蓋花卿在蜀頗僭子美作此諷之當時妓女獨以此詩入歌亦有見哉杜子美詩諸體皆有絶妙者獨絶句本無所解而近世乃效之而廢諸家是其眞識冥契猶在唐世妓人之下乎

袁紹盃

後漢鄭元傳袁紹總兵冀州遣使要元大會賓客元最後至乃延升上坐飲酒一斛紹客多豪俊並有才

說元依方辨對咸出問表莫不嗟服杜詩江上徒逢袁紹盃公以元自比爲儒而逢世亂也須溪批云如此引袁紹事不曉噫須溪眯目之言不曉眞不曉也王洙注引河朔飲事尤無干涉不讀萬卷書不能解讀杜詩信哉

西郊詩

韻語陽秋杜子美西郊詩云無人競來往或云無人與來往或云無人覺來往競與皆常談覺字非子美不能道也蓋煬者辟竈有道之所驚舍者爭席隱居者之所貴也

劉貢父

青袍也自公貢父詩話云也字作夜音不可如字讀也白公云也向慈恩寺裏遊是也

書堂飲散復邀李尚書下馬賦

杜云湖月林風相與清殘樽下馬復同傾久拚野鶴如雙鬢遮莫隣雞下五更○湖上林中地已清矣湖有月林有風景益清矣故着相與清字俗本作湖上或作湖水皆淺既有湖不須着水字若云湖上林風不得着相與清字此工緻細潤味之自知遮莫猶言儘教也當時諺語

止觀之義

杜詩白首重聞止觀經佛經云止能捨樂觀能離苦又云止能修心能斷貪愛觀能修慧能斷無明止如定而後能靜觀則慮而後能得也

彫苽

說文彫苽亦名蔣徐鉉曰彫苽西京雜記及古詩皆作雕胡內則註作雕胡亦作安胡枚乘七發安胡之飯註今所食茭苗米也宋玉賦主人之女炊雕胡之飯爾雅齧雕蓬孫炎云米茭也米可作飯古人以爲五飯之一周禮魚宜苽于寶云苽米飯膳以魚同水

物也其米色黑杜詩波漂苽米沉雲黑言人不收取而鴈亦不啄但爲波漂雲沉而已見長安兵火之慘極矣客有見予拈波漂苽米之句而問曰杜詩此首中四句亦有所本乎予曰有本但變化之極其妙耳隋任希古昆明池應制詩曰回眺牽牛渚激賞鏤鯨川便見太平宴樂氣象今一變云織女機絲虛夜月石鯨鱗甲動秋風讀之則荒烟野艸之悲見於言外矣西京雜記云太液池中有雕苽紫籜綠節鳧鶵鴈子唼喋其間三輔黃圖云宮人泛舟採蓮爲巴人櫂歌便見人物游嬉宮沼富貴今一變云波漂苽米沉

雲黑露冷蓮房墜粉紅讀之則菰米不收而任其沉蓮房不採而任其墜兵戈亂離之狀具見矣杜詩之妙在翻古語千家注無有引此者雖萬家注何用哉因悟杜詩之妙如此四句直下與三百篇牂羊羵首三星在罶同比之晚唐亂殺平人不怕天抽旗亂插死人堆豈但天壤之隔

日抱黿鼉

韓石溪廷延語余曰杜子美登白帝最高樓詩云峽坼雲霾龍虎臥江清日抱黿鼉游此乃登高臨深形容疑似之狀耳雲霾坼峽山木蟠挐有似龍虎之臥

日抱清江灘石波盪有若黿鼉之游余因悟舊註之非其云雲氣陰黯龍虎所伏日光圓抱黿鼉出曝眞以爲四物矣卽以杜證杜如江光隱映黿鼉窟石勢參差烏鵲橋同一句法同一解也蘇子赤壁賦云踞虎豹登虬龍攀栖鶻之危巢俯馮夷之幽宮亦是此意豈眞有烏鵲黿鼉虬龍虎豹哉

步檐

杜步檐倚杖看牛斗檐卽今簷字也蓋用相如上林賦步檐周流之語俗子不知古字乃改檐爲蟾且上句有新月猶懸而此又云步檐太重複况步檐乃時俗舉子坊牌腐語杜公詩甯有此惡字面邪

衡州

衡州詩云悠悠委薄俗鬱鬱回剛腸此語甚悲許彥周詩話云昔蒯通讀樂毅傳而涕後之人亦當有味此而泣者也

落月屋梁

落月滿屋梁猶疑照顏色言夢中見之而覺其猶在卽所謂夢中魂魄猶言是覺後精神尚未回也詩本淺宋人看得太深反晦矣傳神之說非是

杜詩本選

謝宣遠詩離會雖相雜杜子美忽漫相逢是別筵之句實祖之顏延年詩春江壯風濤杜子美春江不可渡二月已風濤之句實衍之故子美諭兒詩曰熟精文選理

五雲太甲

杜詩五雲高太甲六月曠摶扶注不解五雲之義嘗觀王勃益州夫子廟碑云帝車南指遁七曜于中階華蓋西臨藏五雲于太甲酉陽雜俎謂燕公讀碑自帝車至太甲四句悉不解訪之一公一公言北斗建五七曜在南方有是之祥無位聖人當出華蓋以下

卒不可悉愚謂老杜讀書破萬卷自有所据或入蜀見此碑而用此語也晉天文志華蓋在旁六星曰六甲分陰陽而配節候太甲恐是六甲一星之名然未有考證以一行之邃於星歴張燕公段柯古之殫見洽聞而猶未知焉姑闕疑以俟博識

東閣官梅

杜工部和裴迪登州東亭送客逢早梅相憶見寄詩云東閣官梅動詩興還如何遜在揚州按遜傳無揚州事而遜集亦無揚州梅花詩但有早梅詩云菟園標節序驚時最是梅銜霜當路發映雪凝寒開枝橫

卻月觀花繞凌風臺應知早飄落故逐上春來杜公以裴迪逢早梅而作詩故用何遜比之又以卻月凌風皆揚州臺觀名耳所謂東閣官梅者乃新津之地也非揚州有東閣也宋世有妄人假東坡名作杜詩注一卷刻之一時爭尚杜詩而坡公名重天下人爭傳之而不知其僞也其注此詩云遜作揚州法曹廨舍有梅一株遜吟咏其下後居洛思之因請再任及抵揚州梅花盛開相對彷彿終日按何遜未嘗爲揚州法曹是時南北分裂遜爲梁臣何得復居洛陽洛陽乃魏地也既居魏何得又請再任請于梁乎請於魏乎其說之脫空無稽如此略曉史册者知其僞矣近日邵文莊寶乃手抄其註入杜詩七言律刻行豈不誤後學耶僞蘇注之謬宋世洪容齋嚴滄浪劉須溪父子馬端臨經籍考皆力辨其謬而文章鉅公如邵文莊者乃獨信之亦尺有所短也○僞蘇注中如謂不分桃花紅勝錦爲李夫人之語十年厭見旌旗紅爲四皓語皆架空妄說如盲人風漢之言然猶借古人名也又謂碧山學士爲梁章褒又昏黑應須到上頭爲隋常琮語併人名亦杜撰之又妄撰景差五言律一聯尤可笑蘇李始有五言古詩而楚襄王時

乃有五言律乎其人信白丁也而讀者不之悟其奈之何

綠沉

杜少陵游何將軍山林詩雨拋金鎖甲苔臥綠沉鎗竹坡周少隱詩話云甲拋於雨爲金所鎖鎗臥於苔爲綠所沉有將軍不好武之意此瞽者之言也薛氏補遺云綠沉精鐵也引隋書文帝賜張淵綠沉之甲趙德麟侯鯖錄謂綠沉爲竹引陸龜蒙詩一架三百竿綠沉森杳冥雖少有據然亦非也予考綠沉乃畫工設色之名鄴中記云石虎造象牙桃枝扇或綠沉

色或木難色或紫紺色或鬱金色王羲之筆經云有人以綠沉漆管見遺南史梁武帝西國食綠沉瓜是綠沉即西瓜皮色也梁簡文詩吳戈夏服箭驥馬綠沉弓虞世南詩綠沉明月弦劉邵趙都賦弩有黃間綠沉若如薛與趙之說鐵與竹豈可爲弓弦耶楊巨源詩吟詩白羽扇校獵綠沉鎗與杜少陵之句同皆謂以綠沉色爲漆飾鎗

泥人嬌

俗謂柔言索物曰泥乃計切諺所謂軟纏也杜子美詩忽忽窮愁泥殺人元微之憶內詩顧我無衣搜畫

匣泥地沽酒拔金釵非烟傳詩曰郎心應似琴心怨脈脈春情更泥誰楊乘詩畫泥琴聲夜泥書元鄧文原贈妓詩銀燈影裏泥人嬌柳耆卿詞泥歡邀寵最難禁字又作𧦝花間集黃鶯嬌轉𧦝芳妍又記得𧦝人微斂黛字又作妮王通叟詩千三妮子綠窗中今山東目婢曰小妮子其語亦古矣

杜工部荔枝詩

杜子美詩側生野岸及江蒲不熟丹宮滿玉壺雲壑布衣鮐背死勞生害馬翠眉須杜公此詩蓋紀明皇爲貴妃取荔枝事也其用側生字蓋爲庾文隱語以避時忌春秋定哀多微辭之意非如西崑用僻事也末二句蓋昌黎感二鳥之意言布衣抱道有老死雲壑而不徵者乃勞生害馬以給翠眉之須何爲者耶其旨可謂隱而彰矣山谷謂雲壑布衣指後漢臨武長唐羌諫止荔枝貢者此俗所謂厚皮饅頭夾紙燈籠矣山谷尚如此又何以責黃鶴蔡夢弼輩乎

補稻畦水詩

芊芊炯翠羽剡剡生銀漢鷗鳥鏡裏來關山雲邊看秋菰成黑米精鑿傳白餐玉粒足晨炊紅鮮任霞散陸龜蒙引泉詩曾聞瑤池溜亦灌朱草田凫伯弄翠蕋鸞雛舞丹烟凌風捩桂舵隔霧馳西船○二詩曲

盡農田之景然而詞語且宕落

鶯啼修竹

杜子美滕王亭詩春日鶯啼修竹裏仙家犬吠白雲間修竹用梁孝王事犬吠雲中用淮南王事人皆知之矣予嘗怪修竹本無鶯啼字也後見孫綽蘭亭詩啼鶯吟修竹游鱗戲瀾濤乃知杜老用此也讀書不多未可輕議古人

鐵馬汗常趨

安祿山之亂哥舒翰與賊將崔乾祐戰見黃旗軍數

百隊官軍以爲賊賊以爲官軍相持久之忽不見是日昭陵内石馬皆汗流杜詩玉衣晨自舉鐵馬汗長趨李義山亦云天教李令心如日可待昭陵石馬來

升菴詩話卷八

升菴詩話卷九

成都　楊　愼　撰　綿州　李調元　校定

滕王

杜子美滕王亭子詩民到于今歌出牧來遊此地不知還後人因子美之詩注者遂謂滕王賢而有遺愛于民今郡志亦以滕王爲名宦予考新舊唐書並云元嬰爲荆州刺史驕佚失度太宗崩集官屬燕飲歌舞狎昵廝養巡省部内從民借狗求罝所過爲害以丸彈人觀其走避則樂及遷洪州都督以貪聞高宗給麻二車助爲錢緡小說又載其召屬官妻于宫中

而淫之其惡如此而少陵老子乃稱之所謂詩史者蓋亦不足信乎未有暴于荆洪兩州而仁于閬州者也

滕王 此與前民歌出牧條說異

杜工部有滕王亭詩王建詩㨿得滕王蛺蝶圖皆稱滕王湛然非元嬰也王勃記滕王閣則是元嬰耳

江平不流

杜詩江平不肯流意求工而語反拙所謂鑿混沌而畫蛇足必夭性命而失卮酒也不若李羣玉樂府云人老自多愁水深難急流也又不若巴渝竹枝詞云

大河水長漫悠悠小河水長似箭流詞愈俗愈工意愈淺愈深

伏毒寺詩

杜詩鄭國伏毒寺瀟洒在江心劉禹錫詩會作關中客頻經伏毒岩晴煙沙院樹曉日渭川帆

杜詩與包佶同意

包佶詩波影倒江楓與杜詩石出倒聽楓葉下同意二句並工未易優劣也

天闕象緯逼

杜工部龍門奉先寺詩天闕象緯逼或作天閱殊爲

牽強章表臣詩話據舊本作天闕引史記以管闚天之語其見卓矣余又按文選潘岳秋興賦闚天文之祕奧注引陸賈新語楚王作乾谿之臺闚天文杜子美精熟文選者也其用天闕字正本此況天文卽象緯也不但用其字亦用其義矣子美復生必以余爲知言天闕闚天也雲臥臥雲也此倒字法也言闚天則星河垂地臥雲則空翠濕衣見山中之殊於人境也

古字窺作闚

古字窺作闚論語闚見室家之好易闚觀利女貞史記以管闚天莊子上闚青天陸賈新語楚王作乾谿之臺闚天文潘岳秋興賦闚天文之秘奥杜詩天闚象緯逼正用上數語不識古字者改爲天闕王安石云天闕黄山谷亟賛其是東坡云只是怕他

社南社北

韋述開元譜云倡優之人取媚酒食居於社南者呼之爲社南氏居於北者呼之爲社北氏杜子美詩社南社北皆春水正用此事後人不知乃改社作舍

杜詩野艇字

杜詩古本野艇恰受兩三人淺者不知艇字有平音

乃妄改作航字以便於讀謬矣古樂府云沿江有百丈一濡多一艇上水郎擔篙何時至江陵艇音廷杜詩蓋用此音也故曰胸中無國子監不可讀杜詩彼胸中無杜學乃欲訂改杜詩乎

關山一點

杜詩關山同一點點字絶妙東坡亦極愛之作洞僊歌云一點明月窺人用其語也赤壁賦云山高月小用其意也今書坊本改點作照語意索然且關山同一照小兒亦能之何必杜公也幸草堂詩餘註可證

秃節

晁以道家有宋子京手書杜少陵詩一卷握節漢臣歸乃是禿節新炊間黃粱乃是聞黃粱以道跋云前輩見書自多不似晚生但以印本爲正也愼按後漢書張衡傳云蘇武以禿節效貞杜公正用此語後人不知改禿爲握晁以道徒知宋子京之舊本亦不知禿節之字所出也況今之淺學乎

避賢

杜詩銜盃樂聖稱避賢用李適之避賢初罷相樂聖且銜盃句也今本作世賢非更取椒花媚遠天今本作椒花非椒花色綠與葉無辨不可言媚

袨褐

杜少陵冬日懷李白詩袨褐風霜入惟宋元本仍作袨今本皆作短褐袨音豎二字見列子

麗人行逸句

松江陸三汀深語予杜詩麗人行古本珠壓腰衱穩稱身下有足下何所著紅蕖羅襪穿鐙銀二句今本無之淮南蔡衡仲昂聞之擊節曰非惟樂府鼓吹兼是周昉美人畫譜也

坐猿坐鶯

杜詩楓樹坐猿深又黃鶯竝坐交愁濕坐字奇崛張說詩樹坐參猿嘯沙行入鷺羣前人已云矣

杜逸詩

合璧事類載杜工部詩云三月雪連夜未應傷物華只緣春欲盡留着伴梨花此詩舊集不載又寒食少天氣春風多柳花又小桃知客意春盡始開花則今之全集遺逸多矣

薄音婆

王昌齡塞上詩故瓶落膊紫薄寒碑葉城西秋月圓明勅星馳封寶劍辭君一夜斬樓蘭

王昌齡長信秋詞

芙蓉不及美人粧水殿風來珠翠香卻恨含情掩秋扇空懸明月待君王○司馬相如長門賦懸明月以自照兮徂清夜於洞房此用其語如李光弼將子儀之師精神十倍矣作詩者其可不熟文選乎

王昌齡殿前曲

昨夜風開露井桃未央前殿月輪高平陽歌舞新承寵簾外春寒賜錦袍○此詠趙飛燕事亦開元末納玉環時借漢爲喻也

王昌齡從軍行

秦時明月漢時關萬里長征人未還但得龍庭飛將

在不教胡馬度陰山○此詩可入神品秦時明月四字橫空盤硬語也人所難解李中溪侍御嘗問余余曰楊子雲賦攙搶爲闉明月爲堠此詩借用其字而用意深矣蓋言秦時雖遠征而未設關但在明月之地猶有行役不踰時之意漢則設關而戍守之征人無有還期矣所賴飛將禦邊而已雖然亦異乎守在四夷之世矣

王之渙梁州歌

黃河遠上白雲間一片孤城萬仞山羌笛何須怨楊柳春光不渡玉門關○此詩言恩澤不及於邊塞所

謂君門遠於萬里也薛能柳枝詞和花香雪九重城亦此意其詩見後光一作風

韓翃贈李翼

王孫別舍擁朱輪不羨空名樂此身戶外碧潭春洗馬樓前紅燭夜迎人○今本別舍作別上空名作名公皆謬此據善本改之

緐知一 緐音婆

緐知一蜀之巫山人贈白樂天詩云忠州刺史今才子行過巫山必有詩爲報高唐神女道速排雲雨候清辭樂天見之邀緐生同舟且曰巫山有王無競沈佺期皇甫冉李端四詩竟不肯作古人之服善無我如此沈與皇甫李端詩人多知之王無競一首罕傳今錄於此神女下高唐巫山正夕陽徘徊作行雨婉戀逐襄王電影江前落雷聲峽外長朝雲無處所臺殿鬱蒼蒼樂天取此在佺期三子之上信哉

寄衣曲

唐長孫左輔寄衣曲云征人去年戍遼水夜得邊書字盈紙揮刀就燭裁紅綺結作同心達千里君寄邊書書莫絕妾答同心心自結同心再解心不離書字頻開字愁滅結成一夜和淚封貯書只在懷袖中莫

如書字固難久願學同心長可同左輔盛唐人詩集亡逸此詩英華亦不載故證錄之

崔道融梅詩

楊誠齋愛唐人崔道融詠梅云香中別有韻清極不知寒方虛谷云惜不見全篇余近見雜抄唐詩冊子此首適全今載之數萼初含雪孤標畫本難香中別有韻清極不知寒橫笛和愁聽斜枝倚病看朔風如解意容易莫摧殘因思古人詩文前代不傳或又出於後未可知也如蒲城縣李邕書雲麾將軍碑已爲人鑿斷正德中劉東皐謫居蒲城乃鐵擴束之復完

饒州薦福寺碑宋代爲雷所轟近日商人取其三段合爲一倘可印摹吁亦奇事矣

韋應物蘇州郡齋燕集詩

詩話稱韋蘇州郡齋燕集首句兵衞森畫戟燕寢凝清香海上風雨至逍遙池閣涼爲一代絶倡余讀其全篇每恨其結句云吳史盛文史羣彥今汪洋方知大藩地豈曰財賦彊深爲未稱後見宋人麗澤編無後四句三十年之疑一旦釋之是日中秋與宏山楊從龍飲讀之以爲千古一快幾欲如貫休之撞鐘矣

韋應物浣紗女

錢唐江畔是誰家江上女兒全勝花吳王在時不得出今日公然來浣紗○有風調

殘燈詩

韋蘇州對殘燈詩云獨照碧窻久欲隨寒燼滅幽人將遽眠解帶翻成結梁沈氏滿願殘燈詩云殘燈猶未滅將盡更揚輝惟餘一兩焰猶得解羅衣韋詩實出於沈然韋有幽意而沈淫矣

韋詩誤字

韋蘇州詩獨憐幽草澗邊生古本生作行行字勝生字十倍

韋應物寄淮上綦毋三

滿城憐傲吏終日賦新詩請報淮南客春帆浪作期○請字當作去聲白樂天詩當時綺季不請錢自註請平聲

李青飛騎橋詩

吳志孫權征合淝爲魏將張遼所襲乘駿馬上津橋板撤丈餘超度得免故以名橋在今廬州境中詩本逸去略追記之附於此魏人野戰如鷹揚吳人水戰如龍驤氣吞魏主惟吳王建旗敢到新城傍霸主心當萬夫敵麾下蒼黃無羽翼塗窮事變接短兵生死

之間不容息馬蕃津橋橋半撤洶洶有聲如地裂蛟駭橫飛秋水空鶚鷩徑度秋雲鈌奮迅金羈汗濡臆濟主艱難天借力艱難始是報主時平日主君誰愛惜此詩五七歲時先君口授小子識之○張飛當陽阪曹操不敢逼而逍遙津甘甯淩統不能禦張遼則甯統之將略下張飛遠甚矣

李益詩

李益集有樂府雜體一首云藍葉鬱重重藍花石榴色少女歸少年光華自相得愛如寒爐火棄若秋風扇山岳起面前相看不相見春至草亦生誰能無別

情殷勤展心素見新莫忘故遙望孟門山殷勤報君子既爲隨陽鴈勿學西流水此詩比興有古樂府之風唐人鮮及或云非益詩乃無名氏代霍小玉寄益之詩也

尤延之詩話云會眞記隔墻花影動疑是玉人來本于李益開門風動竹疑是故人來然古樂府風吹窻簾動疑是所歡來其詞乃齊梁人語又在益先矣近世刻李益集不見此詩惟曾慥詩園載其全篇今錄於此微風驚莫坐臨牖思悠哉開門復動竹疑是故人來時滴枝上露稍沾階下苔幸當一入幌爲拂綠

琴埃題云竹窻聞風寄苗發司空曙

韓翃詩

唐人評韓翃詩謂比與深於劉長卿觔節減於皇甫冉比興景也觔節情也

戎昱霽雪詩

風捲殘雲暮雪晴江烟洗盡柳條青簷前數片無人掃又得書窻一夜明〇暗用孫康事妙

陸希聲梅花塢

凍蕋凝香色艷新小山深塢伴幽人知君有意凌寒雪羞共千花一樣春〇唐詩梅花詩甚少絶句尤少此首凍蕋凝香乃疎影暗香之先鞭也

金山寺詩

靈山一峰秀岌然殊眾山盤根大江底插影浮雲間雷霆常間作風雨時往還象外懸清景千載長躋攀此唐人韓垂題金山寺詩也當爲第一張祜詩雖佳而結句終日醉醺醺已入張打油胡釘鉸矣

劉言史樂府雜詞

蟬翼紅冠粉黛輕雲和新教羽衣成月光如雪金階上迸卻玻璃義甲聲〇義甲妓女彈箏護甲也替指或以銀或以玻璃杜詩銀甲彈箏卻是也其曰義甲

者甲外有甲曰義如假髻曰義髻樂有義嘴笛衣服有義欄皆外也〇項羽目所立楚王爲義帝以義男義女視之其無道而猾賊甚矣身死東城詎非兆於此乎

劉言史詩

劉言史瀟湘舟中聽夷女唱曖迺歌云夷女采山蕉緝紗浸江水野花滿髻粧粉紅閒歌曖迺深峽裏曖迺知從何處生當年泣舜斷腸聲翠華寂寞嬋娟沒綠條空餘紅淚情青烟冥冥覆杉桂崖壁凌天風雨細昔人怨恨此地遺碧杜細莎含怨姿清猿未盡鼯

鼠切汨水流到湘妃祠北人莫作瀟湘遊九疑雲入蒼梧愁曖迺楚人歌也元結集作欸乃字不同而義一此詩世亦罕傳且錄之

驚瀧

唐張泌詩溪風送雨過秋寺澗石驚瀧落夜潭瀧奔湍也今本作龍非

王鎔詠邊衣

王鎔詠征婦裁衣行路難其畧云裲襠雙心共一抹袓腹兩邊作八撮襻帶雖安不忍縫開孔纔穿猶未達胸前卻月兩相連本照君心不照天數句敘裁衣

曲折纖微如出縫婦之口詩至此可謂細密矣

韓退之別盈上人

山人愛山出無期俗士牽俗來何遲祝融峰下一回首便是此生長別離○宋人詩話取韓退之一間茅屋祭昭王一首以為唐人萬首之冠今觀其詩只平平豈能冠唐人萬首而高棅唐詩品彙取其說甚矣世人之有耳而無目也

韓退之同張水部籍遊曲江寄白二十二舍人

漠漠輕陰晚自開青天白日映樓臺曲江水滿花千樹有底忙時不肯來○城中車馬應無數能解閒行有幾人亦是此意

韓退之詩

韓文公贈張曙詩云久欽江總文才妙自歎虞翻骨相屯以忠直自比而以奸佞待人豈聖賢謙已恕人之意哉考曙之為人亦無奸佞似江總者若曰以文才論何不以鮑照何遜為比而必曰江總乎此乃韓公平生之病處而宋人多學之謂之占地步心術先壞矣何地步之有

長頸高結

韓文石鼎聯句序長頸高結喉中作楚語結字斷句結音髻義亦同西漢書髻皆作結文公正用此今多

作結喉誤矣且中作楚語成何文理

李賀昌谷北園新笋

斫取青光寫楚辭膩香春粉黑離離無情有恨何人見露壓烟啼千萬枝○汗青寫楚辭既是奇事膩香春粉形容竹尤妙結句以情恨詠竹似是不類然觀孟郊竹詩嬋娟籠曉烟竹可言嬋娟情恨亦可言矣然終不若詠白蓮之妙李長吉在前陸魯望詩句非相蹈襲蓋著題不得避耳勝棋所用敗棋之著也良庖所宰族庖之刀也而工拙則相遠矣

黑雲

唐李賀鴈門太守行首句云黑雲壓城城欲摧甲光向日金鱗開摭言謂賀以詩卷謁韓退之韓暑臥方倦欲使閽人辭之開其詩卷首乃鴈門太守行讀而奇之乃束帶出見宋王介甫云此兒誤矣方黑雲壓城時豈有向日之甲光也或問此詩韓王二公去取不同誰爲是予曰宋老頭巾不知詩凡兵圍城必有怪雲變氣昔人賦鴻門有東龍白日西龍雨之句解此意矣予在滇值安鳳之變居圍城中見日暈兩重黑雲如蛟在其側始信賀之詩善狀物也

席箕

李賀塞上詩天遠席箕愁劉會孟注席箕如箕踞坐予按秦韜玉塞上曲云席箕風緊馬蕟藁此豈箕踞義乎席箕恐是塞上地名書之以俟知者李本甯太史云席箕是草名出太平廣記蕟音遂

朱慶餘仙遊寺

雲抱龍堂辭石乾山遮白日寺門寒長松瀑布饒奇狀曾有仙人駐鶴看○末句切題不然是寺皆可用

朱餘慶閨意上張水部

洞夜昨夜停紅燭待曉堂前拜舅姑粧罷低聲問夫埒畫眉深淺入時無○詩人多以美人自喻薛能吳姬之詩亦其一也宋人詩話云東坡如毛嬙西子洗粧與天下婦人鬬巧亦此意○洪容齋云此詩不言美麗而味其詞意非絕色第一不足以當之其許良是

張籍答朱慶餘

越女新粧出鏡心自知明艷更沉吟齊紈未是人間貴一曲菱歌直萬金○此詩蓋深許之朱慶餘詩王荆公百家選多取之

金潾

張籍蠻中詩銅柱南邊毒草春行人幾日到金潾金潾交趾地名水經注所謂金潾清渚也今刻本作麟非

張說蘇摩遮

蠟月凝寒積帝臺齊歌急鼓送寒來油囊取得天河水上壽將添萬歲杯○蘇摩遮當時曲名宋詞作蘇幕遮說詩凡四首第一首云摩遮本出海西胡瑠璃寶眼紫髯須以此考之卽今之舞回回也

詩句用意

張說送客詩曰同居洛陽陌徑日嬾相求及爾江湖

去念別思悠悠又一首云常時好閒獨朋舊少相過及爾宜風去方嗟別日多二首一意余又記羽士吳筠別章叟一首云平昔同邑里經年不相思今日成遠別相對心凄其能道人情亦前人未說破也

張說詩

江總折楊柳云塞北寒膠折江南楊柳結不悟倡園花遙同葱嶺雪春心既駘蕩春樹聊攀折共此依依情無奈年年別唐張說詩亦云塞上綿應折江南草可結欲持梅嶺花遠競榆關雪微變數字不妨雙美沈滿願詩征人久離別故國音塵絕夢裏洛陽花覺

來葱嶺雪劉方平梅詩歲晚芳梅樹繁苞四面同春風吹漸落一夜幾枝空小婦今如此長城恨不窮莫將遼海雪來此後庭中

陸龜蒙白蓮

素蘤多蒙別艷欺此花端合在瑤池無情有恨何人見月曉風清欲墮時〇此詩爲白蓮傳神〇又觀東坡與子帖則此詩之妙可見然此詩祖李長吉長吉詠竹詩斫取清光寫楚詞膩香春粉黑離離無情有恨何人見露壓煙啼千萬枝或疑無情有恨不可詠竹非也竹亦自有嫵媚孟東野竹詩嬋娟籠曉煙左太冲吳都賦詠竹云嬋娟檀欒玉潤碧鮮合而觀之始知長吉詩之妙也

詠蟬詩

陸龜蒙蟬詩云伴貂金璫影映雀畫成圖按梁書武帝賜吳興太守何戢蟬雀畫扇陸詩用此事也

溢浦衣帶

陸魯望寄江州司馬詩溢浦嘗聞似衣帶廬峰見說似香爐此二句極工蓋用何遜詩溢城俯溢水溢水縈如帶日夕望高樓耿耿青雲外而注不知引

星橋

蘇味道詩星橋鐵鎖開本陳張正見詩天路橫秋水星橋轉夜流之句

望行人

自從江樹秋日日望江樓夢見離珠浦書來在桂州不同魚比目終恨水分流久不開明鏡多應是白頭〇王建詩多俗此詩卻有初唐之風當表出之

王建宮詞

王建宮詞一百詩至宋南渡後失去七首好事者妄取唐人絕句補入之淚盡羅巾夢不成白樂天詩也鴛鴦瓦上忽然聲花蘂夫人詩也寶帳平明金殿開

王少伯詩也日晩長秋簾外報又日暎西陵松柏枝二首乃樂府銅雀臺詩也銀燭秋光冷畫屏及閒吹玉殿昭華管二首杜牧之詩也余在滇南見一古本七首特全今錄於左忽地金輿向月陂內人接著便相隨御回龍武軍前過當殿教看臥鴨兒○唐著作佐郎崔令欽教坊記云左右兩教坊左多善歌右多工舞外有水泊俗號月陂形如偃月也又云妓女入宜春苑謂之內人亦日前頭人言常在駕前也其家在教坊四季給米得幸者謂之十家○畫作天河刻作牛玉梭金鑷采橋頭每年宮女穿針夜勅賜新恩

乞巧樓○春來嬾困不梳頭嬾逐君王苑北遊暫向玉階花下立簸錢贏得兩三籌○彈碁玉指兩參差堦局臨虛鬭着危先打角頭紅子落上三金子半邊垂○宛轉黃金白柄長青荷葉子畫鴛鴦把來不是呈新樣欲進微風到御床○供御香方加減頻水沉山麝每回新內中不許相傳出已被醫家寫與人○樂童食後進雲漿高殿無風扇小涼每到日中重掠鬢衩衣騎馬繞宮廊

李郢酬王舍人雪中見寄

三日柴門擁不開堦庭平滿白皚皚今朝踏作瓊瑤跡為有詩從鳳沼來○後人或妄改詩從作詩仙語意索然

李郢宿杭州虛白堂

秋月斜明虛白堂寒蛩唧唧樹蒼蒼江風徹曉不得寐二十五聲秋點長○唐語林盛稱此詩

升菴詩話卷九

升菴詩話卷十

成都 楊 愼 撰 綿州 李 調元 校定

劉禹錫詩

元和以後詩人之全集可觀者數家當以劉禹錫爲第一其詩入選及人所膾炙不下百首矣其未經選全篇如芬絲瀑云飛流透嵌隙噴洒如絲棼含暈迎初旭翻光破夕曛餘波繞石去碎響隔溪聞卻望瓊沙際逶迤見脉分樂府絕句云大艑高帆一百尺新聲促柱十三絃揚州市裏商人女來占西江明月天詠硯云煙嵐餘斐亹水墨兩氤氳好與陶貞白松窗

寫紫文詠鶯雜體云鶯能語多情春將半天欲明始逢南陌復集東城林疎時見影花密但聞聲營中緩催短笛樓上欲定哀箏千門萬戸垂楊裏百囀如簧煙景晴五言摘句如桃花迷隱跡楝葉慰忠魂又殘兵疑鶴唳空壘辨烏聲又路塵高出樹山火遠連霞又登臺吸瑞景飛步翼神飆詠花云香歸荀令宅豔入孝王家園景云傳粉琅玕節薰香菡萏莖榴花裙色好桐子藥丸成妓席云容華本南國粧束學西京月落方收鼓天寒更炙笙七言如中國書流讀皇象北朝文士重徐陵又桂嶺雨餘多鶴跡茗園晴望似龍鱗又連檣估客吹羌笛盪槳巴童歌竹枝又眼前名利同春夢醉裏風情敵少年又野草芳菲紅錦地遊絲撩亂碧羅天又青城三百九十橋夾岸朱樓隔柳條又三花秀色通春幌十字春波繞宅牆又海嶠新辭永嘉守夷門重見信陵君又水底遠山雲似雪橋邊平岸草如煙又外集有觀舞一首云山雞臨清鏡石燕赴遙津何如上客會長袖入華裀體輕若無骨觀者皆聳神曲盡回身去層波猶注人宛有六朝風致尤可喜也劉全集今多不傳予舊選之爲句圖今錄其尤著者於茲云

浮渲梳頭

本事詩載劉禹錫杜司空席上贈妓詩云浮渲梳頭宮樣妝春風一曲杜韋娘今本浮渲梳頭作高髻雲鬟又以爲韋應物詩者誤也蓋韋與劉皆嘗爲蘇州刺史是以傳疑浮渲字妙畫家以墨飾美人鬢髮謂之渲染

螢詩

唐劉禹錫秋螢引云漢陵秦苑遙蒼蒼陳根腐葉秋螢光夜空寂寥金氣淨千門九陌飛悠揚紛綸輝映半明滅金鑪星噴燈花發露華洗濯清風吹撲茅不

定招搖垂高麗罘罳過蛛網斜歷璇題舞羅幌襯衣樓上拂香裙承露臺前轉仙掌槐市諸生夜對書北窻分明辨魯魚行子東山起征思中郎騎省悲秋氣銅雀人歸自入簾長門帳空來照淚誰言向晦常自明兒童走步嬌女爭天生有光非自衒遠近低昂暗中徧攝蚊妖鳥亦夜飛翅如車輪人不見宋張文潛熠熠行云碧梧含風夏夜清林塘五月初飛螢翠屏玉簟起涼意一點秋心從此生方池水深涼雨集上下輝輝亂擬碧幸因簾捲到華堂不畏人驚照涼夕漢宮千門連萬戶夜夜熒煌暗中度光流大液池上

波影落金盤月中露銀闕茫茫玉漏遲年年為爾足愁思長門怨妾不成寐團扇美人還賦詩避暑風廊人語俏闌下撲來羅扇小已投幽室夜分明更伴殘星天未曉君不見建章宮殿洛陽西破瓦頹垣今古悲荒榛蕪草無人跡只有秋來熠熠飛劉禹錫張文潛二集今不傳余家有之兼愛二詩之工故錄之於此昔年余寓居大理三塔寺榛莽滿目飛螢數萬如白晝余戲相從諸生日車允見此不必囊螢隋煬帝見此不必下詔搜索矣因作流螢篇何仲默杭籍杜詩不觀餘家其於六朝初唐未數數然也與予及薛君采言及六朝初唐始恍然自失乃作明月流螢二篇擬之然終不若其效杜諸作也如予此篇明珠按劍及鯤鵬斥鷃皆與流螢無交涉可以知詩之難矣

明月可中

劉禹錫生公講堂詩高坐寂寥塵漠漠一方明月可中庭山谷須溪皆稱其可字之妙按佛祖統紀載宋文帝大會沙門親御地筵食至良久衆疑日過中僧律不當食帝曰始可中耳生公乃曰白日麗天天言可中何得非中遂舉箸而食禹錫用可中字本此蓋即以生公事詠生公堂非杜撰也彼言白日可中變

言明月可中尤見其妙

唐彥謙垂柳

絆惹東風別有情世間誰敢鬬輕盈楚王宮裏三千女饑損蠻腰學不成○蠻腰或作纖腰非○詠柳而貶美人詠美人而貶柳唐人所謂尊題格也詩家常例

唐彥謙詩

唐彥謙絕句用事隱僻而諷諭悠遠似李義山如奏捷西蜀題沱江驛云野客乘軺非所宜況將儒服報戎機錦江不識臨邛酒幸免相如渴病歸即李義山

相如未是眞消渴猶放沱江過錦城之意也餘如登興元城觀烽火云漢川城上角三呼護蹕防邊列萬夫裒姒塚前烽火起不知泉下破顏無鄧艾廟云昭烈遺黎死尚羞揮刀斫石恨譙周如何千載留遺廟血食巴山伴武侯此即唐人題吳中范蠡廟云千年宗國無窮恨只合江邊祀子胥之句也漢殿云鳥去雲飛意不通夜壇斜月轉桐風君王寂慮無消息卻就眞人覓鉅公首首有醖籍堪吟詠比之貫休胡曾輩天壤矣考其世蓋僖宗時人也

蘇頲公主宅夜宴

車如流水馬如龍仙史高臺十二重天上初移衡漢匹可憐歌舞夜相從○初唐絕句多爲對偶所累成半律詩此首獨脫灑可誦

玉華僊子歌

李康成玉華僊子歌璇階霤綺閣碧題霜羅幙蔡孚打毬篇紅鬣錦鬉風騄驥黃駱絲鞭電紫騮以電霜風雷實字爲眼工不可言惟初唐有此句法

長安貧兒鏤臂父

昔日已前家未貧苦將錢物結交親如今失路尋知已行盡關山無一人鏤臂或謂之劄青狹斜游人與

倡狎多爲此態

桃花詩

唐自貞觀至景龍詩人之作盡是應制命題旣同體製復一其綺繪有餘而微乏韻度獨蘇題東望望春春可憐一篇迥出羣英矣予又見中宗賞桃花應制凡十餘人最後一小臣一絕云源水叢花無數開丹榯紅萼間青梅從今結子三千歲預喜僊遊復摘來此詩一出羣作皆廢中宗令宮女唱之號桃花行惜不知作者名然宋元近時選唐詩者將百家無有選此者未之見耶不之識耶

崔魯華清宮詩

崔魯華清宮詩四首每各精練奇麗遠出李義山杜牧之上而散見於唐音及品彙漁隱叢語長安古志中各載其一而已今並錄于此其一曰門橫金瑣閴無人落日秋聲渭水濱紅葉下山寒寂寂濕雲如夢雨如塵其二曰銀河漾漾月輝輝樓礙星邊織女機橫玉叫雲天似水滿空霜霞不停飛其三曰障掩金雞蓄禍機翠華西拂蜀雲飛珠簾一閉朝元閣不見人歸見燕歸其四曰草遮回磴絕鳴鑾雲樹深深碧殿寒明月自來還自去更無人倚玉欄干

柳公綽梓州牛頭寺詩

纔出城西第一橋兩邊山水晚蕭蕭井花莫洗行人耳留聽溪聲入夜潮此詩今刻於樂至縣湧泉寺

張旭詩

張旭以能書名世人罕見其詩近日吳中人有收其春草帖一詩陸子淵爲余誦之所謂春草青青萬里餘邊城落日見離居情知塞上三年別不寄雲間一紙書可謂絕倡余又見崔鴻臚所藏有旭書石刻三詩其一桃花磯云隱隱飛橋隔野煙石磯西畔問漁船桃花盡日隨流水洞在青溪何處邊其二山行留

客云山光物態弄春暉莫爲輕陰便擬歸縱使晴明無雨色入雲深處亦沾衣其三春遊值雨云欲尋軒檻列清樽江上煙雲向晚昏須倩東風吹散雨明朝卻待入華園字畫奇怪擺雲捩風而詩亦清逸可愛好事者模爲四首懸之春草一首真蹟藏江南人家

孫逖詩

漁父歌金洞江妃舞翠房最爲秀句今本作漁火非

張祜上方寺詩

寶殿依山險淩虛勢欲吞畫欄齊木末香砌壓雲根遠景窗中岫孤煙海上村憑高聊一望歸思隔吳門○此詩張祜集不載見于石刻真絕唱也祜以金山詩得名此詩相伯仲惜其無傳故書

張祜氐州第一

十指纖纖玉笋紅鴈行輕度翠弦中分明自說長城苦水咽雲寒一夜風○按張祜集題本作邱家箏

水寺鍾

夜入霜林火寒生水寺鍾張祜詩也芳草漁家路斜陽水寺鍾李國用句也

張李詩

張子容詩海氣朝成雨江天晚作霞李嘉祐詩朝霞

晴作雨濕氣晚生寒二詩語極相似然盛唐中唐分焉試辨之

元微之第三歲日詠春風憑楊員外寄長安柳

三日春風已有情拂人頭面稍輕盈殷勤爲報長安柳莫惜枝條動軟聲○第三歲日正月初三日也楊員外名汝士亦詩人○此詩題甚奇可作詩家故事

元微之唐憲宗挽詞

天寶遺餘事元和盛聖功二兇梟帳下三叛斬都中始服沙陀虜方吞邏逤戎狼星如要射猶有鼎湖弓二兇謂楊惠琳李師道傳首京師三叛謂劉闢李錡

吳元濟斬於都市斯亦近詩史矣

白樂天酬嚴給事玉蘂花

嬴女偷乘鳳去時洞中潛歇弄瓊枝不緣啼鳥春饒舌青瑣仙郎可得知○此豈老姥能解者

白樂天暮江吟

一道殘陽鋪水中半江瑟瑟半江紅可憐九月初三夜露似真珠月似弓○詩有丰韻言殘陽鋪水半江之碧如瑟瑟之色半江紅日所映也可謂工緻入畫

姑蘇臺

無端春色上蘇臺鬱鬱芊芊草不開無風自偃君知

否西子裙裾拂過來此初唐人詩也白樂天詩草綠裙腰一道斜祖其意也

黃夾纈林

黃夾纈林寒有葉白居易詩也集中不收夾纈錦之別名黃夾纈林句甚工杜詩所謂霜凋碧樹作錦樹同意

津陽門詩 全見詩林振秀

曾子偭云白樂天長恨歌元微之連昌宮詩鄭嵎津陽門詩皆以韻語紀常事鄭嵎詩世多不傳余因子固言訪求得之其詩長句七言凡一千四百字一百韻止以門題爲名其實敘開元陳跡也其敘五王遊獵云五王扈遊夾城路轉聲校獵渭水湄彫弓繡韔不知數翻身滅沒皆蛾眉赤鷹黃鶻雲中來妖狐狡兔無所依自注中王有高麗赤鷹岐王有北山黃鶻逸翮奇姿特異其敘賜浴云暖山度臘東風微宮娃賜浴長湯池刻成玉蓮噴香液漱回煙浪深逶迤犀屏象薦雜羅列錦鳧繡鴈相追隨注與王建池底鋪錦事相合其敘三國姣淫云上皇寬容易承事十家三國爭光輝鴇鞭後騎何躞蹀宮妝禁袖皆仙姿其敘教坊歌舞云瑤光樓南皆紫禁梨園仙宴臨花枝

迎娘歌喉玉窈窕蠻兒舞帶金葳蕤自注迎娘蠻兒乃梨園子弟之聞名者其敘離宮之盛云飲鹿泉邊春露晞粉梅檀杏飄朱墀金沙洞口長生殿玉蘂峰頭王母祠蓬萊池上望秋月無雲萬里懸清輝上皇夜半月中去三十六宮愁不歸末四句則世所傳遊月宮事也其敘幸蜀歸復至華清云鑾輿卻入華清宮滿山紅實垂相思飛霜殿前霜悄悄迎風亭下風颸颸雪衣女失玉籠在長生鹿瘦銅牌垂象牀塵凝罨颭被畫簷蟲網玻瓈碑煙中劈破摩詰畫雲間自失元宗詩孔雀松殘赤琥珀鴛鴦瓦碎青瑠璃其敘

舞馬羽裳云馬知舞徹下珠榻人惜曲終更羽衣自注宮妓梳九妓仙髻衣孔雀翠羽七寶纓絡爲霓裳羽衣之舞舞罷珠翠可掃焉其事皆與雜錄小說符合然其詩則警策清越不及元白多矣聊舉其略云

王少伯贈張荆州

祝融之峰紫翠銜嵗如何其雪嶄巖邑西有路緣石壁我欲從之愁窕嵌魚有心兮脫網罟江無人兮鳴楓杉王君飛舄仍未去蘇躭宅中意遥緘○險韻奇句韓文公所謂横空盤硬語妥帖力排奡也

聶夷中公子行

花枝滿牆頭花裡誰家樓美人樓江歌不是古梁州○傷新聲曰繁古調日微也

元次山好奇

文章好奇自是一病好奇之過反不奇矣元次山集凡十一卷大唐中興頌一篇足名世矣詩如欸乃一絶已入選春陵行及賊退示官吏雖爲杜公所稱取其志非取其辭也其餘如洄溪詩松膏乳水田肥良稻苗如蒲米粒長糜色如珈玉液酒酒熟猶聞松節香又修竹多夾路扁舟皆到門東坡常書之然此外亦無留良矣

元洪二子題山詩

元遺山北嶽詩東州死愛華不注向在陋邦何足數敬亭不着謝宣城斷岸何緣比天姥言山水在通都易得名也洪震老元人湞安東泉山詩通都大邑人爭馳一泉一石小亦奇雲深路絶無人處縱有佳山誰得知言山水在僻遠人不知也二詩意絶相類亦名言也

道林岳麓二寺詩

長沙道林岳麓二寺之勝開於天下葢因杜工部之一詩也杜公之後有沈傳師二詩崔珏一詩韋蟾一

詩皆效工部之體余舊見家藏石刻有之近閲長沙志已失其半今具錄於此沈傳師道林岳麓寺詩云道林岳麓仲與昆卓犖請從先後論松根踏雲二千步始見大屋開三門泉清或戲蛟龍窟殿豁數盡高帆掀卽今異鳥聲不斷聞道看花春更繁從容一衲分若有蕭瑟兩鬢吾能髠逢迎侯伯轉覺貴膜拜佛像心加尊稍揖英皇頫濃淚試與屈賈招清魂荒唐大樹悉楠桂細碎枯草多蘭蓀沙彌去學五印字靜女來縣千尺幡主人念我塵眼昏半夜號令期至暾遲回雖得上白舫羈紲不敢言綠樽兩祠物色採拾

盡壁間杜甫原少恩晚來光彩更騰射筆鋒正健如可吞又岳麓寺一篇云承明年老輒自論乞得湘守東南奔爲閒茲國富山水青嶂透迤僧家園舍香珥筆皆耆舊謙抑自忘臺省尊不令執簡侯亭館直許攜手遊山樊忽驚列岫晚來逼朔雲洗盡煙嵐昏碧波迴巘三山轉丹檻遠郭千艘屯華鑣蹀躞徇沙步大旆綵錯輝松門樛枝競擎龍蛇勢折幹不滅風霆痕相重古殿倚巖腹別引新徑縈雲根目傷平楚虞帝魂情多思遠聊開樽危絃細管逐歌飆晝鼓鏽靴隨節翻鏘金七言淩老杜入木八法蟠高軒嗟予潦

倒久不利忍復感激論元元崔珏道林寺詩曰臨湘之濱岳之麓西有松寺東岸無松風十里擺不斷竹泉瀉入千僧廚宏梁大棟何足貴山寺難有山泉俱四時惟夏不敢入燭龍安敢停斯須遠公池上種何物碧羅扇底紅鱗魚香閣朝鳴大法鼓天宮夜轉三乘書野花市井栽不著山雞飲啄聲相呼金檻僧迴步步影石盆水濺聯聯珠北臨高處日正午舉手欲摸黃金烏遙江大船小於葉遠林雜樹齊如蔬潭州城郭在何處東邊一片青模糊韋蟾道林寺詩曰石門道接蒼梧野愁色陰深二妃寡廣殿崔嵬萬壑間長廊詰曲千巖下靜聽林飛念佛鳥細看壁畫駄經馬暖日斜明螮蝀梁濕煙散冪鴛鴦瓦北方部落檀香塑西國文書貝葉寫壞欄迸竹醉好題窄路垂藤困堪把沈裴筆力鬭雄壯宋杜詞源兩風雅他方居士來施齋彼岸上人投結夏悲我未離擾擾徒勸我休學悠悠者何時得與劉遺民同入東林白蓮社四詩佳句層出而體製一揆所稱沈裴宋杜裴乃裴休宋之問也二詩失傳杜詩見本集

吾猶昔人

柳子厚戲題石門長老東軒詩曰坐來念念非昔人

萬徧蓮花爲誰用法苑珠林梵志出家白首而歸鄰人見之曰昔人尚存乎梵志曰吾猶昔人非昔人也子厚正用此事而注者不知引

司空圖狂歌

昨日流鶯今日蟬起來又是夕陽天六龍飛轡長相窘何忍臨岐更著鞭○此戒人之嗜欲傷生者也申包胥曰人生實難有不獲其死者乎蔡洪曰六龍非我馬白日非我燭亦是此意

司空圖聽雨

半夜思家睡裏愁雨聲落落屋簷頭照泥星出依前

黑淹爛庭花不肯休○古諺云乾星照濕土來日依舊雨

司空圖重陽阻雨

重陽阻雨獨銜盃移得山家菊未開猶勝登高閑望斷孤煙殘照馬嘶回○亦得閉戶靜中之趣

司空圖馮燕歌

魏中義士有馮燕游俠幽井最少年辟讐偶作滑臺客嘶風躍馬來翩翩此時恰遇鶯花月堤上軒車晝不絕兩面高樓笑語聲指點行人情暗結擲果潘郎誰不慕朱門別見紅妝露故故推門掩不開似教歐

軋傳言語馮生敲鐙袖籠鞭半拂垂楊半惹煙樹門青鳥知人意的的心期暗與傳傳道張嬰偏嗜酒從此春閨爲我有梁門客燕正相欺屋上鳴鳩空自鬭嬰歸醉臥非讐汝豈知負過人懷懼燕依戶扇欲潛逃巾在枕傍指令取誰言狠戾心能（一作難）忍待我情深情不隱迴身本爲取巾難倒柄方知授霜刃馮君撫劍即持（一作遲）疑自顧平生心不欺爾能負彼必相負假首他人誰在誰窗間紅豔猶可掬熟視花鈿情不足唯將大義斷胸襟粉頸初迴如切玉鳳皇釵碎各分飛怨魄嬌魂何處歸淩波若喚游金谷羞被揶揄淚滿衣新人藏匿舊人起白晝喧呼駭鄰里誣執張嬰不自明貴免生前遭拷捶官將赴市擁紅塵掉臂人來擠看人傳聲莫遣有寃濫盜殺嬰家即我身初聞僚吏翻憂歎（集作疑非）呵叱風狂詞不變縲囚解縛自猶疑疑是夢中方（集作云）脫免未死勸君莫浪言臨危不顧始知難已爲不平能割愛更將身命救深寃白馬賢侯賈相公長懸金帛募才雄拜章朗讀（集作請贖）馮燕罪千古三河激義風黃河東注無時歇注盡波瀾名不滅爲感詞人沈下賢長歌更與分明說此君精爽知猶在長與人間留炯戒鑄作金燕香（作堆）

焚香酹酒聽歌來○麗情集作沈亞之歌中亦云爲感詞人云云下賢亞之字也

李餘寒食詩

玉輪江上雨絲絲公子遊春醉不知翦渡歸來風正急水濺鞍帕嫩鵝兒○元微之稱蜀士李餘劉猛工爲新樂府餘詩傳者僅此二首

李餘臨邛怨

藕花衫子柳花裙多著沉香慢火薰惆悵妝成君不見空敎綠綺伴文君○李餘成都人文宗太和八年狀元蜀士在唐居首選者九人射洪陳伯玉內江范

金卿閬州尹樞樞弟尹極夔州李遠巴州張曙綿州于瓌

劉元濟詩

近覽廬山舊志見唐人劉元濟經廬嶽迴望江州想洛陽有作云龜山帝始營龍門禹初鑿出入經變化俯仰憑寥廓未若茲山功連延並巫霍東北流艮象西南距坤絡宏阜自鬱盤高煙復迴薄勢入柴桑渚陰開彭蠡壑九江杳無際七澤紛相錯雲霞散吳會風波騰鄢郢迹隨造化久利與乾坤博肸蠁積氣通紛綸潛怪作石渠忽見踐金房安可托地入天子都

巖有仙人藥二門幾迢遞三宮何儵爚咫尺窮杳冥跬步皆恬漠才驚羽翰幽居靜龍蛇蠖明牧振雄詞棣華殊灼爍盛業匡西夏深謀贊禹亳黃雲拂鼎飛絳氣橫川躍佐歷符賢運人期夢天爵禮樂富垂髫詩書成舞勺清輝靖嵒電利器騰霜鍔遊聖挹衢樽鄒纖恭木鐸牆仞包武侯波瀾控文若旋聞刈翹薪遠覩折葵藿稷卨序揆圖良平公輔略重臣資出守英藩諒求瘼豫樟觀偉材江洲訪靈崿陽岫晚氛氳陰崖莫蕭索雌伏屢鯨奔雄飛更鷙搏驚壘透煙霞騰猿亂枝格故園有歸夢他山非行樂他鄉徒可遊湟澗終旋泊景物觀淮海雲霄望河洛城闕紫微星圖書元扈閣神功多粉繪元氣猶斟酌丞相下南宮將軍趨北洛橫簪並附蟬列鼎俱調鶴四野時迷路五月先投龠池謝宣瓊管風花亂珠箔舊遊勞寤寐新知無悅樂天寒欲贈言歲莫期交約夜琴清玉柱秋灰變緹幙風雲動翰林宮徵調文籥言泉激爲浪思緒飛成繳千里揮珠璣五采含丹矱鍾鼓旋驚鶢瑾瑜俄抵鵲竊價慚庸怠叨聲逾寂寞長望恨南溟居然騖東郭此詩綺繪煥發比興溫然雖王楊盧駱未能先也然不甚流傳而王周李山甫林寬盧延遜

周曇胡曾之徒鄙猥俚賤優人羞道者乃有集行世噫至言不出俗言勝也文亦有幸不幸哉

李端古別離詩

李端古別離詩云水國葉黃時洞庭霜落夜行舟聞商賈宿在楓林下此地送君還茫茫似夢間後期知幾日前路轉多艱巫峽通湘浦迢迢隔雲雨天晴見海檣月落聞鍾津一作鼓人老自多愁水深難急流青宵歌一曲白首對汀洲與君桂陽別令君岳陽待後事忽差池前期日空在水落鴈嗷嗷洞庭波浪高遠山雲似蓋極浦樹如毫朝發能幾里暮來風又起如

何兩處愁皆在孤舟裏昨夜天月明長川寒且清菊花開欲盡薺菜泊來生下江帆勢速五兩遙相逐欲問去時人知投何處宿空冷猿嘯時泣對湘潭竹此詩端集不載古樂府有之然題曰二首非也本一首耳其詩眞景實情婉轉惆悵求之徐庾之間且罕況晚唐乎大歷以後五言古詩可選者惟端此篇與劉禹錫擣衣曲陸龜蒙茱萸匣中鏡溫飛卿悠悠復悠悠四首耳

端硯詩

唐李咸用端溪硯詩媧天補剩石昆劍切來泥着指痕猶溼經旬水未低呵雲潤柱礎筆彩飲虹霓鴝眼工諳謬羊肝士乍封連漸光比鏡因墨膩於磬捧受同交印矜持過秉珪宜從方袋挈枉把短行批淺水金爲斗泓澄玉作堤此詩不特句佳亦具賞鑒可補硯譜之遺

山行經村徑

一徑有人跡到來惟數家依稀聽機杼寂歷看桑麻雨溼渡頭草風吹墳上花卻驅羸馬去數點歸林鴉○長孫左輔開元以前人其詩與李適齊名今刻本左作佐非

沈彬弔邊人

殺聲沈後野風悲漢月高時望不歸白骨已枯沙上草佳人猶自寄寒衣○此詩亦陳陶之意仁人君子觀此何忍開邊以流毒萬姓乎

沈彬入塞詩

唐沈彬有詩二卷舊藏有之其入塞詩云年少辭鄉事冠軍戍樓閒上望星文生希沙漠擒驕虜死奪河源答聖君鳶覘敗兵眠血草馬驚冤鬼哭愁雲功多地遠無人紀漢閣笙歌日又曛此言盡邊塞之苦郭茂倩樂府亦載之而句字不同其本集所載爲勝特具錄之

薛能柳枝詞

和花香雪九重城夾路春陰十萬營惟向邊頭不堪望一株憔悴少人行此詩意言粉飾太平於京都而廢弛防守於邊塞也本集作和花煙絮趙松雪作和花香雪唐詩三體作和風煙雨非也當從本集及松雪所書始有味

許渾

唐詩至許渾淺陋極矣而俗喜傳之至今不廢高棅編唐詩品彙取至百餘首甚矣棅之無目也棅不足

言而楊仲宏選唐音自謂詳於盛唐而略於晚唐不知渾乃晚唐之尤下者而取之極多仲宏之賞鑒亦羊質而虎皮乎陳后山云近世無高學舉俗愛許渾斯卓識矣孫光憲云許渾詩李遠賦不如不做當時已有公論惜乎伯謙輩之懵於此也

三千歌舞

許渾淩歊臺詩曰宋祖淩歊樂未回三千歌舞宿層臺此宋祖乃劉裕也南史稱宋祖清簡寡欲儉於布素嬪御至少嘗得姚興從女有盛寵頗廢事謝晦微諫卽時遣出安得有三千歌舞之事也審如此則是

石勒之節宮煬帝之江都矣渾非有意於誣前代但胸中無學目不觀書徒弄聲律以僥倖一第機關用之既熟不覺於懷古之作亦發之而後之淺學如楊仲宏高棅郝天挺之徒選以爲警策而村學究又誦以教蒙童是以流傳至此不廢耳

晚唐絕唱

許渾蓮塘詩爲憶蓮塘秉燭遊葉殘花敗尚維舟煙開翠扇清風曉水泛紅衣白露秋神女暫來雲易散仙娥終去月難留空懷遠道難持贈醉倚西闌盡日愁此爲許丁卯集中第一詩而選者不之取也他如韋莊昔年曾向五陵遊一首羅隱梅花吳王醉處十餘里一首李郢上裴晉公四朝憂國鬢成絲一首皆晚唐之絕唱可與盛唐崢嶸惟具眼者知之

鷓鴣詞

許渾韶州夜讌詩云鸜鵒未知狂客醉鷓鴣先聽美人歌聽歌鷓鴣詞云南國多情多豔詞鷓鴣清怨繞梁飛又有聽吹鷓鴣一絕知其爲當時新聲而未知其所以及觀李白雲詩云客有杜陽至能吹山鷓鴣清風動窗竹越鳥起相呼鄭谷亦有佳人才唱翠眉低之句而纚之以相呼相應湘江闊則知鷓鴣曲効

鷓鴣之聲故能使鳥相呼矣闊一作浦

杜牧之

律詩至晚唐李義山而下惟杜牧之爲最宋人評其詩豪而豔宕而麗於律詩中特寓拗峭以矯時弊信然

杜牧邊上聞胡笳

何處吹笳薄暮天塞垣高鳥沒狼煙遊人一聽頭先白蘇武爭禁十九年○蘇武之苦節如此而歸來只爲典屬國漢之寡恩霍光之罪也王維詩蘇武纔爲典屬國節旄空盡海西頭

杜牧登樂遊原

長空澹澹沒孤鴻萬古消沉在此中看取漢家何事業五陵無樹起秋風〇此詩諸家皆選而首句誤作孤鳥沒不成句今據善本正之

元載韓侂冑

杜牧之河湟詩曰元載相公曾下箸憲宗皇帝亦留神旋見衣冠就東市忽遺弓劍不西巡視此則載曾謀復河湟史亦不言其事愚謂元載欲復河湟韓侂冑欲伐金虜近日夏言欲取河套其事則是其時則非其人尤非也力小任重鮮不仆信哉況三人者取

死之罪多矣一節烏足掩之

杜牧柳詩

嫩樹新開翠影齊倚風情態被春迷依依故國樊川恨半掩村橋半拂溪〇杜牧之樊川人集名樊川集

荳蔻

杜牧之詩娉娉嫋嫋十三餘荳蔻稍頭二月初劉孟熙謂本草云荳蔻未開者謂之含胎花言少而娠也其所引本草是言少而娠者也且牧之詩本詠娼女言其美而且少未經事人如荳蔻花之未開耳此爲風情言非爲求嗣言也若娼而娠人方厭之以爲綠葉成陰矣何事入詠乎

杜牧詩

盡道青山歸去好青山能有幾人歸比之林下何曾見一人之句殊有含蓄

杜詩數目字

漢宮一百四十五多下珠簾閉鎖窗何處營巢夏將半茅簷煙寺語雙雙此杜牧燕子詩也一百四十五見文選注大抵牧之詩好用數目垛積如南朝四百八十寺二十四橋明月夜故鄉七十五長亭是也

鷺絲謎

杜牧之詠鷺絲詩霜衣雪髮青玉嘴羣捕魚兒溪影中驚飛遠映碧山去一樹梨花落晚風分明鷺絲謎也

杜牧池州別孟遲先輩

昔子來陵陽時常苦炎熱寺樓最騫軒坐見飛鳥沒一樽中夜酒半破前峰月煙院松飄蕭風廊竹交戛好鳥響丁丁小溪光汎汎離袖颭應勞恨粉啼還咽慵憂長者來病怯長衢喝呼兒旋供衫走門空踏襪手把一枝物桂花香帶雪喜極至無言笑餘翻不悅人生直作百歲翁亦是萬古一瞬中我欲東召龍伯

翁水盡到底看海空酌君一杯酒與君狂且歌離別豈足更關意衰老相隨可奈何〇二詩奇崛而用韵古舊見石刻多磨滅節而書之

牧之屏風美人

屏風周昉畫纖腰歲久丹青色漸凋斜倚玉窗鸞髮女拂塵猶自妒嬌嬈

余延壽折楊柳

大道連國門東西種楊柳葳蕤君不見裊嫋垂來久緑枝棲暝禽雄去雌獨吟餘花怨春盡微月起秋陰坐望窗中蝶起攀枝上葉好風吹長枝婀娜何如妾

妾見柳園新高樓四五春莫吹胡塞曲愁殺隴頭人

公冶長通鳥音

世傳公冶長通鳥語不見於書惟沈佺期燕詩云不如黃雀語能免冶長災白樂天鳥雀贈答詩序云余非冶長不能通其意似實有其事或在亡逸書中如衡波傳留定公記之類今無所考耳

何兆玉蘂花

羽車潛下玉龜山塵世何緣睹蕣顔惟有多情天上雪好風吹上緑雲鬟〇兆蜀人

何兆章仇公席上詠眞珠姬

神女初離碧玉階彤一作雲猶擁牡丹鞋應知子建憐羅襪顧步徘徊拾翠釵〇章仇兼瓊時爲成都節度使

孟浩然詩句

孟集有到得重陽日還來就菊花之句刻本脫一就字有擬補者或作醉或作賞或作泛或作對皆不同後得善本是就字乃知其妙唐詩亦有之崔顥玉壺清酒就君家李郢詩聞說故園香稻熟片帆歸去就鱸魚杜工部詩題有秋日泛江就黃家亭子而古樂府馮子都詩有就我求清酒青絲繫玉壺就我求珍

肴金盤鱠鯉魚則前人已道破矣

偃曝

孟浩然草堂時偃曝蘭枻日周旋偃曝謂偃臥曝背也用文選王僧達寒榮共偃曝之句今刻孟詩不知其出處改作掩曝可笑而謬者猶曰詩刻必去注釋從容咀嚼眞味自長此近日强作解事小兒之通弊也蓋頤中有物乃可言咀嚼而出眞味若空腸作雷鳴而强爲戛齒之狀但垂饞涎耳眞味何由出哉

孟東野感懷

晨登洛陽陌目極天茫茫羣物歸大化六龍頹西羌

豺狼日巳多草木日巳霜饑年無遺粟衆鳥去空場路傍誰家子白首離故鄉含酸望松柏仰面訴穹蒼去去勿復道苦饑離故鄉〇此詩似阮嗣宗

四嬋娟

孟東野詩花嬋娟泛春泉竹嬋娟籠曉煙雪嬋娟不長妍月嬋娟眞可憐其辭風華秀豔有古樂府之意雪嬋娟今本或作妓嬋娟非也余嘗令繪工繪此爲四時嬋娟圖以花當春以竹當夏以月當秋以雪當冬也

蘭草

古樂府蘭草自然香生於大道傍腰鎌八九月俱在東薪中孟郊詩眛者理芳草蒿蘭同一鋤實本古樂府意

賈島佳句

賈島詩長江風送客孤館雨留人二句爲平生之冠而其全集不載僅見于坡詩註所引

劉駕絕句

劉駕晚唐人詩一卷余家舊有之今逸其本嘗記其四首其一春夜云一別杜陵歸未期祇憑魂夢接親知近來欲睡渾難睡夜夜深聞子規其二秋懷云

歲歲干戈阻路岐望山心切與心違秋來何處開懷抱日日斜空醉歸望月云清秋新霽與君同江上高樓倚碧空酒盡露零賓客散更更漏月明中晚登成都迎春閣云朱檻侁闌眺錦城煙籠萬井二江明香風滿閣花滿樹樹樹樹頭啼曉鶯詩頗新異聊爲筆之近閱司馬才仲無題二首云香夢依稀逐斷雲桃根渡口惜離分春愁滿紙無多句句句中多爲君其二肌生香雪步生蓮一捻腰肢一捻年頻見樽前渾不語心心心在阿誰邊益效之也

劉駕詩

劉駕詩體近卑無可采者獨馬上續殘夢一句千古絕唱也東坡改之作瘦馬兀殘夢便覺無味矣

三羅詩

晚唐江東三羅羅隱羅鄴羅虬也皆有集行世當以鄴爲首如閨怨云夢斷南窗啼曉烏新霜昨夜下庭梧不知簾外如珪月還照邊庭到曉無南行云臘晴江暖鷿鵜飛梅雪香沾越女衣魚市酒村相識徧短船歌月醉方歸此二詩隱與虬皆不及也

羅鄴嘉陵江

嘉陵南岸雨初收江似秋嵐不煞流此地終朝有行

客無人一爲棹扁舟〇不煞流不甚流也殺音近廈今京中諺猶然謂痴曰煞瓜肥曰煞大宋孝宗見容齋隨筆云殺有好處是也

巫山曲

下壓重泉上千仞香雲結夢西風緊纔有英靈得往來猊輣飂軒亦顛隕嵐光嵝嵝雷隱隱愁爲衣裳恨爲鬟莫灑朝行何所之江邊日月情無盡珠零冷露丹墮楓細腰長臉愁滿宮人生對面猶異同何况千巖萬壑中〇羅隱詩多鄙俗此詩不類其平生見固陵文類其集不收

羅隱紅梅詩

羅隱詠紅梅詩云天賜燕脂一抹腮盤中風味笛中哀雖然未得和羹用曾與將軍止渴來此卻似軍官宿娼謎也

馬戴詩

嚴羽卿云馬戴之詩爲晚唐之冠信哉其薊門懷古云荆卿西去不復返易水東流無盡時日莫蕭條薊城北黃沙白草任風吹雅有古調至如猿啼洞庭樹人在木蘭舟雖柳吳興無以過也

馬戴楚江懷古

露氣寒光集微陽下楚邱猿啼洞庭樹人在木蘭舟廣澤生明月蒼山夾亂流雲中君不見竟夕自悲秋〇前聯雖柳惲不是過也晚唐有此亦希聲乎嚴羽卿稱戴詩爲晚唐第一信非溢美

馬戴喻鳧詩句

積靄沉斜月孤燈照落泉喻鳧詩也積翠含微月遥泉韵細風馬戴詩也二詩幽思同而句法亦相似

喻鳧詩

喻鳧詩厲天霞腳雨漁夜葦條風上句絕妙下句大不稱此所以爲晚唐也

多景樓 周鏞

盤江上幾層峭壁半垂藤殿鎖南朝像龕禪外國僧海濤舂砌檻山雨洒窗燈日暮疏鍾起聲聲徹廣陵

又

每日憐晴眺閒吟只自娛山從平地有水到遠天無老樹多封楚輕煙暗染吳雖居此廊下入戶亦踟躕〇此二詩勝張祜金山詩而人罕稱之

唐求送人之邛州

鶴鳴山下客滿簏荷瑤琨放馬荒田草看碑古寺門漸寒沙上路欲暝水邊村莫忘分襟處梅花撲酒樽

□唐求嘉州沐江人所謂詩瓢唐山人也此詩爲集中第一

升菴詩話卷十

升菴詩話卷十一

成都　楊　慎　撰　綿州　李調元　校定

含笑花謎

施宜生含笑花詩百步清香透玉肌滿堂皓齒轉明眉褰帷跛客相迎處射雉春風得意時

顧況詩句

顧況詩遠寺吐朱閣春潮浮綠煙二句情景絕妙雖入文選可也然況集不載因知古人詩文雖全集亦有遺者如張文昌白鼉行有漢魏歌謠之風長干行有國風河廣之意集中不載李德裕鴛鴦篇有目無詩而唐詩紀事幸載之

唐詩人鄭仲賢

余弟姚安太守未菴惜字用能酒邊誦一絕句云亭亭畫舸繫春潭只待行人酒半酣不管煙波與風雨載將離恨過江南兄以爲何人詩余曰按宋文鑑則張文潛詩也未菴取草堂詩餘周美成尉遲杯注云唐鄭仲賢詩余因歎唐之詩人姓名隱而不傳者何限或張文潛愛而書之遂以爲文潛之作耳

于蔿

晁叔用詩不擬伊優陪殿下相隨于蔿過樓前劉後

村曰晁氏家世貴顯而叔用不肯於此時陪伊優之列而甘隨于蔿之後可謂賢矣伊優事見東方朔傳人皆知之于蔿事博學者或不知也按明皇雜錄元宗御五鳳樓觀酺宴時命三百里內刺史縣令各以聲樂集樓下時多以車載樂工數百皆衣文繡服箱之牛皆爲虎豹犀象之狀魯山令元德秀惟遣樂工數十人聯袂歌于蔿而已于蔿者德秀所爲歌也帝聞異之歎曰賢人之言哉（此事亦見唐書列傳）宋時聖壽日州縣皆集僧道誦經唯陸象山令儒生講洪範皇極錫福一章時議韙之事與此同

徐凝宮詞

水色簾前流玉霜漢家飛燕在昭陽掌中舞罷簫聲絕三十六宮秋夜長○徐凝詩多淺俗瀑布詩爲東坡所鄙獨此詩有盛唐風格

令狐楚塞上曲

陰磧茫茫塞草腓桔槔烽上暮煙飛交河北望天連海蘇武曾將漢節歸○令狐楚與王涯張仲素同時爲中書省舍人其詩長于絕句號三舍人詩同爲一集

李約觀祈雨

桑條無葉土生煙簫管迎龍水廟前朱門幾處躭歌舞猶恨春陰咽管絃○與聶夷中二絲五穀之詩並觀有三百篇意

錢珝詠史詩（珝音許）

負罪將軍在北朝秦淮芳草綠迢迢高臺愛妾魂應斷始擬邱遲一爲招○此詠梁將軍陳伯玉之事伯玉負罪自梁奔魏其後邱遲以書招之有云江南三月草長鶯啼雜花亂開又曰高臺未傾愛妾猶在詩皆用書中語括書詠史如此射鵰手也如胡曾汪遵不堪爲奴僕矣

後胡光越溪怨

越王宮裏如花人越水溪頭採白蘋白蘋未盡人先盡誰見江南春復春○朝光詩僅此一首亦奇作也

蚌盤

金翠絲簧略不舒蚌盤清宴意何如豈知三閣繁華主解爲君王妙破除○孫元晏有詠史百首胡曾汪遵之比也惟此一首差強人意

冷朝陽送紅線酒

採菱歌怨木蘭舟送客魂銷百尺樓還似洛妃乘霧去碧天無際水東流○紅線薛嵩之青衣也有劍術

夜飛入橫海軍解圍嵩留之不得會幕下詩人送之
泠朝陽此詩爲冠酒闌托以更衣倏忽不見亦異哉

韓滉晦日呈諸判官

晦日新晴春意饒萬家攀折度長橋年年老向江城
寺不覺東風换柳條○唐人以正月三十日爲晦日
君臣宴飲應製賦詩此詩在池州作也滉又有病中
遣妓一首見三體姓名誤作司空圖圖王屋山隱士
豈有妓可遣乎

成文幹中秋月

王母粧成鏡未收倚闌人在水精樓笙歌莫占清光

盡留與溪翁下釣舟○此厭繁華而樂清靜之意鄭
谷春草詩香輪莫碾青青破留與遊人一醉眠亦此
意也

詠被中繡鞋

雲裏蟾鉤落鳳窩玉郎沉醉也摩挲陳王當日風流
減只向波心見襪羅○夏侯審爲大歷十才子之一
而詩集不傳惟此一絕及織錦圖君承皇詔安邊戍
一歌而已往年劉潤之在蜀刻大歷十子詩無夏侯
審集余以二詩訊之潤之笑曰兩枚棗子如何泡茶
余笑曰子誠晉人也

陳陶隴西行

誓掃匈奴不顧身五千貂錦喪胡塵可憐無定河邊
骨猶是春閨夢裏人○此詩弔李陵也李陵以步卒
五千敗于峻稽山下○楊誠齋深取此詩○漢賈捐
之罷珠厓疏云父戰死於前子鬬傷于後女子乘亭
障孤兒號于道老母寡婦飲泣巷哭遥設虛祭相魂
乎萬里之外唐李華弔古戰場文其存其沒家莫聞
知人亦有言將信將疑娟娟心目夢寐見之陳陶此
詩與賈李之文意同而人于二十八字之間尤爲精
婉矣言之精者爲文文之精者爲詩絕句又詩之精

者也詎不信哉陶又有關山月樂府云青塚曾無尺
寸功錦書多寄窮荒骨又此詩之餘意

杜常華清宮

行盡江南數十程曉星殘月入華清朝元閣上西風
急都入長楊作雨聲○宋周伯羽唐詩三體以此首
爲壓卷第一詩話云杜常方澤姓名不顯而詩句驚
人如此按杜常乃宋人杜太后之姪宋史文苑有傳
孫公談圃亦以爲宋人范蜀公文集有笏記一卷紀
時賢姓名而杜常在其列下注詩學二字其爲宋人
無疑周伯羽誤矣然詩極佳○曉星今本作曉風重

下句西風字或改作曉乘亦不佳余見宋敏求長安志乃是星字敏求又云長陽非宮名朝元閣去長楊五百餘里此乃風入長楊樹葉似雨聲也深得作者之意○此詩姓名時代誤曉風字誤長楊意誤特爲正之

温庭筠觀碁

閑對楸枰傾一壺黄華坪上幾成都他時謁帝銅池水便賭宣城太守無○晉羊保云金溝清泚銅池摇颺既佳光景當得劇碁以碁賭勝爲宣城太守

皮日休館娃宫懷古

響屧廊中金玉步採香徑裏綺羅身不知水葬歸何處溪月彎彎欲效顰○杜牧之詩西子下姑蘇一舸逐鴟夷後人遂謂范蠡載西施以去然不見其所據余按墨子云西施之沉其美也葢勾踐平吳後沉之於江也又兼此詩可證李義山景陽井一首亦叶此意

孟遲旅望 闕幽

青山歷歷水悠悠望遠傷離獨倚樓日暮風吹宫渡柳白鴉飛出古城頭○此詩題又作蕪城或作孟簡未知孰是

韓琮楊柳枝

梁苑隋堤事已空萬條猶舞舊春風那堪更想千年後誰見楊花入漢宫○韓琮在蜀此作以諷王宗衍亦有古意

魚米

唐田澄蜀城詩地富魚爲米山芳桂是樵俗名沃土爲魚米之地本此

李嘉祐王舍人竹樓

傲吏身閑笑五侯西江取竹起高樓南風不用蒲葵扇紗帽閒眠對水鷗○長夏之景清麗瀟灑讀之使人神爽鏡川楊文懿公愛此詩嘗以對鷗名其閣先師李文正公爲作賦云

呂温題陽人城

忠驅義感卽風雷誰道南方乏武才天下起兵誅董卓長沙子弟最先來○呂東萊麗澤編取此詩伍子胥兵法云天無陰陽地無險易人無勇怯將有智愚算有多少政有賞罰此言當矣孔明屯五丈魏人畏之如虎所用蜀兵也虞允文采石之戰殪逆亮於頃刻所用者吳兵也

唐盧仝讀庾信集

四朝十帝盡風流建業長安兩醉遊惟有一篇楊柳曲江南江北爲君愁○庾信字子山本梁之臣後入東魏又西魏歷後周凡四朝十帝○其楊柳曲云君言丈夫無意氣試問燕山那得碑蓋欲自比班固從竇憲又云定是懷王作計誤無事翻覆用張儀蓋指朱异釀成侯景之亂也後之議者悲其失節而愍其非當事權此詩云爲君愁是也庾信不足責若馮道身爲宰相而視改朝易姓若奕棊王安石以爲合于伊尹五就桀之意嗚呼爲此言其心可知矣使其老壽不死遇靖康之亂其有不捨殘骸事兀木斡離卜

乎而宋之大儒編之名臣之例吾不知其何見也

胡曾詠史

漠漠黃沙際碧天問人云此是居延停驂一顧猶魂斷蘇武爭銷十九年○此詩全用杜牧之句愼少侍先師李文正公公曰近日見童村學教以胡曾詠史詩入門先壞了聲口矣愼曰如詠蘇武一首亦好公曰全是偷杜牧之聞胡笳詩退而閲之誠然誠然曾之詩此外無留良者

雍陶哀蜀人爲南詔所俘

雲南路出澒河西毒草長青瘴霧低漸近蠻城誰敢哭一時收淚羨猿啼○雲南在唐爲南詔其蠻王閣羅鳳及酋龍三犯成都俘其巧匠美女而歸至今大理有巧匠三十六行近嘉靖中取雕漆工廿餘人挈家北上供應內府皆蜀俘人之後也○去鄉離家俘於犬羊苦已極矣又畏死吞聲而不敢哭所以羨猿聲之啼也一羨字妙或改作聽非知詩者

崔道融讀杜紫微集

紫微才調復知兵常遣風雷筆下生猶有枉拋心力處多於五柳賦閑情○梁昭明太子序陶淵明集云白璧微瑕惟在閑情一賦杜牧嘗著孫武子又作守

論戰論原十六衛皆有經濟之略故道融以此絕句少之○杜牧嘗譏元白云淫詞媟語入人肌膚吾恨不在位不得以法治之而牧之詩淫媟者與元白等耳豈所謂睫在眼前猶不見乎

符載甘州歌

月裏嫦娥不畫眉只將雲霧作羅衣不知夢逐青鸞去猶把花枝蓋面歸○此詩飄飄欲仙樂府以爲甘州歌而禪宗頌古引之蓋名作衆所膾炙也符載成都人見唐文粹

青樓曲

白馬金鞍從武皇旌旗十萬宿長楊樓頭小婦鳴箏坐遥見飛塵入建章○此詠遊俠恩倖有如此之夫有如此之婦含諷感時意在言表

寄明州于駙馬

平陽音樂隨都尉留滯三年在浙東吳越聲邪無法曲莫敎偷入管弦中○南方歌詞不入管絃亦無腔調如今之弋陽腔也蓋自唐宋已如此謬音相傳不可詰也東坡贈王定國歌姬云好把鸞黃記宮樣莫敎弦管作蠻聲亦是此意

張祜和杜牧之九華見寄

孤城高柳鳴曉鴉風簾半鈎清露華九峰聚翠宿危檻一夜孤光懸冷沙出岸遠暉帆欲落入溪寒影鴈差斜杜陵歸去春應早莫厭青山謝朓家

張繼詩

國語室無懸耜野無奥草尉繚子兵法耕有春懸耜織有日斷機言用兵之妨於耕織也唐張繼詩女停襄邑杼農廢汶陽耕蓋祖尉繚子之語

曹松警句

華嶽影寒清露掌海門風急白潮頭○崧詩多淺俗此二句差有中唐之意

韋莊古別離

晴煙漠漠柳毿毿不那離情酒半酣遥把玉鞭雲外指斷腸春色在江南○韋端已送別詩多佳經諸家選者不載○贈進士詩新馬杏花色綠袍春草香

韋莊江行西望寄友

西望長安白日遥半年無事駐蘭橈欲將張翰松江雨畫作屏風寄鮑昭○用事新奇可愛○鮑照唐人避武后諱改曰昭

皓月蘆花

楊徹之新霜染楓葉皓月借蘆花自云此句有神助

李義山螢詩

水殿風清玉戶開飛光千點去還來無風無月長門夜偏到堦前點綠苔○似是螢謎不書題可知也

人日梅詩

李羣玉人日梅花詩半落半開臨野岸團情團思媚韶光玉鱗寂寂飛斜月素手亭亭對夕陽亦有思致玉鱗寂寂飛斜月眞奇句也暗香浮動恐未可比

李義山柳詩

曾逐東風拂舞筵樂遊春苑斷腸天如何肯到清秋日已帶斜陽又帶蟬○宋盧陵陳模詩話云前日春

風舞筵何其富盛今日斜陽蟬聲何其淒涼不如望秋先零也形容先榮後悴之意

李義山景陽井

景陽宮井剩堪悲不盡龍鸞誓死期惆悵吳王宮外水濁泥猶得葬西施○觀此西施之沉信矣杜牧所云逐鴟夷者安知不謂沉江而殉子胥乎鴟革浮胥骸亦子胥事也

小姑無郎

古樂府清溪小姑曲云開門白水側近橋梁小姑所居獨處無郎唐李義山詩神女生涯元是夢小姑居

處本無郎小姑蔣子文第三妹也楊炯少姨廟碑云虞帝二妃湘水之波瀾未歇蔣侯三妹青溪之軌跡可尋

明駝使

木蘭辭願借明駝千里足送兒還故鄉今本或改明作鳴非也駝臥腹不帖地屈足漏明則走千里故曰明駝唐制驛置有明駝使非邊塞軍機不得擅發楊妃私發明駝使賜安祿山荔枝見小說

王周嘉陵江

嘉陵江水色一帶柔藍碧天女瑟瑟衣風梭晚來織

○晚唐絕句此殆爲冠而洪氏唐絕不收

卯色天

唐詩殘霞蹙水魚鱗浪薄日烘雲卯色天東坡詩笑把鴟夷一樽酒杯逢卯色五湖天正用其語花間詞一方卯色楚南天註以卯爲泖非也註東坡詩者亦改卯色爲柳色王龜齡亦不及此邪

無名氏水鼓子

彫弓白羽獵初回薄夜牛羊復下來青塚路邊荒草合黑山峯外陣雲開○水鼓子後轉爲漁家傲

無名氏水調歌

千年一遇聖明朝願對君王舞細腰乍可當熊任生死誰能伴鳳上雲霄○此詩借宮詞以諷盧照鄰詩得成比目何辭死願作鴛鴦不羨仙許棠詩導引何如鸜鵒舞步虛爭似鷓鴣詞高季迪詩酒醒金屋曙河流願賜銅盤一滴秋他日君王上仙去瑤池猶幸得同遊妙得此意

無名氏楊柳枝子

萬里長江一帶開岸邊楊柳是誰栽錦帆未落西風起惆悵龍舟更不回○此弔隋煬帝也俯仰感慨蓋初唐之詩後世柳枝詞皆祖之

楊柳枝壽杯詞

曉晴樓上捲珠簾往往長條拂枕函恰直小蠻初學舞擬偷金縷押春衫池邊影動散鴛鴦更引微風亂繡牀只待玉窗塵不起始應金雁得成行○此無名氏柳枝詞也郭茂倩樂府所遺今以未盡者并爲録之姚合柳枝詞云黄金絲挂粉牆頭動似顛狂靜似愁游客見時心自醉無因得見玉搔頭句踐初迎西子年琉璃爲帚掃溪煙至今不改當時色留與王孫繫酒船羅隱柳枝詞云灞岸晴來送别頻相偎相倚不勝春自家飛絮猶無定爭解垂絲絆路人一簇青煙鎖玉樓半垂欄畔半垂鉤明年更有新條在惱亂春風卒未休

無名氏詩

唐無名氏詩江上送行人千山生莫氛謝安團扇上爲畫敬亭雲僧皎然送邢台州云海上僊人屬使君石橋琪樹古來聞他時畫出白團扇乞取天台一片雲二詩命意用事相類晉人重扇題畫謂之便面

衢州斷碑詩

衢州爛柯橋斷碑詩不全中有句云薄煙羃遠郊遥峰沒歸翼可謂奇絶盡六朝人語唐人罕及也又傳

爲古仙句

江南行

江煙溼雨鮫綃軟漠漠遠山眉黛淺水國多愁又有情夜槽壓酒銀船滿細柳摇煙凝曉空吳王臺榭春夢中鴛鴦㶉鶒喚不起平鋪淥水眠東風西陵路遠月悄悄油壁輕車蘇小小○細柳摇煙一作纖絲採恐

江烏海燕

余最愛樂府桂殿江烏對彤屏海燕重之句不知何人作也

阮何雙

唐詩雲仍王謝並風貌阮何雙南史宋孝武選侍中四人並以風貌王彧謝莊爲一雙阮韜何偃爲一雙

仙女湘妃廟

碧杜紅蘅縹渺香冰絲彈月弄新涼峰巒到曉渾相似九處堪疑九斷腸○此詩出塵絶俗信非食煙火人語也

僧皎然冬日送客

平明走馬上村橋花落梅溪雪未消日短天寒愁送客楚山無限路迢迢○無酸餡氣佳甚

貫休古意

憶在山中時丹桂花葳蕤紅泉浸瑤草日夕生華滋碧屋開地鑪翠牆挂藤衣經行竹窗邊白猨三四枝東峰有老人眼碧頭骨奇月上來打門月落方始歸授我微妙訣恬淡無所爲別來六七年只恐日月飛○中多新句超出晚唐貫休又有霜月夜徘徊樓中羌笛催晚風吹不盡江上落殘梅一首貫休在晚唐有名此首有樂府聲調雖非僧家本色亦猶惠休之碧雲也○習家池碧草萋萋嵐樹光中信馬蹄漢主廟前湘水碧一聲風角夕陽低僧無本詩也亦佳

靈徹詩

僧靈徹有詩名於中唐古墓詩云松樹有死枝塚墓惟莓苔石門無人入古木花不開天台山云天台衆山外歲晚當寒空有時半不見崔嵬在雲中九日云山僧不記重陽節因見茱萸憶去年諸篇爲劉長卿皇甫冉所稱子獨取天台山一絕眞絕唱也

貫休題蘭江言上人院

只是危吟坐翠屏門前岐路自崩騰青雲名士時相訪茶煮西峰瀑布冰○結句清妙取之

僧無鄴落葉詩

遶巷夾溪紅蕭條逐北風別林遺宿鳥浮水感鳴蛩石小埋初盡枝長葉未終帶霜書麗什閒讀白雲中○句雖太巧亦尋常思量不到也

海魚空鳥

大海從魚躍長空任鳥飛唐荆州陟屺寺僧元覽詩也朱文公嘗書之且跋之曰大丈夫處世不可無此氣象蓋亦取之元覽齋壁有張璪畫松符載讚之衞象詩之覽悉加堊焉曰無事疥吾壁也異哉此髡奴能知魚鳥任其飛躍又何必介意於三才子之筆乎

薛濤詩

聞說邊城苦如今到始知好將筵上曲唱與隴頭兒此薛濤在高駢宴上樂府也有諷諭而不露得詩人之妙使李白見之亦當叩首元白流紛紛停筆不亦宜乎濤有詩集此首不載

女郎秦玉鸞憶所懽

蘭幙蟲聲切椒廷月影斜可憐秦館女不及洛陽花○唐人玉顏不及寒鴉色蓋祖此意

盛小叢突厥三臺

鴈門山上鴈初飛馬邑闌中馬正肥昨夜陰山逢驛使殷勤南北寄征衣○盛小叢鴈門妓女也此詩甚

佳樂府歌之○三臺曲名自漢有之而調之長短隨時變易韋應物集有上皇三臺元曲有鬼三臺訛爲三台云

柳枝詞

麗情集載湖州妓周德華者劉采春女也唱劉禹錫柳枝詞云春江一曲柳千條二十年前舊板橋曾與美人橋上别恨無消息到今朝此詩甚佳而劉集不載然此詩隱括白香山古詩爲一絕而其妙如此

渚宫妓高使君别宴

悲莫悲兮生别離登山臨水送將歸武昌無限新栽

柳不見楊花似雪飛○高駢自渚宫移鎮揚州别宴口占楚詞二句使幕下續之久未有應有一妓進曰賤妾感相公之恩續貂可乎即收淚吟曰云云合座大加賞歎駢厚贈之其詩絕佳雖使温李爲之不過如此○飛一作時

兩女郎詩

女郎李月素贈情人詩云感郎千金意含嬌抱郎宿試作帳中音羞開燈前目張碧蘭寄阮郎云君似洛陽花妾似武昌柳兩地惜春風何時一攜手眞花月之妖也

唐人傳奇小詩

詩盛於唐其作者往往託於傳奇小說神仙幽怪以傳於後而其詩大有絕妙今古一字千金者試舉一二卜得上峽日秋來風浪多巴陵一夜雨腸斷木蘭歌又雨滴空堦曉無心換夕香井梧花落盡一半在銀牀又舊日聞簫處高樓當月宫梨花寒食夜深閉翠微中又命笑無人笑含嬌何處嬌徘徊花上月空度可憐宵

呂用之

唐呂用之在維揚日佐高駢專權擅政有商人劉損

妻裴氏有國色用之以陰事搆取損憤惋因成詩三首曰寶釵分股合無緣魚在深淵日在天得意紫鸞休舞鏡斷蹤青鳥罷銜箋金盃倒覆難收水玉軫傾欹懶續絃從此蘼蕪山下過只應將淚比流泉鸞辭舊伴知何止鳳得新梧想稱心紅粉尚殘休羃羃白雲將散信沉沉已休磨琢投期玉嬾更經營買笑金願作山頭似人石丈夫衣上淚痕深舊嘗遊處徧尋看覩物傷情死一般買笑樓前花已謝畫眉窗下月空殘雲歸巫峽音容斷路隔星河去住難莫道詩成無淚下淚如泉涌亦須乾詩成吟詠不輟一日晚見

一虬髯老叟行步迅疾眸光射人揖損曰子哀心有何不平之事損具對之叟夜果入用之家化形於斗拱之上叱用之曰所取劉氏之妻併其寶貨速還之否則隨刃落矣用之驚惶夜遣幹事齎金併裴氏還損損夜從舟去虬髯亦無蹤跡

劣唐詩

學詩者動輒言唐詩便以爲好不思唐人有極惡劣者如薛逢戎昱乃盛唐之晚唐亦有數等如羅隱杜荀鶴晚唐之下者李山甫盧延遜又其下下者望羅杜又不及矣其詩如一箇禰衡容不得又一領青衫

消不得之句其他如我有心中事不向韋三說昨夜洛陽城明月照張八又如餓猫窺鼠穴饑犬舐魚砧又如莫將閒話當閒話往往事從閒話生又如水牛浮鼻渡沙鳥點頭行此類皆下淨優人口中語而宋人方採以爲詩法入全唐詩話使觀者曰是亦唐詩之一體也如今稱燕趙多佳人其間有跛者眇者羝氳者疥且痔者乃專房寵之曰是亦燕趙佳人之一種可乎

覆窠俳體打油釘鉸

太平廣記有仙人伊周昌號伊風子有題茶陵縣詩云茶陵一道好長街兩邊栽柳不栽槐夜後不聞更漏鼓只聽鎚芒織草鞋時謂之覆窠體江南呼淺俗之詞曰覆窠猶今云打油也杜公謂之俳諧體唐人有張打油作雪詩云江山一籠統井上黑窟籠黄狗身上白白狗身上腫北夢瑣言有胡釘鉸詩

險諢句

吳均詩秋風瀧白水鴈足印黄沙爲沈約所笑唐人以此句爲險諢句傳奇詩多有之沈青箱夜月琉璃水春風柳色天是也韓退之水作青羅帶山如碧玉篸杜牧詩錢塘鸂鶒綠吳岫鷓鴣斑東坡詩山爲翠浪涌水作玉虹流大家亦時有之也

假詩

黄鄭山評翁靈舒戴式之詩云近世有江湖詩者曲心苦思旣與造化迴隔朝推暮敲又未有以溉其本根而詩於是乎始卑然予以爲其卑非自江湖始宋初九巳爲許洞所困又上泝於唐則大歷而下如許渾輩皆空吟不學平生鏤心嘔血不過五七言短律而已其自狀云吟安一箇字撚斷數行鬚不知李杜長篇數千首安得許多胡須撏扯也苦哉又云詩在灞橋風雪中驢子上不思周人清廟漢代柏梁何必

爾耶又曰尋常言語口頭話便是詩家絕妙詞又云詩從亂道得又自云我平生作詩得貓兒狗子力噫此等空空知萬卷爲何物哉然猶是形月露而狀風雲詠山水而寫花木今之作贋詩者異此謂詩必用語錄之話於是無極先天行窩弄丸疊出層見又云顏夾帶禪和子語於是打乖打睡打坐樣子撇子句子朗誦之有矜色疾書之無怍顏而詩也掃地矣

打油詩

小市水漲妓居北巖寺黠少年作詩曰水漲倡家住得高北巖和尚得鬆腰丟開般若經千卷且說風流話幾條最喜枕邊添耍笑由他岸上湧波濤師徒大小齊聲祝願得明年又一遭亦可笑

升菴詩話卷十一

升菴詩話卷十二

成都 楊 慎 撰 綿州 李調元 校定

濂溪詩

濂溪集和費令游山詩云是處塵勞皆可息時清終未忍辭官此乃由衷之語有道之言所以不可及也今之人口爲懷山之言暗行媢竈之計唐僧曇秀云住山人少說山多杜牧云盡道青山歸去好青山曾有幾人歸

陳白沙詩

白沙之詩五言沖淡有陶靖節遺意然賞者少徒見其七言近體效簡齊康節之渣滓至於筋斗樣子打乖箇裡如禪家呵佛罵祖之語殆是傳燈錄偈子非詩也若其古詩之美何可掩哉然謬解者篇篇皆附於心學性理則是痴人說夢矣

龍袞羊裘

宋人題釣臺詩曰龍袞新天子羊裘老故人陳白沙竊爲己句云七尺羊裘幾銖兩千秋龍袞共低昂子陵豈有意與龍袞較低昂乎句法亦贅不及宋人

慈湖撫琴行

蕭蕭指下生秋風漸漸幽響颸寒空月明夜氣清人

骨何處仙珮搖丁東野鶴驚起舞流水咽復鳴一唱三歎意未已幽幽話出太古情龍吟虎嘯遞神怪千山萬壑風雨晦海濤震蕩林木響亂撤金盤氷雹碎和氣回春陽縹渺孤鸞翔三江五湖烟水闊波聲飈颸鳴漁榔悲猨臨澗欲渡不敢渡但聞澗下蕭瑟松風長閑雲洩碧落勢去還迴薄神仙恍惚無定所微冷似欲止所作馭風一笑歸蓬瀛猶有餘音遶寥廓慈湖此詩不減盛唐亦嘗苦辛非苟作者又何必指李杜爲癡笑昌黎薄逸少空萬古爲無人耶

莊定山詩

莊定山早有詩名詩集刻於生前淺學者相與效其太極圈兒大先生帽子高以爲奇絕又有絕可笑者如贈我一壺陶靖節還他兩首邵堯夫本不是佳語有滑稽者改作外官答京官苞苴詩云贈我兩包陳福建還他一疋好南京聞者捧腹然定山晚年詩入細有可並唐人者古詩如題竹及養菴兩篇七言如題王川畫五言律如野暝微孤樹江清著數鷗與君眞自厚不是兩相留七言律如遊琅琊寺偶上蓬萊第一峰道人今夜宿芙蓉塵埋下界三千丈月在西巖七十峰羅漢寺云溪聲夢裏偏隨枕山色樓高不礙牆又如狂搔短髮孤鴻外病臥高樓細雨中病眼如殘書漢楚燈前壘草閣江山霧裏詩舟中云千家小聚村村暝萬里河流岸岸同又秋燈小榻留孤艇疎雨寒城打二更又北海風回帆腹飽長河霜冷岸痕高和沈仲律原字韻云心無牛口干秦穆跡繼龍頭愧邴原又云藜羹莫道無萊婦蘭畹應知負屈原寄劉東山云塵外有人占紫氣鏡中疑我尚朱顏次東嶠韻云雷懸雙眼疑秋水鬢擁三花御野風又豈無湖水甘神瀵更有溪毛當紫芝書東山草堂扁云封題雲臥東山扁歌詠司空表聖詩天闕星辰遺舊

履摘洲歲月有殘碁石橫流潦潛蚪角梅逆垂蘿屈鐵枝自笑野人閑袖手雲烟濃淡忽交馳次首云沙苑草非騏驥秣瀟湘竹是鳳凰枝紫虛有約千回醉笑指僧趺亦坐馳又招隱誰甘同寂寞著書不獨爲窮愁木昌道中云行客自知無歲暮賓鴻不記有家歸寄鄧五羊云後時自許甘邱壑前席將無問鬼神浮世虛名非得已出山小草卻悲人別時笑語風吹斷會處迷離夢寫眞四十餘年一回首乾旋坤轉有冬春此數首若隱其姓名觀者決不謂定山作也

老泉詩

蘇老泉詩佳節每從愁裡過壯心偶傍醉中來白樂天詩有百年愁裡過萬感醉中來之句老泉未必祖襲蓋偶同耳

瑞香花詩

瑞香花卽楚辭所謂露甲也一名錦薰籠又名錦被堆韓魏公詩云不管鶯聲向曉催錦衾春曉尚成堆香紅若解知人意睡取東君莫放回張圖之改瑞香爲睡香詩云曾向廬山睡裡聞香風占斷世間春採花莫撲枝頭蝶驚覺陽臺夢裏人陳子高詩宣和殿裏春風早紅錦薰籠二月時流落人間眞詫事九秋

風露卻相宜蓋詠九日瑞香也又唐人詩云誰將玉膽薔薇水新濯瓊肌錦繡襌音單體物既工用韻又奇可謂絕唱矣余亦有一章

半山用王右丞詩

王維書事詩輕陰閣小雨深院晝慵開坐看蒼苔色欲上人衣來洪覺範天廚禁臠云此詩含不盡之意子由所謂不帶聲色者也王半山亦有絕句詩意頗相類按半山詩云山中十日雨雨晴門始開坐看蒼苔文欲上人衣來蔡正孫編詩林廣記乃以若耶溪上踏莓苔一首當之謬矣

坡詩月明看露上

蘇東坡詩八首大率皆田中語其第四首云種稻淸明前樂事我能數毛空暗春澤鍼水聞好語分秧及初夏漸喜風葉舉月明看露上一一珠垂縷秋來霜穗重顚倒相撐拄但聞畦隴間蚱蜢如風雨新春便入甑玉粒照筐筥云云此詩敘田家自淸明至成熟曲盡其趣注未能盡發其妙今補之于后○漸喜風葉舉秧初立苗後得風則長呂氏春秋所謂禾心中央疏爲冷風是也○月明看露上農夫云秧苗得露皆先潤其根由根上節至葉稍垂一點月明窺見其

上洪舜俞平齋集有魏城晚涼倚闌觀稼二絕云晚風不動稻苗平葉葉頭邊流瀣明井養不窮功用在誰將易象細推評其二云飛明一點上苗端難作尋常露雨看碧眼道人參解得黃河夜半泝崑崙以此補坡詩注眞妙也此事奇坡詩詠之奇平齋二詩注之又奇特表出之

梅谿注東坡詩

王梅谿注東坡詩世稱其博予偶信手繙一册除夜大雪留濰州詩云敢怨行役勞助爾歌飯甕山東民謠云霜淞打霧淞貧兒備飯甕淞音宋積雪也以爲

豐年之兆坡詩正用此而注云山東人以肉埋飯下謂之飯𡧇何異小兒語耶又祈雪云歲宴風日暖人牛相對閒人牛字用東方朔古書春與歲齊人牛並立之語而注亦失引

東坡梅詩

禪宗頌古唐僧古梅詩云雪虐風饕水浸根石邊尚有古苔痕天公未肯隨寒暑又孽清香與返魂東坡梅花詩蕙死蘭枯菊已摧返魂香入隴頭梅正用此事而注者亦不之知也

百東坡

東坡泛穎詩散爲百東坡頃刻復在茲劉須溪謂本傳燈錄按傳燈錄良价禪師因過水覩影而悟有偈云切忌從他覓迢迢與我疎我今獨自往處處得逢渠渠今正是我我今不是渠

蘇子由四絶句

泉流逢石缺脉散成寶網水作瓔珞看山是如來想

瓔珞巖

巖花不可攀翔蕊久未墮忽墜幽人前知子觀空坐

雨花巖

白龍晝飲潭修尾掛石壁幽人欲下看雨雹晴相射

白龍潭

蒼壁立積鐵懸泉瀉天紳行山見已久指與未來人

陳鼓漈

此四詩泉既奇詩亦稱何異王右丞

曾子固詩

曾子固享祀軍山廟歌云土膏起兮流泉駛兮我徂於田偕婦子兮旣耕且穮芸且耔兮一歲之工在勤始兮野無螟螣田有水兮非神之力其誰使兮我苞盈兮我實成兮揮鎌擾擾風雨聲兮囷藏露積如坻京兮遺秉滯穗富鰥煢兮酒食勸酬消忿爭兮非神

之助歲莫登兮我有室家神所祐兮我有旄倪神所壽兮神之惠我惟其舊兮上之報神亦云厚兮釃酒刑牲肴核豐兮吹簫考鼓聲逢逢兮我民歲獻無終窮兮千秋萬歲保斯宮兮此詩王荆公稱賞以爲有雅頌之意當表出昧者言子固不能詩豈其然乎

蓮花詩

張文潛蓮花詩平池碧玉秋波瑩綠雲擁扇青搖柄水宮僊子鬭紅妝輕步凌波踏明鏡杜衍雨中荷花詩翠蓋佳人臨水立檀粉不勻香汗濕一陣風來碧浪翻真珠零落難收拾此二詩絶妙又劉美中夜度

娘歌菱花烱烱垂鸞結爛學宮粧匀膩雪風吹涼鬢影蕭蕭一抹踈雲對斜月寇平仲江南曲烟波渺渺一千里白蘋香散東風起悵汀州日莫時柔情不斷如春水亡友何仲默嘗言宋人書不必收宋人詩不必觀余一日書此四詩訊之曰此何人詩答曰唐詩也余笑曰此乃吾子所不觀宋人之詩也仲默沉吟久之曰細看亦不佳可謂倔强矣

劉原父喜雨詩

劉原父喜雨詩云涼風響高樹清露墜明河雖復夏夜短已覺秋氣多豔膚麗華燭皓齒揚清歌臨觴不

肯醉柰此粲者何此詩無愧唐人不可云宋無詩也

月黄昏

林和靖梅詩踈影横斜水清淺暗香浮動月黄昏葦航紀談云黄昏以對清淺乃兩字非一字也月黄昏謂夜深香動月爲之黄而昏非謂人定時也蓋晝午後陰氣用事花房斂藏夜半後陽氣用事而花敷蕊散香凡花皆然不獨梅也坡詩只恐夜深花睡去高燒銀燭照紅粧宋人梔子花詞惱人惟是夜深時是此理余嘗有詩云曉屏殘夢暖香中花氣薰人怯曉風亦與此意同蓋物理然耳

洛春謠

劉須溪所選古今詩統亡其辛集一册諸藏書家皆然予於滇南偶得其全集然其所選多不愜人意可傳者止十之一耳辛集中皆宋人詩無足採取獨司馬才仲洛春謠曹元寵夜歸曲尚有長吉義山之遺意今錄於此洛春謠云洛陽碧水揚春風銅駝陌上桃花紅高樓疊柳綠相向綃帳金鸞香霧濃龍裘公子五陵客拳毛赤菟雙蹄白金鈎寶玦逐飛香醉人花韈惱花魄青蛾皓齒别吴倡梅粉妝成半額黄羅屏繡幙圍寒玉帳裏吹笙學鳳皇細綠團紅曉烟溼

車馬騑騑雲櫛櫛瓊蕊杯深琥珀濃鴛鴦枕鏤珊瑚溢吹龍笛歌白紵蘭席淋漓日將莫君不見灞陵岸上楊柳枝青青送别傷南浦夜歸曲云饑烏啞啞啼莫寒同風急雪飄朱闕鎖　繡閣豔紅獸晝幙金泥搖彩鸞吴妝秀色攢眉綠能唱襄陽大堤曲酒酣横管咽孤吹裂柯亭傲霜竹遠空寒雲渾不動老狐應渡黄河凍暗同微暖入江梅何處荒榛掛么鳳歸來穩跨青連錢貂茸擁鼻行翩翩籠紗蜜炬照飛霰十二王樓人未眠

劉後村三詩

劉後村集中三樂府效李長吉體人罕知之今錄於此其一李夫人招魂歌云秦亡女兒吹鳳簫淚入星河翻鵲橋素娥剗襪踏玉兎回望桂宮一點霧粉紅小堞没柳烟白茅老仙方睡圓尋愁不見人香髓露花點衣碧成水其二趙昭儀春浴行花奴一雙髩垂耳綠繩夜汲露桃蘂青桂寒烟濕不飛玉龍呵暖紅薇水翠靴踏雲雲帖妥燕釵微卸香綠鬟小蓮夾擁眞天人紅梅犯雪放一朶鸞錦屏風畫水月鴆鵲抱頸唼蘭葉劉郎散卻金餅歸笑把香綃護癡蝶其三東阿王紀夢行月青露紫　衾白相思一夜貫地脉

帝遣纖阿控紫鸞昆崙低下海如席曲房小幄雙杏坡玉皇吐麝薰錦窠軟香蕙雨衩釵溼裔雲三尺生紅韡金蟾吞漏不入咽柔情一點薔薇血海山重結千年期碧桃小核生孫枝精移神駭屏山知三詩皆佳不可云宋無詩也

不借軍持

陸放翁詩遊山雙不借取水一軍持不借草鞋也言其價賤不須借也古今注漢文帝履不借以臨朝漢時已有此名矣軍持淨瓶也出佛經賈島送僧詩云我有軍持憑弟子岳陽江裏汲寒流

文與可

坡公亟稱文與可之詩而世罕傳丹淵集余家有之其五言律有韋蘇州孟襄陽之風信坡公不虛賞也今錄其數首於此詠閑樂云晝睡欲過午好風吹竹牀溪雲生薄暮山雨送微涼粉裛衣裳潤蘭薰枕席香歸來閑且樂多謝墨君堂過友人谿居云籬巷隔菰蒲閑扉掩自娛水蟲行捕岸林鳥過提壺白浪搖秋艇青烟蓋晚廚主人誇野飯爲我煮秋鱸晚次江上云宛轉下江岸霜風繞人衣翩翩落鴻壓閃閃林鴉歸前壑已重靄遠峯猶落暉孤舟欲何向擘浪去

如飛玉峰園避暑值雨云南園避中伏意適晚忘歸牆外谷雲起簷前山雨飛興饒思秉燭坐久欲添衣爲愛東岩下泉聲遍翠微極寒云燈火宜冬杪圖書稱夜長簾鉤掛新月窗紙漏飛霜酒醴甦孤宦氊裘逐異鄉誰知舊山下梅艷滿東牆江上主人云客路逢江國人家古畫圖青林隨遠岸白水滿平湖魚小猶論尺鷗輕欲問銖何時遂休去來此伴潛夫詠梨花云素質靜相依淸香暖更飛笑從風外歇啼向雨中歸江令歌瓊樹甄妃夢玉衣晝堂明月地常此惜芳菲詠杏花仙杏一番新妖嬈洗露晨待妝嫌粉重

欲點要酥勻月淡斜分影池清倒寫眞君須憐舊物曾伴曲江春此八詩置之開元諸公集中殆不可别今曰宋無詩豈其然乎

梅聖俞詩

梅詩南隴鳥過北隴叫高田水入低田流山谷詩野水自添田水滿晴鳩卻喚雨鳩來李若水詩近村得雨遠村同上圳波流下圳通其句法皆自杜子美桃花細逐楊花落黄鳥時兼白鳥飛之句來

小兒拳

黄山谷詩蕨牙初長小兒拳以爲奇句然太白詩已有不知行徑下初拳幾枝蕨之句已落第二義矣

山谷詩

黄山谷詩可嗤鄙處極多其尤無義理者莫如雙鬟女弟如桃李早年歸我第二雛之句稱子婦之顔色於詩句以贈其兄何哉朱文公謂其詩多信筆亂道信矣

晁詩

晁元忠詩安得龍湖潮駕回安河水水從樓前來中有美人淚入生高唐觀有情何能已晏小山留春令云别浦高樓曾漫倚對江南千里樓下分江南聲中有當日憑高淚全用其語

蕃馬胡兒

宋柳如京塞上詩鳴骹直上一千丈天静無風聲正乾碧眼胡兒三百騎盡提金勒向雲看其詩宋人盛稱之好事者多圖于屏障今猶有其稿本唐人好畫蕃馬于屏花間詞云細草平沙蕃馬小屏風是也又曲有伊州涼州氐州後卒有祿山吐蕃之變宋人愛圖鳴骹胡兒卒有金元之禍元人曲有入破急煞之名未幾而亂

游景仁黄鶴樓詩

游景仁黄鶴樓詩長江巨浸拍天浮城郭相望萬景收漢水北吞雲夢入蜀江西帶洞庭流角聲交送千家月帆影中分兩岸秋黄鶴樓高人不見卻隨鸚鵡過汀洲景仁名侶廣安人南渡四賢相之一有文集今不傳獨此詩見楚志

石屏奇句

宋人詩話稱戴石屏春水渡傍渡夕陽山外山以爲奇句余觀唐韓君平夕陽山向背春草水東西意同而語尤工

古梅

蕭東之古梅二絶云湘妃危立凍蛟背海月冷掛珊瑚枝醜怪驚人能嫵媚斷魂只有曉寒知其二云百千年蘚著枯樹一兩點春供老枝絶壁笛聲那得到只愁斜日凍蜂知甚有風裁

張邵張祁

張邵字才彥簡池人其子孝祥狀元及第秦檜羅織下獄檜死乃仕後寓烏江遂家焉祁字晉彥有詩名渡湘江詩曰春過瀟湘渡眞觀八景圖雲藏岳麓寺江入洞庭湖晴日花爭發豐年酒易沽長沙十萬戸游女似京都

近水樓臺

范文正公鎭錢塘兵官皆被薦獨巡檢蘇麟不遇乃上詩曰近水樓臺先得月向陽花木易爲春公卽薦之

南浦詩

寇準南浦詩春風入垂楊烟波漲南浦落日動離魂江花泣微雨□妙處不減唐人

鄰舟詩

括蒼鮑欽止詩集余舊見之其中與榮子陽鄭公華自朐山鄰舟行一首頗得鄰舟江行之趣余愛而誦之今錄於此舟行有後先相去能幾許鏗轟金鼓聲見面不得語水花來幽香岸柳過疎雨登艫各乘流解帆會聯浦攜我小龍團睡起就君煮

陳文惠公詩

陳文惠公堯佐吳江詩云平波渺渺烟蒼蒼菰蒲纔熟楊柳黃扁舟繫岸不忍去西風斜日鱸魚香後人於其地立鱸香亭和者計百餘人皆不及也噫此詩尚敢和耶又碧瀾堂詩云苕溪淸淺霅溪斜碧玉光涵一萬家誰向月明中夜聽洞庭漁笛隔蘆花二詩曲盡東南之景後之作者無復措手

開梅山

宋章惇開梅山詩云開梅山梅山萬仞摩星躔捫蘿鳥道十步九曲折時有僵木橫崖巔肩摩直上覩南岳回首蜀道猶平川人家迤邐列板屋火耕磽确名畬田穿堂之鼓堂穿壁兩頭擊鼓歌聲傳長藤弔酒跪而飲何物爽口鹽爲先馬郎酣歌苗女和不待媒妁自相牽白巾纏髻衣繞顴野花山果青垂肩如今丁口漸蕃息世界雖異非桃源熙甯天子廑聖慮命將傳檄令開邊給牛貸種使耕墾植桑插稻輸緡錢人人歡呼願歸順裹頭異語渲風旋不特得地一千

里王道蕩蕩堯爲天漢皇黷武竟何益性命百萬塗戈鋋李廣自殺馬援死寂寞銅柱并燕然伊溪之源最沃壤擇地作邑民爭先大開庠序明禮樂撫柔新俗威無專小臣作詩諸樂府梅山之崖石可鐫此詩可勒不可泯頌聲萬古長潺湲惇之此詩專頌開梅山之利又按濟北晁無咎開梅山一篇云開梅山梅山開自熙甯之五年其初連峯上參天巒崖盤嶮閡羣巒南北之帝鑿混元此山不圯藏雲烟躋攀鳥道出蒼蔚下視蛇脊相負緣窮南山南山石室大如屋黃閔之記盤瓠行跡今依然高辛氏時北有犬戎寇

國中下令購頭首妻以少女金盈斗遍國無人有畜狗厥初得之病耳婦以盤覆瓠化而走堪嗟吳將軍屈死狺狺口帝皇下令萬國同事成違信道不容竟以女妻之狗乃負走逃山中山崖幽絶不復人跡通帝雖悲思深往來輒遇雨與風更爲獨力之衣短後裙六男六女相婚姻木皮草五色文武溪赤髀皆子孫侏離其聲異言語情黠貌癡喜安土自以吾父有功母帝女凌夷夏商閒稍稍病侵侮周宣昔中興方叔幾振旅春秋絶筆逮戰國一負一勝安可數邇來梅山恃險阻黃茅竹箭如霪雨南人顛踣斃溪弩據關守隘類穴鼠一九當其阸萬衆莫能武欲知梅山開誰施神禹斧大使身服儒賓客盈幕府檄傳搖初疑叩馬卒歡舞坦然無障礙塞石瀘溪渚伊川被髮祭一變卒爲虜今雖關梁通失制後誰禦開梅山開山易防獠難不如昔人閉玉關則言不必開蓋因章惇小人專其事爲清議所不與也然梅山地今爲長沙府之安化縣五寨自熙甯至今永無蠻獠之患則惇之此舉一秦之長城也不然則爲長沙之害豈減于廣西之猺獞哉

陶弼

陶弼宋仁宗時人有詩名仕於兩廣詩絶似晚唐宋

文鑑選其二首虔化縣云暖雪梅花樹晴雷贑石溪出嶺云天文離卷石人影背含沙其他如僧寺云花露生瓶水松風落架書早行云照枕殘雞月吹燈落葉風李洞喻鳧可相伯仲

落梅詩

冰崖蕭立等落梅詩云玉龍戰退鹿胎乾好在晴沙野水看無翠夢同仙袂遠射鵰人去露簷寒連環骨冷香猶暖如意痕輕補未完誰在高樓吹笛處輕衫當戶獨凭闌此詩工緻似李義山後六句皆用美人

事甚奇不類晚宋之作當表出之唐詩新柳園林鶯毳色落梅田地鹿胎斑

蜀詩人王謙

王謙蜀人有詩一卷中有約趙冰壺賞海棠一篇云湘羅壓繡華春風瑤姬慢舞香裀紅細腰百轉弓靴穩銀鶩金鳳花成叢六么換手調絃索一串妖聲穿繡幙沉翠飛香天正樂塞玉團團貼天角其詩絕如李賀嘗一臠可知鼎味也

忠簡武穆詩句

宗岳二公以忠節戰功冠於南宋戎馬倥偬筆硯想

無暇也余嘗見宗忠簡石刻華陰道二絕云烟遮晃白初疑雪日映斕斑卻是花馬渡急流行小崦柳絲如織映人家又云菅茅作屋幾家居雲碓風帘路不紆坡側杏花溪畔柳分明摩詰輞川圖岳公湖南僧寺詩有潭水寒生月松風夜帶秋之句唐之名家不過如此嗚呼二公其可謂全才乎

朱滔括兵 麗情集

朱滔括兵不擇士族悉令赴軍自閱於毬場有士子容止可觀進趨純雅滔問曰所業者何曰學爲詩曰有妻否曰有卽令作寄內詩援筆立成詞曰握筆題

詩易荷戈征戍難慣從鴛被暖怯向雁門寒瘦盡寬衣帶啼多漬枕檀試留靑黛著囘日畫眉看又令代妻作詩答曰蓬鬢荆釵世所稀布裙猶是嫁時衣胡麻好種無人種合是歸時底不歸滔遺以束帛放歸

米元章

米元章之書法人皆知之其詩律之妙人或不盡知也予愛其望海樓一詩云雲間鐵甕近靑天縹渺飛樓百尺連三峽江聲流筆底六朝帆影落樽前幾番畫角催紅日無事滄洲起白煙忽憶賞心何處是春風秋月兩茫然又詠潮云怒氣號聲迸海門州人傳

是子胥魂天排雲陣千家吼地擁銀山萬馬奔勢與月輪齊朔望信如壺漏報朝昏吳亡越霸成何事一唱漁歌過遠村又垂虹亭一絕云斷雲一葉洞庭帆玉破鱸魚霜破柑好作新詩繼桑苧垂虹秋色滿東南

張方詩

二水谿頭車馬行靈龜背後玉龍橫漲瀧徃日矜河伯砥柱千年要石兄濡水右旋江會合天台曲直卦文明吾心怵惕便施手事所當爲不問名 紹定辛卯三月

周舍還田舍詩

薄遊久已倦歸來多暇日未鑿武陵嵓先開仲長室松篁日月長蓬麻歲時容心存野人趣貴使容吾膝况茲薄春晴高秋正蕭瑟眞得田家之意

金人咏物詩

中州集金羽士王予可詠西瓜云一片冷沉潭底月半灣斜捲隴頭雲孫鐸詠玉簪花云披拂西風如有待徘徊涼月更多情鄭子聃詠酴醿詩云玉斧無人解修月珠裙有意欲留仙皆極體物之工

侯夫人梅詩

侯夫人著梅詩云砌雪無消日卷簾時自顰庭梅對我有嬌意先露枝頭一點春香淸寒艷好誰惜是天眞玉梅謝後靑陽至散與羣芳自在春亦是一體

朱元晦眞人詩

郭外西郊柳已芽中流極目浩無涯江明白白紅紅樹春在三三兩兩家幾度來遊同社燕一樽相屬到昏鴉此邦物色吟幾盡爲謝山中好物華眞跡在內江

周燾詩

周燾有觀天竺寺激水詩云拳石耆婆色兩靑竹龍驅水轉山鳴夜深不見跳珠碎疑是簷間滴雨聲

感遇詩

或謂予曰朱文公感興詩比陳子昂感遇詩有理致予曰譬之靑裙白髮之節婦乃與靚妝袨服之宮娥爭妍取憐誇材角妙不惟取笑旁觀亦且自失所守要之不可同日而語也彼以擬招續楚辭感興續文選無見於此矣故曰離之則雙美合之則兩傷要有契予言者

東丹王千角鹿圖

遼太祖阿保機二子長曰突欲遼史名倍次曰堯骨後改名德光唐明宗天成元年丙戌遼主滅渤海渤海北海之地今哈密扶餘也中國之滄州景州名渤海者蓋矯稱以張休盛改爲東丹國以倍爲東丹王其後述律后立次子德光東丹王曰我其危哉不如適他國以成泰伯之名遂立石海上刻詩曰小山壓大山大山全無力羞見故鄉人從此投外國遂越海歸中國唐明宗長興六年也明宗賜予甚厚賜姓李名贊華以莊宗妃夏氏妻之拜懷化軍節度使東丹王有文才博古今其泛海歸華載書數千卷尤好畫世傳東丹王千角鹿圖李伯時臨之韋北苑有跋宣和畫譜列其目焉東丹王事見遼志及宣和畫譜董逌畫跋陳桱通鑑續編梓之以便覽考

竹枝詞

元楊廉夫竹枝詞一時和者五十餘人詩百十餘首余獨愛徐延徽一首云盡說盧家好莫愁不知天上有牽牛牘拋萬斛燕支水溜向銀河一色秋

陳孚遠詩

元陳孚遠歸帆絶句云日落牛羊歸渡頭動津鼓煙昏人不見隱隱數聲櫓識者以爲不減王維

弓琱

天順初英廟大獵從官皆戎服弓矢以護蹕應制賦詩有祭酒劉某詩以琱弓爲弓琱大學生輕薄者帖詩於監門云獵羽楊長共友僚琱弓詩倒作弓琱祭

酒如今爲酒祭衙官何以達廷朝廣東舉人王佐上詩於劉云樂羊終是愧巴西許下惟聞哭習脂豈是先生無好句弓琱何愧古人詩本爲能得司成之喜劉覽愈怒後王佐刻其桐鄉詩載此首遂大傳其事

燭剪詩

元武伯英詠燭翦詩啼殘瘦玉蘭心吐蹴落春紅燕尾香爲一時所賞

國朝古廉李公時勉詠翦刀詩吳綾翦處魚吞浪蜀錦裁時燕掠霞深院響傳春晝靜小樓工罷夕陽斜公之直節清聲而詩嫵媚如此信乎賦梅花者不獨宋廣平也

岳陽樓詩

余昔過岳陽樓見一詩云樓上元龍氣不除湖中范蠡意何如西風萬里一黄鵠秋水半江雙白魚鼓瑟至今悲二女沉沙何處弔三閭朗吟仙子無人識騎鶴吹簫下碧虛乃覩其姓名則元人張翔字雄飛不知何地人也雄飛在元不著詩名然此詩實可傳同時虞伯生范德機皆有岳陽樓詩遠不及也故特表出之

謝皐羽詩

謝皐羽晞髮集詩皆精緻奇峭有唐人風未可例於宋視之也予尤愛其鴻門讌一篇天雲屬地汗流宇杯影龍蛇分漢楚楚人起舞本爲楚中有楚人爲漢舞鵰鶉淬光睢不語楚國孤臣泣俘虜君看楚舞如楚何楚舞未終聞楚歌此詩雖使李賀復生亦當心服李賀集中亦有鴻門讌一篇不及此遠甚可謂青出於藍矣元楊廉夫樂府力追李賀亦有此篇愈不及皐羽矣其他如短歌行秦淮没日如没鶻白波漾空溼弦月舟人倚棹商聲發洞庭脱木如脱髮建業水云太白八月魚腦減武昌城頭鼓紞紞海上曲云

水花生雲起如葑神龍下宿藕絲孔明河篇云牽牛夜入明河道淚滴相思作秋草婺女城頭玩月華星君冢上無啼鳥俠客歌云潮動西風吹杜荆離歌入夜斗西傾㰤飛廟下蛇含草青拭吳鉤入匣鳴效孟郊體云牽牛秋正中海白夜疑曙野風吹空巢波濤在孤樹律詩如驛花殘楚水烽火到交州夜氣浮秋井陰花冷碧田山鬼下茅屋野雞啼芭蘿戍近風鳴析江空雨送船鄰逋燈下索鄉夢戍邊回柴關當太白藥氣近樵青暗光珠母徙秋影石花消下方聞夕磬南斗掛秋河雖未足望開元天寶之藩牆而可以

據長慶寶歷之上座矣

半江

近傳邵文敬半江帆影落樽前之句以爲奇絶遂號爲邵半江然唐趙嘏詩半江帆盡見分流之句宋米元章亦云六朝山色落樽前已落前人第二矣

芳梅詩

新歲芳梅樹繁苞四面同春風吹漸落一夜幾枝空小婦今如此長城恨不窮莫將遼海雪來比後庭中此劉方平梅花詩也既不用事又不拘對偶而工緻天然雖太白未易先後也梅花詩被宋人作壞令人見梅枝條可憎而香影無味安得誦此詩及梁元帝徐陵陰鏗江總諸詠一洗梅花之辱乎

嵐彩飛瓊

劉伯溫憶山中篇四時嵐彩飛瓊雪百道泉流湛玉霜上句本种放詩嵐沉玉膏冷下句稍含山居賦滴源之膏玉

集句

亡友安公石嘉州人妙於集句以鱸魚正美不歸去對瘦馬獨吟眞可哀又請君酌我一斗酒與爾共消萬古愁又梁間燕子聞長歎李嶠句樓上花枝笑獨眠

劉長卿水國蓮花府韓翃雲帆楓樹林杜工部又集杜句弔葉叔晦讀者爲之泣下其詩云臨泣把臂難再得便與先生成永訣文章曹植波瀾闊死爲星辰亦不滅老去新詩誰與傳男兒性命絶可憐出門轉盼已陳跡妻子山中哭向天中夜起坐萬感集人生有情淚沾臆鳳凰麒麟安在哉石田茅屋荒蒼苔君不見空牆日色晩悲風爲我從天來

河州王司馬詩

司馬王公竑陝西河州人其直節英名人皆知之而不知其文藻也余同年太史王壘王公元正爲余誦

其八詩今記其五回瀾閣云不成亭館不成樓矮屋重棚立水頭非擬金梁横巨海也爲砥柱屹中流座中爽氣消三伏檻外飛湍肅九秋幾度登臨仰前哲昌黎古作邈難儔醒心亭云鑑池池上結茅亭卸卻煩襟任獨醒雲影散來無外物天光澄處是虛靈青青草色開窗見颯颯松聲隔座聽塵慮不干眞境絶焚香兀坐理黄庭秋香徑云歸老溪園徑未荒徑邊黄菊有餘芳芒鞋踏處濡朝露藜杖攜來帶晚香清景且宜供笑傲高年何必問行藏淵明把酒來籬下我亦隨緣醉此傍丹霞塢云不學逋仙學董仙杏花

開徧石牆邊渾疑日下朝雲界半是人間也老天晚景催人雖潦倒春光在眼且留連村翁攜酒來相訪憩此徜徉共醉眠水竹居云水繞柴門竹繞闌歸來萬此足盤桓一溪冰玉涵春意萬个琅玕耐歲寒對景只求詩興好臨流肯放酒杯乾衰遲幸入康莊境一任紅塵蜀道難〇王公詩人罕傳今特錄之

一王陽明紀夢詩

愼嘗反復晉書見王導爲叛臣頗爲世所駭異後見崔後渠松窗雜錄亦同余見近讀陽明紀夢詩尤爲卓識眞見自信鄙說之有稽而非謬也其自序曰正德庚辰八月廿八夕臥小閣忽夢晉忠臣郭景純氏以詩示予且極言王導之姦謂世之人徒知王敦之逆而不知王導實陰主之其言甚長不能盡錄覺而書其所示詩於壁復爲詩以紀其略嗟乎今距景純若干年矣非有實惡深冤鬱結而未暴甯有數千載之下尚懷憤不平若是者耶詩云秋夜臥小閣夢遊滄海濱海上神仙不可到金銀宮闕高嶙峋中有仙人芙蓉巾顧我宛若平生親欣然就語下烟霧自言姓名郭景純攜手歷歷訴衷曲義憤感激難具陳切齒尤深怨王導深姦老猾長欺人當年王敦覬神器

導實陰主相緣夤不然三問三不答胡忍使敦殺伯仁寄書欲拔太眞舌不相爲謀敢爾云敦病已篤事已去臨哭嫁禍復賣敦事成同享帝王貴事敗仍爲顧命臣幾微隱約亦可見世史掩覆多失眞袖出長篇再三說覺來字字能書紳開窗試抽晉史閲中間事迹頗有因因思景純有道者世移事往千餘春若非精誠果有激豈得到今猶憤嗔不成之語以箴戒敦實氣沮竟殞身人生生死亦不易誰能視死如輕塵燭微先幾炳易道多能餘事非所論取義成仁忠晉室龍逢龔勝心可倫是非顛倒古多有吁嗟景純

終見伸御風騎氣遊八埏彼敦之徒草木糞土臭腐同沉淪郭景純夢中詩我昔明易道故知未來事時人不我識遂傳骫一技一思王導徒神器良久覬諸謝豈不力伯仁見其底所以敦者仇罔顧天經與地義不然百口未負托何忍置之於死地我於斯時知有分日中斬柴市我死何足悲我生良有以九天一人附膺悲晉室諸公亦何恥舉目山河徒歎非攜手登亭空洒淚王導眞姦雄千載人未議偶感君子談中及重與寫眞記固知倉卒不成文自今當與頻詭戲儻其爲我一表揚萬世萬世萬萬世

張亨父詩

張泰字亨父姑蘇人詩句淸拔名于一時其正月十六日詩云長安元夕少燈光此夜歡娛覺更忙十里東風吹翠袖九門銀燭照紅妝虹橋御陌爭春步雲閣誰家鬬晚香醉著吟鞭急歸去老夫當避少年狂其手書稿愼于先師李文正公處見之

胡琴婢勝兒

吳泰伯祠在閶門之東每春秋市人相率牲醴多圖善馬綵輿美女以獻之時金銀行以輕綃畫侍婢捧胡琴以從其貌勝於舊繪者名爲勝兒蓋他獻者無以匹也女巫方舞有進士劉景復送客之金陵置酒於廟東通波館忽欠伸思寢夢紫衣冠者言襄王奉屈劉生隨至廟周旋揖讓而坐王語劉生曰適納一胡琴妓藝精而色麗知吾子善歌故奉邀作胡琴一曲以寵之生初頗不酬命酌人間酒一杯以醉乃作歌曰繁絃已停雜吹歇勝兒調弄邏娑撥四絃攏撚三五聲喚起邊風駐明月大聲嘈嘈奔淈淈浪蹙波翻倒溟渤小絃切切怨颸颸鬼哭神悲秋窸窣倒腕斜挑掣流電春雷直戛騰秋鶻漢妃徒得端正名秦女虛誇有仙骨我聞天寶十年前涼州未作西戎窟

麻衣右衽皆漢民不省胡塵暫蓬勃太平之末狂胡亂犬豕奔騰恣唐突元宗未到萬里橋東洛西京一時沒海內漢民皆入虜飲恨吞聲空咽嗢時看漢月望漢天怨氣衝星成彗孛國門之西八九鎭高城深壘閉閑卒河湟咫尺不能收輓粟推車徒兀兀今朝聞撥涼州曲使我心神暗超忽勝兒若向邊塞彈征人淚血應闌干吟畢以獻王召勝兒授之王之侍兒有妬者以金如意擊勝兒劉生驚而寤歌傳於吳中

沐繼軒荔枝詩

國朝武將能詩者洪武中孫炎其後湯東谷允績廣

帥王一清定襄郭登人皆知之雲南都督繼軒沐璘字學皇象畫學米元章詩學六朝盛唐以僻遠人罕知之余嘗選其數絕句於皇明詩抄其詠臨安荔枝長篇云建水夫何如厥土早而熱蠻花開佛桑候禽罷鷓鴣莽雲覆溟濛梅雨滋霧翳接地茂細枝遮空舒黛葉翠葆霞焜煌錦幄風掀揭香麝邑經過飛鼯防盜竊勁雛赤膚脫肥者瓊穰凸明瓃怪可飧冰丸訝許嚙眞珠堆綠雲瑇瑁乘綵纈鳳爪天下奇龍牙衆中傑飽食慙素飧長吟望林樾奢獻歌二音盛貌又肥大意

武侯祠詩

正德戊寅予訪余方池綸修于武侯祠見壁間有詩云劔江春水綠沄沄五丈原頭日又曛舊業未能歸後主大星先已落前軍南陽祠宇空秋草西蜀關山隔暮雲正統不慙傳萬古莫將成敗論三分後有題云此詩始終皆武侯事子美或未過之方池不以爲然予曰此亦微顯闡幽不隨人觀場者也惜不知其名氏

滇中詩人

滇中詩人永樂間稱平居陳郭郭名文號舟屋其詩有唐風三子遠不及也如竹枝詞云金馬何爲牛步行碧雞那解五更鳴儂家夫壻久離別恰似兩山空得名又登碧雞山太華寺一聯云湖勢欲浮雙塔去山形如擁五華來一時閣筆信佳句也但全篇未稱耳其全集予嘗見之如此二詩亦僅有也

龍池春遊曲

紅心草茁紅桃開龍池淼淼春水來春鳥啼不歇春燕語更切少婦踏青游傷春無限愁紅蕖蹀躞曳羅襪羅襪塵生暗香發密意難傳陌上郎含羞折花空斷腸跢仁路側瞻斜陽永昌張盼詩也

蜀棧古壁詩

余於蜀棧古壁見無名氏號硯沼者書古樂府一首云休洗紅洗多紅在水新紅裁作衣舊紅番作裡回黃轉綠無定期世事反覆君所知此詩古雅元郭茂倩樂府亦不載李賀詩云休洗紅洗多顏色淡卿卿騁少年昨夜殷橋見封侯早歸來莫作弦上箭覩前詩何啻千里乎

顧非熊

非熊天洞閣到啼猨閣卽事詩萬壑褒中路何曾不架虛溼雲和我誤疑起燋柿帶餘金岩狖啼垂果湍禽接迸魚每逢維艇處塢裏有人居

石湖妙句

范石湖初夏詩雪白荼蘼紅寶相尚攜春色見薰風靈巖詩雪浪長風三萬頃蒼烟古木二千秋白玉樓步虛詩序甚工類畫記

鴻嘶猨唳

周賀詩鴻嘶荒壘閉鴻未聞嘶也近日一士夫詩枕上聞猨唳余弟叔菴戲之曰猨變爲鶴矣

箕仙詩

宋元小說載箕仙詩多矣近日一事尤異正德庚辰有方士運箕賦詩隨所限韻敏若夙構而語不凡其

爲喬冢宰賦白巖行曰六丁持斧施神工鑿開西南萬仞之崆峒芙蓉一朶插天表勢壓天下羣山雄冰壺倒月色澄澈瑶臺倚斗光瓏瓏百丈虹霓望吞吐八埏霖雨瞻空濛虛空不受一塵染靈光直與銀河通乳泉掛壁噴晴雪玉梅懸谷搖香風上有神仙玉虛子淩風出没遊太空發虬伐蛟下入海底水晶宮朝眞謁帝獨步天上瓊瑶宮頭角崢嶸自卓立胸襟磊落誰磨礲商家傳說作良弼宋室張浚多奇功憶昔江樓吹鐵篴明月一醉三人同邈來一别世間甲子不知數但見幾度玉洞桃花紅金鼉老黄鶴翁各分一諱貽此公天然意趣自相合芳稱長在塵寰中好將大手整頓乾坤了歸來一笑拂雲看劍重會滄溟東此詩成一卷箕仙運筆所書詩𢀖跋宛字又飛舞豈術士能贋作者吁異哉

升菴詩話卷十二畢

詩話補遺

詩話補遺序

鄉先生升菴太史寓滇之日杜門卻掃以文史自娛著書凡十數種流播海內金桴玉屑人亟寶藏點翰之暇復述綴詩話以裨詞林之缺三筆業已鍥棗奇且富矣茲補遺三弓乃公門人晉陽曹壽甫詮次成帙請于嚴君東崖郡公授梓以傳公掌合篆卧而治之雅尚文事實以有餘力也先是升菴先生貽書不肖俾引簡端顧謭陋何能贊一辭聊質疑於先生焉爾敘曰嚴滄浪氏云詩有別材非關書別趣非關理若然則鑿空杜撰可謂殊材繆誕謔浪亦云異趣詩

之要指果如斯而已乎今觀編內粗舉一二如天闕偃曝之訂正否蛀卻亭之考索其於古昔作者取材寄興之端委掇菁鈎元殆同堂接席而面與契勘也嗚呼杜紫微不識龍星房叔遠能喻湖目放翁沈園之詠誠齋無題之什非發揮於後村二詩之意幾晦然則詩材詩趣果在書與理外耶陸士衡云傾羣言之瀝液漱六藝之芳潤此固太史公之餘事嗟嗟小子讀書滅裂不見目睫者迹公之融神簡編其精密該綜若此將無愧汗浹背耶藝苑君子三餘披覽獲益良多知不啻如乾饌之非炰非炙聊甘眾口而已

嘉靖丙辰夏蜀東綠嶺山人王嘉賓序

詩話補遺序

文中子曰仲尼多愛愛道也馬遷多愛愛奇也含謂道未嘗不奇何遽謂奇非道哉吾友太史公升菴楊子今之馬遷也腹笥五車言泉七畧詩其餘事又出其緒綴爲詩話若干卷有庥集有別錄有補遺皆詩評也藝林同志咸稱傳之中與余同見聞者十八九比之宋人珊瑚鈎漁隱話評品允當不翅度越九變復貴知言之選已可珍哉

嘉靖壬子十一月七日永昌禺山張含序

敘詩話補遺後

吾師太史升菴公天篤至穎一涉靈積冲齡發永金石四遠謫居南徼肆力藝壇休播士林珪琳萃具茲刻其藻評之餘風乎曩小子孱廢離索得師詩話先梓以傳者寶帷潛玩蹶然自謂詩社靈筌其在茲乎社習固宜喆隱愜本則神物體辭省而發興深脂俚不捐而約之於義半璧雙金崇是可以妙悟三昧矣竊稍合庠之二祀適晉陽東巖曹公以渝別駕俯牧茲土家承好古復購師補遺數卷捐俸登梓與前妙並傳小子又受而讀之希音過繹幸哉然曰吟瀚評品雌白無慮數十家抑多隨興稱寄睟盤百具資發蓋鮮滄浪以禪極喻要亦竟概而尠暴於縷維公白首精能天出竅密隻辭半擇戛玉示牖眞詩林之神翼騷圃之元英也迹是以階其尚其有窮乎其有窮乎

旨嘉靖丙辰三月門生大理楊達之頓首謹序

考千頃堂升菴詩話四卷補遺二卷前得焦竑刊本共十二卷係合先生詩話彙刻以便觀覽故爲足本後得詩話補遺二卷乃先生自訂本所校者門生曹命楊達是其中多有焦氏所遺漏因急補刻其爲焦氏所併入者則因次標註于下庶前後兩集本來面目皆見綿州李調元跋

詩話補遺卷上

新都 楊 慎 撰 綿州李調元校

洞宮

仙傳燕昭王得洞光之珠以飾宮王母三降其地名曰洞宮劉滄有宿洞詩沐髮清齋宿洞宮又唐人稱道院曰洞宮楊巨源詩洞宮曾向龍邊宿雲徑應從鳥外還此上有浮渲梳頭渲音胘又睑諢句二條已見焦氏所刊升菴詩話十二卷內不贅只不天各條之下後倣此依次標名題目

雯華

金國夫人王予可詩詞多用雯華字見中州集元好

問詩剝裂雯華漬月秋又寶宮寺聯云七重寶樹圍金界十色雯華擁匣梁○雯雲文也又石文似雲亦曰雯華古三墳書曰雲赤曇月雲素雯劉因登寺閣詩雯華寶樹忽當眼此上有燭剪詩一條已見

黃雲

春秋運斗樞曰黃雲四合女詭驚邦感精符曰妻黨翔則黃雲入國妻黨翔謂女謁盛也淮南子曰黃天之氣上爲黃雲下爲黃泥江淹詩河洲多沙塵風次黃雲起李太白詩黃雲城南烏欲棲補文選莊之未備

樂些城

唐書驃國之地南盡滇海卽今滇海北通南詔樂些城東壯距陽苴咩城六千八百樂些卽杜詩所謂和親邏泮城是也今作摩些其字雖異地一也音一也

無名氏六言詩或云李季章作

將疑賦止四韻邠老詩無全章丫頭花鈿滿面不及徐妃半妝

塞北江南

杜氏通典論涼州云地勢之險可以自保於一隅財富之殷可以無求於中國故五涼相繼與五胡角立中州人士避難者多往依之蓋其氣土之可樂如此

唐韋蟾詩曰賀蘭山下果園成塞北江南舊有名稱其爲塞北之江南以此此上有虞摯論詩四過一條已見

顛當

顛當窩深如蚓穴綱絲其中土蓋與地平大如榆莢常仰桿其蓋伺蠅蠖過輒翻蓋捕之纔入復閉與地一色並無絲隙可尋也爾雅謂之王蛈蝪鬼谷子謂之蛈母秦中兒童戲曰顛當顛當牢守門蠮螉寇汝無處奔范成大六言詩曰恐妨胡蝶同夢笑倩顛當守門唐劉崇遠金華子云京師兒童以草臨此蟲穴呼之謂之釣駱駝須臾此蟲出穴有明經劉寡辭曰

此卽爾雅王蛈蜴也時人服其博識浙中謂之駝背蟲其形酷似駱駝也（蛈母一作蛈鬼〇此上有漢古詩逸句又子書傳記語似詩者又海魚空鳥三條已見）

紫濛

慕容氏自云軒轅之後從於紫濛之野晉書慕容氏贊曰紫濛從構元塞分疆角端偃月步搖翻霜乘危蝟起怙險鴟張守以不德終致餘殃宋人送虜使詩云風急紫濛催王勒日長青瑣聽薰絃正用此事

銅虹曉虹

器物疑識有王氏銅虹燭錠虹與缸同如漢賦金缸銜璧唐詩銀缸斜背解明璫之類也李賀詩飛燕上簾鉤曉虹屏中碧亦謂貴人晏眠而曉燈猶在缸也

瓠蘆河苜蓿峯

岑參塞上詩苜蓿烽邊逢立春瓠蘆河上淚沾巾西域記云塞外無驛郵往往以烽代驛玉門關外有五烽苜蓿烽其一也又云瓠蘆河下廣上狹洄波甚急深不可渡上置玉關門卽西境之咽喉也（此上有止觀之義又晚唐絶句二條已見）

六朝七言律（其體不純）

蝶黃花紫燕相追楊低柳合路塵飛已見垂鈎掛綠

樹誠知淇水沾羅衣兩童夾車問不已五馬城南猶未歸鶯啼春欲駛無爲空掩扉（右梁簡文情曲後二句又作五言也）長安城中秋夜長佳人錦石擣流黃香杵紋砧知近遠傳聲遞響何淒涼七夕長河爛中秋明月光蠮螉塞邊絶（闕）鴛鴦樓上望天狼（右後魏溫子昇擣衣第五六句又作五言）文窗玳瑁影嬋娟香帷翡翠出神仙促柱點脣鶯欲語調弦繫爪鴈相連秦聲本自楊家解吳歈那知謝傳憐秖愁芳夜促蘭膏無那煎（右陳後主聽箏後五二句五言）舊知山裏絶氛埃登高日暮心悠哉子平一去何時返仲叔長遊遂不來幽蘭獨夜淸琴曲桂樹凌雲濁酒杯槁項同枯木丹心等死灰（右隋王無功北山後二句五言〇此上有金人詠物詩一條已見）

南浦詩

寇準南浦春風入垂楊烟波漲南浦落日動離魂江花泣微雨妙處不減唐人（此上有薰風啜茗又米元章二條已見）

竹香

杜子美竹詩雨洗娟娟淨風吹細細香李長吉新笋詩斫取青光寫楚詞膩香春粉黑離離又昌谷詩竹香滿淒寂粉節塗生翠竹亦有香細嗅之乃知

屠蘇爲草名

周王褒詩飛甍翡翠繡栭畫屠蘇屠蘇本草名畫于屋上因草名以名屋杜詩云願隨金騕褭走置錦屠蘇屠名也後人又借屋名以名酒元是屠蘇酒是也又大帽形類屋亦名屠蘇南史諺云屠蘇障日覆兩耳是也此上有杜○公引泉補稻畦水詩又東丹王千角鹿圖二條已見

詠王安石

劉文靖公因書事絕句云當年一線魏瓠穿直到橫流破國年草滿金陵誰種下天津橋上聽啼鵑宋子虛詠王安石亦云投老歸耕白下田青苗猶未罷民錢半山春色多桃李無奈花飛怨杜鵑二詩皆言宋祚之亡由於安石而含蓄不露可謂詩史矣

宋子虛詠史

宋子虛詠史凡三百餘首其佳者如詠甘羅云函谷關中富列侯黃童亦僭上卿謀當年園綺猶年少甘隱商山到白頭詠綠珠云紅粉捐軀爲主家明珠一斛委泥沙年年金谷園中燕啣取香泥葬落花詠張果云滄溟幾度見揚塵曾醉堯家丙子春近日喜無天使至蹇驢留得載閑身徐佐卿化鶴云化作遼東羽翼回適逢沙苑獵弦開箭知萬里青城客直待他年箭主來詠陸贄云詔下山東感泣來謫歸門菴鎖蒼苔奉天以後誰持筆不用當時陸九才詠宋宮人王婉云貞烈那堪黠虜求玉顏甘沒塞垣秋孤墳若是鄰青塚地下昭君見亦羞王婉容隨徽欽北去粘罕見之求爲子婦婉容自刎車中虜人葬之道旁可謂英烈矣此上有虞世南織錦曲又有鈎詠簾衣又魏甄皇后塘上行又柳花香又隋后主詩又香雲香雨六條已見

九字梅花詩

元天目山釋明本中峯有九字梅花詩云昨夜西風吹折千林稍渡口小艇滾入沙灘汮野樹古梅獨臥寒屋角疎影橫斜暗上書窗敲半枯半活幾箇擷蓓蕾欲開未開數點含香苞縱使畫工奇妙也縮手我愛清香故把新詩嘲池南唐文薦錡謂余曰此詩不佳影不可言敲又後四句有齋飯酸餡氣屬予作一首乃口占云元冬小春十月微陽回綠萼梅蕊早傍南枝開折贈未寄陸凱隴頭去相思忽到盧仝窗下來歌殘水調沉珠明月浦舞破山香碎玉凌風臺錯恨高樓三弄叫雲笛無奈二十四番花信催近觀盧贊元酴醿花詩云天將花王國艷殿春色酴醿洗妝素頰相追陪絕勝濃英綴枝不韻李堪友橫斜照水攙先梅瑤池董雙成浴香肌露竹林稽叔夜醉玉山

顏風流何事不入錦囊句清和天氣直挽靑陽回亦九字律也詩亦有思致以李花爲不韻甚切體物前人亦未道破者此上有含笑花纔一條已見

子由四絶句

蘇子由題李龍眠山莊圖四詩奇景奇句可誦可想放翁謂子由詩勝子瞻亦有見也○漈閩中水名鄭樵號夾漈可證仙遊縣九鯉湖有九漈此上有張旭詩又陳文惠公詩又宋人絶句三條及本條已見今補足

洪容齋唐人絶句

洪容齋集錄唐人絶句五十餘卷詩近萬首然余觀

之猶有不盡隨即書於簡端二十餘首近又得二首其一無名氏詠姑蘇臺云無端春色上蘇臺鬱鬱芊芊草不開無風自偃君知否西子裙裾拂過來其二柳公綽題梓州牛頭寺云一出西域第二橋兩邊山木晚蕭蕭井花淨洗行人耳留聽溪聲入夜潮此上有絶句蜀皆對又蓮花詩又唐彥謙詩三條已見

詩話補遺卷上共十九條

詩話補遺卷下

新都　楊　愼　撰　綿州李調元校

艛䑢

艛䑢小船名音摟搆見呂蒙傳白樂天詩兩片紅旗數鼓使君艛䑢上巴東又簈篂州乘送艛䑢驛舩迎又還乘小艛䑢卻到古湓城艓當作䑢字之誤也

吳二娘

吳二娘杭州名妓也有長相思一詞云深花枝淺花枝深淺花枝相間時花枝難似伊○巫山高巫山低暮雨瀟瀟郞不歸空房獨守時白樂天詩吳娘暮雨

瀟瀟曲自別江南久不聞又夜舞吳娘袖春歌蠻子詞自注吳二娘歌詞有暮雨瀟瀟郞不歸之句　絶妙詞選以此爲白樂天詞誤矣吳二娘亦杜公之黄四娘也聊表出之

謝自然升仙

謝自然女仙白日飛昇當時盛傳其事至長安韓昌黎作謝自然詩紀其跡甚著蓋亦得於傳聞也予近見唐詩人劉商集有謝自然卻還舊居一詩云仙侶招邀自有期九天升降五雲隨不知辭罷虛皇日更向人間住幾時觀此詩其事可知矣蓋謝氏爲妖道

士所惑以幻術貿遷他所而淫之久而厭之又反舊居觀商詩中所云仙侶招邀意在言外惜乎昌黎不聞也然則世之所謂女仙者皆此類耳此上有王建宮詞一條已見

石蛣御亭

唐人送元中丞江淮轉運詩一首王維錢起集皆有之其云去問珠官俗來經石蛣春東南御亭上莫使有風塵用事頗隱僻石蛣用荀子紫蛣魚鹽及文選石蛣應節而揚葩事也御亭吳大帝駐蹕所憩後人建御亭在晉陵庾信詩御亭一回望風塵千里昬是

也今刻本或改石蛣作右却御亭或改作衍亭轉刻轉誤漫一正之

罨畫

畫家稱罨畫雜彩色畫也吳興有罨畫溪然其字當用蓋罨乃魚網非其訓也張泌詩罨岸春濤打船尾謂魚網遮岸也此用字最得字義左思蜀都賦罨翡翠釣鰋鮋○此上有天闕象緯逼一條已見

元朝番書

元朝主中國日用羊皮寫詔謂之羊皮聖旨其字用蒙古書中國人亦習之張孟詩云鴻蒙再剖一天地書契復見科斗文張光弼輦下曲云和甯沙中撲遬筆史臣以代鉛槧事百司譯寫高昌龍蛇復見古文字侏僸犬羊之俗而以科斗龍蛇稱之蓋春秋多微辭之義也

唐舞妓著靴

舒元輿詠妓女從良詩云湘江舞罷卻成悲便脫蠻靴出鳳幃誰是蔡邕琴酒客曹公懷舊嫁文姬可考唐詩世妓女舞飾也按說文鞮四夷舞人所著屨也周禮有鞮鞻氏亦是四夷之舞今之樂部舞妝皆出四夷唐人舞妓皆著靴猶有此意盧肇柘枝舞賦靴

瑞錦以鸞雲匝袍襞金而鴈歆樂府歌錦靴玉帶舞回雲杜牧之贈妓詩曰舞靴應任傍人看笑臉還須待我開黃山谷贈妓詞云風流太守能籠翠羽宜醉金釵且留取垂楊掩映映庭階直待朱輪去後便從伊穿襪弓鞋則汴宋猶似唐制至南渡頭妓女窄襪弓鞋如良人矣故當時有蘇州頭杭州脚之諺云蠻靴一本作鸞靴盧肇賦一本云靴瑞錦以鸞匝袍襞金而鴈歆以鸞當是併識於此○此上有王摩詰遺詩又洛陽庇雪又麗人行逸句又劉須溪四條已見

華不注

左傳成公二年晉郤克戰於鞌齊師敗績逐之三周

華不注相傳讀不字但作卜音伏琛齊記引摯虞畿服經不音跗如詩鄂不韡韡之不謂花蔕也言此山孤秀如華跗之注於水其說甚奥而有徵又按水經注云華不注山單椒秀澤孤峯刺天青崖翠發望同點黛九域志云夫明湖望華不注山如在水中李太白詩昔我遊齊都登華不注峯茲山何峻秀緑翠如芙蓉比之芙蓉蓋因華不之名也以數說互證之伏氏音不為跗信矣　此上有評李杜一條已見

杜詩步櫓字　前改爲焦竑本删改今補正

杜子美詩步櫓倚杖看牛斗櫓古簷字楚辭大招曲屋步櫚注曲屋周閣也步櫚長砌也司馬相如賦步櫚周流長途中宿櫚亦古簷字也又梁陸倕鍾山寺詩步簷時中宿飛階或上征沈氏滿願詩步簷隨新月桃燈借落花杜公蓋襲用其字後人不知妄作改步蟾且前句有新月字而結句又云步蟾複矣況步蟾乃舉子坊牌字林公時甯有此惡字耶甚矣士俗不可不翳也

天風海濤

趙汝愚詩江月不隨流水去天風常送海濤來朱文公愛之遂書天風海濤字於石今人不知爲趙公詩也

蘭廷瑞詩

滇中詩人蘭廷瑞楊林人也予過其家訪其稿僅得數十首如夏日云終日憑闌對水鷗園林長夏似深秋槐龍細灑鵝黃雪涼意蕭蕭風滿樓冬夜云枕上詩成喜不勝起尋筆硯旋呼燈銀瓶取盡梅花水已被霜風凍作冰題嫦娥奔月圖曰竊藥私奔計已窮藁砧應恨洞房空當時射日弓猶在何事無能近月中三詩皆可喜　此上有評李杜一條已見

蘇堤始末

東坡先生在杭州潁州許州皆開西湖而杭湖之功尤偉其詩云我在錢塘拓湖淥大堤士女爭昌丰六橋橫絕天漢上北山始與南山通忽驚二十五萬丈老葑席卷蒼雲空此詩史也而注殊畧今按宋長編云杭本江海之地水泉鹹苦唐刺史李泌始引西湖水作六井故井邑日富及白居易復浚西湖所溉千餘頃然湖多葑近歲廢而不理湖中葑田積二十五萬餘丈而水無幾矣運河失湖水之利則取給於江潮潮渾多淤河行闤闠中三年一淘為市井大患而六井亦幾廢公始至浚茅山鹽橋二河以茅山一河

專受江湖以鹽橋一河專受湖水復造堰閘以爲湖水蓄泄之限然後湖不入市閘至湖上周視良久曰今願去葑葑田如雲將安所置之湖南北三十里環湖往來終日不達若取葑田積之湖中爲長堤以通南北則葑田去而行者更矣堤成杭人名之曰蘇公堤云合是觀之則公之有功於杭人大矣予昔在京日問之杭之士夫亦不知今閱公詩注亦畧故詳注之嗚呼治水之難久矣宋之世修六塔河三股河安石以范子淵李仲昌專其事聽小人李公義宦官黃懷忠之言用鐵龍爪濬川杷天下皆笑其兒戲積以

數年糜費百十萬之錢穀漂沒數十萬之丁夫迄無成功而猶不肯止其績敗功圮而姦臣李清臣爲考官猶以修河問策欲掩護之甚矣宋之君臣愚且戇也視東坡杭潁湖之役不數月之閒無糜百金而成百世之功其政事之才豈止十倍時流乎公又欲鑿石門山運河以避浮山之險當時妬者盡力排之又欲於蘇州以東鑿挽路爲千橋以迮江勢亦不果用人皆恨之噫難平者事古今同一慨矣

杜詩左擔之句

杜子美愁坐詩曰高齋常見野愁坐更臨門十月山寒重孤城水氣昏葭萌氏種迥左擔犬羊存終日憂奔走歸期未敢論葭萌左擔皆地名也葭萌人知之左擔人罕知也注者不知或改作武擔又改作立擔皆可笑按太平御覽引李克蜀記云蜀山自綿谷葭萌道徑險窄北來擔負者不容易肩謂之左擔道又李公胄益州記云陰平縣有左肩道其路至險自北來者擔在左肩不得度右肩常璩南中志云自僰道至朱提有水步道九道有黑水及羊官水道度三津至險難行故行者謠曰楢溪赤水盤蛇七曲盤羊烏櫳氣與天通庲降賈子左擔七里又有牛叩頭馬搏

坂其險如此據此三書左擔道有三綿谷一也陰平二也朱提三也義則一而已朱提今之烏撒雲貴往來之西路也此上有偃螺又沈氏竹火籠詩二條已見

詩話補遺卷下共十三條

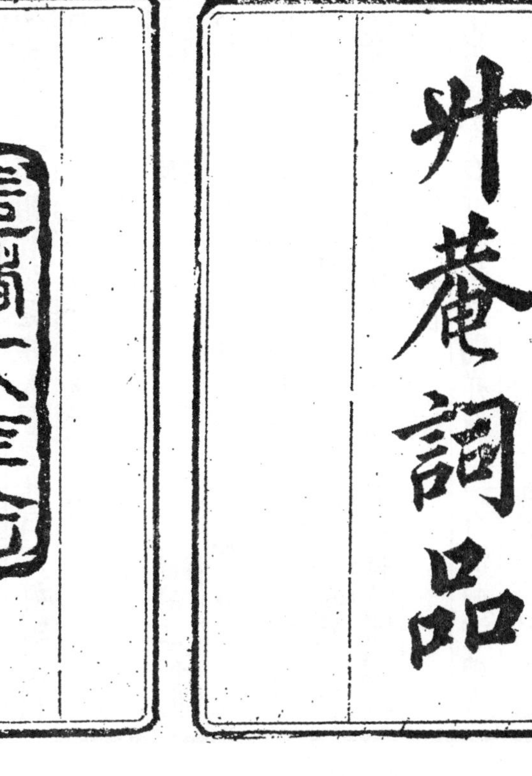

詞者詩之餘宋元詩人無不工詞者明初亦然李獻吉譚詩倡爲新論謂唐以後書可勿讀唐以後事可勿使學者翕焉信之束宋元詩弗觀而詞亦在所不道焦氏編經籍志二氏百家採輯靡遺獨置樂府不錄宜工者之寥寥也升菴先生逸才絕代繪古雕今以風人之筆寫才子之思倚聲按拍必能與宋元人爭勝而傳本絕少豈風氣使然與抑以工詞者必害詩而顧棄捐弗顧與今觀其所著詞品五卷辨晰源流搜羅散佚凡曲名所由始流品所自分罔不瞭然大備一洗花菴草堂之勦習此非工於詞者而能之

乎卽其詩集中所載沅江羅甸諸曲雖未可以詞名而含宮咀商騷騷乎大小絃迭奏而不先其綸焉於此見先生手著之書其佚而不傳者更多也童山李調元序

詞品序畢

詞品卷一

成都 楊慎 撰　綿州 李調元 校定

陶宏景寒夜怨

陶宏景寒夜怨云夜雲生夜鴻驚悽切嘹唳傷夜情後世塡辭梅花引格韵似之後換頭微異

陸瓊飲酒樂

陸瓊飲酒樂云蒲桃四時芳醇琉璃千鍾舊賓夜飲舞遲銷燭朝醒弦促催人春風秋月長好歡醉日月言新唐人之破陣樂何滿子皆祖之

梁武帝江南弄

梁武帝江南弄云衆花雜色滿上林舒芳耀彩垂輕陰連手蹀躞舞春心舞春心臨歲腴中人望獨踟躕此辭絶妙塡詞起於唐人而六朝已濫觴矣其餘若美人聯錦江南稚女諸篇皆是樂府具載不盡錄也

徐勉迎客送客曲

古者宴客有迎客送客曲亦猶祭祀有迎神送神也梁徐勉迎客曲云絲管列舞曲陳含聲未奏待嘉賓羅絲管陳舞席斂袖嘿脣迎上客送客曲云袖繽紛聲委咽餘曲未終高駕別爵無算景已流空紂長袖客不留徐勉在梁爲賢臣其爲吏部日宴客酒酣有求詹事者勉曰今宵且可談風月其嚴正而又蘊藉如此江左風流宰相豈獨謝安王儉邪

僧法雲三洲歌

梁僧法雲三洲歌云三洲斷江口水從窈窕河傍流啼將別共來長相思又云三洲斷江口水從窈窕河傍流歡將樂共來長相思江左辭人多風致而僧亦如此不獨惠休之碧雲也

隋煬帝詞

隋煬帝夜飲朝眠曲云憶睡時待來剛不來卸妝仍索伴解珮更相催博山思結夢沉水未成灰其二云

憶起時投籤初報曉被惹香黛殘枕隱金釵裊笑動林中鳥除卻司晨鳥二詞風致婉麗其餘如春江花月夜江都樂紀遼東並載樂府其金釵兩股垂龍舟五更轉名存而辭亡鐵圍山叢話云寒鴉飛數點流水繞孤村乃煬帝辭而全篇不傳又傳奇有煬帝望江南數首不類六朝人語傳疑可也

轉應曲

轉應曲與宮中調笑平仄相合予常擬之

王褒高句麗曲

王褒高句麗曲云蕭蕭易水生波燕趙佳人自多傾

盃覆盌灌灌亜手奮袖娑娑不惜黄金散盡惟畏白日蹉跎與陳陸瓊飲酒樂同調蓋彊埸限隔而聲調元通也王褒宇文周時人字子深非漢王褒也是時亦有蘇子卿有梅花落一首方回遂以爲漢之蘇武何不考之過乎

穆護砂

樂府有穆護砂隋朝曲也與水調河傳同時皆隋開汴河時辭人所製勞歌也其聲犯角其後至今訛砂爲煞云予嘗有詩云桃根桃葉最天斜水調河傳穆護砂無限江南新樂府陳朝獨賞後庭花

回紇

回紇商調曲也其辭云陰山瀚海信難通幽閨少婦罷裁縫緬想邊庭征戰苦誰能對鏡冶愁容久戍人將老須臾變作白頭翁其辭纒綿含蓄有長歌之哀過於痛哭之意惜不見作者名氏必陳隋初唐之作也又有石州辭云自從君去遠巡邊終日羅帷獨自眠看花情轉切攬涕淚如泉一自離君後啼多雙眼穿何時狂虜滅免得更留連併附於此

沈約六憶辭

沈約六憶辭其一云憶來時灼灼上堦墀勤勤敘離別慊慊道相思相看常不足相見乃忘饑其二云憶坐時黯黯羅幃前或歌四五曲或弄兩三弦笑時應莫比嗔時更可憐其三云憶眠時人眠强未眠解羅不待勸就枕更須牽復恐傍人見嬌羞在燭前覓其三首

梁簡文春情曲

梁簡文帝春情曲云蝶黄花紫燕相追楊低柳合路塵飛已見垂鈎掛緑樹誠知淇水霑羅衣兩童夾車問不已五馬城頭猶未歸鶯啼春欲駛無爲空掩扉此詩似七言律而末句又用五言王無功亦有此體又唐律之祖而唐辭瑞鷓鴣格韻似之

長相思

徐陵長相思云長相思好春節夢裏恆啼悲不洩帳中起窗前咽柳絮飛還聚遊絲斷復結欲見洛陽花如君隴頭雪蕭涓和之云長相思久離别新燕參差條可結狐關遠鴈書絶對雲恆憶陣看花復愁雪猶有望歸心流黄未翦截一辭可謂勍敵

王筠楚妃吟

王筠楚妃吟句法極異其辭云窗中曙句花早飛句林中明句鳥早歸句庭中日句暖中閨句香氣亦霏

霏句香氣飄句當軒清唱調句獨顧慕句含怨復含嬌句蝶飛蘭復熏句裊裊輕風入翠裙句春可遊句歌聲梁上浮句春遊方有樂句沉沉下羅幕大率六朝人詩風華情致若作長短句卽是詞也宋人長短句雖盛而其下者有曲詩曲論之弊終非辭之本色予論塡辭必泝六朝亦肖人窮探黄河源之意也

宋武帝丁都護歌

宋武帝丁都護歌云都護北征時儂亦惡聞許願作石尤風四面斷行旅又云都護北征去相送落星墟帆檣如芒檉都護今何渠唐人用丁都護及石尤風

事皆本此二辭絕妙宋武帝征伐武略一代英雄而復風致如此其殆全才乎

白團扇歌

晉中書令王珉與嫂婢謝芳姿有情愛捉白團扇與之樂府遂有白團扇歌云白團扇憔悴無復理羞與郎相見其本辭云犢車薄不乘步行耀玉須逢儂都共語起欲著夜半其二云團扇薄不搖窈窕搖蒲葵相憐中道罷定是阿誰非其三云御路薄不行窈窕穿迴塘團扇障白日面作芙蓉光其四云白錦薄不著趣行著練衣異色都言好清白爲誰施薄如唐書薄天子不爲之薄芳姿之才如此而屈爲人婢信乎佳人薄命矣元關漢卿嘗見一從嫁媵婢作一小令云鬢鴉臉霞屈殺了將陪嫁規摹全似大人家不在紅娘下巧笑迎人文談回話眞如辭語花若咱得他倒了蒲桃架事亦相類而可笑併附此

五更轉

陳伏知道從軍五更轉云一更刁斗鳴校尉遶連城遥聞射鵰騎遥憚將軍名二更愁未央高城寒夜長試將弓學月聊持劍比霜三更夜警新橫吹獨吟春强聽梅花落誤憶柳園人四更星漢低落月與山齊

依稀北風裏胡笳雜馬嘶五更催送籌曉色映山頭城烏初起蝶更人悄下樓其後隋煬帝效之作龍舟五更轉見文仲子

長新無忌新曲

長新無忌新曲云家住朝歌下句早傳名句結伴來遊淇水上句舊時情句玉珮金鈿隨步動雲羅霧縠逐風輕轉目機心懸自許何須更待聽琴聲又一曲云迴雪淩波遊洛浦句遇陳王句婉約娉婷工語笑句侍蘭房句芙蓉綺帳開還掩翡翠珠被爛齊光長願今宵奉顏色不愛聞簫逐鳳凰

崔液踏歌行

唐崔液踏歌辭二首體製藻思俱新其辭云綵女迎金屋仙姬出畫堂鴛鴦裁錦袖翡翠帖花黄歌響舞行分豔色句動流光句其二云庭際花微落樓前漢已横金壺催夜盡羅綉舞寒輕調笑暢歡情未半句著天明句近刻唐詩不得其句讀而妄改特爲分注之

太白清平樂辭

李太白應制清平樂辭二云禁庭春晝鶯羽披新繡白草巧求花下鬬只賭珠璣滿斗〇日晚却理殘粧御前問舞霓裳誰道腰肢窈窕折旋消得君王其二云禁幃秋夜明月探窗鏁玉帳鴛鴦噴蘭麝時落銀燈香灺〇女伴莫話孤眠六宮羅綺三千一笑皆生百媚宸遊教在誰邊此辭見呂鵬遏雲集載四首黄玉林以其二首無清逸氣韻止選二首愼嘗補作二首其一云君王未起玉漏穿花底永巷脱簪妝黛洗衣溼露華似水〇六宮鸞鳳鴛鴦九重羅綺笙簧但願君恩似日從教妾鬢如霜其二云傾城豔質本自神僊匹二八承恩初選入身是三千第一〇月明花落黄昏人間天上消魂且共題詩團扇笑他買賦長門

詞品　卷一　七　第二十函

一永昌張愈光見而深愛之以爲遠不忘諫歸命不怨塡辭中有風雅也荒淺敢望前人然亦不孤愈光之賞爾

白樂天花非花辭

白樂天之辭望江南三首在樂府長相思二首見花菴詞選予獨愛其花非花一首云花非花霧非霧夜半來天明去來如春夢不多時去似朝雲無覓處蓋其自度之曲因情生文者也花非花霧非霧雖高唐洛神奇麗不及也張子野衍之爲御街行亦有出藍之色今附於此天非花艷輕非霧夜半來天明去來如春夢不多時去似朝雲無覓處乳雞新燕落月沉星紞紞城頭鼓參差漸辨西池樹朱閣斜敧戶綠苔深徑少人行苔上屐痕無數殘香餘粉閑衾剩枕天把多情付

詞品　卷一　八　第二十函

詞名多取詩句

詞名多取詩句如蝶戀花則取梁元帝翻堦蛺蝶戀花情滿庭芳則取吳融滿庭芳草易黄昏點絳唇則取江淹白雪凝瓊貌明珠點絳唇鷓鴣天則取鄭嵎春遊雞鹿塞家在鷓鴣天惜餘春則取太白賦語浣溪沙則取少陵詩意青玉案則取四愁詩語菩薩鬘

西域婦髻也蘇幕遮西域婦帽也尉遲盃尉遲敬德飲酒必用大盃故以名曲蘭陵王每入陣必先故歌其勇生查子查古槎字張騫乘槎事也西江月衛萬詩只今惟有西江月曾照吳王宮裏人之句也瀟湘逢故人柳渾詩句也粉蝶兒毛澤民詞粉蝶兒共花同活句也餘可類推不能悉載

踏莎行

韓翃詩踏莎行草過春谿辭名踏莎行本此

上江虹紅窗影

唐人小說冥音錄載曲名有上江虹卽滿江紅紅窗

影卽紅窗迴也

菩薩鬘蘇幕遮

西域諸國婦人編髮垂髻飾以雜華如中國塑佛像瓔珞之飾曰菩薩鬘曲名取此唐書呂元濟上書比見方邑相率爲渾脫隊駿馬胡服名曰蘇幕遮曲名亦取此李太白詩公孫大娘渾脫舞卽此際之事也

夜夜昔昔

梁樂府夜夜曲或名昔昔鹽昔卽夜也列子昔昔夢爲君鹽亦曲之別名

阿鞞迴

太白詩羌笛橫吹阿鞞迴番曲名張祜集有阿濫堆卽此也番人無字止以聲傳故隨中國所書人各不同爾難以意求也

阿濫堆

張祜詩紅樹蕭蕭閣半開玉皇曾幸此宮來至今風俗驪山下村笛猶吹阿濫堆宋賀方回長短句云待月上潮平波灔塞管孤吹新阿濫中朝故事云驪山多飛鳥名阿濫堆明皇採其聲爲曲子又作鷃爛堆西陽雜俎云鷃爛堆黃一變之鴾色如鷟鸑鴾轉之後乃至累變橫理細臆前漸漸微白

烏鹽角

曲名有烏角鹽江鄰幾雜志云始敎坊家人市鹽得一曲譜於角子中翻之遂以名焉戴石屏有烏鹽角行元人月泉吟社詩山歌聒耳烏鹽角村酒柔情玉練槌

小梁州

賈逵曰梁米出於蜀漢香美逾于諸梁號曰竹根黃梁州得名以此秦地之西燉煌之間亦產梁米土沃類蜀故號小梁州爲西音也

六州歌頭

六州歌頭本鼓吹曲也音調悲壯又以古興亡事實之聞之使人慷慨良不與豔詞同科誠可喜也六州得名蓋唐人西邊之州伊州梁州甘州石州渭州氐州也此詞宋人大祀大卹皆用此調國朝大卹則用應天長云（伊梁甘石唐人樂府多有之胡渭州見張祜詩氐州第一見周美成詞）

法曲獻仙音

望江南卽唐法曲獻仙音也但法曲凡三疊望江南止兩疊爾○白樂天鈌鈌曲爲憶江南其詞曰江南好風景舊曾諳二疊云江南憶最憶是杭州三疊云江南憶其次憶吳宮見樂府南宋紹興中杭都酒肆

中有道人攜烏衣椎髻女子買斗酒獨飲女子歌以侑之歌詞非人世語或記之以問一道士道士曰此赤城韓大人作法駕導引也烏衣女子蓋龍云其詞曰朝元路朝元路同駕玉華君千乘載花紅一色人間遥指是祥雲迴望海光新二疊云東風起東風起海上百花搖十八風鬟雲半動飛花和雨著輕綃歸路碧迢迢三疊云簾漠漠簾漠漠天淡一簾秋自洗玉舟斟白酒月華微映是空舟歌罷海西流此辭卽法曲之腔文士好奇故神其事以傳爾豈有天仙而反取開元人間之腔乎

小秦王

唐人絶句多作樂府歌而七言絶句隨名變腔如水調頭歌春鶯轉胡渭州小秦王三臺清平調陽關雨淋鈴皆是七言絶句而異其名其腔調不可考矣予愛小秦王三首其一云鴈門山上鴈初飛馬邑闌中馬正肥陌上朝來逢驛騎殷勤南北送征衣其二云柳條金嫩不勝鴉青粉牆頭道韞家燕子不來春寂寞小窗如雨夢梨花其三云十指纖纖玉笋紅鴈行輕度舉弦中分明自說長城苦水闊雲寒一夜風第一首妓女盛小叢作後二首無名氏

仄韻絶句

仄韻絶句唐人以入樂府唐人謂之阿那曲宋人謂之雞叫子唐詩春草萋萋春水綠野棠開盡飄香玉繡嶺宮前鶴髮翁猶唱開元太平曲乃無名氏聞鬼仙之謠非李洞作也李洞詩集具在詩體大與此不同可驗女郎姚月華二首春草萋萋春水綠對此思君淚相續羞將離恨附東風理盡秦箏不成曲又云與君形影分胡越玉枕經年對離別登臺北望煙雨深回身泣向寥天月宋張仲宗詞云西樓月落雞聲急夜浸楝香寒淅瀝玉人醉渴嚼春冰曉色入簾橫

寶瑟張文潛荷花一首云平池碧玉秋波瑩綠雲擁扇青搖柄水宮仙子鬬紅妝輕步淩波踏明鏡杜祁公詠雨中荷花一首云翠蓋佳人臨水立檀粉不勻香汗濕一陣風來碧浪飜眞珠零落難收拾三首皆佳宋人作詩與唐遠而作詞不愧唐人亦不可曉○大平廣記載妖女一詞云五原分袂眞胡越燕折鶯離芳草歇年少煙花處處春北邙空恨清秋月其詞亦佳坡詞春事闌珊芳草歇亦用其語或疑歇字似趁韵非也唐劉瑤護牆草歇芳心耿耿皆有出處一字不苟如此

阿那紇那曲名

李郢上元日寄湖杭二從事詩曰戀別山登憶水登山光水焰百千層謝公留賞山公喚知入笙歌阿那朋劉禹錫夔州竹枝詞云楚水巴山小雨多巴人能唱本鄉歌今朝北客思歸去回入紇那披綠蘿阿那紇那皆當時曲名李郢詩言變梵唄爲豔歌劉禹錫詩言飜南調爲北曲也阿那皆叶上聲紇那皆叶平聲此又隨方音而轉也

醉公子

唐人醉公子詞云門外猧兒吠知是蕭郎至剗襪下香堦冤家今夜醉扶得入羅帷不肯脫羅衣醉則從他醉還勝獨睡時唐詞多緣題所賦臨江仙則言水仙女冠子則述道情河瀆神則詠祠廟巫山一段雲則狀巫峽如此詞題曰醉公子即詠公子醉也爾後漸變與題遠矣此詞又名因換頭因其詞意四換也前輩謂此可以悟詩法或以問韓子蒼子蒼曰只是轉折多且如剗襪下堦是一轉矣而苦其今夜醉又是一轉喜其入羅帷又是一轉不肯脫衣又是一轉後兩句自開釋又是一轉其後製四換韵一調亦名醉公子云今附錄之蓋孟蜀顧敻辭也河漢秋雲澹紅藕香侵檻枕倚小山屏金鋪向晚扃睡起橫波漫獨坐情何限衰柳數聲蟬魂銷似去年

如夢令

唐莊宗詞云曾宴桃源深洞一曲舞鸞歌鳳長記別伊時和淚出門相送如夢如夢殘月落花煙重此莊宗自度曲也樂府取詞中如夢二字名曲今誤傳爲呂洞賓非也

搗練子

李後主搗練子云深院靜小庭空斷續寒砧斷續風無奈夜長人不寐數聲和月到簾櫳詞名搗練子即

詠擣練乃唐詞本體也

人月圓

宋駙馬王晉卿元宵詞云小桃枝上春來早初試羅衣年年此夜華燈盛照人月圓時○禁街簫鼓寒輕夜永纖手同携更闌人靜千門笑語聲在簾幃此曲晉卿自製名人月圓即詠元宵猶是唐人之意

後庭宴

宋宣和中掘地得石刻一詞唐人作也本無題後人名之曰後庭宴其詞云千里故鄉十年華屋亂魂飛過屏山簇眼重眉褪不勝春菱花知我銷香玉雙雙

燕子歸來應解笑人幽獨斷歌零舞遺恨清江曲萬樹綠低迷一庭紅撲簌

朝天紫

朝天紫本蜀牡丹花名其色正紫如金紫大夫之服色故名後人以爲曲名今以紫作子非也見陸游牡丹譜

乾荷葉

元太保劉秉忠乾荷葉曲云乾荷葉色蒼蒼老柄風搖蕩減了清香越添黃都因昨夜一場霜寂寞秋江上此秉忠自度曲曲名乾荷葉即詠乾荷葉猶是唐詞之意也又一首弔宋云南高峰北高峰慘淡煙霞洞宋高宗一場空吳山依舊酒旗風雨度江南夢此借腔別詠後世詞例也然其曲悽惻感慨千古之寡和也或云非秉忠作秉忠助元凶宋惟恐不早而復爲弔惜之辭其俗所謂斧子斫了手摩挲之類也

樂曲名解

古今樂錄云傖歌以一句爲一解中國以一章爲一解王僧虔啟曰古曰章今曰解解有多少當是先詩而後聲詩敘事聲成文必使志盡於詩音盡於曲是以作詩有豐約制解有多少又諸曲調皆有詞有聲

而大曲又有豔有趨有亂詞者其歌詩也聲者若羊吾夷伊那何之類也豔在曲之前趨與亂在曲之後亦猶吳聲西曲前有和後有送也愼按豔在曲之前與吳聲之和若今之引子趨與亂在曲之後與吳聲之送若今之尾聲羊吾夷伊那何皆聲之餘音嫋嫋有聲無字雖借字作譜而無義若今之哩囉嗹唵唵吽也知此可以讀古樂府矣

鼓吹騎吹雲吹

樂府有鼓吹曲其肪於黃帝記里鼓之制乎後世有鼓吹騎吹雲吹之名建初錄云列於殿廷者名鼓吹

列於行駕者名騎吹又曰鼓吹陸則樓車水則樓船其在廷則以簨簴爲樓也水行則謂之雲吹朱鷺臨高臺諸篇則鼓吹曲也務成黃雀則騎吹曲也水調河傳則雲吹曲也宋之問詩稍看朱鷺轉尙識紫騮驕此言鼓吹也謝朓詩鳴笳翼高蓋疊鼓送華輈此言騎吹也梁簡文詩廣水浮雲吹江風引夜衣此言雲吹也

唐詞多無換頭

張泌南唐人有江城子二闋其一云碧闌干外小中庭雨初晴曉鶯聲飛絮落花時節近清明睡起捲簾無一事勻面了沒心情其二云浣花溪上見卿卿眼波明黛眉輕高綰綠雲低簇小蜻蜓好是問他得來麼和笑道莫多情黃叔暘云唐詞多無換頭如此詞自是兩首故重押兩情字兩明字今人不知合爲一首則誤矣

塡詞句參差不同

塡詞平仄及斷句皆定數而詞人語意所到時有參差如秦少游水龍吟前段歇拍句云紅成陣飛鴛甃換頭落句云念多情但有當時皎月照人依舊以詞意言當時皎月作一句照人依舊作一句以詞調拍

眼但有當時作一拍皎月照作一拍人依舊作一拍爲是也維揚張世文云陸放翁水龍吟首句本是六字第二句本是七字若摩訶池上追遊客則七字下云紅綠參差春晚卻是六字又如後篇瑞鶴仙冰輪桂花滿溢爲句以滿字聽而以溢字帶在下句別如二句分作三句三句合作二句者尤多然句法雖不同而字數不少妙在歌者上下縱橫取協爾古詩亦有此法如王介甫一讀亦使我慨然想遺風是也

塡詞用韵宜諧俗

沈約之韵未必悉合聲律而今詩人守之如金科玉條此無他今之詩學李杜李杜學六朝往往用沈韵故相襲不能革也若作塡詞自可通變如朋字與蒸同押打字與等同押卦字畫字與怪壞同押乃是鴂舌之病豈可以爲法耶元人周德清著中原音韵一以中原之音爲正偉矣然予觀宋人塡詞亦已有開先者蓋眞見在人心目有不約而同者俗見之膠固豈能眯豪傑之目哉試與數詞於右東坡一解珠云洛城春晚垂楊亂掩紅樓半小池輕浪紋如篆燭下花前曾醉離歌宴〇自惜風流雲雨散關山有限情無限待君重見尋芳伴爲說相思目斷西樓燕篆字

沈韵在上韵本屬鴂舌坡特正之也蔣捷元夕女冠子云蕙花香也雪晴池館如畫春風飛到寶釵樓上一片笙簫琉璃光射而今燈謾挂不是暗塵明月那時元夜況年來心嬾意怯羞與鬧蛾兒爭耍○江城人悄初更打問繁華誰解再向天公借剔殘紅灺但夢裏隱隱鈿車羅帕吳牋銀粉待把舊家風景寫成閑語笑綠鬟鄰女倚窗猶唱夕陽下是駁正沈韵畫及挂話及打字之謬也呂聖求惜分釵云重簾下微燈挂背闌同說春風話用韵亦與蔣捷同意晁叔用感皇恩云寒食不多時牡丹初賣小院重簾燕飛礙

昨宵風雨尚有一分春在今朝猶自得陰晴快○熟睡起來宿酲微帶不惜羅襟揾眉黛日長梳洗看看花影移改笑拈雙杏子連枝帶此詞連用數韵酌古斟今尤妙○國初高季迪石州慢云落了辛夷風雨頓催庭院瀟灑春來長恁樂章嬾按酒籌慵把辭鶯謝燕十年夢斷青樓情隨柳絮猶縈惹難覓舊知音把琴心重寫○天涯憶曾攜手鬬草闌邊買花簾下看轆轤低轉秋千高打如今何處總有團扇輕衫與誰共禿童臺馬回首暮山青又離愁來也諸公數詞可為用韵之式不獨綺語之工而已

鼓子詞

宋歐陽六一作十二月鼓子詞即今之漁家傲也元歐陽圭齋亦擬為之專詠元世燕風物

北曲

南史蔡仲熊曰五音本在中土故氣韵調平東南土氣偏詖故不能感動木石斯誠公言也近世北曲雖皆鄭衛之音然猶古者總章北里之韵梨園教坊之調是可證也近日多尚海鹽南曲士夫稟心房之精從婉孌之習者風靡如一甚者北土亦移而耽之頃數十年北曲亦失傳矣白樂天詩吳越聲邪無法用

莫教偷入管弦中東坡詩好把鸞黃記宮樣莫教弦管作蠻聲

歐蘇詞用選語

歐陽公詞草薰風暖搖征轡乃用江淹別賦閨中風暖陌上草薰之語也蘇公辭照野瀰瀰淺浪橫空曖曖微霄乃用陶淵明山滌餘靄宇曖微霄之語也塡詞雖於文為末而非自選詩樂府來亦不能入妙李易安詞清露晨流新桐初引乃全用世說語女流有此在男子亦秦周之流也

佛經云奇草芳花能逆風聞薰江淹別賦閨中風暖陌上草薰正用佛經語六一詞云草薰風暖搖征轡又用江淹語今草堂詞改薰作芳蓋未見文選者也

南雲

晏元獻公清商怨云關河愁思望處滿漸素秋向晚鴈過南雲行人回淚眼○雙鸞衾裯悔展夜又永枕孤人遠夢未成歸梅花聞塞管此詞誤入歐公集中按詩話或問晏同叔詞鴈過南雲何所本庚溪以江淹詩心逐南雲去身隨北鴈來答之不知陸機思親賦有指南雲以寄欽之句陸雲九愍云眷南雲以興

悲南雲字當是用陸公語也

詞用晉帖語

天氣殊未佳汝定成行否寒食近且佳爲佳爾此晉無名氏帖中語也辛稼軒融化作霜天曉角詞云吳頭楚尾一棹人千里休說舊愁新恨長亭樹今如此○宦遊吾倦矣玉人留我醉明日落花寒食得且住爲佳爾晉人語本入妙而詞又融化之如此可謂珠璧相照矣

樂府用取月字

子夜歌開窗取月光又籠窗取涼風妙在取字

齊己詩

僧齊己詩重城不鎖夢每夜自歸山宋人小詞金門不鎖夢隨意繞天涯

歐詞石詩

歐陽公辭平蕪盡處是春山行人更在春山外石曼卿詩水盡天不盡人在天盡頭歐與石同時且爲文字友其偶同乎抑相取乎

側寒

呂聖求望海潮詞云側寒斜雨微燈薄霧匆匆過了元霄簾影雙風盆池見日青青柳葉柔條碧草皺裙

腰正晝長煙暖蜂困鶯嬌望處凄迷半篙綠水斜橋○孫郎病酒無聊記烏絲酬語碧玉風標新燕又雙蘭心漸吐佳期趁取花朝心事轉迢迢但夢隨人遠心與山遙誤了芳音小窗斜日到芭蕉其用側寒字甚新唐詩春寒側側掩重門韓偓詩側側輕寒翦翦風又無名氏詞玉樓十二春寒側與此側寒斜雨相襲用之不知所出大意側不正也猶云峭寒爾聖求在宋人不甚著名而詞甚工如醉蓬萊撲胡蝶近惜分釵薄倖選冠子百宜嬌荳葉黃鼓笛慢佳處不減秦少游見予所集詞林萬選及塡詞選格

聞笛詞

南度後有題聞笛玉樓春詞于杭京者其詞云玉樓十二春寒側樓角暮寒吹玉笛天津橋上舊曾聽三十六宮秋草碧○昭華人去無消息江上青山空晚色一聲落盡短亭花無數行人歸未得其詞悲感悽惻在陳去非憶昔午橋之上而不知名或以爲張子野非也子野卒于南渡之前何得云三十六宮秋草碧乎

等身金

宋賈黄中幼日聰悟過人父取書與其身相等令誦之謂之等身書張子野歸朝懽詞云聲轉轆轤聞露井曉汲銀瓶牽素綆西園人語夜來風叢英飄墜紅成逕寶猊煙未冷蓮臺香燭殘痕凝音佇等身金誰能得意買此好光景○粉落輕粧紅玉瑩月枕橫釵雲墜領有情無物不雙棲文禽只合長交頸晝長懽豈定爭如翻做春宵永日曈曨嬌柔嬾起簾押捲花影此詞極工全錄之○不觀賈黄中傳知等身金爲何語乎

楊柳索春饒

張小山小桃紅詞云一汀煙柳索春饒添得楊花鬧盼殺歸舟水蘭棹水迢迢畫樓明月空相照今番瘦了多情知道寬褪翠裙腰○蔞蒿春雪動楊柳索春饒山谷詩也此詞用之今刻本不知改饒爲愁不惟無韵且無味矣

秋盡江南葉未彫

賀方回作太平詩一詞衍杜牧之詩也其詞云秋盡江南葉未彫晚雲高青山隱隱水迢迢接亭皐二十四橋明月夜弭蘭橈玉人何處教吹簫可憐宵按此則牧之本作葉未彫今妄改作草木彫與上下意不相接矣幸有此可正其誤

玉船風動酒鱗

何晉之小重山詞云綠樹啼鶯春正濃枝頭青杏小綠成叢玉船風動酒鱗紅歌聲咽相見幾時重○車馬去匆匆路遶芳草遠恨無窮相思只在夢魂中今宵月偏照小樓東臨卭高恥菴云玉船風動酒鱗紅之句譬如雲錦月鈎造化之巧非人琢也此等句在天地間有限

詞品卷一

詞品卷二

成都 楊 慎 撰 綿州 李 調元 校定

詞人用黦字

黦黑而有文也字一作䵳於勿於月二切周處風土記梅雨霑衣服皆敗黦此字文罕用惟花間集韋莊及毛熙震詞中見之韋莊應天長詞云別來半歲音書絶一寸離腸千萬結難相見易相別又見玉樓花似雪○暗相思無處說惆悵夜來煙月想得此時情更切淚霑紅袖黦毛熙震後庭花詞曰鶯啼燕語芳菲節後庭花發昔時懽宴歌聲揭管絃清越○自從

陵谷追遊歇畫梁塵黦傷心一片如珪月閑鎖宮闕

眞丹

王半山和俞秀老禪思詞曰茫然不肯住林間有處即追攀將他死語圖度怎得離眞丹○漿水價匹如閑也須還何如直截踢倒軍持贏取溈山○此詞意勸秀老純歸於禪住山不出遊也眞丹即震旦也軍持取水瓶也行腳之具踢倒軍持勸其勿事行腳也溈山和尚欲謀住山曰此山名骨山和尚是肉人骨肉不相離言人不當離山也皆用佛書語漿水價也須還則用列子五漿先饋事

金荃

元好問詩金荃怨曲蘭畹詞金荃溫飛卿詞名金荃集荃即蘭蓀也音荃蘭畹唐人詞曲集名與花間集出入而中有杜牧之詞

鞋韤稱兩

高文惠妻與夫書曰今奉織成韤一量願着之動與福并量當作兩詩葛屨五兩是也無名氏踏莎行詞末云夜深着輛小鞋兒靠着屏風立地輛兩葢古今字也小詞用毛詩字亦奇

麝月

蔡松年小詞銀屏小語私分麝月春心一點麝月茶名麝言香月言圓也或說麝月是畫眉香煤亦通但下不得分字又黨懷英茶詞紅莎綠蒻春風餅趁梅驛來雲嶺金國明昌大定時文物已埒中國而製茶之精如此胡雛亦風味也非見元宵燈以爲妖星下地之日比也

黃額

後周天元帝令宮人黃眉黑粧其風流於後世虞世基詠袁寶兒云學畫鴉黃半未成此煬帝時事也至唐猶然駱賓王詩寫月圖黃罷淩波拾翠通又盧照

鄴詩纖纖初月上鴉黃鴉黃粉白車中出王幹詩中有一人金作面裴慶餘詩滿額蛾黃金縷衣溫庭筠詞小山重疊金明滅又蕊黃無限當山額又撲蕊添黃子呵花滿翠鬟又臉上金霞細眉間翠鈿深牛嶠詞額黃侵膩髮臂釧透紅紗張泌詞蕊黃香畫帖金蟬宋陳去非臘梅詩智瓊額黃且勿誇眼明見此風前葩智瓊晉代魚山神女也額黃事不見所出當時必有傳記而黃粧實自智瓊始乎金黃粧久廢汴蜀妓女以金箔飛額上亦其遺意也

靨飾

說文靨頰輔也洛神賦明眉善睞靨輔承權自吳宮有獺髓補痕之事唐韋固妻少時爲盜刃所刺以翠掩之女粧遂有靨飾其字二音一音玫一音葉溫飛卿詞繡衫遮笑靨煙草粘飛蝶此音葉又云粉心黃蕊花靨黛眉山兩點此音玫花間詞淺笑含雙靨又云翠靨眉心小又膩粉半粘金靨子殘香猶暖舊熏籠又一雙笑靨嚬香蕊又濃蛾淡靨不勝情又笑靨嫩疑花拆愁眉翠斂山橫宋詞杏靨大斜梅鈿輕薄又小唇秀靨團鳳眉心倩郞貼則知此飾五代宋初爲盛

花翹

韋莊訴衷情詞云碧沼紅芳煙雨靜倚蘭橈重玉佩（句）交帶裊纖腰○鴛夢隔星橋迢迢（句）越羅香暗銷墜花翹按此詞在成都作也蜀之妓女至今有花翹之飾名曰翹兒花云

眼重眉褪

唐詞眼重眉褪不勝春李後主詞多少淚斷臉復橫頤元樂府眼餘眉剩皆祖唐詞之語

角妓垂螺

張子野減字木蘭花云垂螺近額走上紅裀初趁拍只恐驚飛擬倩遊絲惹住伊○文鴛繡履去似風流塵不起舞徹梁州頭上宮花顫未休又晏小山詞云垂螺拂黛青樓女又云雙螺未學同心綰已占歌名月白風清長倚昭華笛裏聲又云紅窗碧玉新名舊猶綰雙螺一寸秋波千斛明珠覺未多垂螺雙螺蓋當時角妓未破瓜時髮飾之名今秦中妓及搬演旦色猶有此制

秋千旗

陸放翁詩云秋千旗下一春忙歐陽公漁家傲云隔牆遙見秋千侶綠索紅旗雙彩柱李元膺鷓鴣天云

寂寞秋千兩繡旗子嘗命畫工作寒食仕女圖秋千架作兩繡旗人多駭之蓋未見三公之詩詞也

十二樓十三樓十四樓

漢書五城十二樓仙人居也詩家多用之東坡詞遊人都上十三樓不羨竹西歌吹古揚州用杜牧詩婷婷嫋嫋十三餘之句也永樂中晏振之金陵春夕詩花月春江十四樓人多不知其事蓋洪武中建來賓重譯清江石城鶴鳴醉仙樂民集賢謳歌鼓腹輕煙淡粉梅妍柳翠十四樓于南京以處官妓蓋時未禁縉紳用妓也

五代僭主能詞

五代僭僞十國之主蜀之王衍孟昶南唐之李景李煜吳越之錢俶皆能文而小詞尤工如王衍之月明如水浸宮殿元人用之爲傳奇曲子孟昶之洞仙歌東坡極稱之錢俶金鳳欲飛遭掣搦情脈脈行即玉樓雲雛隔爲宋藝祖所賞惜不見其全篇

花蕊夫人

花蕊夫人宮詞之外尤工樂府蜀亡入汴書葭萌驛壁云初離蜀道心將碎離恨綿綿春日如年馬上時時聞杜鵑書未畢爲軍騎催行後人續之云三千宮女皆花貌妾最嬋娟此去朝天只恐君王寵愛偏花蕊見宋祖猶作更無一箇是男兒之詩焉有隨昶行而書此敗節之語乎續之者不惟虛空架橋而詞之鄙亦狗尾續貂矣

女郎王麗眞

女郎王麗眞有詞名字字雙牀頭錦衾斑復斑架上朱衣殷復殷空庭明月閒復閒夜長路遠山復山

李易安詞

宋人中塡詞李易安亦稱冠絕使在衣冠當與秦七黃九爭雄不獨雄於閨閣也其詞名漱玉集尋之未

得聲聲慢一詞最爲婉妙其詞云尋尋覓覓冷冷清清悽悽慘慘戚戚乍暖還寒時候最難將息三杯兩醆淡酒怎敵他晚來風急鴈過也正傷心卻是舊時相識○滿地黃花堆積憔悴損如今有誰堪摘守着窗兒獨自怎生得黑梧桐更兼細雨到黃昏點點滴滴這次第怎一箇愁字了得荃翁張端義貴耳集云此詞首下十四箇疊字乃公孫大娘舞劍手本朝非無能詞之士未曾有下十四箇疊字者乃用文選諸賦格守着窗兒獨自怎生得黑此黑字不許第二人押又梧桐更兼細雨到黃昏點點滴滴四疊字又無

斧痕婦人中有此殆間氣也晚年自南渡後懷京洛舊事賦元宵永遇樂詞云落月鎔金暮雲合璧已自工緻至於染柳煙輕吹梅笛怨春意知幾許氣象更好後疊云於今憔悴風鬟霜鬢怕見夜間出去皆以尋常言語度入音律鍊句精巧則易平淡入妙者難山谷所謂以故爲新以俗爲雅者易安先得之矣

辛稼軒用李易安詞語

辛稼軒詞泛菊杯深吹梅角暖蓋用易安染柳煙輕吹梅笛怨也然稼軒改數字更工不妨襲用不然豈盜狐白裘手邪

朱淑眞元夕詞

朱淑眞元夕生查子云法年元夜時花市燈如晝月上柳稍頭人約黃昏後今年元夜時月與燈依舊不見去年人淚濕春衫袖詞則佳矣豈良人家婦所宜邪又其元夕詩云火樹銀花觸目紅極天歌吹暖春風新懽入手愁忙裏舊事經心憶夢中但願暫成人繾綣不妨長任月朦朧賞燈那得工夫醉未必明年此會同與其詞意相合則其行可知矣

解紅

曲名有解紅者今俗傳爲呂洞賓作見物外清音其名未曉近閱和凝集有解紅歌云百戲罷五音清解紅一曲新教成兩個瑤池小仙子此時奪卻柘枝名樂書云優童解紅舞衣紫緋繡襦銀帶花鳳冠蓋五代時人也焉有呂洞賓在唐世預塡此腔邪

白玉蟾武昌懷古

白玉蟾武昌懷古詞云漢江北瀉下長淮洗盡胸中今古樓櫓横波征鴈遠誰見魚龍夜舞鸚鵡洲雲鳳皇池月付與沙頭鷺功名何處年年惟見春絮○非不豪似周瑜壯如黃祖亦隨秋風度野草閒花無限數渺在西山南浦黃鶴樓人赤烏年事江漢庭前路

浮萍無據水天幾度朝暮此詞雄壯有意效坡仙乎詞名念奴嬌因坡公詞尾三字遂名酹江月又恰百字又名百字令玉蟾辭他如一葉飛何處天地起西風鱗鱗波上煙寒水冷翦丹楓皆佳句詠燕子有秋千節後初相見祓禊人歸有所思亦有思致不愧詞人云

邱長春梨花詞

邱長春詠梨花無俗念云春遊浩蕩是年年寒食梨花時節白錦無紋香爛熳玉樹瓊苞堆雪靜夜沈沈浮光靄靄冷浸溶溶月人間天上爛銀霞照通徹○

渾如姑射眞人天姿靈秀意氣殊高潔萬莖參差誰信道不與羣芳同列浩氣清英仙材卓犖下土難分別瑤臺歸去洞天方看清絕長春世之所謂仙人也而詞之清拔如此予嘗問好事者曰神仙惜氣養眞何故讀書史作詩詞答曰天上無不識字神仙人也語吾黨曰天上無不識字神仙世間寧有不讀書道學耶今之講道者束書不看號曰忘言觀妙豈不反爲異端所笑耶

鬼仙詞

曉星明滅白露點秋風落葉故址頹垣冷煙衰草前

朝宮闕〇長安道上行客依舊名深利切改變容顏銷磨今古隴頭殘月此五代新說載鬼仙詞也非太白長吉之流豈能及此

郝仙女廟詞

博陵縣有郝仙女廟仙女魏青龍中人年及笄姿色姝麗採蘋水中蒼煙白霧俄失所在其母哀求水濱願言一見良久異香襲人隱約于波渚間曰見以靈契託蹟綃宮陰主是水府世緣已斷毋用悲悒而今而後使鄉社田蠶歲宜有感而通乃爲吾驗後人立廟焉後有題喜遷鶯詞於壁云汀洲蘋滿記翠籠采采相將鄰媛蒼渚煙生金支光爛人在霧綃鮫館小鬟頓成雲散羅襪淩波不見翠鸞遠但清溪如鏡野花留戀情聽驚變現身後神功緣就吳蠶繭漢女麥歌湘妃瑤瑟春動倚雲層殿彤車載花一色醉盡碧桃清宴故山晚歎流年一笑人間飛電

鵲橋仙三詞

齊東野語載鸞箕鵲橋仙辭詠七夕以八煞爲韻其詞曰鸞輿初駕牛車齊發聽隱隱鵲橋伊軋尤雲殢雨正懽濃但只怕來朝初八霞垂彩幔月明銀蠟更醖郁香焚金鴨年年此際一相逢未審是甚時結煞

方秋巖除夜小盡生日詞曰今朝二十九明日初一怎欠箇秋巖生日客中情緒老天知道這月不消三十春盤縷翠春缸搖碧便泥做梅花消息雪邊試問是耶非今夕不知何夕近時東莞方彥卿俊正月六日於俞君玉席上擘糟蟹薦酒壽其友人黃瑜亦依此調其詞云草頭八足一團大腹持螯笑向俞君玉花燈預賞爲先生生日是新正初六今宵過了七八八穀又七日天官賜福福如東海壽如山願歲歲春盤盈綠俞字廷美香山人其孫才伯佐與予同官嘗爲予誦之

衲子填詞

唐宋衲子詩儘有佳句而填詞可傳者僅數首其一報恩和尚漁家傲云此事楞嚴嘗布露梅花雪月交光處一笑寥寥空萬古風甌語迥然銀漢橫天宇○蝶夢南華方栩栩斑斑誰跨豐千虎而今忘卻來時路江山暮天涯目送飛鴻去其二壽涯禪師詠魚籃觀音云深願宏慈無縫罅乘時走入衆生界窈窕丰姿都沒賽提魚賣堪笑馬郎來納敗○清冷露溼金襴壞茜裙不把珠瓔蓋特地掀來呈捏怪牽人愛還盡幾多菩薩債

菩薩蠻

牡丹帶露真珠顆佳人折向庭前過含笑問檀郎花強妾貌強○檀郎故相惱只道花枝好一向發嬌嗔碎挼花打人此詞無名氏唐宣宗嘗稱之蓋又在花間之先也

徐昌圖

徐昌圖唐人冬景木蘭花一詞縟麗可愛今入草堂之選然莫知其爲唐人也

小重山

韋莊小重山前段今本羅衣溼下遺新揾舊啼痕五字

牛嶠

牛嶠蜀之成都人爲孟蜀學士其酒泉子云紫陌青門三十六宮春色御溝輦路暗相通杏園風○咸陽沽酒寶釵空笑指未央歸去插花走馬落殘紅月明楊柳枝詞數首尤工見樂府詩集

孫光憲

孫光憲蜀之資州人事荊南高氏爲從事有文學名著北夢瑣言其詞見花間集一庭疎雨溼春愁秀句也

李珣

李珣蜀之梓州人事王宗衍浣溪沙詞有早爲不逢巫峽夜那堪虛度錦江春之句詞名瓊瑤集其妹事王衍爲昭儀亦有詞藻有鴛鴦瓦上忽然聲詞一首誤入花蕊夫人集蓋一百一首本羡此首也

毛文錫

毛文錫鹿虔扆歐陽炯韓琮閻選皆蜀人事孟後主有五鬼之號俱工小詞並見花間集此集久不傳正德初予得之於昭覺僧寺乃孟氏宣華宮故址也後傳刻於南方云

潘祐

潘祐南唐人事後主與徐鉉湯悅張泌俱有文名而祐好直諫嘗應後主令作小詞有樓上春寒山四面桃李不須誇爛熳已失了東風一半蓋諷其地漸侵削也可謂得諷諭之旨

盧絳

盧絳南唐人夢一人歌菩薩蠻云玉京人去秋蕭索畫簷鵲起梧桐落欹枕悄無言月和清夢圓○背燈惟暗泣甚處砧聲急眉黛小山攢芭蕉生暮寒其名不著詞頗清潤特錄之

花深深

草堂詞花深深按玉林詞選乃李嬰之作今以為孫夫人非也

坊曲

唐制妓女所居曰方曲北里志有南曲北曲如今之南院北院也宋陳敬叟詞窈窕青門紫曲周美成詞小曲幽坊月暗又愔愔坊曲人家近刻草堂詩餘改作坊陌非也謝皋羽天池閒集載孟綆南京詩云愔愔坊曲傍深春活活河流過雨渾花鳥幾時克貢賦牛羊今日上邱原猶傳柳七工詞翰不見闕三有子孫我亦前生梁楚士獨持心事過夷門

簷花

杜詩燈前細雨簷花落注謂簷下之花恐非蓋謂簷前雨映燈花爲花爾後人不知或改作簷前細雨燈花落則直致無味矣宋人小詞多用簷花字周美成云浮萍破處簷花簾影顛倒又云簷花紅雨照方塘多不悉記

十六字令

周美成十六字令云明月影穿窗白玉錢無人弄移過枕函邊詞簡思深惟詞也其片玉集中不載見天

機餘錦

應天長

周美成寒食應天長詞條風布暖霏霧弄晴池塘徧滿春色正是夜堂無月沈沈暗寒食今本遺條風至正是二十字

過秦樓

周美成過秦樓首句是水浴清蟾今刻本誤作涼浴

李冠詞

草堂詩餘朦朧澹月雲來去齊人李冠之詞今傳其詞而隱其名矣冠又有六州歌頭道劉項事慷慨悲

壯今亦不傳

魚遊春水

尾句雲山萬重寸心千里今刻誤作雲山萬里以前段鶯囀上林林字平聲例之可知又注引李詩雲山萬重隔爲重字無疑

春霽秋霽

草堂詞選春霽秋霽二首相連皆胡浩然作也格韵如一尾句皆是有誰知得而不知何等妄人如秋霽下添入陳後主名不知六朝焉知此等慢調況其中有孤鶩落霞語乃襲用王勃之序陳後主豈能預知

勃文而倒用之邪

岸草平沙

草堂詞柳稍青岸草平沙一首僧仲殊作也今刻本往往失其名故特著之宋人小詞僧徒惟二人最佳覺範之作類山谷仲殊之作似花間祖可如晦俱不及也

周晉仙浪淘沙

周晉仙名文璞宋淳熙間人其字曰晉仙者因名璞義取郭璞故曰晉仙也能詩詞好奇怪有灌口二郎歌爲時所稱以爲不減李賀又題鍾山云往在秦淮問六朝江頭只有女吹簫昭陽太極無行路幾歲鵝黄上柳條嘗云花間集只有五字佳絲雨溼流光語意俱微妙又有題酒家壁浪淘沙一詞云還了酒家錢便好安眠大槐宮裏着貂蟬行到江南知是夢雪壓漁船○磐薄古梅邊也是前緣鵝黄雪白又醒然一事最奇君記取明日新年共詞飄然似方外塵表又因字音仙相傳以爲仙也誤矣晉有徐仙民虞有牛仙客王仙芝豈仙乎甚矣人之好奇而不察也皆然觀此則世之所傳仙跡幾類是哉

閑適之詞

宋傅公謀水調歌頭曰草草三間屋愛竹旋添栽碧紗窗戶眼前都是翠雲堆一月山翁高臥踏雪水村清冷木落遠山開惟有平安竹留得伴寒梅○喚家童開門看有誰來客來一笑清話煮茗更傳杯有酒只愁無客有客又愁無月月下且徘徊明日人間事天自有安排黄玉林酹江月云吾廬何有有一灣蓮蕩數間茆屋斷塹疎籬聊補葺那得粉牆朱戶禾黍西風雞豚曉日活脫田家趣客來茶罷自挑野菜圖煮○多少甲第連雲十眉環座人醉黄金塢回首邯鄲春夢破零落珠歌翠舞得似衰翁蕭然陋巷長作

溪山主紫芝之可探更尋巖谷深處又劉靜修風中柳云我本漁樵不是白駒過谷對西山悠然自足北窗疎竹南窗叢菊愛村居數間茆屋○風煙草屨滿意一川平綠問前溪今朝酒熟幽泉歌曲清泉琴筑欲歸來故人留宿並呂居仁東里先生家何在四詞每獨行吟歌之不惟有隱士出塵之想兼如仙客御風之遊矣昔人謂詩情不似曲情多信然

驪山詞

昔於臨潼驪山之温湯見石刻元人一詞曰三郎年少客風流夢繡嶺蠱瑤環漸浴酒發春海棠睡暖笑

波生媚荔子奬寒况此際曲江人不見偃月事無端羯鼓三聲打開蜀道霓裳一曲舞破潼關馬嵬西去路愁來無會處但淚滿關山空有香囊遺恨錦襪傳看玉笛聲沈樓頭月下金釵信杳天上人間幾度秋風渭水落葉長安再過之石已磨爲別刻矣

石次仲西湖詞

石次仲西湖多麗一曲云晚山青一川雲樹冥冥正參差煙凝紫翠斜陽畫出南屏館娃歸吳臺遊鹿銅仙去漢苑飛螢懷古情多凭高望極且將樽酒慰漂零自湖上愛梅仙遠鶴夢幾時醒空留在六橋疎柳孤嶼危亭○待蘇堤歌聲散盡更須攜妓西泠藕花深雨涼翡翠菰浦軟風弄蜻蜓澄碧生秋鬧紅駐景采菱新唱最堪聽一片水天無際魚火兩三星多情月爲人留照未過前汀次仲詞在宋未著名而清奇宕麗如此宋之塡詞爲一代獨藝亦猶晉之字唐之詩不必名家而皆奇也然奇而不傳者何限而傳者未必皆奇如唐之胡曾宋之杜默識者知笑之而不能靳其傳蓋亦有幸不幸乎

梅詞

呂聖求東風第一枝詞云老樹渾苔橫枝未葉青春

肯誤芳約背陰未返冰魂陽梢已含紅萼佳人寒怯誰驚起曉來梳掠是月斜窗外棲禽霜冷竹間幽鶴◎雲淡濃粉痕漸薄風細細凍香又落叩門喜伴金樽倚闌怕聽畫角依稀夢裏半面淺窺珠箔甚時重寫鸞箋去訪舊遊東閣古今梅詞以坡仙綠毛幺鳳爲第一此亦在魁選矣

折紅梅

宋人折紅梅詞云喜輕澌初綻微和漸入郊原時節春消息夜來陡覺紅梅數枝爭發玉溪珍館不似個尋常標格化工別與一種風情似匀點臙脂染成香

雪〇重吟細閱比觧杏夭桃品流終別可惜彩雲易散泠落謝池風月憑誰向說三弄處龍吟休咽大家留取倚闌干聞有花堪折勸君須折此詞見杜安世集中吳記聞又作吳應之未知孰是

洪覺範梅詞

洪覺範詠梅點絳唇詞云流水泠泠斷橋斜路梅枝亞雪花飛下渾似江南畫〇白壁青錢欲買春無價春歸也風吹平野一點香隨馬梅詞如此清俊亦僅有者惜未入草堂之選

曹元寵梅詞

曹元寵梅詞竹外一枝斜想佳人天寒日暮用東坡竹外一枝斜更好之句也徽宗時禁蘇學元寵叉近幸之臣而暗用蘇句其所謂掩耳盜鈴者噫姦臣醜正惡直徒爲勞爾

李漢老

李漢老名邴號雲龕居士父昭玘元祐名士東坡門生漢老才學世其家者也其漢宮春梅詞入選最佳曹元寵梅詞竹外一枝斜想佳人天寒日暮黃昏院落無處著清香風細細雪融融何况江頭路甚工而結句落韻殊不強人意曹蓋富於才而貧于學也漢老詠美人寫字云雲情散亂未成篇花骨欹斜終帶軟亦美新可喜

李邦直

李邦直與東坡同時人小詞有楊花落燕子橫穿朱閣苦恨春醪如水薄閑愁無處着〇綠野帶紅山落角桃杏參差殘蕚歷歷危檣沙外泊東風晚來惡爲坡所稱

柳詞爲東坡所賞

東坡云人皆言柳耆卿詞俗如霜風淒緊關河冷落殘照當樓唐人佳處不過如此按其全篇云對蕭蕭

暮雨灑江天一番洗清秋漸霜風淒緊關河冷落殘照當樓是處紅衰綠減冉冉物華休惟有長江水無語東流〇不愁登高臨遠望故鄉渺邈歸思悠悠歎年來蹤跡何事苦淹留想佳人粧樓凝望誤幾回天際識歸舟爭知我倚闌處正恁凝眸蓋八聲甘州也草堂詩斷不選此而選其如願奶奶蘭心蕙性之鄙俗及以文會友寡信輕諾之酸文不知何見也

木蘭花慢

木蘭花慢柳耆卿清明詞得音調之正蓋傾城盈盈懽情於第二字中有韵近見吳彥高中秋詞亦不失

此體餘人皆不能然元遺山集中凡九首內五首兩處用韻亦未爲全知者今載二詞於後

柳詞

柳詞云折桐花爛熳乍疎雨洗清明正豔杏燒林湘桃繡野芳景如屏傾城盡尋勝去驟雕鞍紺幰出郊坰風暖繁絃脆管萬家齊奏新聲盈盈鬭草踏青人豔冶遞逢迎向路傍往往遺簪墮珥珠翠縱橫懽情對佳麗地任金罍竭玉山傾拚卻明朝永日畫堂一枕春醒

中秋詞

吳詞云敞千門萬戶瞰蒼海爛銀盤對沆瀣樓高儲胥鴈過墜露生寒闌干眺河漢外送浮雲盡出眾星乾丹桂霓裳縹緲似聞雜珮珊珊○長安底處高城人不見路漫漫歎舊日心情如今容鬢瘦沈愁潘幽懽縱容易得動是隔年看歸去江湖一葉浩然對景垂竿然吳詞後段起句又異常體柳爲正

潘逍遙

潘閬字逍遙其人狂逸不檢而詩句往往有出塵之語詞曲亦佳有憶西湖虞美人一闋云長憶西湖湖水上盡日凭欄樓上望三三兩兩釣魚舟島嶼正清秋笛聲依約蘆花裏白鳥成行忽飛起別來閒想整綸竿思入水雲寒此詞一時盛傳東坡公愛之書於玉堂屏風

蓮詞第一

歐陽公詠蓮花漁家傲云葉重如將青玉亞花輕疑是紅綃掛顏色清新香脫灑堪長價牡丹怎得稱王者○雨筆露牋吟彩畫日鑪風炭熏蘭麝天與多情絲一把誰厮惹千條萬縷縈心下又云楚國纖腰元自瘦文君膩臉誰描就日夜鼓聲催箭漏昏復畫紅顏豈得長如舊○醉折嫩房紅蕊嗅天絲不斷清香

透卻倚小闌凝望久風滿袖西池月上人歸後前首工綴後首情思兩極古今蓮詞第一也

蘇易簡

蘇易簡梓州人宋太祖朝狀元所著有文集及文房四譜行于世宋世蜀之大魁自蘇始其後閬州三人簡州四人夔州一人終宋三百年得十六人而陳氏許氏皆兄弟可謂盛矣蘇之詞惟越江吟應制一首見予所選百琲明珠

詞品卷二

詞品卷三

成都　楊　慎　撰　綿州　李調元　校定

韓范二公詞

韓魏公點絳脣詞云病起懨懨對庭前花樹添憔悴亂紅飄砌滴盡真珠淚○惆悵前春誰向花前醉愁無際武陵凝睇人遠波空翠范文正公御街行云紛紛墜葉飄香砌夜寂靜寒聲碎珍珠簾捲玉樓空天澹銀河垂地年年今夜月華如練長是人千里○愁腸已斷無由醉酒未到先成淚殘燈明滅枕頭欹諳盡孤眠滋味都來此事眉間心上無計相迴避二公

一時勳德重望而詞亦情致如此大抵人自情中生焉能無情但不過甚而已宋儒云禪家有爲絕欲之說者欲之所以益熾也道家有爲忘情之說者情之所以益蕩也聖賢但云寡欲養心約情合中而已予友朱良矩嘗云天之風月地之花柳與人之歌舞無此不成三才雖戲語亦有理也

滿江紅

范文正公謫睦州過嚴陵釣臺會吳俗歲祀里巫迎神但歌滿江紅有湘江好闕　漢波似染山如削遶嚴陵灘畔鷺飛魚躍之句公云吾不善音律撰一絕送神曰漢包六合網英豪一箇真鴻惜羽毛世祖功臣三十六雲臺爭似釣臺高吳俗至今歌之湘山野錄

温公詞

世傳司馬温公有席上所賦西江月詞云寶髻鬆鬆綰就鉛華澹淡妝成紅顏翠霧罩輕盈飛絮遊絲無定○相見爭如不見有情還似無情笙歌散後酒微醒深院月明人靜仁和姜明叔云此詞決非温公作宣和間恥温公獨爲君子作此誣之不待識者而後能辨也

夏英公詞

姚子敬嘗手選古今樂府一帙以夏英公竦喜遷鶯宮詞爲冠其詞云霞散綺月沈鈎簾捲未央樓夜涼河漢接天流宮闕鎖清秋瑤堦樹金莖露玉輦香和雲霧三千珠翠擁宸遊水殿按涼州富豔精工誠爲絕唱

林和靖

林君復惜別長相思詞云吳山青越山青兩岸青山相送迎誰知離別情○君淚盈妾淚盈羅帶同心結未成江頭潮已平甚有情致宋史謂其不娶非也林洪著山家清供其中言先人和靖先生云云郎先生

之子也蓋喪偶後遂不娶爾

康伯可詞

康伯可西湖長相思詞云南高峰北高峰一片湖光煙靄中春來愁殺儂○郎意濃妾意濃油壁車輕郎馬驄相逢九里松蓋效和靖吳山青之調也二詞可謂敵手

東坡賀新郎詞

東坡賀新郎詞乳燕飛華屋云云後段石榴半吐紅巾蹙以下皆詠榴卜算子缺月挂疎桐云云縹緲孤鴻影以下皆說鴻別一格也

東坡詠吹笛

嶺南太守閭邱公顯致仕居姑蘇東坡每過必留連坡嘗言過姑蘇不遊虎邱不謁閭邱乃二欠事其重之如此一日出其後房佐酒有懿卿者善吹笛坡作水龍吟贈之楚山修竹如雲是也詞見草堂詩餘而不知事故著之

密雲龍

密雲龍茶名極爲甘馨宋廖正一字明略晚登蘇東坡之門公大奇之時黃秦晁張號蘇門四學士東坡待之厚每來必令侍妾朝雲取密雲龍家人以此知之一日又命取密雲龍家人謂是四學士窺之乃廖明略也東坡詠茶行香子云綺席才終懽意猶濃酒闌時高興無窮共捧君賜初拆臣封看分月餅黃金縷密雲龍○鬭嬴一水功敵千鍾覺凉生兩腋清風暫留紅袖少卻紗籠放笙歌散庭館靜略從容

瑞鷓鴣

苕溪漁隱曰唐初歌詞多是五言詩或七言詩初無長短句中葉以後至五代漸變成長短句及本朝則盡爲此體今所存者止瑞鷓鴣小秦王二闋是七言八句詩並七言絕句詩而已瑞鷓鴣猶依字易歌若

小秦王必須襍以虛聲乃可歌爾其詞云碧山影裏小紅旗儂是江南踏浪兒拍手又嘲山簡醉齊聲爭唱浪婆詞西興渡口帆初落漁浦山頭日未欹儂送潮回歌底曲樽前還唱使君詩此瑞鷓鴣也濟南春好雪初晴行到龍山馬足輕使君莫忘霅溪女時作陽關腸斷聲此小秦王也皆東坡所作

陳季常

苕溪漁隱曰東坡云龍邱子自洛之蜀載二侍女戎裝駿馬至溪山佳處輒留數日見者以爲異人後十年築室黃岡之北靜菴居士作臨江仙贈之云細馬

遠馱雙侍女青巾玉帶紅靴溪山好處俱爲家誰知巴峽路卻見洛城花〇回旋落英飛玉蕋人間春日初斜十年不見紫雲車龍邱新洞府鉛鼎養丹砂龍邱子卽陳季常也秦太虛寄之以詩亦云侍童雙擢玉鬢髮光可照駿馬錦障泥相隨窮海嶠暮年更折節學佛得心要驚馬放阿樊幅巾對沉燎故東坡作詩戲之有忽聞河東獅子吼拄杖落手心茫然之句觀此則知季常載侍女以遠遊及暮年甘于枯寂蓋有所制而然亦可憫笑也哉

六客詞

東坡云吾昔自杭移高密與楊元素同舟而陳令舉張子野皆從予過李公擇于湖遂與劉孝叔俱至松江夜半月出置酒垂虹亭上子野年八十五以歌詞聞于天下作定風波令其略云見說賢人聚吳分試問也應傍有老人星坐客懽甚有醉倒者此樂未嘗忘也今七年爾子野孝叔令舉皆爲異物而松江橋亭今歲七月九日海風駕潮平地丈餘蕩盡無復孑遺矣追思曩時眞一夢爾苕溪漁隱曰吳興都圖令有六客亭卽公擇子瞻元素子野令舉孝叔時公擇守吳興也東坡又云余昔與張子野劉孝叔李公擇陳令舉楊元素會於吳興時子野作六客詞其卒章盡道賢人聚吳分試問也應傍有老人星凡十五年再過吳興而五人皆已亡矣時張仲謀與曹子方劉景文蘇伯固張秉道爲坐客仲謀請作後六客詞云月滿苕溪照野堂五星一老鬬光芒十五年間眞夢裏何事長庚對月獨淒涼綠鬢蒼顔同一醉還是六人吟笑水雲鄉賓主談鋒誰得似看取曹劉今對兩蘇張

東坡中秋詞

古今詞話云東坡在黃州中秋夜對月獨酌作西江

月詞云世事一場大夢人生幾度新涼夜來風葉已鳴廊看取眉間鬢上〇酒賤常愁客少月明多被雲妨中秋誰與共孤光把盞悽然北望坡以讒言謫居黃州鬱鬱不得志凡賦詩綴詞必寫其所懷然一日不負朝廷其懷君之心末句可見矣苕溪漁隱曰聚蘭集載此詞注云寄子由故後句云中秋誰與共孤光把酒悽然北望則兄弟之情見于句意之間矣疑是倅錢塘時作子由時爲濉陽幕客若詞話所云則非上

晁次膺中秋詞

苕溪漁隱曰中秋詞自東坡水調歌頭一出餘詞盡廢然其後亦豈無佳詞如晁次膺綠頭鴨一詞殊清婉但樽俎間歌喉以其篇長憚唱故湮沒無聞焉其詞云晚雲收淡天一片琉璃爛銀盤來從海底皓色千里澄暉瑩無塵素娥淡佇淨可數丹桂參差玉露初零金風未凜一年無似此佳景向坐久疎星時度烏鵲正南飛瑤臺冷欄干凭煖欲下遲遲〇念佳人音塵隔後對此應解相思最關情漏聲正永暗斷腸花影潛移料得來宵清光未減陰晴天氣又爭知共凝戀如今別後還是隔年期人縱健清樽素月長願相隨

蘇養直

蘇養直名伯固與東坡爲同族坡集中有送伯固兄詩是也詩有清江曲屬玉雙飛水滿塘當時盛傳詞亦佳醉眠小塢黃茅店夢倚高城赤葉樓鷓鴣天之佳句也

蘇叔黨詞

叔黨名過東坡少子艸堂詞所載點絳唇二首高柳蟬嘶及新月娟娟皆叔黨作也是時方禁坡文故隱其名相傳之久遂或以爲汪彥章非也

程正伯

程正伯號書舟眉山人東坡之中表也其酷相思詞云月桂霜林寒欲墜正門外催人起奈別離如今真個是欲住也留無計欲去也來無計〇馬上離情衣上淚各自供憔悴問江路梅花開也未春到也須頻寄人到也須頻寄其四代好折紅英皆佳見本集

蔣捷一翦梅

蔣捷一翦梅詞云一片春愁帶酒澆江上舟搖樓上帘招秋娘容與泰娘嬌風又飄飄雨又蕭蕭〇何日雲帆卸浦橋銀字箏調心字香燒流光容易把人拋紅了櫻桃綠了芭蕉

心字香

詞家多用心字香蔣捷詞云銀字箏調心字香燒張于湖詞心字夜香清晏小山詞記得年時初見兩重心字羅衣范石湖驂鸞錄云番禺人作心字香用素馨茉莉半開者著淨器中以沉香薄劈層層相間密封之日一易不待花蔫花過香成所謂心字香者以香末縈篆成心字也心字羅衣則謂心字香熏之爾或謂女人衣曲領如心字又與此別

招落梅魂

蔣捷有效稼軒體招落梅魂水龍吟一首云醉兮瓊灩浮觴些招兮遣巫陽些君勿去此颶風將起天微黄些野馬塵埃污君楚楚白霓裳些駕空兮雲浪茫洋東下流君往他方些○月滿兮方塘些叫雲兮笛淒涼些歸來兮爲我重倚蛟背寒鱗蒼些俯視春浩然一笑吐出香些翠禽兮弄晚招君未至我心傷些其詞幽秀古艷迥出纖冶穠華之外可愛也稼軒之詞曰醉翁操併録于此長松之風如公肯子從山中人心與吾兮誰同湛千里之江上有楓噫送子東望君之門兮九重女無悅已誰適爲容○不龜手藥或

一朝取封昔與遊兮皆童我獨窮兮今翁一魚兮一龍勞心兮沖沖噫命與時逢子取之兮食萬鍾小詞中離騷僅見此二首也

柳枝詞

唐人柳枝詞劉禹錫白樂天而下凡數十首予獨愛無名氏云萬里長江一帶開岸邊楊柳是誰栽錦帆落盡西風起惆悵龍舟更不回此詞詠史詠物兩極其妙首句見隋開汴通江次句是誰栽三字作問詞尤含蓄不言煬帝而譏弔之意在其中末二句俯仰今古悲感溢于言外若情致則清江一曲柳千條十五年前舊板橋曾與情人橋上別更無消息到今朝此詞小說以爲劉采春女周德華之作又云劉禹錫然劉集中不載也柳詞當以二首爲冠

竹枝詞

元楊廉夫竹枝詞一時和者五十餘人詩百十餘首予獨愛徐延徽一首云盡說盧家好莫愁不知天上有牽牛臘拋萬斛燕脂水寫向銀河一色秋

斜陽暮

秦少游踏莎行杜鵑聲裏斜陽暮極爲東坡所賞而後人病其斜陽暮似重復非也見斜陽而知日暮非

復也猶韋應物詩須臾風暖朝日暾既曰朝日又曰暾當亦爲宋人所譏矣此非知詩者古詩明月皎夜光明皎光非復乎李商隱詩日向花間留返照皆然又唐詩青山萬里一孤舟又滄溟千萬里日夜一孤舟宋人亦言一孤舟爲複而唐人累用之不以爲複也

秦少游贈樓東玉

秦少游水龍吟贈營妓樓東玉者其中小樓連苑及換頭玉佩丁東隱樓東玉三字又贈陶心兒一鉤殘月帶三星亦隱心字山谷贈妓詞你共人女邊著子

爭知我門裏添心亦隱好悶二字云

鶯花亭

秦少游謫處州日作千秋歲詞有花影亂鶯聲碎之句後人慕之建鶯花亭陸放翁有詩云沙上春風柳十圍綠陰依舊語黃鸝故應留與行人恨不見倩郎半醉時

少游嶺南詞

少游謫藤州一日醉野人家有詞云喚起一聲人悄衾冷夢寒窗曉瘴雨過海棠開春色又添多少○社甕釀成微笑半缺椰瓢共舀覺傾倒急投牀醉鄉廣

大人間小此詞本集不收見於地志而修一統志者不識舀字妄改可笑聊著之

滿庭芳

秦少游滿庭芳晚色雲開今本誤作晚兎雲開不通維揚張綖刻詩餘圖譜以意改兎作見亦非按花菴詞選作晚色雲開當從之

明珠濺雨

秦淮海望海潮詞云紋錦製帆明珠濺雨寧論爵馬魚龍按隋遺錄煬帝命宮女灑明珠于龍舟上以擬雨雹之聲此詞所謂明珠濺雨也

天粘衰草

秦少游滿庭芳山抹微雲天粘衰草今本改粘作連非也韓文洞庭漫汗粘天無壁張祜詩草色粘天鶗鴂恨山谷詩遠水粘天吞釣舟邵博詩老灘聲殷地平浪勢粘天趙文昇詞玉關芳草粘天碧嚴次山詞粘雲紅影傷千古葉夢得詞浪粘天蒲桃漲綠劉行簡詞山翠欲粘天劉叔安詞暮煙細草粘天遠粘字極工且有出處又見避暑錄話可證若作連天是小兒之語也

山抹微雲女壻

范元實范祖禹之子秦少游壻也學詩於山谷作詩眼一書爲人凝重嘗在歌舞之席終日不言妓有問之曰公亦解詞曲否笑答曰吾乃山抹微雲女壻也可見當時盛唱此詞草堂詩餘亦有范元實詞

晴鴿試鈴

張子野滿江紅晴鴿試鈴風力軟雛鶯弄舌春寒薄清新自來無人道

初寮詞

王初寮字安中名履道初爲東坡門下士詩文頗得膏腴其詞有椽燭垂珠清漏長遲留春宥綏催觴之

句又天與麟符行樂分綫帶輕裘雅宴催雲鬢翠霧縈紆銷篆印箏聲恰度秋鴻陣爲時所稱其後附蔡京遂叛東坡其人不足道也

王元澤

王雱字元澤半山之子或譏其不能作小詞乃揆筆作倦尋芳詞一首草堂詞所載露晞向曉是也自此絕不作

宋子京

宋子京小詞有春睡騰騰困入嬌波慢隱隱枕痕留一線膩雲斜溜釵頭燕分明寫出春睡美人也

韓子蒼

韓駒字子蒼蜀之仙井人今井研縣也其中秌念奴嬌海天向晚一首亞于東坡之作草堂已選雪詞昭君怨云昨日樵村漁浦今日瓊州銀渚山色捲簾看老峰巒〇錦帳美人貪睡不覺天花剪水驚問是楊花是蘆花

俞秀老弄水亭詞

俞紫芝秀老弟澹清老名字見王介甫黃魯直集中詩詞傳世雖少亦間見文鑑等篇葉石林詩話誤以爲楊州人魯直答清老寒夜三詩其一引牧羊金華山黃初平事言之蓋黃上世亦出金華也近覽清溪圖有秀老手題臨江仙詞一闋後書俞紫芝此詞世少知之錄于後弄水亭前千萬景登臨不忍空迴水輕疊澹寫蓬萊莫教世眼容易洗塵埃〇收去雨昏都不見展時還似雲開先生高趣更多才人人盡道小杜卻重來

孫巨源

孫洙字巨源嘗注杜詩注中洙曰是也元豐間爲翰林學士與李端原太尉往來尤數會一日鎖院宣召者至其家則出十餘輩蹤跡得之於李氏時李新納

妾能琵琶公飲不肯去而迫于宣命入院幾二鼓矣草三制罷作此詞遲明遣示李其詞云樓頭尚有三通鼓何須抵死催人去上馬苦匆匆琵琶曲未終〇回頭凝望處那更廉纖雨漫道玉爲堂玉堂今夜長或傳以爲孫覿非也

陳后山

陳后山爲人極清苦詩文皆高古而詞特纖豔如一落索換頭云一顧教人微俏那堪親見不辭紫袖拂清塵也要識春風面又有席上贈妓詞云不愁歌裏斷人腸只怕有腸無處斷所謂彼亦直寄焉以爲不

知已者詬厲也

雙魚洗

張仲宗夜遊宮詞云半吐寒梅未折雙魚洗冰澌初結戶外明簾風任揭擁紅鑪灑牕間稷雪〇此日去年時節道心事有人訴說斗帳重熏鴛被疊酒微醺管燈花今夜别雙魚洗盥手之器見博古圖稷雪霰也形如米粒能穿瓦透牕見毛詩疏

石州慢

張仲宗石州慢寒水依痕春意漸回沙際煙闊爲一句今刻本於沙際之下截爲一句非也下文煙闊溪

柳成何語乎

張仲宗詞用唐詩語

張仲宗號蘆川填詞最工其踏莎行云芳草平沙斜陽遠樹無情桃葉江頭渡醉來扶上木蘭舟將愁不去將人去〇薄劣東風夭斜落絮明朝重覓吹笙路碧雲香雨小樓空春光已到銷魂處唐李端詩江上晴樓翠靄間滿闌春水滿牕山青楓緑草將愁去遠入吳雲暝不還此詞將愁不去將人去一句反用之夭斜音歪斜白樂天詩錢塘蘇小小人道最夭斜自注夭音歪若不知其出處不見其工詞雖一小技然非胸中有萬卷筆下無一塵亦不能臻其妙也

張仲宗送胡澹菴詞

張仲宗送胡澹菴赴貶所賀新郎一闋云夢繞神州路悵西風連營畫角故宮禾黍底事崑崙傾砥柱九地黃流亂注聚萬落千村狐兔天意從來高難問況人情易老悲難訴更南浦送君去〇涼生岸柳催殘暑耿斜河疎星澹月淡雲微度萬里江山知何處回首對牀夜雨鴈不到書成誰與目盡青天懷今古肯兒曹恩怨相爾汝舉太白聽金縷秦檜知之亦與作詩王庭珪同貶責此詞雖不工亦當傳況工緻悲憤

如此宜表出之

張仲宗

張仲宗三山以送胡澹菴及寄李綱詞得罪忠義流也其詞最工草堂詩餘選其春水連天及卷珠箔三首膾炙人口他如簾旌翠波颭牕影殘紅一線及溪邊雪靄藏雲樹小艇風斜沙嘴路皆秀句也詞中多以否呼爲府與主舞字同押蓋閩音也如林外以鎖爲掃俞克成以我爲襖與好同押皆鴂舌之音可刪不可取也〇曹元寵亦以否呼爲府

林外

林外字豈塵有洞仙歌書于垂虹橋作道裝不告姓名飲醉而去人疑爲呂洞賓傳入宮中孝宗笑曰雲屋洞天無鎖鎖與老叶韵則鎖音掃乃閩音也偵問之果閩人林外也此詞亦不工不當入選

韓世忠詞

韓世忠以元樞就第絶口不言兵杜門謝卻酬酢時乘小騾放浪西湖泉石間一日至香林園蘇仲虎尚書方宴客王徑造之賓主懽甚盡醉而歸明日王餉以羊羔且手書二詞以遺之臨江仙云青山瀟灑靜春來山暖花濃少年衰老與花同世間名利客富貴

與窮通榮華不是長生藥清閒不是死門風勸君識取主人翁單方只一味盡在不言中南鄉子云人有幾多般富貴榮華總是閒自古英雄都是夢爲官寶玉妻兒宿業纏〇季事已衰殘須鬢蒼蒼骨髓乾不道山林多好處貪懽只恐癡迷誤了賢王生長兵間未嘗知書晚歲忽若有悟能作字及小詞皆有見趣信乎非常之才也

趙元鎮

趙鼎字元鎮宋中興名相小詞婉媚不減花間蘭畹慘結秋陰一首世皆傳誦之矣點絳脣一首云香冷金猊夢回鴛帳餘香嫩更無人問一枕江南恨〇消瘦休文頓覺春衫褪清明近杏花吹盡薄暮寒成陣

詞品卷三畢

詞品卷四

成都 楊 慎 撰 綿州 李調元 校定

賀方回

賀方回浣溪沙云鷺外紅銷一縷霞淡黃楊柳帶棲鴉玉人和月折梅花○笑撚粉香歸繡戶半垂羅幙護牕紗東風寒似夜來些此詞句句綺麗字字清新當時賞之以爲花間蘭畹不及信然近見玉林詞選首句二字作樓角非也樓角與鷺外相去何啻天壤

孫浩然

一帶江山如畫風物向秋瀟灑水浸碧天何處斷霽色冷光相射蓼嶼荻花洲掩映竹籬茅舍○雲際客帆高掛煙外酒旗低亞多少六朝興廢事盡入漁樵閒話悵望倚層樓寒日無言西下此孫浩然離亭燕詞也悲壯可傳

查荎透碧霄

艤蘭舟十分端是載離愁練波送遠屏山遮斷此去難留相從爭奈心期久要屢變霜秋歎人生杳似萍浮又飜成輕別都將深恨付與東流○想斜陽影裏寒煙明處雙槳去悠悠愛渚梅幽香動須採擷倩纖柔豔歌粲發誰傳餘韵來說仙遊念故人留此遐州但春風老去秋月圓時獨倚江樓此查荎透碧霄詞也所謂一不爲少

陳子高

陳子高名克天台人有赤城詞一卷甚工緻流麗草堂詞愁脉脉一篇子高詞也今刻失其名

陳去非

陳去非蜀之青神人陳季常之孫也徙居河南宋南渡後又居建業詩爲高宗所簡注而詞亦佳語意超絕筆力排奡識者謂其可摩坡仙之壘非溢美云草堂詞惟載憶昔午橋一首其閒中漁家傲云今日山頭雲欲舉青蛟翠鳳移時舞行到石橋聞細雨聽還住風吹卻過溪西去○我欲尋詩寬久旅桃花落盡春無數渺渺籃輿穿翠楚悠然處高林忽送黃鸝語又虞美人云吟詩日日待春風及至桃花開後卻匆匆又點絳脣云愁無那短歌誰和風動梨花朵又南柯子云闌干三面看晴空背插浮圖千尺冷煙中皆絕似坡仙語

陳去非桂花詞

茗溪漁隱曰木犀閩中最多路傍往往有參天合抱者士人以其多而不貴之漕宇門前兩徑似有一二

百株至秋花盛開籃輿行清香中殊可愛也古人賦詠惟東坡倅錢塘八月十七日天竺送桂花分贈元素詩云月缺霜濃細蘂乾此花元屬桂堂仙鷲峰子落驚前夜蟾窟枝空記昔年破衲山僧憐耿介練裙溪女鬬清妍願公採擷紉幽佩莫遣孤芳老澗邊陳去非有詞云黄山相倚翠葆層層底八月江南風日美弄影山腰水尾○楚人未識孤妍離騷遺恨千年無住菴中新夢一枝唤起幽禪方侯雅言有詞云芳菲葉底誰會秋工意深綠護輕黄怕青女霜侵憔悴開分早晚都占九秋矣花四出香七里獨步珠宮裏

○佳名巖桂御因是遺子不自月中來又那得蕭蕭風味霓裳舊曲休問廣寒人飛太白酬仙藥香外無香比支昌襍錄云京師貴家多以酴醾漬酒獨有芬香而已近年方以榠樝花懸酒中不惟馥郁可愛又能使酒味辛冽始于戚里外人蓋所未知也

葉少蘊

葉少蘊名夢得號石林居士妙齡秀發有文章盛名石林詞一卷傳于世賀新郎睡起流鶯語虞美人落花已作風前舞皆其詞之入妙者也中秌宴客念奴嬌末句云廣寒宮殿爲余聊借瓊英英獨照者

曾空青

曾紆字公袞號空青先闕于宣之子清樾軒二詩名世詞亦佳其臨江仙云後院短牆臨綠水春風急管繁絃向誰親按小嬋娟玉堂天上客琳館地行仙○安得此身長是健徘徊夜飲朝眠江南刺史漫垂涎安排腸已斷何況到樽前又菩薩蠻山光冷浸清江底江光只到柴門裏臥對白蘋洲欹眠數釣舟亦佳惜此篇未稱

曾純甫

曾覿字純甫號海野東都故老見汴都之盛故詞多感慨今人捧露盤是也採桑子云花裏遊蜂宿粉棲香錦繡中爲當時傳歌

曾覿張掄進詞

曾覿進詞賦遂進阮郎歸云柳陰庭院占風光呢喃春晝長碧波新漲小池塘雙雙蹴水忙○萍散漫絮飛揚輕盈體態狂爲憐流水落花香銜將歸畫梁登舟知閤張掄進柳梢青云柳色初濃餘寒似水纖雨如塵一陣東風縠紋微皺碧沼鱗鱗○仙娥花月精神奏鳳管鸞絃鬬新萬歲聲中九霞杯內長醉芳春曾覿和進云桃靨紅勻梨腮粉薄鴛徑無塵鳳閣

淩虛龍池澄碧芳意鱗鱗○清時酒聖花神看內苑風光又新一部仙韶九重鸞仗天上長春

雪詞

紫皇高宴僊臺雙成戲擊瓊苞碎何人爲把銀河水翦甲兵都洗玉㨾乾坤八荒同色了無塵翳喜冰消太液煖融鳷鵲端門曉班初退○聖主憂民深意轉鴻鈞滿天和氣太平有象三宮二聖萬年千歲雙玉盃深五雲樓迥不妨頻醉看來不是飛花片片是豐年瑞太上大喜賜鍍金酒器二百兩

月詞

曾覿進壺中天詞云素颷漾碧看天衢穩送一輪明月翠水瀛壺人不到比似世間秋別玉手瑤笙一時同色小按霓裳疊天津橋上有人偷記新闋○當日誰幻銀橋阿瞞兒戲一笑成痴絕肯信羣仙高宴處移下水晶宮闕雲海塵清山河影滿桂冷吹香雪何勞玉斧金甌千古無缺上皇大喜曰從來月詞不曾用金甌事可謂新奇賜金束帶紫番羅水晶盌上亦賜寶醆至一更五點還宮是夜西興亦聞天樂焉

潮詞

江潮亦天下所獨宣諭侍官各賦酹江月一曲至晚呈上以吳琚爲第一其詞曰玉虹遥挂望青山隱隱如一珠忽覺天風吹海立好似春霆初發白馬淩空瓊鰲駕水日夜朝天闕飛龍舞鳳鬱蔥環拱吳越○此景天下應無東南形勝偉觀眞奇絕好是吳兒飛彩幟蹴起一江秋雪黃屋天臨水犀雲擁看擊中流楫晚來波靜海門飛上明月兩宮賞賜無限至月上始還

張材甫

張材甫名掄南渡故老詞多應制元夕雙闕中天一首繁華感慨已入選矣詠瑞香花西江月翦就碧雲

團葉刻成紫玉芳心淺春不怕嫩寒侵暖徹薰籠瑞錦○花裏清芬獨步樽前勝韵難禁飛香直到玉盃深消得厭厭夜飲又柳梢青前段云柳色初勻輕寒如水纖雨如塵一陣東風縠紋微皺碧沼鱗鱗亦佳足稱詞人

朱希眞

朱希眞名敦儒博物洽聞東都名士也天資曠遠有神仙風致其西江月二首詞淺意深可以警世之役役于非望之福者草堂入選矣其相見懽云東風吹又江梅揉花開舊日吳王宮殿長青苔○今古事英

雄淚老相催常恨夕陽西下晚潮回鷓鴣天云檢盡歷頭冬又殘愛他風雪耐他寒拖條竹杖家家酒上箇籃輿處處山〇添老大轉癡頑謝天教我老年間道人還了鴛央債紙帳梅花醉夢間其水龍吟末云奇謀報國可憐無用塵眠白羽鐵鎖橫江錦帆衝浪孫郎良苦亦可知其為人矣

李似之

李似之名彌遜仙井監人自號筠翁宋南渡名士不附秦檜坐貶有別友菩薩蠻一首云江城烽火連三月不堪對酒長亭別休作斷腸聲老來無淚傾〇風

高帆影疾目送舟痕碧錦字幾時來薰風無鴈回

張安國

張孝祥字安國蜀之簡州人四狀元之一也後卜居歷陽平昔為詞未嘗著稿筆酣興健頃刻即成無一字無來處如歌頭凱歌諸曲駿發踔厲寓以詩人句法者也有于湖紫微雅詞一卷湯衡為序云云其詠物之工如羅帕分柑霜落齒冰盤剝芡珠盈掬寫景之妙如秋淨明霞乍吐曙涼宿靄初消麗清之句如佩解湘腰釵孤楚鬢不可勝載

于湖詞

于湖玩鞭亭晉明帝覘王敦營壘處自溫庭筠賦詩後張文潛又賦于湖曲以正湖陰之誤詞皆奇麗警拔膾炙人口徐寶之韓南澗亦發新意張安國賦滿江紅云千古淒涼興亡事但悲陳迹凝望眼吳波不動楚山空碧巴滇綠駿追風遠武昌雲旆連天赤笑老姦遺臭到如今留空壁〇邊書靜烽煙息通軺傳銷鋒鏑仰太平天子聖明無敵蹙踏揚州開帝里渡江天馬龍為匹看東南佳氣鬱葱葱傳千億雖間采溫張語而詞氣亦不在其下嘗見安國大書此詞後題云乾道元年正月十日筆勢奇偉可愛〇建康實

錄唐許嵩所著者亦稱湖陰云云庭筠之誤有自來矣

醉落魄

張于湖醉落魄詞云輕寒澹綠可人風韵閒梳束多情早是眉峰蹙一點秋波閒裏覷人毒〇桃花庭院閒妝束銅鞮誰唱大堤曲歸來想是櫻桃熟不道秋千誰伴那人蹴此詞毒蹴二字難下〇醉落魄元曲今為醉羅歌

史邦卿

史邦卿名達祖號梅溪今錄其萬年懽一首亦鼎之

一鬱也兩袖梅風謝橋邊猶帶陰雪過了匆匆燈市草根青發燕子春愁未醒誤幾處芳音遼絕煙谿上採綠人歸定應愁沁花骨○非干厚情易歇奈燕臺句老難道離別小徑吹衣曾記故里風物多少驚心舊事第一是侵階羅襪如今但柳髮晞春夜來和露梳月春雪詞云行天入鏡都做出輕鬆纖軟寒爐重暖便放慢春衫針線恐鳳鞋挑菜歸來萬一灞橋相見此句尤爲姜堯章拈出輕鬆纖軟元人小令借以詠美人足云又元夕詞羞醉玉少年丰度懷豔雪舊家伴侶醉玉生春出蘭畹詞艷雪出韋詩語精字鍊

豈易及耶

杏花天

史邦卿杏花天詞云軟波拖碧蒲芽短畫樓外花晴柳暖今年自是清明晚便覺芳晴較孏○春衫瘦東風翦翦過花塢香吹醉面歸來立馬斜陽岸隔水歌聲一片姜堯章云史邦卿之詞奇秀清逸有李長吉之韵蓋能融情景于一家會句意于兩得姜亦當時詞手而服之如此

姜堯章

姜夔字堯章號白石道人南渡詩家名流詞極精妙不減清眞樂府其間高處有周美成不能及者善吹簫自製曲初則率意爲長短句然能協以音律云其詠蟋蟀齊天樂一詞最勝其詞曰庾郎先自吟秋賦淒淒更聞私語露溼銅鋪苔侵石井都是曾聽伊處哀音似訴正思婦無眠起尋機杼曲曲屏山夜深獨自甚情緒○西牕又吹暗雨爲誰頻斷續相和砧杵候館吟秋離宮弔月別有傷心無數豳詩漫與笑籬落呼燈世間兒女寫入琴絲奈聲聲更苦其過苕霅云拂雪金鞭欺寒茸帽不記章臺走馬鴈磧沙平漁汀人散老去不堪遊冶人日詞云池面冰膠牆頭雪

老雲意還又沉沉朱戸粘雞金盤簇燕空歎時序侵尋湘月詞云歸禽時度月上汀洲冷中流容與畫橈不點清鏡從柳子厚綠淨不可唾之語翻出戲張平甫納妾云別母情懷隨郎滋味桃葉渡江時翠樓吟云檻曲縈紅簷牙飛翠酒破清愁花消英氣法曲獻仙音云過秋風未成歸計重見冷楓紅舞玲瓏四犯云輕盈喚馬端正窺戸酒醒明月下夢逐潮聲去其腔皆自度者傳至今不得其調難入管絃祗愛其句之奇麗云 云

高賓王

高觀國字賓王號竹屋詞名竹屋癡語陳造爲序稱其與史邦卿皆秦周之詞所作要是不經人道語其妙處少游美成亦未及也舊本草堂詩餘選其玉蝴蝶一首書坊翻刻欲省費潛去之予家藏有舊本今錄于此以補遺略焉喚起一襟涼思未成晚雨先做秋陰楚客悲殘誰解此意登臨古臺荒斷霞斜照新夢黯微月疎砧總難禁盡將幽恨分付孤斟○從今倦看青鏡既遲勳業可負煙林斷梗無憑歲華搖落又驚心想蓴汀水雲愁凝辜閒蕙帳猿鶴悲吟信沉沉故國歸計休更侵尋又詠轎御街行云藤筠巧織

花紋細稱穩步如流水踏青陌上雨初晴嫌怕溼文鴛雙履要人送上逢花須住纔過處香風起○裙兒挂在簾兒底更不把腮兒閉紅紅白白簇花枝御稱得尋春芳意歸來時晚紗籠引道扶下人微醉低如秋懷喜遷鶯弔青樓永遇樂佳作也

盧申之

盧申之名祖皐邛州人有蒲江詞一卷樂章甚工字字可入律呂彭帥於吳江作釣雪亭擅漁人之窟宅以供詩境也約趙子野翁靈舒諸人賦之惟申之擅場江寒鴈影梅花瘦四無塵雪飛風起夜窗如晝其警句也水龍吟詠荼蘼云蕩紅流水無聲暮煙細艸粘天遠低回倦蝶往來忙燕芳期頓嬾綵霧迷牆翠虬騰架雪明香暖笑依依欲挽春風教住還疑是相逢晚○不似梅裝瘦減占人間丰神蕭散攀條弄蘂天涯猶記曲闌小院老去情懷酒邊風味有時重見對枕幃空想東窗舊夢帶將離怨洞仙歌詠茉莉云玉肌翠袖較似酴醿瘦幾度熏醒夜窗酒悶炎州何事得許清涼塵不到冰壺翦就○晚來庭戶悄暗數流光細拾芳英點回首念月暮江東偏爲魂銷人易老幽韻清標似舊正簟紋如水帳如煙更奈向月明

露濃時候

詞品卷五

成都 楊 慎 撰 緜州 李調元 校定

戴石屏

戴石屏名復古字式之能詩江湖四靈之一也詞一卷惟赤壁懷古滿江紅一首句有萬炬臨江貔虎噪千艘烈炬魚龍舞幾度東風吹世換千年往事隨潮去而全篇不稱臨江仙一首差可見予所選百琲明珠餘無可取者方虛谷議其胸中無百字成誦書故也

無行

戴石屏未遇時流寓江西武寧武寧富翁以女妻之留三年一日思歸詢其所以告以曾娶妻以白其父父怒妻宛曲解之盡以嫁奩贈之仍餞之以詞自投江而死其詞云惜多才憐薄命無計可留汝揉碎花牋仍寫斷腸句道傍楊柳依依千絲萬縷抵不住一分愁緒捉月盟言不是夢中語後回君若重來不相忘處把杯酒澆奴墳土嗚呼石屏可謂不仁不義之甚矣既誑良人女爲妻三年輿盡而棄之又受其奩具而甘視其死俗有諺詞云孫飛虎好色柳盜跖貪財殆兼之矣其爲人如此而台州猶祠于鄉賢何哉

張宗瑞

張宗瑞鄱陽人號東澤詞一卷名東澤綺語讀其詞皆倚舊腔而別立新名亦好奇之過也草堂詞選其疎簾淡月一篇卽桂枝香也予愛其垂楊碧一篇卽謁金門其詞云花半濕睡起一窻晴色千里江南空咫尺醉中歸夢直○前度蘭舟送客雙鯉沉沉消息樓外垂楊如許碧問來幾日

李公昴

李公昴名昴英號文溪贛州磐石人送太守詞有脚豔陽難駐一詞得名然其佳處不在此文溪全集予

家有之其蘭陵王一首絶妙可竝秦周其詞云燕穿幙春在深深院落單衣試龍沫旋熏又怕東風曉寒薄別來情緒惡瘦得腰圍柳弱清明近正似海棠怯雨芳疎任飄泊○釵留去年約恨易老嬌鶯多誤靈鵲碧雲杳杳天涯各望不斷芳草又迷香絮迴文强寫字屢錯淚欲注還閣○孤酌佳春脚更彩局誰歡寶軫慵學階除拾取飛花嚼是多少春恨等閑吞却猛拍闌干嘆命薄悔舊諾

陸放翁

放翁詞纖麗處似淮海雄慨處似東坡其感舊鵲橋

仙一首華燈縱博雕鞍馳射誰記當年豪舉酒徒一半取封侯獨去作江邊漁父〇輕舟八尺低蓬三扇占斷蘋洲烟雨鏡湖元自屬閒人又何必官家賜與英氣可掬流落亦可惜矣其墜鞭京洛解珮瀟湘欲歸時司空笑問漸近處丞相嗔狂眞不減少游

張東父

張震字東父號無隱居士蜀之盆寧人也孝宗朝爲諫官有直聲孝宗稱其知無不言言無不當光宗朝以數直言去位時稱王十朋去省爲之空張震去臺爲之空一代名臣也而其詞婉媚風流乃知賦梅花者不獨宋廣平也其蓦山溪青梅如豆一首草堂入選而失其名字

天風海濤

趙汝愚題鼓山寺云幾年奔走厭塵埃此日登臨亦快哉江月不隨流水去天風常送海濤來朱晦翁摘詩中天風海濤字題扁人不知其爲趙公詩也嚴次山有水龍吟題于壁云飈車飛上蓬萊不須更跨琴高鯉劃然長嘯天風澒洞雲濤無際我欲乘桴從玆浮海約任公起辦虹竿千文犗鈎五十親點對連鰲餌〇誰榜佳名空翠紫陽仙去騎箕尾銀鈎鐵畫龍

拏鳳翥留人間世更憶東山一曲霑襟淚到而今幸有高亭遺愛寓甘棠意此詞前段言江山景後段紫陽仙去指朱文公東山甘棠指趙公也趙詩朱子嚴詞可謂三絶特記于此

劉篁嵲

劉圻父字子寰號篁嵲早登朱文公之門居麻沙有文集行世其玉樓春云今來古往長安道歲歲榮枯原上草行人幾度到江濱不覺身隨楓樹老〇蒲花易晚蘆花早客裏光陰如過鳥一般垂柳短長亭去路不如歸路好頗有警悟觀泉二句云靜坐時看松鼠飲醉眠不礙山禽浴亦新

劉德修

劉光祖字德修號後溪蜀之簡州人有鶴林文集小詞附焉其醉落魄云春風開者一時還共春風謝柳條送我今槐夏不飲香醪孤負人生也〇曲塘泉細幽琴寫胡牀滑簟應無價日遲睡起簾鈎挂何不歸與花竹秀而野

潘庭堅

潘昉字庭堅號紫巖乙未何㮚榜及第第三人美姿容時有諺云狀元眞何郎榜眼眞郭郎探花眞潘郎

也庭堅以氣節聞于時詞止南鄉子一首草堂所選是也首句生怕倚闌干今本生怏作我

魏了翁

魏了翁字華父號鶴山邛州人慶元已未第二人及第與眞西山齊名道學宗派詞不作豔語長短句一卷皆壽詞也菩薩蠻壽范靖倅云東窗五老峯前月南窗九叠坡前雪推出侍郎山着君窗戶間〇離騷鄉裏住刦記庚寅度挹取芷蘭芳酌君千歲觴又鷓鴣天壽范靖州云誰把璿璣運化工參旗又挂玉梅東三三律琯聲餘亥九九元經卦起中又水調歌頭云玉圜壓金繫肘繡籠鞍宋代壽詞無有過之者

吳毅甫

吳毅甫名潛號履齋嘉定丁丑狀元爲賈似道所陷南遷有履齋詩餘行世有送李御帶祺一詞報國無門空自怨濟時有策從誰吐亦自道也李祺號竹湖亦當時名士所著有春秋王霸列國分紀予得之于市肆故書中乃爲傳之亦奇事也并附見

履齋贈妓詞

吳履齋有贈建寧妓女賀新郎詞集中不載見于小說今錄于此可意人如玉小簾櫳輕勻淡佇道家裝束長恨春歸無處尋全在波明黛綠看治葉倡條非俗比似江梅清有韻更臨風對月斜依竹看不足詠不足〇曲屏半掩青山簇正輕寒夜永花睡半欹殘燭縹緲九霞光裏夢香在衣裳賸馥又只恐銅壺聲促試問送人歸去後對一奩花影垂金粟腸易斷恨難續

向豐之

向豐之號樂齋有如夢令一詞云誰伴明牕獨坐我和影兒兩個燈盡欲眠時影也把人拋躲無那無那好個悽惶的我詞似俚而意深亦佳作也

毛幵

毛幵小詞一卷惟予家有之其滿江紅云潑火初收鞦韆外輕烟漠漠春漸遠綠楊芳草燕飛池閣已著單衣寒食後夜來還是東風惡對空山寂寂杜鵑啼梨花落〇傷別恨閒情作十載事驚如昨向花前月下共誰行樂飛蓋低迷南苑路湔裙悵望東城約但老來憔悴惜春心年年覺此作亦佳聊記于此

驀山溪

葛魯卿有驀山溪一曲詠天穿節郊射也宋以前以正月二十三日爲天穿節相傳云女媧氏以是日補

天俗以煎餅置屋上名曰補天穿今其俗廢久矣詞云春風野外卯色天如水魚戲舞綃紋似出聽新聲百里追風駿足千騎卷高門一箭過萬人呼雁落寒空裏○天穿過了此日名穿地橫石俯清波競追隨新年樂事誰憐老子使得縱遨遊爭捧手共憑肩夾路遊人醉詞不甚工而事奇故拈出之卯色天用唐詩殘霞蹙水魚鱗浪薄日烘雲卯色天之句東坡詩亦云笑把鴟夷一杯酒相逢卯色五湖天今刻蘇詩不知出處改卯色爲柳色非也花閒詞一方卯色楚南天注以卯爲泖亦非

張卽之書莫崙詞

聽春敎燕韓鶯訴朝朝花困風雨六橋忘卻清明後碧盡柳絲千縷蜂蝶侶正鬧見鬧花鬧草鬧歌舞最憐西子尚薄薄雲情盈盈波淚點點書眉嫵○流紅記空泛秋宮怨句才色何處嬌妒落紅無限隨風絮詩恨有誰曾遇堪恨處恨前度花信催花去東君暗苦更多囑多情多愁杜宇多訴斷腸語○此宋人莫崙之詞張卽之書孫生顯祖家藏墨跡如新而字極怪錄其詞如此卽之號樗寮莫崙號若山

寫詞述懷

扶風馬大夫作詞述懷聲寄滿庭芳云雪點疎髯霜侵衰鬢去年猶勝今年一迴老矣堪歎又堪憐思昔青春美景無非是月下花前誰知道金章紫綬多少事憂煎○侵晨騎馬出風初暴橫雨又淒然想山翁野叟正爾高眠更有紅塵赤日也不到松下林邊如何好吳淞江上閑了釣魚船大夫名晉字孟昭嘗爲仕宦

岳珂祝英臺詞

岳珂北固亭祝英臺近塡詞云澹烟橫層霧斂勝槩分雄占月下鳴榔風急怒濤颭關河無限清愁不堪

臨鑑正[illegible]髩秋風塵染○漫登覽極目萬里沙場事業頗看劔古往今來南北限天塹倚樓誰弄新聲重城門正掩歷歷數西州更點此詞感慨忠憤與辛幼安千古江山一詞相伯仲

蘇雪坡贈楊直夫詞

蘇雪坡贈楊直夫名棟青神人詞云允文事業從容了要岷峨人物後先相照見說君王曾有問似此人才多少況蜀珍先已登廊廟但側耳聽新詔按小說高宗曾問馬騏曰蜀中人才如虞允文者有幾騏對曰未試焉知允文亦試而後知也蘇與楊馬皆蜀人

楊在眉山爲甲族直夫之妹通經學比于曹大家嫁虞氏生虞集爲鉅儒其學無師傳于母氏也此事蜀人亦罕知故著之○馬驤南郡人涓之孫

慶樂園詞

慶樂園韓侂胄之南園也張叔夏著南陽臺詞云古木迷雅虛堂起燕慣遊轉眼驚心南圃東窻酸風掃盡芳塵鬢貂飛入平原草最可憐渾是秋陰夜沉沉不信歸魂不到花深○吹簫踏葉幽尋去任船依斷石岫裹寒雲老桂懸香珊瑚碎擊無音故園已是愁如許撫殘碑又却傷今更關情秋水人家斜照西林

詠雲詞譏史彌遠

彌遠之比周于楊后也出入宮禁外議甚譁有人作詠雲詞譏之云往來與月爲儔舒卷和天也蔽宋人言其本朝家法最正母后最賢至楊后則蕩然矣

趙從槖壽賈似道陂塘柳

趙從槖陂塘柳云指庭前翠雲含雨霏霏香滿仙宇一清透徹渾無底秋水也無流處君試數此樣襟懷頓得乾坤住閑情半許聽萬物氤氲從來形色每向靜中覷○琪花路相接西池壽母年年弦月時序荷衣菊珮尋常事分付兩山容與天證取此老平生可向青天語瑤巵緩舉要見我何心西湖萬頃來去自鷗鷺

賈似道壁詞

似道遭貶時人題壁云去年秋今年秋湖上人家樂復憂西湖依舊流○吳循州賈循州十五年間一轉頭人生放下休此語視雷州寇司戶之句尤警吳循州謂履齋之貶乃賈擠之也

劉須溪

須溪劉振翁元宵雨詞云角動寒譙看雨中燈市寒意蕭蕭星毬明戲馬歌管襍鳴刁泥沒膝舞停鼓

蠟任風飄更可憐紅啼桃臉綠顰楊橋○當年樂事朝朝倚錦韉呼妓金屋藏嬌園香春醉酒坐月夜吹簫今老去倦歌謠嫌殺杜家喬漫三杯擁爐覓句斷送春宵以意難忘按之可歌也

詹天游

詹天游以豔詞得名見諸小說其送童甕天兵後歸杭齊天樂云相逢喚醒京華夢胡塵暗班吟鬢倚擔評花認旗沽酒歷歷行歌奇跡吹香弄碧有坡柳風情逋梅月色畫鼓江船滿湖春水斷橋客○當時何限怪侶甚花天月地人被雲隔却載蒼烟招白鷺一

醉修江又別今回記得再折柳穿魚賞梅催雪如此湖山忍教人更說此伯顏破杭州之後也觀其詞全無黍離之感桑梓之悲而止以游樂言宋末之習上下如此其亡不亦宜乎童甕天失其名氏有甕天脞語一卷傳于今云天游又有清平調云醉紅宿翠髻嚲烏雲墜管甚夜來不睡那更今朝早起○東風滿搦腰肢階前小立多時却恨一番新雨想應濕透鞋兒盍詠妓訴狀立廳下也又見石次仲集

鄧千江

今人樂府稱鄧千江望海潮爲第一其詞云雲雷天

塹金湯地險名藩自古皐蘭營屯繡錯山形米聚喉襟百二秦關塵戰血猶殷見陣雲冷落時有鵰盤靜塞樓頭曉月依舊玉弓彎○看看定遠西還有元戎閫令上將齋壇區脫晝空兜零夕舉甘泉又報平安吹笛虎牙閒且宴陪珠履歌按雲鬟來招英靈醉魄長繞賀蘭山此詞全步驟沈公述上王君貺一首今錄于此山光凝翠川容如畫名都自古并州簫鼓沸天弓刀似水連營百萬貔貅金騎走長楸少年人一一錦帶吳鉤路入榆關鴈飛汾水正宜秋○近思昔日風流有儒將醉吟才子狂游松偃舊亭城高故國空留舞榭歌樓方面倚賢侯便恐爲霖去難留好向恣攜弦管宴蘭舟然千江之詞繁縟雄壯何啻十倍過之不止出藍而已

王子可

王子可金明昌時人或傳其仙去事不可知其生查子云夜色明河淨好風來千里水殿謫仙人皓齒清謌起○前聲金笋中後聲銀河底一夜嶺頭雲繞遍樓前水詞之飄逸高妙如此固謫仙之流亞也

滕玉霄

元人工於小令套數而宋詞又微惟滕玉霄集中塡

詞不減宋人之工今略記其百字令一首云柳顰花困把人間恩怨樽前傾盡何處飛來雙比翼直是同聲相應寒玉嘶風香雲捲雪一串驪珠引元郎去後有誰著意題品○誰料濁羽清商繁弦急管猶自餘風韻莫是紫鸞天上曲兩兩玉童相並白髮梨園青衫老傅試與留連聽可人何處滿庭霜月清冷玉霄又有贈謌童阿珍瑞鷓鴣云分桃斷袖絕嫌猜翠被紅裩興不乖洛浦乍陽新燕爾巫山行雨左風懷○手攜襄野便娟合背抱齊宮婉孌懷玉樹庭前千載曲隔江唱罷月籠階盍鄭櫻桃解紅兒之流也用事

甚工予同年吳學士仁甫喜誦之

牧菴詞

姚牧菴醉高歌詞云十年燕月歌聲幾點吳霜鬢影西風吹起鱸魚興已在桑榆暮景○榮枯枕上三更傀儡場中四并人生幻化如泡影幾個臨危自省○牧菴一代文章巨公此詞高古不減東坡稼軒也

元將塡詞

元將紇石烈子仁尚平南詞云蘸鋒搖螳臂振舊盟寒恃洞庭彭蠡狂瀾天兵小試萬蹄一飲楚江乾捷書飛上九重天春滿長安○舜山川周禮樂唐日月漢衣冠洗五州妖氣關山已平全蜀風行何用一泥丸有人傳喜日邊都護先還此亦黠虜也天欲戕我中國人乃生此種反指中國爲妖氣也耶非我皇明一汛掃之天柱折而地維陷矣

八詠樓

沈休文八詠詩語麗而思深後人遂以名樓照映千古近詩趙子昂鮮于伯機詩詞頗勝趙詩云山城秋色靜朝暉極目登臨未擬歸羽士曾聞遼鶴語征人又見塞鴻飛西流二水玻瓈合南去千峰紫翠圍如此溪山良不惡休文何事不勝衣鮮于百字令云長溪西住似延平雙劍千年初合溪上千峰明紫翠放出羣龍頭角瀟灑雲林微茫烟草極目春洲闊城高樓迥怳然身在寥廓○我來陰雨兼旬灘聲怒日日東風惡須待青天明月夜一試嚴維佳作風景不殊溪山信美處處堪行樂休文何事多病年年如削二作結句略同稍含微意不專爲詠景發予故取而著之也

杜伯高三詞

杜旟字伯高蘭亭詩爲世所傳樂府亦佳酹江月賦石頭城云江山如此是天開萬古東南王氣一自髯孫橫短策坐使英雄鵲起玉樹聲消金蓮影散多少傷心事千年遼鶴併疑城郭非是○當日萬駟雲屯潮生潮落處石頭孤峙人笑褚淵今齒冷只有袁公不死斜日荒烟神州何在欲墮新亭淚元龍老矣世問何限餘子摸魚兒湖上賦云放扁舟萬山環處平鋪碧浪千頃仙人憐我征塵久借與夢游清枕風乍靜望兩岸羣峰倒浸玻瓈影樓臺相映更日薄烟輕荷花似醉飛鳥墮寒鏡○中都內羅綺千街萬井天教此地幽勝仇池仙伯今何在隄柳幾眠還醒君試問此意只今更有何人領功名未竟待學取鴟夷仍

擕西子來動五湖興鶱山溪賦春云春風如客可是繁華主紅紫未全開早綠遍江南千樹一番新火多少倦游人纖腰柳不知愁猶作風前舞〇小闌干外兩兩幽禽語問我不歸家有佳人天寒日暮老來心事唯只有春知江頭路帶春來更帶春歸去

徐一初登高詞

徐一初登高摸魚兒詞對茱萸一年一度龍山今在何處参軍莫道無勳業消得從容樽俎君看取便破帽飄零也傳名千古當年幕府知多少時流等閑收拾有個容如許〇追往事滿目山河晉土征鴻又過

邊羽登臨莫苦高層望怕見故宮禾黍觴綠醑澆萬斛牢愁淚閣新亭雨黄花無語畢竟是西風披拂猶識舊時主亦感慨之詞也

南澗詞

韓南澗題采石蛾眉亭詞云倚天絶壁直下江千尺天際雨蛾横黛愁與恨幾時極〇暮潮風正急酒闌聞塞笛試問謫仙何處青山外遠烟碧此霜天曉角調也未有能繼之者

高竹屋蘇堤芙蓉詞

高竹屋詠蘇堤芙蓉菩薩蠻詞紅雲半壓秋波急豔妝泣露啼嬌色幽夢入仙城風流石曼卿〇宮袍呼醉醒休捲西風錦明月粉香殘六橋烟水寒

詞品卷六

成都 楊 愼 撰 綿州 李調元 校定

劉改之詞

新來塞北傳到眞消息赤地居民無一粒更五單于爭立維師尙父鷹揚熊羆百萬堂堂看取黃金假鉞歸來異姓眞王又云堂上謀臣樽俎邊頭將士干戈天時地利與人和燕可伐與曰可今日樓臺鼎鼐明年帶礪山河大家齊唱大風歌同日四方來賀世傳辛幼安壽韓侂冑詞也又一首小陶韻聲多俚談不錄近讀謝疊山文論李氏繫年錄朝野雜記之非謂

乾道間幼安以金有必亡之勢願召大成預修邊備爲倉卒應變之計此憂國遠猷也今摘數語而曰贊開邊借劉過小詞曰此幼安作也忠魂得無冤乎故今特爲拈出

天仙子

劉改之赴試別妾天仙子云別酒醺醺渾易醉回過頭來三十里馬兒不住去如飛行一憩來牽一憩斷送殺人山共水是則是功名終可喜不道恩情拋得未梅村雪店酒旗斜去也是住也是煩惱自家煩惱你詞俗意佳世多傳之又小說載曹東畝赴試步行戲作紅牕迥慰其足云春闈期近也望帝鄉迢迢猶在天際懊恨這一雙脚底一日厮趕上五六十里○爭氣扶持我去轉得官歸恁時賞你穿對朝靴安排你在轎兒裏更選對宮樣鞋兒夜間伴你睡其詞雖相似而不及改之遠甚○曹東畝名幽字西士

嚴次山

嚴仁字次山詞名清江欸乃其佳處有粘雲江影傷千古流不去斷魂之句又長于慶壽贈行灑然脫俗如壽蕭禹平云雲表金莖珠璀璨當日投懷驚玉燕文章議論壓西崑風流姓字翔東觀贈歐太守云坐

歗清香晝戟聽丁丁滴花晴漏棠陰晝寂賡賓客竹枝楊柳送別云相逢斜柳伴輕舟渚香不斷蘋花老又牕兒上幾條殘月斜界羅幃皆爲當時膾炙

吳大年

吳億字大年南渡初人元夕樓雪初消一首入選予愛其南鄉子一首云江上雪初消暖日晴烟弄柳條認得裙腰芳草綠魂銷曾折梅花過斷橋○蟬鬢爲誰凋長恨含嬌無處嬌遙想曉妝呵手罷無聊更傍朱唇暖玉簫

張功甫

張功甫名鎡有玉照堂詞一卷玉照堂以種梅得名其詞多賞梅之作其佳處如光摇動一川銀浪九霄珂月又宿雨初乾舞梢烟瘦金絲裊粉圍香陣擁詩仙戰退春寒峭皆詠梅之作雖不驚人而風味殊可喜

賀新郎

張功甫名鎡善塡詞嘗即席作賀新郎送陳退翁分教衡湘云桂隱傳杯處有風流千巖勝韵太邱遺譜玉季金昆霄漢侶平步鸞坡揮麈莫便駕飛飄烟渚雲動精神衡嶽去向君山帝野鏘韶濩蘭蓺畹弔湘

楚○南湖老矣無襟度但樽前踉蹡醉欹帽花顛仆只恐清時專文教猶貸陰山狂虜卧玉帳貔貅鉦鼓忠烈前勳賓萬恨望神都魏闕奔狐兎呼翠袖爲君舞此詞首尾變化送教官而及陰山狂虜非善轉換不及此末句呼翠袖爲君舞六字又能换回結煞非千鈞筆力未易到此辛稼軒有憑誰唤取盈盈翠袖揾英雄淚此末句似之

吳子和

吳子和名禮之錢塘人有閏元宵喜遷鶯一詞入選

鄭中卿

鄭中卿名域三山人號松窗使虜回有燕谷剽聞二卷紀虜事甚詳昭君怨詠梅一詞云道是花來春未道是雪來香異竹外一枝斜野人家○冷淡竹籬茅舍富貴玉堂瓊榭兩地不同栽一般開與比甚佳麗情云合是一釵雙燕卻成兩處孤鸞樂府多傳之

謝勉仲

謝勉仲名懋號靜寄居士吳伯明稱其片言隻字戛玉鏘金醖籍風流爲世所貴云其七夕鵲橋仙一詞入選鈎簾借月是也若餘醒未解扶頭嬾屏裏瀟湘夢遠亦的的佳句

趙文鼎

趙文鼎名善扛號解林居士其春游重疊金云楚宮楊柳依依碧遙山翠隱横波溢絶豔照穠春春光欲醉人○纖纖芳草嫩微步輕羅襯花戴滿頭歸游蜂花上飛其二玉關花草粘天碧春風萬里思行客驕馬向風嘶道歸猶未歸○南雲新有鴈望眼愁邊斷膏沐爲誰容日高花影重重疊金郎菩薩蠻也又十拍子一闋亦佳

趙德莊

趙德莊名彥端有介菴詞一卷清平樂一首云桃根

桃葉一樹芳相接春到江南二三月迷損東家蝴蝶○殷勤踏取春陽風前花正低昂與我同心梔子報君百結丁香爲集中之冠

易彥祥

易祓字彥祥長沙人寧宗朝解褐狀元草堂詞鶯山溪海棠枝上留取嬌鶯語其所作也

李知幾

李石字知幾號方舟蜀之井研人文章盛傳有續博物志詞亦風致草堂選烟柳疎疎人悄悄其夏夜詞也贈官妓詞有暖玉倚香愁黛翠勸人須要人先醉

問道明朝行也未猶自記燈前背立偷垂淚好事者或改偷爲伴

危逢吉

危逢吉名正有巽齋詞一卷其詠嬖傒漁家傲云老去諸餘情味淺詩情不上閑釵鈿寶幌有人紅兩靨簾間見紫雲元在深深院○十四條弦音調遠柳絲不隔芙蓉面秋入西窗風露晚歸去嬾酒酣一任烏巾岸按嬖傒本二十三弦十四弦葢後世從省非古制矣

劉巨濟

劉涇字巨濟簡州人文曰前溪集其夏初臨詞小橋飛葢入橫塘今刻本飛下落一葢字

劉巨濟僧仲殊

張樞言龍圖守杭一日湖上開宴劉涇巨濟僧仲殊在焉樞言命即席作塡詞巨濟先倡曰憑誰好筆橫掃素縑三百尺天下應無此是錢塘湖上圖仲殊應聲曰一般奇絕雲淡天高秋夜月費盡丹青只這些兒畫不成樞言又出梅花邀二人同賦仲殊曰江南二月猶有枝頭千點雪邀上芳樽郤占東君一半春巨濟曰樽前眼底南國風光都在此移過江來從此

江南不復開乃減字木蘭花調也

劉叔擬

劉叔擬名仙倫廬陵人號招山樂章爲人所膾炙其賞牡丹賀新郎誰把天香和晚露偷東風特地勻芳臉隔花聽取提壺勸道此花過了春歸蝶愁鶯怨最佳而結句意俗秋日念奴嬌云西風何事爲行人掃蕩煩襟如洗垂漲蒸瀾都捲盡一片瀟湘清泚酒病鷩秋詩愁入鬢對影人千里楚宮故事一時分付流水○江上買取扁舟排雲泐浪直過金沙尾歸去江南邱壑處不用重尋月姊風露杯深芙蓉裳冷笑傲

烟霞裏草廬如舊臥龍知為誰起此首絕佳又有繫裙腰一詞云山兒矗矗水兒清船兒似葉兒輕風兒更沒人情月兒明厮合湊送行人○眼兒簌簌淚兒傾燈兒更冷清清遭逢雁兒又沒前程一聲聲怎生得夢兒成此詩詞穠薄而意優柔亦柳永之流也

洪叔璵

洪叔璵名茶自號空同詞客其瑞鶴仙云聽梅花吹動凉夜何其明星有爛相看淚如霰問而今去也何時會面匆匆聚散便作秋鴻社燕最傷心夜來枕上斷雲零雨何限○因念人生萬事回首悲涼都成夢

幻芳心繾綣空惆悵巫陽館况船頭一轉三千餘里隱隱萬城不見恨無情春水連天片帆似箭詠新月南柯子云柳浪搖晴沼荷風度晚簷碧天如水印新蟾一鋏清光斜露玉纖纖○寶鏡微開匣金鈎未押簾西樓今夜有人懽應傍粧臺低照畫眉尖小宿菩薩蠻云斷虹遠飲橫江水萬山紫翠斜陽裏繫馬短亭西丹楓明酒旗○浮生長客路事逐孤鴻去又是月黃昏寒燈人閉門其餘如笑捐瓊珮遺交甫肯把文梭擲幼輿花上蝶水中鳧芳心密意兩相於用事用韻皆妙又合數松兒分香柏子總是牽情處用唐詩樓頭擊鼓轉花枝席上藏鬮握松子事也全篇如月華清水龍吟驀山溪齊天樂皆不減周美成不盡錄也

馮偉壽

馮偉壽字文子號雲月詞多自製腔草堂詞選其春風惡劣把數枝香錦和鶯吹折一首又春風裊娜其自度曲也被梁間雙燕話盡春愁朝粉謝午花柔倚紅闌故與蝶圍蜂繞柳綿無數飛上搔頭鳳管聲圓蠶房香暖笑挽羅衫須少留隔院蘭馨趁風遠鄰墻

桃影伴烟收○些子風情未減眉頭眼尾萬千事欲說還休薔薇刺牡丹毬殷勤記省前度綢繆夢裏飛紅覺來無覓望中新緑別後空稠相思難偶歎無情明月今年已見三度如鈎殊有前宋秦晁風豔比之晩宋酸餡味教督氣不侔矣餘句如笑呼銀漢入金鯨臨卭高耻菴列為麗句圖云

吳夢窗

吳夢窗名文英字君特四明人陰君煥序其詞云求詞於吾宋前有清真後有夢窗此非煥之言四海之公言也其聲聲慢一詞云檀欒金碧婀娜蓬萊游雲不蘸芳州露柳霜蓮十分點綴殘秋新彎畫眉未穩

似含羞低度墻頭愁送遠駐西臺車馬共惜臨流○知道池亭多宴掩庭花長是驚落秦謳膩粉闌干猶聞凭袖香留輸他翠漣拍甃瞰新妝終日凝眸簾半捲戴黃花人在小樓蓋九日宴侯家園作也

玉樓春

吳夢牕玉樓春云茸茸狸帽遮梅額金蟬羅剪胡衫窄肩輿爭看小腰身倦態强隨閑鼓笛○問稱家在城東陌欲買千金應不惜歸來困頓滯春眠猶夢婆娑斜趂拍深其意態者也

王實之

王邁字實之號臞菴莆陽人丁丑第四人及第劉後村贈之詞云天壤王郎數人物方今第一談笑裏風霆驚坐雲烟生筆落落元龍湖海氣琅琅董相天人策其重之如此余又見翰苑新書劉後村與王實之四六啟云聲名早著不數黃香之無雙科目小低猶壓杜牧之第五元化孕此五百年之間氣同輩立于九萬里之下風又云朱雲折檻諸公慙請劍之言陽子哭庭千載壯裂麻之語一葉身輕何去之勇六丁力盡而挽不回有謫仙人駿馬名姬之風無杜少陵泠炙殘杯之態麗人歌陶秀實郵亭之曲好事繪韓熙載夜宴之圖擁通德而著書命便了以沽酒云云觀此實之蓋進則忠鯁退則豪俠元龍太白一流人也可以補史氏之遺

馬莊父

馬莊父字子嚴號古洲建安人有經學多論著塡詞其餘事也草堂詞選其春游歸朝懽一首餘如月華淸云悵望月中仙桂問竊藥佳人與誰同歲賀聖朝云游人拾翠不知遠被子規呼轉阮郞歸結句云三三兩兩叫船兒人歸春也歸元夕詞云玉梅對妝雪柳鬧蛾兒象生嬌顫可考見杭都節物

万俟雅言

万俟雅言精于音律自號詞隱崇寧中充大晟府製撰按月用律進詞故多新聲草堂選載其三詞及梅花引二首而已其大聲集多佳者山谷稱之爲一代詞人黃玉林云雅言之詞發妙音于律呂之中運巧思于斧鑿之外蓋詞之聖也今約載其一篇昭君怨云春到南樓雪盡驚動燈期花信小雨一番寒倚闌干○莫把闌干倚一望幾重烟水何處是金華暮雲遮卓牌兒云東風綠楊天如畫出清明院宇玉豔淡泊梨花帶月燕支零落海棠經雨單衣怯黃昏人正

在珠簾笑語相竝戲蹴秋千共攜手同倚闌干暗香時度○翠窗繡戶路繚繞潛通幽處斷魂凝佇嗟不似飛絮閒悶閒愁難消遣此日年年意緒無據奈酒醒春去

黃玉林

黃玉林名昇字叔暘有散花菴人止稱花菴云嘗選唐宋詞名曰絶妙詞選與草堂詩餘相出入今草堂詞刻本多誤字及失名字者賴此可証此本世亦罕傳予得錄于王吏部相山予名嘉賓玉林之詞附錄卷尾凡四十首草堂詞選其二南山未解松梢雪及

枕鐵稜稜近五更是也然非其佳者其月照梨花一首云晝景方永重簾花影好夢猶酣鶯聲喚醒門外風絮交飛送春歸○脩蛾畫了無人問幾多別恨淚洗殘粉不知郎馬何處嘶烟草萋迷鷓鴣啼此首有花間遺意又賀新郎梅詞云自掃梅花下問梢頭冷蘂疎疎幾時開也問者闌焉今久矣多少幽懷欲寫有誰是孤山流亞香月一聯眞絶唱與詩人千載爲嘉話餘興味付來者○清癯不戀雕闌榭待與君白髮相懽竹籬茅舍喜甚今年無酒禁溜溜小漕壓蔗已準擬霜天雪夜自醉自吟人自笑任解冠落珮從

嘲罵書此意寄同社此詞用文句入音律而不酸宋詞之體也其餘若九日詞蘭珮秋風冷茱囊晚露新秋懷詞月印金樞曉未收夜涼詞冰雪襟懷琉璃世界夜氣清如許暮春詞戲臨小草書團扇自揀殘花插淨瓶又夜來能有幾多寒已瘦了梨花一半贈丁南鄰云待踞龜食蛤相期汗漫與烟霞會用盧敖事也見淮南子

許稼軒詞

廬陵陳子宏云蔡光工于詞靖康中陷虜庭辛幼安嘗以詩詞謁之蔡曰子之詩則未也他日當以詞名

家故稼軒歸宋晚年詞筆尤高嘗作賀新郎云綠樹聽鵜鴂更那堪杜鵑聲住鷓鴣聲切啼到春歸無尋處苦恨芳菲都歇算未抵人間離別馬上琵琶關塞黑更長門翠輦辭金闕看燕燕送歸妾將軍百戰身名烈向何梁回頭萬里故人長絶易水蕭蕭西風冷滿座衣冠似雪正壯士悲歌未徹啼鳥還知如許恨料不啼清淚長啼血誰伴我醉明月此詞盡集許多怨事全與李太白擬恨賦手段相似又止酒沁園春云杯汝前來老子今朝點檢形骸甚長年抱渴咽如焦釜于今喜瞌氣似奔雷漫說劉伶古今達者醉後

何妨死便埋渾如許歎汝於知己眞少恩哉○更憑歌舞爲媒算合作人間鴆毒猜况疾無大小生于所愛物無美惡過則爲灾與汝成言勿留亟退吾力猶能肆汝杯杯再拜道麾之卽去有召須來此又如賓戲解嘲等作乃是把做古文手段寓之于詞賦築偃湖云疊嶂西馳萬馬回旋衆山欲東正驚湍直下跳珠倒濺小橋横截新月初弓老合投閒天教多事檢校長身十萬松吾廬小在龍蛇影外風雨聲中爭先見面重重看爽氣朝來三四峰似謝家子弟衣冠磊落相如庭戶車騎雍容我覺其間雄深雅健如對文

章太史公新堤路問偃湖何日烟水濛濛且說松而及謝家相如太史公自非脫落故常者未易闖其堂奧劉改之所作沁園春雖頗似其豪而未免于粗近日作詞者惟說周美成姜堯章而以東坡爲詞詩稼軒爲詞論此說固當蓋曲者曲也固當以委曲爲體然徒狃于風情婉孌則亦易厭回視稼軒所作豈非萬古一清風哉或云周姜曉音律自能撰詞調故人尤服之

並蒂芙蓉詞

宋政和癸巳大晟樂成嘉瑞旣生蔡元長以晁端禮次膺薦于徽宗詔乘驛赴闕次膺至都下會禁中嘉蓮生異苞合趺夐出天造人意有不能形容者次膺效樂府體屬詞以進名並蒂芙蓉上覽之稱善除大晟樂府協律郎不克受而辭其詞云大液波澄向鑑中照影芙蓉同蒂千柄綠荷深並丹臉爭媚天心眷臨聖日殿宇分明敞嘉瑞弄香嗅蘂願君王壽與南山齊比○池邊屢回翠輦擁羣仙醉賞憑闌凝思萼綠攬飛瓊共波上游戲西風又看露下更結雙雙新蓮子鬭妝競美問鴛鴦向誰留意不惟造語工緻而曲名亦新故錄于此然大臣諛小臣佞不亡何俟乎

宋徽宗詞

宋徽宗北隨金虜後見杏花作燕山亭一詞云裁翦冰綃輕疊數重冷淡臙脂注新樣靚妝豔溢香融羞殺蘂珠宮女易得凋零更多少無情風雨愁苦閑院落凄凉幾番春暮○憑寄離恨重重這雙燕何曾會人言語天遙地遠萬水千山知他故宮何處怎不思量除夢裏有時曾去無據和夢也有時不做詞極凄惋亦可憐矣又在北過清明日詩曰茸母初生認禁烟草名無家對景倍悽然帝城春色誰爲主遙指鄉門涕淚連又戲作小詞云孟婆孟婆你做些方便吹個

船兒倒轉

孟婆

俗謂風曰孟婆蔣捷詞云春雨如絲繡出花枝紅裊怎禁他孟婆合早宋徽宗詞云云孟婆宋汴京勾闌語葢言風也江南七月間有大風甚于舶艄野人相傳以爲孟婆發怒按北齊李騊徐騁陳問陸士秀江南有孟婆是何神也士秀曰山海經帝之二女游于江中出入必以風雨自隨以帝女故曰孟婆猶郊祀志以地神爲泰媪此言雖鄙俚亦有自來矣

憶君王

徽宗被虜北行謝克家作憶君王詞云依依宮柳拂宮墻宮殿無人春晝長燕子歸來依舊忙憶君王月照黄昏人斷腸忠憤之氣寓于聲律宜表出之其調即憶王孫也

陳敬叟

陳敬叟名以莊號月溪有水龍吟一首自注記錢塘之恨葢謝太后隨北虜去事也其詞曰晩來江闊潮平越船吳榜催人去稽山滴翠胥濤濺恨一襟離緒訪柳章臺問桃仙囿物華如故向秋娘渡口泰娘橋畔稀依是相逢處○窈窕青門紫曲舊羅衣新番金縷仙音恍記輕攏慢撚哀絃危柱金屋難成阿嬌已遠不堪春暮聽一聲杜宇紅殷絲老雨花風翦是時謝太后年七十餘故有金屋阿嬌不堪春暮之句又以秋娘泰娘比之葢惜其不能死也有愧于荀登之毛氏竇建德之曹氏多矣同時孟鯁有折花怨云匆匆杯酒又天涯晴日墻東叫賣花可惜周生不同死卻隨春色去誰家鮑輗亦有詩云生死雙飛亦可憐若爲白髮上征船未應分手江南去更有春光七十年噫婦人不足責誤國至此者秦檜賈似道可勝誅哉

陳剛中詩

天台陳剛中守在燕端陽日當母誕作太常引二首云綵絲堂做簇蘭翹記生母在今朝無地捧金焦奈烟水龍沙路遥碧天迢遞白雲何處急雨蕭蕭萬里夢魂銷待飛逐錢塘夜潮其二短衣孤劔客乾坤奈無策報親恩三載隔晨昏更疎雨寒燈斷魂赤城霞外西風鶴髮猶想倚柴門滿酌漫盈樽倩誰寫青衫淚痕時爲編修云

惜分釵

呂聖求惜分釵一詞云春將半鶯聲亂柳絲拂馬花

迎面小堂風暮樓鐘草色連雲暝色連空重重○秋千畔何人見寶釵斜照春妝淺酒霞紅與誰同試問別來近日情悰忡忡此詞妙在足韻

鄒志完陳瑩中詞

後田漫錄云鄒志完徙昭陳瑩中貶廉間以長短句相諧樂有個胡兒模樣別滿頷髭鬚生得渾如漆見說近來頭也白髭鬚那得長長黑逸一句鑰子摘來鬚有千莖雪莫向細君容易說恐他嫌你將伊摘此瑩中語謂志完之長髭也有箇頭陀修苦行頭上頭髮搀搀身披一副黲裙衫繫纏雙脚苦要游南閩說

度牒一夕到并除頷下髭鬚鉢中無粥住無菴摩登伽處只恐卻重条此志完語謂瑩中之多慾也廣陵馬推官往來二公間亦嘗以詩詞贈之有才何事老青山十載低回北斗南肯伴雪鬚千日醉此心眞與古人參不見故人今幾年年年來風物尚依然遙知閒望登臨處極目江湖萬里天志完語也一樽薄酒滿酌勸君君舉手不是朋親誰肯相從寂寞濱人生似夢夢裏惺惺何處用酕倒休辭醉後全勝未醉時瑩中語也初志完自元符間貶新州徽宗即位以中書舍人召未幾謫零陵別駕龍水安置未幾徙昭焉

詞讖

復齋漫錄云鄧肅謂余曰宣和五年初復九州天下共慶而識者憂之也都下盛唱小詞云喜則喜得入手愁則愁不長久歡則歡我兩個廝守怕則怕人來破鬭雖三尺之童皆歌之不知何謂也七年九州復陷豈非不長久也郭藥師契丹之帥也我用以守疆啓敵國禍者郭爾非破鬭之驗耶

無名氏撲蝴蝶詞

苕溪漁隱曰舊詞高雅非近世所及如撲蝴蝶一詞不知誰作非惟藻麗可喜其腔調亦自婉美詞云烟

條雨葉綠遍江南岸思歸倦客尋芳來較晚岫邊紅日初斜陌上花飛正滿淒涼數聲羌管怨春短玉人應在明月樓中畫眉嬾鸞箋錦字多少魚鴈斷恨隨去水東流事與行雲共遠羅衾舊香猶暖

曹元寵詞

苕溪漁隱曰曹元寵本善作詞特以紅窗迥戲詞盛行于世遂掩其名如望月婆羅門一詞亦豈不佳詞云漲雲暮卷漏聲不到小簾櫳銀河淡掃澄空皓月當軒高挂秋入廣寒宮正金波不動桂影朦朧○佳人未逢歎此夕與誰同望遠傷懷對影霜滿秋紅南

樓何處想人在長笛一聲中凝淚眼立盡西風此詞語病在霜滿秋紅之句時太早爾曾端伯編雅詞乃以此爲楊如晦作非也

王采漁家傲詞

復齋漫錄云王采輔道觀文韶子也徽宗朝妄奏天神降于家卒以此受禍人以其父熙河妄殺之報爾嘗爲漁家傲詞云日月無根天不老浮生總被消磨了陌上紅塵常擾擾昏復曉大夢一場誰先覺○洛水東流山四遶路傍幾個新華表見說在時官職好爭信道冷烟寒雨埋荒艸

洪覺範浪淘沙

冷齋夜話云予留南昌久而忘歸獨行無侶意緒蕭然偶登秋屏閒望西山於是浩然有歸志作長短句寄意其詞曰城裏久偷閒塵浣雲衫此身已是再眠蠶隔岸有山歸去好萬壑千巖○霜曉更凭闌減盡晴嵐微雲生處是茅菴試問此生誰作伴彌勒同龕

洪覺範禪師贈女眞詞

復齋漫錄云臨川距城南一里有觀曰魏壇葢魏夫人經游之地具諸顏魯公之碑以故諸女眞嗣續不絕然而守戒者鮮矣陳虛中崇寧間守臨川爲詩曰夫人在兮苦冰雪夫人去兮仙跡滅可怕如今學道人羅裙帶上同心結洪覺範嘗以長短句贈一女眞云十指嫩抽春筍纖纖玉軟紅柔人前欲展强嬌羞微露雲衣霓袖○最好洞天春晚黃庭卷罷清幽凡心無計奈閑愁試撚花枝頻嗅

錢思公詞

侍兒小名錄云錢思公謫漢東日撰玉樓春詞曰城上風光鶯語亂城下烟波春拍岸綠楊芳草幾時休淚眼愁腸先已斷情懷漸變成衰晚鸞鏡朱顏驚暗換往年多病厭芳樽今日芳樽惟恐淺每酒闌歌之則泣下後閤有白髮姬乃鄧王謌鬟驚鴻也遽言先

王將薨預戒挽鐸中謌木蘭花引紼爲送今相公亦將亡乎果薨于隨州鄧王舊曲亦嘗有帝鄉烟雨鎖春愁故國山川空淚眼之句

劉後村

劉克莊字潛夫號後邨有後村別調一卷大抵直致近俗效稼軒而不及也夢方孚若沁園春云何處相逢登寶釵樓訪銅雀臺喚厨人斫就東溟鯨鱠圉人呈罷西極龍媒天下英雄使君與操餘子誰堪共酒杯車千乘載燕南代北劍客倚材○飲酣畫鼓如雷

誰信被晨雞催喚回歎年光過盡功名未立書生老去機會方來使李將軍遇高皇帝萬戶侯何足道哉推衣起但淒涼感舊慷慨生哀舉一以例他詞類是其詠菊念奴嬌後段云嘗試銓次羣芳梅花差可伯仲之間耳佛說諸天金色界未必莊嚴如此尙友靈均定交元亮結好天隨子籬邊坡下一杯聊泛霜蕋亦奇甚送陳子華帥眞州云記得太行兵百萬曾入宗爺駕御今把做握蛇騎虎堪笑書生心膽怯車中閉置如新婦空目送孤鴻去莊語亦可起懦旅中淚淘沙云紙帳素屏遮全似僧家無端霜月闖窗紗驚

起玉關征戍夢幾疊寒笳○歲晚客天涯鬢髮蒼華今年衰似去年些詩酒近來都減價孤負梅花見天機餘錦

劉伯寵

劉伯寵名褒一字春卿其詞後俊語元夕云金猊戲掣星橋鎖綠紗萬炬玉梅千朶羯鼓喧空鵾弦沸曉櫻梢微破春日旅況云遺策誰家蕩子唾花何處新妝流紅有恨拾翠無心往事淒凉紅淚不勝閨怨白雲應老他鄉送別云紅枕臂香痕未落舟橫岸作計匆匆愁如識斷腸啼鴂饒舌訴東風

劉叔安

劉叔安名鎮號隨如元夕慶春澤一首入草堂選又有阮郎歸云寒陰漠漠夜來霜階庭風葉黃歸鴉數點帶斜陽誰家砧杵忙○燈弄幌月侵廊熏籠添寶香小屏低枕怯更長和雲入醉鄉亦清麗可誦其詠茉莉云月浸闌干天似水誰伴秋娘窗戶評者以爲不言茉莉而想像可得他花不能承當也又春宴一庭花弄影一簾香月娟娟有富貴蘊藉之味餞元宵餞春二詞皆奇南渡塡詞鉅工也

施乘之

施乘之號楓溪野外元夕云休言冷落山家山翁本厭繁華試問蓮燈千炬何如月上梅花高情可想也

劉會孟

劉須溪丁酉元夕寶鼎兒詞云紅妝春騎踏月花影牙旗穿市望不盡歌樓舞榭香塵蓮步底簫聲斷約彩鸞歸去未怕金吾呵醉甚輦路喧闐且止聽得念奴歌起○父老猶記宣和抱銅仙清淚如水還轉盼沙河多麗滉瀁明光連邸第簾影凍散紅光成綺月浸蒲桃十里看往來神仙才子肯把菱花撲碎腸斷竹馬兒童空見說三千樂指等多時春不歸來到春

時欲睡又說向燈前擁髻暗滴鮫珠墜便當日親見霓裳天上人間夢裏此詞題云丁酉蓋元成宗大德元年亦淵明書甲子之意也詞意凄婉與麥秀歌何殊○尹濟翁壽須溪風入松詞云曾聞幾度說京華愁壓帽簷斜朝衣尉貼天香在如今但彈指蘭闍不是柴桑心遠等閒過了元嘉○長生休說棗如瓜壺口自無涯河傾南紀明奎壁長教見壽氣成霞但得重攜溪上年年人共梅花

鏡聽

李廓王建皆有鏡聽按鏡聽今之響卜也

詞品卷六畢

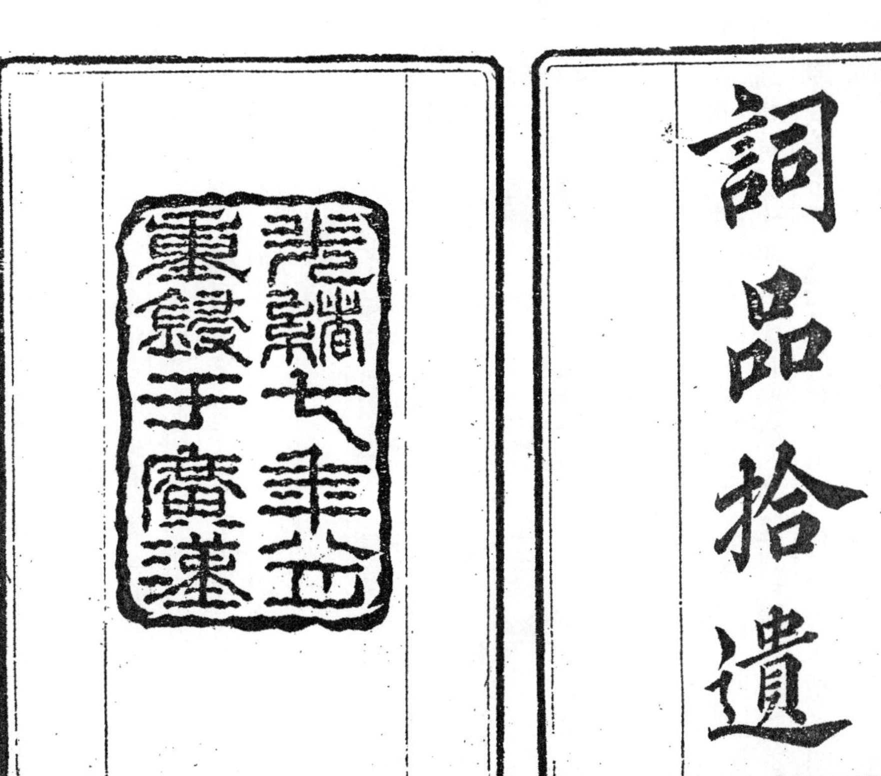

詞品拾遺

詞品拾遺

成都 楊 慎 撰　綿州 李調元 校定

上卷念奴嬌祝英臺

德祐乙亥太學生作念奴嬌云半是花雨對芳辰消遣無奈情緒春色尙堪描畫在萬紫千紅塵土鵑促歸期鶯收佞舌燕作留人語遶闌紅藥韶華留此孤主○眞個恨殺東風幾番過了不似今番苦樂事賞心磨滅盡忽見飛書傳羽湖水湖烟峯南峯北總是堪傷處新塘楊柳小橋猶自歌舞又祝英臺近云倚危闌斜日暮驀驀甚情緒稺柳嬌黃全未禁風雨春

江萬里雲濤扁舟飛渡那更塞鴻無數○歎離阻有恨落天涯誰念孤旅滿目風塵冉冉如飛霧是何人惹愁來那人何處怎知道愁來又去

文山和王昭儀滿江紅詞

王昭儀之詞傳播中原文天祥讀至末句嘆曰惜也夫人於此少商量矣爲之代作一篇云試問琵琶胡沙外怎生風色最苦是姚黃一朶移根仙闕王母歡闌瑤宴罷仙人淚滿金盤側聽行宮半夜雨淋鈴聲聲歇○彩雲散香塵滅銅駝恨那堪說想男兒慷慨嚼穿齦血回首昭陽離落日傷心銅雀迎新月算妾身不願似天家金甌鈌又和云燕子樓中又捱過幾番秋色相思處青年如夢乘鸞仙闕肌玉暗消衣帶綬淚珠科透花鈿側最無端蕉影上窗紗青燈歇○曲池合高臺滅人間事何堪說向南陽阡上滿襟清血世態便如飜覆雨妾身元是分明月映樂昌一段好風流菱花鈌

附王昭儀詞

太液芙蓉渾不是舊時顏色曾記得恩承雨露玉樓金闕名播蘭簪妃后裏暈潮蓮臉君王側忽一朝鼙鼓揭天來繁華歇○龍虎散風雲滅千古恨憑誰說

對山河百二淚霑襟血驛館夜驚塵土夢宮車晚碾關山月願嫦娥相顧肯相容隨圓鈌

徐君寶妻詞

岳州徐君寶妻某氏被虜來杭居韓蘄王府自岳至杭相從數千里其主者數欲犯之而終以巧計脫葢某氏有令姿主者弗忍殺之也一日主者甚怒將卽强焉因告曰俟妾祭謝先夫然後乃爲君婦不遲也君奚怒焉主者喜諾某氏乃焚香再拜默祝南向飲泣題滿庭芳一詞於壁上書已投大池中以死詞云漢上繁華江南人物尙遺宣政風流綠窗朱戶十里

爛銀鈎一旦刀兵齊舉旌旗擁百萬貔貅長驅入歌樓舞榭風捲落花愁○清平三百載典章人物掃地都休幸此身未北猶客南州破鑑徐郎何在空惆悵相見無由從今後斷魂千里夜夜岳陽樓

傳按察鴨頭緑

元時有傅按察者嘗作鴨頭緑一詞悼宋云靜中看記昔日淮山隱隱宛若虎踞龍盤下樊襄指揮湘漢鞭雲騎圍繞三千勢不成三時當混一過唐之數不爲難陳橋驛孤兒寡婦入假當還○拄征帆龍舟催發紫宸初卷朝班禁庭空土花暈壁輦路悄調喝聲

乾縱餘得西湖風景花柳亦凋殘去國三千游仙一夢依然天淡夕陽間昨宵也一輪明月還照臨安

楊復初南山詞

楊復初築室南山以郗居爲號淩彥翀以漁家傲詞壽之云釆芝步入南山道山深宛似蓬萊島聞說村居詩思好還被惱蒼苔滿地無人掃○載酒亭前松合抱客來便許同傾倒玉兎已將靈藥搗秋意早月華長似人難老復初和詞云當時承望求仙道那知薄命如郊島留得殘生猶自好多懊惱塵緣俗慮何時掃○子已成童無用抱醉眠任使和衣倒今歲砧聲秋未搗涼風早看來只恐中年老瞿宗古和詞云喜來不涉郗鄲道愁來不竄沙門島惟有郗居閑最好無事惱苔階竹徑頻頻掃○有酒可斟琴可抱長年擬看三松倒曰内靈砂親自搗歸隱早朝來未放元真老宗吉既和此詞而復序云舊譜皆以仄聲起歐公呼范文正爲窮塞主首句所謂塞上秋來者正此格也他如王荆公之平岸小橋千障抱周清真之幾日春陰寒側側謝無逸之秋水無痕清見底張仲宗之釣笠披雲青障遠亦皆如是今二公皆以平聲易之特著此以俟知音爾

淩彥翀無俗念

淩彥翀作無俗念云等閑屈指算今來古往誰爲英傑耳目聰明天賦予怎肯虛生虛滅去燕來鴻飛烏走兎世事何時歇風波境界大川不用頻涉○空踏遍萬戸千門五湖四海一樣中秋月正面相看君記取全體本來無缺空裏非空夢中是夢莫向癡人說須騎鶴夜深朝禮金闕又蝶戀花詞云一色杏花三百樹茅屋無多更在花深處旋壓小槽留客住舉杯忽聽黄鸝語○醉眼看花花亦舞風妒殘紅飛過鄰墻去却似牧童遥指處清明時節紛紛雨詞格清逸

一洗鉛華非駢金儷玉者比也

瞿宗吉西湖秋泛

宗吉西湖秋泛滿庭芳詞露葦催黄烟蒲駐緑水光山色相連紅衣落盡辜負採蓮船點檢六橋楊柳但殘個抱葉殘蟬秋容晚雲寒鴈背風冷鷺鷥肩○華筵容易散愁添酒暈病減詩顋况情懷冲淡漸入中年掃退舞裙歌扇盡付與一枕高眠清閒好脱巾露髮仰面看青天又西湖四時望江南詞西湖景春日最宜晴花底管絃公子宴水邊羅綺麗人行十里按歌聲○西湖景夏日正堪游金勒馬嘶垂柳岸紅粧

人泛採蓮舟驚起水中鷗○西湖景秋日更宜觀桂子岡巒金粟富芙蓉洲渚綵雲閒爽氣滿山前○西湖景冬日轉清奇賞雪樓臺評酒價觀梅園圃定春期共醉太平時

瞿宗吉鞋杯詞

楊廉夫嘗訪瞿士衡以鞋杯行酒命其姪孫宗吉詠之宗吉作沁園春以呈廉夫大喜即命侍妓歌以侑觴詞云一掬嬌春弓様新裁蓮步未移笑書生量窄愛渠儘小主人情重酌我休遲醖釀朝雲斟量暮雨能使麯生風味奇何須去向花塵留蹟月地偷期○風流到處便宜便豪吸雄吞不用辭任凌波南浦唯誇羅襪賞花上苑祇勸金巵羅帕高擎銀瓶低注絶勝翠裙深掩時華筵散奈此心先醉此恨誰知

馬浩瀾著花影集

馬浩瀾著花影集自序云予始學爲南詞漫不知其要領偶閲吹劍錄中載東坡在玉堂日有幕士善歌坡問曰吾詞何如柳耆卿對曰柳郎中詞宜十七八女孩兒按紅牙拍歌楊柳岸曉風殘月學士詞須關西大漢執鐵板唱大江東去緣是求二公詞而讀之下筆略知蹊徑然四十餘年僅得百篇亦不可謂不

難矣法雲道人嘗勸山谷勿作小詞山谷云空中語爾予欲以空中語名其集或曰不文改稱花影集花影者月下燈前無中生有以爲假則眞謂爲實猶涉虚也今漫摘數首以便展玩云其商調少年游云弄粉調脂梳雲掠月次第曉粧成鸚鵡籠邊鞦韆牆裏半晌不聞聲○原來卻在瑤階下獨自踏花行笑摘朱櫻微揎翠袖枝上打流鶯行香子云紅遍櫻桃綠暗芭蕉鎖窗深春思無聊雙飛燕懶百囀鶯嬌正漏聲遲簾影靜篆香飄○惜月前宵病酒今朝有誰知臂玉微銷封題錦字寄與蘭翹恨樹重重雲渺渺水

迢迢春夜生查子云燒罷夜香時獨立簾兒下眞個可憐宵一刻千金價○啼痕不記行暗濕鮫綃帕蝶宿牡丹叢月轉鞦韆架春日海棠春云越羅衣薄輕寒透正畫閣風簾飄繡無語小鶯慵有恨垂楊瘦○桃花人面應依舊憶那日攀漿時候添得暮愁牽只爲秋波溜鳳凰臺上憶吹簫云淡淡秋容澄澄夜影涓涓月挂梧桐愛簫聲縹緲簾影玲瓏彩鳳銜書未至玉宇淨香霧空濛涼如水翠苔凝露琪樹吟風○匆匆年華暗換嗟舊歡成夢芳鬢飛蓬想清江泛鷁紫陌游驄應念佳期虛負聽素彩感慨相同凝情久

誰家搗衣砧杵丁東青玉案云平川渺渺花無數明鏡裏孤舟度花下美人和笑顧問郎莫似乞漿崔護別久來何暮○盈盈羅襪凌波步眉月連娟鬢如霧人世光陰花上露勸郎休去再來須誤個是桃源路中秋鵲橋仙云不寒不暑無風無雨秋色平分佳節桂花香散夜涼生小樓上簾兒高揭○多愁多病間憂閒悶綠鬢紛紛成雪平生不作負恩人惟負了今宵明月九日金菊對芙蓉三過雁行低鳴蟹韻急紛紛月下亭臯向霜庭看菊颭館題糕依然賓主東南美勝龍山迢遞登高繡屏孔雀金橙螃蟹銀甕葡萄

○痛飲鯨卷波濤笑百年春夢萬事秋毫問臺前戲馬海上連鰲當時二子今安在乾坤大容我粗豪四絃裂帛雙鬟舞雪左手持螯梅花東風第一枝云餌玉餐香夢雲情月花中無此清瑩儼然姑射仙人華珮明璫新整五銖衣薄應怯瑤臺淒冷白驂鸞來下人間幾度雪深烟暝○孤絕處江波流影顛領也春風銷粉相思千種閑愁聲聲翠禽啼醒西湖東閣休說當時風景但留取一點芳心他日調羹金鼎落花滿庭芳云春老園林雨餘庭院偏惹蝶駭鶯猜蔫紅皺白狼藉滿蒼苔正是愁腸欲斷珠箔外點點飄來

分明似身輕飛燕扶下碧雲臺○當初珍重意金錢競買玉砌新栽正翠屏遮護羯鼓催開誰道天機繡錦都化作紫陌塵埃紗窗裏有人憐惜無語托香腮

馬浩瀾詞

馬浩瀾洪仁和人號鶴牕善詩詠而詞調尤工皓首韋布而含吐珠玉錦繡胸腸裒然若貴介王孫也嘗題許應和松竹雙清扇景詞云剪蒿萊曾將雙翠親裁旋添成園林佳勝依稀嶰谷徂徠鳳飛過文章燦爛蛟騰攫鱗甲毰毸剉節題詩收花釀酒鬢黏香粉袖黏苔無人識棟梁之具管籥之才蔭亭臺儘多風

月清無半點塵埃○竿期截六鰲連舉巢堪托孤鶴時來色瑩琅玕脂凝琥珀笑他門柳與庭槐蕭郎去畢宏已老誰富寫生才君看取歲寒三友只欠梅開葢多麗詞也許東溟以爲可追跡康伯可可謂信然又題梅花江城引云雪晴閑覽瘦筇扶過西湖訪林逋湖上天寒草樹盡凋枯忽見瓊葩光照眼仙格調玉肌膚○夜空雲靜月輪孤巧相摹海濤圖時聽枝頭蜩蜥翠禽呼總有明珠三百琲知似得此花無清氣逸發瑩無塵想又題許東溟小景昭君怨云路遠危峯斜照瘦馬塵風衣帽此去向蕭關向長安○便

坐紫薇花底只似黃粱夢裏三徑易生苔早歸來言有盡而意無窮方是作者徐伯齡言鶴䓗與陸清溪偕出菊莊之門而清溪得詩律鶴䓗得詞調異體齊名可謂盛矣

馬浩瀾念奴嬌

馬浩瀾念奴嬌詞云東風輕軟把綠波吹作縠紋微皺彩舫亭亭寬似屋載得玉壺芳酒勝景天開佳朋雲集樂繼蘭亭後珍禽兩兩鷺飛猶自回首○學士港口桃花南屏松色蘇小門前柳冷翠柔金紅綺幔掩映水明山秀閑試評量總宜圖畫無比丹青手歸時侵夜香街華月如晝

聶大年詞附馬浩瀾和

聶大年嘗賦卜算子二首葢自況也詞云楊柳小蠻腰慣逐東風舞學得琵琶出敎坊不是商人婦○忙整玉搔頭春筍纖纖露老却江南杜牧之嬾爲秋娘賦　粉淚濕鮫鮹只恐郎情薄夢到巫山第幾峯酒醒燈花落○數日尙春寒未把羅衣着眉黛含顰爲阿誰但悔從前錯馬浩瀾和云歌得雪兒歌舞得霓裳舞料想前身跨鳳仙合作蕭郎婦○顏色雪中梅淚點花梢露雲雨巫山十二峯未數高唐賦　花壓

髩雲低風透羅衫薄殘夢瞢騰下翠樓不覺金釵落○幾許別離愁猶自思量着欲寄蕭郎一紙書又怕歸鴻錯

一枝春守歲詞

守歲之詞雖多極難其選獨楊守齋一枝春最爲近世所稱詞云竹爆驚春競喧闐夜起千門簫鼓流蘇帳暖翠鼎緩騰香霧停盃未舉奈剛要送年新句應自賞歌清字圓未誇上林鶯語○從他歲窮日暮縱閒愁怎減劉郎風度屠蘇辦了迤邐柳歡梅妒宮壺未晚早驕馬繡車盈路還又把月夕花朝自今細數

鬬草詞

春日婦女喜爲鬬草之戲黃子常綺羅香詞云綃帕藏春羅裙點露相約鶯花叢裏翠袖拈房香沁筍芽纖指偷摘遍綠逕烟霏悄攀下畫闌紅紫掃花堦襯展芙蓉瑤臺十二降仙子○芳園清晝乍永亭上吟吟笑語妒穠誇麗奪取籌多贏得玉璫瑜珥凝素靨香粉添嬌映黛眉淡黃生喜綰胸帶空繫宜男情郎歸也未

賣花聲

黃子常賣花聲詞云人過天街曉色擔頭紅紫滿筠

筐浮花浪蘂畫樓睡醒正眼橫秋水聽新腔一回催起○吟紅叫白報得蜂兒知未隔東西餘音軟美迎門爭買早斜簪雲髻助春嬌粉香簾底喬夢符和詞云侵曉園丁叫道嫩紅嬌紫巧工夫攢枝飣蘂行歌佇立洒洗妝新水捲香風看街簾起○深深巷陌有個重門開未忽驚他尋春夢美穿牕透閣便憑伊喚取惜花人在誰根底

梁貢父木蘭花慢

梁貢父曾燕京人大德初爲杭州路總管政事文學皆有可觀嘗作西湖送春木蘭花慢詞云問花花不語爲誰落爲誰開算春色三分半隨流水半入塵埃人生能幾歡笑但相逢樽酒莫相推千古幕天席地一春翠繞珠圍○彩雲回首暗高臺烟樹渺吟懷拚一醉留春留春不住醉裏春歸西樓半簾斜日怪銜春燕子却飛來一枕青樓好夢又教風雨驚回此詞格調俊雅不讓宋人也

花綸太史詞

杭州花綸年十八黃觀榜及第三人初讀卷官進卷以花綸第一練子寧第二黃觀第三御筆改定以黃第一練第二花第三南京諺有花練黃黃練花之語

故後人猶以花狀元稱之其科題名記及登科錄皆以黃練二公死革除之難剗毀故相傳多誤花有詞藻其謫戍雲南有題楊太眞畫圖水仙子一闋云海棠風梧桐月荔枝塵霓裳舞翠盤嬌繡嶺春錦繃嬉金釵信香囊恨癡三郎泥太眞馬嵬坡血污游魂楊柳眉侵顰黛損芙蓉面零脂落粉牡丹芽剪草除根其風致不減元人小山酸齋輩滇人傳唱多訛其字余爲訂之云

鎖懋堅詞

鎖懋堅西域人扈宋南渡遂爲杭人代有詩名懋堅

尤善吟寫成化間游吾城朱文理座間索賦其家假山懋堅賦沉醉東風一闋云風過處香生院宇雨收時翠濕琴書移來小朶峰幻出天然趣倚闌干盡日披圖謾說蓬萊本是虛只此是神仙洞府爲一時所稱

下卷

卓稼翁詞

三山卓田字稼翁能賦馳聲嘗作詞云丈夫隻手把吳鉤欲斷萬人頭因何鐵石打成心性却爲花柔君看項籍并劉季一怒使人愁只因撞虞姬戚氏豪傑都休其爲人溺志可想

王昂催粧詞

探花王昂榜下擇壻時作催粧詞云喜氣滿門闌光動綺羅香陌行到紫薇花下悟身非凡客不須脂粉汚太眞嫌怕大紅白留取黛眉淺處共畫章臺春色

蕭軫娶再婚

三山蕭軫登第榜下娶再婚之婦同舍張任國以柳稍青詞戲之曰挂起招牌一聲喝采舊店新開熟事孩兒家懷老子畢竟招財○當初合下安排又不掌門買獣自古道正身替代見任添差

平韻憶秦娥

太學服膺齋上舍鄭文秀州人其妻寄以憶秦娥云花深深一鈎羅襪行花陰行花陰閒將縷帶試結同心日邊消息空沉沉畫眉樓上愁登臨愁登臨海棠開後望到如今此詞爲同舍者傳播酒樓妓館皆歌之以爲歐陽永叔詞非也

劉鼎臣妻詞

婺州劉鼎臣赴省試臨行妻作詞名鷓鴣天云金屋無人夜翦繒寶釵翻過齒痕輕臨行執手殷勤送襯取蕭郎兩鬢青○聽囑付好看成千金不抵此時情明年宴罷瓊林晚酒面微紅相映明

易祓妻詞

易祓字彥章潭州人以優校爲前廊久不歸其妻作一翦梅詞寄云染淚修書寄彥章貪作前廊忘却回廊功名成遂不還鄉石做心腸鐵做心腸○紅日三竿嬾畫妝虛度韶光瘦損容光相思何日得成雙羞對鴛鴦嬾對鴛鴦

柔奴

東皐襍錄云王定國嶺外歸出歌者勸東坡酒坡作定風波序云王定國歌兒曰柔奴姓宇文氏眉目娟

麗善應對家世住京師定國南遷歸余問柔廣南風土應是不好柔對曰此心安處便是吾鄉因爲綴此詞云常羨人間琢玉郎天教分付點酥娘自作清歌傳皓齒風起雪飛炎海變清涼○萬里歸來年愈少微笑笑時猶帶嶺梅香試問嶺南應不好卻道此心安處是吾鄉

美奴

苕溪漁隱曰陸敦禮藻有侍兒名美奴善綴詞出侑樽俎每丐韻于坐客頃刻成章卜算子云送我出東門乍別長安道兩岸垂楊鎖暮烟正是秋光老○一曲古陽關莫惜金樽倒君向瀟湘我向秦魚鴈何時到如夢令云日暮馬嘶人去船逐清波東注後夜最高樓還肯思量人否無緒無緒生怕黃昏疎雨

李師師

李師師汴京名妓張子野爲製新詞名師師令略云蜀綵衣長勝未起縱亂雲垂地正值殘英和月墜寄此情千里秦少游亦贈之詞云看徧潁川花不似師師好後徽宗微行幸之見宣和遺事甕天脞語又載宋江潛至李師師家題一詞于壁云天南地北問乾坤何處可容狂客借得山東烟水寨來買鳳城春色缺二圍香暖閒籠玉一笑千金值神仙體態薄倖如何銷得○缺二葉灘頭蓼花汀畔皓月空凝碧六六雁行連八九只待金雞消息義膽包天忠肝盖地四海無人識閒愁萬種醉鄉一夜頭白小詞盛於宋而劇賊亦工如此

詞品拾遺畢

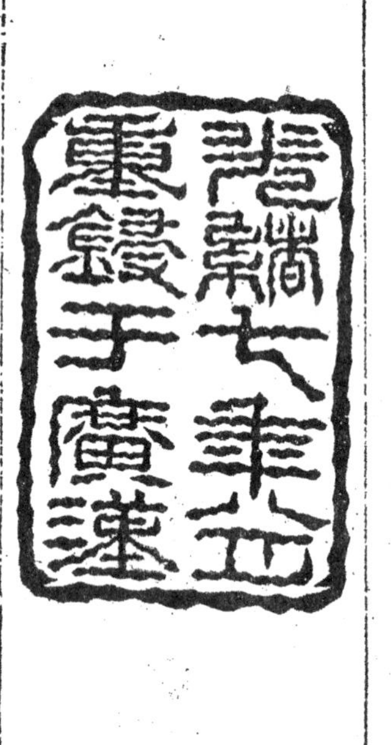

升菴書品

書品序

書有以品名者鍾嶸詩品庾肩吾書品是也二子皆梁人其稱名也同其造詞也類時代則然非相假竊也詩品以三品品詩書品以九品品書何區別之精而用志之勤乎或言書與詩均藝而書又非詩比謬矣古者君子之於物也無所苟而已矣然工小技罔不致其極焉故曰傳兵論劍與道同符今人不及古人而高談欺世乃曰吾道在心六經猶贅也以此號於人曰作字欲好即為放心趨簡安陋者靡然從之是蒼籀上世道已喪矣不曰道器形神也離道語器棄形而存神也故曰齊匠之斲輪綿駒之擫籥先王之道有在於是矧夫進於六藝流乎君子宜無所苟也苟於物將苟於道吾所為感其感云其云也嗚乎又焉得真知其解者而竟吾云乎升菴楊慎

書品原序畢

書品目錄

卷一

書品目錄畢

書品卷一

成都 楊 慎 撰 綿州 李調元 校定

筆法字學

宋史長編太宗每暇日問王著以筆法葛端以字學筆法臨摹古帖也字學考究篆意也筆法與字學本一塗而分岐晉唐以來妙於筆法而不通字學者多矣

劉表善書

董北苑云劉景升爲書家祖師鍾繇胡昭皆受其學然昭肥繇瘦各得其一體景升卽劉表也表初在黨

人中俊厨顧及之列其人品之高可知藝文志有劉表集今雖不可見觀三國志注載其與袁尚兄弟書其筆力豈減崔蔡耶則翰札之工又其餘事耳

鍾張二王書法不同

王僧虔云變古製今惟右軍領軍爾不爾至今猶法鍾張書斷云王獻之變右軍行書號曰破體書由此觀之世稱鍾王不知王之書法已非鍾矣又稱二王不知獻之書法已非右軍矣譬之王降而爲霸聖傳而爲賢必能暗中模索辨此書字始有進耳

袁裒論書

袁裒云古軍用筆內擫而收斂故森嚴而有法太令用筆外拓而開擴故散朗而多姿

王右軍書

唐李嗣眞論右軍書不同往往不變格難傳其書樂毅論太史箴其體正直有忠臣烈士之象告誓文曹娥碑其容憔悴有孝子順孫之象逍遙篇孤雁賦有抱素拔俗之象皆見義以成字非得以獨妍也嗣眞所舉諸字之目蓋皆右軍得意之筆然傳於石刻亦鮮矣太史箴書譜尚有其目逍遙篇孤雁賦並其目亦不知則右軍之書蓋泰山一毫芒存于世爾

袁昂書評

袁昂書評一卷余在京邸有之四六極工今散失無存其警句如上谷之翮未覩鴻蹤曇礦之鷲空傳廣本上句王次仲變爲大鳥入大翮山事下句王右軍籠鵞事曇礦山陰道士所居村名四六必如此切對方爲工妙又云中郎運帚之妙爽爽入神師宜懸悵之奇翩翩自逝

羲之古字

羲之諸帖多用古字古山嶺之嶺但作領漢書梅領喻領是也蘭亭帖崇山峻領實述用之唐褚遂良加

山作嶺贊也又書岷嶺作汶領初月帖淡悶干嘔淡古淡液之淡千古干濕之干今以淡作痰干作乾非也

虞泉作述書賦

虞泉作述書賦於前而竇泉作述書賦於後凡能書之士殆無遺矣泉稱其兄蒙書云包雜體冠眾賢手運目擊瞬息彌年而蒙亦稱泉云翰墨厮張王文章凌班馬詩藻雄贍草隸精深後泉亡蒙有詩云季江留被住子敬與琴亡其傷之深矣若二人者游藝絕倫友誼尤篤眞難兄難弟哉米芾書畫史載庾翼眞

跡在張齊賢孫直清家古黃麻紙全幅上有竇蒙審定印則知蒙精鑒博識舊矣

草書百韻歌

草書百韻歌乃宋人編成以示初學者託名于羲之近有一庸中書取以刻石而一鉅公序之信以爲然有自京師來滇持以問余曰此羲之草韻也余戲之曰字莫高于羲之得羲之自作草書百韻歌奇矣又如詩莫高于杜子美子美有詩學大成經書出于孔子孔子有四書活套若求得二書與此爲三絕矣其人愕然曰孔子豈有四書活套乎余曰孔子既無四書活套羲之豈有草書百韻乎其人始悟信乎僞物易售信貨難市也

筆陣圖

筆陣圖乃羊欣作李後主續之今陝西刻石李後主書也以爲羲之誤矣

撥鐙法

虞邵菴題畫古木詩云後主撥鐙法蓋江南李後主云書有七字法謂之撥鐙法曰擫壓鈎揭抵導送也鐙古燈字撥鐙畫沙懸針垂露皆喻言撥鐙如挑燈不急不徐也楊鐵崖與顧玉山聯句云書出撥鐙侵

繭帖可證其音讀

鸞驚鷹跱

梁元帝古跡啓鸞驚之奇既聞之於索靖鷹跱之巧又顯之於蔡邕

梁姜羅趙

梁孔達姜孟穎羅暉趙襲皆後漢末人善書著名者也趙有非草書一篇云余郡士有梁孔達姜孟穎皆當世之彥哲也然慕張伯英之草書過於希顏孔焉竊覽張伯英與使君朱寬書云上方崔杜不足下比羅趙有餘昕昕有自臧之意無乃近乎賤彼貴我哉

昔西施心痛捧胸顰首眾愚效之秖增其醜趙女善舞行步媚蠱效者不獲匍匐失步夫崔杜伯英超俗絕姿博學餘暇敏手于斯後世慕者鑽堅仰企忘其疲勞夕惕不息昃不暇食十日一筆月數丸墨領袖如皂脣齒常墨展指畫地以草劌壁臂穿皮刮指爪摧折見腮出血猶不休輟然其爲字無益于工拙亦如效顰者之增醜學步者之失節也夫草書之興上非天象所垂下非河洛所吐中非聖人所造但貴刪難省煩損複爲單非常儀也豈若用之於彼七經稽歷協律推步期程探賾鉤深幽贊神明覽天地之心

推聖人之精析疑論之中理俗儒之爭依正道於邪說濟雅樂於正聲興至德之和睦宏大論之元清窮可以守身遺名達可以尊主致平以兹命世永堅後生不亦淵乎〇此文余嘗見之墨池編今失其帙略記如此

影書

六朝人尚字學摹臨特盛其曰嚮塡者即今之雙鉤曰影書者如今之嚮搨南史云蕭思話書羊欣之影風流趣好殆當不減北史趙文深少學楷隸雅有鍾王之則周明帝令至江陵影覆寺碑是也又傍書釋文亦曰影唐太宗集右軍帖令褚遂良帖傍黃影之

臨摹

王紹宗善書與人書云鄙人書翰無工者特由水墨之積習恒精心率意虛神靜心以取之又虞世南亦不臨寫但心準目想而已然此可與上智道若下學必須臨摹唐太宗云臥王濛於紙中坐徐偃於筆下可以嗤蕭子雲臨摹之益大矣

唐史稱顏柳書法

唐史稱顏眞卿筆力遒婉又稱柳公權結體勁媚有見之言哉今人極力倣者但得其遒而失其婉徒學

其勁而忘其媚米元章所以有筆頭如蒸餠之誚也

抱朴子論書

吳之善書者則有皇象劉纂岑伯龍朱季平皆一代之絕手中州則有鍾元常胡孔明張芝索靖各一邦之妙藝並周古體皆足周事飄乎若起鴻之乘勁風騰鱗之躡驚雲

渴筆

唐徐浩書張九齡司徒誥身多渴筆渴筆枯無墨也在書家爲難

唐五書僧

唐有詩僧九人今有九僧集復有五僧善書劉涇嘗作書話以懷素比玉䛒光比珠高閑比金貫休比玻瓈亞栖比水晶牢子才云惜涇未見文楚故未有定胡應麟云九僧宋初人唐僧能書者眾辨才其一也

郝經論書

郝陵川論書云太嚴則傷意太放則傷法又云心正則氣定氣定則腕活腕活則筆端筆端則墨注墨注則神凝神凝則象滋無意而皆意不法而皆法皆名言也凡元人評書畫皆精當遠勝宋人

字畫肥瘦

方遜志云杜子美論書則貴瘦硬論畫馬則鄙多肉此自其天質所好而言耳非通論也太抵字之肥瘦各有宜未必瘦者皆好而肥者便非也譬之美人然東坡云妍强肥瘦各有態玉環飛燕誰敢輕又曰書生老眼省見稀圖畫但怪用昉肥此言非特為女色評持以論書畫可也予嘗與陸子淵論字子淵云字譬如美女淸妙淸妙不淸則不妙予戲答曰豐豔豐豔不豐則不豔子淵首肯者再

范文正書

宋蘇才翁筆法妙天下不肯下一世人惟稱范文正公書與樂毅論同法黃山谷謂才翁傲睨萬物眾人皆側目而文正公待之甚厚故才翁許書少曲董孤之筆耳山谷此評似非君子之言文正公字法實入書家之品才翁非佞語也王荊公字本無所解評者謂其作字似忙世間那得許多忙事而山谷阿私所好謂荊公字法出於楊虛白又謂金陵定林寺壁有荊公書數百字惜未見賞音者何荊公字在當時無一人賞音而山谷獨稱之邪才翁曲筆於范文正公不猶愈於山谷獻諛於王安石乎胡應麟曰荊公作字似忙見說郛所鈔宋人雜記也

書法

韻語陽秋曰本朝書法米元章蔡君謨爲冠餘子莫及君謨始學周越書其變體出于顏平原元章始學羅遜濮王讓書其變體出于王子敬君謨泉州橋題杜記絕倡平原元章鎮江焦山方丈六板壁所書與子敬行筆絕相類藝至于此亦難矣東坡贈六親老人詩云六書非學聊自娛悮筆已喚周越奴則越之書未甚高也襄陽學記乃羅遜書元章亦襄陽人始效其作至於筆挽萬鈞沉著痛快處遜法豈能盡邪

丁眞永草

蔡君謨在杭日坐有客曰隋世稱丁眞永草永乃知名丁何人也蔡云道護豈其人耶法書要錄丁覘與智永同時善隸書世稱丁眞永草非道護也君謨誤矣

朱文公學曹操書

朱文公書人皆謂出于曹操操書傳世絕少惟賀捷表元時尚有本文公所學必此劉公父學顏魯公鹿脯帖文公以時代久近誚之劉云我所學者唐之忠臣公所學者漢之篡賊耳此又見文公之書出於操無疑也

東坡書

王初寮履道評東坡書者眾矣劒拔弩張驥奔猊抉則不能無至于尺牘狎書姿態橫生不矜而妍不束而莊不軼而豪蕭散容與霏霏如零春之雨森疎掩斂熠熠如從月之星紆徐婉轉纚纚如抽繭之絲恐學者所未到也

元和腳

柳宗元詩柳家新樣元和腳言字變新樣而腳則元和也腳蓋懸針垂露之體耳猶後山贈晁補之詩聞道新文能入樣相州紅纈鄂州花言似相州之紅纈鄂州花樣也句法相類

皇象書帖

皇象曰欲見草漫落落宜得精毫䎡古軟字筆委曲宛轉不叛散者紙當得滑密不沾汚者墨又須多膠紺黝者如逸豫之餘手調適而心佳娛正可以小展善書者始能用軟筆也

擘窠書

墨池編論字體有擘窠書今書家不解其義按顏眞卿集有云點畫稍細恐不堪久臣今謹據石擘窠大書王禪玉堂嘉話云東坡洗玉池銘擘窠大字極佳又云韓魏公書杜少陵畫體詩擘窠大字此法宋人多用之惡札之祖也

署書

署書始于蕭何其後梁鵠師宜官魏時北宮咸是鵠書南宮既建韋誕以古篆書之元魏遷洛始令中書舍人沉含馨以隸書書之景明正始之年又勅符節令江式以大篆易之

沉含辭

本經注後魏中書舍人沉含馨書洛陽宮殿榜今書譜不載姓名

王無競大書

金燕都宮殿寺廟及汴京諸榜古今第一皆王無競所書

飛白

飛白字之名書家例知之但不曉作何狀予按王隱云飛白變楷制也本是宮殿題署勢既遒勁文字宜輕微不滿名爲飛白據此則如今篆書之渴筆俗所謂沙筆是也唐人好奇或作禽鳥花竹之像順陵碑略有數字今絕無作之者惟方外道流書酒肆壁作竹節雀頭形俗可憎矣

蕭子雲飛白大書

梁武帝造寺令蕭子雲飛白大書蕭字至今存焉李約竭産自江南買歸東洛建一小亭以翫號曰蕭齋見尚書故實書法苑又載約作蕭字贊曰抱素日絜含章內融逸疑方外縱在矩中宋勞容道以五十萬錢買虞世南夫子廟碑舊本見山谷文集此莊子所謂眞天下之好也今之鄙陋者於所好無如飲食猶稱薪數米況肯輕財貴文如古人乎

張飛書

涪陵有張飛刁斗銘其文字甚工飛所書也張士環詩云天下英雄只豫州阿瞞不共戴天仇山河割據三分國宇宙威名丈八矛江上祠堂嚴劒珮人間刁斗見銀鈎空餘諸葛秦州表左祖何人復爲劉

劉靜修跋王子端書

子端振衣起遼海後學一變爭奇新黃山驚歎竹谿泣鐘鼎騷雅潛精神默翁語也雪溪仙人詩骨清畫筆尙餘詩典刑聲光舊塞天壤破議論今著兒曹輕遺山語也二公之言必有能辨之者東坡謂書至於顏柳而鍾王之法益微詩至於李杜而魏晉以來高風絕塵亦少衰矣朱文公亦以爲然默翁蓋知此者是以不取於子端矣子端名庭筠號雪溪黃山趙秉

文也竹谿党學士也默翁綖單修撰也

夢英篆

夢英好篆書而無古法其自序云落筆無滯縱橫得宜大者縮其勢而漏其白小者均其勢而伸其畫此正其病處而居之不疑所以不可救藥沉痾入髓矣夢英篆傳於今者有篆書偏傍亦不工緻郭忠恕答之書云見寄偏傍五百三十九字按說文字源惟有五百四十部子字合收在子部今目錄妄有更改又集解中誤收去部在注中今檢點偏傍少晶惢至龜

茲五字故知林氏虛誕誤於後進小說見宜焚之忠恕所稱林氏者林罕夢英偏榜全依林罕小說而忠恕謂小說宜焚深不足於彼也書末云何人知之英公知之正謂其不知耳〇郭忠恕曰小篆散而八分生八分破而隸書出隸書悖而行書出行書狂而草書聖〇玉篇起說文棄楷隸易籀學廢

篆書重疊字

古鐘鼎銘文子二孫二字皆不複書漢石經改篆爲八分如易之乾二書之安二亦如之今行草皆然竟不知其何義也嘗質之李文正公公曰二乃古文上

字言字同於上省複書也千古書流習而不察關繫雖小亦所當知

山谷論草書

山谷一帖云少時喜作草書初不師承古人但管中窺豹稍稍推類爲之方事急時便以意成久之或不自識也余謂山谷豈杜撰者蓋自掊擊以敎人耳

草書枯澁

徐浩眞書多渴筆懷素草書多枯澁在書法以爲妙品戴幼公贈懷素詩云忽爲壯麗就枯澁龍蛇盤騰獸屹立魯收懷素草書歌連拂數行勢不絕藤懸槎蹙生奇節竇泉亦云殊形詭狀不易說中含枯燥尤驚絕任華云時復枯燥何褵褷忽覺陰山突兀橫翠微蓋深如懷素之三昧者姜白石云徐季海之渴筆臂如綺筵之素饌美人之淡粧倪思以痴重筆跡爲墨猪元班彥功之字評者以爲死猪腸可以喩矣

張禺山戲語

張禺山晚年好縱筆作草書不師法帖而殊自珍詫嘗自書一紙寄余且戲書其後曰野花豔目不必牡丹村酒酣人何須蟻綠太白詩云越女濯素足行人解金裝漸近自然何必金蓮玉弓乎亦可謂善謔矣

古書俗書

水經注載齊地掘得古塚棺前和有八分書驗文乃太公三世孫胡公之塞以此知八分書不始於秦矣余又按莊子云丁字有尾李頤注云丁字書寫皆作右波故曰有尾此又一證也予又嘗考之不止八分不始於秦小篆亦不始於李斯自五帝以來有之矣書契既作字體悉具科斗古文大篆小篆各有所用如禹刻岣嶁碑則用科斗宣王刻石鼓則用籀書如今之傳世文字也至於用之民庶媒妁婚姻之約市井交易之券則從簡易止用小篆何以知其然也唐

人錢譜載太昊氏金尊盧氏幣其文具存與今小篆不殊余昔在京得太公九府圜錢近在滇得黃帝布刀其文悉是小篆乃知小篆與大篆同出並用決不始於秦也如今人楷書亦有數體有古字楷書有今字楷書又有一種省訛俗書同一時也文人奇士多用古字官府文移通用今字吏胥下流市井米鹽帳簿則用省訛俗字如錢作𢆶聖作圣盡作尽是也由是例之推千萬世以上隆古之極未必悉用科斗推千萬世以下世變之極未必悉用俗書也詳著愚見以俟明哲

元朝番書

元朝主中國日用羊皮寫詔謂之羊皮聖旨其字用蒙古書中國人亦習之張孟浩詩云鴻濛再剖一天地書契復見科斗文張光弼輦下曲云和寧沙中樸遬筆史臣以代紹槧事百司譯寫高昌書龍蛇復見古文字侏儒犬羊之俗而以科斗龍蛇稱之蓋春秋多微辭之義也

書品卷一畢

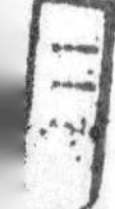